Werner Geers

Datenverarbeitung

Office 2010

Word – Excel – Access – PowerPoint

1. Auflage

Bestellnummer 61030

Bildungsverlag EINS

Haben Sie Anregungen oder Kritikpunkte zu diesem Produkt?
Dann senden Sie eine E-Mail an 61030_001@bv-1.de
Autoren und Verlag freuen sich auf Ihre Rückmeldung.

Vorwort

Das Buch „Datenverarbeitung, Word – Excel – Access – PowerPoint" bietet die Möglichkeit, handlungsorientiert Inhalte zu erlernen. Die Inhalte orientieren sich an Rahmenlehrplänen und bekannten Computerführerscheinen. Das Buch ist im Wesentlichen folgendermaßen aufgebaut:

- Zunächst werden die Grundlagen der Informationstechnologie mit den Bereichen Hardware, Software usw. dargestellt.
- Das Betriebssystem Windows 7.0 wird insoweit behandelt, wie es für den Unterricht notwendig ist. Wer dieses Kapitel aufmerksam durcharbeitet und am Computer nachvollzieht, wird mit der Benutzeroberfläche von Windows gut umgehen können.
- Die für den Unterricht benötigten und in Computerführerscheinen und Rahmenlehrplänen angesprochenen Office-Inhalte werden anhand der Textverarbeitung *Word*, der Tabellenkalkulation *Excel*, der Datenbank *Access* und der Präsentationssoftware *PowerPoint* erklärt. Der Datenaustausch zwischen den Programmen soll zeigen, dass Daten nur einmal erfasst werden müssen und danach problemlos in anderen Programmen weiterverarbeitet werden können. Zusätzlich werden Elemente ausführlich erklärt, die in allen Programmen vorhanden sind. Umfangreiche Übungen sollen das Erlernte vertiefen.
- Der Bereich Bildbearbeitung ergänzt die Ausführungen. Anhand des kostenlosen Programms *Paint.NET* können die wichtigsten Elemente dieses Bereichs problemlos erlernt werden.
- Eine kurze Einführung wird in dem Bereich *Information und Kommunikation* gegeben.
- Grundsätzlich ist es egal, mit welchem Programm Sie zunächst beginnen. Das Buch ist so aufgebaut, dass innerhalb der Programme alle wesentlichen Inhalte jeweils erklärt werden.

Einzelne Inhalte aus den Bereichen *Grundlagen der Informationstechnologie* und *Betriebssysteme*, die vom Umfang her nicht mehr in das Buch aufgenommen werden konnten, stehen Ihnen als PDF-Datei über das Internet zur Verfügung. Die Adresse ist jeweils angegeben.

Unter www.tippika.de oder www.bildungsverlag1.de/buchplusweb/61030 kann ein kostenloses Online-Tastschreibprogramm abgerufen werden, welches Schüler nutzen können, um das Beherrschen des flüssigen „10-Finger-Tastschreibens" in Form von verschiedenen Übungen zu trainieren.

Neueste Informationen, eventuelle Änderungen und Verbesserungen, die sich z. B. durch Updates der Programme ergeben, können Sie im Internet unter folgenden Adressen abrufen:

www.werner-geers.de

www.berufliche-informatik.de

Für die Arbeit mit diesem Buch wünsche ich Ihnen viel Spaß. Der Erfolg wird sich bei einer vernünftigen Arbeit mit dem Buch und den Programmen sicher einstellen.

Papenburg, Frühjahr 2011 *Werner Geers*

www.bildungsverlag1.de

Bildungsverlag EINS GmbH
Hansestraße 115, 51149 Köln

ISBN 978-3-427-**61030**-4

1 Grundlagen der Informationstechnologie 9
1.1 Hardware 9
1.1.1 Begriffe 9
1.1.2 Auswahlkriterien und Performance 11
1.1.3 Hauptbestandteile eines Computers – Personal Computers 12
1.1.4 Schnittstellen 15
1.1.5 Controller 16
1.1.6 Bussystem 16
1.1.7 Speicher und Speichern 17
1.1.8 Ein- und Ausgabegeräte – Tastatur, Scanner, Maus 20
1.1.9 Ausgabegeräte 21
1.1.10 Multifunktionale Geräte 22
1.1.11 Multimedia 22
1.1.12 Anschlüsse für die Wiedergabe von Bildschirmsignalen an Fernseher usw. 26
1.1.13 Datenkommunikationsgeräte 27
1.1.14 Netzwerkkomponenten 28
1.2 Software 30
1.3 Informationsnetze – Netze und Datenkommunikation 33
1.3.1 Kommunikation 33
1.3.2 Einplatz- und Mehrplatzsysteme 34
1.3.3 Kommunikationsnetze – LAN – WAN usw. 34
1.3.4 Intranet - Extranet 35
1.3.5 Internet 35
1.3.6 Telekommunikationsnetze – Telefonnetz und Computer 36
1.3.7 Netzwerkbetriebssysteme und Netzwerktopologien (-architektur) 36
1.4 Informationstechnologie im Alltag 38
1.5 Gesundheit, Sicherheit und Umweltschutz 40
1.6 Sicherheit 41
1.6.1 Vorbemerkungen 41
1.6.2 Grundsätze der Datensicherung 42
1.6.3 Computerviren und sonstige schädliche Programme 43
1.7 Urheberrecht und Gesetzeslage 44
1.7.1 Urheberrecht 44
1.7.2 Datenschutzgesetz 48
Übungen 52

2 Betriebssysteme 53
2.1 Betriebssystem Windows 7.0 53
2.1.1 Erste Schritte am Computer 53
2.1.2 Icons 59
2.1.3 Verwenden von Windows 60
2.1.4 Verknüpfungen mit dem Startmenü/der Taskleiste 61
2.1.5 Arbeiten mit der Taskleiste 62
2.2 Dateiverwaltung 63
2.2.1 Begriffe 63
2.2.2 Dateien und Ordner 67
2.2.3 Arbeiten mit Dateien 69
2.2.4 Kopieren, Verschieben usw. von Dateien 71
2.2.5 Löschen und Wiederherstellen von Dateien 73
2.2.6 Suche nach Daten und Dateien 74
2.3 Utilities 75
2.3.1 Dateikomprimierung 75
2.3.2 Viren 75
2.4 Drucken 76
2.4.1 Druckeroptionen 76
2.4.2 Druckausgabe 77
Übungen 78

3 Textverarbeitung mit Word ... 79

3.1 Erste Schritte in der Textverarbeitung ... 79

3.2 Verbesserung der Produktivität ... 87

3.3 Grundeinstellungen ... 90

3.4 Grundlegende Arbeitsschritte ... 97

3.4.1 Erfassen eines Textes mit Sonderzeichen bzw. Symbolen ... 97
3.4.2 Rechtschreibprüfung und Grammatik ... 98
3.4.3 Thesaurus ... 100
3.4.4 Suchen und Ersetzen ... 101

3.5 Daten auswählen ... 102

3.5.1 Markieren (Auswählen) von Zeichen, Wörtern, Zeilen usw. ... 102
3.5.2 Kopieren, Verschieben und Löschen von Texten ... 103

3.6 Formatierung ... 107

3.6.1 Zeichenformatierung ... 107
Übungen ... 114
3.6.2 Absatzformatierung ... 115
Übungen ... 140
3.6.3 Dokumentformatierung ... 141
Übungen ... 152

3.7 Objekte ... 153

3.7.1 Tabellen ... 153
Übungen ... 164
3.7.2 Bilder und Diagramme ... 165

3.8 Serienbriefe ... 169

3.9 Ausgabevorbereitung und Drucken ... 169

Zusammenfassende Übungen ... 170

4 Tabellenkalkulation mit Excel ... 173

4.1 Nutzung des Programms ... 173

4.1.1 Erste Schritte in der Tabellenkalkulation ... 173
4.1.2 Grundlagen ... 182

4.2 Zellen ... 187

4.2.1 Dateneingabe und Datenänderung ... 187
4.2.2 Auswählen (Markierung) von Zellen ... 190
4.2.3 Zeilen und Spalten ... 192
4.2.4 Kopieren, Verschieben und Löschen von Zellen und Bereichen ... 195
4.2.5 Suchen und Ersetzen ... 199
Übungen ... 200

4.3 Arbeitsblätter (Tabellen) ... 201

4.3.1 Einfügen, Löschen und Umbenennen einer Tabelle ... 201
4.3.2 Berechnungen unter Nutzung von mehreren Tabellen ... 202

4.4 Formeln und Funktionen ... 203

4.4.1 Zellbezüge – Adressierung von Zellen und Bereichen ... 203
Übungen ... 210
4.4.2 Inhalte von Zellen ... 211
4.4.3 Formeln ... 212
4.4.4 Funktionen ... 220
4.4.5 Funktions-Assistent – Schaltflächen der Funktionsbibliothek ... 221
4.4.6 Mathematische Funktionen ... 223
4.4.7 Finanzmathematische Funktionen ... 227
4.4.8 Informations-Funktionen ... 229
4.4.9 Logik-Funktionen ... 231
4.4.10 Text-Funktionen ... 240
4.4.11 Statistik-Funktionen ... 242
4.4.12 Matrix-Funktionen ... 243
4.4.13 Datenbankfunktionen ... 246
4.4.14 Datums- und Zeitfunktionen ... 247
Übungen ... 254

4.5 Formatierung **257**
4.5.1 Allgemeine Erklärungen 257
4.5.2 Formatierungen über die Schaltfläche Zellen formatieren 258
4.5.3 Erstellung und Übertragung einer Formatierung 260
4.5.4 Einfügen, Löschen, Ausblenden usw. von Zellen 261
4.5.5 Zellenformatvorlagen 262
4.5.6 Ausrichtung und Formatierung von Zellen 264
4.5.7 Bedingte Formatierung 265
4.5.8 Zahlenformatierungen 267
4.5.9 Prozentformatierungen 269
4.5.10 Benutzerdefinierte Formate 271
Übungen 272
4.6 Diagramme **273**
4.6.1 Vorbemerkungen 273
4.6.2 Darstellungsarten 273
4.6.3 Erstellung eines Diagramms 274
4.6.4 Diagrammtools 275
4.6.5 Einfügen und Entfernen von Überschriften, Legenden usw. 276
4.6.6 Nachbearbeitung eines Diagramms 278
4.6.7 Änderung des Diagrammtyps 284
4.6.8 Erstellung und Bearbeitung eines Kreisdiagramms 285
4.6.9 Erstellung und Bearbeitung eines Liniendiagramms 286
4.6.10 Sparklines 289
Übungen 290
4.7 Drucken **292**
4.7.1 Setup 292
4.7.2 Überprüfen des Ausdrucks 297
4.7.3 Drucken 299
4.8 Schutz von Zellen, Formeln, Funktionen usw. **301**
4.8.1 Aktivieren des Schutzes 301
4.8.2 Aufheben des Schutzes 302
4.8.3 Blattschutz mit Eingabemöglichkeit und nicht sichtbaren Formeln 303
4.9 Daten **304**
4.9.1 Sortieren von Daten 304
4.9.2 Filtern von Daten 307
4.10 Verknüpfen von Daten und Diagrammen **312**
4.10.1 Vorbemerkungen 312
4.10.2 Verknüpfung von Daten innerhalb der Tabellen einer Arbeitsmappe 312
4.10.3 Verknüpfung von Daten zwischen zwei Arbeitsmappen 313
4.11 Was-Wäre-Wenn-Analysen **314**
4.11.1 Vorbemerkungen 314
4.11.2 Zielwertsuche 314
4.11.3 Datentabellen (Mehrfachoperationen) 315
4.11.4 Szenarien 317
4.11.5 Solver 322
4.11.6 Trendberechnungen 326
4.12 Datenüberprüfung und Kommentierung **327**
4.12.1 Erstellen einer Datenüberprüfung 327
4.12.2 Datenüberprüfung mit Eingabe- und Fehlermeldung 328
4.12.3 Kommentare 329
4.13 Makros **330**
4.13.1 Vorbemerkungen 330
4.13.2 Makro zum Druck von Daten 330
Übungen 334
Zusammenfassende Übungen 335

5 Datenbank mit Access ... 339

5.1 Theoretische Grundlagen einer relationalen Datenbank ... 339
5.1.1 Funktionen einer Datenbank – Datenbankkonzept ... 339
5.1.2 Datenmodelle ... 339
5.1.3 Relationale Datenbank ... 340

5.2 Entity-Relationship-Modell (ERM) – semantisches Modell ... 342
5.2.1 Begriff ... 342
5.2.2 Entität ... 342
5.2.3 Attribute ... 342
5.2.4 Entitätstyp ... 343
5.2.5 Schlüsselfelder ... 344
5.2.6 Relationship (Beziehungen) ... 346
5.2.7 Kardinalität ... 347
5.2.8 Optionalität ... 347
5.2.9 Beziehungstypen ... 348
5.2.10 Beispiel für ein Entity-Relationship-Modell ... 352
Übungen ... 353

5.3 Normalisierung von Tabellen ... 354
5.3.1 Ziel der Normalisierung ... 354
5.3.2 Probleme der Datenerfassung (Nullte Normalform) ... 354
5.3.3 Normalformen ... 355

5.4 Aufbau einer Datenbank mit ACCESS 2010 ... 358
5.4.1 Grundlagen ... 358
5.4.2 Backstage-Bereich ... 359
5.4.3 Navigationsbereich ... 360
5.4.4 Anlegen der Datenbank Betrieb ... 361

5.5 Tabellen ... 363
5.5.1 Vorbemerkungen ... 363
5.5.2 Datenfelder und Felddatentypen ... 363
5.5.3 Anlegen der Tabelle Lager ... 364
5.5.4 Eingabe von Daten in eine Tabelle ... 366
Übungen ... 367
5.5.5 Grundlegende Arbeitsschritte ... 368
5.5.6 Tabellengestaltung ... 371
5.5.7 Aufbau weiterer Tabellen ... 382
5.5.8 Formatieren von Daten ... 384

5.6 Formulare ... 386

5.7 Berichte ... 396
5.7.1 Vorbemerkungen ... 396
5.7.2 Erstellung eines Berichts ... 396
5.7.3 Berichtserstellung mit dem Berichts-Assistenten ... 397

5.8 Filtern von Daten ... 398
Übungen ... 400

5.9 Abfragen ... 401
5.9.1 Vorbemerkungen ... 401
5.9.2 Arten von Abfragen ... 401
5.9.3 Auswahlabfrage ... 402
5.9.4 Möglichkeiten der Auswahlabfrage ... 405
5.9.5 Parameterabfrage ... 408
5.9.6 Auswahlabfragen mit Nicht-Null- und Nullwerten ... 410
5.9.7 Anfügeabfrage ... 411
5.9.8 Tabellenerstellungsabfrage ... 412
5.9.9 Löschabfrage ... 412
5.9.10 Kreuztabellenabfrage ... 414
5.9.11 Aktualisierungsabfragen ... 415
5.9.12 Gruppierung und Summenbildung usw. – Aggregatsfunktionen ... 420
5.9.13 Suche nach Duplikaten ... 421

5.10 Funktionen ... 422
5.10.1 Arten von Funktionen ... 422
5.10.2 Finanzmathematische Funktionen ... 422
5.10.3 Logik-Funktionen am Beispiel der WENN-Funktion ... 423
Übungen ... 424
5.11 Beziehungen zwischen Tabellen ... 425
5.11.1 Grundsätzliche Erklärungen ... 425
5.11.2 1:1-Beziehung zwischen zwei Tabellen ... 428
5.11.3 1:n-Beziehung zwischen zwei Tabellen ... 431
5.11.4 m:n-Beziehung zwischen Tabellen ... 433
5.11.5 m:n-Beziehung mit zusammengesetztem Primärschlüssel ... 438
5.11.6 Suche nach Inkonsistenzen ... 441
5.11.7 Beziehungen mit referentieller Integrität ... 443
5.11.8 Gleichheits- und Inklusionsverknüpfung ... 448
5.11.9 Verknüpfungen aufgrund einer Abfrage ... 450
Übungen ... 451
Zusammenfassende Übungen ... 453

6 Präsentieren mit PowerPoint ... 455
6.1 Nutzung des Programms ... 455
6.1.1 Vorbemerkungen ... 455
6.1.2 Vortrag mithilfe einer Präsentation ... 455
6.1.3 Sonstige Möglichkeiten ... 455
6.1.4 Elemente einer Präsentation ... 456
6.1.5 Nutzung des Programms ... 457
6.1.6 Hilfefunktion ... 458
6.1.7 Erstellung einer Präsentation ... 459
6.1.8 Bildschirmpräsentation ... 462
6.1.9 Speichern von Präsentationen ... 463
6.1.10 Speichern von Folien als Grafik ... 463
6.1.11 Senden des Textes der Präsentation ... 464
6.1.12 Senden der Präsentation an die Textverarbeitung Word ... 464
6.1.13 Anpassen von Grundeinstellungen ... 466
6.2 Entwicklung von Präsentationen ... 467
6.2.1 Präsentationsansichten ... 467
6.2.2 Folien ... 469
6.2.3 Vorlagen (Designs) ... 474
6.2.4 Masterfolien ... 477
6.3 Text, Bilder, Sounds und Filme ... 482
6.3.1 Eingabe und Formatierung von Texten ... 482
6.3.2 Bild- und Grafikdateien ... 493
6.3.3 Kopieren, Verschieben und Löschen von Texten und Bildern ... 495
6.3.4 Sounds und Filme ... 496
6.4 Diagramme und gezeichnete Objekte usw. ... 499
6.4.1 Vorbemerkungen ... 499
6.4.2 Diagramme ... 499
6.4.3 Organisations-Diagramm ... 500
6.4.4 Zeichnungsobjekte ... 500
6.4.5 Kopieren, Verschieben und Löschen von Diagrammen usw. ... 500
6.5 Folienpräsentationseffekte ... 501
6.6 Ausgabe und Präsentation ... 509
6.6.1 Druckvorbereitung ... 509
6.6.2 Ausgabevorbereitung und Drucken ... 511
6.6.3 Zeigen der Präsentation ... 512
6.7 Präsentation ohne das Programm PowerPoint ... 516
6.8 Einfügen eines Fotoalbums ... 517
6.9 Aufbau eines Vortrags mithilfe einer Präsentationssoftware ... 519
6.10 Beurteilungskriterien und -bögen ... 520
Zusammenfassende Übungen ... 522

7 Datenaustausch 525
7.1 Vorbemerkungen 525
7.2 Datenexport von Excel in andere Programme 525
7.2.1 Übertragen einer EXCEL-Tabelle in die Textverarbeitung Word 525
7.2.2 Übertragen eines Diagramms 526
7.2.3 Verknüpfung von Daten 526
7.3 Datenimport in Excel 528
7.4 Datenexport von Access in andere Programme 534
7.5 Datenimport in Access 538
7.6 Serienbriefe 539
7.6.1 Vorbemerkungen 539
7.6.2 Hauptdokument 540
7.6.3 Datenquellen 540
7.6.4 Einfügen der Seriendruckfelder in das Hauptdokument Anfrage 546
7.6.5 Speichern und Ausgeben der Serienbriefes 548
7.6.6 Einfügen von Bedingungsfeldern – Überspringen von Datensätzen 549
7.6.7 Einfügen von Bedingungsfeldern – Ausgabe eines alternativen Textes 550
7.6.8 Manuelle Auswahl bestimmter Datensätze 551
7.6.9 Sortieren und Filtern der Datensätze 552
7.6.10 Bearbeiten der Datensätze 554

8 Gemeinsame Elemente von Excel, Word und PowerPoint 555
8.1 Vorbemerkungen 555
8.2 ClipArts und Grafiken 556
8.3 Screenshot 561
8.4 WordArt-Objekte 562
8.5 Formen 563
8.6 Objekte 566
8.7 Formeln 567
8.8 SmartArt-Grafiken 569
8.9 Organigramme 572
8.10 Grafiken und SmartArts 574
8.11 Textfeld 575
8.12 Freihandzeichnung und Pfeile 576

9 Bildbearbeitung – Fotos und Grafiken 577
9.1 Grundlagen der Bildbearbeitung 577
9.2 Grundlagen der Programmbedienung von Paint.NET 582
9.3 Grundfunktionen 584
9.3.1 Einstellungen 584
9.3.2 Erzeugung und Speicherung von Bildern 584
9.3.3 Auswahlwerkzeuge 586
9.3.4 Bildbearbeitung 591
9.4 Arbeiten mit Bildern 594
9.4.1 Zeichenwerkzeuge 594
9.4.2 Text 601
9.4.3 Malwerkzeuge 602
9.4.4 Ebenen 604
9.4.5 Effekte, Filter und Korrekturen 610
9.5 Ausgabe 612
9.6 Zusätzliche Plug-Ins 612

10 Information und Kommunikation 614
10.1 Internet 614
10.2 Arbeiten mit Browsern 616
10.3 Suchmaschinen 617

Stichwortverzeichnis 619

1 Grundlagen der Informationstechnologie

1.1 Hardware

1.1.1 Begriffe

Hardware

Alle physikalisch-technischen Bestandteile einer Computeranlage werden als Hardware bezeichnet. Zur Hardware gehören u. a.

- die Zentraleinheit (eigentlicher Computer),
- Eingabegeräte wie die Tastatur oder die Maus,
- Ausgabegeräte wie Drucker und Plotter,
- Speicher wie Festplatten und Diskettenlaufwerke,
- Datenkommunikations- und Multimediageräte wie ASDL-Modem, DVD und Lautsprecherboxen.

Computerarten

Computer werden in unterschiedlichen Arten und verschiedenen Formen angeboten. In der nachfolgenden Übersicht werden die einzelnen Computer kurz beschrieben:

Begriff	Erklärung
Personal Computer/ Tower 	Der Personal Computer enthält neben den traditionellen Komponenten Zentraleinheit, Festplatte weitere Hardwarekomponenten, wie z. B. ein DVD-Laufwerk, Schnittstellen oder eine weitere Festplatte. Der Tower ist zu empfehlen, da er besser auf Erweiterungen ausgelegt ist. Einen kleineren Tower bezeichnet man als Minitower. Das Desktop-Gehäuse als traditionelles Gehäuse für einen Personal Computer kommt heute kaum noch vor.
Laptop/ Notebook 	Der Laptop (Notebook) ist ein tragbarer Computer, der es ermöglicht, auch ohne Stromanschluss Daten zu erfassen und zu verarbeiten. Er beinhaltet alle Elemente des herkömmlichen Computers mit Festplatte, CD-/DVD-Laufwerk bzw. -Brenner und Anschlussmöglichkeiten für Drucker und Maus. Ein besonderes Kennzeichen ist das Strom sparende Flüssigkristalldisplay zur Anzeige der Daten. Besonders leichte tragbare Personal Computer werden auch als Notebooks (Notizbuch) bezeichnet.
Tablet-PC 	Als Tablet PC wird ein tragbarer Computer bezeichnet, der mit einem Stift bedient wird. Er wird u. a. für die Erstellung von Notizen genutzt. Der Benutzer kann Eingaben per Stift oder Finger direkt auf dem Bildschirm vornehmen. Ein Tablet PC stellt eine Erweiterung herkömmlicher Notebooks dar, kann diese jedoch wegen anderer fehlender Funktionen normalerweise nicht ersetzen. Oftmals ist eine Software zur Erkennung der Handschrift vorhanden.
Netbook 	Netbooks sind normalerweise nicht so leistungsfähig wie Notebooks, das Display und die Tastatur sind kleiner, ein DVD-Laufwerk ist nicht integriert. Die Geräte werden vorwiegend für die Internetnutzung, Büroarbeiten und zum Abspielen von Musik oder Videos konzipiert. Als Betriebssystem wird vorwiegend Windows XP, Windows 7 oder Linux genutzt.

Tragbare digitale Geräte

Kleine tragbare digitale Geräte ergänzen Computer. Es können beispielsweise Daten mit Computern ausgetauscht werden.

Gerät	Haupteigenschaften
PDA/Handheld 	Ein Handheld Computer bzw. PDA (Personal Digital Assistant) ist ein kleines tragbares Gerät, auf dem wichtige Programme wie Terminplaner, Textverarbeitung und Tabellenkalkulation für den Einsatz unterwegs zumeist installiert sind. In der Regel ist der Computer mit einer Schnittstelle ausgestattet, die es erlaubt, die Daten auf einen Personalcomputer zu übertragen. Bei modernen Geräten werden die Daten z. B. per Funk auf einen anderen Computer übertragen.
Mobiltelefon (Handy) 	Ein Mobiltelefon (Handy) ist ein tragbares Telefon, welches über Funk mit dem Telefonnetz kommuniziert. Es ist an das jeweilige Funknetz des Anbieters angeschlossen und kann daher bei entsprechender Abdeckung ortsunabhängig eingesetzt werden. Handys sind heutzutage multifunktional. Es können per SMS (Short Message Service) und MSS (Multimedia Messaging Service) Text und Fotos versandt werden. Außerdem können mit Handys beispielsweise Fotos gemacht werden, sie haben einen Internetzugang, Mails können versandt und abgerufen werden usw.)
Smartphone 	Der Leistungsumfang eines Smartphone umfasst in der Regel den eines Mobiltelefons und eines Personal Digital Assistants (PDA). Ein Smartphone verfügt normalerweise über ein Betriebssystem, sodass Programme nach Bedarf installiert werden können. Sie verfügen in der Regel über einen druckempfindlichen Bildschirm (Touchscreen), der die manuelle Eingabe mit dem Finger oder speziellen Eingabestiften ermöglicht. Das Gerät bietet daher die Möglichkeit, Büroarbeiten zu erledigen. Außerdem sind alle Möglichkeiten der Datenkommunikation gegeben, da das Gerät über entsprechende Verbindungsmöglichkeiten wie WLAN, Bluetooth, USB usw. verfügt. Über das Gerät können in der Regel SMS, Mails usw. empfangen und versandt werden. Auch Internettelefonie (VoIP) über WLAN ist möglich. Audio- und Videoanwendungen ergänzen den Funktionsumfang.
Multimedia-Player 	Mobile Multimedia-Player können je nach Größe des Speichers (z. B. 30 GB) bis zu 200 Spielfilme, Fernsehsendungen usw. wiedergeben. Sie sind auch in der Lage, Musik und Fotos wiederzugeben. Aufgrund ihrer Größe eignen sich die Player beispielsweise dazu, sich während einer Bahnfahrt usw. Filme anzusehen, Musik zu hören usw. Sie können jedoch auch an Fernsehgeräte und Stereoanlagen zur Wiedergabe von Filmen bzw. Musik angeschlossen werden. Aufnahmen können in der Regel von jeder Videoquelle (Fernsehen usw.) gemacht werden.

1.1.2 Auswahlkriterien und Performance

Je nach Bestimmungszweck müssen Computer verschiedene Anforderungen erfüllen.

Begriff	Erklärung
Kapazität	Die Kapazität bezeichnet die Größe der Datenspeicher (Festplatten, andere Laufwerke [DVD, CD, Diskette, Magnetbänder usw.]).
Geschwindigkeit	Die Geschwindigkeit (Performance) von Computern hängt von der Geschwindigkeit des Prozessors, der Größe des Arbeitsspeichers usw. ab.
Kosten	Die Kosten eines Rechners sind je nach Einsatzgebiet extrem unterschiedlich. Bei Personal Computern ist festzustellen, dass der Preis trotz verbesserter Leistungen in der Regel relativ konstant bleibt.
Anwendungen	**Großrechner** Großrechner werden vor allem in größeren Unternehmen eingesetzt. Typische Anwendungsgebiete sind dabei z. B. die Abwicklung und Erfassung der Geschäftsfälle (Auftragsbearbeitung, Buchhaltung) in Unternehmen, die Konstruktion von neuen Produkten, die Abwicklung des Zahlungsverkehrs (besonders in Kreditinstituten usw.) **Personal Computer** Auf Personal Computern kommen vor allem Office-Programme (Textverarbeitung, Tabellenkalkulation, Präsentation, Datenbank) zur Anwendung. Auch Anwendungssoftware wie Auftragsbearbeitung, Finanzbuchhaltung gehören zu den Einsatzgebieten. **Laptop** Der Laptop eignet sich für alle Anwendungsgebiete, die ein Personal Computer erledigen kann. **Netzwerkcomputer** Netzwerkcomputer nutzen Anwendungen, die auf Netzwerk-Servern zur Verfügung gestellt werden, also z. B. Office-Programme.

Die Performance eines Computers wird von vielen Faktoren beeinflusst. Wesentliche Aspekte werden in der nachfolgenden Tabelle angesprochen. Einzelne Begriffe werden im nachfolgenden Abschnitt intensiver erklärt.

Begriff	Erklärung
Geschwindigkeit des Prozessors	Der Prozessor steuert den Computer und ist für Berechnungen zuständig. Je nach Anzahl der Rechenoperationen in einer Sekunde erhöht oder verringert sich die Geschwindigkeit der Abarbeitung von Programmen.
RAM	Im RAM-Speicher (Random Access Memory), auch Arbeitsspeicher genannt, werden Daten zwischengespeichert. Je mehr Speicher zur Verfügung steht, desto schneller können Programme abgearbeitet werden.
Anwendungen	Die Arbeitsgeschwindigkeit eines Computers kann sich bei der gleichzeitigen Ausführung mehrerer Programme verschlechtern. Dies ist besonders bei Programmen zur Verarbeitung von Videos usw. der Fall.

1.1.3 Hauptbestandteile eines Computers – Personal Computers

Computersystem

Ein Computersystem muss in der Lage sein, die Eingabe von Daten, die Verarbeitung der erfassten Daten und die Ausgabe der erfassten und verarbeiteten Daten zu gewährleisten. Dies entspricht dem sogenannten EVA-Prinzip (Eingabe-Verarbeitung-Ausgabe).

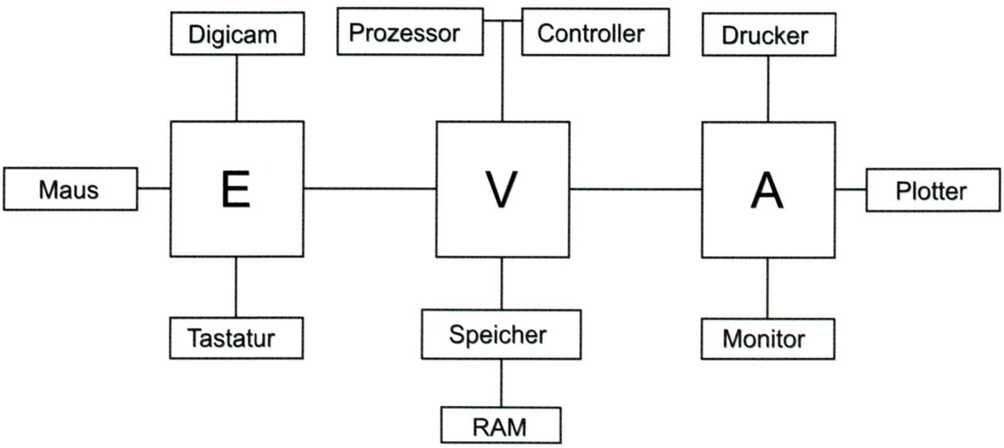

Zur Grundausstattung eines Computers, besonders des Personal Computers gehören neben dem eigentlichen Computer (der Zentraleinheit) Ein- und Ausgabegeräte. Eine immer größere Bedeutung erlangen Geräte, die die Datenkommunikation ermöglichen, also das Austauschen von Daten über Datenleitungen. Der Einsatz des Computers als Multimediainstrument für Lernzwecke (Lexika mit Videosequenzen usw., Lernprogramme mit Musik- und Sprachausgabe usw.) erfordert CD-ROM-Laufwerke, Soundkarten usw.

In der folgenden Tabelle sind die wesentlichen Bestandteile eines Computersystems zusammengestellt. Eine klare Unterscheidung zwischen den einzelnen Bereichen Zentraleinheit usw. ist nicht immer möglich. Bestimmte Bestandteile des Computersystems werden für Ein- und Ausgabezwecke genutzt.

Eingabegeräte/ Ausgabegeräte	Zentraleinheit	Speicher	Datenkommunikation/ Netzwerke/Multimedia

• Tastatur
• Maus
• Scanner
• Barcodeleser
• Digitalkamera
• Camcorder
• Bildschirm
• Drucker
• Plotter
• Lautsprecher
	• Motherboard mit
	  • Prozessor
	  • BIOS
	  • Controller
	  • Arbeitsspeicher
	    • ROM
	    • RAM
	  • Bussystem
	  • Steckplätze
	  • Schnittstellen
		• Festplatte
		• CD
		• DVD
		• Speicherkarten
		• USB-Sticks
		• MO-Laufwerk
		• Streamer
			• Modem
			• ISDN-Karte
			• DSL-Modem
			
			• Netzwerkkarten
			• Hub/Switch
			• Router
			
			• Grafikkarten
			• Soundkarte

Motherboard (Zentraleinheit)

Als Hauptplatine oder Mainboard bezeichnet man einen sehr wesentlichen Bestandteil der Zentraleinheit. Die Bezeichnungen sind in der Literatur jedoch nicht immer einheitlich. Das Motherboard ist auf einer Kunststoffplatte untergebracht, die als Träger für elektronische Bauteile (Arbeitsspeicher usw.) dient und Leitungsbahnen für die Verbindung der einzelnen Bauteile enthält. Platinen werden über Sockel, Steckplätze bzw. -leisten oder durch direktes Einlöten mit elektronischen Bauelementen und Chips bestückt.

Die nachfolgende Übersicht zeigt wichtige Elemente eines Motherboards. Es gibt verschiedene Motherboards, der Aufbau ist jedoch im Wesentlichen identisch.

1. Stromanschluss
2. IDE-Anschluss
3. Batterie
4. Chipsatz
5. RAM-Steckplätze
6. Chipsatz
7. Prozessor-Steckplatz
8. Maus-/Tastatur-Anschluss
9. IDE-Anschluss
10. PCI-Steckplätze
11. USB-Anschluss
12. Parallele Schnittstelle (LPT-Anschluss)
13. Serielle Schnittstelle (COM-Anschluss)
14. AGP-Steckplatz

Das Herzstück ist dabei der Prozessor, auch CPU (Central Processing Unit) genannt. Ein weiterer Bestandteil der Hauptplatine ist das BIOS (Basic Input Output System). Die Verbindungen zwischen den einzelnen Bestandteilen werden über Busleitungen vorgenommen, die z. B. Daten übertragen oder Befehle weitergeben. Controller sorgen unter anderem für den Aus-tausch größerer Datenmengen. Zur Erweiterung des Personal Computers sind Steckplätze vorhanden, die den Anschluss von zusätzlichen Geräten erlauben.

Central Processing Unit (CPU)

Die Aufgabe des Prozessors besteht darin, den Computer zu steuern (durch das Steuerwerk) sowie logische und arithmetische Operationen auszuführen (durch das Rechenwerk). Normalerweise ist ein Prozessor mit einem Cache-Speicher ausgerüstet, der die Arbeit des Prozessors beschleunigt. Ein Coprozessor unterstützt den Prozessor bei bestimmten Aufgaben, z. B. bei mathematischen oder grafischen Operationen. Der Mikroprozessor ist ein Chip. Als Chips bezeichnet man Bausteine, die Logik- und Speicherschaltungen zur Verfügung stellen.

CPU (Central Processing Unit) Prozessor  	**Steuerwerk** Die Kommandozentrale des Computers wird als das Steuerwerk bezeichnet. Die Eingabe, Verarbeitung und Ausgabe der Daten wird entsprechend der Reihenfolge der Befehle eines Programms abgearbeitet. Bevor die Befehle des Programms verarbeitet werden, müssen sie von einem Datenträger in die Zentraleinheit kopiert, vom Steuerwerk entschlüsselt und z. B. an das Rechenwerk weitergegeben werden. **Rechenwerk** Im Rechenwerk eines Computers (Arithmetic Logical Unit) werden die Daten verarbeitet, also z. B. mathematische Berechnungen vorgenommen. Zur Ausführung von mathematischen Operationen werden in Personal Computern integrierte Coprozessoren zusätzlich eingesetzt. **Cache (Prozessorcache)** Der Cachespeicher eines Prozessors dient der Zwischenspeicherung von Daten oder Programmteilen. Häufig benutzte Daten bzw. Programmteile werden in einem solchen Speicher zwischengespeichert und falls sie benötigt werden, schneller als aus dem RAM-Speicher (siehe Arbeitsspeicher) geladen.

Bei der Einschätzung der Leistungsfähigkeit eines Prozessors sind die Busbreite und die Taktfrequenz des Prozessors von entscheidender Bedeutung:

Busbreite	Die Busbreite gibt die Anzahl der Bits, die gleichzeitig übertragen werden, an. Die Bezeichnungen Bits und Bytes werden später erklärt. Mit einem 16 Bits breiten Datenbus werden pro Takt (siehe Taktfrequenz) 2 Bytes übertragen, mit 32 Bits 4 Bytes. Daher führt eine höhere Busbreite zu einer größeren Verarbeitungs- bzw. Übertragungsgeschwindigkeit. Verbindungen innerhalb der Zentraleinheit werden als interne Busse bezeichnet. Eine höhere Busbreite führt zu einer schnelleren Verarbeitung innerhalb eines Prozessors. Verbindungen zwischen der Zentraleinheit und anderen Bausteinen des Computers werden als externe Busse bezeichnet. Die Übertragungsgeschwindigkeit zwi-schen dem Prozessor und den übrigen Bestandteilen des Personal Computers wird durch eine größere Busbreite erhöht.
Taktfrequenz	Die Taktgeschwindigkeit wird in Megahertz (Millionen Taktungen/Sekunde) gemessen. Je höher die Taktfrequenz ist, desto schneller ist der Computer.

BIOS

BIOS-Chip  **BIOS-Software** 	Im BIOS sind wichtige Informationen zur Arbeitsweise des Personal Computers gespeichert. Auch alle Informationen, die der Computer während seines Startvorganges benötigt, sind in dem BIOS-Chip (Speicherbaustein) abgelegt. Das im BIOS gespeicherte Programm (BIOS-Software) stellt eine Verbindung zwischen der Hardware und dem Betriebssystem dar. Die Software kann aktualisiert werden. Erst das Betriebsystem ermöglicht die Arbeit mit dem Computer. Im BIOS-Chip auf dem Motherboard eines Personal Computers ist das „CMOS-RAM“ integriert. Es enthält wichtige und grundlegende Informationen zur Konfiguration des Computers. Im CMOS-RAM ist die aktuelle Zeit, das aktuelle Datum, der Typ der installierten Festplatte usw. gespeichert. Die Daten werden beim Starten des Computers aktualisiert.

Sockel und Slots

Sockel 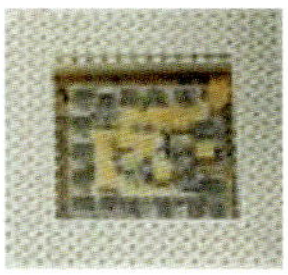	Als Sockel bezeichnet man die Fassungen für Chips. Der Prozessor eines Computers wird in der Regel in einen Sockel eingesteckt. Daher ist es unter Umständen möglich, den Computer später mit einem leistungsfähigeren Prozessor auszustatten. Oftmals sind die Sockel jedoch nicht in der Lage, einen verbesserten Prozessor aufzunehmen, da die Größe des Prozessors sich geändert hat.

Chipsatz zur Motherboardsteuerung

Chipsatz 	Die Steuerung des Motherboards wird über einen Chipsatz vorgenommen. Die einzelnen Komponenten des Motherboards werden miteinander verknüpft, sodass ein vernünftiges Arbeiten des Computers ermöglicht wird.

1.1.4 Schnittstellen

Die Verbindung zu den Peripheriegeräten (Drucker usw.) wird über Schnittstellen vorgenommen. Man kann dabei zwischen internen Schnittstellen, die sich innerhalb eines Computers befinden, und externen Schnittstellen, die sich außerhalb des Computers befinden, unterscheiden.

Interne Schnittstellen

PCI-Steckplatz 	In Steckplätzen können verschiedene Karten eingesetzt werden. Diese Karten (z. B. Grafikkarten) werden für spezielle Aufgaben genutzt, z. B. für die Ansteuerung eines Monitors. Moderne PCI-Steckplätze sind für PCI-X und PCI-Express ausgelegt.
PCMCIA 	Die PCMCIA-Schnittstelle ist eine Schnittstelle für Notebooks. Dadurch kann z. B. ein Netzwerk mit dem Notebook verbunden oder eine USB-Schnittstelle für ältere Notebooks zur Verfügung gestellt werden.

Externe Schnittstellen

Serielle Schnittstelle	Bei der seriellen Schnittstelle werden die einzelnen Bits (siehe Punkt Bit usw.) einzeln nacheinander übertragen (sequenzielle Übertragung). Die Schnittstelle wird nur noch selten verwandt.
Parallele Schnittstelle (Centronics-Schnittstelle)	Jeweils eine Bitgruppe (1 Byte = 8 Bit) wird übertragen. Dadurch steigt die Geschwindigkeit der Datenübertragung. Die parallele Schnittstelle wird in der Regel für den Druckeranschluss genutzt. Die Schnittstelle verliert an Bedeutung, da Drucker heutzutage in der Regel über die USB-Schnittstelle angeschlossen werden.
USB 1.1 **USB 2.0** **USB 3.0**	Der Universal Serial Bus ist ein modernes Bussystem, das alle bisherigen Anschlüsse für Drucker, Maus, Tastatur usw. vereint. Der aktuelle Standard USB 3.0 verspricht Datenübertragungsraten von bis zu 640 MByte/s, USB 2.0 überträgt bis zu 60 MByte pro Sekunde, der ältere Standard (USB 1.1) bis zu 1,5 MByte pro Sekunde.

1.1.5 Controller

Als Controller wird eine Geräteeinheit bzw. Hardware-Komponente bezeichnet, die zur Ansteuerung von Massengeräten wie Festplatten, Disketten-Laufwerken, DVD-Laufwerken usw. dient. In der Regel wird der Datenaustausch zwischen zwei verschiedenen Komponenten kontrolliert. Controller können auch Steckkarten sein, die in einen Steckplatz auf der Systemplatine eingesteckt und mit einem Kabel mit dem zu steuernden Gerät verbunden werden.

RAID-Controller (**R**edundant **A**rray of **I**nexpensive **D**isks)	Über Controller werden Peripheriegeräte angeschlossen. Es handelt sich meistens um IDE-Controller (integrated drive electronics), da der wesentliche Teil der Steuerelektronik im jeweiligen Gerät eingebaut ist. IDE-Controller befinden sich auf dem Motherboard.
SCSI-Controller 	An einem SCSI-Controller (Small Computer System Interface) lassen sich eine ganze Anzahl von Geräten gleichzeitig anschließen, also z. B. mehrere Festplatten und ein Scanner.

1.1.6 Bussystem

Personal Computer sind modular aufgebaut, das bedeutet, dass der Aufbau des Computers aus einzelnen, in der Regel voneinander relativ unabhängigen und klar voneinander getrennten Komponenten besteht. Die einzelnen Komponenten bestehen meist aus Chips, z. B. für die Ansteuerung eines Bildschirmes oder für die Ansteuerung von Peripheriegeräten wie Festplatten. Die Verbindung zwischen allen Elementen des Motherboards wie Prozessor, Arbeitsspeicher, Controller und Grafikkarte wird über das Bussystem hergestellt.

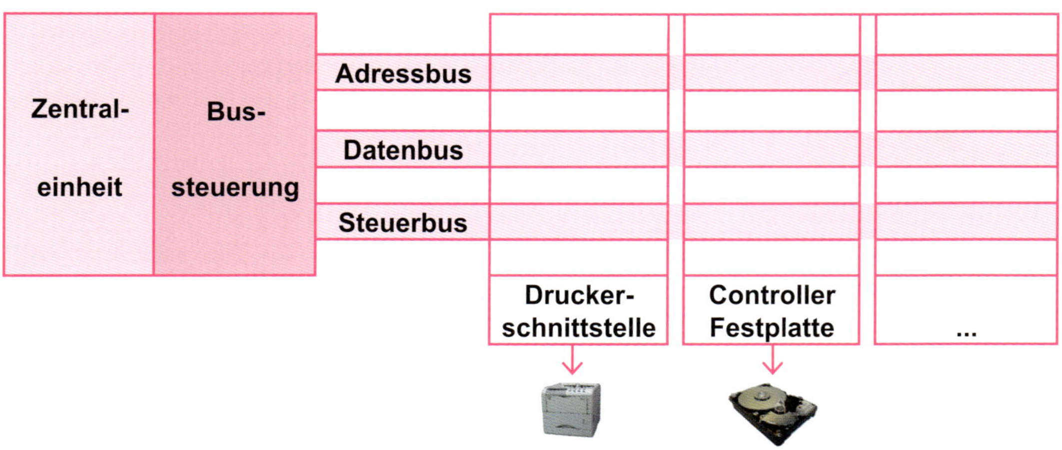

Die Aufgaben der einzelnen Busse lassen sich wie folgt beschreiben:

Steuerbus	Der Steuerbus überträgt Informationen vom Steuerwerk an die anderen Hardwarebestandteile des Computersystems. Durch die Übermittlung der Steuerbefehle wird die Funktionsfähigkeit des Computers gewährleistet.
Adressbus	Über den Adressbus wird die Speicherverwaltung des Computers abgewickelt. Jeder einzelnen Speicherzelle wird eine Adresse zugewiesen. In diesen Speicherzellen können dann Informationen abgelegt werden.
Datenbus	Leitungsbahnen, die Daten zwischen den einzelnen Komponenten des Computersystems übertragen, werden als Datenbus bezeichnet.

Auf dem Motherboard von Personal Computern befinden sich heutzutage je nach Ausstattung die folgenden Bussysteme:

PCI-Bus	Der PCI-Bus (peripheral component interconnect) ist das für Computer der Pentium-Klasse benutzte Bussystem. Es ist ein sogenanntes 32-Bit-System und erlaubt hohe Datenübertragungsraten.
PCI-X **PCI Ex-press**	Eine Erhöhung der Datenübertragungsleistung gegenüber dem normalen PCI-Bus wird mit PCI-X und PCI Express erreicht.
ISA-Bus	Der ISA-Bus (Industry Standard Architecture) wird heutzutage nur noch für langsame Karten wie Soundkarten und Modems benutzt.
AGP	Der AGP (Accelerated Grafics Port) ist ein moderner Bus zur schnellen Datenübertragung zwischen Prozessor und Grafikkarte.

1.1.7 Speicher und Speichern

Arbeitsspeicher

Der ausreichende Arbeitsspeicher eines Personal Computers ist eine wesentliche Voraussetzung für ein schnelles und effektives Arbeiten. Dabei ist zwischen dem ROM-Speicher und dem RAM-Speicher zu unterscheiden.

<table>
<tr><td rowspan="6">Arbeitsspeicher

SD-RAM
(Synchronous Dynamic Random Access Memory)
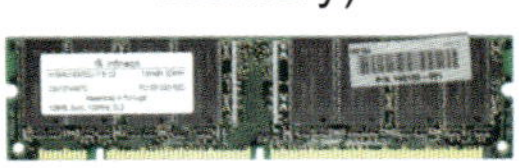

DDR-SDRAM
(Double Data Rate Synchronous Dynamic Random Access Memory)

Sockel für Arbeitsspeicher
</td><td>ROM (Read Only Memory)</td></tr>
<tr><td>Aus den ROM-Chips kann der Computer nur Informationen lesen. Sie werden z. B. benötigt, damit der Computer nach dem Einschalten einen Selbsttest durchführen und das Betriebssystem laden kann.

Auch ist es möglich, einzelne Programme auf ROM-Chips abzulegen, die dann jederzeit aktiviert werden können. Es ist vor allem bei Laptop-Computern sehr vorteilhaft, wenn das benötigte Programm direkt zur Verfügung steht. Die Informationen bleiben nach dem Ausschalten des Computers erhalten.</td></tr>
<tr><td>RAM (Random Access Memory)</td></tr>
<tr><td>Die RAM-Chips werden auch als Arbeitsspeicher oder Hauptspeicher bezeichnet. Im Arbeitsspeicher werden Daten abgelegt, auf die das Steuerwerk direkt sowohl lesend als auch schreibend zugreifen kann.

Die Daten in diesen Chips gehen mit dem Ausschalten des Computers verloren, werden also nicht dauerhaft gespeichert. Daher ist eine Abspeicherung der Daten auf einem externen Speicher notwendig. RAM-Bausteine werden in speziellen Steckplätzen auf der Hauptplatine des Personal Computers eingesetzt.

Ein PC kann normalerweise nachträglich mit RAM-Speichern aufgerüstet werden. Dabei ist zu beachten, dass es unterschiedliche RAM-Bausteine auf dem Markt gibt, z. B. den SD-RAM und DDR-SDRAM.</td></tr>
<tr><td>Cache</td></tr>
<tr><td>Der Cache dient dem schnellen Datenaustausch auf dem Motherboard. Häufig benutzte Daten werden zwischengespeichert und stehen daher schneller zur Verfügung.</td></tr>
</table>

Größe des Arbeitsspeichers

Grundlagen

Die Größe eines Speichers, aber auch von Dateien, wird in Byte, Kilobit, Kilobyte, Megabyte Gigabyte oder Terabyte angegeben. Je größer der Arbeitsspeicher eines Computers, desto leistungsfähiger ist er in der Regel. Es soll jedoch nicht verschwiegen werden, dass der Arbeitsspeicher in der Regel nur ein, wenn auch wichtiger, Gradmesser für die Leistungsfähigkeit eines Computers ist.

Begriffe wie Byte usw. sollen anschließend kurz erklärt werden, da sie nicht nur in Bezug auf den Arbeitsspeicher wichtig sind, sondern auch im Zusammenhang mit der Kapazität von Laufwerken und Datenträgern, der Größe eines Speichers, einer Datei, eines Bildes, einer Audio- , einer Videodatei usw.

Bit und Byte

Ein Bit (binäry digit, binäre Ziffer) ist die kleinste Speichereinheit einer Datenverarbeitungsanlage. Das Bit kann nur die Werte 0 oder 1 (geladen - ungeladen) enthalten. Zeichen wie Buchstaben, Ziffern usw. können in einem Bit nicht dargestellt werden.

Beim Begriff Byte handelt es sich um ein Kunstwort, das aus dem Wort Bit abgeleitet wurde. Ein Byte ist die kleinste adressierbare Speichereinheit eines Computers, es kann also einzelne Zeichen, einen Punkt einer Grafik usw. enthalten.

Grundsätzlich besteht ein Byte aus 8 Bits. Innerhalb des Bytes wird jedem einzelnen Bit ein unterschiedlicher Stellenwert gegeben. Dabei hat das letzte Bit auf der rechten Seite den geringsten und das äußerste Bit auf der linken Seite den höchsten Stellenwert. Der Stellenwert fängt dabei beim Wert 1 an und verdoppelt sich jeweils, bis der höchste Wert 128 erreicht ist. Es handelt sich dabei um die Potenzen des Wertes 2.

Stelle (Bit)	8	7	6	5	4	3	2	1
Potenzen	2^7	2^6	2^5	2^4	2^3	2^2	2^1	2^0
Stellenwert	128	64	32	16	8	4	2	1

Soll beispielsweise die Dezimalzahl 3 in eine binäre (duale) Zahl umgewandelt werden, so ergibt sich die Zahl 0000 0011. Die Erklärung ist relativ einfach. In der Zahl 3 sind die Zahlen (Stellenwerte) 2 und 1 enthalten, sie werden mit einer 1 angeben. Alle anderen Zahlen (Stellenwerte) sind nicht enthalten und werden daher mit einer 0 angegeben.

Kilobit, Kilobyte, Megabyte, Gigabyte und Terabyte

Während ein Byte ein Zeichen enthält, werden für größere Bytemengen andere, gängige Bezeichnungen verwandt. So wird der RAM-Speicher normalerweise in Megabyte, die Festplattenkapazität in Gigabyte angegeben.

1 Kilobit	1 Kilobyte (KB)	1 Megabyte (MB)	1 Gigabyte (GB)	1 Terabyte (TB)
2^{10} Bits = 1024 Bits = 128 Bytes	2^{10} Bytes = 1024 Bytes	2^{20} Bytes = 1024 Kilobyte (KB)	2^{30} Bytes = 1024 Megabyte (MB)	2^{40} Bytes = 1024 Megabyte (GB)

Möglichkeiten der Datenspeicherung

Während Daten im Hauptspeicher nach dem Ausstellen eines Computers verloren sind, können Daten auf externen Speichern dauerhaft gesichert werden. Daten können unterschiedlich abgelegt und bearbeitet werden, je nachdem, welcher Datenträger benutzt wird. Die folgende Übersicht gibt die Möglichkeiten der Datenspeicherung an:

sequenziell (fortlaufend, seriell)	Die einzelnen Datensätze werden hintereinander in einer logischen Reihenfolge, z. B. nach Artikelnummern, abgelegt. Die bearbeiteten Daten können nur in der angeordneten Reihenfolge (seriell) bearbeitet werden.
Index-sequenziell	Über eine Liste, die die Kernbegriffe (z. B Artikelnummer) einer gespeicherten Datei enthält, wird der Zugriff auf einzelne Datensätze erleichtert. Mit dem Kernbegriff ist ein Hinweis verbunden, wo sich der gesamte Datensatz auf dem Datenträger befindet. Sortierungen und andere Dateioperationen erfolgen anhand des Kernbegriffs.
Gestreut (wahlfrei, direkt)	Die Reihenfolge der gespeicherten Datensätze ist in gestreut organisierten Dateien beliebig. Die Adresse, wo der Datensatz auf dem Datenträger zu finden ist, wird in einer separaten Datei festgelegt.

Speichermedien und -geräte

Die Speicherung von Datenmengen wird auf Speichermedien vorgenommen. Diese Speicher können teilweise einmal (CD-R) oder mehrmals beschrieben (Festplatte usw.) oder nur gelesen werden (CD-ROM). Die nachfolgenden Bemerkungen zur DVD gelten im Wesentlichen auch für die CD (Compact-Disk), lediglich lassen sich nur ca. 700 Mbyte speichern.

DVD **DVD-Laufwerk** 	Die DVD (Digital Versatile Disk) erfasst Datenmengen von mehreren Gigabyte (in der Regel 4,7 Gigabyte). Aufgrund der großen Datenmenge können Lexika oder ganze Spielfilme auf dem Medium abgelegt werden. Die DVD wird durch einen Laserstrahl berührungslos und völlig verschleißfrei im DVD-ROM-Laufwerk gelesen. Neben DVD-Laufwerken für Computer werden DVD-Player angeboten. Diese Geräte dienen in der Regel als Abspielgerät für Spielfilme, die käuflich erworben werden können.
DVD+R **DVD+RW** **DVD-R** **DVD-RW** **DVD-Laufwerk** **DVD Double Layer** 	Für die Beschreibung von DVD-Scheiben gibt es zwei unterschiedliche Standards, den Plus- und den Minus-Standard. Mittlerweile unterstützen Laufwerke beide Standards. Die Wiedergabe auf dem Computer oder einem DVD-Player ist nicht von dem benutzten Standard abhängig. Die DVD-Datenträger können einmal (DVD+R, DVD-R) oder mehrfach (DVD+RW, DVD-RW) beschrieben werden. Die große Datenmenge (4,7 Gigabyte) ermöglicht die Sicherung des Inhaltes ganzer Teile einer Festplatte auf einem Datenträger. Besondere Bedeutung kommt dem Sichern von Videodateien zu. DVD-Scheiben und Laufwerke (DVD Double Layer) mit etwa der doppelten Kapazität sind seit 2004 auf dem Markt. Computer werden nur noch mit DVD-Laufwerken angeboten. DVD-Laufwerke können eine CD lesen und mithilfe eines Programms beschreiben, sodass ein CD-Laufwerk nicht mehr benötigt wird.
Blue-Ray-Disk 	Die Blue-Ray-Disk kann bis zu 200 GByte Daten aufnehmen. Sie soll die Nachfolge der DVD antreten. Laufwerke und Datenträger sind sehr teuer und noch nicht allgemein akzeptiert.

Festplatte (intern und extern)  	Die Festplatte, auch als Magnetplatte bezeichnet, ist der wichtigste Datenträger. Auf Festplatten lassen sich große Datenmengen (Festplatten bis 2 Terabyte (TB) sind heute üblich) speichern. Mehrere übereinander liegende magnetisierte Aluminiumscheiben können über Schreib-/Leseköpfe Daten auf die Festplatte schreiben bzw. Daten von der Festplatte lesen. Die Daten werden auf der Festplatte gestreut (wahlfrei, direkt) abgelegt. Interne Festplatten sind fest eingebaut. Externe Festplatten werden zumeist über die USB-Schnittstelle an einem PC angeschlossen.
USB-Sticks 	USB-Speichersticks (USB-Sticks) bieten die Möglichkeit, größere Datenmengen (zzt. bis zu 64 GByte) bequem zu sichern. Die Speichersticks werden an die USB-Schnittstelle angeschlossen und werden vom Betriebssystem *Windows 7* automatisch erkannt und im Windows-Explorer als Laufwerk angezeigt.
Speicherkarten und Kartenleser 	Speicherkarten werden vor allem in Digitalkameras benutzt. Die Dateien der Karten können dann direkt von der Kamera über die USB-Schnittstelle oder mithilfe von Kartenlesern über die USB-Schnittstelle auf den Computer übertragen werden. Diese Karten können ebenfalls zur Sicherung von Daten eingesetzt werden, da vom Computer über die Lesegeräte auch Daten auf die Karten übertragen werden können. Die SD Card ist heute Standard.  SD Card  Smart Media  Compact Flash  Memory Stick

1.1.8 Ein- und Ausgabegeräte – Tastatur, Scanner, Maus

Eingabegeräte sind vom Prinzip einfunktionale Geräte, das bedeutet, sie haben nur die Möglichkeit bzw. Aufgabe, zur Eingabe von Daten genutzt zu werden. Heutzutage sind jedoch immer mehr Zusatzfunktionen vorhanden, sodass Rückmeldungen an die Eingabegeräte oftmals erfolgen, die dann bei der Arbeit am Computer genutzt werden können. Zur Erleichterung der Datenerfassung werden neben der Tastatur heute zunehmend andere Geräte eingesetzt. Damit ist es beispielsweise möglich, Bilder, Grafiken und Texte automatisch einzulesen.

Tastatur 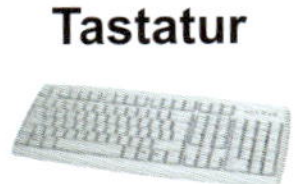 **Funktastatur** 	Die Tastatur besteht aus dem alphanumerischen Tastenfeld, welches im Wesentlichen der Schreibmaschinentastatur (DIN 2137) entspricht, den Funktionstasten (F1 bis F12), die in Programmen mit speziellen Funktionen versehen werden, dem Cursorblock mit speziellen Möglichkeiten wie dem Entfernen oder Einfügen von Zeichen und dem numerischen Tastenfeld, welches die Eingabe von Zahlen erleichtert. Zusätzlich zu den Schreibmaschinentasten gibt es Sondertasten wie die Tasten [**Strg**] und [**Alt**]. Funktastaturen erleichtern u. U. die Arbeit.
Scanner 	Eine Bild- oder Textvorlage wird vom Scanner abgetastet und als sogenannte Pixelgrafik eingelesen. Die Pixelgrafik besteht aus einzelnen Punkten, die zusammengesetzt das Bild ergeben. Die Pixelgrafiken der Texte werden durch OCR-Programme (Optical Charakter Recognition) in Texte umgewandelt.

Maus - Optische Maus 	Bewegungen, die mit der Maus ausgeführt werden, werden auf den Bildschirm übertragen. Computermäuse können per Kabel oder per Funk mit dem Computer verbunden werden. Optische Mäuse übertragen Handbewegungen mittels Kugel und Rädchen im Mausinneren. Ein Lichtstrahl wird auf die Tischoberfläche projiziert, die Reflexion von einem Sensor aufgefangen und in elektronische Befehle umgewandelt.
Scanner 	Eine Bild- oder Textvorlage wird vom Scanner abgetastet und als sogenannte Pixelgrafik eingelesen. Die Pixelgrafik besteht aus einzelnen Punkten, die zusammengesetzt das Bild ergeben. Die Pixelgrafiken der Texte werden durch OCR-Programme (Optical Charakter Recognition) in Texte umgewandelt.

1.1.9 Ausgabegeräte

Ausgabegeräte sind ebenfalls einfunktional und geben Daten aus. Die Daten werden vorübergehend auf dem Bildschirm oder dauerhaft z. B. auf Papier ausgegeben.

Bildschirm  **Grafikkarte**  **DVI-Kabel** 	Der Bildschirm gibt erfasste und verarbeitete Daten aus. In Verbindung mit der Tastatur wird er auch als Dialoggerät bezeichnet, da diese beiden Geräte den direkten Austausch von Informationen erlauben. Die Qualität der Datenausgabe wird im Wesentlichen von der Beschaffenheit des Monitors und der verwendeten Grafikkarte bestimmt. Mit der Grafikkarte wird der Monitor angesteuert. TFT-Bildschirme (Thin Film Transistor) lösen herkömmliche Computerbildschirme allmählich ab. Die Bildschirmtechnik arbeitet nicht mit einer Bildröhre, sondern mit Flüssigkristallen. Eingesetzt wird die Technik in Flachbildschirmen und tragbaren Computern. Die Monitore stellen die Farben besser als herkömmliche Monitore dar und bauen das Bild schnell auf. TFT-Bildschirme werden über einen DVI (Digital Visual Interface) angeschlossen.
Beamer 	Der Beamer projiziert ein Computerbild auf einen Hintergrund, eine Leinwand usw. Durch die große Darstellung eignet sich der Beamer für den Einsatz bei Vorträgen und Präsentationen, beispielsweise mit dem Programm *PowerPoint*. Über Beamer können auch Fernsehprogramme ausgegeben werden.
Plotter 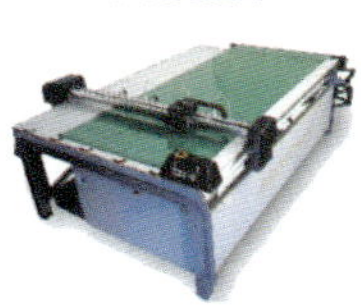	Ein Plotter ist ein Zeichengerät, das technische Zeichnungen oder Diagramme durch einen Stift zeichnet. In das Gerät können beliebige Stifte, Tuschefüller und Faserschreiber eingesetzt werden, die dann nicht einzelne Punkte aneinanderreihen, sondern das Ergebnis zeichnen. Der Stift, der zeichnet, wird durch eine spezielle Software in Richtung der x-Achse und der y-Achse bewegt.
Drucker 	Beim Laserdrucker werden die Druckergebnisse seitenweise ausgegeben. Der Drucker ist ein eigenständiger Druckcomputer, der die gesamte Seite im eigenen Speicher aufbaut und ausgibt. Beim Tintenstrahldrucker werden die einzelnen Punkte durch einen Tintenstrahl, der durch feine Düsen gespritzt wird, erzeugt. Vereinzelt findet man auch noch Nadeldrucker, die mithilfe von Stahlnadeln ein Druckbild erzeugen.

1.1.10 Multifunktionale Geräte

Multifunktionsgeräte 	Multifunktionale Geräte erledigen verschiedene Funktionen. So werden Geräte angeboten, die als Scanner, Faxgerät und Drucker genutzt werden können. Aufgrund des Preises stellen sie eine Alternative zum Kauf der einzelnen Geräte dar. Die Qualität ist in der Regel mit Einzelgeräten vergleichbar.

1.1.11 Multimedia

Multimediageräte

Unter dem Begriff „Multimedia“ versteht man in der Regel das Zusammenspiel von Tönen, Videosequenzen, Texten und Grafiken. Personal Computer und deren Zubehör ermöglichen die Erstellung multimedialer Dateien und deren Wiedergabe. Darüber hinaus können Datenträger erstellt werden, die z. B. auf DVD-Playern, MP3-Playern usw. abgespielt werden können. Wichtige Geräte zur Nutzung multimedialer Inhalte werden nachfolgend beschrieben.

Soundkarte Lautsprecherboxen  	Mit einer Soundkarte können Klänge und Musik abgespielt und aufgenommen werden. Die Karte wird in einen Steckplatz auf dem Motherboard gesteckt. An einer Soundkarte kann ein Mikrofon, eine Stereoanlage und/oder ein CD-ROM-Laufwerk angeschlossen werden. Normalerweise werden für die Tonausgabe kleinere Lautsprecher mit dem Computer verbunden. Aber auch Surround Sound Lautsprecher lassen sich problemlos anschließen. Die Ausgabe von Tönen erweitert die Möglichkeiten des Personal Computers. Lernprogramme, Spiele, Lexika usw. werden durch die Soundkarte interessanter und effektiver.
Grafikkarten 	Grafikkarten sorgen für die Ausgabe von Daten. 3-D-Grafikkarten unterstützen Multimediaanwendungen. Die Wiedergabe von digitalen Fotos, Videosequenzen usw. hängt insbesondere von der Qualität der Grafikkarte ab. Vor allem bei Spielen wird von der Grafikkarte eine schnelle Wiedergabe von Informationen erwartet.
Digitale Kamera 	Mit digitalen Kameras werden Fotos aufgenommen, die direkt auf einem Datenspeicher abgelegt werden. Später können diese Fotos in Texte usw. integriert werden. Die digitalen Kameras können auch als Eingabegeräte bezeichnet werden. Ihre Bedeutung ist vor allem im Zusammenhang mit multimedialen Anwendungen zu sehen.
Camcorder 	Digitale Camcorder zeichnen Filmsequenzen in digitaler Form auf. Die Ergebnisse können auf einen Computer übertragen und bearbeitet werden. Die erstellten Videoclips lassen sich in Präsentationen einbauen und verdeutlichen daher gesprochene Sachverhalte. Moderne Geräte sind sogar in der Lage, Videoclips per E-Mail zu versenden und MP3-Soundeffekte zu produzieren.
Webcam 	Eine Webcam ermöglicht es, Videokonferenzen abzuhalten oder Videomails zu versenden. Dazu müssen jedoch die entsprechenden Voraussetzungen, nicht nur beim Computer mit der Webcam, vorhanden sein. Grundsätzlich können auch Bildinformationen innerhalb eines vernetzten Raumes ausgetauscht werden.

Externe Multimediageräte

Multimediadateien werden heutzutage nicht nur am Computer wiedergegeben, sondern beispielsweise über MP3-Player und DVD-Player. Der Computer wird zur Erstellung von Medien wie Videofilmen oder MP3-Dateien genutzt.

Die Erstellung und Übertragung von Audio- und Videodateien wird im Kapitel *Multimediale Dokumente* erklärt.

MP3-Player	MP3-Dateien haben in den letzten Jahren einen einmaligen Siegeszug in der Musikszene angetreten. Player zum Abspielen dieser Dateien gibt es in unterschiedlicher Form.
MP3-Player mit CD 	Durch die geringere Größe der MP3-Dateien können bei vernünftiger Komprimierung und Qualität weit über 100 Musikstücke auf eine CD gebrannt werden. Die Player wirken im Gegensatz zu anderen Playern etwas klobig und sind daher in der Beliebtheit bei Nutzern in den letzten Jahren zurückgefallen.
USB-Sticks 	USB-Sticks können je nach Speicherkapazität mehrere Hundert Songs speichern. Die leichte Übertragung der Audiodateien über die USB-Schnittstellen, der Preis und das teilweise formschöne Aussehen machen den Player zum beliebten Wiedergabegerät.
MP3-Player mit Festplatte 	MP3-Player mit einer Festplatte können zum Teil mehr als 10 000 Musiktitel speichern. Aufgrund der hohen Speicherkapazität der Geräte können MP3-Dateien mit einer besonders guten Qualität verwandt werden. Die Auswahl einzelner Musikstücke ist in der Regel sowohl über den Titel als auch über den Interpreten möglich. Der Apple-iPod gilt aufgrund seines formschönen Designs als das bevorzugte Gerät. Allerdings haben andere Unternehmen mit konkurrenzfähigen Geräten nachgezogen.
DVD-Player 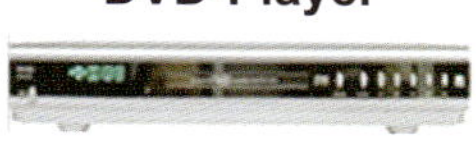	Mit dem DVD-Player lassen sich in der Regel verschiedene Medien nutzen. Auf Video-CD (VCD), Super-Video-CD (SVCD) oder DVD vorhandene Videofilme werden über ein Fernsehgerät wiedergegeben. MP3-Musik kann z. B. über den DVD-Player und eine Stereoanlage abgespielt werden.
DVD-Recorder 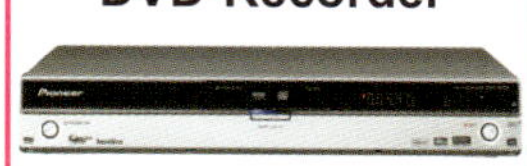	Der DVD-Recorder zeichnet Fernsehsendungen auf. Daneben ist er in der Lage, alle Medien, die ein DVD-Player ausgibt, ebenfalls wiederzugeben. Auf einer Festplatte aufgezeichnete Filme usw. können bei vielen Geräten auf eine CD oder DVD gebrannt werden.
Mobile Video-Player 	Mobile Video-Player können je nach Größe der Festplatte (z. B. 30 GB) bis zu 200 Spielfilme, Fernsehsendungen usw. wiedergeben. Sie sind normalerweise auch in der Lage, Musik und Fotos wiederzugeben. Aufgrund ihrer Größe eignen sich die Player beispielsweise dazu, sich während einer Bahnfahrt usw. Filme anzusehen, Musik zu hören usw. Sie können jedoch auch an Fernsehgeräte und Stereoanlagen zur Wiedergabe von Filmen bzw. Musik angeschlossen werden. Aufnahmen können in der Regel von jeder Videoquelle (Fernsehen usw.) gemacht werden.

Anschlüsse für Multimediageräte

Der Computer ist heutzutage nicht nur ein Arbeitsgerät für normale Büroanwendungen, sondern kann aufgrund der vorhandenen Anschlüsse für alle möglichen multimedialen Anwendungen genutzt werden. Aufgenommene Videos werden beispielsweise auf den Computer übertragen, dann bearbeitet und in Präsentationen eingebettet, über Medien-Player ausgegeben oder ins Internet gestellt.

Die folgende Übersicht beschreibt die Funktionen der Anschlüsse.

FireWire 	Über den Anschluss Firewire (IEEE-1394, i-Link) werden große Datenmengen sehr schnell beispielsweise zwischen einem digitalen Camcorder und einem Computer übertragen. Digitale Camcorder sind mit einer *DV-Out-Schnittstelle* ausgestattet. Mithilfe eines speziellen Kabels wird diese Schnittstelle mit der *FireWire-Schnittstelle* am Computer verbunden. Das Betriebssystem Windows 7 erkennt danach automatisch die Verbindung, sodass Daten übertragen werden können.  → 
Composite  **Gelbe Buchse**	Die Farb- und Helligkeitsinformationen eines Bildes (Videofilms) werden über eine gemeinsame Leitung übertragen. Dies führt dazu, dass sich die Signale gegenseitig stören können. Dadurch kann die Bildqualität negativ beeinflusst werden. Daher ist eine eventuell vorhandene S-Video-Verbindung (siehe nachfolgend) vorzuziehen. Die Steckerart wird als Cinch-Stecker bezeichnet. Die Buchsen am Computer, Videorecorder usw. sowie die Kabelenden sind in der Regel gelb. Die Audiosignale müssen separat übertragen werden.  → 
S-Video 	Über den S-Video-Anschluss werden Farb- und Helligkeitsinformationen eines Bildes (z. B. eines Filmes einer Videokassette) getrennt voneinander zum Computer übertragen. Die Bildqualität ist besser als beim normalen Videosignal (Composite), das die Informationen zusammen übermittelt. Die Audiosignale müssen ebenfalls separat übertragen werden.  → 
Audioeingang 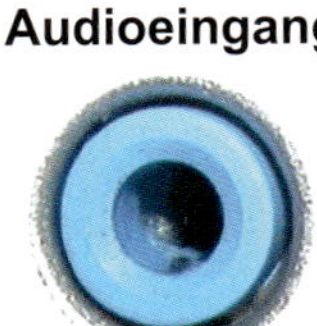 **Blaue Buchse**	Über den Audioeingang werden die Audiosignale (Musik usw.) von einem Videofilm aus einem Videorecorder, von einer Stereoanlage usw. auf den Computer übertragen. Soll beispielsweise ein Videofilm von einer VHS-Kassette oder einem analogen Camcorder auf den Computer übertragen werden, müssen sowohl die Bilder (über den S-Video- oder den Composite-Anschluss) als auch das Audio-Signal (über den Audioeingang) mittels der jeweiligen Kabel übertragen werden (roter und weißer Anschluss am Videorecorder, bei Scartanschluss wird ein Adapter benötigt).

Mikrofon 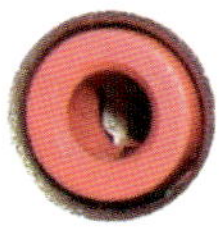 **Rosa Buchse**	Über ein Mikrofon oder ein sogenanntes Headset (Kopfhörer mit einem an einem Bügel montierten Mikrofon) können Geräusche (Sprache usw.) aufgenommen werden. Windows 7 ist beispielsweise im Bereich **Zubehör/ Unterhaltungsmedien** mit einem Audiorecorder ausgestattet, der Aufnahmen über das Mikrofon gestattet. Auch in anderen Programmen, z. B. in PowerPoint, besteht die Möglichkeit der Sprachaufnahme.   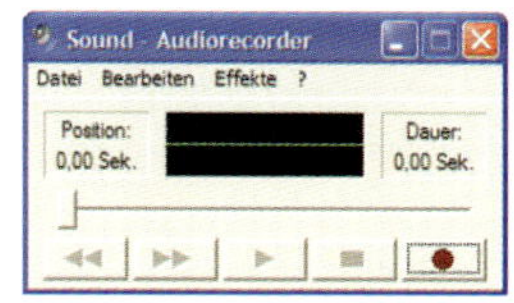 **Headset** **Mikrofon** **Audiorecorder**
Antennen-eingang **TV**	Mithilfe des Antenneneingangs wird das Fernsehbild mittels TV- bzw. Videokarte auf den Bildschirm eines Computers übertragen. Die TV-Karte ist über ein Antennenkabel mit der Fernsehantenne oder einem Kabelanschluss verbunden. Mithilfe von Programmen, z. B. des kostenlosen Windows Movie Maker, kann ein Fernsehprogramm dann aufgenommen und weiterverarbeitet werden.
Antennen-eingang **Radio**	Das Radioprogramm kann über den Antenneneingang Radio empfangen werden. Normalerweise wird ein entsprechendes Programm beim Kauf des Computers oder einer TV- und Radiokarte mitgeliefert. Die Audiosignale können dann in der Regel aufgenommen und digitalisiert werden.
USB 	Die USB-Schnittstelle ist die Schnittstelle, die heutzutage besonders zur Sicherung von großen Datenmengen (z. B. 512 MByte) auf USB-Sticks verwandt wird. Daneben ist es z. B. möglich, mithilfe von Kartenlesern, die an die Schnittstelle angeschlossen werden, Speicherkarten von Digitalkameras auszulesen. Die Digitalkameras können in der Regel auch direkt über diesen Anschluss angesteuert werden. MP3-Player können direkt an den Anschluss gesteckt werden. Die Musikstücke werden dann mittels spezieller Programme oder dem Windows Explorer übertragen.    **USB-Stick** **Digitalkamera** **MP3-Player**
Audioausgang  **Grüne Buchse**	Der Ton wird bei Computern über Lautsprecherboxen ausgegeben. Die Boxen sind teilweise in Bildschirmen integriert, besonderer Hörgenuss stellt sich jedoch erst ein, wenn entsprechende Lautsprecher vorhanden sind oder sogar eine 5.1-Lautsprecherausgabe erfolgt. Über die jeweilige Soundkarte (Systemsteuerung) muss die Ausgabe eingestellt werden.    **Kopfhörer** **2 Kanalmodus Lautsprecherausgabe** **6 Kanalmodus 5.1- Lautsprecherausgabe**

1.1.12 Anschlüsse für die Wiedergabe von Bildschirmsignalen an Fernseher usw.

Moderne Computer werden nicht nur im Büro eingesetzt, sie werden oftmals auch für Unterhaltungszwecke im Wohnbereich, in Gaststätten oder für Vereinszwecke genutzt. Soll eine Präsentation beispielsweise über einen Beamer oder ein Film über ein Fernsehgerät wiedergegeben werden, muss der Computer über die entsprechenden Anschlüsse verfügen.

In der folgenden Übersicht werden sowohl analoge als auch digitale Anschlüsse dargestellt. Die Übertragung über digitale Anschlüsse bietet zumeist einen Qualitätsvorteil, da bei der analogen Übertragung oftmals zunächst digitale in analoge Daten umgewandelt werden müssen und danach eine Rückumwandlung erfolgen muss.

SCART	**SCART** ist ein in Europa verbreiteter Standard-Anschluss für Audio- und Videogeräte. Weltweit spielt dieser Anschluss jedoch keine Rolle. Über eine entsprechende Scartbuchse am Computer können Daten analog an Fernsehgeräte usw. mithilfe eines Scartkabels übertragen werden.  **SCART-Buchse**  **SCART-Stecker**  **SCART-Kabel**
VGA	Der **VGA-Anschluss** ist ein analoger Bildübertragungsstandard für Stecker- und Kabelverbindungen zwischen Grafikkarten und Anzeigegeräten. Normalerweise wird das Videosignal vom Computer an den Monitor gesandt. Beim Einsatz eines Laptops kann ein Beamer über ein **VGA-Monitor-Kabel** angesteuert werden. Über eine Tastenkombination kann bestimmt werden, ob der Bildschirminhalt sowohl über den Laptop-Bildschirm als auch über den Beamer oder nur über ein Ausgabegerät wiedergegeben wird.  **VGA-Out**  **VGA-Stecker**  **VGA-Monitor-Kabel**
DVI	Die Schnittstelle **Digital Visual Interface** (DVI) dient zur digitalen Übertragung von Videodaten. Die Schnittstelle wird für den Anschluss von TFT-Bildschirmen an eine Grafikkarte eines Computers genutzt.  **DVI-Buchse**  **DVI-Stecker**  **DVI-Kabel**
HDMI	**High Definition Multimedia Interface** ist eine Schnittstelle, die eine volldigitale Übertragung von Audio- und Videodaten erlaubt. Damit können diese Daten beispielsweise in hervorragender Qualität vom Computer auf einen Fernseher übertragen werden.  **HDMI-Eingangsbuchse**  **HDMI-Stecker**  **HDMI-Kabel**

1.1.13 Datenkommunikationsgeräte

Die Datenkommunikation z. B. über das Internet erlangt eine immer größere Bedeutung. Über ein Telefonkabel werden benötigte Daten angefordert. Die Daten werden dann mithilfe des Providers auf einen Computer in einem Betrieb oder in einen Privathaushalt übertragen.

Die wichtigsten Datenkommunikationsgeräte werden nachfolgend dargestellt. Dabei werden auch heute noch vorhandene, aber nicht mehr verbreitete Geräte angesprochen.

Modem  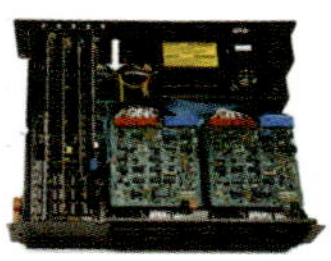	Durch Datenfernübertragung über das Telefonnetz werden Daten in Computer eingelesen bzw. auf andere Computer übertragen. Das Modem ist ein Gerät, welches eine direkte Verbindung des Telefonnetzes mit dem Computer ermöglicht. Ein Modem kann als externes Gerät oder als Steckkarte im Computer angebracht werden. Am häufigsten wird ein Modem als externes Gerät eingesetzt. Modem ist eine Abkürzung für Modulator/Demodulator. Das Modem wandelt die digitalen Daten eines Computers in hörbare Töne um. Damit können die Töne über die Telefonleitung übertragen werden. Das Modem am Empfängergerät wandelt die Töne wieder in digitale Daten um. Das Modem hat aufgrund der geringen Geschwindigkeit des Datenaustauschs in den letzten Jahren enorm an Bedeutung verloren. Ein Download etwa von Programmen aus dem Internet ist aufgrund der geringen Geschwindigkeit praktisch nicht möglich.
ISDN-Karte 	Durch einen ISDN-Anschluss (Integrated Services Digital Network) können Daten, Bilder, Texte und sprachliche Mitteilungen in einem einheitlichen Netz übertragen werden. Die Übertragung ist schneller als bei einem Modem und zudem sicherer. Umwandlungen der Daten wie beim Modem sind nicht notwendig. Die Karte wird in einen Steckplatz auf dem Motherboard eingesetzt oder als externes Gerät über eine USB-Schnittstelle angeschlossen. Auch die Nutzung von ISDN-Karten für die Übertragung von Daten aus dem Internet dürfte aufgrund der mangelhaften Geschwindigkeit immer weiter zurückgehen.
DSL-Modem 	Hochgeschwindigkeitszugänge zum Internet über normale Kupferdrähte werden z. B. über ADSL (Asymmetric Digital Subscriber Line) zur Verfügung gestellt. Die Übertragung der Informationen aus dem Internet ist dabei wesentlich höher als die Übertragungsgeschwindigkeit vom Nutzer zum Provider. Es handelt sich um eine asymmetrische Übertragung. ADSL eignet sich zum Downloaden großer Datenmengen aus dem Internet und dem schnellen Surfen im Internet. Übertragungsgeschwindigkeiten von bis zu 16 MBit in der Sekunde sind möglich. Die Deutsche Telekom bietet beispielsweise ihren Dienst *T-DSL* mit einer Download-Geschwindigkeit aus dem Internet von 16000/KBit/s und einer Upload-Geschwindigkeit von 384/KBit/s an. Den Internetanbietern wie der *Telekom* ist in den letzten Jahren ein starker Konkurrent in Form von Kabelnetzbetreibern erwachsen. Die Kabel dieser Unternehmen erlauben in der Regel noch höhere Übertragungsraten über ein DSL-Modem.

1.1.14 Netzwerkkomponenten

Die Vernetzung von Computern und damit auch die Nutzung von Daten anderer Computer, die gemeinsame Verwendung von Datenspeichern, Druckern usw. gewinnt in der Datenverarbeitung immer mehr an Bedeutung.

Selbstverständlich sind in Betrieben und Schulen Computer heutzutage vernetzt. Aber auch in Privathaushalten können vorhandene Personal Computer innerhalb kürzester Zeit miteinander verbunden werden. Dies ist oftmals bereits geschehen.

Die benötigten Hardwarekomponenten werden hier kurz vorgestellt. Es wird dabei der Tatsache Rechnung getragen, dass die einzelnen Computer heutzutage mittels Netzwerkkarten, Switch oder Hub und Twisted Pair-Kabel miteinander verbunden werden. Ein Router stellt oftmals die Verbindung zum Internet her.

Die folgenden Abbildungen zeigen exemplarisch den möglichen Aufbau eines Netzes, z. B. eine Lösung mit Server und angeschlossenen Clients (Client Server Computing) oder eine Lösung, in der einzelne Computer sowohl Server als auch Client darstellen (Peer-to-Peer Networking). Außerdem werden zwei sogenannte Netzwerktopologien (Sternnetz, Ringnetz) dargestellt, also mögliche Grundstrukturen eines Netzes.

Client Server Computing | **Peer-to-Peer Networking** | **Sternnetz** | **Ringnetz**

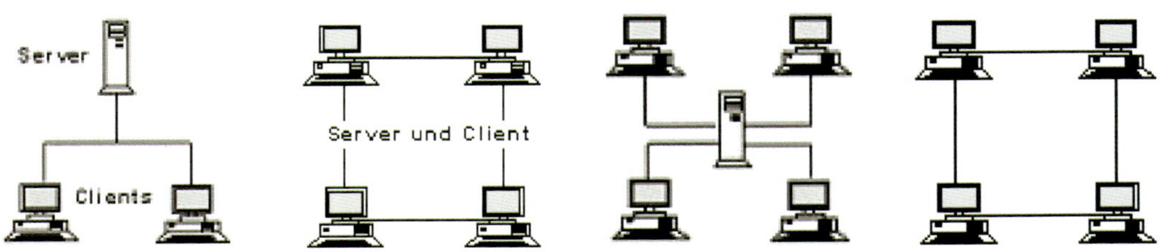

Nachfolgend werden die einzelnen Hardwarekomponenten eines Netzwerkes erklärt.

Netzwerkkarte

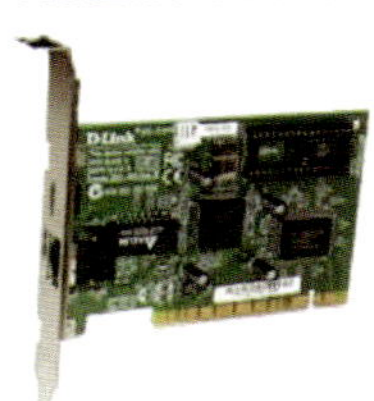

RJ 45 Stecker

Eine Netzwerkkarte, die in Personal Computer eingebaut wird bzw. oftmals, gerade bei Notebooks, schon zu den Standardkomponenten eines Computers zählt, bildet die Grundlage für die Vernetzung. Grundsätzlich stehen 10 MBit, 100 MBit, 1000 MBit oder Dual-Speed-Karten zur Verfügung, die mehrere Übertragungsgeschwindigkeiten erlauben. Die 1000 MBit-Karte entwickelt sich aufgrund des Preises immer mehr zum Standard.

Moderne Karten verfügen über eine RJ 45 Kupplung, sodass mittels eines Twisted-Pair-Kabels mit RJ 45 Stecker die Netzwerkkarte mit einen Switch oder Hub verbunden werden kann.

Ein Windows-System erkennt eine Netzwerkkarte in der Regel automatisch. Damit die Arbeit in einem Netzwerk möglich ist, muss ein Netzwerkkarten-Treiber installiert werden.

Netzwerkadapter
Realtek RTL8139-Familie-PCI-Fast Ethernet-NIC

Im Kapitel *Betriebssysteme* wird kurz auf die Arbeit mit Systemkomponenten eingegangen.

Switch **Hub** 	Ein Hub verschickt die zu sendenden Daten in Form einer Rundmeldung, d. h. die Daten werden erst einmal an alle Netzwerkkomponenten geschickt. Der Computer, der Ziel der Daten ist, nimmt die Daten dann an. Der Hub ist daher in gewisser Weise ein *dummer* Verteiler der Daten. Durch das wahllose Versenden der Daten wird das Netz stark belastet und die Geschwindigkeit sinkt mit jedem neu angeschlossenen Gerät. Ein Switch speichert die Zieladresse einzelner Netzwerkkomponenten und versendet die Daten direkt an die Zieladresse.
Twisted Pair-Kabel **RJ 45 Stecker** 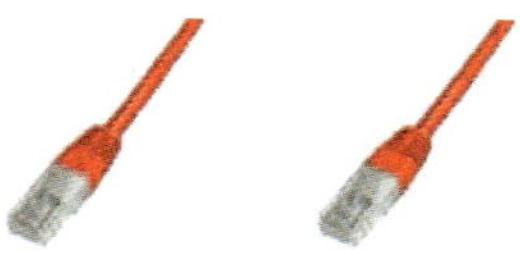	Diese Kabel verbinden mittels eines Hubs oder eines Switch mehrere Computer miteinander. Die maximale Übertragungsgeschwindigkeit beträgt 100 MBit pro Sekunde. An den Enden sind die Kabel mit RJ 45 Stecker ausgestattet, sodass sie auf der einen Seite in eine Netzwerkkarte mit einer RJ 45 Kupplung und an der anderen Seite in einen Hub oder Switch eingesteckt werden können und so die Verbindung zwischen den Computern herstellen. Als Cross-Over-Kabel (gekreuztes Kabel) bezeichnet man ein Kabel, welches ohne Hub oder Switch zwei Computer verbindet.
Bluetooth 	*Bluetooth* bezeichnet einen Standard zur drahtlosen Datenübertragung zwischen verschiedenen Geräten. Im Telekommunikationsbereich ist damit eine kostengünstige und einfache Möglichkeit gegeben, Kabel zu ersetzen. Zahlreiche Unternehmen des Telekommunikations- und Informationstechnikbereichs unterstützen diesen Standard. An den ISDN-Anschluss kann z. B. die Basisstation (Access-Point) angeschlossen werden. Der Computer erhält ebenfalls einen Sender und Empfänger, beispielsweise in Form einer Steckkarte für einen USB-Anschluss. Bis zu sieben Computer können mit der Basisstation kommunizieren, neu aufgenommene Geräte werden automatisch erkannt. Besonders die Nutzung von Laptops wird durch die drahtlose Übermittlung von Daten erleichtert.
Router 	Als Router bezeichnet man einen speziellen Computer oder eine sonstige Hardwarekomponente, die Verbindungen zu mehreren Netzwerken besitzen und den Datenverkehr zwischen diesen Netzwerken regeln. Router sind das Bindeglied zwischen Teilnetzen in Betrieben, sie sind ebenfalls das Bindeglied zwischen einem Firmennetz und dem Internet.
WLAN 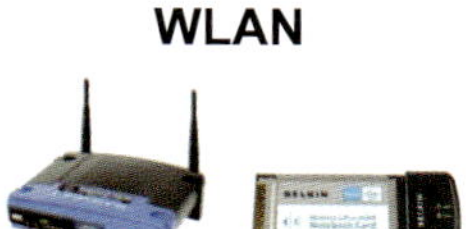	Ein Wireless-LAN ermöglicht die drahtlose Übertragung von Daten per Funk in einem begrenzten Bereich. Ein sogenannter Access Point stellt die Verbindung zu den einzelnen Computern im Netz her. Die Computer werden über Netzwerkkarten an das Funknetz angeschlossen.

1.2 Software

Softwarearten

Unter Software versteht man Programme, die es ermöglichen, mit einem Computer bestimmte Operationen auszuführen. Dabei werden zum einen Programme benötigt, die den Betrieb eines Rechnersystems ermöglichen und zum anderen Programme, die in der Lage sind, spezielle Aufgaben zu erfüllen.

Die Hardware eines Computers kann die Bearbeitung von betrieblichen und sonstigen Aufgaben allein nicht gewährleisten. Daher benötigt der Computer Systemsoftware, um Anwendungssoftware wie Finanzbuchhaltungs-, Tabellenkalkulations- oder Textverarbeitungsprogramme zu verarbeiten. Die Systemsoftware bezeichnet man auch als Betriebssystem. Die grundsätzliche Einteilung der Software kann daher folgendermaßen vorgenommen werden:

Software	
Systemsoftware (Betriebssystem)	**Anwendungssoftware**
Zur Systemsoftware gehören Programme, die beim Kauf eines Computers als Betriebssystem mitgeliefert werden. Außerdem werden Treiber für angeschlossene Geräte zur Verfügung gestellt.	Mithilfe der Anwendersoftware werden konkrete betriebliche und sonstige Aufgaben gelöst, z. B. die die Berechnung von betrieblichen Daten und deren Auswertung in Form von Grafiken.

Systemsoftware – Betriebssysteme

Die folgende Übersicht soll die wichtigsten Betriebssysteme kurz beschreiben:

Windows 7.0 **Windows 2000** **Windows Vista** **Windows XP** **Windows NT** **Windows 98**	Windows 7.0 ist die neueste Version des Betriebssystems von Microsoft. Das Betriebssystem wird in verschiedenen Versionen angeboten. Das Hauptaugenmerk bei der Entwicklung des Betriebssystems wurde auf eine vereinfachte Bedienung gelegt. Ältere Versionen des Betriebssystems sind auf der linken Seite aufgeführt.
MS-DOS	MS-DOS (Microsoft Disk Operating System) war ein Betriebssystem für einen Einzelplatzrechner. Es ist nicht mehrplatzfähig und verfügt über keine grafische Benutzeroberfläche.
Unix/Linux	Linux ist eine Variante von Unix, einem Betriebssystem, welches vor allem auf Großcomputern eingesetzt werden kann. Es wird oftmals als Betriebssystem für Räume genutzt, die vernetzt sind und an das Internet angeschlossen werden. Das Betriebssystem ist außerordentlich absturzsicher, allerdings auf Personal Computern nicht sehr weit verbreitet.

Die Systemsoftware besteht aus den Steuerprogrammen und Dienstprogrammen:

Systemsoftware	
Steuerprogramme	**Dienstprogramme**
Steuerprogramme lenken die Zentraleinheit und die entsprechende Peripherie. Sie binden damit alle Bestandteile des Computers in die Arbeit des Computers ein.	Dienstprogramme sind Bestandteile des Betriebssystems, um z. B. • Datenträger zu kopieren, • Dateien zu kopieren.

Anwendungssoftware

Arten von Anwendersoftware

Anwendersoftware wird nach Standard-, Branchen- und Individualsoftware unterschieden. Die Standardsoftware lässt sich in verschiedenen Bereichen einsetzen. Die Branchensoftware stellt Software für bestimmte Betriebe, z. B. Einzelhandelsunternehmen zur Verfügung. Es handelt sich dabei um kundenspezifisch angepasste Standardsoftware bzw. integrierte Unternehmenssoftware. Individualsoftware wird für bestimmte Zwecke programmiert und/oder auf Anforderung des Kunden eines Softwarehauses erstellt.

Anwendersoftware		
Standardsoftware	**Branchensoftware**	**Individualsoftware**
• **Softwaretools** ♦ Textverarbeitung ♦ Tabellenkalkulation ♦ Datenbank ♦ Präsentation • **Funktionssoftware** ♦ Finanzbuchhaltung ♦ Auftragsbearbeitung	• **Steuerberater** • **Einzelhandel** • **Großhandel** • **Banken und Sparkassen** • **Handwerkerprogramme** ♦ Bauhandwerk ♦ Klempnerhandwerk	• Programme, die für einen bestimmten Zweck programmiert werden ♦ Spiele ♦ Software für ein bestimmtes Projekt

Einsatzmöglichkeiten von Anwendersoftware

Die folgende Tabelle gibt einen Überblick über Einsatzgebiete von Softwareprodukten. Die Bereiche **Textverarbeitung**, **Tabellenkalkulation**, **Datenbank**, **Grafik** und **Internet** (Webbrowser) werden im Buch später genau beschrieben, andere hier kurz angesprochen.

Software	Anwendungsgebiete
DTP **Desktop Publishing**	DTP ermöglicht die Erstellung und Gestaltung umfangreicher Projekte wie z. B. die Erstellung einer Zeitschrift. Außerdem werden z. B. Plakate, Flyer usw. erstellt, da mit einem DTP-Programm Texte und Grafiken miteinander gemischt und verbunden werden können.
Buchhaltung	Die Finanzbuchhaltung erfasst alle Transaktionen eines Unternehmens in geldlicher Form. In der Anlagenbuchhaltung werden bewegliche und unbewegliche Anlagen und Gegenstände erfasst.
Auftragsbearbeitung	Von der Angebotserstellung bis zur Rechnungsschreibung usw. lassen sich mithilfe dieser Programme alle für die betriebliche Auftragsbearbeitung notwendigen Arbeiten erledigen.

Systementwicklung

Die Entwicklung einer funktionstüchtigen Software erfolgt systematisch in Schritten. Eine Übersicht soll den Prozess der Entwicklung einer Software kurz skizzieren:

Phase	Bedeutung
Planung	Durch die Planung werden in einem systematischen Prozess die Ziele und dafür benötigte Handlungen festgelegt. Es wird ein Verfahren oder eine Methode für das Erreichen des Ziels festgelegt.

Analyse	Die Analyse ist eine ganzheitliche systematische Untersuchung des Problems. Das untersuchte Objekt oder Subjekt wird zergliedert, in seine Bestandteile zerlegt und anschließend geordnet, untersucht und ausgewertet.
Entwurf (Design)	Als Software-Design (Software-Entwurf) wird das Entwerfen einer Software bezeichnet. Außerdem wird entsprechend den Anforderungen die Ausgestaltung der Software definiert.
Programmierung	Die Erstellung von Computerprogrammen wird als Programmierung bezeichnet. Unter Programmierung im weiteren Sinne versteht man alle Tätigkeiten, die mit der Erstellung eines Programms zusammenhängen, insbesondere auch den konzeptionellen Entwurf eines Programms. Die Umsetzung des konzeptionellen, abstrakten Entwurfes in den konkreten Quelltext (einer Programmiersprache) wird als Programmierung im engeren Sinne bezeichnet.
Test	Bei einem Softwaretext wird mittels Testfällen geprüft, ob das tatsächliche Verhalten der Software den erwarteten Ergebnissen entspricht.

Kommerzielle Programme, FreeWare und ShareWare

Der Computeranwender kann neben käuflich erworbener Software Programme nutzen, für die keine Kosten anfallen. Diese stehen käuflich erworbenen Produkten nicht oder nur unwesentlich nach. Die folgende Übersicht soll einzelne Arten von Programmen kurz erläutern:

Kommerzielle Programme	Diese Programme werden von Softwareunternehmen zum Zweck der Gewinnerzielung auf den Markt gebracht.
FreeWare	FreeWare-Programme können ohne anfallende Kosten genutzt werden. Oftmals sind diese Programme kommerziellen Programmen nicht unterlegen, haben jedoch nicht so viele Funktionen und Möglichkeiten.
ShareWare	Eine Software, die ohne Kosten für eine bestimmte Zeit genutzt werden kann, wird als ShareWare bezeichnet. Nach Ablauf der Zeit ist die Nutzung nicht mehr möglich oder nicht mehr erlaubt.

Zusatzsoftware

Beim Kauf von Hardware, als Free- oder ShareWare usw., werden eine Reihe hochwertiger Programme auf dem Markt zur Verfügung gestellt. Diese Programme lassen sich in der Regel für einen ganz bestimmten Zweck nutzen.

Scansoftware	Mithilfe einer Scansoftware werden Bilder, Grafiken, Texte und sonstige in Papierform vorliegende Dokumente über einen Scanner in den Computer eingelesen.
Texterkennungssoftware	OCR-Programme (Optical Character Recognition), wandeln als Grafiken eingescannte Seiten in Texte um.
Brennsoftware	Mithilfe einer Brennsoftware werden Daten auf einem Datenträger (CD, DVD) gesichert. Außerdem können die Programme Audio- und Videodatenträger erstellen.
Packprogramme	Packprogramme werden genutzt, um die Größe von Dateien zu verringern und/oder verschiedene Dateien zu einer einzigen Datei, die dann später wieder in einzelne Dateien entpackt werden kann, zusammenzufassen. Textdateien lassen sich in der Regel gut komprimieren, Bilder in der Regel nicht.

1.3 Informationsnetze – Netze und Datenkommunikation

1.3.1 Kommunikation

Grundlagen der Kommunikation

Unter dem Begriff Kommunikation versteht man den Austausch von Informationen. Grundsätzlich können Informationen zwischen Menschen untereinander, zwischen Menschen und Maschinen und zwischen Maschinen untereinander ausgetauscht werden.

Im eigentlichen Sinne können Informationen nur zwischen Menschen ausgetauscht werden, da nur sie in der Lage sind, die Bedeutung der Information zu erfassen. Der Begriff der Kommunikation wird jedoch heutzutage weiter gefasst und auch der Datenaustausch wird als Kommunikation verstanden. In der Datenverarbeitung werden im Rahmen der Kommunikation Daten ausgetauscht, etwa Texte, Bilder, Sprache usw.

Grundsätzlich lässt sich folgendes Kommunikationsmodell darstellen:

Sender		**Kanal**		**Empfänger**
Der Sender produziert das Signal.	Signale ➔	Der Kanal stellt die Verbindung zwischen Sender und Empfänger her.	Signale ➔	Der Empfänger bekommt das Signal.

Es besteht die Möglichkeit, dass Daten nur vom Sender zum Empfänger transportiert werden können (**Einwegkommunikation**). Dies ist beispielsweise bei einem Fernsehprogramm gegeben. Kann der Sender zum Empfänger und umgekehrt der Empfänger zum Sender werden, spricht man von **Zweiwegkommunikation**. Dies ist beispielsweise beim Austausch von Informationen zwischen zwei Computern oder bei einem Telefongespräch der Fall.

Werden Daten ausgetauscht, kann man diese mithilfe eines Codes verschlüsseln. Die Daten werden vom Sender codiert (verschlüsselt) und vom Empfänger decodiert (entschlüsselt).

Arten der Kommunikation

Verschiedene Kommunikationsarten ermöglichen die Kommunikation zwischen Menschen und Menschen, Menschen und Maschinen und Maschinen untereinander.

Sprachkommunikation	Durch die sprachliche Kommunikation werden Informationen im persönlichen Gespräch, im Telefongespräch oder über elektronische Medien, wie etwa dem Radio, ausgetauscht.
Textkommunikation	Die Textkommunikation stellt Informationen, z. B. in Form von Büchern, Videotextseiten im Fernsehen, Seiten im Internet usw. zur Verfügung. Im Internet ist es auch möglich, über die Tastatur des Computers Texte einzugeben, die dann weltweit in sogenannten Chat-Foren gelesen und ebenfalls textlich beantwortet werden können.
Bildkommunikation	Bilder werden z. B. über das Fernsehen zur Verfügung gestellt. Im Internet werden Bilder von Benutzern auf ihren Internet-Seiten zur Verfügung gestellt, die auf den heimischen Personal Computer geladen werden können. Das Bildtelefon stellt eine beliebte Möglichkeit der Kommunikation dar.
Datenkommunikation	Daten werden über Leitungen ausgetauscht. So kann man Programme und sonstige Informationen z. B. aus dem Internet laden. Allgemein werden über Datenleitungen betriebliche und sonstige Daten ausgetauscht.

1.3.2 Einplatz- und Mehrplatzsysteme

Computersysteme können als Einplatz- und Mehrplatzsysteme aufgebaut werden. Mehrplatzsysteme beinhalten Komponenten, die Vorstufen einer Vernetzung darstellen.

Einplatzsystem 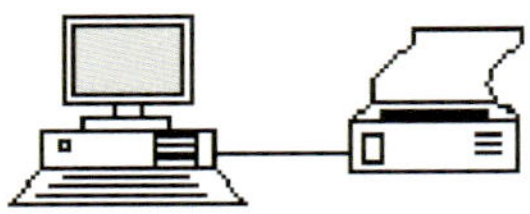	Bei einem Einplatzsystem ist die Zentraleinheit des Computers mit anderen Komponenten verbunden wie • einem Dialogterminal (Tastatur und Bildschirm) • Diskettenlaufwerk, Festplatte, CD-ROM-Laufwerk • Drucker
Mehrplatzsystem 	Bei einem Mehrplatzsystem ist die Zentraleinheit des Computers mit anderen Komponenten verbunden wie • mehreren Dialogterminals (Tastatur und Bildschirm) • Diskettenlaufwerk, Festplatte, CD-ROM-Laufwerk • Drucker Die Zentraleinheit wird von mehreren Teilnehmern genutzt, da die einzelnen Dialogterminals keine eigene „Intelligenz" haben. Das System wird durch ein Multi-User-Betriebssystem gesteuert, welches in der Lage ist, die Prozessorzeit auf die verschiedenen Benutzer zu verteilen (Time-Sharing-Verfahren).

1.3.3 Kommunikationsnetze – LAN – WAN usw.

Begriff

Ein Netzwerk, das der Kommunikation zwischen Anwendern dient, wird als Kommunikationsnetz bezeichnet. In einem Kommunikationsnetz können Daten, Sprache, Töne und Bilder übertragen werden.

Ein Netzwerk besteht aus zwei oder mehreren Rechnern, die über Leitungen miteinander verbunden sind. Über eine spezielle Software können die Rechner miteinander kommunizieren und somit die Ressourcen aller Computer, z. B. Drucker oder Festplatten, nutzen.

Netzwerkarten

Grundsätzlich lassen sich die Netzwerke in Netzwerke, die dem innerbetrieblichen, dem regionalen und dem weltweiten Austausch von Informationen dienen, unterscheiden.

LAN (local area network)	Die untereinander verbundenen Computer eines Betriebes bilden ein Netzwerk. Der Datenaustausch wird dadurch vereinfacht. Vorhandene Geräte, wie etwa Drucker oder Festplatten, können von verschiedenen Computern genutzt werden.
Wireless-LAN (wireless-local area network)	Computer in einem begrenzten Bereich werden drahtlos miteinander verbunden. Die Daten werden per Funk übertragen.
MAN (metropolitan area network)	In einer Region vorhandene lokale Netzwerke werden miteinander verbunden.
WAN (wide area network)	Ein überregionales, meist weltweites Netz schließt die Computer verschiedener Betriebe oder anderer Benutzer (z. B. Privatpersonen) zusammen. Das bekannteste weltweite Netz ist das Internet.

1.3.4 Intranet – Extranet

Netzwerke, die auf der Grundlage der Techniken des Internets beruhen und einem geschlossenen Anwenderkreis zur Verfügung stehen, sind entweder als Intranet oder als Extranet organisiert. Der Unterschied ergibt sich aus den im Netz zugelassenen Personen.

Intranet	Ein Netzwerk, welches nur von festgelegten Personen (Mitarbeiter eines Unternehmens, Schülern einer Schule, Mitglieder eines Vereins usw.) genutzt werden kann, wird als Intranet bezeichnet. Als Techniken werden die Möglichkeiten des Internets genutzt. Dazu gehört u. a., dass das Internetprotokoll TCP/IP als Netzwerkprotokoll und Webbrowser wie Mozilla Firefox oder der Internet-Explorer von Microsoft als Benutzeroberfläche genutzt werden. Eine räumliche Begrenzung für das Intranet ist nicht unbedingt notwendig. Über ein Intranet können auch beispielsweise Mitarbeiter eines Unternehmens kommunizieren, deren Arbeitsplätze an verschiedenen Orten auf der Erde liegen. Dabei werden beispielsweise ganz normale Datenleitungen genutzt, die auch für das Internet benötigt werden. Über ein Intranet findet ein Teil der Kommunikation in einem Betrieb statt. So können Mitarbeiter beispielsweise in Foren Probleme diskutieren, betriebsinterne Anweisungen gegeben und Dokumente, Formulare usw. zur Verfügung gestellt werden.
Extranet	Bei einem Extranet handelt es sich um eine Erweiterung des Intranets. Eine festgelegte Gruppe von externen Benutzern hat ebenfalls Zugriff auf bestimmte Daten, Programme usw. Bei den genutzten Datenleitungen kann es sich um ein vollkommen separates privates Netz handeln, wo über Standleitungen Informationen ausgetauscht werden. Es gibt jedoch auch Verbindungen, die besonders geschützt über ein öffentliches Netz geschaltet werden (Virtual Private Networks). Um unbefugte Nutzer auszusperren, werden Verschlüsselungen der Daten vorgenommen. Zur Nutzung des Extranets werden ebenfalls Techniken des Internets genutzt, wie beispielsweise als Benutzeroberfläche ein Browser. Ein typisches Beispiel für die Nutzung eines Extranets ist der Einsatz in der Industrie. Großunternehmen (z. B. Automobilhersteller) geben ihren Kunden (z. B. Automobilhändler) die Möglichkeit, Informationen über Lieferungsmöglichkeiten für Ersatzteile usw. direkt vom Unternehmenscomputer abzurufen.

1.3.5 Internet

Beim Internet (**Inter**connected **Net**works) handelt es sich um weltweit zusammengeschaltete Netzwerke, die es gestatten, Verbindungen zwischen Computern herzustellen. Im Prinzip kann damit jeder Computer, der an einer Datenleitung angeschlossen ist, weltweit mit jedem anderen an einer Datenleitung angeschlossenen Computer kommunizieren.

Das Internet besteht aus verschiedenen Diensten, nicht nur aus dem *World Wide Web*, welches oftmals mit dem Internet gleichgesetzt wird. Das Internet ermöglicht beispielsweise das Versenden von Mails oder das Telefonieren über das Internet, ein Dienst, dessen Bedeutung innerhalb kürzester Zeit enorm an Bedeutung zugenommen hat.

Im Kapitel *Information und Kommunikation* wird auf das Internet, seine Dienste usw., eingegangen.

1.3.6 Telekommunikationsnetze – Telefonnetz und Computer

Telekommunikationsnetze werden in Deutschland vor allem von der Telekom zur Verfügung gestellt. Andere Anbieter, z. B. Elektrizitätswerke, beteiligen sich am Wettbewerb in diesem Bereich seit die Monopolstellung der Telekom aufgehoben und der freie Wettbewerb eingeführt wurde. Einige Kommunikationsnetze werden nachfolgend kurz beschrieben:

Telefon	Durch Umwandlung von Schallwellen in elektrische Signale und ihre anschließende Rückumwandlung ermöglicht das Telefon das Senden und Empfangen von Tönen.
ISDN	Das ISDN (Integrated Services Digital Network) vereinigt alle Datendienste (Sprache, Texte, Daten, Bilder) in einem einheitlichen digitalen Dienst. Dadurch wird die Datenkommunikation vereinfacht, beschleunigt und sicherer.
A-DSL **T-DSL**	Über Kupferdrähte (herkömmliche Telefonleitungen) wird ein Hochgeschwindigkeitszugang zum Internet zur Verfügung gestellt. Das Angebot der Deutschen Telekom *T-DSL* ermöglicht bis zu 16000 KBit/s download und 376 KBit/s upload. Dies bedeutet, dass Daten schneller aus dem Internet bezogen werden können als Daten über das Internet versandt oder in das Internet übertragen werden können. Alternative Angebote werden von anderen Providern und vor allem von Kabelnetzanbietern zur Verfügung gestellt.

1.3.7 Netzwerkbetriebssysteme und Netzwerktopologien (-architektur)

Netzwerkbetriebssysteme

In einem Netz kann das Zusammenwirken der Computer so aufgebaut werden, dass einem Computer eine herausragende Rolle in dem Netz zugeordnet wird **(Client Server Computing)** oder alle Rechner im Netz gleichberechtigt sind **(Peer-to-Peer Networking)**.

Client Server Computing 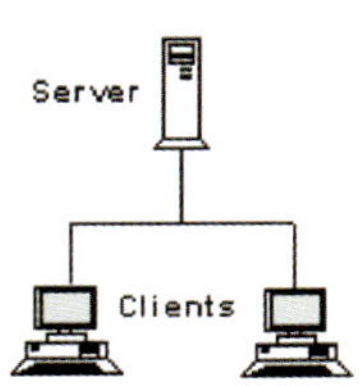	Bei diesem System stellen ein oder mehrere Computer, sogenannte Server, Informationen (Programme und Daten) und Hardware (z. B. Drucker) im Netz zur Verfügung. Die angeschlossenen Rechner (Clients) können die Informationen abrufen und nutzen. Der Verwalter des Netzwerkes (Supervisor) vergibt an die einzelnen Client-Anwender bestimmte Zugriffsrechte, z. B. darf der einzelne Benutzer bestimmte Programme aufrufen oder bestimmte Daten bearbeiten.
Peer-to-Peer Networking 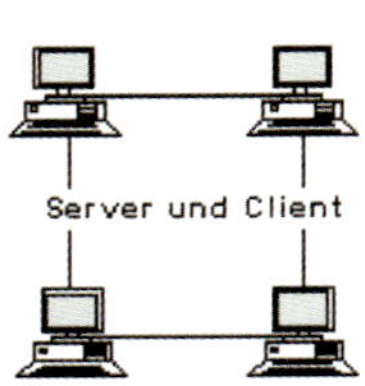	Bei einen Peer-to-Peer-Netzwerk sind die einzelnen Rechner im Netzwerk gleichberechtigt. Jeder Computer hat sowohl Server- als auch Clientfunktionen. Er stellt also Informationen im Netz zur Verfügung und kann Informationen von anderen Rechnern im Netz abrufen. Der Nachteil dieses Systems liegt sicherlich darin, dass keine zentrale Daten- und Zugriffsverwaltung erfolgt. So können auf den einzelnen Computern unterschiedliche Datensätze vorhanden sein.

Netzwerktopologien (-architektur)

Die Struktur eines Netzes wird nach bestimmten Netzwerktopologien (Netzwerkarchitektur) aufgebaut. Die im Folgenden dargestellten Möglichkeiten sind Grundstrukturen. In der Praxis werden die Netze häufig als Kombinationen dieser Grundstrukturen aufgebaut.

Ein wesentliches Kriterium für die Wahl der Netzform ist sicherlich die Funktionsfähigkeit des Netzes. Daher werden vor allem in Betrieben Netzwerke bevorzugt, die beim Ausfall einer Leitung nicht zum Ausfall des gesamten Netzes führen.

Ringnetz 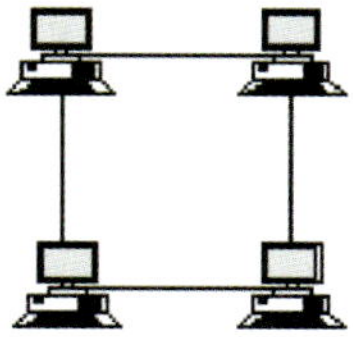	Bei einem Ringnetz sind die Computer ringmäßig miteinander verbunden. Jeder Computer ist mit je zwei Nachbargeräten verbunden. Die Nachrichten wandern von einer Station zur anderen, bis ein Computer erkennt, dass eine Nachricht für ihn bestimmt ist. Der Rechner nimmt die Information dann aus dem Ring. Eine Leitungsunterbrechung führt zum Ausfall des gesamten Netzes. Die Betriebssicherheit kann durch einen Doppelring mit zwei getrennten Leitungen erhöht werden. Die bekannteste Ringtopologie ist das 1985 von IBM vorgestellte Token-Ring-Verfahren, das sicherstellt, dass nie zwei Netzknoten gleichzeitig senden. Dafür wird ein bestimmtes Kennzeichen, das Token, von Station zu Station geschickt.
Sternnetz 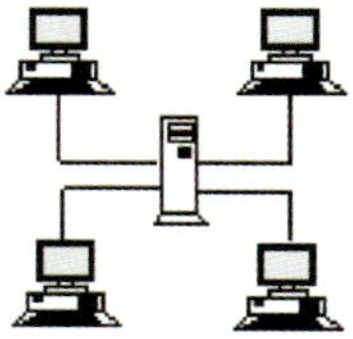	Bei einem Sternnetz sind mehrere Computer stern- oder strahlenförmig mit dem Server verbunden. Die Zentrale bildet den Netzknoten. Das Netz ist bei Störungen des Servers nicht mehr funktionsfähig. Der zentrale Netzknoten, der Server, kann z. B. nacheinander alle Rechner abfragen, ob sie senden wollen. Die Leistungsfähigkeit des Sternnetzes hängt von der Leistungsfähigkeit des Servers ab. Der Vorteil des Sternnetzes besteht darin, dass der Ausfall einer Leitung nur einen teilnehmenden Rechner betrifft. Der Fehler im Netz kann daher leicht erkannt werden.
Busnetz 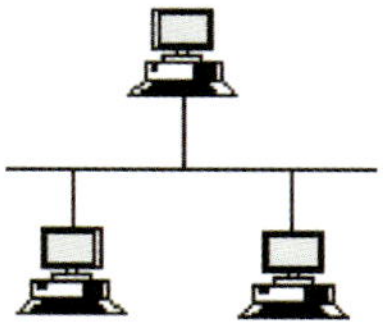	Bei einem Busnetz sind die einzelnen Rechner, also der Server und die Clients (Arbeitsplatzrechner) durch ein Netzwerkkabel, dem Bus, miteinander verbunden. Die Teilnehmer sind an einen zentralen Bus angeschlossen, der die Steuerung und Nachrichtenübermittlung übernimmt. Dieser Netztyp ist die technisch einfachste Form der Vernetzung und eignet sich für ein relativ einfaches Netz, in dem die Computer nur gelegentlich miteinander kommunizieren.
Maschennetz 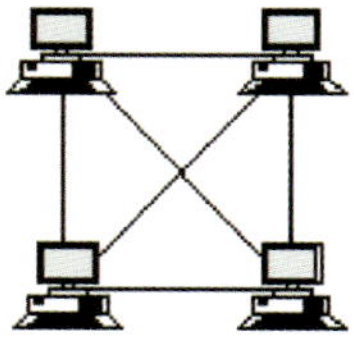	In einem Maschennetz ist jeder Teilnehmer mit einem anderen Teilnehmer direkt verbunden. Ein solches Netzwerk ist extrem unempfindlich gegen Ausfälle von Leitungen und sonstige Störungen, da die einzelnen Verbindungen unabhängig voneinander sind. Bei Ausfall einer Datenleitung kann der Datenverkehr umgeleitet werden. Da viele Datenleitungen benötigt werden, verursacht das Netz relativ hohe Kosten.

1.4 Informationstechnologie im Alltag

Vorbemerkungen

Computer bestimmen heutzutage die Arbeitswelt in vielfältiger Weise. Sowohl in der Verwaltung als auch in der Produktion ist der Einsatz von Computern selbstverständlich.

Grundsätzlich ist davon auszugehen, dass die menschliche Arbeit sinnvoll durch den Einsatz von Computern ergänzt wird. In vielen Bereichen lassen sich Arbeiten ohne den Einsatz von Computern überhaupt nicht mehr ausführen.

Computereinsatz und/oder menschliche Arbeit

Anhand einiger Beispiele sollen Vor- und Nachteile des Einsatzes von Menschen und Computern im Arbeitsleben kurz erläutert werden. Die Aufstellung ist jedoch keineswegs vollständig.

Art		Computer	Mensch
Kunden-beratung	**Vorteile**	• Erfassung, Speicherung und Auswertung der für die Beratung notwendigen Daten.	• Beratung, zugeschnitten auf die individuellen Wünsche und Gegebenheiten des Kunden.
	Nachteile	• Notwendige Schlüsse können vom Computer nicht gezogen werden. • Individuelle Auswertungen kann der Computer nicht erstellen.	• Arbeitsumfang für die Erfassung usw. von Daten zu langwierig und gegebenenfalls ungenau.
Produktion	**Vorteile**	• Massenfertigungen verbilligen die Produktion. • Qualität der Produkte gleichbleibend.	• Erstellung von Spezialprodukten. • Erstellung von Programmen zur Produktionssteuerung. • Eingreifen bei Produktionsstörungen.
	Nachteile	• Notwendigkeiten zur Anpassung an veränderte Gegebenheiten werden nicht erkannt. • Produktionsstörungen bei Maschinenausfall von computergesteuerten Maschinen und Computerfehlern.	• Menschliche Arbeitskraft ist zu teuer. • Qualität ist bei Massenproduktion nicht garantiert.
Verkauf	**Vorteile**	• Schnelle Bereitstellung von Informationen (Preis, Testergebnisse usw.) • Automatische Abrechnungen	• Individuelle Beratung der Kunden in Bezug auf Qualität usw. der Ware. • Flexible Preisgestaltung
	Nachteile	• Keine individuelle Beratung	• Hohe Personalkosten

Einsatz von Großcomputern und Personal Computern in der Arbeitswelt

Neben den Personal Computern, die heute in Betrieben, Schulen und Privathaushalten millionenfach eingesetzt werden, werden Großrechner in Betrieben und Behörden eingesetzt, um die Arbeiten zu erledigen bzw. bei der Erledigung der Arbeiten Menschen zu unterstützen.

In der folgenden Tabelle werden einige Einsatzmöglichkeiten kurz erläutert. Es werden bewusst nicht alle Anwendungsgebiete und Wirtschaftsbereiche angesprochen.

Art	Unternehmensart und Tätigkeiten

Betriebe (Geschäftswelt)	• **Industrie- und Handelsbetriebe**
	  • Verwaltung aller betrieblichen Daten (Kunden, Lieferanten, Artikel, Aufträge, Personal usw.)
	  • Buchungssysteme
	• **Versicherungen**
	  • Verwaltung von Kundendaten
	  • Programme zur Ermittlung von Versicherungsprämien, Auszahlungsbeträgen usw.
	• **Banken**
	  • Buchungssysteme
	  • Verwaltung von Kundendaten
	  • Onlinebanking

Staat (Behörden)	• **Finanzverwaltung (Finanzamt)**
	  • Berechung von Steuern
	  • Steuerbescheide
	• **Kommunen (Gemeinde, Stadt) und Kreise**
	  • Meldewesen (Einwohner)
	  • Gewerbeanmeldung
	  • Kfz-Registrierung
	• **Bund, Länder**
	  • Volkszählung
	  • elektronische Wahl

Gesundheitswesen (Krankenhäuser)	• **Krankenkassen**
	  • Abrechnung von Krankenkassenbeiträgen
	  • Krankengeld, Behandlungskosten, Krankenhauskosten
	• **Krankenhäuser**
	  • Patientenverwaltung
	  • Computergesteuerte Diagnose, Behandlung und Kontrolle

Erziehungswesen	• **Universitäten, Hochschulen und Schulen**
	  • Verwaltung von Schüler- und Lehrerdaten
	  • Hausaufgabenabruf über das Internet
	  • Fernstudium
	  • Lernsoftware (CBT [Computer Based Training])

Telearbeit

Vorbemerkungen

Die Arbeitswelt hat sich seit einigen Jahren in verschiedenen Punkten geändert. War es noch vor Jahren kaum denkbar, dass anspruchsvolle Arbeit außerhalb der Gebäude des Arbeitgebers verrichtet werden konnte, so ist dies dank moderner Kommunikationstechniken heutzutage problemlos möglich. Dies besagt jedoch nicht, dass jede neue Arbeitsform unproblematisch ist.

Begriff

Die Telearbeit, vor allem Büroarbeiten, beruht auf den folgenden Grundlagen:

- Der Arbeitnehmer ist beim Arbeitgeber fest angestellt, der Arbeitsplatz ist jedoch zumindest teilweise räumlich vom Betrieb des Arbeitgebers getrennt.
- Die Tätigkeit des Arbeitnehmers beruht auf programmgesteuerten Arbeitsmitteln, es werden z. B. zu Hause Konstruktionen erstellt oder Aufträge bearbeitet.
- Die Verbindung des häuslichen Arbeitsplatzes mit dem Unternehmen ist durch elektronische Kommunikationsmittel gegeben. Der Arbeitnehmer hat feste Arbeitsergebnisse vorzulegen und Termine einzuhalten.

Arten

Bei der Telearbeit lassen sich einige Formen unterscheiden:

Art	
Teleheimarbeit	Der Arbeitsplatz ist ausschließlich in der Wohnung des Arbeitnehmers.
Alternierende Telearbeit	Der Arbeitsplatz ist sowohl im Betrieb als auch in der eigenen Wohnung vorhanden.
Mobile Telearbeit	Besonders Vertreter usw. verrichten ihre Tätigkeit an verschiedenen Orten und senden Daten über das Internet an das eigene Unternehmen.

Vor- und Nachteile der Telearbeit

Die Telearbeit ist mit einigen Vor- und Nachteilen für die einzelnen Beteiligten verbunden:

	Vorteile	Nachteile
Arbeitnehmer	• bessere Vereinbarkeit zwischen Beruf und Arbeit • Individueller Arbeitsrhythmus	• soziale Isolation • Karriereeinbußen • evtl. unsicherer Arbeitsplatz
Unternehmen	• Kostenersparnis (Büroraum) • Bedarfsgerechter Einsatz der Mitarbeiter • evtl. größere Kundennähe	• höherer Koordinierungsaufwand • mangelnde Datensicherheit und mangelnder Datenschutz • Unwirtschaftlichkeit
Gesellschaft	• weniger Verkehrsprobleme • Schaffung von Arbeitsplätzen	• Verlagerung von Arbeitsplätzen ins Ausland (Niedriglohnländer)

1.5 Gesundheit, Sicherheit und Umweltschutz

Das Kapitel finden Sie als PDF-Datei unter der Internetadresse *www.berufliche-informatik.de/Office.html*.

1.6 Sicherheit

1.6.1 Vorbemerkungen

Die Sicherheit und Sicherung von Daten zu gewährleisten, gehört zu den wichtigsten Aufgaben in Betrieben, Schulen usw. Daher müssen Vorkehrungen getroffen werden, dass z. B. durch eine vernünftige Datensicherung keine Datenverluste entstehen, Dokumente nicht von Unbefugten genutzt werden können oder Viren wichtige Daten beschädigen oder vernichten.

In der folgenden Übersicht sind einzelne Bereiche, die zur Datensicherheit und zur Datensicherung beitragen, zusammengefasst:

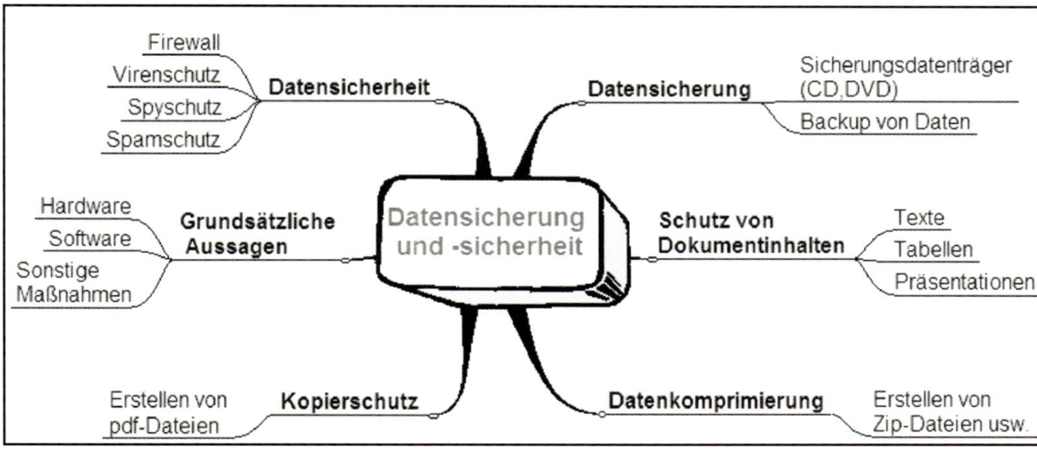

Datenverluste und beschädigte Daten verursachen große wirtschaftliche Schäden. Die Sicherung von Daten gehört daher zu den wichtigsten Aufgaben in der Datenverarbeitung. Grundsätzlich kann man zwischen der Datensicherheit und der Datensicherung unterscheiden.

Die Datensicherheit ist vor allem durch die Vernetzung vieler Computer über das Internet permanent gefährdet. Angriffe auf Computer sind oftmals festzustellen. Es können z. B.

- Daten ausgespäht und/oder Daten (Dateien, Passwörter usw.) gestohlen werden,
- Daten durch Viren beschädigt oder vernichtet werden,
- Spams die Arbeit erschweren.

Durch eine konsequente Sicherung von Daten können Datenverluste und -beschädigungen vermieden werden. Es bieten sich folgende Möglichkeiten an:

- Sicherung von Daten auf Datenträgern (DVD, CD, Diskette),
- Erstellen eines Datenbackups.

Daneben können Dokumente wie Texte, Tabellen oder Präsentationen so geschützt werden, dass sie nur mithilfe eines Kennworts geöffnet werden können und damit Unbefugte die Daten nicht lesen können. Soll verhindert werden, dass der Inhalt von Dokumenten verändert wird, bietet es sich an, diese Dokumente im allgemein akzeptierten PDF-Format abzuspeichern. Daneben kann durch eine Datenkomprimierung die Größe der Dateien so verringert werden, dass beispielsweise ein Versenden von Dokumenten über das Internet zeit- und kostenmäßig problemlos möglich wird.

1.6.2 Grundsätze der Datensicherung

Als Datensicherung versteht man den Versuch, Daten bei der Datenverarbeitung vor Verlust, Zerstörung, Verfälschung, unbefugter Kenntnisnahme und unberechtigter Verarbeitung zu schützen.

Die Ziele der Datensicherung:

- Die Datenverarbeitungsanlage und die Daten müssen verfügbar sein, wenn sie benötigt werden.
- Die Programme und die Daten müssen korrekt und aktuell sein.
- Die Datenverarbeitungsanlage, die Programme und die Daten müssen vor dem Zugriff unbefugter Personen geschützt werden.

Zum Schutz der Daten können u. a. folgende Maßnahmen ergriffen werden, die hier stichwortartig angegeben werden. Außerdem wird der damit verbundene Zweck erläutert.

Hardware	• Zutrittskontrolle zur Datenverarbeitungsanlage. ⇒ Der Zutritt zu den Räumen mit der Datenverarbeitungsanlage wird mit Schlüsseln, Plastikkarten mit Lesestreifen usw. gesichert. • Abschließen der Datenverarbeitungsanlage und Verschließen der Anlage in Stahlschränken usw. ⇒ Die Datenverarbeitungsanlage kann von Unbefugten nicht benutzt werden. • Verschließen der Disketten durch die Schreibschutzkerbe. ⇒ Die ursprünglichen Dateien auf der Diskette können nicht versehentlich überschrieben werden. • Einsatz von Notstromaggregaten und Blitzschutzgeräten. ⇒ Datenverlust durch den Ausfall von Strom oder durch Überspannungen wird vermieden. • Sichern durch ein Passwort beim Anstellen des Computers. ⇒ Der Computer kann von Unbefugten nicht genutzt werden. Das Einsehen, Verändern und Ausgeben von Daten wird verhindert.
Software	• Sichern einzelner Programme durch ein Passwort. ⇒ Die Benutzung eines Programms bzw. eines bestimmten Bereiches eines Programms ist nur bestimmten Benutzern möglich. Bei ACCESS kann die gesamte Datenbank über ein Passwort geschützt werden. Damit sind nur Berechtigte in der Lage, die Datenbank zu nutzen. Aber auch einzelne Tabellen, Abfragen usw. können für Benutzer und/oder Benutzergruppen freigegeben werden. • Automatische Abspeicherung von Dateien nach einem gewissen Zeitabstand. ⇒ Z. B. Einstellen der automatischen Abspeicherung bei Word für Windows, Excel usw. • Abfragen bei der Abspeicherung von Ergebnissen. ⇒ Die ursprünglichen Dateien werden vor dem Vernichten bewahrt. Die aktuellen Daten können unter einem anderen Namen abgespeichert werden.

Software	• Plausibilitätskontrollen in Programmen. ⇒ Z. B. kann der Bestand an Artikeln in einer Datenbank nur numerische Zeichen enthalten. Andere Eingaben werden vom Programm mit einer Fehlermeldung quittiert. • Prüfbit-Technik. ⇒ Fehler bei der Übertragung von Daten werden dadurch minimiert, dass jedes Byte durch ein sogenanntes Prüfbit ergänzt wird, welches aus der Bitfolge des Bytes errechnet wird. • Prüfziffernverfahren. ⇒ Aus einer Kontonummer usw. wird eine Zahl ermittelt, die an die ursprüngliche Nummer angehängt wird. Wird nun die Kontonummer usw. eingegeben, wird vom Programm aus der ursprünglichen Nummer die zusätzliche Zahl errechnet und mit der Eingabe verglichen. Erst wenn die errechnete Zahl mit der eingegebenen Zahl übereinstimmt, nimmt das Programm die Eingabe an.
Sonstige Sicherungsmaßnahmen	• Sicherungskopien von Dateien, Verzeichnissen der Festplatte oder einer ganzen Festplatte (sogenanntes Backup). ⇒ Betriebssysteme stellen Möglichkeiten der Datensicherung zur Verfügung. Außerdem stellen Hersteller von Sicherungshardware Programme für die Sicherung von Dateien usw. zur Verfügung. • Aufbewahren von Ursprungsdateien, die u. U. später noch benötigt werden. ⇒ Die Dateien können später genutzt werden, um beispielsweise den ursprünglichen Datenbestand einer Datei, z. B. den Anfangsbestand eines Artikels, festzustellen. • Aufbewahren von Dateien, die zum Beispiel den Datenbestand am Ende eines Jahres zeigen. ⇒ Mit dem Datenbestand können Bilanzauswertungen usw. vorgenommen werden. • Anlegen einer Sicherungskopie für jeden Wochentag, jede Woche und jeden Monat. ⇒ Die Sicherungskopie für den Montag wird dann am nächsten Montag, die für den Dienstag am nächsten Dienstag usw. überschrieben. Dasselbe Prinzip wird für die Wochen und Monate angewandt. Somit hat man jederzeit den Datenbestand aller Wochentage der letzten Woche, den Datenbestand der letzten Woche und den Datenbestand des letzten Monats gesichert. • Festhalten der Benutzer der EDV-Anlage durch ein Protokoll. ⇒ In einem Protokoll, welches u. U. auch automatisch von der Rechneranlage aufgrund der Eingabe eines Passwortes erstellt wird, wird festgehalten, wer von wann bis wann die Datenverarbeitungsanlage genutzt hat.

1.6.3 Computerviren und sonstige schädliche Programme

Das Kapitel finden Sie als PDF-Datei unter der Internetadresse *www.berufliche-informatik.de/Office.html*.

1.7 Urheberrecht und Gesetzeslage

1.7.1 Urheberrecht

Definition

Naturwissenschaftliche, künstlerische und technische Leistungen werden durch das Urheberrecht geschützt. Es liegt meistens im Interesse des Erbringers dieser Leistungen, sie finanziell zu verwerten.

Die Liste der schutzwürdigen Objekte umfasst beispielsweise Bücher, Beiträge in Zeitschriften, Computerprogramme, Musikstücke, Fotografien und Filme.

Wirtschaftliche Aspekte

Durch die illegale Nutzung von Computerprogrammen, Musikstücken, Filmen usw. entsteht ein großer wirtschaftlicher Schaden, dessen genaue Höhe niemand konkret beziffern kann.

Illegal kopierte Computerprogramme bringen Unternehmen in finanzielle Schwierigkeiten, die diese Programme erstellt haben. Die Musikindustrie vermeldet weniger Umsätze. Dies führt dazu, dass immer weniger Künstler Musikstücke auf den Markt bringen können und die künstlerische Vielfalt eingeschränkt wird. Eine Reaktion auf den gesunkenen Absatz von Datenträgern ist das Angebot von Musikbörsen, die Musikstücke gegen Entgelt anbieten. Auch die Filmbranche erleidet wirtschaftlichen Schaden, weil Filme teilweise schon vor der Erstaufführung illegal im Internet zum Download angeboten werden und daher die normale Verwertungskette der Filmindustrie (Kino, DVD und Videokassette, Fernsehen) durchbrochen wird.

Gesetzliche Grundlage

Übersicht über die einzelnen Teile des Gesetzes

Das Urheberrechtsgesetz ist in verschiedene Teile, die wiederum in einzelne Abschnitte unterteilt sind, aufgebaut. Die folgende Übersicht soll die einzelnen Elemente des Gesetzes darstellen. Einzelne, für den Bereich Datenverarbeitung besonders wichtige Paragrafen werden im nächsten Menüpunkt kurz angesprochen. Den Text des Gesetzes finden Sie als PDF-Datei auf dem beiliegenden Datenträger. Beachten Sie ständige Anpassungen des Gesetzes.

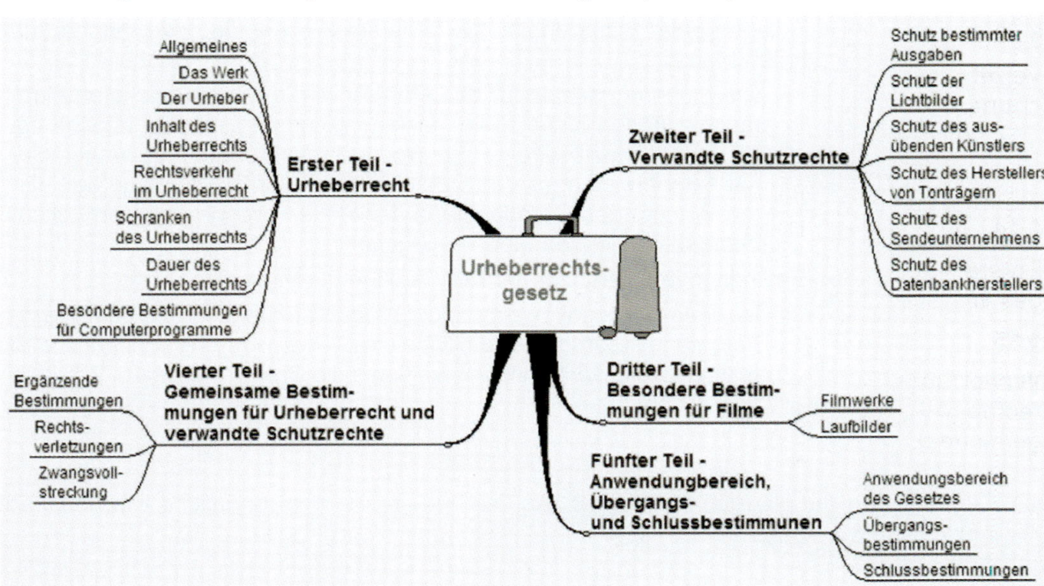

Übersicht über einzelne Regelungen des Gesetzes

Das Urheberrechtsgesetz vom 13. September 2003 bildet die Grundlage für das Urheberrecht. Wichtige Regelungen werden in der nachfolgenden Tabelle dargestellt.

Das gesamte Gesetz kann aus dem Internet geladen werden (z. B. www.urheberrecht.org). Einige Bestimmungen werden nachfolgend im Original wiedergegeben. Die im linken Bereich der Tabelle genannten Bezeichnungen sind nicht Teil des Gesetzes und sollen lediglich Hinweis zum Inhalt des rechten Bereichs geben.

Urheberrechtsregelungen	
§ 1	Die Urheber von Werken der Literatur, Wissenschaft und Kunst genießen für ihre Werke Schutz nach Maßgabe dieses Gesetzes.
§ 2 **Geschützte Werke**	(1) Zu den geschützten Werken der Literatur, Wissenschaft und Kunst gehören insbesondere: 1. Sprachwerke, wie Schriftwerke, Reden und Computerprogramme; 2. Werke der Musik; 3. pantomimische Werke einschließlich der Werke der Tanzkunst; 4. Lichtbildwerke einschließlich der Werke, die ähnlich wie Lichtbildwerke geschaffen werden; 5. Filmwerke einschließlich der Werke, die ähnlich wie Filmwerke geschaffen werden; (2) Werke im Sinne dieses Gesetzes sind nur persönliche geistige Schöpfungen.
§ 7 Urheber	Urheber ist der Schöpfer des Werkes.
§ 11 **Schutz des Urhebers/ Vergütung**	Das Urheberrecht schützt den Urheber in seinen geistigen und persönlichen Beziehungen zum Werk und in der Nutzung des Werkes. Es dient zugleich der Sicherung einer angemessenen Vergütung für die Nutzung des Werkes.
§ 12 **Veröffentlichungsrecht**	(1) Der Urheber hat das Recht zu bestimmen, ob und wie sein Werk zu veröffentlichen ist. (2) Dem Urheber ist es vorbehalten, den Inhalt seines Werkes öffentlich mitzuteilen oder zu beschreiben, solange weder das Werk noch der wesentliche Inhalt oder eine Beschreibung des Werkes mit seiner Zustimmung veröffentlicht ist.
§ 14 **Entstellung des Werkes**	Der Urheber hat das Recht, eine Entstellung oder eine andere Beeinträchtigung seines Werkes zu verbieten, die geeignet ist, seine berechtigten geistigen oder persönlichen Interessen am Werk zu gefährden.
§ 15 **Verwertungsrechte (Allgemeines)**	(1) Der Urheber hat das ausschließliche Recht, sein Werk in körperlicher Form zu verwerten; das Recht umfasst insbesondere 1. das Vervielfältigungsrecht (§ 16), 2. das Verbreitungsrecht (§ 17), 3. das Ausstellungsrecht (§ 18).

Im Urheberrecht sind jederzeit Änderungen möglich, sodass lediglich grundsätzliche Regelungen nachfolgend angegeben werden. Anhand der jeweils gültigen gesetzlichen Bestimmungen sollten nähere Bestimmungen erarbeitet werden.

Computerprogramme	
§ 69 a **Gegenstand des Schutzes**	(1) Computerprogramme im Sinne dieses Gesetzes sind Programme in jeder Gestalt, einschließlich des Entwurfsmaterials. (2) Der gewährte Schutz gilt für alle Ausdrucksformen eines Computerprogramms. Ideen und Grundsätze, die einem Element eines Computerprogramms zugrunde liegen, einschließlich der den Schnittstellen zugrunde liegenden Ideen und Grundsätze, sind nicht geschützt. (3) Computerprogramme werden geschützt, wenn sie individuelle Werke in dem Sinne darstellen, dass sie das Ergebnis der eigenen geistigen Schöpfung ihres Urhebers sind.

Lichtbilder	
§ 72 **Lichtbilder**	(1) Lichtbilder und Erzeugnisse, die ähnlich wie Lichtbilder hergestellt werden, werden in entsprechender Anwendung der für Lichtbildwerke geltenden Vorschriften des Teils 1 geschützt. (2) Das Recht nach Absatz 1 steht dem Lichtbildner zu.

Tonträger	
§ 85 **Verwertungsrechte**	(1) Der Hersteller eines Tonträgers hat das ausschließliche Recht, den Tonträger zu vervielfältigen, zu verbreiten und öffentlich zugänglich zu machen. Ist der Tonträger in einem Unternehmen hergestellt worden, so gilt der Inhaber des Unternehmens als Hersteller. Das Recht entsteht nicht durch Vervielfältigung eines Tonträgers. (2) Das Recht ist übertragbar. Der Tonträgerhersteller kann einem anderen das Recht einräumen, den Tonträger auf einzelne oder alle der ihm vorbehaltenen Nutzungsarten zu nutzen.

Datenbanken	
§ 87 a **Begriffsbestimmungen**	(1) Datenbank im Sinne dieses Gesetzes ist eine Sammlung von Werken, Daten oder anderen unabhängigen Elementen, die systematisch oder methodisch angeordnet und einzeln mithilfe elektronischer Mittel oder auf andere Weise zugänglich sind und deren Beschaffung, Überprüfung oder Darstellung eine nach Art oder Umfang wesentliche Investition erfordert. (2) Datenbankhersteller im Sinne dieses Gesetzes ist derjenige, der die Investition im Sinne des Absatzes 1 vorgenommen hat.
§ 87 b **Rechte des Datenbankherstellers**	(1) Der Datenbankhersteller hat das ausschließliche Recht, die Datenbank insgesamt oder einen nach Art oder Umfang wesentlichen Teil der Datenbank zu vervielfältigen, zu verbreiten und öffentlich wiederzugeben.

Video/Filme	
§ 88 **Recht zur Verfilmung**	(1) Gestattet der Urheber einem anderen, sein Werk zu verfilmen, so liegt darin im Zweifel die Einräumung des ausschließlichen Rechts, das Werk unverändert oder unter Bearbeitung oder Umgestaltung zur Herstellung eines Filmwerkes zu benutzen und das Filmwerk sowie Übersetzungen und andere filmische Bearbeitungen auf alle bekannten Nutzungsarten zu nutzen.
§ 94 **Schutz des Filmherstellers**	(1) Der Filmhersteller hat das ausschließliche Recht, den Bildträger oder Bild- und Tonträger, auf den das Filmwerk aufgenommen ist, zu vervielfältigen, zu verbreiten und zur öffentlichen Vorführung, Funksendung oder öffentlichen Zugänglichmachung zu benutzen. Der Filmhersteller hat ferner das Recht, jede Entstellung oder Kürzung des Bildträgers oder Bild- und Tonträgers zu verbieten, die geeignet ist, seine berechtigten Interessen an diesem zu gefährden. (2) Das Recht ist übertragbar.

Technische Schutzmaßnahmen	
§ 95 a **Schutz technischer Maßnahmen**	(1) Wirksame technische Maßnahmen zum Schutz eines nach diesem Gesetz geschützten Werkes oder eines anderen nach diesem Gesetz geschützten Schutzgegenstandes dürfen ohne Zustimmung des Rechteinhabers nicht umgangen werden, soweit dem Handelnden bekannt ist oder den Umständen nach bekannt sein muss, dass die Umgehung erfolgt, um den Zugang zu einem solchen Werk oder Schutzgegenstand oder deren Nutzung zu ermöglichen. (2) Technische Maßnahmen im Sinne dieses Gesetzes sind Technologien, Vorrichtungen und Bestandteile, die im normalen Betrieb dazu bestimmt sind, geschützte Werke oder andere nach diesem Gesetz geschützte Schutzgegenstände betreffende Handlungen, die vom Rechtsinhaber nicht genehmigt sind, zu verhindern oder einzuschränken.

Bürgerlich-rechtliche Vorschriften	
§ 97 **Anspruch auf Unterlassung und Schadenersatz**	(1) Wer das Urheberrecht oder ein anderes nach diesem Gesetz geschütztes Recht widerrechtlich verletzt, kann vom Verletzten auf Beseitigung der Beeinträchtigung, bei Wiederholungsgefahr auf Unterlassung und, wenn dem Verletzer Vorsatz oder Fahrlässigkeit zur Last fällt, auch auf Schadenersatz in Anspruch genommen werden.
§ 98 **Anspruch auf Vernichtung**	(1) Der Verletzte kann verlangen, dass alle rechtswidrig hergestellten, verbreiteten oder zur rechtswidrigen Verbreitung bestimmten Vervielfältigungsstücke, die im Besitz oder Eigentum des Verletzers stehen, vernichtet werden.
§ 99 **Anspruch auf Vernichtung**	Die Bestimmungen des § 98 sind entsprechend auf die im Eigentum des Verletzers stehenden, ausschließlich oder nahezu ausschließlich zur rechtswidrigen Herstellung von Vervielfältigungsstücken benutzten oder bestimmten Vorrichtungen anzuwenden.

1.7.2 Datenschutzgesetz

Zweck des Bundesdatenschutzgesetzes

Das Bundesdatenschutzgesetz vom 20. Dezember 1990 regelt den Datenschutz.

Zweck und Anwendungsbereich des Gesetzes § 1	(1) Zweck des Gesetzes ist es, den Einzelnen davor zu schützen, dass er durch den Umgang mit seinen personengeschützten Daten in seinem Persönlichkeitsrecht beeinträchtigt wird. (2) Dieses Gesetz gilt für die Erhebung, Verarbeitung und Nutzung personenbezogener Daten durch 1. öffentliche Stellen des Bundes, 2. öffentliche Stellen der Länder, soweit der Datenschutz nicht durch Landesgesetz geregelt ist und soweit sie a) Bundesrecht ausführen oder b) als Organe der Rechtspflege tätig werden und es sich nicht um Verwaltungsangelegenheiten handelt. (3) nicht-öffentliche Stellen, soweit sie die Daten in oder aus Dateien geschäftsmäßig oder für berufliche oder gewerbliche Zwecke verarbeiten oder nutzen.

Öffentliche Stellen

Im zweiten Abschnitt des Bundesdatenschutzgesetzes ist die Datenverarbeitung der öffentlichen Stellen geregelt. Aus dem Gesetz werden wichtige Passagen angegeben, da es unmöglich ist, alle Ausnahmen usw. anzugeben. Grundsätzlich empfiehlt es sich daher, in einem konkreten Fall die Bestimmungen des Gesetzes zu lesen.

Der Datenschutz in den Ländern ist ähnlich geregelt. Daher kann davon ausgegangen werden, dass Bestimmungen des Bundesrechts ebenfalls auf Landesebene durch die entsprechenden Landesgesetze gelten.

Anwendungsbereich § 12	Die Vorschriften dieses Abschnittes gelten für öffentliche Stellen des Bundes, soweit sie nicht als öffentlich-rechtliche Unternehmen am Wettbewerb teilnehmen. Ist der Datenschutz nicht durch ein Landesgesetz geregelt, gelten wichtige Bestimmungen auch für die öffentliche Stellen der Länder.
Datenerhebung § 13	Das Erheben personenbezogener Daten ist zulässig, wenn ihre Kenntnis zur Erfüllung von Aufgaben der erhebenden Stelle erforderlich ist. Personenbezogene Daten sind beim Betroffenen zu erheben. Ohne seine Mitwirkung dürfen sie nur erhoben werden, wenn z. B. eine Rechtsvorschrift dies vorsieht.
Datenspeicherung, -veränderung und -nutzung § 14	Das Speichern, Verändern und Nutzen personenbezogener Daten ist zulässig, wenn es zur Erfüllung der in der Zuständigkeit der speichernden Stelle liegenden Aufgaben erforderlich ist und für die Zwecke erfolgt, für die die Daten erhoben worden sind. Das Speichern, Verändern oder Nutzen für andere Zwecke ist nur zulässig, wenn z. B. eine Rechtsvorschrift dies vorsieht oder der Betroffene einwilligt.

Auskunft an den Betroffenen § 19	Dem Betroffenen ist auf Antrag Auskunft zu erteilen über die zu seiner Person gespeicherten Daten, über die Herkunft und den Empfänger dieser Daten und den Zweck der Speicherung.
Berichtigung, Löschung und Sperrung von Daten § 20	Personenbezogene Daten sind zu berichtigen, wenn sie unrichtig sind. Die personenbezogenen Daten sind zu löschen, wenn beispielsweise ihre Speicherung unzulässig ist oder die Daten zur Erfüllung ihrer Aufgabe nicht mehr benötigt werden. Die personenbezogenen Daten sind zu sperren, wenn die Behörde im Einzelfall feststellt, dass ohne die Sperrung schutzwürdige Interessen des Betroffenen beeinträchtigt werden und die Daten für die Aufgabenerfüllung der Behörde nicht mehr erforderlich sind.
Anrufung des Bundesbeauftragten für den Datenschutz § 21	Jedermann kann sich an den Bundesbeauftragten für den Datenschutz wenden, wenn er der Ansicht ist, bei der Erhebung, Verarbeitung oder Nutzung seiner personenbezogenen Daten durch öffentliche Stellen des Bundes in seinen Rechten verletzt worden zu sein.
Wahl des Bundesbeauftragten für den Datenschutz § 22	Der Deutsche Bundestag wählt auf Vorschlag der Bundesregierung den Bundesbeauftragten für den Datenschutz mit mehr als der Hälfte der gesetzlichen Zahl seiner Mitglieder.
Kontrolle durch den Bundesbeauftragten für den Datenschutz § 24	Der Bundesbeauftragte für den Datenschutz kontrolliert bei den öffentlichen Stellen des Bundes das Einhalten der Vorschriften des Bundesdatenschutzgesetzes und anderer Vorschriften über den Datenschutz.

Unternehmen

Der Datenschutz durch die Verarbeitung von personenbezogenen Daten in den Unternehmen ist ebenfalls durch das Bundesdatenschutzgesetz geregelt. Wichtige Bestimmungen werden nachfolgend angegeben. Ausnahmen von den grundsätzlichen Bestimmungen sollten in dem Gesetz nachgelesen werden.

Anwendungsbereich § 27	Die Vorschriften dieses Abschnittes finden Anwendung, soweit personenbezogene Daten in oder aus Dateien geschäftsmäßig oder für berufliche oder gewerbliche Zwecke verarbeitet oder genutzt werden durch nicht öffentliche Stellen oder durch öffentlich-rechtliche Unternehmen des Bundes oder der Länder, soweit sie am Wettbewerb teilnehmen.
Datenspeicherung, -übermittlung und -nutzung für eigene Zwecke § 28	Das Speichern, Verändern oder Übermitteln personenbezogener Daten oder ihre Nutzung als Mittel für die Erfüllung eigener Geschäftszwecke ist zulässig im Rahmen der Zweckbestimmung eines Vertragsverhältnisses oder vertragsähnlichen Vertrauensverhältnisses mit dem Betroffenen, oder soweit es zur Wahrung berechtigter Interessen der speichernden Stelle erforderlich ist und die Daten aus allgemein zugänglichen Quellen entnommen werden können.

Benachrichtigung des Betroffenen § 33	Werden erstmals personenbezogene Daten für eigene Zwecke gespeichert, ist der Betroffene von der Speicherung und der Art der Daten zu benachrichtigen. Werden personenbezogene Daten geschäftsmäßig zum Zwecke der Übermittlung gespeichert, ist der Betroffene von der erstmaligen Übermittlung und der Art der übermittelten Daten zu benachrichtigen. Eine Pflicht zur Benachrichtigung besteht nicht, wenn der Betroffene auf andere Weise Kenntnis von der Speicherung oder Übermittlung erlangt hat oder die Daten für eigene Zwecke gespeichert sind und aus allgemein zugänglichen Quellen entnommen sind.
Auskunft des Betroffenen § 34	Der Betroffene kann Auskunft verlangen über die zu seiner Person gespeicherten Daten, auch soweit sie sich auf Herkunft und Empfänger beziehen, den Zweck der Speicherung und Personen und Stellen, an die seine Daten regelmäßig übermittelt werden, wenn seine Daten automatisiert verarbeitet werden.
Berichtigung, Löschung und Sperrung von Daten § 35	Personenbezogene Daten sind zu berichtigen, wenn sie unrichtig sind. Personenbezogene Daten sind zu löschen, wenn ihre Speicherung unzulässig ist, es sich um Daten über gesundheitliche Verhältnisse, strafbare Handlungen, Ordnungswidrigkeiten sowie religiöse oder politische Anschauungen handelt und ihre Richtigkeit von der speichernden Stelle nicht bewiesen werden kann. Außerdem sind sie zu löschen, wenn sie für eigene Zwecke verarbeitet wurden und ihre Kenntnis für die Erfüllung des Zweckes der Speicherung nicht mehr erforderlich ist. An die Stelle der Löschung tritt die Sperrung, soweit einer Löschung gesetzliche, satzungsmäßige oder vertragliche Aufbewahrungsfristen entgegenstehen oder Grund zu der Annahme besteht, dass durch eine Löschung schutzwürdige Interessen des Betroffenen beeinträchtigt würden oder eine Löschung wegen der besonderen Art der Speicherung nicht oder nur mit unverhältnismäßig hohem Aufwand möglich ist. Personenbezogene Daten sind ferner zu sperren, soweit ihre Richtigkeit vom Betroffenen bestritten wird und sich weder die Richtigkeit noch die Unrichtigkeit feststellen lässt.
Bestellung eines Beauftragten für den Datenschutz § 36	Die nicht-öffentlichen Stellen, die personenbezogene Daten automatisiert verarbeiten und damit in der Regel mindestens fünf Arbeitnehmer ständig beschäftigen, haben spätestens innerhalb eines Monats nach Aufnahme ihrer Tätigkeit einen Beauftragten für den Datenschutz schriftlich zu bestellen. Das gleiche gilt, wenn personenbezogene Daten auf andere Weise verarbeitet werden und damit in der Regel mindestens 20 Arbeitnehmer ständig beschäftigt sind.
Aufgaben des Beauftragten für den Datenschutz § 37	Der Beauftragte für den Datenschutz hat die Ausführung des Datenschutzgesetzes sowie anderer Vorschriften über den Datenschutz sicherzustellen. Er hat insbesondere die ordnungsgemäße Anwendung der Datenverarbeitungsprogramme, mit deren Hilfe personenbezogene Daten verarbeitet werden, zu überwachen. Außerdem hat er die bei der Verarbeitung personenbezogener Daten tätigen Personen durch geeignete Maßnahmen mit den Vorschriften des Datenschutzgesetzes und anderer Vorschriften über den Datenschutz vertraut zu machen.

Technische und organisatorische Maßnahmen für den Datenschutz

Im § 9 des Bundesdatenschutzgesetzes wird festgelegt, dass öffentliche und nicht-öffentliche Stellen Maßnahmen für einen geeigneten Datenschutz ergreifen müssen.

Technische und organisatorische Maßnahmen § 9	Öffentliche und nicht-öffentliche Stellen, die selbst oder im Auftrag personenbezogene Daten verarbeiten, haben die technischen und organisatorischen Maßnahmen zu treffen, die erforderlich sind, um die Ausführung der Vorschriften dieses Gesetzes, insbesondere die in der Anlage zu diesem Gesetz genannten Anforderungen, zu gewährleisten. Erforderlich sind die Maßnahmen nur, wenn ihr Aufwand in einem angemessenen Verhältnis zu dem angestrebten Schutzzweck steht.

In der Anlage zu § 9 des Bundesdatenschutzes wird festgelegt, dass je nach Art der zu schützenden personenbezogenen Daten Maßnahmen zu treffen sind, die den Schutz garantieren.

Zugangskontrolle	Unbefugten ist der Zugang zu Datenverarbeitungsanlagen zu verwehren, mit denen personenbezogene Daten verarbeitet werden.
Datenträgerkontrolle	Es ist zu verhindern, dass Datenträger unbefugt gelesen, kopiert, verändert oder entfernt werden können.
Speicherkontrolle	Es ist die unbefugte Eingabe in den Speicher sowie die unbefugte Kenntnisnahme, Veränderung oder Löschung gespeicherter personenbezogener Daten zu verhindern.
Benutzerkontrolle	Es ist zu verhindern, dass EDV-Anlagen mithilfe von Einrichtungen zur Datenübertragung von Unbefugten genutzt werden können.
Zugriffskontrolle	Es ist zu gewährleisten, dass die zur Benutzung eines Datenverarbeitungssystems Berechtigten ausschließlich auf die ihrer Zugriffsberechtigung unterliegenden Daten zugreifen können.
Übermittlungskontrolle	Es ist zu gewährleisten, dass überprüft und festgestellt werden kann, an welche Stellen personenbezogene Daten durch Einrichtungen zur Datenübertragung übermittelt werden können.
Eingabekontrolle	Es ist zu gewährleisten, dass nachträglich überprüft und festgestellt werden kann, welche personenbezogenen Daten zu welcher Zeit von wem in Datenverarbeitungssysteme eingegeben worden sind.
Auftragskontrolle	Es ist zu gewährleisten, dass personenbezogene Daten, die im Auftrag verarbeitet werden, nur entsprechend den Weisungen des Auftraggebers verarbeitet werden können.
Transportkontrolle	Es ist zu verhindern, dass bei der Übertragung personenbezogener Daten sowie beim Transport von Datenträgern die Daten unbefugt gelesen, kopiert, verändert oder gelöscht werden können.
Organisationskontrolle	Die innerbehördliche und innerbetriebliche Organisation ist so zu gestalten, dass sie den besonderen Anforderungen des Datenschutzes gerecht wird.

Übungen:

1. Geben Sie an, was man unter den Begriffen *Hardware* und *Software* versteht.
2. Nennen und beschreiben Sie kurz die wichtigsten Eingabegeräte eines Personal Computers.
3. Was versteht man unter einem *Tower* und unter einem *Laptop*?
4. Geben Sie genau an, welche Funktion das Steuerwerk hat.
5. Geben Sie an, was man unter der *Taktfrequenz* versteht. Welche Bedeutung hat die Taktfrequenz für die Arbeit mit dem Computer?
6. Was ist ein Sockel und welche Funktion hat er?
7. Welche Aufgaben erfüllen Schnittstellen?
8. Erklären Sie die Begriffe *RAM* und *ROM*.
9. Was ist ein Controller?
10. Welche Aufgaben erfüllt das Bussystem eines Personal Computers?
11. Welche Aufgabe hat ein Steuerbus?
12. Nennen Sie drei Ausgabegeräte.
13. Welche Aufgaben erfüllen *Drucker*, *Scanner*, *Plotter*, *Modem*, *ISDN-Karte*, *ADSL-Modem*, *Soundkarte*, *Bildschirm*?
14. Geben Sie bei den in Aufgabe 13 genannten Geräten an, ob es sich um Eingabe-, Ausgabe-, Datenkommunikations- oder Multimediageräte handelt.
15. Erklären Sie die Aufgaben der folgenden Datenträger und vergleichen Sie die speziellen Einsatzmöglichkeiten und die Speicherkapazität von *Streamer*, *Diskettenlaufwerk*, *Festplatte*, *CD*, *DVD*, *USB-Stick*.
16. Die Grafikkarte in einem Computer hat eine spezielle Funktion in einem Computersystem. Erklären Sie diese Funktion.
17. Wovon hängt die Leistungsfähigkeit des Prozessors eines Personal Computers ab? Erklären Sie kurz die Begriffe.
18. Erklären Sie die einzelnen Virenarten.
19. Was versteht man unter dem Begriff *Dialer*?
20. Ist eine Privatkopie von einer selbst gekauften Audio-CD laut dem neuesten Urheberrechtsgesetz möglich? Klären Sie die Frage mithilfe des Gesetzes und durch Recherche im Internet. Setzen Sie Suchmaschinen ein.
21. Beschreiben Sie verschiedene Möglichkeiten, Angriffe aus dem Internet auf den eigenen Computer abzuwähren.
22. Unterscheiden Sie *FreeWare*- von *ShareWare-Programmen*.
23. Was versteht man unter *Trojanern* und *Würmern*?
24. Welche Regelungen bestehen laut Urheberrecht in Bezug auf die Umgehung eines Kopierschutzes?
25. Verschiedene Rechte stehen dem Urheber eines Werkes laut dem Urheberrechtsgesetz zu. Geben Sie diese Rechte an.
26. Welchen Zweck verfolgt das Bundesdatenschutzgesetz?

2 Betriebssysteme

2.1 Betriebssystem Windows 7.0

2.1.1 Erste Schritte am Computer

Arbeitsumgebung / Ein- und Ausschalten des Computers

Das Ein- und Ausschalten eines Computers stellt normalerweise kein Problem dar. Wichtig ist jedoch, dass das Betriebssystem ordnungsgemäß beendet wird und der Computer erst danach ausgeschaltet wird.

Nachfolgend wird das Betriebssystem **Windows 7** beschrieben:

Bearbeitungsschritte:

- Stellen Sie den Computer an. Das Betriebssystem wird automatisch hochgefahren.

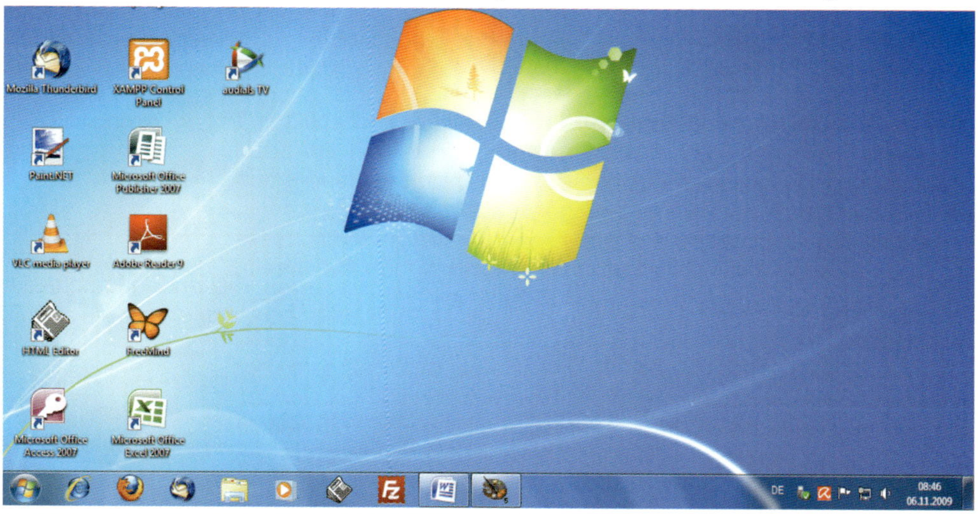

Für das Öffnen von Programmen, Systemeinstellungen usw. stehen mehrere Möglichkeiten zur Verfügung. Wichtige Programme können beispielsweise am besten in der Taskleiste abgelegt und bei Bedarf aufgerufen werden.

<table>
<tr><td>Desktop</td><td>Auf dem Desktop werden Programmsymbole für installierte Programme angezeigt. Die Programme können mithilfe eines Doppelklicks aufgerufen werden. Die Installation von Programmen wird später beschrieben.

</td></tr>
<tr><td>Taskleiste</td><td>Oftmals benötigte Programme sollten in die Taskliste gelegt und von dort aufgerufen werden. Eine Miniansicht zeigt nach Anfahren mit der Maus beispielsweise mehrere geöffnete Dateien eines Programms. Einige Einstellungsmöglichkeiten werden im rechten Bereich automatisch angezeigt:

</td></tr>
</table>

<table>
<tr>
<td>Startmenü</td>
<td>
Über das Startmenü werden Programme aufgerufen. Außerdem können beispielsweise die Systemsteuerung aufgerufen und Programme und Dateien gesucht und durchsucht werden.

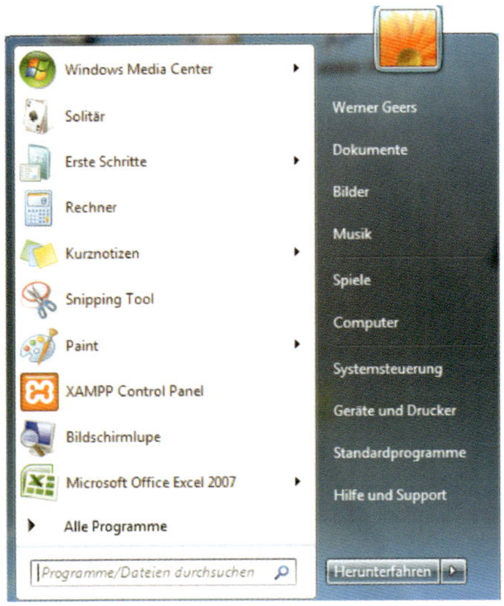

</td>
</tr>
<tr>
<td>Minian-
wendungen</td>
<td>
Minianwendungen, wie die aktuelle Uhrzeit, Feedschlagzeilen usw. können bei Bedarf über das Startmenü aufgerufen werden. Bei Bedarf kann das Aufrufen der Minianwendungen über die Taskleiste erfolgen.

</td>
</tr>
</table>

Bearbeitungsschritte:

- Klicken Sie zum Herunterfahren des Computers die Schaltfläche **Start**  und dann die Schaltfläche 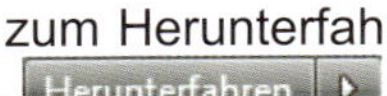 an. Der Computer wird heruntergefahren.
- Sind mehrere Benutzer eingerichtet, können Sie nach Wählen des Menüpunkts **Benutzer wechseln** zwischen den angegebenen Nutzern wechseln. Die Einrichtung von Benutzerkonten empfiehlt sich immer dann, wenn mehrere Nutzer einen Computer regelmäßig nutzen. Ein Benutzerkonto wird über die **Systemsteuerung** eingerichtet.

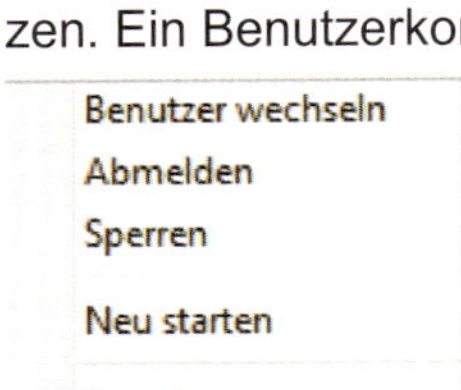

- Über den Menüpunkt **Energie sparen** können Sie den Computer in den Energiesparmodus versetzen. Alle Ergebnisse werden abgespeichert. Durch Drücken einer Taste oder einer Maustaste wird der Computer wieder hochgefahren.

Bearbeitungsschritte (Fortsetzung):

- Über den Menüpunkt **Neu starten** können Sie das Betriebssystem jederzeit neu starten. Das Betriebssystem wird heruntergefahren und dann erneut hochgefahren. Diese Maßnahme kann die Arbeit des Computers positiv beeinflussen.

Herunterfahren einer nicht mehr reagierenden Anwendung

Leider kann es vorkommen, dass ein Programm nicht mehr reagiert. Dies bedeutet, dass versucht werden muss, das Programm über den **Task-Manager** zu beenden. Oftmals wird beim Neustart des Programms die letzte automatische Zwischenspeicherung geladen.

Bearbeitungsschritte:

- Öffnen Sie zwei Programme, z. B. eine Textverarbeitung und ein Grafikprogramm.
- Drücken Sie die Tastenkombination [**Strg**] [**Alt**] [**Entf**]. Danach wählen Sie den Menüpunkt **Task-Manager starten**. Das Fenster **Windows Task-Manager** wird angezeigt. Eine nicht reagierende Anwendung wird im Bereich *Status* als solche gekennzeichnet.

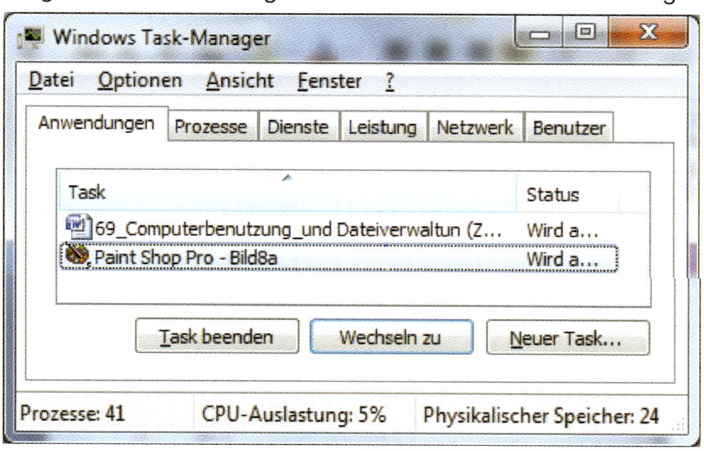

- Markieren Sie eine Anwendung (einen Task). Klicken Sie die Schaltfläche **Task beenden** an. Unter normalen Umständen wird die Anwendung geschlossen. Dies dauert unter Umständen eine gewisse Zeit.

Nutzung der Hilfefunktion

Die Hilfefunktion des Betriebssystems stellt benötigte Informationen zur Verfügung.

Bearbeitungsschritte:

- Klicken Sie die Schaltfläche **Start**  und dann die Schaltfläche 

an. Sie können danach einen Suchbegriff eingeben.

- Über die Schaltfläche **Start**  werden im Menüpunkt 

u. a. Erklärungen zum Betriebssystem gegeben.

Setup

➢ Softwareanwendungen installieren

Die Installation eines Programms ist heutzutage relativ einfach. In der Regel steht eine Installationsroutine zur Verfügung. Am Beispiel des Komprimierungsprogramms **7-zip** soll die Vorgehensweise demonstriert werden.

Bearbeitungsschritte:

- Ein Programm, welches sich auf einem Datenträger befindet, wird über eine Datei namens *setup.exe* oder über eine andere Datei durch einen Doppelklick gestartet.

- Danach wird in der Regel nachgefragt, ob durch das Programm Änderungen am Computer vorgenommen werden sollen. Klicken Sie die Schaltfläche **Ja** an. Danach wird die Installationsroutine aufgerufen:

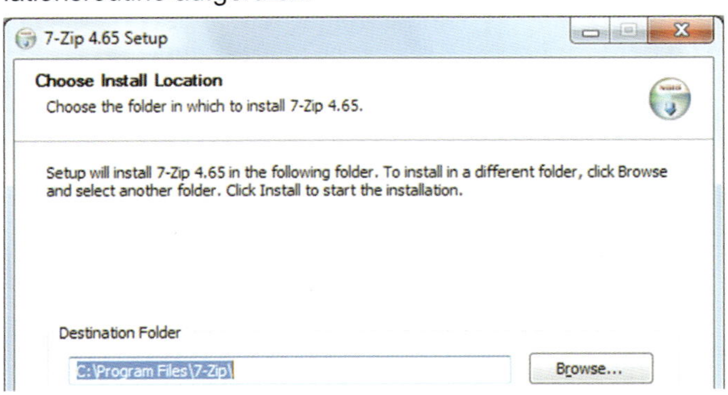

- Klicken Sie die Schaltfläche **Install** an und folgen Sie danach den Anweisungen. Das Programm wird dann automatisch installiert. Oftmals können Sie Optionen wählen, beispielsweise bestimmen, dass gewisse Elemente nicht installiert werden.
- Programme, die auf CD oder DVD ausgeliefert werden, legt man in ein entsprechendes Laufwerk ein. Danach wird automatisch die Installationsroutine gestartet.

➢ Softwareanwendungen deinstallieren

Manche Programme werden nicht mehr benötigt. In einem solchen Fall sollte man die Programme von der Festplatte entfernen. Es genügt jedoch nicht, z. B. einen Ordner, in dem sich das Programm befindet, zu löschen. Vielmehr müssen auch Registrierungseinträge im Betriebssystem eliminiert werden. Zu diesem Zweck gibt es zwei grundsätzliche Möglichkeiten. Zum einen bieten viele Programme eine *Uninstall-Routine*, zum anderen können die Programme über die Systemsteuerung entfernt werden.

Hinweis: Die nachfolgenden Arbeitsschritte dienen der Anschauung. Sie sollten Programme wirklich nur dann entfernen, wenn Sie es auch für notwendig erachten.

Bearbeitungsschritte:

- Klicken Sie in der Systemsteuerung im Bereich **Programme** den Link **Programm deinstallieren** an.

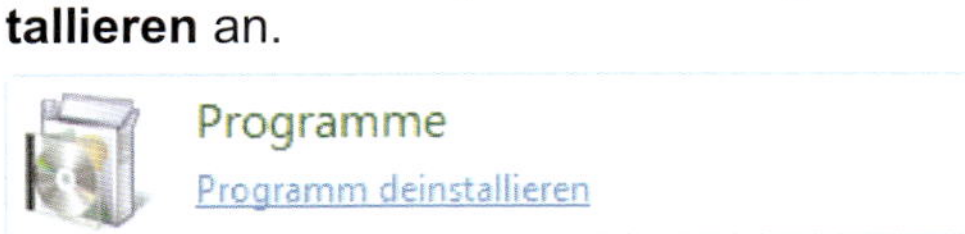

Bearbeitungsschritte (Fortsetzung):

- Markieren Sie danach das zu deinstallierende Programm.

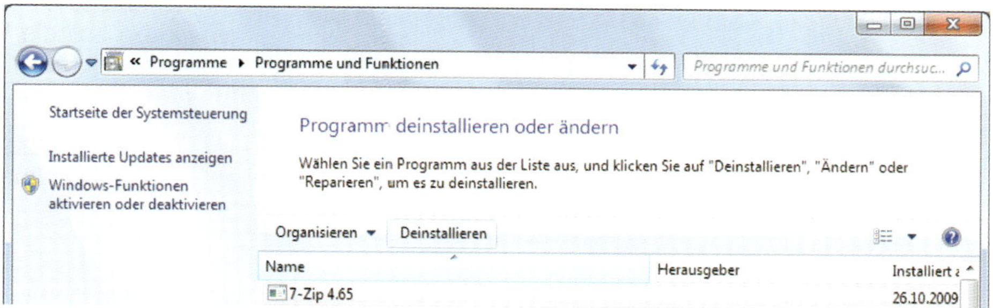

- Klicken Sie danach die Schaltfläche **Deinstallieren** an. Folgen Sie danach den angegebenen Schritten, die zur Deinstallation eines Programms führen.
- Manche Programme haben ein eigenes Deinstallationsprogramm. Dieses Programm wird dann meistens über die Schaltflächen **Start** und **Alle Programme** aufgerufen.

➢ Bildschirmdruck, Snipping Tool und Einfügen von Hardcopies in eine Datei

Zur Erklärung eines Sachverhalts bietet es sich an, den Bildschirminhalt oder den Inhalt eines Fensters als Screenshot, also als Kopie des Inhalts, in ein Dokument einzufügen.

Das Betriebssystem stellt zwei Tastenkombinationen zur Verfügung. Außerdem kann mit einem Programm (**Snipping Tool**) ein Bereich des Bildschirms ausgeschnitten werden.

Tastenkombination/ Programm	Erklärungen
[**Print Screen**]	Der gesamte Bildschirm wird in die Zwischenablage kopiert.
[**Alt**] + [**Print Screen**]	Der Inhalt eines Fensters wird in die Zwischenablage kopiert.
Snipping Tool 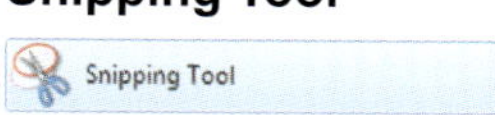	Ein bestimmter Bereich des Bildschirms wird markiert und in das Tool übertragen. Danach kann der Ausschnitt in andere Programme übertragen werden.

Bearbeitungsschritte:

- Drücken Sie die Taste **PrintScreen (Drucken)**. Sie befindet sich in der Regel neben der Taste **F12**.
- Starten Sie die Textverarbeitung **Word**. Klicken Sie im Register **Start** in der Gruppe **Zwischenablage** die Schaltfläche **Einfügen** an. Der Bildschirminhalt wird eingefügt.

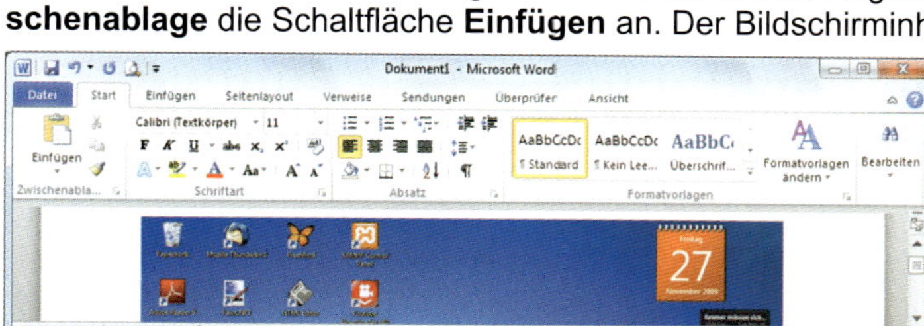

- Selbstverständlich kann der Inhalt auch in andere Programme eingefügt werden.

Bearbeitungsschritte:

- Verkleinern Sie das Fenster des Textverarbeitungsprogramms mit der Schaltfläche **Verkleinern** . Drücken Sie danach die Tastenkombination [**Alt**] [**PrintScreen**].
- Vergrößern Sie das Fenster des Textverarbeitungsprogramms mit der Schaltfläche **Maximieren** . Klicken Sie im Register **Start** in der Gruppe **Zwischenablage** die Schaltfläche **Einfügen** an. Das aktuelle Fenster wird in das Dokument eingefügt.

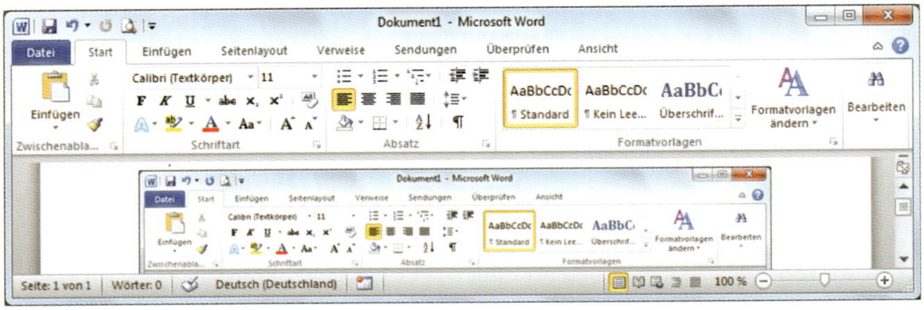

- Öffnen Sie über **Start/Alle Programme/Zubehör** das Programm **Snipping Tool**.

- Das Programm wird aufgerufen. Der gesamte Bildschirm wird matt dargestellt.

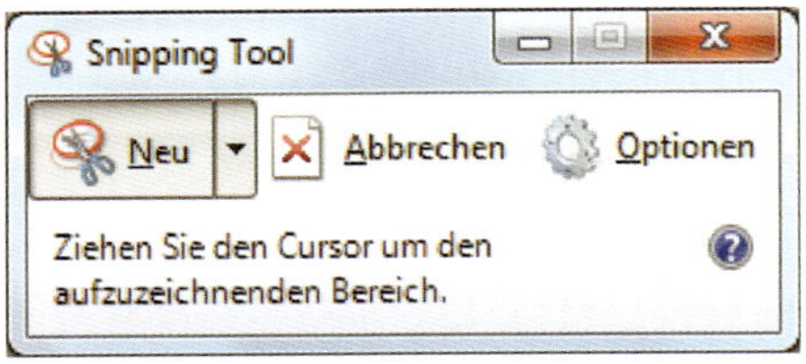

- Umfahren Sie mit der Maus einen Bereich des Bildschirms. Dieser Bereich wird normal dargestellt, der Rest bleibt matt.
- Nach Loslassen der Maus wird der ausgewählte Bereich im Programm angezeigt.

- Danach können Sie die Grafik in verschiedenen Formaten abspeichern, kopieren und dann in andere Dateien einfügen, versenden, Bereiche mit einem Textmaker kennzeichnen, diese Textmaker wieder entfernen usw.
- Selbstverständlich können Sie auf die beschriebene Weise auch Ausschnitte aus einer Grafik, einer Tabelle usw. ausschneiden.

➢ **Weitere Einstellungen**

Grundlegende Informationen zum Computersystem, zu Desktopeinstellungen, zur Tastatureinstellung usw. sind aus dem Buch ausgelagert. Die Seiten werden im PDF-Format unter der folgenden Internetadresse zur Verfügung gestellt: *www.berufliche-informatik.de/MOffice.html*

2.1.2 Icons

Übliche Icons

Schon im Auslieferungszustand befinden sich auf dem Desktop (Bildschirm) Symbole. Durch die Installation von Programmen kommen einige im Laufe der Zeit hinzu. Die mit den Symbolen verknüpften Programme usw. werden durch einen Doppelklick mit der linken Maustaste aufgerufen. Andere Einstellungen werden über die Schaltfläche **Start** vorgenommen.

	Programme werden über ein Icon aufgerufen. Über das Kontextmenü, das mit der rechten Maustaste aufgerufen wird, kann das Icon u. a. gelöscht, umbenannt, kopiert usw. werden.
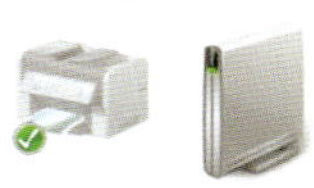	Über die Schaltflächen **Start**  und  können Drucker und andere Geräte aufgerufen werden. Mithilfe des Kontextmenüs können Einstellungen usw. vorgenommen werden.
	Auf dem Desktop können nach Anklicken einer freien Stelle mithilfe der rechten Maustaste über den Menüpunkt **Neu/Ordner** Ordner angelegt werden. Nach Anklicken des Ordners mit der rechten Maustaste kann über den Menüpunkt **Umbenennen** ein Name eingegeben werden.
	Im Papierkorb vorhandene Dateien werden endgültig mithilfe der Schaltfläche **Papierkorb leeren** gelöscht. Einzelne Elemente können über das Kontextmenü markiert und dann endgültig gelöscht oder wiederhergestellt werden.

Icons auswählen und verschieben

Symbole können an eine Stelle auf dem Desktop gezogen und beliebig angeordnet werden.

Bearbeitungsschritte:

- Markieren Sie ein Icon auf dem Desktop. Fahren Sie bei gedrückter linker Maustaste das Icon an eine andere Stelle.

- Klicken Sie mit der rechten Maustaste auf eine freie Stelle auf dem Desktop. Im sogenannten Kontextmenü wählen Sie den Menüpunkt **Sortieren nach/Name**.

Icons erstellen und Löschen

Programme werden über das Symbol **Start** und den Menüpunkt **Alle Programme** aufgerufen. Oftmals ist es auch auf dem Desktop-Symbol vorhanden, das auch angelegt werden kann.

Bearbeitungsschritte:

- Fahren Sie mit der Maus über das Symbol **Start** und den Menüpunkt **Alle Programme** auf ein Anwendungsprogramm.

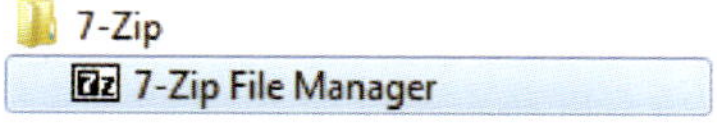

- Klicken Sie die rechte Maustaste an und wählen Sie im dann eingeblendeten Kontextmenü den Menüpunkt **Kopieren**. Fahren Sie auf eine freie Fläche auf dem Desktop. Klicken Sie danach die rechte Maustaste an und wählen Sie im dann eingeblendeten Kontextmenü den Menüpunkt **Einfügen**. Das Symbol wird auf dem Desktop eingefügt.

2.1.3 Verwenden von Windows

Verschiedene Teile eines Fensters

Als **Ribbon** wird ein grafisches Bedienkonzept bezeichnet, welches die Elemente Menüsteuerung und Symbolleiste miteinander verbindet. Man kann auch von einer Multifunktionsleiste sprechen. Die nachfolgende Darstellung zeigt die einzelnen Bereiche eines Fensters unter Windows am Beispiel der Textverarbeitung **Word**.

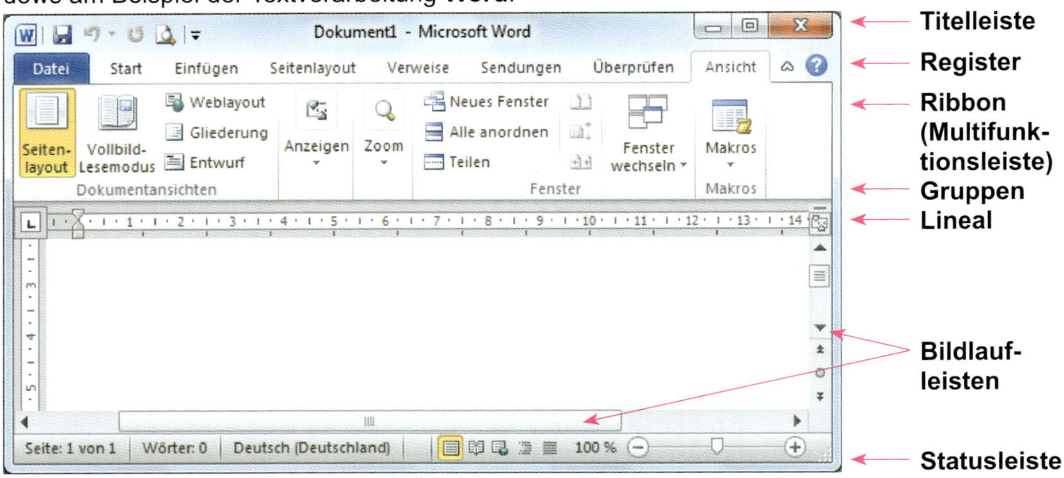

Darstellung des Fensters

Windows-Fenster beinhalten, besonders in der **Titelleiste**, einige Elemente (Schaltflächen usw.), die Einfluss auf die Darstellung haben.

	Das Anklicken des Symbols **Minimieren** in der rechten oberen Ecke führt dazu, dass das Programm auf Symbolgröße in der **Taskleiste** am unteren Bildschirmrand verkleinert wird. Durch Anklicken des Icons mit der Maus in der **Taskleiste** wird das Programm wieder auf dem Bildschirm angezeigt.
	Das Symbol **Verkleinern** in der rechten oberen Ecke verkleinert die Größe des Fensters auf dem Bildschirm.
	Im verkleinerten Fenster wird durch das Symbol **Maximieren** das Programm-Fenster auf die gesamte Bildschirmgröße ausgedehnt.
	Durch das Anklicken des Symbols **Schließen** wird ein Programm beendet.
	Die Änderungen der Größe des Programm-Fensters und das Schließen können auch durch das Anklicken des Symbols in der linken oberen Ecke des Bildschirms und die Wahl eines Menüpunkts vorgenommen werden. 
	Mithilfe der Bildlaufleisten kann man innerhalb eines Fensters nach oben, unten, rechts oder links wandern, um sich die Inhalte anzusehen. Passen alle Informationen in ein Fenster, sind die Bildlaufleisten nicht vorhanden.
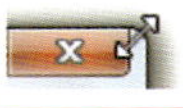	Mithilfe der Maus kann ein Fenster an den Ecken und Seiten größer oder kleiner gezogen werden. Der Mauszeiger verändert sich wie dargestellt.
	Befindet sich der Mauszeiger in der Titelleiste, kann ein Fenster mit gedrückter linker Maustaste beliebig nach oben, unten, links usw. verschoben werden.

2.1.4 Verknüpfungen mit dem Startmenü/der Taskleiste

Programme, die sehr oft genutzt werden, sollen möglichst schnell aufgerufen werden können. Daher können sie an das Startmenü und/oder an die Taskleiste angeheftet werden.

Bearbeitungsschritte:

- Klicken Sie mit der rechten Maustaste ein Anwendungsprogramm auf dem Desktop an bzw. fahren Sie mit der Maus über das Symbol **Start** und den Menüpunkt **Alle Programme** auf ein Anwendungsprogramm und klicken es mit der rechten Maustaste an.

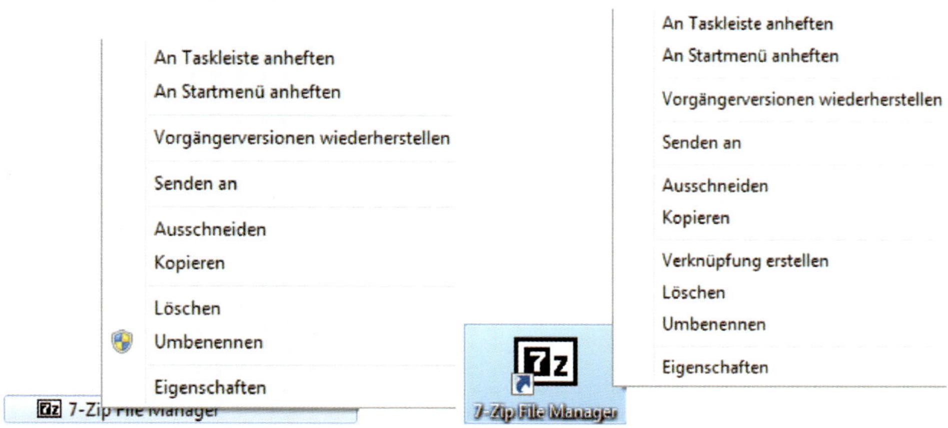

- Wählen Sie den Menüpunkt **An Startmenü anheften**. Im Startmenü wird das Programm danach angezeigt. Fügen Sie danach auf die beschriebene Art über den Menüpunkt **An Taskleiste anheften** das Programm in die Taskleiste ein.

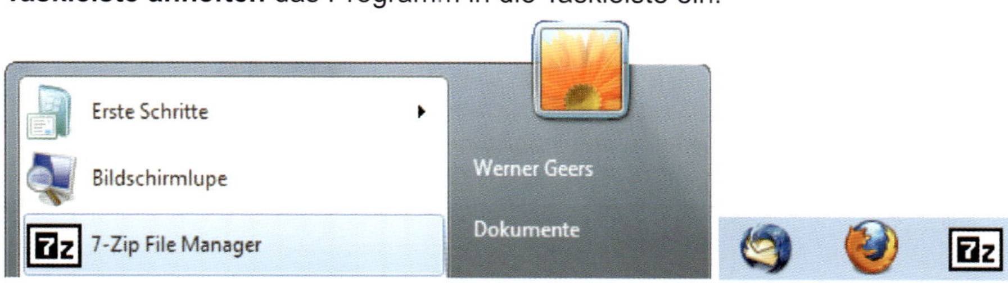

- Während sich die im unteren Bereich des Startmenüs angezeigten Programme aufgrund der Aufrufe der Programme immer wieder einmal ändern, bleiben die oberen Programme fest verankert. Sie können allerdings nach Anklicken mit der rechten Maustaste über den Menüpunkt **Aus Liste entfernen** wieder aus der Liste gelöscht werden.

- Über die **Systemsteuerung** können über die nachfolgend dargestellten Bereiche weitere Einstellungen vorgenommen werden.

2.1.5 Arbeiten mit der Taskleiste

Im Betriebssystem **Windows 7** hat die **Taskleiste** eine zentrale Bedeutung in Bezug auf das Ausrufen von häufig genutzten Programmen und häufig genutzten Dateien bekommen.

Wie Programme in die Taskleiste aufgenommen werden, wurde bereits beschrieben. Das effektive Arbeiten mit der **Taskleiste** und das Entfernen von Programmen aus der Taskleiste werden nachfolgend beschrieben.

Bearbeitungsschritte:

- Aus der Taskleiste können Programme entfernt werden, indem man das Icon mit gedrückter linker Maustaste nach oben fährt.
- Öffnen Sie die Textverarbeitung **Word**. Erstellen Sie das erste dargestellte Dokument und danach über den Menüpunkt **Datei/Neu** das zweite Dokument.

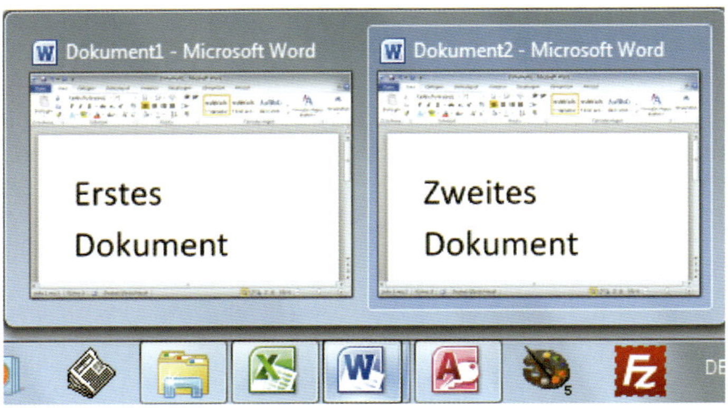

- Fahren Sie mit der Maus auf das Programm-Icon in der **Taskleiste**. Beide Dokumente werden verkleinert dargestellt. Wenn Sie dann mit der Maus ein verkleinert dargestelltes Dokument anfahren, wird das Dokument in voller Größe dargestellt. Mit einem Mausklick wird es aufgerufen.
- Gehen Sie mit der Maus auf das Programm-Icon und ziehen Sie es mit gedrückter Maustaste nach oben. Die zuletzt verwendeten Dokumente werden angezeigt und können durch Anklicken geöffnet werden.

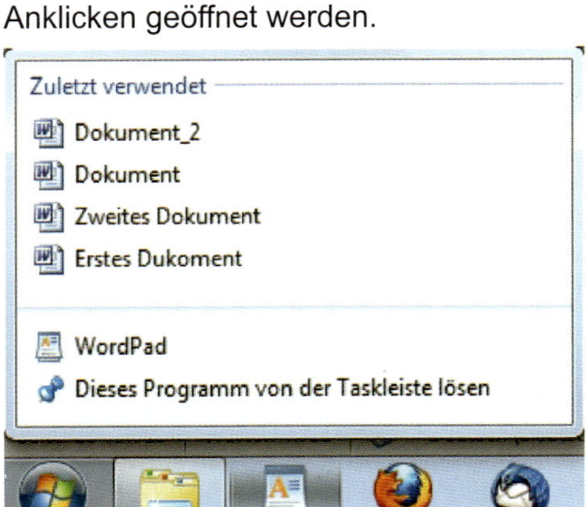

- Außerdem ergibt sich die Möglichkeit, das Programm von der Taskleiste zu lösen. Dies bietet sich bei Programmen an, die nur selten genutzt werden. Durch das Entfernen von Programmen aus der **Taskleiste** bleibt diese übersichtlich. Das Programm kann dann über andere beschriebene Möglichkeiten aufgerufen werden.

2.2 Dateiverwaltung

2.2.1 Begriffe

Hierarchische Struktur

➢ **Aufbau des Windows-Explorers**

Sollen Dateien später problemlos wiedergefunden werden, ist von vornherein eine sinnvolle Dateiverwaltung zu praktizieren. Der Windows-Explorer hilft dabei. Er führt verschiedene für die tägliche Arbeit mit einem Computer notwendige Tätigkeiten aus. Er ermöglicht unter anderem

- das Anzeigen, Öffnen und Speichern von Inhalten auf Datenträgern und Ordnern,
- Ordner (Verzeichnisse) auf einem Datenträger zu erstellen,
- Dateien zu suchen, zu löschen, zu kopieren, umzubenennen oder auf einen anderen Datenträger oder in ein anderes Verzeichnis zu verschieben.

Bearbeitungsschritte:

- Klicken Sie in der **Taskleiste** das Symbol **Windows Explorer** an.

- Im Normalfall werden die einzelnen **Bibliotheken** zur Speicherung von Inhalten angezeigt. Außerdem werden **Favoriten** und die **Datenträger** des Computers und eventuell vorhandene **Wechseldatenträger** angezeigt:

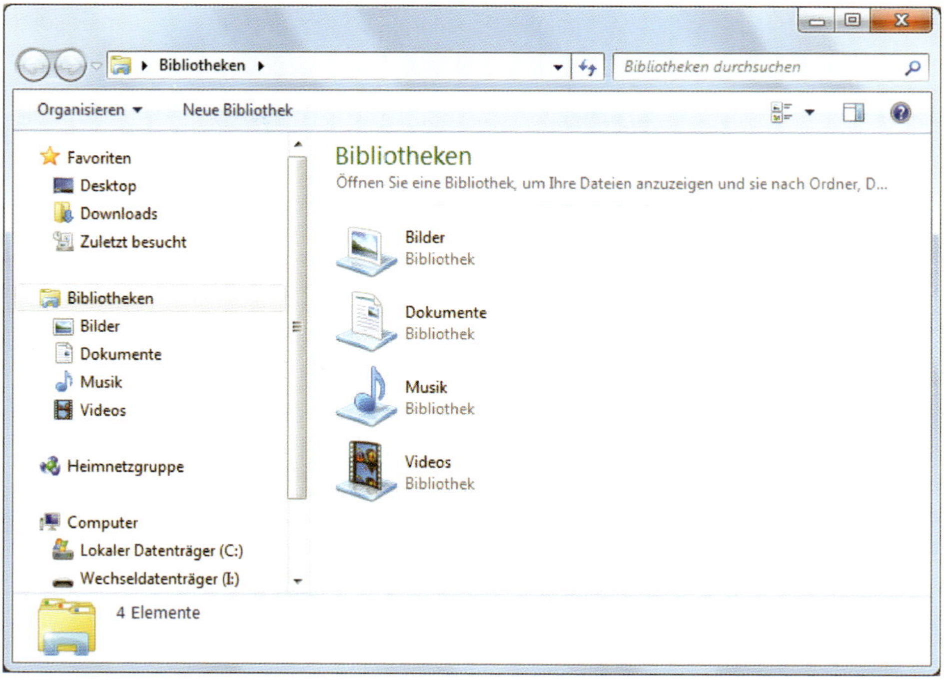

- Anschließend werden die einzelnen Elemente des **Windows-Explorers** erklärt. In den Office-Programmen steht beim Öffnen und Abspeichern von Dateien dasselbe Fenster zur Verfügung, lediglich wird zusätzlich z. B. eine Fensterbezeichnung wie z. B. **Speichern unter** angezeigt. Außerdem enthalten die Fenster spezielle Optionen für den gewünschten Zweck, wie z. B. verschiedene Möglichkeiten zur Datenabspeicherung.

➢ Bereiche des Windows-Explorers

Der Explorer ist in die folgenden Bereiche gegliedert:

<table>
<tr><td>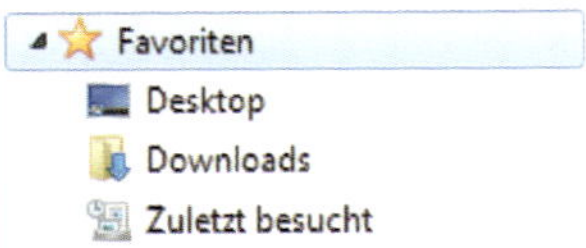</td><td>Häufig benötigte Ordner, die z. B. als Unterverzeichnis im Bereich Bibliotheken eingerichtet wurden, können in den Bereich der Favoriten gezogen werden. Dies bietet sich dann an, wenn besonders mit Dateien dieses Ordners gearbeitet wird.</td></tr>
<tr><td>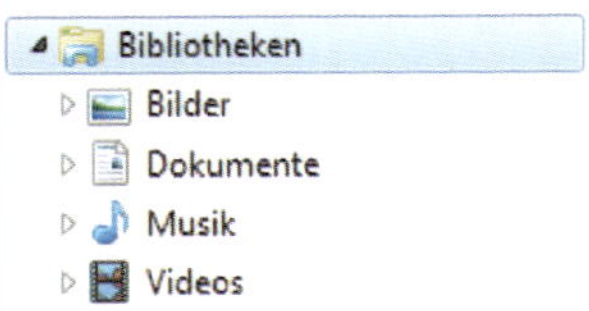</td><td>Daten sollen in einzelnen Bibliotheken, geordnet nach Bildern, Dokumenten usw. abgelegt werden. Es können weitere Bibliotheken angelegt werden. In den Bibliotheken sollten Ordner (Verzeichnisse) angelegt werden, damit Daten nach weiteren sachlogischen Gesichtspunkten abgelegt werden.</td></tr>
<tr><td>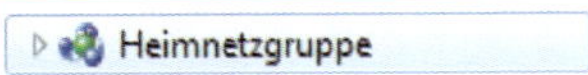</td><td>Bei Bedarf und den entsprechenden Gegebenheiten können Heimnetzgruppen angelegt werden, Dateien zur Nutzung auf anderen Computern freigegeben werden usw.</td></tr>
<tr><td>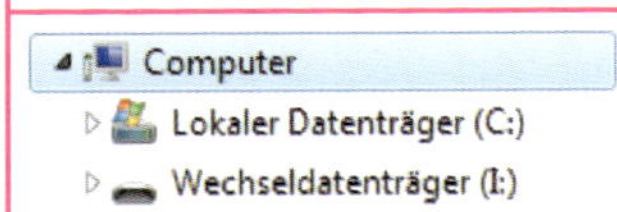</td><td>Alle Datenträger, die zzt. aktiv sind, werden angezeigt. Es können z. B. Sicherungen von Daten des Lokalen Datenträgers auf Wechseldatenträger vorgenommen werden.</td></tr>
</table>

➢ Schaltflächen des Windows-Explorers

Der Windows-Explorer ermöglicht die effektive Arbeit mit Ordnern und Dateien. Daher sollen die einzelnen Möglichkeiten genauer beschrieben werden.

<table>
<tr><td></td><td>Zwischen Laufwerken/Ordnern wird mithilfe der Schaltflächen gewechselt. Das aktuelle Verzeichnis wird angezeigt.
</td></tr>
<tr><td>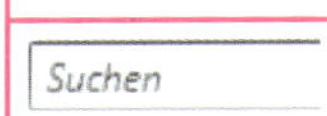</td><td>Innerhalb des aktuellen Ordners kann nach Begriffen gesucht werden.
</td></tr>
<tr><td>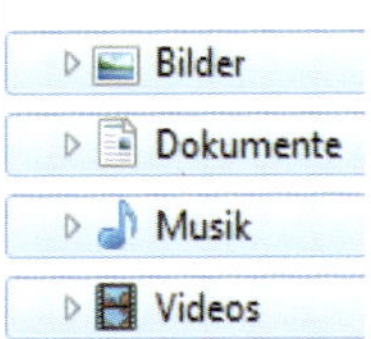</td><td>In Abhängigkeit von den Aufgaben können mit Ordnern und Dateien unterschiedliche Tätigkeiten ausgeführt werden.
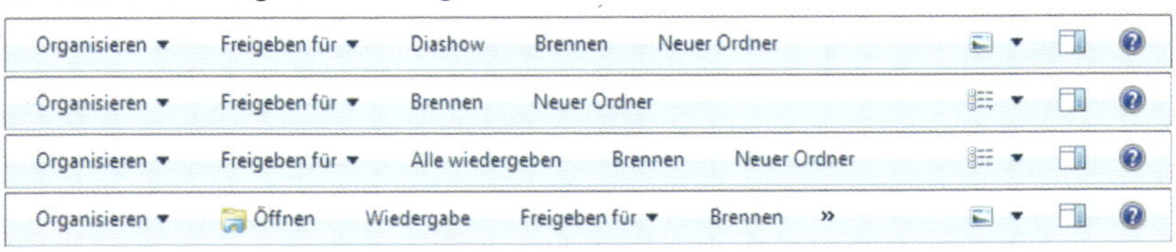</td></tr>
<tr><td></td><td>Nach Anklicken der Schaltfläche Blenden Sie das Vorschaufenster ein werden z. B. Bilder größer angezeigt und Videos abgespielt.
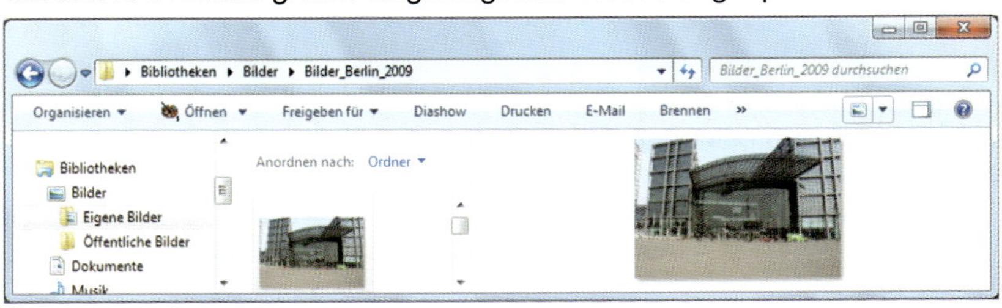</td></tr>
</table>

Die in einem Ordner vorhandenen Dateien werden mit unterschiedlichen Informationen angezeigt.

Die Darstellung der einzelnen Symbole für Dateien kann beeinflusst werden. Außerdem können die Dateien in einem Laufwerk bzw. Ordner nach Namen, Typ, Größe oder Datum angezeigt werden.

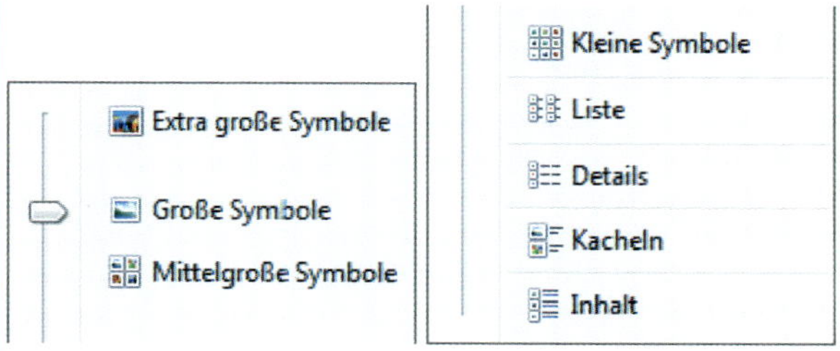

Große Symbole	Mittelgroße Symbole	Kleinere Symbole
		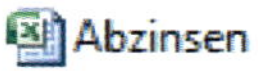
Liste	**Details**	**Kacheln**
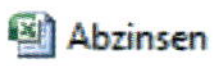		

➢ Bedeutung einzelner Schaltflächen des Windows-Explorers

Die Bedeutung gängiger Schaltflächen im Windows-Explorer wird nachfolgend kurz erklärt.

Ordner und Dateien können markiert, kopiert, einfügt usw. werden Nach Anklicken des Pfeils nach unten können die einzelnen Optionen ausgewählt werden. Oftmals ist vorher das Markieren einzelner oder mehrerer Dateien bzw. Ordner notwendig.

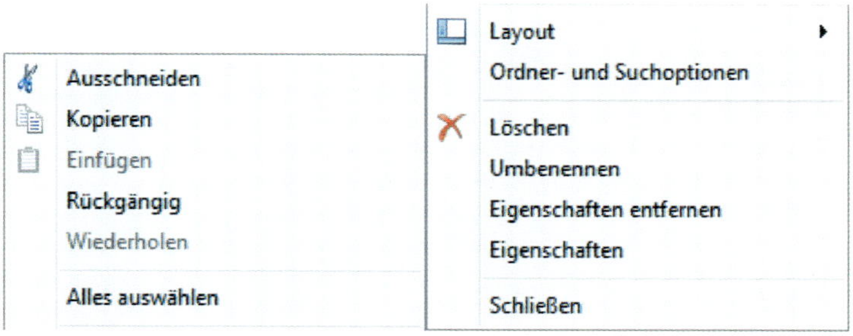

Eine markierte Datei kann in der Regel über den **Windows-Explorer** geöffnet werden. Stehen mehrere Programme zur Verfügung, können diese über den Pfeil nach unten ausgewählt werden.

Drucken	Ausgewählte Dateien, wie etwa Texte oder Grafiken, können ausgedruckt werden, ohne dass vorher die Datei in dem entsprechenden Programm geöffnet werden muss.
E-Mail	Dateien werden bei einem installierten E-Mail-Programm an eine Mail angehängt und können versandt werden.
Brennen	Ausgewählte Dateien werden auf einen Datenträger, etwa eine CD oder eine DVD, gebrannt.
Diashow	Fotos können in einer Diashow auf dem Bildschirm und damit u. U. auch über einen Beamer (Projektor) gezeigt werden.
Freigeben für ▾	Laufwerke, Ordner usw. können in einem Netzwerk freigegeben werden. Es bietet sich jedoch an, Freigaben nach Anklicken der Schaltfläche **Start** über den Bereich **Systemsteuerung** vorzunehmen. 
Wiedergabe ▾ Alle wiedergeben	Musikdateien können über die zur Verfügung stehenden Mediaplayer ausgegeben werden. 

➢ Standardprogramme

Oftmals sind auf einem Computer mehrere Programme vorhanden, die den gleichen oder einen ähnlichen Zweck erfüllen. Daher sollte festgelegt werden, mit welchem Programm z. B. eine Audio- oder Videodatei geöffnet werden soll.

Bearbeitungsschritte:

- Klicken Sie die Schaltfläche **Start** an. Wählen Sie danach den Menüpunkt **Standardprogramme**. Klicken Sie dann den Link **Standardprogramme festlegen** an.

- Verschiedene Möglichkeiten der Einstellung werden zur Verfügung gestellt. Bestimmen Sie das gewünschte Programm, z. B. einen Browser.

2.2.2 Dateien und Ordner

Ordnerstruktur, Navigation

Die einzelnen zur Verfügung stehenden Datenträger und Ordner auf Datenträgern sind hierarchisch aufgebaut. Die Inhalte können über den Windows-Explorer angezeigt werden.

Bearbeitungsschritte:

- Klicken Sie die Schaltfläche **Start** an. Wählen Sie danach den Menüpunkt **Standardprogramme**. Alternativ können Sie im Explorer den Bereich **Computer** anklicken.

- Die zur Verfügung stehenden Laufwerke werden angezeigt. Die Größe des jeweiligen Datenträgers und die Belegung des Speichers werden angegeben:

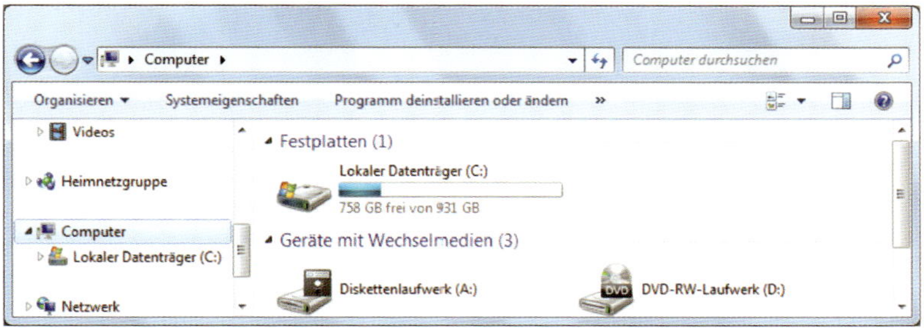

- Klicken Sie im linken Bereich eine Laufwerkbezeichnung oder Ordner der Bibliotheken an. Die Ordner/Verzeichnisse werden angezeigt:

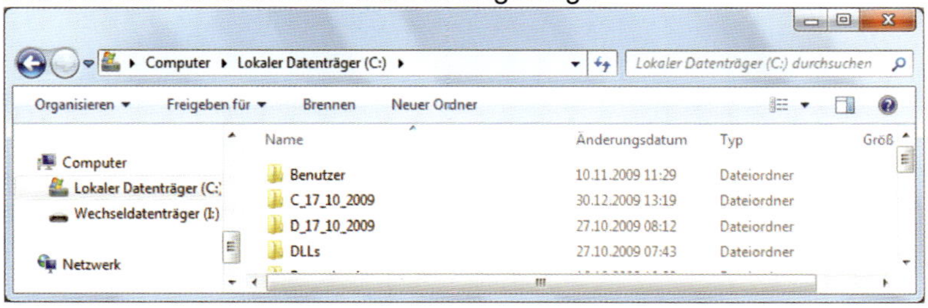

- Einzelne Laufwerke enthalten Ordner, Dateien usw.

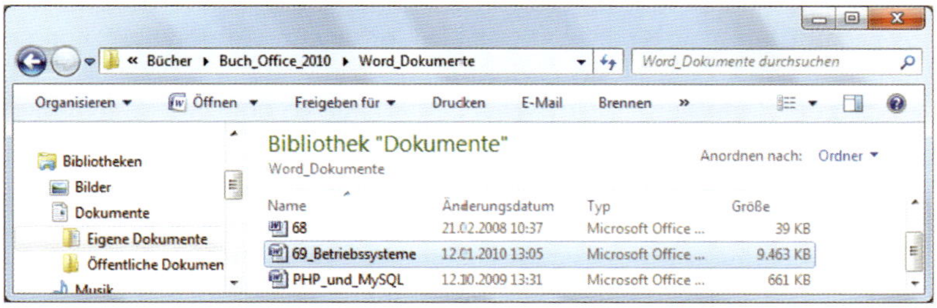

- Über die Schaltflächen **Vorwärts** und **Zurück** können Sie zu anderen Verzeichnissen wechseln. Klicken Sie die Pfeile hinter den jeweiligen Datenträgern, Verzeichnissen usw. an, können Sie zu den dann angezeigten Verzeichnissen usw. wechseln.

Arbeiten mit Ordnern

Über den Windows-Explorer lassen sich problemlos benötigte Ordner erstellen.

Bearbeitungsschritte:

- Starten Sie den Windows-Explorer. Markieren Sie ein Laufwerk oder einen Ordner. Klicken Sie die Schaltfläche **Neuer Ordner** an.

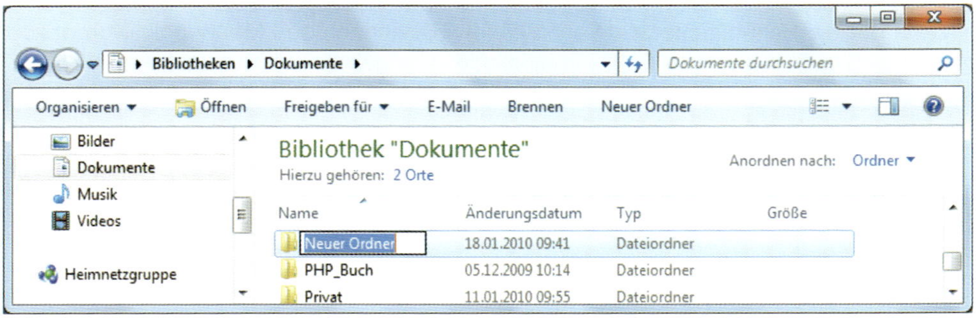

- Tragen Sie danach den gewünschten Namen ein.

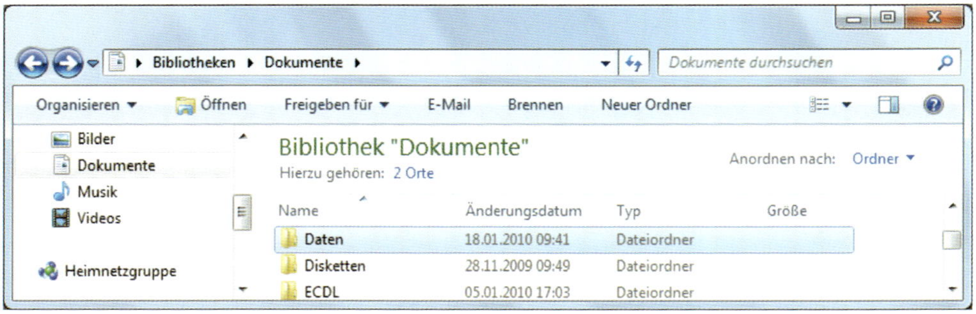

- Nach dem Markieren kann der Ordner über die Schaltfläche **Organisieren** umbenannt werden. Alternativ können Sie nach Betätigen der rechten Maustaste im Kontextmenü den Menüpunkt **Umbenennen** wählen.

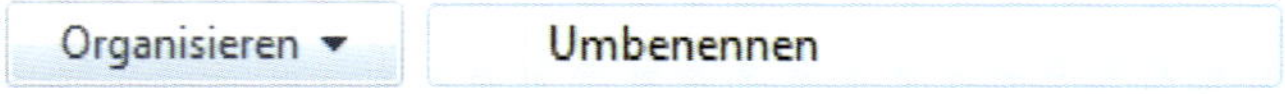

- Sie können einen Ordner markieren und über die Schaltfläche **Organisieren** nach Wahl der Menüpunkte **Ausschneiden** bzw. **Kopieren** den Ordner ausschneiden bzw. kopieren. Danach können Sie ein Laufwerk oder einen Ordner markieren und dann über die Schaltfläche **Organisieren** und den Menüpunkt **Einfügen** den kopierten oder ausgeschnittenen Ordner einfügen.

- Nach dem Markieren eines Ordners auf der linken Seite des Windows-Explorers können Sie über die Schaltfläche **Organisieren** den Menüpunkt **Alles auswählen** alle Unterordner und Dateien markieren und dann ausschneiden, kopieren und einfügen.
- Wenn Sie mehrere Ordner im rechten Fenster markieren möchten, müssen Sie zunächst einen Ordner markieren, danach die Taste [**Strg**] drücken und danach die nächsten Ordner markieren.
- Mehrere hintereinander dargestellte Ordner werden durch das Anklicken des ersten Ordners, dem Drücken der Taste [⇧] und dem anschließendem Anklicken des letzten benötigten Ordners markiert.

2.2.3 Arbeiten mit Dateien

Arten und Zuordnung von Dateien

An der Dateierweiterung und an der grafischen Darstellung kann man im Windows-Explorer meistens erkennen, womit die Datei erstellt wurde. Manche Dateien können jedoch mit verschiedenen Programmen erstellt werden. Das klassische Beispiel dafür sind Bilddateien. Viele Grafikprogramme beherrschen eine große Zahl von Dateiarten.

In der Symbolansicht sehen einige der wichtigsten Dateitypen wie nachfolgend dargestellt aus. Außerdem wird die jeweilige Dateierweiterung angegeben.

Textverarbeitung Word	**Tabellenkalkulation Excel**	**Datenbank Access**	**Webseiten Internet Explorer** index
Präsentation PowerPoint	**Grafik Paint Shop Pro Paint usw.** Bild11	**Audio Windows Media Player** WAV 01-Squonk	**Video Windows Media Player** Ostsee_0001
MindMap FreeMind Excel	**Zip-Datei WinZip** 1	**PDF-Datei Acrobat Reader** Access	**Programmdatei** Strukted

Die einzelnen Dateien sind normalerweise einem bestimmten Programm zugeordnet. Daher kann die entsprechende Datei über den Windows-Explorer geöffnet werden. Das Programm, das die Daten bearbeiten kann, wird automatisch geladen.

Bearbeitungsschritte:

- Führen Sie im Windows-Explorer einen Doppelklick auf eine Datei aus.

- Normalerweise wird die Datei und ein Programm, welches die Datei verarbeiten kann, geöffnet. Im Beispiel wird die Datei mit einem Grafikprogramm geöffnet.

Änderung des Dateistatus

Zum Schutz vor unbeabsichtigten Änderungen kann eine Datei schreibgeschützt werden.

Bearbeitungsschritte:

- Erstellen Sie eine Textdokument oder eine Tabelle mit beliebigem Inhalt.
- Klicken Sie diese Datei im **Windows-Explorer** mit der rechten Maustaste an. Rufen Sie im dann eingeblendeten Kontextmenü den Menüpunkt **Eigenschaften** auf.

- Die Datei kann danach nicht mehr geändert werden, es sie denn, der Schreibschutz wird wieder aufgehoben.
- Über das Register **Sicherheit** im Fenster **Eigenschaften (von Versuch)** können weitere Sicherungen von erfahrenen Nutzern vorgenommen werden.

Sortieren von Dateien

Das Wiederfinden von Dateien wird dadurch erleichtert, dass im Windows-Explorer Ordner und Dateien nach unterschiedlichen Kriterien sortiert werden können.

Bearbeitungsschritte:

- Rufen Sie im Windows-Explorer ein Verzeichnis auf. Mit Anklicken der Kriterien (Überschriften) *Name*, *Datum* usw. werden die Dateien aufsteigend sortiert. Ein zweiter Klick sorgt für die absteigende Sortierung.

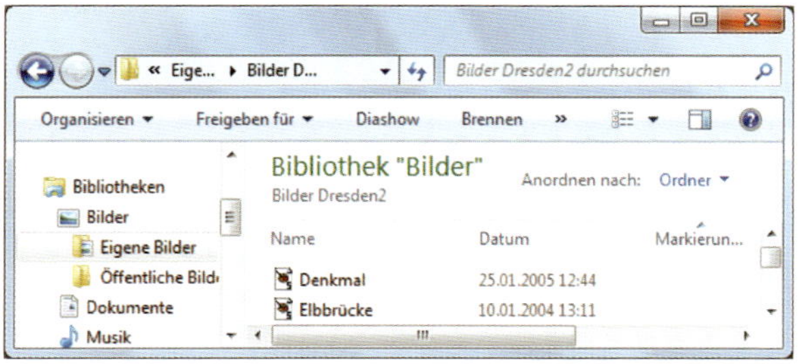

- Weitere Kriterien können nach Anklicken eines Kriteriums mit der rechten Maustaste eingeblendet werden.

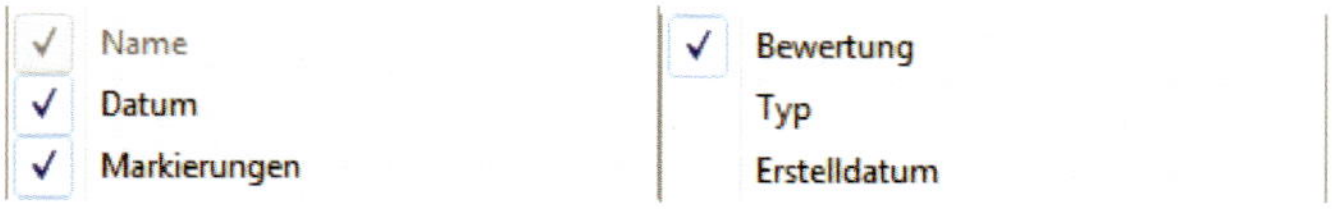

Good Pracis für die Vergabe von Namen

Namen von Verzeichnissen und Dateien sollten grundsätzlich aussagekräftig sein. Dies erleichtert das spätere Wiederfinden von Texten, Tabellen, Grafiken usw. Handelt es sich bei einer Tabelle z. B. um die Berechnung eines Umsatzes, ist die Tabelle auch so zu benennen. Ein Bild, das ein bestimmtes Bauwerk zeigt, ist nach dem Bauwerk zu bezeichnen.

2.2.4 Kopieren, Verschieben usw. von Dateien

Die Bearbeitung von Dateien soll anhand des Kopierens einer Datei auf einen anderen Datenträger mithilfe des Windows-Explorers gezeigt werden. Darüber hinaus werden die Möglichkeiten des Markierens, Kopierens usw. in einer Übersicht dargestellt.

Bevor Dateien kopiert usw. werden können, müssen sie markiert werden. Die verschiedenen Möglichkeiten des Markierens sind in der folgenden Übersicht angegeben:

Markieren	Die gewünschte Datei wird auf einem Datenträger und/oder in einem Ordner gesucht und durch Anklicken mit der Maus markiert.
Markieren (mehrere einzelne Dateien)	Zunächst wird die erste Datei markiert. Danach wird die Taste [**Strg**] gedrückt. Bei gedrückter Taste [**Strg**] können Sie dann weitere Dateien markieren. Der Vorteil dieses Vorgehens liegt darin, dass gleichzeitig mehrere Dateien kopiert usw. werden können. **Hinweis:** Mehrere Ordner können nur im rechten Bereich des Explorers gleichzeitig markiert werden.
Markieren (mehrere aufeinander folgende Dateien)	Zunächst wird die erste Datei markiert. Danach wird die Umschalttaste [⇧] gedrückt. Bei gedrückter Umschalttaste [⇧] wird die letzte zu markierende Datei mit der Maus angeklickt.
Alles auswählen	Nach Anklicken der Schaltfläche **Organisieren** wird über den Menüpunkt **Alles auswählen** der gesamte Inhalt eines Ordners markiert.
Markierung umkehren	Nachdem Sie eine oder mehrere Dateien markiert haben, können Sie über diesen Menüpunkt die Markierung umkehren. Das bedeutet, bisher nicht markierte Dateien sind nun markiert, die anderen, bisher markierten, nicht mehr.

Die folgende Übersicht soll die Unterschiede zwischen den verschiedenen Möglichkeiten des Kopierens, Löschens usw. zeigen. Die einzelnen Menüpunkte können nach dem Anklicken der Schaltfläche **Organisieren** im Windows-Explorer gewählt werden.

Ausschneiden	Die markierte Datei wird auf einem Datenträger oder in einem Ordner entfernt. Sie kann jedoch über den Menüpunkt **Einfügen** auf einen anderen Datenträger oder in ein anderes Verzeichnis eingefügt werden.
Kopieren	Eine markierte Datei bleibt auf dem Datenträger oder in dem Ordner erhalten. Über den Menüpunkt **Einfügen** kann sie zusätzlich auf einen anderen Datenträger oder in einen Ordner eingefügt werden.
Einfügen	Eine ausgeschnittene oder kopierte Datei wird auf einen anderen Datenträger oder in ein Verzeichnis eingefügt. Je nachdem, ob sie vorher ausgeschnitten oder kopiert wurde, ist sie danach einmal oder zweimal auf den Datenträgern vorhanden.
Löschen	Die markierte Datei wird vom Datenträger entfernt. Das Löschen entfernt die Datei unwiderruflich von einer Diskette oder einem anderen Datenträger, der in einem Laufwerk ausgewechselt werden kann. Von einer Festplatte wird die Datei in den sogenannten Papierkorb verschoben. Sie kann danach unter Umständen noch wieder aus dem Papierkorb zurückgeholt werden. Auf die Funktion des Papierkorbs wird später noch eingegangen.

Am Beispiel des Kopierens und Einfügens einer Datei soll das Prinzip des Kopierens, Einfügens usw. erklärt werden.

Bearbeitungsschritte:

- Markieren Sie im **Windows-Explorer** eine Datei, die kopiert werden soll. Dabei sollte es sich z. B. um eine Textdatei, um eine Bilddatei usw. handeln.

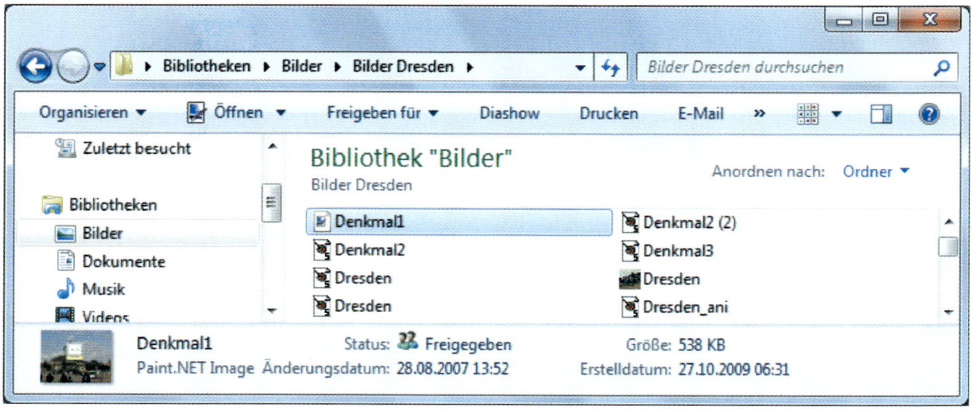

- Klicken Sie die Schaltfläche **Organisieren** im Windows-Explorer an. Wählen Sie den Menüpunkt **Kopieren**. Wählen Sie danach einen Datenträger oder einen Ordner aus, z. B. einen Ordner auf einem USB-Stick:

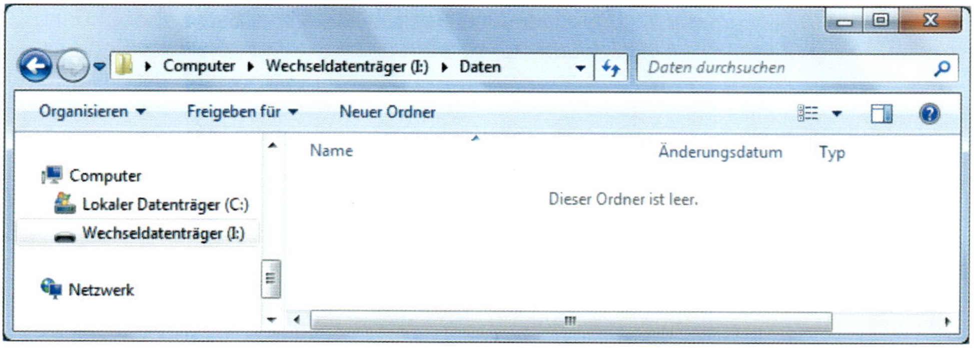

- Klicken Sie die Schaltfläche **Organisieren** im Windows-Explorer an. Wählen Sie den Menüpunkt **Einfügen**. Die kopierte Datei wird auf dem Datenträger eingefügt.

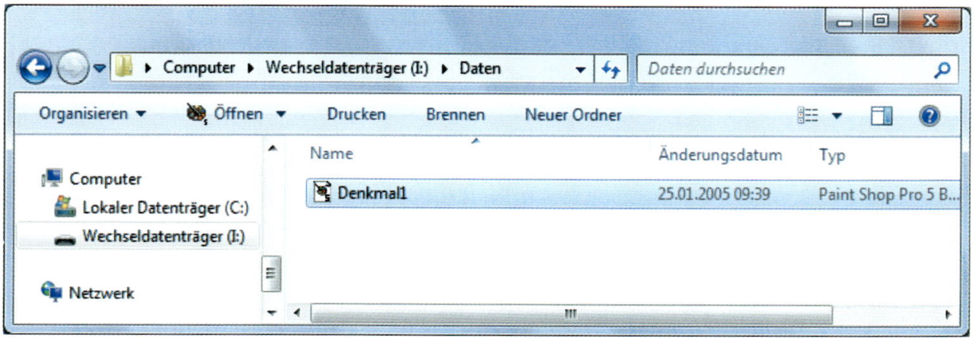

- Setzen Sie zum Kopieren usw. auch die rechte Maustaste ein. Dies dürfte nach dem Markieren oftmals die schnellste Möglichkeit sein.

2.2.5 Löschen und Wiederherstellen von Dateien

Dateien, die von einem Wechsel-Datenträger, wie z. B. einem USB-Stick gelöscht wurden, sind unwiderruflich gelöscht. Dateien auf einer Festplatte werden nach dem Löschen in den Papierkorb verschoben und können u. U. wieder zurückgeholt werden. Bei einer entsprechend großen Festplatte bietet es sich an, Dateien erst dann aus dem Papierkorb endgültig zu löschen, wenn absolut feststeht, dass sie nicht mehr benötigt werden.

Bearbeitungsschritte:

- Rufen Sie den **Windows-Explorer** auf. Markieren Sie eine Datei in einem Verzeichnis und kopieren Sie diese Datei, sodass sie doppelt vorhanden ist.
- Klicken Sie die Schaltfläche **Organisieren** im **Explorer** an. Löschen Sie die Kopie über den Menüpunkt **Löschen**. Die Datei wird nach einer Sicherheitsabfrage in den Papierkorb verschoben. Damit wird sie in dem ursprünglichen Ordner nicht mehr angezeigt.

- Wählen Sie den Papierkorb im **Explorer** aus. Der Papierkorb kann auch über den Desktop angewählt werden.

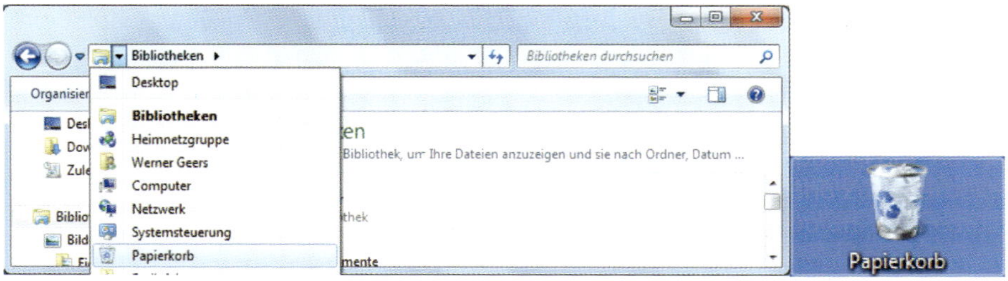

- Gelöschte Dateien werden im rechten Fenster angezeigt.
- Über die Schaltfläche **Papierkorb leeren** wird der gesamte Inhalt des Papierkorbs endgültig gelöscht. Dies sollte jedoch erst nach gründlicher Überlegung erfolgen.

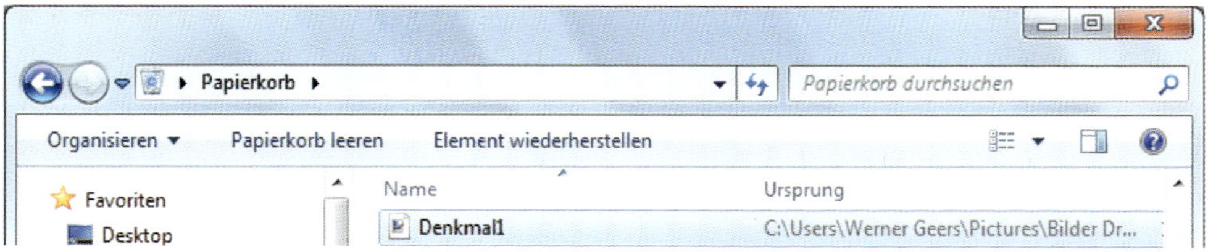

- Wenn Sie eine Datei markieren, können Sie sie über die Schaltfläche **Element wiederherstellen** wieder an der ursprünglichen Stelle auf dem Laufwerk einfügen. Mehrere oder alle gelöschten Dateien werden über die Schaltfläche **Alle Elemente wieder herstellen** wieder an den ursprünglichen Stellen zur Verfügung gestellt.
- Ganze Ordner können ebenfalls gelöscht und in den Papierkorb verschoben werden.

2.2.6 Suche nach Daten und Dateien

Suche nach Dateien und Begriffen

Die Suche nach bestimmten Dateien ist relativ einfach über den Menüpunkt **Suchen** möglich. Spezielle Filter erleichtern die Suche. Damit ergeben sich Möglichkeiten, die Dateien zu öffnen, zu kopieren usw. Die vorgestellte Suche stellt ein Beispiel dar. Die Suche sollte den individuellen Gegebenheiten auf dem jeweiligen Computer angepasst werden.

Bearbeitungsschritte:

- Rufen Sie den **Explorer** auf. Suchen Sie in einem Verzeichnis nach einem Begriff.

- Klicken Sie mit der Maus nochmals in den Bereich, in dem Sie den Suchbegriff eingegeben haben. Sie können danach ein oder mehrere Suchkriterien definieren.

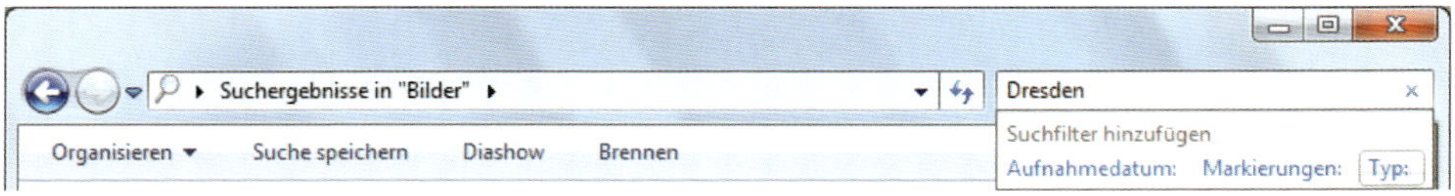

- Klicken Sie beispielsweise den Link **Typ** an. Die verschiedenen im Verzeichnis vorhandenen Dateitypen werden angezeigt. Wählen Sie einen Dateityp aus.

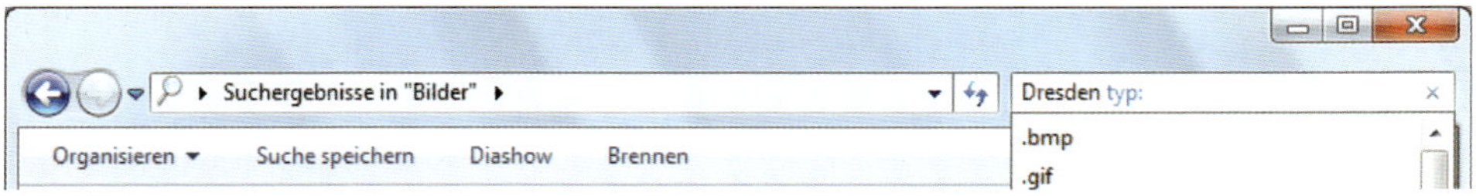

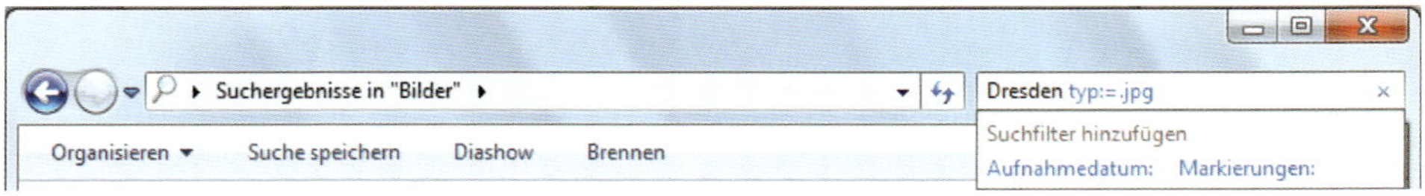

- Als Ergebnis werden die Dateien ausgegeben, die dem Kriterium entsprechen.

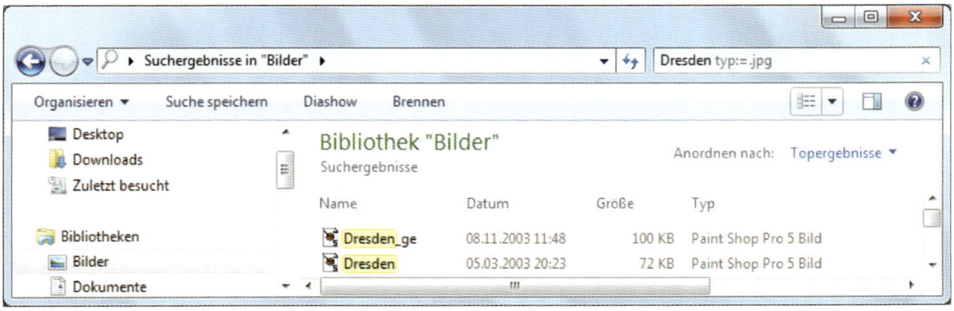

- Fügen Sie danach z. B. als weiteres Suchkriterium ein Aufnahmedatum hinzu.

Bearbeitungsschritte (Fortsetzung):

- Die einzelnen Suchfilter werden gespeichert. Ist der Suchbereich leer, muss lediglich mit der Maus in diesen Bereich geklickt werden, damit alle bisherigen Suchfilter angezeigt werden. Ansonsten ist im Suchbereich das Kreuz ✕ anzuklicken.

- Soll ein Suchkriterium gelöscht werden, müssen Sie es mit der Maus anfahren und danach die Taste [**Entf**] drücken.

Verwendung von Platzhaltern

Durch die Verwendung von Platzhaltern können Sie beispielsweise nach Dokumenten suchen, deren Anfangsbuchstaben Sie kennen oder nach Dokumenten eines bestimmten Dateityps, wie etwa nach Word-Dokumenten vom Dateityp **docx**. Einige Möglichkeiten werden nachfolgend beschrieben. Die Möglichkeiten können beliebig miteinander verbunden werden.

Excel.exe	Es wird die Datei Excel.exe gesucht.
*.docx	Alle Dateien vom Dateityp **docx** (Word-Dokumente) werden gesucht.
E*.*	Es wird nach allen Dateien gesucht, die mit dem Buchstaben E anfangen.
E???.*	Es wird nach allen Dokumenten gesucht, die mit dem Buchstaben E anfangen und vier Buchstaben lang sind.

Liste der zuletzt verwendeten Dateien

Zuletzt verwendete Dateien werden in dem jeweiligen Programm, z. B. in den Office-Programmen unter dem Menüpunkt **Datei**, angezeigt. Auch im Startmenü und in der Taskleiste werden die letzten aufgerufenen Dateien angezeigt und können aufgerufen werden.

Bearbeitungsschritte:

- Rufen Sie über die Schaltfläche **Start** ein Office-Programm auf. Die letzten verwendeten Dateien werden angegeben und können geöffnet werden.

- Gehen Sie mit der Maus auf ein Programm-Icon in der Taskleiste, z. B. auf das Icon des Programms **Word** und ziehen Sie es mit gedrückter Maustaste nach oben. Die zuletzt genutzten Dateien werden angezeigt und können aufgerufen werden.

2.3 Utilities

2.3.1 Dateikomprimierung

Auf das Thema wird im Zusammenhang mit der Bildbearbeitung und im Zusammenhang mit dem Thema **Sicherheit** kurz eingegangen.

2.3.2 Viren

Auf das Thema wird im Kapital **Grundlagen der Informationstechnologie** eingegangen.

2.4 Drucken

2.4.1 Druckeroptionen

Standarddrucker festlegen

Ein Standarddrucker ist der Drucker, der bei Druckaufträgen, die aus einem Programm heraus gegeben werden, automatisch aktiviert wird und den Druckauftrag ausführt.

Bearbeitungsschritte:

- Klicken Sie die Schaltfläche **Start** und dann die Schaltfläche **Geräte und Drucker** an.

- Die zur Verfügung stehenden Drucker werden angezeigt. Der ausgewählte Standarddrucker wird durch ein grünes Häkchen gekennzeichnet.

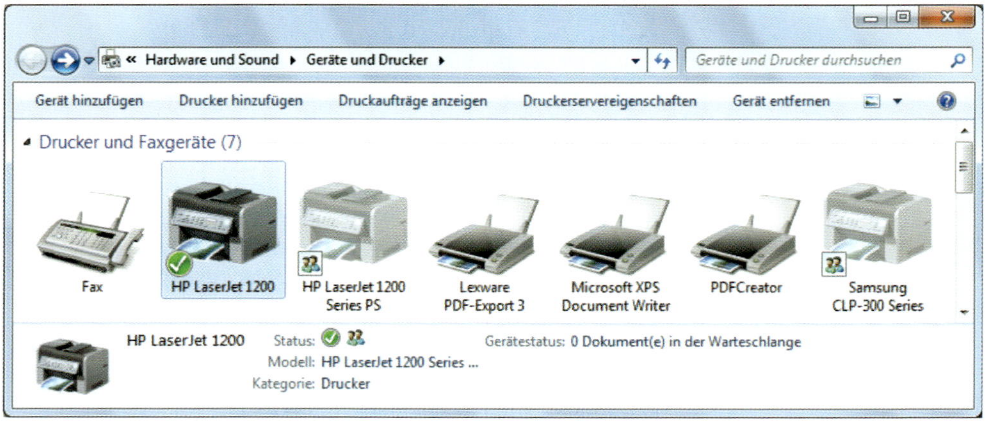

- Klicken Sie, falls vorhanden, mit der rechten Maustaste einen anderen Drucker an. Wählen Sie danach im Kontextmenü den Menüpunkt **Als Standarddrucker festlegen**.

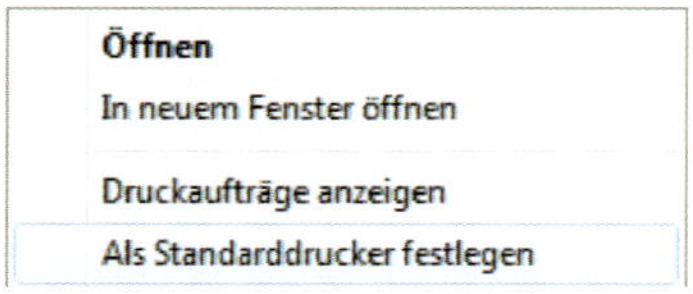

- Der Drucker wird danach bei Druckaufträgen standardmäßig ausgewählt.

Drucker installieren

Ein neuer Drucker wird mithilfe eines Assistenten installiert.

Bearbeitungsschritte:

- Klicken Sie die Schaltfläche **Start** und dann die Schaltfläche **Geräte und Drucker** an. Klicken Sie danach die Schaltfläche **Drucker hinzufügen** an.

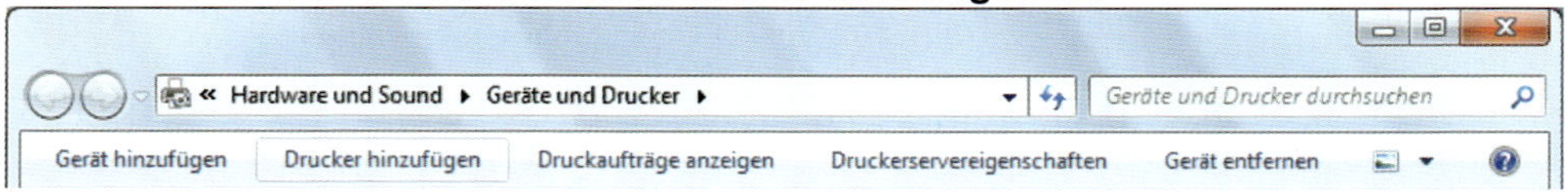

- Mithilfe eines Assistenten können Sie danach u. a. auswählen, ob es sich z. B. um einen Netzwerkdrucker handelt, welcher Anschluss genutzt wird usw.

2.4.2 Druckausgabe

Dokument aus einer Textverarbeitung drucken

Im Kapitel **Textverarbeitung** wird ausführlich auf das Drucken von Dokumenten eingegangen.

Druckmanager

Der Druckmanager stellt Möglichkeiten zur Verfügung, die Warteschlange eines Druckers einzusehen, Druckaufträge abzubrechen, neu zu starten usw.

Das folgende Beispiel soll Vorgehensweisen anzeigen, kann jedoch nicht in jedem Fall identisch durchgeführt werden.

Bearbeitungsschritte:

- Führen Sie über ein Office-Programm einen Druckauftrag durch.
- Klicken Sie die Schaltfläche **Start** und dann die Schaltfläche **Geräte und Drucker** an.

- Führen Sie einen Doppelklick auf den dann eingeblendeten Standarddrucker durch.

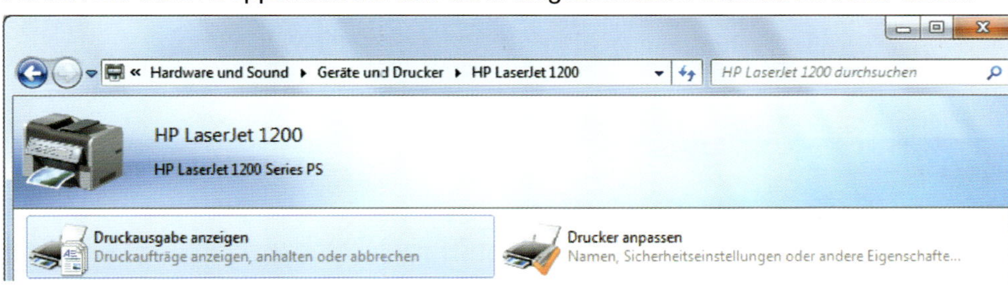

- Der Druckauftrag wird angezeigt:

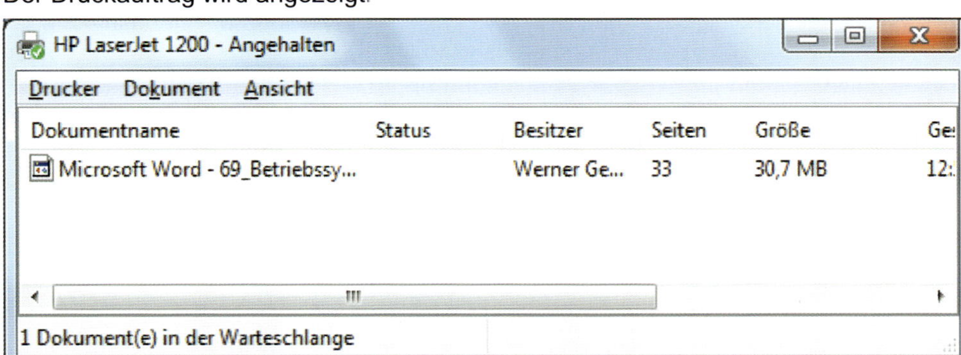

- Markieren Sie das Dokument mit der Maus. Über die Menüpunkte **Drucker** und **Dokument** können Sie Druckaufträge anhalten, fortsetzen. Meldungen in Fenstern sind zu bestätigen, wenn Aufträge tatsächlich abgebrochen usw. werden.

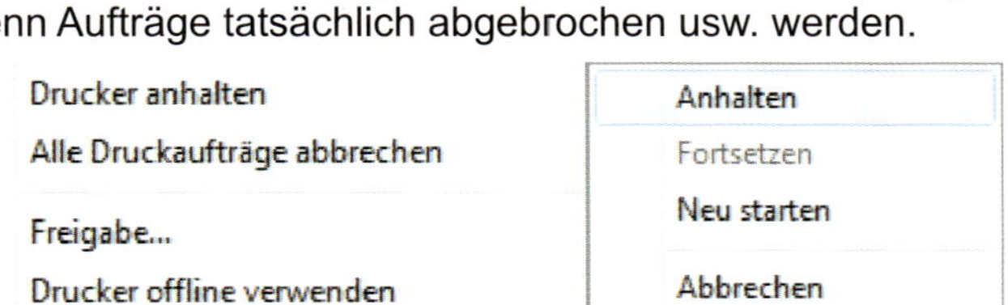

Übungen:

1. Legen Sie auf einem Datenträger (z. B. Festplatte, USB-Stick, Diskette) das folgende Unterverzeichnis an:

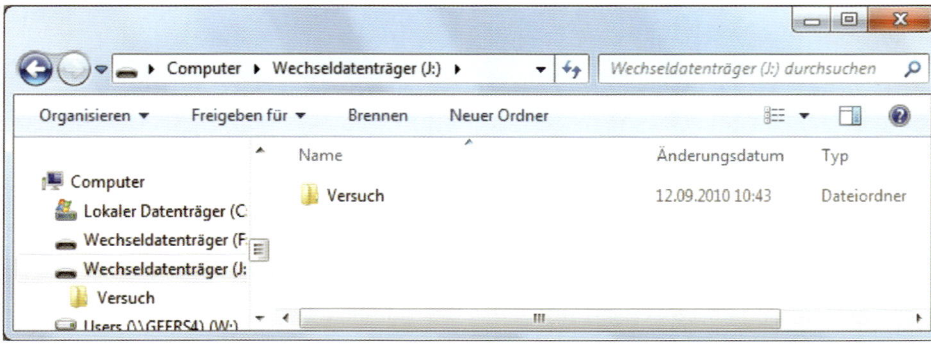

2. Kopieren Sie einige kleine Dateien in das Unterverzeichnis.

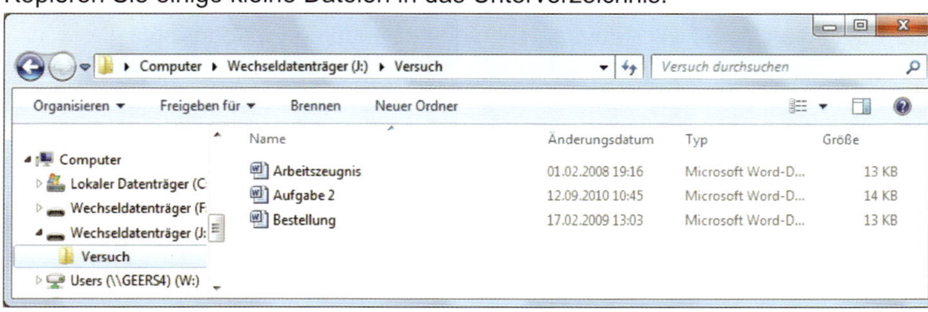

3. Benennen Sie die erste Datei auf dem Datenträger in *Datei1* um.
4. Zeigen Sie die Dateien auf einem Datenträger nach ihrer *Größe* an. Danach können Sie die Anzeige wieder nach dem *Namen* umstellen.
5. Die Dateien können im Explorer verschieden angezeigt werden. Probieren Sie die zur Verfügung stehenden Ansichten aus. Überlegen Sie, welche Ansicht für welchen Zweck sinnvoll ist.
6. Löschen Sie auf dem Datenträger die erste von Ihnen in das Unterverzeichnis *Versuch* kopierte Datei.
7. Löschen Sie alle anderen Dateien in dem Unterverzeichnis *Versuch* auf dem Datenträger in einem Arbeitsgang.
8. Löschen Sie das Unterverzeichnis *Versuch*.
9. Suchen Sie auf der Festplatte Ihres Computers alle Dateien mit der Endung *.docx*.
10. Suchen Sie auf der Festplatte alle Dateien, die mit dem Buchstaben *U* anfangen. In einem zweiten Durchgang sollten Sie dann alle Dateien suchen, die mit *U* anfangen und fünf Buchstaben lang sind.

3 Textverarbeitung mit Word

3.1 Erste Schritte in der Textverarbeitung

Textverarbeitungsprogramm starten und beenden

Mit einer Textverarbeitung werden Texte erfasst, bearbeitet und gestaltet. Die Textverarbeitung erlaubt die dauernde Überarbeitung geschriebener Texte.

Bearbeitungsschritte:

- Starten Sie das Programm **Word**. Klicken Sie das entsprechende Programmsymbol auf dem Desktop an.

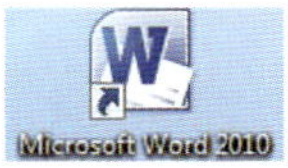

- Alternativ können Sie das Programm über die folgenden Schaltflächen auswählen:

- Eventuell können Sie das Programm über die **Taskleiste** öffnen:

Der Word-Bildschirm beinhaltet die nachfolgend dargestellten Komponenten. Neben den normalen Komponenten wie der Menüleiste (den Registern) und dem Menüband gibt es bei einer Textverarbeitung ein Lineal, über das z. B. Absätze eingestellt und Tabulatoren gesetzt werden können.

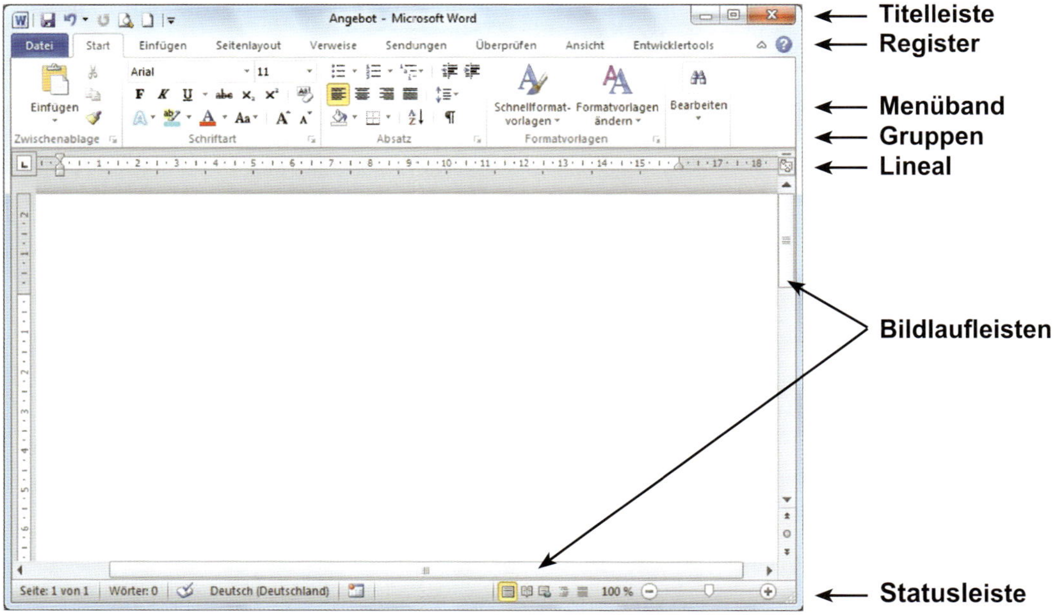

Bearbeitungsschritte:

- Wählen Sie den Menüpunkt **Datei/Beenden**.
  Alternative: Schaltfläche **Schließen** 

Backstage-Bereich

Aufbau des Backstage-Bereichs

Der Backstage-Bereich stellt neben traditionellen Elementen wie Fenstern zum Abspeichern und Öffnen von Dateien Bereiche zur Verfügung, die Informationen und spezielle Nutzungsmöglichkeiten beinhalten.

Bearbeitungsschritte:
• Wählen Sie den Menüpunkt **Datei**. Der Backstage-Bereich des Programms wird angezeigt. Über die einzelnen Menüpunkte können Sie für die Nutzung des Programms benötigte Optionen anwählen.

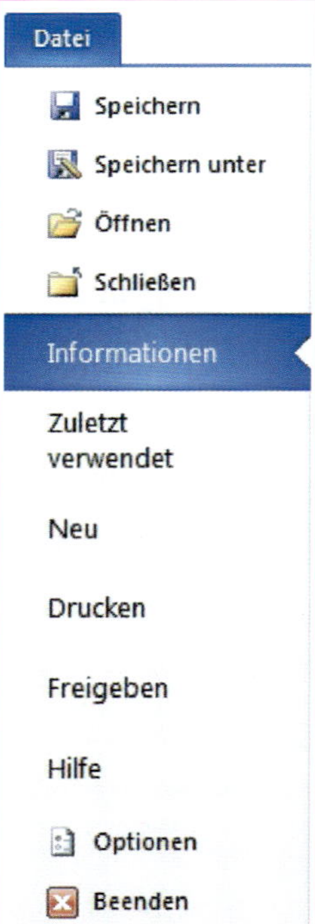	Die ersten Menüpunkte stellen traditionelle Fenster zur Verfügung • zum Abspeichern von Dateien, • zum Abspeichern von Dateien unter einem anderen Namen, • zum Öffnen von Dateien, • zum Schließen von Dateien.
	Die Menüpunkte stellen zur Verfügung: • Informationen über das Dokument (Eigenschaften wie Seitenzahl usw., Autor usw.). • Die zuletzt genutzten Dokumente werden angezeigt und können geladen werden. • Ein neues Dokument wird aufgrund einer Standardvorlage, einer zur Verfügung gestellten oder selbsterstellten Vorlage zur Verfügung gestellt. • Genaue Einstellungen für das Drucken von Dokumenten können vorgenommen werden. • Dokumente werden freigegeben, beispielsweise als PDF-Datei oder auf einem von Microsoft zur Verfügung gestellten Speicher im Internet. • Die Hilfefunktion kann aufgerufen werden. Außerdem können Optionen für die Nutzung des Programms festgelegt und das Programm beendet werden.

Aufteilung des Backstage-Bereichs

Bei Aufruf der Menüpunkte, bei denen kein Fenster aufgerufen wird, wird ein dreigeteilter Ausgabebereich dargestellt. Die einzelnen Elemente sind unterschiedlich. Am Beispiel des Druckens sollen grundsätzliche Möglichkeiten verdeutlicht werden. Einzelne Bereiche werden später intensiv beschrieben.

Menüpunkt	Einstellungen	Darstellung

Erstellung eines neuen Dokuments – Eingaben und Korrekturen

Der folgende Text soll eingegeben werden. Eventuelle Fehler bei der Eingabe sollten sofort korrigiert werden.

Später kann eine Gesamtkorrektur des Textes vorgenommen werden. Lesen Sie daher anschließend den Text nochmals durch und korrigieren Sie eventuelle noch vorhandene Fehler.

Bearbeitungsschritte:

- Starten Sie das Programm **Word**.
- Geben Sie den nachfolgenden Übungstext ein. Die Taste [**Return**] darf nur gedrückt werden, wenn die Eingabe eines Absatzes abgeschlossen ist. Es sollen keinerlei Formatierungen vorgenommen werden.

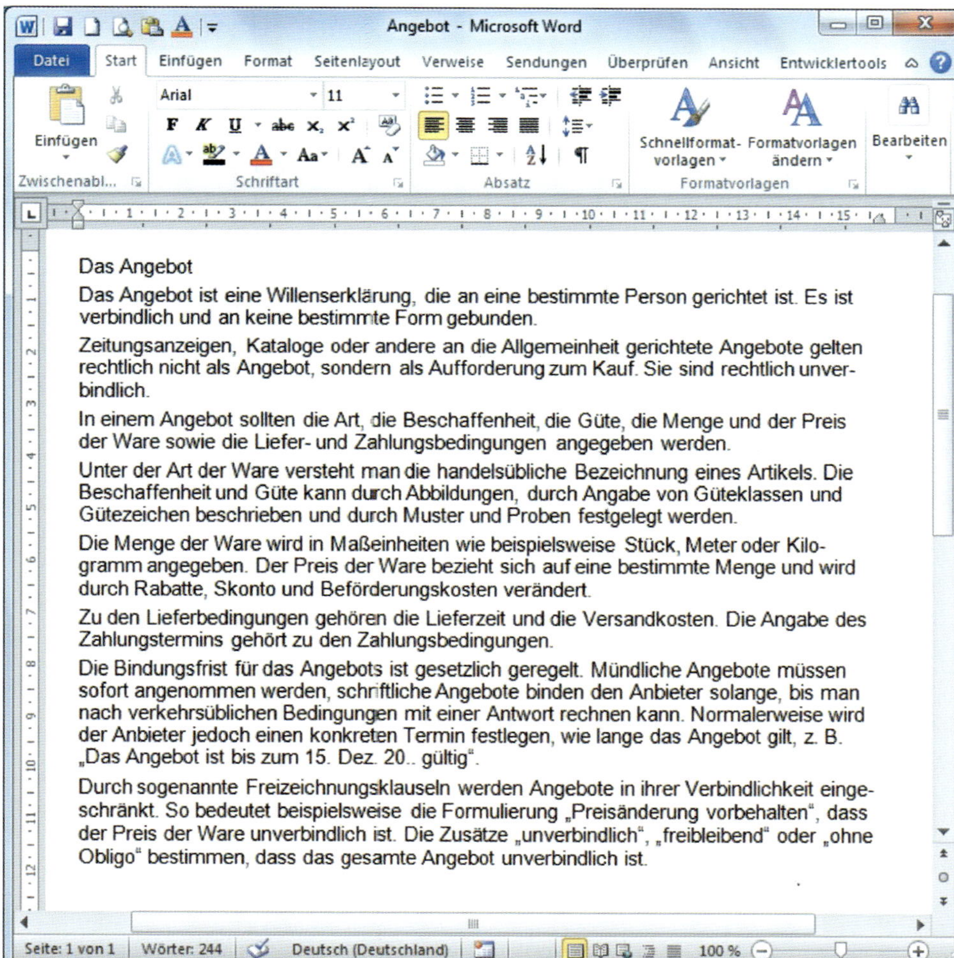

Das Angebot

Das Angebot ist eine Willenserklärung, die an eine bestimmte Person gerichtet ist. Es ist verbindlich und an keine bestimmte Form gebunden.

Zeitungsanzeigen, Kataloge oder andere an die Allgemeinheit gerichtete Angebote gelten rechtlich nicht als Angebot, sondern als Aufforderung zum Kauf. Sie sind rechtlich unverbindlich.

In einem Angebot sollten die Art, die Beschaffenheit, die Güte, die Menge und der Preis der Ware sowie die Liefer- und Zahlungsbedingungen angegeben werden.

Unter der Art der Ware versteht man die handelsübliche Bezeichnung eines Artikels. Die Beschaffenheit und Güte kann durch Abbildungen, durch Angabe von Güteklassen und Gütezeichen beschrieben und durch Muster und Proben festgelegt werden.

Die Menge der Ware wird in Maßeinheiten wie beispielsweise Stück, Meter oder Kilogramm angegeben. Der Preis der Ware bezieht sich auf eine bestimmte Menge und wird durch Rabatte, Skonto und Beförderungskosten verändert.

Zu den Lieferbedingungen gehören die Lieferzeit und die Versandkosten. Die Angabe des Zahlungstermins gehört zu den Zahlungsbedingungen.

Die Bindungsfrist für das Angebots ist gesetzlich geregelt. Mündliche Angebote müssen sofort angenommen werden, schriftliche Angebote binden den Anbieter solange, bis man nach verkehrsüblichen Bedingungen mit einer Antwort rechnen kann. Normalerweise wird der Anbieter jedoch einen konkreten Termin festlegen, wie lange das Angebot gilt, z. B. „Das Angebot ist bis zum 15. Dez. 20.. gültig".

Durch sogenannte Freizeichnungsklauseln werden Angebote in ihrer Verbindlichkeit eingeschränkt. So bedeutet beispielsweise die Formulierung „Preisänderung vorbehalten", dass der Preis der Ware unverbindlich ist. Die Zusätze „unverbindlich", „freibleibend" oder „ohne Obligo" bestimmen, dass das gesamte Angebot unverbindlich ist.

- Fehlerhaft eingegebene Buchstaben können mithilfe der Tasten [**Rücktaste**] und [**Entf**] entfernt werden. Durch das Drücken der Taste [**Rücktaste**] wird das Zeichen vor dem Cursor gelöscht.
- Mit der Taste [**Entf**] wird das Zeichen hinter dem Cursor entfernt. Danach kann das richtige Zeichen eingegeben werden.

Erstellen eines weiteren Dokuments/Wechsel zwischen Dokumenten

Im Programm **Word** können mehrere Dokumente geöffnet bzw. neu erstellt werden. Zwischen den Dokumenten kann bei Bedarf gewechselt werden.

Bearbeitungsschritte:

- Wählen Sie den Menüpunkt **Datei/Neu**. Klicken Sie die Schaltfläche **Leeres Dokument** und dann die Schaltfläche **Erstellen** an, um ein zweites Dokument zu öffnen.

- Geben Sie den folgenden Text ein:

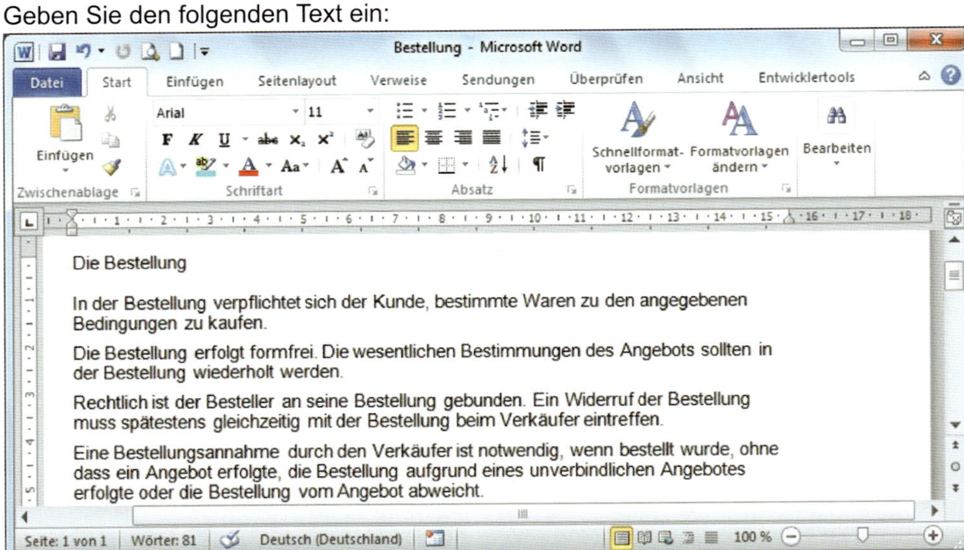

- Zwischen den Textdokumenten kann in der **Taskleiste** nach Anfahren des Word-Symbols mit der Maus gewechselt werden.

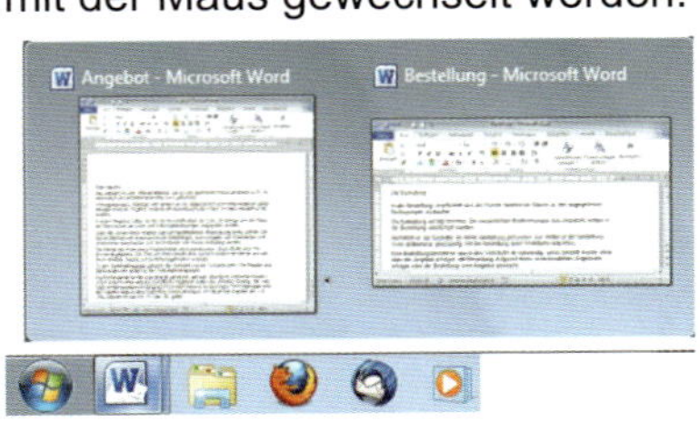

- Außerdem können Sie über das Register **Ansicht** nach Anklicken der Schaltfläche **Fenster wechseln** in der Gruppe **Fenster** jederzeit das benötigte Textdokument auswählen. Das gewählte Textdokument wird gekennzeichnet.

Speicherung eines Dokuments unter verschiedenen Namen

Die Speicherung einer Mappe erfolgt wie nachstehend angegeben. Spezielle Möglichkeiten des Speicherns werden auf den nächsten Seiten beschrieben.

Bearbeitungsschritte:

- Wechseln Sie in das Dokument *Angebot*. Wählen Sie danach den Menüpunkt **Datei/Speichern**. Alternativ können Sie auch die Schaltfläche **Speichern** in der Symbolleiste für den Schnellzugriff anklicken. Die Symbolleiste wird später erklärt.

- Das Fenster **Speichern unter** wird eingeblendet. Klicken Sie die Schaltfläche **Neuer Ordner** an. Erstellen Sie im Bereich **Dokumente** einen Ordner, z. B. unter dem Namen *Dateien_Word_2010*.

- Klicken Sie danach den erstellten Ordner an.

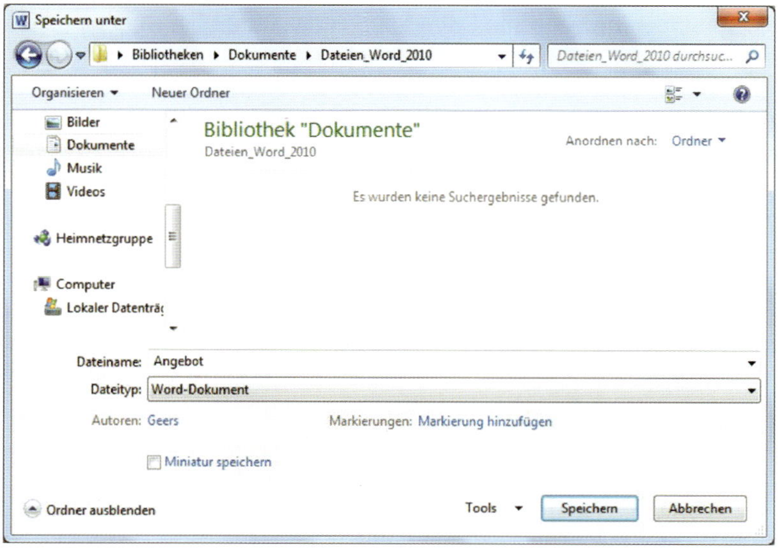

- Gehen Sie mit der Maus in den Bereich **Dateiname**. Geben Sie den Dateinamen *Angebot* an. Klicken Sie die Schaltfläche **Speichern** an, um das Dokument zu speichern.
- Wenn Sie die Datei ein zweites Mal unter dem gleichen Namen abspeichern möchten, klicken Sie entweder die Schaltfläche **Speichern** in der Symbolleiste für den Schnellzugriff an oder wählen Sie wiederum den Menüpunkt **Datei/Speichern**.
- Wollen Sie die Datei unter einem anderen Namen, auf einem Datenträger usw. speichern, wählen Sie den Menüpunkt **Datei/Speichern unter**. Speichern Sie auch die Datei *Bestellung*. Schließen Sie die Dokumente über den Menüpunkt **Datei/Schließen**.

Öffnen von Textdokumenten

Das Öffnen bzw. Laden von Textdokumenten erfolgt analog dem Speichern der Dateien.

Bearbeitungsschritte:

- Wählen Sie den Menüpunkt **Datei/Öffnen**. Wählen Sie im folgenden Fenster das Laufwerk/den Ordner aus:

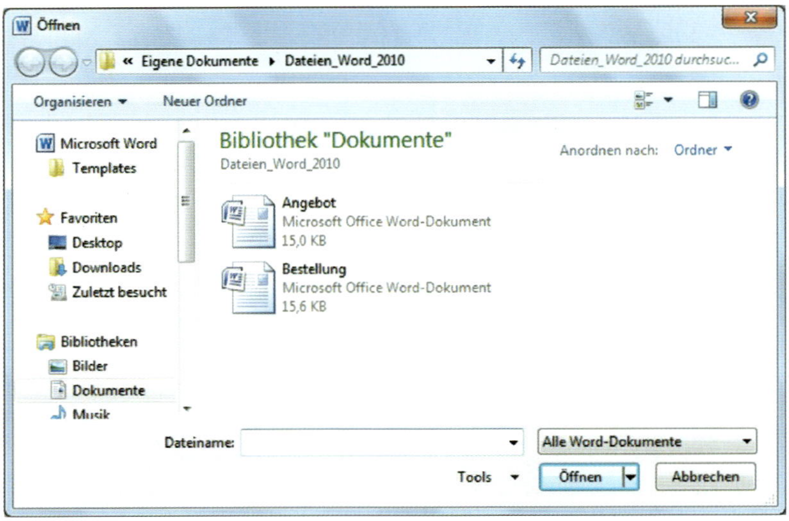

- Klicken Sie dann die von Ihnen gewünschte Datei doppelt an. Daraufhin wird sie geladen. Alternativ können Sie auch die gewünschte Datei markieren und danach die Schaltfläche **Öffnen** anklicken.
- Sollen mehrere Textdokumente geöffnet werden, müssen diese Dokumente mithilfe der Maus und der Taste [**Strg**] oder der Umschalttaste markiert werden.

- Die Darstellung der Dateinamen können Sie über die Schaltfläche **Ansicht ändern** beeinflussen. Nach Anklicken der Schaltfläche **Blenden Sie ein Vorschaufenster ein** wird das Dokument teilweise dargestellt.
- Danach können Sie über das Register **Ansicht** nach Anklicken der Schaltfläche **Fenster wechseln** in der Gruppe **Fenster** das benötigte Textdokument auswählen. Das aktuell geöffnete Dokument wird durch ein Häkchen gekennzeichnet.

- Über die Taskleiste am unteren Bildschirmrand lassen sich die Textdokumente ebenfalls auswählen.

Spezielle Möglichkeiten des Speicherns und Öffnens von Dateien

Die Fenster zum Speichern und Öffnen von Dateien bieten viele Möglichkeiten der Arbeit mit Dateien. So können Unterverzeichnisse angelegt, Dateien gelöscht werden usw. Der große Vorteil ist, dass die Arbeit mit dem Programm nicht unterbrochen werden muss, um z. B. ein Verzeichnis zu erstellen. Der Explorer ist in die folgenden Bereiche gegliedert:

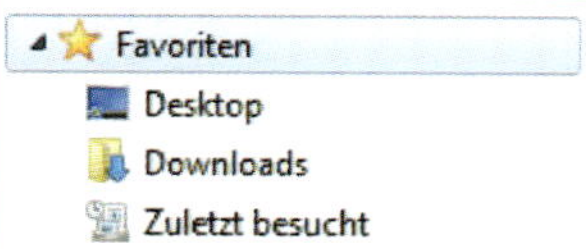	Häufig benötigte Ordner, die z. B. als Unterverzeichnis im Bereich **Bibliotheken** eingerichtet wurden, können in den Bereich der **Favoriten** gezogen werden. Dies bietet sich an, wenn besonders mit Dateien dieses Ordners gearbeitet wird.
	Daten sollten in **Bibliotheken**, geordnet nach Bildern, Dokumenten usw. abgelegt werden. Es können weitere Bibliotheken angelegt werden. In den Bibliotheken sollten Ordner (Verzeichnisse) angelegt werden, damit Daten nach weiteren sachlogischen Gesichtspunkten abgelegt werden können.
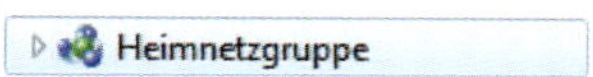	Bei Bedarf und den entsprechenden Gegebenheiten können **Heimnetzgruppen** angelegt werden, Dateien zur Nutzung auf anderen Computern freigegeben werden usw.
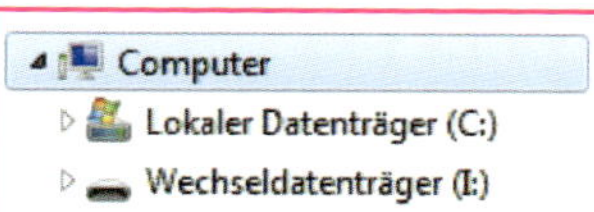	Alle Datenträger, die zzt. aktiv sind, werden angezeigt. Es können z. B. Sicherungen von Daten des Lokalen Datenträgers auf Wechseldatenträger vorgenommen werden.

Der **Windows-Explorer** ermöglicht die effektive Arbeit mit Ordnern und Dateien. Daher sollen die einzelnen Möglichkeiten genauer beschrieben werden.

	Zwischen Laufwerken/Ordnern wird mithilfe der Schaltflächen gewechselt. Das aktuelle Verzeichnis wird angezeigt. 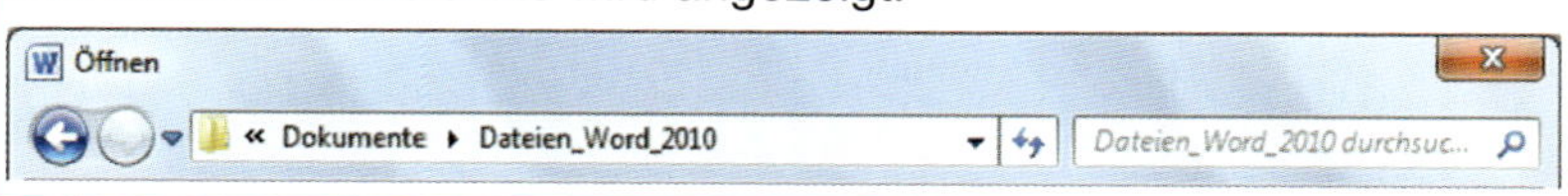
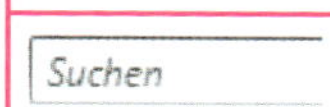	Innerhalb des aktuellen Ordners kann nach Begriffen gesucht werden. 
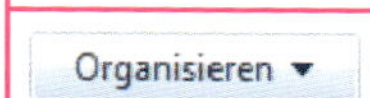	Viele Möglichkeiten, die ansonsten nur durch den Windows-Explorer zur Verfügung gestellt werden, können aufgerufen werden. Beispielsweise lassen sich Ordner und Dateien kopieren, einfügen usw. 
	Ein neuer Ordner wird erstellt. Der Ordner kann über die Schaltfläche **Organisieren** umbenannt werden. Danach können Daten in dem Ordner gespeichert werden. 

Speicherung und Öffnen eines anderen Dateityps

Erstellte Daten sollen in der Regel auch von anderen Programmen und zu anderen als den ursprünglichen Zwecken genutzt werden. Unbedingt notwendig ist es, dass die Daten von anderen Textverarbeitungsprogrammen gelesen und verarbeitet werden können. Über spezielle Importfunktionen sind auch z. B. Tabellenkalkulationen in der Lage, bestimmte Texte, etwa mit Tabellen und Tabulatoren, einzulesen. Die nachfolgende Liste der möglichen Dateitypen ist keineswegs vollständig.

Word 97-2003	Die erstellte Datei kann in einer früheren Version des Programms **Word** eingelesen werden. Damit ist die Kompatibilität zwischen den einzelnen Word-Versionen gegeben.
Nur Text	Ein Textdokument wird ohne jegliche Formatierungsmerkmale und Umbrüche abgespeichert. Einfache Editoren können daher den Text lesen.
Webseite	Ein Internet-Browser kann Seiten in diesem Format darstellen. Daher können diese Dateien z. B. in Webs eingebaut werden.
Rich-Text-Format	Das Dateiformat dient dem Datenaustausch zwischen Textverarbeitungsprogrammen. Darstellungsmerkmale (Formatierungen) werden mit übertragen. Oftmals wird die ursprüngliche Darstellung angezeigt.

Bearbeitungsschritte:

- Öffnen Sie gegebenenfalls das Dokument *Angebot*. Wählen Sie danach den Menüpunkt **Datei/Speichern unter**. Wählen Sie im Fenster **Speichern unter** im Bereich **Dateityp** den gewünschten Dateityp aus, z. B. Webseite:

Word-Dokument	Webseite in einer Datei
Word Dokument mit Makros	Webseite
Word 97-2003-Dokument	Webseite, gefiltert
Word-Vorlage	Rich-Text-Format
Word Vorlage mit Makros	Nur Text
Word 97-2003-Vorlage	Word XML-Dokument
PDF	Word 2003 XML-Dokument
XPS-Dokument	OpenDocument-Text

- Über den Menüpunkt **Datei/Informationen** können Sie sich über das Dokument informieren und eine Vorschau des Dokuments ansehen:

- Schließen Sie die Datei. Öffnen Sie danach das Dokument z. B. über den Windows-Explorer. Das Dokument wird dann in dem dafür vorgesehenen Programm geöffnet.

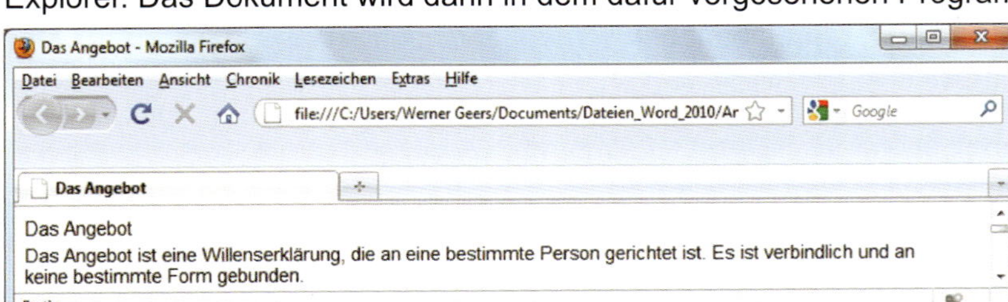

3.2 Verbesserung der Produktivität

Basis-Optionen

Viel Arbeit lässt sich ersparen, wenn Festlegungen getroffen werden. Diese Festlegungen können z. B. Benutzerdaten oder Ordner zum Abspeichern usw. von Dateien betreffen.

Bearbeitungsschritte:

- Wählen Sie den Menüpunkt **Datei/Optionen**. Klicken Sie die Schaltfläche **Allgemein** an und geben Sie einen Benutzernamen ein.

- Klicken Sie die Schaltfläche **Speichern** an. Legen Sie den Standardspeicherort fest.

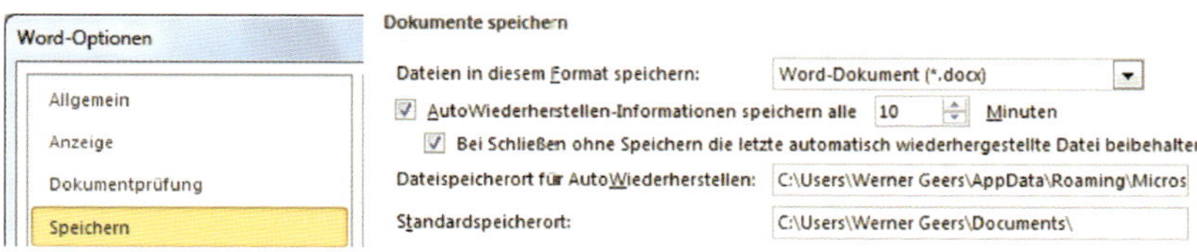

- Im Bereich **Erweitert** kann bestimmt werden, ob bei Korrekturen usw. Zeichen überschrieben werden sollen.

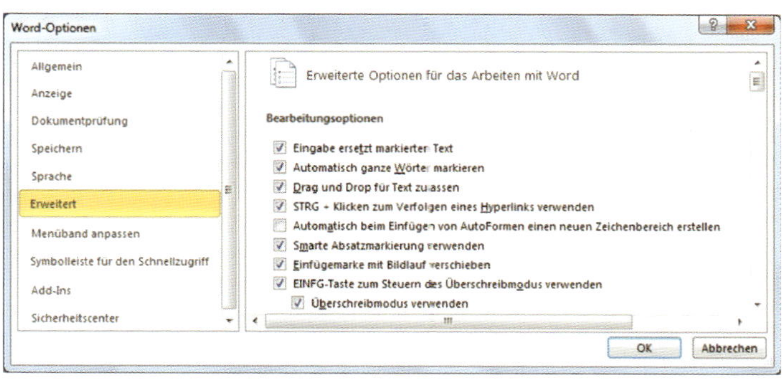

- Dies ist jedoch in der Regel nicht günstig, sodass die Kontrollkästchen deaktiviert bleiben sollten.

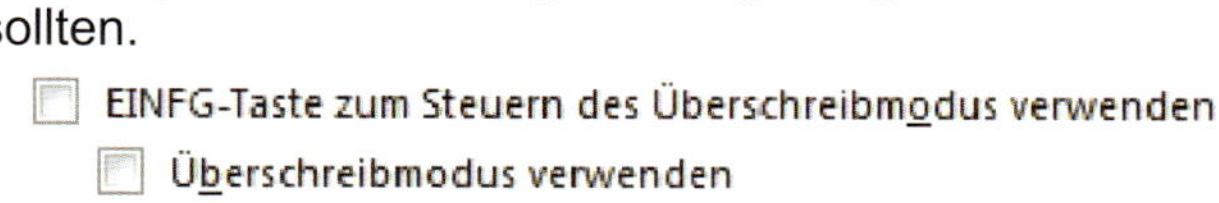

- Aktiviert man nur das erste angezeigte Kontrollkästchen, kann mit der Taste [**Einf**] zwischen den Möglichkeiten hin- und hergeschaltet werden.

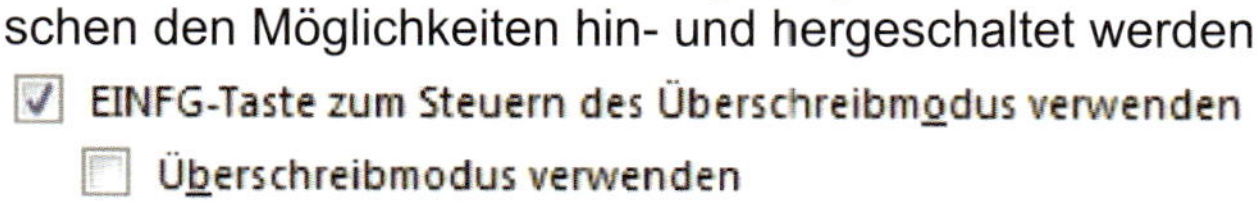

- Die Standardbearbeitungssprache kann im Bereich **Sprache** festgelegt werden.

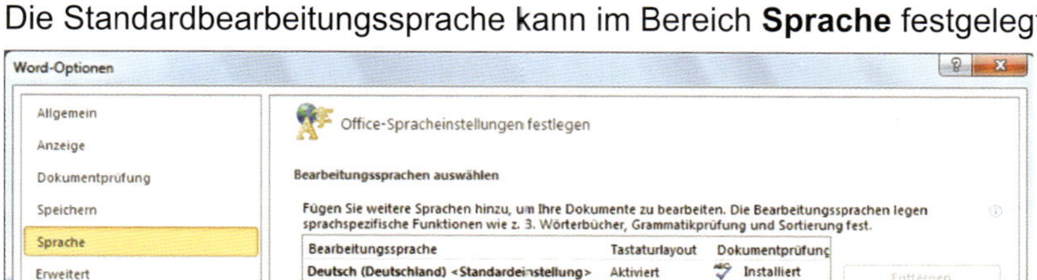

Bearbeitungsschritte:

- Im Bereich **Dokumentprüfung** können Sie festlegen, dass die Rechtschreibung und Grammatik während der Eingabe überprüft werden soll. Dies ist grundsätzlich vernünftig, da Rechtschreib- und Eingabefehler direkt angezeigt und dann korrigiert werden können. Selbstverständlich kann eine Rechtschreibkontrolle des gesamten Dokuments auch später vorgenommen werden.

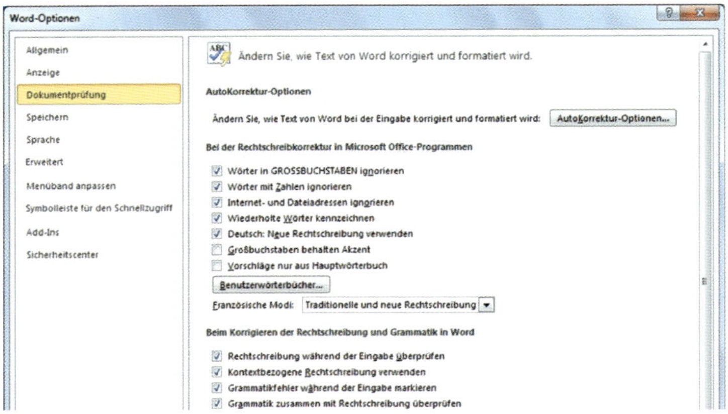

Hilfe-Funktionen

Office-Programme verfügen wie viele andere Programme über eine Hilfe-Funktion. Die **Hilfe-Funktion** ist so aufgebaut, dass auf der linken Seite verschiedene Begriffe zur Verfügung stehen. Auf der rechten Seite wird dann der gewünschte Inhalt ausgegeben. Zum Aufruf der Hilfe muss die Schaltfläche **Microsoft Office Word Hilfe** angeklickt oder die Funktionstaste **[F1]** betätigt werden. Außerdem sollte sofort die Schaltfläche **Inhaltsverzeichnis anzeigen** angeklickt werden.

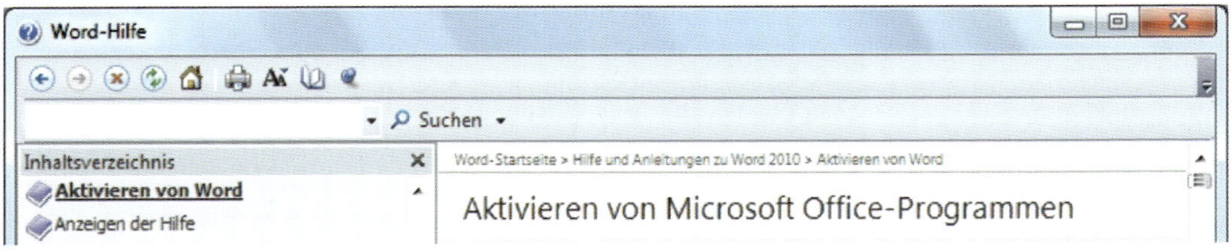

Das Suchen nach der benötigten Hilfe kann nach Anklicken von Registern auf verschiedene Arten erfolgen. Die folgende Übersicht zeigt die grundsätzlichen Möglichkeiten:

Inhalts-verzeichnis	Ein Sachverhalt sollte ausgewählt und konsequent erarbeitet werden. 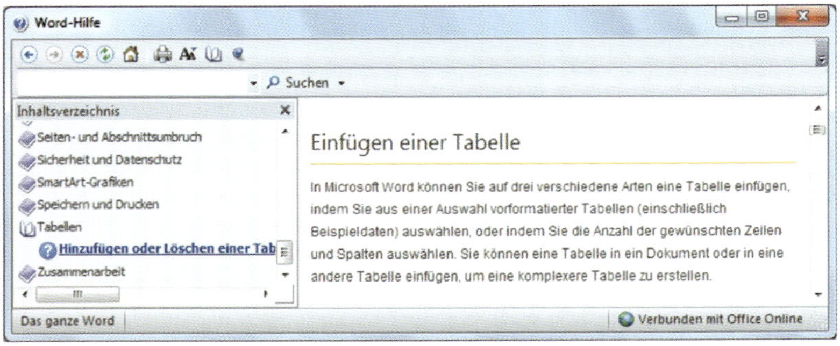

Suchen

Nach Eingabe eines Suchbegriffs werden alle Bereiche angegeben, in denen sich die benötigten Erklärungen befinden.

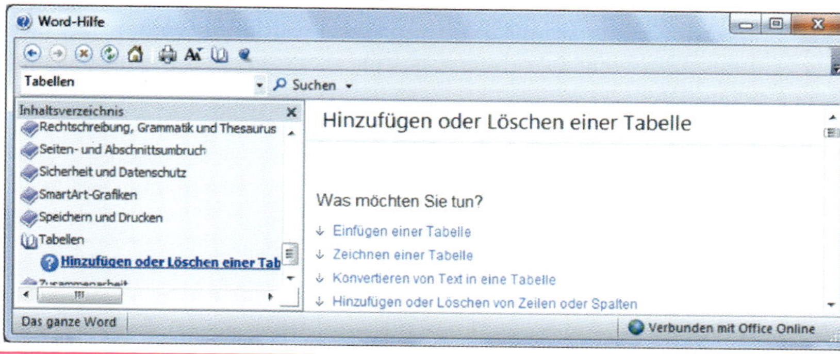

Bearbeitungsschritte:

- Öffnen Sie gegebenenfalls die Arbeitsmappe *Umsatz1*. Klicken Sie die Schaltfläche **Microsoft Office Word Hilfe** an bzw. betätigen Sie die Funktionstaste [**F1**]. Der auf der vorherigen Seite dargestellte Hilfe-Bildschirm wird eingeblendet.
- Probieren Sie die einzelnen Möglichkeiten der Hilfe-Funktion im Bereich **Inhaltsverzeichnis** aus.
- Suchen Sie den Begriff *Tabellen*. Aktivieren Sie den Begriff durch das Anklicken der Schaltfläche **Suchen** Suchen, damit mögliche Erklärungen angezeigt werden. Suchen Sie nach dem oben angegebenen Begriff.
- Klicken Sie im rechten Bereich die benötigte Erklärung an. Die einzelnen Arbeitsschritte werden angegeben. Eventuell müssen Sie sich jedoch andere Erklärungen zu dem Sachverhalt zusätzlich ansehen.
- Wenn Sie den Pfeil nach unten neben der Schaltfläche Suchen anklicken, können Sie Bereiche festlegen, in denen gesucht werden soll.

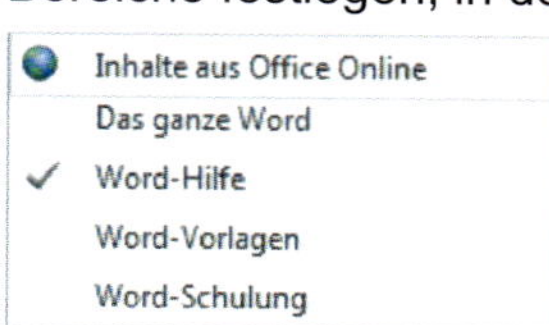

Zoomfunktion

Für die Arbeit mit dem Programm kann individuell die Größe der Bildschirmwiedergabe eingestellt werden. Auf die spätere Druckausgabe hat diese Einstellung keinen Einfluss.

Bearbeitungsschritte:

- Klicken Sie im Register **Ansicht** in der Gruppe **Zoom** die Schaltfläche **Zoom** an. Bestimmen Sie danach den angegebenen Zoommodus.

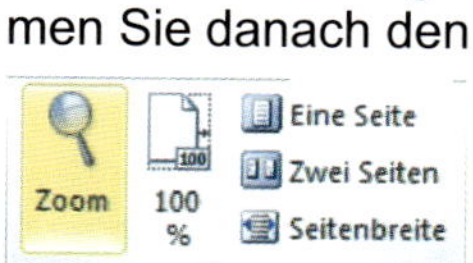

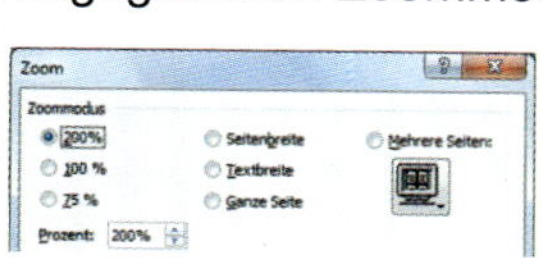

- Die Zellen werden größer dargestellt. Allerdings passen deutlich weniger Zellen auf eine Tabellenseite, sodass eventuell Informationen nicht mehr sichtbar sind. Über die Bildlaufleisten können aber benötige Zellen/Bereiche sichtbar gemacht werden.

3.3 Grundeinstellungen

Vorbemerkungen

Durch eine konsequente Einarbeitung in das Programm werden die Möglichkeiten des Programms deutlich. Effektives Arbeiten ist nur dann möglich, wenn die Möglichkeiten des Programms optimal genutzt werden.

Register, Menüband, Gruppen und Schaltflächen

Die meisten Befehle werden über das Anklicken von Schaltflächen aufgerufen. Die Schaltflächen lassen sich über die Multifunktionsleiste aufrufen.

Bearbeitungsschritte:

- Beim Start des Programms ist das Register **Start** eingeblendet. Darunter werden die zur Verfügung stehenden Schaltflächen des Menübands angezeigt:

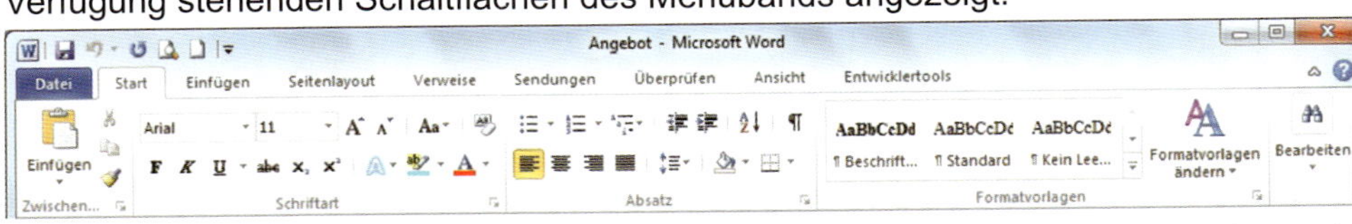

- Klicken Sie das Register **Einfügen** an. Es werden andere Schaltflächen zur Auswahl angeboten.

- Die Darstellung ist abhängig von der Bildschirmauflösung und/oder der Fenstergröße. Daher kommt es vor, dass einzelne Möglichkeiten erst nach dem Anklicken der Schaltflächen mit Pfeil zur Verfügung gestellt werden. Im dargestellten Beispiel werden Schaltflächen nach Anklicken der Schaltfläche **Seiten** eingeblendet.

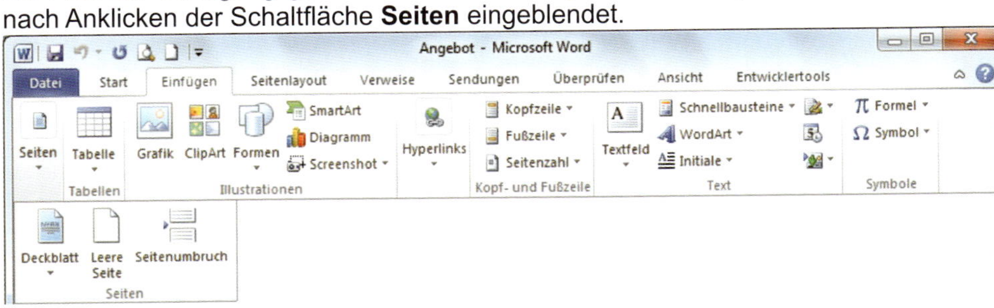

- Klicken Sie wieder das Register **Start** an. Die einzelnen Schaltflächen sind in Gruppen geordnet. Eine Gruppe im Register **Start** ist beispielsweise die Gruppe **Schriftart**. Die Bezeichnung der Gruppe wird am unteren Rand angegeben.

- Über die Pfeile nach unten werden bei Schaltflächen Alternativen ausgewählt. Nach dem Markieren eines Bereichs kann z. B. eine Schriftart bestimmt werden.

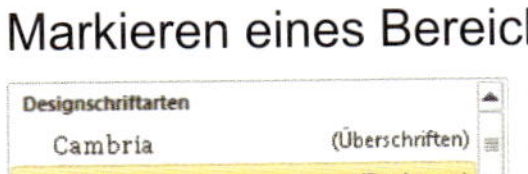

Bearbeitungsschritte (Fortsetzung):

- Belässt man den Mauszeiger eine gewisse Zeit auf einer Schaltfläche, wird ein erklärender Text eingeblendet.

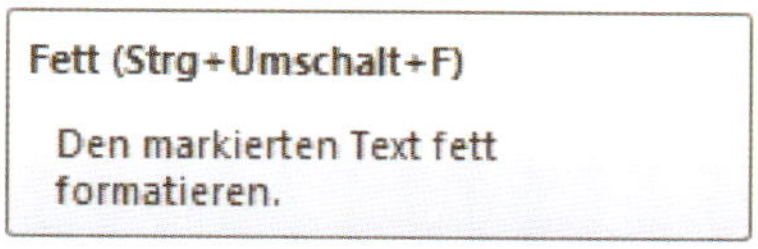

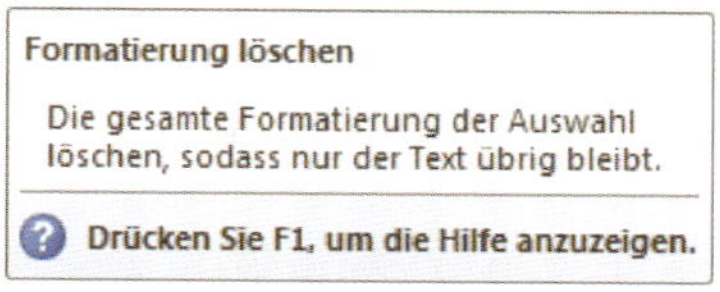

- In einzelnen Gruppen wird rechts unten eine kleine Schaltfläche eingeblendet.

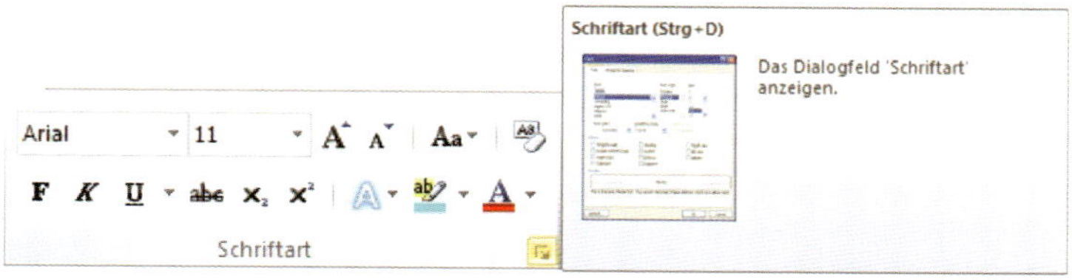

- Klicken Sie die Schaltfläche neben der Bezeichnung **Schriftart** an. Ein Fenster wird eingeblendet:

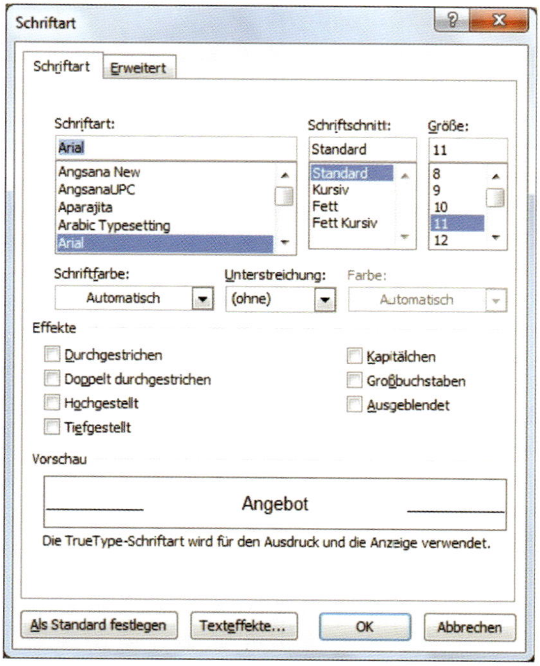

- In dem Fenster können Einstellungen vorgenommen werden. Oftmals stehen damit weitere und verbesserte Optionen zur Verfügung.
- Über die einzelnen Registerkarten können Sie weitere Optionen wählen, z. B. den Zeilenabstand festlegen.

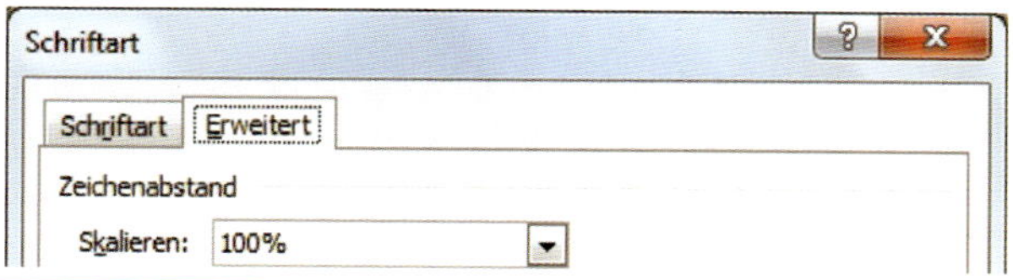

Bearbeiten des Menübands (Ribbon)

Wenn häufig immer wieder dieselben Schaltflächen benötigt werden, bietet es sich an, ein eigenes Register im Bereich des Menübands zu erstellen.

Bearbeitungsschritte:

- Wählen Sie den Menüpunkt **Datei/Optionen**. Klicken Sie danach die Schaltfläche **Menüband anpassen** an.

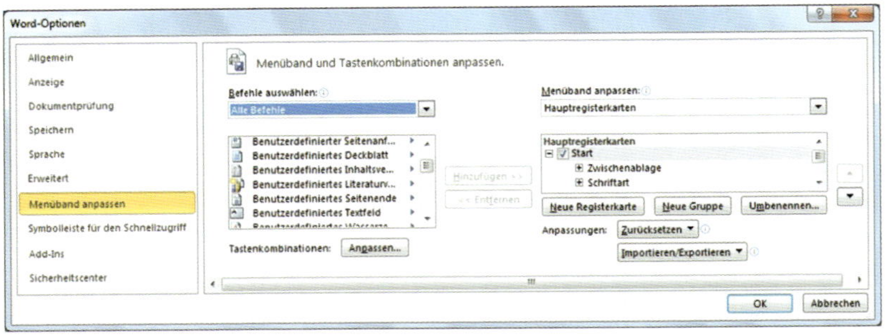

- Im rechten Bereich des Fensters sollten alle **Registerkarten** eingeblendet werden. Durch Anklicken werden die Kontrollkästchen aktiviert bzw. deaktiviert.
- Um eine neue Registerkarte mit einer neuen **Gruppe** und **Schaltflächen** zu erstellen, sollen im linken Bereich alle Befehle eingeblendet werden. Markieren Sie im rechten Bereich die Hauptregisterkarte **Formeln**.

- Klicken Sie die Schaltfläche **Neue Registerkarte** an. Es wird eine noch unbenannte neue Registerkarte eingeblendet. Markieren Sie den Begriff. Klicken Sie danach die Schaltfläche **Umbenennen** an. Benennen Sie im nachfolgenden Fenster die Hauptregisterkarte. Bearbeiten Sie dann die Gruppe wie angegeben.

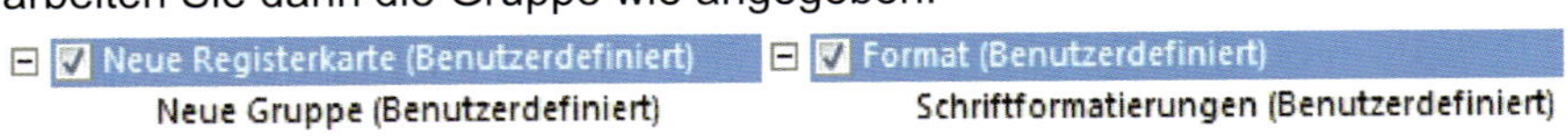

- Fügen Sie danach in die Gruppe **Schriftformatierungen** Schaltflächen ein. Dies geschieht dadurch, dass zunächst die Gruppe im rechten Bereich markiert wird, danach im linken Bereich eine Schaltfläche ausgewählt und über die Schaltfläche **Hinzufügen** in die Gruppe **Schriftformatierungen** eingefügt wird.

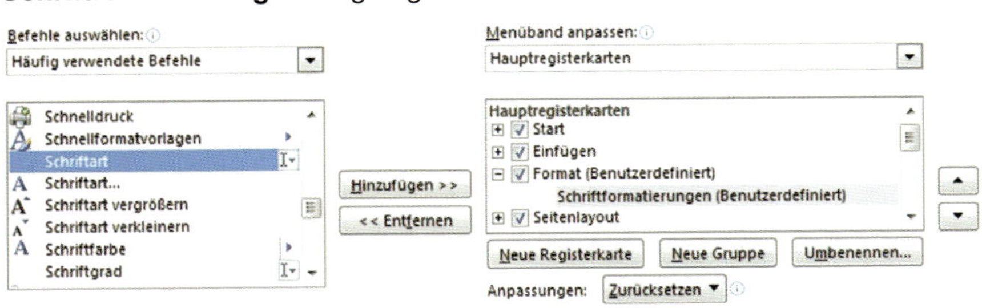

- Fügen Sie die angegebenen Schaltflächen in die Gruppe ein. Im **Menüband** wird nun das Register **Format** mit der Gruppe **Schriftformatierungen** angezeigt.

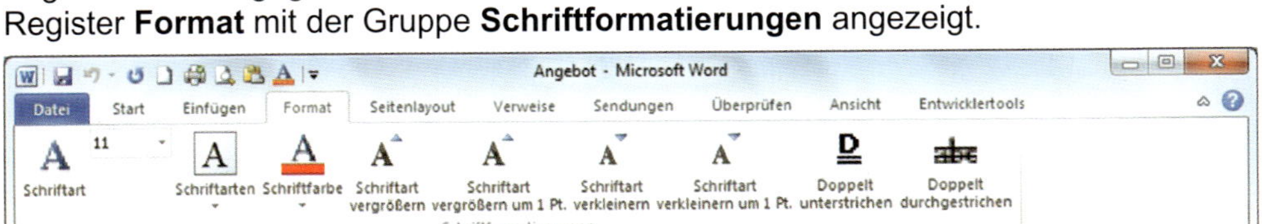

Tools – Menübänder

Neben den normalen Registern werden bei Bedarf Tool-Register eingeblendet, mit deren Hilfe beispielsweise Bilder, Kopf- und Fußzeilen usw. bearbeitet werden.

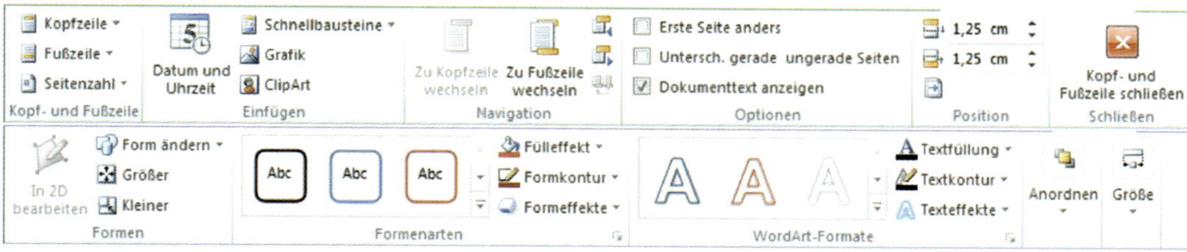

Kontextmenü

Das Kontextmenü stellt die jeweils möglichen Optionen zur Verfügung und hilft daher besonders schnell und effektiv bei der Auswahl der zur Verfügung stehenden Möglichkeiten. Auch die Formatierung von ausgewählten Textteilen wird ermöglicht.

Bearbeitungsschritte:

- Klicken Sie vor den Text oder markieren Sie die Überschrift.

- Sie können nun beispielsweise Formatierungen vornehmen, Menüpunkte im Kontextmenü wählen usw. Damit ist eine schnelle Bearbeitung gegeben.

Smarttags

Smarttags stellen Möglichkeiten z. B. direkt nach dem Einfügen von Inhalten in eine Zelle zur Verfügung. Das Kopieren im gewählten Beispiel wird später genauestens erklärt. Eventuell sollten Sie erst dann das nachfolgende Beispiel nachvollziehen.

Bearbeitungsschritte:

- Kopieren Sie die Überschrift unter den vorhandenen Text. Anschließend können Sie z. B. Formatierungen oder sonstige Möglichkeiten bestimmen. Nach Anfahren der Schaltflächen wird die Bedeutung der Schaltflächen angezeigt, sodass es einfach fällt, eine entsprechende Option auszuwählen.

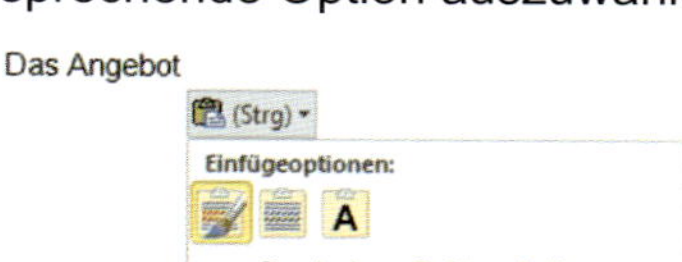

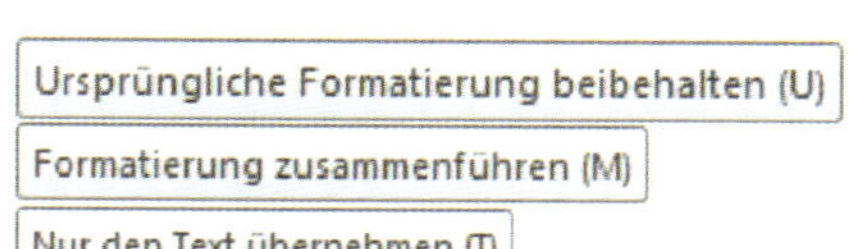

- Über den Menüpunkt **Standard zum Einfügen festlegen** können Sie entsprechende Einstellungen in den **Word-Optionen** festlegen.

Symbolleiste für den Schnellzugriff

Wichtige Befehle für die Arbeit mit dem Programm lassen sich über die **Symbolleiste für den Schnellzugriff** aufrufen. Dadurch kann die Arbeit mit dem Programm effektiver gestaltet werden. Vor allem können die wichtigsten Schaltflächen jederzeit, ohne vorher z. B. das Register wechseln zu müssen, aufgerufen werden.

Die Symbolleiste für den **Schnellzugriff** lässt sich individuell anpassen. Dies wird nachfolgend erklärt.

Bearbeitungsschritte:

- Die Symbolleiste **für den Schnellzugriff** wird in der linken oberen Ecke des Bildschirms angezeigt:

- Klicken Sie den Pfeil nach unten neben den Schaltflächen an. Eingeblendete Schaltflächen werden mit einem Häkchen gekennzeichnet. Aktivieren Sie für den Ausdruck nacheinander die Schaltflächen **Seitenansicht** und **Schnelldruck**.

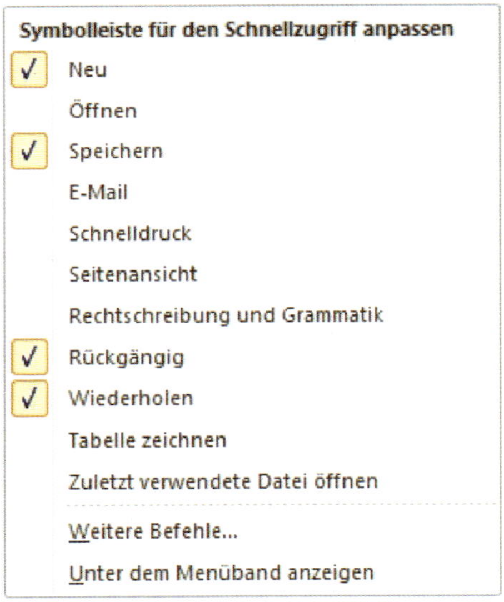

- Die **Symbolleiste für den Schnellzugriff** verändert sich wie folgt:

- Einzelne Schaltflächen können auch auf eine andere sehr einfache Weise in die **Symbolleiste für den Schnellzugriff** eingefügt werden.
- Klicken Sie mit der rechten Maustaste eine Schaltfläche an. Wählen Sie danach den angegebenen Menüpunkt.

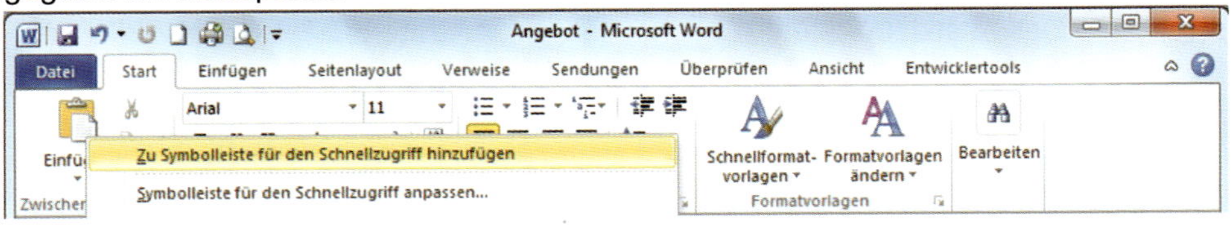

- Das Ergebnis sieht nun folgendermaßen aus:

Bearbeitungsschritte (Fortsetzung):

- Auch eine gesamte Gruppe kann an die Symbolleiste für den Schnellzugriff angehängt werden. Dann stehen die Schaltflächen dieser Gruppe zur Verfügung. Klicken Sie zu diesem Zweck mit der rechten Maustaste in die Gruppe **Schriftart**, nicht jedoch auf eine Schaltfläche. Wählen Sie danach den angezeigten Menüpunkt.

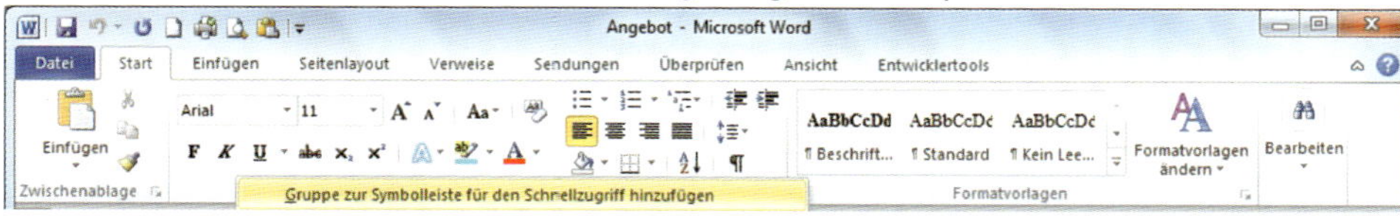

- Nach Anklicken der Schaltfläche wird die Gruppe **Schriftart** angezeigt.

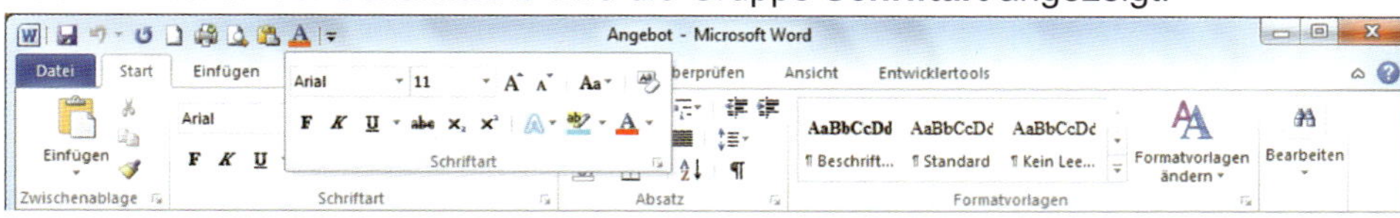

- Sollen mehrere Schaltflächen eingefügt werden, bietet es sich an, **Word-Optionen** zu nutzen. Klicken Sie in der **Symbolleiste für den Schnellzugriff** den Pfeil nach unten neben den Schaltflächen nochmals an. Wählen Sie den Menüpunkt **Weitere Befehle** aus. Fügen Sie z. B. über die Schaltfläche **Hinzufügen** einen Befehl hinzu.

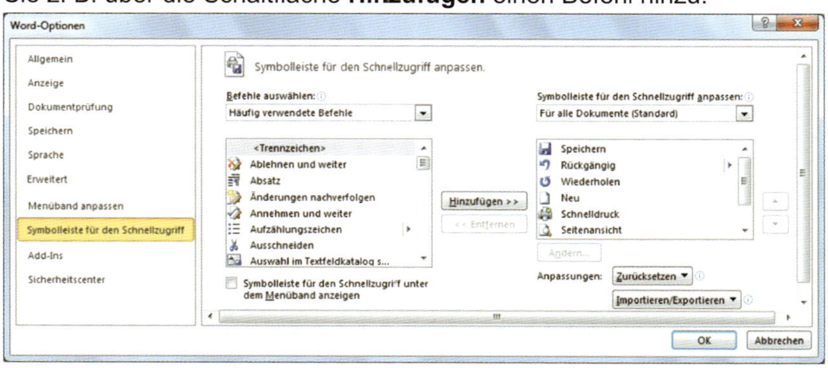

- In Zukunft steht auch diese Schaltfläche zur Verfügung. Nicht mehr benötigte Schaltflächen können im rechten Bereich des Fensters markiert und nach Anklicken der Schaltfläche **Entfernen** entfernt werden. Nach Anklicken der Schaltfläche **Zurücksetzen** werden nur die ursprünglich vorhandenen Schaltflächen angezeigt.

Ein- und Ausblenden von nicht druckbaren Zeichen

Die Übersichtlichkeit eines Textes kann durch das Einblenden von Absatzmarken und sonstigen ausgeblendeten Formatierungsmerkmalen erhöht werden. Das Ende eines Absatzes, Leerzeichen, die Verwendung von Tabulatoren usw., ist dadurch gut zu erkennen. Es ist jedoch zweifelhaft, ob man die nicht druckbaren Zeichen immer einblenden sollte.

Bearbeitungsschritte:

- Klicken Sie im Register **Start** in der Gruppe **Absatz** die Schaltfläche **Alle anzeigen** an.

Bearbeitungsschritte (Fortsetzung):

- Die nicht druckbaren Zeichen werden angezeigt:

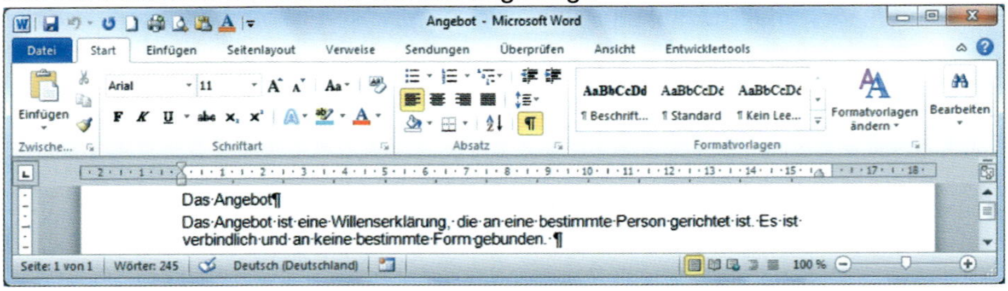

Ansichtsoptionen wechseln

Die Darstellung des Textes auf dem Bildschirm wird durch die Wahl einer bestimmten Ansicht beeinflusst. Hauptziel dabei ist, festzustellen, wie das Dokument in einer Ausgabe, z. B. über einen Drucker oder als Webseite, aussieht.

Seitenlayout	Normalerweise wird im Seitenlayout-Modus gearbeitet. Er bietet alle Möglichkeiten, einen Text vernünftig einzugeben, zu bearbeiten usw.
Vollbild-Lesemodus	Dieser Modus bietet die beste Möglichkeit, einen Text in der später ausgedruckten Form anzuzeigen.
Weblayout	Das Weblayout zeigt den Text ähnlich wie er im Browser dargestellt würde.
Gliederung	In der Gliederungsansicht werden die einzelnen Absätze usw. besonders gekennzeichnet.
Entwurf	Die Entwurfsansicht eignet sich zur Eingabe von Texten usw. Sie zeigt jedoch nicht alle Informationen, wie z. B. Kopf- und Fußzeilen.

Bearbeitungsschritte:

- Öffnen Sie das Dokument *Angebot*. Klicken Sie im Register **Ansicht** in der Gruppe **Dokumentansichten** gegebenenfalls die Schaltfläche **Seitenlayout** an.

- Die Darstellung sieht in etwa folgendermaßen aus:

- Der Wechsel zwischen den einzelnen Ansichten kann jederzeit auch über die Ansichtsoptionen in der Statusleiste vorgenommen werden.

3.4 Grundlegende Arbeitsschritte

3.4.1 Erfassen eines Textes mit Sonderzeichen bzw. Symbolen

Als Sonderzeichen (Symbole) werden spezielle Zeichen bezeichnet, die normalerweise nicht über die Tastatur in ein Dokument eingefügt werden können. Sie werden daher über einen speziellen Menüpunkt eingefügt.

Bearbeitungsschritte:

- Geben Sie den nachfolgenden Text bis zu den Aufzählungen ein. Drücken Sie danach die Taste [**Return**]. Speichern Sie den Text unter dem Namen *Sonderzeichen*.

- Klicken Sie im Register **Einfügen** in der Gruppe **Symbole** die Schaltfläche **Symbol** an. Wählen Sie danach den Menüpunkt **Weitere Symbole**.

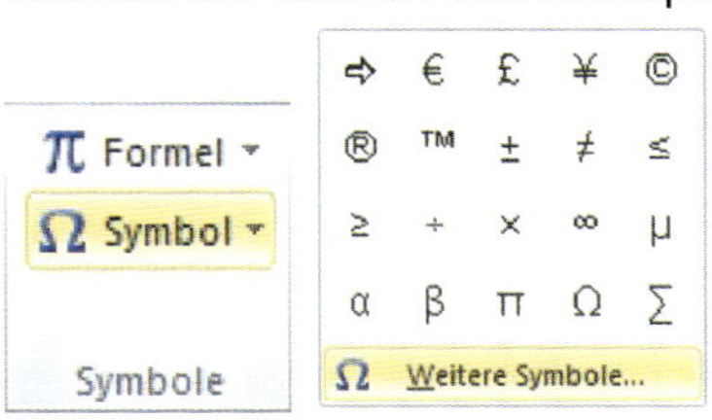

- Wählen Sie im Fenster **Symbol** die Schriftart *Wingdings* aus. Markieren Sie den Pfeil.

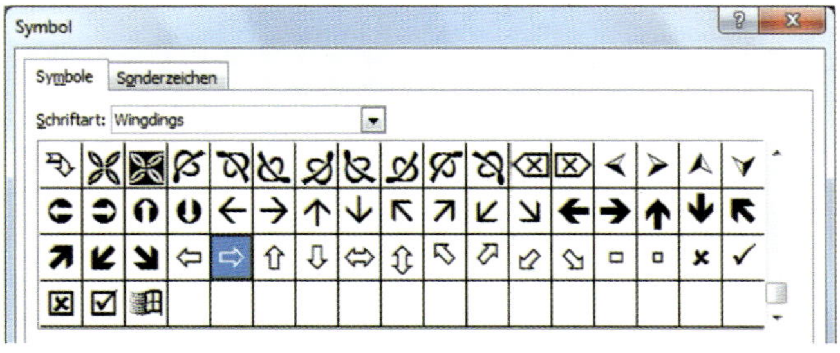

- Klicken Sie nacheinander die Schaltflächen **Einfügen** und **Schließen** an. Das Sonderzeichen wird an der angegebenen Stelle eingefügt.
- Geben Sie den Rest des Textes mit den Sonderzeichen ein. Das Sonderzeichen © finden Sie im Zeichensatz **(normaler Text)** oder direkt nach Anklicken der Schaltfläche **Symbol** in der Gruppe **Symbole** im Register **Einfügen**.

3.4.2 Rechtschreibprüfung und Grammatik

Zu den großen Vorteilen eines Textverarbeitungsprogramms gehört die Möglichkeit, Texte auf Rechtschreib- und Grammatikfehler zu überprüfen.

Bearbeitungsschritte:

- Öffnen Sie das Dokument *Angebot*. Ändern Sie das *unverbindlich* in *unvbindlich*. Unter dem Wort wird eine rote wellenförmige Linie angezeigt.

- Stellen Sie den Cursor an den Textanfang. Klicken Sie danach im Register **Überprüfen** in der Gruppe **Dokumentprüfung** die Schaltfläche **Rechtschreibung und Grammatik** an. Alternativ können Sie auch die Funktionstaste [**F7**] drücken.

- Wörter, die im Wörterbuch des Programms nicht vorhanden sind, werden in dem Fenster **Rechtschreibung und Grammatik: Deutsch (Deutschland)** angezeigt. Das Programm zeigt das nicht erkannte Wort rot an. Es schlägt außerdem in der Regel Wörter vor, die das falsch eingegebene Wort ersetzen sollen. Markieren Sie ein richtiges Wort. Durch Anklicken der Schaltfläche **Ändern** wird das Wort korrigiert.

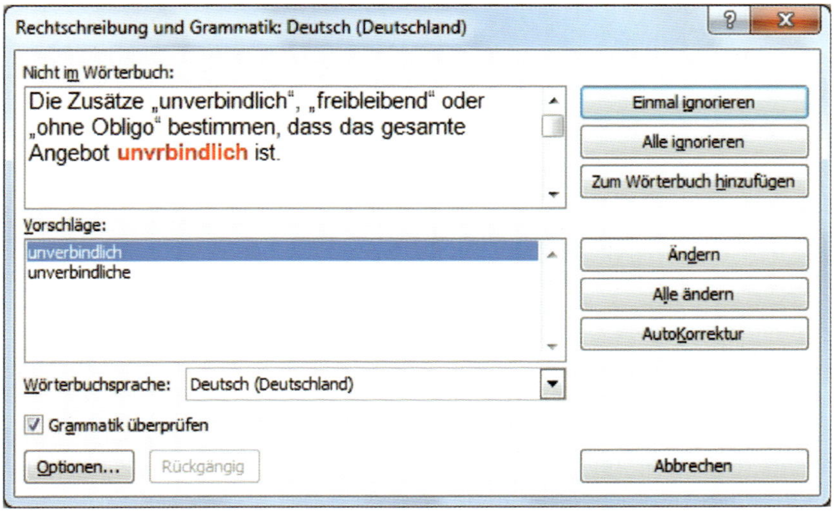

Bearbeitungsschritte (Fortsetzung):

- Ansonsten können Sie das falsche Wort im Fenster dadurch ändern, dass Sie mit der Maus in das Wort gehen und die notwendigen Korrekturen vornehmen. Wird das Wort nicht mehr rot dargestellt, ist die Korrektur in ein mögliches richtiges Wort erfolgt. Durch Anklicken der Schaltflächen können Sie bestimmen, dass das Wort im Text geändert usw. wird. Normalerweise sollten Sie ein neues Wort durch das Anklicken der Schaltfläche **Zum Wörterbuch hinzufügen** in das Wörterbuch einfügen.
- Sie können auch den Cursor in das Wort stellen und dann über die rechte Maustaste das Kontextmenü aufrufen. Dabei können Sie u. a. Begriffe auswählen oder Menüpunkte auswählen.

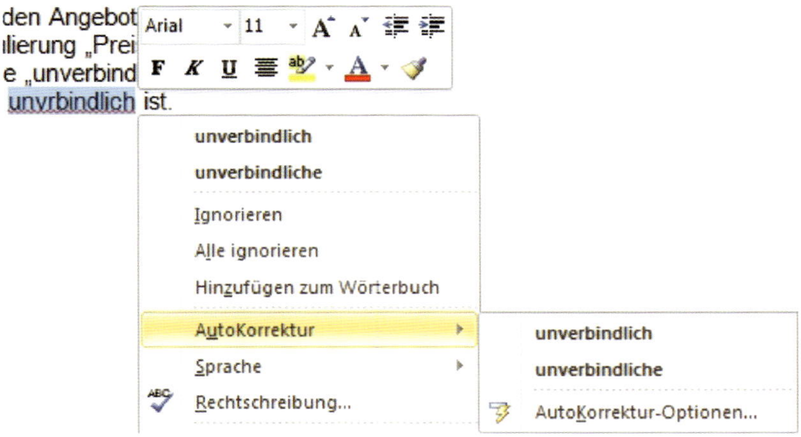

- Selbstverständlich können Sie auch eine Korrektur direkt im Text vornehmen.
- Grammatikfehler werden grün unterstrichen angezeigt. Sie können über die Schaltfläche **Ändern** im Fenster **Rechtschreibung und Grammatik: Deutsch (Deutschland)** oder manuell geändert werden.

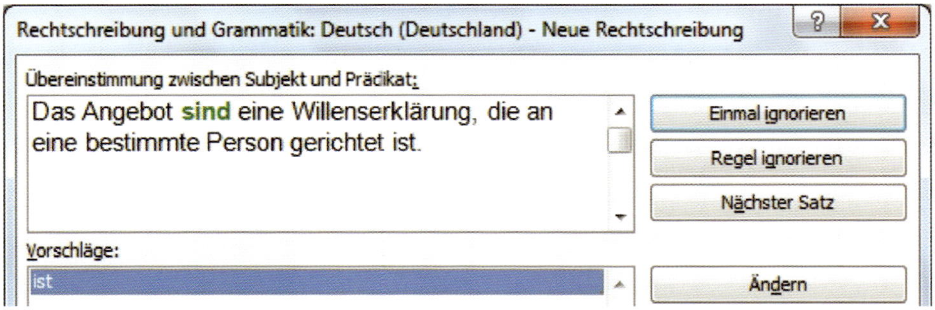

- Auch in diesem Fall kann das Kontextmenü genutzt werden.

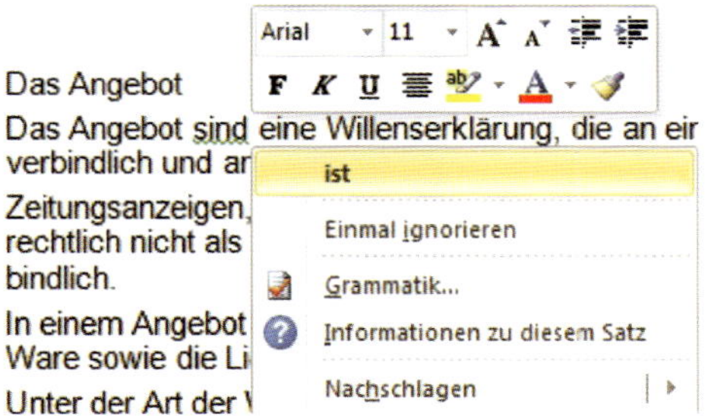

Bearbeitungsschritte (Fortsetzung):

- Eine Überprüfung, welche Sprachen in die Rechtschreib- und Grammatikprüfung einbezogen werden, bietet sich an. Klicken Sie daher im Register **Überprüfen** in der Gruppe **Sprache** die Schaltfläche **Sprache** an. Wählen Sie danach den angezeigten Menüpunkt.

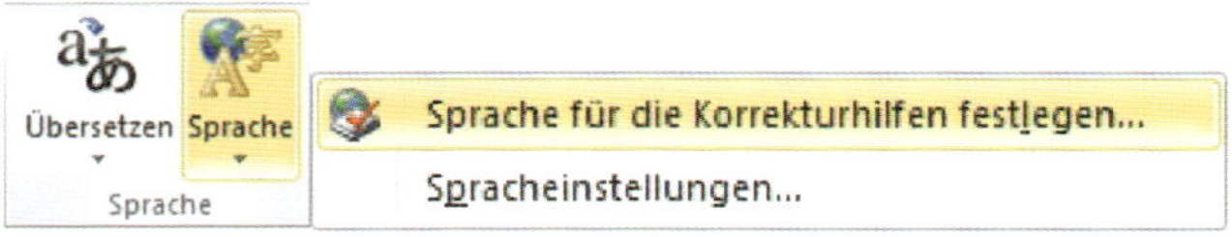

- Die ausgewählten Sprachen werden angezeigt. Festlegungen lassen sich im Fenster vornehmen.

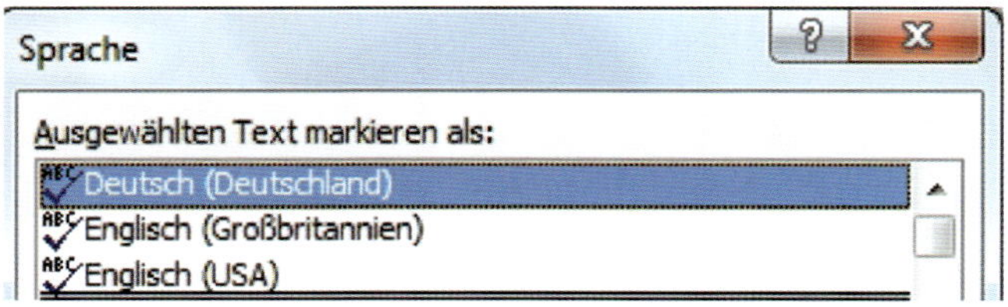

- Über den Menüpunkt **Spracheinstellungen** können Sie im Fenster **Word-Optionen** Einstellungen zur Sprache vornehmen.

3.4.3 Thesaurus

Der Thesaurus ermöglicht das Ersetzen eines Wortes durch ein Wort mit gleicher oder ähnlicher Bedeutung. Dadurch werden Texte abwechslungsreicher.

Bearbeitungsschritte:

- Das Wort *Angebot* soll durch ein ähnliches Wort ersetzt werden. Stellen Sie den Cursor in das Wort *Angebot*. Klicken Sie danach im Register **Überprüfen** in der Gruppe **Dokumentprüfung** die Schaltfläche **Thesaurus** an.

- Es werden im Aufgabenbereich **Recherchieren** verschiedene Synonyme für den Begriff *Angebot* angeboten. Wählen Sie das Wort *Offerte* aus. Klicken Sie danach auf den Pfeil neben dem Begriff und wählen Sie den Menüpunkt **Einfügen**. Das Wort *Angebot* wird im Text durch das Wort *Offerte* ersetzt.

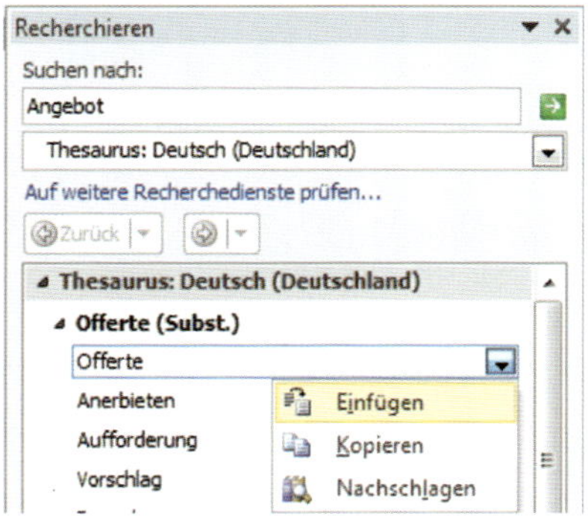

- Machen Sie danach die Ersetzung wieder rückgängig.

3.4.4 Suchen und Ersetzen

In umfangreichen Texten ist das Suchen von bestimmten Begriffen nur mithilfe des Programms sinnvoll. Dasselbe gilt für das Ersetzen von Begriffen.

Bearbeitungsschritte:

- Öffnen Sie das Dokument *Angebot*. Klicken Sie im Register **Start** in der Gruppe **Bearbeiten** die Schaltfläche **Suchen** an. Danach können Sie im linken Bereich des Bildschirms im Aufgabenbereich **Navigation** einen Begriff eingeben. Die gefundenen Stellen im Dokument werden angezeigt und können durch Anklicken ausgewählt werden. Die Textstellen werden danach sofort im Dokument angezeigt.

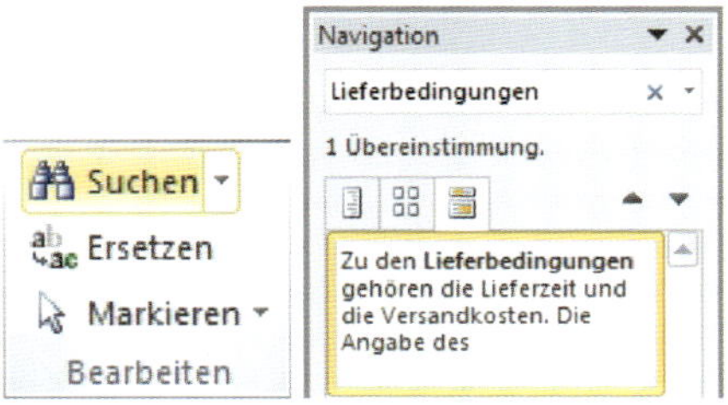

- Alternativ können Sie den Pfeil nach unten in der Schaltfläche **Suchen** anklicken und danach den Menüpunkt **Erweiterte Suche** auswählen. Geben Sie danach im Fenster **Suchen und Ersetzen** den gesuchten Begriff ein.

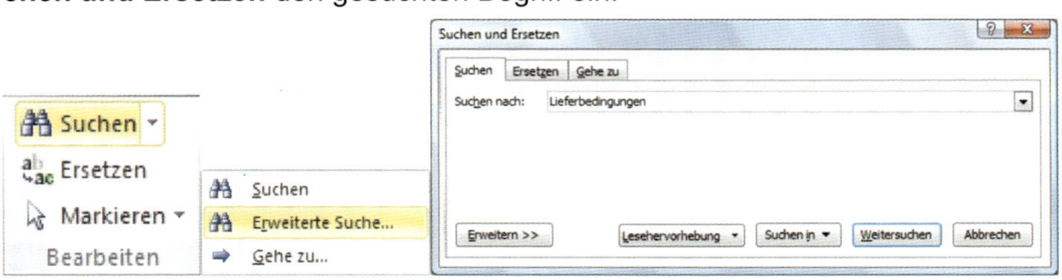

- Klicken Sie die Schaltfläche **Weitersuchen** an. Der gesuchte Begriff wird, falls er vorhanden ist, markiert. Das nochmalige Anklicken der Schaltfläche führt dazu, dass anschließend weiter nach dem Begriff gesucht wird. Das Programm gibt an, wenn die Suche abgeschlossen ist. Eventuell wird gefragt, ob die Suche am Anfang des Dokuments fortgesetzt werden soll.
- Wollen Sie nicht nur nach einem Begriff suchen, sondern auch diesen Begriff durch einen anderen ersetzen, müssen Sie im Register **Start** in der Gruppe **Bearbeiten** die Schaltfläche **Ersetzen** anklicken. Geben Sie die beiden Begriffe ein.

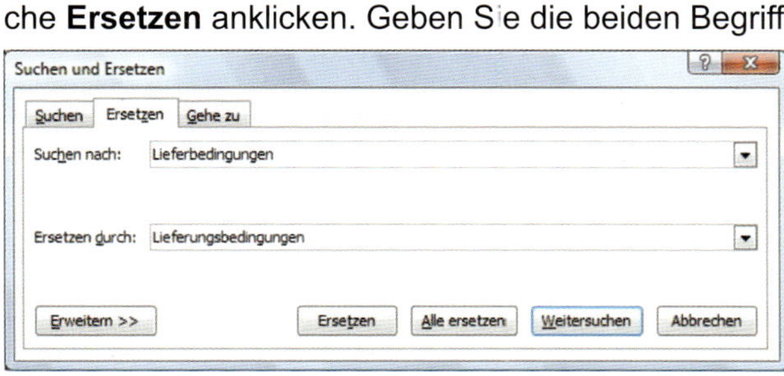

- Durch Anklicken der Schaltfläche **Ersetzen** wird das Wort *Lieferbedingungen* gesucht. Wird es gefunden, wird durch das nochmalige Anklicken der Schaltfläche das Wort durch das Wort *Lieferungsbedingungen* ersetzt. Soll das Wort *Lieferbedingungen* grundsätzlich ersetzt werden, ist die Schaltfläche **Alle ersetzen** anzuklicken.

3.5 Daten auswählen

3.5.1 Markieren (Auswählen) von Zeichen, Wörtern, Zeilen usw.

Vorbemerkungen

Neben der Texteingabe ist das Markieren eines Wortes, eines Absatzes usw. eine besonders häufige Aufgabe bei der Arbeit mit einem Textverarbeitungsprogramm. In der Regel muss zunächst ein Textteil markiert werden, um danach z. B. formatiert, gelöscht oder versetzt werden zu können. Word für Windows stellt mehrere Alternativen zur Verfügung. Die sinnvollste Art ist meistens das Markieren mithilfe der Maus (eventuell in Verbindung mit der Taste [**Strg**]), da man sich nur wenige Möglichkeiten merken muss.

Markieren mit der Maus

Nachstehend werden die wichtigsten Möglichkeiten des Markierens mit der Maus angegeben. Es bietet sich an, Markierungen anhand des Textes *Angebot* auszuprobieren.

Ein Zeichen oder mehrere Zeichen	Es wird mit der Maus vor das zu markierende Zeichen geklickt und dann bei gedrückter linker Maustaste mit der Maus nach rechts gefahren. Es können auch mehrere Zeichen, Absätze usw. markiert werden.
Wort	Ein einzelnes Wort wird durch einen Doppelklick mit der linken Maustaste auf das entsprechende Wort markiert.
Satz	Bei gedrückter Taste [**Strg**] wird mit der linken Maustaste auf ein Zeichen im Satz geklickt. Als Satzende wird immer ein Punkt angesehen.
Eine oder mehrere Zeilen	Mit der Maus wird zunächst der Bereich links neben einer zu markierenden Zeile angeklickt. Sollen mehrere Zeilen markiert werden, so muss die linke Maustaste gedrückt gehalten und dann die Maus nach unten oder oben bewegt werden.
Absatz	Der zu markierende Absatz wird durch einen Dreifachklick mit der linken Maustaste auf den Absatz oder einen Doppelklick links neben dem Absatz markiert.
Gesamter Text	Bei gedrückter Taste [**Strg**] wird mit der linken Maustaste links neben dem Text auf eine beliebige Stelle geklickt.

Markieren mit der Tastatur

Markieren kann man auch über die Tastatur durch Tastenkombinationen. Die wichtigsten Möglichkeiten werden hier dargestellt. Markiert wird jeweils von der aktuellen Cursor-Position bis zur angegebenen Position, also z. B. bis zum Ende des Dokuments.

Zeichen nach links	[⇧] [←]	vorheriges Wort	[Strg] [⇧] [←]
Zeichen nach rechts	[⇧] [→]	nächstes Wort	[Strg] [⇧] [→]
Zeile nach oben	[⇧] [↑]	Anfang des Absatzes	[Strg] [⇧] [↑]
Zeile nach unten	[⇧] [↓]	Ende des Absatzes	[Strg] [⇧] [↓]
Anfang der Zeile	[⇧] [Pos 1]	Anfang des Dokuments	[Strg] [⇧] [Pos 1]
Ende der Zeile	[⇧] [Ende]	Ende des Dokuments	[Strg] [⇧] [Ende]

3.5.2 Kopieren, Verschieben und Löschen von Texten

Löschen von Textteilen

Nicht mehr benötigte Textteile können jederzeit gelöscht werden.

Bearbeitungsschritte:

- Öffnen Sie das Dokument *Angebot* und speichern Sie es unter dem Namen *Angebot_1* nochmals ab. Wählen Sie dafür den Menüpunkt **Datei/Speichern unter**.
- Markieren Sie den dunkel dargestellten Bereich:

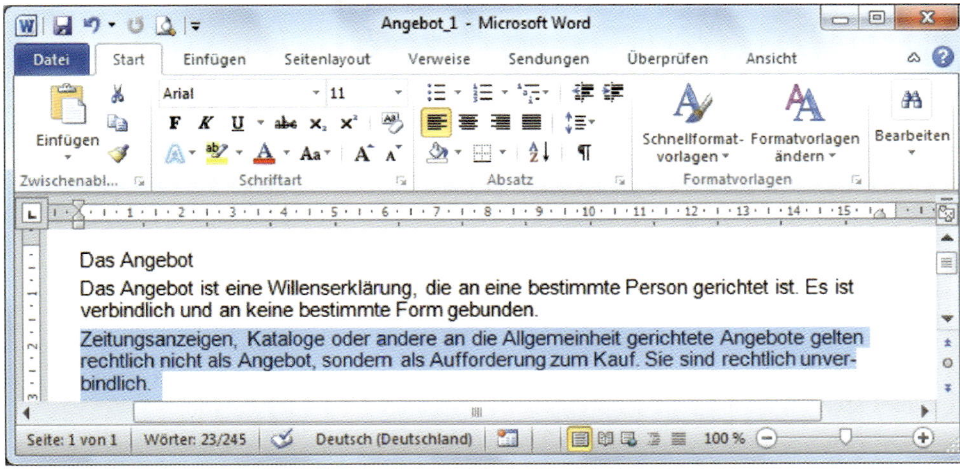

- Klicken Sie im Register **Start** in der Gruppe **Zwischenablage** die Schaltfläche **Ausschneiden** an. Alternativ können Sie auch die Taste [**Entf**] oder die Tastenkombination [**Strg**] + [**X**] drücken. Der Bereich wird gelöscht.

Kopieren und Einfügen von Textteilen

Ein gesamter Text oder seine Teile können kopiert und dann zusätzlich ein zweites Mal in das Dokument eingefügt werden.

Bearbeitungsschritte:

- Öffnen Sie das Dokument *Angebot* und speichern Sie es unter *Angebot_2* nochmals ab. Markieren Sie den Absatz „Zeitungsanzeigen … unverbindlich."
- Klicken Sie im Register **Start** in der Gruppe **Zwischenablage** die Schaltfläche **Kopieren** an. Alternativ können Sie auch die Tastenkombination [**Strg**] + [**C**] drücken.

- Gehen Sie mit dem Cursor an das Ende des Dokuments und drücken Sie die Taste [**Return**], um einen neuen Absatz einzufügen.

Bearbeitungsschritte (Fortsetzung):

- Klicken Sie im Register **Start** in der Gruppe **Zwischenablage** die Schaltfläche **Einfügen** an. Alternativ können Sie auch die Tastenkombination [**Strg**] + [**V**] drücken.

- Der markierte Text ist zusätzlich am Ende des Textes eingefügt.

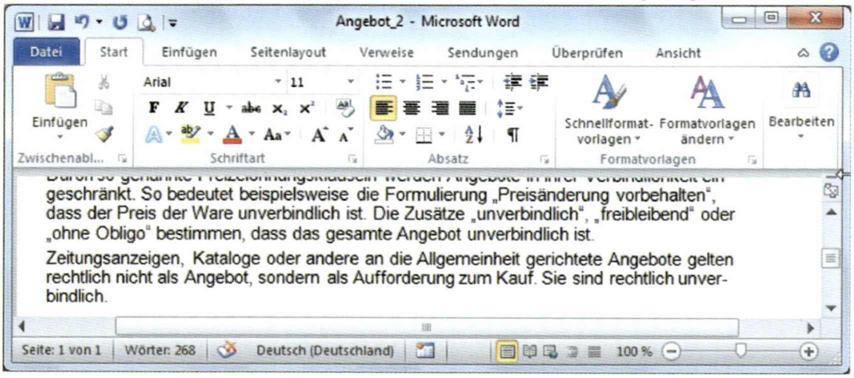

- Wenn Sie den unteren Bereich der Schaltfläche anklicken, können Sie über die dann eingeblendeten Schaltflächen Optionen für die Formatierung wählen.

Einfügen in ein neues Dokument

Es besteht die Möglichkeit, den Text in ein anderes oder neues Dokument einzufügen. Damit sind identische Texte in verschiedenen Dokumenten nur einmal einzugeben.

Bearbeitungsschritte:

- Öffnen Sie das Dokument *Angebot* und speichern Sie es unter dem Namen *Angebot_3* ab. Markieren und kopieren Sie den Satz „Das Angebot ... gerichtet ist.“
- Wählen Sie den Menüpunkt **Datei/Neu**. **K**licken Sie danach die Schaltfläche **Leeres Dokument** und dann die Schaltfläche **Erstellen** an, um ein zweites Dokument zu öffnen. Alternativ können Sie in der **Symbolleiste für den Schnellzugriff** die Schaltfläche **Neu** anklicken oder die Tastenkombination [**Strg**] + [**N**] drücken.

- Fügen Sie den Satz in das neue Dokument ein.
- Zwischen den Textdokumenten kann in der **Taskleiste** gewechselt werden. Außerdem können Sie über das Register **Ansicht** in der Gruppe **Fenster** nach Anklicken der Schaltfläche **Fenster wechseln** das benötigte Textdokument auswählen.

Ausschneiden und Einfügen

Beim Kopieren und Einfügen wird der Textausschnitt ein zweites Mal in demselben oder einem anderen Dokument eingefügt. Im Gegensatz dazu wird beim Ausschneiden und Einfügen der Text an einer Stelle gelöscht und an einer anderen Stelle eingefügt.

Bearbeitungsschritte:

- Öffnen Sie das Dokument *Angebot* und speichern Sie es unter dem Namen *Angebot_4* nochmals ab. Markieren Sie den Absatz „Die Menge ... verändert“.
- Klicken Sie im Register **Start** in der Gruppe **Zwischenablage** die Schaltfläche **Ausschneiden** an. Alternativ können Sie auch die Tastenkombination [**Strg**] + [**X**] drücken.

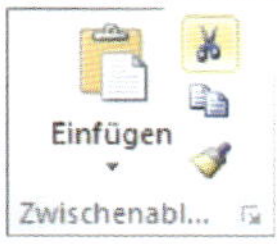

- Gehen Sie mit dem Cursor vor den Absatz „Die Bindungsfrist … gültig“.
- Klicken Sie im Register **Start** in der Gruppe **Zwischenablage** die Schaltfläche **Einfügen** an. Alternativ können Sie auch die Tastenkombination [**Strg**] + [**V**] drücken.

- Der Text wurde damit an die gewünschte Stelle verschoben.

Drag and Drop

Als „Drag and Drop“ (Ziehen und Ablegen) bezeichnet man die Möglichkeit, Textteile von einer Stelle zu einer anderen Stelle im Dokument allein über Mausbewegungen zu versetzen. Im Prinzip wird der Text ausgeschnitten und an einer anderen Stelle eingefügt.

Bearbeitungsschritte:

- Öffnen Sie das Dokument *Angebot* und speichern Sie es unter dem Namen *Angebot_5* nochmals ab. Markieren Sie den Absatz „Zu … Zahlungsbedingungen“.
- Klicken Sie danach auf den markierten Text und halten Sie die linke Maustaste gedrückt. Die Maus wird nun zusammen mit einem Rechteck dargestellt. Darüber hinaus wird der Cursor nun punktiert nach der Markierung dargestellt.

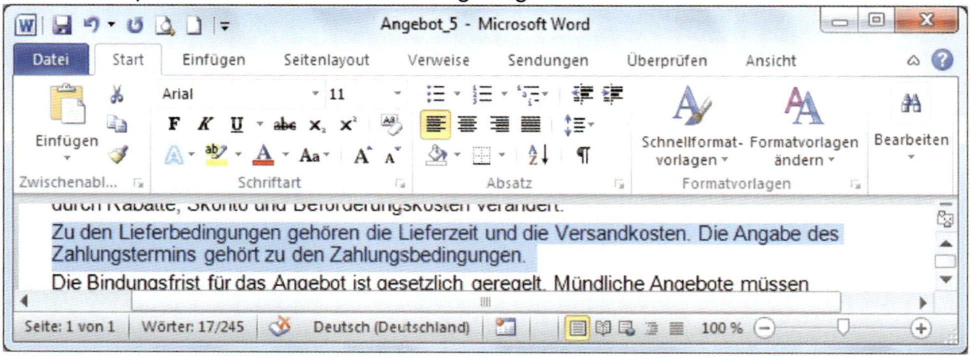

- Bei gedrückter linker Maustaste ziehen Sie nun den Text an das Ende des Textes. An der ursprünglichen Stelle wird der Text gelöscht.

Rückgängig und Wiederherstellen

Ein unerwünschtes Ergebnis, z. B. ein Löschen eines Absatzes, kann über die zur Verfügung stehenden Schaltflächen rückgängig gemacht werden. Außerdem können rückgängig gemachte Ergebnisse wiederhergestellt werden, wenn ein unerwartetes Ergebnis eingetreten ist.

Bearbeitungsschritte:

- Verschieben Sie den Satz „Das Angebot … gerichtet ist.“ an eine beliebige Stelle.

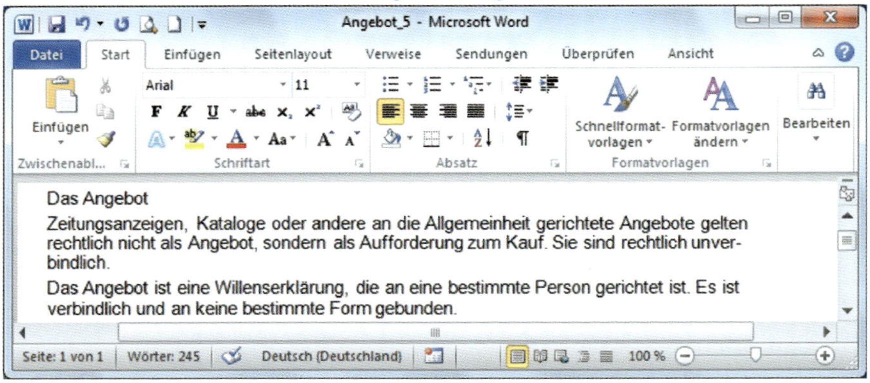

- Klicken Sie in der **Symbolleiste für den Schnellzugriff** die Schaltfläche **Rückgängig** an. Wenn Sie den Pfeil neben der Schaltfläche anklicken, können Sie auswählen, was rückgängig gemacht werden soll, in diesem Fall: **Verschieben**. Alternativ können Sie auch die Tastenkombination [**Strg**] + [**Z**] drücken.

- Stellen Sie fest, dass der Satz doch verschoben werden sollte, klicken Sie in der **Symbolleiste für den Schnellzugriff** die Schaltfläche **Wiederherstellen** an. Alternativ können Sie auch die Tastenkombination [**Strg**] + [**Y**] drücken.

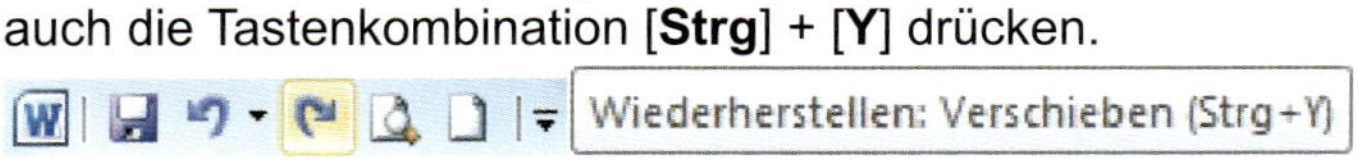

- Überprüfen Sie genau, ob das von Ihnen gewünschte Ergebnis erreicht wurde.

Wiederholen

Die letzte Aktion, also beispielsweise das Löschen von Textpassagen oder das Formatieren von Textteilen, kann durch die Wahl eines Menüpunkts wiederholt werden.

Bearbeitungsschritte:

- Löschen Sie den Absatz „Die Menge der Ware ... verändert“.
- Markieren Sie den Satz „Zu den Lieferungsbedingungen ... Versandkosten“.
- Klicken Sie in der **Symbolleiste für den Schnellzugriff** die Schaltfläche **Wiederholen** an. Alternativ können Sie auch die Tastenkombination [**Strg**] + [**Y**] drücken.

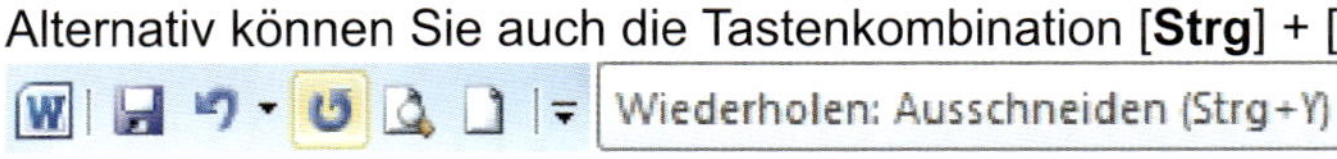

- Der zuletzt markierte Text wird ebenfalls gelöscht.
- Selbstverständlich können Sie genauso gut die Löschung mithilfe der entsprechenden Schaltfläche durchführen. Zum Beispiel bei der Formatierung bestimmter Bereiche und dem Übertragen dieser Formatierung auf andere Bereiche könnte sich die Möglichkeit des Wiederholens jedoch als besonders günstig herausstellen.

3.6 Formatierung

3.6.1 Zeichenformatierung

Schriftgröße, Schriftart, Schriftfarbe und Hintergrundfarbe

Sowohl für die Bildschirmanzeige als auch für die Druckausgabe sollte eine gut lesbare Schrift eingestellt werden. Besonders geeignet erscheinen die Schriftarten Arial, Times New Roman und Courier. Außerdem kann je nach Bedarf die Schriftgröße (Schriftgrad), die Schriftfarbe und ein Texthintergrund eingestellt werden.

Arial	Schriftart			Texthervorhebungsfarbe
11	Schriftgrad			Schriftfarbe
	Schriftart vergrößern	[**Strg**] [>]		Texteffekte
	Schriftart verkleinern	[**Strg**] [<]		Schriftart

Bearbeitungsschritte:

- Klicken Sie gegebenenfalls das Register **Start** an. In der Gruppe **Schriftart** werden alle für die Zeichenformatierung notwendigen Schaltflächen zur Verfügung gestellt.
- Stellen Sie die Schriftart **Arial** mit dem Schriftgrad **11** ein. Dazu müssen Sie den Pfeil nach unten neben der Bezeichnung für die Schriftart anklicken und dann die gewünschte Schriftart auswählen. Danach können Sie auf die gleiche Weise den Schriftgrad festlegen. Für Briefe sind Schriftgrade zwischen 10 und 12 zweckmäßig.

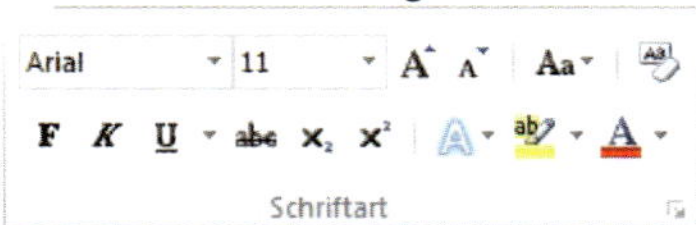

- Erstellen Sie mithilfe der Schaltflächen den nachfolgenden Text. Nutzen Sie die Optionen der Schaltflächen **Schriftfarbe** und **Texthervorhebungsfarbe**.

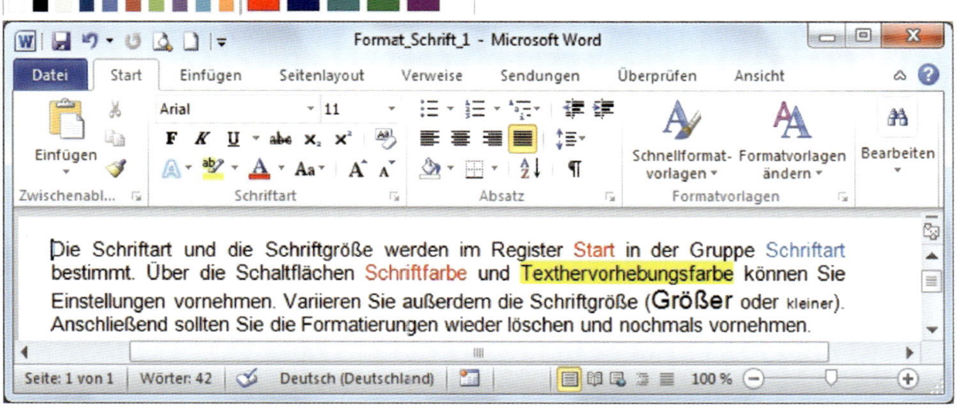

- Speichern Sie den Text unter dem Namen *Format_Schrift_1*.
- Löschen Sie anschließend die Formatierungen mithilfe der Schaltfläche **Formatierung löschen**. Stellen Sie danach die Texthervorhebungsfarbe wieder auf *Keine Farbe*.
- Speichern Sie den unformatierten Text unter dem Namen *Format_Schrift*.

Textformate – Formatierung bei der Texteingabe

Vor der Eingabe eines Textes, eines Absatzes, eines Wortes usw. wird durch Anklicken einer Schaltfläche bzw. durch eine Tastenkombination die Formatierung eines Textes vorgenommen.

Mit derselben Tastenkombination oder dem nochmaligen Anklicken der Schaltfläche wird die Formatierung nach der Eingabe wieder aufgehoben. Alle Formatierungen werden durch die Tastenkombination [**Strg**] + [**Leertaste**] wieder aufgehoben.

Die folgende Übersicht zeigt die Möglichkeiten der Formatierung von Wörtern usw. an:

F	**Fett**	[**Strg**] [⇧] [**F**]	x_2	Tiefgestellt	[**Strg**] [**#**]
K	*Kursiv*	[**Strg**] [⇧] [**K**]	x^2	Hochgestellt	[**Strg**] [**+**]
U	Unterstrichen	[**Strg**] [⇧] [**U**]	Aa	Groß/Kleinschreibung	
abc	~~Durchgestrichen~~			Formatierung löschen	
Doppelt unterstrichen		[**Strg**] [⇧] [**D**]	Nur Wörter unterstrichen		[**Strg**] [⇧] [**W**]
KAPITÄLCHEN		[**Strg**] [⇧] [**Q**]	Aufheben aller Textformate		[**Strg**] [**Leertaste**]

Bearbeitungsschritte:

- Geben Sie folgenden Text ein. Formatieren Sie den Text bei der Eingabe mithilfe der Tastatur bzw. mit der Maus. Speichern Sie ihn unter dem Namen *Format_Zeichen_1*.

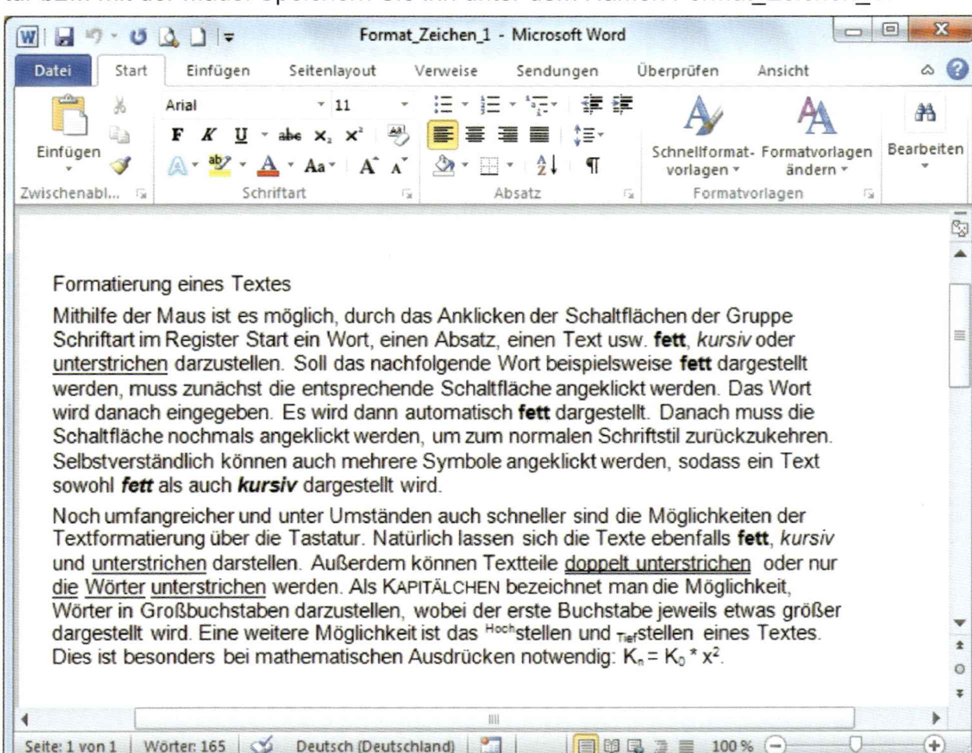

Formatierung eines Textes

Mithilfe der Maus ist es möglich, durch das Anklicken der Schaltflächen der Gruppe Schriftart im Register Start ein Wort, einen Absatz, einen Text usw. **fett**, *kursiv* oder unterstrichen darzustellen. Soll das nachfolgende Wort beispielsweise **fett** dargestellt werden, muss zunächst die entsprechende Schaltfläche angeklickt werden. Das Wort wird danach eingegeben. Es wird dann automatisch **fett** dargestellt. Danach muss die Schaltfläche nochmals angeklickt werden, um zum normalen Schriftstil zurückzukehren. Selbstverständlich können auch mehrere Symbole angeklickt werden, sodass ein Text sowohl ***fett*** als auch ***kursiv*** dargestellt wird.

Noch umfangreicher und unter Umständen auch schneller sind die Möglichkeiten der Textformatierung über die Tastatur. Natürlich lassen sich die Texte ebenfalls **fett**, *kursiv* und unterstrichen darstellen. Außerdem können Textteile doppelt unterstrichen oder nur die Wörter unterstrichen werden. Als KAPITÄLCHEN bezeichnet man die Möglichkeit, Wörter in Großbuchstaben darzustellen, wobei der erste Buchstabe jeweils etwas größer dargestellt wird. Eine weitere Möglichkeit ist das ^{Hoch}stellen und $_{Tief}$stellen eines Textes. Dies ist besonders bei mathematischen Ausdrücken notwendig: $K_n = K_0 * x^2$.

Textformate – Nachträgliche Formatierung über Schaltflächen

Die nachträgliche Formatierung ist eine Alternative zur sofortigen Formatierung eines Textes.

Bearbeitungsschritte:

- Schreiben Sie zunächst den Text ohne die angegebenen Formatierungen. Speichern Sie danach den Text unter dem Namen *Format_Zeichen_2* ab.

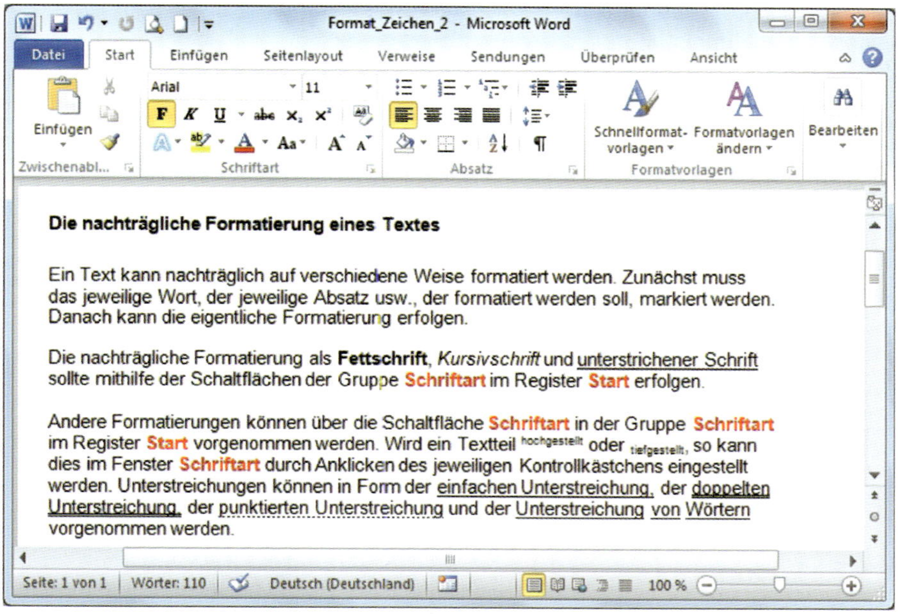

- Markieren Sie jeweils die zu formatierenden Wörter. Formatieren Sie den Text mithilfe der Schaltflächen in der Gruppe **Schriftart** im Register **Start**.

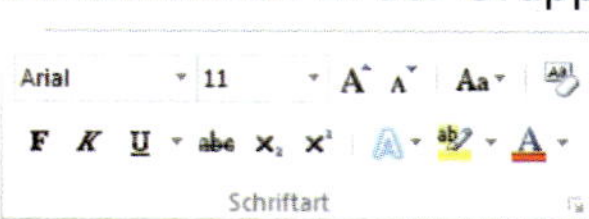

- Speichern Sie den Text unter dem Namen *Format_Zeichen_2a* nochmals ab. Schließen Sie die Datei.
- Öffnen Sie die Datei *Format_Schrift*. Speichern Sie den Text unter dem Namen *Format_Schrift_2* nochmals ab. Formatieren Sie den Text danach wie angezeigt:

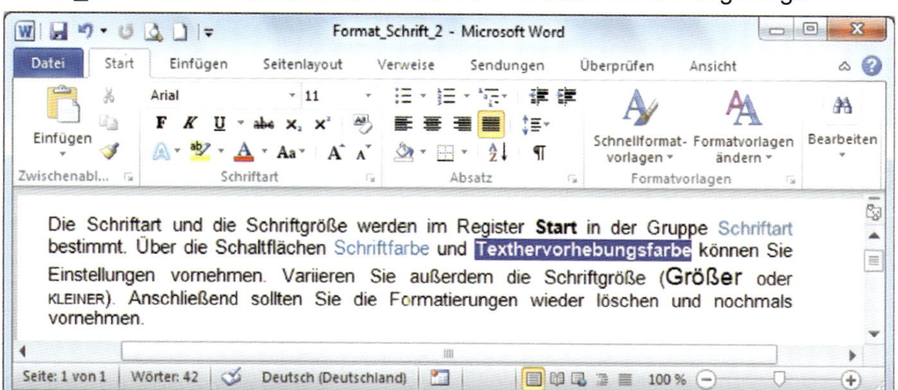

Textformate – Nachträgliche Formatierung über das Fenster Schriftart

Die nachträgliche Formatierung kann auch mithilfe der Möglichkeiten des Fensters **Schriftart** vorgenommen werden. Dies ist vor allem dann notwendig, wenn keine entsprechende Schaltfläche zur Verfügung steht.

Bearbeitungsschritte:

- Öffnen Sie den Datei *Format_Zeichen_2*. Speichern Sie den Text unter dem Namen *Format_Zeichen_2b* nochmals ab.
- Markieren Sie die Überschrift. Klicken Sie danach im Register **Start** in der Gruppe **Schriftart** die Schaltfläche **Schriftart** an. Formatieren Sie die Überschrift mithilfe der Möglichkeiten, die im Fenster **Schriftart** zur Verfügung stehen.

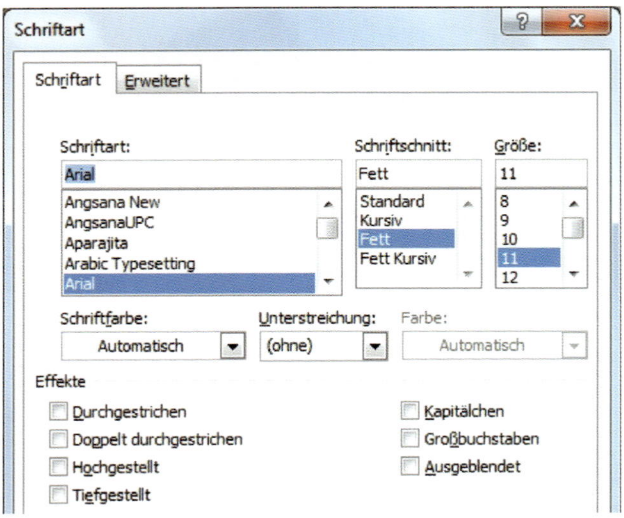

- Auf die gleiche Weise sollten Sie danach die anderen Elemente des Textes formatieren. Vor allem im Bereich **Effekte** und **Unterstreichung** können Sie die jeweils notwendigen Formatierungen vornehmen. Durch Anklicken von Kontrollkästen können Wörter, Sätze und Absätze hoch- bzw. tiefgestellt werden. Nach Anklicken des Pfeils im Bereich **Unterstreichung** wird die Art der Unterstreichung festgelegt.
- Öffnen Sie die Datei *Format_Schrift*. Speichern Sie den Text unter dem Namen *Format_Schrift_3* nochmals ab. Formatieren Sie den Text wie angezeigt:

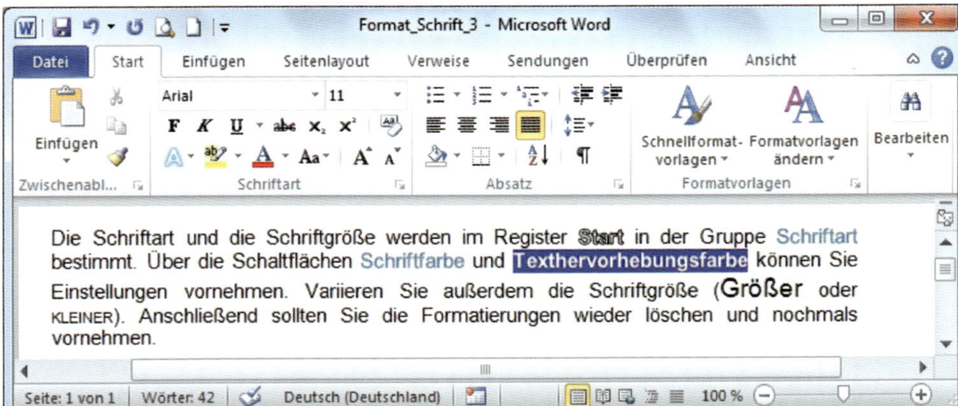

Anwenden einer bestehenden Formatvorlage

Einzelne Textteile oder auch der gesamte Text können über eine im Programm integrierte Formatvorlage formatiert werden.

Bearbeitungsschritte:

- Öffnen Sie das Dokument *Angebot*. Speichern Sie es unter dem Namen *Angebot_Formatvorlage* nochmals ab. Markieren Sie danach den gesamten Text. Klicken Sie im Register **Start** in der Gruppe **Formatvorlagen** den Pfeil nach unten an.

- Zur Verfügung stehende Formatvorlagen werden angezeigt. Fahren Sie mit der Maus über die einzelnen Alternativen. Das jeweilige Ergebnis wird angezeigt.
- Wählen Sie die angezeigte Formatvorlage aus. Das Ergebnis könnte so aussehen:

- Nehmen Sie die Formatierung wieder zurück. Formatieren Sie einzelne Absätze. Probieren Sie verschiedene Möglichkeiten aus.

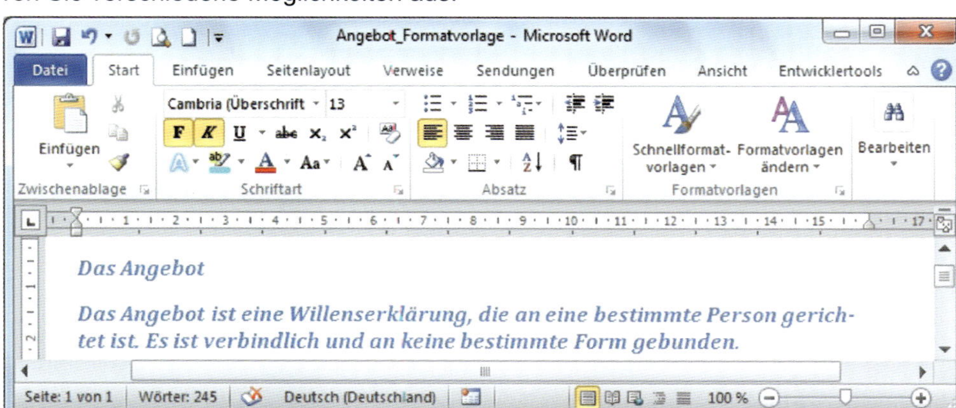

- Wenn Sie die Formatierung später löschen möchten, müssen Sie den Text markieren und im Register **Start** in der Gruppe **Schriftart** die Schaltfläche **Formatierung löschen** anklicken.

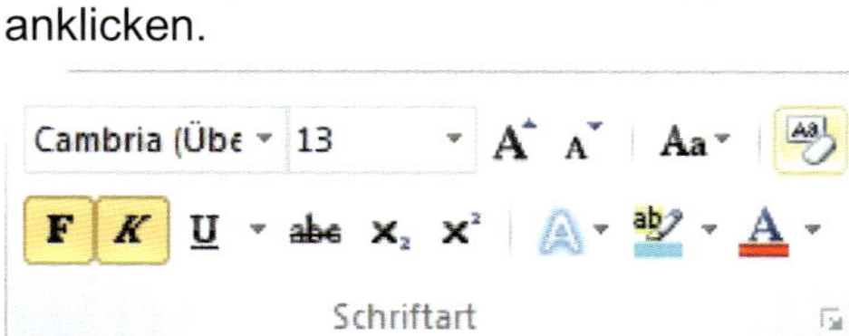

Formatierung übertragen

Sind Formatierungen in einem Text bereits vorgenommen worden und werden diese Formatierungen in anderen Textbereichen benötigt, so bietet es sich an, die Formatierungen zu übertragen. Die Erfahrung zeigt jedoch, dass es dabei durchaus zu nicht erwünschten Effekten kommen kann. Über die Schaltfläche **Rückgängig** in der **Symbolleiste für den Schnellzugriff** ist es jedoch möglich, Änderungen der Formatierung wieder zurückzunehmen.

Die Formatübertragung kann einmalig oder mehrmals vorgenommen werden, je nachdem, wie mit der Schaltfläche **Format übertragen** gearbeitet wird. Beide Möglichkeiten werden erklärt.

Bearbeitungsschritte:

- Schreiben Sie den nachfolgenden Text. Formatieren Sie lediglich das Wort **Format** und das Wort *Nummerierungen* wie angegeben.

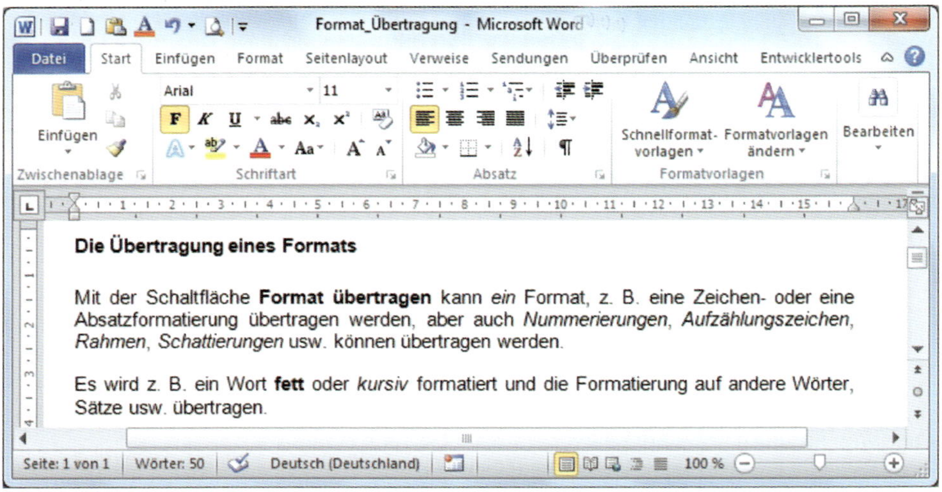

- Markieren Sie das fett formatierte Wort *Format*.
- Klicken Sie im Register **Start** in der Gruppe **Zwischenablage** die Schaltfläche **Format übertragen** an.

- Der Mauszeiger verändert sich folgendermaßen:
- Markieren Sie das Wort *übertragen*. Das Wort wird danach ebenfalls fett dargestellt.
- Wenn das Format auf mehrere Wörter oder Bereiche übertragen werden soll, muss die Schaltfläche **Format übertragen** doppelt angeklickt werden.
- Stellen Sie den Cursor in das Wort *Nummerierungen*. Klicken Sie die Schaltfläche **Format übertragen** doppelt an.
- Stellen Sie danach den Cursor in ein Wort oder markieren Sie einen Bereich. Nach Anklicken wird das Wort oder der Bereich kursiv dargestellt.
- Sie können danach weitere Wörter oder Bereiche formatieren. Erst mit dem erneuten Anklicken der Schaltfläche **Format übertragen** oder dem Drücken der Taste **[Esc]** wird das Übertragen des Formats beendet.

Automatische Silbentrennung

Die Eingabe eines Textes führt oftmals dazu, dass lange Wörter in die nächste Zeile übertragen werden und daher die Zeilen eines Dokuments beim Flattersatz sehr unterschiedlich lang sind. Schreibt man im Blocksatz (wird später erklärt), haben zwar die Zeilen dieselbe Länge, es entstehen aber zwischen den Wörtern oftmals große Lücken. Durch das Einstellen der Silbentrennung lassen sich diese Effekte vermeiden.

Bearbeitungsschritte:

- Öffnen Sie den Text *Angebot*. Klicken Sie im Register **Seitenlayout** in der Gruppe **Seite einrichten** die Schaltfläche **Silbentrennung** an. Die Einstellung der Silbentrennung wird angezeigt. Wählen Sie den Menüpunkt **Silbentrennungsoptionen**.

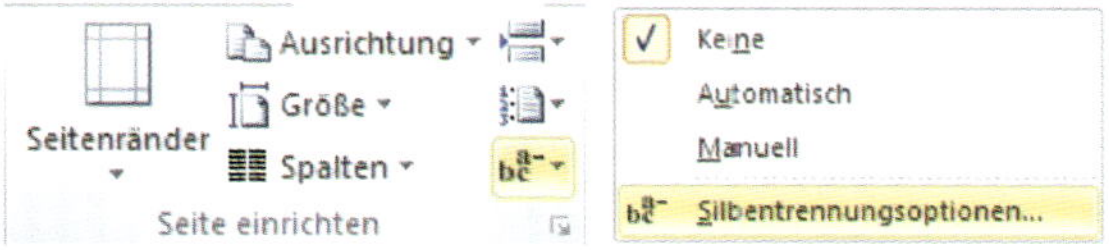

- Stellen Sie die Optionen gegebenenfalls wie folgt ein:

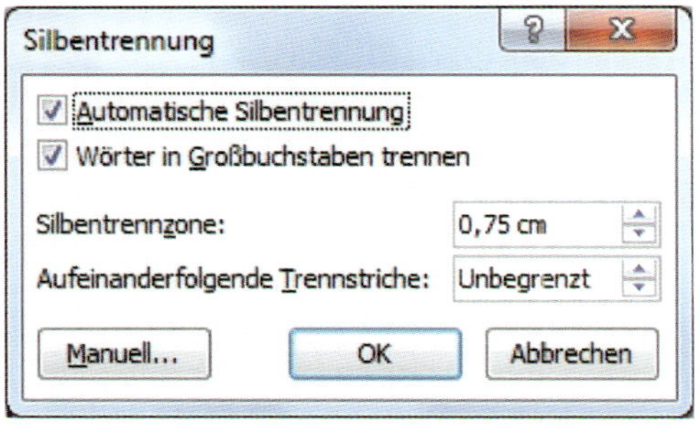

- In Zukunft wird nach dem Anklicken der Schaltfläche **OK** die Silbentrennung automatisch vorgenommen. Je nach Einstellung der Seitenränder kann es zu unterschiedlichen Trennungen kommen. Im Beispiel wird das Wort *unverbindlich* getrennt.

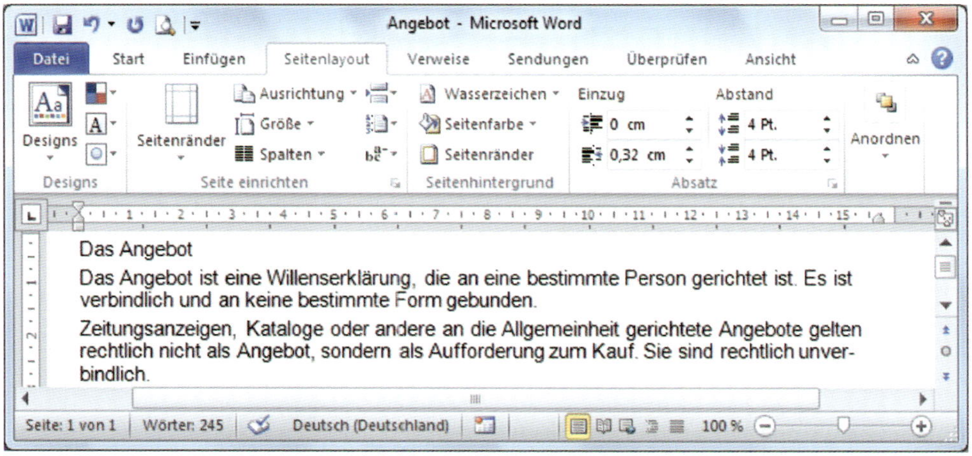

- Die aktuelle Einstellung der Silbentrennung wird über die Schaltfläche angezeigt.

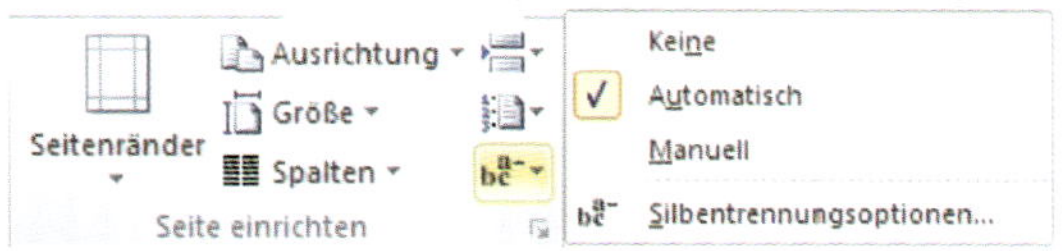

Übungen:

1. Erstellen Sie den nachfolgenden Text mit den angegebenen Schriftformatierungen. Speichern Sie den Text unter dem Namen *Anfrage*.

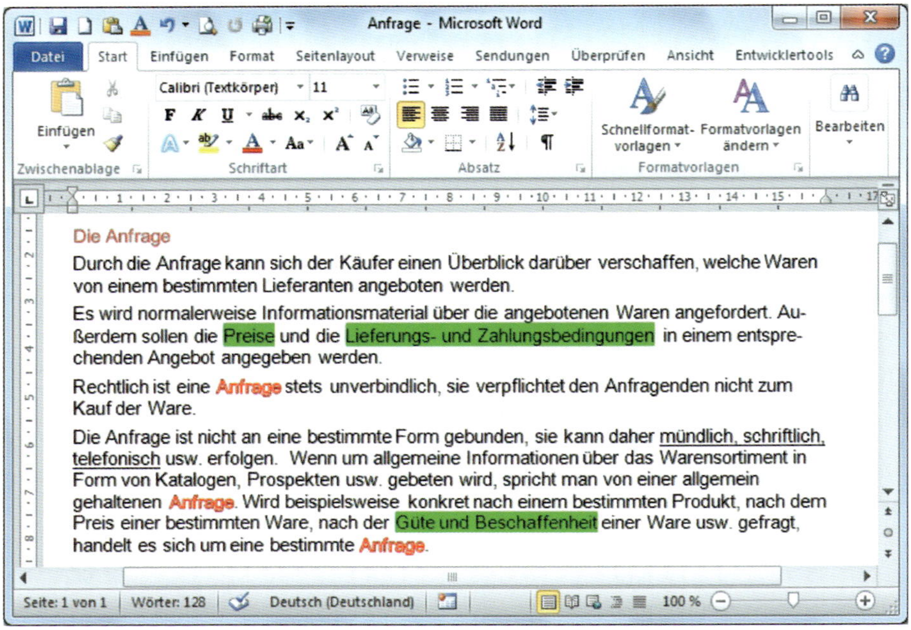

Die Anfrage

Durch die Anfrage kann sich der Käufer einen Überblick darüber verschaffen, welche Waren von einem bestimmten Lieferanten angeboten werden.

Es wird normalerweise Informationsmaterial über die angebotenen Waren angefordert. Außerdem sollen die Preise und die Lieferungs- und Zahlungsbedingungen in einem entsprechenden Angebot angegeben werden.

Rechtlich ist eine **Anfrage** stets unverbindlich, sie verpflichtet den Anfragenden nicht zum Kauf der Ware.

Die Anfrage ist nicht an eine bestimmte Form gebunden, sie kann daher mündlich, schriftlich, telefonisch usw. erfolgen. Wenn um allgemeine Informationen über das Warensortiment in Form von Katalogen, Prospekten usw. gebeten wird, spricht man von einer allgemein gehaltenen **Anfrage**. Wird beispielsweise konkret nach einem bestimmten Produkt, nach dem Preis einer bestimmten Ware, nach der Güte und Beschaffenheit einer Ware usw. gefragt, handelt es sich um eine bestimmte **Anfrage**.

2. Erstellen Sie den nachfolgenden Text mit den angegebenen Schriftformatierungen. Speichern Sie den Text unter dem Namen *Verspätete Lieferung*.

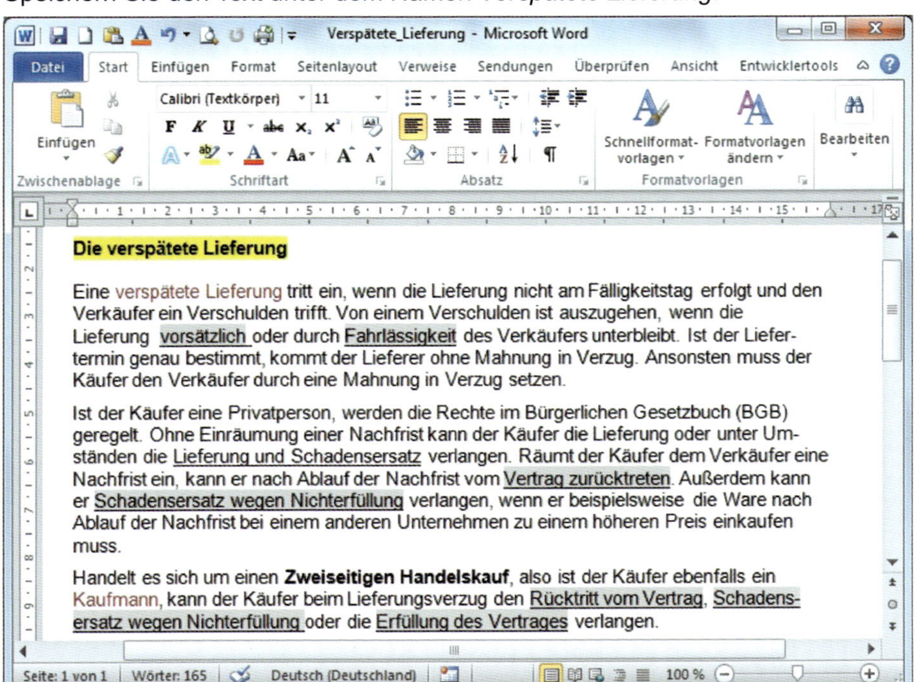

Die verspätete Lieferung

Eine verspätete Lieferung tritt ein, wenn die Lieferung nicht am Fälligkeitstag erfolgt und den Verkäufer ein Verschulden trifft. Von einem Verschulden ist auszugehen, wenn die Lieferung vorsätzlich oder durch Fahrlässigkeit des Verkäufers unterbleibt. Ist der Liefertermin genau bestimmt, kommt der Lieferer ohne Mahnung in Verzug. Ansonsten muss der Käufer den Verkäufer durch eine Mahnung in Verzug setzen.

Ist der Käufer eine Privatperson, werden die Rechte im Bürgerlichen Gesetzbuch (BGB) geregelt. Ohne Einräumung einer Nachfrist kann der Käufer die Lieferung oder unter Umständen die Lieferung und Schadensersatz verlangen. Räumt der Käufer dem Verkäufer eine Nachfrist ein, kann er nach Ablauf der Nachfrist vom Vertrag zurücktreten. Außerdem kann er Schadensersatz wegen Nichterfüllung verlangen, wenn er beispielsweise die Ware nach Ablauf der Nachfrist bei einem anderen Unternehmen zu einem höheren Preis einkaufen muss.

Handelt es sich um einen **Zweiseitigen Handelskauf**, also ist der Käufer ebenfalls ein Kaufmann, kann der Käufer beim Lieferungsverzug den Rücktritt vom Vertrag, Schadensersatz wegen Nichterfüllung oder die Erfüllung des Vertrages verlangen.

3.6.2 Absatzformatierung

Einfügen und Löschen von Absätzen

Durch Absätze wird ein Text in sachlogische Abschnitte unterteilt. In einem Textdokument können Absätze nach Bedarf eingefügt oder gelöscht werden.

Bearbeitungsschritte:

- Erstellen Sie den folgenden Text. Speichern Sie ihn unter dem Namen *Absatz*.

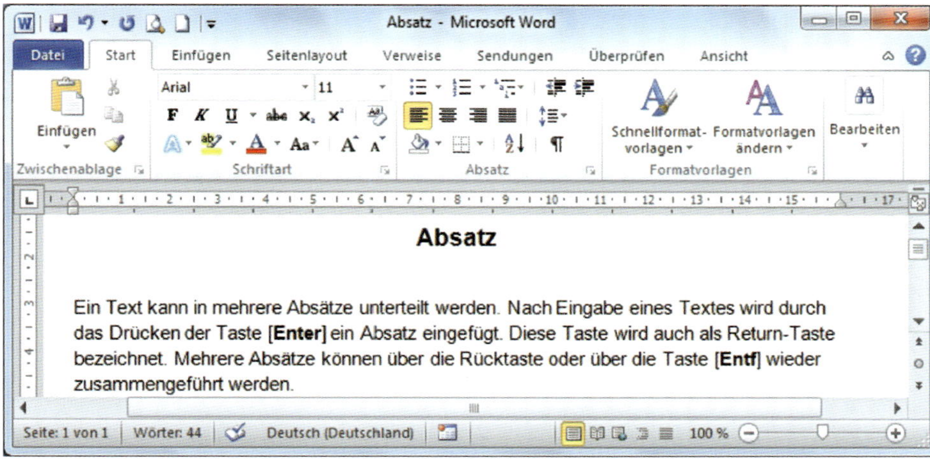

- Stellen Sie den Cursor hinter das Wort *bezeichnet*. Fügen Sie mithilfe der Taste [**Enter**] einen neuen Absatz ein.

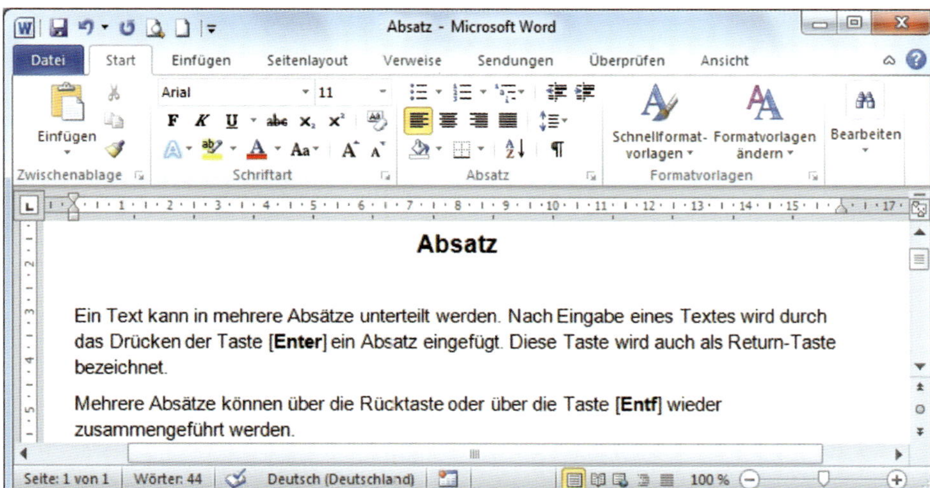

- Stellen Sie den Cursor hinter das Wort *bezeichnet.* Entfernen Sie den Absatz mithilfe der Tasten [**Entf**] bzw. [**del**].

Absatzausrichtung über Tastaturbefehle und Schaltflächen

Unter Absatzformatierung wird im Wesentlichen die Ausrichtung eines Absatzes verstanden. In der folgenden Übersicht sind die Tastaturbefehle und die Schaltflächen für die Ausrichtung von Schaltflächen zusammengestellt:

	Text linksbündig ausrichten	**[Strg]** [**L**]		Zeilenabstand
	Zentriert	**[Strg]** [**E**]		Schattierung
	Text rechtsbündig ausrichten	**[Strg]** [**R**]		Rahmenlinien
	Blocksatz	**[Strg]** [**B**]		Absatz

Bearbeitungsschritte:

- Schreiben Sie den Text. Sie können die Ausrichtung der einzelnen Absätze direkt bei der Eingabe vornehmen oder den gesamten Text zunächst schreiben und dann die Formatierung vornehmen. Die Schaltflächen stehen im Register **Start** in der Gruppe **Absatz** zur Verfügung.

- Bei der nachträglichen Formatierung müssen Sie lediglich den Cursor in den entsprechenden Absatz stellen.

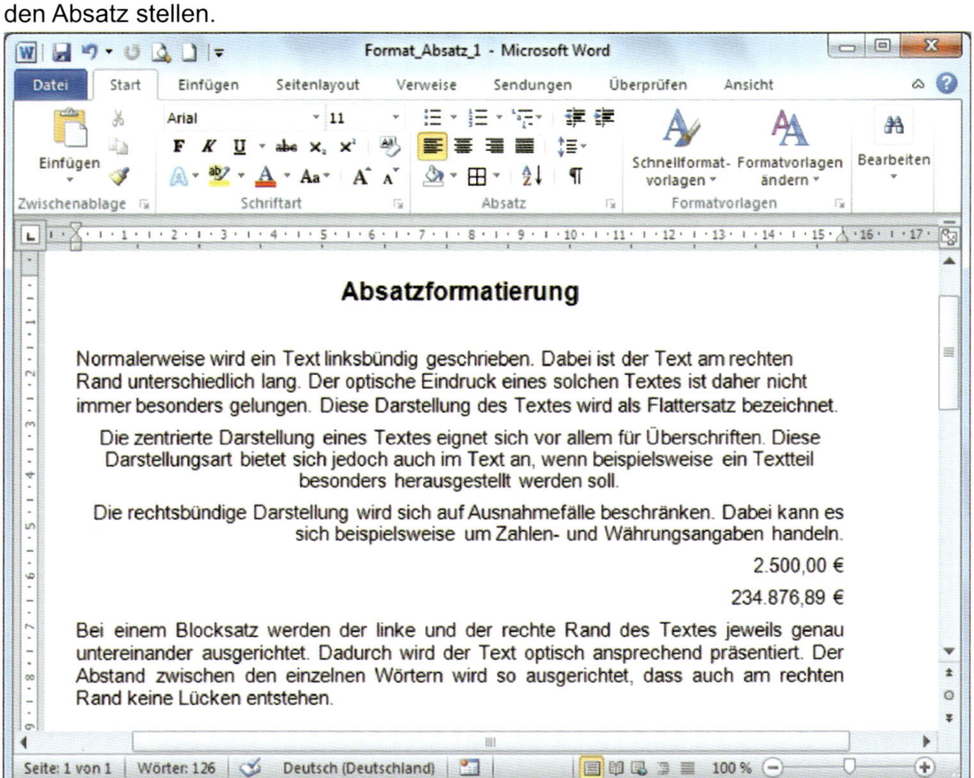

- Speichern Sie den Text unter dem Namen *Format_Absatz_1*.

Absatzformatierung mithilfe der Schaltfläche Absatz

Über die Schaltfläche **Absatz** lassen sich bei der Texteingabe umfangreiche Einstellungen für die Ausgabe eines Textes auf dem Bildschirm und auf dem Drucker vornehmen. Die Schaltfläche bietet sich immer dann an, wenn über die anderen zur Verfügung stehenden Schaltflächen kein befriedigendes Ergebnis erzielt wird.

Bearbeitungsschritte:

- Schreiben Sie den nachfolgenden Text zunächst ohne Formatierungen. Speichern Sie den Text unter dem Namen *Format_Absatz_2* ab.

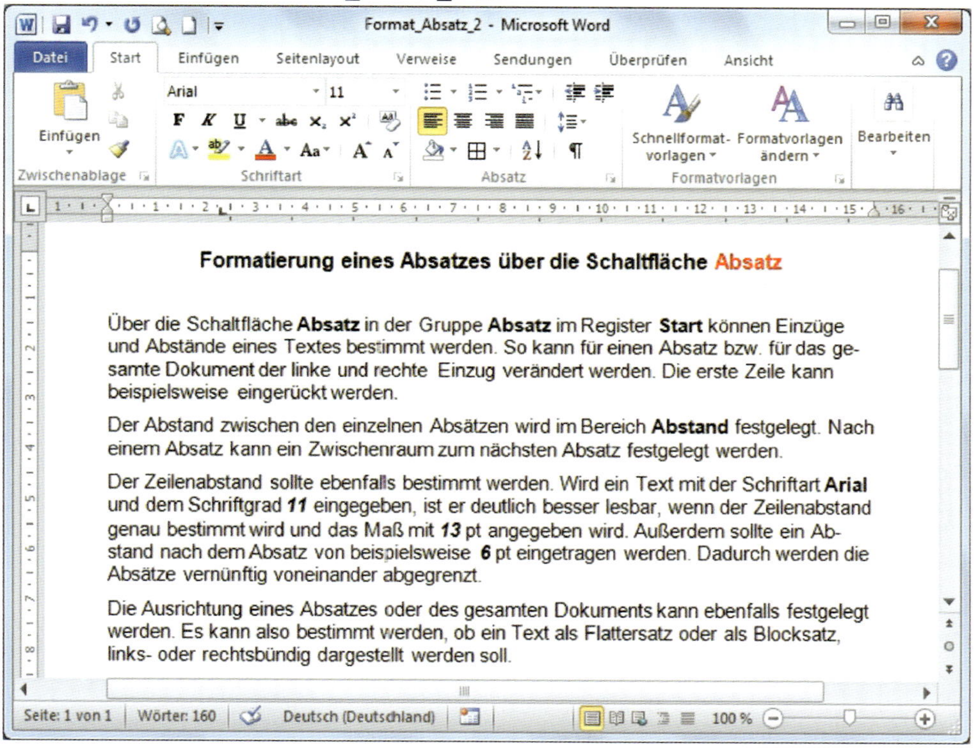

- Markieren Sie den gesamten Text. Klicken Sie danach im Register **Start** in der Gruppe **Absatz** die Schaltfläche **Absatz** an. Legen Sie die Formatierung des Textes wie angegeben fest. Je nach Schriftart und Schriftgrad können Sie das Maß des Zeilenabstandes anders festlegen.

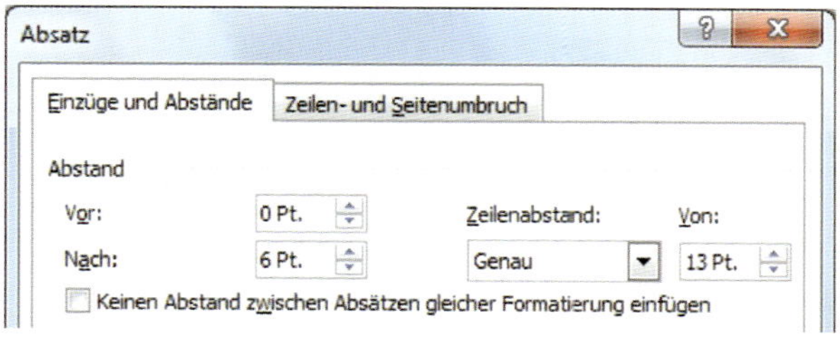

- Speichern Sie den Text unter dem Namen *Format_Absatz_3* nochmals ab.
- Laden Sie danach das Dokument *Format_Absatz_1*. Formatieren Sie den Text entsprechend der vorherigen Formatierung. Speichern Sie das Dokument unter dem Namen *Format_Absatz_4* ab.

Absatzeinzug über die Schaltfläche Absatz

Ein Absatz kann über den Absatzeinzug, beispielsweise die Einrückung der ersten Zeile, interessanter gestaltet werden. Die einzelnen Möglichkeiten des Absatzeinzugs können über das Fenster **Absatz** bestimmt werden.

Bearbeitungsschritte:

- Geben Sie den folgenden Text ein. Speichern Sie den Text unter dem Namen *Format_Einzug_1*. Stellen Sie den Cursor vor den zweiten Absatz.

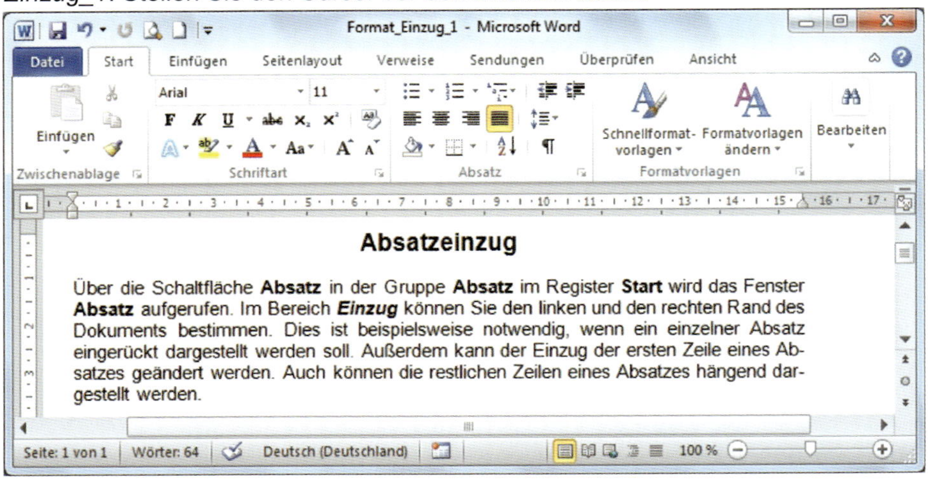

- Klicken Sie im Register **Start** in der Gruppe **Absatz** die Schaltfläche **Absatz** an.

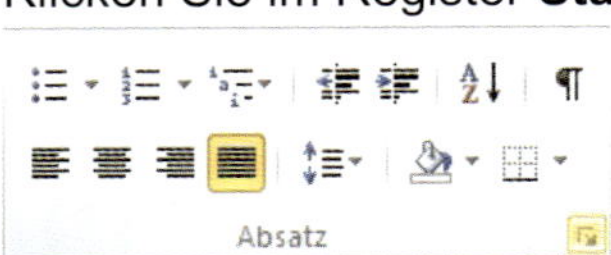

- Stellen Sie den Einzug folgendermaßen ein:

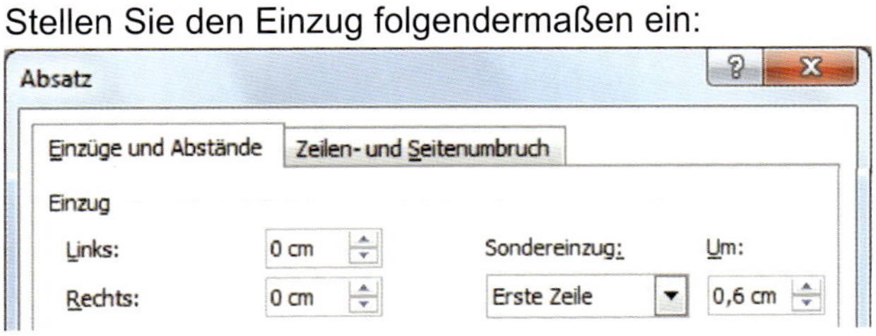

- Das Ergebnis sieht so aus:

Bearbeitungsschritte:

- Stellen Sie den Einzug der ersten Zeile wieder auf *0* cm. Legen Sie danach im Fenster **Absatz** den Sondereinzug wie folgt fest:

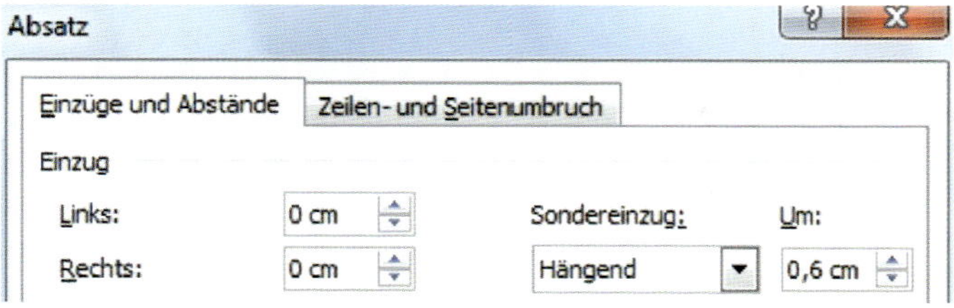

- Das Ergebnis sieht so aus:

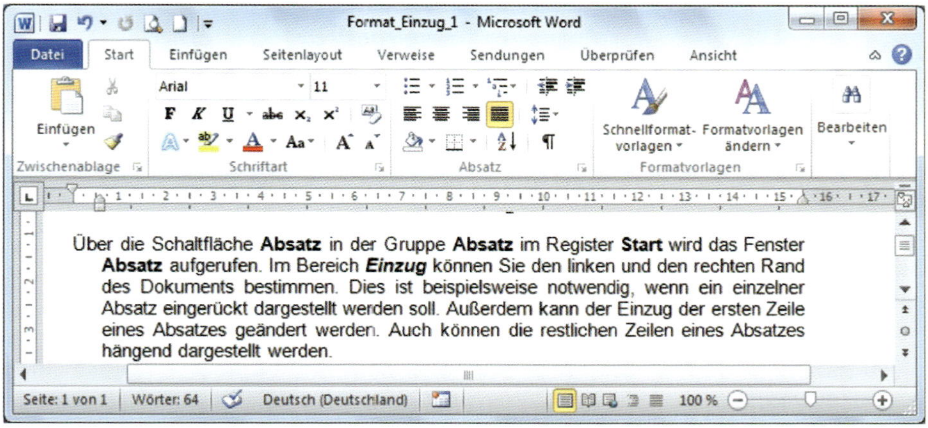

- Stellen Sie den hängenden Einzug wieder auf *0*.
- Der Rand kann auch für einen Absatz nach links und rechts verschoben werden.

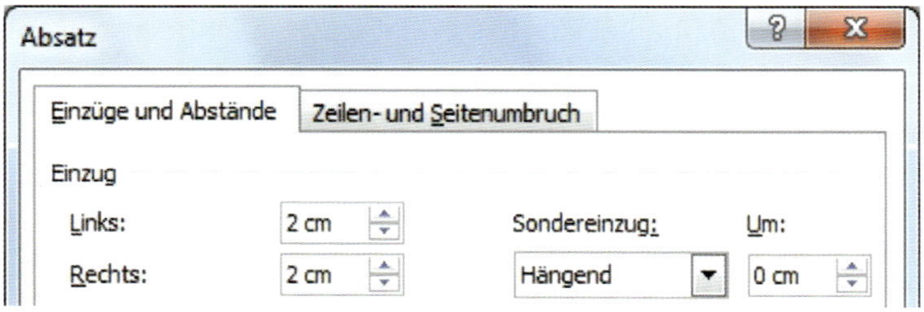

- Das Ergebnis könnte folgendermaßen aussehen:

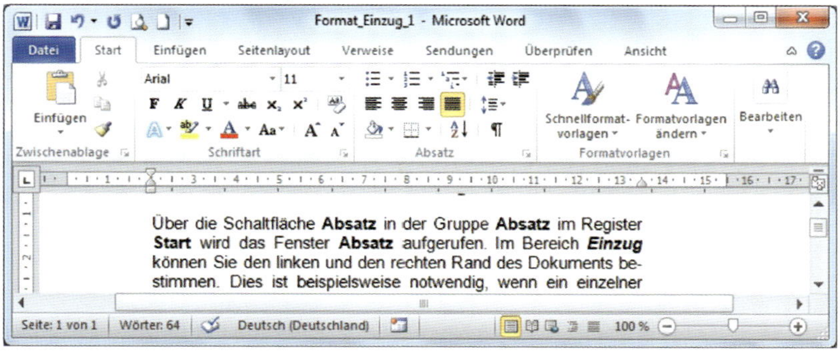

Absatzeinzug über das Lineal

Im oberen Bildschirmbereich sollte grundsätzlich das Lineal eingeblendet werden. Durch das Ziehen der Randsymbole im Lineal werden unterschiedliche Textdarstellungen ermöglicht. Die Möglichkeiten entsprechen denen, die über das Fenster **Absatz** gegeben sind.

Bearbeitungsschritte:

- Geben Sie den Text ein und speichern Sie ihn unter dem Namen *Format_Einzug_2*.

- Überprüfen Sie, ob das Lineal eingeblendet ist. Aktivieren Sie ansonsten das Lineal durch Anklicken des Kontrollkästchens vor der Bezeichnung **Lineal** in der Gruppe **Anzeigen** im Register **Ansicht**. Das Lineal kann auch über die Schaltfläche **Lineal** im Lineal ein- und ausgeschaltet werden.

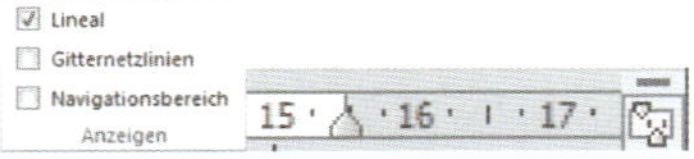

- Ziehen Sie den **Erstzeileneinzug** mit gedrückter linker Maustaste nach rechts. Das Ergebnis sieht so aus:

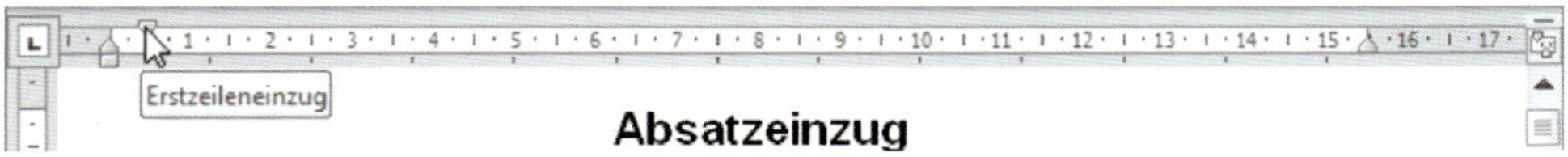

- Bei der Einstellung **Hängender Einzug** werden alle Zeilen außer der ersten eingerückt dargestellt. Sie müssen dabei mit der Maus den oberen Bereich des unteren Randsymbols anfahren und dann das Symbol versetzen.

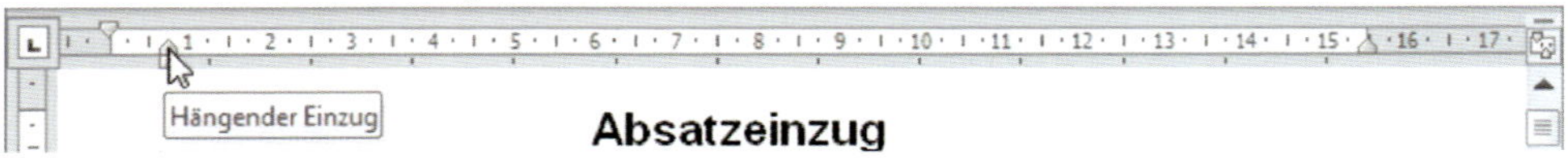

- Über das Symbol **Linker Einzug** wird der Text nach links verschoben.

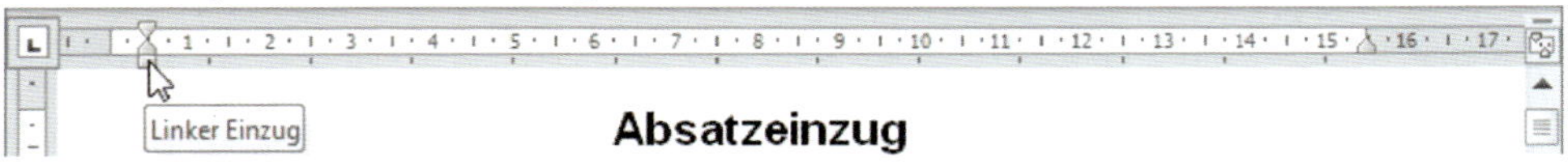

- Über das Symbol **Rechter Einzug** wird der rechte Rand des Textes bestimmt.

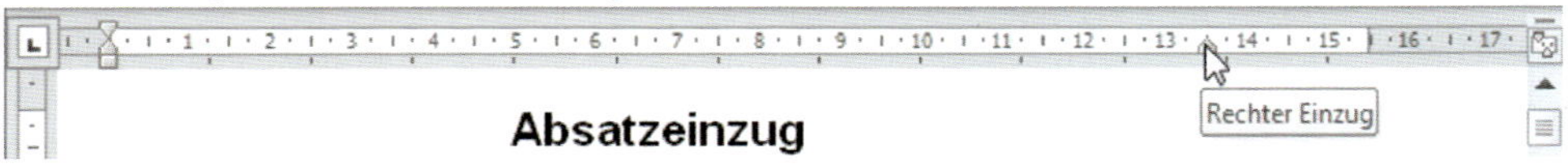

Absätze mit einfachem oder doppeltem Zeilenabstand

Der Zeilenabstand zwischen den einzelnen Absätzen kann auf unterschiedliche Weise eingestellt werden. Die einfachste Art ist sicherlich, einen einfachen, doppelten usw. Abstand über eine Schaltfläche einzustellen.

Bearbeitungsschritte:

- Öffnen Sie das Dokument *Angebot*. Speichern Sie es unter dem Namen *Format_Zeilenabstand_1* nochmals ab.
- Formatieren Sie die Überschrift. Markieren Sie danach den gesamten Text.
- Klicken Sie im Register **Start** in der Gruppe **Absatz** die Schaltfläche **Zeilenabstand** an. Wählen Sie danach einen Zeilenabstand aus.

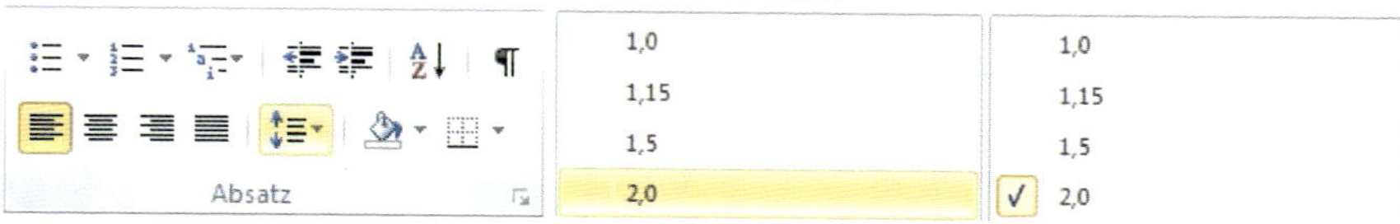

- Alternativ können Sie im Register **Start** in der Gruppe **Absatz** die Schaltfläche **Absatz** anklicken. Stellen Sie den Absatz auf die Option **Doppelt** ein.

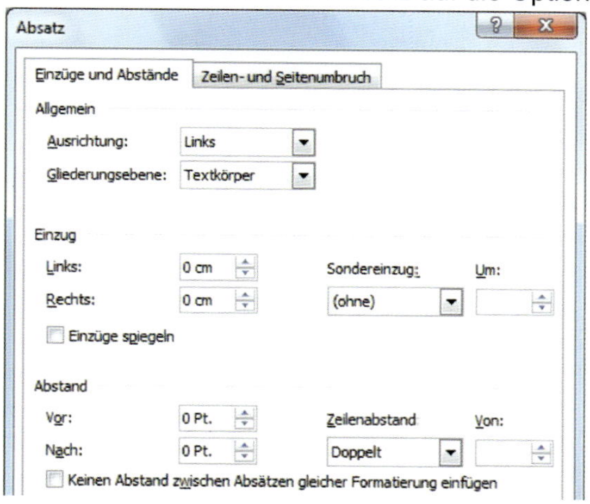

- Der Text wird entsprechend verändert dargestellt:

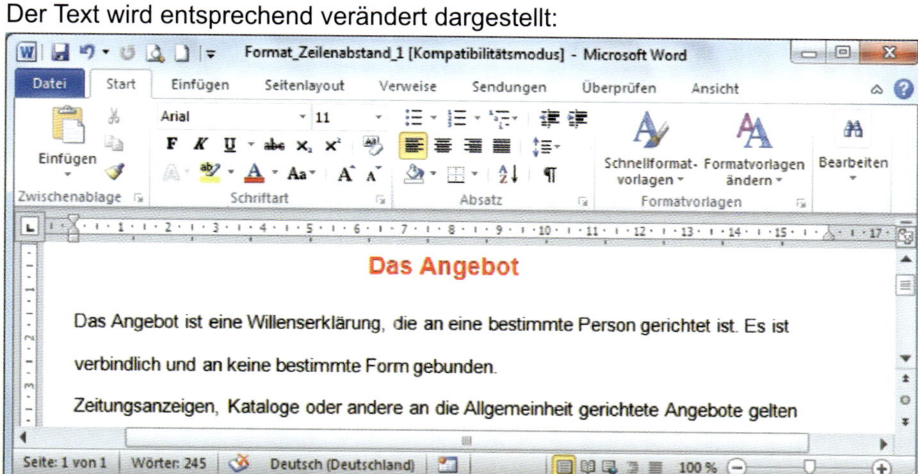

Tabulatoren – Standardtabstopps

Als Tabstopps werden Positionen innerhalb einer Zeile bezeichnet, die durch das Betätigen der Taste [**Tab**] angesprungen werden können. Tabstopps werden vom Programm vorgegeben, können aber geändert und/oder individuell gesetzt werden.

Bearbeitungsschritte:

- Erstellen Sie ein neues Dokument unter dem Namen *Tabulatoren_1*. Geben Sie die Überschrift ein. Drücken Sie danach zweimal die Taste [**Return**]. Klicken Sie dann im Register **Start** in der Gruppe **Absatz** die Schaltfläche **Absatz** an.

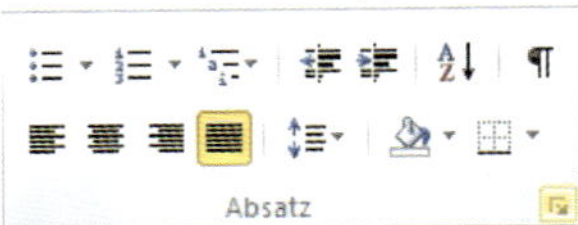

- Klicken Sie im Fenster **Absatz** die Schaltfläche **Tabstopps** an.

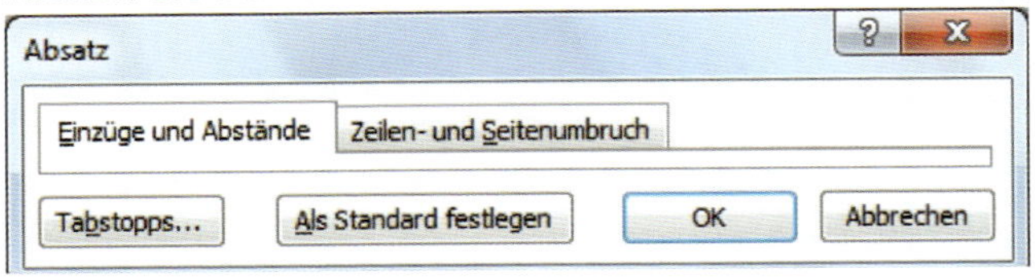

- Standardmäßig werden im Fenster **Tabstopps** nach jeweils 1,25 cm Tabstopps gesetzt. Ändern Sie den Abstand in 4 cm und schließen Sie die Bearbeitung mit dem Anklicken der Schaltfläche **OK** ab.

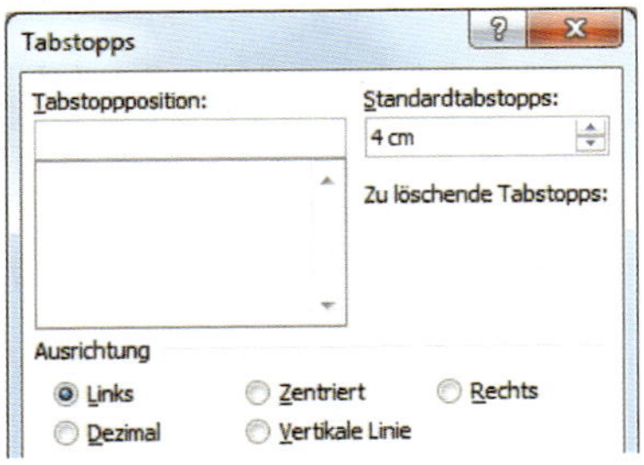

- Geben Sie den nachfolgenden Text ein. Die jeweiligen Tabstopps werden mit der Taste [**Tab**] angesprungen. Eine Zeile müssen Sie mit der Taste [**Return**] abschließen, damit der linke Rand der neuen Zeile angesprungen wird.

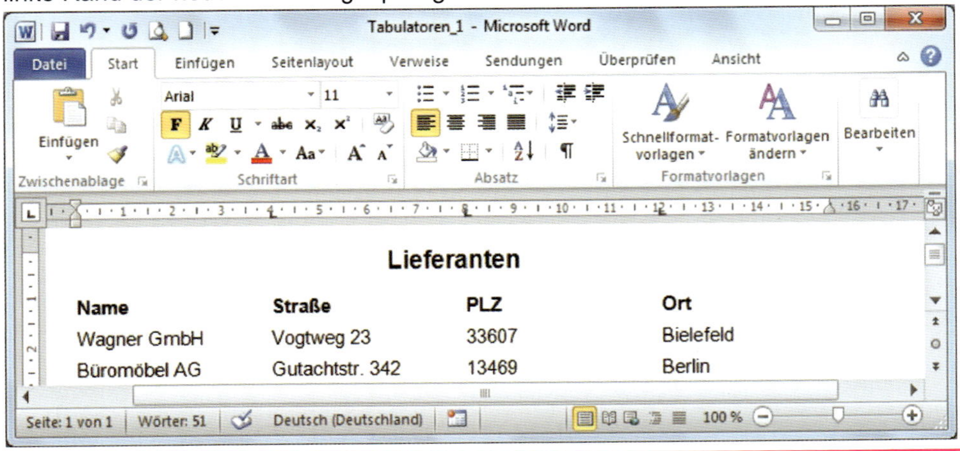

Setzen, Löschen usw. von Tabulatoren über das Lineal

Über das Setzen von Tabulatoren können die Eingaben in ein Dokument nach den jeweiligen Erfordernissen vorgenommen werden. So können beispielsweise Zahlen rechtsbündig und Währungen mit Dezimaltabulatoren eingegeben werden.

Bearbeitungsschritte:

- Erstellen Sie ein neues Dokument. Speichern Sie es unter dem Namen *Tabulatoren_2*. Das Ergebnis sollte folgendermaßen aussehen:

- Geben Sie die Überschrift ein. Drücken Sie danach zweimal die Taste [**Return**].
- Klicken Sie auf das Zeichen auf der linken Seite des Lineals, bis das Zeichen für einen **Tabstopp links** erscheint. Klicken Sie danach auf die Zahl *1* auf dem Lineal. Dadurch wird ein linksbündiger Tabulator eingefügt.

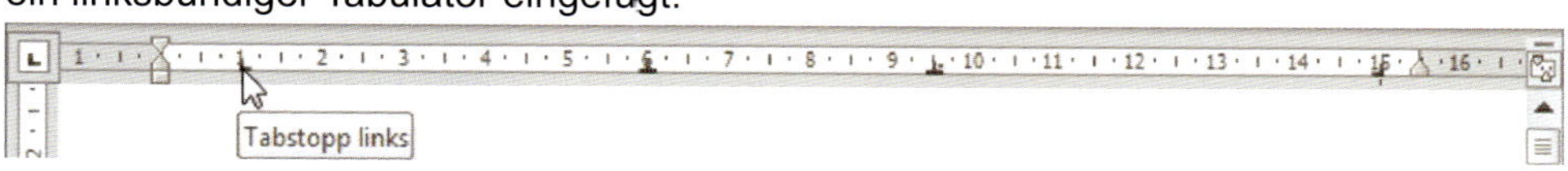

- Fügen Sie danach einen zentrierten Tabulator ein.

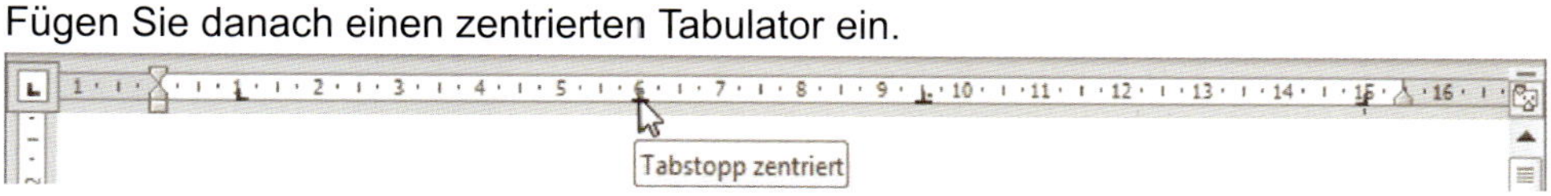

- Fügen Sie danach einen Dezimaltabulator ein. Der Dezimaltabulator sorgt dafür, dass das Komma bei Zahlenwerten untereinander steht.

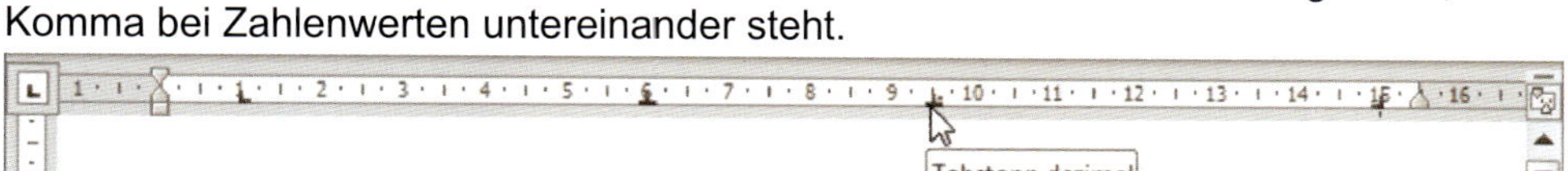

- Als Letztes geben Sie einen rechtsbündigen Tabulator ein.

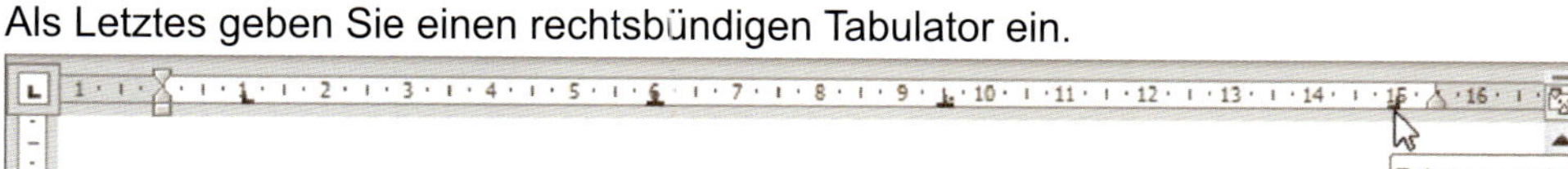

- Einzelne Tabulatoren können über das Lineal gelöscht werden. Zu diesem Zweck sollten Sie zunächst die gesamte Tabelle markieren und danach den Tabstopp mit der Maus anfahren und dann bei gedrückter linker Maustaste nach unten ziehen.

Bearbeitungsschritte (Fortsetzung):

- Selbstverständlich wird dadurch der Gesamteindruck des Dokuments zerstört. Entweder machen Sie daher die Änderung rückgängig oder Sie löschen nicht benötigte Daten, die bisher durch den Tabstopp eine genau bestimmte Position im Dokument innehatten.
- Das Versetzen ist relativ einfach. Fahren Sie mit der Maus auf den linksbündigen Tabstopp. Mit gedrückter linker Maustaste können Sie danach den Tabstopp nach rechts oder links versetzen.

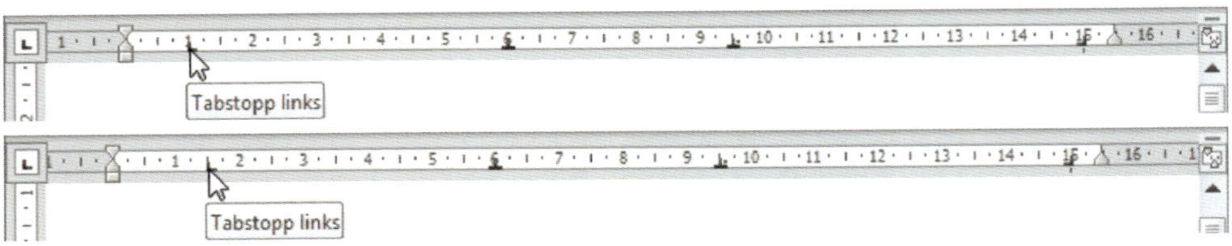

- Durch einen Doppelklick auf einen Tabstopp können Sie auch das Fenster **Tabstopps** aufrufen. Danach können Sie beispielsweise auch die Position von Tabstopps ändern. Auf der nächsten Seite wird darauf näher eingegangen.

Setzen, Löschen usw. von Tabulatoren über das Fenster Tabstopps

Individuelle Einstellungen sollten im Fenster **Tabstopps** vorgenommen werden.

Bearbeitungsschritte:

- Erstellen Sie ein neues Dokument. Speichern Sie es unter dem Namen *Tabulatoren_3*.
- Das Ergebnis sollte folgendermaßen aussehen:

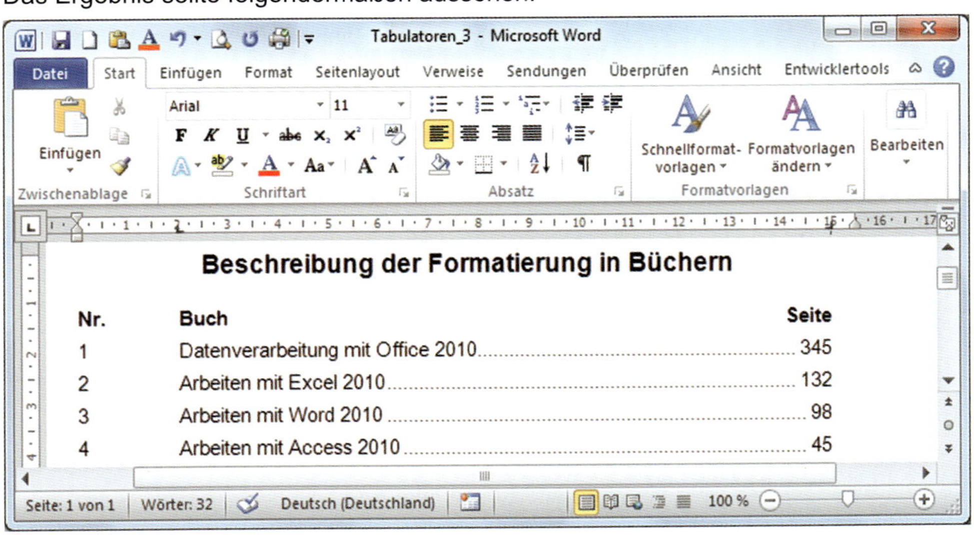

- Geben Sie die Überschrift ein. Drücken Sie danach zweimal die Taste [**Return**].
- Klicken Sie im Register **Start** in der Gruppe **Absatz** die Schaltfläche **Absatz** an. Klicken Sie im Fenster **Absatz** die Schaltfläche **Tabstopps** an.
- Legen Sie für die einzelnen Überschriften (*Buch*, *Seite*) einen linksbündigen Tabstopp auf die Position *2* cm und einen rechtsbündigen Tabstopp auf die Position *15* cm. Ein Tabstopp am Anfang der Zeilen ist nicht notwendig.

Bearbeitungsschritte (Fortsetzung):

- Klicken Sie dann auf die Schaltflächen **Festlegen** und **OK.**

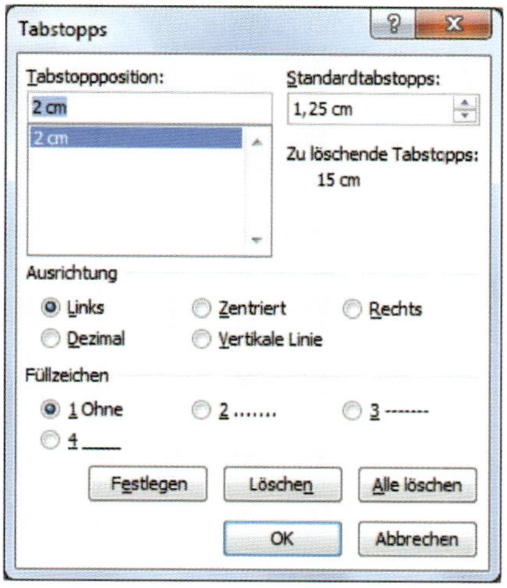

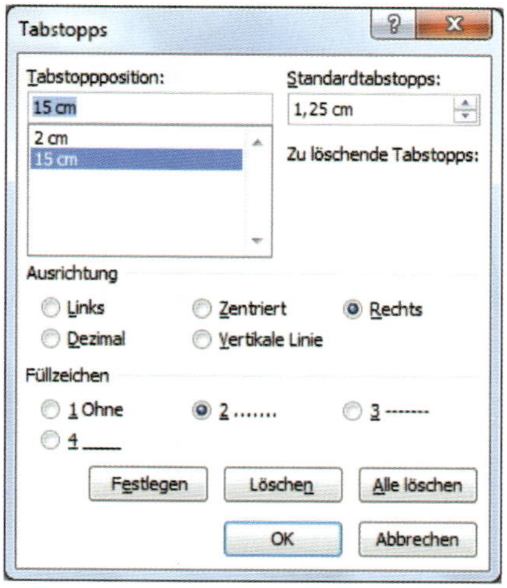

- Geben Sie die Überschriften (*Nr.* usw.) ein. Drücken Sie danach die Taste [**Return**].
- Für die einzelnen Daten in den nächsten Zeilen soll der rechtsbündige Tabstopp mit einem Füllzeichen versehen werden. Führen Sie daher mit der Maus einen Doppelklick auf den rechtsbündigen Tabstopp im Lineal aus. Alternativ können Sie im Register **Start** in der Gruppe **Absatz** die Schaltfläche **Absatz** und danach im Fenster **Absatz** die Schaltfläche **Tabstopps** anklicken. Legen Sie das angezeigte Füllzeichen fest.

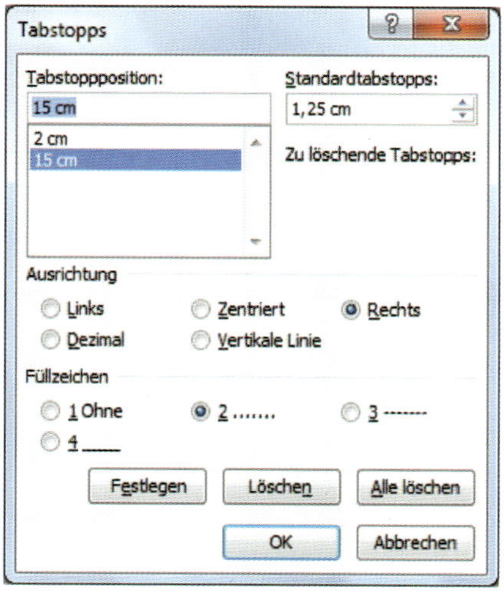

- Um einen Tabstopp über das Fenster **Tabstopps** zu löschen, müssen Sie den Tabstopp im Bereich **Tabstoppposition** markieren und dann die Schaltfläche **Löschen** anklicken. Alle Tabstopps werden über die Schaltfläche **Alle löschen** gelöscht.
- Das Versetzen über das Fenster **Tabstopps** ist nur durch das Löschen eines Tabstopps und das anschließende Setzen eines neuen Tabstopps auf die gewünschte Position möglich. Daher bietet es sich an, das Lineal für diesen Zweck zu nutzen.
- Im Fenster **Tabstopps** finden Sie alle Möglichkeiten, die Ausrichtung eines Tabstopps nachträglich zu ändern. Auch das Entfernen oder Setzen von Füllzeichen ist möglich.

Umwandlung eines Textes mit Tabstopps in eine Tabelle

Sollen die vielfältigen Möglichkeiten der Bearbeitung und der Formatierung einer Tabelle genutzt werden, bietet sich eine entsprechende Umwandlung an. Auch eine Umwandlung einer Tabelle in einen Text mit Tabstopps ist möglich und relativ einfach zu realisieren.

Bearbeitungsschritte:

- Öffnen Sie das Dokument *Tabulatoren_1*. Speichern Sie das Dokument unter dem Namen *Tabulatoren_4*. Markieren Sie den gesamten Bereich, in dem Tabulatoren verwandt wurden, jedoch nicht die Überschrift *Lieferanten*.
- Klicken Sie im Register **Einfügen** in der Gruppe **Tabellen** die Schaltfläche **Tabelle** an. Wählen Sie die Option **Text in Tabelle umwandeln**.

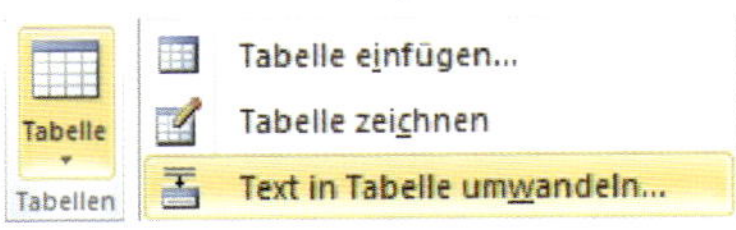

- Überprüfen Sie die Angaben im Fenster **Text in Tabelle umwandeln**. Normalerweise sind die Angaben in Ordnung.

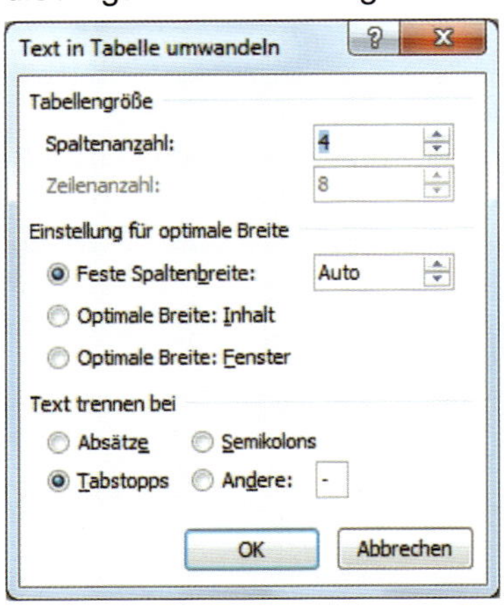

- Das Ergebnis sieht wie nachfolgend dargestellt aus. Eine vernünftige Formatierung wird ebenso wie die Umwandlung in einen Text im Kapitel *Tabellen* beschrieben.

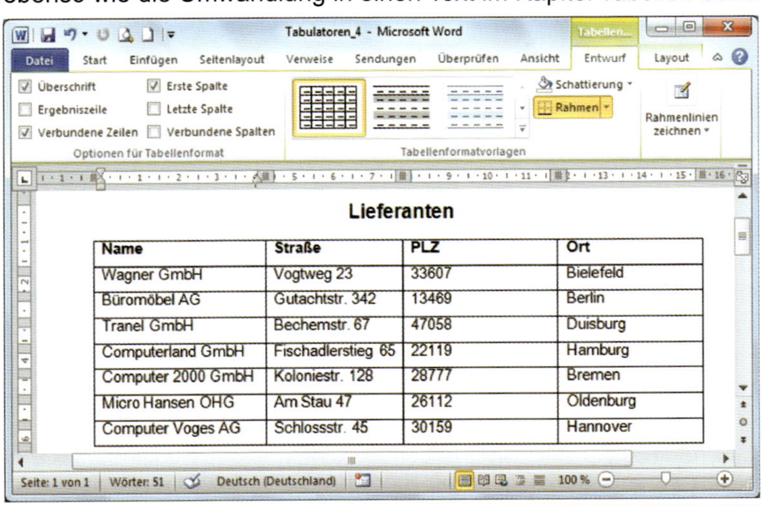

Name	Straße	PLZ	Ort
Wagner GmbH	Vogtweg 23	33607	Bielefeld
Büromöbel AG	Gutachtstr. 342	13469	Berlin
Tranel GmbH	Bechemstr. 67	47058	Duisburg
Computerland GmbH	Fischadlerstieg 65	22119	Hamburg
Computer 2000 GmbH	Koloniestr. 128	28777	Bremen
Micro Hansen OHG	Am Stau 47	26112	Oldenburg
Computer Voges AG	Schlossstr. 45	30159	Hannover

Nummerierungen und Aufzählungen

Erstellung einer Nummerierung

Tagesordnungen, Klausuren usw. werden normalerweise nummeriert. Die Textverarbeitung bietet die Möglichkeit der automatischen Nummerierung. Diese kann über Schaltflächen und Fenster vorgenommen werden.

	• Aufzählungszeichen		Einzug verkleinern
	1. Nummerierung		Einzug vergrößern
	1. 1 Liste		Sortieren

Bearbeitungsschritte:

- Geben Sie zunächst das Wort *Tagesordnung* ein und formatieren Sie es entsprechend der nachfolgenden Darstellung.

- Drücken Sie danach zweimal die Taste [**Return**] bzw. [**Enter**]. Stellen Sie die Formatierung wieder auf linksbündig und auf einen kleineren Schriftgrad zurück. Klicken Sie im Register **Start** in der Gruppe **Absatz** den Pfeil neben der Schaltfläche **Nummerierung** an. Wählen Sie danach die angezeigte Nummerierung aus.

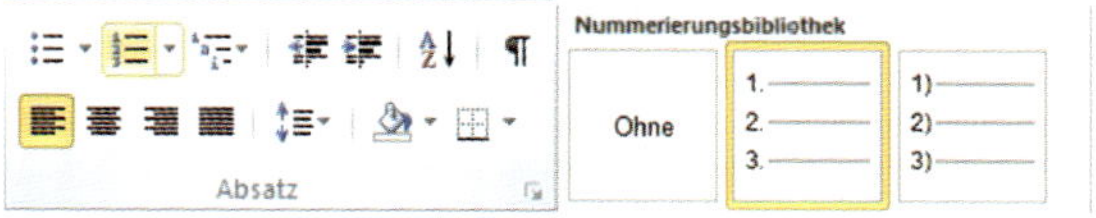

- Geben Sie den nachfolgenden Text ein. Der Text wird automatisch nummeriert.

Bearbeitungsschritte (Fortsetzung):

- Die Einrückung der Markierung sollte überprüft und eventuell geändert werden. Markieren Sie daher den Bereich der Nummerierung. Klicken Sie im Register **Start** in der Gruppe **Absatz** die Schaltfläche **Absatz** an. Stellen Sie den Einzug folgendermaßen ein:

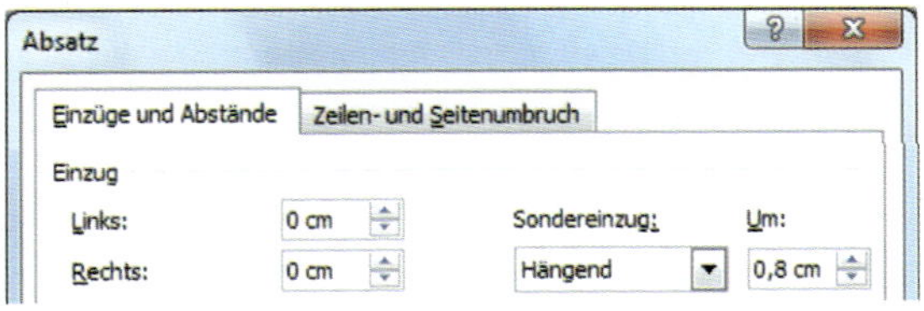

- Alternativ können Sie den gesamten Bereich der Nummerierung markieren und im Lineal den **Erstzeileneinzug** und den **Hängenden Einzug** versetzen.

- Durch das Markieren der Tagesordnungspunkte und dem anschließenden Anklicken des Pfeils neben der Schaltfläche **Nummerierung** in der Gruppe **Absatz** im Register **Start** können Sie die Art der Nummerierung ändern. Probieren Sie verschiedene Möglichkeiten aus. Kehren Sie danach zur Ursprungsnummerierung zurück.
- Speichern Sie den Text unter dem Namen *Nummerierung_1* ab.

Änderung der Nummerierung

Die Nummerierung wird automatisch angepasst, wenn Änderungen vorgenommen werden.

Bearbeitungsschritte:

- Öffnen Sie das Dokument *Nummerierung_1*. Speichern Sie das Dokument unter dem Namen *Nummerierung_2*.
- Stellen Sie den Cursor hinter den Text des Tagesordnungspunktes 4. Nach dem Drücken der Return-Taste wird automatisch ein neuer Tagesordnungspunkt eingefügt und die Nummerierung entsprechend angepasst.

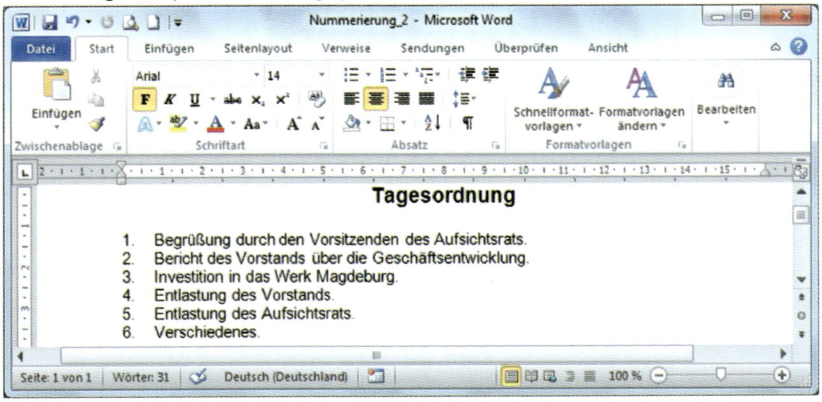

- Soll ein Tagesordnungspunkt entfernt werden, muss der entsprechende Absatz markiert (durch Anklicken mit der Maus auf der linken Seite vor der Nummerierung) und über die Schaltfläche **Ausschneiden** in der Gruppe **Zwischenablage** im Register **Start** ausgeschnitten werden. Durch das Drücken der Taste **[Entf]** wird der markierte Text ebenfalls ausgeschnitten. Die Nummerierung wird angepasst.

Überspringen der Nummerierung

Soll eine Eingabe nicht mit einer Nummerierung versehen werden, so kann die Nummerierung in einem bestimmten Bereich unterbleiben. Die restliche Nummerierung wird entsprechend automatisch angepasst.

Bearbeitungsschritte:

- Laden Sie das Dokument *Nummerierung_1*. Speichern Sie den Text unter dem Namen *Nummerierung_3*. Stellen Sie den Cursor in den Tagesordnungspunkt 3.
- Klicken Sie im Register **Start** in der Gruppe **Absatz** den Pfeil neben der Schaltfläche **Nummerierung** an. Wählen Sie danach die angezeigte Nummerierung aus.

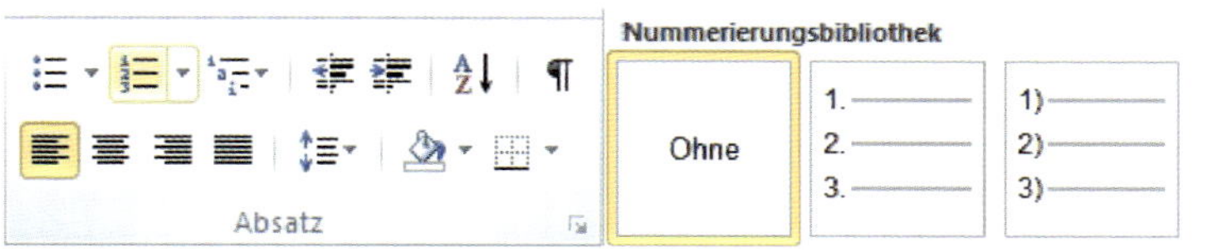

- Die Nummerierung wird angepasst, der bisherige Tagungspunkt 3. ist nicht mehr nummeriert. Allerdings ist der Text des bisherigen Tagesordnungspunktes *3* nach vorne verschoben.
- Durch das Anklicken der Schaltfläche **Einzug vergrößern** in der Gruppe **Absatz** im Register **Start** wird der Text normalerweise vernünftig angeordnet.

- Unter Umständen müssen Sie jedoch den Einzug über die Schaltfläche **Absatz** in der Gruppe **Absatz** im Register **Start** im Fenster **Absatz** oder über den **Erstzeileneinzug** nachbearbeiten.
- Das Ergebnis sieht folgendermaßen aus:

- Über die Schaltflächen **Einzug vergrößern** und **Einzug verkleinern** in der Gruppe **Absatz** im Register **Start** können Sie die Tagesordnungspunkte nach rechts oder links verschieben.

Bearbeiten der Nummerierung

Durch Bearbeitung der Nummerierung kann beispielsweise der Abstand zwischen den Nummerierungspunkten und dem Text festgelegt werden oder es kann festgelegt werden, mit welcher Zahl bzw. mit welchem Buchstaben die Nummerierung beginnen soll.

Bearbeitungsschritte:

- Laden Sie das Dokument *Nummerierung_1*. Speichern Sie den Text unter dem Namen *Nummerierung_4* ab. Markieren Sie alle Tagesordnungspunkte.
- Klicken Sie im Register **Start** in der Gruppe **Absatz** den Pfeil neben der Schaltfläche **Nummerierung** an. Wählen sie den Menüpunkt **Neues Zahlenformat definieren**.

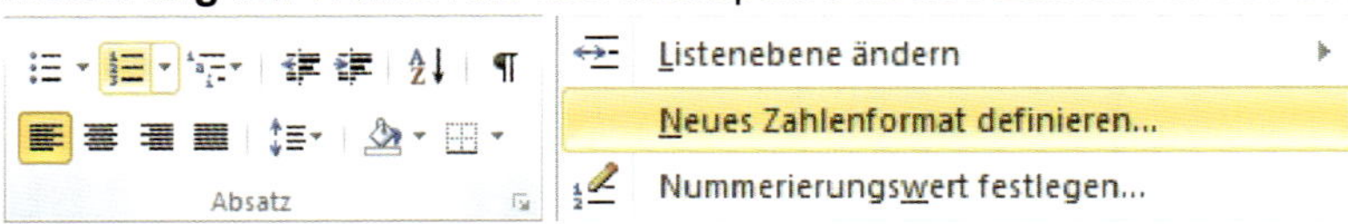

- Im Fenster **Neues Zahlenformat definieren** können Sie dann die von Ihnen gewünschten Einstellungen vornehmen. Nach den Anführungszeichen sollten Sie noch Leerzeichen einfügen.

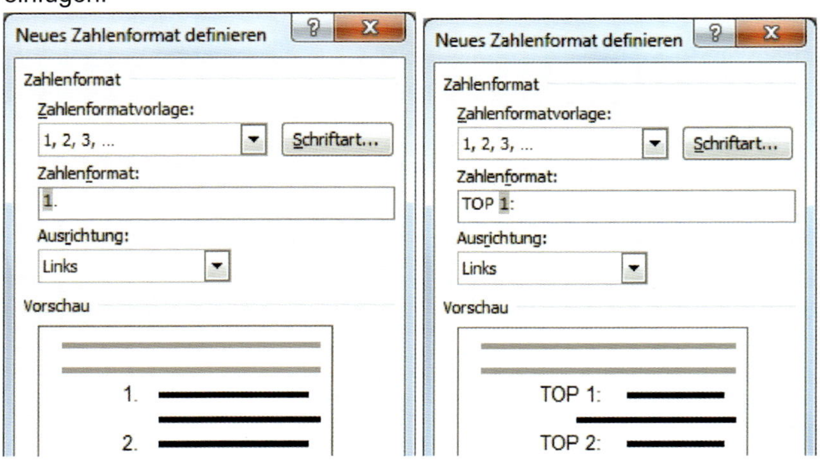

- Stellen Sie den Abstand zwischen Einzug und Text wie angegeben ein:

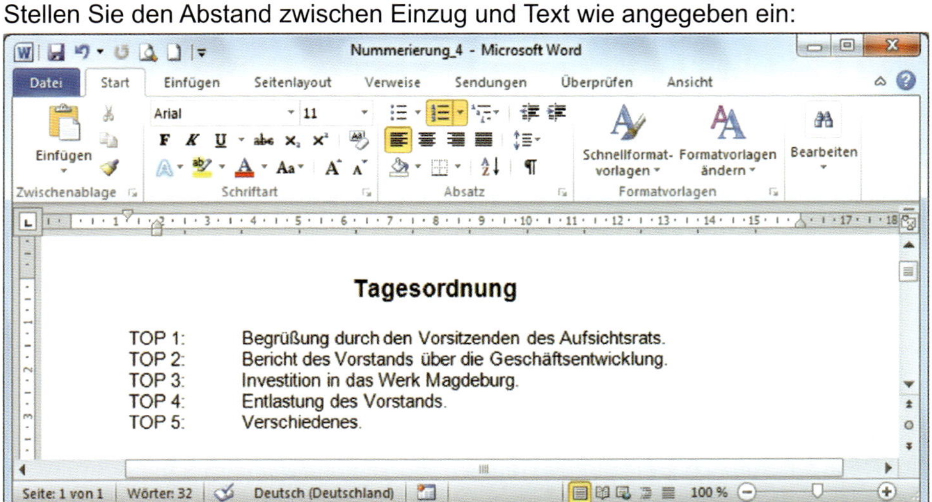

Festlegen des Nummerierungswerts

Werden in einem Text mehrere Nummerierungen vorgenommen, muss entschieden werden, ob die Nummerierung jeweils von vorne beginnt oder neu beginnen soll.

Bearbeitungsschritte:

- Laden Sie das Dokument *Nummerierung_1*. Speichern Sie den Text unter dem Namen *Nummerierung_5* ab.
- Ergänzen Sie den Text wie nachfolgend dargestellt um den Absatz „Die Sitzung …". Fügen Sie danach eine Leerzeile durch das Drücken der Taste [**Return**] ein.
- Klicken Sie im Register **Start** in der Gruppe **Absatz** den Pfeil neben der Schaltfläche **Nummerierung** an. Wählen Sie danach die bisher genutzte Nummerierung aus.

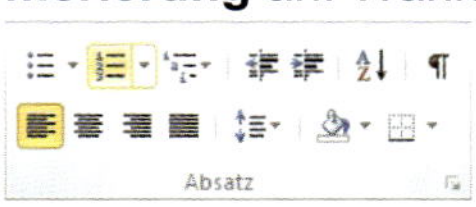

- Als Ergebnis wird Folgendes angezeigt:

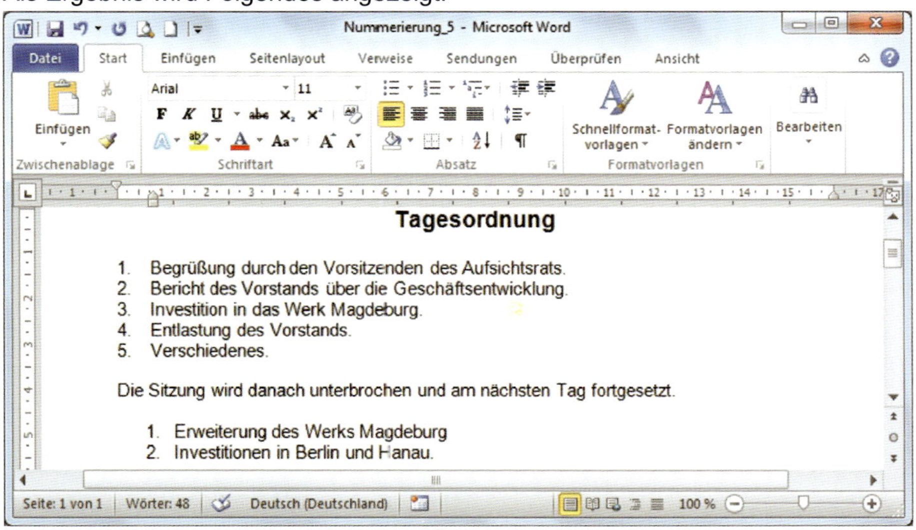

- Soll die Nummerierung wirklich neu beginnen, ist der Einzug wie beschrieben über die Schaltfläche **Absatz** in der Gruppe **Absatz** im Register **Start** oder über das Lineal zu formatieren.

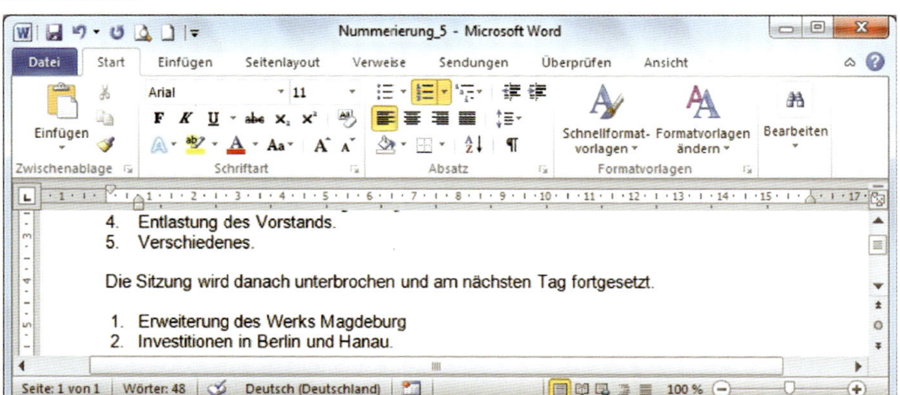

Bearbeitungsschritte (Fortsetzung):

- Speichern Sie den Text. Speichern Sie ihn danach noch einmal unter dem Namen *Nummerierung_6* ab.
- Soll die Nummerierung fortgeführt werden, ist dies am einfachsten durch das Übertragen des Formats möglich.
- Stellen Sie den Cursor in den Text des Menüpunkts *5*. Klicken Sie danach im Register **Start** in der Gruppe **Zwischenablage** die Schaltfläche **Format übertragen** an.

- Markieren Sie die Zeilen mit der neuen Nummerierung. Das Format wird übertragen. Das Ergebnis sieht folgendermaßen aus:

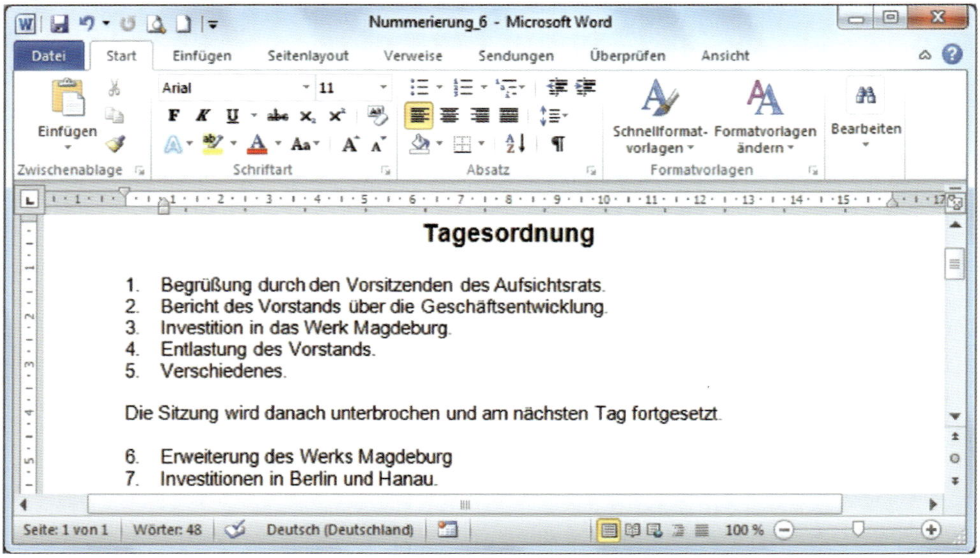

- Die Fortsetzung der Nummerierung kann auch nach Anklicken des Pfeils neben der Schaltfläche **Nummerierung** in der Gruppe **Absatz** im Register **Start** durch die Wahl des Menüpunkts **Nummerierungswert festlegen** eingeleitet werden.

- Danach muss die folgende Einstellung vorgenommen werden:

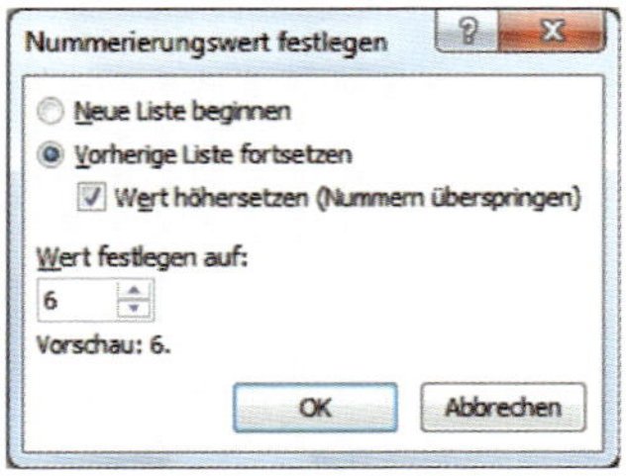

- Anschließend muss danach eventuell die Formatierung angepasst werden.

Aufzählungszeichen

In einem Text können Aufzählungsglieder durch verschiedene Zeichen (z. B. Raute, Stern, Kreisfläche) gekennzeichnet werden. Außerdem können Symbole und Bilder, die auf einem Computer vorhanden sind, genutzt werden.

Bearbeitungsschritte:

- Geben Sie zunächst das Wort *Tagesordnung* ein und formatieren Sie es entsprechend der nachfolgenden Darstellung. Fügen Sie danach eine Leerzeile ein.

- Klicken Sie im Register **Start** in der Gruppe **Absatz** den Pfeil neben der Schaltfläche **Aufzählungszeichen** an. Wählen Sie danach das angezeigte Aufzählungszeichen.

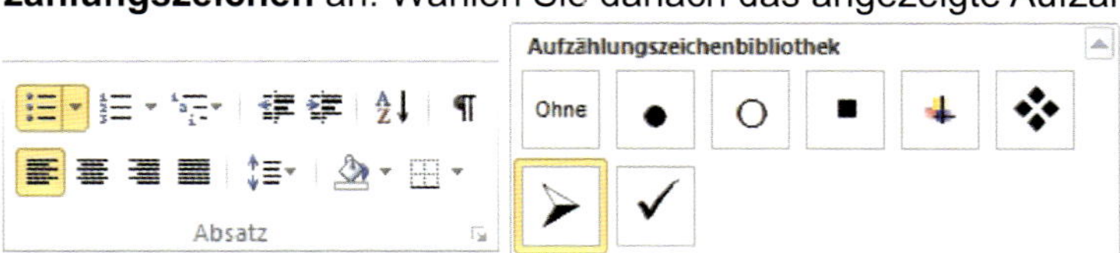

- Geben Sie den Text ein. Das Ergebnis sieht in etwa so aus:

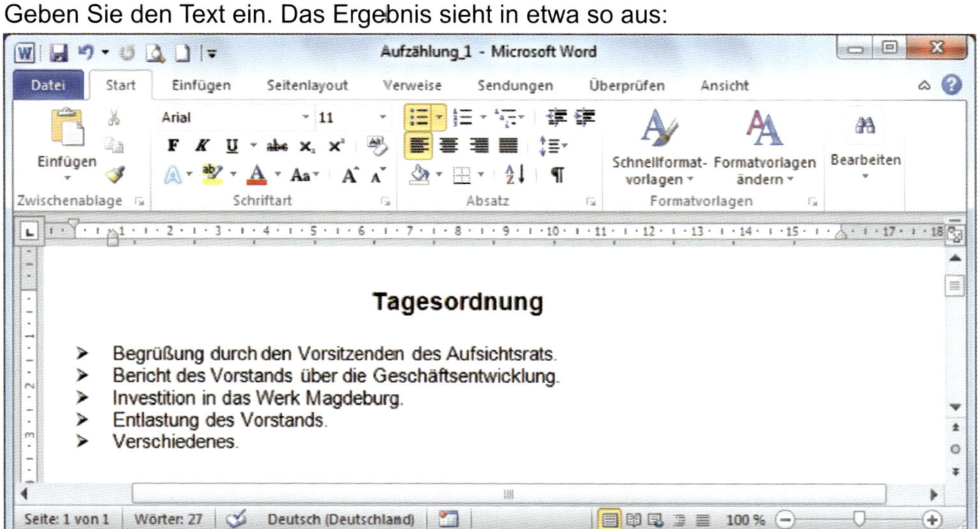

- Speichern Sie den Text unter dem Namen *Aufzählung_1*.
- Als Aufzählungszeichen lassen sich Symbole, Bilder usw. verwenden. Damit kann ein Dokument interessanter und abwechslungsreicher gestaltet werden.

Bearbeitungsschritte (Fortsetzung):

- Klicken Sie im Register **Start** in der Gruppe **Absatz** den Pfeil neben der Schaltfläche **Aufzählungszeichen** an. Wählen Sie danach den Menüpunkt **Neues Aufzählungszeichen definieren**.

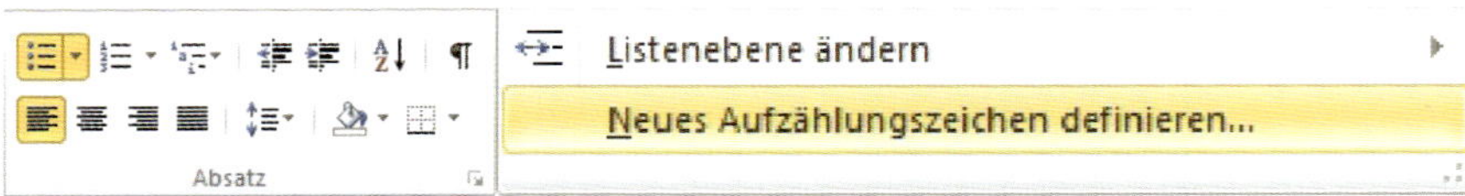

- Im Fenster **Neues Aufzählungszeichen definieren** können Sie danach nach Anklicken der entsprechenden Schaltflächen Symbole und Bilder auswählen.

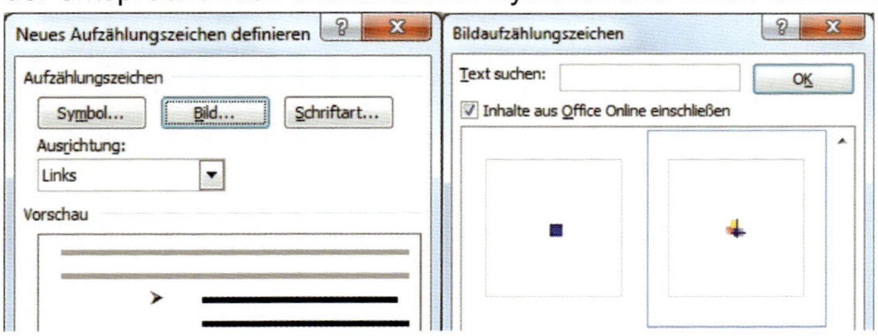

- Ein Ergebnis könnte beispielsweise so aussehen:

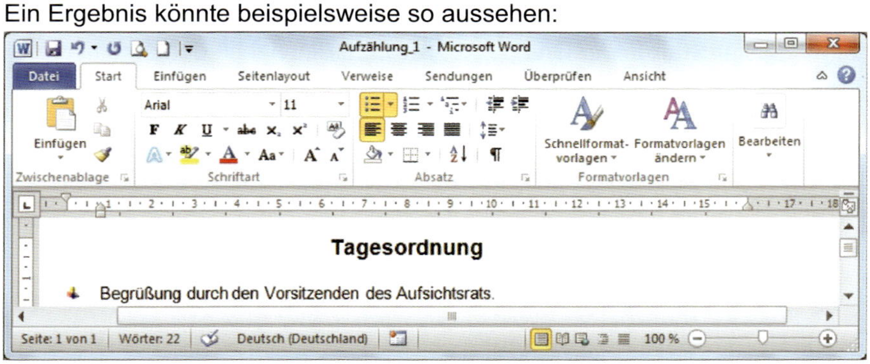

- Markieren Sie den dritten Aufzählungspunkt. Klicken Sie im Register **Start** in der Gruppe **Absatz** den Pfeil neben der Schaltfläche **Aufzählungszeichen** an. Wählen Sie danach den Menüpunkt **Listenebene ändern**.
- Das Ergebnis sieht nach einer Nachbearbeitung so aus:

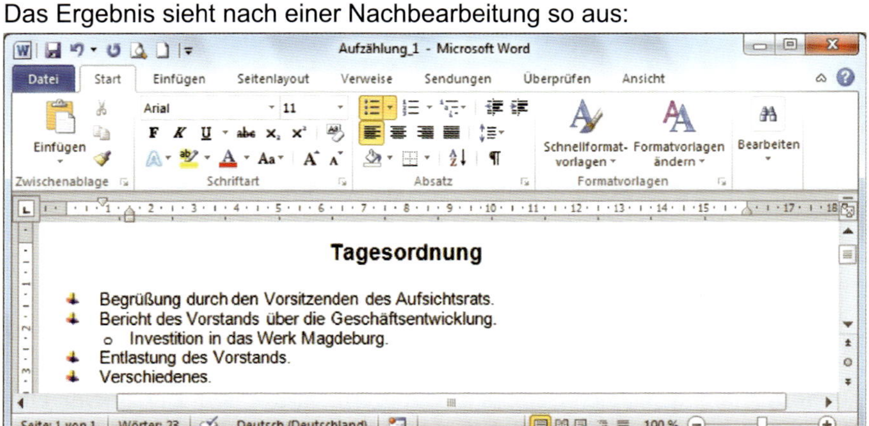

Rahmen und Schattierungen

Rahmen und Schattierungen in Texten

Der gesamte Text oder auch einzelne Absätze des Textes können mit Rahmen und Schattierungen ausgestattet werden. Dabei stehen Optionen zur Verfügung, die für eine übersichtliche Darstellung sorgen. Alternativ sollten Sie jedoch immer überlegen, ob der Effekt nicht auch mit einer Tabelle erreicht werden kann.

Bearbeitungsschritte:

- Erstellen Sie ein neues Dokument. Speichern Sie es unter dem Namen *Rahmen_und_Schattierung_1*. Markieren Sie den gesamten Text.

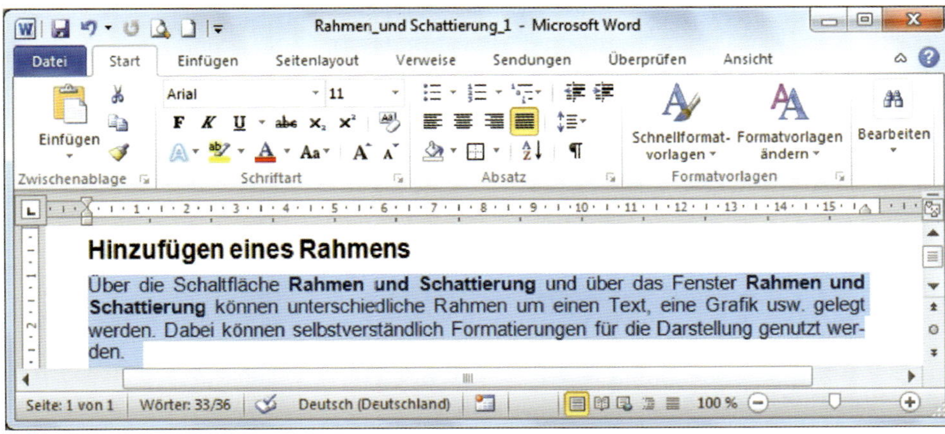

- Klicken Sie im Register **Start** in der Gruppe **Absatz** den Pfeil neben der Schaltfläche **Rahmen** an. Wählen Sie danach den Menüpunkt **Rahmenlinien außen**.

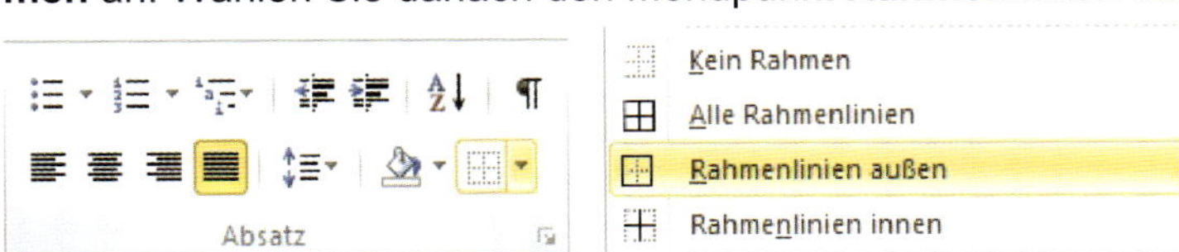

- Das Ergebnis sieht in etwa folgendermaßen aus:

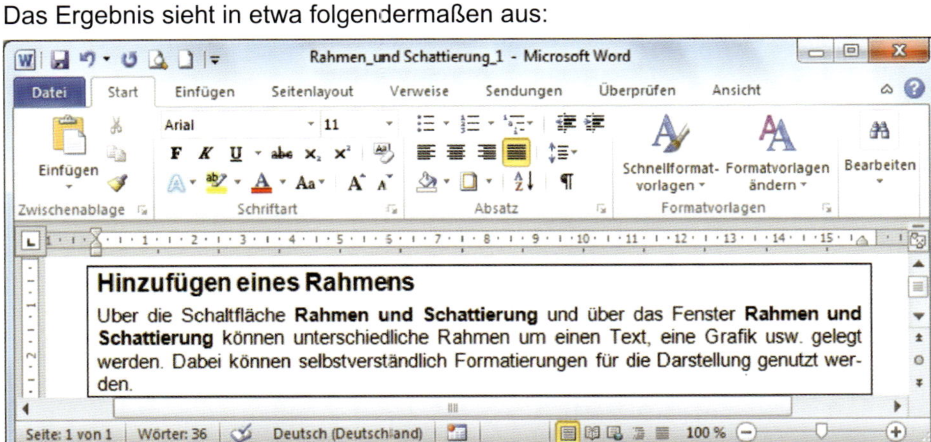

- Das Ergebnis überzeugt allerdings nicht sonderlich. Machen Sie daher die Formatierung des Rahmens rückgängig.

Bearbeitungsschritte (Fortsetzung):

- Probieren Sie weitere Möglichkeiten über die einzelnen Menüpunkte aus. Machen Sie danach das Ergebnis immer wieder rückgängig.
- Markieren Sie den gesamten Text. Klicken Sie danach im Register **Start** in der Gruppe **Absatz** den Pfeil neben der Schaltfläche **Rahmen** an. Wählen Sie danach den Menüpunkt **Rahmen und Schattierung**.

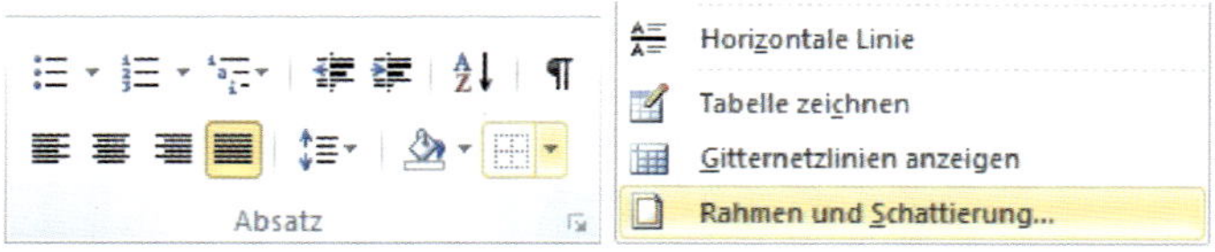

- Stellen Sie im Fenster **Rahmen und Schattierung** den Rahmen folgendermaßen ein:

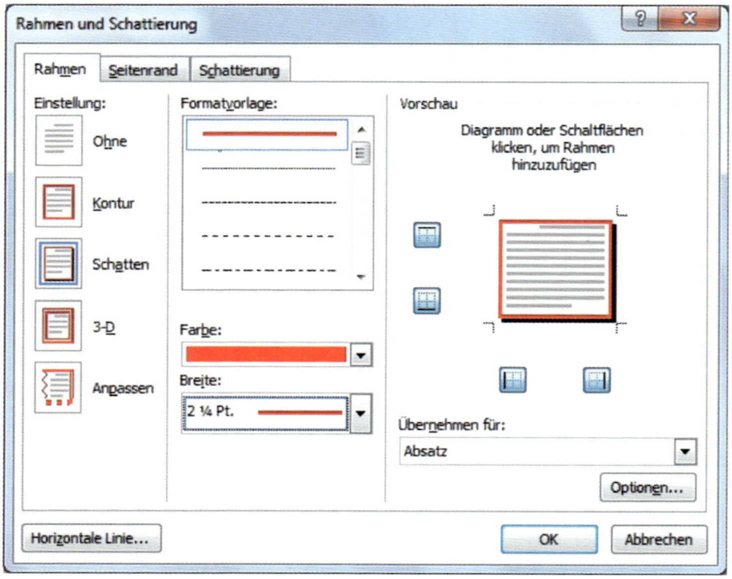

- Klicken Sie im Fenster **Rahmen und Schattierung** die Schaltfläche **Optionen** an. Stellen Sie im Fenster **Rahmen und Schattierungsoptionen** den Abstand zum Text ein.

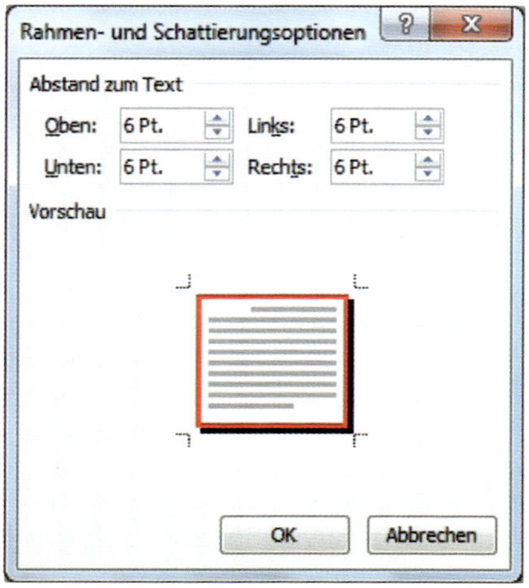

Bearbeitungsschritte (Fortsetzung):

- Das Ergebnis sieht in etwa folgendermaßen aus:

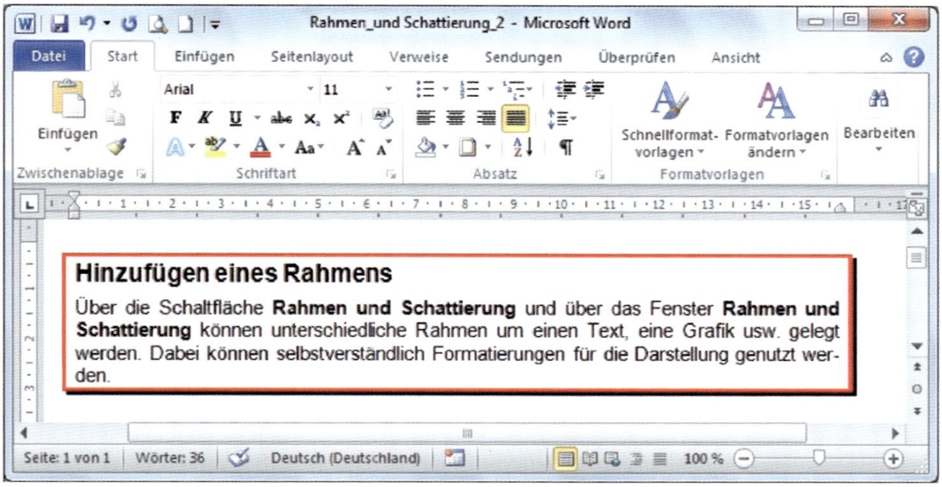

- Speichern Sie das Dokument unter dem Namen *Rahmen_und_Schattierung_2*. Speichern Sie das Dokument danach unter dem Namen *Rahmen_und_Schattierung_3*.
- Außerdem kann der Inhalt des Rahmens schattiert werden. Rufen Sie wie beschrieben das Fenster **Rahmen und Schattierung** auf. Klicken Sie die Registerkarte **Schattierung** an. Nehmen Sie die angezeigten Einstellungen vor:

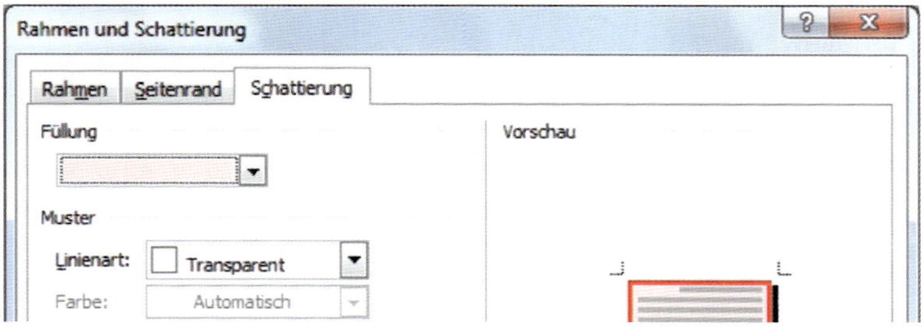

- Das Ergebnis sieht danach in etwa so aus:

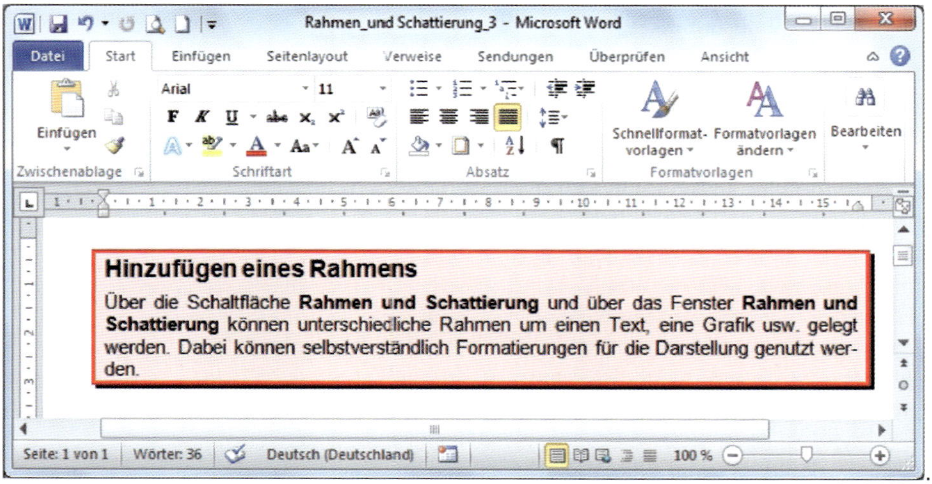

Rahmen um eine Grafik

Selbstverständlich lässt sich nicht nur ein Rahmen um oder um Teile eines Textes ziehen, sondern auch um Grafiken. Im nachfolgenden Beispiel wird die eingefügte Grafik umrahmt. Außerdem wird ein Rahmen um den Text und die Grafik gezogen.

Bearbeitungsschritte:

- Öffnen Sie das Dokument. *Rahmen_und_Schattierung_3*. Speichern Sie es unter dem Namen *Rahmen_und_Schattierung_4*. Das Ergebnis soll folgendermaßen aussehen:

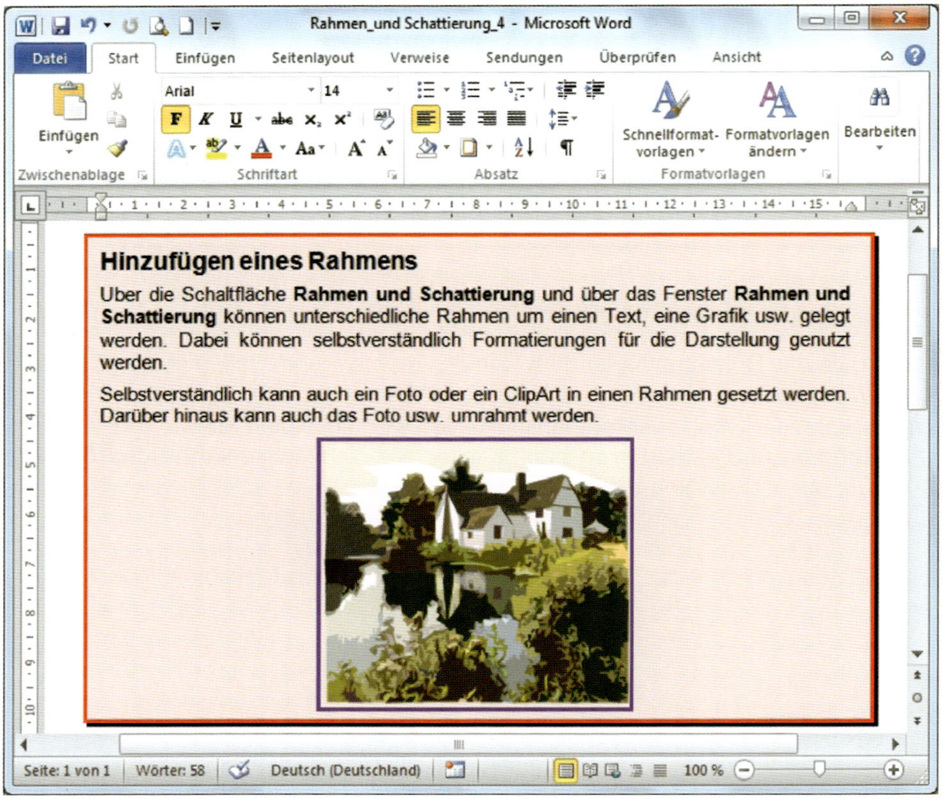

- Ergänzen Sie den Text. Fügen Sie anschließend ein Bild oder ein ClipArt in das Dokument ein. Die Vorgehensweise wird im Kapitel *Elemente von Word-Dokumenten* genau beschrieben.
- Markieren Sie die Grafik. Klicken Sie danach im Register **Start** in der Gruppe **Absatz** den Pfeil neben der Schaltfläche **Rahmen** an. Wählen Sie danach den Menüpunkt **Rahmen und Schattierung**.

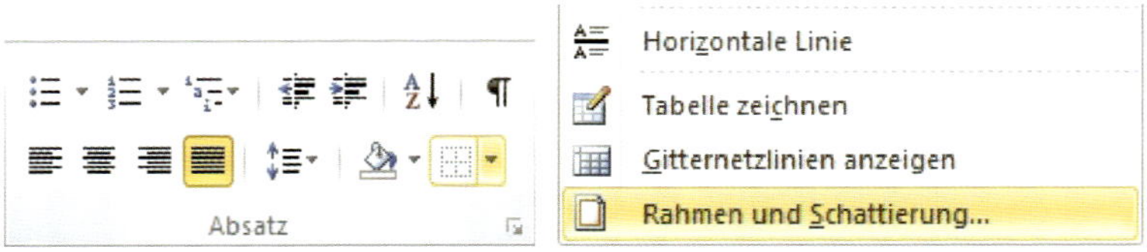

- Stellen Sie im Fenster **Rahmen und Schattierung** im Register **Rahmen** den dargestellten Rahmen ein. Probieren Sie weitere Effekte aus und fügen Sie weitere Elemente in den äußeren Rahmen ein.

Seitenrahmen und Rahmenlinie unten

Ein Rahmen lässt sich unter, über, neben usw. einen Text legen. Außerdem kann das gesamte Dokument umrahmt werden.

Bearbeitungsschritte:

- Erstellen Sie die Datei *Einladung*. Das Ergebnis soll folgendermaßen aussehen:

- Fügen Sie zunächst ein **ClipArt** und die Unternehmensdaten ein.
- Schattieren Sie die Produktbezeichnung und fügen eine **Rahmenlinie unten** ein.
- Markieren Sie die Grafik. Klicken Sie danach im Register **Start** in der Gruppe **Absatz** den Pfeil neben der Schaltfläche **Rahmen** an. Wählen Sie danach den Menüpunkt **Rahmen und Schattierung**. Legen Sie im Register *Seitenrand* die Farbe usw. fest.

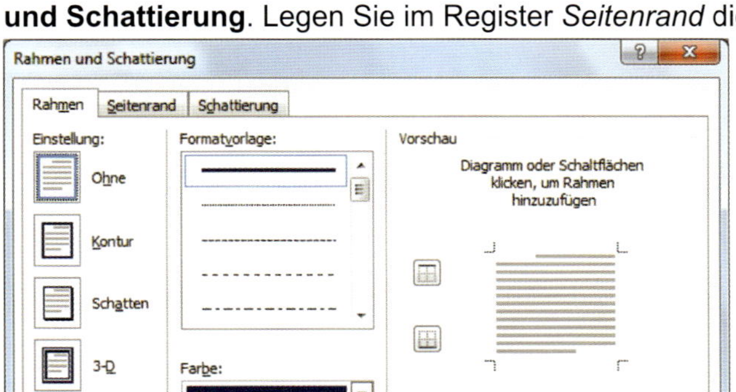

- Im dem Fenster lassen sich auch Effekte auswählen, die die Seite umranden.

Übungen:

1. Erstellen Sie die folgende Bestandsliste. Setzen Sie die einzelnen Tabstopps nach den jeweiligen Erfordernissen. Bei dem Einkaufspreis sollten Sie in der Überschrift einen rechtsbündigen Tabulator und ansonsten einen Dezimaltabulator setzen. Speichern Sie das Dokument unter dem Namen *Bestand*.

Bestandsliste

Art.-Nr.	Artikelart	Artikel-Bez.	Bestand	Gewicht (kg)	Einkaufspreis
1000	Schreibtisch	Gabriele	5	3,789	800,00 €
1001	Schreibtisch	Modern	10	34,56	456,00 €
1002	Schreibtisch	Exklusiv	20	345,0	1.250,00 €
1003	Büroschrank	Elegant	12	45,9877	2.400,00 €
1004	Büroschrank	Aktuell	17	321,98	897,00 €
1005	Drucker	Hanso	12	87,678	430,00 €
1006	Drucker	Stil	8	9,00	1.300,00 €
1007	Drucker	Klassic	12	8,7	2.900,00 €

2. Formatieren Sie den Text *Anfrage* wie nachfolgend angezeigt. Fügen Sie dem Text *Verspätete Lieferung* einen Rahmen hinzu.

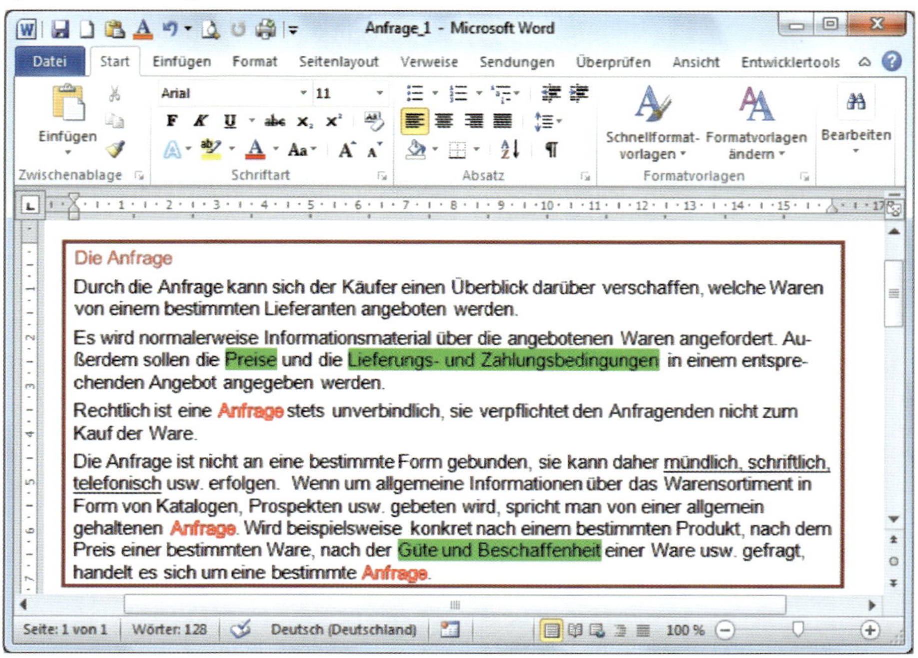

Die Anfrage

Durch die Anfrage kann sich der Käufer einen Überblick darüber verschaffen, welche Waren von einem bestimmten Lieferanten angeboten werden.

Es wird normalerweise Informationsmaterial über die angebotenen Waren angefordert. Außerdem sollen die Preise und die Lieferungs- und Zahlungsbedingungen in einem entsprechenden Angebot angegeben werden.

Rechtlich ist eine **Anfrage** stets unverbindlich, sie verpflichtet den Anfragenden nicht zum Kauf der Ware.

Die Anfrage ist nicht an eine bestimmte Form gebunden, sie kann daher mündlich, schriftlich, telefonisch usw. erfolgen. Wenn um allgemeine Informationen über das Warensortiment in Form von Katalogen, Prospekten usw. gebeten wird, spricht man von einer allgemein gehaltenen **Anfrage**. Wird beispielsweise konkret nach einem bestimmten Produkt, nach dem Preis einer bestimmten Ware, nach der Güte und Beschaffenheit einer Ware usw. gefragt, handelt es sich um eine bestimmte **Anfrage**.

3.6.3 Dokumentformatierung

Seitenausrichtung und Papiergröße

Vor der Texteingabe sollten die Seiten eingerichtet werden. Dies bezieht sich vor allem auf die Seitenausrichtung und die Auswahl des Papierformats. Die Einstellungen können auch über den Menüpunkt **Datei/Drucken** vorgenommen werden, wie später gezeigt wird.

Bearbeitungsschritte:

- Öffnen Sie das Dokument *Angebot*. Speichern Sie es unter dem Namen *Angebot_Seite_1*. Klicken Sie danach im Register **Seitenlayout** in der Gruppe **Seite einrichten** die Schaltfläche **Orientierung** an. Wählen Sie die Option **Hochformat**.

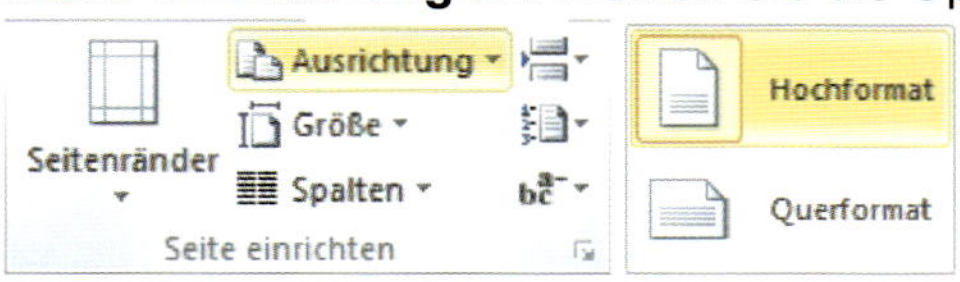

- Klicken Sie im Register **Seitenlayout** in der Gruppe **Seite einrichten** die Schaltfläche **Größe** an. Wählen Sie die angezeigte Option.

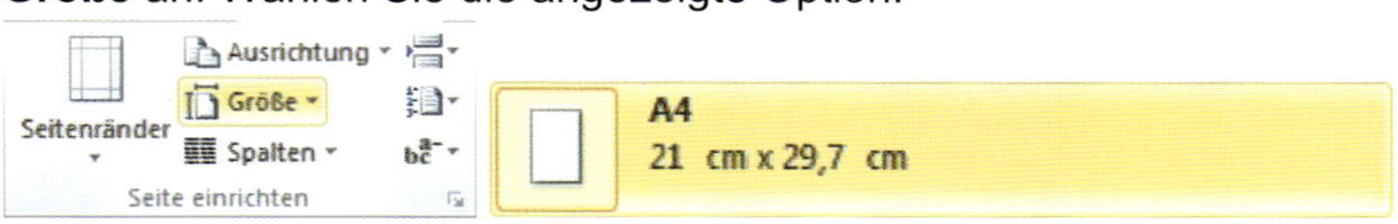

- Normalerweise ist damit eine vernünftige Einstellung für die Formatierung und spätere Ausgabe eines Dokuments gegeben. Es können jedoch weitere Einstellungen notwendig werden.
- Klicken Sie daher im Register **Seitenlayout** in der Gruppe **Seite einrichten** die Schaltfläche **Größe** nochmals an. Wählen Sie die Option **Weitere Papierformate**. Wählen Sie als Papierformat **A4** (**21 cm; 29,7 cm**).

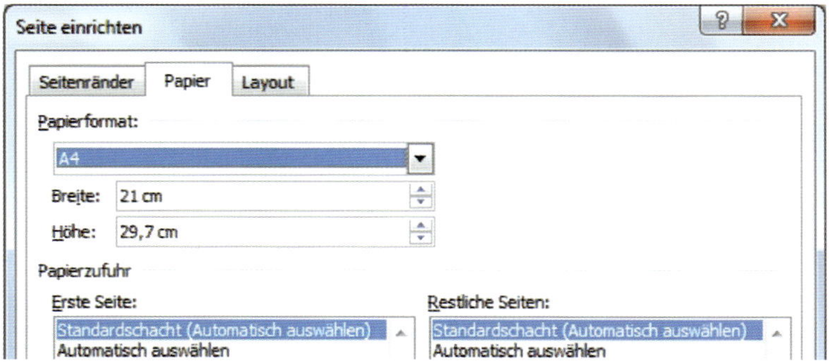

- Je nach Zweck können Sie bei Bedarf auch andere Formate einstellen.

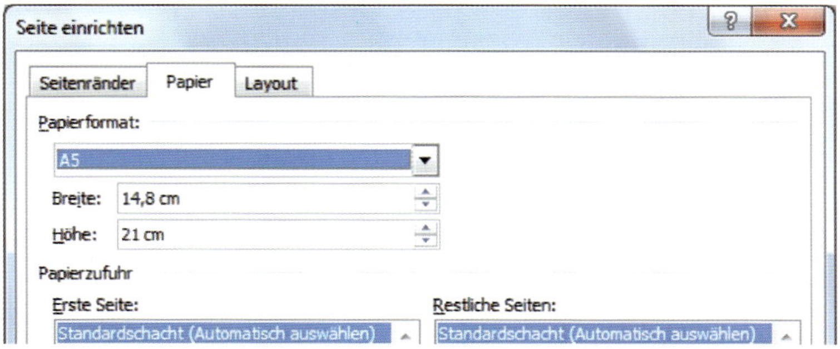

Seitenränder

Vor der Texteingabe sollten die Seiten eingerichtet werden. Dies bezieht sich vor allem auf die Auswahl des Papierformats und die Festlegung der Seitenränder.

Bearbeitungsschritte:

- Öffnen Sie das Dokument *Angebot*. Speichern Sie es unter dem Namen *Angebot_Seite_2*. Klicken Sie im Register **Seitenlayout** in der Gruppe **Seite einrichten** die Schaltfläche **Seitenränder** an. Sie können nun eine der Möglichkeiten auswählen.

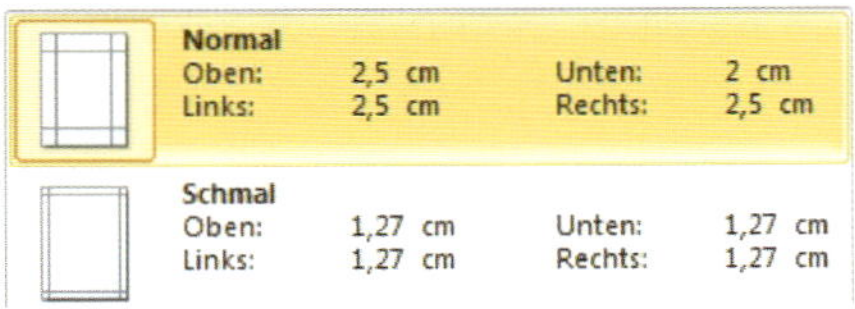

- Oftmals bietet es sich jedoch an, eine individuelle Einstellung zu wählen. Klicken Sie daher im Register **Seitenlayout** in der Gruppe **Seite einrichten** die Schaltfläche **Seitenränder** an. Wählen Sie die Option **Benutzerdefinierte Seitenränder**. Das Fenster **Seite einrichten** mit der aktivierten Registerkarte **Seitenränder** wird eingeblendet. Legen Sie das Papierformat und individuelle Einstellungen fest.

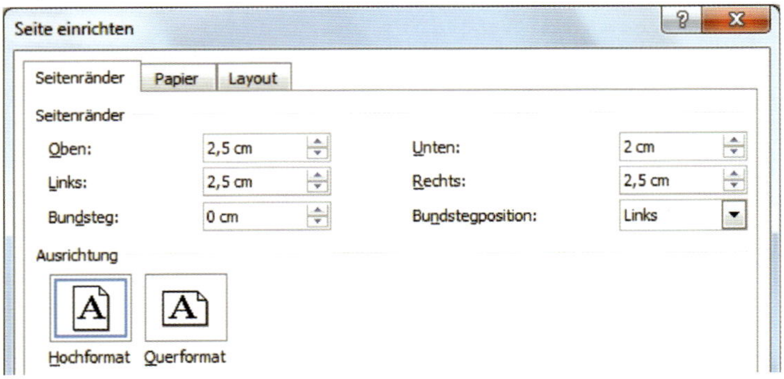

- Normalerweise erfolgt die Einstellung für das gesamte Dokument. Es ist jedoch auch möglich, die Seitenränder für Teile des Dokuments unterschiedlich zu gestalten. Dies könnte z. B. dann sinnvoll sein, wenn eine Seite besonders herausgestellt werden soll.
- Stellen Sie den Cursor vor den Absatz *Die Menge …* Bestimmen Sie andere Seitenränder und legen Sie danach die erste angezeigte Option fest. Das Dokument wird auf zwei Seiten mit unterschiedlichen Seitenrandeinstellungen aufgeteilt. Wenn Sie den gesamten Absatz markieren und die zweite angezeigte Option wählen, wird das Dokument auf drei Seiten mit unterschiedlichen Seitenrändern verteilt.

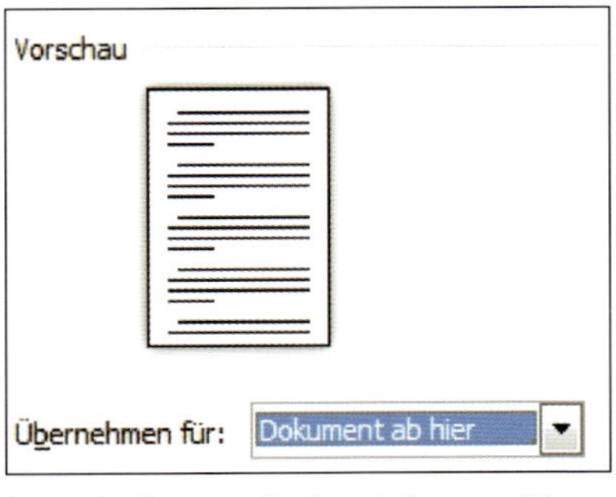

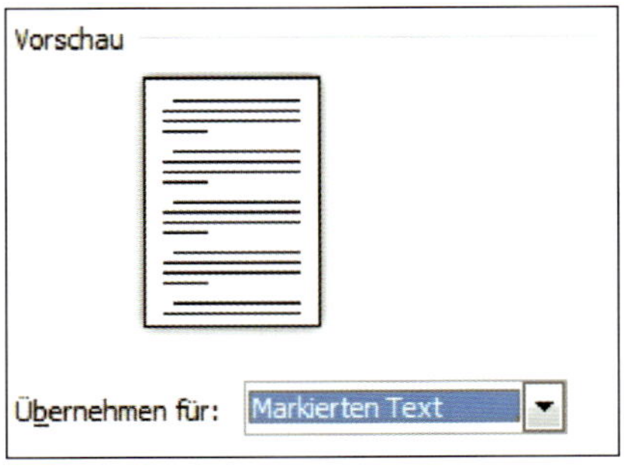

- Innerhalb von Seiten können Sie wie beschrieben mit Absatzformatierungen arbeiten.

Seitenumbruch

Normalerweise wird ein Seitenumbruch automatisch vorgenommen, wenn eine Seite gefüllt ist. Die nächsten Inhalte werden dann auf der folgenden Seite eingefügt und angezeigt. Soll jedoch ein Inhalt, der auf eine Seite passen würde, auf zwei oder mehrere Seiten verteilt werden, muss ein Seitenumbruch eingefügt werden.

Bearbeitungsschritte:

- Öffnen Sie das Dokument *Angebot*. Speichern Sie es unter dem Namen *Angebot_Seitenumbruch*. Stellen Sie den Cursor vor den Absatz *Die Menge der Ware…*
- Klicken Sie danach im Register **Seitenlayout** in der Gruppe **Seite einrichten** die Schaltfläche **Umbrüche** an. Wählen Sie die Option **Seite**.

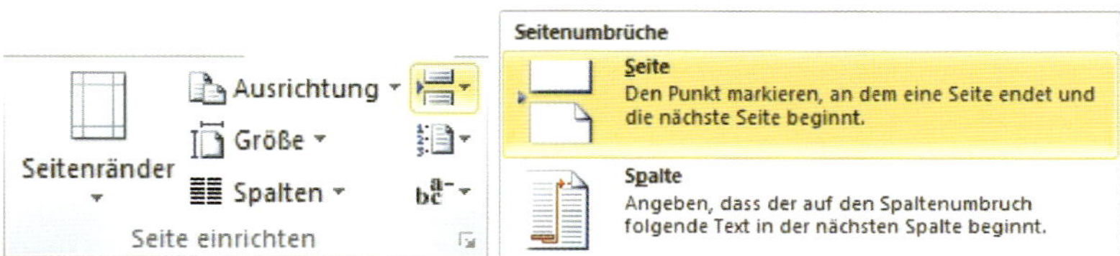

- Der Inhalt der Seite wird auf zwei Seiten verteilt. In der Statuszeile wird die jeweilige Seite angezeigt.

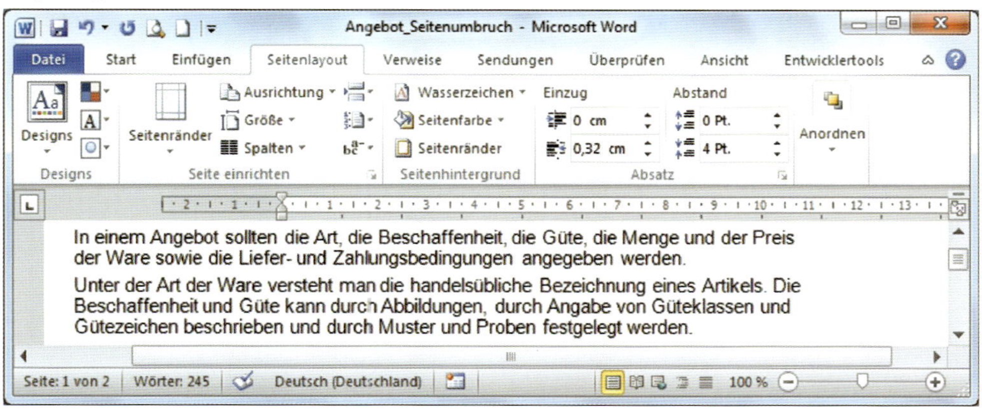

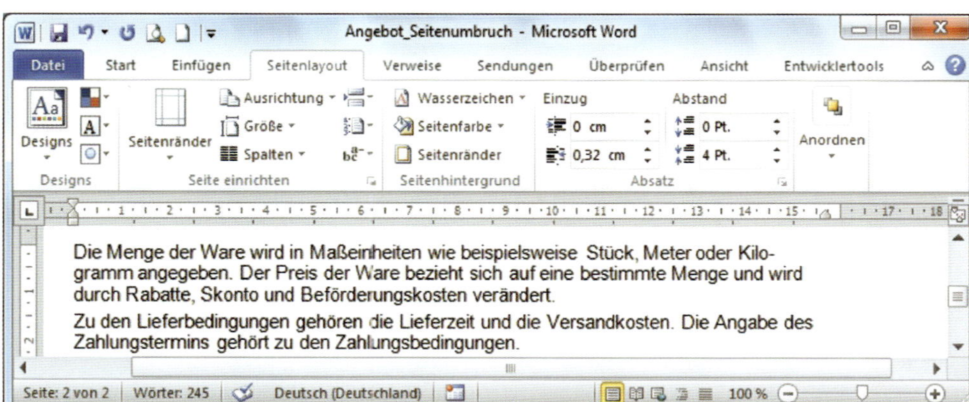

- Um den Seitenumbruch wieder aufzuheben, müssen Sie den Cursor an das Ende der letzten Zeile auf der ersten Seite stellen. Drücken Sie danach so oft die Taste [**Entf**], bis der Text wieder in die erste Seite eingefügt ist. Der Seitenumbruch ist aufgehoben.

Einfügen von Text in der Kopf- bzw. Fußzeile

In längeren Dokumenten über mehrere Seiten bietet es sich an, Kopf- und/oder Fußzeilen mit Texten zu versehen. Die einfachste Möglichkeit bietet ein Text, der auf allen Seiten immer identisch ist.

Bearbeitungsschritte:

- Öffnen Sie das Dokument *Angebot*. Speichern Sie das Dokument unter dem Namen *Angebot_Text_Kopfzeile_1*. Führen Sie wie beschrieben einen Seitenumbruch durch.
- Klicken Sie danach im Register **Einfügen** in der Gruppe **Kopf- und Fußzeile** die Schaltfläche **Kopfzeile** an. Wählen Sie die Option **Leer**.

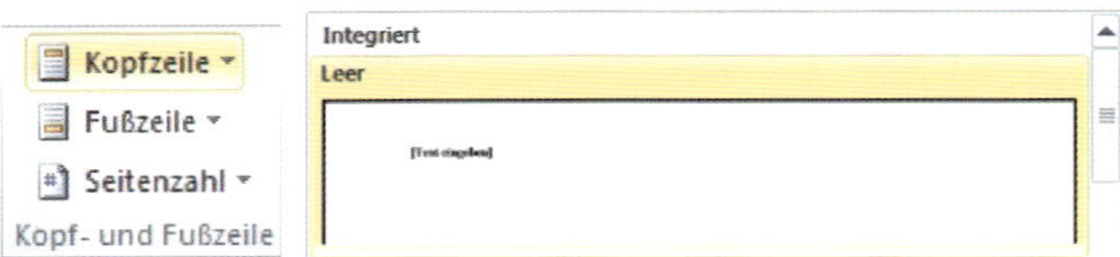

- Im Menüband wird das Register **Kopf- und Fußzeilentools** zur Verfügung gestellt. Außerdem wird die Kopfzeile eingeblendet.

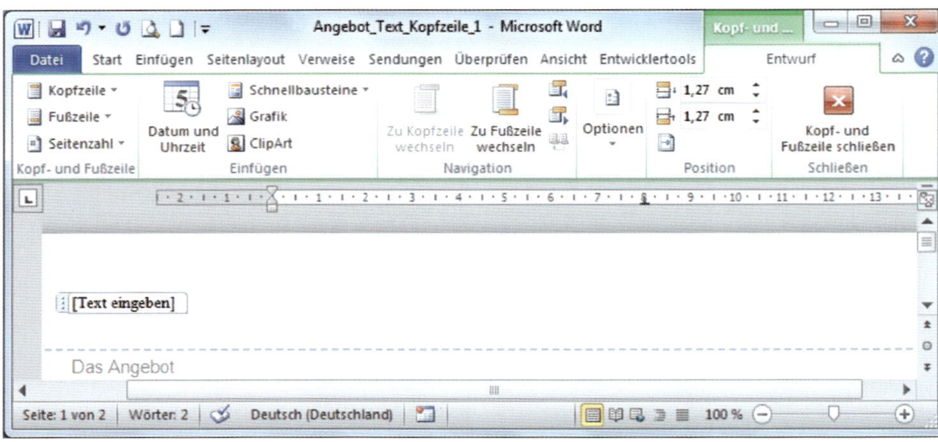

- Geben Sie einen Text ein. Formatieren Sie den Text über die Schaltflächen in den Gruppen **Schriftart und Absatz** im Register **Start**. Das Ergebnis könnte so aussehen:

Bearbeitungsschritte (Fortsetzung):

- Auf der folgenden Seite ist die Überschrift selbstverständlich ebenfalls vorhanden.
- Probieren Sie weitere Optionen aus. Klicken Sie dazu im Register **Einfügen** in der Gruppe **Kopf- und Fußzeile** die Schaltfläche **Kopfzeile** an. Wählen Sie die Option **Alphabet**.

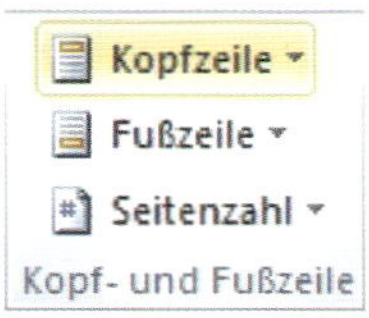

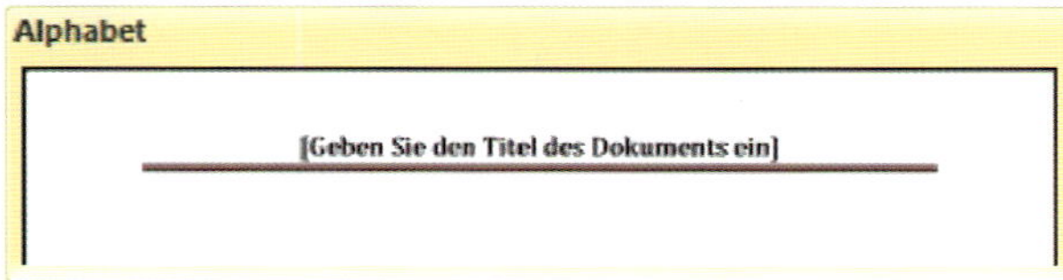

- Das Ergebnis sieht in etwa so aus:

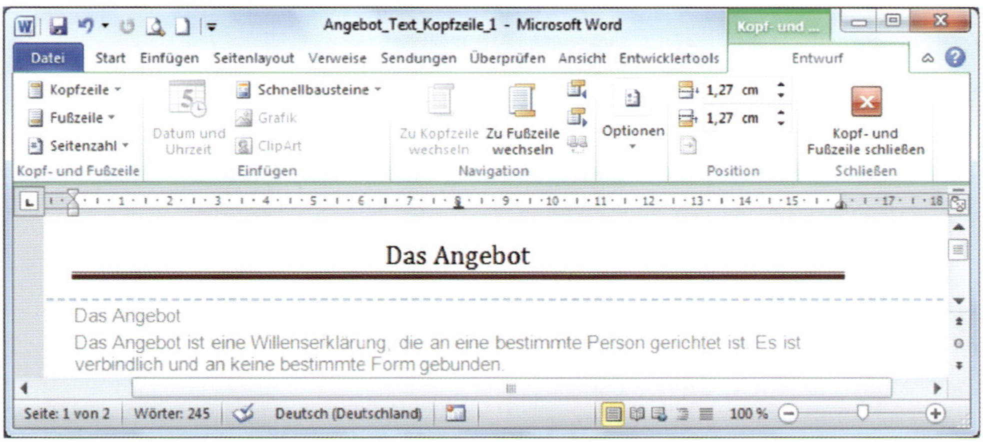

- Kehren Sie danach zur ursprünglichen Kopfzeile zurück.
- Blenden Sie die Kopfzeile durch Anklicken der Schaltfläche **Kopf- und Fußzeile schließen** in der Gruppe **Schließen** im Register **Kopf- und Fußzeilentools/Entwurf** wieder aus.

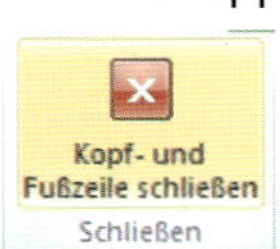

- Das Einfügen von Texten in die Kopf- und/oder Fußzeile kann auch auf eine andere Weise erfolgen. Öffnen Sie daher das Dokument *Angebot*. Speichern Sie das Dokument unter dem Namen *Angebot_Text_Kopfzeile_2*. Führen Sie wie beschrieben einen Seitenumbruch durch.
- Führen Sie oberhalb des Textes einen Doppelklick auf den leeren Bereich durch. Die Kopfzeile und damit auch die Fußzeile werden automatisch eingeblendet. Gleichzeitig wird außerdem das Register **Kopf- und Fußzeilentools/Entwurf** aufgerufen.

- Durch einen Doppelklick auf den Text kehren Sie in den Textbereich zurück.
- Auf die gezeigte Art und Weise können Sie jederzeit zwischen dem Textbereich eines Dokuments und der Kopf- und Fußzeile wechseln.

Einfügen von Seitenzahlen usw. in die Kopf- und Fußzeile

Große Dokumente werden ohne Informationen über die Seitenzahlen, den Dokumentnamen usw. sehr unübersichtlich. In den Kopf- und Fußzeilen lassen sich Informationen einblenden.

Bearbeitungsschritte:

- Öffnen Sie das Dokument *Angebot*. Speichern Sie das Dokument unter dem Namen *Angebot_Text_Kopfzeile_3*. Führen Sie wie beschrieben einen Seitenumbruch durch.
- Klicken Sie doppelt in den Kopfzeilenbereich. Eine leere Kopfzeile wird dargestellt.
- Außerdem wird das Register **Kopf- und Fußzeilentools/Entwurf** eingeblendet.
- Klicken Sie danach im Register **Kopf- und Fußzeilentools/Entwurf** in der Gruppe **Einfügen** die Schaltfläche **Datum und Uhrzeit** an.

- Legen Sie im Fenster **Datum und Uhrzeit** das folgende Datumsformat fest:

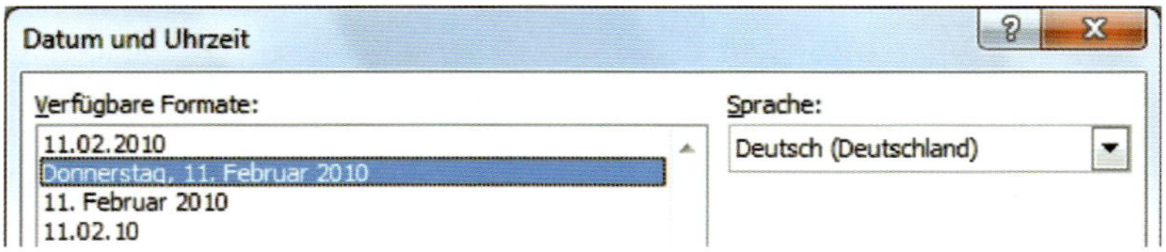

- Das aktuelle Datum wird eingefügt:

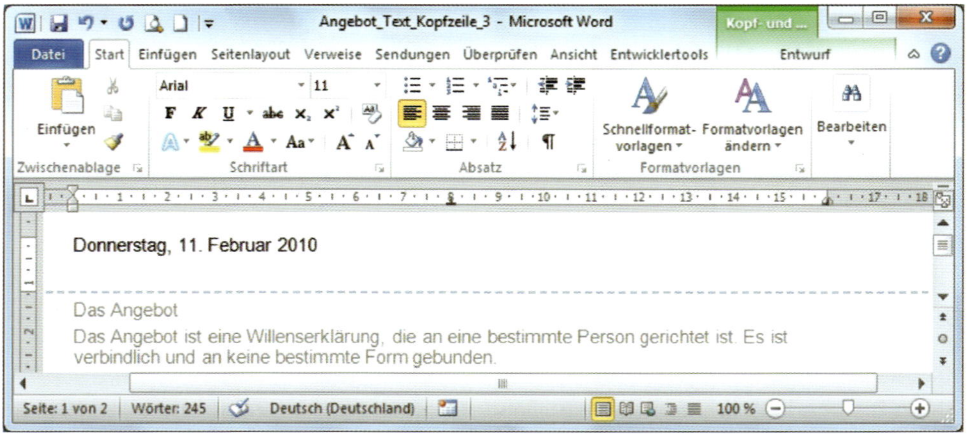

- Geben Sie mithilfe der Taste [**Tab**] in die Mitte des Dokuments. Geben Sie einen Titeltext ein. Betätigen Sie danach wieder die Taste [**Tab**].
- Klicken Sie danach im Register **Kopf- und Fußzeilentools/Entwurf** in der Gruppe **Kopf- und Fußzeile** die Schaltfläche **Seitenzahl** an. Bestimmen Sie, dass eine einfache Zahl eingefügt werden soll.

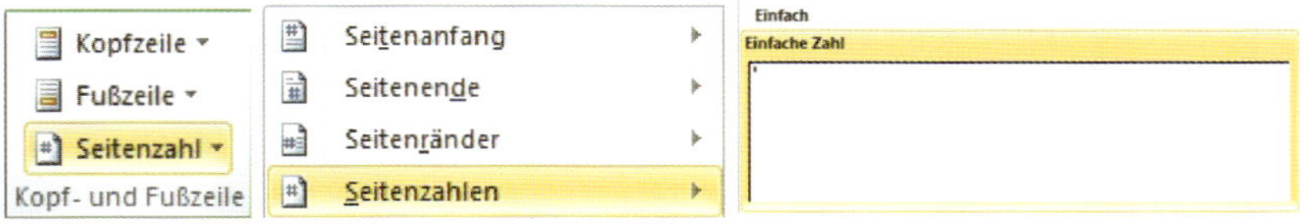

Bearbeitungsschritte (Fortsetzung):

- Das Ergebnis könnte folgendermaßen aussehen:

- Die Kopfzeilenbereich der nächsten Seite sieht identisch aus. Lediglich die Seitenzahl wird angepasst.
- Soll die Nummerierung nicht mit der Zahl *1* beginnen, so müssen Sie im Register **Kopf- und Fußzeilentools/Entwurf** in der Gruppe **Kopf- und Fußzeile** die Schaltfläche **Seitenzahlen formatieren** anklicken. Danach können Sie die Zahl bestimmen, mit der die Nummerierung beginnen soll. Außerdem können Sie bei Bedarf ein anderes Zahlenformat festlegen.

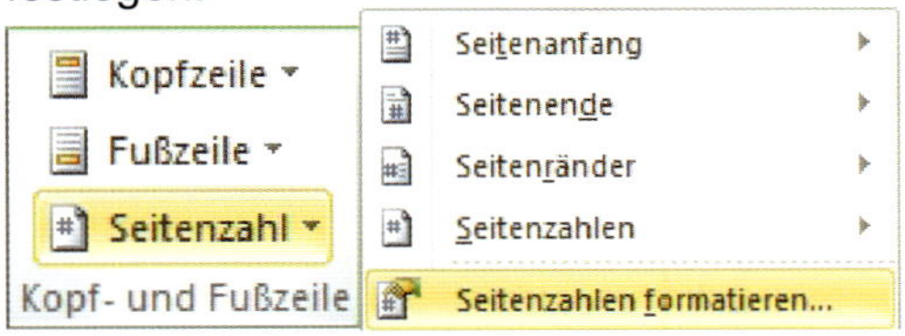

- Klicken Sie danach im Register **Kopf- und Fußzeilentools/Entwurf** in der Gruppe **Navigation** die Schaltfläche **Zu Fußzeile wechseln** an.

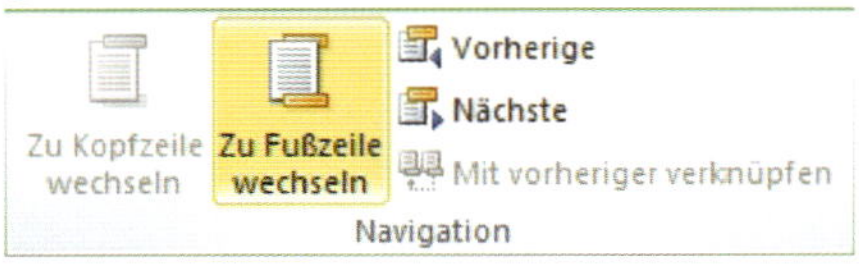

Bearbeitungsschritte (Fortsetzung):

- Der Fußzeilenbereich des Dokuments wird eingeblendet. Sie können nun auch in diesem Bereich Informationen einblenden. Dies können z. B. der Name des Autors und der Name des Dokuments sein.
- Unter Umständen stehen nicht alle nun aufgeführten Elemente zur Verfügung. Diese Elemente stehen über die Word-Optionen zur Verfügung. Wählen Sie daher gegebenenfalls den Menüpunkt **Datei/Optionen**.
- Im Bereich **Add-Ins** des Fensters **Word-Optionen** können Sie über die Schaltfläche **Gehe zu** im Fenster **Deaktivierte Elemente** deaktivierte Elemente aktivieren.

- Fügen Sie zunächst den Namen des Erstellers im linken Bereich der Fußzeile ein. Dies ist selbstverständlich nur möglich, wenn entsprechende Informationen bei der Installation des Programms eingegeben wurden. Klicken Sie im Register **Kopf- und Fußzeilentools/Entwurf** in der Gruppe **Einfügen** die Schaltfläche **Schnellbausteine** an. Wählen Sie danach den Menüpunkt **Feld**.

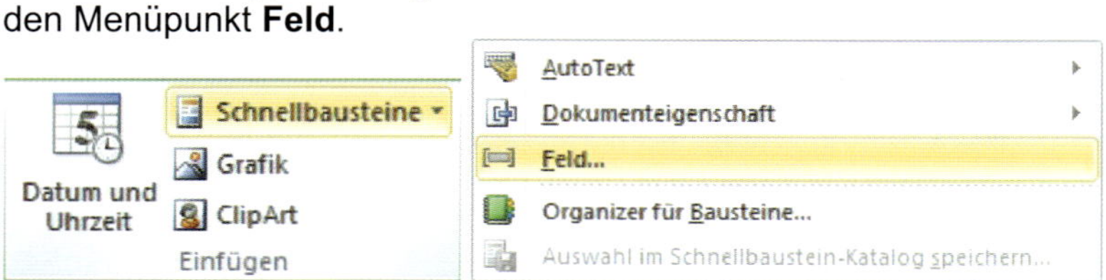

- Im Fenster **Feld** wählen Sie die Option **Autor** aus.

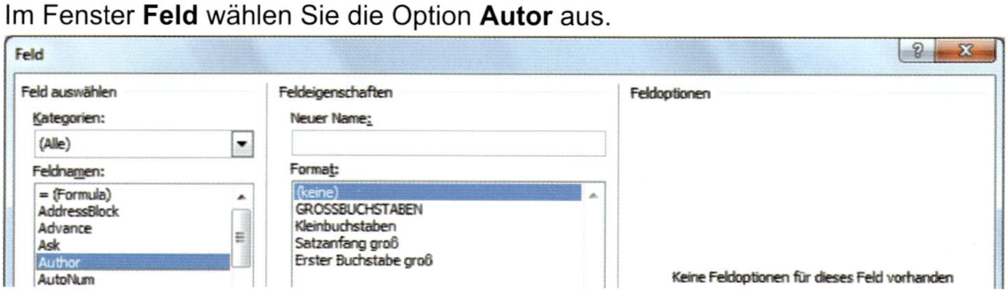

- Danach soll der Dokumenttitel in der Mitte der Fußzeile eingeblendet werden. Die Vorgehensweise ist identisch.

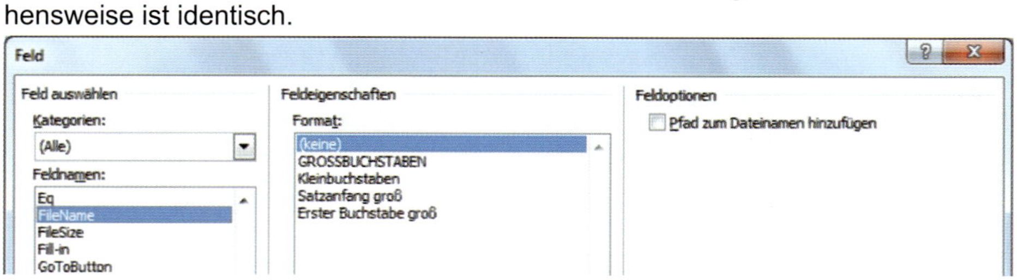

- Klicken Sie danach im Register **Kopf- und Fußzeilentools/Entwurf** in der Gruppe **Kopf- und Fußzeile** die Schaltfläche **Seitenzahl** an. Bestimmen Sie, dass eine **Seite X von Y** eingefügt werden soll.

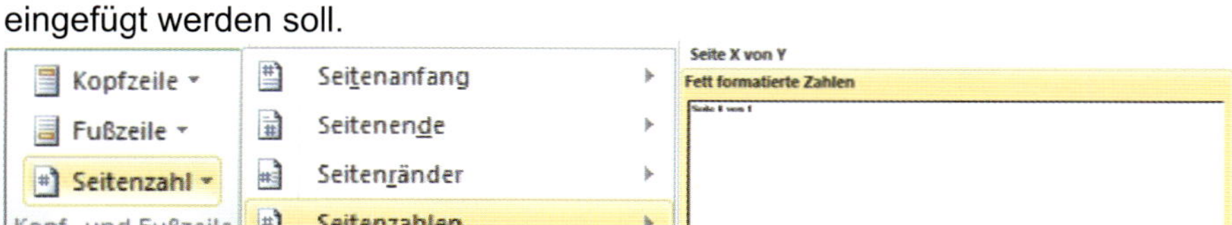

Bearbeitungsschritte (Fortsetzung):

- Das Ergebnis könnte in etwa so aussehen:

- Speichern Sie das Ergebnis.
- Erstellen Sie danach unter dem Namen *Angebot_Text_Kopfzeile_4* ein Dokument. Probieren Sie weitere Optionen aus. Klicken Sie dazu im Register **Einfügen** in der Gruppe **Kopf- und Fußzeile** die Schaltfläche **Kopfzeile** an.

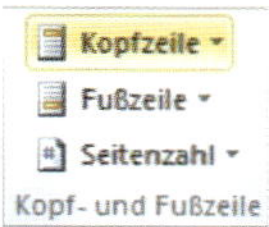

- Erstellen Sie beispielsweise die nachfolgenden Kopfzeilen:

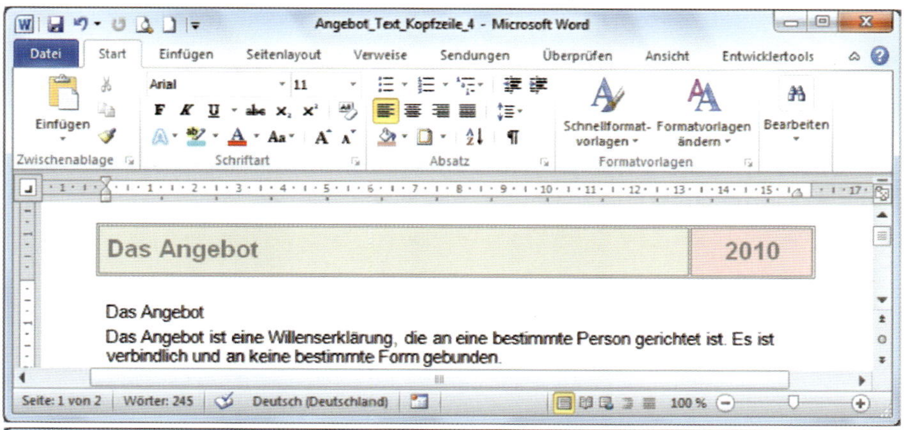

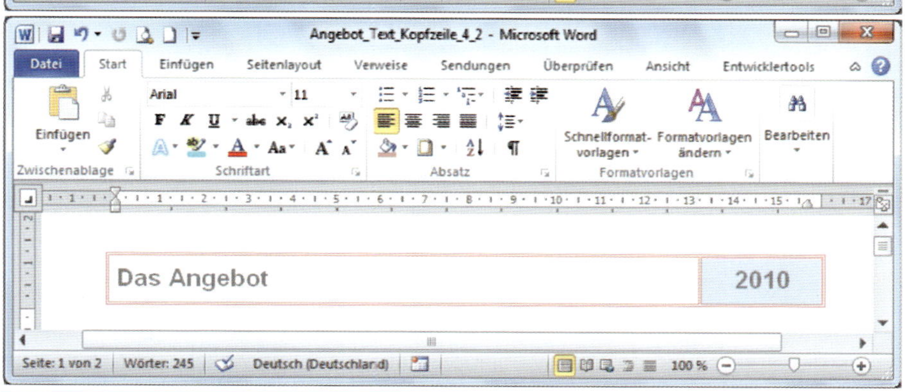

Kopfzeile der ersten Seite

Soll ein Dokument beispielsweise ein Deckblatt enthalten, so ist die erste Seite anders zu gestalten. Normalerweise sollte sie in der Kopfzeile keine Informationen enthalten.

Bearbeitungsschritte:

- Öffnen Sie das Dokument *Angebot_Text_Kopfzeile_3*. Speichern Sie das Dokument unter dem Namen *Angebot_Text_Kopfzeile_5*.
- Fügen Sie am Anfang des Dokuments einen Autor und den Titel des Dokuments ein. Führen Sie danach einen Seitenumbruch hinter dem Titel durch. Das Dokument besteht danach aus drei Seiten.
- Führen Sie oberhalb des Textes einen Doppelklick auf den leeren Bereich durch. Die Kopfzeile und damit auch die Fußzeile werden automatisch eingeblendet. Außerdem wird das Register **Kopf- und Fußzeilentools/Entwurf** aufgerufen.

- Es ist wenig sinnvoll, auf dem Deckblatt die angezeigten Informationen einzublenden. Aktivieren Sie daher im Register **Kopf- und Fußzeilentools/Entwurf** in der Gruppe **Optionen** die Option **Erste Seite anders**. Ein Häkchen wird angezeigt.

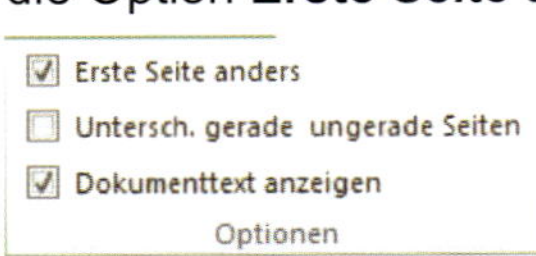

- Das Dokument enthält nun auf der ersten Seite in der Kopfzeile keinen Inhalt mehr.

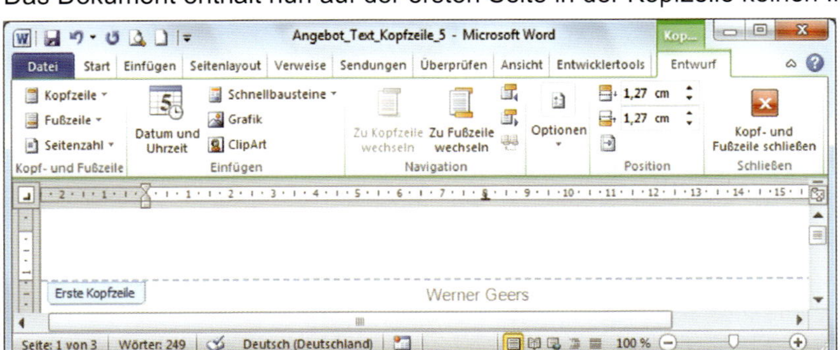

- Die zweite Seite enthält jedoch noch die Seitenzahl *2*. Dies sollte in *1* geändert werden. Daher muss die Nummerierung mit *0* beginnen. Die Vorgehensweise unter Nutzung der Schaltfläche **Seitenzahlen formatieren** wurde bereits beschrieben.

Kopfzeilen von geraden und ungeraden Seiten

Umfangreiche Dokumente, beispielsweise Bücher oder Referate, sollten u. U. in der Kopf- und/oder Fußzeile unterschiedlich gestaltet werden. So ist es beispielsweise üblich, die Seitenzahl einer ungeraden Seite an den rechten Rand und die Seitenzahl einer geraden Seite an den linken Rand einer Kopfzeile zu setzen.

Bearbeitungsschritte:

- Öffnen Sie das Dokument *Angebot_Text_Kopfzeile_5*. Speichern Sie das Dokument unter dem Namen *Angebot_Text_Kopfzeile_6*.
- Führen Sie oberhalb des Textes einen Doppelklick auf den leeren Bereich durch. Die Kopfzeile und damit auch die Fußzeile werden automatisch eingeblendet. Gleichzeitig wird außerdem das Register **Kopf- und Fußzeilentools/Entwurf** aufgerufen.
- Aktivieren Sie im Register **Kopf- und Fußzeilentools/Entwurf** in der Gruppe **Optionen** die Option **Untersch. gerade und ungerade Seiten**. Ein Häkchen kennzeichnet die Aktivierung.

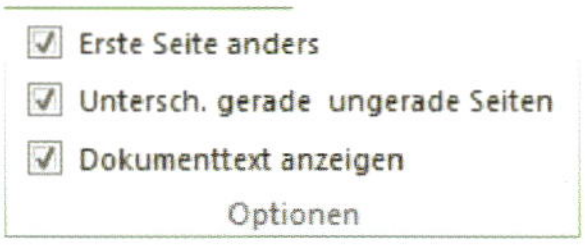

- Normal wird die Seite mit der Seitenzahl *1* nun als ungerade Seite angezeigt. Ist dies nicht der Fall, sind die einzelnen Elemente wie beschrieben einzufügen.

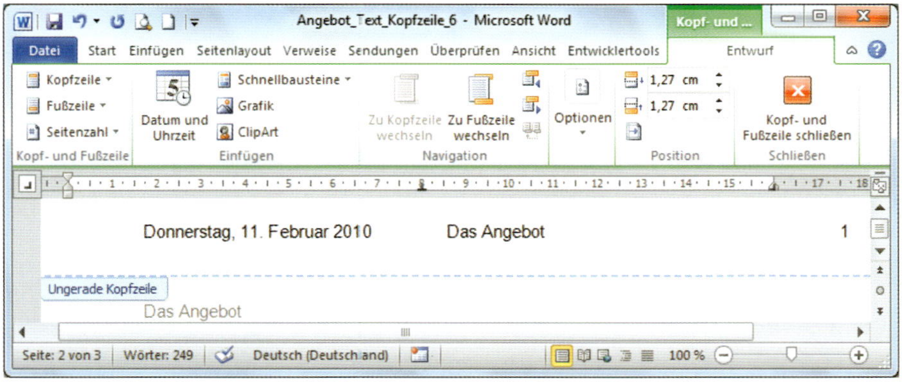

- Die Kopfzeile der geraden Seite *2* enthält keine Angaben. Fügen Sie die einzelnen Elemente wie angezeigt ein:

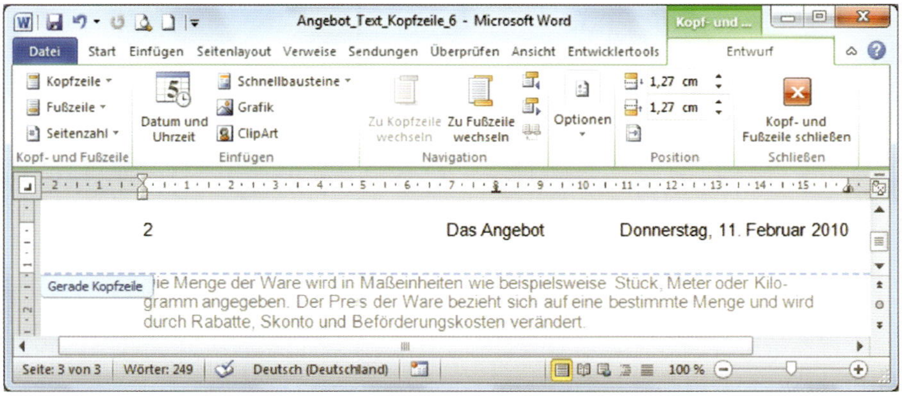

Übungen:

1. Fügen Sie im Dokument *Anfrage* einen Seitenumbruch durch. Bearbeiten Sie außerdem die Kopfzeile und fügen Sie die angegebenen Elemente ein.

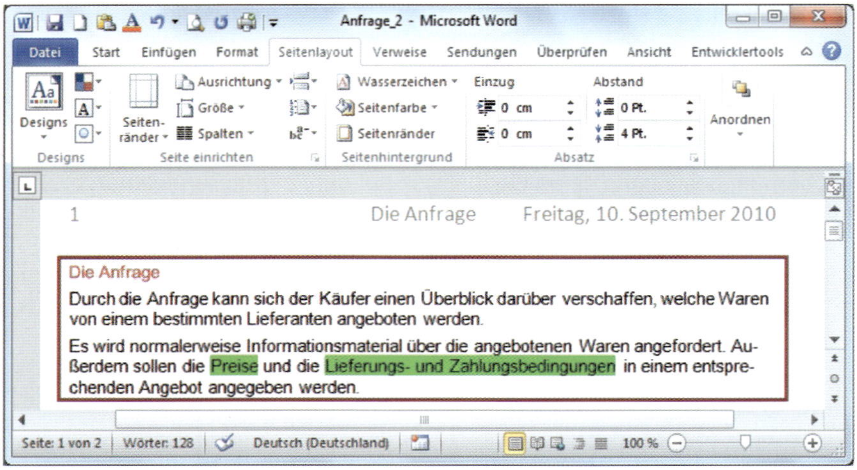

2. Formatieren Sie das Dokument mit einer Hintergrundfarbe. Verändern Sie die Papiergröße und ändern Sie die Orientierung (Querformat) des Dokuments.

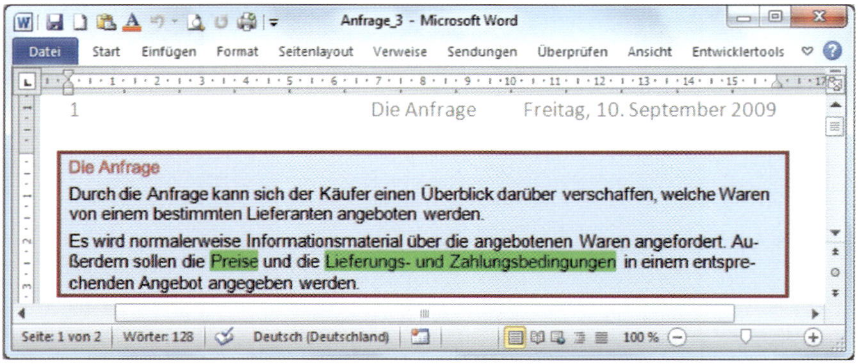

3. Bearbeiten Sie das Dokument *Bestand* wie dargestellt:

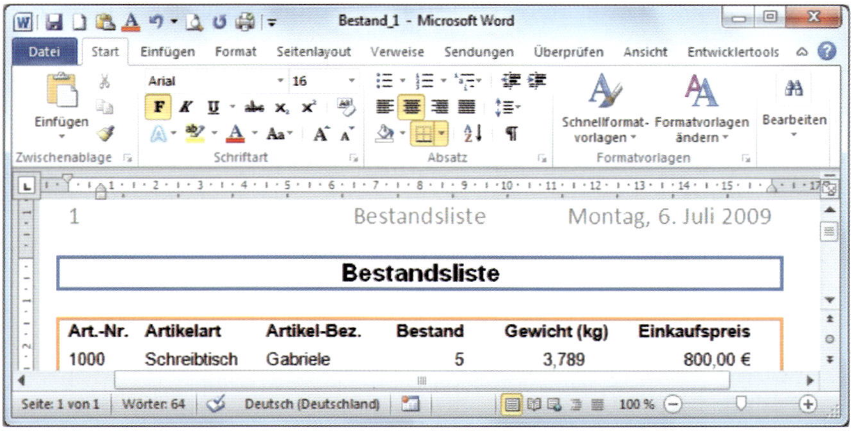

3.7 Objekte

3.7.1 Tabellen

Anlegen einer Tabelle

Der grundsätzliche Aufbau einer Tabelle wird in der nachfolgenden Darstellung gezeigt. Die einzelnen Begriffe wie Spalte, Zeile, Zelle usw. und deren Bedeutung lassen sich dem Schaubild entnehmen:

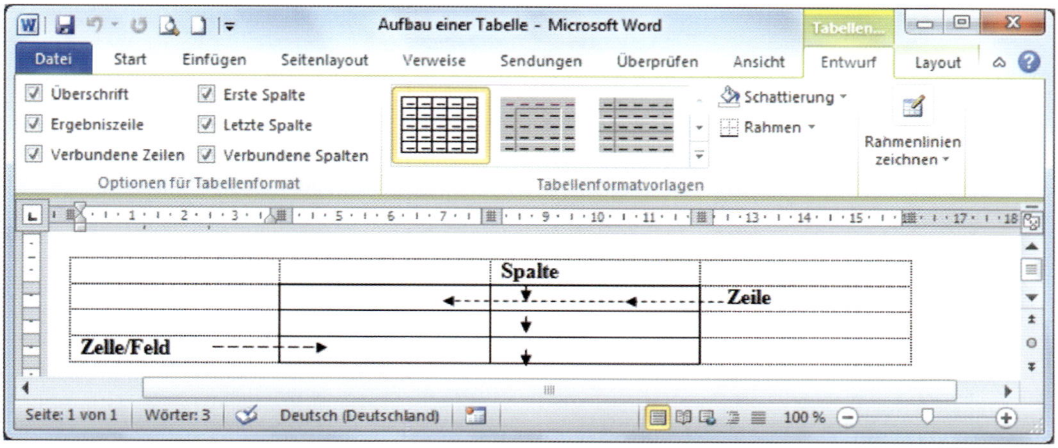

Bearbeitungsschritte:

- Erstellen Sie folgende Tabelle. Die einzelnen Arbeitsschritte werden nachfolgend erklärt. Speichern Sie die Tabelle unter dem Namen *Tabelle_1*.

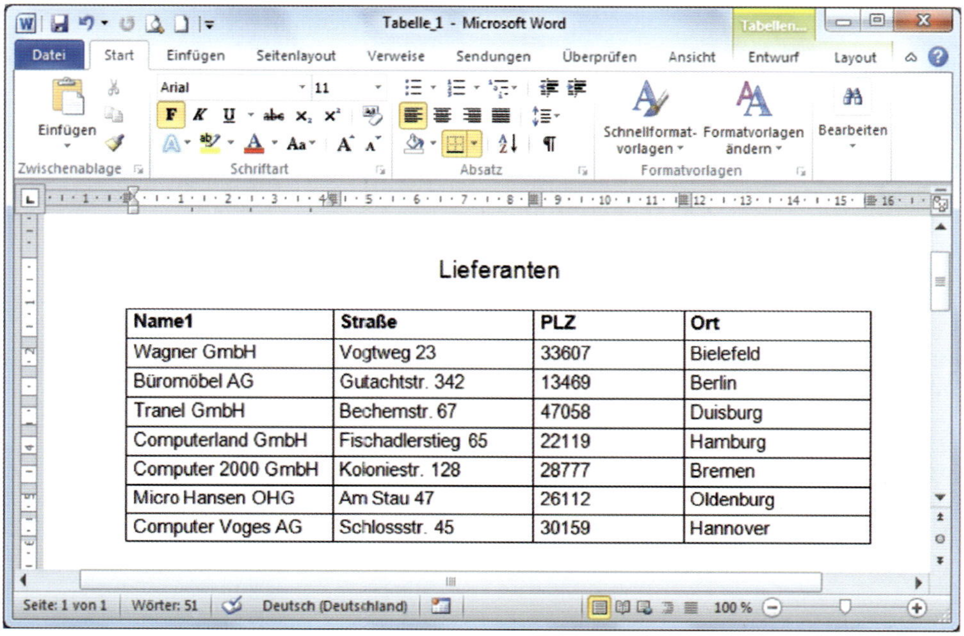

Name1	Straße	PLZ	Ort
Wagner GmbH	Vogtweg 23	33607	Bielefeld
Büromöbel AG	Gutachtstr. 342	13469	Berlin
Tranel GmbH	Bechemstr. 67	47058	Duisburg
Computerland GmbH	Fischadlerstieg 65	22119	Hamburg
Computer 2000 GmbH	Koloniestr. 128	28777	Bremen
Micro Hansen OHG	Am Stau 47	26112	Oldenburg
Computer Voges AG	Schlossstr. 45	30159	Hannover

- Schreiben und formatieren Sie zunächst die Überschrift der abgebildeten Tabelle. Drücken Sie danach zweimal die Taste [**Return**]. Damit wird ein gewisser Abstand zwischen der Überschrift und der Tabelle hergestellt.

Bearbeitungsschritte (Fortsetzung):

- Klicken Sie im Register **Einfügen** in der Gruppe **Tabellen** die Schaltfläche **Tabelle** an. Wählen Sie danach mit der Maus die angezeigte Tabelle aus.

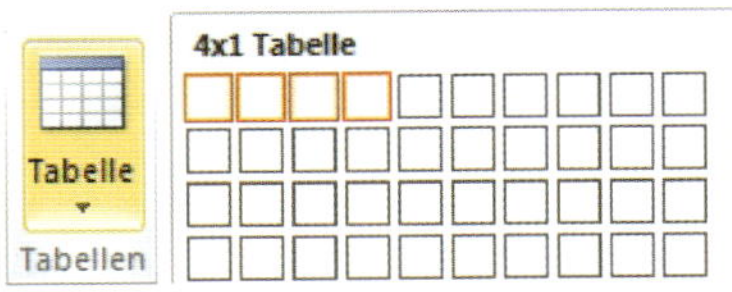

- Alternativ können Sie auch im Register **Einfügen** in der Gruppe **Tabellen** den Menüpunkt **Tabelle einfügen** wählen. Stellen Sie danach im Fenster **Tabelle einfügen** die Spalten- und Zeilenanzahl ein.

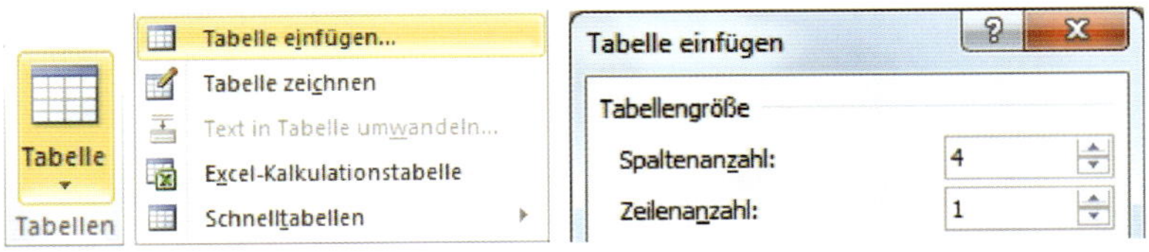

- Geben Sie die Inhalte ein. Springen Sie mit der Taste [**Tab**] die nächste Zelle an. Mit der Taste [**Return**] wird ein Zeilenumbruch in der jeweiligen Zelle vorgenommen.
- Am Ende der Tabelle wird durch das Drücken der Taste [**Tab**] in der letzten Zelle eine neue Zeile eingefügt. Speichern Sie den Text unter der Bezeichnung *Tabelle1*.

Auswählen, Formatieren usw. der gesamten Tabelle, Zeilen usw.

Nach dem Auswählen einer Tabelle ergeben sich vielfältige Möglichkeiten der Gestaltung und Veränderung der Tabelle. Auf die gleiche Weise wird eine Zelle, eine Spalte usw. formatiert.

Bearbeitungsschritte:

- Öffnen Sie das Dokument *Tabelle_1*. Speichern Sie das Dokument unter dem Namen *Tabelle_2*. Stellen Sie den Cursor in die Tabelle.
- Klicken Sie im Register **Tabellentools/Layout** in der Gruppe **Tabelle** die Schaltfläche **Auswählen** an. Wählen Sie die gesamte Tabelle aus.

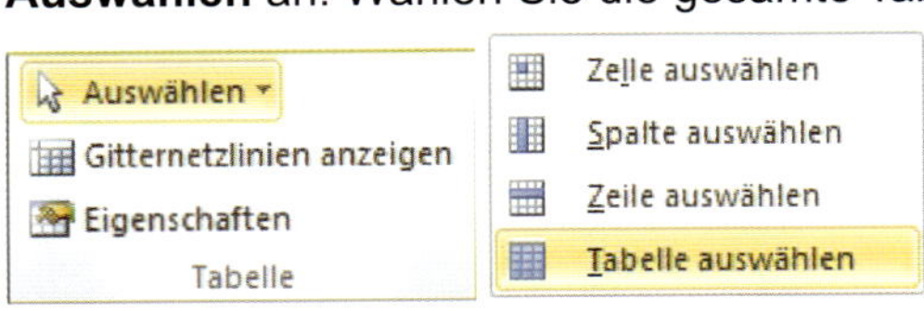

- Wählen Sie im Register **Tabellentools/Entwurf** in der Gruppe **Tabellenformatvorlagen** eine Vorlage aus.

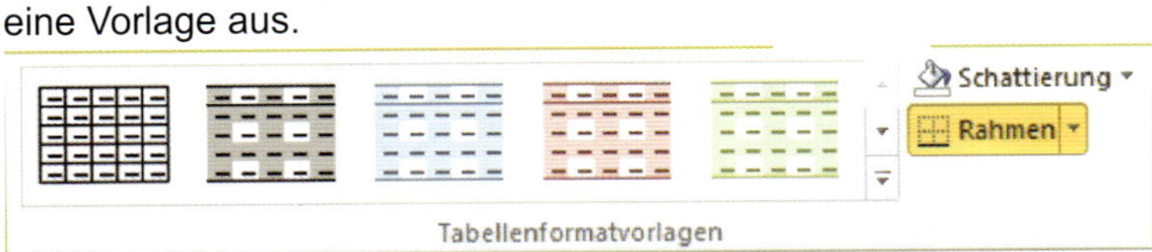

- Nach dem Anklicken des Pfeils nach unten neben den angezeigten Möglichkeiten stehen weitere zur Verfügung.

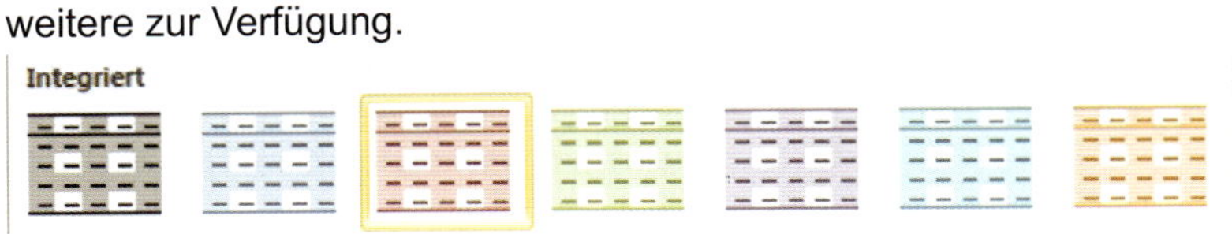

Bearbeitungsschritte (Fortsetzung):

- Das Ergebnis könnte so aussehen:

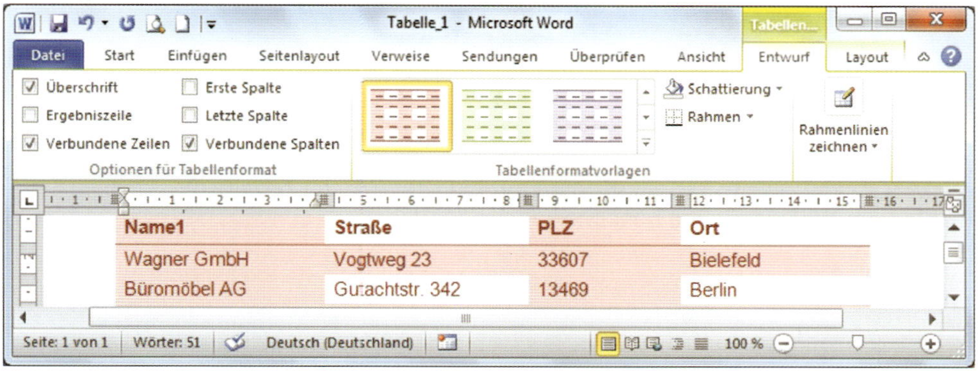

- Alternativ können Sie über die Schaltflächen **Schattierung** und **Rahmen** in der Gruppe **Tabellenformatvorlagen** die Gestaltung der Tabelle vornehmen, beispielsweise eine Hintergrundfarbe wählen und die Rahmen entfernen.
- Öffnen Sie das Dokument *Tabelle_1*. Speichern Sie es unter dem Namen *Tabelle_3*.
- Klicken Sie im Register **Tabellentools/Entwurf** in der Gruppe **Tabellenformatvorlagen** die Schaltfläche **Schattierung** an. Bestimmen Sie eine Hintergrundfarbe.

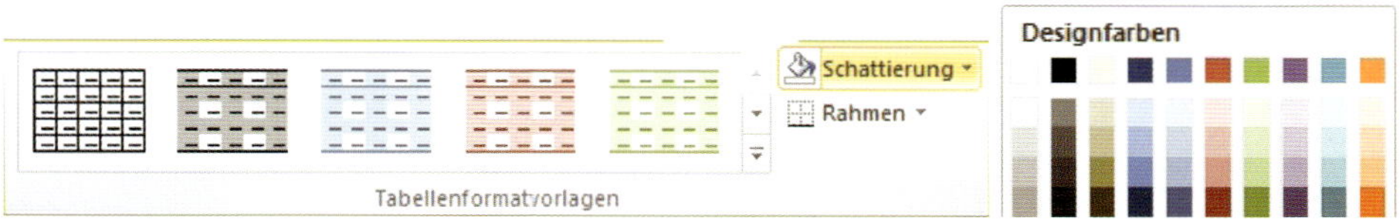

- Klicken Sie im Register **Tabellentools/Entwurf** in der Gruppe **Tabellenformatvorlagen** den Pfeil neben der Schaltfläche **Rahmen** an. Wählen Sie den Menüpunkt **Rahmen und Schattierung**. Legen Sie folgende Einstellungen fest:

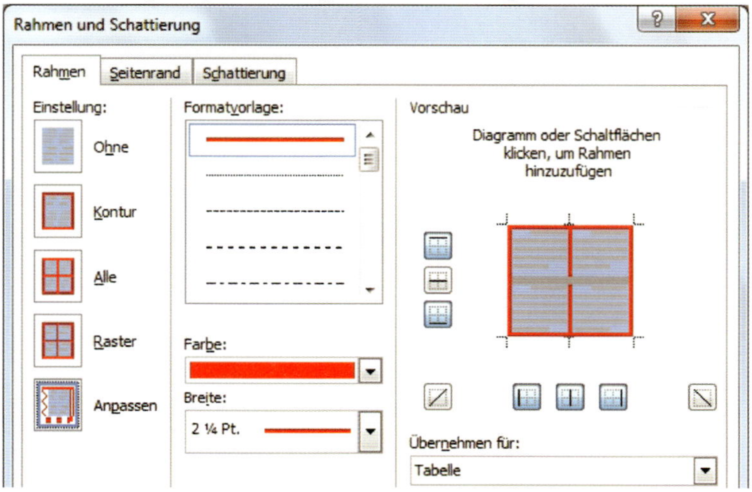

- Das Ergebnis zeigt die Tabelle mit Rahmen und Schattierung:

Name1	Straße	PLZ	Ort
Wagner GmbH	Vogtweg 23	33607	Bielefeld

Ausrichtung einer Tabelle, einer Zeile usw.

Ohne eine Ausrichtung einer Tabelle werden die Inhalte oftmals direkt an Spaltenlinien usw. gepresst. Darunter leidet besonders die Lesbarkeit. Außerdem ist das Ergebnis optisch nicht ansprechend.

Bearbeitungsschritte:

- Öffnen Sie das Dokument *Tabelle_1*. Speichern Sie das Dokument unter dem Namen *Tabelle_4*. Stellen Sie den Cursor in die Tabelle.
- Klicken Sie im Register **Tabellentools/Layout** in der Gruppe **Tabelle** die Schaltfläche **Auswählen** an. Wählen Sie die gesamte Tabelle aus.

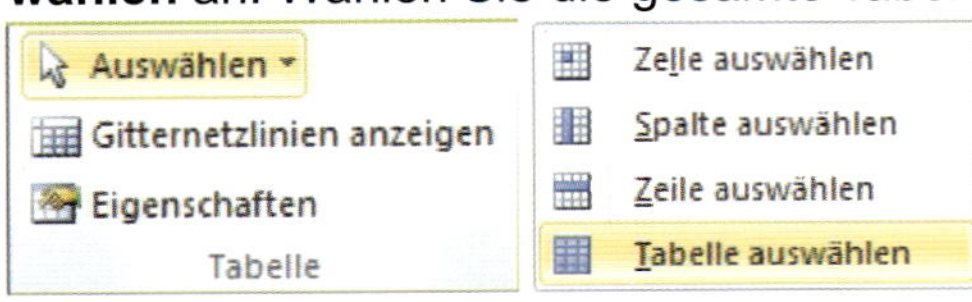

- Klicken Sie im Register **Tabellentools/Layout** in der Gruppe **Ausrichtung** die Schaltfläche **Zellenbegrenzungen** an.

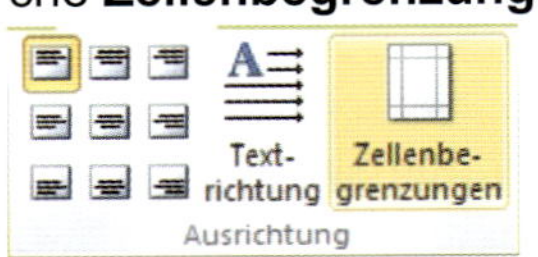

- Stellen Sie die Begrenzungen wie angegeben ein:

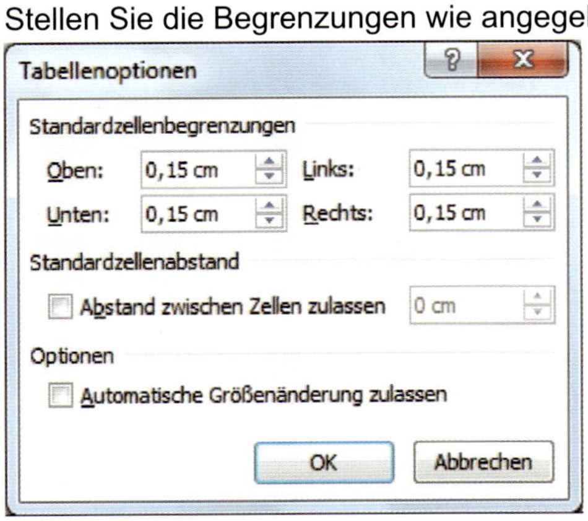

- Das Ergebnis zeigt eine optisch ansprechende und gut lesbare Tabelle:

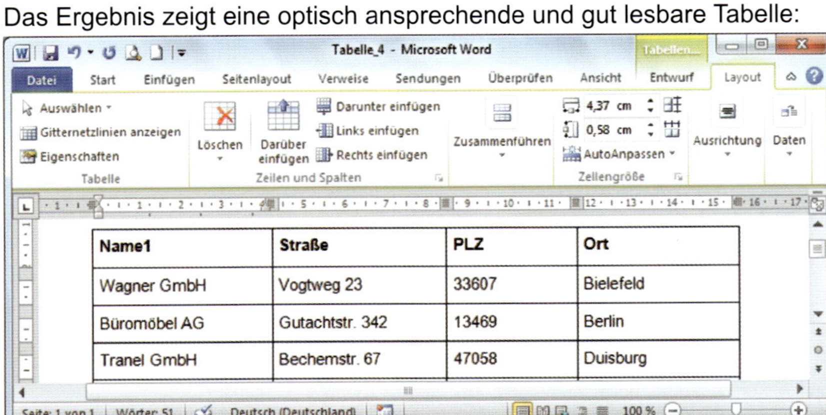

Name1	Straße	PLZ	Ort
Wagner GmbH	Vogtweg 23	33607	Bielefeld
Büromöbel AG	Gutachtstr. 342	13469	Berlin
Tranel GmbH	Bechemstr. 67	47058	Duisburg

Bearbeitungsschritte (Fortsetzung):

- Die Darstellung kann unter Umständen durch einen Zeilenabstand zwischen den Zellen noch übersichtlicher gestaltet werden.

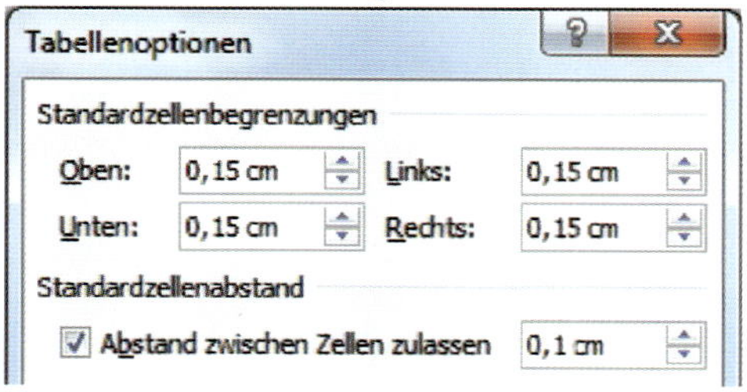

- Die Tabelle sieht danach so aus

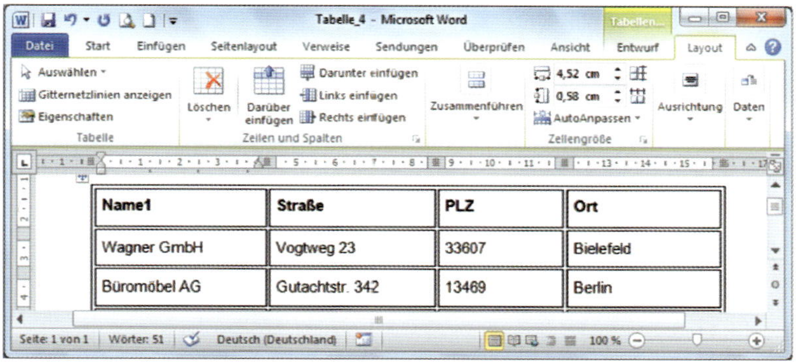

- Soll z. B. die gesamte Tabelle oder sollten nur die Überschriften der Spalten z. B. zentriert ausgerichtet werden, ist dies nach der Markierung des gewünschten Bereichs über die Ausrichtungsschaltflächen in der Gruppe **Ausrichtung** im Register **Tabellentools/Layout** zu realisieren. Probieren Sie einige Möglichkeiten aus.

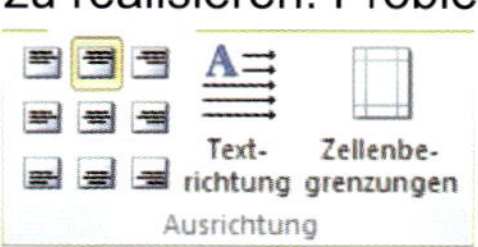

- Die Ausrichtung der Schrift in der Tabelle kann folgendermaßen eingestellt werden:

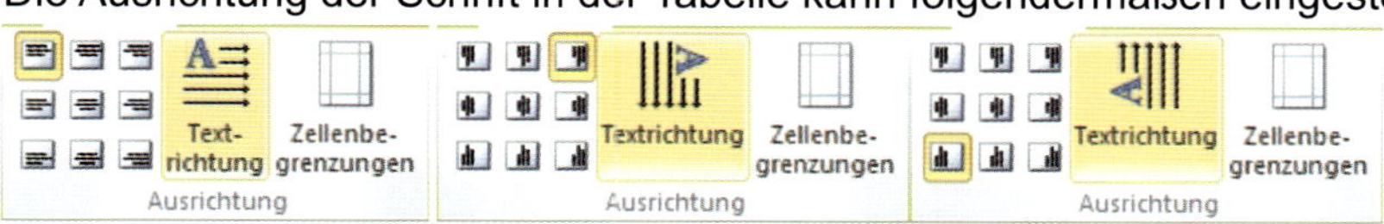

- Das Ergebnis könnte nach Änderung der Spaltenbreite beispielsweise so aussehen:

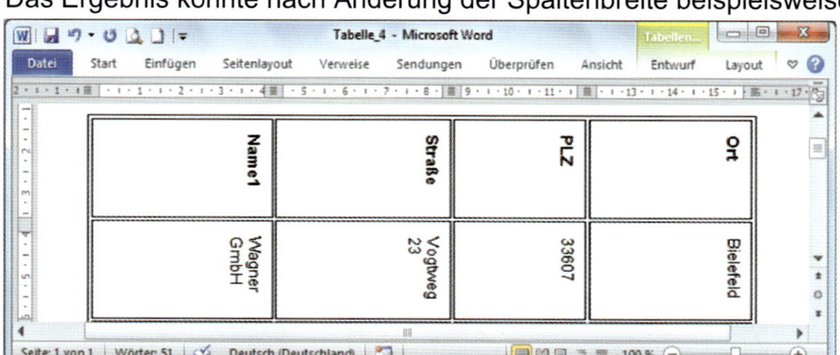

Einfügen, Löschen, Ändern usw. von Zellen

Eine Tabelle kann geteilt, einzelne Elemente in die Tabelle eingefügt oder Tabellenelemente geteilt oder zusammengefügt werden. Die Möglichkeiten sind nahezu unbegrenzt. Daher sollen nachfolgend einige Aspekte angesprochen werden.

Bearbeitungsschritte:

- Öffnen Sie das Dokument *Tabelle_1*. Speichern Sie das Dokument unter dem Namen *Tabelle_5*. Stellen Sie den Cursor in die dritte Zeile und die erste Spalte der Tabelle.
- Klicken Sie im Register **Tabellentools/Layout** in der Gruppe **Zeilen und Spalten** die Schaltfläche **Löschen** an. Wählen Sie die Alternative **Zeilen löschen** aus.

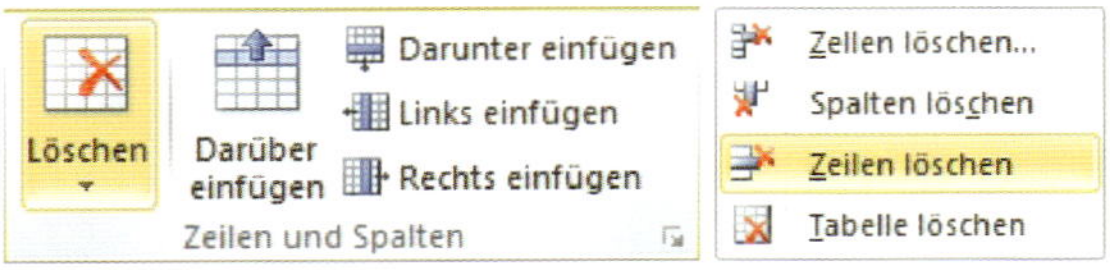

- Die ausgewählte Zeile wird gelöscht. Machen Sie anschließend die Löschung wieder rückgängig.
- Verringern Sie die Spaltenbreite über das Lineal. Bei gedrückter linker Maustaste können Sie nach Anfahren der entsprechenden Spaltenmarkierung im Lineal die Spaltenbreite ändern.

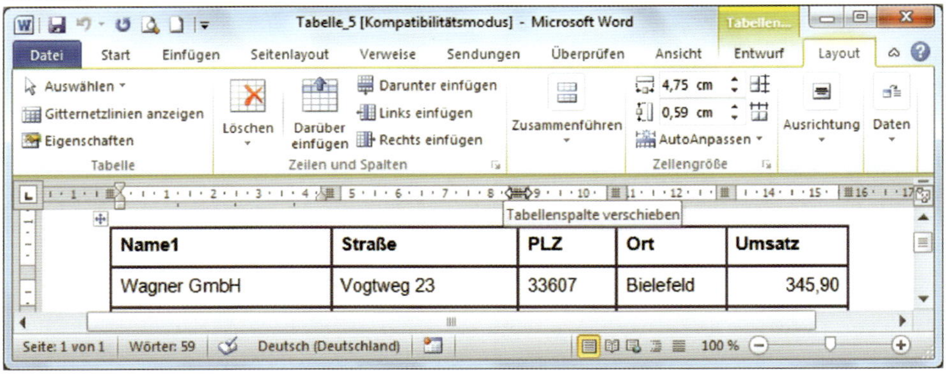

- Alternativ können Sie auch im Register **Tabellentools/Layout** in der Gruppe **Zellengröße** die Schaltfläche **AutoAnpassen** anwählen. Wählen Sie die angezeigte Alternative aus. Probieren Sie auch andere Einstellungen aus. Legen Sie auch feste Spaltenbreiten und Zeilenhöhen fest.

- Außerdem können Sie bei mehreren markierten Spalten bzw. mehreren markierten Zeilen über die Schaltflächen **Spalten verteilen** und **Zeilen verteilen** die Spaltenbreite bzw. die Zeilenhöhe gleichmäßig gestalten.

Bearbeitungsschritte (Fortsetzung):

- Als weitere Alternative können Sie auch im Register **Tabellentools/Layout** in der Gruppe **Tabelle** die Schaltfläche **Eigenschaften** anwählen.

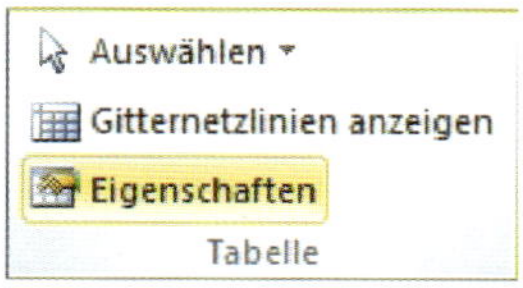

- Im Fenster **Tabelleneigenschaften** können Sie z. B. die Spaltenbreiten bestimmen.

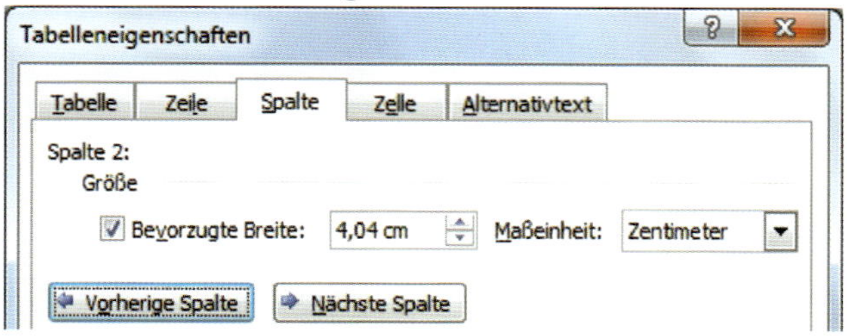

- Stellen Sie den Cursor in die letzte Spalte der Tabelle. Klicken Sie im Register **Tabellentools/Layout** in der Gruppe **Zeilen und Spalten** die Schaltfläche **Rechts einfügen** an.

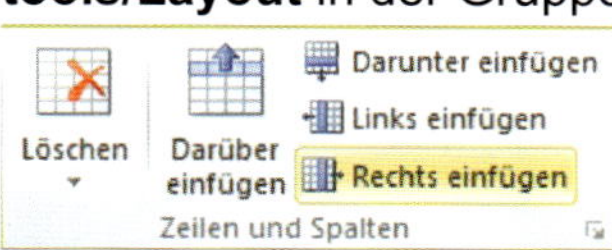

- Ergänzen und formatieren Sie die Tabelle folgendermaßen:

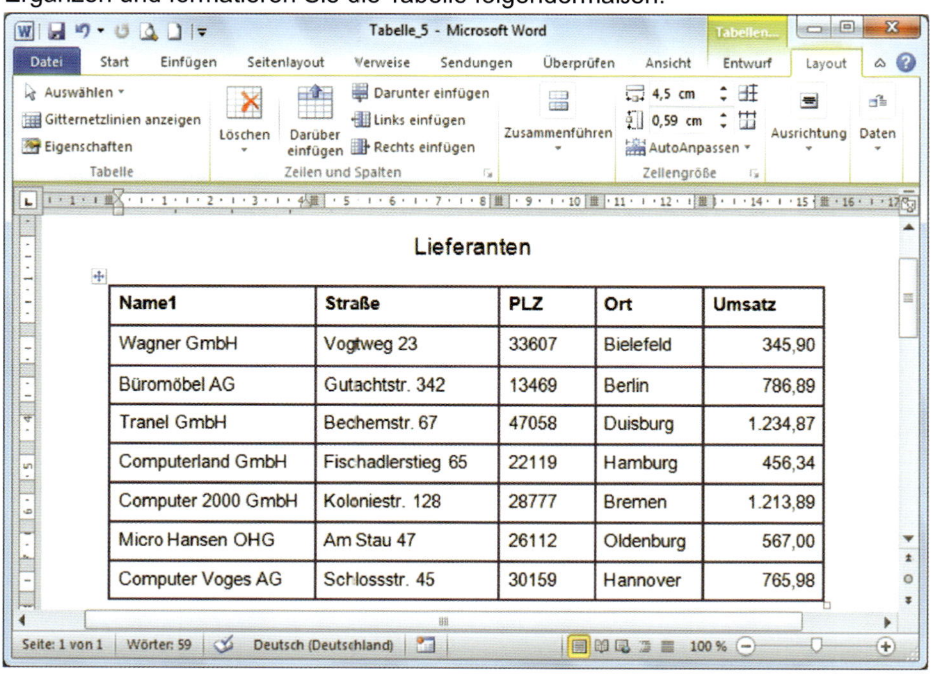

Name1	Straße	PLZ	Ort	Umsatz
Wagner GmbH	Vogtweg 23	33607	Bielefeld	345,90
Büromöbel AG	Gutachtstr. 342	13469	Berlin	786,89
Tranel GmbH	Bechemstr. 67	47058	Duisburg	1.234,87
Computerland GmbH	Fischadlerstieg 65	22119	Hamburg	456,34
Computer 2000 GmbH	Koloniestr. 128	28777	Bremen	1.213,89
Micro Hansen OHG	Am Stau 47	26112	Oldenburg	567,00
Computer Voges AG	Schlossstr. 45	30159	Hannover	765,98

- Auf die gleiche Weise könnten Sie Spalten bzw. Zeilen über die Schaltflächen der Gruppe **Zeilen und Spalten** einfügen.

Zusammenführen und Teilen von Zellen und Tabellen

Das Zusammenführen von Zellen ist relativ einfach, jedoch durchaus zeitaufwendig und mit Nachbearbeitungen verbunden. Das Teilen von Zellen ergibt praktisch keinen Sinn, da einzelne Informationen durch Kopieren und Einfügen dann in die richtige Zelle versetzt werden müssen. Daher ist es vernünftig, eine zusätzliche Spalte einzufügen und dann die Änderungen vorzunehmen. Das Teilen einer Tabelle ist hingegen unkompliziert.

Bearbeitungsschritte:

- Öffnen Sie das Dokument *Tabelle_1*. Speichern Sie es unter dem Namen *Tabelle_6*. Formatieren Sie die Tabelle vernünftig. Markieren Sie die angezeigten Zellen.

Name1	Straße	PLZ	Ort
Wagner GmbH	Vogtweg 23	33607	Bielefeld

- Klicken Sie im Register **Tabellentools/Layout** in der Gruppe **Zusammenführen** die Schaltfläche **Zellen verbinden** an. Wählen Sie die Alternative **Zeilen löschen** aus.

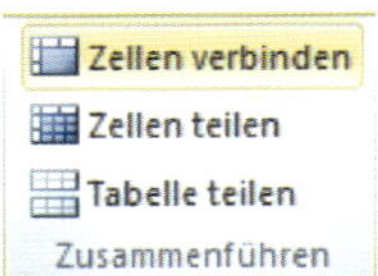

- Das Ergebnis überzeugt noch nicht.

Name1	Straße	PLZ Ort

- Mithilfe der Taste [**Entf**] und der Leertaste können Sie die richtige Darstellung erreichen. Wiederholen Sie die Zusammenfassung der Zellen in den nächsten Zeilen.

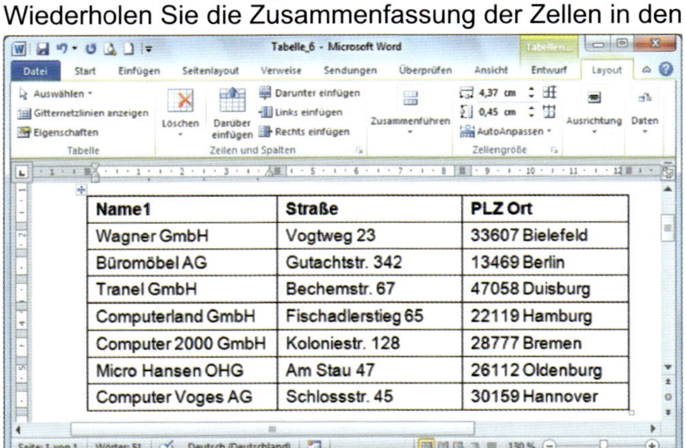

Name1	Straße	PLZ Ort
Wagner GmbH	Vogtweg 23	33607 Bielefeld
Büromöbel AG	Gutachtstr. 342	13469 Berlin
Tranel GmbH	Bechemstr. 67	47058 Duisburg
Computerland GmbH	Fischadlerstieg 65	22119 Hamburg
Computer 2000 GmbH	Koloniestr. 128	28777 Bremen
Micro Hansen OHG	Am Stau 47	26112 Oldenburg
Computer Voges AG	Schlossstr. 45	30159 Hannover

- Markieren Sie die Zellen mit der Postleitzahl und dem Ort. Klicken Sie die angezeigte Schaltfläche an. Sie werden feststellen, dass es einen sehr hohen Zeitaufwand erfordert, die Daten jeweils an die richtige Stelle zu kopieren.

- Stellen Sie den Cursor in die dritte Zeile. Klicken Sie danach im Register **Tabellentools/ Layout** in der Gruppe **Zusammenführen** die Schaltfläche **Tabelle teilen** an. Die Tabelle wird nach der zweiten Zeile getrennt.

Sortieren von Daten

Eine Tabelle kann nach verschiedenen Kriterien sortiert werden. Dabei können auch mehrere Sortierkriterien genutzt werden.

Bearbeitungsschritte:

- Öffnen Sie das Dokument *Tabelle_5*. Speichern Sie das Dokument unter dem Namen *Tabelle_7*. Markieren Sie die Tabelle.
- Klicken Sie im Register **Tabellentools/Layout** die Schaltfläche **Daten** an. Wählen Sie die Alternative **Sortieren** aus.

- Das Programm erkennt, dass eine Überschrift gegeben ist. Daher kann nach einem Begriff in den Überschriften sortiert werden. Entscheiden Sie sich für die angezeigte Möglichkeit. Ein weiteres Sortierkriterium könnte gewählt werden, ergibt jedoch in diesem Fall keinen Sinn.

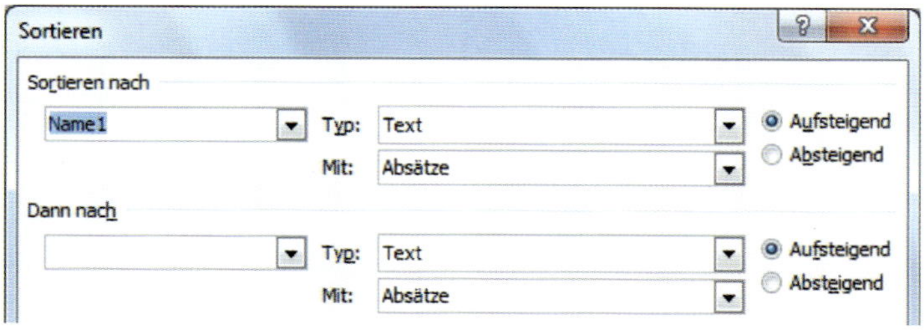

- Das Ergebnis sieht folgendermaßen aus:

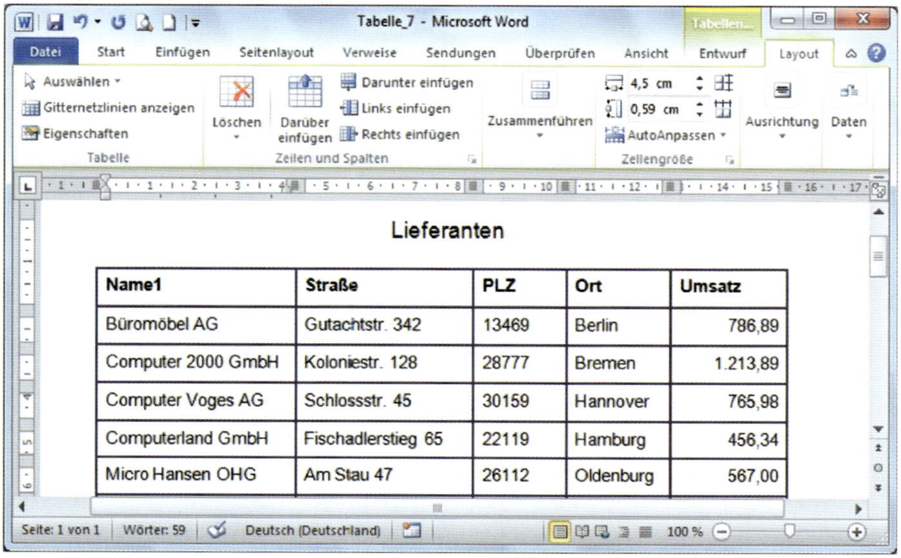

Name1	Straße	PLZ	Ort	Umsatz
Büromöbel AG	Gutachtstr. 342	13469	Berlin	786,89
Computer 2000 GmbH	Koloniestr. 128	28777	Bremen	1.213,89
Computer Voges AG	Schlossstr. 45	30159	Hannover	765,98
Computerland GmbH	Fischadlerstieg 65	22119	Hamburg	456,34
Micro Hansen OHG	Am Stau 47	26112	Oldenburg	567,00

- Erkennt das Programm keine Überschriften, können Sie einstellen, ob die Tabelle eine Überschrift enthält oder nicht. Ist keine Überschrift gegeben oder wurde die Überschrift nicht mit markiert, bietet das Programm an, die Daten nach festzulegenden Spalten zu sortieren.

Berechnungen in einer Tabelle

Grundsätzlich bietet es sich an, Berechnungen mit der Tabellenkalkulation Excel vorzunehmen und die Daten zu übertragen. Im Kapitel *Datenaustausch* wird dies genau beschrieben. Für kleinere Berechnungen kann jedoch auch eine Word-Tabelle genutzt werden.

Bearbeitungsschritte:

- Öffnen Sie das Dokument *Tabelle_5*. Speichern Sie das Dokument unter dem Namen *Tabelle_8*. Gehen Sie mit der Maus in die letzte Spalte der letzten Zeile. Fügen Sie mit der Tab-Taste [↹] eine neue Zeile ein.
- Gehen Sie mit der Maus in die letzte Spalte der neuen Zeile. Klicken Sie danach im Register **Tabellentools/Layout** die Schaltfläche **Daten** an. Wählen Sie die Alternative **Formel** aus.

- Im Fenster **Formel** wird die Formel schon vorgegeben. Sie müssen lediglich noch ein Zahlenformat festlegen.

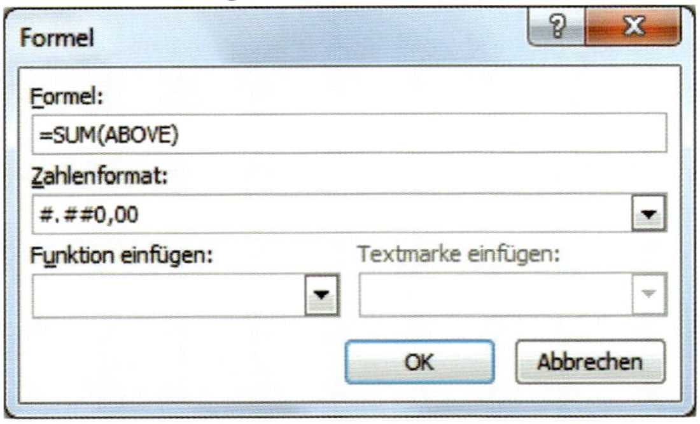

- Als Ergebnis wird die Gesamtsumme der Umsätze ausgegeben:

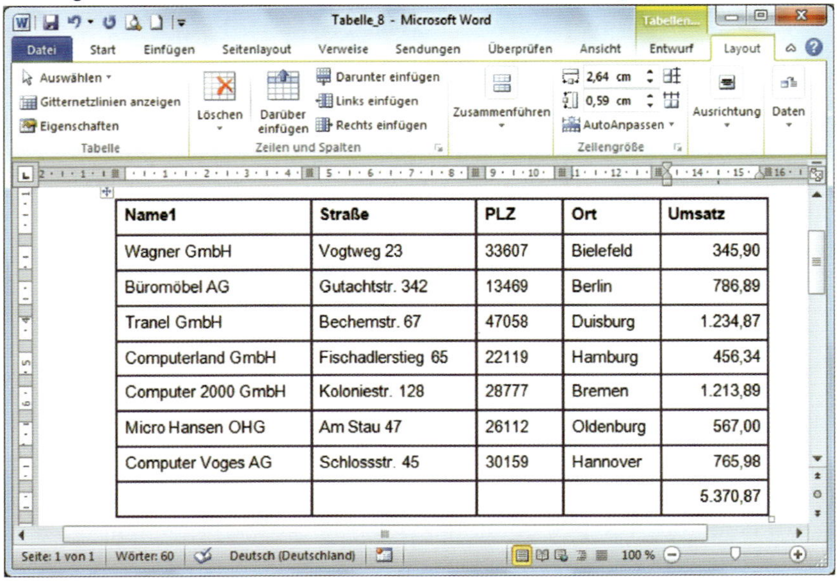

Name1	Straße	PLZ	Ort	Umsatz
Wagner GmbH	Vogtweg 23	33607	Bielefeld	345,90
Büromöbel AG	Gutachtstr. 342	13469	Berlin	786,89
Tranel GmbH	Bechemstr. 67	47058	Duisburg	1.234,87
Computerland GmbH	Fischadlerstieg 65	22119	Hamburg	456,34
Computer 2000 GmbH	Koloniestr. 128	28777	Bremen	1.213,89
Micro Hansen OHG	Am Stau 47	26112	Oldenburg	567,00
Computer Voges AG	Schlossstr. 45	30159	Hannover	765,98
				5.370,87

Umwandlung einer Tabelle in Text

Der Inhalt einer Tabelle wird in einen Text verwandelt, der z. B. durch Tabstopps voneinander getrennt wird. Die Umwandlung eines Textes mit Tabstopps in eine Tabelle wird im Kapitel *Tabulatoren* beschrieben.

Bearbeitungsschritte:

- Öffnen Sie das Dokument *Tabelle_5*. Speichern Sie das Dokument unter dem Namen *Tabelle_9*.
- Markieren Sie die Tabelle. Klicken Sie danach im Register **Tabellentools/Layout** die Schaltfläche **Daten** an. Wählen Sie die Alternative **In Text konvertieren** aus.

- Geben Sie an, dass der Text durch Tabstopps voneinander getrennt werden soll.

- Das Ergebnis sieht folgendermaßen aus:

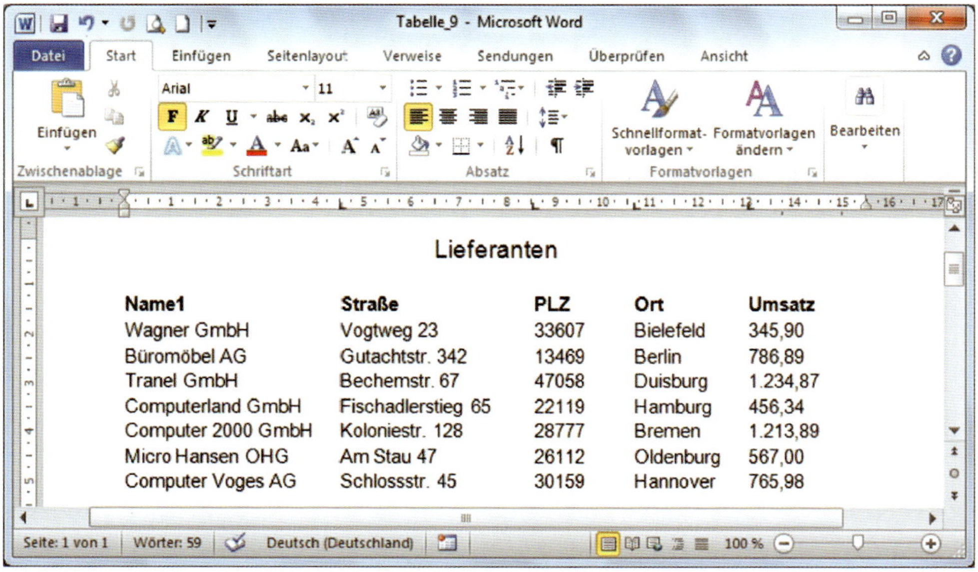

Lieferanten

Name1	Straße	PLZ	Ort	Umsatz
Wagner GmbH	Vogtweg 23	33607	Bielefeld	345,90
Büromöbel AG	Gutachtstr. 342	13469	Berlin	786,89
Tranel GmbH	Bechemstr. 67	47058	Duisburg	1.234,87
Computerland GmbH	Fischadlerstieg 65	22119	Hamburg	456,34
Computer 2000 GmbH	Koloniestr. 128	28777	Bremen	1.213,89
Micro Hansen OHG	Am Stau 47	26112	Oldenburg	567,00
Computer Voges AG	Schlossstr. 45	30159	Hannover	765,98

- Eine Nachbearbeitung der Daten bietet sich an. So ist beispielsweise für den Umsatz ein rechtsbündiger Tabstopp zu wählen.

Übungen:

1. Erstellen Sie den folgenden Lebenslauf in einer Tabelle.

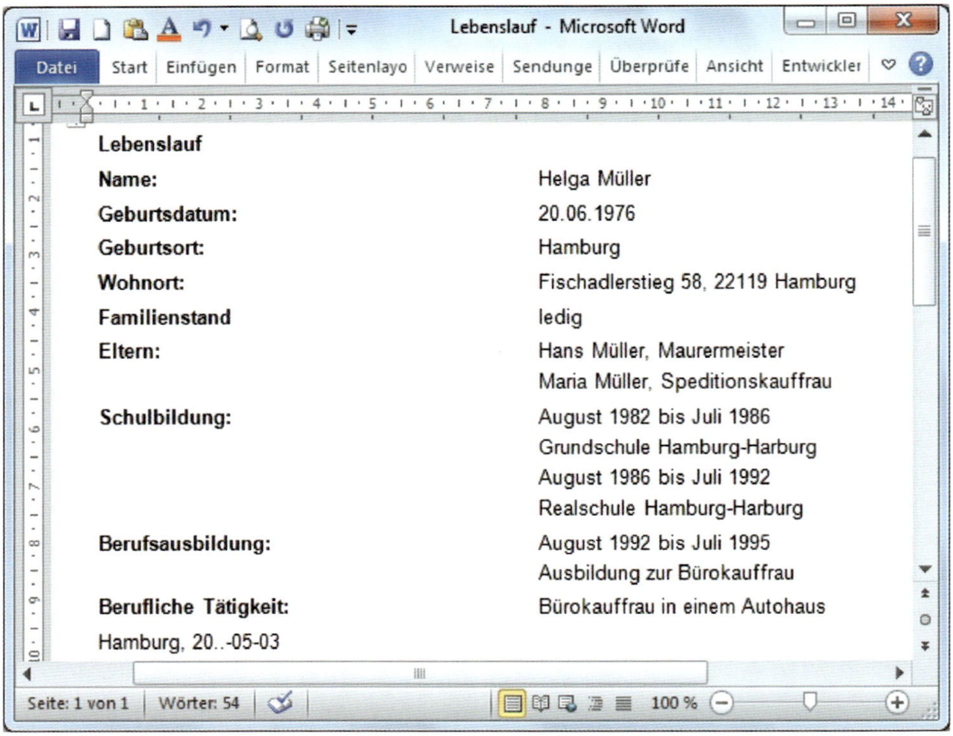

Lebenslauf

Name:	Helga Müller
Geburtsdatum:	20.06.1976
Geburtsort:	Hamburg
Wohnort:	Fischadlerstieg 58, 22119 Hamburg
Familienstand	ledig
Eltern:	Hans Müller, Maurermeister Maria Müller, Speditionskauffrau
Schulbildung:	August 1982 bis Juli 1986 Grundschule Hamburg-Harburg August 1986 bis Juli 1992 Realschule Hamburg-Harburg
Berufsausbildung:	August 1992 bis Juli 1995 Ausbildung zur Bürokauffrau
Berufliche Tätigkeit:	Bürokauffrau in einem Autohaus

Hamburg, 20..-05-03

2. Erstellen Sie den folgenden Text mithilfe einer Tabelle unter dem Namen *Lebenslauf*.

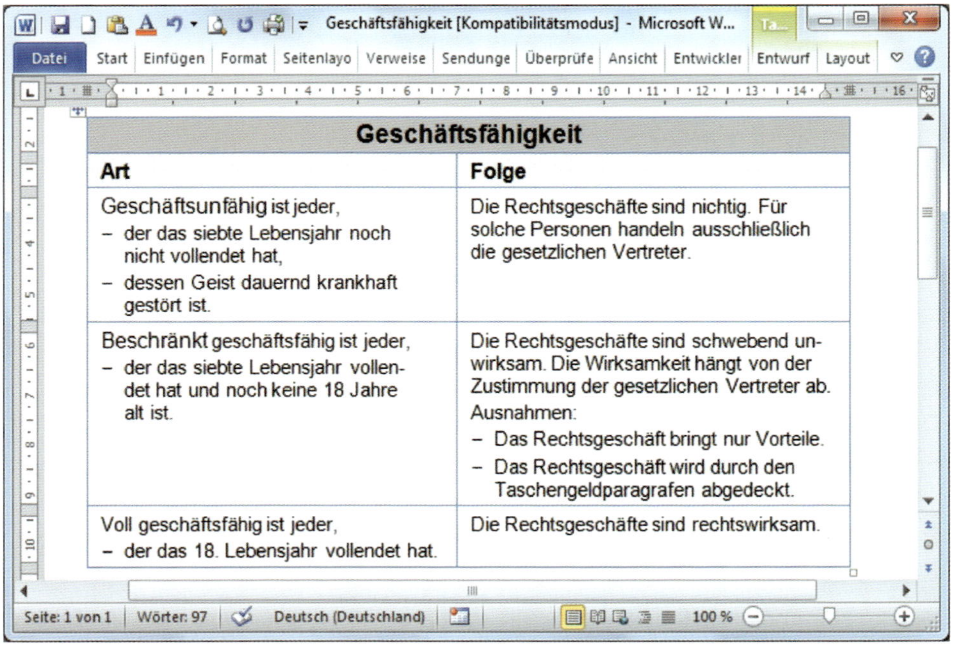

Geschäftsfähigkeit	
Art	**Folge**
Geschäftsunfähig ist jeder, – der das siebte Lebensjahr noch nicht vollendet hat, – dessen Geist dauernd krankhaft gestört ist.	Die Rechtsgeschäfte sind nichtig. Für solche Personen handeln ausschließlich die gesetzlichen Vertreter.
Beschränkt geschäftsfähig ist jeder, – der das siebte Lebensjahr vollendet hat und noch keine 18 Jahre alt ist.	Die Rechtsgeschäfte sind schwebend unwirksam. Die Wirksamkeit hängt von der Zustimmung der gesetzlichen Vertreter ab. Ausnahmen: – Das Rechtsgeschäft bringt nur Vorteile. – Das Rechtsgeschäft wird durch den Taschengeldparagrafen abgedeckt.
Voll geschäftsfähig ist jeder, – der das 18. Lebensjahr vollendet hat.	Die Rechtsgeschäfte sind rechtswirksam.

3.7.2 Bilder und Diagramme

Vorbemerkungen

Das Einfügen von Bildern, ClipArts und das Bearbeiten dieser Objekte wird im Kapitel *Elemente in Word-Dokumenten* ausführlich erklärt. Arbeiten Sie daher bei Bedarf dieses Kapitel durch. Im Kapitel *Datenaustausch* wird u. a. das Einfügen eines Diagramms in einen Word-Text beschrieben. Auch dies sollte bei Bedarf erarbeitet werden.

Einfügen und Anordnen einer Grafik

Durch eine geschickte Anordnung von Grafiken in Texten können ansprechende Flyer, Werbetexte, Einladungen usw. erstellt werden.

Bearbeitungsschritte:

- Erstellen Sie ein neues Dokument. Geben Sie den Text ein. Formatieren Sie den Text als Blocksatz. Speichern Sie das Dokument unter dem Namen *Grafik_Layout* ab. Das Ergebnis soll in etwa so aussehen:

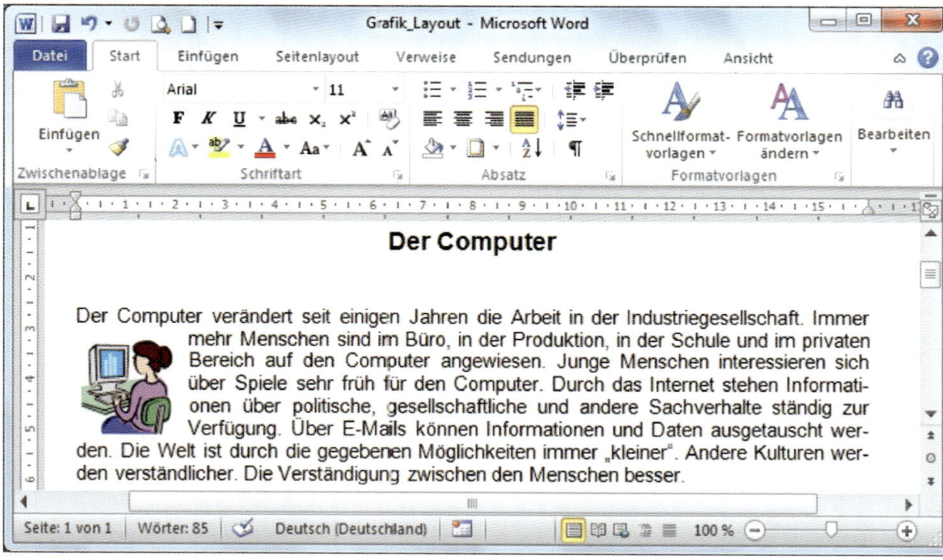

- Stellen Sie den Cursor eine Zeile hinter den Text. Klicken Sie im Register **Einfügen** in der Gruppe **Illustrationen** die Schaltfläche **ClipArt** an. Fügen Sie ein *Clip Art*, beispielsweise das angezeigte, ein.

- Markieren Sie die Grafik. Verändern Sie über die Anfasser oder über die Schaltfläche die Schaltflächen **Formenhöhe** oder **Formenbreite** in der Gruppe **Schriftgrad** im Register **Bildtools/Format**.

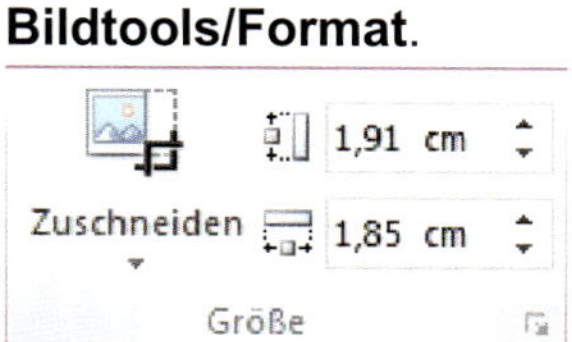

Bearbeitungsschritte (Fortsetzung):

- Ziehen Sie die Grafik an die angezeigte Position. Das Ergebnis dürfte noch nicht vernünftig sein.
- Klicken Sie im Register **Bildtools/Format** in der Gruppe **Anordnen** die Schaltfläche **Zeilenumbruch** an. Wählen Sie die Option **Passend**.

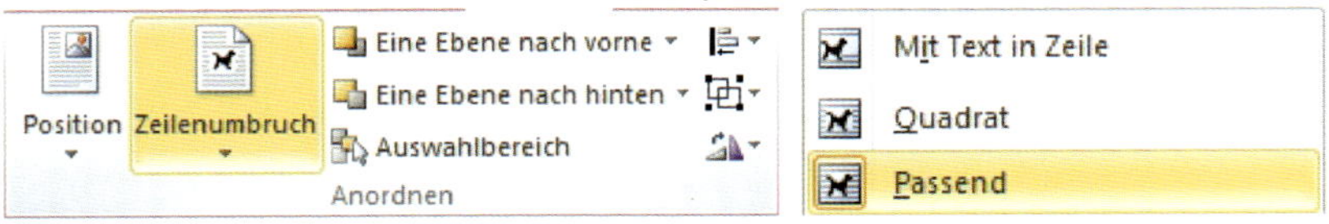

- Ziehen Sie die Grafik eventuell noch auf die gewünschte Position. Verändern Sie gegebenenfalls die Größe. Probieren Sie einige Optionen aus, z. B. die Option **Hinter den Text**. Sie werden feststellen, dass die Lesbarkeit des Textes kaum gegeben ist. Allerdings könnte bei einer entsprechenden Schriftfarbe und einem sehr blassen Bild auch dies gewährleitet werden.

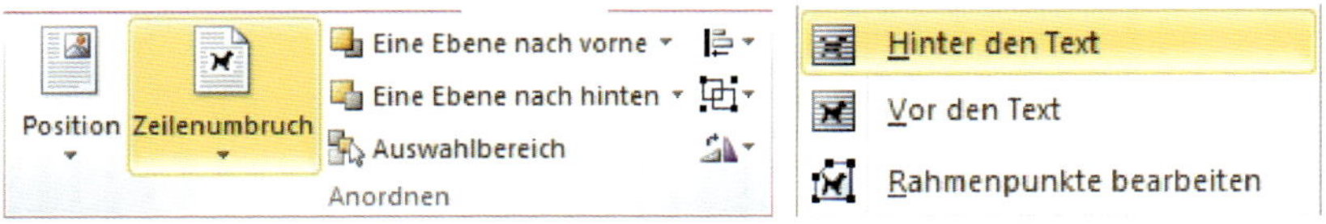

- Kehren Sie zur Option **Passend** zurück.
- Klicken Sie im Register **Bildtools/Format** in der Gruppe **Anordnen** die Schaltfläche **Textumbruch** an. Wählen Sie die Option **Weitere Layoutoptionen**.

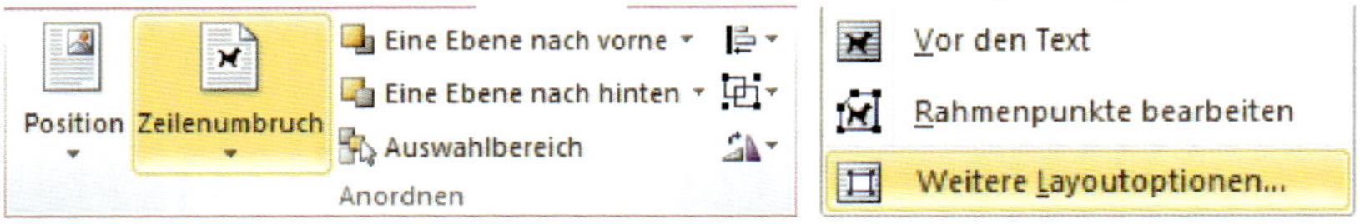

- Klicken Sie die Registerkarte *Textumbruch* an. Sie können nun beispielsweise den Abstand der Grafik vom Text festlegen. Probieren Sie einige Möglichkeiten aus. Kehren Sie dann zur ursprünglichen Einstellung zurück.

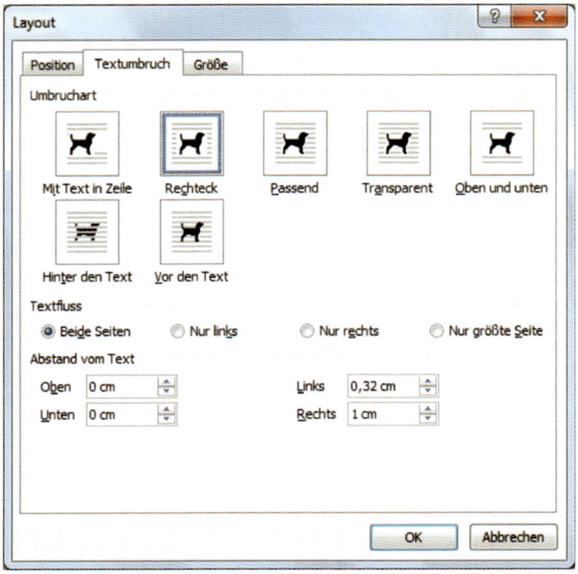

Bearbeitungsschritte (Fortsetzung):

- Klicken Sie die Registerkarte *Position* an. Wenn Sie gewährleisten wollen, dass die Grafik mit dem Text verschoben wird, müssen Sie die horizontale und vertikale Bildposition wie angezeigt absolut festlegen. Dies ist in der Regel die Voreinstellung.

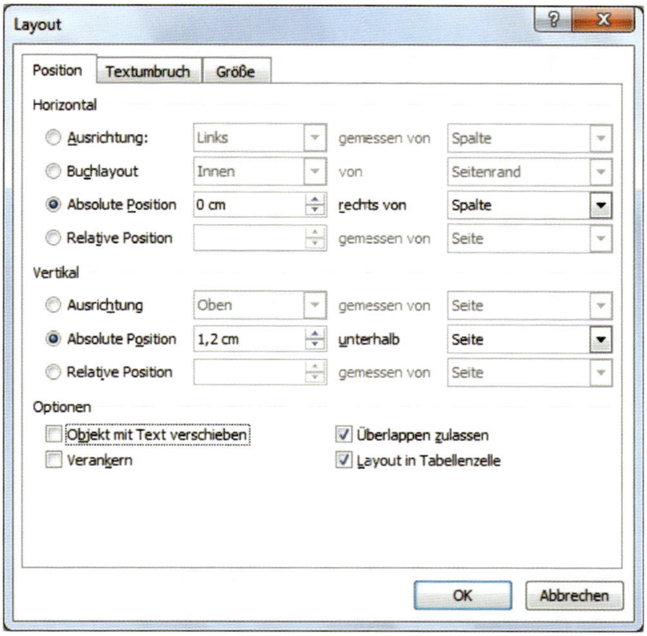

- Bei längeren Texten sollten Sie unter Umständen die Optionen (*Verankern* usw.) ausprobieren. Speichern Sie das Dokument.
- Speichern Sie das Dokument unter dem Namen *Grafik_Layout_1* nochmals ab. Realisieren Sie mithilfe der Maus die folgende Darstellung:

Bearbeitungsschritte (Fortsetzung):

- Markieren Sie die Grafik. Über die Anfasser an den Seiten der Grafik können Sie die Grafik verkleinern, sodass das Dokument dann folgendermaßen aussehen sollte. Eventuell müssen Sie jedoch noch den Abstand vom Text anpassen.

- Über den grünen runden Anfasser am oberen Rand der Grafik können Sie die Grafik drehen. Alternativ können Sie auch Einstellungen über die Schaltfläche **Drehen** in der Gruppe **Anordnen** im Register **Bildtools/Format** vornehmen.

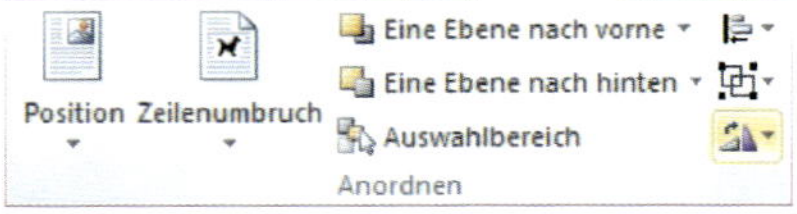

- Das Ergebnis sollte so aussehen:

- Probieren Sie weitere Einstellungen aus. Klicken Sie dazu im Register **Bildtools/Format** in der Gruppe **Anordnen** die Schaltfläche **Textumbruch** an. Wählen Sie die Option **Weitere Layoutoptionen**.

Kopieren und Einfügen von Grafiken

Das Kopieren und Einfügen von Grafiken entspricht dem normalen Kopieren und Einfügen von Texten. Daher wird der Sachverhalt nur kurz angesprochen.

Bearbeitungsschritte:

- Öffnen Sie das Dokument *Grafik_Layout*. Speichern Sie das Dokument unter dem Namen *Grafik_Layout_2*. Markieren Sie danach die Grafik.
- Klicken Sie im Register **Start** in der Gruppe **Zwischenablage** die Schaltfläche **Kopieren** an. Klicken Sie danach im Register **Start** in der Gruppe **Zwischenablage** die Schaltfläche **Einfügen** an.

- Die Grafik wird ein zweites Mal etwas versetzt zur ersten Grafik eingefügt. Ziehen Sie die Grafik an die nachfolgend angezeigte Stelle:

- Erstellen Sie ein neues Dokument. Kopieren Sie eine Grafik im Dokument *Grafik_Layout_2*. Fügen Sie danach die Grafik in das neue Dokument ein. Die Vorgehensweise ist im Prinzip mit dem Kopieren und Einfügen einer Grafik in einem Dokument vergleichbar.
- Die Übertragung eines Diagramms wird im Kapitel *Datenaustausch* erklärt.

3.8 Serienbriefe

Im Kapitel *Datenaustausch* werden umfangreiche Erörterungen zu den Serienbriefen gemacht. Es wird u. a. genau beschrieben, welche Datenquellen (Access-Tabelle, Excel-Tabelle, Word-Tabelle, Erstellen einer Datenquelle in Word) für die Erstellung von Serienbriefen genutzt werden können. Auch die Erstellung alternativer Serienbriefe wird beschrieben.

3.9 Ausgabevorbereitung und Drucken

Im Kapitel *Tabellenkalkulation mit Excel* werden die Ausgabevorbereitung und die Ausgabe eines Dokuments intensiv beschrieben. Da die Arbeitsschritte in der Regel identisch sind, wird an dieser Stelle auf eine zusätzliche Beschreibung verzichtet.

Zusammenfassende Übungen:

1. Aufgabe

Erstellen und formatieren Sie den Text wie angegeben. Nutzen Sie die Schriftart *AvandGarde*. Steht diese nicht zur Verfügung, wählen Sie eine andere Schriftart. Die Bilder sollten Sie sich gegebenenfalls aus dem Internet laden.

Computerarten

Computer werden in unterschiedlichen Arten und verschiedenen Formen angeboten. In der nachfolgenden Übersicht werden die einzelnen Computer kurz beschrieben.

Begriff	Erklärung
Personal Computer - Tower 	Der Personal Computer enthält neben den traditionellen Komponenten Zentraleinheit und Festplatte weitere Hardwarekomponenten, wie z. B. ein DVD-Laufwerk, Schnittstellen oder eine weitere Festplatte. Der Tower ist zu empfehlen, da er besser auf Erweiterungen ausgelegt ist. Einen kleineren Tower bezeichnet man als Minitower. Das Desktop-Gehäuse als traditionelles Gehäuse für einen Personal Computer kommt heute kaum noch vor.
Laptop/ Notebook 	Der Laptop (Notebook) ist ein tragbarer Computer, der es ermöglicht, auch ohne Stromanschluss Daten zu erfassen und zu verarbeiten. Er beinhaltet alle Elemente des herkömmlichen Computers mit Festplatte, CD-/DVD-Laufwerk bzw. -Brenner und Anschlussmöglichkeiten für Drucker und Maus. Ein besonderes Kennzeichen ist das Strom sparende Flüssigkristalldisplay zur Anzeige der Daten. Besonders leichte tragbare Personal Computer werden auch als Notebooks (Notizbuch) bezeichnet.
PDA/ Handheld 	Ein Handheld Computer bzw. PDA (Personal Digital Assistant) ist ein kleines tragbares Gerät, auf dem wichtige Programme wie Terminplaner, Textverarbeitung und Tabellenkalkulation für den Einsatz unterwegs zumeist installiert sind. In der Regel ist der Computer mit einer Schnittstelle ausgestattet, die es erlaubt, die Daten auf einen Personal Computer zu übertragen. Bei modernen Geräten werden die Daten z. B. per Funk auf einen anderen Computer übertragen.
Mainframe 	Ein Großrechner (engl.: Mainframe, Host) ist ein umfangreiches, komplexes Computersystem. Dabei werden die Kapazitäten und Möglichkeiten eines Personal Computers weit überschritten. Auch Netzwerke können die Leistungsmerkmale eines Großrechners in der Regel nicht erreichen.
Netzwerk-Computer 	Netzwerk-Computer werden zur Nutzung des Internets und in lokalen Intranetzen (Firmennetzen) eingesetzt. Sie sind im Grunde genommen Terminals, die über eigene lokale CPU-Leistung verfügen.

Zusammenfassende Übungen:

2. Aufgabe

Erstellen Sie Serienbriefe mithilfe der Kundendaten und des Brieftextes. Die Daten können Sie mithilfe von **Word**, **Excel** oder **Access** erstellen. Speichern Sie den Text unter dem Namen *Kunden*. Den Brieftext speichern Sie unter dem Namen *Sonderangebot*.

Kunden_Nr	Name1	Strasse	PLZ	Ort
200	Otto Artig e. Kfm.	Mühlenstr. 45	26789	Leer
201	Hans Kassens	Am Forst 45	49809	Lingen
202	Bürohandlung GmbH	Markt 21	49716	Meppen
203	Bürobedarf Hinze KG	Siemensstr. 1	12459	Berlin
204	Rohr & Co. KG	Gallotweg 67	26723	Emden

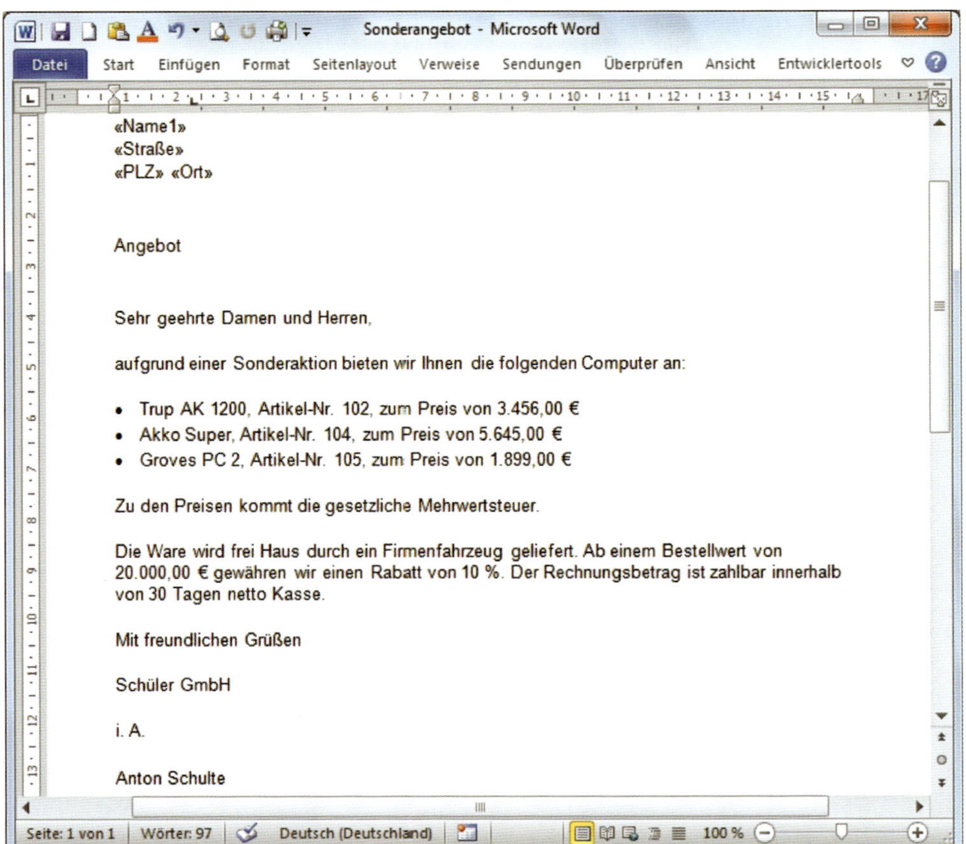

«Name1»
«Straße»
«PLZ» «Ort»

Angebot

Sehr geehrte Damen und Herren,

aufgrund einer Sonderaktion bieten wir Ihnen die folgenden Computer an:

- Trup AK 1200, Artikel-Nr. 102, zum Preis von 3.456,00 €
- Akko Super, Artikel-Nr. 104, zum Preis von 5.645,00 €
- Groves PC 2, Artikel-Nr. 105, zum Preis von 1.899,00 €

Zu den Preisen kommt die gesetzliche Mehrwertsteuer.

Die Ware wird frei Haus durch ein Firmenfahrzeug geliefert. Ab einem Bestellwert von 20.000,00 € gewähren wir einen Rabatt von 10 %. Der Rechnungsbetrag ist zahlbar innerhalb von 30 Tagen netto Kasse.

Mit freundlichen Grüßen

Schüler GmbH

i. A.

Anton Schulte

Zusammenfassende Übungen:

3. Aufgabe

Erstellen Sie das folgende Dokument. Fügen Sie ein WordArt-Objekt ein. Speichern Sie den Text unter dem Namen *Computer*.

4. Aufgabe

Erstellen Sie das folgende Dokument. Fügen Sie ein SmartArt-Objekt ein. Speichern Sie den Text unter dem Namen *Kaufvertrag*.

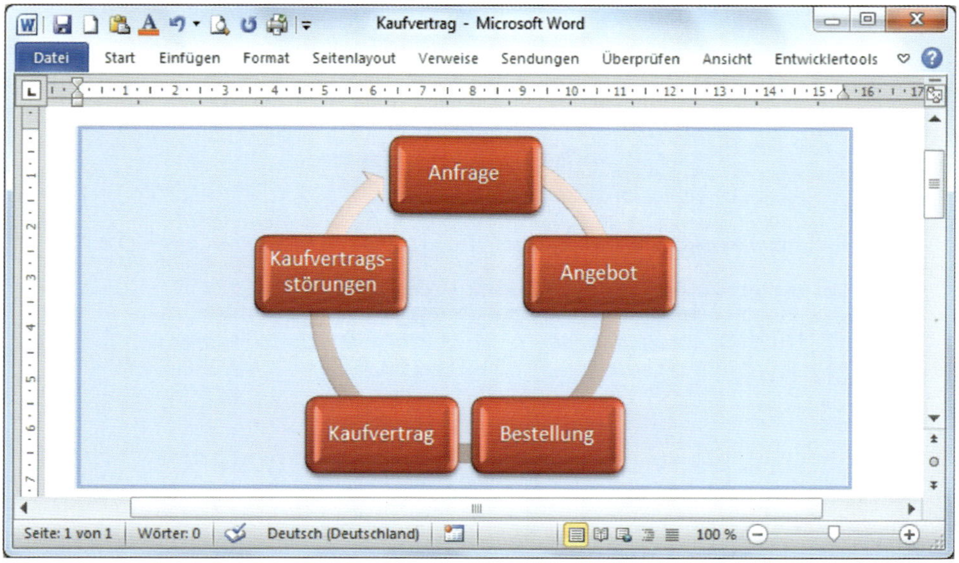

4 Tabellenkalkulation mit Excel

4.1 Nutzung des Programms

4.1.1 Erste Schritte in der Tabellenkalkulation

Tabellenkalkulationsprogramm starten und beenden

Tabellenkalkulationsprogramme werden wie jedes andere Programm über das Anklicken eines Symbols auf dem Desktop oder über die Schaltfläche **Start** gestartet.

Bearbeitungsschritte:

- Starten Sie das Programm **Excel**. Klicken Sie das entsprechende Programmsymbol auf dem Desktop an.

- Alternativ können Sie das Programm über die folgenden Schaltflächen auswählen:

- Eventuell können Sie das Programm über die **Taskleiste** öffnen:

Der Excel-Bildschirm beinhaltet nachfolgend dargestellte Komponenten. Neben den normalen Komponenten wie der Menüleiste und dem Menüband gibt es bei einer Tabellenkalkulation die Rechenleiste für die Eingabe und Anzeige von Werten, Formeln usw.

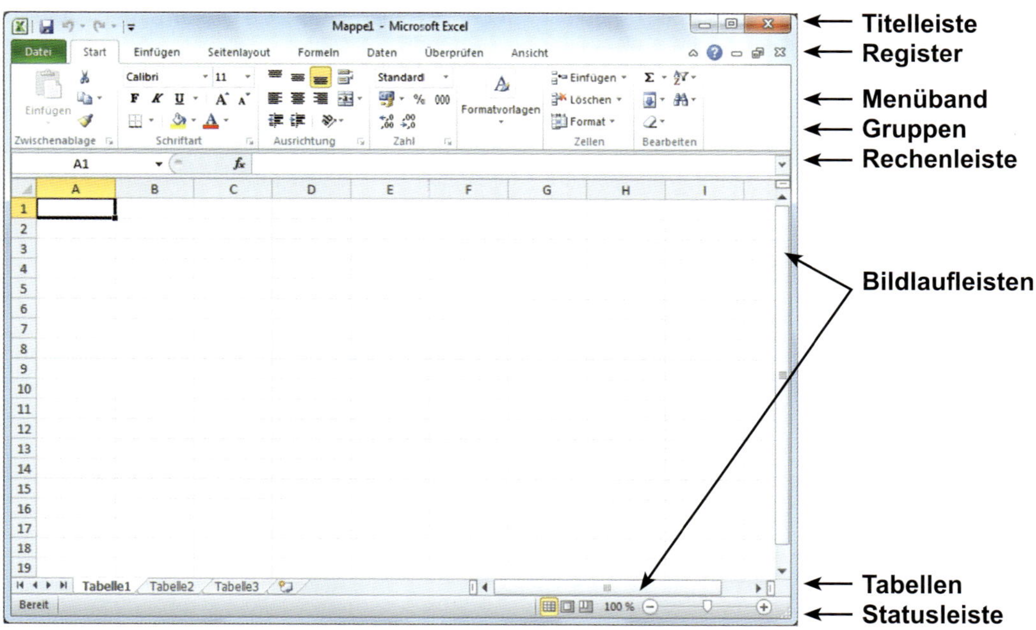

Bearbeitungsschritte:

- Wählen Sie den Menüpunkt **Datei/Beenden**.

  Alternative: Schaltfläche **Schließen** 

Backstage-Bereich

Aufbau des Backstage-Bereichs

Der Backstage-Bereich stellt neben traditionellen Elementen wie Fenstern zum Abspeichern und Öffnen von Dateien Bereiche zur Verfügung, die Informationen und spezielle Nutzungsmöglichkeiten beinhalten.

Bearbeitungsschritte:
• Wählen Sie den Menüpunkt **Datei**. Der Backstage-Bereich des Programms wird angezeigt. Über die einzelnen Menüpunkte können Sie benötigte Optionen anwählen.

<table>
<tr>
<td rowspan="2">
</td>
<td>Die ersten Menüpunkte stellen traditionelle Fenster zur Verfügung
• zum Abspeichern von Dateien,
• zum Abspeichern von Dateien unter einem anderen Namen,
• zum Öffnen von Dateien,
• zum Schließen von Dateien.</td>
</tr>
<tr>
<td>Die Menüpunkte stellen zur Verfügung:
• Informationen über das Dokument (Eigenschaften wie Seitenzahl usw., Autor usw.)
• Die zuletzt genutzten Dokumente werden angezeigt und können geladen werden.
• Ein neues Dokument wird aufgrund einer Standardvorlage, einer zur Verfügung gestellten oder selbsterstellten Vorlage zur Verfügung gestellt.
• Genaue Einstellungen für das Drucken von Dokumenten können vorgenommen werden.
• Dokumente werden freigegeben, beispielsweise als PDF-Datei oder auf einem von Microsoft zur Verfügung gestellten Speicher im Internet.
• Die Hilfefunktion kann aufgerufen werden. Außerdem können Optionen für die Nutzung des Programms festgelegt und das Programm beendet werden.</td>
</tr>
</table>

Aufteilung des Backstage-Bereichs

Bei Aufruf der Menüpunkte, bei denen kein Fenster aufgerufen wird, wird ein dreigeteilter Ausgabenbereich dargestellt. Die einzelnen Elemente sind unterschiedlich. Am Beispiel des Druckens sollen grundsätzliche Möglichkeiten verdeutlicht werden. Einzelne Bereiche werden später intensiv beschrieben.

<table>
<tr><th>Menüpunkt</th><th>Einstellungen</th><th>Darstellung</th></tr>
<tr>
<td>
</td>
<td>
</td>
<td>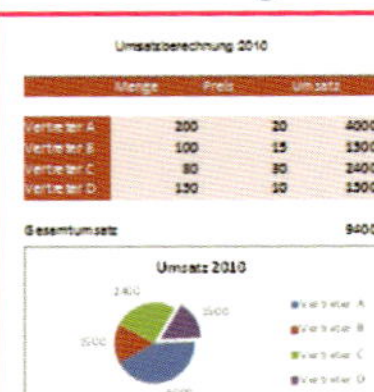</td>
</tr>
</table>

Erstellen einer neuen Arbeitsmappe aufgrund einer Standardvorlage

Eine Arbeitsmappe in **Excel** beinhaltet mehrere Tabellen. Beim Starten des Programms wird automatisch eine leere Arbeitsmappe, die auf der Standardvorlage beruht, geöffnet. Zusätzlich können jederzeit weitere Arbeitsmappen erstellt werden.

Bearbeitungsschritte:

- Starten Sie das Programm **Excel**. Automatisch wird dabei eine leere Arbeitsmappe geöffnet. Geben Sie in der Zelle **B2** die folgende Bezeichnung ein:

	A	B	C	D	E
1					
2		Umsatzberechnung 2010			

- Klicken Sie am unteren Bildschirmrand auf die Bezeichnung *Tabelle2*.

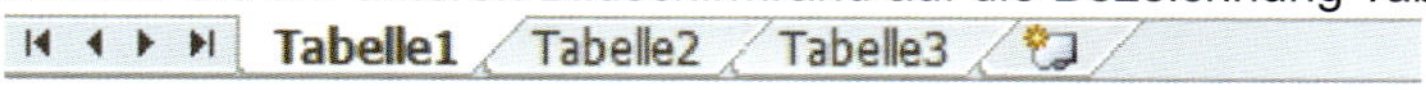

- Geben Sie in die *Tabelle2* die folgende Bezeichnung ein:

	A	B	C	D	E
1					
2		Umsatzberechnung 2011			

- Klicken Sie wieder die *Tabelle1* an. Zwischen den einzelnen Tabellen einer Arbeitsmappe können Sie jederzeit beliebig wechseln. Wie später gezeigt werden wird, lassen sich auch Berechnungen zwischen Zellen der einzelnen Tabellen durchführen.
- Wählen Sie den Menüpunkt **Datei/Neu**. Markieren Sie die Schaltfläche **Leere Arbeitsmappe** und klicken Sie danach die Schaltfläche **Erstellen** im rechten Bereich an, um eine zweite Arbeitsmappe zu öffnen.

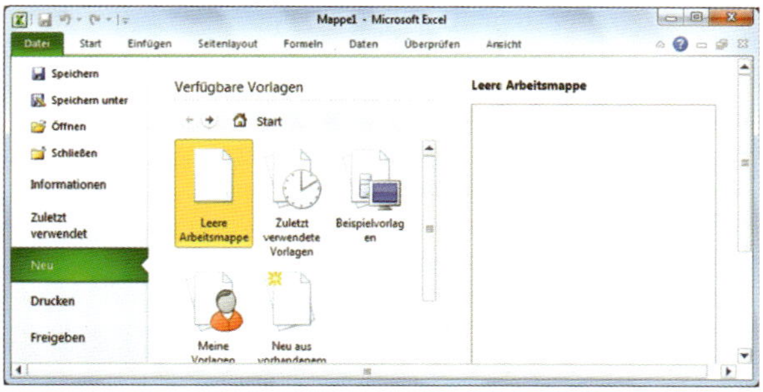

- Geben Sie in der Zelle **B2** der neuen Arbeitsmappe folgende Bezeichnung ein:

	A	B	C	D	E
1					
2		Zinsberechnung			

- Zwischen den Arbeitsmappen kann in der **Taskleiste** gewechselt werden. Außerdem können Sie über das Register **Ansicht** in der Gruppe **Fenster** nach Anklicken der Schaltfläche **Fenster wechseln** jederzeit die Arbeitsmappe auswählen. Die gewählte Arbeitsmappe wird gekennzeichnet.

Speicherung einer Arbeitsmappe unter verschiedenen Namen

Die Speicherung einer Arbeitsmappe erfolgt wie nachstehend angegeben. Spezielle Möglichkeiten des Speicherns werden auf den nächsten Seiten beschrieben.

Bearbeitungsschritte:

- Wechseln Sie zur ersten Arbeitsmappe. Wählen Sie den Menüpunkt **Datei/Speichern**. Alternativ klicken Sie die Schaltfläche **Speichern**  in der **Symbolleiste für den Schnellzugriff** an. Die Symbolleiste wird später beschrieben.
- Wählen Sie im Fenster **Speichern unter** das Verzeichnis **Bibliotheken/Dokumente** aus. Klicken Sie danach die Schaltfläche **Neuer Ordner** an und erstellen Sie einen Ordner, z. B. unter dem Namen *Dateien_Excel_2010*.

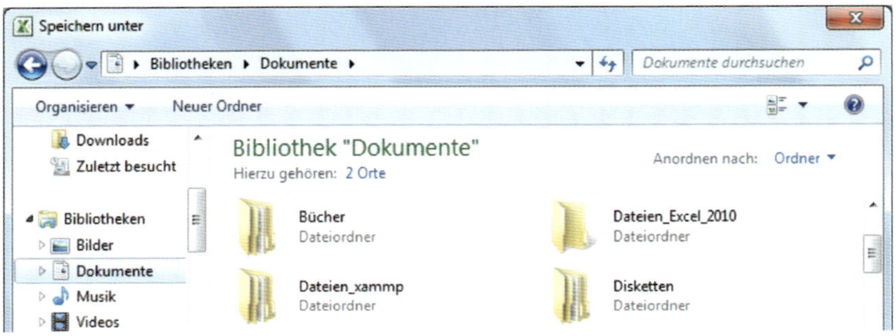

- Klicken Sie danach den erstellten Ordner an.

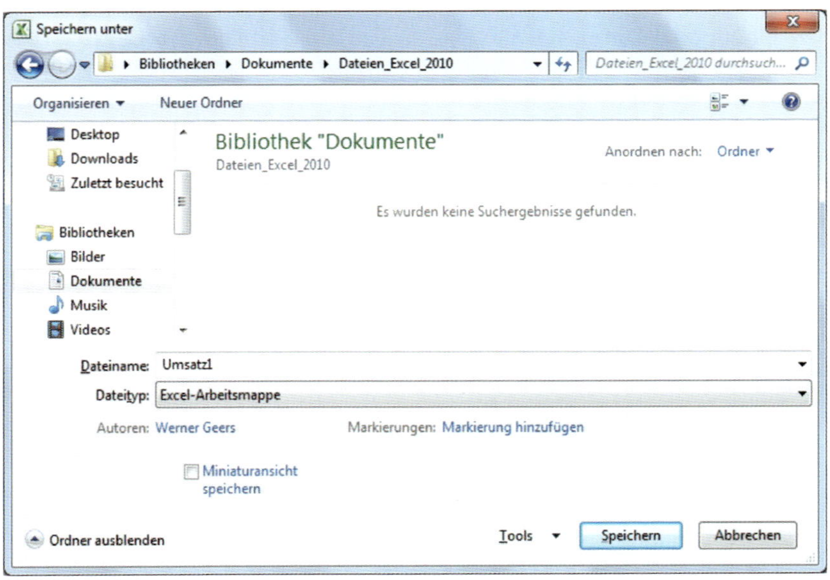

- Geben Sie den Dateinamen *Umsatz1* an. Klicken Sie die Schaltfläche **Speichern** an und speichern Sie die Arbeitsmappe. Wenn Sie die Datei ein zweites Mal, z. B. nach einer Veränderung, unter dem gleichen Namen abspeichern möchten, klicken Sie entweder die Schaltfläche **Speichern** in der **Symbolleiste für den Schnellzugriff** an oder wählen Sie wiederum **Datei/Speichern**.
- Wollen Sie die Datei unter einem anderen Namen, auf einem Datenträger/in einem anderen Verzeichnis speichern, wählen Sie den Menüpunkt **Datei/Speichern unter**.

Öffnen von Arbeitsmappen

Das Öffnen bzw. Laden von Arbeitsmappen erfolgt analog dem Speichern der Dateien.

Bearbeitungsschritte:

- Wählen Sie den Menüpunkt **Datei/Öffnen**.

- Wählen Sie im folgenden Fenster das Laufwerk/den Ordner aus:

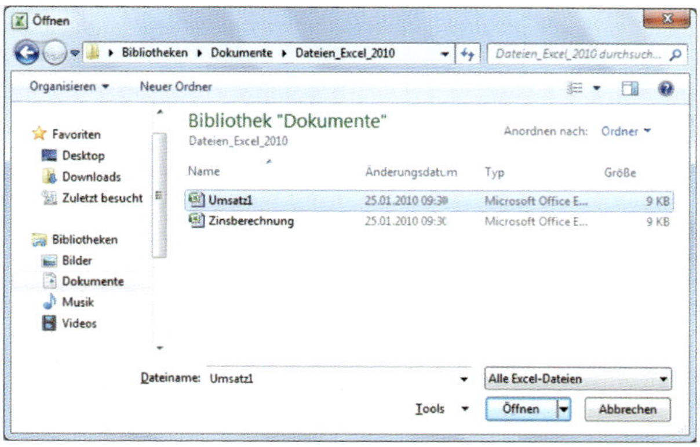

- Klicken Sie dann die von Ihnen gewünschte Datei doppelt an. Daraufhin wird sie geladen. Alternativ können Sie auch die gewünschte Datei markieren und danach die Schaltfläche **Öffnen** anklicken.
- Sollen mehrere Arbeitsmappen geöffnet werden, müssen diese Dokumente mithilfe der Maus und der Taste [**Strg**] oder der **Umschalttaste** markiert werden. Um mehrere Dateien mit der Taste [**Strg**] zu markieren, muss die erste Datei angeklickt werden, dann die Taste gedrückt werden und bei gedrückter Taste die nächste usw. Datei angeklickt werden. Wird mit der Umschalttaste gearbeitet, ist zunächst eine Datei zu markieren, dann die Taste zu drücken und bei gedrückter Taste eine zweite Datei zu markieren. Alle zwischen den angeklickten vorhandenen Dateien werden ebenfalls geöffnet.

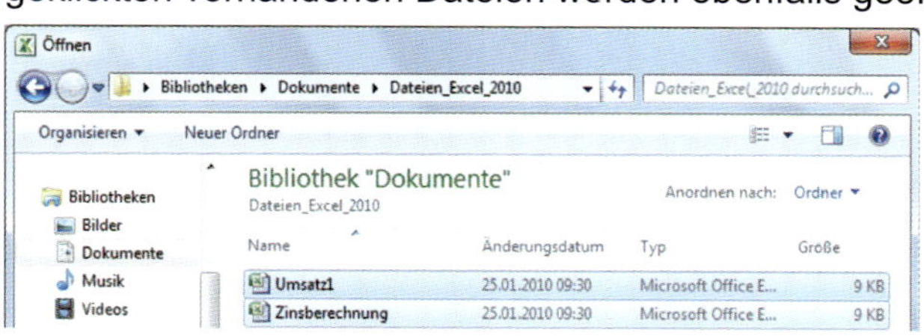

- Danach können Sie über das Register **Ansicht** nach Anklicken der Schaltfläche **Fenster wechseln** die benötigte Arbeitsmappe auswählen. Das aktuell geöffnete Dokument wird durch ein Häkchen gekennzeichnet.

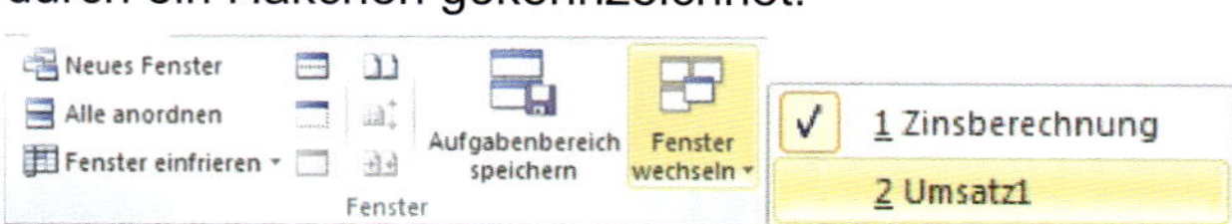

- Über die Taskleiste am unteren Bildschirmrand lassen sich die Arbeitsmappen ebenfalls auswählen.

Spezielle Möglichkeiten des Speicherns und Öffnens von Dateien

Die Fenster zum Speichern und Öffnen von Dateien bieten viele Möglichkeiten der Arbeit mit Dateien. So können Unterverzeichnisse angelegt, Dateien gelöscht werden usw. Der große Vorteil ist, dass die Arbeit mit dem Programm nicht unterbrochen werden muss, um z. B. ein Verzeichnis zu erstellen. Der Explorer ist in die folgenden Bereiche gegliedert:

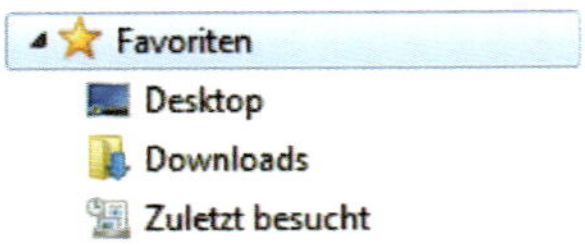	Häufig benötigte Ordner, die z. B. als Unterverzeichnis im Bereich **Bibliotheken** eingerichtet wurden, können in den Bereich der **Favoriten** gezogen werden. Dies bietet sich an, wenn besonders mit Dateien dieses Ordners gearbeitet wird.
	Daten sollten in **Bibliotheken**, geordnet nach Bildern, Dokumenten usw. abgelegt werden. Es können weitere Bibliotheken angelegt werden. In den Bibliotheken sollten Ordner (Verzeichnisse) angelegt werden, damit Daten nach weiteren sachlogischen Gesichtspunkten abgelegt werden können.
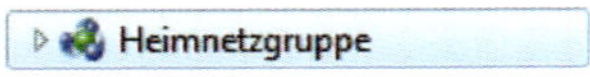	Bei Bedarf und den entsprechenden Gegebenheiten können **Heimnetzgruppen** angelegt werden, Dateien zur Nutzung auf anderen Computern freigegeben werden usw.
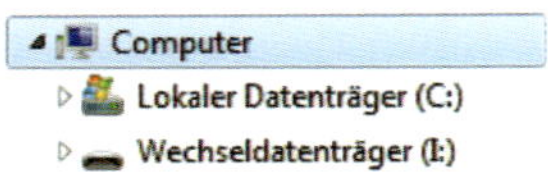	Alle Datenträger, die zzt. aktiv sind, werden angezeigt. Es können z. B. Sicherungen von Daten des Lokalen Datenträgers auf Wechseldatenträger vorgenommen werden.

Der Windows-Explorer ermöglicht die effektive Arbeit mit Ordnern und Dateien. Daher sollen die einzelnen Möglichkeiten genauer beschrieben werden.

	Zwischen Laufwerken/Ordnern wird mithilfe der Schaltflächen gewechselt. Das aktuelle Verzeichnis wird angezeigt. 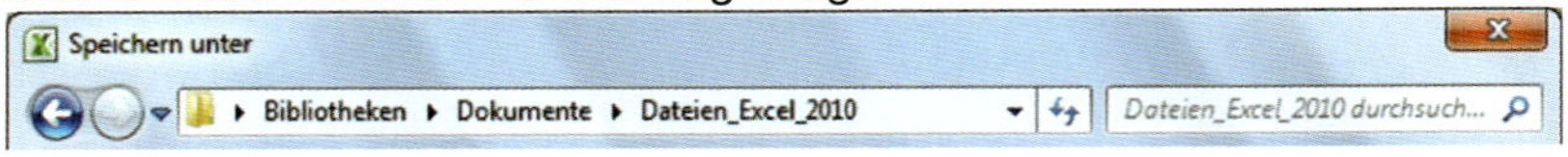
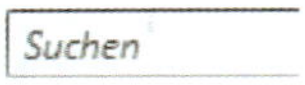	Innerhalb des aktuellen Ordners kann nach Begriffen gesucht werden. 
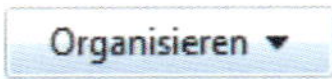	Viele Möglichkeiten, die ansonsten nur durch den Windows-Explorer zur Verfügungen gestellt werden, können aufgerufen werden. Beispielsweise lassen sich Ordner und Dateien kopieren, einfügen usw. 
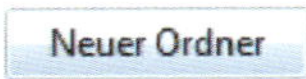	Ein neuer Ordner wird erstellt. Der Ordner kann über die Schaltfläche **Organisieren** umbenannt werden. Danach können Daten in dem Ordner gespeichert werden. 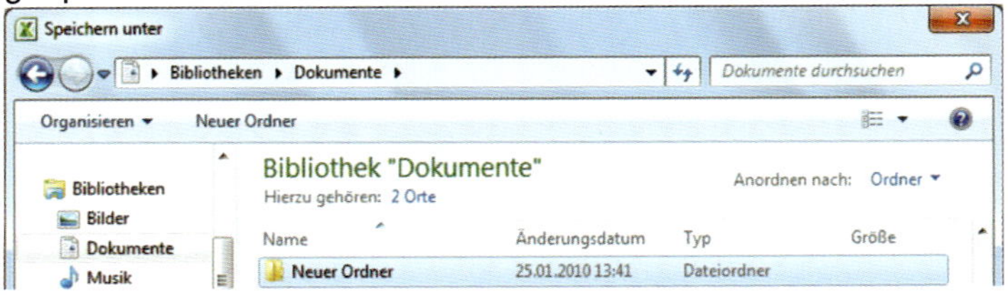

Speicherung und Öffnen eines anderen Dateityps

Erstellte Daten sollen in der Regel von anderen Programmen und zu anderen als den ursprünglichen Zwecken genutzt werden. Notwendig ist, dass die Daten von anderen Tabellenkalkulationsprogrammen und Textverarbeitungs- oder Datenbankprogrammen gelesen und verarbeitet werden können. Wird ein Format für Tabellenkalkulationsprogramme genutzt, geht es darum, dass die Inhalte einzelner Zellen gelesen und Berechnungen, Formeln und Funktionen übernommen werden. Die nachfolgende Liste der möglichen Dateitypen ist keineswegs vollständig.

Text	Ein Textdokument kann von einem Textverarbeitungsprogramm gelesen werden. Dabei können mehrere Textformate gewählt werden.
Webseite	Ein Internet-Browser kann Seiten in diesem Format darstellen. Daher können diese Dateien z. B. in Webs eingebaut werden.
CSV	Die Inhalte der Zellen einer Tabelle werden in einem Textformat durch ein Komma voneinander getrennt gespeichert. Verschiedene Programme können diese Daten dann lesen und verarbeiten.
Excel	Die erstellte Arbeitsmappe kann in einer früheren Version des Programms **Excel** eingelesen werden. Damit ist die Kompatibilität zwischen den einzelnen Excel-Versionen gegeben.

Bearbeitungsschritte:

- Öffnen Sie gegebenenfalls die Arbeitsmappe *Umsatz1*. Wählen Sie danach den Menüpunkt **Datei/Speichern unter**. Wählen Sie im Fenster **Speichern unter** im Bereich *Dateityp* den gewünschten Dateityp aus, z. B. *Webseite*.

Excel-Arbeitsmappe
Excel-Arbeitsmappe mit Makros
Excel-Binärarbeitsmappe
Excel 97-2003-Arbeitsmappe
XML-Daten
Einzelnes Webarchiv
Webseite
Excel-Vorlage
Excel-Vorlage mit Makros
Excel 97-2003-Vorlage
Text (Tabstopp-getrennt)
Unicode Text
XML-Kalkulationstabelle 2003
Microsoft Excel 5.0/95-Arbeitsmappe
CSV (Trennzeichen-getrennt)
Formatierter Text (Leerzeichen getrennt)
Text (Macintosh)
Text (MS-DOS)
CSV (Macintosh)
CSV (MS-DOS)
DIF (Data Interchange-Format)
SYLK (symbolische Verbindung)
Microsoft Office Excel-Add-In
Excel 97-2003-Add-In
PDF
XPS-Dokument
OpenDocument-Kalkulationstabelle

- Über den Menüpunkt **Datei/Informationen** können Sie sich über das Dokument informieren und eine Vorschau des Dokuments ansehen:

- Schließen Sie die Datei. Öffnen Sie danach das Dokument z. B. über den Windows-Explorer. Das Dokument wird dann in dem dafür vorgesehenen Programm geöffnet.

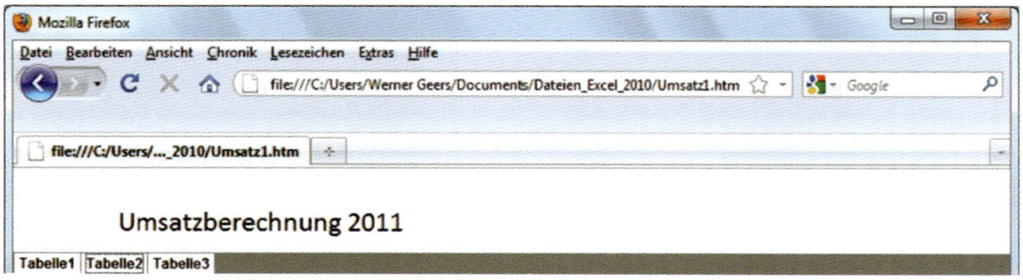

Verbesserung der Produktivität

Basis-Optionen

Unter Umständen lässt sich viel Arbeit ersparen, wenn allgemeine Festlegungen getroffen werden. Das können beispielsweise Benutzerdaten oder Ordner zum Abspeichern und Öffnen von Dateien sein.

Bearbeitungsschritte:

- Wählen Sie den Menüpunkt **Datei/Optionen**. Klicken Sie die Schaltfläche **Allgemein** an und geben Sie einen Benutzernamen ein.

- Klicken Sie die Schaltfläche **Speichern** an. Legen Sie den Standardspeicherort fest.

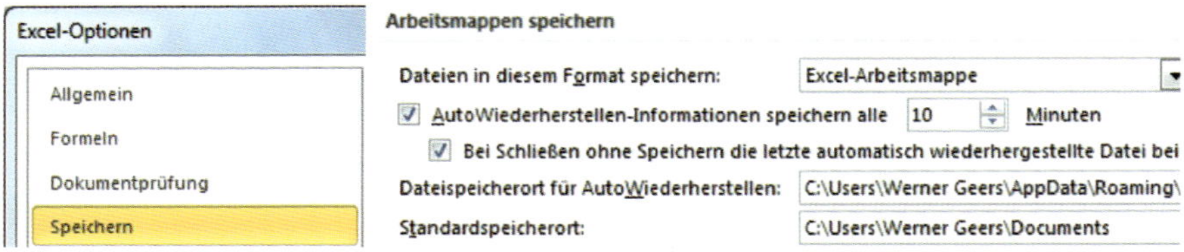

Hilfe-Funktionen

Office-Programme verfügen wie viele andere Programme über eine **Hilfe-Funktion**. Die Hilfe-Funktion ist so aufgebaut, dass auf der linken Seite verschiedene Begriffe zur Verfügung stehen. Auf der rechten Seite wird dann der gewünschte Inhalt ausgegeben.

Zum Aufruf der Hilfe muss die Schaltfläche **Microsoft Office Excel Hilfe** angeklickt oder die Funktionstaste [**F1**] betätigt werden. Außerdem sollte sofort die Schaltfläche **Inhaltsverzeichnis anzeigen** angeklickt werden.

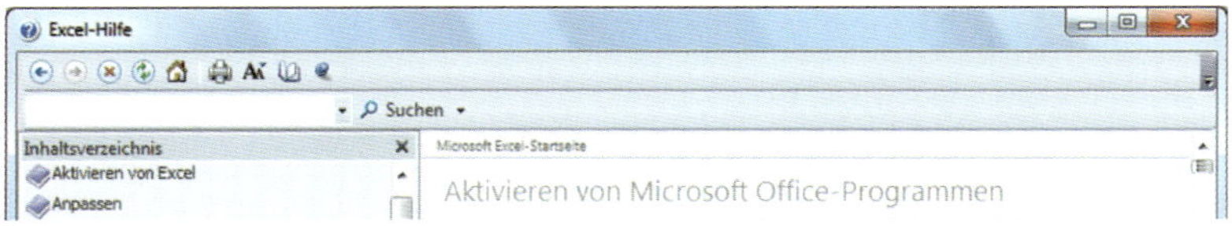

Das Suchen nach der benötigten Hilfe kann nach Anklicken von Registern auf verschiedene Arten erfolgen. Die folgende Übersicht zeigt die grundsätzlichen Möglichkeiten:

Inhalts-verzeichnis	Ein Sachverhalt sollte ausgewählt und konsequent erarbeitet werden. 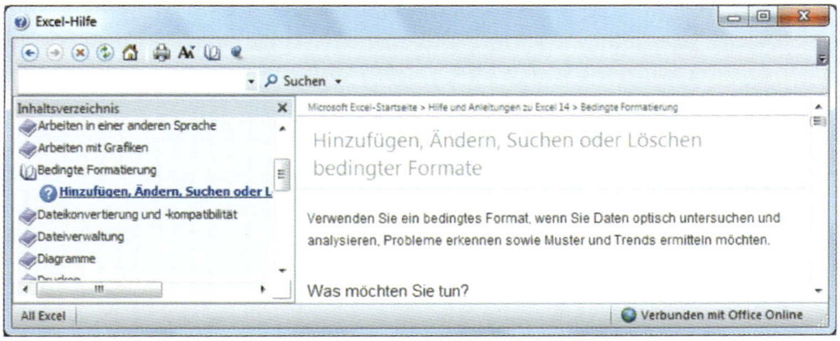

Suchen

Nach Eingabe eines Suchbegriffs werden alle Bereiche angegeben, in denen sich die benötigten Erklärungen befinden.

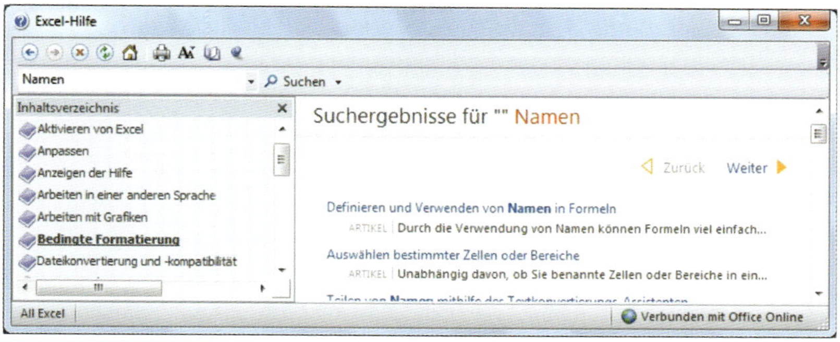

Bearbeitungsschritte:

- Öffnen Sie gegebenenfalls die Arbeitsmappe *Umsatz1*. Klicken Sie die Schaltfläche **Microsoft Office Excel Hilfe** an bzw. betätigen Sie die Funktionstaste [**F1**]. Der auf der vorherigen Seite dargestellte Hilfe-Bildschirm wird eingeblendet.
- Probieren Sie die einzelnen Möglichkeiten der Hilfe-Funktion im Bereich **Inhaltsverzeichnis** aus.
- Suchen Sie den Begriff *Namen*. Aktivieren Sie den Begriff durch das Anklicken der Schaltfläche **Suchen** Suchen, damit mögliche Erklärungen angezeigt werden. Suchen Sie nach dem oben angegebenen Begriff.
- Klicken Sie im rechten Bereich die benötigte Erklärung an. Die einzelnen Arbeitsschritte werden angegeben. Eventuell müssen Sie sich jedoch andere Erklärungen zu dem Sachverhalt zusätzlich ansehen.
- Wenn Sie den Pfeil nach unten neben der Schaltfläche Suchen anklicken, können Sie Bereiche festlegen, in denen gesucht werden soll.

Zoomfunktion

Für die Arbeit mit dem Programm kann individuell die Größe der Bildschirmwiedergabe eingestellt werden. Auf die spätere Druckausgabe hat diese Einstellung keinen Einfluss.

Bearbeitungsschritte:

- Klicken Sie im Register **Ansicht** in der Gruppe **Zoom** die Schaltfläche **Zoom** an. Bestimmen Sie danach den angegebenen Zoommodus.

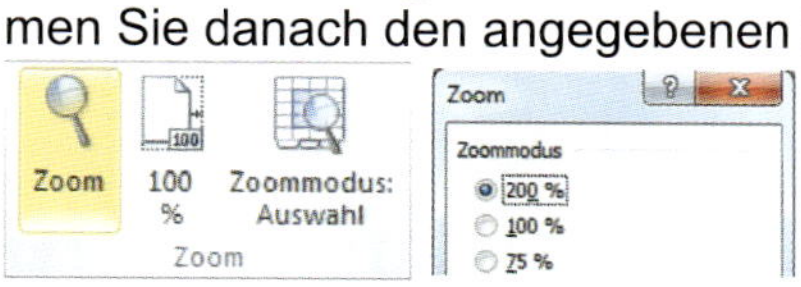

- Die Zellen werden größer dargestellt. Allerdings passen deutlich weniger Zellen auf eine Tabellenseite, sodass eventuell Informationen nicht mehr sichtbar sind. Über die Bildlaufleisten können aber benötige Zellen/Bereiche sichtbar gemacht werden.

4.1.2 Grundlagen

Register, Menüband, Gruppen und Schaltflächen

Durch eine konsequente Einarbeitung werden die Möglichkeiten des Programms deutlich. Effektives Arbeiten ist möglich, wenn die Grundlagen des Programms erarbeitet werden.

Die meisten Befehle werden über das Anklicken von Schaltflächen aufgerufen. Die Schaltflächen lassen sich über verschiedene Register im Menüband auswählen.

Bearbeitungsschritte:

- Beim Start des Programms ist das Register **Start** eingeblendet. Darunter werden die zur Verfügung stehenden Schaltflächen angezeigt:

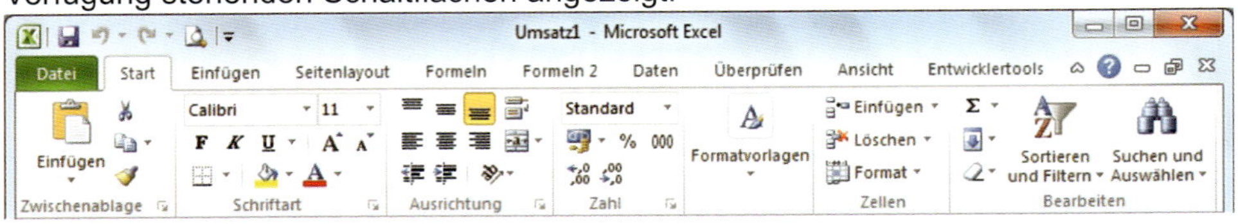

- Klicken Sie das Register **Einfügen** an. Es werden andere Schaltflächen angeboten.

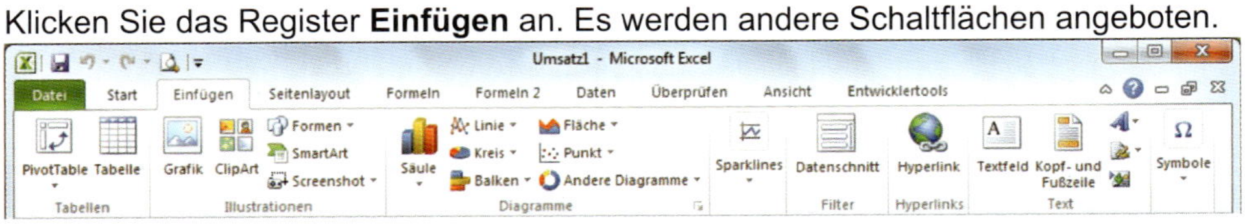

- Die Darstellung ist abhängig von der Bildschirmauflösung und/oder der Fenstergröße. Daher kommt es vor, dass einzelne Möglichkeiten erst nach dem Anklicken der Schaltflächen mit Pfeil zur Verfügung gestellt werden. Im dargestellten Beispiel werden Schaltflächen nach Anklicken der Schaltfläche **Diagramme** eingeblendet.

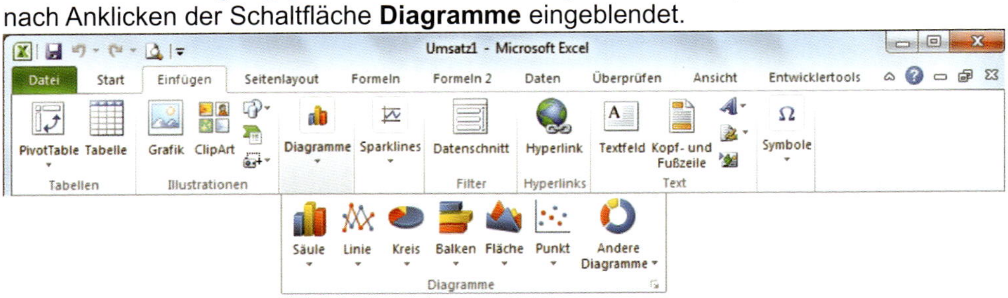

- Klicken Sie wieder das Register **Start** an. Die einzelnen Schaltflächen sind in Gruppen geordnet. Eine Gruppe im Register **Start** ist beispielsweise die Gruppe **Schriftart**. Die Bezeichnung der Gruppe wird am unteren Rand angegeben.

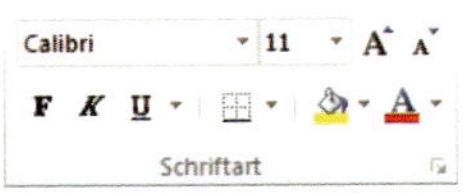

- Über den **Pfeil nach unten** im rechten unteren Eck werden in einzelnen Gruppen Alternativen zur Verfügung gestellt. Nach dem Markieren eines Bereichs kann z. B. die Schriftart ausgewählt werden.

Bearbeitungsschritte (Fortsetzung):

- Über die Registerkarten in dem Fenster können Sie Optionen auswählen, z. B. das Format einer Zahl bestimmen. Oftmals stehen verbesserte Optionen zur Verfügung.

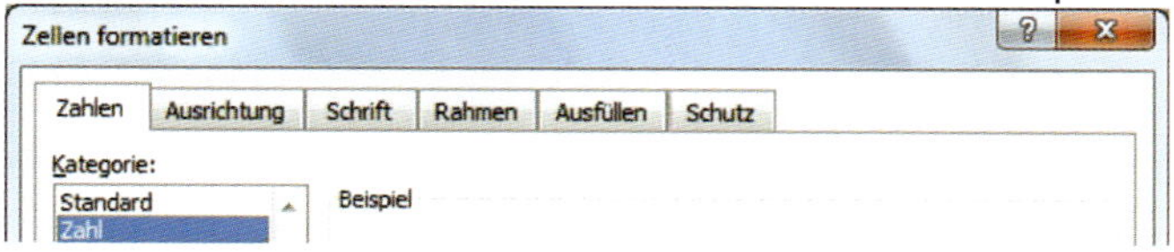

- Belässt man den Mauszeiger eine gewisse Zeit auf einer Schaltfläche, wird ein erklärender Text eingeblendet.

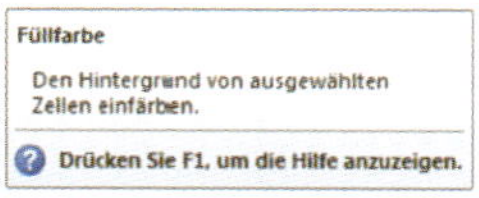

- Soll Platz für die Bearbeitung geschaffen werden, lässt sich das Menüband ausblenden. Klicken Sie die Schaltfläche **Menüband minimieren** an.

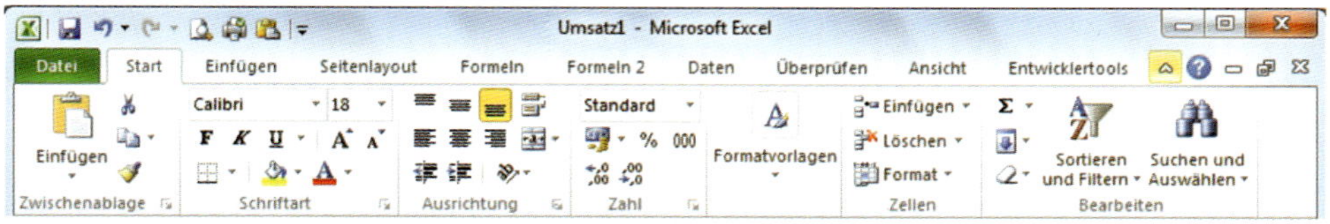

- Über die Schaltfläche **Menüband erweitern** wird das Menüband eingeblendet.

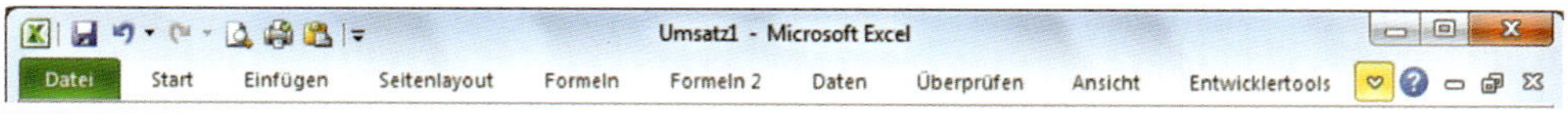

Bearbeiten des Menübands (Ribbon)

Wenn häufig immer wieder dieselben Schaltflächen benötigt werden, bietet es sich an, ein eigenes Register im Bereich des Menübands zu erstellen.

Bearbeitungsschritte:

- Wählen Sie den Menüpunkt **Datei/Optionen**. Klicken Sie danach die Schaltfläche **Menüband anpassen** an.

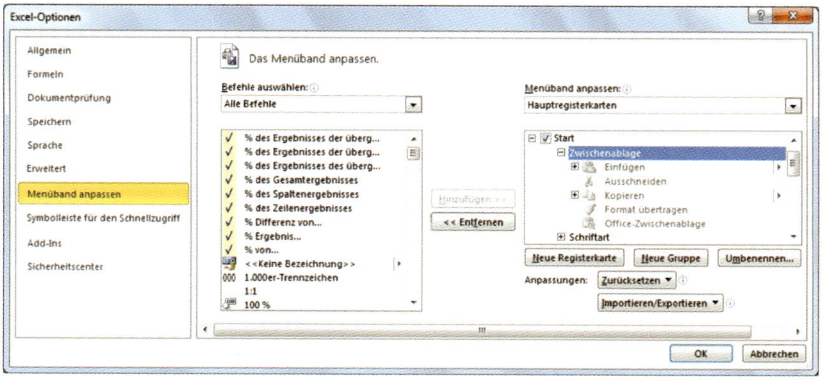

- Im rechten Bereich des Fensters werden bei entsprechender Einstellung alle **Hauptregisterkarten** eingeblendet. Durch Anklicken können die einzelnen Kontrollkästchen aktiviert bzw. deaktiviert werden.

Bearbeitungsschritte (Fortsetzung):

- Um eine neue **Registerkarte** mit einer neuen **Gruppe** und **Schaltflächen** zu erstellen, sollen im linken Bereich alle Befehle eingeblendet werden. Markieren Sie im rechten Bereich die Hauptregisterkarte **Formeln**.

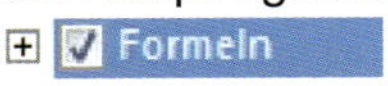

- Klicken Sie die Schaltfläche **Neue Registerkarte** an. Es wird eine noch unbenannte neue Registerkarte eingeblendet. Markieren Sie den Begriff.

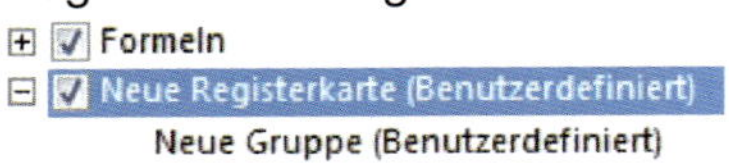

- Klicken Sie danach die Schaltfläche **Umbenennen** an. Benennen Sie im nachfolgenden Fenster die Hauptregisterkarte. Bearbeiten Sie dann die Gruppe wie angegeben.

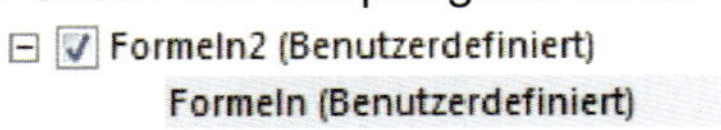

- Fügen Sie danach in die Gruppe **Formeln** Schaltflächen ein. Dies geschieht dadurch, dass zunächst die Gruppe im rechten Bereich markiert wird, danach im linken Bereich eine Schaltfläche ausgewählt und über die Schaltfläche **Hinzufügen** in die Gruppe **Formeln** eingefügt wird.

- Fügen Sie die angegebenen Schaltflächen in die Gruppe ein. Im **Menüband** wird nun die neue Gruppe angezeigt.

Kontextmenü

Das Kontextmenü stellt die jeweils möglichen Optionen zur Verfügung. Beispielsweise wird angegeben, ob kopiert, eingefügt usw. werden kann.

Bearbeitungsschritte:

- Klicken Sie **mit** der rechten Maustaste die Zelle **B2** an. Das Kontextmenü wird eingeblendet. Die zur Verfügung stehenden Befehle werden angegeben.

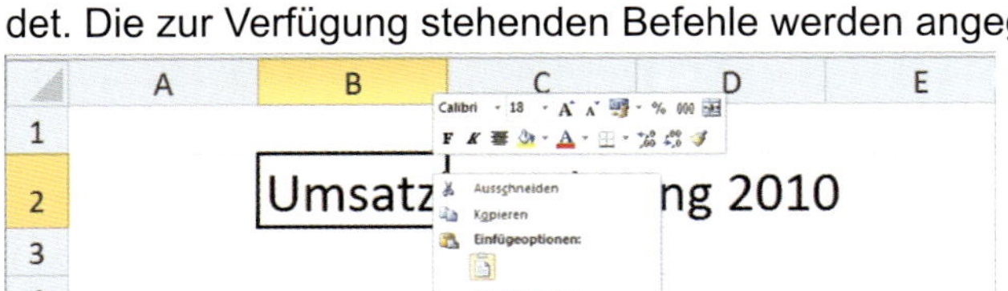

- Sie können nun beispielsweise Formatierungen vornehmen, Menüpunkte im Kontextmenü wählen usw. Damit ist eine schnelle Bearbeitung gegeben.

Symbolleiste für den Schnellzugriff

Wichtige Befehle für die Arbeit mit dem Programm lassen sich über die **Symbolleiste für den Schnellzugriff** aufrufen. Dadurch kann die Arbeit mit dem Programm effektiver gestaltet werden. Vor allem können die wichtigsten Schaltflächen jederzeit, ohne vorher z. B. das Register wechseln zu müssen, aufgerufen werden. Die Symbolleiste für den **Schnellzugriff** lässt sich individuell anpassen. Dies wird nachfolgend erklärt.

Bearbeitungsschritte:

- Die **Symbolleiste für den Schnellzugriff** wird in der linken oberen Ecke des Bildschirms angezeigt:

- Klicken Sie den Pfeil nach unten neben den Schaltflächen an. Eingeblendete Schaltflächen werden mit einem Häkchen gekennzeichnet. Aktivieren Sie für den Ausdruck nacheinander die Schaltflächen **Seitenansicht** und **Schnelldruck**.

- Die **Symbolleiste für den Schnellzugriff** verändert sich wie folgt:

- Einzelne Schaltflächen können auch auf eine andere sehr einfache Weise in die **Symbolleiste für den Schnellzugriff** eingefügt werden.
- Klicken Sie mit der rechten Maustaste eine Schaltfläche an. Wählen Sie danach den angegebenen Menüpunkt.

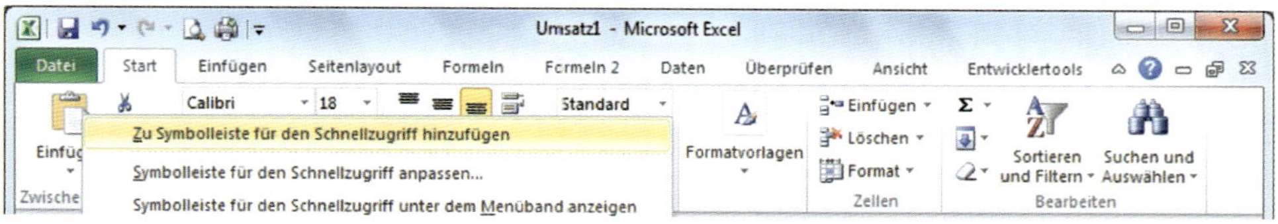

- Das Ergebnis sieht nun folgendermaßen aus:

Bearbeitungsschritte (Fortsetzung):

- Auch eine gesamte Gruppe kann an die Symbolleiste für den Schnellzugriff angehängt werden. Dann stehen die Schaltflächen dieser Gruppe zur Verfügung. Klicken Sie zu diesem Zweck mit der rechten Maustaste in die Gruppe **Schriftart**, nicht jedoch auf eine Schaltfläche. Wählen Sie danach den angezeigten Menüpunkt.

- Nach Anklicken der Schaltfläche wird die Gruppe **Schriftart** angezeigt.

- Sollen mehrere Schaltflächen eingefügt werden, bietet es sich an, **Excel-Optionen** zu nutzen. Klicken Sie in der **Symbolleiste für den Schnellzugriff** den Pfeil nach unten neben den Schaltflächen nochmals an. Wählen Sie den Menüpunkt **Weitere Befehle** aus. Fügen Sie z. B. über die Schaltfläche **Hinzufügen** einen Befehl hinzu.

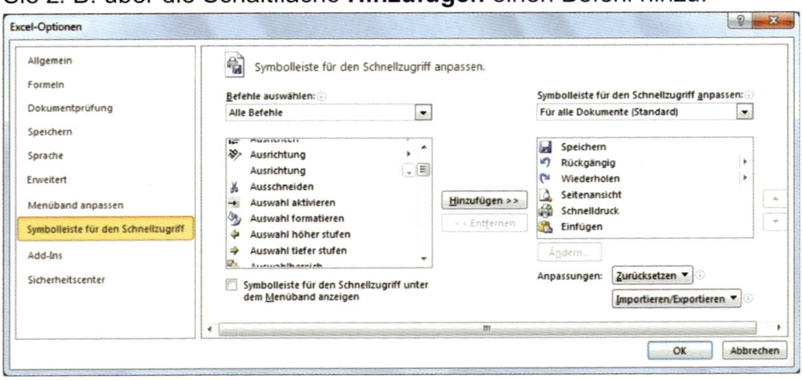

- In Zukunft steht auch diese Schaltfläche zur Verfügung. Nicht mehr benötigte Schaltflächen können im rechten Bereich des Fensters markiert und nach Anklicken der Schaltfläche **Entfernen** entfernt werden. Nach Anklicken der Schaltfläche **Zurücksetzen** werden nur die ursprünglich vorhandenen Schaltflächen angezeigt.

Smarttags

Smarttags stellen Möglichkeiten z. B. direkt nach dem Einfügen von Inhalten in eine Zelle zur Verfügung. Das Kopieren usw. von Inhalten wird später genauestens erklärt.

Bearbeitungsschritte:

- Kopieren Sie den Inhalt der Zelle **B2** in eine beliebige Zelle. Anschließend können Sie z. B. Werte einfügen, Formatierungen vornehmen usw.

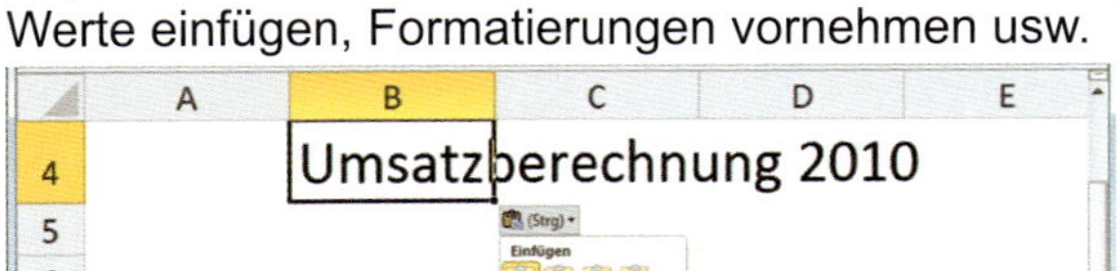

4.2 Zellen

4.2.1 Dateneingabe und Datenänderung

Bearbeitungshinweise

Das Eingeben von Buchstaben, Zahlen und Sonderzeichen in eine Zelle erfolgt immer auf die gleiche Art und Weise:

Markieren	Eine Zelle wird durch Anklicken mit der Maus markiert. Die Zelle kann auch mit den Cursor-Tasten angesteuert werden.
Bearbeiten	In die gewählte Zelle werden über die Tastatur Buchstaben, Zahlen usw. eingegeben. Außerdem ist es möglich, nach dem Anklicken der entsprechenden Schaltfläche die markierte Zelle zu formatieren, beispielsweise mit einer bestimmten Hintergrundfarbe zu belegen oder einen Rahmen um die Zelle zu legen.
Abschließen	Die Bearbeitung einer Zelle, also das Eingeben von Werten usw., wird mit dem Drücken der **Return-Taste** bzw. mit dem Anklicken der Schaltfläche **Eingeben** (✓) in der Bearbeitungszeile abgeschlossen.

Auch einzelne oder mehrere Bereiche werden, vor allem beim Formatieren, nach diesem Schema bearbeitet. Werden über Schaltflächen Fenster aufgerufen, wird eine Bearbeitung meistens durch das Anklicken der Schaltfläche **OK** in dem Fenster beendet.

Eingaben und Korrekturen

Das Eingeben und Korrigieren von Werten in Zellen gehört zu den wesentlichen Arbeiten beim Umgang mit einer Tabellenkalkulation. Am Beispiel der irrtümlichen Eingabe der Bezeichnung *Umsatzberechnung 2110* statt der richtigen Bezeichnung *Umsatzberechnung 2010* soll die Eingabe und Korrektur von Zelleninhalten demonstriert werden.

Bearbeitungsschritte:

- Markieren Sie zunächst die Zelle **B2** und geben Sie den folgenden Text ein:

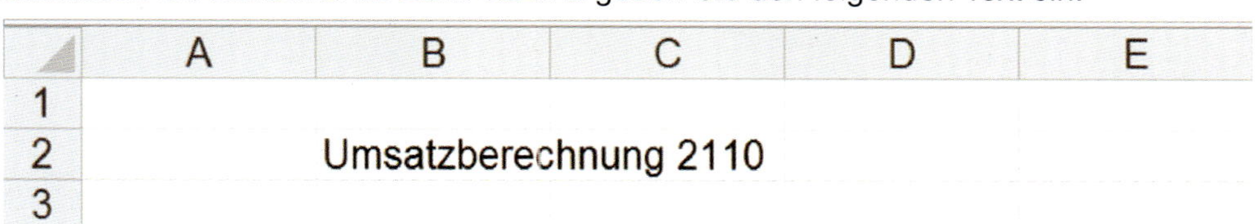

- Markieren Sie eine andere Zelle und danach für die Korrektur nochmals die Zelle B2.

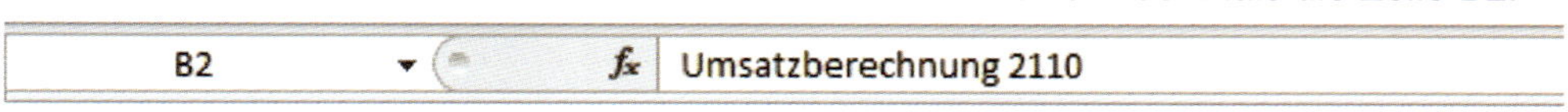

- Klicken Sie mit der Maus in der Bearbeitungszeile zwischen die Zahlen *2* und *1*. Danach drücken Sie die Taste **Entf** (Entfernen) und geben Sie die Zahl *0* ein. Das richtige Ergebnis wird angezeigt.
- Mit der Taste [**Return**], auch als Taste [**Enter**] bezeichnet, oder dem Anklicken der Schaltfläche **Eingeben** ✓ können Sie die Eingabe beenden.

Bearbeitungsschritte (Fortsetzung):

- Alternativ können Sie die Zelle **B2** markieren und danach die Funktionstaste **F2** betätigen. Der Cursor befindet sich jetzt am Ende der Zelle hinter der Zahl *0*.

	A	B	C	D	E
1					
2		Umsatzberechnung 2110			
3					

- Mit den Cursor-Tasten oder der Maus gehen Sie zwischen die Zahlen *2* und *1*. Drücken Sie danach die Taste **Entf** (Entfernen) und geben Sie die Zahl *0* ein. Das richtige Ergebnis wird angezeigt.

	A	B	C	D	E
1					
2		Umsatzberechnung 2010			
3					

Dateneingabe und Berechnungen anhand eines einfachen Beispiels

Eine einfache Umsatzberechnung, wie nachstehend im Ergebnis abgebildet, soll zur Grundlage der Erklärungen gemacht werden. Die einzelnen Bearbeitungsschritte werden genau angegeben. Einzugebende Zahlen werden dunkel unterlegt, berechnete Zahlen und einzugebende Texte werden normal dargestellt.

	A	B	C	D	E
1					
2		Umsatzberechnung 2010			
3					
4		Menge	Preis	Umsatz	
5					
6	Vertreter A	200	20	4000	
7	Vertreter B	100	15	1500	
8	Vertreter C	80	30	2400	
9	Vertreter D	150	10	1500	
10					
11	Gesamtumsatz			9400	

Bearbeitungsschritte:

- Tragen Sie zunächst in die entsprechenden Zellen die Worte *Umsatzberechnung 2007*, *Menge*, *Preis*, *Umsatz*, *Vertreter A*, *Vertreter B*, *Vertreter C*, *Vertreter D* und *Gesamtumsatz* ein, indem Sie die Zellen anklicken und die Texte eintragen.
- Schreiben Sie die entsprechenden Mengen und Preise in die jeweiligen Zellen.
- Markieren Sie mit der Maus die Zelle **D6**.
- Beginnen Sie die Berechnung des Umsatzes des Vertreters A mit der Eingabe des Gleichheitszeichens =. Markieren Sie mit der Maus die abgesetzte Menge des Vertreters A in der Zelle **B6**. Die Zelle wird in der Formel angezeigt. Geben Sie das Multiplikationszeichen * ein. Markieren Sie mit der Maus den Preis in der Zelle **C6**. Nun ist die Formel für den Umsatz des Vertreters A ***(= B6 * C6)*** angegeben.
- Schließen Sie die Bearbeitung des Vertreterumsatzes mit der **Returntaste** oder mit dem Anklicken der Schaltfläche **Eingeben** (✓) ab.
- Berechnen Sie die Umsätze der anderen Vertreter auf die gleiche Art.

Bearbeitungsschritte (Fortsetzung):

- Der Gesamtumsatz ergibt sich aus den Einzelumsätzen der vier Vertreter, er ist also die Summe der einzelnen Umsätze. **EXCEL** kennt Funktionen, u. a. „Summe".
- Markieren Sie die Zelle **D11**. Klicken Sie im Register **Start** in der Gruppe **Bearbeiten** die Schaltfläche **Summe** (Σ) an. Markieren Sie den Bereich **D6** bis **D9**. Das Ergebnis sieht dann folgendermaßen aus: **=Summe(D6:D9).** Schließen Sie die Bearbeitung des Gesamtumsatzes mit der Taste **Return** oder mit dem Anklicken der Schaltfläche **Eingeben** (✓) ab.
- In den einzelnen Zellen stehen jetzt die nachstehenden Inhalte:

	A	B	C	D	E
1					
2		Umsatzberechnung 2010			
3					
4		Menge	Preis	Umsatz	
5					
6	Vertreter A	200	20	4000	
7	Vertreter B	100	15	1500	
8	Vertreter C	80	30	2400	
9	Vertreter D	150	10	1500	
10					
11	Gesamtumsatz			9400	

- Durch Anklicken einer Zelle können Sie den jeweiligen Inhalt der Zelle in der Bearbeitungszeile ansehen.

D6 fx =B6*C6

	A	B	C	D	E
1					
2		Umsatzberechnung 2010			
3					
4		Menge	Preis	Umsatz	
5					
6	Vertreter A	200	20	4000	
7	Vertreter B	100	15	1500	

- Über die Schaltfläche **Formeln anzeigen** in der Gruppe **Formelüberwachung** im Register **Formeln** können Sie alle Formeln auf dem Bildschirm sehen. Mit der gleichen Schaltfläche wird zur Anzeige der Ergebnisse zurückgeschaltet.

- Das Formelergebnis sieht folgendermaßen aus:

	A	B	C	D
1				
2		Umsatzberechnung 2010		
3				
4		Menge	Preis	Umsatz
5	Vertreter A	200	20	=B5*C5
6	Vertreter B	100	15	=B6*C6
7	Vertreter C	80	30	=B7*C7
8	Vertreter D	150	10	=B8*C8
9				
10				
11	Gesamtumsatz			=SUMME(D5:D8)

4.2.2 Auswählen (Markierung) von Zellen

Vor allem bei der Formatierung von Zellen, aber beispielsweise auch bei der Erstellung von aussagekräftigen Diagrammen, ist die Markierung von einzelnen Zellen und Bereichen wichtig. Die Handhabung ist dabei nicht besonders schwierig, da Zellen und Bereiche zumeist nur mit der Maus angeklickt werden müssen. Sollen mehrere Bereiche markiert werden, muss die Taste [**STRG**] benutzt werden.

Die verschiedenen Möglichkeiten der Markierung von Zellen und Bereichen werden nachstehend intensiv beschrieben.

Bearbeitungsschritte:

- Wählen Sie den Menüpunkt **Datei/Neu**. Wählen Sie danach eine leere Arbeitsmappe aus und klicken Sie danach die Schaltfläche **Erstellen** an. Eine leere Arbeitsmappe wird zur Verfügung gestellt.

- Die gesamte Tabelle wird ausgewählt, damit also markiert.

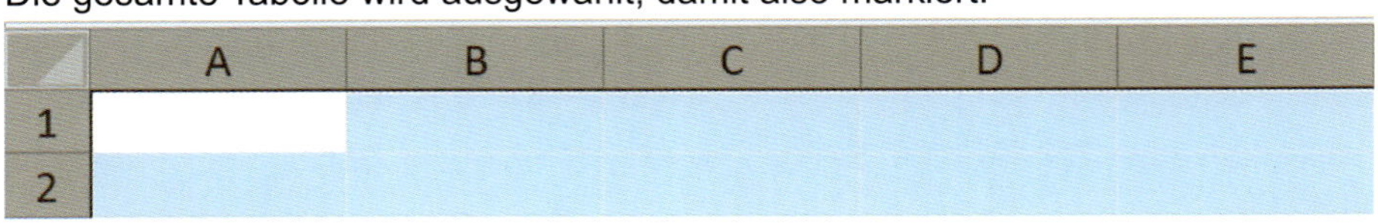

- Um eine einzelne Zelle auszuwählen, muss diese nur mit der Maus angeklickt werden. Mehrere benachbarte Zellen werden ausgewählt, indem man mit der Maus eine Zelle anklickt und dann mit gedrückter linker Maustaste nach links, rechts, unten oder oben geht. Im konkreten Fall wurde die Zelle **B2** angeklickt und dann die Maus nach unten rechts verschoben.

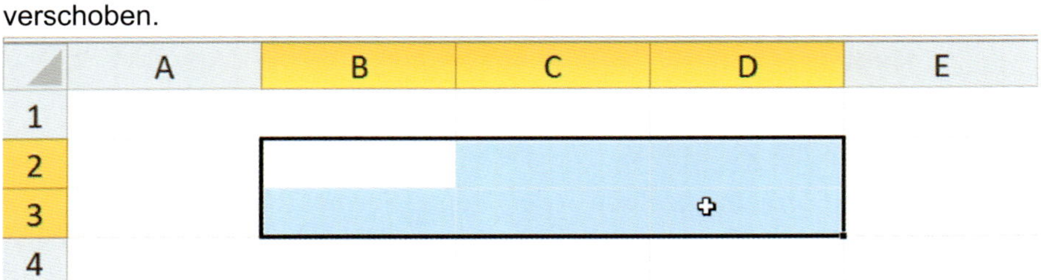

- Eine Zeile wird ausgewählt, indem man auf die Bezeichnung der Zeile klickt.

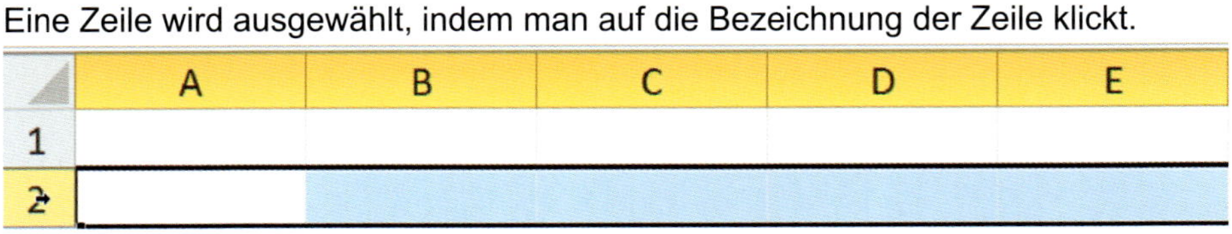

- Sollen mehrere Zeilen markiert werden, muss bei gedrückter linker Maustaste die Maus nach unten bewegt werden.

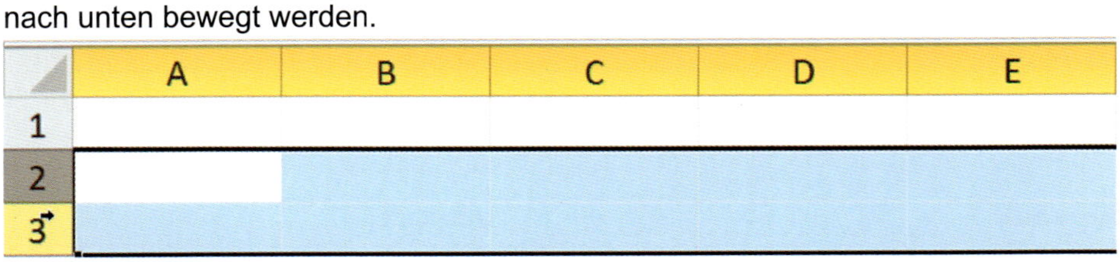

Bearbeitungsschritte (Fortsetzung):

- Die Markierung einer oder mehrerer Spalten wird analog vorgenommen.

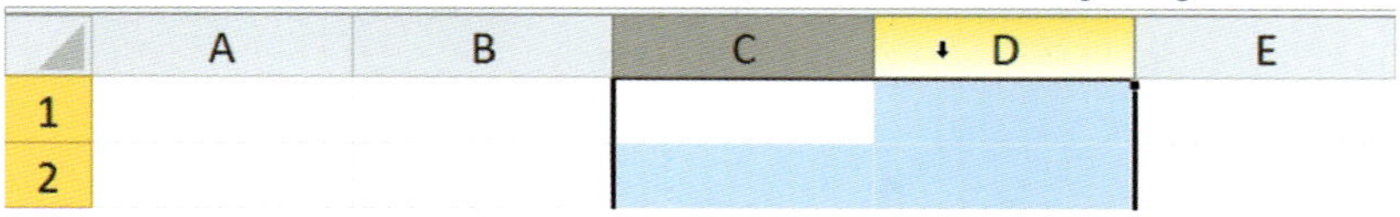

- Problemlos ist es möglich, mehrere Bereiche auf einmal zu markieren. Es wird der erste Bereich wie beschrieben markiert, danach wird die **Strg-Taste** gedrückt und bei gedrückt gehaltener Taste der nächste Bereich markiert. Auf diese Weise wird z. B. ein Zahlenformat für verschiedene Bereiche eines Tabellenkalkulationsblattes festgelegt.
- Öffnen Sie die Arbeitsmappe *Umsatz1*. Markieren Sie wie oben beschrieben die einzelnen Zellen und Bereiche der Tabelle1.

	A	B	C	D	E
1					
2		Umsatzberechnung 2010			
3					
4		Menge	Preis	Umsatz	
5					
6	Vertreter A	200	20	4000	
7	Vertreter B	100	15	1500	
8	Vertreter C	80	30	2400	
9	Vertreter D	150	10	1500	
10					
11	Gesamtumsatz			9400	

- Im gezeigten Beispiel wurden die Zellen und Bereiche **B3B4**, **D2D4**, **A6A9**, **D6D9**, **A11** und **D11** markiert. Diese Markierungen werden später für verschiedene Zwecke benötigt, beispielsweise zum Gestalten eines Arbeitsblattes.
- Im konkreten Fall könnte man alle markierten Zellen mit einer Schrift- oder Hintergrundfarbe belegen, sodass deutlich zu erkennen ist, dass diese Zellen keine Eingabewerte, sondern Bezeichnungen oder berechnete Werte enthalten.
- Selbstverständlich könnte man auch umgekehrt markieren, also die Eingabewerte auswählen und damit von allen anderen Werten abgrenzen. Dies ist vor allem dann nötig, wenn z. B. Zellen geschützt werden sollen. Dies wird später beschrieben.

	A	B	C	D
1				
2		Umsatzberechnung 2010		
3				
4		Menge	Preis	Umsatz
5				
6	Vertreter A	200	20	4000
7	Vertreter B	100	15	1500
8	Vertreter C	80	30	2400
9	Vertreter D	150	10	1500

4.2.3 Zeilen und Spalten

Zeilen bzw. Spalten einfügen / Zellen bzw. Spalten löschen

Zellen, Bereiche, Spalten oder Zeilen können gelöscht oder eingefügt werden. Außerdem ist es möglich, die Höhe von Zeilen und Breite von Spalten zu ändern.

Bearbeitungsschritte:

- Öffnen Sie die Tabelle *Umsatz1*. Markieren Sie die Zeile *5*. Bei dieser Zeile handelt es sich um eine Zeile, in der keinerlei Inhalte vorhanden sind. Klicken Sie danach im Register **Start** in der Gruppe **Zellen** die Schaltfläche **Löschen** an. Die Zellen werden gelöscht.

	A	B	C	D	E
1					
2		Umsatzberechnung 2010			
3					
4		Menge	Preis	Umsatz	
5	Vertreter A	200	20	4000	

- Auf die gleiche Weise können Sie eine Spalte löschen. Sollen nur einzelne Zellen oder Bereiche gelöscht werden, ist ebenfalls die Schaltfläche zu wählen.
- Markieren Sie die Zelle **B3**. Klicken Sie den Pfeil nach unten an und wählen Sie die angezeigte Option aus.

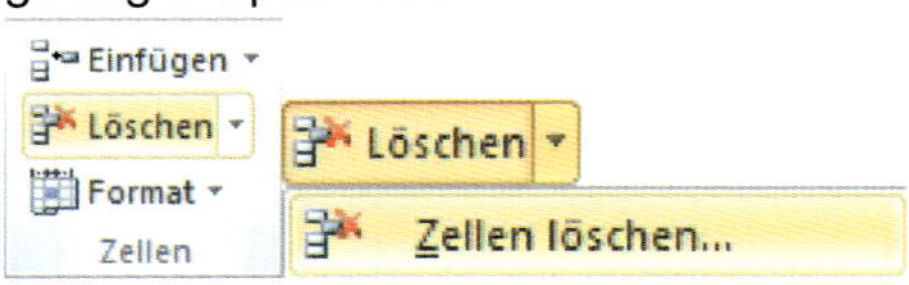

- Im Fenster **Löschen** können Sie danach Zellen nach Ihren Vorstellungen löschen.

- In diesem Fall wird nur die eine Zelle gelöscht und die Inhalte dieser Spalte nach oben verschoben.

	A	B	C	D	E
1					
2		Umsatzberechnung 2010			
3		Menge			
4		200	Preis	Umsatz	

- Die Anwendung des Befehls in diesem Beispiel ist sicherlich nicht zu empfehlen. Markieren Sie daher die Zelle **B3**. Klicken Sie in der Gruppe **Zellen** die Schaltfläche **Einfügen** an. Alternativ können Sie auch den Pfeil nach unten neben der Schaltfläche anklicken und die gewünschte Option wählen.

Breite der Spalten bzw. Höhe der Zeilen ändern

Vor allem die Spaltenbreite muss des Öfteren den Gegebenheiten der Inhalte einer Zelle oder eines Bereichs angepasst werden. Insbesondere ist dies notwendig, wenn Zahlenwerte nicht mehr in eine Zelle passen und dies folgendermaßen angezeigt wird: ## .

Bearbeitungsschritte:

- Laden Sie die Arbeitsmappe *Umsatz1*.
- Markieren Sie mit der Maus die Spalte **A**, indem Sie die Zelle **A1** anklicken. Klicken Sie danach im Register **Start** in der Gruppe **Zellen** die Schaltfläche **Format** an.

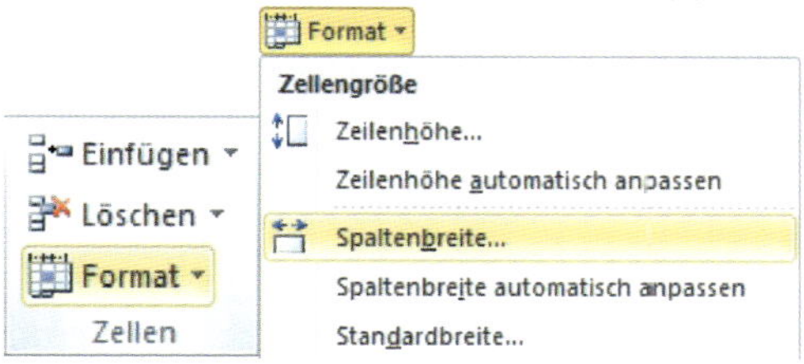

- Im Fenster **Spaltenbreite** können Sie nun die Spaltenbreite einstellen:

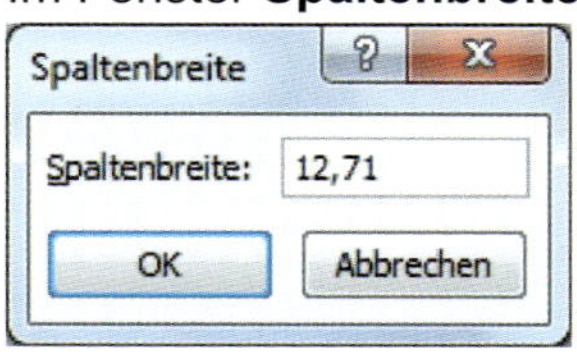

- Mehrere Spalten können durch das vorherige Markieren der Spalten in ihrer Breite verändert werden.
- Alternativ können Sie die Spaltenbreite ändern, indem Sie mit der Maus auf die Spaltenbeschriftung gehen und dabei genau auf die Spaltenbegrenzung. Der Mauspfeil verändert sich. Bei gedrückter linker Maustaste können Sie die Spaltenbreite vergrößern oder verkleinern, indem Sie mit der Maus nach rechts oder links gehen.

- Die optimale Breite können Sie nach Anklicken der Schaltfläche **Format** über die Option **Spaltenbreite automatisch anpassen** vom Programm einstellen lassen. Es empfiehlt sich jedoch, auch dann mit der Maus gewünschte Änderungen vorzunehmen, um die Darstellung auf dem Bildschirm zu optimieren.
- Die Zeilenhöhe kann analog dazu eingestellt werden. Sie dürfte grundsätzlich jedoch nicht die Bedeutung der Spaltenbreite haben und wird deshalb nicht so oft verändert werden müssen.

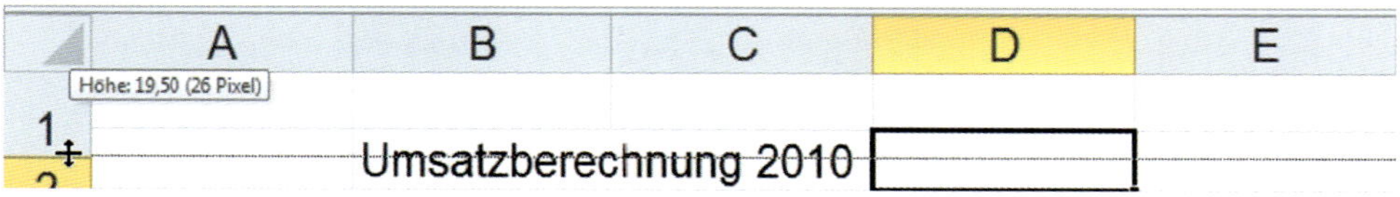

- Das Ein- und Ausblenden von markierten Zeilen oder Spalten kann über das Anklicken der Schaltfläche **Format** über die Option **Sichtbarkeit** vorgenommen werden. Dies kann im Zusammenhang mit dem Ausdruck von Daten interessant sein. Probieren Sie die Möglichkeiten aus.

Einfrieren und Teilen von Tabellen

Tabellen können eingefroren (fixiert) werden, d. h. ein Teilbereich der Tabelle, z. B. die Überschrift, wird grundsätzlich auf dem Bildschirm dargestellt, während der Rest verschoben werden kann. Beim Teilen der Tabelle werden die Inhalte zweimal angezeigt.

Bearbeitungsschritte:

- Laden Sie die Arbeitsmappe *Umsatz1*. Markieren Sie die Zelle **A5**.

	A	B	C	D	E
1					
2		Umsatzberechnung 2010			
3					
4		Menge	Preis	Umsatz	
5	Vertreter A	200	20	4000	
6	Vertreter B	100	15	1500	
7	Vertreter C	80	30	2400	
8	Vertreter D	150	10	1500	

- Klicken Sie im Register **Ansicht** in der Gruppe **Fenster** die Schaltfläche **Fenster einfrieren** an. Wählen Sie die Option **Fenster einfrieren** aus.

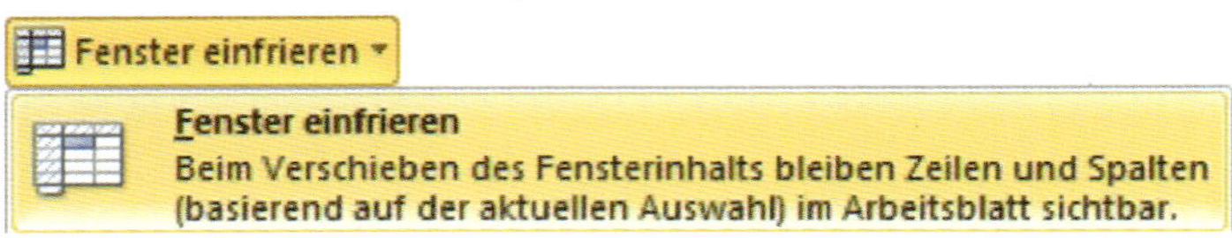

- Auf dem Bildschirm wird unterhalb der Zeile 4 ein Strich dargestellt. Wenn man nun mit der Bildlaufleiste durch Anklicken des Pfeils nach unten geht, bleibt der obere Teil des Bildschirms unverändert (eingefroren, fixiert), während der untere Teil des Bildschirms nach oben geschoben wird. Hat man z. B. umfangreiche Tabellen, so kann man die Überschrift und die einzelnen Spaltenüberschriften auf dem Bildschirm darstellen lassen.

	A	B	C	D	E
1					
2		Umsatzberechnung 2010			
3					
4		Menge	Preis	Umsatz	
8	Vertreter D	150	10	1500	

- Über die Schaltfläche **Fenster fixieren** können Sie die Fixierung wieder aufheben.

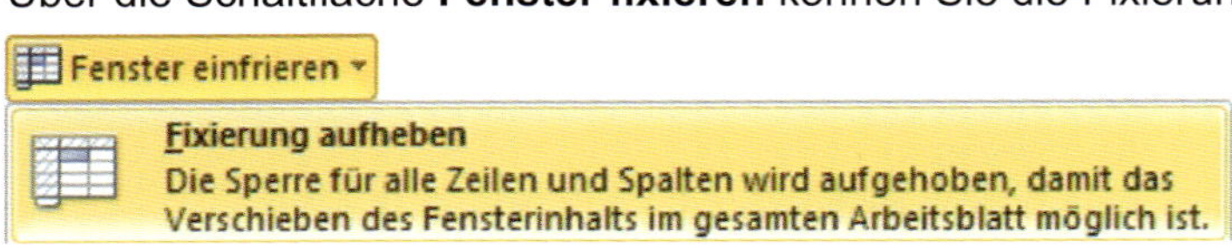

- Heben Sie das Einfrieren auf. Markieren Sie die Zelle **A5**. Klicken Sie in der Gruppe **Fenster** die Schaltfläche **Teilen** an. In den Hälften wird derselbe Inhalt angezeigt.

	A	B	C	D	E
1					
2		Umsatzberechnung 2010			
3					
4		Menge	Preis	Umsatz	
2		Umsatzberechnung 2010			

- Heben Sie danach durch Anklicken der Schaltfläche **Teilen** die Teilung wieder auf.

4.2.4 Kopieren, Verschieben und Löschen von Zellen und Bereichen

Löschen von Zellen und Bereichen

Das Löschen bestimmter Zellen oder Bereiche ist relativ einfach und soll anhand der Berechnung eines Umsatzes vorgenommen werden. Dabei sollen die Zellen gelöscht werden, die zunächst mit einer Formel berechnet wurden (die Zellen **D7** bis **D9**), obwohl es sich angeboten hätte, durch Kopieren diese Formeln zu erstellen und damit unnötige Arbeit zu vermeiden.

Bearbeitungsschritte:

- Speichern Sie das Dokument *Umsatz1* unter dem Namen *Umsatz2* nochmals ab.
- Markieren Sie den zu löschenden Bereich, in diesem Fall die Zellen **D7** bis **D9**.

	A	B	C	D	E
1					
2		Umsatzberechnung 2007			
3					
4		Menge	Preis	Umsatz	
5					
6	Vertreter A	200	20	4000	
7	Vertreter B	100	15	1500	
8	Vertreter C	80	30	2400	
9	Vertreter D	150	10	1500	
10					
11	Gesamtumsatz			9400	

- Drücken Sie die Taste [**Entf**]. Die Inhalte werden gelöscht.

	A	B	C	D	E
1					
2		Umsatzberechnung 2007			
3					
4		Menge	Preis	Umsatz	
5					
6	Vertreter A	200	20	4000	
7	Vertreter B	100	15		
8	Vertreter C	80	30		
9	Vertreter D	150	10		
10					
11	Gesamtumsatz			4000	

- Alternativ können Sie auch mithilfe des Kontextmenüs die Löschung über den Menüpunkt **Inhalte löschen** vornehmen.

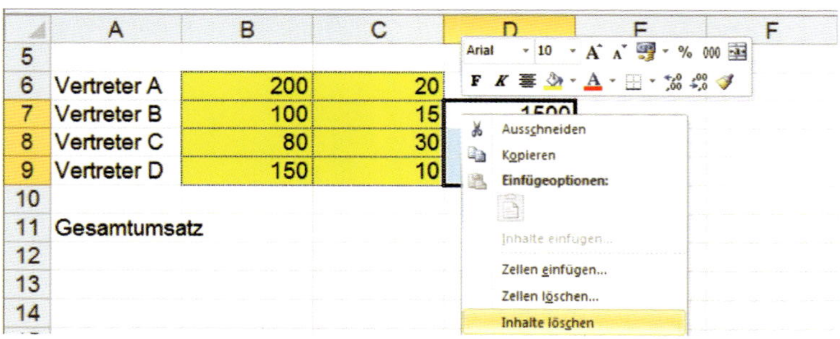

Kopieren und Einfügen von Zellen und Bereichen

Unter Kopieren versteht man, dass der Inhalt bestimmter Zellen in andere Zellen bzw. der Inhalt von Bereichen in andere Bereiche übertragen wird. Dies hat den großen Vorteil, dass bestimmte Formeln, Texte usw. nicht doppelt und dreifach eingegeben werden müssen, sondern nur einmal und dann kopiert werden können.

Die vorher gelöschten Formeln sollen nun wieder durch das Kopieren von Inhalten und das Einfügen an anderer Stelle in die entsprechenden Zellen hineingeschrieben werden. In der Zelle **D6** ist die entsprechende Formel (***=B6*C6***) vorhanden, die zum Berechnen des Umsatzes des Vertreters A führt. Kopiert man nun diese Formel in eine andere Zelle, z. B. in die Zelle **D7**, wird das Programm automatisch die Formel in der neuen Zelle verändern (***=B7*C7***). Dies wird durch die Adressierungsart bestimmt und in einem späteren Kapitel erläutert.

Bearbeitungsschritte:

- Markieren Sie zunächst die zu kopierende Zelle **D6**.

	A	B	C	D	E
1					
2		Umsatzberechnung 2010			
3					
4		Menge	Preis	Umsatz	
5					
6	Vertreter A	200	20	4000	
7	Vertreter B	100	15		
8	Vertreter C	80	30		
9	Vertreter D	150	10		
10					
11	Gesamtumsatz			4000	

- Klicken Sie im Register **Start** in der Gruppe **Zwischenablage** die Schaltfläche **Kopieren** an.

- Markieren Sie die Zellen **D7** bis **D9**, die in die Formeln eingefügt werden sollen. Klicken Sie danach die Schaltfläche **Einfügen** an.

- Das richtige Ergebnis sieht danach folgendermaßen aus:

	A	B	C	D	E
1					
2		Umsatzberechnung 2010			
3					
4		Menge	Preis	Umsatz	
5					
6	Vertreter A	200	20	4000	
7	Vertreter B	100	15	1500	
8	Vertreter C	80	30	2400	
9	Vertreter D	150	10	1500	

Kopieren und Einfügen durch AutoAusfüllen

Eine unter Umständen sogar noch einfachere Möglichkeit des Kopierens und Einfügens ist dann gegeben, wenn sich Zellen, die für das Kopieren und Einfügen genutzt werden sollen, unmittelbar übereinander, untereinander oder nebeneinander befinden. Auch hierbei können Optionen in Anspruch genommen werden.

Bearbeitungsschritte:

- Löschen Sie zunächst die Inhalte der Zellen **D7** bis **D9**.
- Markieren Sie die Zelle **D6**. Gehen Sie mit der Maus auf den Punkt in der rechten unteren Ecke. Der Mauszeiger verwandelt sich in ein Kreuz. Danach ziehen Sie die Maus bei gedrückter linker Maustaste nach unten in die Zellen **D7** bis **D9**.

	A	B	C	D	E
1					
2		Umsatzberechnung 2010			
3					
4		Menge	Preis	Umsatz	
5					
6	Vertreter A	200	20	4000	
7	Vertreter B	100	15		
8	Vertreter C	80	30		
9	Vertreter D	150	10		
10					
11	Gesamtumsatz			4000	

- Nach dem Loslassen der linken Maustaste ist der Kopiervorgang beendet und das Ergebnis wird wie oben dargestellt angezeigt.

	A	B	C	D	E
1					
2		Umsatzberechnung 2010			
3					
4		Menge	Preis	Umsatz	
5					
6	Vertreter A	200	20	4000	
7	Vertreter B	100	15	1500	
8	Vertreter C	80	30	2400	
9	Vertreter D	150	10	1500	
10					
11	Gesamtumsatz			9400	

- Der eingeblendete Smarttag bietet Optionen für das Ausfüllen der Zellen.

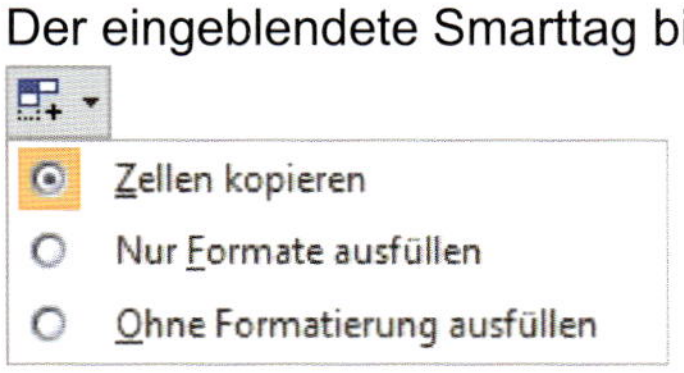

Ausschneiden und Einfügen von Zellen und Bereichen

Das Ausschneiden und Einfügen von Zellen und Bereichen ist bis auf einen wesentlichen Punkt identisch mit dem Kopieren und Einfügen. Während beim Kopieren und Einfügen der ursprüngliche Inhalt einer Zelle oder eines Bereiches erhalten bleibt und entsprechend in andere Bereiche ebenfalls eingefügt wird, wird beim Ausschneiden und Einfügen der ursprüngliche Bereich in einen anderen Bereich verschoben. In den ursprünglichen Zellen stehen die Inhalte nicht mehr zur Verfügung.

Bearbeitungsschritte:

- Markieren Sie die zu verschiebenden Zellen **D6** bis **D9**. Klicken Sie im Register **Start** in der Gruppe **Zwischenablage** die Schaltfläche **Ausschneiden** an.

- Damit ist der gewählte Bereich in die Zwischenablage von Windows kopiert worden.
- Markieren Sie die Zelle **E6** als Anfangszelle des Bereichs, in den die zu verschiebenden Zellen eingefügt werden sollen. Klicken Sie die Schaltfläche **Einfügen** an.

- Die zu verschiebenden Zellen werden an der angegebenen Stelle eingefügt.

	A	B	C	D	E
6	Vertreter A	200	20		4000
7	Vertreter B	100	15		1500

Drag and Drop

Als **Drag and Drop** (Ziehen und Ablegen) bezeichnet man die Möglichkeit, den Inhalt einer Zelle oder eines Bereichs von einer Stelle zu einer anderen Stelle innerhalb einer Tabelle zu versetzen. Dies ist nicht nur bei Zellen und Bereichen mit Texteingaben möglich, sondern in der Regel auch bei Inhalten wie Zahlen und Rechenoperationen. Allerdings ist hierbei die Adressierungsart (wird später erklärt) von entscheidender Bedeutung.

Bearbeitungsschritte:

- Markieren Sie die Zelle **B2** und **B3**. Gehen Sie danach mit der Maus in die Zelle **B2**.

	A	B	C	D	E
1					
2		Umsatzberechnung 2010			
3					

- Drücken Sie die linke Maustaste und ziehen Sie den Inhalt der Zelle **B2** bei gedrückter linker Maustaste in die Zelle **D2**. Nach dem Loslassen der Maustaste steht der Inhalt der Zelle **B2** jetzt in der Zelle **D2**.

	A	B	C	D	E
1					
2				Umsatzberechnung 2010	

4.2.5 Suchen und Ersetzen

In umfangreichen Arbeitsmappen ist der Einsatz einer Suchfunktion von großem Vorteil. Soll ein bestimmter Begriff gefunden werden, ist dies leicht zu realisieren. Soll dieser Begriff durch einen anderen ersetzt werden, ist ein entsprechender Befehl hervorragend geeignet, die anfallende Arbeit zu minimieren.

Bearbeitungsschritte:

- Laden Sie die Arbeitsmappe *Umsatz1* und speichern Sie die Arbeitsmappe unter dem Namen *Umsatz_Ersetzen* wieder ab. Markieren Sie die Zelle **A1**.
- Klicken Sie im Register **Start** in der Gruppe **Bearbeiten** die Schaltfläche **Suchen und Auswählen** an. Wählen Sie danach den Menüpunkt **Ersetzen**.

- Füllen Sie das Fenster **Suchen und Ersetzen** wie dargestellt aus:

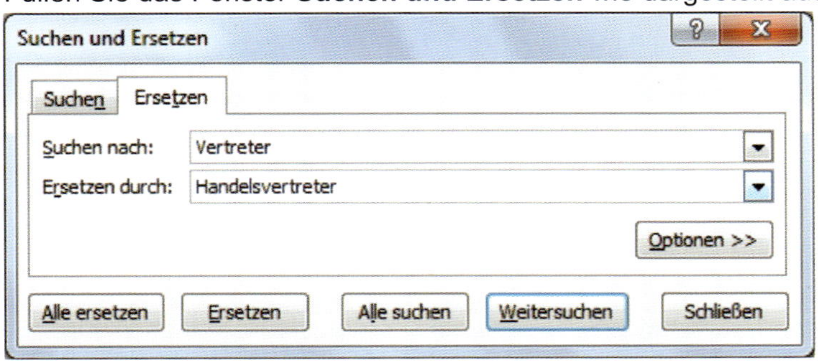

- Klicken Sie die Schaltfläche **Alle ersetzen** an. In einem Fenster werden die Ersetzungen angegeben.

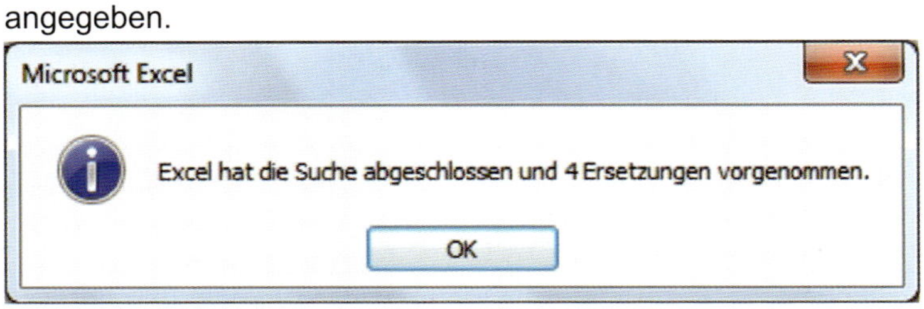

- Das Ergebnis sieht folgendermaßen aus:

	A	B	C	D	E
6	Handelsvertreter A	200	20	4000	
7	Handelsvertreter B	100	15	1500	
8	Handelsvertreter C	80	30	2400	
9	Handelsvertreter D	150	10	1500	

- Sie können selbstverständlich auch nur suchen, dann wird die Zelle markiert, in der der Begriff zuerst vorkommt. Klicken Sie nochmals die Schaltfläche **Suchen** an, wird die nächste Zelle markiert, in der der Begriff vorkommt.
- Die Suche nach Begriffen kann verfeinert werden, wenn Sie die Schaltfläche **Optionen** anklicken. Danach stehen verschiedene Suchoptionen zur Verfügung.

Übungen:

1. Im Lager befinden sich die folgenden Waren mit den entsprechenden Einkaufspreisen:

Warenbezeichnung	Bestand	Einkaufspreis pro Stück	Gesamtpreis des Artikels
Computer	150	2.300,00	
Drucker	302	800,00	
Scanner	74	1.560,00	
Monitore	130	350,00	
Gesamtpreis			

Berechnen Sie den Gesamtpreis der Artikel und den Gesamtpreis insgesamt.

2. Die folgenden Artikel sind im Lager nicht in ausreichender Zahl vorhanden:

Warenbezeichnung	Bestand	Mindestbestand	Fehlbestand	Fehlbestand in %
Computer	150	200		
Drucker	302	350		
Scanner	74	100		
Monitore	130	150		
Durchschnittlicher Fehlbestand				

Berechnen Sie den Fehlbestand und den Fehlbestand in % sowie den durchschnittlichen Fehlbestand und den durchschnittlichen Fehlbestand in %.

3. Die monatliche Stundenabrechnung in der Produktion ergibt die folgenden Werte:

Arbeitnehmer	Arbeitsstunden lt. Tarifvertrag	Überstunden mit 25 % Zuschlag	Stundenlohn
Breer	154	12	23,70
Bamming	156	25	24,30
Hirsch	155	0	18,90
Helmers	148	17	21,80
Steenhuis	145	3	25,00

Berechnen Sie den Bruttolohn der einzelnen Arbeitnehmer und die gesamte Lohnsumme! Berechnen Sie außerdem den Arbeitnehmeranteil zu den einzelnen Sozialversicherungen bei folgenden von den Arbeitnehmern zu tragenden Beiträgen:

Rentenversicherung 9,6 %, Krankenversicherung 6,1 %, Arbeitslosenversicherung 2,3 %.

4. Die Gewinn eines Unternehmens in Höhe von 163.000,00 € soll nach Abzug des Vorweganspruchs für Arbeitsleistungen nach dem folgenden Verhältnis verteilt werden:

Teilhaber	Vorweganspruch	Gewinnanteil in %
Lammers	25.000,00	30
Illenseer	13.000,00	25
Stahlhöfer	35.000,00	Rest

Verteilen Sie den Gewinn nach der angegebenen Regelung. Stellen Sie außerdem fest, wie viel jeder Teilhaber insgesamt bekommt.

4.3 Arbeitsblätter (Tabellen)

4.3.1 Einfügen, Löschen und Umbenennen einer Tabelle

Tabellen bzw. Arbeitsblätter können in Arbeitsmappen umbenannt, eingefügt oder gelöscht werden. Außerdem können Tabellen kopiert oder verschoben und in dieselbe oder eine andere Arbeitsmappe eingefügt werden.

Bearbeitungsschritte:

- Laden Sie die Arbeitsmappe *Umsatz1* und speichern Sie die Arbeitsmappe unter dem Namen *Umsatz_Benennen* wieder ab.
- Gehen Sie mit der Maus auf die Benennung der *Tabelle1* am unteren Bildschirmrand und klicken Sie mit der rechten Maustaste auf die Bezeichnung. Wählen Sie im Kontextmenü den Menüpunkt **Umbenennen**.

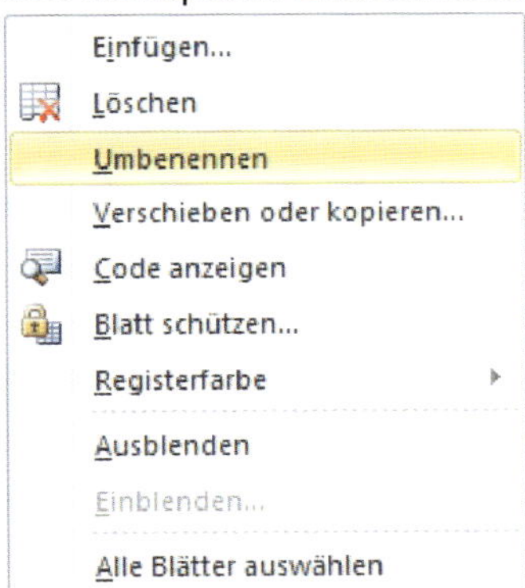

- Danach können Sie statt *Tabelle1* einen anderen Namen eingeben.

- Bezeichnen Sie die Tabelle2 als *Ergebnis* und die Tabelle3 als *Grafik*. Folgendes Ergebnis ist am unteren Bildschirmrand zu erkennen:

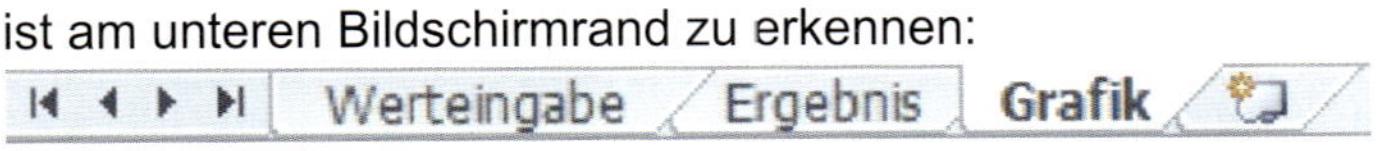

- Wenn Sie mit der Maus auf die Benennung einer Tabelle am unteren Bildschirmrand gehen und die rechte Maustaste drücken, wird das Kontextmenü eingeblendet. Es ist danach z. B. über den Menüpunkt **Verschieben oder Kopieren** möglich, z. B. Tabellen in eine andere geöffnete Arbeitsmappe zu kopieren.

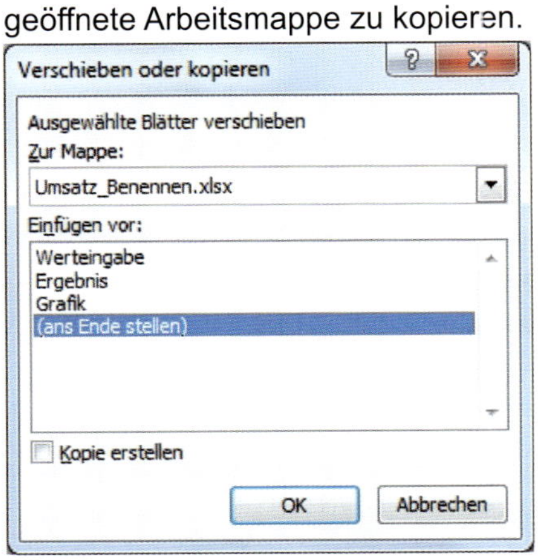

4.3.2 Berechnungen unter Nutzung von mehreren Tabellen

Tabellen können miteinander verbunden werden, beispielsweise werden in der *Tabelle1* Werte eingegeben, die dann in der *Tabelle2* rechnerisch ausgewertet werden. Unter Umständen wird dadurch das Aussehen von Tabellen aussagekräftiger, vor allem auch dann, wenn man vorher die Tabellen mit einem Namen versehen hat.

Bearbeitungsschritte:

- Öffnen Sie die Arbeitsmappe *Umsatz_Benennen*. Speichern Sie die Arbeitsmappe unter dem Namen *Umsatz_Berechnungen* ab.
- Bauen Sie in der Tabelle1 (*Werteingabe*) die folgende Tabelle auf. Die eingegebenen Werte werden in einer weiteren Tabelle zur Grundlage einer Berechnung gemacht.

	A	B	C	D	E
1					
2		Umsatzberechnung 2010			
3					
4		Menge	Preis		
5					
6	Vertreter A	200	20		

- Legen Sie in der Tabelle2 (*Ergebnis*) die folgende Tabelle an, markieren Sie die Zelle **B6** und leiten Sie die nachfolgende Berechnung mit dem Gleichheitszeichen **=** ein.

A	B	C	D	E
	Umsatz			
Vertreter A	=			

- Klicken Sie am unteren Rand die Tabelle1 (*Werteingabe*) an. Danach markieren Sie die Zelle **B6**, geben das Multiplikationszeichen * ein und markieren danach die Zelle **C6**. Die Berechnung wird in der Bearbeitungszelle angezeigt:

SUMME ▾ ✗ ✓ *fx* =Werteingabe!B6*Werteingabe!C6

	A	B	C	D	E
3					
4		Menge	Preis		
5					
6	Vertreter A	200	20		

- Mit dem Anklicken der Eingabeschaltfläche (✓) bzw. mit dem Drücken der Taste **Return** wird die Bearbeitung abgeschlossen. In der Tabelle2 (*Ergebnis*) wird das richtige Ergebnis angezeigt.

B6 ▾ *fx* =Werteingabe!B6*Werteingabe!C6

	A	B	C	D	E
3					
4		Umsatz			
5					
6	Vertreter A	4000			

4.4 Formeln und Funktionen

4.4.1 Zellbezüge – Adressierung von Zellen und Bereichen

Begriff

Das Ansprechen von Zellen in Formeln nennt man Adressierung. Wenn man z. B. den Inhalt der Zelle **D6** aus der Tabelle *Umsatz1* betrachtet, so ist in der Zelle die folgende Formel eingetragen: ***= B6 * C6***. Dies bedeutet, dass das Programm in der Zelle **D6** das Ergebnis der Multiplikation der Zellen **B6** und **C6** eintragen soll. Es wurden also die Adressen (Zellen) angegeben, in denen Werte stehen, die für die entsprechende Formel benötigt werden.

Die Tabellenkalkulation EXCEL stellt mehrere Möglichkeiten der Adressierung zur Verfügung. Die Wahl der richtigen Adressierungsart ist besonders wichtig und wird daher genau beschrieben, da sich bestimmte Ergebnisse nur mit bestimmten Adressierungsarten erreichen lassen und eine sinnvolle Mischung der Adressierungsarten zu dem gewünschten Ergebnis führt.

Grundsätzlich lassen sich alle Probleme mit der relativen und absoluten Adressierung lösen. *Daher sollten Sie unbedingt diese beiden Arten der Adressierung bearbeiten*. Die Verwendung von Namen wird jedoch besonders bei umfangreichen Tabellen die Arbeit erleichtern, da die Formeln in normaler Sprache eingegeben werden können, z. B. wird der Umsatz als *Menge * Preis* eingegeben.

Hinweis: Die Arbeit mit Namen kann an dieser Stelle eventuell weggelassen werden und später erfolgen. Grundsätzlich lassen sich alle weiteren Inhalte des Buches auch ohne die Verwendung von Namen bearbeiten. Einige wenige Ausnahmen führen in der Regel zu übersichtlicheren Ergebnissen.

Arten der Adressierung

Es stehen die folgenden Adressierungsarten zur Verfügung:

Relative Adressierung	Die anzusprechende Zelle steht in einem gewissen Verhältnis zu der Berechnungszelle, beispielsweise steht ein zur Berechnung benötigter Wert immer in der Zelle links neben der Berechnungszelle.	z. B. wird mit der Maus die Zelle **B6** markiert.
Absolute Adressierung	Absolute Adressierung bedeutet, dass immer genau auf die angegebene Zelle zugegriffen wird. Die absolute Adressierung wird durch Dollarzeichen vor der Zeilen- und Spaltenbezeichnung gekennzeichnet.	z. B. wird die Zelle **B6** mit der Angabe **$B$6** in eine Formel eingegeben.
Adressierung über Namen (definierte Namen)	Die anzusprechende Zelle bzw. der anzusprechende Bereich wird mit einem Namen belegt. Diese Namen werden in Formeln verwandt.	z. B. wird eine Zelle mit einem Namen (Menge) belegt und kann unter diesem Namen in Formeln verwandt werden.

Relative Adressierung

Die relative Adressierung wurde bisher bei der Umsatzberechnung angewandt und soll daher nur kurz angesprochen werden. In der Zelle D6 ist die Formel eingetragen:

	A	B	C	D
4		Menge	Preis	Umsatz
5				
6	Vertreter A	200	20	=B6*C6

Diese Formel ist relativ adressiert, das bedeutet, dass die Zelle B6, die zwei Spalten vor der Zelle D6 ist, mit der Zelle C6 multipliziert werden soll, die eine Spalte vor der Zelle D6 angeordnet ist. Dieses Prinzip der Anordnung wird nun grundsätzlich beim Kopieren der Zelle D6 in andere Zellen übertragen.

Wird die Formel in der Zelle D6 eine Zeile nach unten in die Zelle D7 kopiert, wird automatisch die Formel in der Zelle D7 angepasst: = B7*C7.

	A	B	C	D
4		Menge	Preis	Umsatz
5				
6	Vertreter A	200	20	=B6*C6
7	Vertreter B	100	15	=B7*C7

Diese Art der Adressierung eignet sich immer dann ideal, wenn Bezug genommen wird auf Zellen, die entweder links, rechts, oben oder unten immer in einem gleichen Abstand zur Formelzelle angesprochen werden sollen.

Absolute Adressierung

Anhand der Arbeitsmappe Umsatz3 soll die absolute Adressierung als Nächstes sinnvoll eingesetzt werden. Gleichzeitig soll gezeigt werden, dass sich in einer Tabelle unterschiedliche Adressierungsarten vernünftig einsetzen lassen. Als Beispiel soll dabei die Berechnung der Provision der einzelnen Vertreter dienen.

Bearbeitungsschritte:

- Laden Sie zunächst die Arbeitsmappe *Umsatz1* und speichern Sie diese Arbeitsmappe unter dem Namen *Umsatz_Absolut* wieder ab.
- Ergänzen Sie die Tabelle1 um die Worte *Provision*, *Provisionssatz in %* und um die Zahl *15* als Provisionssatz, sodass die Tabelle folgendermaßen aussieht:

	A	B	C	D	E
4		Menge	Preis	Umsatz	Provision
5					
6	Vertreter A	200	20	4000	
7	Vertreter B	100	15	1500	
8	Vertreter C	80	30	2400	
9	Vertreter D	150	10	1500	
10					
11	Gesamtumsatz			9400	
12					
13	Provisionssatz in %				15

Bearbeitungsschritte (Fortsetzung):

- Die Provision für den Vertreter A berechnet sich nach der folgenden Formel:
  = Umsatz * Provisionssatz/100
- Daraus ergibt sich die in die Zelle **E6** einzusetzende Formel:
  = D6 * $E$13/100

  Hinweis: Nach der Eingabe der Zellenbezeichnung **E13** wird durch das Drücken der Taste **F4** die für die absolute Adressierung typische Form **$E$13**.
- Die Zelle **E13** wird in der Formel absolut adressiert, damit sie beim Kopieren nicht verändert wird und somit für die Provisionsberechnung der anderen Vertreter zur Verfügung steht. Die Zelle **D6** wird relativ adressiert, damit sie sich beim Kopieren verändert, z. B. in **D7**.
- Geben Sie die entsprechende Formel wie angegeben in die Zelle **E6** ein. Benutzen Sie dabei die Funktionstaste **F4**.
- Kopieren Sie die Zelle **E6** in die Zellen **E7** bis **E9**. Berechnen Sie außerdem die Summe der Provision. Das richtige Ergebnis wird auf dem Bildschirm angezeigt:

	A	B	C	D	E
1					
2		Umsatzberechnung 2010			
3					
4		Menge	Preis	Umsatz	Provision
5					
6	Vertreter A	200	20	4000	600
7	Vertreter B	100	15	1500	225
8	Vertreter C	80	30	2400	360
9	Vertreter D	150	10	1500	225
10					
11	Gesamtumsatz			9400	1410
12					
13	Provisionssatz in %				15

- Durch das Eintragen eines anderen Prozentsatzes werden die Vertreterprovisionen nun automatisch angepasst.
- Das Ergebnis wird formelmäßig nachfolgend dargestellt. Nur durch die Verwendung der relativen und der absoluten Adressierung war es möglich, Formeln zu kopieren. Benutzt man bei der Berechnung der Provision nur die relative Adressierung, muss jede Provision einzeln errechnet werden.

	A	B	C	D	E
4		Menge	Preis	Umsatz	Provision
5					
6	Vertreter A	200	20	=B6*C6	=D6*$E$13/100
7	Vertreter B	100	15	=B7*C7	=D7*$E$13/100
8	Vertreter C	80	30	=B8*C8	=D8*$E$13/100
9	Vertreter D	150	10	=B9*C9	=D9*$E$13/100
10					
11	Gesamtumsatz			=SUMME(D6:D9)	=SUMME(E6:E9)
12					
13	Provisionssatz i				15

Adressierung über Namen

Vorbemerkungen

Besonders interessant ist die Möglichkeit, Zellen über Namen in Formeln aufzurufen. In der Formel wird dann nicht eine Zelle mit **E13** (relativ) oder **$E$13** (absolut) angegeben, sondern der Name, z. B. *Provisionssatz*. Die Namen sollten dem entsprechen, was sie aussagen, beispielsweise *Menge*, *Preis* oder *Umsatz*.

Namen festlegen

Um mit Namen in Formeln arbeiten zu können, muss zunächst für die entsprechende Zelle der Name festgelegt werden.

Bearbeitungsschritte:

- Laden Sie zunächst die Arbeitsmappe *Umsatz_Absolut* und speichern Sie diese Arbeitsmappe unter dem Namen *Umsatz_Namen1* wieder ab. Löschen Sie die Formeln im Bereich **E6** bis **E9**. Markieren Sie mit der Maus die Zelle **E13**.
- Klicken Sie im Register **Formeln** in der Gruppe **Definierte Namen** die Schaltfläche **Namen definieren** an.

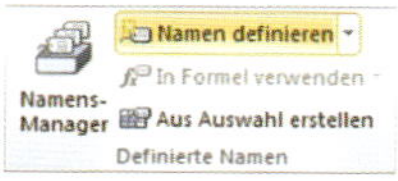

- Geben Sie im **Eingabefeld** des Fensters **Neuer Name** den Namen ein. Sie können auch den Namen, den das Programm eventuell vorschlägt, akzeptieren. In diesem Fall wird kein Name vorgeschlagen. Geben Sie den Namen *Provisionssatz* ein.

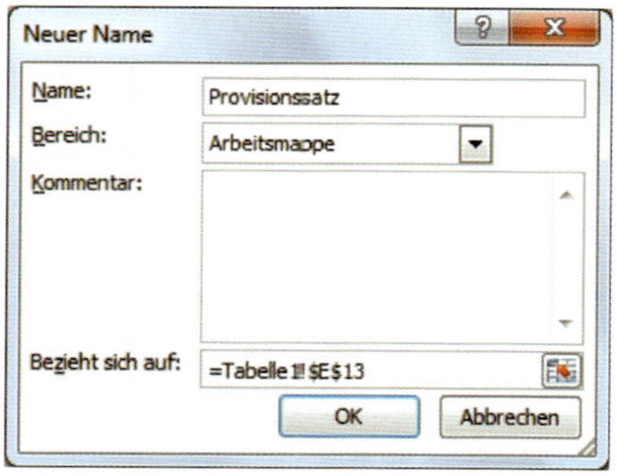

- Wollen Sie überprüfen, ob die richtige Zelle markiert ist und das Fenster die markierte Zelle verdeckt, so können Sie das Fenster durch Anklicken der Schaltfläche in der rechten Ecke des Fensters verkleinern.

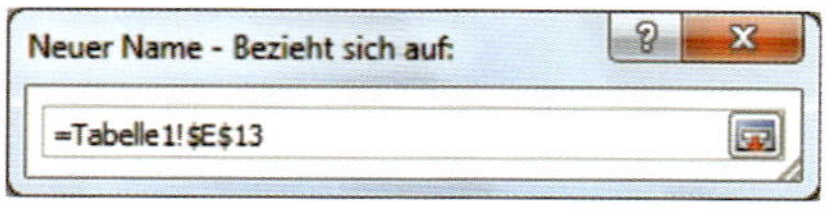

- Durch Anklicken der Schaltfläche wird das Fenster wieder eingeblendet.
- Geben Sie eventuell die benötigte Zelle an. Sie können auch den Zellenbezug, den das Programm aufgrund der Markierung der Zelle vorschlägt, übernehmen.
- Klicken Sie auf die Schaltfläche **OK**. Damit ist der Name für die Zelle festgelegt.
- Alternativ kann nach dem Markieren der Zelle **E13** in der Rechenleiste der Pfeil nach unten angeklickt und die Bezeichnung *Provisionssatz* eingegeben werden.

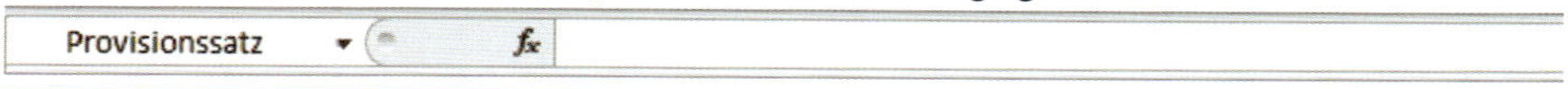

Namen in Formeln verwenden

Nachdem der Name *Provisionssatz* für die Zelle **E13** festgelegt wurde, kann man in Formeln statt der Zelle den Namen verwenden, also die Formel ***= D6 * $E$13/100*** durch die neue Formel ***= D6 * Provisionssatz/100*** ersetzen.

Bearbeitungsschritte:

- Markieren Sie mit der Maus die Zelle **E6** und geben Sie den folgenden Formelteil wie beschrieben ein: ***= D6 ****
- Klicken Sie im Register **Formeln** in der Gruppe **Definierte Namen** die Schaltfläche **In Formal verwenden** und danach die Bezeichnung **Provisionssatz** an.

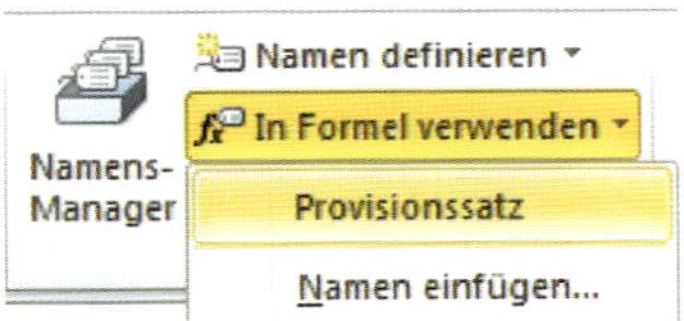

- Der Name wird in die Formel eingefügt:

	A	B	C	D	E	F
6	Vertreter A	200	20	4000	=D6*Provisionssatz	

- Die Formel lautet daher nun: ***= D6 * Provisionssatz***.
- Vervollständigen Sie die Formel: ***= D6 * Provisionssatz/100***.
- Kopieren Sie die Formel in die Zellen **E7** bis **E9**. Das Ergebnis sieht wie folgt aus:

	A	B	C	D	E
6	Vertreter A	200	20	4000	600
7	Vertreter B	100	15	1500	225
8	Vertreter C	80	30	2400	360
9	Vertreter D	150	10	1500	225

- Formelmäßig kommt folgendes Ergebnis zustande:

	A	B	C	D	E
6	Vertreter A	200	20	=B6*C6	=D6*Provisionssatz/100
7	Vertreter B	100	15	=B7*C7	=D7*Provisionssatz/100
8	Vertreter C	80	30	=B8*C8	=D8*Provisionssatz/100
9	Vertreter D	150	10	=B9*C9	=D9*Provisionssatz/100

- Alternativ können Sie den Namen auch über das Fenster **Namen einfügen** einfügen:

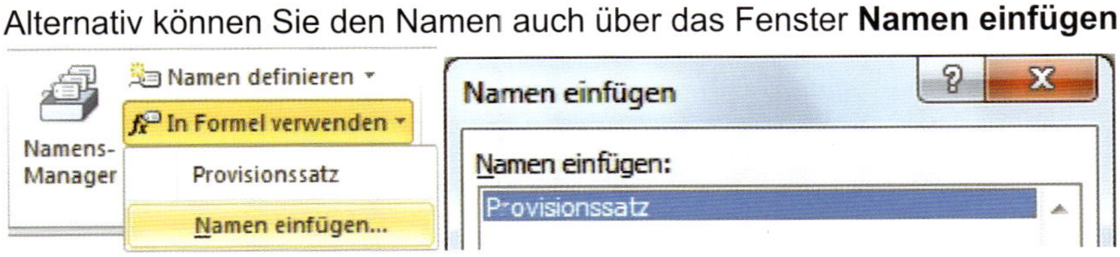

- Eine weitere Möglichkeit besteht darin, in der Formel nach dem Multiplikationszeichen den Buchstaben *P* einzugeben. Unter anderem wird das Wort *Provisionssatz* angezeigt. Durch einen Doppelklick mit der Maus auf die Bezeichnung wird der Begriff in die Formel eingefügt.

Namen in Bereichen anwenden

Eine weitere interessante Möglichkeit ist das Verwenden von Namen in Bereichen und als Bestandteil einer Formel oder einer Funktion. Dieses soll wiederum anhand der Umsatzberechnung demonstriert werden.

Bearbeitungsschritte:

- Löschen Sie den Inhalt der Zellen **D6** bis **D11** und speichern Sie die Arbeitsmappe unter dem Namen *Umsatz_Namen2* nochmals ab.
- Markieren Sie mit der Maus die Zellen **B6** bis **B9**. Klicken Sie danach im Register **Formeln** in der Gruppe **Definierte Namen** die Schaltfläche **Namen definieren** an. Geben Sie im **Eingabefeld** des Fensters **Neuer Name** den Namen *Menge* ein.

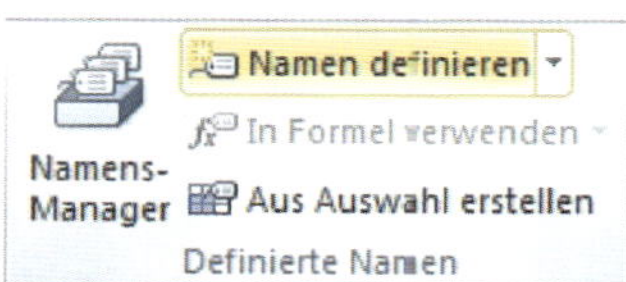

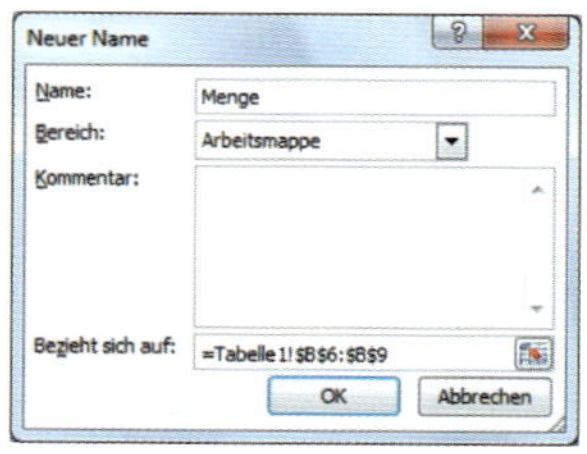

- Alternativ können Sie den Namen auch über die Rechenleiste eingeben.
- Markieren Sie mit der Maus die Zellen **C6** bis **C9**. Legen Sie für diesen Bereich in der beschriebenen Art den Namen *Preis* fest.
- Markieren Sie die Zelle **D6 und** geben Sie wie beschrieben mithilfe der Schaltfläche **In Formel verwenden** die folgende Formel ein: ***= Menge*Preis***.

	A	B	C	D	E
6	Vertreter A	200	20	=Menge*Preis	=D6*Provisionssatz/100

- Alternativ können Sie die Formel auch einfach über die Tastatur eingeben. Die automatische Anzeige der Namen ist Ihnen dabei behilflich.
- Kopieren Sie die Formel in die Zellen **D7** bis **D9**. Als Ergebnis wird die korrekte Berechnung der einzelnen Umsätze ausgegeben.
- Markieren Sie anschließend mit der Maus die Zellen **D6** bis **D9**. Legen Sie für diesen Bereich in der beschriebenen Art den Namen *Umsatz* fest. Berechnen Sie wie beschrieben die Provision mithilfe des Namens *Umsatz*.

	A	B	C	D	E
6	Vertreter A	200	20	=Menge*Preis	=Umsatz*Provisionssatz/100

Namen in Funktionen anwenden

Markierte Zellen oder Bereiche lassen sich unter ihrem Namen in Funktionen eingeben. Dadurch wird die Aussagekraft einer Funktion erhöht. Es wird z. B. in der Funktion angegeben, was summiert werden soll, nämlich bei der Umsatzberechnung der Umsatz.

Bearbeitungsschritte:

- Markieren Sie die Zelle **D11**. Klicken Sie die Schaltfläche **AutoSumme** in der Gruppe **Funktionsbibliothek** im Register **Formeln** an.

Bearbeitungsschritte (Fortsetzung):

- Klicken Sie danach die Schaltfläche **In Formeln verwenden** in der Gruppe **Definierte Namen** im Register **Formeln** an. Wählen Sie den Namen *Umsatz* aus.

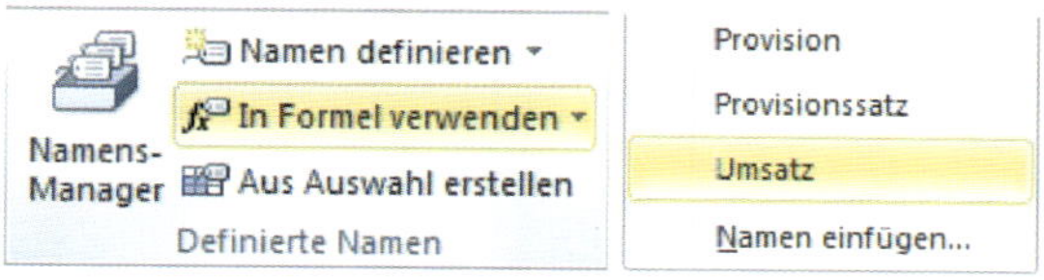

- Das Ergebnis sieht in der Zelle **D11** folgendermaßen aus:
  = Summe(Umsatz)
- Markieren Sie mit der Maus die Zellen **E6** bis **E9**. Legen Sie für diesen Bereich in der beschriebenen Art den Namen *Provision* fest.
- Markieren Sie die Zelle **E11** und geben Sie die folgende Formel ein:
  = Summe(Provision)
- In den einzelnen Zellen stehen nun nur noch eingegebene Werte und Formeln und Funktionen, die Namen enthalten. Dies kann über die Formelansicht angezeigt werden.

	A	B	C	D	E
6	Vertreter A	200	20	=Menge*Preis	=Umsatz*Provisionssatz/100
7	Vertreter B	100	15	=Menge*Preis	=Umsatz*Provisionssatz/100
8	Vertreter C	80	30	=Menge*Preis	=Umsatz*Provisionssatz/100
9	Vertreter D	150	10	=Menge*Preis	=Umsatz*Provisionssatz/100
10					
11	Gesamtumsε			=SUMME(Umsatz)	=SUMME(Provision)

Löschen von Namen

Ein Name darf nur einmal in einer Arbeitsmappe benutzt werden. Ist der Name für eine Zelle oder einen Bereich nicht mehr notwendig oder falsch, kann er gelöscht werden.

Bearbeitungsschritte:

- Klicken Sie danach im Register **Formeln** in der Gruppe **Definierte Namen** die Schaltfläche **Namens-Manager** an.

- Klicken Sie den Namen *Menge* an.

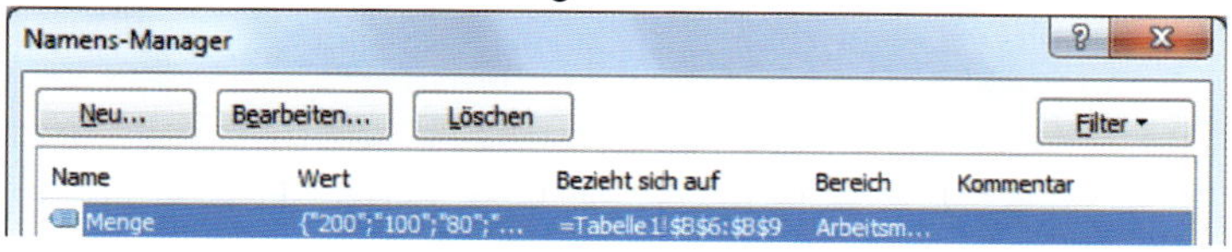

- Klicken Sie die Schaltfläche **Löschen** an, bestätigen Sie danach im nächsten Fenster die Löschung und klicken Sie dann die Schaltfläche **Schließen** an. Der Name wird gelöscht. Die Berechnungsergebnisse existieren jedoch nicht mehr. Eine Fehlermeldung weist auf den fehlenden Namen hin.
- Definieren Sie den Namen wieder. Da die Formeln noch vorhanden sind, wird das korrekte Ergebnis angezeigt.

Übungen:

1. Im Lager befinden sich die folgenden Waren mit den folgenden Verkaufspreisen:

Warenbezeichnung	Bestand	Verkaufspreis pro Stück	Neuer Verkaufspreis pro Stück
Computer	150	3500,00	
Drucker	302	900,00	
Scanner	74	1860,00	
Monitore	130	390,00	

a) Die Preise der Artikel sollen um 5 % erhöht werden. Erstellen Sie eine Tabelle, die es erlaubt, einen beliebigen Prozentsatz in eine Zelle einzugeben und danach die Anpassung der Verkaufspreise mithilfe der absoluten Adressierung vorzunehmen.

b) Versehen Sie die Zelle, in der der Prozentsatz steht, mit dem Namen *Preiserhöhung*. Nehmen Sie daraufhin die Erhöhung der Preise unter Verwendung des Namens vor.

c) Versehen Sie den Bereich, in dem die bisherigen Verkaufspreise stehen, mit dem Namen *Verkaufspreis*. Berechnen Sie den neuen Verkaufspreis unter Verwendung der Namen *Preiserhöhung* und *Verkaufspreis*.

d) Geben Sie dem Bereich, in dem die einzelnen Bestände stehen, den Namen *Bestand*. Summieren Sie den Bestand unter Verwendung des Namens.

2. Aufgrund einer Vereinbarung erhöht sich der Stundenlohn der Arbeitnehmer um 4 %.

Arbeitnehmer	Stundenlohn	Neuer Stundenlohn
Breer	23,70	
Bamming	24,30	
Hirsch	18,90	
Helmers	21,80	
Steenhuis	25,00	

a) Berechnen Sie mit absoluter Adressierung die neuen Stundenlöhne.

b) Legen Sie Zellen und Bereiche mit den Namen *Lohnerhöhung* und *Stundenlohn* fest und benutzen Sie diese Namen bei der Berechnung der neuen Stundenlöhne.

3. In Ihrem Unternehmen wird grundsätzlich bei einer Bestellmenge von 10 Stück pro Artikel ein Mengenrabatt in unterschiedlicher Höhe (je nach Kunde) gewährt.

Warenbezeichnung	Verkaufspreis pro Stück	Rabatt	Verkaufspreis nach Abzug des Rabatts
Computer	3500,00		
Drucker	900,00		
Scanner	1860,00		
Monitore	390,00		

a) Erstellen Sie eine Tabelle mit absoluter Adressierung des Rabattsatzes, mit der der jeweilige Rabatt und der jeweilige Verkaufspreis nach Abzug des Rabatts ermittelt werden kann. Tragen Sie zunächst als Rabatt die Zahl 10 ein.

b) Legen Sie Zellen und Bereiche mit den Namen *Rabattsatz*, *Verkaufspreis* und *Rabatt* fest und benutzen Sie diese Namen bei den Berechnungen.

4.4.2 Inhalte von Zellen

Grundsätzlich können in Zellen Texte, Werte, Formeln und Funktionen eingetragen werden. In den nachfolgenden Aufstellungen werden grundsätzliche Bemerkungen zu den möglichen Inhalten der Zellen gemacht. Außerdem wird jeweils ein Beispiel für den Sachverhalt angegeben, das die allgemeinen Erläuterungen ergänzen soll.

Texte

Es werden Bezeichnungen eingegeben, die in der Regel auf ein Eingabefeld, etwa rechts daneben, hinweisen. Außerdem kann die Ausgabe eines Ergebnisses mit einem Text erfolgen.

	A	B	C	D	E
1					
2		Umsatzberechnung 2010			
3					
4		Menge	Preis	Umsatz	

Werte

Es werden Zahlen eingegeben, die in der Regel weiterverarbeitet werden.

	A	B	C	D	E
1					
2		Umsatzberechnung 2010			
3					
4		Menge	Preis	Umsatz	
5					
6	Vertreter A	200	20		

Formeln

Mit Formeln werden Werte errechnet, die sich aus den eingegebenen und vorhandenen Werten zusammensetzen.

	A	B	C	D	E
1					
2		Umsatzberechnung 2010			
3					
4		Menge	Preis	Umsatz	
5					
6	Vertreter A	200	20	=B6*C6	

Funktionen

Funktionen sind vom Programm vorgegebene mathematische Formeln.

	A	B	C	D
1				
2		Umsatzberechnung 2010		
3				
4		Menge	Preis	Umsatz
5				
6	Vertreter A	200	20	4000
7	Vertreter B	100	15	1500
8	Vertreter C	80	30	2400
9	Vertreter D	150	10	1500
10				
11	Gesamtumsatz			=Summe(D6:D9)

4.4.3 Formeln

Vorbemerkungen

Mithilfe von Formeln lassen sich eine Reihe mathematischer Probleme mit einer Tabellenkalkulation lösen, so z. B. Berechnungen von Durchschnitten, Prozentrechnungen, Zinsrechnungen usw. Wichtige Anwendungsgebiete werden nachfolgend kurz beschrieben.

Formeln – Prozentrechnung

Mit der Prozentrechnung können anteilige Werte eines Ganzen usw. errechnet werden. Die Prozentrechnung bildet die Grundlage für viele Berechnungen.

Begriff	Formel	Erklärung
Prozentwert	$W = \frac{G * p}{100}$	Der Prozentwert ist der absolute Anteil vom Ganzen.
Prozentsatz	$p = \frac{W * 100}{G}$	Der Prozentsatz ist der relative Anteil vom Ganzen.
Grundwert	$G = \frac{W * 100}{p}$	Der Grundwert ist der Ausgangswert (das Ganze).

Zeichenerklärung:

G = Grundwert W = Prozentwert p = Prozentsatz

Bearbeitungsschritte:

- Erstellen Sie die Tabelle. Speichern Sie die Mappe unter dem Namen *Prozent*.

	A	B
1		
2	Prozentrechnung	
3		
4	Grundwert	1000
5	Prozentsatz	5
6		
7	Prozentwert	

- Erstellen Sie die folgende Formel in der Zelle **B8**: ***=B4*B5*B6/(100*360)***
- Das Ergebnis wird formelmäßig folgendermaßen aussehen:

	A	B
4	Grundwert	1000
5	Prozentsatz	5
6		
7	Prozentwert	=B4*B5/100

- Formatieren Sie die Tabelle wie unten angegeben.

	A	B
1		
2	Prozentrechnung	
3		
4	Grundwert	1000
5	Prozentsatz	5
6		
7	Prozentwert	50

- Berechnen Sie danach in den Tabellen *2* und *3* den Prozentsatz und den Grundwert bei Verwendung derselben Zahlen.

Formeln – Zinsrechnung

Am Beispiel der Berechnung von Zinsen soll das Anwenden von Formeln in der Tabellenkalkulation demonstriert werden. Die Zinsformel lautet:

Begriff	Formel	Erklärung
Zinsen	$Z = \frac{K * p * t}{100 * 360}$	Die Zinsen für ein eingesetztes Kapital werden berechnet. Es wird die Tageszinsformel zugrunde gelegt.
Kapital	$K = \frac{Z * 100 * 360}{p * t}$	Das Kapital, welches bei Anlage zu einem bestimmten Zinssatz für eine bestimmte Zeit eine genau bestimmte Zinssumme ergibt, wird ermittelt.
Zinssatz	$p = \frac{Z * 100 * 360}{K * t}$	Der Zinssatz für ein für einen bestimmten Zeitraum angelegtes Kapital wird ermittelt.
Tage	$t = \frac{Z * 100 * 360}{K * p}$	Die Anlagedauer wird bei gegebenen Zinsen, Zinssatz und Kapital ermittelt.

Zeichenerklärung:

Z = Zinsen K = Kapital p = Zinssatz t = Tage

Bearbeitungsschritte:

- Erstellen Sie die Tabelle. Speichern Sie die Mappe unter dem Namen *Zinsen*.

	A	B
1		
2	Zinsberechnung	
3		
4	Kapital	10000
5	Zinssatz	5
6	Tage	180
7		
8	Zinsen	

- Erstellen Sie die folgende Formel in der Zelle **B8**: ***=B4*B5*B6/(100*360)***
- Das Ergebnis wird formelmäßig folgendermaßen aussehen:

	A	B
4	Kapital	10000
5	Zinssatz	5
6	Tage	180
7		
8	Zinsen	=B4*B5*B6/(100*360)

- Formatieren Sie die Tabelle wie unten angegeben.

	A	B
1		
2	Zinsberechnung	
3		
4	Kapital	10000
5	Zinssatz	5
6	Tage	180
7		
8	Zinsen	250

- Berechnen Sie danach in den Tabellen *2* bis *4* das Kapital, den Zinssatz und die Tage bei Verwendung derselben Zahlen.

Formeln – Zinseszinsrechnung unter Verwendung der Zinseszinsformel

Die Zinseszinsrechnung, die vorhin mithilfe der Zinsrechnung durchgeführt wurde, soll nun mit der Zinseszinsformel erstellt werden. Diese Formel soll als Beispiel für die Anwendung einer etwas komplexeren mathematischen Formel dienen.

Begriff	Formel/Funktion	Erklärung
Zinseszins/ Aufzinsung	$K_n = K_0 * (1 + \frac{p}{100})^n$ $K_n = K_0 * q^n$	Das Kapital einschließlich Zinsen und Zinseszinsen wird ermittelt. Die beiden dargestellten Formeln zeigen denselben Sachverhalt.
Abzinsung	$K_0 = \frac{K_n}{q^n}$	Das ursprünglich eingesetzte Kapital wird unter Berücksichtigung von Zinsen und Zinseszinsen ermittelt.
Zinssatz	$P = \left(\left(\frac{K_n}{K_0} \right)^{\frac{1}{n}} - 1 \right) * 100$	Der gewährte Zinssatz einer Geldanlage wird aufgrund der gegebenen Werte *Anfangskapital*, *Endkapital* und *Anlagedauer* ermittelt.
Jahre	$n = \frac{lg\left[\frac{K_n}{K_0}\right]}{lg\ q}$	Der Anlagezeitraum für ein Kapital wird aufgrund der gegebenen Werte *Anfangskapital*, *Endkapital* und *Zinssatz* ermittelt.

Zeichenerklärung:

$$q = 1 + \frac{p}{100}$$

K_n = Endkapital K_0 = Anfangskapital p = Zinssatz n = Jahre

Bearbeitungsschritte:

- Geben Sie die nachfolgende Tabelle ein. Speichern Sie die Mappe unter dem Namen *Zinseszins* ab.

	A	B	C
1			
2	Zinseszinsrechnung		
3			
4	Kapital		10000
5	Zinssatz		5
6	Jahre		4
7			
8	Kapitalendwert		

- Erstellen Sie in der Zelle **C8** die Formel in der folgenden Form:
  =C4*(1+(C5/100))^C6
- In der Zelle **C8** steht daher die folgende Formel. Sie entspricht der ersten auf dieser Seite angegebenen Formel.

	A	B	C
8	Kapitalendwert		=C4*(1+(C5/100))^C6

- Formatieren Sie anschließend die Zellen wie nachstehend abgebildet:

	A	B	C
2	Zinseszinsrechnung		
3			
4	Kapital		10000
5	Zinssatz		5
6	Jahre		4
7			
8	Kapitalendwert		12155,0625

- Nutzen Sie gegebenenfalls die anderen Formeln für weitere Berechnungen.

Anwendung von Formeln – Zinseszinsrechnung

Mithilfe der Zinseszinsrechnung wird ermittelt, wie hoch ein Kapital bei Anlage zu einem festen Zinssatz nach einer bestimmten Anzahl von Jahren wird. Die Berechnung von Zinseszinsen gehört zu den traditionellen kaufmännischen Aufgaben.

Zunächst soll die Zinseszinsrechnung mithilfe der traditionellen Zinsrechnung durchgeführt werden, um zu zeigen, dass Tabellen mit einem relativ kleinen Aufwand erstellt werden können. Durch geschicktes Anwenden von Formeln und durch das Kopieren dieser Formeln in andere Zellen lässt sich das Arbeiten sehr vereinfachen.

Bearbeitungsschritte:

- Geben Sie die Tabelle zunächst in der nachfolgend dargestellten Form ein. In den Zellen **C4** bis **C6** sollen die Eingaben erfolgen. Werden später Alternativrechnungen benötigt, so sollen nur die Angaben in diesen Zellen geändert werden.

	A	B	C	D
1				
2	Zinseszinsrechnung			
3				
4	Kapital		10.000,00 €	
5	Zinssatz		5	
6	Jahre		4	
7				
8				
9	Jahr	Kapital am Jahresanfang	Zinsen	Kapital am Jahresende

- Tragen Sie in die Zelle **A10** die Zahl **1** für das erste Jahr ein. Diese Zahl soll die Grundlage für die Berechnung der weiteren Jahre darstellen.
- Die weiteren Jahreszahlen sollen nun mit einer sehr einfachen Formel berechnet werden. Tragen Sie in die Zelle **A11** die folgende Formel ein: ***=A10+1***. Es soll also zum Inhalt der Zelle **A10** (**1**) die Zahl **1** addiert werden. Kopieren Sie nun diese Formel zwecks Berechnung der weiteren Jahre in die Zellen **A12** bis **A13**.

	A	B	C	D
9	Jahr	Kapital am Jahresanfang	Zinsen	Kapital am Jahresende
10	1			
11	=A10+1			
12	=A11+1			
13	=A12+1			

- Übernehmen Sie das Kapital aus der Zelle **C4** in die Zelle **B10**, indem Sie in die Zelle **B10** die folgende Formel eintragen: ***= C4***.
- In die Zelle **B11** soll als Kapital am Jahresanfang des Jahres **2** das Kapital am Jahresende des ersten Jahres eingetragen werden. Daher lautet die Formel: ***= D10***. Ein Ergebnis wird noch nicht angezeigt, da das Kapital am Jahresende noch nicht berechnet wurde. Kopieren Sie die Formel in die Zellen **B12** bis **B13**.

	A	B	C	D
9	Jahr	Kapital am Jahresanfang	Zinsen	Kapital am Jahresende
10	1	=C4		
11	=A10+1	=D10		
12	=A11+1	=D11		
13	=A12+1	=D12		

Bearbeitungsschritte (Fortsetzung):

- Berechnen Sie die Zinsen in der Zelle **C10** mit der Formel für Jahreszinsen: ***= B10 * $C$5/100*** (***Kapital * Zinssatz/100***)
- Der Zinssatz muss in absoluter Adressierung angegeben werden, da er sich jeweils in der angegebenen Zelle **C5** befindet. Das Kapital muss relativ adressiert werden, da es sich durch das Kopieren ändern soll, also aus der Zelle **B10** in der nächsten Zeile die Zelle **B11** usw. werden soll.
- Kopieren Sie die Formel der Zelle **C10** in die Zellen **C11** bis **C13**.

	A	B	C	D
9	Jahr	Kapital am Jahresanfang	Zinsen	Kapital am Jahresende
10	1	=C4	=B10*$C$5/100	
11	=A10+1	=D10	=B11*$C$5/100	
12	=A11+1	=D11	=B12*$C$5/100	
13	=A12+1	=D12	=B13*$C$5/100	

- Es wird noch kein Ergebnis angezeigt, da das Kapital am Jahresende noch nicht ermittelt wurde und daher ein Wert in der Formel noch nicht zur Verfügung steht.

	A	B	C	D
9	Jahr	Kapital am Jahresanfang	Zinsen	Kapital am Jahresende
10	1	10.000,00 €	500,00 €	
11	2	- €	- €	
12	3	- €	- €	
13	4	- €	- €	

- Berechnen Sie das Kapital am Jahresende in der Zelle **D10**, indem Sie das Kapital am Jahresbeginn und die Zinsen addieren: ***= B10 + C10***. Kopieren Sie die Formel in die Zellen **D11** bis **D13**.

	A	B	C	D
9	Jahr	Kapital am Jahresanfang	Zinsen	Kapital am Jahresende
10	1	=C4	=B10*$C$5/100	=B10+C10
11	=A10+1	=D10	=B11*$C$5/100	=B11+C11
12	=A11+1	=D11	=B12*$C$5/100	=B12+C12
13	=A12+1	=D12	=B13*$C$5/100	=B13+C13

- Das Ergebnis sieht formatiert folgendermaßen aus:

	A	B	C	D
1				
2	Zinseszinsrechnung			
3				
4	Kapital		10.000,00 €	
5	Zinssatz		5	
6	Jahre		4	
7				
8				
9	Jahr	Kapital am Jahresanfang	Zinsen	Kapital am Jahresende
10	1	10.000,00 €	500,00 €	10.500,00 €
11	2	10.500,00 €	525,00 €	11.025,00 €
12	3	11.025,00 €	551,25 €	11.576,25 €
13	4	11.576,25 €	578,81 €	12.155,06 €

- Speichern Sie die Tabelle unter der Bezeichnung *Zinsen (tabellarisch)* ab.

Formeln – Einfacher und gewogener Durchschnitt

Der einfache Durchschnitt wird ermittelt, indem die Summe aller Werte durch die Anzahl der Werte dividiert wird. Dazu steht in der Tabellenkalkulation die Funktion MITTELWERT zur Verfügung, die später erklärt wird.

Beim gewogenen Durchschnitt wird der Gesamtwert durch die Gesamtanzahl der Werte dividiert. Ein Beispiel wird nachfolgend gezeigt, wobei die Möglichkeiten in unterschiedlicher Art demonstriert werden. Um den Unterschied zu dem einfachen Durchschnitt zu zeigen, wird auch dieser Wert in verschiedenen Berechnungsarten gezeigt.

Begriff	Formel/Funktion
Einfacher Durchschnitt	$Einfacher\ Durchschnitt = \frac{Summe\ der\ Werte}{Anzahl\ der\ Werte}$
Gewogener Durchschnitt	$Gewogener\ Durchschnitt = \frac{Gesamtwert}{Gesamtzahl\ der\ Werte}$

Bearbeitungsschritte:

- Geben Sie die nachfolgende Tabelle ein. Speichern Sie die Mappe unter dem Namen *Durchschnitt* ab.

	A	B	C	D
1	Umsatz			
2		Menge	Preis	Umsatz
3	Januar	140	23,00 €	3.220,00 €
4	Februar	145	26,00 €	3.770,00 €
5	März	129	28,00 €	3.612,00 €
6	April	113	29,00 €	3.277,00 €
7	Mai	134	24,00 €	3.216,00 €
8	Juni	167	22,00 €	3.674,00 €

- Führen Sie in den Zellen **C10** bis **C14** die folgenden Berechnungen durch. In den Zellen **C10** und **C12** werden die Werte mithilfe der in einer Tabellenkalkulation zur Verfügung stehenden Funktionen, die später intensiver erklärt werden, ermittelt. Dies ist der vernünftigere Weg. Folgt man den Definitionen der Berechnungen von Durchschnitten, ist der andere, sehr viel umständlichere, Weg zu wählen.

	A	B	C
10	Gewogener Durchschnitt		=SUMME(D3:D8)/SUMME(B3:B8)
11	Gewogener Durchschnitt		=(D3+D4+D5+D6+D7+D8)/(B3+B4+B5+B6+B7+B8)
12	Einfacher Durchschnitt		=MITTELWERT(C3:C8)
13	Einfacher Durchschnitt		=(C3+C4+C5+C6+C7+C8)/6

- Das Ergebnis sieht formatiert folgendermaßen aus:

	A	B	C	D
1	Umsatz			
2		Menge	Preis	Umsatz
3	Januar	140	23,00 €	3.220,00 €
4	Februar	145	26,00 €	3.770,00 €
5	März	129	28,00 €	3.612,00 €
6	April	113	29,00 €	3.277,00 €
7	Mai	134	24,00 €	3.216,00 €
8	Juni	167	22,00 €	3.674,00 €
9				
10	Gewogener Durchschnitt		25,08 €	
11	Gewogener Durchschnitt		25,08 €	
12	Einfacher Durchschnitt		25,33 €	
13	Einfacher Durchschnitt		25,33 €	

Formelüberwachung

Da in der Arbeitsmappe *Umsatz_Absolut* bereits einige Formeln verwendet werden, soll über die Formelüberwachung gezeigt werden, welche Zellen in einer Formel usw. vorhanden sind. Die Formelüberwachung ist beispielsweise bei der Fehlersuche behilflich.

Bearbeitungsschritte:

- Laden Sie die Arbeitsmappe *Umsatz_Absolut*.
- Markieren Sie die Zelle **D6**. Klicken Sie danach im Register **Formeln** in der Gruppe **Formelüberwachung** die Schaltfläche **Spur zum Vorgänger** an.

- Die Zellen, die die Berechnungsgrundlage für das Ergebnis in der Zelle **D6** bilden, werden angezeigt.

	A	B	C	D	E
4		Menge	Preis	Umsatz	Provision
5					
6	Vertreter A	200	20	4000	600

- Klicken Sie die Schaltfläche **Spur zum Nachfolger** an. Die Zellen, die als Berechnungsgrundlage das Ergebnis der Zelle **D6** haben, werden angezeigt.

	A	B	C	D	E
1					
2		Umsatzberechnung 2010			
3					
4		Menge	Preis	Umsatz	Provision
5					
6	Vertreter A	200	20	4000	600
7	Vertreter B	100	15	1500	225
8	Vertreter C	80	30	2400	360
9	Vertreter D	150	10	1500	225
10					
11	Gesamtumsatz			9400	1410

- Entfernen Sie die Spuren über die Schaltfläche **Pfeile entfernen**. Probieren Sie danach andere Möglichkeiten aus.
- Zur Überprüfung von Werten und Formeln, auch bezogen über mehrere Tabellen und eventuell mehreren Arbeitsmappen, dient das Überwachungsfenster. Nach Anklicken der Schaltfläche **Überwachungsfenster** können Zellen markiert und dem Überwachungsfenster hinzugefügt werden. Dann stehen die Informationen zur Verfügung.

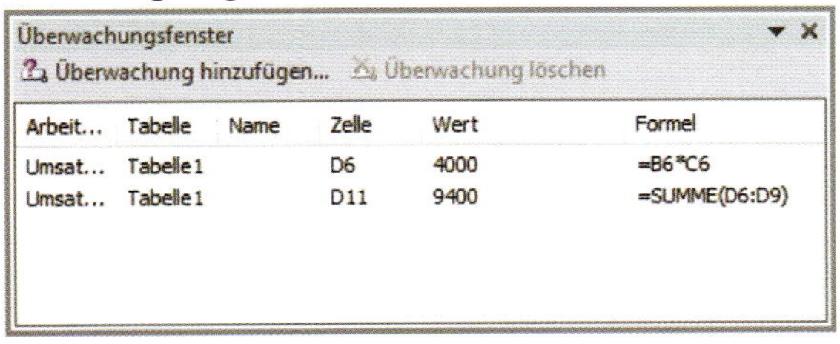

Arbeit...	Tabelle	Name	Zelle	Wert	Formel
Umsat...	Tabelle1		D6	4000	=B6*C6
Umsat...	Tabelle1		D11	9400	=SUMME(D6:D9)

Fehlermeldungen

Bei der Erstellung von Formeln, bei der Eingabe von Werten usw. kann es immer wieder vorkommen, dass unbeabsichtigt Fehler eingebaut werden. Entsprechende Fehlermeldungen verbunden mit der Hilfe-Funktion ermöglichen es, die Fehler zu finden und abzustellen.

Bearbeitungsschritte:

- Erstellen Sie eine neue Arbeitsmappe und speichern Sie diese Arbeitsmappe unter dem Namen *Lohn*.

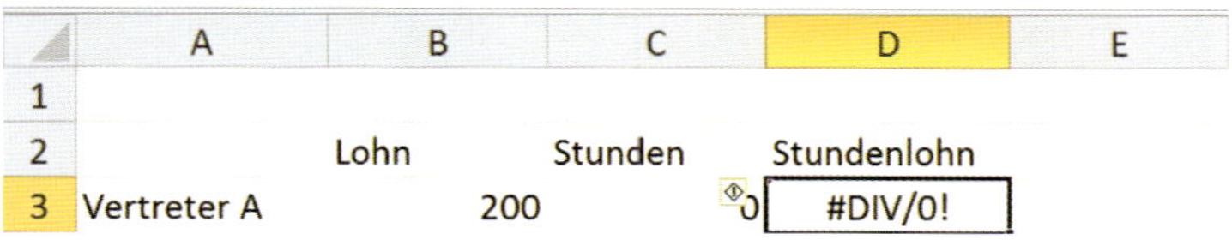

- Da eine Division durch *0* nicht möglich ist, kommt es zu einer Fehlermeldung. Dies wäre auch der Fall, wenn sich in der Zelle **C3** kein Wert befindet. Fahren Sie daher mit der Maus die neben der Fehlermeldung angezeigte Schaltfläche an und wählen Sie den Menüpunkt **Hilfe für diesen Fehler anzeigen**.

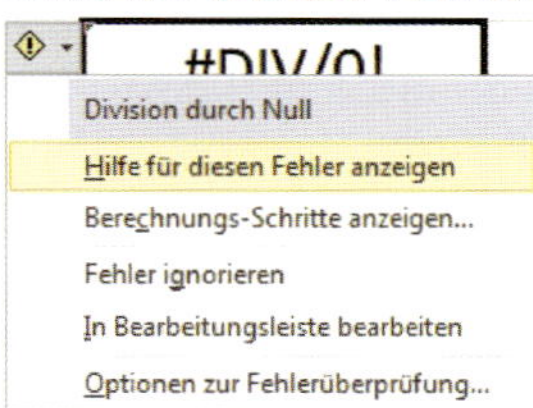

- Als Nächstes können Sie Vorschläge zum Korrigieren des Fehlers aufrufen.

- Nach Anklicken des Links *Korrigieren eines Fehlerwerts vom Typ #EIV/0!* erhalten Sie Informationen zur Fehlerkorrektur.

- Machen Sie sich mit der **Excel-Hilfe** vertraut, indem Sie beispielsweise einen Suchbegriff eingeben oder im Inhaltsverzeichnis einen Link anklicken.

4.4.4 Funktionen

Vorbemerkungen

Die Tabellenkalkulation EXCEL kennt über 200 definierte Funktionen aus verschiedenen Bereichen. Die Funktionen sollen komplizierte Berechnungen vereinfachen.

Auf den folgenden Seiten werden zunächst die Arten von Funktionen kurz beschrieben. Danach wird die Anwendung einfacher Funktionen erklärt. Anschließend wird an einem Beispiel die Arbeit mit dem Funktions-Assistenten (Funktionsbibliothek) demonstriert.

Abschließend wird aus den einzelnen Arten der Funktionen jeweils zumindest ein Beispiel bearbeitet. Diese Beispiele können hintereinander nachvollzogen werden, es können jedoch auch einzelne Funktionen später bearbeitet werden.

Arten von Funktionen

Die folgende Übersicht stellt die einzelnen Bereiche, aus denen die Tabellenkalkulation EXCEL Funktionen zur Verfügung stellt, kurz vor.

Mathematik	Komplizierte aber auch relativ einfache mathematische Berechnungen wie Wurzelberechnungen oder das Runden von Zahlen werden mithilfe dieser Funktionen durchgeführt. Gerade durch diese Funktionen werden komplizierte Formeln überflüssig.
Finanzmathematik	Finanzwirtschaftliche Funktionen erlauben z. B. Zins-, Renten- und Abschreibungsberechnungen. Sie sind daher vor allem im kaufmännischen Bereich hervorragend einsetzbar.
Datum & Zeit	Mithilfe dieser Funktionen kann der Zeitabstand zwischen verschiedenen Tagen, die Ermittlung des augenblicklichen Datums usw. vorgenommen werden. Die ermittelten Daten können dann z. B. für Zinsberechnungen weiterverwendet werden.
Logik	Logikfunktionen ermöglichen Alternativberechnungen, stellen fest, überprüfen Sachverhalte usw. Ohne diese Funktionen würde sich eine Tabellenkalkulation nur für das Berechnen von Werten eignen.
Text	Textfunktionen ermöglichen unter anderem, Texte aus verschiedenen Zellen zusammenzuführen. Damit kann z. B. ein berechnetes Ergebnis in einer Zelle sofort interpretiert werden.
Statistik	Der Statistik fällt die Aufgabe zu, Daten zu erfassen, aufzubereiten und auszuwerten. Aufgrund statistischer Daten können z. B. Voraussagen gemacht werden.
Information	Informationen über den Inhalt von Zellen werden zur Verfügung gestellt. Aufgrund der gewonnenen Informationen können Fehler abgefangen, Aussagen gemacht werden usw.
Matrix	Durch Matrixfunktionen werden z. B. bestimmte Datensätze aus einer Liste ausgefiltert. Steht ein Datenbankprogramm zur Verfügung, ist das Ergebnis damit u. U. einfacher zu erzielen.
Datenbank	Datenbankfunktionen nehmen Auswertungen in einem Datenbestand vor, z. B. kann der durchschnittliche Bestand von Waren ermittelt werden.

4.4.5 Funktions-Assistent – Schaltflächen der Funktionsbibliothek

Die Benutzung des Funktions-Assistenten erleichtert die Arbeit mit den vom Programm definierten Funktionen, die das Tabellenkalkulationsprogramm EXCEL zur Verfügung stellt. Grundsätzlich lassen sich zwar alle Funktionen über die Tastatur eingeben, aber mithilfe des Funktions-Assistenten wird die Wahl einer Funktion vereinfacht und die Eingabe der benötigten Daten sicherer vorgenommen.

Der Funktions-Assistent wird im Register **Formeln** über die Schaltflächen der Gruppe **Funktionsbibliothek** oder durch das Anklicken der Schaltfläche **Funktion einfügen** in der Rechenleiste aufgerufen.

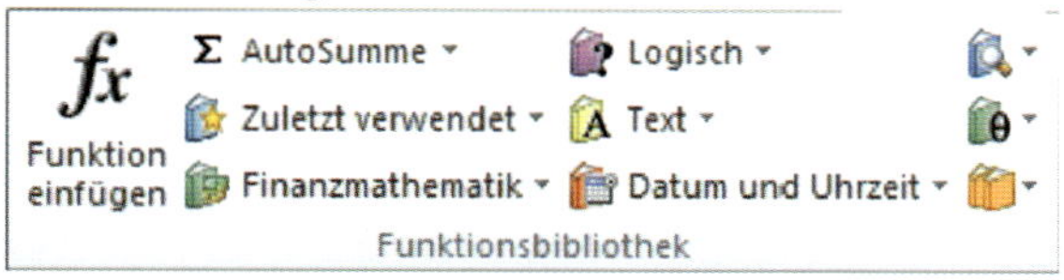

Über die Schaltflächen oder im Fenster **Funktion einfügen** kann man die gewünschte Funktion auswählen. Dabei kann man bestimmen, ob alle Funktionen oder nur bestimmte, wie etwa mathematische, finanzmathematische oder Logikfunktionen, angezeigt werden sollen.

Interessant ist auch die Möglichkeit, sich die zuletzt verwendeten Funktionen anzeigen zu lassen, da diese Funktionen wahrscheinlich die am meisten benutzten Funktionen sind. Dadurch wird das Suchen nach bestimmten Funktionen erleichtert.

Bearbeitungsschritte:

- Laden Sie die Arbeitsmappe *Zinseszins*. Löschen Sie in der Zelle **C8** ein eventuell vorhandenes Währungsformat, das nicht mehr benötigt wird.
- Vervollständigen Sie die Tabelle folgendermaßen:

	A	B	C
8	Kapitalendwert		12155,0625
9			
10	Kapitalendwert (gerundet)		

- Markieren Sie die Zelle **C10.** Klicken Sie die Schaltfläche **Mathematik & Trigonometrie** an. Wählen Sie die Funktion **Abrunden** aus.

- Das folgende Fenster wird auf dem Bildschirm angezeigt. Markieren Sie die Zelle **C8**, dessen Wert gerundet werden soll.

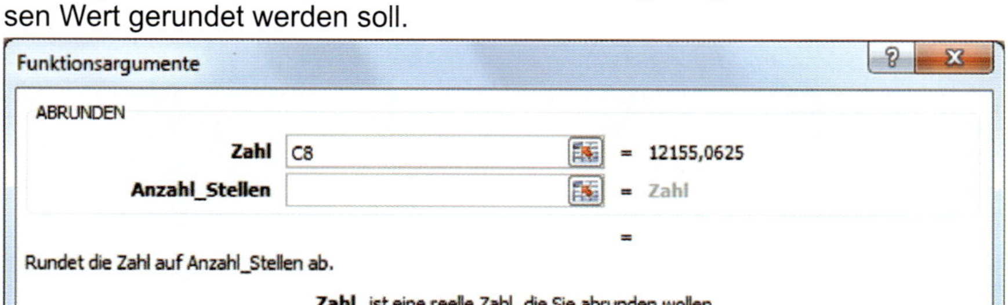

Bearbeitungsschritte (Fortsetzung):

- Geben Sie danach die Anzahl der Nachkommastellen an.

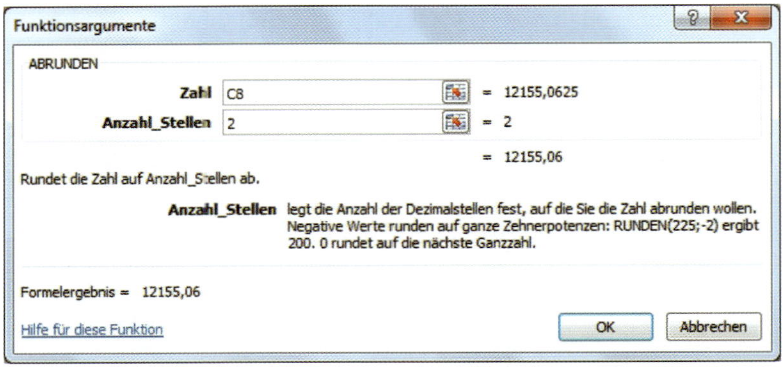

- Nach dem Anklicken der Schaltfläche **OK** wird das folgende Ergebnis ausgegeben:

	A	B	C
8	Kapitalendwert		12155,0625
9			
10	Kapitalendwert (gerundet)		12155,06

- Löschen Sie den Wert in der Zelle **C10**, um eine weitere Möglichkeit der Berechnung auszuprobieren. Klicken Sie danach die Schaltfläche **Funktion einfügen** in der Gruppe **Funktionsbibliothek** oder in der **Rechenleiste** an.

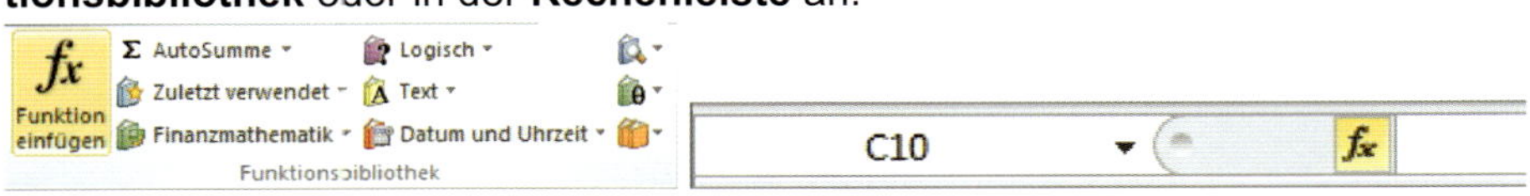

- Wählen Sie im Fenster **Funktion einfügen** aus der Kategorie **Math. & Trigonom.** die Funktion **Abrunden** aus. Die allgemeine Syntax und die Bedeutung der Funktion werden angegeben. Klicken Sie danach die Schaltfläche **OK** an.

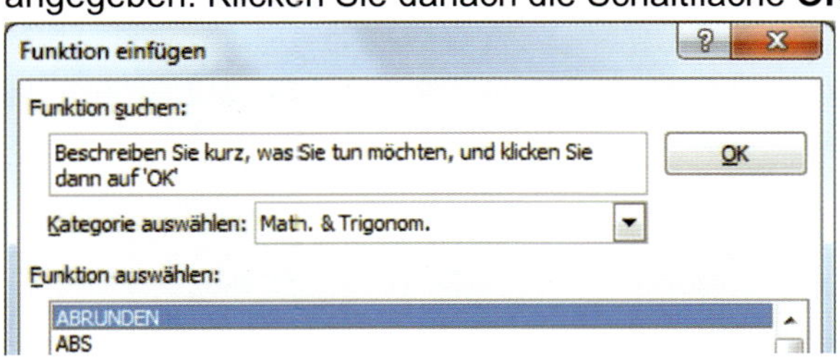

- Danach können Sie die Berechnung wie bereits gezeigt vornehmen.
- Eleganter wäre sicherlich gewesen, direkt in der Zelle **C8** den Kapitalendwert mit Abrundung zu berechnen. Die in die Zelle **C8** einzugebende Formel lautet:
= ABRUNDEN(C4*(1+(C5/100))^C6;2)
- Auch über den **Funktions-Assistenten** ist das Ergebnis zu realisieren:

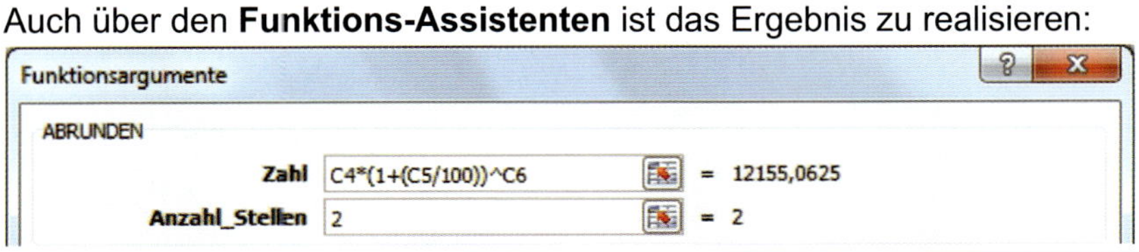

4.4.6 Mathematische Funktionen

POTENZ

Beim Runden von Zahlen wurde eine mathematische Funktion benutzt. Aus der großen Anzahl der Möglichkeiten soll ein Beispiel für den Einsatz der Funktion POTENZ gezeigt werden. Neben der Berechnung der Potenzwerte wird eine Grafik angezeigt. Die Erstellung der Grafiken sollten Sie nach dem Durcharbeiten des Kapitels *Diagramme* vornehmen.

Syntax

= POTENZ(Zahl;Potenz)

Bearbeitungsschritte:

- Erstellen Sie die Tabelle. Speichern Sie sie unter dem Namen *Funktion_Potenz*.

	A	B	C	D
1	x	x^2	x3	
2	1			
3	2			
4	3			
5	4			
6	5			
7	6			

- Markieren Sie die Zelle **B2**. Wählen Sie auf eine beschriebene Art die Funktion POTENZ aus.

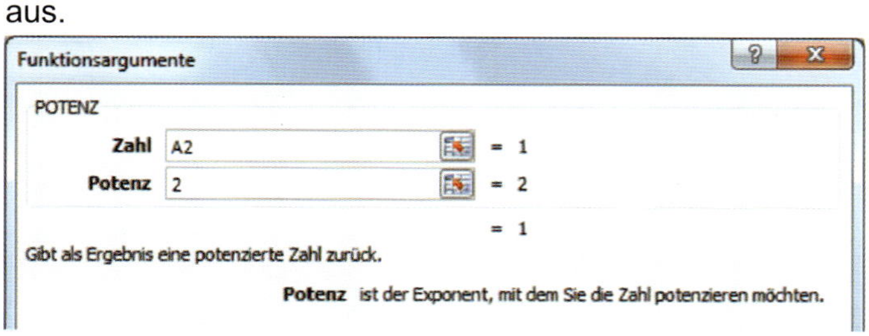

- Kopieren Sie das Ergebnis nach unten. Berechnen Sie auch die nächste Spalte.

	A	B	C	D
1	x	x^2	x3	
2	1	1	1	
3	2	4	8	
4	3	9	27	
5	4	16	64	
6	5	25	125	
7	6	36	216	

- Später können Sie das Ergebnis in ein oder mehrere Diagramme umwandeln:

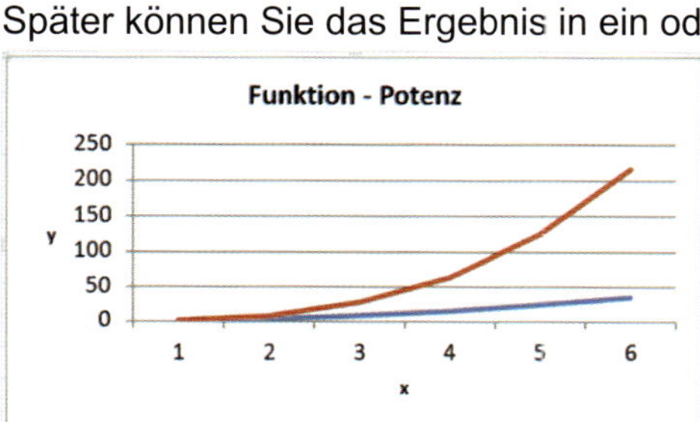

SUMMEWENN

Mit der Funktion SUMMEWENN können Zahlen addiert werden. Ein bestimmter Bereich wird bestimmt, der ausgewertet werden soll. Danach wird ein Suchkriterium eingegeben und ein Bereich bestimmt, der addiert werden soll. Dieser Bereich kann mit dem Bereich übereinstimmen, der ausgewertet werden soll. Aber auch andere ausgewählte Bereiche können addiert werden.

Anhand verschiedener Beispiele sollten die vielfältigen Möglichkeiten dieser Funktion demonstriert werden.

Syntax

= SUMMEWENN(Bereich;Suchkriterien;Summe_Bereich)

= SUMMEWENN(F2:F6;"<0";F2:F6)

= SUMMEWENN(F2:F6;">0";E2:E6)

= SUMMEWENN(F2:F6;"Schreibtisch";E2:E6)

Bearbeitungsschritte:

- Erstellen Sie die folgende Tabelle. Berechnen Sie die jeweiligen Differenzen und die Summe der Differenzen.

	A	B	C	D	E	F
1	Artikel_Nr	Artikelart	Artikel_Bez	Verkauf_2010	Verkauf_2009	Differenz
2	1000	Schreibtisch	Gabriele	130	150	-20
3	1001	Schreibtisch	Modern	200	190	10
4	1002	Schreibtisch	Exklusiv	150	170	-20
5	1003	Büroschrank	Elegant	200	160	40
6	1004	Büroschrank	Aktuell	80	70	10
7						
8	Summe					20
9	Summierte Minuswerte					
10	Summierte Pluswerte					

- Rufen Sie die Funktion SUMMEWENN auf. Bestimmen Sie den Bereich, den Sie nach Kriterien auswerten wollen, geben Sie danach das Suchkriterium ein und bestimmen Sie danach den Bereich, der summiert werden soll.

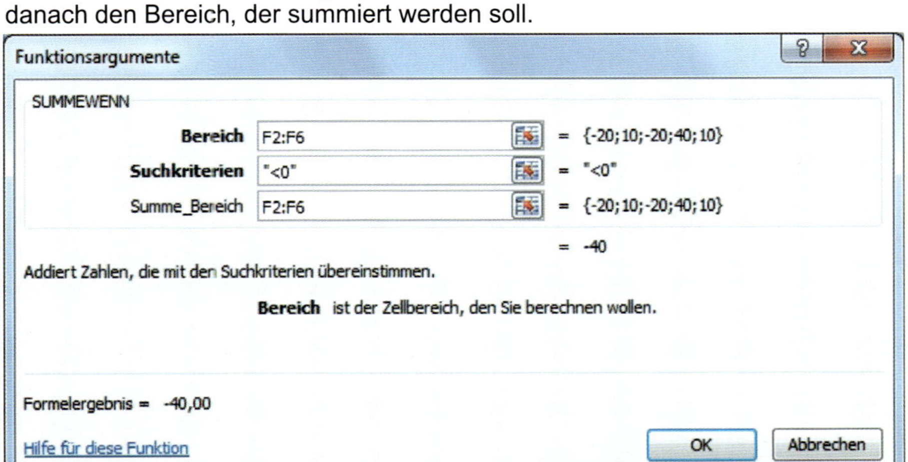

Bearbeitungsschritte (Fortsetzung):

- Als Ergebnis wird die Summe der Minuswerte ausgegeben:

	A	B	C	D	E	F
8	Summe					20
9	Summierte Minuswerte					-40

- Berechnen Sie danach die Summe der Pluswerte. Das Ergebnis sieht folgendermaßen aus:

	A	B	C	D	E	F
1	Artikel_Nr	Artikelart	Artikel_Bez	Verkauf_2010	Verkauf_2009	Differenz
2	1000	Schreibtisch	Gabriele	130	150	-20
3	1001	Schreibtisch	Modern	200	190	10
4	1002	Schreibtisch	Exklusiv	150	170	-20
5	1003	Büroschrank	Elegant	200	160	40
6	1004	Büroschrank	Aktuell	80	70	10
7						
8	Summe					20
9	Summierte Minuswerte					-40
10	Summierte Pluswerte					60

- Formelmäßig sieht das Ergebnis folgendermaßen aus:

	A	B	C	D	E	F
1	Artikel_Nr	Artikelart	Artikel_Bez	Verkauf_2010	Verkauf_2009	Differenz
2	1000	Schreibtisch	Gabriele	130	150	=D2-E2
3	1001	Schreibtisch	Modern	200	190	=D3-E3
4	1002	Schreibtisch	Exklusiv	150	170	=D4-E4
5	1003	Büroschrank	Elegant	200	160	=D5-E5
6	1004	Büroschrank	Aktuell	80	70	=D6-E6
7						
8	Summe					=SUMME(F2:F6)
9	Summierte Minuswerte					=SUMMEWENN(F2:F6;"<0";F2:F6)
10	Summierte Pluswerte					=SUMMEWENN(F2:F6;">=0";F2:F6)

- Speichern Sie das Ergebnis unter dem Namen *Summe_Wenn_1* ab.

In einem zweiten Beispiel sind Bereich und Summe_Bereich unterschiedlich. Dies bedeutet, dass in einem Bereich ein Suchkriterium angewandt wird, jedoch dann Zahlen aus einem anderen Bereich ausgewertet werden.

Im konkreten Fall sollen die Verkäufe, jeweils nach Kriterien ausgewählt, summiert werden.

Bearbeitungsschritte:

- Speichern Sie die Arbeitsmappe *Summe_Wenn_1* unter dem Namen *Summe_Wenn_2* nochmals ab. Summieren Sie danach die jeweiligen Verkäufe.

	A	B	C	D	E	F
1	Artikel_Nr	Artikelart	Artikel_Bez	Verkauf_2010	Verkauf_2009	Differenz
2	1000	Schreibtisch	Gabriele	130	150	-20
3	1001	Schreibtisch	Modern	200	190	10
4	1002	Büroschran	Elegant	150	170	-20
5	1003	Schreibtisch	Exklusiv	200	160	40
6	1004	Büroschrank	Aktuell	80	70	10
7						
8	Summe			760	740	20
9	Summierte Minuswerte					-40
10	Summierte Pluswerte					60

Bearbeitungsschritte (Fortsetzung):

- Markieren Sie die Zelle **D9**. Rufen Sie die Funktion SUMMEWENN auf. Wählen Sie den Bereich **D2:D6** als den zu summierenden Bereich aus. Die beiden anderen Eingaben unterscheiden sich nicht, da Bereich und Suchkriterien dem vorherigen Beispiel entsprechen müssen.

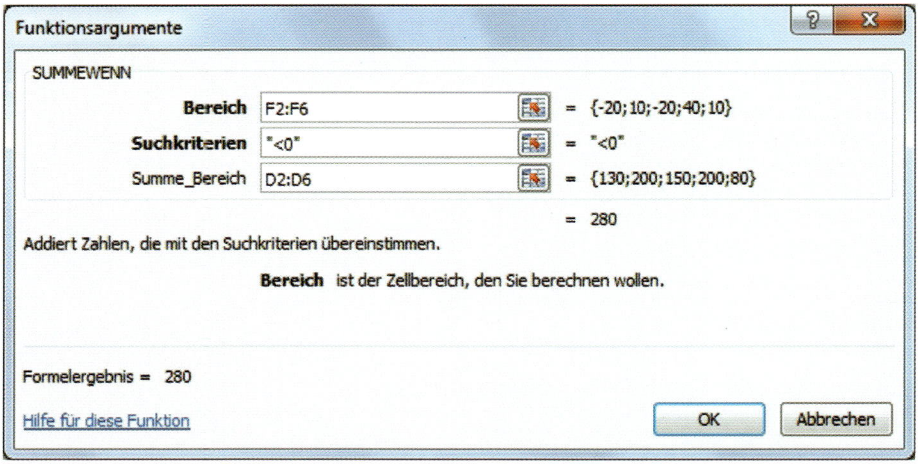

- Summieren Sie danach auch alle anderen nachstehend angezeigten Bereiche. Achten Sie dabei besonders auf das jeweilige Suchkriterium und die dann zu summierenden Bereiche.

	A	B	C	D	E	F
1	Artikel_Nr	Artikelart	Artikel_Bez	Verkauf_2010	Verkauf_2009	Differenz
2	1000	Schreibtisch	Gabriele	130	150	-20
3	1001	Schreibtisch	Modern	200	190	10
4	1002	Büroschran	Elegant	150	170	-20
5	1003	Schreibtisch	Exklusiv	200	160	40
6	1004	Büroschrank	Aktuell	80	70	10
7						
8	Summe			760	740	20
9	Summierte Minuswerte			280	320	-40
10	Summierte Pluswerte			480	420	60

- Das Ergebnis in der Zelle **D9** setzt sich aus den Werten der Zellen **D2** und **D4** zusammen. In den Zellen **F2** und **F4** sind diese Zellen mit negativen Werten gekennzeichnet.
- Nachfolgend werden die Formeln der wichtigen Spalten angezeigt. Wie beschrieben, unterscheidet sich jeweils der Bereich, der summiert werden soll.

	D	E	F
1	Verkauf_2010	Verkauf_2009	Differenz
2	130	150	=D2-E2
3	200	190	=D3-E3
4	150	170	=D4-E4
5	200	160	=D5-E5
6	80	70	=D6-E6
7			
8	=SUMME(D2:D6)	=SUMME(E2:E6)	=SUMME(F2:F6)
9	=SUMMEWENN(F2:F6;"<0";D2:D6)	=SUMMEWENN(F2:F6;"<0";E2:E6)	=SUMMEWENN(F2:F6;"<0";F2:F6)
10	=SUMMEWENN(F2:F6;">0";D2:D6)	=SUMMEWENN(F2:F6;">0";E2:E6)	=SUMMEWENN(F2:F6;">=0";F2:F6)

4.4.7 Finanzmathematische Funktionen

ZW (ZUKUNFTSWERT)

Am Beispiel der Zinseszinsrechnung soll die Arbeit mit einer finanzmathematischen Funktion gezeigt werden. Für die Zinseszinsberechnung gibt es im Tabellenkalkulationsprogramm EXCEL die Funktion ZW (Zukunftswert). Sie entspricht dem Kapitalendwert bei der Zinseszinsrechnung. Mit dieser Funktion könnten auch Rentenendwerte berechnet werden, wenn zusätzlich jährliche Zahlungen erfolgen sollen.

Syntax
= ZW(Zins;Zzr;Rmz;Bw;F)

Bezeichnung	**Bedeutung/Beispiel**
ZW	Zukunftswert (Zinseszins- oder Rentenrechnung)
Zins	Zinssatz
Zzr	Zeitraum (Jahre)
Rmz	Zahlung pro Zeitraum (in der Zinseszinszinsrechnung, da keine Jahreszahlungen erfolgen, 0)
Bw (optional)	Kapital (sogenannter Barwert oder Kapitalanfangswert)
F (optional)	Zahlungen pro Zeitraum am Anfang des Zeitraumes: 1 Zahlungen pro Zeitraum am Ende des Zeitraumes: 0

Da die Funktion ZW (Zukunftswert) in erster Linie Rentenendwerte berechnen soll, ist das Kapital am Anfang des Jahres lediglich ein optionaler einzugebender Wert, er wird für die Rentenrechnung nicht unbedingt benötigt. Ist ein Wert optional, kann eine Eingabe erfolgen, sie ist nicht unbedingt notwendig.

Bearbeitungsschritte:

- Erstellen Sie zunächst wiederum die folgende Tabelle:

	A	B	C	D
1				
2	Zinseszinsrechnung			
3				
4	Kapital		-10000	
5	Zinssatz		5%	
6	Jahre		4	
7				
8	Kapitalendwert			

- Es ergeben sich folgende Besonderheiten bei der Eingabe der Werte:
- Das Kapital muss als negativer Wert eingegeben werden. Dies wird damit begründet, dass ausgegebenes Geld negativ anzusehen ist und eingenommenes Geld (Kapitalendwert) positiv dargestellt werden soll.
- Der Zinssatz muss als 0,05 eingegeben werden. Durch das Anklicken der Schaltfläche **Prozentformat** im Register **Start** in der Gruppe **Zahl** wird der Zinssatz als 5 % dargestellt. Auch ohne das Anklicken des Symbols würde die Rechnung ordnungsgemäß durchgeführt.

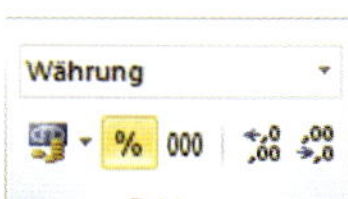

Bearbeitungsschritte (Fortsetzung):

- Markieren Sie die Zelle **C8** und rufen Sie die entsprechende Funktion auf. Dies kann wie beschrieben auf unterschiedliche Art und Weise geschehen.
- Wenn Sie die Schaltfläche Funktion einfügen nutzen, wählen Sie aus der Kategorie Finanzmathematik die Funktion ZW aus. Alternativ können Sie auch die Kategorie Alle aufrufen und dann die entsprechende Funktion wählen. Dabei müssen Sie jedoch unter allen Funktionen die gesuchte Funktion heraussuchen. Sind Sie sicher, dass eine Funktion einer bestimmten Kategorie angehört, sollten Sie die bestimmte Kategorie wählen und dann die Funktion aufrufen.

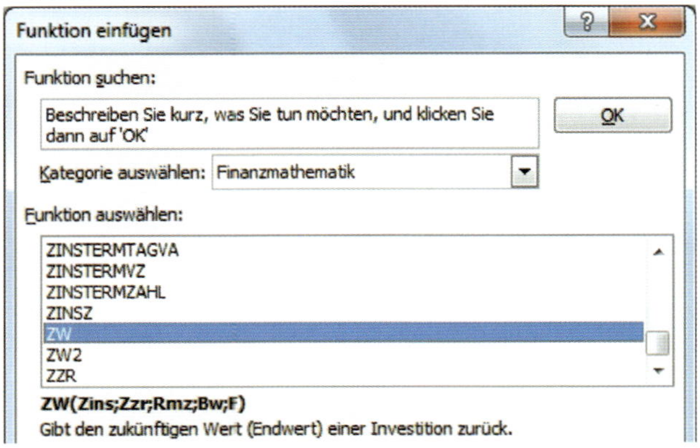

- Nach dem Anklicken der Schaltfläche **OK** wird der Schritt 2 des Funktions-Assistenten dargestellt. Geben Sie jeweils die entsprechende Zelle bei Zins usw. ein. Sie können dies auch durch das jeweilige Markieren der Zelle erreichen. Bei der Zahlung pro Zeitraum geben Sie eine 0 ein, da keine Zahlung erfolgt. Das Ergebnis wird in der Mitte des Fensters angezeigt.

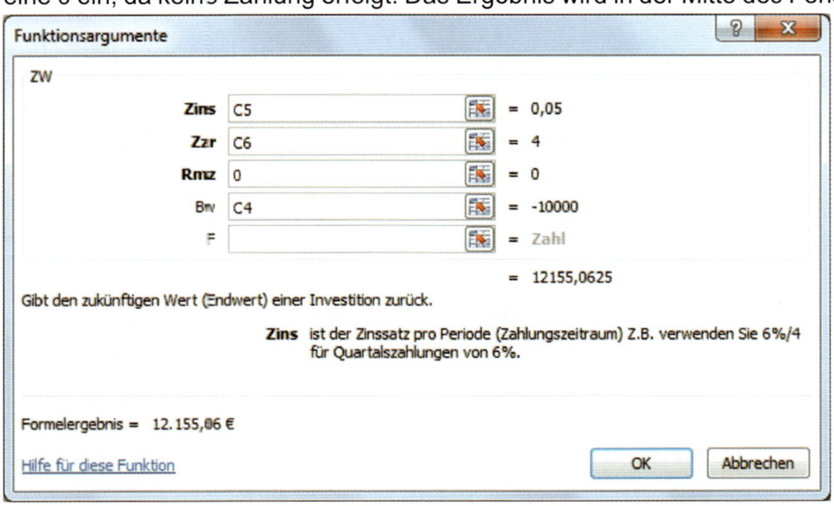

- Das Ergebnis wird in der Zelle **C8** nach dem Anklicken der Schaltfläche **OK** angezeigt. Speichern Sie die erstellte Tabelle unter dem Namen *ZZ_Zukunftswert* ab.
- Eine andere Möglichkeit, eine Funktion in eine Zelle zu übernehmen, ist ebenfalls relativ einfach. Sie geben über die Tastatur die entsprechende Formel ein:
=ZW(C5;C6;0;C4)

4.4.8 Informations-Funktionen

ISTLEER

Durch die Informations-Funktionen wird in der Regel festgestellt, ob eine angenommene Tatsache wahr oder falsch ist. Im darstellten Beispiel sollen Informationen über den Bestand im Lager gesammelt werden. Selbstverständlich kann man bei einer begrenzten Anzahl von Werten diese Informationen auch ohne die Nutzung von Funktionen gewinnen, je größer die Anzahl der Daten jedoch wird, umso schwieriger dürfte das Unterfangen werden.

Die Feststellung, ob eine Zelle leer ist, dürfte z. B. hilfreich bei der Fehlervermeidung sein. So kann diese Information z. B. genutzt werden, um Divisionen durch *0* zu vermeiden.

Syntax

= ISTLEER(Wert)

= ISTLEER(D5)

Bearbeitungsschritte:

- Erstellen Sie die folgende Tabelle. Speichern Sie sie unter dem Namen *Lager_Informationen*.

	B	C	D	E	F	G	H
1	Artikel_Nr	Artikelart	Artikel_Bez	Bestand	Einkaufspreis	Verkaufspreis	Leerzelle
2	1000	Schreibtisch	Gabriele	5	800,00 €	1.365,00 €	
3	1001	Schreibtisch	Modern	10	456,00 €	735,00 €	
4	1002	Schreibtisch	Exklusiv	20	1.250,00 €	1.848,00 €	
5	1003	Büroschrank	Elegant		2.400,00 €	3.190,00 €	
6	1004	Büroschrank	Aktuell	17	897,00 €	1.345,00 €	
7	1005	Büroschrank	Elegant	12	2.400,00 €	724,50 €	
8	1006	Drucker	Stil	8	1.300,00 €	1.972,95 €	

- Markieren Sie die Zelle **G2**. Rufen Sie die Funktion ISTLEER auf.

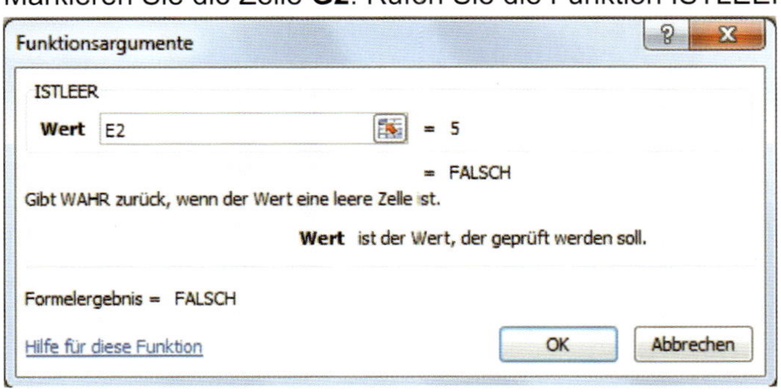

- In der Zelle **G2** wird das Ergebnis FALSCH ausgegeben. Dies ist auch richtig, da es falsch ist, dass die Zelle **D2** leer ist.

	B	C	D	E	F	G	H
1	Artikel_Nr	Artikelart	Artikel_Bez	Bestand	Einkaufspreis	Verkaufspreis	Leerzelle
2	1000	Schreibtisch	Gabriele	5	800,00 €	1.365,00 €	FALSCH
3	1001	Schreibtisch	Modern	10	456,00 €	735,00 €	FALSCH
4	1002	Schreibtisch	Exklusiv	20	1.250,00 €	1.848,00 €	FALSCH
5	1003	Büroschrank	Elegant		2.400,00 €	3.190,00 €	WAHR
6	1004	Büroschrank	Aktuell	17	897,00 €	1.345,00 €	FALSCH

- Kopieren Sie die Funktion nach unten. Es wird jeweils angegeben, ob die Behauptung wahr oder falsch ist.

ISTFEHLER

In einer Tabelle können je in Abhängigkeit von den eingegebenen Werten Fehler auftreten. Diese Fehler werden mit einer vom Programm vorgegebenen Fehlermeldung angezeigt. Außerdem kann vorher oder nachher angezeigt werden, ob ein Fehler auftritt.

Syntax

= ISTFEHLER(Wert)
= ISTFEHLER(E11)

Bearbeitungsschritte:

- Erstellen Sie die folgende Tabelle. Ermitteln Sie die Werte in den Zellen **D4** bis **D6** durch eine Division der Werte. Speichern Sie die Mappe unter dem Namen *Istfehler*.

	A	B	C	D	E
1			**Anteile**		
2					
3	Monat	Erlös	Anteile	Erlös pro Anteil	Fehler
4	Januar	244	4	61,00	
5	Februar	233	0	#DIV/0!	
6	März	217	3	72,33	

- Markieren Sie die Zelle **E6**. Rufen Sie die Funktion ISTFEHLER auf.

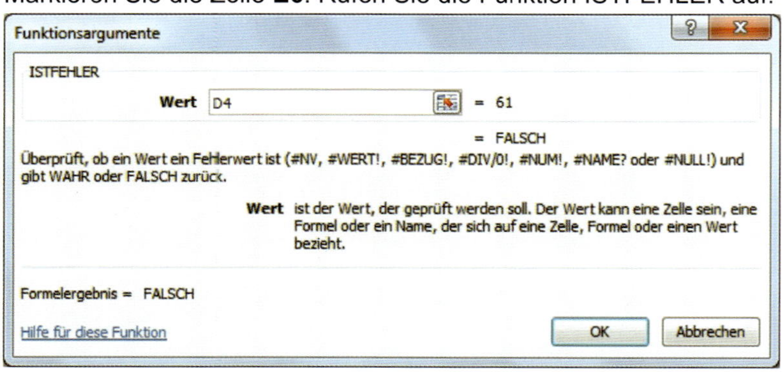

- Kopieren Sie danach die Werte in die Zellen nach unten. Das Ergebnis zeigt, ob ein Fehler (Ergebnis: WAHR) vorhanden ist.

	A	B	C	D	E
1			**Anteile**		
2					
3	Monat	Erlös	Anteile	Erlös pro Anteil	Fehler
4	Januar	244	4	61,00	FALSCH
5	Februar	233	0	#DIV/0!	WAHR
6	März	217	3	72,33	FALSCH

- Interessant ist auch die Möglichkeit, schon vor dem Errechnen von Werten abzuprüfen, ob ein Fehler auftritt. Dies könnte z. B. über folgende Funktion erreicht werden:

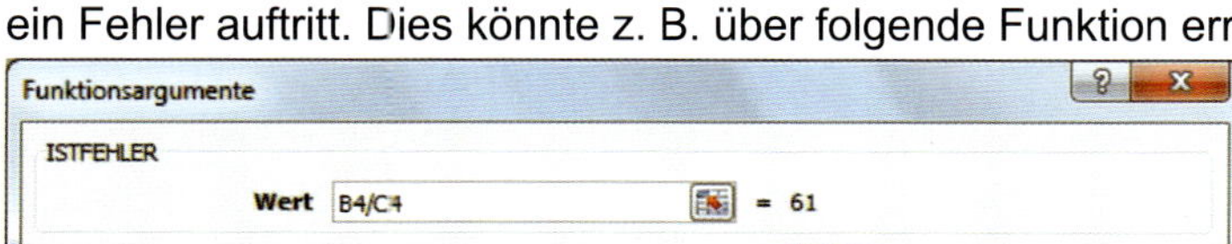

4.4.9 Logik-Funktionen

WENN

Die Tabellenkalkulation EXCEL bietet verschiedene Logik-Funktionen, unter anderem die Wenn-Funktion, mit der man Fallunterscheidungen ausführen kann. Am Beispiel der Umsatzberechnung soll durch Hinzufügen der Provisionsberechnung für die einzelnen Vertreter diese Funktion erklärt werden.

Syntax

= WENN(Prüfung;Dann_Wert;Sonst_Wert)
= WENN(D6>2000;D6*15/100;D6*10/100)

Bearbeitungsschritte:

- Laden Sie die Arbeitsmappe *Umsatz_Absolut* und speichern Sie die Arbeitsmappe unter dem Namen *Umsatz_Logik1* wieder ab.
- Löschen Sie den Inhalt des Bereichs **E6** bis **E9**. Der Betrag, ab dem der *Provisionssatz_1* gewährt werden soll, soll eingegeben werden können. Ermöglichen Sie zusätzlich die Eingabe eines zweiten Provisionssatzes.
- Bei einem Umsatz von über 2.000,00 € soll eine Provision von 15 % gezahlt werden, ansonsten eine Provision von 10 %.

	A	B	C	D	E
1					
2		Umsatzberechnung 2010			
3					
4		Menge	Preis	Umsatz	Provision
5					
6	Vertreter A	200	20	4000	
7	Vertreter B	100	15	1500	
8	Vertreter C	80	30	2400	
9	Vertreter D	150	10	1500	
10					
11	Gesamtumsatz			9400	
12					
13	Provisionssatz_1 in %				15
14	Provisionssatz_1 ab €				2000
15					
16	Provisionssatz_2 in %				10

- Markieren Sie die Zelle **E6**. Wählen Sie die Funktionskategorie **Logisch** und dann die **Wenn-Funktion**.

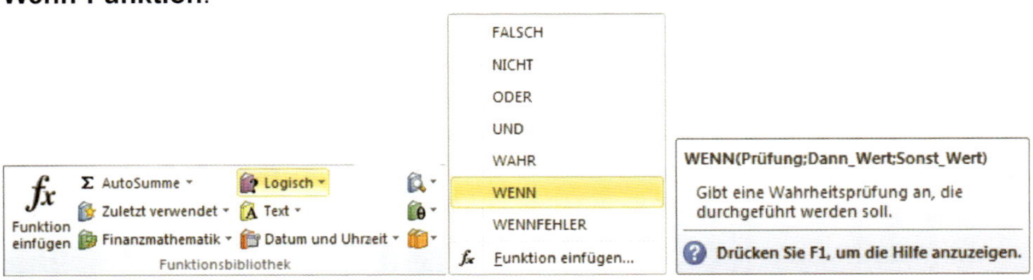

Bearbeitungsschritte (Fortsetzung):

- Füllen Sie im zweiten Schritt die Maske entsprechend aus, dass zunächst die Bedingung (D6>2000) eingegeben wird, die geprüft werden muss. Danach werden die beiden Alternativen eingetragen.

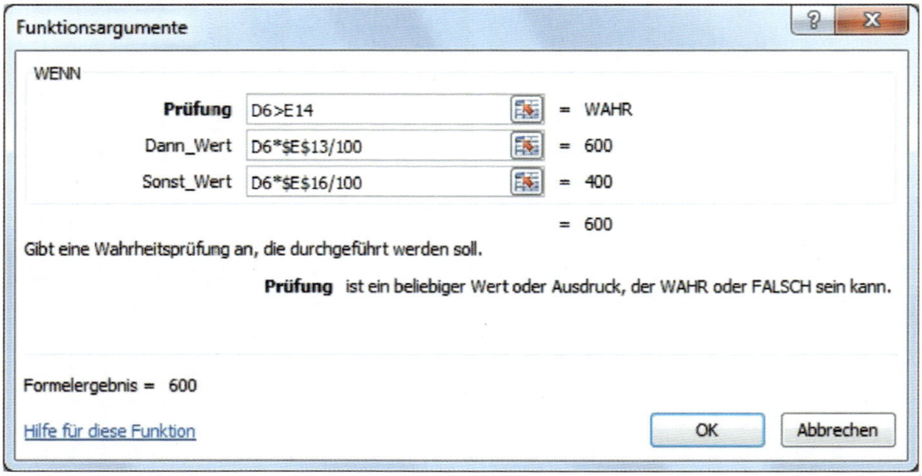

- Unten wird der korrekt berechnete Wert angegeben, nämlich in diesem Fall 15 % von 4000 gleich 600.
- Nach Anklicken der Schaltfläche **OK** wird das Ergebnis in der Zelle **E6** angezeigt.
- Kopieren Sie die Berechnung in die Zellen **E7** bis **E9**.
- Das Ergebnis sieht folgendermaßen aus und gibt die korrekte Berechnung der Provisionen wieder:

	A	B	C	D	E
1					
2		Umsatzberechnung 2010			
3					
4		Menge	Preis	Umsatz	Provision
5					
6	Vertreter A	200	20	4000	600
7	Vertreter B	100	15	1500	225
8	Vertreter C	80	30	2400	360
9	Vertreter D	150	10	1500	225

- Es ergeben sich hierbei die folgenden Formeln:

	D	E
4	Umsatz	Provision
5		
6	=Menge*Preis	=WENN(D6>E14;D6*$E$13/100;D6*$E$16/100)
7	=Menge*Preis	=WENN(D7>E15;D7*$E$13/100;D7*$E$16/100)
8	=Menge*Preis	=WENN(D8>E16;D8*$E$13/100;D8*$E$16/100)
9	=Menge*Preis	=WENN(D9>E17;D9*$E$13/100;D9*$E$16/100)

Bearbeitungsschritte (Fortsetzung):

- Darüber hinaus können in den Formeln Namen verwandt werden, wenn diese definiert wurden. Die Formeln sehen dann (hintereinander dargestellt) folgendermaßen aus:

	D
4	Umsatz
5	
6	=Menge*Preis
7	=Menge*Preis
8	=Menge*Preis
9	=Menge*Preis
10	
11	=SUMME(Umsatz)

	E
4	Provision
5	
6	=WENN(Umsatz>Provisionssatz_1_Betrag;Umsatz*Provisionssatz_1/100;Umsatz*Provisionssatz_2/100)
7	=WENN(Umsatz>Provisionssatz_1_Betrag;Umsatz*Provisionssatz_1/100;Umsatz*Provisionssatz_2/100)
8	=WENN(Umsatz>Provisionssatz_1_Betrag;Umsatz*Provisionssatz_1/100;Umsatz*Provisionssatz_2/100)
9	=WENN(Umsatz>Provisionssatz_1_Betrag;Umsatz*Provisionssatz_1/100;Umsatz*Provisionssatz_2/100)

- Speichern Sie die Arbeitsmappe unter dem Namen *Umsatz_Logik2* ab.

Verschachtelte Funktion – WENN_WENN

Mithilfe des Funktions-Assistenten können Funktionen mit mehreren Alternativen erstellt werden. Beispielsweise soll bis zu einem Umsatz von 2.000,00 € 10 %, bis zu einem Umsatz von 3.000,00 € 15 % und bei einem Umsatz von mehr als 3.000,00 € 20 % Provision gewährt werden. Die manuelle Eingabe ist allerdings eine zu überlegende Alternative, wenn mehr als zwei Alternativen benötigt werden.

Syntax

= WENN(Prüfung;Dann_Wert;WENN(Prüfung;Dann_Wert;Sonst_Wert)

= WENN(D6<=2000;D6*10/100;WENN(D6<=3000;D6*15/100;D6*20/100)

Bearbeitungsschritte:

- Laden Sie die Arbeitsmappe *Umsatz_Logik1* und speichern Sie die Datei unter dem Namen *Umsatz_Logik3* wieder ab. Löschen Sie die Zellen **E6** bis **E9**. Ergänzen Sie die Zeilen *13* bis *19* wie nachfolgend dargestellt:

	A	B	C	D	E
13	Provisionssatz_1 in %				10
14	Provisionssatz_1 ab €				2000
15					
16	Provisionssatz_2 in %				15
17	Provisionssatz_2 ab €				3000
18					
19	Provisionssatz_3 in %				20

Bearbeitungsschritte (Fortsetzung):

- Markieren Sie die Zelle **E6** und rufen Sie die Funktion WENN auf. Wählen Sie die **WENN-Funktion** aus. Geben Sie die erste Prüfbedingung und den **Dann_Wert** ein.

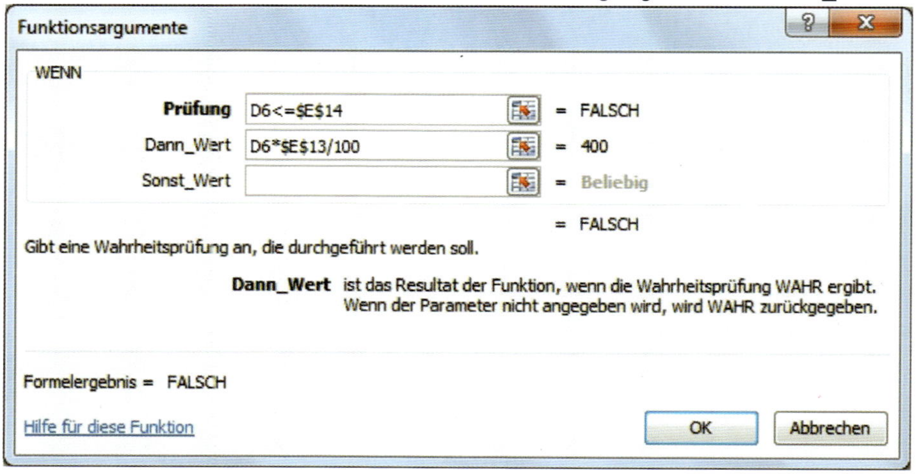

- Klicken Sie mit der Maus in das Feld **Sonst_Wert**. Klicken Sie auf das Wort *Wenn* in der Rechenleiste. Wird das Wort nicht in der Liste der auszuwählenden Befehle aufgeführt, müssen Sie den Punkt *Weitere Funktionen* wählen.

- Danach kann die nächste Bedingung eingegeben werden.

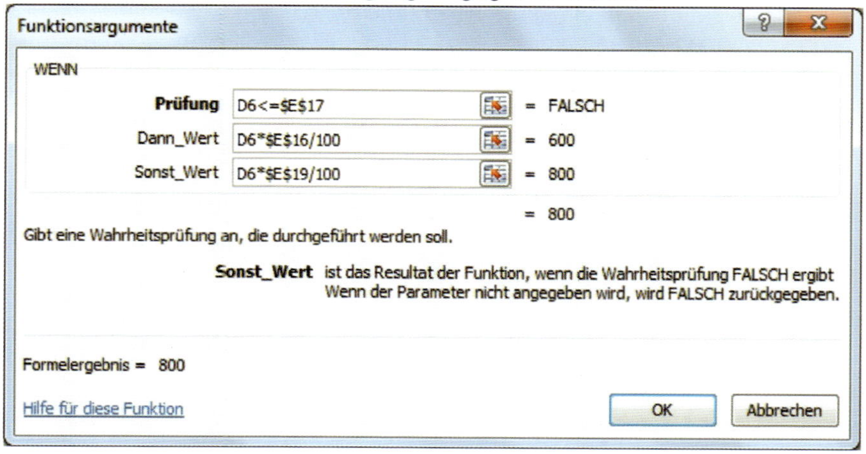

- Klicken Sie die Schaltfläche **OK** an. Das Ergebnis wird richtig angezeigt und die Formel in der Bearbeitungszeile angegeben. Kopieren Sie danach die Formel in die Zellen **E7** bis **E9**. Formelmäßig sieht das Ergebnis in der Spalte **E** folgendermaßen aus:

	E
6	=WENN(D6<=$E$14;D6*$E$13/100;WENN(D6<=$E$17;D6*$E$16/100;D6*$E$19/100))
7	=WENN(D7<=$E$14;D7*$E$13/100;WENN(D7<=$E$17;D7*$E$16/100;D7*$E$19/100))
8	=WENN(D8<=$E$14;D8*$E$13/100;WENN(D8<=$E$17;D8*$E$16/100;D8*$E$19/100))
9	=WENN(D9<=$E$14;D9*$E$13/100;WENN(D9<=$E$17;D9*$E$16/100;D9*$E$19/100))

UND

Will man überprüfen, ob bestimmte Bedingungen wahr oder falsch sind, benutzt man die **UND-Funktion**. Will man z. B. feststellen, ob alle Vertreter einen Umsatz von mindestens 200,00 € erreicht haben, lauten Syntax und Formel in der Zelle *E6* folgendermaßen:

Syntax
= UND(Wahrheitswert1;Wahrheitswert2;...) ***= UND(D6>2000;D7>2000;D8>2000;D9>2000;)***

Bearbeitungsschritte:

- Laden Sie die Arbeitsmappe *Umsatz1* und speichern Sie die Arbeitsmappe unter dem Namen *Umsatz_Logik_Und* wieder ab. Ergänzen Sie das Dokument folgendermaßen:

	A	B	C	D	E
1					
2		Umsatzberechnung 2010			
3					
4		Menge	Preis	Umsatz	Bedingung
5					
6	Vertreter A	200	20	4000	
7	Vertreter B	100	15	1500	
8	Vertreter C	80	30	2400	
9	Vertreter D	150	10	1500	

- Markieren Sie die Zelle **E6**. Wählen Sie nach Aufruf des **Funktions-Assistenten** die Funktionskategorie **Logisch** und dann die **UND-Funktion**.

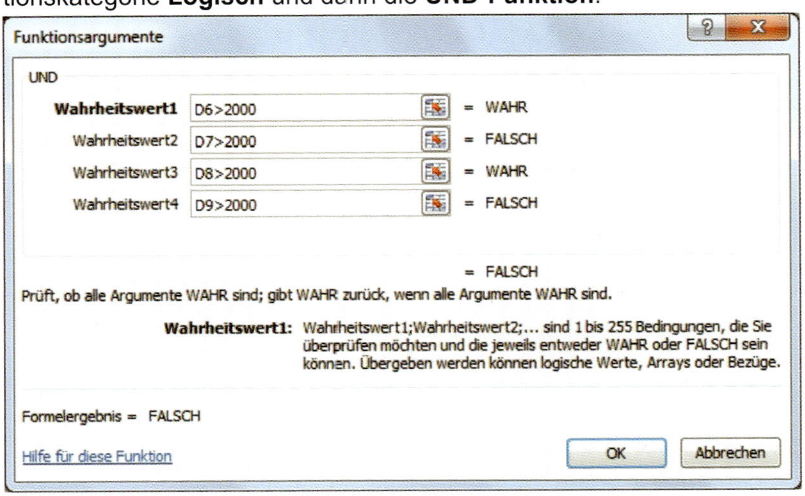

- Das Ergebnis lautet FALSCH, da nur zwei Vertreter den Umsatz erreicht haben:

	A	B	C	D	E
1					
2		Umsatzberechnung 2010			
3					
4		Menge	Preis	Umsatz	Bedingung
5					
6	Vertreter A	200	20	4000	FALSCH

ODER

Die **ODER-Funktion** ist identisch aufgebaut. Das Ergebnis lautet WAHR, da zwei Vertreter eine höhere Provision erreicht haben.

Syntax

= ODER(Wahrheitswert1;Wahrheitswert2;...)
= ODER(D6>2000;D7>2000;D8>2000;D9>2000;)

Verschachtelte Funktionen – WENN_UND

Logik-Funktionen lassen sich verbinden. So kann z. B. eine Abfrage konstruiert werden, die sowohl die **WENN-Funktion** als auch die **UND-Funktion** enthält. Am Beispiel der Umsatzberechnung soll dies gezeigt werden. Ein Vertreter soll nur dann 10 % Provision erhalten, wenn er mindestens 100 Produkte abgesetzt hat und mindestens 1.000,00 € Umsatz erzielt hat.

Syntax

= WENN(UND(Prüfung;Prüfung);Dann_Wert;Sonst_Wert)
= WENN(UND(D6>=1000;B6>=100);D6*10/100;0)

Bearbeitungsschritte:

- Laden Sie die Arbeitsmappe *Umsatz_Logik1* und speichern Sie die Arbeitsmappe unter dem Namen *Umsatz_Logik_Wenn_Und* wieder ab. Löschen Sie den Inhalt des Bereichs **E6** bis **E9**. Ergänzen Sie die Tabelle folgendermaßen:

	A	B	C	D	E
13	Provisionssatz in %				10
14					
15	Menge >				100
16					
17	Umsatz >				1000

- Tragen Sie in der Zelle **E6** die folgende Formel ein bzw. erstellen Sie die Formel mithilfe des Funktions-Assistenten:
=WENN(UND(D6>=$E$17;B6>=$E$15);D6*$E$13/100;0)
- Das Ergebnis sieht nach dem Kopieren in die Zellen **E7** bis **E9** folgendermaßen aus:

	A	B	C	D	E
4		Menge	Preis	Umsatz	Provision
5					
6	Vertreter A	200	20	4000	400
7	Vertreter B	100	15	1500	150
8	Vertreter C	80	30	2400	0
9	Vertreter D	150	10	1500	150

- Formelmäßig ergeben sich die folgenden Werte:

	D	E
4	Umsatz	Provision
5		
6	=Menge*Preis	=WENN(UND(D6>=$E$17;B6>=$E$15);D6*$E$13/100;0)
7	=Menge*Preis	=WENN(UND(D7>=$E$17;B7>=$E$15);D7*$E$13/100;0)
8	=Menge*Preis	=WENN(UND(D8>=$E$17;B8>=$E$15);D8*$E$13/100;0)
9	=Menge*Preis	=WENN(UND(D9>=$E$17;B9>=$E$15);D9*$E$13/100;0)

Verschachtelte Funktion – WENN_MIN_MAX

Verschachtelte Funktionen können sehr flexibel eingesetzt werden. Die gesamte Funktion kann dabei über die Tastatur, aber auch über den Funktions-Assistenten eingegeben werden.

Syntax

= WENN(Prüfung;Dann_Wert;Sonst_Wert)
= WENN(B4=1;MIN(A4:A8);MAX(A4:A8))

Bearbeitungsschritte:

- Erstellen Sie die Tabelle. Speichern Sie sie unter dem Namen *WENN_Min_Max*.

	A	B	C
1	Wenn_Minimum_Maximum		
2			
3	Betrag	Eingabe	Ergebnis
4	3.451,87 €	1	
5	876,00 €		
6	5.467,89 €		
7	4.123,40 €		
8	986,87 €		

- Markieren Sie die Zelle **C4**. Rufen Sie über den Funktions-Assistenten die Funktion WENN auf. Überprüft werden soll, ob in der Zelle **B4** eine *1* steht.

- Stellen Sie den Cursor in den Bereich des *Dann_Werts*. Klicken Sie danach den Pfeil nach unten neben der Bezeichnung *WENN* in der Bearbeitungsleiste an. Wählen Sie den Menüpunkt **Weitere Funktionen** aus.

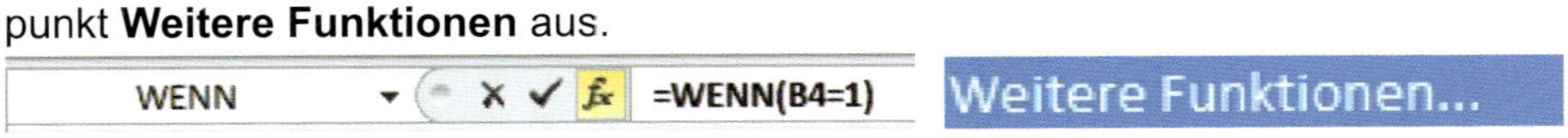

- Wählen Sie im nächsten Fenster die Funktion MIN aus. Bestimmen Sie danach im nächsten Fenster den Bereich, aus dem der Wert ausgewählt werden soll.

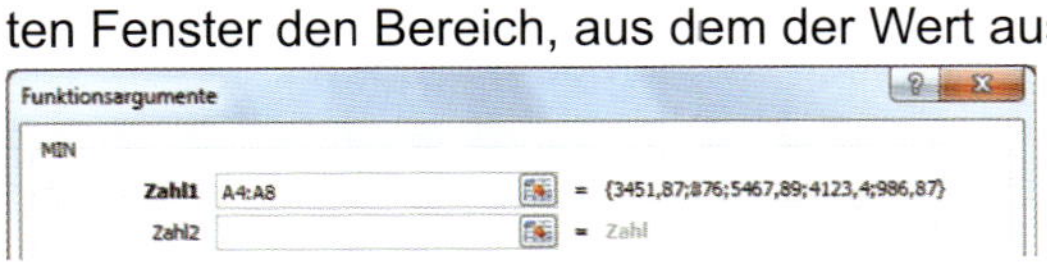

- Nach dem Anklicken der Schaltfläche **OK** wird in der Bearbeitungsleiste die bisher bestimmte Formel angezeigt, es fehlt jedoch noch die Alternative.

- Klicken Sie in der Bearbeitungsleiste die Schaltfläche **Funktion einfügen** an. Sie können nun im Bereich des *Sonst_Werts* wie beschrieben die Funktion MAX auswählen. Nach dem nochmaligen Anklicken der Schaltfläche **Funktion einfügen** werden die folgenden Funktionsargumente angezeigt:

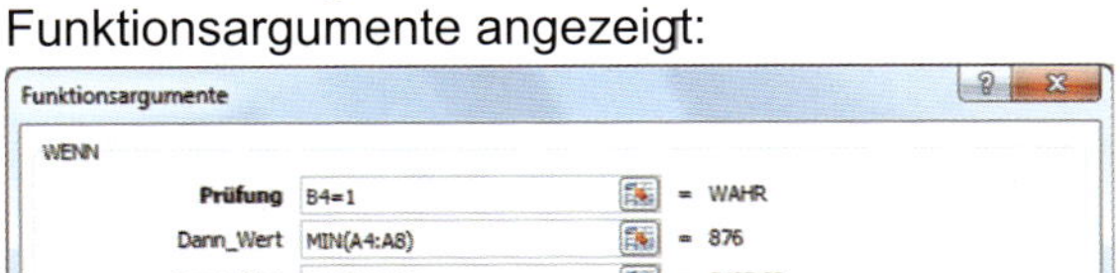

- Das Ergebnis sieht nun folgendermaßen aus, wobei statt der *2* jeder andere Wert eingegeben werden kann.

	A	B	C
3	Betrag	Eingabe	Ergebnis
4	3.451,87 €	1	876,00 €
5	876,00 €		
6	5.467,89 €		
7	4.123,40 €		
8	986,87 €		

	A	B	C
3	Betrag	Eingabe	Ergebnis
4	3.451,87 €	2	5.467,89 €
5	876,00 €		
6	5.467,89 €		
7	4.123,40 €		
8	986,87 €		

WENNFEHLER

Auftretende Fehler sollten möglichst durch entsprechende Vorkehrungen abgefangen werden. Dies ist beispielsweise durch den Einsatz von Logikfunktionen möglich, die Alternativen zur Verfügung stellen.

Dabei kann es sich um Meldungen handeln, die auf das Problem hinweisen. Es kann jedoch auch ein Alternativwert eingegeben oder eine Leerzelle produziert werden.

Syntax

= WENNFEHLER(Wert;Wert_falls_Fehler)
= WENNFEHLER(E11)

Bearbeitungsschritte:

- Erstellen Sie die folgende Tabelle. Ermitteln Sie den Erlös pro Anteil durch eine Division. Speichern Sie die Arbeitsmappe unter dem Namen *Wennfehler* ab.

	A	B	C	D
1			**Anteile**	
2				
3	Monat	Erlös	Anteile	Erlös pro Anteil
4	Januar	244	4	61
5	Februar	233	0	#DIV/0!
6	März	217	3	72,33333333
7				
8	Summe			133,33

- Löschen Sie die Daten der Zellen **D4** bis **D6**.
- Fügen Sie über die Schaltfläche **Funktion einfügen** die Funktion **WENNFEHLER** in die Zelle **D4** ein. Im Bereich **Wert** wird die Berechnung eingetragen, im Bereich **Wert_falls_Fehler** ein alternativer Text für die Fehlermeldung. Hier könnte beispielsweise auch eine Zahl stehen, mit der weitergerechnet werden soll.

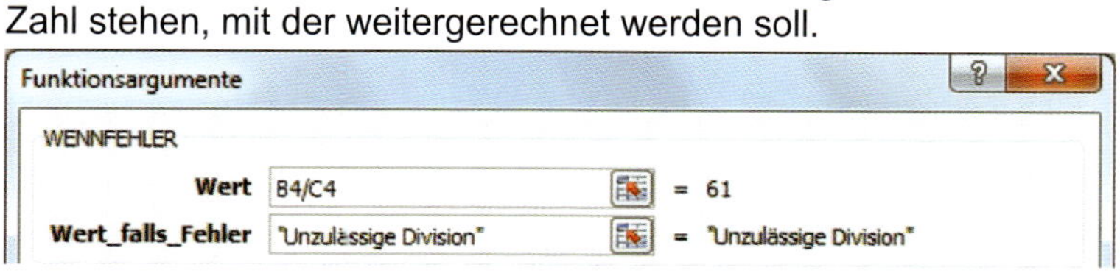

- Kopieren Sie die Formel in die Zellen **D5** und **D6**. Bilden Sie eine Gesamtsumme. Das Ergebnis zeigt, dass mit den Werten weitergerechnet werden kann. Dies wäre nicht möglich, wenn die ursprüngliche Fehlermeldung noch in der Zelle **D5** stehen würde.

	A	B	C	D
1			**Anteile**	
2				
3	Monat	Erlös	Anteile	Erlös pro Anteil
4	Januar	244	4	61,00
5	Februar	233	0	Unzulässige Division
6	März	217	3	72,33
7				
8	Summe			133,33

WAHR, FALSCH, NICHT

Die Funktionen WAHR, FALSCH und NICHT sind hauptsächlich vorhanden, um die Kompatibilität zu anderen Tabellenkalkulationsprogrammen zu gewährleisten.

Wichtiger erscheint es, festzustellen, ob z. B. eine Berechnung richtig oder falsch ist. Am Beispiel der Überprüfung von Rechnungsdaten soll gezeigt werden, wie informativ die Ausgabe von WAHR oder FALSCH sein kann.

Bearbeitungsschritte:

- Erstellen Sie die folgende Tabelle. Speichern Sie die Arbeitsmappe unter dem Namen *Wahr_Falsch* ab.

	A	B	C	D	E	F	G	H	I	J
1	Rechnungsprüfung									
2										
3	R_Nr	Menge	Preis	Betrag	Skonto %	tats. Abzug	Betrag o. Sk.	Betrag	Skonto	Betrag o.Sk.
4	1	150	33,67 €	5.050,50 €	2	102,00 €	4.948,50 €			
5	2	23	15,00 €	345,00 €	0	0,00 €	345,00 €			
6	3	47	45,00 €	2.115,00 €	3	63,45 €	2.055,51 €			
7	4	87	43,60 €	3.892,00 €	2	77,84 €	3.814,16 €			
8	5	12	123,00 €	1.476,00 €	2	29,52 €	1.447,00 €			
9	6	65	56,00 €	3.620,00 €	1	36,40 €	3.583,60 €			

- Die Daten enthalten Werte, die aus Rechnungen entnommen worden sind, die jedoch nicht unbedingt richtig sein müssen. Es muss daher überprüft werden, ob beispielsweise der Betrag richtig ist, der sich aus der Multiplikation von Menge und Preis ergibt. Formelmäßig müsste also folgende Gleichung den richtigen Betrag ergeben:
  =(B4*C4=D4)
- Geben Sie diese Formel in die Zelle **H4** ein.

	A	B	C	D	E	F	G	H	I	J
3	R_Nr	Menge	Preis	Betrag	Skonto %	tats. Abzug	Betrag o. Sk.	Betrag	Skonto	Betrag o.Sk.
4	1	150	33,67 €	5.050,50 €	2	102,00 €	4.948,50 €	=(B4*C4=D4)		

- Das Ergebnis der Berechnung lautet **WAHR**, da der Betrag korrekt errechnet wurde.

	A	B	C	D	E	F	G	H	I	J
3	R_Nr	Menge	Preis	Betrag	Skonto %	tats. Abzug	Betrag o. Sk.	Betrag	Skonto	Betrag o.Sk.
4	1	150	33,67 €	5.050,50 €	2	102,00 €	4.948,50 €	WAHR		

- Geben Sie auch die Gleichungen für die anderen Berechnungen ein:

	A	B	C	D	E	F	G	H	I	J
3	R_Nr	Menge	Preis	Betrag	Skonto %	tats. Abzug	Betrag o. Sk.	Betrag	Skonto	Betrag o.Sk.
4	1	150	33,67 €	5.050,50 €	2	102,00 €	4.948,50 €	=(B4*C4=D4)	=(D4*E4/100)	=(D4-F4)=G4

- Das Ergebnis für die Überprüfung aller Rechnungen könnte dann folgendermaßen aussehen:

	A	B	C	D	E	F	G	H	I	J
1	Rechnungsprüfung									
2										
3	R_Nr	Menge	Preis	Betrag	Skonto %	tats. Abzug	Betrag o. Sk.	Betrag	Skonto	Betrag o.Sk.
4	1	150	33,67 €	5.050,50 €	2	102,00 €	4.948,50 €	WAHR	FALSCH	WAHR
5	2	23	15,00 €	345,00 €	0	0,00 €	345,00 €	WAHR	WAHR	WAHR
6	3	47	45,00 €	2.115,00 €	3	63,45 €	2.055,51 €	WAHR	WAHR	FALSCH
7	4	87	43,60 €	3.892,00 €	2	77,84 €	3.814,16 €	FALSCH	WAHR	WAHR
8	5	12	123,00 €	1.476,00 €	2	29,52 €	1.447,00 €	WAHR	WAHR	FALSCH
9	6	65	56,00 €	3.620,00 €	1	36,40 €	3.583,60 €	FALSCH	FALSCH	WAHR

- Die Kennzeichnung von WAHR und FALSCH wurde durch eine bedingte Formatierung erzielt. Durch die Nutzung dieser Möglichkeiten können Überprüfungen jeder Art vorgenommen werden, Plausibilitätskontrollen usw.

4.4.10 Text-Funktionen

VERKETTEN

Textfunktionen ermöglichen z. B. die Kommentierung und Interpretation von erzielten Ergebnissen. Das Ergebnis kann als feststehender Text mit dem erzielten Ergebnis einer Berechnung ausgegeben werden. Mithilfe der Funktion WENN kann auch ein alternativer Text ausgegeben werden.

Syntax

= VERKETTEN(Text1;Text2;...)

= VERKETTEN(„Der Gesamtumsatz beträgt ";E11;„ €.")

Bearbeitungsschritte:

- Laden Sie die Mappe *Umsatz_Absolut*. Speichern Sie sie unter dem Namen *Umsatz_Text*. Markieren Sie die Zelle **A15**. Rufen Sie die Funktion *VERKETTEN* auf.
- Geben Sie zunächst den ersten Text ein. Sie sollten nach dem Text ein Leerzeichen eingeben, damit zwischen den einzelnen Textbestandteilen ein Abstand besteht. Setzen Sie die Anführungsstriche. Markieren Sie danach die Zelle **D11** und geben Sie dann den nächsten Text mit Leerzeichen ein.

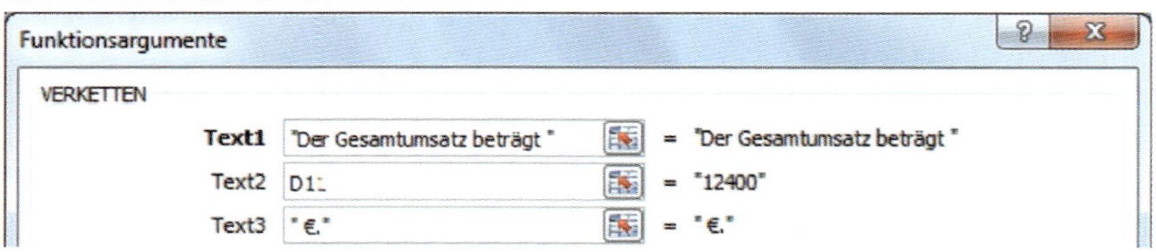

- Das Ergebnis sieht folgendermaßen aus:

	A	B	C	D	E
15	Der Gesamtumsatz beträgt 12400 €.				

- Abhängig vom Ergebnis einer Berechnung (Umsatz größer 10000 € oder nicht) kann der Text durch die Funktion *WENN* variiert werden. Im Kapitel Auswählen mehrerer Alternativen mit der *WENN-Funktion* wird erklärt, wie mithilfe des **Funktions-Assistenten** mehrere Funktionen in einer Formel verbunden werden.
- Die folgende Formel sorgt für das richtige Ergebnis:
- ***=WENN(D11>10000;VERKETTEN(„Der Gesamtumsatz von „;D11;„ € ist zufriedenstellend!");VERKETTEN(„Der Gesamtumsatz von „;D11;" € ist nicht zufriedenstellend!"))***
- Im Fenster **Funktionsargumente** sieht die Formel folgendermaßen aus:

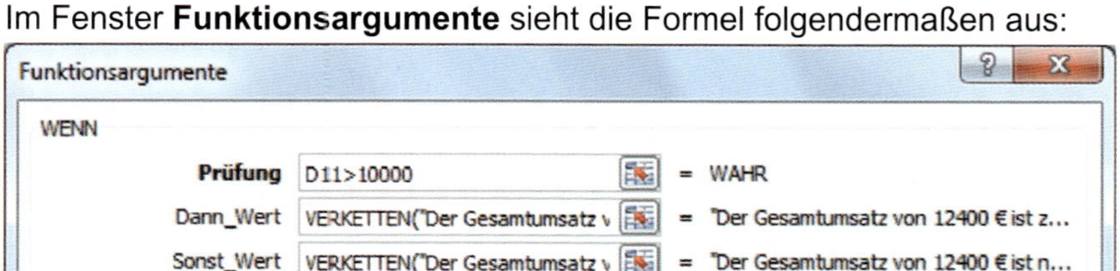

- Das Ergebnis ist abhängig vom Umsatz.

	A	B	C	D	E
17	Der Gesamtumsatz von 12400 € ist zufriedenstellend!				

	A	B	C	D	E
17	Der Gesamtumsatz von 8420 € ist nicht zufriedenstellend!				

GROSS, GROSS2, KLEIN

Die Darstellung eines Textes kann unterschiedlich erfolgen.

Syntax		
= GROSS()	**= GROSS2()**	**= KLEIN()**
= GROSS(A15)	***= GROSS2(A15)***	***= KLEIN(A15)***

Bearbeitungsschritte:

- Laden Sie die Arbeitsmappe *Umsatz_Text*. Speichern Sie die Arbeitsmappe unter dem Namen *Umsatz_Text1* nochmals ab.
- Löschen Sie die Zelle **A17**. Als Letztes wird Folgendes angezeigt:

	A	B	C	D	E
15	Der Gesamtumsatz beträgt 12400 €.				

- Rufen Sie die Funktion GROSS auf, beispielsweise über den Funktions-Assistenten.

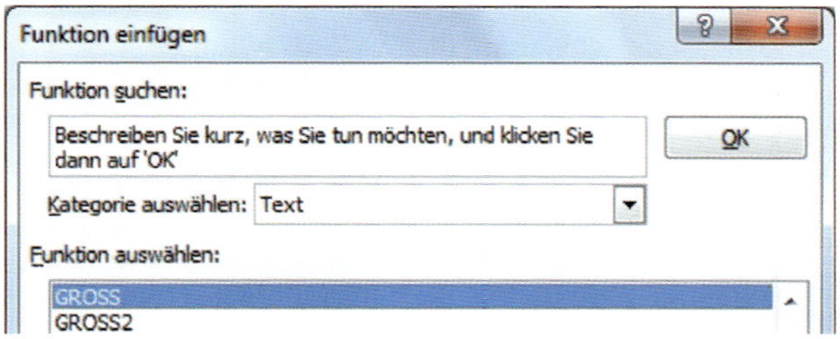

- Wählen Sie die Zelle aus, in der der Text steht:

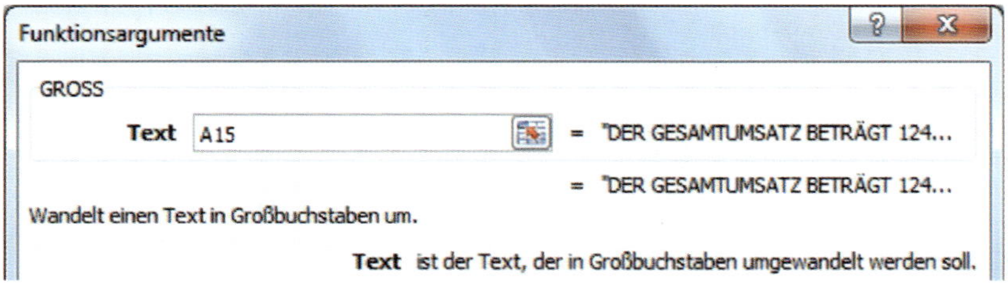

- Nutzen Sie daneben die **Funktionen** GROSS2 und KLEIN. Das Ergebnis sieht so aus:

	A	B	C	D	E
15	DER GESAMTUMSATZ BETRÄGT 12400 €.				
16					
17	DER GESAMTUMSATZ BETRÄGT 12400 €.				
18					
19	Der Gesamtumsatz Beträgt 12400 €.				
20					
21	der gesamtumsatz beträgt 12400 €.				

- Vernünftig wäre es, zwei Funktionen zu verschachteln, um das Ergebnis sofort zu erreichen:

A15 =GROSS(VERKETTEN("Der Gesamtumsatz beträgt ";D11;" €."))

	A	B	C	D	E
15	DER GESAMTUMSATZ BETRÄGT 12400 €.				

4.4.11 Statistik-Funktionen

Tabelle mit verschiedenen statistischen Funktionen

Einige statistische Werte können über das Register Start aufgerufen werden. Die Funktionen MAXIMUM (MAX) und MINIMUM (MIN) geben den höchsten und den niedrigsten Wert einer Zahlenreihe an. Die Funktion MODALWERT bestimmt den häufigsten Wert einer Zahlenreihe. Der Zentralwert (MEDIAN) gibt die Zahl an, die in der Mitte einer Zahlenreihe liegt. Dies bedeutet, dass die eine Hälfte der Zahlen Werte hat, die kleiner als der Median sind, die andere Hälfte der Zahlen hat Werte, die größer als der Median sind. Als Beispiele für den Aufbau von statistischen Funktionen werden die Funktionen ANZAHL und ANZAHL2 angegeben. Der Unterschied zwischen den beiden Funktionen liegt darin, dass die Funktion ANZAHL2 alle Zellen mit Inhalt zählt, während die Funktion ANZAHL nur die Zellen mit Zahlen zählt.

Syntax	
= ANZAHL(Wert1;Wert2];...) ***= ANZAHL(D2:D14)***	**= ANZAHL2(Wert1;Wert2];...)** ***= ANZAHL2(D2:D14)***

Syntax		
= MIN(Wert1;Wert2];...) ***= MIN(D2:D14)***	**= MAX(Wert1;Wert2];...)** ***= MAX(D2:D14)***	**= MITTELWERT(Wert1;Wert2];...)** ***= MITTELWERT(D2:D14)***

Bearbeitungsschritte:

- Geben Sie die folgenden Datenfeldbezeichnungen und Datensätze ein. Speichern Sie die Mappe unter dem Namen *Lager_Statistik* ab.

	A	B	C	D	E	F
1	Artikel_Nr	Artikelart	Artikel_Bez	Bestand	Einkaufspreis	Verkaufspreis
2	1000	Schreibtisch	Gabriele	5	800,00 €	1.365,00 €
3	1001	Schreibtisch	Modern	10	456,00 €	735,00 €
4	1002	Schreibtisch	Exklusiv	20	1.250,00 €	1.848,00 €
5	1003	Büroschrank	Elegant		2.400,00 €	3.190,00 €
6	1004	Büroschrank	Aktuell	17	897,00 €	1.345,00 €
7	1005	Büroschrank	Elegant	12	2.400,00 €	3.724,50 €
8	1006	Drucker	Stil	8	1.300,00 €	1.972,95 €
9	1007	Drucker	Klassic	12	2.900,00 €	4.305,00 €
10	2000	Scanner	Swift	8	1.578,00 €	2.198,00 €
11	2001	Scanner	Akura		2.790,00 €	3.700,00 €
12	3000	Computer	AGIB HS	10	3.322,93 €	3.980,00 €
13	3001	Computer	Trup AK	5	3.576,00 €	4.190,00 €
14	3002	Computer	Ambro Super	21	3.454,98 €	nicht festgelegt!

- Berechnen Sie mithilfe des Funktions-Assistenten die nachfolgenden Werte. Die Excel-Bezeichnungen der jeweiligen Funktionen lauten: ANZAHL, ANZAHL2, ANZAHLLEEREZELLEN, MITTELWERT, MAX, MIN, MODALWERT, MEDIAN.

	A	B	C	D	E	F
14	3002	Computer	Ambro Super	21	3.454,98 €	nicht festgelegt!
15						
16			Anzahl	11	13	12
17			Anzahl2	11	13	13
18			Leerzellen	2	0	0
19			Arith. Mittel	11,64	2.086,53 €	2.712,79 €
20			Maximum	21	3.576,00 €	4.305,00 €
21			Minimum	5	456,00 €	735,00 €
22			Modalwert	5	2.400,00 €	#NV
23			Zentralwert	10	2.400,00 €	2.694,00 €

- Da kein Modalwert beim Verkaufspreis existiert, wird eine Fehlermeldung ausgegeben. Probieren Sie danach weitere statistische Funktionen aus. Der jeweilige Aufbau einer Funktion wird im zweiten Fenster des Funktions-Assistenten angegeben.

ZÄHLENWENN

Die Funktion ZÄHLENWENN stellt fest, ob in einer Zelle oder in einem Bereich ein bestimmtes Kriterium erfüllt ist. So kann man beispielsweise feststellen, in wie vielen Zellen ein bestimmter vorgegebener Lagerbestand nicht vorhanden ist.

Syntax

= ZÄHLENWENN(Bereich;Kriterien)
= ZÄHLENWENN(D2:D14;"<11")

Bearbeitungsschritte:

- Laden Sie die Arbeitsmappe *Lager_Statistik*. Geben Sie folgenden Text ein:

	A	B	C	D
25	Anzahl der Artikel mit einem Bestand unter 11			

- Rufen Sie die Funktion ZÄHLENWENN auf. Bestimmen Sie die Werte.

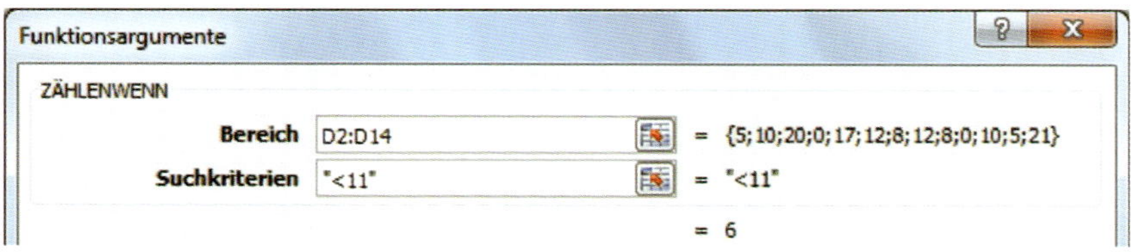

- Das Ergebnis gibt alle Bestandswerte aus, die unter *11* liegen. Leere Zellen werden nicht mitgezählt.

	A	B	C	D
25	Anzahl der Artikel mit einem Bestand unter 11			6

4.4.12 Matrix-Funktionen

Vorbemerkungen

Durch Matrix-Funktionen werden Berechnungen in Datenbanken, Listen usw. vorgenommen. Sie dienen der Auswertung dieser Listen. Einzelne Datensätze können z. B. aus einer Liste aussortiert und weiterverarbeitet werden. Oftmals lassen sich allerdings dieselben Auswertungen mit einem Datenbankprogramm einfacher und effektiver erzielen.

SVERWEIS

Mit der Funktion SVERWEIS können bestimmte Daten aus einer Tabelle ausgewählt werden. Diese Daten können dann in weiteren Berechnungen genutzt werden.

Syntax

= SVERWEIS(Suchkriterium;Matrix;Spaltenindex;Bereich_Verweis)
= SVERWEIS(F16;A2:F14;1)

Bearbeitungsschritte:

- Laden Sie die Arbeitsmappe *Lager_Statistik*. Speichern Sie die Arbeitsmappe mit den unten dargestellten Änderungen unter dem Namen *Sverweis* ab.

	A	B	C	D	E	F
14	3002	Computer	Ambro Super	21	3.454,98 €	4.050,00 €
15						
16	Geben Sie die Artikelnummer des Produkts an:					1007

Bearbeitungsschritte:

- In der Zelle **F16** soll durch Angabe der Artikelnummer festgelegt werden, welche Daten aus der Liste ausgewählt werden sollen. Markieren Sie danach die Zelle **A18**.
- Wählen Sie die Funktion *SVERWEIS* aus. Als Suchkriterium geben Sie die Zelle **F16** ein. In diese Zelle soll der Anwender die Artikelnummer des gewünschten Datensatzes eingeben. Im Bereich **Matrix** wird der gesamte Datenbereich angegeben, in dem Daten stehen, also der Bereich **A2** bis **F14**. Im **Spaltenindex** wird die Spalte eingetragen, in der die Artikelnummer gesucht werden soll.

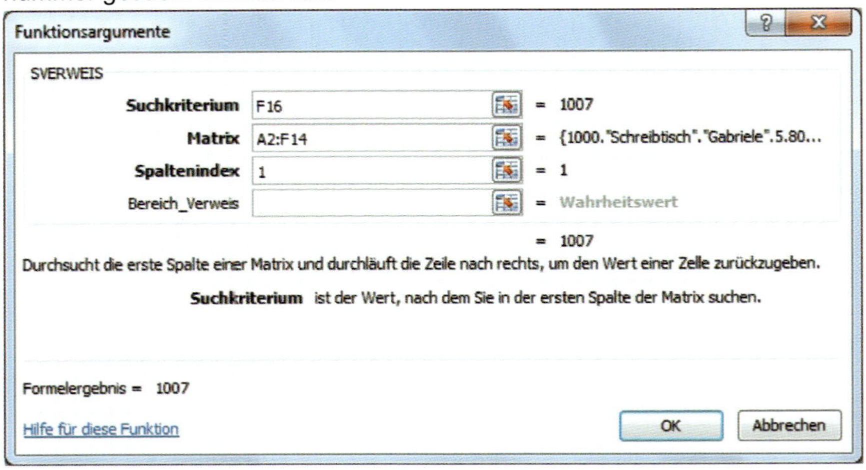

- Als Ergebnis wird in der Zelle **A18** die ausgesuchte Artikelnummer ausgegeben.

	A	B	C	D	E	F
16	Geben Sie die Artikelnummer des Produkts an:					1007
17						
18	1007					

- Geben Sie in den Zellen **B18** bis **F18** die entsprechenden Formeln ein. Als Suchkriterium ist jeweils die Zelle **F16** anzugeben Der Bereich der Matrix verändert sich nicht. Lediglich der Spaltenindex muss angepasst werden.

	A	B	C
18	=SVERWEIS(F16;A2:F14;1)	=SVERWEIS(F16;A2:F14;2)	=SVERWEIS(F16;A2:F14;3)

- Das Ergebnis sieht folgendermaßen aus:

	A	B	C	D	E	F
16	Geben Sie die Artikelnummer des Produkts an:					1007
17						
18	1007	Drucker	Klassic	12	2.900,00 €	4.305,00 €

- Speichern Sie das Ergebnis unter dem Namen *Sverweis1*.
- Die Arbeit mit dem Befehl *SVERWEIS* lässt sich vereinfachen, wenn man Namen für einzelne Zellen und Bereiche definiert. Wenn die Zelle **F16** als Artnummer und der Bereich **A2** bis **F14** als Artikel definiert wird, ergeben sich folgende Formeln:

	A	B
18	=SVERWEIS(Artnummer;Artikel;1)	=SVERWEIS(Artnummer;Artikel;2)

- Speichern Sie das Ergebnis unter dem Namen *Sverweis2*.

SVERWEIS – Anwendungsbeispiel

Anhand eines Beispiels sollen die Möglichkeiten der Funktion *SVERWEIS* demonstriert werden. Ein Kunde möchte wissen, wie viel 3 Drucker *Classic*, 4 Scanner *Swift* und 2 Computer *AGIB HS* plus 19 % MWSt. zusammen kosten. Mithilfe der Funktion *SVERWEIS* werden die Daten aus einer Datenliste ausgelesen und dann weiterverarbeitet.

In dem Beispiel werden Zellen und Bereiche mit Namen versehen und angesprochen. Nachfolgend werden das Ergebnis und der Inhalt der Zellen wiedergegeben:

Bearbeitungsschritte:

- Laden Sie die Arbeitsmappe *Sverweis1* bzw. *Sverweis2*. Speichern Sie die Arbeitsmappe sofort unter dem Namen *Sverweis3* wieder ab.
- Der Aufbau und das Ergebnis sollen folgendermaßen aussehen:

	A	B	C	D	E	F
14	3002	Computer	Ambro Super	21	3.454,98 €	4.050,00 €
15						
16	Geben Sie die Artikelnummer des 1. Produktes ein:					1007
17	Geben Sie die Artikelnummer des 2. Produktes ein:					2000
18	Geben Sie die Artikelnummer des 3. Produktes ein:					3000
19						
20						
21	Menge	Art-Nummer	Artikelart	Artikel_Bez	Einzelpreis	Gesamtpreis
22	3	1007	Drucker	Klassic	4.305,00 €	12.915,00 €
23	4	2000	Scanner	Swift	2.198,00 €	8.792,00 €
24	2	3000	Computer	AGIB HS	3.980,00 €	7.960,00 €
25						
26	Rechnungspreis					29.667,00 €
27	+ Mehrwertsteuer in %		19			5.636,73 €
28	Rechnungspreis + Mehrwertsteuer					35.303,73 €

- Die Zellen **F16** bis **F18** werden mit den Namen *Artnummer*, *Artnummer2* und *Artnummer3* versehen. In diese Zellen werden die Artikelnummern der Artikel eingegeben. Der Bereich **A2** bis **F14** wird als Artikel definiert.
- Die Mengen werden in die Zellen **A22** bis **A24** eingetragen.
- Folgende Formeln für die Übernahme der Daten und die Berechnung ergeben sich:

	A	B	C
22	3	=SVERWEIS(Artnummer;Artikel;1)	=SVERWEIS(Artnummer;Artikel;2)
23	4	=SVERWEIS(Artnummer2;Artikel;1)	=SVERWEIS(Artnummer2;Artikel;2)
24	2	=SVERWEIS(Artnummer3;Artikel;1)	=SVERWEIS(Artnummer3;Artikel;2)

	D	E	F
22	=SVERWEIS(Artnummer;Artikel;3)	=SVERWEIS(Artnummer;Artikel;6)	=A22*E22
23	=SVERWEIS(Artnummer2;Artikel;3)	=SVERWEIS(Artnummer2;Artikel;6)	=A23*E23
24	=SVERWEIS(Artnummer3;Artikel;3)	=SVERWEIS(Artnummer3;Artikel;6)	=A24*E24
25			
26			=SUMME(F22:F24)
27			=F26*C27/100
28			=SUMME(F26:F27)

- Speichern Sie das Ergebnis ab. Besonders elegant wäre es, die Artikeldaten in der Tabelle1 einzugeben und die Berechnung in der Tabelle2 vorzunehmen. Diese Möglichkeit sollten Sie zusätzlich realisieren.

4.4.13 Datenbankfunktionen

Die Auswertung einer erstellten Liste erfolgt unter anderem mit Datenbankfunktionen. Selbstverständlich können auch sämtliche andere Funktionen von EXCEL benutzt werden.

Syntax

= DBSUMME(Datenbank;Datenbankfeld;Suchkriterien)
= DBSUMME (A1:F14;D1:D2;D14)

Bearbeitungsschritte:

- Laden Sie die Arbeitsmappe *Lager* und speichern Sie sie unter dem Namen *Lager_Datenbank* ab. Markieren Sie die Zelle **D16**.
- Wählen Sie über den Funktions-Assistenten die Funktion **DBSUMME** aus.

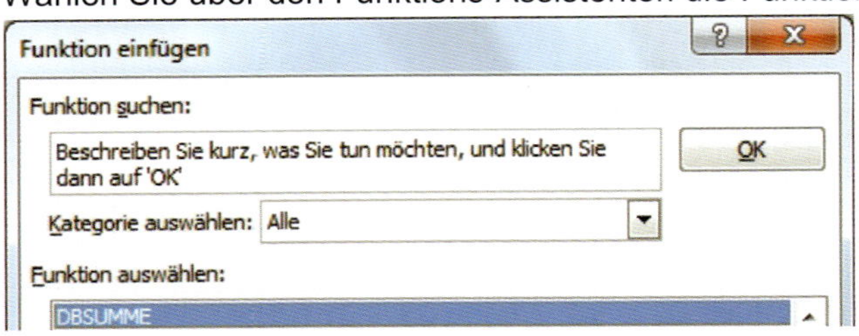

- Geben Sie die entsprechenden Werte durch Markieren mit der Maus im Fenster **Funktionsargumente** ein. Als **Datenbank** müssen Sie den gesamten Bereich der Datenbank markieren. Als **Datenbankfeld** wird die Datenfeldbezeichnung, in diesem Fall *Bestand*, gekennzeichnet. Als **Suchkriterium** geben Sie dann den Bereich an, der summiert werden soll.

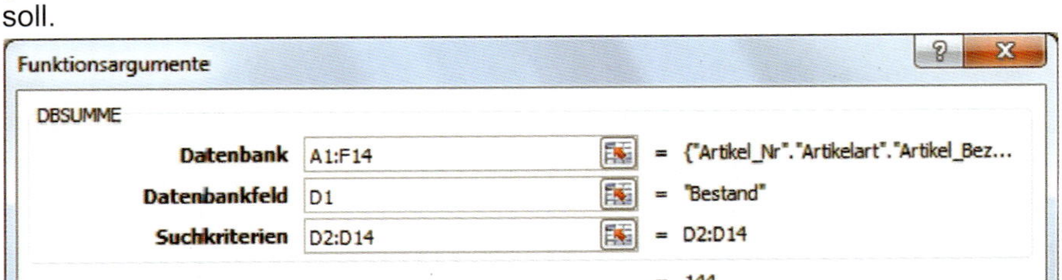

- Als Ergebnis wird die Summe ausgegeben:

	A	B	C	D	E	F
14	3002	Computer	Ambro Super	21	3.454,98 €	4.050,00 €
15						
16			DBSUMME	144		

- Alternativ kann die normale Summenfunktion benutzt werden.
- Mithilfe weiterer Datenbankfunktionen können beispielsweise das Maximum, das Minimum, der Mittelwert usw. des Bestandes ermittelt und ausgegeben werden:

	A	B	C	D	E	F
14	3002	Computer	Ambro Super	21	3.454,98 €	4.050,00 €
15						
16			DBSUMME	144		
17			DBMAX	21		
18			DBMIN	4		
19			DBMITTELWERT	11,0769		
20			DBANZAHL	13		

4.4.14 Datums- und Zeitfunktionen

Formatierung von Zellen zur Aufnahme eines Datums

Eine Zelle oder ein Bereich können so formatiert werden, dass sie ein Datum darstellen. Sind mehrere Zellen bzw. Bereiche als Datum formatiert, so können Berechnungen mit den entsprechenden Zellen erfolgen, z. B. kann ermittelt werden, wie viele Tage zwischen den beiden Daten liegen. Damit eignet sich eine Tabellenkalkulation besonders gut für die Berechnung von Zinszeiträumen, Arbeitszeiten usw.

Bearbeitungsschritte:

- Erstellen Sie die folgende Tabelle und markieren Sie die Zellen **B4** und **B5**, in denen jeweils ein Datum eingetragen werden soll:

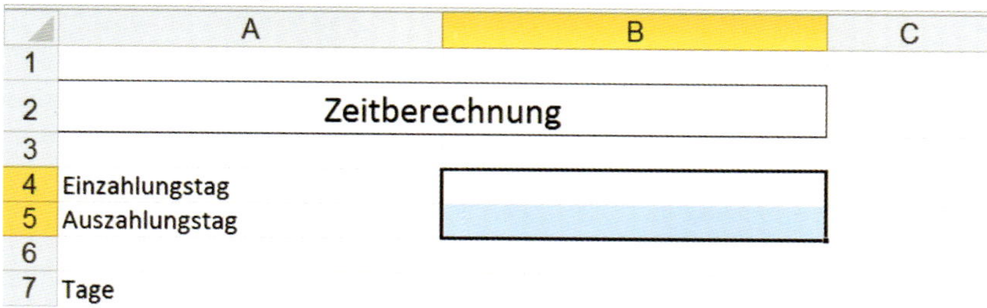

- Das Datumsformat für eine Zelle wird über die Schaltfläche **Zellen Formatieren** in der Gruppe **Zahl** im Register **Start**, das Auswählen des Registers **Zahlen**, das Anklicken der entsprechenden Kategorie und das Auswählen eines bestimmten Datumsformats festgelegt.

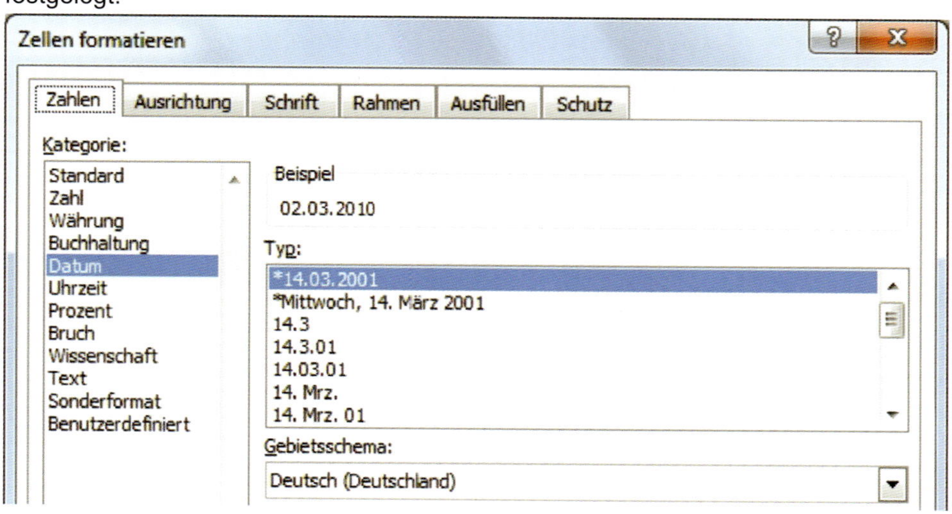

- Beenden Sie mit Anklicken der Schaltfläche **OK** die Formatierung der Zellen. Geben Sie die folgenden Daten ein:

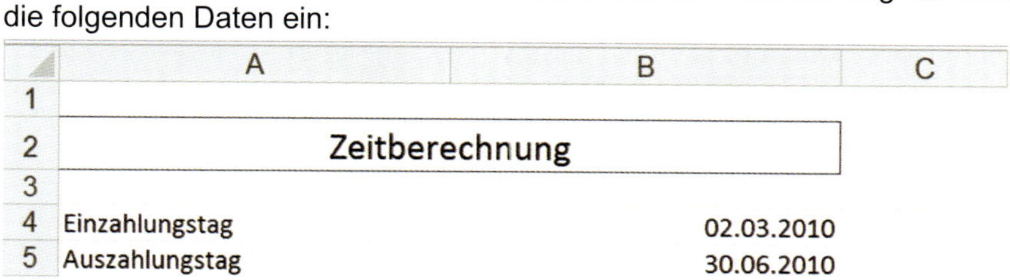

Berechnung des Zeitabstandes mithilfe der Subtraktion von Zellen

Auch ohne die Nutzung einer Funktion lassen sich mithilfe der Subtraktion von Zellen Zeitabstände berechnen. Die Zellen müssen als Datumszellen formatiert werden.

Bearbeitungsschritte:

- Führen Sie die folgende Berechnung durch. Speichern Sie die Arbeitsmappe unter dem Namen *Zeitberechnung1*.

	A	B	C
1			
2	Zeitberechnung		
3			
4	Einzahlungstag	02.03.2010	
5	Auszahlungstag	30.06.2010	
6			
7	Tage	=B5-B4	

- Die Berechnungsmethode berechnet die tatsächlichen Tage. Es wird also beispielsweise berücksichtigt, dass der Januar 31 Tage und der April 30 Tage hat. Auch wird die Anzahl der Tage in einem Jahr korrekt mit 365 bzw. 366 berechnet.

	A	B	C
7	Tage	120	

- Sollte das Ergebnis nicht korrekt angezeigt werden, müssen Sie über die Schaltfläche **Zellen Formatieren** im Register **Zahlen** die Kategorie *Standard* wählen.

TAGE360

Mithilfe der Funktion TAGE360 lassen sich ebenfalls Zeitabstände berechnen. Erforderlich ist wiederum, dass vorher die Zellen als Datumszellen formatiert wurden.

Syntax

= TAGE360(Ausgangsdatum;Enddatum;Methode)

Bearbeitungsschritte:

- Speichern Sie die Arbeitsmappe *Zeitberechnung1* unter dem Namen *Zeitberechnung2*. Löschen Sie die Inhalte der Zelle **B7**. Markieren Sie danach die Zelle.
- Wählen Sie die nachfolgend angezeigte Funktion aus:

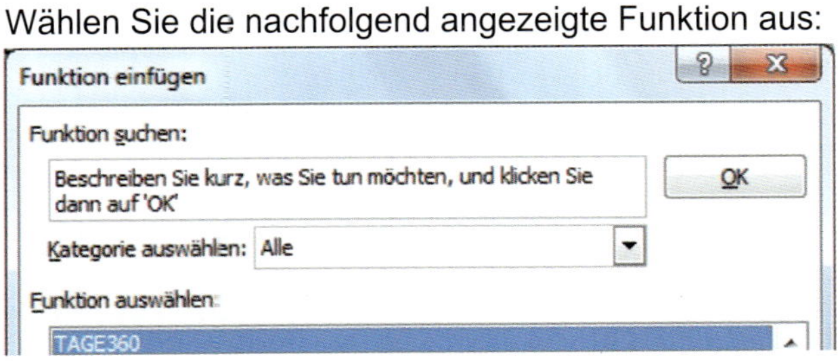

- Im zweiten Schritt des **Funktions-Assistenten** müssen die Zellen des Ausgangs- und des Enddatums durch Anklicken der Zellen eingetragen werden:

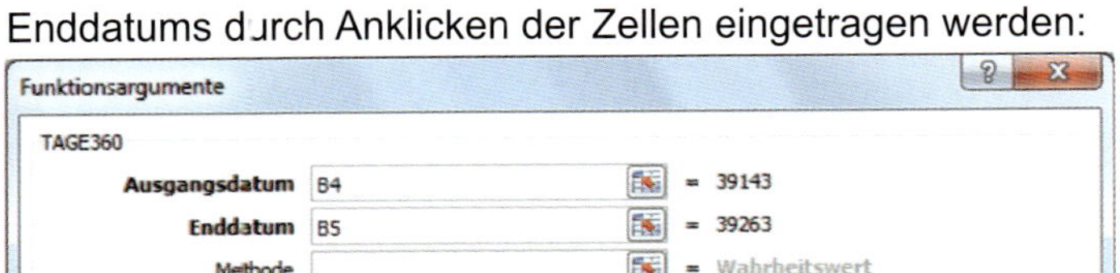

- Als Ergebnis wird 118 Tage angegeben, da der Monat mit 30 Tagen berechnet wird.

JETZT, Heute

Oftmals möchte man den augenblicklichen Wert einer Investition, die augenblicklich zu zahlenden Zinsen usw. ermitteln. Dies kann mithilfe der Funktion JETZT erfolgen. Die Funktion HEUTE liefert ähnliche Ergebnisse. Bei der Funktion JETZT wird je nach Formatierung die Uhrzeit mit angegeben, bei der Funktion HEUTE nicht.

Syntax	
= JETZT()	**= HEUTE()**

Bearbeitungsschritte:

- Laden Sie die Mappe *Zinsen*. Speichern Sie sie unter dem Namen *Zinsen_Zeitberechnung*. Verändern Sie den Aufbau der Tabelle1, indem Sie zunächst die Inhalte der Zellen **A8** und **B8** per *Drag and Drop* in die Zellen **A10** und **B10** verschieben. Anschließend tragen Sie die zusätzlichen Texte ein.

	A	B
1		
2	**Zinsberechnung**	
3		
4	Kapital	10.000,00 €
5	Zinssatz	5
6	Tage	
7	Datum der Einzahlung	
8	Aktuelles Datum	
9		
10	Zinsen	

- Formatieren Sie die Zellen **B7** und **B8** als Datum.

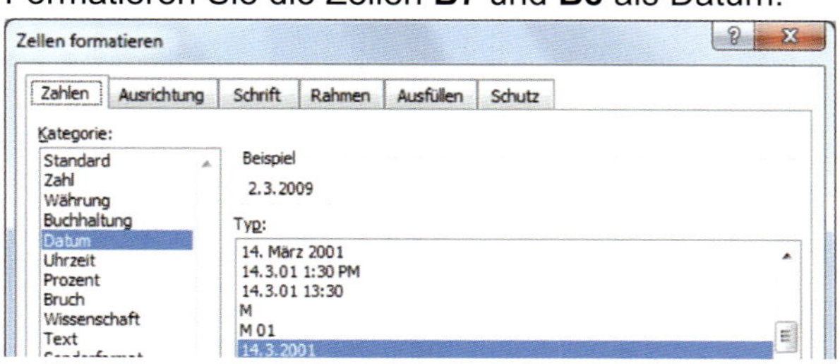

- Tragen Sie das Datum der Einzahlung ein.

	A	B
7	Datum der Einzahlung	2.3.2009
8	Aktuelles Datum	

- Fügen Sie über den **Funktions-Assistenten** in der Zelle **B8** die Funktion *JETZT* ein. Das aktuelle Datum wird ausgegeben. Es ist natürlich nicht das hier angezeigte.

	A	B
7	Datum der Einzahlung	2.3.2009
8	Aktuelles Datum	15.12.2009

- Berechnen Sie in der Zelle **B6** den Zeitabstand zwischen den Inhalten der Zellen **B7** und **B8**. Die Zinsberechnung ist damit abgeschlossen. Formatiert sieht das Ergebnis folgendermaßen aus:

	A	B
6	Tage	283
7	Datum der Einzahlung	2.3.2009
8	Aktuelles Datum	15.12.2009
9		
10	Zinsen	393,06 €

TAG, MONAT, JAHR

Eventuell soll festgestellt werden, wie viele Tage, Monate oder Jahre zwischen zwei Terminen liegen. Ein Datum kann mithilfe von Funktionen in seine Bestandteile zerlegt werden.

Syntax

= TAG()	**= MONAT()**	**= JAHR()**
= TAG(B6)	**= MONAT(B6)**	**= JAHR(B6)**

Bearbeitungsschritte:

- Erstellen Sie die folgende Tabelle. Speichern Sie die Arbeitsmappe unter dem Namen *Tag-Monat-Jahr*.

	A	B	C	D	E
1					
2			**Tag - Monat - Jahr**		
3					
4		Datum	Tag	Monat	Jahr
5					
6	1. Datum	30.06.1961			
7	2. Datum	25.11.2005			

- Fügen Sie über den **Funktions-Assistenten** in der Zelle **C6** die Funktion *TAG* ein. Der Tag muss aus der Zelle **B6** ausgelesen werden.

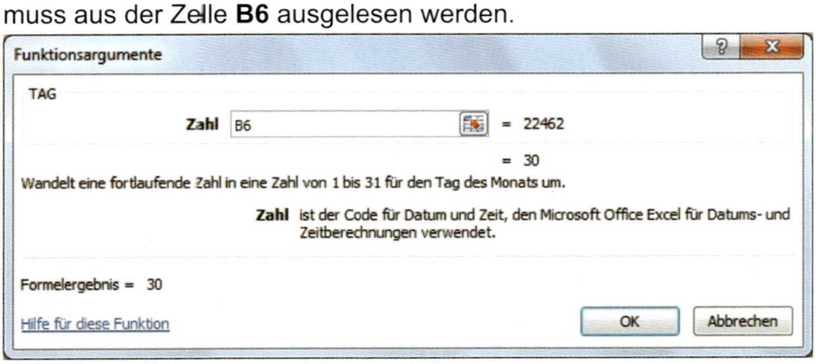

- Auf die gleiche Weise können Sie danach den Monat und das Jahr auslesen und die Funktionen nach unten kopieren. Das Ergebnis sieht folgendermaßen aus:

	A	B	C	D	E
1					
2			**Tag - Monat - Jahr**		
3					
4		Datum	Tag	Monat	Jahr
5					
6	1. Datum	30.06.1961	30	6	1961
7	2. Datum	25.11.2005	25	11	2005

- Formelmäßig sieht das Ergebnis folgendermaßen aus:

	A	B	C	D	E
6	1. Datum	22462	=TAG(B6)	=MONAT(B6)	=JAHR(B6)
7	2. Datum	38681	=TAG(B7)	=MONAT(B7)	=JAHR(B7)

- Aufgrund der Einzeldaten können nun Zeitberechnungen vorgenommen werden.

WOCHENTAG

Der Wochentag kann für Berechnungen wichtig sein, etwa für die Berechnung von Zuschlägen auf den Arbeitslohn am Wochenende. Das Ergebnis der Berechnung wird als Zahl ausgegeben, mithilfe der Wenn-Funktion kann der Tag jedoch auch in Buchstaben angegeben werden. Auch über Formatierungen ist dies möglich.

Syntax

= WOCHENTAG()
= WOCHENTAG(B6)

Bearbeitungsschritte:

- Laden Sie die Arbeitsmappe *Tag-Monat-Jahr*. Speichern Sie sie unter dem Namen *Wochentag*.
- Stellen Sie den Cursor in die Zelle **F6**. Fügen Sie über den **Funktions-Assistenten** in der Zelle **F6** die Funktion *WOCHENTAG* ein. Der Tag muss aus der Zelle **B6** ausgelesen werden. Der anschließend einzugebende Typ bestimmt, mit welchem Wochentag angefangen wird. Wählen Sie die Methode *1*. Damit wird der Sonntag als Tag *1* bestimmt. Wenn Sie nichts eingeben, wird ebenfalls die Methode *1* angewandt.

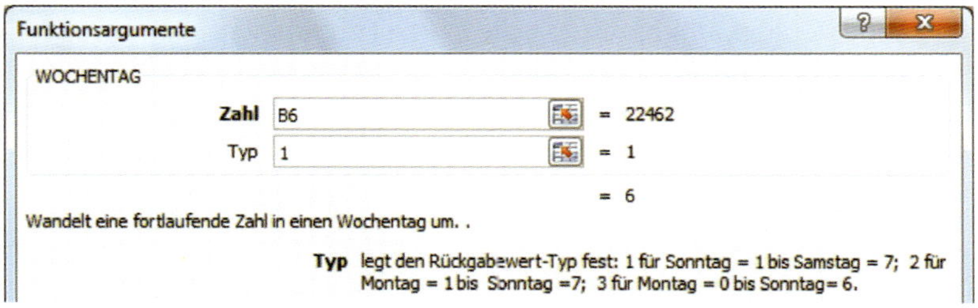

- Als Ergebnis wird die Zahl *6* ausgegeben, was einem *Freitag* entspricht.

	A	B	C	D	E	F	G
1							
2		Tag - Monat - Jahr - Wochentag					
3							
4		Datum	Tag	Monat	Jahr	Wochentag	Wochentag
5							
6	1. Datum	30.06.1961	30	6	1961	6	

- Schöner wäre es sicherlich, wenn der Wochentag als Bezeichnung ausgegeben würde. Dies lässt sich mithilfe einer verschachtelten Wenn-Funktion realisieren. Die Vorgehensweise wurde bereits erklärt. Daher wird nur die Formel in der Zelle **G6** dargestellt.

```
G
6  =WENN(F6=1;"Sonntag";WENN(F6=2;"Montag";WENN(F6=3;"Dienstag";WENN(F6=4;"Mittwoch";WENN(F6=5;"Donnerstag";WENN(F6=6;"Freitag";"Samstag"))))))
```

- Das Ergebnis sieht folgendermaßen aus:

	A	B	C	D	E	F	G
1							
2		Tag - Monat - Jahr - Wochentag					
3							
4		Datum	Tag	Monat	Jahr	Wochentag	Wochentag
5							
6	1. Datum	30.06.1961	30	6	1961	6	Freitag

- Danach können Sie die Formel nach unten kopieren.

STUNDE, MINUTE, SEKUNDE

Für die Berechnung von Löhnen usw. ist es notwendig, die geleisteten Stunden, Minuten und Sekunden zu berechnen. Entsprechende Funktionen stehen in Excel zur Verfügung. Im nachfolgenden Beispiel wird die Funktion *Sekunde* nicht genutzt.

Syntax		
= STUNDE() **= STUNDE(D6)**	**= MINUTE()** **= MINUTE(D6)**	**= SEKUNDE()** **= SEKUNDE(D6)**

Bearbeitungsschritte:

- Erstellen Sie die folgende Tabelle. Speichern Sie die Arbeitsmappe unter dem Namen *Stunde_Minute*. Markieren Sie den angegebenen Bereich.

	A	B	C	D	E	F	G	H
1								
2				**Stunde - Minute**				
3								
4	**Datum**	**Anfangszeit**	**Endzeit**	**Stunden**	**Stunde**	**Minuten**	**Stundenlohn**	**Bruttolohn**
5								
6	01.03.2010	8:10	15:20	7:10				

- Klicken Sie im Register **Start** in der Gruppe **Zahl** die Schaltfläche **Zellen Formatieren** an. Wählen Sie die angezeigte Option, um die Zellen als Uhrzeit zu definieren.

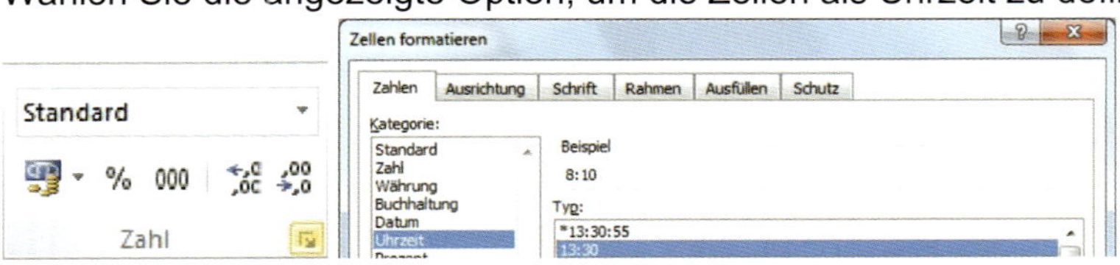

- Markieren Sie die Zelle **E6**. Wählen Sie über den Funktions-Assistenten die Funktion **Stunde** aus. Die Stunde soll aus der Zelle **D6** ausgelesen werden.

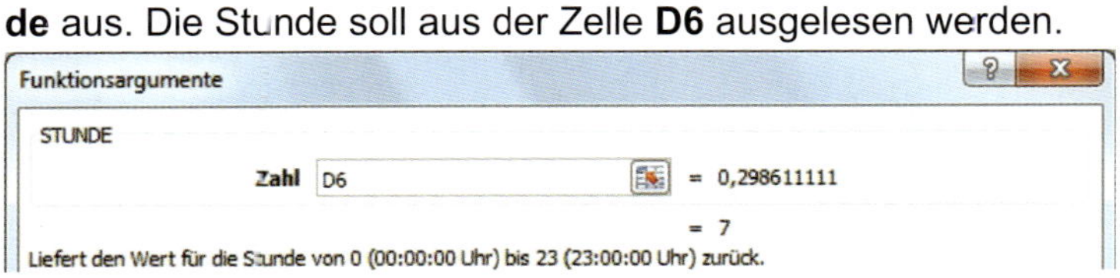

- Markieren Sie die Zelle **F6**. Wählen Sie über den Funktions-Assistenten die Funktion **Minute** aus. Die Stunde soll aus der Zelle **D6** ausgelesen werden.

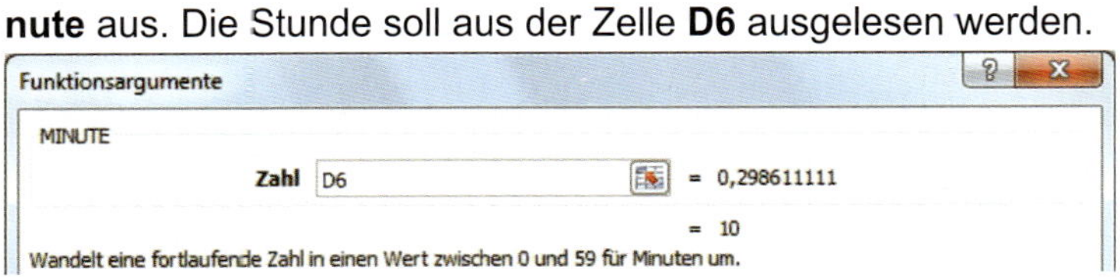

- Geben Sie danach den Stundenlohn in die Zelle **G6** ein und berechnen Sie den Bruttolohn in der Zelle **H6**. Das Ergebnis sieht folgendermaßen aus:

	A	B	C	D	E	F	G	H
4	**Datum**	**Anfangszeit**	**Endzeit**	**Stunden**	**Stunde**	**Minuten**	**Stundenlohn**	**Bruttolohn**
5								
6	01.03.2010	8:10	15:20	7:10	7	10	12,50 €	89,58 €

- Die Formeln sehen wie folgt aus und lassen sich sicherlich leicht nachvollziehen:

	E	F	G	H
4	**Stunde**	**Minuten**	**Stundenlohn**	**Bruttolohn**
5				
6	=STUNDE(D6)	=MINUTE(D6)	12,5	=(E14*G6)+(F14*G6/60)

Datums- und Zeitfunktionen – Funktionen und/oder Formatierung

Das Datum und die Zeit lassen sich mit Funktionen berechnen und darstellen als auch mit einer benutzerdefinierten Formatierung darstellen. Der Unterschied liegt darin, dass die Ergebnisse, die durch die Nutzung der Funktionen erzielt wurden, für Berechnungen genutzt werden können, während die Formatierungen einen Ausschnitt aus einem Datum oder einer Zeit in einer gewünschten Form zeigen. In der folgenden Tabelle wird ein Datum mit einer Zeit (z. B. *01.02.2010 17:12:14*) dargestellt. Danach wird eine Formatierung (z. B. *TT* oder *MMMM*) angegeben und die dadurch erzeugte Ausgabe angezeigt (z. B. *01* oder *Februar*).

	Tag		Monat		Jahr		hh	mm	ss
01.02.2010 17:12:14	T	1	M	2			17	12	14
01.02.2010 05:11:26	TT	01	MM	02	JJ	10	05	11	26
01.02.2010 59:14:59	TTT	Mo	MMM	Feb			59	14	59
01.02.2010 16:19:34	TTTT	Montag	MMMM	Februar	JJJJ	2010	16	19	34

Bearbeitungsschritte:

- Erstellen Sie eine Tabelle. Das Ergebnis soll später folgendermaßen aussehen:

	A	B	C	D	E	F	G	H	I	J	K	L	M
1	Berechnung							Formatiert					
2													
3		Tag	Monat	Jahr	Stunde	Minute	Sekunde	Tag	Monat	Jahr	Stunde	Minute	Sekunde
4	01.02.2010 04:17:14	1	2	2010	4	17	14	1	2	10	04	02	14
5	02.02.2010 11:23:12	2	2	2010	11	23	12	02	02	10	11	02	12
6	03.02.2010 23:11:36	3	2	2010	23	11	36	Mi	Feb	2010	23	02	36
7	04.02.2010 00:16:38	4	2	2010	0	16	38	Donnerstag	Februar	2010	00	02	38

- Geben Sie zunächst in den Zeilen *1* bis *3* die entsprechenden Inhalte ein.
- Markieren Sie die Zellen **A4** bis **A7**. Klicken Sie danach im Register **Start** in der Gruppe **Zahl** die Schaltfläche **Zellen formatieren** an. Klicken Sie dann die Kategorie **Benutzerdefiniert** an und legen Sie den Typ wie angezeigt fest:

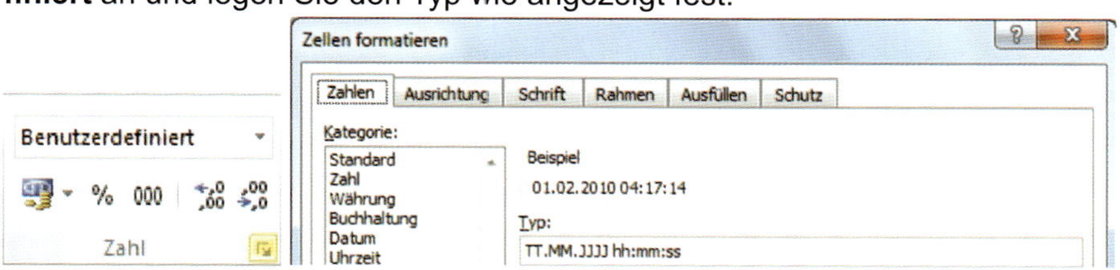

- Die Elemente des Datums (Tag, Monat, Jahr) werden durch Punkte getrennt, die der Zeit (Stunde, Minute, Sekunde) durch Doppelpunkte. Zwischen beiden Elementen wird ein Leerzeichen eingefügt. Geben Sie die Werte danach in die Zellen ein.
- Berechnen Sie in den Zellen **B4** bis **G7** mithilfe von Funktionen einzelne Teile des Datums und der Zeit. Formatieren Sie danach mithilfe benutzerdefinierter Formatierungen die Zellen **H4** bis **M7**. Orientieren Sie sich an der obigen Tabelle.
- Das Ergebnis sieht formelmäßig wie folgt aus. Sie können erkennen, dass mithilfe der Funktionen Teile von Zellen ausgelesen wurden. Diese Teile können dann für Berechnungen genutzt werden. In den Zellen mit der Formatierung wird der gesamte Inhalt einer Zelle ausgelesen, aber lediglich Teile davon angezeigt.

	B	C	D	E	F	G	H	I	J	K	L	M
3	Tag	Monat	Jahr	Stunde	Minute	Sekunde	Tag	Monat	Jahr	Stunde	Minute	Sekunde
4	=TAG(A4)	=MONAT(A4)	=JAHR(A4)	=STUNDE(A4)	=MINUTE(A4)	=SEKUNDE(A4)	=A4	=A4	=A4	=A4	=A4	=A4
5	=TAG(A5)	=MONAT(A5)	=JAHR(A5)	=STUNDE(A5)	=MINUTE(A5)	=SEKUNDE(A5)	=A5	=A5	=A5	=A5	=A5	=A5
6	=TAG(A6)	=MONAT(A6)	=JAHR(A6)	=STUNDE(A6)	=MINUTE(A6)	=SEKUNDE(A6)	=A6	=A6	=A6	=A6	=A6	=A6
7	=TAG(A7)	=MONAT(A7)	=JAHR(A7)	=STUNDE(A7)	=MINUTE(A7)	=SEKUNDE(A7)	=A7	=A7	=A7	=A7	=A7	=A7

Übungen:

1. Im Lager Ihres Unternehmens befinden sich die folgenden Waren:

Warenbezeichnung	Verkaufspreis pro Stück	Neuer Verkaufspreis pro Stück
Computer	3500,00	
Drucker	900,00	
Scanner	1860,00	
Monitore	390,00	
Preiserhöhung bei einem Verkaufspreis < 1000,00 (in %)	5	
Preiserhöhung bei einem Verkaufspreis >= 1000,00 (in %)	3	

   a) Die Preise der Artikel sollen erhöht werden. Erstellen Sie eine Tabelle, die es erlaubt, einen beliebigen Prozentsatz in die Zellen mit den Preiserhöhungen einzugeben und in der die neuen Verkaufspreise pro Stück errechnet werden.

   b) Erstellen Sie die Tabelle unter Verwendung der Namen *Preiserhöhung1*, *Preiserhöhung2* und *Verkaufspreis*.

2. Bei der Bürobedarfsgroßhandlung Schüler GmbH werden einige Forderungen zu spät beglichen. Mithilfe der Zinsrechnung sollen Sie feststellen, welcher Zinsverlust dem Unternehmen jeweils entstanden ist. Die Daten finden Sie in der folgenden Tabelle.

	Betrag	Rechnungsdatum	Zahlungsziel (Tage)	Zahlungstag (Rechnung)	Zahlung	Verzug (Tage)	Zinsen
A	7.386,20 €	16.05.2010	20		15.06.2010		
B	5.643,00 €	17.05.2010	10		02.06.2010		
C	345,87 €	18.05.2010	0		15.06.2010		
D	2.300,00 €	20.05.2010	30		20.06.2010		
E	480,00 €	22.05.2010	12		20.06.2010		
F	9.602,56 €	22.05.2010	20		13.07.2010		
G	876,00 €	24.05.2010	60		15.08.2010		

   a) Ermitteln Sie in der *Tabelle 1* die jeweiligen Zahlungstage laut Rechnung mithilfe der Addition von Werten. Errechnen Sie außerdem den Zahlungsverzug in Tagen mithilfe der Subtraktion von Zellen. Berechnen Sie die jeweiligen Zinsen.

   b) Ermitteln Sie die gesamte, die durchschnittliche, die niedrigste und die höchste Summe. Ermitteln Sie außerdem die Anzahl der in Zahlungverzug geratenen Kunden.

   c) Stellen Sie fest, wie viele Kunden nicht in Zahlungsverzug gekommen sind.

   d) Führen Sie in der *Tabelle 2* die Berechnung unter Nutzung von Namen durch.

   e) Ermitteln Sie in der *Tabelle 3* die jeweiligen Zahlungstage laut Rechnung mithilfe der Addition von Werten. Errechnen Sie außerdem den Zahlungsverzug in Tagen mithilfe einer Funktion. Berechnen Sie die jeweiligen Zinsen.

   f) Führen Sie in der Tabelle 4 eine Berechnung unter Verwendung der Funktion *Jetzt* durch. Die tatsächliche Zahlung wird dadurch durch das aktuelle Datum ersetzt. Somit kann aktuell bestimmt werden, welcher Zinsverlust jeweils eingetreten ist.

3. Ein PKW Ihres Unternehmens wird für 24.000,00 € gekauft. Er soll im Betrieb 8 Jahre benutzt werden und dann zu einem Restwert von 2.000,00 € verkauft werden. Erstellen Sie die Tabelle unter Nutzung der Funktion *Lineare Abschreibung*.

Übungen:

4. Die Einkaufspreise und Einkaufsmengen für verschiedene Produkte sind in der folgenden Aufstellung aufgeführt. Außerdem gibt der Lieferant bei einer Menge von 200 Stück oder mehr 12 % und bei einer Abnahmemenge von 100 Stück oder mehr 8 % Rabatt.

Warenbezeichnung	Einkaufsmenge	Einkaufspreis
Schreibtisch	180	678,00 €
Bürostuhl	57	123,00 €
Regal	109	1.200,00 €
Aktenschrank	210	560,00 €

a) Ermitteln Sie, welchen Rabattsatz und welchen Rabatt der Lieferant jeweils gewährt und welcher Einkaufspreis ohne Rabatt sich daraus ergibt. Die Tabelle muss in der Lage sein, Änderungen der Menge bei der Rabattermittlung zu berücksichtigen.

b) Versehen Sie die Rabattsätze mit den Namen *Rabattsatz1* und *Rabattsatz2*, den tatsächlich jeweils gewährten Rabattsatz mit dem Namen *Rabattsatz* und die Bereiche mit der Einkaufsmenge, dem Einkaufspreis und dem gewährten Rabatt in € mit den Namen *Einkaufsmenge*, *Einkaufspreis* und *Rabatt*. Erstellen Sie danach die Tabelle unter Verwendung der Namen.

c) Der Lieferant ändert die Bedingungen insofern, dass er nur noch einen einheitlichen Rabatt von 10 % bei einer Abnahme von mindestens 100 Stück gewährt. Außerdem wird der Rabatt nur bei Produkten gewährt, deren Einkaufspreis 600,00 € und mehr beträgt. Erstellen Sie die entsprechende Tabelle.

d) Lösen Sie die Aufgabe c) unter Verwendung von Namen.

5. Erstellen Sie die folgende Vertreterdatei. Die Provision beträgt 8 % bei einem Umsatz von über 200.000,00 €, ansonsten 7 %.

Vertreter_Nr	Nachname	Menge	Preis	Umsatz	Provision
500	Hegemann	200	1.500,70 €		
501	Halbrich	150	1.200,53 €		
502	Donker		987,45 €		
503	Pöker	324	1.400,99 €		
504	Faller	134	1.800,14 €		

a) Erarbeiten Sie mithilfe der Funktion *SVERWEIS* eine Möglichkeit, durch Eingabe der Vertreternummer einen Datensatz auszuwählen.

b) Summieren Sie alle Provisionen der Vertreter mit einer Vertreter_Nr über 502.

c) Stellen Sie fest, welche Vertreter sowohl eine Umsatzmenge von 200 Stück als auch eine Provision von 30.000,00 € verfehlt haben.

d) Ermitteln Sie den Gesamtumsatz. Geben Sie diesen Gesamtumsatz in Abhängigkeit von der Summe mit einem Text aus.

e) Ermitteln Sie die gerundete Provision und die Provision als ganze Zahl.

f) Stellen Sie den gesamten, den mittleren, den minimalen und den maximalen Umsatz fest. Ermitteln Sie außerdem, wie viele Vertreter Produkte verkaufen könnten und wie viele Vertreter Produkte verkauft haben.

g) Ermitteln Sie mithilfe der Funktion *SVERWEIS* durch die Eingabe der Vertreter:Nr alle Daten eines Vertreters.

Übungen:

6. Ein Arbeitnehmer arbeitet lt. Arbeitsvertrag an jedem Montag, Mittwoch und Freitag der Woche je nach Auftragslage unterschiedlich lange. Der Arbeitsvertrag sieht außerdem vor, dass der Arbeitnehmer nach vorheriger Ankündigung bis zu zwei Arbeitstage im Monat Urlaub nehmen kann. Die Arbeitstage des Monats Juni sind in der nachfolgenden Tabelle zusammengefasst. Außerdem sind die Daten des ersten Arbeitstages eingetragen. Sie müssen jedoch wie alle anderen Daten berechnet werden.

Wochentag	Datum	Beginn	Ende	Zeit	Std	Min	Lohn	Arbeit	%
Montag	07.06.2010	08:34	15:11	06:37	6	37	54,15 €	gearbeitet	14,9
Mittwoch	09.06.2010	09:11	12:45						
Freitag	11.06.2010	08:23	13:36						
Montag	14.06.2010	07:14	12:56						
Mittwoch	16.06.2010	06:00	18:34						
Freitag	18.06.2010								
Montag	21.06.2010	07:01	11:43						
Mittwoch	23.06.2010	08:24	12:43						
Freitag	25.06.2010	08:34	10:17						

a) Erstellen Sie die Tabelle. Geben Sie den Wochentag ein oder erstellen Sie eine Reihe mit benutzerdefinierten Werten.

b) Berechnen Sie die tägliche Arbeitszeit. Berechnen Sie außerdem, wie viele Stunden und wie viele Minuten dies sind.

c) Berechnen Sie den Lohn für jeden Tag und den Lohn insgesamt.

d) Berechnen Sie den prozentualen Anteil, den der Arbeitnehmer an einem Tag vom gesamten Lohn erzielt hat. Runden Sie das Ergebnis auf eine Stelle.

e) Das Unternehmen möchte wissen, ob der Arbeitnehmer an einem Tag gearbeitet hat oder nicht. Geben Sie als Ergebnis entweder *gearbeitet* oder *nicht gearbeitet* aus.

f) Stellen Sie fest, an wie vielen Tagen der Arbeitnehmer im angegebenen Zeitraum arbeiten konnte und an wie vielen Tagen er gearbeitet hat.

g) Stellen Sie fest, wie lange der Arbeitnehmer durchschnittlich, minimal und maximal gearbeitet hat.

h) Stellen Sie fest, wie oft der Arbeitnehmer über 4 Stunden gearbeitet hat. Berechnen Sie außerdem in einer anderen Zelle, an wie vielen Tagen der Arbeitnehmer 4 oder weniger Stunden gearbeitet hat.

i) Stellen Sie fest, wie viel Euro der Arbeitnehmer insgesamt an den drei Montagen verdient hat.

j) Berechnen Sie, wie viele Stunden und Minuten der Arbeitnehmer insgesamt gearbeitet hat. Rechnen Sie die Minuten in Stunden und Minuten um. Nutzen Sie zur Berechnung der Stunden die Funktion *Ganzzahl*. Zur Berechnung der restlichen Minuten gibt es mehrere Möglichkeiten, u. a. die Funktion *Rest*.

k) Trennen Sie mithilfe von Funktionen das Datum jeweils in Tag, Monat und Jahr.

l) Berechnen Sie den Zeitabstand zwischen dem ersten und dem letzten Arbeitstag durch Subtrahieren der Werte und ein zweites Mal mit einer Funktion.

m) Formatieren Sie die Tabelle. Kennzeichnen Sie u. a. alle Arbeitszeiten über 4 Stunden.

4.5 Formatierung

4.5.1 Allgemeine Erklärungen

Die Formatierung wird im Wesentlichen über das Register **Start** vorgenommen. Es stehen in den einzelnen Gruppen verschiedene Schaltflächen zur Verfügung, mit denen die Formatierung direkt oder mithilfe von Menüpunkten im Kontextmenü vorgenommen wird. Außerdem kann mithilfe der Schaltfläche **Zellen formatieren** das Fenster **Zellen formatieren** aufgerufen werden, welches spezielle Formatierungsmöglichkeiten zur Verfügung stellt.

Gruppe	Erklärungen
Schriftart 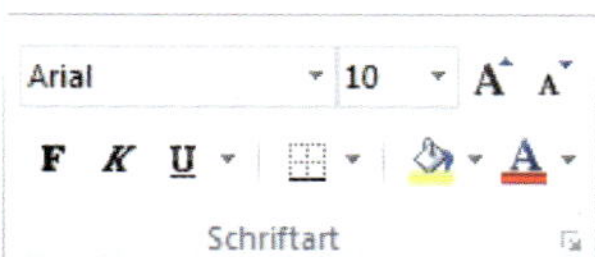	Über die Schaltflächen der Gruppe können die Schriftart (z. B. *Arial*), der Schriftschnitt (z. B. *Kursiv*) und der Schriftgrad (z. B. *10*) bestimmt werden. Der Schriftgrad kann durch Anklicken der Schaltfläche vergrößert oder verkleinert werden. Außerdem können Rahmen, die Schriftfarbe und die Hintergrundfarbe bestimmt werden.
Ausrichtung 	Die Ausrichtung einer Zelle oder eines markierten Bereichs kann in horizontaler und vertikaler Weise bestimmt werden. Außerdem können die Inhalte in verschiedener Weise gedreht werden. Damit der Inhalt einer Zelle oder mehrerer Zellen sowohl vertikal als auch horizontal vernünftig dargestellt werden kann, können Inhalte untereinander oder auf mehrere Zellen verteilt ausgegeben werden.
Zahl 	Zellen können sehr unterschiedliche Daten, z. B. ein Datum, einen Währungsbetrag, eine Prozentzahl usw. enthalten. Über die entsprechende Formatierung kann die benötigte Formatierung in dieser Gruppe ausgewählt werden. Es können z. B. Nachkommastellen hinzugefügt oder gelöscht werden.
Formatvorlagen 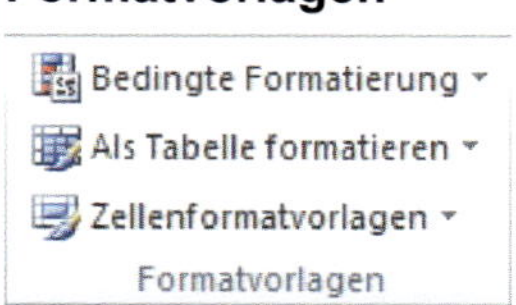	Automatische Formatierungen von markierten Bereichen, Formatierungen in Zellen aufgrund des Ergebnisses, Formatierungen als Tabellen, die danach ausgewertet werden können, werden in dieser Gruppe zur Verfügung gestellt. Außerdem können neue Formate erstellt werden.
Schriftart, **Ausrichtung**, **Zahl** 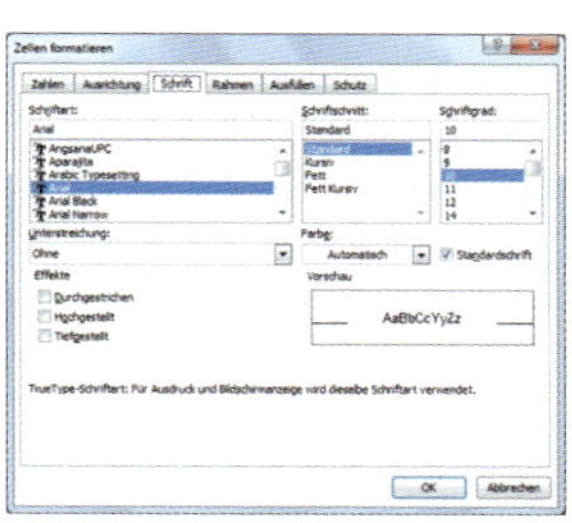	Über die Schaltfläche **Zellen formatieren**, die in den Gruppen **Schriftart**, **Ausrichtung** und **Zahl** zur Verfügung steht, wird das Fenster **Zellen formatieren** aufgerufen. Über die einzelnen Registerkarten können umfangreiche Einstellungen vorgenommen werden. 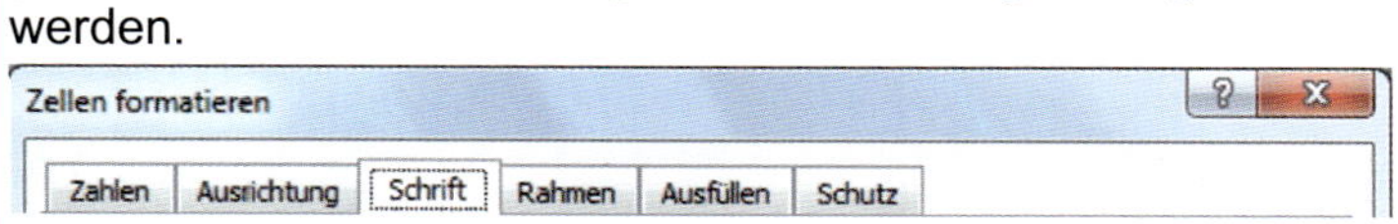 Die Nutzung dieses Fensters ist zu empfehlen, wenn alle zur Verfügung stehenden Möglichkeiten auf ihre Nutzung geprüft werden sollen.

4.5.2 Formatierungen über die Schaltfläche Zellen formatieren

Die Formatierung kann auch durch das Anklicken der Schaltfläche **Zellen formatieren** erfolgen. Die Schaltfläche befindet sich rechts unten in den Gruppen **Schriftart**, **Ausrichtung** und **Zahl**. Durch das Anklicken der Registerkarten Zahlen, Ausrichtung, Schrift, Rahmen oder Muster wird der jeweilige Bereich der Formatierung gewählt. Zu Übungszwecken sollten Sie anhand der Tabelle *Umsatz_Format1* umfangreiche Formatierungen ausprobieren.

Formatierung von Zahlen

Zur Formatierung von Zahlen muss lediglich das entsprechende Zahlenformat angeklickt werden. Dabei kann man zunächst eine Kategorie und danach innerhalb dieser Kategorie ein bestimmtes Format wählen. Mit dem Währungsformat lassen sich beispielsweise Preise mit einer Währungsbezeichnung versehen.

	A	B	C	D
4		Menge	Preis	Umsatz
5				
6	Vertreter A	200	20	4.000,00 €
7	Vertreter B	100	15	1.500,00 €
8	Vertreter C	80	30	2.400,00 €
9	Vertreter D	150	10	1.500,00 €

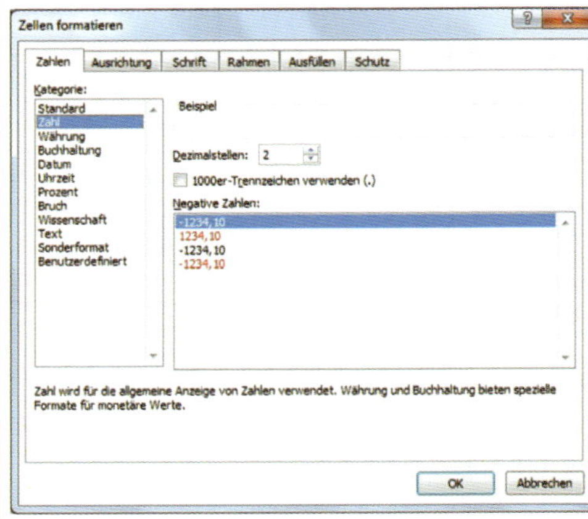

Formatierung eines Datums

Zu den wichtigsten Anwendungen eines Tabellenkalkulationsprogramms gehört es, Zeitabstände zu berechnen. Interessant ist daher die Möglichkeit, Zellen das Zahlenformat **Datum** zuzuweisen.

Soll das Datumsformat in Zellen und Bereichen gelöscht werden, weil es nicht mehr benötigt wird, so ist nach der Markierung der Zellen und Bereiche die Formatierung **Standard** zu wählen. Diese Formatierungsmöglichkeit befindet sich ebenfalls im Bereich **Zahlen**.

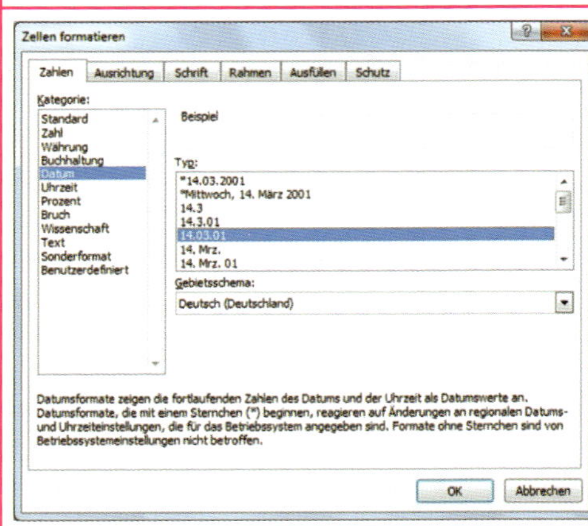

Ausrichtung von Zellen

Markierte Zellen können ausgerichtet werden. Außerdem können Zellen markiert und danach verbunden werden (siehe Umsatzberechnung 2010). Außerdem kann ein Zeilenumbruch in einer Zelle vorgenommen und ein Text an die Zellengröße angepasst werden.

	A	B	C	D
1				
2		Umsatzberechnung 2010		
3				
4		Menge	Preis	Umsatz
5				
6	Vertreter A	200	20	4.000,00 €

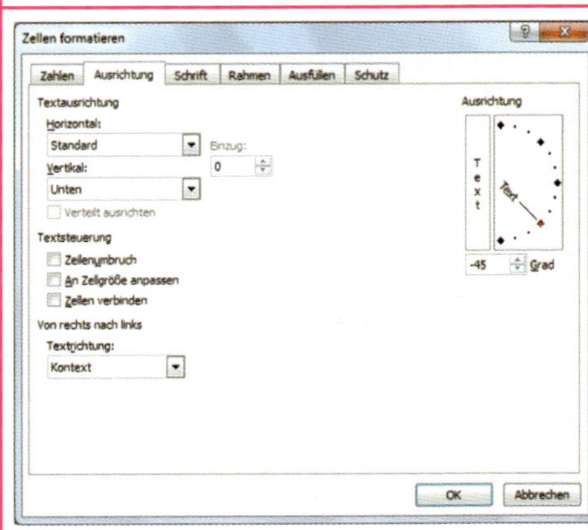

Schrift

Umfangreiche Einstellungsmöglichkeiten bietet die Dialogbox **Schrift**. So kann die Schriftart, der Schriftstil (z. B. *Kursiv*, **Fett**), der Schriftgrad usw. frei gewählt werden.

Durch die vorgenommene Einstellung wird die Überschrift folgendermaßen formatiert:

	A	B	C	D
1				
2		***Umsatzberechnung 2010***		
3				
4		Menge	Preis	Umsatz
5				
6	Vertreter A	200	20	4.000,00 €

Außerdem können Einstellungen zum Zeilenumbruch usw. getroffen werden. Damit können beispielsweise Textinhalte in einer Zelle untereinander dargestellt werden.

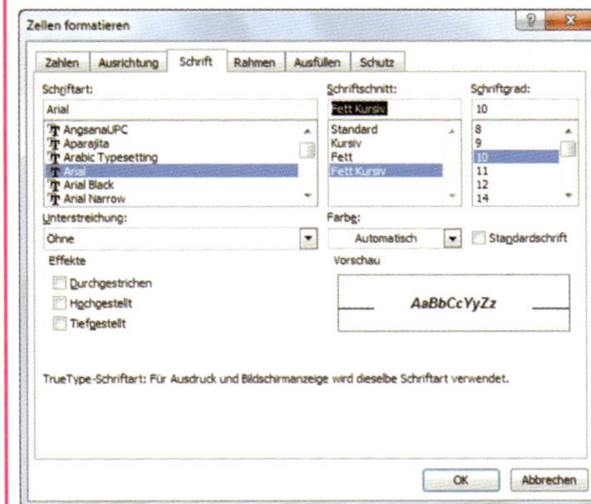

Rahmen

Durch Anklicken der angezeigten Linienarten wird die Rahmenart festgelegt. Ebenfalls kann bestimmt werden, ob der Rahmen die gesamte Zelle oder den gesamten Bereich umschließen oder beispielsweise nur links, rechts, oben oder unten eine Umrandung angezeigt werden soll. Auch Kombinationen, z. B. oben und rechts, sind möglich. Die Rahmenfarbe kann außerdem bestimmt werden.

Der Bereich **B4** bis **E4** könnte beispielsweise folgendermaßen formatiert werden:

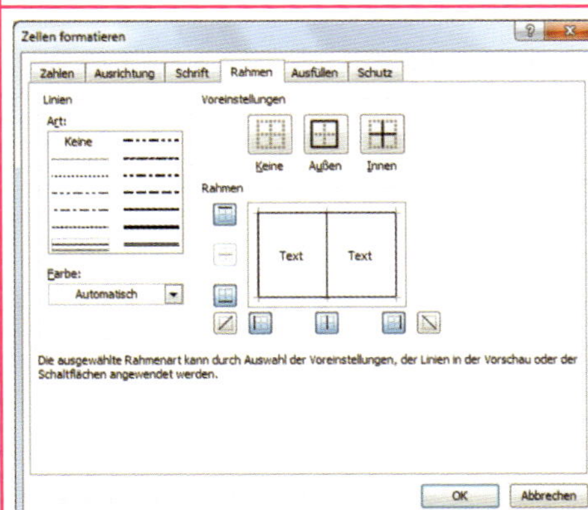

Ausfüllen

Die Hintergrundfarbe für eine Zelle wird über die Schaltfläche **Zellen Formatieren**, das Auswählen des Registers **Ausfüllen** und das Anklicken der entsprechenden Farbe festgelegt.

Folgende Muster für den Hintergrund von Zellen und Bereichen können ebenfalls ausgewählt werden:

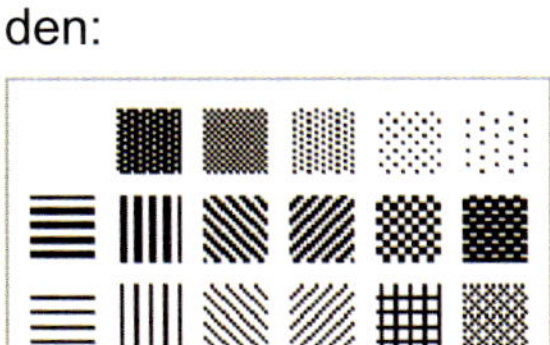

Auch andere Hintergründe können ausgewählt werden.

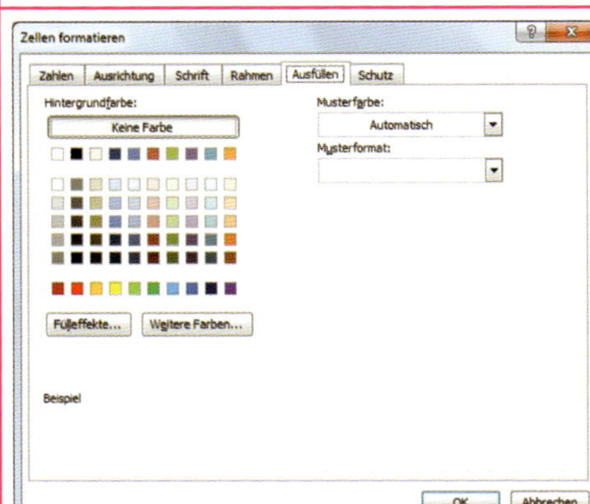

4.5.3 Erstellung und Übertragung einer Formatierung

Anhand eines einfachen Beispiels soll zunächst eine Zelle formatiert werden, in diesem Beispiel soll die Schrift fett und kursiv dargestellt werden. Diese Formatierung kann dann problemlos auf andere Zellen und Bereiche übertragen werden. Auch kann das Format auf nicht zusammenhängende Bereiche übertragen werden.

Bearbeitungsschritte:

- Laden Sie die Arbeitsmappe *Umsatz1* und speichern Sie die Arbeitsmappe unter dem Namen *Umsatz_Format2* wieder ab. Markieren Sie die Zelle **B4**. Klicken Sie im Register **Start** in der Gruppe **Schriftart** nacheinander die Schaltflächen **Fett** und **Kursiv** an.

- Die Zelle **B4** wird entsprechend den Vorgaben formatiert.

	A	B	C	D
1				
2		Umsatzberechnung 2010		
3				
4		***Menge***	Preis	Umsatz

- Zur Übertragung des Formats auf andere Zellen klicken Sie die Schaltfläche **Format übertragen** in der Gruppe **Zwischenablage** im Register **Start** an.

- Gehen Sie mit der Maus in den Bereich der Zellen. Der Mauszeiger verändert sich folgendermaßen: 
- Markieren Sie die Zellen **C4** und **D4**. Das Zellenformat wurde übertragen:

	A	B	C	D
4		***Menge***	***Preis***	***Umsatz***

- Soll das Format auf mehrere nicht zusammenhängende Bereiche übertragen werden, muss ein Doppelklick auf die Schaltfläche **Format übertragen** ausgeführt werden. Danach kann das Format auf die einzelnen Bereiche wie beschrieben übertragen werden, also beispielsweise auf die Zellen **A6** und **A8**. Als Letztes müssen Sie dann die Schaltfläche **Format übertragen** nochmals anklicken, damit die Formatübertragung wieder ausgeschaltet wird.

	A	B	C	D
4		***Menge***	***Preis***	***Umsatz***
5				
6	***Vertreter A***	200	20	4.000,00 €
7	Vertreter B	100	15	1.500,00 €
8	***Vertreter C***	80	30	2.400,00 €

4.5.4 Einfügen, Löschen, Ausblenden usw. von Zellen

Auf einfache Weise lassen sich zusätzliche Spalten und Zeilen in Tabellen einfügen und entfernen. Außerdem kann die Größe von Zellen beeinflusst werden.

Bearbeitungsschritte:

- Laden Sie die Arbeitsmappe *Umsatz1* und speichern Sie die Arbeitsmappe unter dem Namen *Umsatz_Format3* wieder ab. Markieren Sie die Spalte **D**.
- Klicken Sie im Register **Start** in der Gruppe **Zellen** den Pfeil in der Schaltfläche **Einfügen** an.

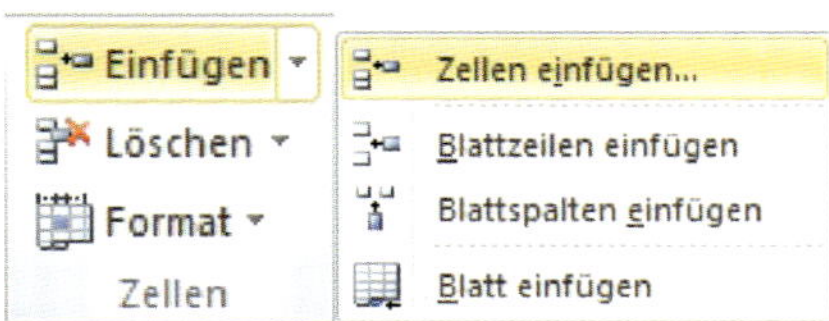

- Fügen Sie Zellen ein:

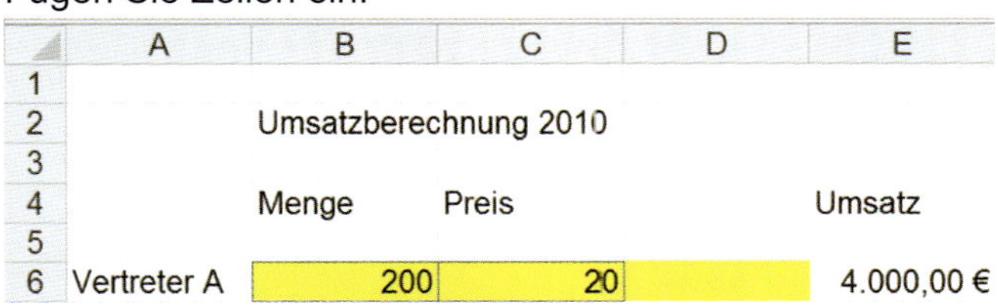

- Auf die gleiche Weise können Sie Zellen, Zeilen usw. markieren und Zellen einfügen. Klicken Sie im Register **Start** in der Gruppe **Zellen** den Pfeil in der Schaltfläche **Löschen** an. Löschen Sie Zellen, Spalten, Zeilen usw.

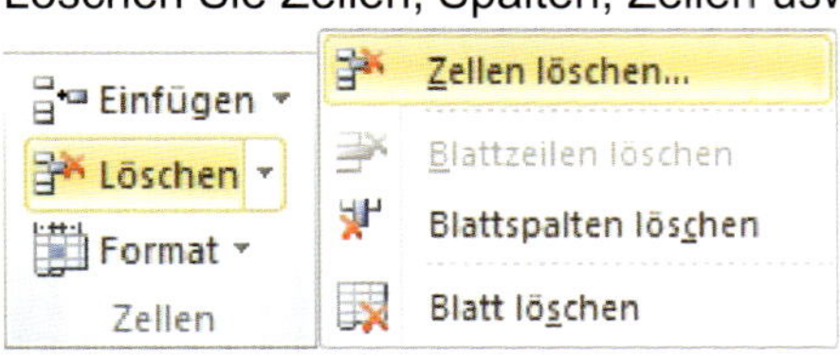

- Klicken Sie im Register **Start** in der Gruppe **Zellen** den Pfeil in der Schaltfläche **Format** an. Probieren Sie einige der Einstellungsmöglichkeiten aus.

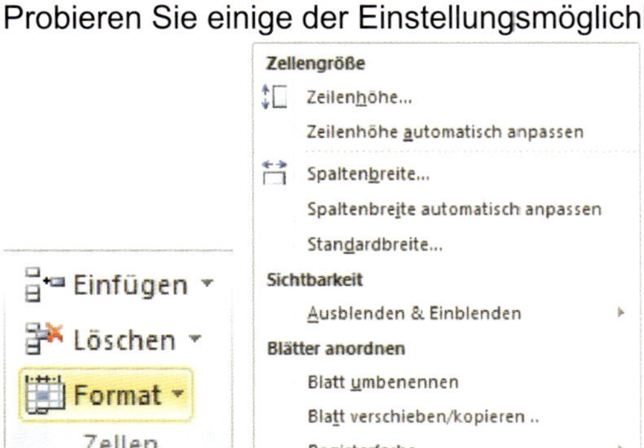

- Die Breite einer Zelle können Sie ändern, indem Sie mit der Maus zwischen zwei Spaltenbezeichnungen gehen und dann die Größe mit gedrückter linker Maustaste ändern. Analog wird die Höhe einer Zeile geändert.

4.5.5 Zellenformatvorlagen

Nutzung von Zellenformatvorlagen

Ein markierter Bereich einer Tabelle kann individuell formatiert werden. Excel bietet jedoch auch die Möglichkeit, vorgefertigte Formatvorlagen einzusetzen. Vorteil dieser Methode sind die Schnelligkeit der Formatierung und die außerordentliche Vielzahl der gebotenen Möglichkeiten.

Bearbeitungsschritte:

- Laden Sie die Arbeitsmappe *Umsatz1* und speichern Sie die Arbeitsmappe unter dem Namen *Umsatz_Format4* wieder ab. Markieren Sie mit der Maus die Zellen **A6** bis **D9**.
- Klicken Sie im Register **Start** in der Gruppe **Formatvorlagen** die Schaltfläche **Zellenformatvorlagen** an.

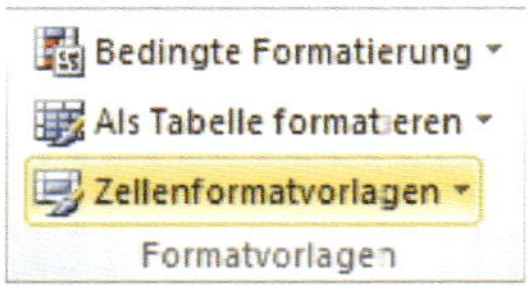

- Fahren Sie mit der Maus über die einzelnen Alternativen. Das jeweils zu erzielende Ergebnis wird angezeigt.

- Das Ergebnis könnte so aussehen:

- Markieren Sie danach die Zellen **D6** bis **D9**. Wählen Sie für diese Zellen das Zahlenformat **Währung** aus.

- Das Ergebnis könnte so aussehen:

Erstellen eigener Zellenformatvorlagen

Eine Möglichkeit, die Formatierung von Zellen, Bereichen oder einer gesamten Tabelle vorzunehmen, ist die Erstellung eigener Formatvorlagen. Diese Formatvorlagen können z. B. dem Design eines Unternehmens angepasst sein, also z. B. mit den typischen Farben der Unternehmensdarstellung im Web oder auf Plakaten usw. übereinstimmen.

Bearbeitungsschritte:

- Laden Sie die Arbeitsmappe *Umsatz1* und speichern Sie die Arbeitsmappe unter dem Namen *Umsatz_Format5* wieder ab.
- Klicken Sie im Register **Start** in der Gruppe **Formatvorlagen** die Schaltfläche **Zellenformatvorlagen** an.

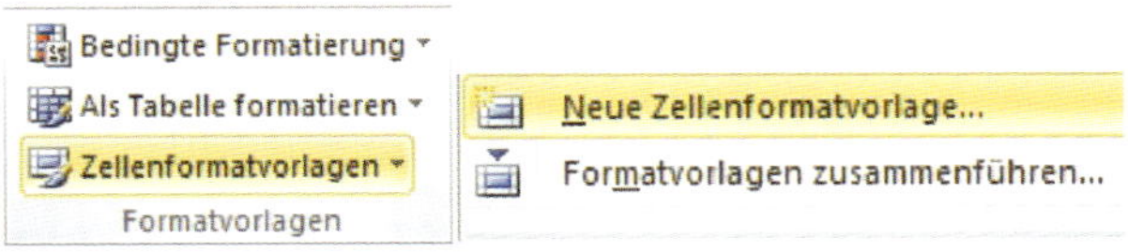

- Das Fenster **Formatvorlage** wird eingeblendet. Die bestehenden Formate für die Zahlen usw. werden angezeigt:

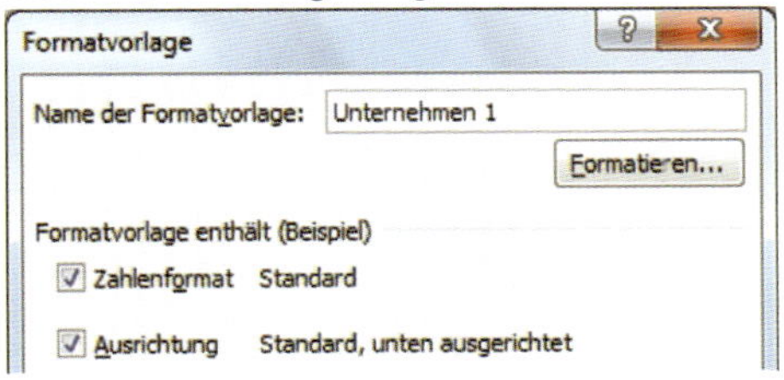

- Geben Sie der neuen Formatvorlage einen Namen und klicken Sie danach die Schaltfläche **Formatieren** an.
- Formatieren Sie die Zelle nach Ihren Vorstellungen. Dabei können Sie die Schrift, Rahmen, Hintergründe usw. festlegen.

- Nach dem Abschluss der Formatierung werden die neuen Formatierungen im Fenster **Formatvorlage** angezeigt.
- Markieren Sie die Zellen **A6** bis **D9**. Klicken Sie im Register **Start** in der Gruppe **Formatvorlagen** die Schaltfläche **Zellenformatvorlagen** an. Wählen Sie im Bereich **Benutzerdefiniert** die neu erstellte Formatvorlage aus:

- Das Ergebnis könnte so aussehen:

4.5.6 Ausrichtung und Formatierung von Zellen

Überschriften sollten in der Regel über den Bereich der Tabelle zentriert werden, der Inhalte enthält. Darüber hinaus kann eine Bezeichnung in einer Zelle so viele Zeichen enthalten, dass es sich anbietet, den Inhalt untereinander darzustellen.

Bearbeitungsschritte:

- Laden Sie die Arbeitsmappe *Umsatz1* und speichern Sie die Arbeitsmappe unter dem Namen *Umsatz_Format7* wieder ab. Markieren Sie mit der Maus die Zellen **A2** bis **D2**.

	A	B	C	D
1				
2		Umsatzberechung 2010		

- Klicken Sie im Register **Start** in der Gruppe **Ausrichtung** den Pfeil in der Schaltfläche **Verbinden und zentrieren** an. Wählen Sie die Option **Verbinden und zentrieren**.

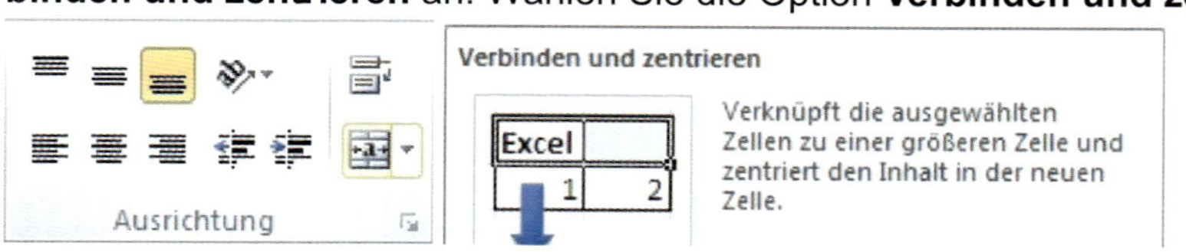

- Das Ergebnis könnte so aussehen:

	A	B	C	D
1				
2	Umsatzberechnung 2010			

- Zusätzlich können Sie die Zelle mit einem Rahmen, einer Unterstreichung usw. ausstatten. Dies wird auf der vorherigen Seite erklärt.

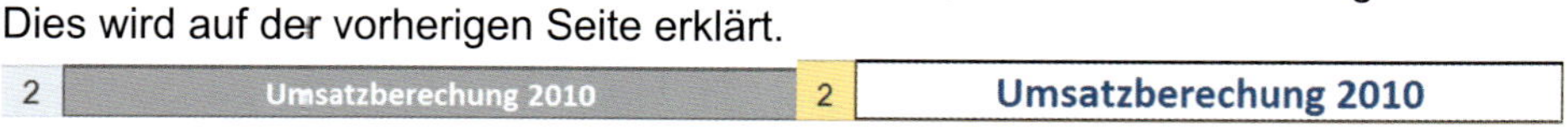

- Über die Option **Zellverbund aufheben** können Sie nach Anklicken der Schaltfläche **Verbinden und zentrieren** die verbundenen Zellen wieder trennen. Eventuell müssen Sie jedoch den Inhalt per **Drag and Drop** an die richtige Stelle ziehen.
- Unter Umständen soll der Inhalt einer Zelle aus Platzgründen oder anderen Gründen untereinander dargestellt werden. Verändern Sie zunächst die Spaltenbreite der Spalte **A** wie dargestellt. Markieren Sie danach die Spalte **A**.

	A	B	C	D
6	Vertreter	200	20	4000

- Klicken Sie im Register **Start** in der Gruppe **Ausrichtung** die Schaltfläche **Zeilenumbruch** an.

- Das Ergebnis könnte so aussehen:

	A	B	C	D
6	Vertreter A	200	20	4000

4.5.7 Bedingte Formatierung

Vorbemerkung

Die bedingte Formatierung ermöglicht die Formatierung in Abhängigkeit von einem Ergebnis. Excel stellt mehrere unterschiedliche Arten dieser Formatierung zur Verfügung. Beispielsweise können alle Vertreterumsätze, die unter 2.000,00 € liegen, farblich und/oder mit einem anderen Schriftstil gekennzeichnet werden. Außerdem ist es möglich, Ergebnisse mit einer Balken-, Farbskalenformatierung usw. zu kennzeichnen.

Balkenformatierung usw.

Ergebniszellen können mit Balken oder Symbolen unterlegt werden und damit an Aussagekraft gewinnen.

Bearbeitungsschritte:

- Laden Sie die Arbeitsmappe *Umsatz1* und speichern Sie die Arbeitsmappe unter dem Namen *Umsatz_Format8* wieder ab. Markieren Sie mit der Maus die Zellen **D6** bis **D9**.
- Klicken Sie im Register **Start** in der Gruppe **Formatvorlagen** die Schaltfläche **Bedingte Formatierung** an.

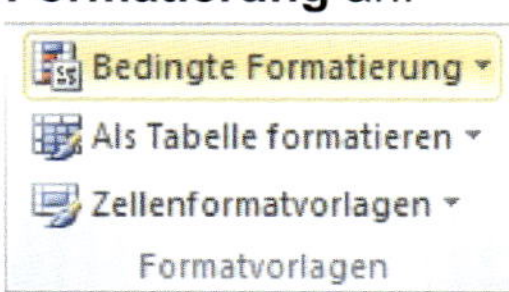

- Wählen Sie die Alternative **Datenbalken** und danach die angezeigte Alternative aus:

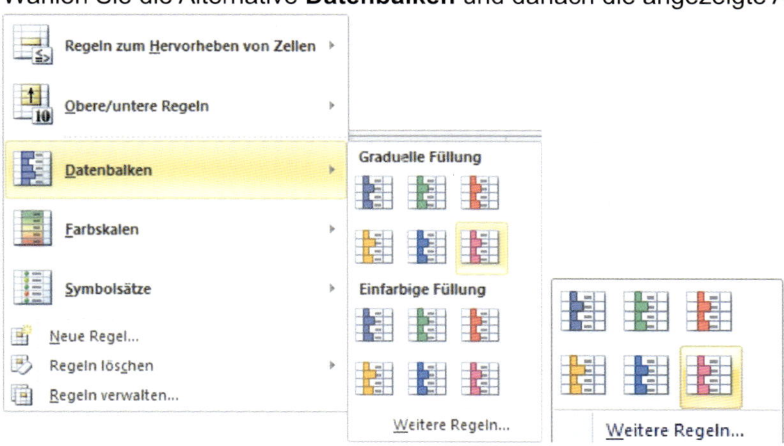

- Das Ergebnis sieht folgendermaßen aus:

	A	B	C	D
2		Umsatzberechnung 2010		
3				
4		Menge	Preis	Umsatz
5				
6	Vertreter A	200	20	4000
7	Vertreter B	100	15	1500
8	Vertreter C	80	30	2400
9	Vertreter D	150	10	1500

Bearbeitungsschritte (Fortsetzung):

- Alternativ können Sie Farbskalen usw. nutzen.

	A	B	C	D
6	Vertreter A	200	20	4000
7	Vertreter B	100	15	1500
8	Vertreter C	80	30	2400
9	Vertreter D	150	10	1500

- Sie können auch verschiedene Möglichkeiten miteinander verbinden, indem Sie zunächst eine und dann eine weitere Alternative wählen.

	A	B	C	D
6	Vertreter A	200	20	4000
7	Vertreter B	100	15	1500
8	Vertreter C	80	30	2400
9	Vertreter D	150	10	1500

- Entfernen Sie danach alle Formatierungen. Dazu müssen Sie die Schaltfläche **Bedingte Formatierung** anklicken und danach die Option **Regeln löschen** wählen.

Hervorheben von Zellen nach Regeln

In Abhängigkeit von Werten können Formatierungen vorgenommen werden.

Bearbeitungsschritte:

- Laden Sie die Arbeitsmappe *Umsatz1* und speichern Sie die Arbeitsmappe unter dem Namen *Umsatz_Format9* wieder ab. Markieren Sie mit der Maus die Zellen **D6** bis **D9**.
- Klicken Sie im Register **Start** in der Gruppe **Formatvorlagen** die Schaltfläche **Bedingte Formatierung** an. Wählen Sie die Alternative **Regeln zum Hervorheben von Zellen** und danach die angezeigte Alternative aus:

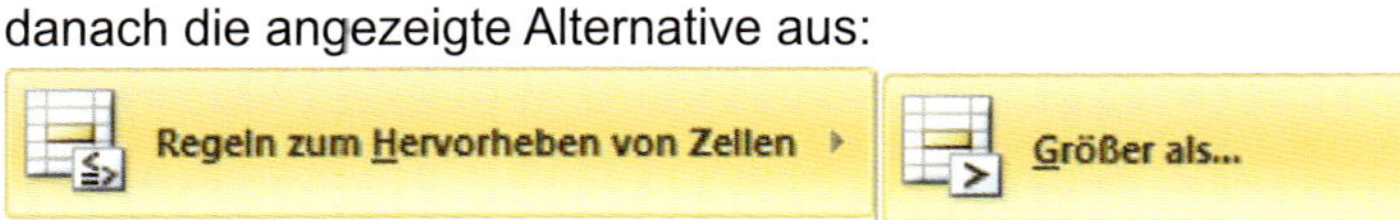

- Legen Sie im Fenster **Größer als** die angezeigten Optionen fest.

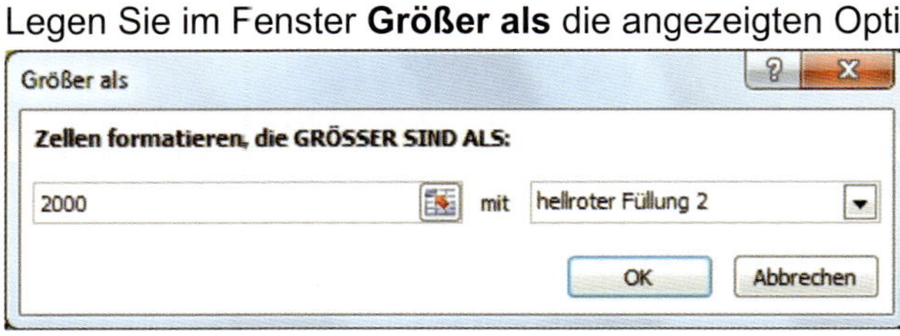

- Das Ergebnis sieht folgendermaßen aus:

	A	B	C	D
6	Vertreter A	200	20	4000
7	Vertreter B	100	15	1500
8	Vertreter C	80	30	2400
9	Vertreter D	150	10	1500

- Führen Sie weitere Formatierungen nach selbstgewählten Kriterien durch.

4.5.8 Zahlenformatierungen

Die Darstellung von Zellen mit bestimmten Zahlen- und Währungsformaten erhöht die Lesbarkeit und Übersichtlichkeit einer Tabelle. Daher sollte wenn möglich diese Formatierung angewandt werden.

Bearbeitungsschritte:

- Erstellen Sie eine neue Arbeitsmappe. Speichern Sie die Arbeitsmappe unter dem Namen *Umsatz_Gesamtpreis*.
- Geben Sie die folgenden Zelleninhalte ein und markieren Sie die Zellen **B5B7**.

	A	B	C	D
1				
2		Umsatz		
3				
4		Menge in kg	Preis pro kg	Gesamtpreis
5	Januar			
6	Februar			
7	März			

- Klicken Sie im Register **Start** und danach in der Gruppe **Zahl** die Schaltfläche **Zellen formatieren** in der rechten Ecke an.

- Bestimmen Sie, dass die Werte mit drei Nachkommastellen und Tausenderpunkt dargestellt werden sollen.

- Geben Sie die entsprechen Werte ein. Nachkommawerte müssen nur bei Bedarf eingegeben werden.

	A	B	C	D
4		Menge in kg	Preis pro kg	Gesamtpreis
5	Januar	345,000		
6	Februar	453,000		
7	März	432,000		

Bearbeitungsschritte (Fortsetzung):

- Markieren Sie die Zellen **C5D7**. Formatieren Sie die Zellen wie angezeigt über die Schaltfläche **Zellen formatieren**.

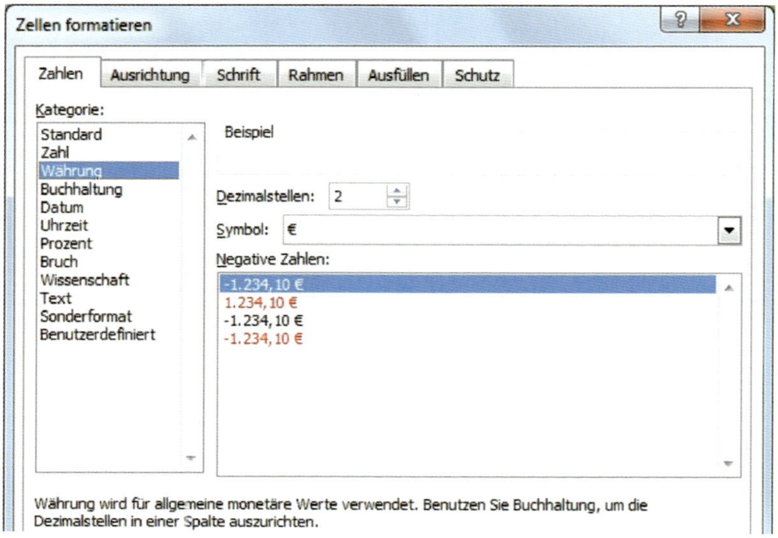

- Geben Sie die Preise pro Kilogramm ein und berechnen Sie die Gesamtpreise. Die Werte in den Zellen werden wie gewünscht dargestellt.

	A	B	C	D
2		Umsatz		
3				
4		Menge in kg	Preis pro kg	Gesamtpreis
5	Januar	345,000	2,30 €	793,50 €
6	Februar	453,000	0,87 €	394,11 €
7	März	432,000	1,12 €	483,84 €

- Die Darstellung kann selbstverständlich auch geändert werden:

	A	B	C	D
2		Umsatz		
3				
4		Menge in kg	Preis pro kg	Gesamtpreis
5	Januar	345,000	2,30 EUR	793,50 EUR
6	Februar	453,000	0,87 EUR	394,11 EUR
7	März	432,000	1,12 EUR	483,84 EUR

- Das Währungsformat kann ebenfalls auch über die Schaltfläche **Buchhaltungszahlenformat** eingefügt werden. Allerdings stehen dann nicht die einzelnen Möglichkeiten der Auswahl zur Verfügung.

4.5.9 Prozentformatierungen

Tabellenkalkulationsprogramme können Prozentformatierungen durchführen. Nach Wahl eines entsprechenden Menüpunkts im Kontextmenü oder mithilfe einer Schaltfläche lassen sich die Werte in Prozentform darstellen. Außerdem entfällt in den Formeln die Division eines Wertes durch die Zahl *100*.

Ob es sinnvoll ist, diese Funktion intensiv zu nutzen, sollten Sie selbst entscheiden. Unter Umständen wird Zeit eingespart, wenn man konsequent diese Möglichkeit nutzt. Auf der anderen Seite werden jedoch Formeln geändert, was leicht zu Irritationen führt. Typisches Beispiel dafür ist die Zinsformel, die sich ändert, wenn diese Funktion genutzt wird.

Bearbeitungsschritte:

- Laden Sie die Arbeitsmappe *Zinsen* und speichern Sie die Arbeitsmappe unter dem Namen *Zinsen1* wieder ab. Markieren Sie Zelle **B5**. Entfernen Sie den Wert.

	A	B	C
2	Zinsberechnung		
3			
4	Kapital	10000	
5	Zinssatz		
6	Tage	180	
7			
8	Zinsen	0	

- Klicken Sie danach im Register **Start** in der Gruppe **Zahl** die Schaltfläche **Prozentformat** an. Eine weitere Möglichkeit, Prozentwerte zu formatieren, wird auf der nächsten Seite gezeigt.

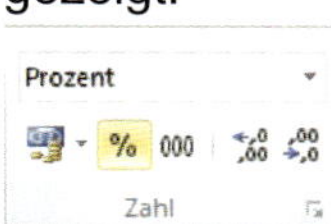

- Geben Sie in die Zellen **B5** die Zahl *5* ein. Das Prozentzeichen wird hinzugefügt.

	A	B	C
2	Zinsberechnung		
3			
4	Kapital	10000	
5	Zinssatz	5%	

- Selbstverständlich muss sich durch die Formatierung die Formel ändern. Eine Division durch die Zahl *100* ist nicht mehr erforderlich.

	A	B	C
2	Zinsberechnung		
3			
4	Kapital	10000	
5	Zinssatz	5%	
6	Tage	180	
7			
8	Zinsen	250	

Im zweiten Beispiel wird die Berechnung eines Prozentanteils dargestellt. Selbstverständlich könnte man auch diese Berechnung ohne das Zahlenformat **Prozent** durchführen.

Bearbeitungsschritte:

- Erstellen Sie eine Arbeitsmappe und speichern Sie sie unter dem Namen *Umsatz_Prozent2*.
- Berechnen Sie die Gesamtmenge und markieren Sie die angezeigten Zellen:

	A	B	C	D
1				
2		Umsatz		
3				
4		Menge in kg	Prozentanteil	
5	Januar	345,000		
6	Februar	453,000		
7	März	432,000		
8				
9	Gesamt	1230,000		

- Klicken Sie im Register **Start** und danach in der Gruppe **Zahl** die Schaltfläche **Zellen formatieren** in der rechten Ecke an.

- Wählen Sie im Fenster **Zellen formatieren** die Option **Prozent** aus.

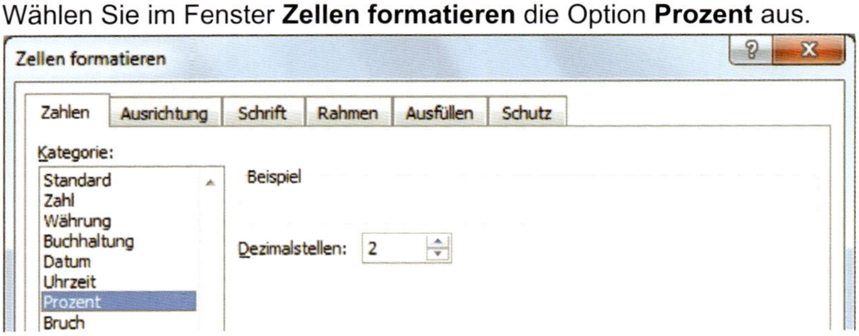

- Berechnen Sie die Anteile mithilfe der angezeigten Formel. Das Ergebnis sieht folgendermaßen aus:

	A	B	C	D
4		Menge in kg	Prozentanteil	
5	Januar	345,000	28,05%	
6	Februar	453,000	36,83%	
7	März	432,000	35,12%	
8				
9	Gesamt	1230,000	100,00%	

4.5.10 Benutzerdefinierte Formate

Neben einer Reihe von vorgegebenen Formaten gibt es die Möglichkeit, eigene Formate zu definieren. Unter Umständen ist es jedoch möglich, dass eine bestimmte benutzerdefinierte Formatierung nicht verwendet werden kann. Dann erfolgt eine entsprechende Meldung.

Bearbeitungsschritte:

- Erstellen Sie die folgende Tabelle. Speichern Sie die Mappe unter dem Namen *Formate_Benutzerdefiniert*. Markieren Sie den angezeigten Bereich.

	A	B	C	D
1				
2		Gewicht	Preis	Kosten
3	Lieferung I	234	22,30 €	5.218,20 €
4	Lieferung II	98,987	23,60 €	2.336,09 €
5	Lieferung III	564,76	21,90 €	12.368,24 €
6	Lieferung IV	154,9	23,00 €	3.562,70 €

- Klicken Sie im Register **Start** in der Gruppe **Zahl** die Schaltfläche **Zellen formatieren** in der rechten Ecke an.

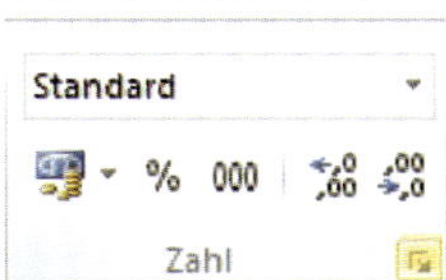

- Im Fenster **Zellen formatieren** klicken Sie zunächst die Kategorie **Benutzerdefiniert** und danach den Typ *0,00* an. Der Typ wird danach direkt unter dem Wort *Typ:* angezeigt und sollte wie nachfolgend angezeigt vervollständigt werden:

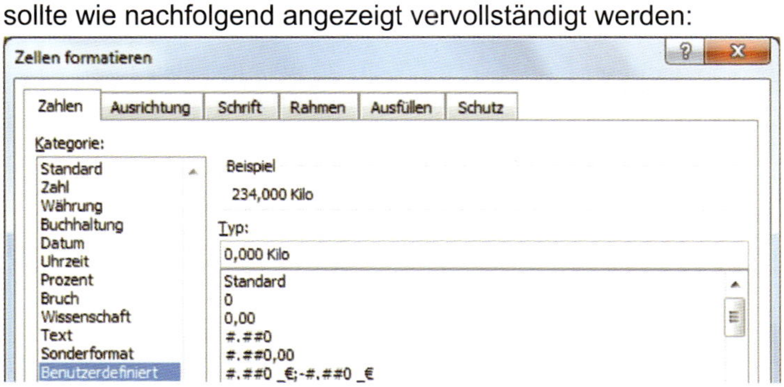

- Klicken Sie die Schaltfläche **OK** an. Das Ergebnis sieht folgendermaßen aus:

	A	B	C	D
1				
2		Gewicht	Preis	Kosten
3	Lieferung I	234,000 Kilo	22,30 €	5.218,20 €
4	Lieferung II	98,987 Kilo	23,60 €	2.336,09 €
5	Lieferung III	564,760 Kilo	21,90 €	12.368,24 €
6	Lieferung IV	154,900 Kilo	23,00 €	3.562,70 €

- Das Format steht nun in der Tabelle im Bereich *Benutzerdefiniert* zur Verfügung und kann zum Formatieren anderer Zellen und Bereiche genutzt werden.

Übungen:

1. Die Transportkosten für den Versand vom 450 kg Papier betragen bisher 675,00 €. Der Fuhrunternehmer erhöht den Preis aufgrund von Kostensteigerungen um 3,6 %.
   a) Berechnen Sie die Preiserhöhung und die neuen Transportkosten.
   b) Berechnen Sie, wie viel der Transport von 33 % der Papiermenge ursprünglich kostete. Stellen Sie sicher, dass durch eine Eingabe der prozentuale Anteil an den Transportkosten jederzeit geändert werden kann.
   c) Kopieren Sie den gesamten Inhalt in die Tabelle 2. Berechnen Sie den Sachverhalt unter Nutzung der Prozentformatierung.
   d) Formatieren Sie die Tabelle mithilfe der zur Formatierung zur Verfügung stehenden Möglichkeiten.
2. Der Preis einer Ware beträgt einschließlich 19 % MWSt. 1.876,76 €.
   a) Berechnen Sie die Mehrwertsteuer. Kontrollieren Sie das Ergebnis mithilfe einer separaten Berechnung.
   b) Ermitteln Sie den Warenwert. Kontrollieren Sie das Ergebnis, indem Sie in einer zweiten Tabelle eine umgekehrte Berechnung mithilfe des errechneten Ergebnisses durchführen.
   c) Formatieren Sie die Tabelle mithilfe der zur Formatierung zur Verfügung stehenden Möglichkeiten.
3. Aufgrund einer großen Bestellsumme können Sie 2 % Rabatt abziehen. Dies entspricht einem Betrag von 376,23 €.
   a) Wie hoch ist die Rechnungssumme?
   b) Kontrollieren Sie Ihre Rechnung mithilfe der normalen Prozentrechnung.
4. Nach Abzug von 3 % Skonto wird für eine Ware 7.876,23 € gezahlt.
   a) Wie hoch ist der Rechnungsbetrag?
   b) Kontrollieren Sie Ihre Berechnung mithilfe der normalen Prozentrechnung.
5. Das Gehalt eines Angestellten in der Verkaufsabteilung beträgt nach einer Gehaltserhöhung um 3,4 % 2.546,23 €.
   a) Wie hoch war das Gehalt vor der Gehalterhöhung?
   b) Kontrollieren Sie Ihre Berechnung mithilfe der normalen Prozentrechnung.
   c) Kopieren Sie den gesamten Inhalt in die Tabelle 2. Berechnen Sie das vorherige Gehalt unter Nutzung der Prozentformatierung.
6. Der Preis eines Computers musste aufgrund der Marktlage mehrfach angepasst werden und beträgt nun 1.254,78 €. Zunächst konnte der Preis um 5 % erhöht werden, danach musste er jedoch wieder um 3 % gesenkt werden.
   a) Berechnen Sie den ursprünglichen Preis.
   b) Formatieren Sie die einzelnen End- und Zwischenpreise mithilfe der Möglichkeiten der bedingten Formatierung.

4.6 Diagramme

4.6.1 Vorbemerkungen

Die Erstellung von Diagrammen, die wirtschaftliche Zahlen aussagekräftig darstellen, ist durch die Verwendung leistungsfähiger Tabellenkalkulationsprogramme relativ einfach geworden.

Die Umwandlung von Zahlenmaterial in grafische Darstellungen macht den Sachverhalt für den Betrachter anschaulich. Das Erkennen von Trends, wirtschaftlichen Entwicklungen usw. wird wesentlich vereinfacht.

4.6.2 Darstellungsarten

Wirtschaftliche Daten lassen sich auf verschiedene Art und Weise darstellen, beispielsweise als Säulen-, Linien- oder Kreisdiagramm. Es empfiehlt sich genau zu bedenken, welche Darstellungsart für einen bestimmten Sachverhalt gewählt werden soll. So können Umsätze sicherlich ausgezeichnet als Säulendiagramm dargestellt werden; wenn der jeweilige Anteil am Umsatz zu erkennen sein soll, auch besonders gut als Kreisdiagramm.

Besonders geeignet, um die Entwicklung wirtschaftlicher Tatbestände anzugeben, sind beispielsweise Linien- oder Säulendiagramme. Sollen verschiedene Tatbestände in einem Diagramm abgebildet werden, so ist ein Verbunddiagramm zu wählen. Optisch ansprechend sind sehr oft 3-D-Darstellungen, da sie den Sachverhalt besonders formschön präsentieren.

Ein wesentlicher Gesichtspunkt bei der Auswahl des Diagrammtyps muss jedoch die Übersichtlichkeit sein. Überfrachtete Grafiken sind sehr oft nicht mehr aussagekräftig und werden daher vom Betrachter nicht angenommen.

Die Tabellenkalkulation **Excel** stellt die nachfolgend abgebildeten Diagrammtypen zur Verfügung. Jeder Diagrammtyp wird wiederum in unterschiedlichen Varianten angeboten.

Säule	Balken	Linie	Kreis (Torte)	Punkt
	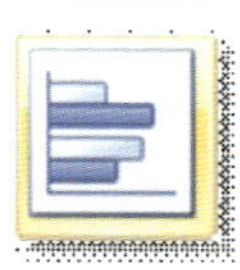	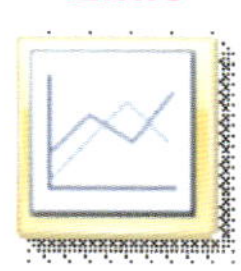	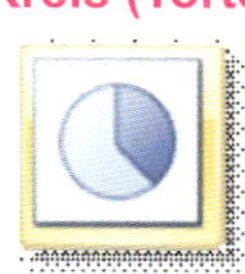	
Fläche	**Kurs**	**Netz**	**3-D-Linien**	**3-D-Fläche**
	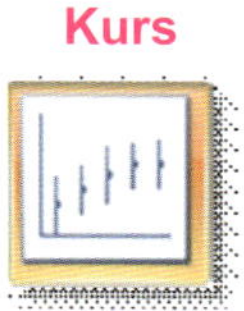			
3-D-Säule	**3-D-Balken**	**3-D-Kreis**	**Ring**	**Zylinder**

Die Erstellung von Säulengrafiken wird erklärt. Andere Grafikformen werden ähnlich erarbeitet. In den Übungen werden sie verwandt.

Daneben stehen benutzerdefinierte Formen zur Verfügung. Vom Programm sind bereits einige Standardformen vorgegeben. Der Benutzer kann jederzeit weitere Formen hinzufügen.

4.6.3 Erstellung eines Diagramms

Am Beispiel des Umsatzes der Vertreter soll die Erstellung eines Diagramms demonstriert werden. Die einzelnen Möglichkeiten der Gestaltung des Diagramms werden danach beschrieben.

Bearbeitungsschritte:

- Laden Sie die Arbeitsmappe *Umsatz1* und speichern Sie die Arbeitsmappe unter dem Namen *Umsatz_Diagramm* wieder ab.
- Markieren Sie die Bereiche, die für die Erstellung eines Diagramms benötigt werden. Markieren Sie zunächst den Bereich **A6** bis **A9**, drücken Sie die Taste [**Strg**] und markieren Sie anschließend bei gedrückter Taste [**Strg**] den Bereich **D6** bis **D9**.

	A	B	C	D	E
1					
2		Umsatzberechnung 2010			
3					
4		Menge	Preis	Umsatz	
5					
6	Vertreter A	200	20	4000	
7	Vertreter B	100	15	1500	
8	Vertreter C	80	30	2400	
9	Vertreter D	150	10	1500	

- Klicken Sie im Register **Einfügen** und danach in der Gruppe **Diagramme** die Schaltfläche **Säule** an. Verschiedene Säulenarten werden angezeigt. Wählen Sie die erste **2D-Säule** aus.

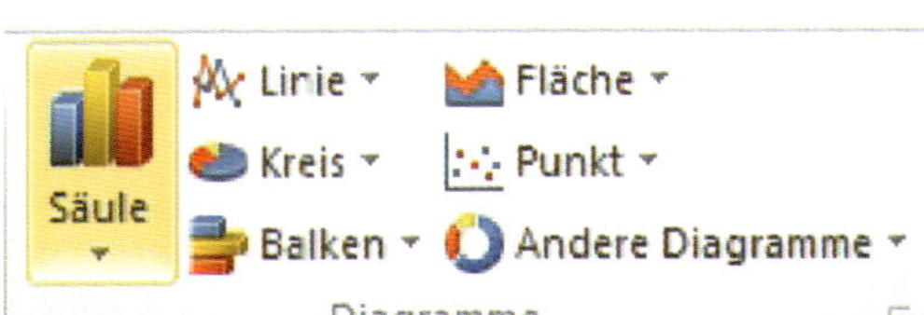

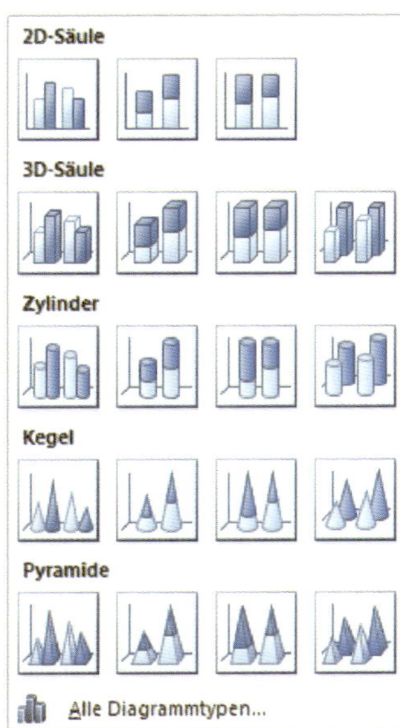

Bearbeitungsschritte (Fortsetzung):

- Das gewünschte Diagramm wird angezeigt, allerdings ist es noch nicht sehr aussagekräftig. Einzelne Elemente, wie z. B. die Überschrift, fehlen noch.

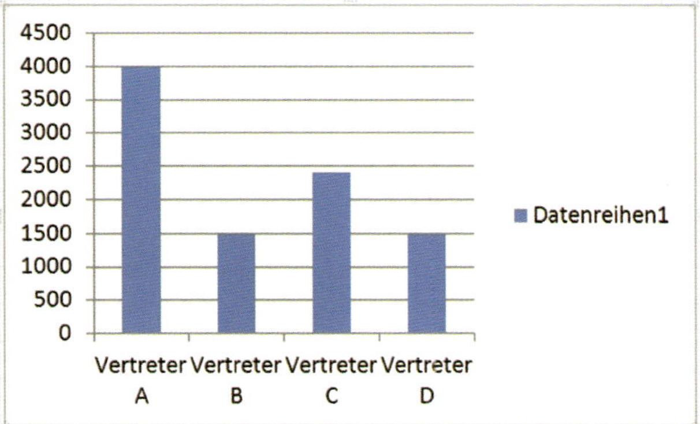

4.6.4 Diagrammtools

Die Bearbeitung eines Diagramms wird mithilfe der zur Verfügung stehenden Diagrammtools vorgenommen. Diese werden nach der Erstellung eines Diagramms automatisch in der Menüleiste eingeblendet. Die einzelnen Bearbeitungsmöglichkeiten werden in der folgenden Tabelle angezeigt. Einzelne wichtige Bearbeitungen werden nachfolgend erklärt.

Entwurf

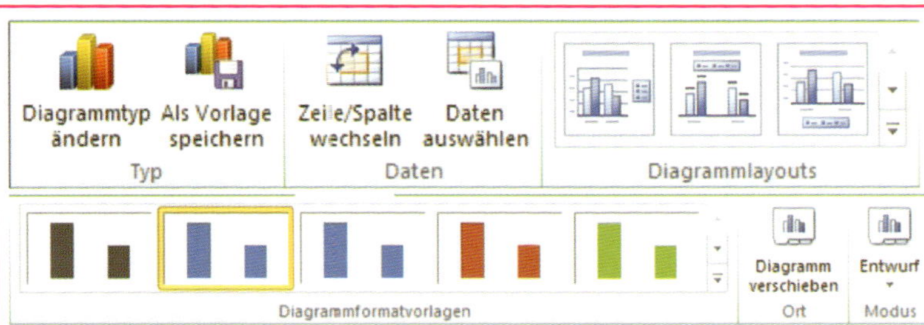

Layout

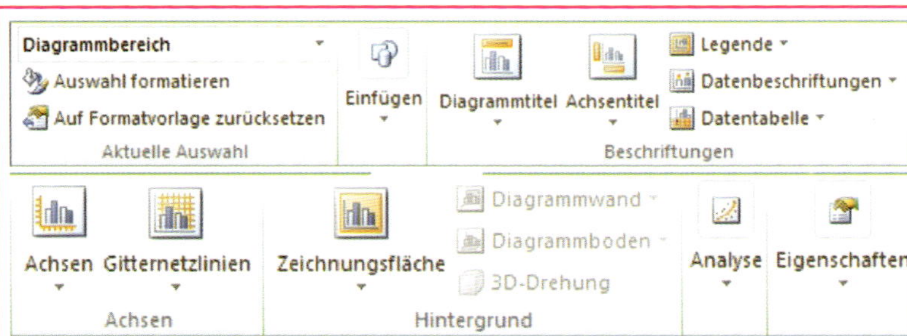

Format

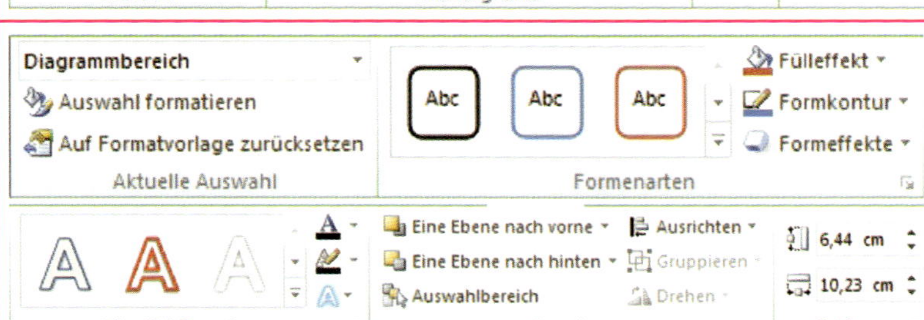

4.6.5 Einfügen und Entfernen von Überschriften, Legenden usw.

Das erstellte Diagramm enthält weder eine Überschrift noch eventuell notwendige Achsenbeschriftungen. Auch wirkt die Legende in diesem Fall unpassend, da sie nicht aussagekräftig ist. Daher muss eine Nachbearbeitung erfolgen.

Grundsätzlich stehen zwei Möglichkeiten der Ergänzung des Diagramms zur Verfügung. Zum einen kann man einzelne Elemente hinzufügen und löschen. Zum anderen kann ein Diagrammlayout gewählt werden. Dieses Layout wird entsprechend den Erfordernissen ergänzt und/oder verändert. Zunächst soll die erste Möglichkeit beschrieben werden.

Bearbeitungsschritte:

- Markieren Sie das Diagramm. Klicken Sie im Register **Diagrammtools/Layout** in der Gruppe **Beschriftungen** die Schaltfläche **Diagrammtitel** an. Wählen Sie die angezeigte Möglichkeit aus.

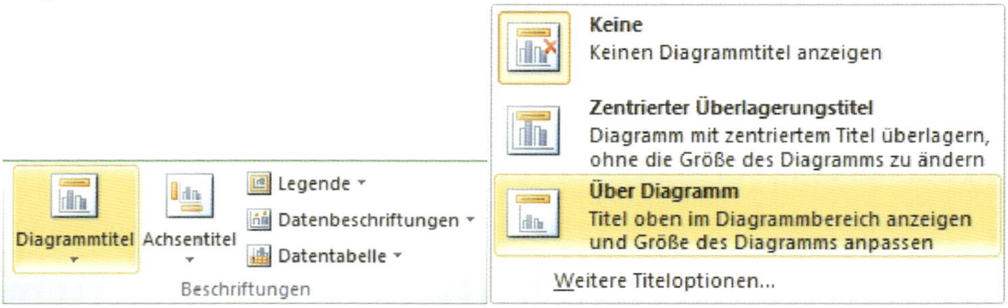

- Das Diagramm verändert sich folgendermaßen:

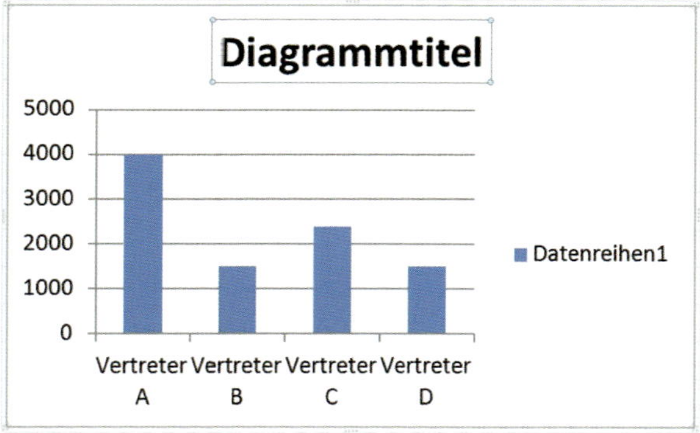

- Geben Sie in der Rechenleiste oder im Titel direkt die folgende Überschrift ein:

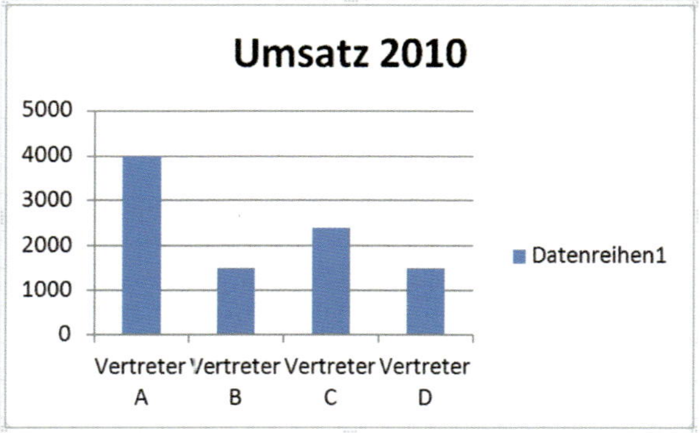

Bearbeitungsschritte (Fortsetzung):

- Auf die gleiche Weise können Sie danach über die Schaltflächen der Gruppe **Beschriftungen** im Register **Diagrammtools/Layout** die Achsentitel, die Legende, eventuelle Datenbeschriftungen und eine Datentabelle einfügen oder löschen.

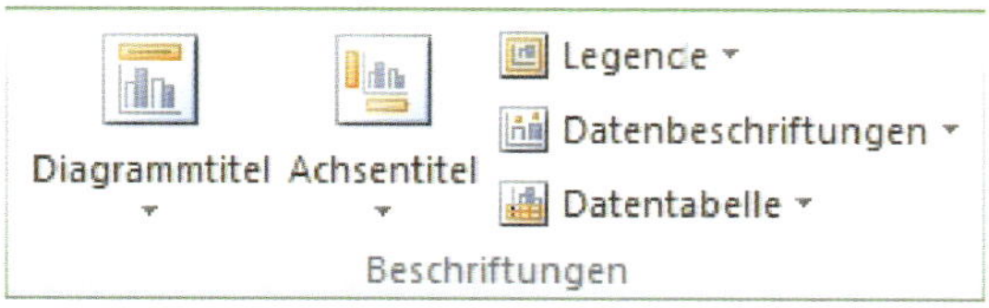

- Nachfolgend werden einige mögliche Ergebnisse angezeigt:

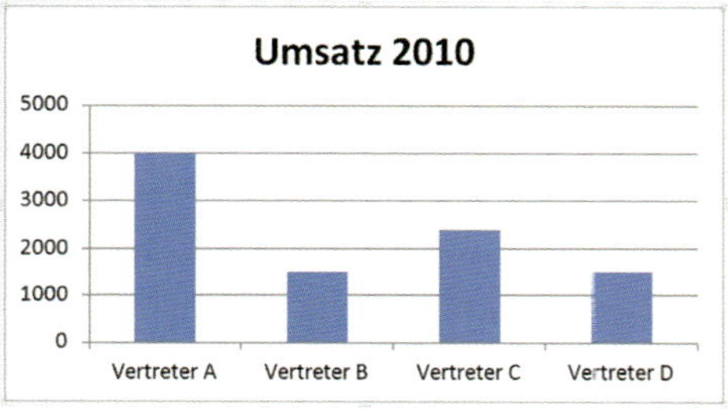

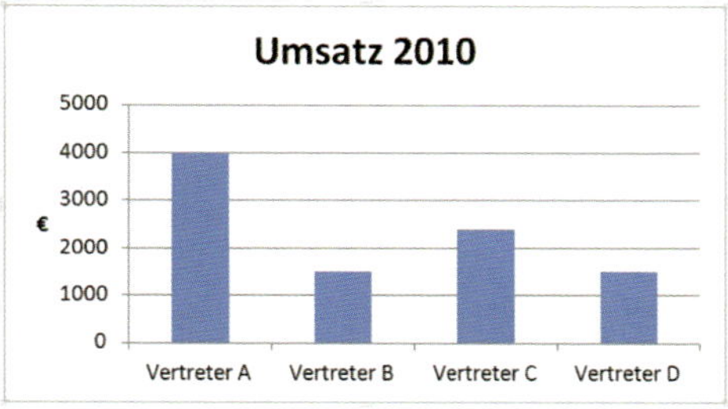

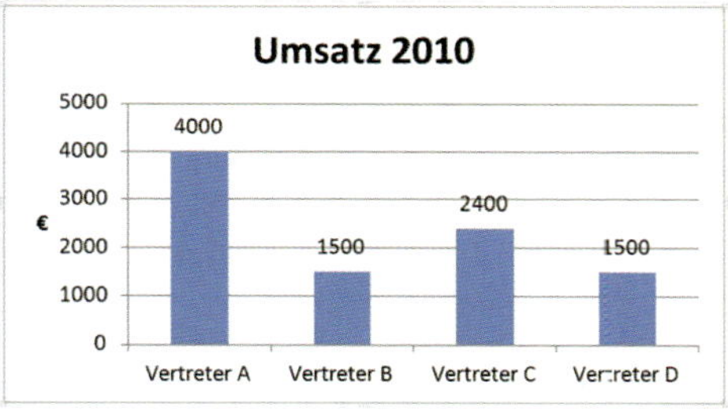

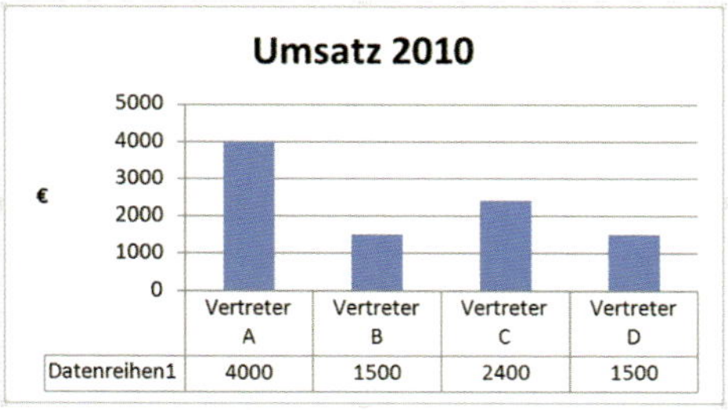

- Oftmals wirken Gitternetzlinien störend. Sie werden mithilfe der Schaltfläche **Gitternetzlinien** in der Gruppe **Achsen** im Register **Diagrammtools/Layout** entfernt.

- Die Entfernung der horizontalen Gitternetzlinien führt zu dem folgenden Ergebnis:

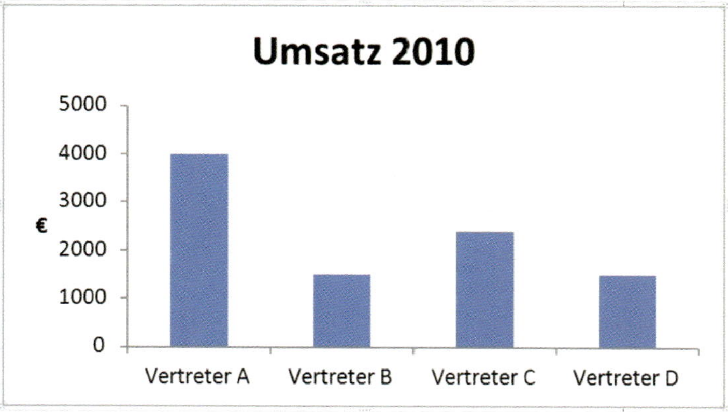

4.6.6 Nachbearbeitung eines Diagramms

Formatierung der einzelnen Elemente eines Diagramms

Grundsätzlich lassen sich alle Elemente eines Diagramms ändern, beispielsweise der Hintergrund und die Farben von Säulen, Balken, Linien und Kreissegmenten. Auch der Titel oder die Legende können entsprechend den eigenen Wünschen formatiert werden.

Bearbeitungsschritte:

- Öffnen Sie gegebenenfalls die Datei *Umsatz_Diagramm*.
- Markieren Sie das gesamte Diagramm, sodass es bearbeitet werden kann. Es darf also kein einzelnes Element durch eine Umrandung markiert sein. Alternativ können Sie auch die einzelnen Elemente des Diagramms nach Anklicken des Registers **Diagrammtools/Layout** in der Gruppe **Aktuelle Auswahl** auswählen.

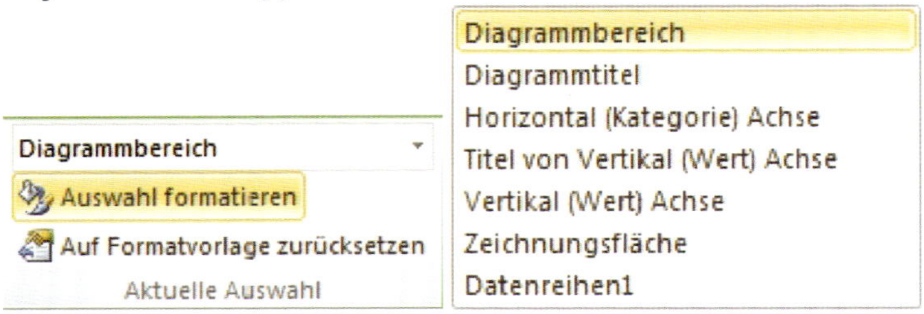

- Klicken Sie gegebenenfalls im Register **Diagrammtools/Layout** in der Gruppe **Aktuelle Auswahl** die Schaltfläche **Auswahl formatieren** an. Es muss angegeben sein, dass der Diagrammbereich markiert oder ausgewählt wurde.

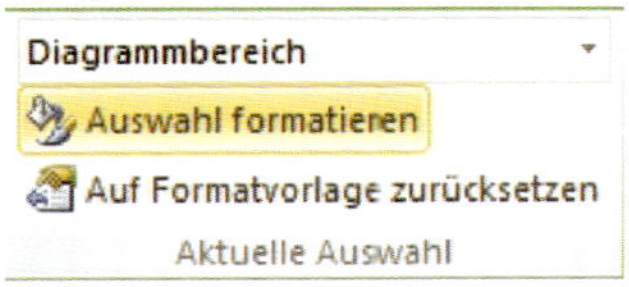

- Sie können nun beispielsweise eine Füllung (Hintergrundfarbe) bestimmen:

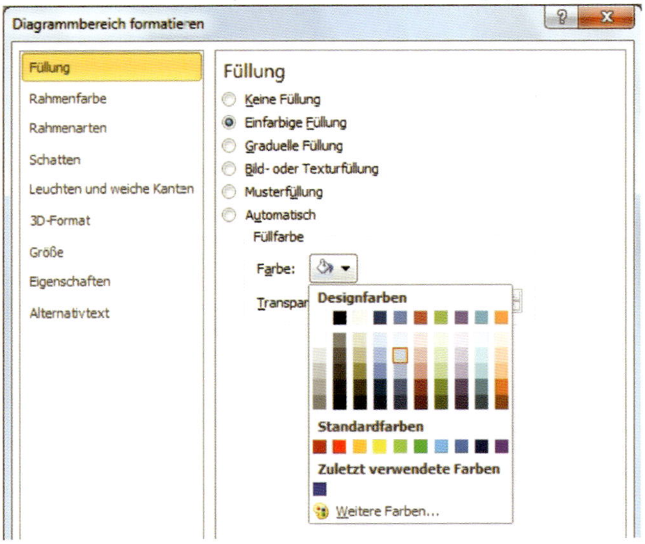

Bearbeitungsschritte (Fortsetzung):

- Das Ergebnis könnte so aussehen:

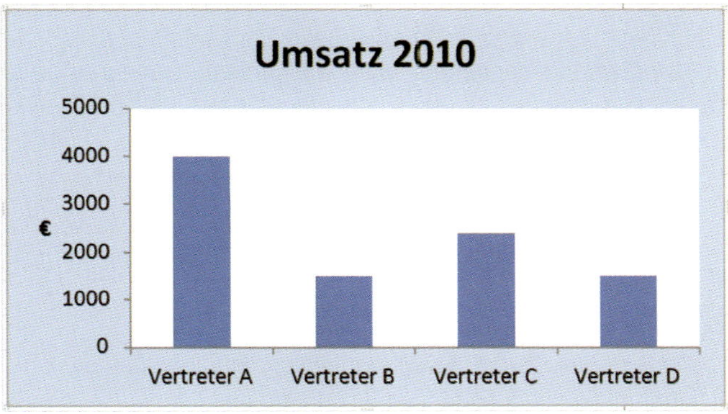

- Als Nächstes könnte die Zeichnungsfläche, also der Hintergrund hinter den Säulen, formatiert werden. Markieren Sie den Bereich bzw. wählen Sie ihn in der Gruppe **Aktuelle Auswahl** aus. Klicken Sie dann die Schaltfläche **Auswahl** formatieren an.

- Klicken Sie im Fenster **Zeichnungsfläche formatieren** die Schaltfläche **Füllung** an. Markieren Sie die Option **Graduelle Füllung**. Wählen Sie eine vordefinierte Farbe aus. Das Ergebnis könnte so aussehen:

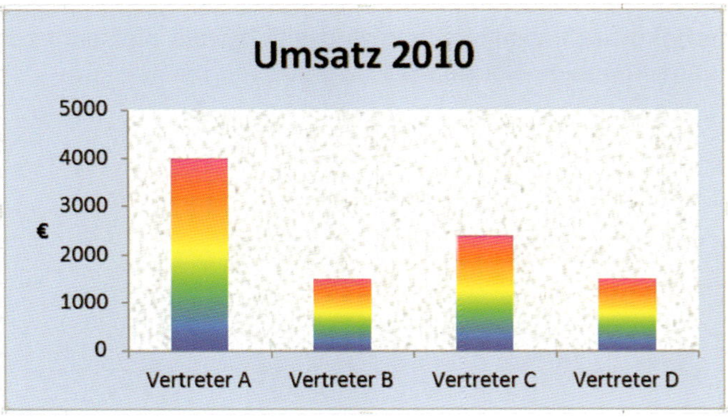

- Probieren Sie weitere Möglichkeiten aus, z. B. das Einfügen von ClipsArts in die Säulen.

Formatierung eines Diagramms mithilfe des Menüpunkts Format

Neben der eher traditionellen Art der Formatierung stehen weitere Möglichkeiten zur Verfügung. Das mögliche Ergebnis ist dabei sofort zu sehen. Daher bietet es sich an, verschiedene Möglichkeiten auf ihre Wirkung zu überprüfen.

Aus Platzgründen wird hier nur die Überschrift bearbeitet. Andere Elemente oder das gesamte Diagramm werden genauso oder ähnlich formatiert. Einige Optionen stehen nicht für jede Formatierung zur Verfügung.

Bearbeitungsschritte:

- Erstellen Sie ein Diagramm wie nachfolgend dargestellt. Markieren Sie die Überschrift.

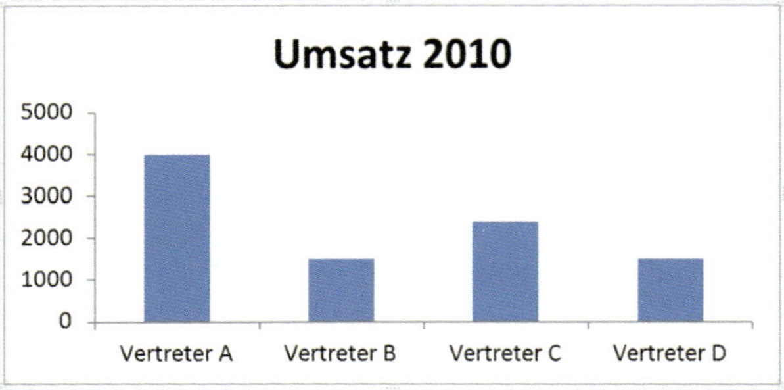

- Klicken Sie gegebenenfalls im Register **Diagrammtools/Format** in der Gruppe **Formenarten** den Pfeil nach unten an. Es werden mögliche Formatierungen des markierten Objekts angezeigt.

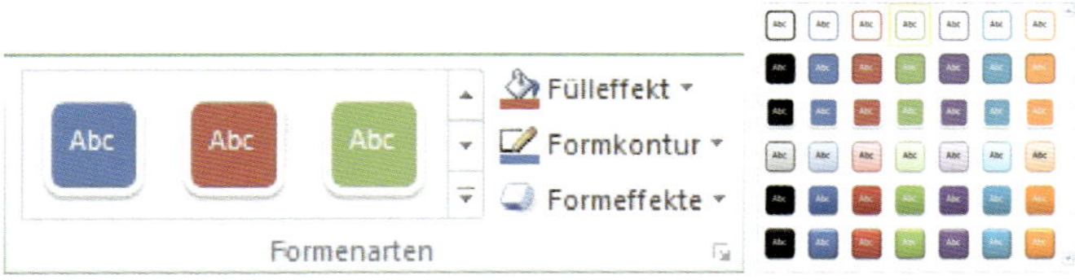

- Nach Anklicken einer Option wird die Formatierung vorgenommen.

- Klicken Sie gegebenenfalls im Register **Diagrammtools/Format** in der Gruppe **Formenarten** die Schaltfläche **Formeffekte** an. Wählen Sie z. B. zunächst die hier angezeigte Form aus und probieren Sie danach andere Formen.

Bearbeitungsschritte (Fortsetzung):

- Nach Anklicken einer Option wird die Formatierung vorgenommen.

- Außerdem können Sie über die Schaltfläche **Fülleffekt** in der Gruppe **Formenarten** im Register **Diagrammtools/Format** weitere Möglichkeiten ausprobieren.

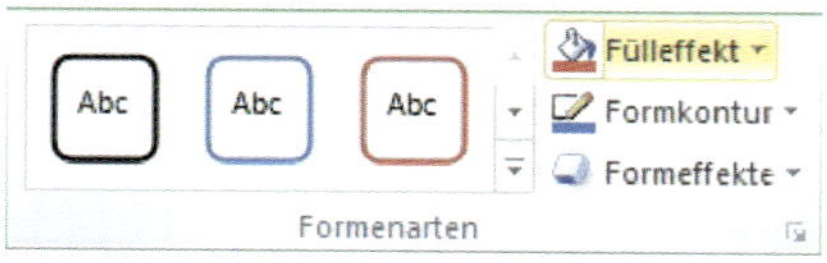

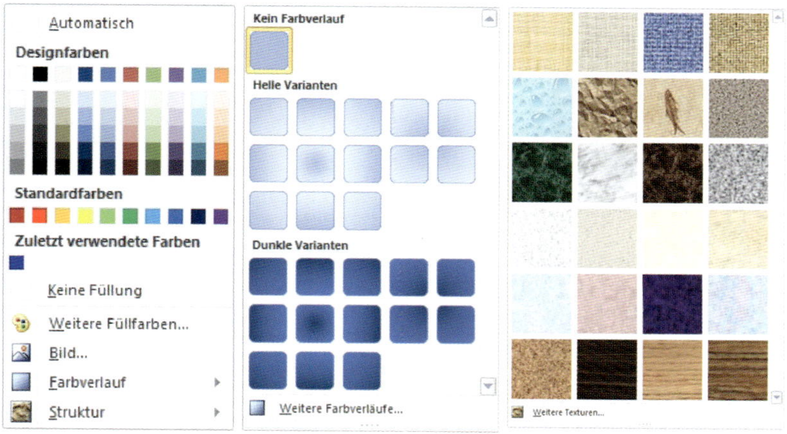

- Jeweils nach dem Anklicken wird die Formatierung vorgenommen.

- Durch sogenannte WordArt-Formate kann die Schriftform geändert werden. Sie werden über das Register **Diagrammtools/Format** ausgewählt.

- Mögliche Ergebnisse sind nachfolgend angegeben:

- Bei mehreren Diagrammen können Sie bestimmen, welches Diagramm bei Überlappung im Vordergrund gezeigt wird. Die Größe des Diagramms kann bestimmt werden. Dies ist auch über die Anfasser an den Ecken des Diagramms möglich.

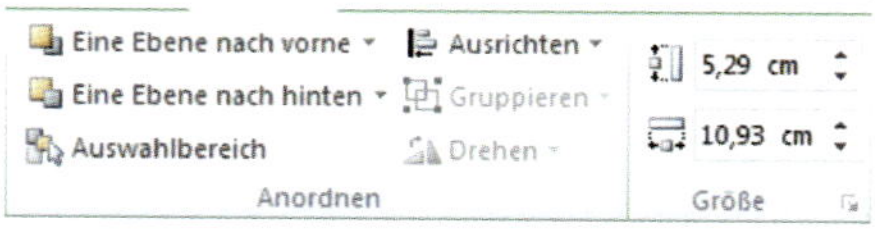

- Daneben können Sie ein Element eines Diagramms, z. B. die Überschrift oder die Legende, markieren und dann bei gedrückter linker Maustaste verschieben.

Änderung der Skalierung

Durch eine Änderung der Skalierung wird eine veränderte Darstellung des Diagramms erreicht. Allgemein wird versucht, das Diagramm übersichtlicher zu gestalten.

Bearbeitungsschritte:

- Erstellen Sie ein weiteres Diagramm wie nachfolgend dargestellt. Markieren Sie die Größenachse (y-Achse). Der Bereich wird umrandet dargestellt.

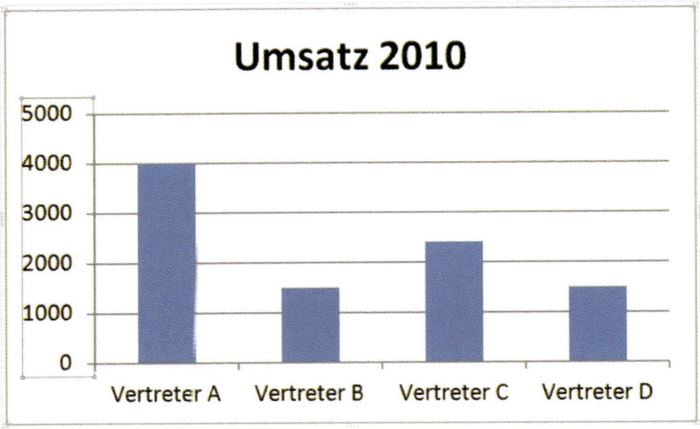

- Klicken Sie im Register **Diagrammtools/Layout** in der Gruppe **Aktuelle Auswahl** die Schaltfläche **Auswahl formatieren** an.

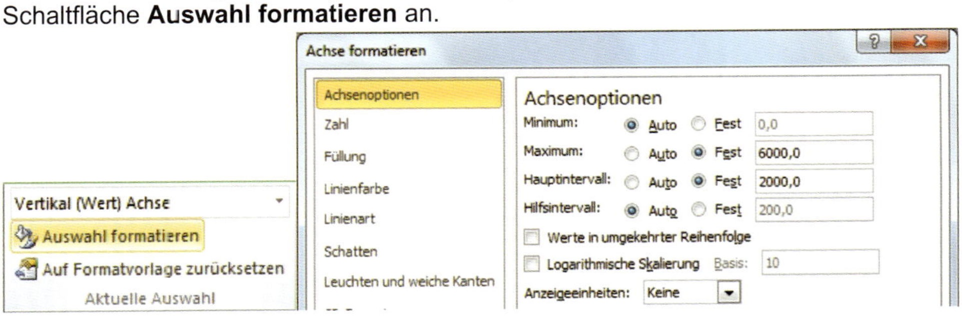

- Klicken Sie im Fenster **Achse formatieren** die Schaltfläche **Achsenoptionen** an. Legen Sie die angegebenen Optionen fest. Das Ergebnis sieht in etwa so aus:

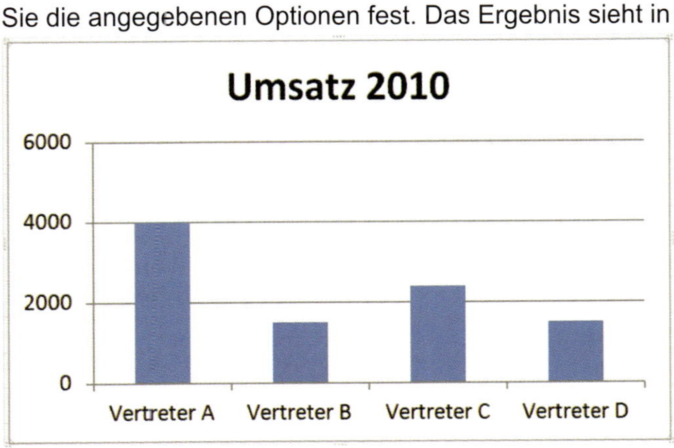

- Durch eine entsprechende Wahl der Werte lässt sich der Schnittpunkt von y-Achse und x-Achse ändern. Eventuell wird dadurch das Ergebnis – bewusst – leicht verfälscht.

Abstand zwischen den einzelnen Elementen eines Säulendiagramms

Oftmals wird der Abstand zwischen einzelnen Säulen in einem Diagramm als zu groß empfunden. Auch ist man der Meinung, dass die einzelnen Säulen einen größeren Teil der Zeichnungsfläche einnehmen sollten.

Bearbeitungsschritte:

- Markieren Sie die Säulen im Diagramm durch Anklicken einer Säule. Klicken Sie im Register **Diagramtools/Layout** in der Gruppe **Aktuelle Auswahl** die Schaltfläche **Auswahl formatieren** an. Im Fenster **Datenreihen formatieren** können Sie dann die Abstandsbreite festlegen.

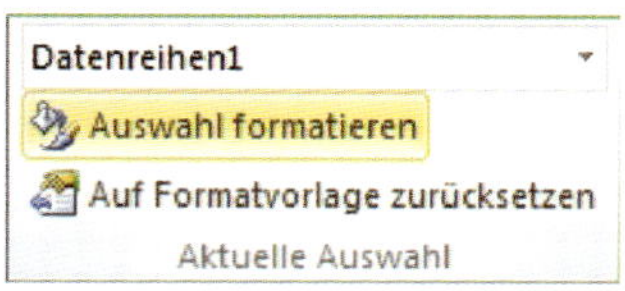

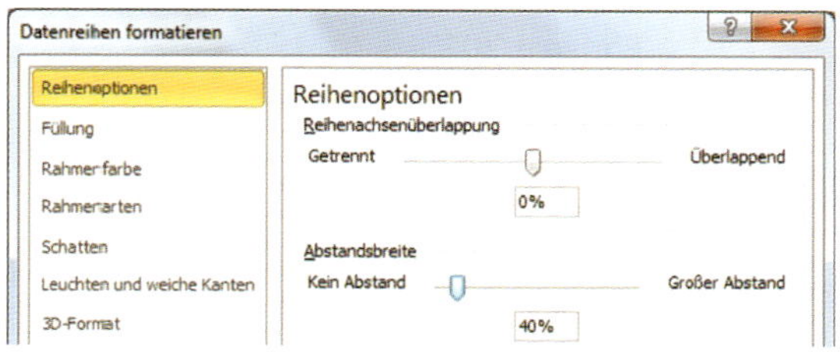

- Das Ergebnis sieht folgendermaßen aus:

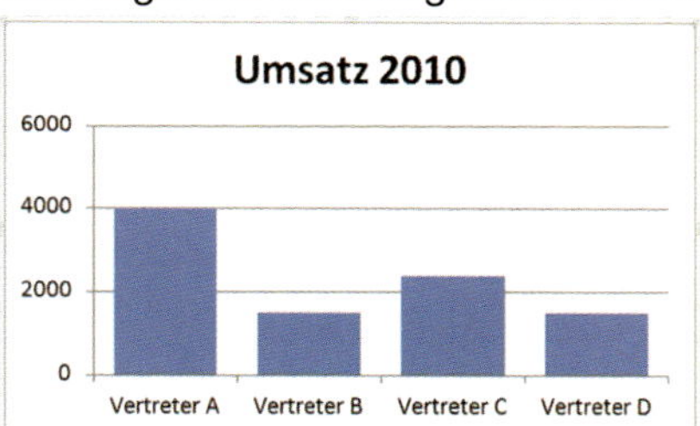

- Stellen Sie danach das ursprüngliche Diagramm wieder her.

Wechsel der Zeilen und Spalten in einem Diagramm

Die Darstellung eines Sachverhalts lässt sich durch den Wechsel von Zeilen und Spalten eines Diagramms deutlich ändern. Dies kann u. U. vorteilhaft sein.

Bearbeitungsschritte:

- Klicken Sie im Register **Diagrammtools/Entwurf** in der Gruppe **Daten** die Schaltfläche **Zeile/Spalte wechseln** an.

- Das Ergebnis überzeugt noch nicht. Es fehlt unter anderem die Legende. Klicken Sie daher im Register **Diagrammtools/Layout** in der Gruppe **Beschriftungen** die Schaltfläche **Legende** an. Entfernen Sie die Achsenbeschriftung der x-Achse.

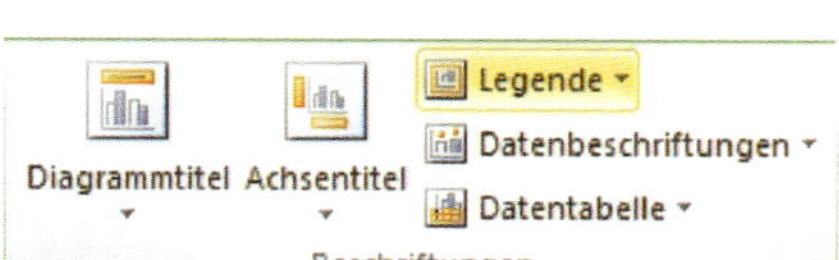

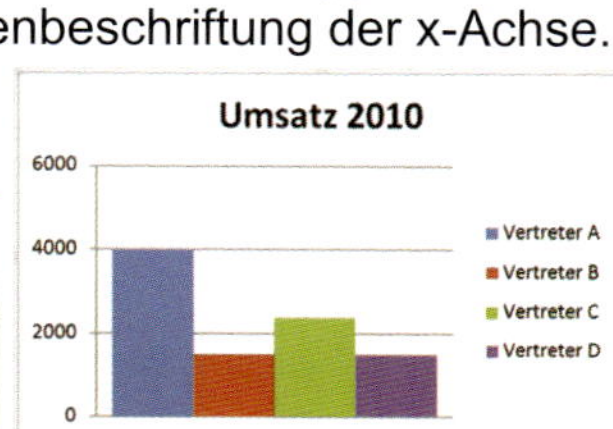

4.6.7 Änderung des Diagrammtyps

Der Diagrammtyp kann sofort bei der Erstellung einer Grafik gewählt werden. Ein bestehendes Diagramm kann jedoch auch nachträglich in einen anderen Diagrammtyp umgewandelt werden. Danach kann das Diagramm bearbeitet werden.

In der Regel dürfte dieser Weg nicht ideal sein. Die Erstellung und Bearbeitung eines neuen Diagramms ist oftmals einfacher.

Bearbeitungsschritte:

- Erstellen Sie ein weiteres Diagramm wie nachfolgend dargestellt:

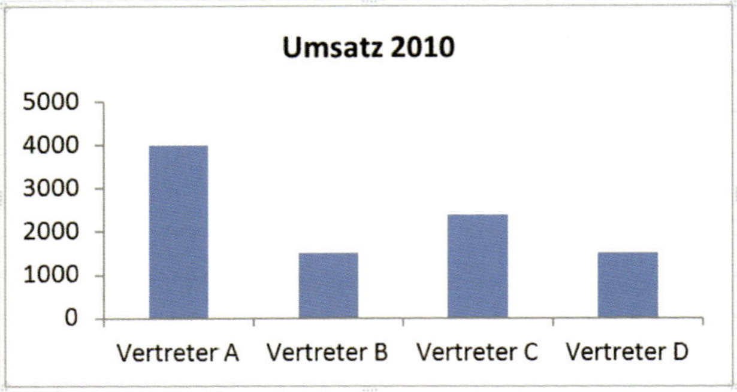

- Klicken Sie im Register **Diagrammtools/Entwurf** in der Gruppe **Typ** die Schaltfläche **Diagrammtyp ändern** an.

- Im Fenster **Diagrammtyp ändern** wählen Sie die gewünschte Diagrammart aus:

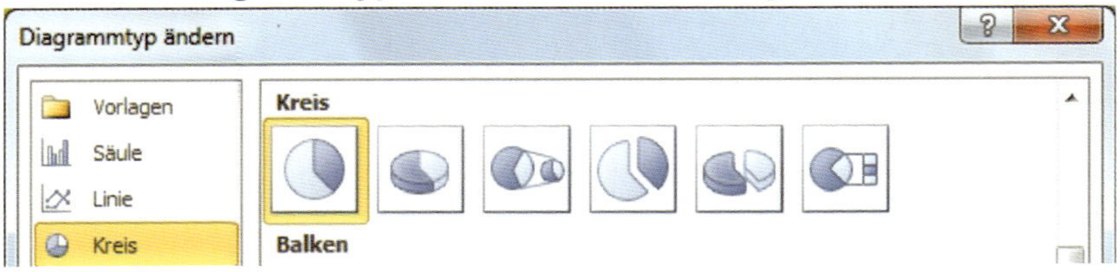

- Das Ergebnis überzeugt noch nicht. Es fehlt unter anderem die Legende. Klicken Sie daher im Register **Diagrammtools/Layout** in der Gruppe **Beschriftungen** die Schaltfläche **Legende** an. Das Ergebnis sieht dann folgendermaßen aus:

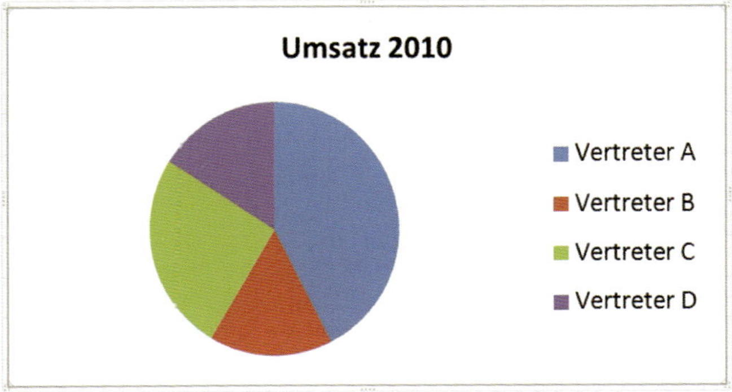

4.6.8 Erstellung und Bearbeitung eines Kreisdiagramms

Um Anteile an einer Gesamtsumme darzustellen, eignet sich besonders das Kreisdiagramm. Einige Variationen ermöglichen außerdem, die Darstellung nochmals interessanter und aussagekräftiger zu gestalten.

Zwei der meistgenutzten Aspekte sind das Versetzen der Anfangsposition des ersten Kreissegments und das Herausziehen eines oder mehrerer Segmente aus dem Kreis.

Bearbeitungsschritte:

- Erstellen Sie auf die bekannte Weise ein Kreisdiagramm. Markieren Sie das gesamte Diagramm durch einen Mausklick auf den Kreis. Die einzelnen Elemente werden gekennzeichnet.

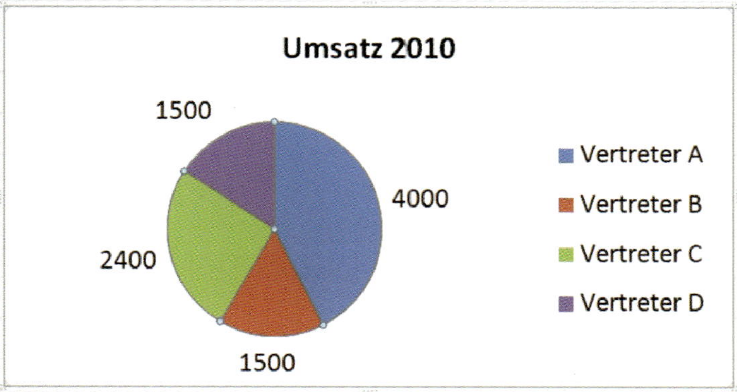

- Klicken Sie im Register **Diagrammtools/Layout** in der Gruppe **Aktuelle Auswahl** die Schaltfläche **Auswahl formatieren** an. Im Fenster **Datenreihen formatieren** können Sie den Grad festlegen, mit dem das Kreisdiagramm gedreht werden soll. Daneben können Sie bestimmen, dass die Elemente auseinandergezogen werden.

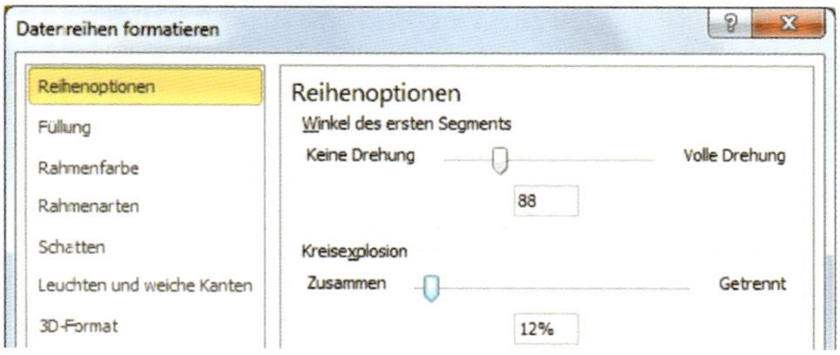

- Als Ergebnis wird das veränderte Diagramm angezeigt:

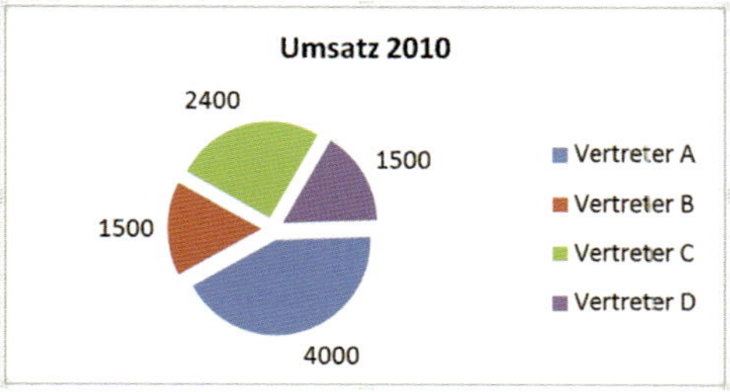

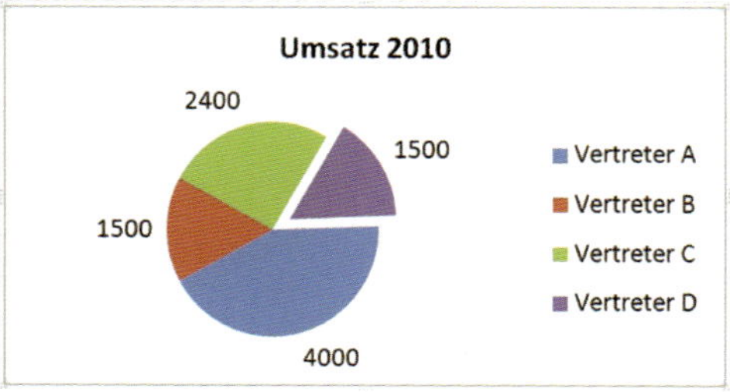

- Einzelne Elemente eines Kreises können nach dem Anklicken mit der Maus bei gedrückter linker Maustaste aus dem Kreis gezogen werden und somit abgesetzt dargestellt werden (siehe vorstehend).

4.6.9 Erstellung und Bearbeitung eines Liniendiagramms

Anhand der Erstellung eines Liniendiagramms soll der Sachverhalt noch einmal verdeutlicht werden. Besonders interessant ist in diesem Fall, dass sowohl Spalten als auch Zeilen Überschriften enthalten, die für die Darstellung des Sachverhalts von Interesse sind.

Leider führt die Erstellung eines solchen Diagramms immer wieder zu Schwierigkeiten. Daher sollen die einzelnen Schritte genauestens beschrieben werden.

Bearbeitungsschritte:

- Erstellen Sie die folgende Tabelle und markieren Sie die Zellen **D1** bis **D6**. Speichern Sie die Tabelle unter dem Namen *Liniendiagramm*.

	A	B	C	D
1	Menge	Fixe Kosten	Var. Kosten	Gesamtkosten
2	0	458	0	458
3	10	458	120	578
4	20	458	240	698
5	30	458	360	818
6	40	458	480	938

- Klicken Sie im Register **Einfügen** in der Gruppe **Diagramme** die Schaltfläche **Linie** an. Wählen Sie die erste Linienart aus.

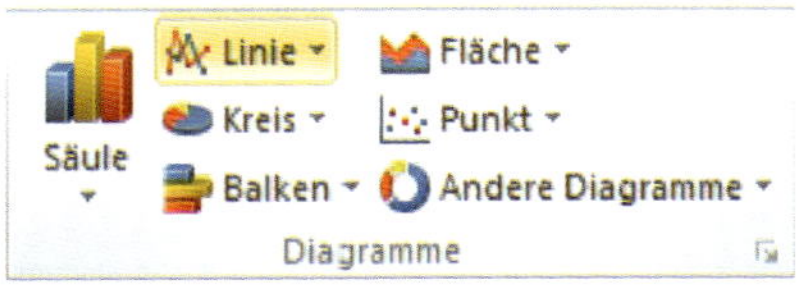

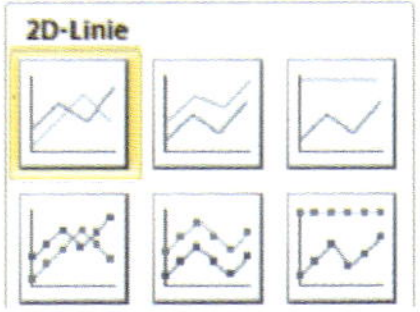

- Das Ergebnis überzeugt noch in keinster Weise. Weder die Achsenbeschriftung noch die Anordnung der Linie überzeugen. Entfernen Sie zunächst über die Schaltfläche **Gitternetzlinien** in der Gruppe **Achsen** in dem Register **Diagrammtools/Layout** die Gitternetzlinien. Fügen Sie darüber hinaus eine Überschrift ein.

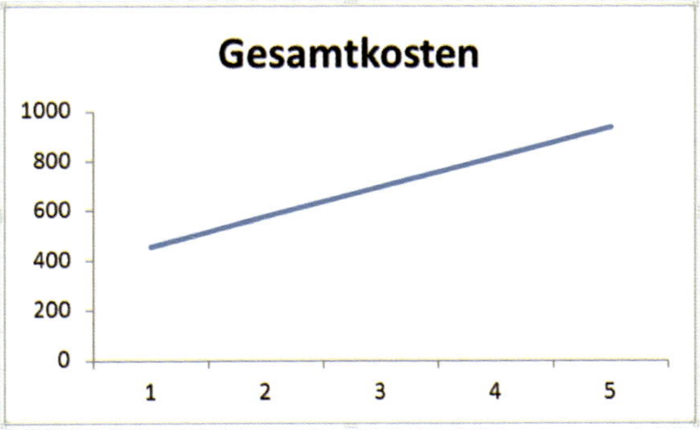

- Klicken Sie im Register **Diagrammtools/Entwurf** die Schaltfläche **Daten auswählen** in der Gruppe **Daten** an.

Bearbeitungsschritte (Fortsetzung):

- Im Fenster **Datenquelle auswählen** werden die Gesamtkosten als Legendeneinträge ausgewiesen. Außerdem werden die horizontalen Achsenbeschriftungen angegeben.

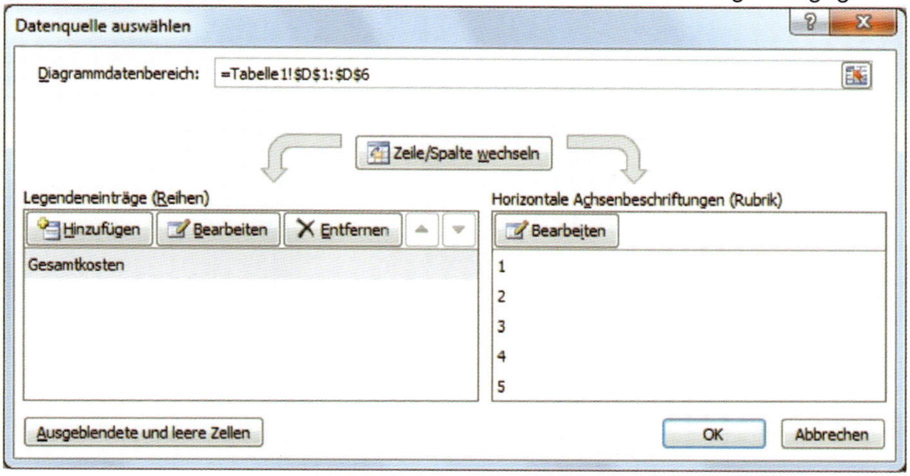

- Klicken Sie die Schaltfläche **Bearbeiten** im Bereich **Horizontale Achsenbeschriftungen (Rubrik)** an. Markieren Sie danach im Fenster **Achsenbeschriftungen** den Bereich, in dem die Mengenangaben stehen (Zellen **A2** bis **A6**).

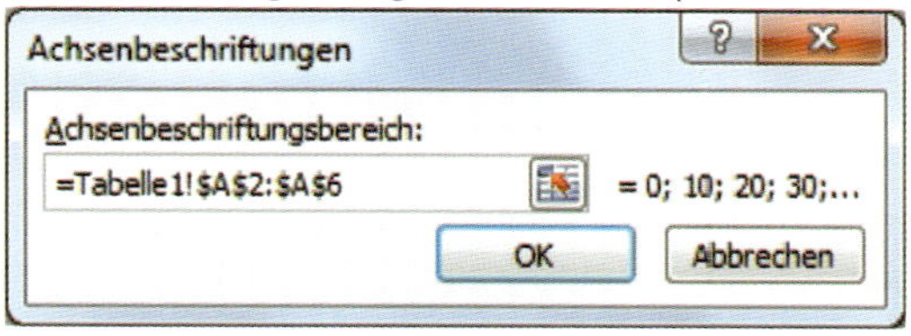

- Das Ergebnis sollte in etwa so aussehen:

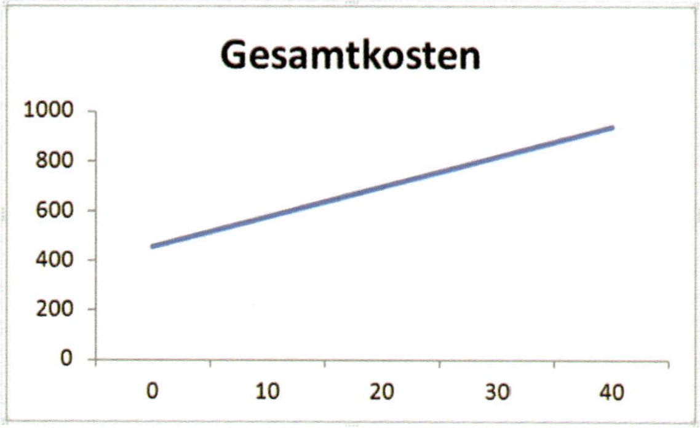

- Die Anordnung der Achsenbeschriftungen und der Linie überzeugen noch immer nicht. Markieren Sie daher die x-Achse oder wählen Sie den Bereich in der Gruppe **Aktuelle Auswahl** aus.

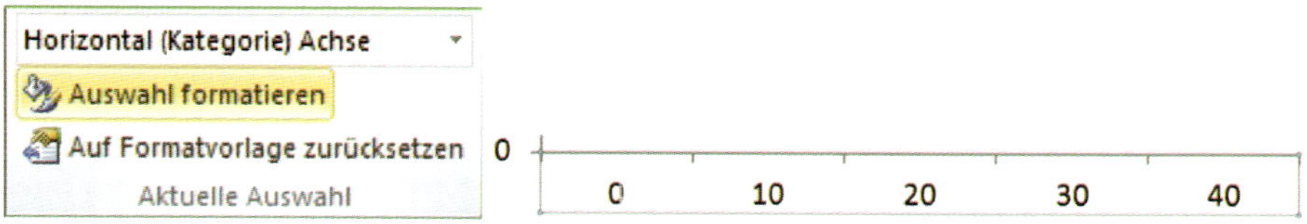

Bearbeitungsschritte (Fortsetzung):

- Klicken Sie die Schaltfläche **Auswahl formatieren** an. Im Bereich **Achsenoptionen** können Sie einstellen, dass die Positionsachse auf Teilstrichen aufgebracht werden soll.

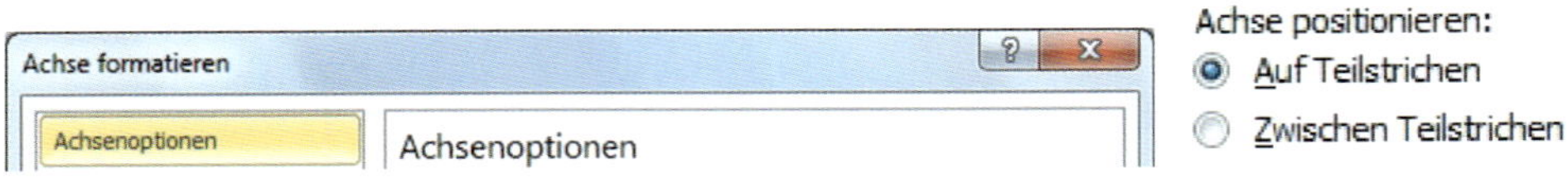

- Das Ergebnis zeigt nun ein korrektes Liniendiagramm. Selbstverständlich können auch zusätzliche Formatierungen vorgenommen werden.

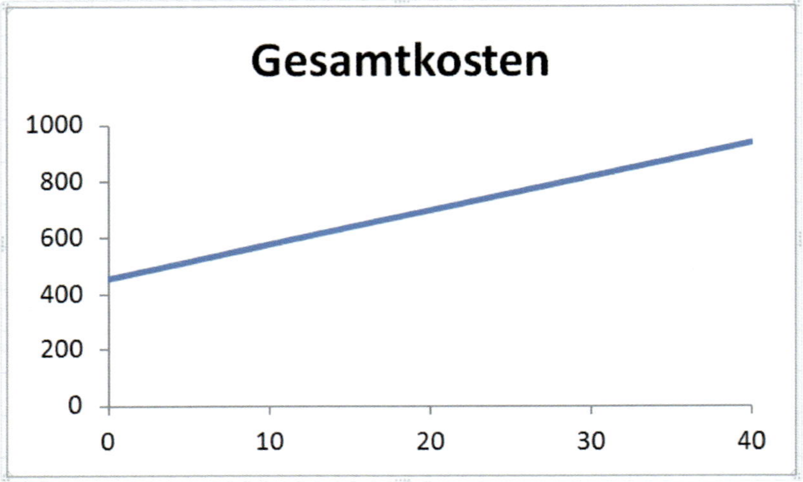

- Erstellen Sie ein weiteres Liniendiagramm, welches alle Kostenarten enthält. Bearbeiten Sie beispielsweise die Farben der einzelnen Kostenverläufe nach, damit die Kosten auch vernünftig zu erkennen sind.

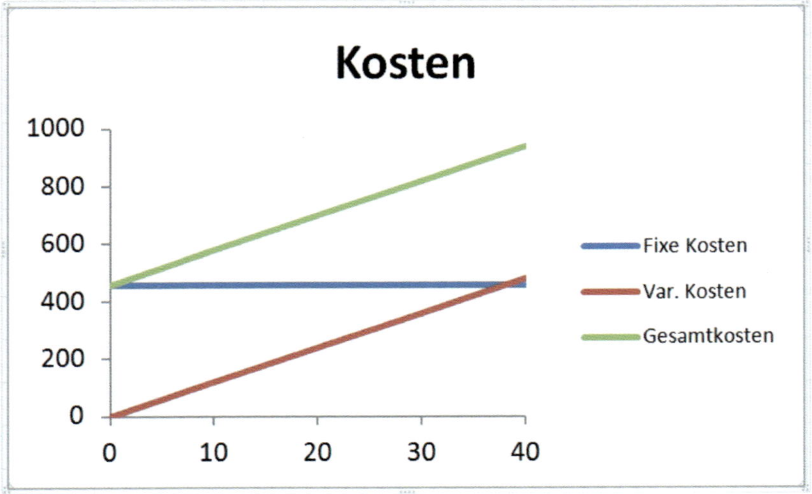

- Formatieren Sie anschließend die beiden Diagramme nach Ihren Vorstellungen. Achten Sie dabei jedoch besonders darauf, dass die Diagramme übersichtlich bleiben und gut zu interpretieren sind.

4.6.10 Sparklines

Sparklines sind eine Möglichkeit, innerhalb kürzester Zeit einen Sachverhalt grafisch zu verdeutlichen. Es geht dabei jedoch nicht darum, wie bei Diagrammen einen Sachverhalt mit allen zur Verfügung stehenden Möglichkeiten darzustellen. Lediglich eine Übersicht über einen Sachverhalt soll verschafft werden.

Bearbeitungsschritte:

- Laden Sie die Arbeitsmappe *Umsatz*. Speichern Sie die Mappe unter dem Namen *Umsatz_Sparklines* wieder ab. Markieren Sie danach die Zellen *D6* bis *D9*.

	A	B	C	D	E
1					
2		Umsatzberechnung 2010			
3					
4		Menge	Preis	Umsatz	
5					
6	Vertreter A	200	20	4000	
7	Vertreter B	100	15	1500	
8	Vertreter C	80	30	2400	
9	Vertreter D	150	10	1500	

- Klicken Sie im Register **Einfügen** in der Gruppe **Skarklines** die Schaltfläche **Linie** an.

- Im Fenster **Sparklines erstellen** ist der Datenbereich aufgrund der Markierung bereits eingetragen. Wählen Sie eine Zelle aus, in der die Abbildung dargestellt werden soll.

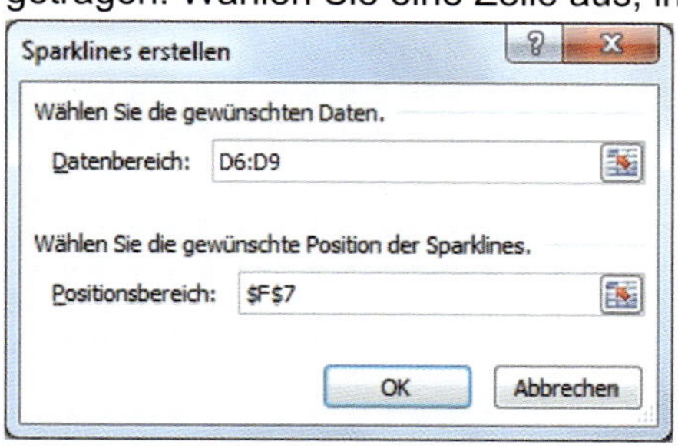

- Das Objekt wird an der betreffenden Stelle eingefügt:

	A	B	C	D	E	F
6	Vertreter A	200	20	4000		
7	Vertreter B	100	15	1500		
8	Vertreter C	80	30	2400		
9	Vertreter D	150	10	1500		
10						
11	Gesamtumsatz			9400		

- Über die Schaltflächen des Registers **Sparklinetools/Entwurf** können Sie nun Bearbeitungen vornehmen, wie etwa das Einfügen von Höchstpunkten usw.

- Einige mögliche Ergebnisse sind nachfolgend dargestellt:

Übungen:

1. Die Verkaufszahlen Ihres Unternehmens sind in einer Tabelle zusammengefasst:

Verkaufszahlen			
Monat	**Drucker**	**Computer**	**Monitore**
Januar	150	123	66
Februar	302	244	34
März	74	134	54
April	130	65	12
Mai	140	124	33
Juni	89	112	87
Gesamtverkauf			
Durchschnittlicher Verkauf			
Minimaler Verkauf			
Maximaler Verkauf			

a) Berechnen Sie mithilfe von Funktionen den Gesamtverkauf, den durchschnittlichen, den minimalen und maximalen Verkauf.

b) Stellen Sie den Gesamtverkauf der einzelnen Produkte mit den Prozentzahlen in einem Kreisdiagramm dar. In der Legende sollen die Produkte aufgeführt werden.

c) Stellen Sie in einem Säulendiagramm die Verkäufe der drei Produkte in den Monaten Januar bis Juni dar. In der Legende sollen die Produkte angegeben werden. Kennzeichnen Sie den höchsten Umsatz eines Produkts in einem Monat, indem Sie die Säule mit einem Muster versehen und in einem Textfenster mit Rahmen und Pfeil zur Säule den folgenden Text anbringen: „Höchster Umsatz eines Produkts".

d) Stellen Sie den durchschnittlichen, minimalen und maximalen Verkauf dar. Wählen Sie dafür ein 3-D-Balkendiagramm. Verändern Sie die Skalierung so, dass nur noch Hunderterwerte angezeigt werden.

2. Die Entwicklung des Verkaufspreises mehrerer Produkte wird in der folgenden Tabelle dargestellt:

Warenbezeichnung	**2010**	**20011**	**2012**
Computer	2.300,00 €	2.200,00 €	2.000,00 €
Drucker	800,00 €	900,00 €	1.050,00 €
Scanner	2.100,00 €	1.800,00 €	1.500,00 €
Monitore	400,00 €	400,00 €	410,00 €

a) Erstellen Sie ein Liniendiagramm, in dem die Preisentwicklung der einzelnen Produkte dargestellt wird.

b) Kommentieren Sie die Preisentwicklung in einem Textfenster.

c) Stellen Sie die Preise der Produkte im Jahre 2010 in Form einer 3-D-Säulengrafik dar. Ändern Sie die Farben der einzelnen Säulen und fügen Sie jeweils auch ein Muster bei. Versetzen Sie die Legende und formatieren Sie den Titel „Verkaufspreise 2010" mit einer Textfarbe und einem farbigen Hintergrund. Fügen Sie außerdem einen Rahmen um den Titel hinzu. Beschriften Sie die Säulen mit den Verkaufspreisen, indem Sie Datenbeschriftungen anbringen. Sollten diese Beschriftungen unglücklich dargestellt sein, können sie nach dem Markieren versetzt werden.

Übungen:

1. Werten Sie die Daten der Tabelle Lager_Statistik (Seite 242) aus.
   a) Stellen Sie die Einkaufspreise in einen Balkendiagramm dar.
   b) Stellen Sie die Bestände in einem Säulendiagramm dar.
   c) Berechnen Sie den prozentualen Anteil des jeweiligen Bestands an dem Gesamtbestand. Geben Sie danach den Sachverhalt in Form eines Kreisdiagramms aus.
   d) Geben Sie den prozentualen Anteil des jeweiligen Bestands an dem Gesamtbestand in Form eines weiteren Kreisdiagramms aus. Realisieren Sie die Darstellung ohne die Berechnung der prozentualen Anteile.
2. Die Mitarbeiterentwicklung in den Jahren 2010 bis 2013 sieht folgendermaßen aus:

	2010	%	2011	%	2012	%	2013	%
Einkauf	27		36		35		40	
Verkauf	21		24		20		23	
Buchhaltung	12		14		10		15	
Lager	8		8		8		8	
Produktion	43		46		40		42	

   a) Berechnen Sie den jeweiligen prozentualen Anteil der Mitarbeiter in den einzelnen Abteilungen im Verhältnis zu den gesamten Mitarbeitern. Runden Sie in der Berechnung das Ergebnis auf zwei Stellen hinter dem Komma.
   b) Stellen Sie die Mitarbeiter im Jahr 2010 in einem Kreisdiagramm dar. Die Anzahl der Mitarbeiter soll angegeben werden.
   c) Werten Sie die Mitarbeitertabelle in den folgenden Arten aus:

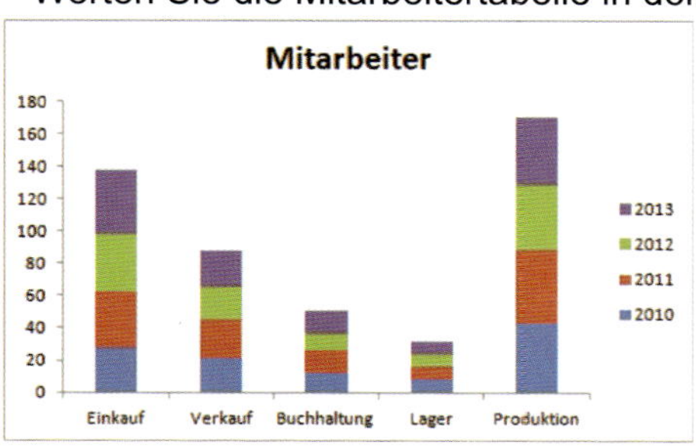

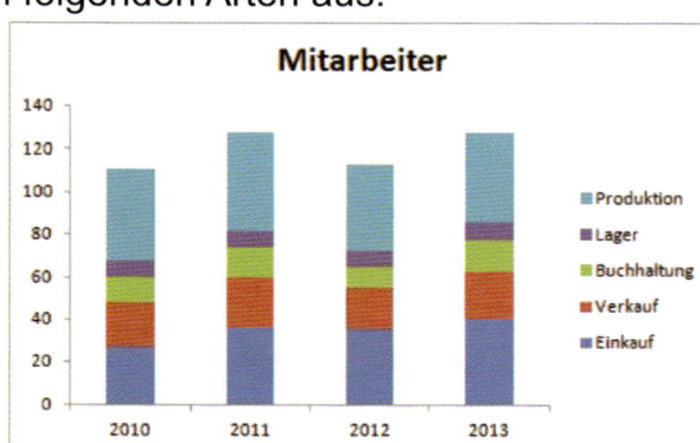

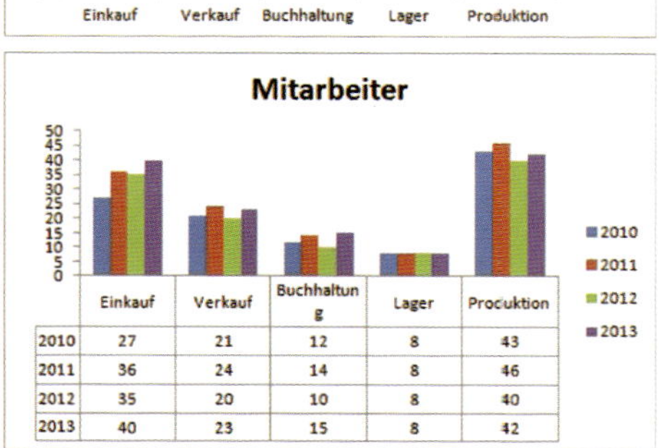

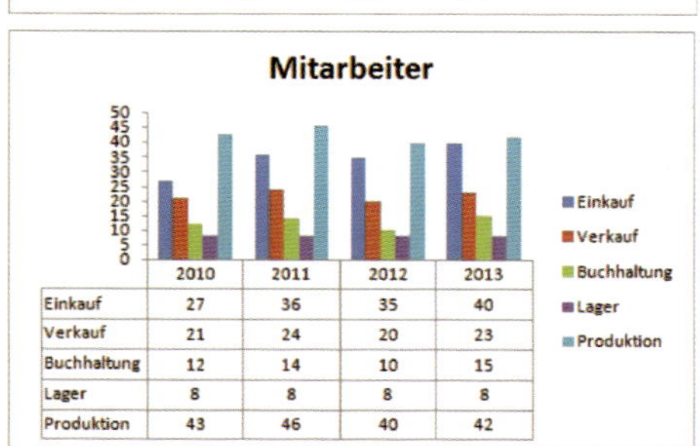

   d) Realisieren Sie weitere denkbare Diagramme, die den Sachverhalt verdeutlichen. Dies könnten z. B. Auswertungen in Bezug auf ein bestimmtes Jahr in Form von Kreisdiagrammen sein.

4.7 Drucken

4.7.1 Setup

Vorbemerkungen

Mit dem Einrichten einer Tabelle beginnt in der Regel die Vorbereitung auf einen späteren Druck. Selbstverständlich kann die Einrichtung auch den Zweck verfolgen, Seiten beispielsweise in einen Text oder in eine Präsentation zu integrieren.

Excel bietet grundsätzlich zwei Möglichkeiten, Seiten einzurichten. Zum einen bietet das Register **Seitenlayout** Möglichkeiten der Einstellung, zum anderen können viele dieser Möglichkeiten über den Menüpunkt **Datei/Drucken** genutzt werden. Über diesen Menüpunkt steht eine Seitenvorschau zur Verfügung, die die Auswirkungen der Einstellungen sofort wiedergibt. Daher steht diese Möglichkeit im Vordergrund der Erörterungen.

Einstellungsmöglichkeiten und Druckvorschau

Bevor eine Tabelle ausgedruckt wird, kann das Dokument in einer Art Druckvorschau überprüft werden. Dabei sehen Sie, ob das Ergebnis Ihren Vorstellungen entspricht. Ist dies nicht der Fall, können Sie die notwendigen Änderungen vornehmen.

Bearbeitungsschritte:

- Laden Sie die Arbeitsmappe *Umsatz_Absolut* und speichern Sie die Arbeitsmappe unter dem Namen *Umsatz_Druck_1* wieder ab.
- Wählen Sie den Menüpunkt **Datei/Drucken** oder klicken Sie in der **Symbolleiste für den Schnellzugriff** die Schaltfläche **Seitenansicht** an. Alle wesentlichen Einstellungsmöglichkeiten und eine Seitenansicht der Tabelle werden angezeigt:

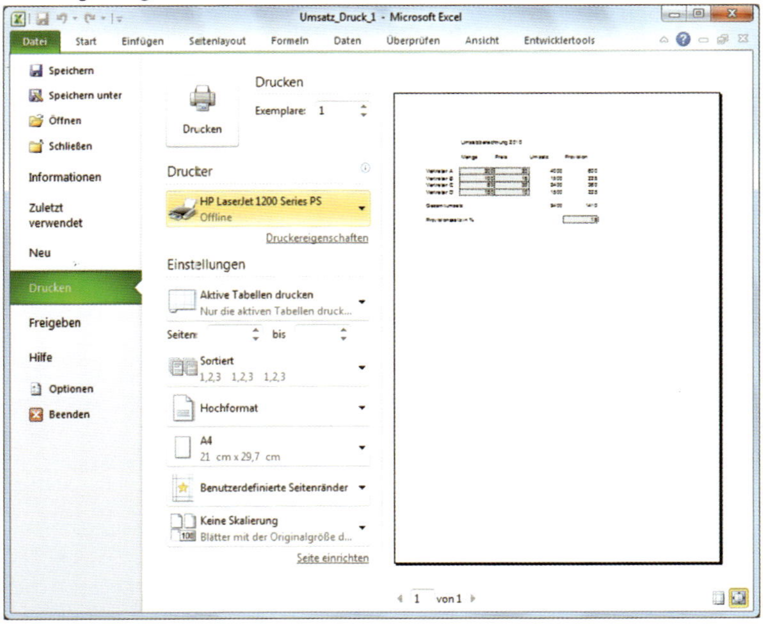

- Wenn eine Tabelle nicht auf eine Seite passt, können Sie die einzelnen Seiten über Schaltflächen auswählen. Außerdem können Sie eine Seite zoomen.

Druckerauswahl, Papierformat, Seitenformat und Seitenränder

Durch die Wahl einer bestimmten Papiergröße, der Seitenausrichtung, der Einrichtung der Seitenränder usw. wird eine Seite individuell gestaltet.

Bearbeitungsschritte:

- Im oberen Bereich können Sie den Drucker auswählen und später festlegen, wie viele Exemplare gedruckt werden sollen. Spezielle Möglichkeiten des verwendeten Druckers werden über den Link **Druckereigenschaften** ausgewählt.

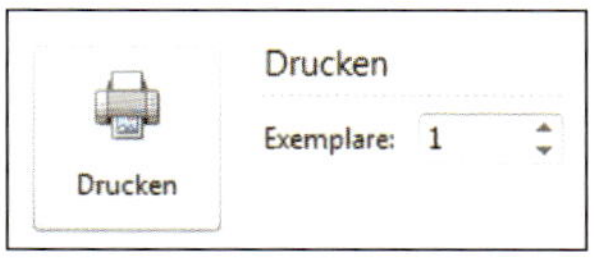

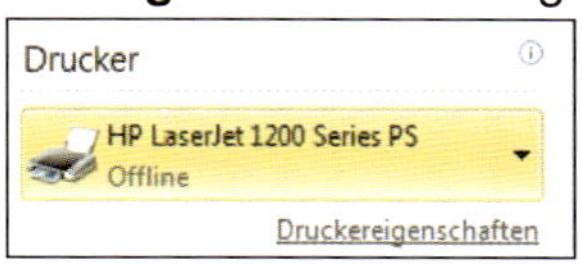

- Das Papierformat **A4** dürfte in der Regel das benötigte Format darstellen. Durch Anklicken der Schaltfläche können viele Formate ausgewählt werden, u. a. auch über den Link **Weitere Papierformate** im Fenster **Seite einrichten**.

- Damit Inhalte auf eine bestimmte Anzahl von Seiten passen, steht z. B. die Schaltfläche **Hochformat** zur Verfügung, mit der Sie zwischen dem Hoch- und dem Querformat wählen können.

- Klicken Sie im unteren rechten Bereich der Seitenansicht die Schaltfläche **Seitenränder anzeigen**  an. Die Seitenränder werden angezeigt:

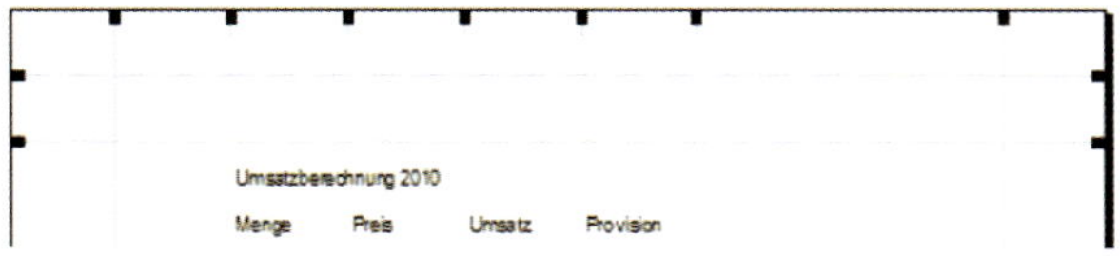

- Klicken Sie die Schaltfläche **Normale Seitenränder** an. Sie können nun z. B. eine schmale Ausrichtung auswählen.

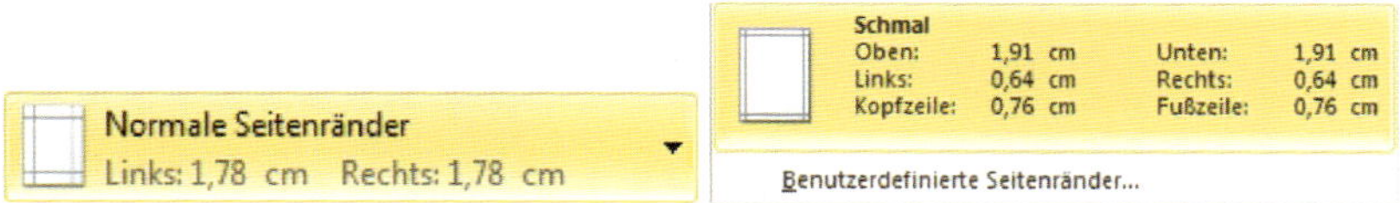

- Klicken Sie den Link **Benutzerdefinierte Seitenränder** an. Danach können individueller Einstellungen vorgenommen werden.

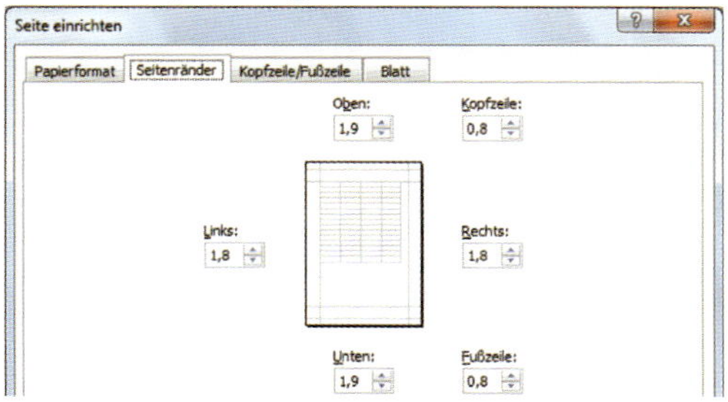

Kopf- und Fußzeile

Zur Gestaltung einer Tabelle gehört in der Regel auch eine aussagekräftige Kopf- und/oder Fußzeile, in der beispielsweise der Titel der Arbeitsmappe, ein Datum, die Seitenzahl usw. angegeben sind.

Bearbeitungsschritte:

- Klicken Sie Registerkarte **Einfügen** und dann in der Gruppe **Text** die Schaltfläche **Kopf- und Fußzeile** an.

- Das **Register Kopf- und Fußzeilentools/Entwurf** wird in der Menüleiste eingeblendet.

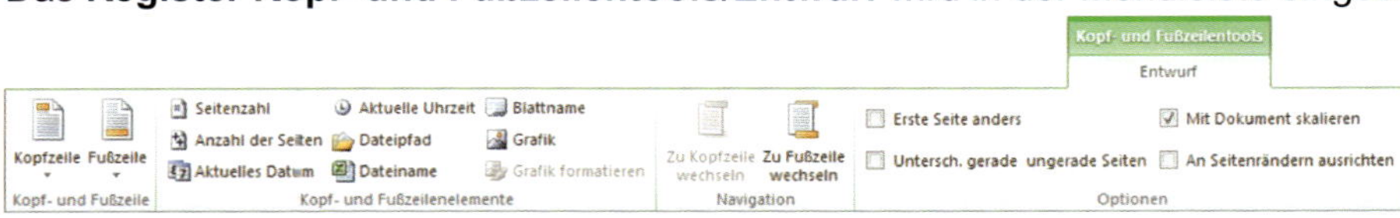

- Klicken Sie gegebenenfalls in die Mitte der Kopfzeile der Tabelle.

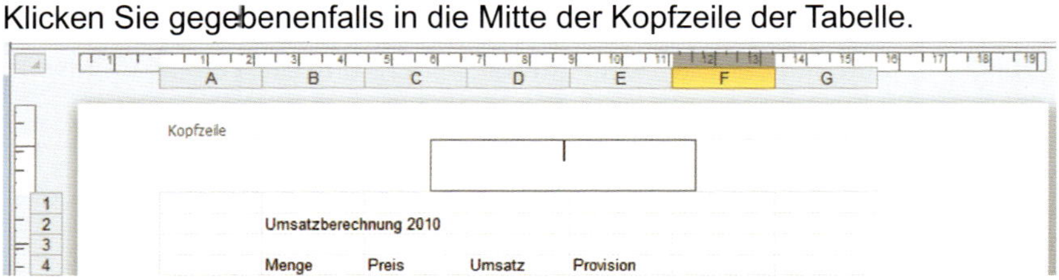

- Klicken Sie nun auf die Schaltfläche **Kopfzeile**. Es wird angegeben, welche Elemente in die Mitte der Kopfzeile eingefügt werden können. Diese Elemente können übrigens auch an jede andere Stelle der Kopf- bzw. Fußzeile eingesetzt werden.

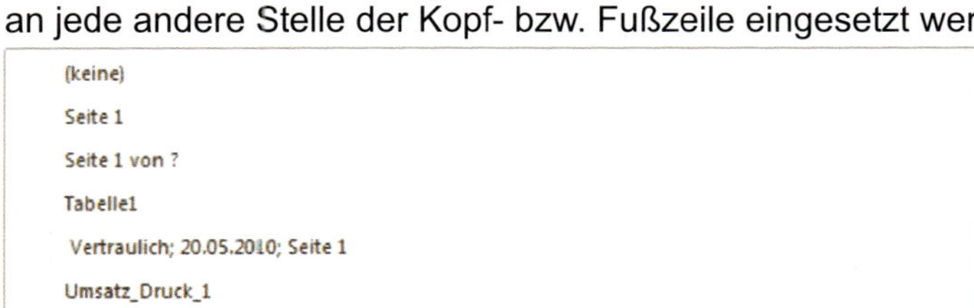

- Außerdem können Sie einzelne Elemente über die Schaltflächen der Gruppe **Kopf- und Fußzeilenelemente** einfügen.

- Fügen Sie von links nach rechts den Blattnamen, den Dateinamen und das aktuelle Datum ein.

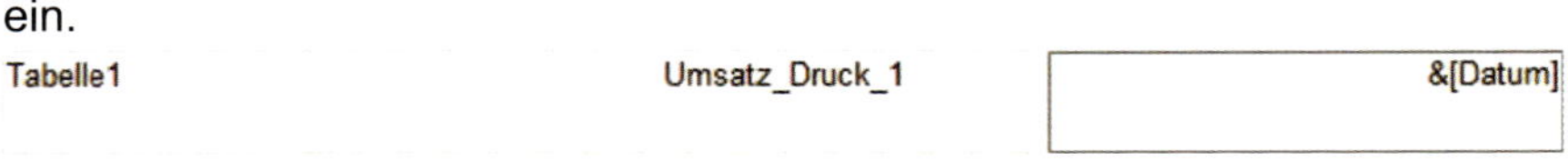

- Wenn Sie auf eine andere Zelle usw. klicken, wird das Ergebnis angezeigt:

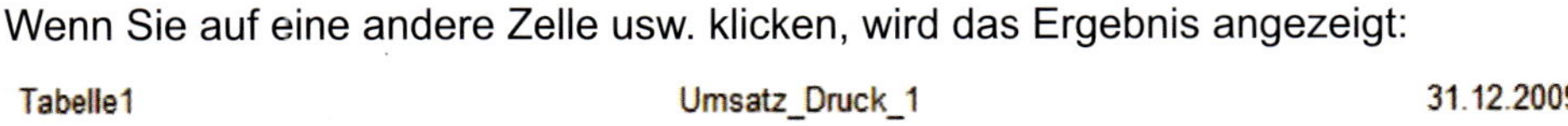

Bearbeitungsschritte (Fortsetzung):

- Klicken Sie danach die Schaltfläche **Fußzeile** in der Gruppe **Kopf- und Fußzeile** an. Fügen Sie Elemente nach Ihren Vorstellungen ein.

- Klicken Sie danach wieder eine Zelle an. Danach können Sie in die Normalansicht über die Schaltflächen am unteren rechten Bildschirmrand wechseln.

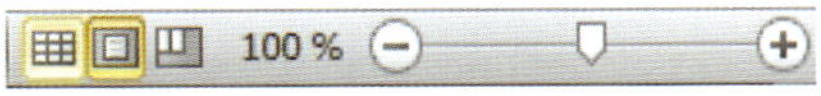

- Schauen Sie sich das Ergebnis über den Menüpunkt **Datei/Drucken** in der Seitenansicht an. Es fällt auf, dass das Blatt nicht optimal ausgenutzt wird. Das Problem wird später gelöst.

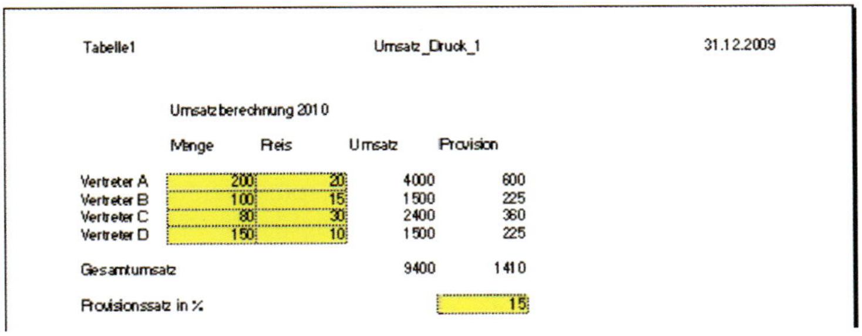

Tabelle1 Umsatz_Druck_1 31.12.2009

Umsatzberechnung 2010

	Menge	Preis	Umsatz	Provision
Vertreter A	200	20	4000	600
Vertreter B	100	15	1500	225
Vertreter C	80	30	2400	360
Vertreter D	150	10	1500	225
Gesamtumsatz			9400	1410
Provisionssatz in %				15

- Sie können auch einzelne Elemente in der Kopf- und/oder Fußzeile formatieren. In der Seitenansicht könnte dann z. B. folgendes Ergebnis zu erkennen sein:

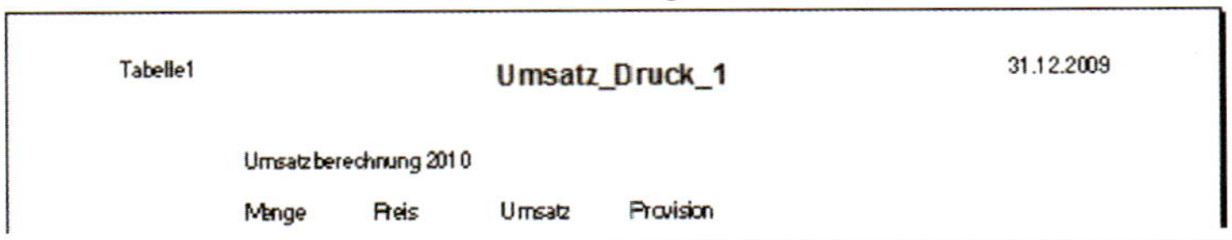

Tabelle1 **Umsatz_Druck_1** 31.12.2009

Umsatzberechnung 2010

Menge Preis Umsatz Provision

Skalieren

Um den Inhalt einer Tabelle optimal auf eine Seite zu verteilen, bietet es sich an, den Inhalt zu skalieren, das heißt vor dem Ausdruck zu vergrößern oder zu verkleinern. Dabei können Sie individuell nach Ihren Wünschen Einstellungen vornehmen, da die Darstellung prozentual angepasst werden kann.

Bearbeitungsschritte:

- Schauen Sie sich zunächst den möglichen Ausdruck der Tabelle an. Wird nur ein Teil der Breite des Blattes ausgenutzt, sollten Sie sich überlegen, ob Sie durch eine Skalierung die Darstellung verbessern wollen. Eventuell können Sie auch eine Verkleinerung vornehmen, damit der Inhalt der Tabelle auf eine Seite passt.
- Wählen Sie im Register **Seitenlayout** in der Gruppe **An Format anpassen** die Schaltfläche **Skalieren**. Legen Sie den Wert der Skalierung fest.

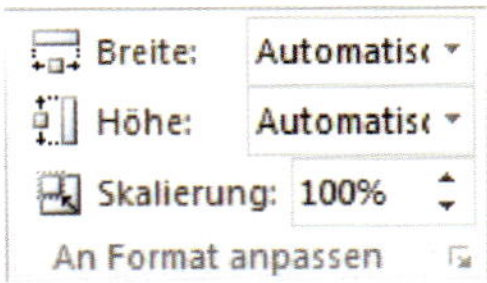

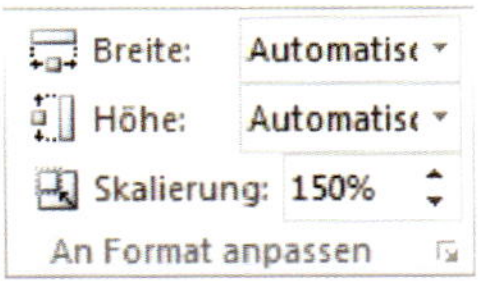

Bearbeitungsschritte (Fortsetzung):

- Anhand der Seitenbegrenzungslinien (in diesem Fall zwischen den Spalten *E* und *F*) kann man erkennen, welche Inhalte auf eine Seite passen.

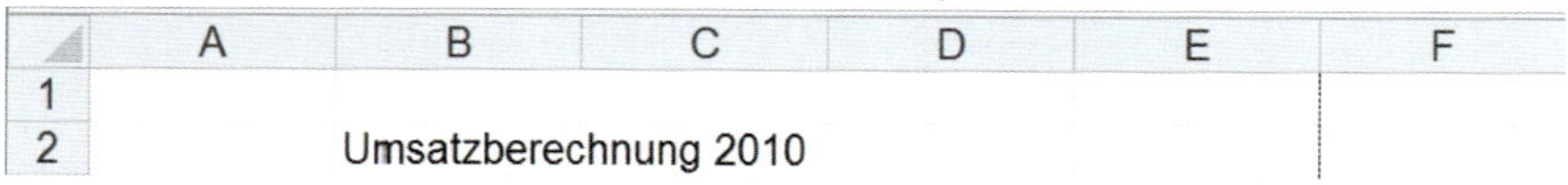

- Skalieren Sie z. B. auf 150 %. Sie werden feststellen, dass die Seite wahrscheinlich besser ausgefüllt wird.
- Wählen Sie den Menüpunkt **Datei/Drucken** oder klicken Sie in der **Symbolleiste für den Schnellzugriff** die Schaltfläche **Seitenansicht** an. Das Ergebnis wird angezeigt:

- Stellen Sie die Skalierung nach Ihren Vorstellungen ein. Stellen Sie die Skalierung danach eventuell wieder auf den Ausgangswert zurück.
- Selbstverständlich haben Sie auch andere Möglichkeiten, beispielsweise durch die Einstellung der Spaltenbreite, den Inhalt auf die von Ihnen gewünschte Seitenzahl zu platzieren. Außerdem können Sie bei Bedarf über die Schaltflächen **Einfügen** oder **Löschen** in der Gruppe **Zellen** im Register **Start** Zellen einfügen oder löschen.

- Über den Menüpunkt **Datei/Drucken** haben Sie weitere Skalierungsmöglichkeiten.

Seiteneinrichtung das Register Seitenlayout

Das Register **Seitenlayout** bietet zunächst einmal die Möglichkeiten der Seiteneinrichtung, die auf den letzten Seiten beschrieben wurden. Daneben gibt es noch einige andere wichtige Einstellungsmöglichkeiten.

Bearbeitungsschritte:

- Wählen Sie das Register **Seitenlayout**.

- Probieren Sie einige Möglichkeiten, die über die Schaltflächen der Gruppe **Seite einrichten** gegeben sind, aus. Sie werden feststellen, dass die allermeisten Bereiche schon auf den Vorseiten erklärt wurden.

4.7.2 Überprüfen des Ausdrucks

Blattoptionen

Bevor eine Seite oder eine gesamte Arbeitsmappe ausgedruckt wird, sollte unbedingt überprüft werden, ob das Ergebnis den eigenen Vorstellungen entspricht. Wie bereits beschrieben, gehört unbedingt die Überprüfung des Ergebnisses in der Seitenansicht dazu. Der Ausdruck lässt sich auch durch das Einblenden von Gitternetzlinien und/oder Spalten- und Zeilenbezeichnungen (Spalten- und Zeilenköpfen) beeinflussen.

Bearbeitungsschritte:

- Klicken Sie die Registerkarte **Seitenlayout** an. In der Gruppe **Tabellenblattoptionen** können Sie bestimmen, ob bei der Bildschirmansicht und/oder beim Ausdruck Gitternetzlinien und/oder Spalten und Zeilen angezeigt werden.

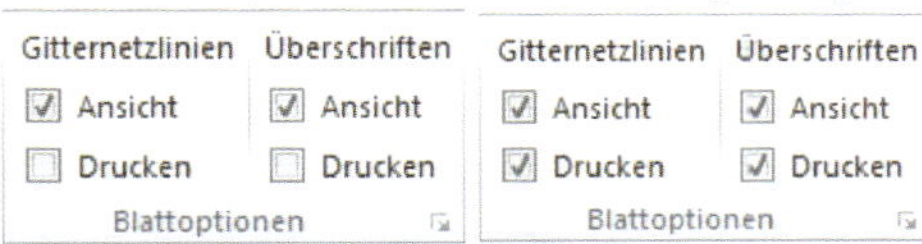

- Das Ergebnis könnte in der Druckvorschau ausschnittsweise wie folgt aussehen:

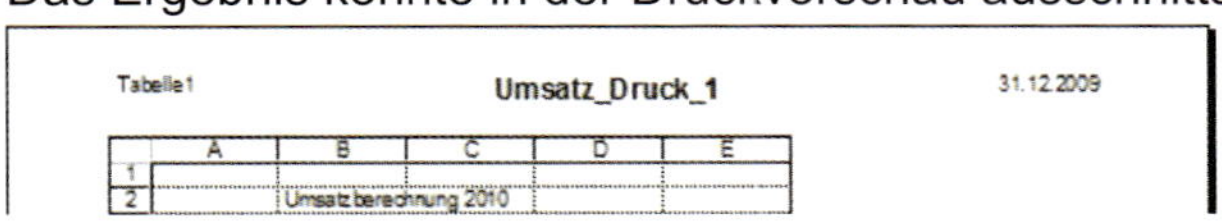

- In der Regel wird man beim Ausdruck keine Gitternetzlinien und keine Überschriften benutzen. Deaktivieren Sie daher die entsprechenden Optionsschaltflächen wieder.

Wiederholungszeichen für den Ausdruck

Besonders bei umfangreichen Listen bietet es sich an, z. B. Überschriften auf jeder Seite einzufügen. Im gezeigten Beispiel sollen die Daten der Vertreter von den Gesamtdaten getrennt und die Seiten jeweils mit einer identischen Überschrift versehen werden.

Bearbeitungsschritte:

- Markieren Sie die Zeile *10*. Wählen Sie im Register **Seitenlayout** in der Gruppe **Seite einrichten** die Schaltfläche **Umbrüche**. Wählen Sie danach den Menüpunkt **Seitenumbruch einfügen**.

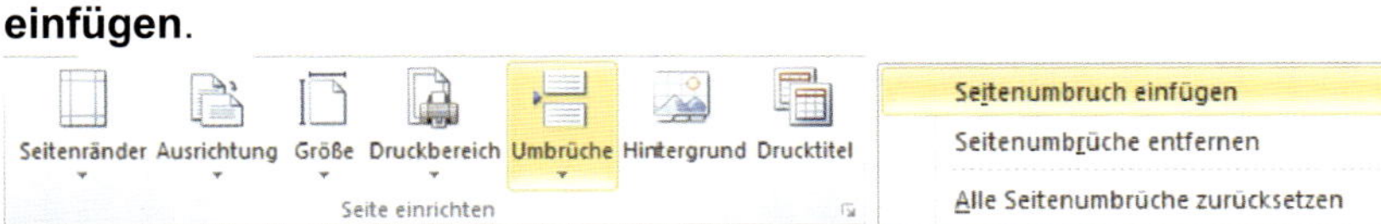

- Klicken Sie danach die Schaltfläche **Drucktitel** an.

- Im Fenster **Seite einrichten** können Sie im Register **Blatt** den Bereich (durch Markieren der Zellen) eingeben, der auf allen Seiten oben gedruckt werden soll.

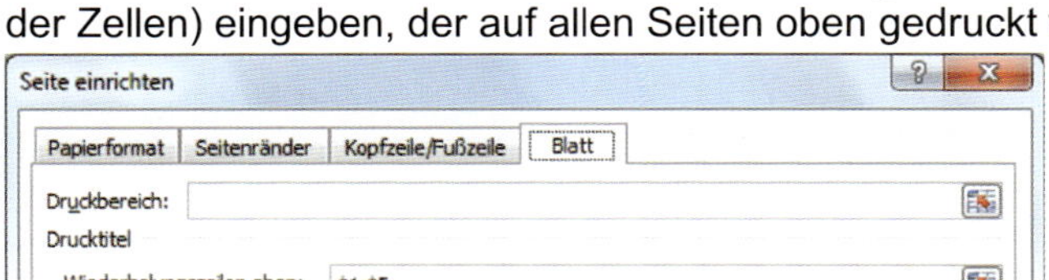

Bearbeitungsschritte (Fortsetzung):

- Das Ergebnis können Sie sich nach Anklicken der Schaltfläche **Seitenansicht** ansehen. Hier wird die zweite Seite ausschnittsweise angezeigt.

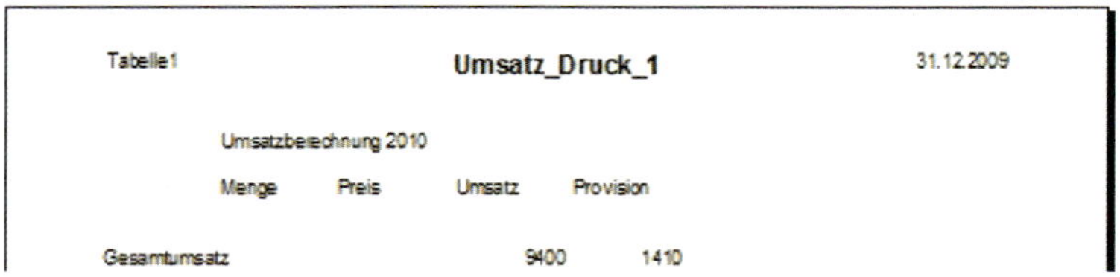

- Denken Sie daran, anschließend Seitenumbrüche und Drucktitel wieder zu entfernen. Dies ist über die zuvor benutzten Schaltflächen und Fenster möglich.

Rechtschreibprüfung und Thesaurus

Vor dem Ausdruck sollte eine Rechtschreibprüfung vorgenommen werden. Werden bestimmte Begriffe in der Tabelle oftmals benutzt, kann über den *Thesaurus* auch nach ähnlichen Begriffen mit gleicher Bedeutung gesucht werden.

Bearbeitungsschritte:

- Ändern Sie zu Übungszwecken das Wort *Provision* in *Provison* um.

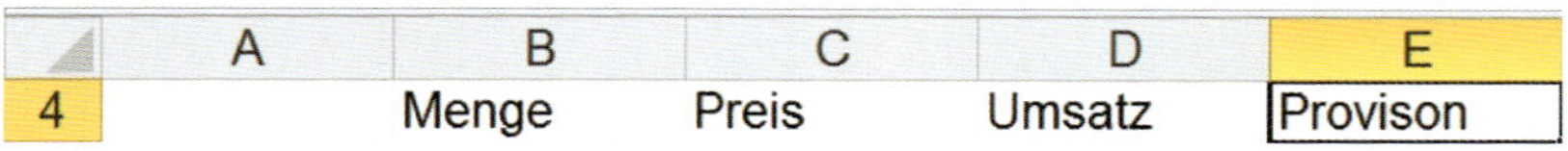

- Klicken Sie im Register **Überprüfen** in der Gruppe **Dokumentprüfung** die Schaltfläche **Rechtschreibung** an.

- Die Rechtschreibprüfung findet den falschen Begriff und schlägt mögliche richtige Alternativen vor. Wählen Sie den richtigen Begriff aus und klicken Sie die Schaltfläche **Ändern** an. Die Korrektur wird vorgenommen.

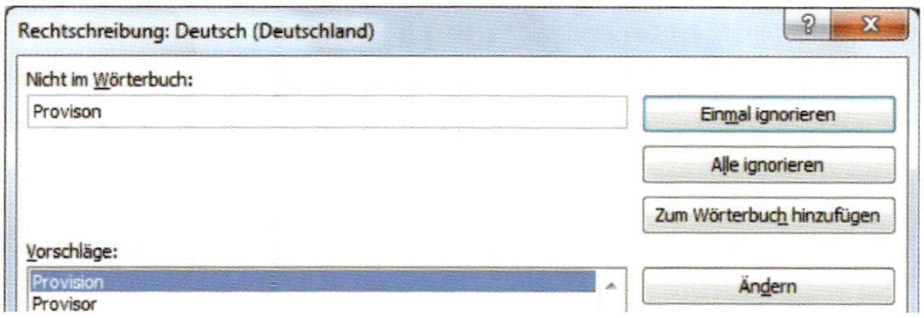

- Das gefundene Wort können Sie auch im Fenster oder in der Tabelle ändern.
- Markieren Sie die Zelle **B4**. Klicken Sie im Register **Überprüfen** in der Gruppe **Dokumentprüfung** die Schaltfläche **Thesaurus** an. Suchen Sie nach verwandten Begriffen.

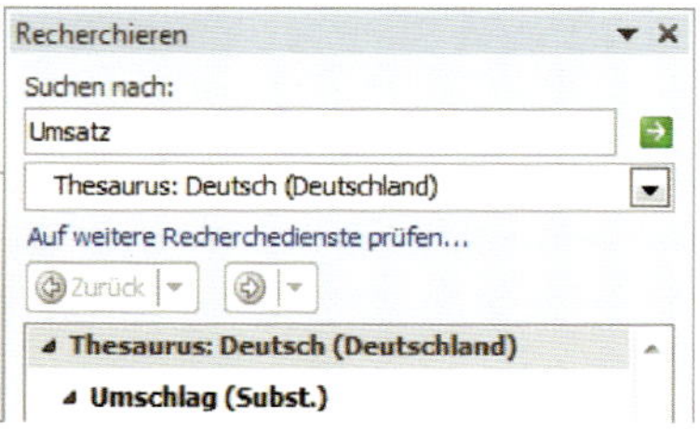

4.7.3 Drucken

Ausgabe über den Drucker

Nachdem die vorbereitenden Arbeiten erledigt sind, kann die Tabelle bzw. eine Arbeitsmappe ausgedruckt werden. Auch hierbei ergeben sich verschiedene Möglichkeiten.

Bearbeitungsschritte:

- Laden Sie die Arbeitsmappe *Umsatz_Druck_1*. Wählen Sie danach den Menüpunkt **Datei/ Drucken**. Im oberen Bereich können Sie wie beschrieben den Drucker auswählen und z. B. festlegen, wie viele Exemplare gedruckt werden sollen.

- Spezielle Möglichkeiten des verwendeten Druckers werden über den Link **Druckereigenschaften** ausgewählt. Unterschiedliche Drucker stellen in der Regel auch unterschiedliche Optionen zur Verfügung.
- Bestimmen Sie, was gedruckt werden soll.

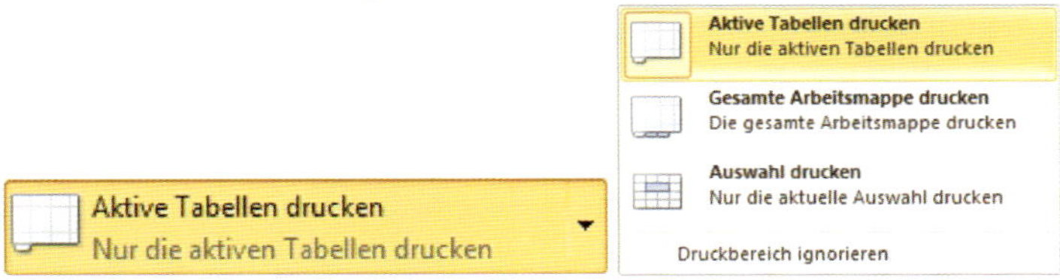

- Ein markiertes Diagramm kann ebenfalls gedruckt werden. Erstellen Sie zu diesem Zweck ein Diagramm. Wählen Sie danach den Menüpunkt **Datei/Drucken**.

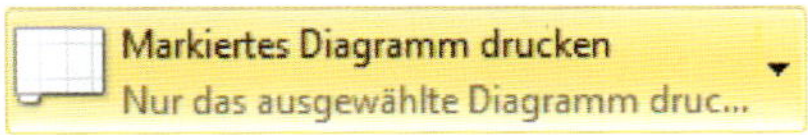

- Soll nur ein bestimmter Bereich der Tabelle gedruckt werden, ist dieser Bereich zunächst zu markieren.

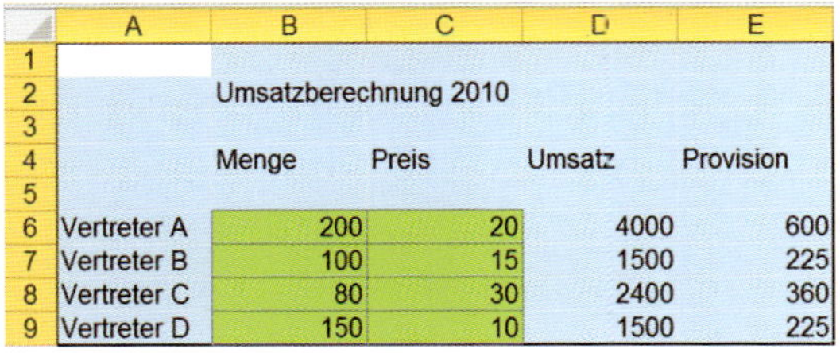

	A	B	C	D	E
1					
2		Umsatzberechnung 2010			
3					
4		Menge	Preis	Umsatz	Provision
5					
6	Vertreter A	200	20	4000	600
7	Vertreter B	100	15	1500	225
8	Vertreter C	80	30	2400	360
9	Vertreter D	150	10	1500	225

- Über die Schaltfläche **Auswahl drucken** können Sie nun den gewählten Bereich drucken. Nach Anklicken der Schaltfläche wird in der Vorschau der gewählte Bereich angezeigt, sodass noch Korrekturen vorgenommen werden können.

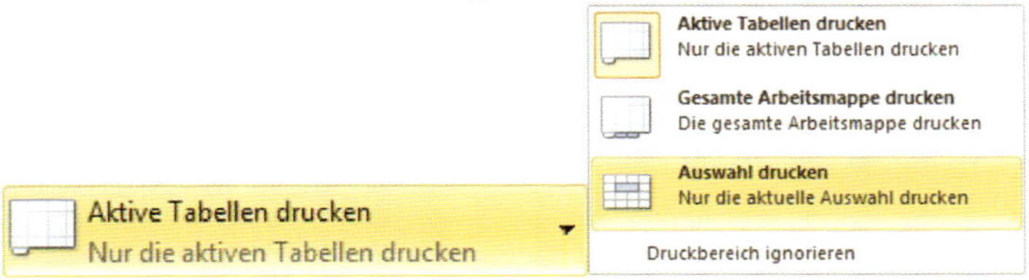

Ausgabe als PDF-Datei

Die Ergebnisse einer Berechnung können beispielsweise über das Internet an Geschäftspartner, im eigenen Intranet an andere Mitarbeiter usw., versandt werden. Grundsätzlich ist es natürlich möglich, eine Arbeitsmappe zu versenden.

Sollen nur die Ergebnisse, nicht jedoch die Inhalte von Zellen bekannt gegeben werden, muss ein Format genutzt werden, das allgemein als Standard anerkannt und grundsätzlich auf jedem Computer gelesen werden kann. Außerdem sollen keine Änderungen des Dokuments zugelassen werden. Dazu bietet sich das PDF-Format an.

Bearbeitungsschritte:

- Laden Sie die Arbeitsmappe *Umsatz_Druck_1*.
- Wählen Sie den Menüpunkt **Datei/Freigeben/PDF/XPS-Dokument erstellen.** Klicken Sie danach die Schaltfläch **PDF/XPS-Dokument erstellen** an.

- Wählen Sie ein Verzeichnis zur Speicherung aus. Nach Anklicken der Schaltfläche **Veröffentlichen** wird die Datei in dem Verzeichnis gespeichert.

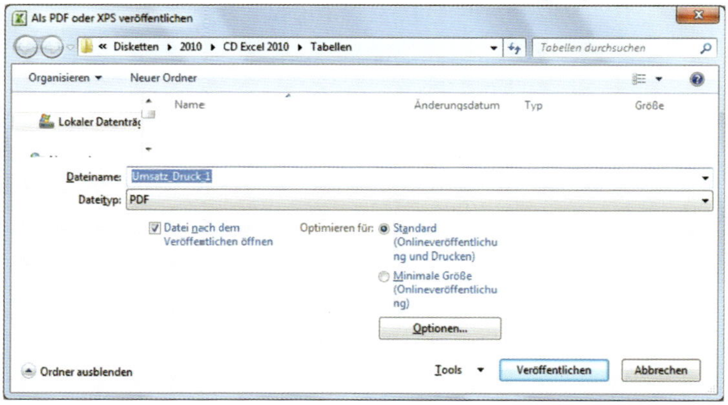

- Klicken Sie die Schaltfläche **Optionen** an. Wählen Sie Optionen nach Bedarf aus.

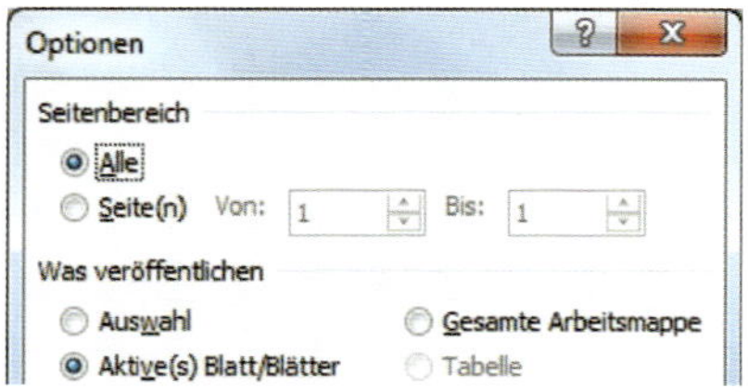

- Öffnen Sie die Datei mit dem **Acrobat-Reader**. Das Ergebnis sieht wie folgt aus:

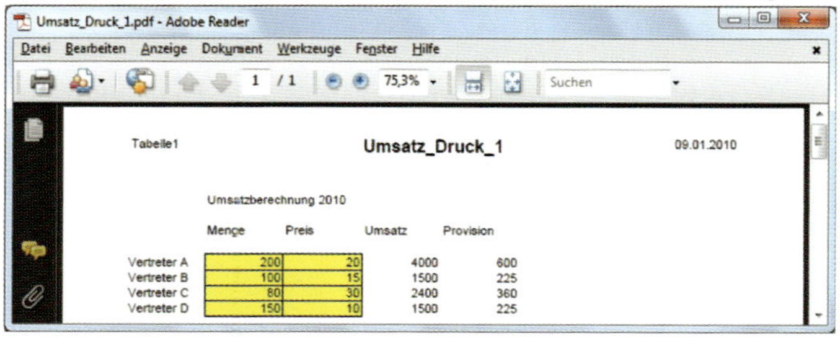

4.8 Schutz von Zellen, Formeln, Funktionen usw.

4.8.1 Aktivieren des Schutzes

Zellen und Bereiche, die der Anwender einer Tabelle nicht für Eingabezwecke nutzen soll, werden sinnvollerweise geschützt, d. h. es können keinerlei Änderungen in diesen Zellen vorgenommen werden.

Zu Übungszwecken soll die Tabelle *Umsatz* so geschützt werden, dass nur noch die notwendigen Eingaben vorgenommen werden können. Zusätzlich sollen die einzelnen Formeln geschützt werden. Dies bedeutet, dass sie für den Benutzer nicht angezeigt werden und damit das geistige Eigentum des Erstellers geschützt wird.

Bearbeitungsschritte:

- Laden Sie die Mappe *Umsatz_Absolut* und speichern Sie die Mappe unter dem Namen *Umsatz_Schutz* ab.
- Markieren Sie zunächst die Zelle **E13**, drücken Sie danach die Taste [**Strg**] und markieren Sie anschließend bei gedrückter Taste [**Strg**] die Zellen **B6** bis **C9**. In diese Zellen sollen Eingaben gemacht werden.

	A	B	C	D	E
1					
2		Umsatzberechnung 2010			
3					
4		Menge	Preis	Umsatz	Provision
5					
6	Vertreter A	200	20	4000	600
7	Vertreter B	100	15	1500	225
8	Vertreter C	80	30	2400	360
9	Vertreter D	150	10	1500	225
10					
11	Gesamtumsatz			9400	1410
12					
13	Provisionssatz in %				15

- Klicken Sie im Register **Start** in der Gruppe **Zellen** die Schaltfläche **Format** an. Wählen Sie dann den Menüpunkt **Zellen formatieren**.

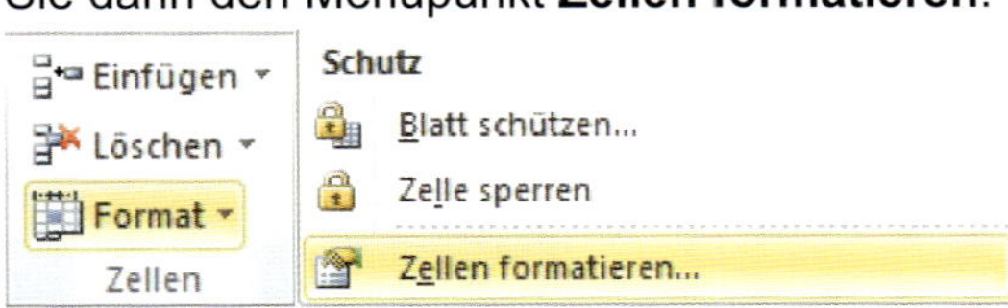

- Deaktivieren Sie gegebenenfalls das Kontrollkästchen **Gesperrt**. Klicken Sie danach die Schaltfläche **OK** an.

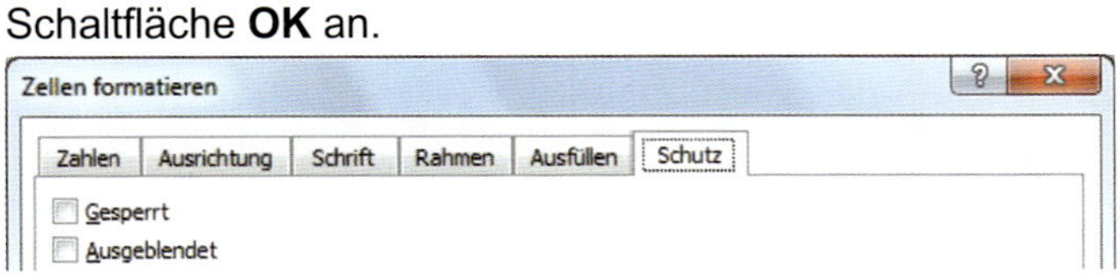

- Klicken Sie im Register **Überprüfen** in der Gruppe **Änderungen** die Schaltfläche **Blatt schützen** an.

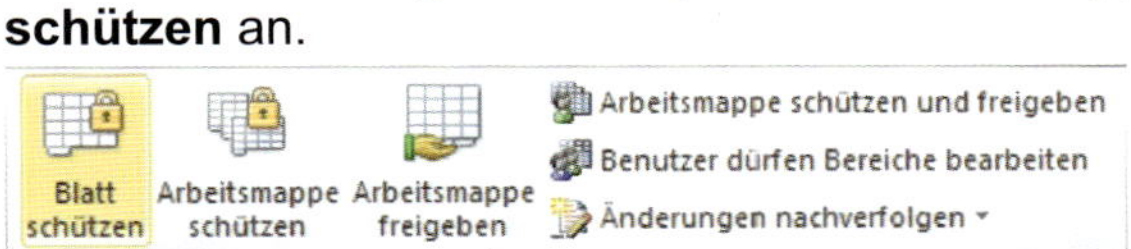

Bearbeitungsschritte (Fortsetzung):

- Legen Sie im Fenster **Blatt schützen** die folgenden Einstellungen fest:

- Bestätigen Sie mit **OK** die Eingabe. Im nächsten Fenster müssen Sie das Kennwort bestätigen.

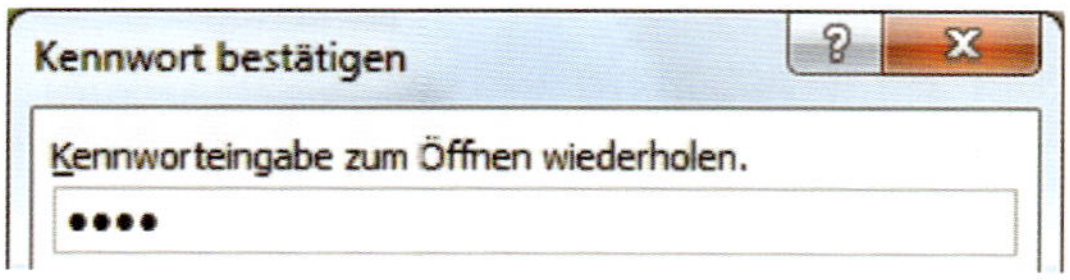

- In die nicht gesperrten Zellen können Sie weiterhin Werte usw. eingeben. Gesperrte Zellen können nicht ausgewählt werden. Daher können auch keine Änderungen vorgenommen werden.

4.8.2 Aufheben des Schutzes

Das Aufheben des Schutzes ist notwendig, wenn der Ersteller Änderungen vornehmen will.

Bearbeitungsschritte:

- Klicken Sie im Register **Überprüfen** in der Gruppe **Änderungen** die Schaltfläche **Blattschutz aufheben** an.

- Geben Sie in dem folgenden Fenster **Blattschutz aufheben** das gewählte Kennwort ein. Der Blattschutz wird dadurch aufgehoben. Deaktivieren Sie gegebenenfalls das Kontrollkästchen **Gesperrt**. Klicken Sie danach die Schaltfläche **OK** an.

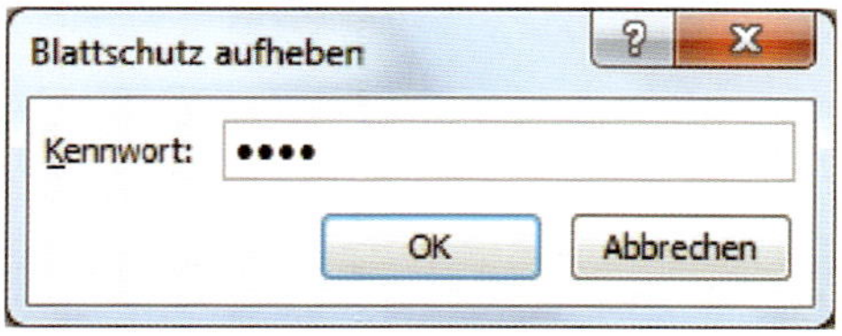

4.8.3 Blattschutz mit Eingabemöglichkeit und nicht sichtbaren Formeln

Oftmals sollen Berechnungsmethoden, Formeln und Funktionen in Tabellen für den Benutzer nicht nachvollziehbar sein. Daher können diese Elemente ausgeblendet werden.

Bearbeitungsschritte:

- Laden Sie gegebenenfalls die Mappe *Umsatz_Absolut*.
- Markieren Sie zunächst die Zelle **E13**, drücken Sie danach die Taste [**Strg**] und markieren Sie anschließend bei gedrückter Taste [**Strg**] die Zellen **B6** bis **C9**. In diese Zellen sollen Eingaben gemacht werden.
- Klicken Sie im Register **Start** in der Gruppe **Zellen** die Schaltfläche **Format** an. Wählen Sie dann den Menüpunkt **Zellen formatieren**.

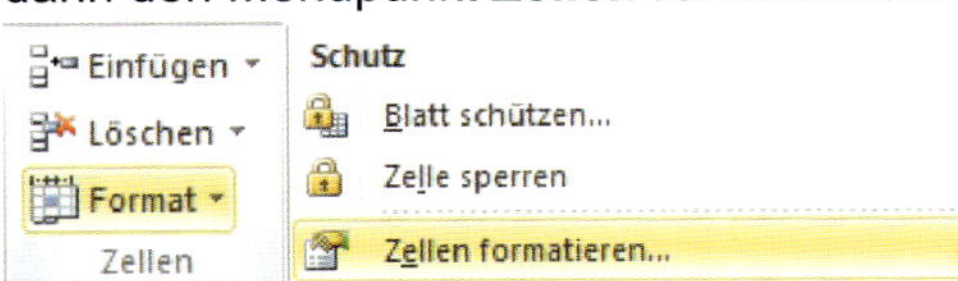

- Deaktivieren Sie gegebenenfalls das Kontrollkästchen **Gesperrt**. Klicken Sie danach die Schaltfläche **OK** an.

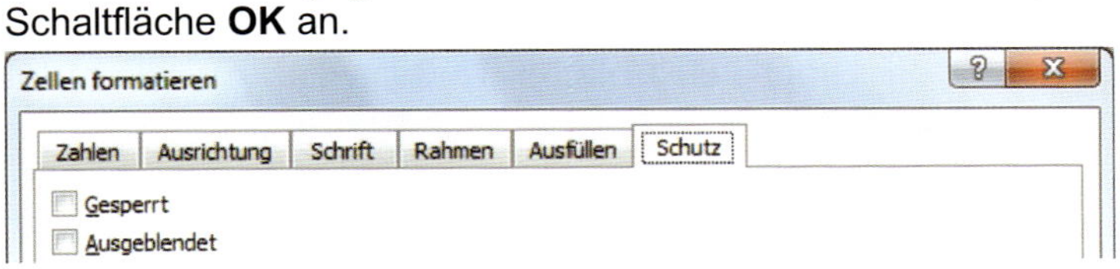

- Markieren Sie die Zellen **D6** bis **E9** und **D11** bis **E11**. In diesen Zellen sollen Formeln unsichtbar gemacht werden.

	A	B	C	D	E
1					
2		Umsatzberechnung 2010			
3					
4		Menge	Preis	Umsatz	Provision
5					
6	Vertreter A	200	20	4000	600
7	Vertreter B	100	15	1500	225
8	Vertreter C	80	30	2400	360
9	Vertreter D	150	10	1500	225
10					
11	Gesamtumsatz			9400	1410
12					
13	Provisionssatz in %				15

- Klicken Sie im Register **Start** in der Gruppe **Zellen** die Schaltfläche **Format** an. Wählen Sie dann den Menüpunkt **Zellen formatieren**. Aktivieren Sie das Kontrollkästchen **Gesperrt** und **Ausgeblendet**. Klicken Sie danach die Schaltfläche **OK** an.

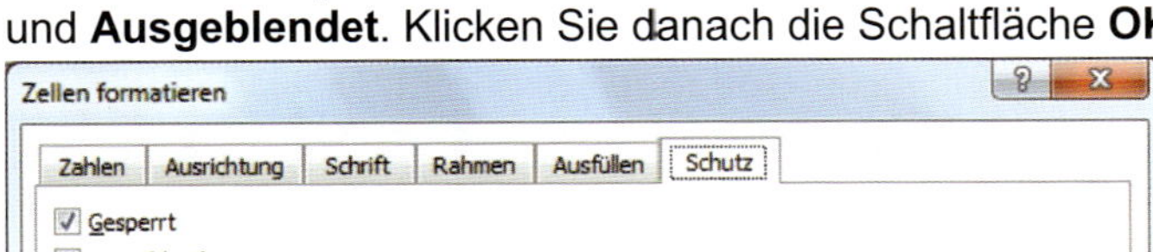

- Schützen Sie danach das Blatt wie beschrieben über die Schaltfläche **Blatt schützen** in der Gruppe **Änderungen** im Register **Überprüfen**.
- Sie können danach in den dafür vorgesehenen Zellen Eingaben vornehmen, die restlichen Zellen sind gesperrt, Formeln werden nicht angezeigt.

4.9 Daten

4.9.1 Sortieren von Daten

Sortieren von Daten nach einem Kriterium

Für verschiedene Probleme kann es notwendig sein, dass Daten sortiert werden sollen. Es kann z. B. interessant sein, die Vertreter nach dem erzielten Umsatz auszugeben.

Bearbeitungsschritte:

- Laden Sie die Arbeitsmappe *Umsatz1* und speichern Sie die Arbeitsmappe unter dem Namen *Umsatz_Sortieren* wieder ab. Markieren Sie den Bereich **A6** bis **E9**.

	A	B	C	D
4		Menge	Preis	Umsatz
5				
6	Vertreter A	200	20	4000
7	Vertreter C	80	30	2400
8	Vertreter B	100	15	1500
9	Vertreter D	150	10	1500

- Klicken Sie im Register **Start** in der Gruppe **Bearbeiten** die Schaltfläche **Sortieren und Filtern** an. Wählen Sie den Menüpunkt **Benutzerdefiniertes Sortieren**.

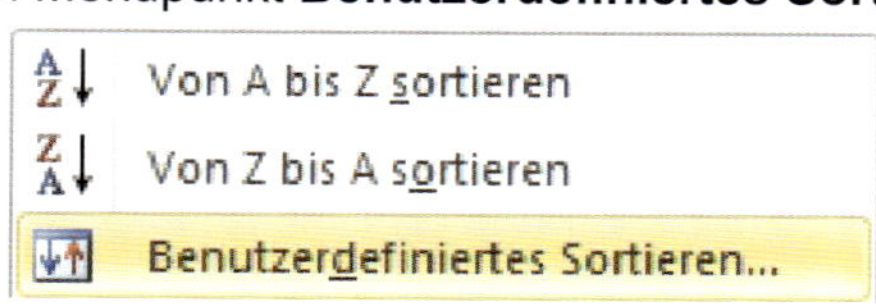

- Geben Sie die Spalte an, nach der zunächst sortiert werden soll, also z. B. die Spalte D, in der der Umsatz berechnet worden ist. Wird eine absteigende Sortierung vorgenommen, so wird der Vertreter mit dem höchsten Umsatz als Erster angezeigt.

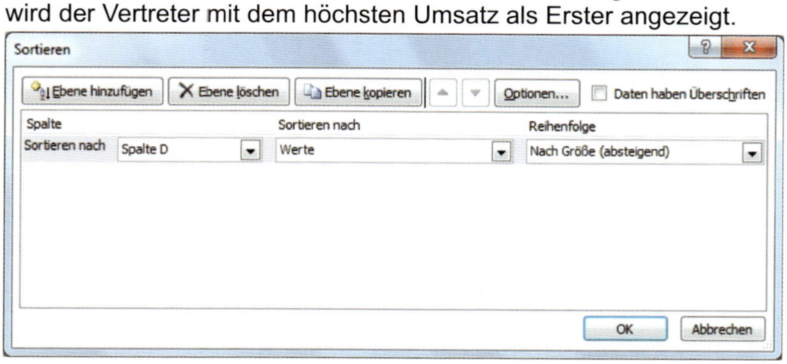

- Mithilfe der Schaltfläche **Ebene hinzufügen** können Sie eine weitere Sortierreihenfolge hinzufügen. Nach Anklicken der Schaltfläche **Optionen** können Einstellungen vorgenommen werden, etwa ob nach Zeilen oder nach Spalten sortiert werden soll.
- Das Ergebnis zeigt eine korrekte Sortierung nach dem Umsatz der Vertreter:

	A	B	C	D
6	Vertreter A	200	20	4000
7	Vertreter C	80	30	2400
8	Vertreter B	100	15	1500
9	Vertreter D	150	10	1500

Sortieren von Daten nach mehreren Kriterien

Oftmals reicht eine normale Sortierung nicht aus. Vielmehr sollen die Daten nach mehreren Kriterien sortiert werden, beispielsweise soll zunächst nach dem Umsatz und wenn dieser gleich ist, nach der umgesetzten Menge sortiert werden.

Bearbeitungsschritte:

- Laden Sie die Arbeitsmappe *Umsatz* und speichern Sie sie unter dem Namen *Umsatz_Sortieren_2* wieder ab.
- Markieren Sie den Bereich **A6** bis **D9**. Klicken Sie danach im Register **Daten** in der Gruppe **Sortieren und Filtern** die Schaltfläche **Sortieren** an.

- Legen Sie im Fenster **Sortieren** das erste Sortierkriterium wie angegeben fest.

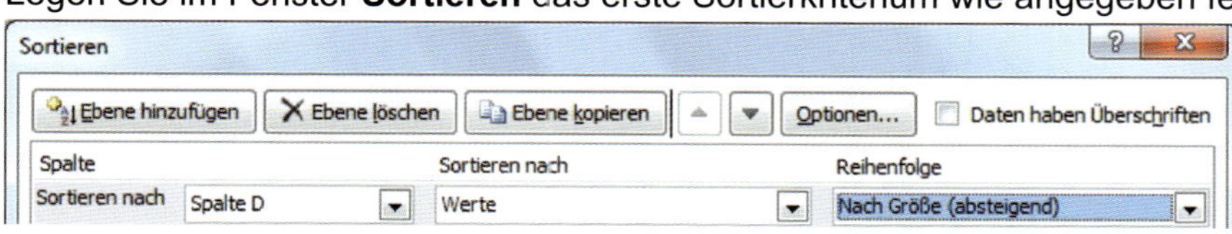

- Klicken Sie danach die Schaltfläche **Ebene hinzufügen** an. Geben Sie das zweite Sortierkriterium an.

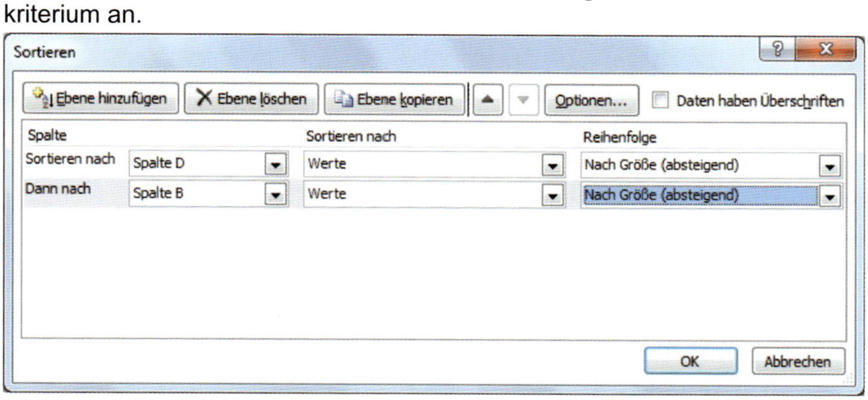

- Das Ergebnis sieht folgendermaßen aus:

	A	B	C	D
1				
2		Umsatzberechnung 2010		
3				
4		Menge	Preis	Umsatz
5				
6	Vertreter A	200	20	4000
7	Vertreter C	80	30	2400
8	Vertreter D	150	10	1500
9	Vertreter B	100	15	1500

- Über die Schaltflächen **Ebene hinzufügen**, **Ebene löschen**, **Ebene kopieren** und über die Pfeile nach oben und nach unten können Sie das Ergebnis nach Markierung des sortierten Bereichs und Anklicken der Schaltfläche **Sortieren** beeinflussen.

Sortierung nach Sortierlisten

Neben der Standardsortierung ist eine Sortierung mithilfe von Sortierlisten möglich. Diese Listen sind teilweise bereits vorhanden, können jedoch auch problemlos erstellt werden.

Bearbeitungsschritte:

- Erstellen Sie die folgende Tabelle. Speichern Sie sie unter dem Namen *Monate* ab.

	A	B	C	D	E
4	April	345			
5	Mai	456			
6	Januar	123			
7	September	347			
8	Februar	432			

- Klicken Sie im Register **Start** in der Gruppe **Bearbeiten** die Schaltfläche **Sortieren und Filtern** an. Wählen Sie dann den Menüpunkt **Benutzerdefiniertes Sortieren**.

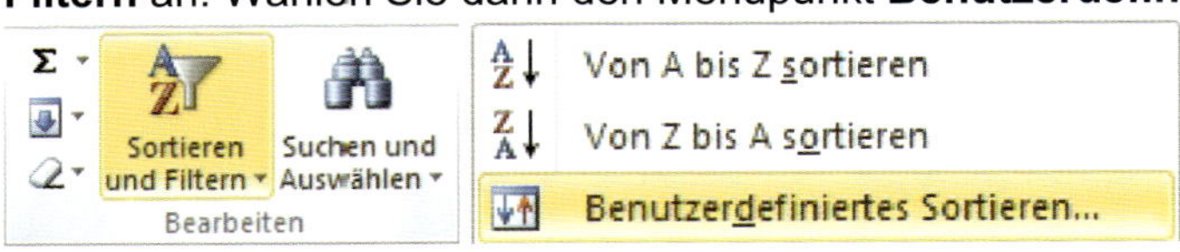

- Sortieren Sie wie angegeben:

- Automatisch wird das nächste Fenster aufgerufen. Wählen Sie folgende Option aus:

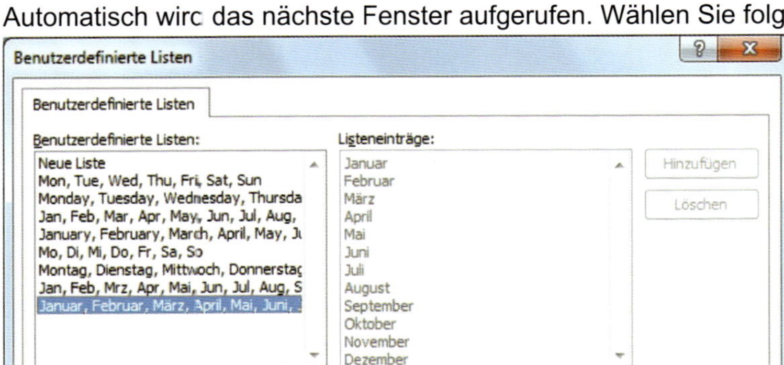

- Nach Anklicken der Schaltfläche **OK** wird die Tabelle wie gewünscht sortiert:

	A	B	C	D	E
4	Januar	123			
5	Februar	432			
6	April	345			

- Neue benutzerdefinierte Sortierreihenfolgen können Sie im Fenster **Benutzerdefinierte Listen** nach Anklicken der Option **Neue Liste** hinzufügen. Diese Listen stehen dann für die gewünschten Zwecke zur Verfügung.

4.9.2 Filtern von Daten

Anlegen eines Datenbestands

Sollen Daten gefiltert werden, müssen sie in einer Tabelle zur Verfügung stehen. In der ersten Zeile sind die Überschriften (Datenfeldbezeichnungen) einzutragen.

Bearbeitungsschritte:

- Geben Sie die folgenden Datenfeldbezeichnungen und Datensätze ein. Speichern Sie die Arbeitsmappe unter dem Namen *Lager*.

	A	B	C	D	E	F
1	Artikel_Nr	Artikelart	Artikel_Bez	Bestand	Einkaufspreis	Verkaufspreis
2	1000	Schreibtisch	Gabriele	5	800,00 €	1.365,00 €
3	1001	Schreibtisch	Modern	10	456,00 €	735,00 €
4	1002	Schreibtisch	Exklusiv	20	1.250,00 €	1.848,00 €
5	1003	Büroschrank	Elegant		2.400,00 €	3.190,00 €
6	1004	Büroschrank	Aktuell	17	897,00 €	1.345,00 €
7	1005	Büroschrank	Elegant	12	2.400,00 €	3.724,50 €
8	1006	Drucker	Stil	8	1.300,00 €	1.972,95 €
9	1007	Drucker	Klassic	12	2.900,00 €	4.305,00 €
10	2000	Scanner	Swift	8	1.578,00 €	2.198,00 €
11	2001	Scanner	Akura		2.790,00 €	3.700,00 €
12	3000	Computer	AGIB HS	10	3.322,93 €	3.980,00 €
13	3001	Computer	Trup AK	5	3.576,00 €	4.190,00 €
14	3002	Computer	Ambro Super	21	3.454,98 €	4.050,00 €

Ausgeben von Daten nach Kriterien

Ausgeben von Daten nach einem Kriterium mit dem AutoFilter

Das Ausgeben von Daten nach bestimmten Kriterien, z. B. nach *Computern* oder *Druckern*, wird auch als Filtern von Daten bezeichnet.

Bearbeitungsschritte:

- Markieren Sie den Bereich **A1** bis **F14**. Klicken Sie im Register **Start** in der Gruppe **Bearbeiten** die Schaltfläche **Sortieren und Filtern** an. Wählen Sie danach den Menüpunkt **Filtern**.

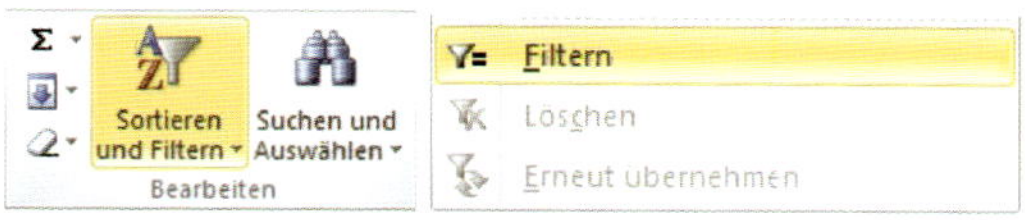

- Das Ergebnis sieht folgendermaßen aus:

	A	B	C	D	E	F
1	Artikel_Nr	Artikelart	Artikel_Bez	Bestand	Einkaufspreis	Verkaufspreis
2	1000	Schreibtisch	Gabriele	5	800,00 €	1.365,00 €
3	1001	Schreibtisch	Modern	10	456,00 €	735,00 €
4	1002	Schreibtisch	Exklusiv	20	1.250,00 €	1.848,00 €
5	1003	Büroschrank	Elegant		2.400,00 €	3.190,00 €
6	1004	Büroschrank	Aktuell	17	897,00 €	1.345,00 €
7	1005	Büroschrank	Elegant	12	2.400,00 €	3.724,50 €
8	1006	Drucker	Stil	8	1.300,00 €	1.972,95 €
9	1007	Drucker	Klassic	12	2.900,00 €	4.305,00 €
10	2000	Scanner	Swift	8	1.578,00 €	2.198,00 €
11	2001	Scanner	Akura		2.790,00 €	3.700,00 €
12	3000	Computer	AGIB HS	10	3.322,93 €	3.980,00 €
13	3001	Computer	Trup AK	5	3.576,00 €	4.190,00 €
14	3002	Computer	Ambro Super	21	3.454,98 €	4.050,00 €

Bearbeitungsschritte (Fortsetzung):

- Durch Anklicken des Pfeils (▾) neben dem Begriff **Artikelart** werden einzelne Artikelarten wie z. B. *Computer* angezeigt. Wählen Sie die folgende Option aus:

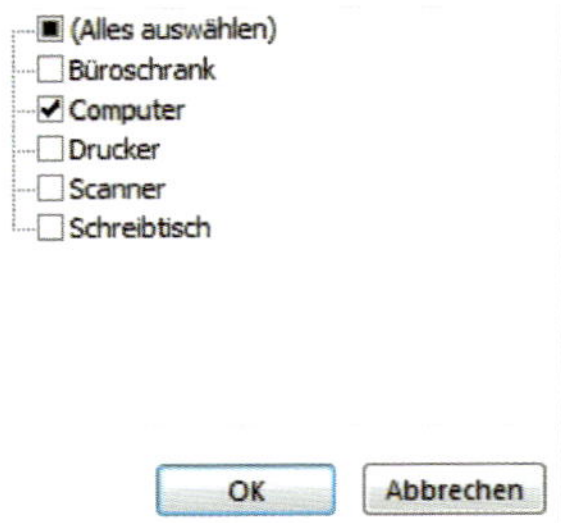

- Nach dem Anklicken der **Artikelart** *Computer* werden alle Computer angezeigt.

	A	B	C	D	E	F
1	Artikel_Nr	Artikelart	Artikel_Bez	Bestand	Einkaufspreis	Verkaufspreis
12	3000	Computer	AGIB HS	10	3.322,93 €	3.980,00 €
13	3001	Computer	Trup AK	5	3.576,00 €	4.190,00 €
14	3002	Computer	Ambro Super	21	3.454,98 €	4.050,00 €

- Klicken Sie danach den Pfeil nach unten an. Nach Wahl der Option **Alles auswählen** werden alle Datensätze wieder angezeigt. Über die Schaltfläche **Sortieren und Filtern** und Wahl des Menüpunkts **Filtern** werden die Pfeile wieder entfernt.

Ausgeben von Daten mit dem Textfilter

Mithilfe eines Standardfilters kann eine differenzierte Auswahl durchgeführt werden.

Bearbeitungsschritte:

- Markieren Sie den Bereich **A1** bis **F14**. Klicken Sie danach im Register **Start** in der Gruppe **Bearbeiten** die Schaltfläche **Sortieren und Filtern** an. Wählen Sie danach den Menüpunkt **Filtern**.

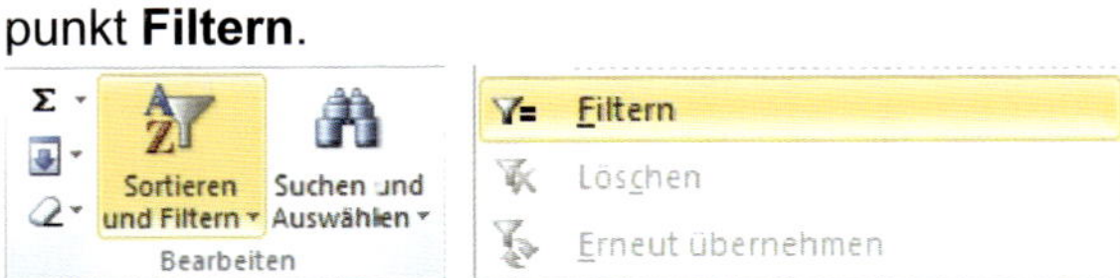

- Klicken Sie den Pfeil nach unten neben dem Einkaufspreis an. Wählen Sie die Option **Textfilter/Benutzerdefinierter AutoFilter**.

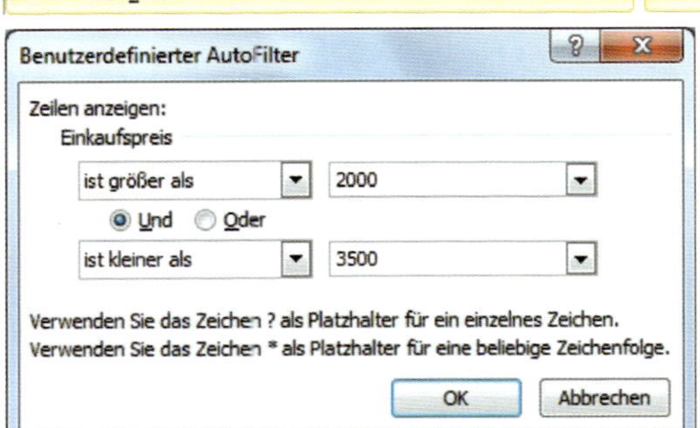

- Als Ergebnis werden die Datensätze angezeigt, die den Kriterien entsprechen.

Ausgeben von Daten mit einem Spezialfilter

Durch die Definition eines Spezialfilters ist die Ausgabe von Daten nach unterschiedlichsten Kriterien möglich, sodass praktisch jedes Ergebnis erreicht werden kann. Die Erstellung eines Spezialfilters erfordert eine ganz genaue Beachtung der Eingabe der entsprechenden Bedingungen. Daher soll die Eingabe genau beschrieben werden.

Bearbeitungsschritte:

- Laden Sie die Mappe *Lager*. Speichern Sie sie unter dem Namen *Lager_Filter* ab.
- Tragen Sie die Datenfeldbezeichnungen und die gewünschten Kriterien an einer beliebigen Stelle in der Tabelle ein. Dabei kann, wie im angegebenen Beispiel, ein Datenfeld mehrere Male angegeben werden. Dadurch können also mehrere Bedingungen in einem Datenfeld überprüft werden.

	A	B	C	D	E
17	Artikelart	Verkaufspreis	Verkaufspreis		
18	Büroschrank	>=2000	<=3500		

- Markieren Sie den Bereich **A1** bis **F14**, in dem alle Daten und die Datenfeldbezeichnungen stehen. Klicken Sie danach im Register **Daten** in der Gruppe **Sortieren und Filtern** die Schaltfläche **Erweitert** an.

- Im Listenbereich müsste bereits der markierte Bereich **A1** bis **F14** angegeben sein. Als Kriterienbereich geben Sie den Bereich **A17** bis **C18** an, in dem die Datenfeldbezeichnungen und die Kriterien eingetragen worden sind.

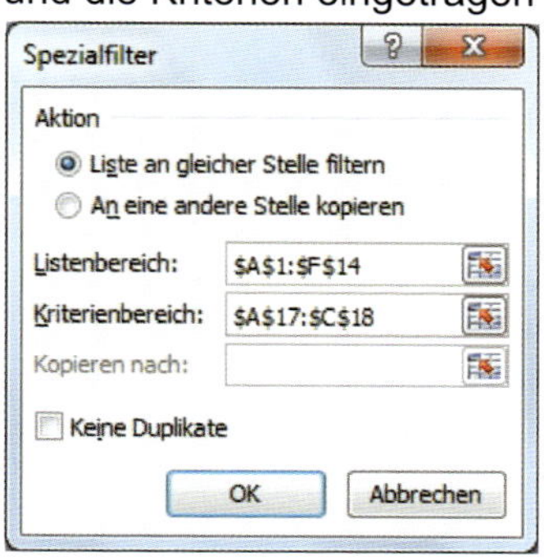

- Als Ergebnis wird der Büroschrank ausgegeben, der den angegebenen Bedingungen im Hinblick auf den Verkaufspreis entspricht. Der andere Büroschrank wird nicht ausgegeben, weil der Verkaufspreis zu gering ist.

	A	B	C	D	E	F
1	Artikel_Nr	Artikelart	Artikel_Bez	Bestand	Einkaufspreis	Verkaufspreis
5	1003	Büroschrank	Elegant	12	2.400,00 €	3.190,00 €
15						
16						
17	Artikelart	Verkaufspreis	Verkaufspreis			
18	Büroschrank	>=2000	<=3500			

- Klicken Sie im Register **Daten** in der Gruppe **Sortieren und Filtern** die Schaltfläche **Löschen** an, um alle Datensätze wieder auf dem Bildschirm anzuzeigen.

Teilergebnisse

Innerhalb einer Datenbank lassen sich Teilergebnisse ausgeben. Damit können auf einfache Weise Daten einer Tabelle ausgewertet werden.

Bearbeitungsschritte:

- Laden Sie die Mappe *Lager* und speichern Sie sie unter dem Namen *Lager1* ab.
- Berechnen Sie zusätzlich den Gesamteinkaufspreis.

	A	B	C	D	E	F	G
1	Artikel_Nr	Artikelart	Artikel_Bez	Bestand	Einkaufspreis	Verkaufspreis	Gesamtverkaufspreis
2	1000	Schreibtisch	Gabriele	5	800,00 €	1.365,00 €	4.000,00 €
3	1001	Schreibtisch	Modern	10	456,00 €	735,00 €	4.560,00 €
4	1002	Schreibtisch	Exklusiv	20	1.250,00 €	1.848,00 €	25.000,00 €
5	1003	Büroschrank	Elegant		2.400,00 €	3.190,00 €	0,00 €
6	1004	Büroschrank	Aktuell	17	897,00 €	1.345,00 €	15.249,00 €
7	1005	Büroschrank	Elegant	12	2.400,00 €	3.724,50 €	28.800,00 €
8	1006	Drucker	Stil	8	1.300,00 €	1.972,95 €	10.400,00 €
9	1007	Drucker	Klassic	12	2.900,00 €	4.305,00 €	34.800,00 €
10	2000	Scanner	Swift	8	1.578,00 €	2.198,00 €	12.624,00 €
11	2001	Scanner	Akura	4	2.790,00 €	3.700,00 €	11.160,00 €
12	3000	Computer	AGIB HS	10	3.322,93 €	3.980,00 €	33.229,30 €
13	3001	Computer	Trup AK		3.576,00 €	4.190,00 €	0,00 €
14	3002	Computer	Ambro Super	21	3.454,98 €	4.050,00 €	72.554,58 €

- Markieren Sie den Bereich **A1** bis **G14**. Klicken Sie danach im Register **Daten** in der Gruppe **Gliederung** die Schaltfläche **Teilergebnis** an.

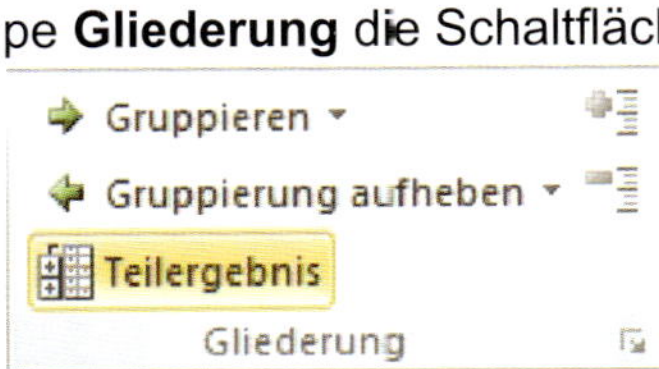

- Stellen Sie ein, dass die Summe der Bestände und der Gesamteinkaufspreise gruppiert nach der Artikelart ausgegeben werden soll.

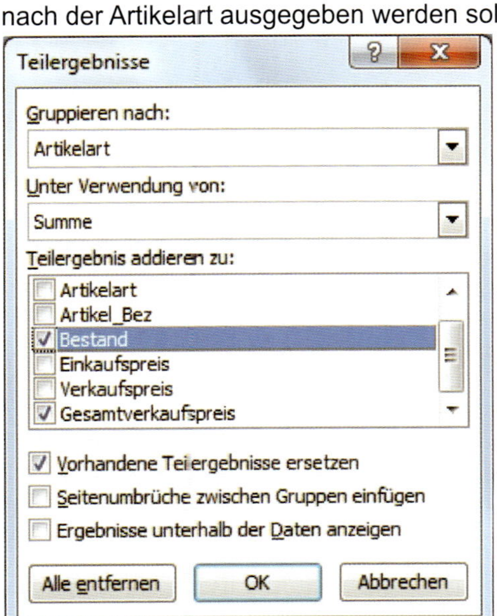

Bearbeitungsschritte (Fortsetzung):

- Das Ergebnis sieht folgendermaßen aus:

	A	B	C	D	E	F	G
1	Artikel_Nr	Artikelart	Artikel_Bez	Bestand	Einkaufspreis	Verkaufspreis	Gesamtverkaufspreis
2		**Gesamtergebnis**		127			252.376,88 €
3		**Schreibtisch**		35			33.560,00 €
4	1000	Schreibtisch	Gabriele	5	800,00 €	1.365,00 €	4.000,00 €
5	1001	Schreibtisch	Modern	10	456,00 €	735,00 €	4.560,00 €
6	1002	Schreibtisch	Exklusiv	20	1.250,00 €	1.848,00 €	25.000,00 €
7		**Büroschrank**		29			44.049,00 €
8	1003	Büroschrank	Elegant		2.400,00 €	3.190,00 €	0,00 €
9	1004	Büroschrank	Aktuell	17	897,00 €	1.345,00 €	15.249,00 €
10	1005	Büroschrank	Elegant	12	2.400,00 €	3.724,50 €	28.800,00 €
11		**Drucker Ergebnis**		20			45.200,00 €
12	1006	Drucker	Stil	8	1.300,00 €	1.972,95 €	10.400,00 €
13	1007	Drucker	Klassic	12	2.900,00 €	4.305,00 €	34.800,00 €
14		**Scanner Ergebnis**		12			23.784,00 €
15	2000	Scanner	Swift	8	1.578,00 €	2.198,00 €	12.624,00 €
16	2001	Scanner	Akura	4	2.790,00 €	3.700,00 €	11.160,00 €
17		**Computer Ergebnis**		31			105.783,88 €
18	3000	Computer	AGIB HS	10	3.322,93 €	3.980,00 €	33.229,30 €
19	3001	Computer	Trup AK		3.576,00 €	4.190,00 €	0,00 €
20	3002	Computer	Ambro Super	21	3.454,98 €	4.050,00 €	72.554,58 €

- Klicken Sie auf die Zahl *2* in der linken Ecke des Tabellenbereichs. Der Gesamtbestand und die Bestände der einzelnen Artikelarten werden angezeigt:

	A	B	C	D	E	F	G
1	Artikel_Nr	Artikelart	Artikel_Bez	Bestand	Einkaufspreis	Verkaufspreis	Gesamtverkaufspreis
2		**Gesamtergebnis**		127			252.376,88 €
3		**Schreibtisch**		35			33.560,00 €
7		**Büroschrank**		29			44.049,00 €
11		**Drucker Ergebnis**		20			45.200,00 €
14		**Scanner Ergebnis**		12			23.784,00 €
17		**Computer Ergebnis**		31			105.783,88 €

- Durch Anklicken der Pluszeichen können Sie einzelne Artikel einblenden, beispielsweise alle Computer oder Drucker.
- Klicken Sie auf die Zahl *1* in der linken Ecke des Tabellenbereichs. Der Gesamtbestand wird angezeigt:

	A	B	C	D	E	F	G
1	Artikel_Nr	Artikelart	Artikel_Bez	Bestand	Einkaufspreis	Verkaufspreis	Gesamtverkaufspreis
2		**Gesamtergebnis**		127			252.376,88 €

- Im Fenster **Teilergebnisse** können Sie die Anzeige der Teilergebnisse wieder entfernen, indem Sie die Schaltfläche **Alle entfernen** anklicken.

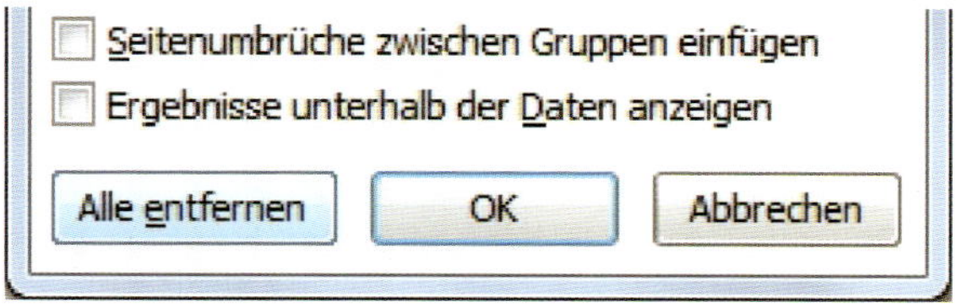

- Auch andere Einstellungen, die das dargestellte Ergebnis beeinflussen, lassen sich in dem Fenster **Teilergebnisse** realisieren.
- Probieren Sie einige andere Berechnungen aus. In weiteren Versuchen können Sie beispielsweise Maximal-, Minimal- oder Durchschnittswerte ermitteln.

4.10 Verknüpfen von Daten und Diagrammen

4.10.1 Vorbemerkungen

Die Verknüpfung von Daten erlaubt es, aktuelle Daten aus anderen Tabellen, in anderen Arbeitsmappen zu nutzen. Daten werden problemlos eingefügt, die Verknüpfung von Diagrammen zwischen Arbeitsmappen ist problematisch. Die Verknüpfung von Diagrammen mit einer anderen Tabelle derselben Arbeitsmappe lässt sich durch eine Verschiebung des Diagramms in eine andere Tabelle erreichen. Dies wurde bereits im Kapitel *Diagramme* beschrieben.

Die Verknüpfung von Daten aus **Excel** mit Daten der Textverarbeitung **Word** wird im Kapitel *Datenaustausch* beschrieben.

4.10.2 Verknüpfung von Daten innerhalb der Tabellen einer Arbeitsmappe

Die Verknüpfung von Daten innerhalb einer oder mehrerer Tabellen in einer Arbeitsmappe entspricht im Wesentlichen dem normalen Übertragen eines Wertes in eine Zelle. Der gleiche Effekt lässt sich auch mithilfe des Gleichheitszeichens (***=D11***) erzielen.

Bearbeitungsschritte:

- Laden Sie die Mappe *Umsatz1* und speichern Sie die Arbeitsmappe unter dem Namen *Umsatz_Verknüpfung* wieder ab. Markieren Sie mit der Maus die Zelle **D11**.
- Klicken Sie im Register **Start** in der Gruppe **Zwischenablage** die Schaltfläche **Kopieren** an.

- Markieren Sie mit der Maus die Zelle **D13**. Klicken Sie danach im Register **Start** in der Gruppe **Zwischenablage** den Pfeil in der Schaltfläche **Einfügen** an. Klicken Sie die Schaltfläche **Verknüpfung einfügen** (zweite Schaltfläche von links) an.

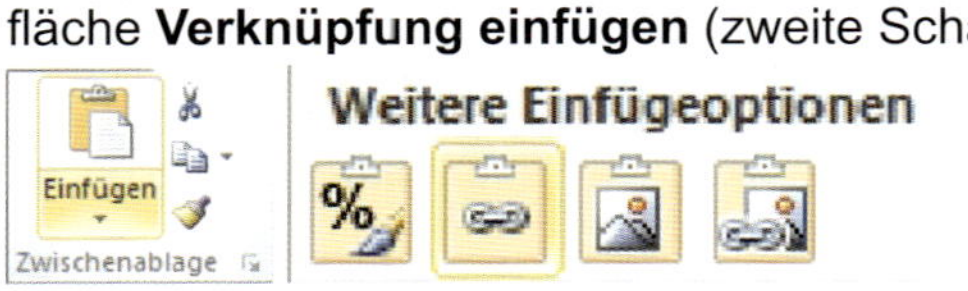

- Der Wert wird eingefügt:

	A	B	C	D	E
11	Gesamtumsatz			9400	
12					
13	Verknüpfte Daten			9400	

- Ändert sich nun der Wert in der Zelle **D11**, ändert sich automatisch auch der Wert in der Zelle **D13**.
- Kopieren Sie die Zelle **D11**. Klicken Sie die Tabelle *2* am Bildschirmrand an:

- Markieren Sie mit der Maus die Zelle **D2** in der Tabelle *2*. Klicken Sie im Register **Start** in der Gruppe **Zwischenablage** den Pfeil in der Schaltfläche **Einfügen** an. Klicken Sie die Schaltfläche **Verknüpfung einfügen** an. Der Wert wird eingefügt:

	A	B	C	D	E
2	Verknüpfte Daten			9400	

- Jede Änderung wird nun auch in der Zelle **D2** der Tabelle *2* vollzogen.

4.10.3 Verknüpfung von Daten zwischen zwei Arbeitsmappen

Die Verknüpfung von Daten zwischen zwei Arbeitsmappen ermöglicht umfangreiche Auswertungen des zur Verfügung stehenden Datenbestands. Beispielsweise ist es möglich, den Gesamtumsatz eines Unternehmens in einer separaten Tabelle zusammenzufassen.

Bearbeitungsschritte:

- Erstellen Sie die folgende Arbeitsmappe unter dem Namen *Umsatz_Betrieb*.

	A	B	C	D
1				
2	Umsatz Vertreter			
3	Umsatz Verkaufsabteilung			

- Laden Sie die Arbeitsmappe *Umsatz1* und speichern Sie die Arbeitsmappe unter dem Namen *Umsatz_Verknüpfung_2* wieder ab. Markieren Sie mit der Maus die Zelle **D11**.
- Klicken Sie im Register **Start** in der Gruppe **Zwischenablage** die Schaltfläche **Kopieren** an.

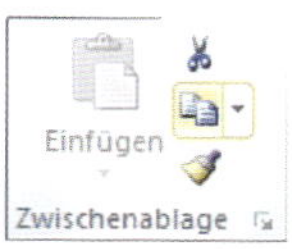

- Wechseln Sie zurück in die Arbeitsmappe *Umsatz_Betrieb*.
- Markieren Sie mit der Maus die Zelle **B2**. Klicken Sie danach im Register **Start** in der Gruppe **Zwischenablage** den Pfeil in der Schaltfläche **Einfügen** an. Klicken Sie dann die Schaltfläche **Verknüpfung einfügen** (zweite Schaltfläche von links) an.

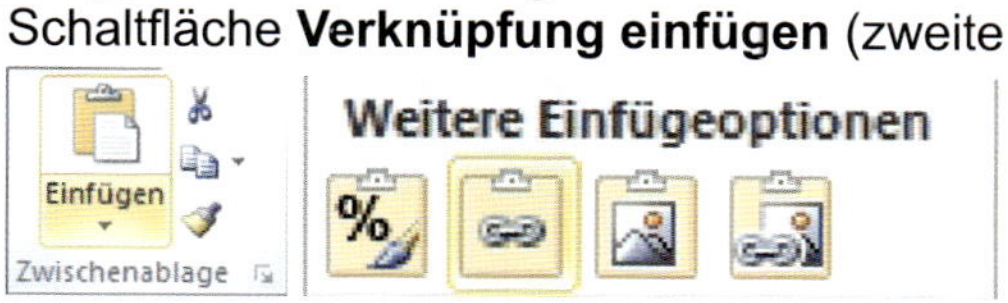

- Der Wert wird eingefügt. Die Datenquelle wird in der **Rechenleiste** angegeben.

B2 fx =[Umsatz_Verknüpfung_2.xlsx]Tabelle1!$D$11

	A	B	C	D
1				
2	Umsatz Vertreter	9400		

- Ändert sich nun der Wert in der Zelle **D11** der Tabelle *1* der Arbeitsmappe *Umsatz_Verknüpfung*, ändert sich automatisch auch der Wert in der Zelle **B2** der Tabelle 1 in der Arbeitsmappe *Umsatz_Betrieb*.

	A	B	C	D
11	Gesamtumsatz			7400

	A	B	C	D
1				
2	Umsatz Vertreter	7400		

- Eine Verknüpfung müsste selbstverständlich neu aufgebaut werden, wenn die Dateien auf einem anderen Computer genutzt werden sollen oder in andere Ordner kopiert werden.

4.11 Was-Wäre-Wenn-Analysen

4.11.1 Vorbemerkungen

Zur Analyse und Auswertung von Tabellen stellt das Programm mehrere mächtige Werkzeuge zur Verfügung. Es können Werte mithilfe der Zielwertsuche gesucht, Datentabellen zur Berechnung von Alternativwerten erstellt werden und Szenarien entwickelt werden, die Ergebnisse unterschiedlicher Konstellationen zur Verfügung stellen.

4.11.2 Zielwertsuche

Bei der Zielwertsuche wird ein Wert bestimmt, der verändert werden muss, damit ein bestimmtes Ergebnis erreicht wird. Beispielsweise soll ein Zinsertrag erreicht werden und durch eine Zielwertsuche das einzusetzende Kapital bestimmt werden. Oder es kann bei einem gegebenen Kapital der Zinssatz bestimmt werden, der zu einem bestimmten Zinsertrag führt.

Auch ist es möglich zu bestimmen, wie lange ein Kapital bei einem bestimmten Zinssatz angelegt werden muss, um einen bestimmten Zinsertrag zu erzielen.

Die zur Verfügung stehenden Alternativen machen daher die Zielwertsuche zu einem flexiblen und effektiven Instrument der Datenauswertung und Analyse.

Bearbeitungsschritte:

- Bauen Sie die folgende Tabelle auf:

	A	B
1		
2	Zinsberechnung	
3		
4	Kapital	200.000,00 €
5	Tage	180
6	Zinssatz	6
7		
8	Zinsen	6.000,00 €

- In der Zelle **B8** erfolgt die Berechnung mit der Zinsformel:

	A	B
8	Zinsen	=B4*B5*B6/(100*360)

- Markieren Sie die Zelle **B8**, in der ein Zielwert erreicht werden soll.
- Klicken Sie das Register **Daten** und dann in der Gruppe **Datentools** die Schaltfläche **Was-Wäre-Wenn-Analyse** an. Wählen Sie danach den Menüpunkt **Zielwertsuche**.

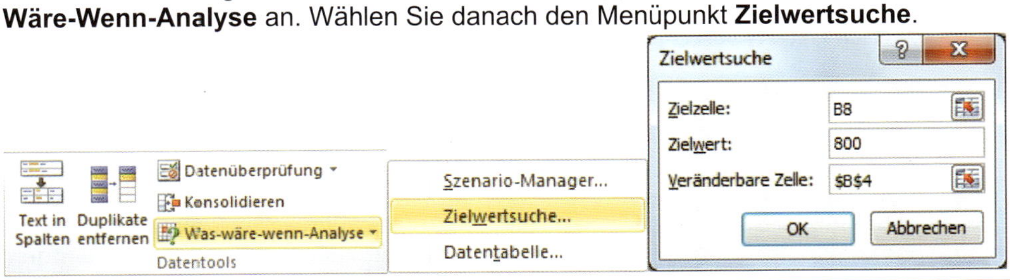

Bearbeitungsschritte (Fortsetzung):

- Als Ergebnis wird in der Zelle **B4** das Kapital angegeben, das eingesetzt werden muss, um den eingegebenen Zinsbetrag zu erhalten.

	A	B
4	Kapital	26.666,67 €
5	Tage	180
6	Zinssatz	6

- Der Vorteil der Zielwertsuche liegt darin, dass auch andere Werte durch die Zielwertsuche verändert werden können, also z. B. der Zinssatz. Oftmals führen erst mehrere Zielwertberechnungen zu einem vernünftigen Ergebnis.

4.11.3 Datentabellen (Mehrfachoperationen)

Durch Datentabellen, auch als Mehrfachoperationen bezeichnet, können Alternativrechnungen in der Hinsicht durchgeführt werden, dass z. B. die Auswirkungen einer Zinsänderung sofort angezeigt werden.

Nachfolgend wird eine Zinsberechnung durchgeführt. Die ermittelten Zinsen dienen als Grundlage für die Berechnung von Zinsen mit veränderten Zinssätzen. Damit ist es möglich, sofort die Auswirkungen verschiedener Alternativen zu erkennen.

Bearbeitungsschritte:

- Geben Sie die folgenden Daten ein. Berechnen Sie die Zinsen in der Zelle **B10**. Speichern Sie die Arbeitsmappe unter dem Namen *Datentabelle*.

	A	B	C	D	E
1					
2			Zinsen		
3					
4				Zinssatz	Zinsen
5					
6	Kapital	2.000,00 €			
7	Tage	180			
8	Zinssatz	6			
9					
10	Zinsen	60,00 €			

- Übernehmen Sie in die Zellen **D6** und **D10** die Werte aus den Zellen **B8** und **B10**.

	A	B	C	D	E
1					
2			Zinsen		
3					
4				Zinssatz	Zinsen
5					
6	Kapital	2.000,00 €		=B8	=B10

Bearbeitungsschritte (Fortsetzung):

- Tragen Sie in die Zellen **D7** bis **D12** die Zinssätze 1 bis 6 ein. Markieren Sie danach den Bereich **D6** bis **E12**.

	A	B	C	D	E
1					
2			Zinsen		
3					
4				Zinssatz	Zinsen
5					
6	Kapital	2.000,00 €		6	60,00 €
7	Tage	180		1	
8	Zinssatz	6		2	
9				3	
10	Zinsen	60,00 €		4	
11				5	
12				6	

- Klicken Sie im Register **Daten** in der Gruppe **Datentools** die Schaltfläche **Was-Wäre-Wenn-Analyse** an. Wählen Sie den Menüpunkt **Datentabelle**.

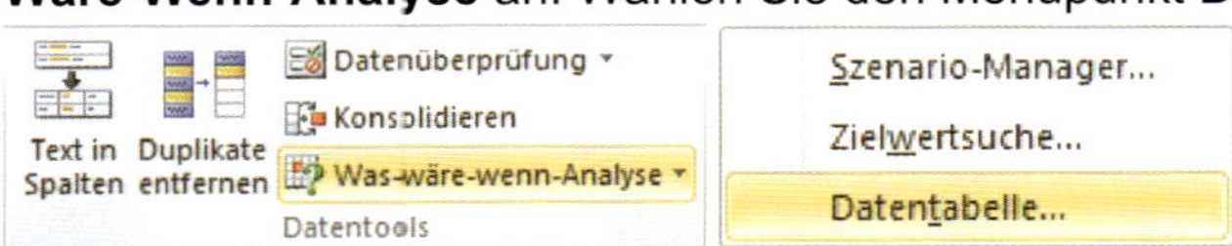

- Bestimmen Sie im Fenster **Datentabelle**, dass die Werte aus der Spalte **B8** (Zinssatz) entnommen werden sollen.

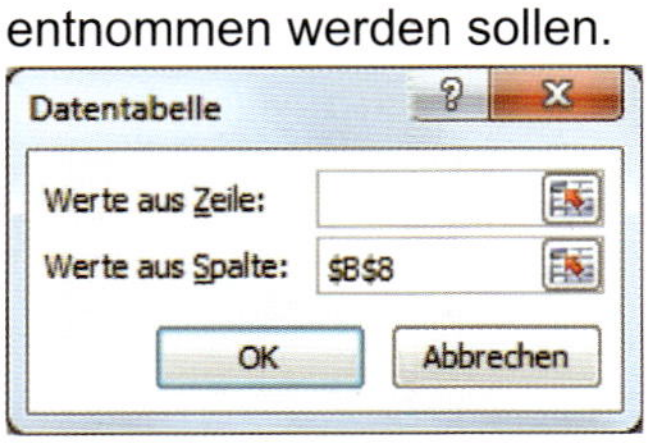

- Das richtige Ergebnis der Alternativberechnungen wird angezeigt. Formatieren Sie das Ergebnis.

	A	B	C	D	E
1					
2			Zinsen		
3					
4				Zinssatz	Zinsen
5					
6	Kapital	2.000,00 €		6	60,00 €
7	Tage	180		1	10,00 €
8	Zinssatz	6		2	20,00 €
9				3	30,00 €
10	Zinsen	60,00 €		4	40,00 €
11				5	50,00 €
12				6	60,00 €

4.11.4 Szenarien

Erstellen von Szenarien

Mithilfe von Szenarien können alternative Rechnungen angezeigt werden. Am Beispiel einer Bezugskalkulation soll eine Analyse durchgeführt werden, mit deren Hilfe verschiedene Angebote miteinander verglichen werden.

Bearbeitungsschritte:

- Erstellen Sie die folgende Tabelle. Im oberen Teil der Tabelle werden die Daten eingegeben. Im unteren Teil werden die Daten entweder aus dem oberen Teil übernommen und/ oder berechnet. Wichtig ist, dass im unteren Teil keine einzige Zahl eingegeben wird. Speichern Sie die Mappe unter dem Namen *Szenario_1* ab.

	A	B
1	Bezugskalkulation	
2		
3	Listenpreis	30.000,00 €
4	Rabatt (in %)	20
5	Skonto (in %)	2
6	Bezugskosten	345,00 €
7		
8	Listenpreis	30.000,00 €
9	- Rabatt	6.000,00 €
10	Zieleinkaufspreis	24.000,00 €
11	- Skonto	480,00 €
12	Bareinkaufspreis	23.520,00 €
13	+ Bezugskosten	345,00 €
14	Einstandspreis	23.865,00 €

- Klicken Sie im Register **Daten** in der Gruppe **Datentools** die Schaltfläche **Was-Wäre-Wenn-Analyse** an. Wählen Sie danach den Menüpunkt **Szenario-Manager**.

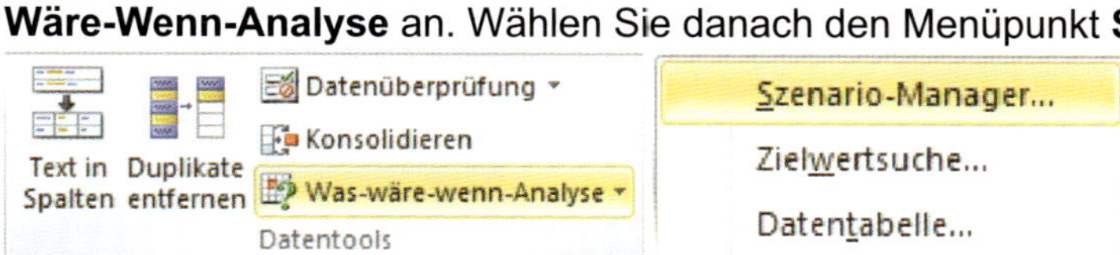

- Klicken Sie die Schaltfläche **Hinzufügen** im Fenster **Szenario-Manager** an.

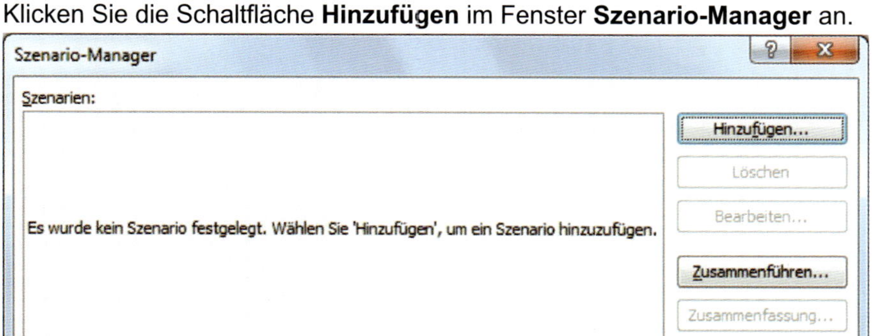

Bearbeitungsschritte (Fortsetzung):

- Legen Sie einen Namen für das erste Szenario fest. Bestimmen Sie die Zellen, die sich verändern können. Deaktivieren Sie die Schaltfläche **Änderungen verhindern**.

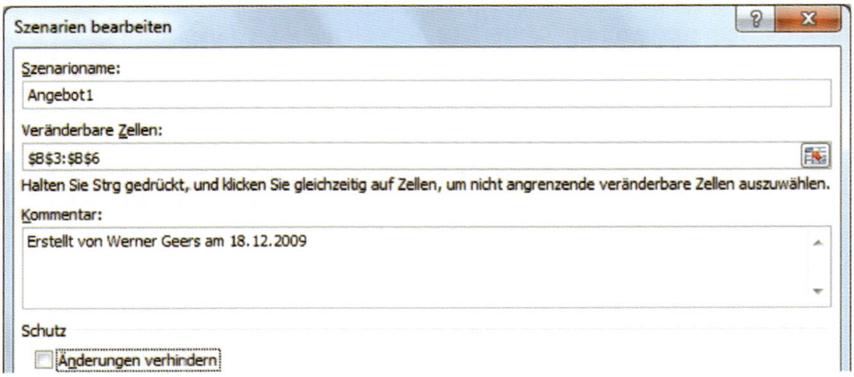

- Klicken Sie die Schaltfläche **OK** an. Die Werte des ersten Szenarios werden aus der Tabelle übernommen.

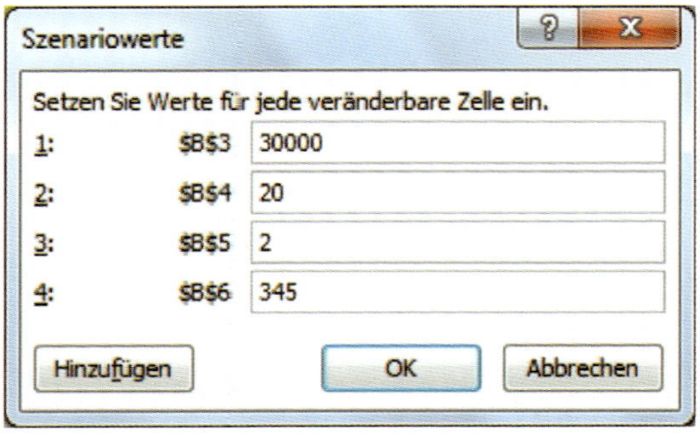

- Klicken Sie die Schaltfläche **Hinzufügen** an. Geben Sie danach im nächsten Fenster den Namen *Angebot2* an.

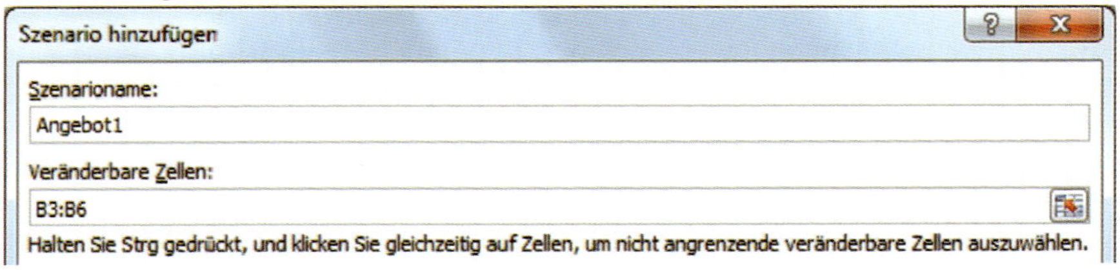

- Geben Sie im nächsten Fenster die Daten des zweiten Szenarios ein:

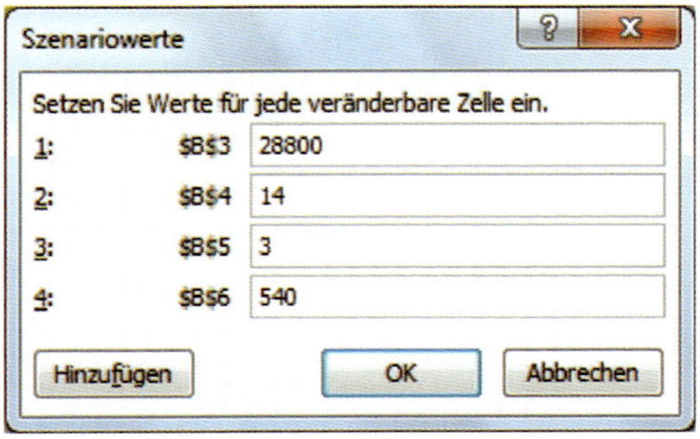

Bearbeitungsschritte (Fortsetzung):

- Fügen Sie wie beschrieben ein weiteres Szenario unter dem Namen *Angebot3* ein.

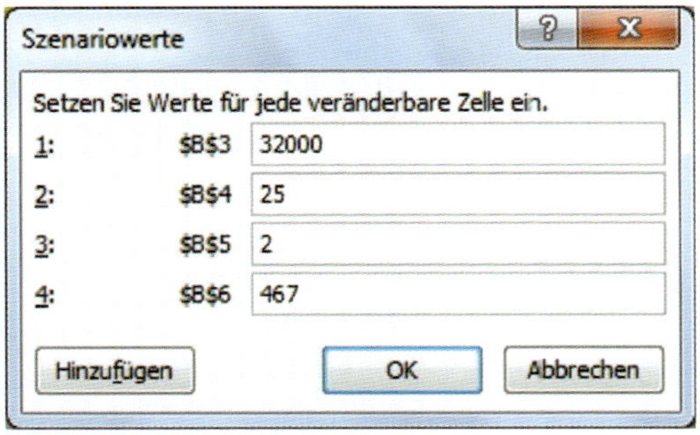

- Klicken Sie danach die Schaltfläche **OK** an. Das Fenster **Szenario-Manager** wird eingeblendet:

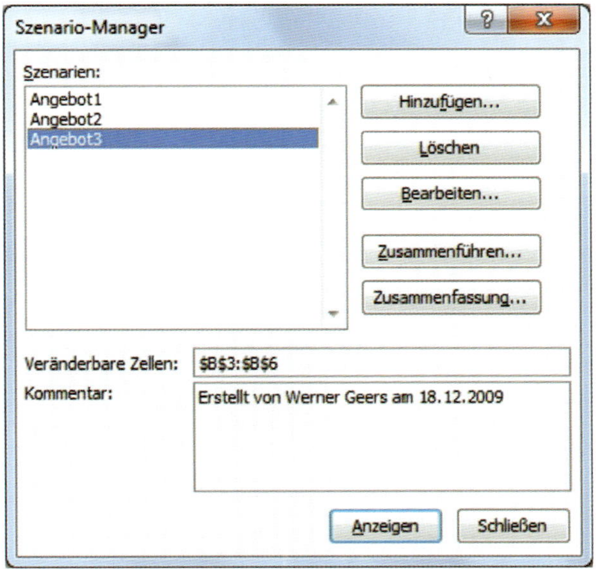

- Um sich die einzelnen Szenarien in der Tabelle ansehen zu können, müssen Sie ein Szenario im Fenster markieren und die Schaltfläche **Anzeigen** anklicken. Die jeweilige Berechnung wird angezeigt. Alternativ können Sie die Szenarien auch durch einen Doppelklick aufrufen.

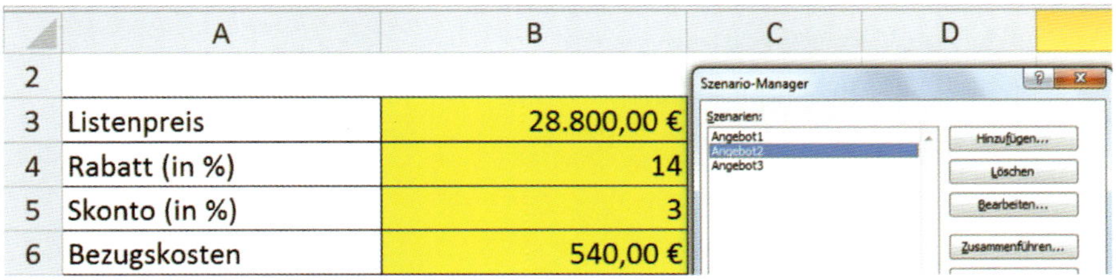

- Über die Schaltflächen **Hinzufügen**, **Löschen** und **Bearbeiten** werden neue Szenarien eingefügt, gelöscht oder verändert.
- Nach dem Schließen des Fensters können Sie die Bearbeitung jederzeit wieder über die Schaltfläche **Was-Wäre-Wenn-Analyse** aufnehmen.

Auswertung der Daten

Die Szenarien werden zur Grundlage verschiedener Auswertungen.

Bearbeitungsschritte:

- Klicken Sie im Register **Daten** in der Gruppe **Datentools** die Schaltfläche **Was-Wäre-Wenn-Analyse** an. Wählen Sie danach den Menüpunkt **Szenario-Manager**.

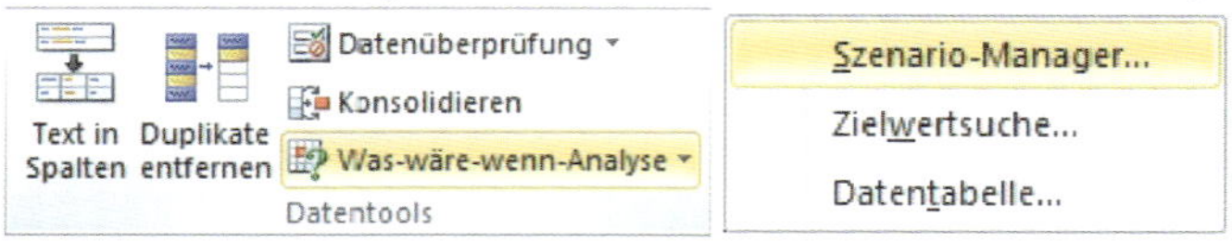

- Klicken Sie im Fenster **Szenario-Manager** die Schaltfläche **Zusammenfassung** an. Im Fenster **Szenariobericht** werden Ergebniszellen gewählt, die die Grundlage des Berichts darstellen.

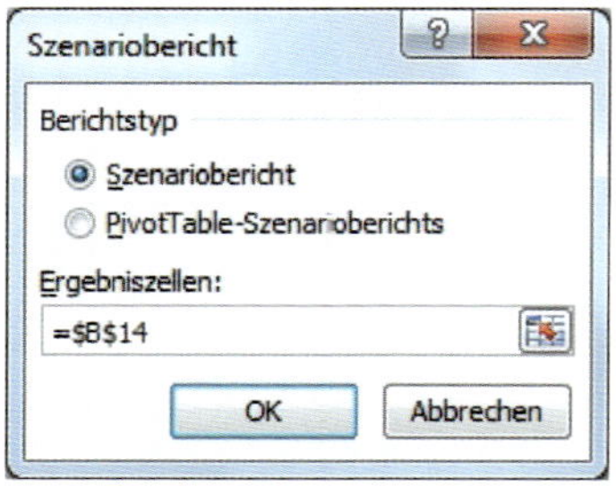

- Als Ergebnis werden der aktuelle Wert (in diesem Fall nach Auswahl des Szenarios **Angebot1**) und die zur Verfügung stehenden Szenarien angezeigt:

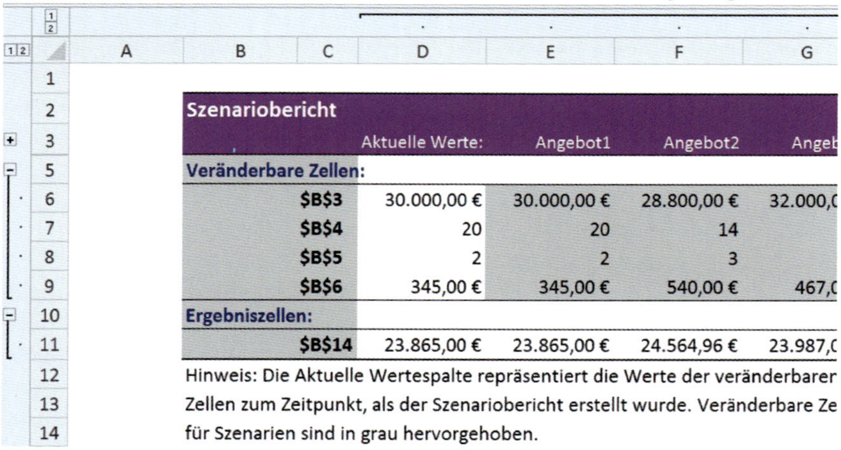

Szenariobericht					
		Aktuelle Werte:	Angebot1	Angebot2	Angeb
Veränderbare Zellen:					
	$B$3	30.000,00 €	30.000,00 €	28.800,00 €	32.000,(
	$B$4	20	20	14	
	$B$5	2	2	3	
	$B$6	345,00 €	345,00 €	540,00 €	467,(
Ergebniszellen:					
	$B$14	23.865,00 €	23.865,00 €	24.564,96 €	23.987,(

Hinweis: Die Aktuelle Wertespalte repräsentiert die Werte der veränderbarer Zellen zum Zeitpunkt, als der Szenariobericht erstellt wurde. Veränderbare Ze für Szenarien sind in grau hervorgehoben.

- Erstellen Sie einen weiteren Szenariobericht. Wählen Sie folgende Ergebniszellen:

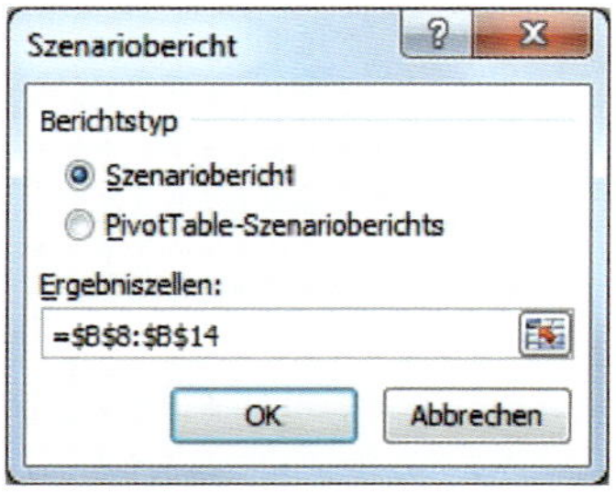

Bearbeitungsschritte (Fortsetzung):

- Das Ergebnis sieht wie nachfolgend dargestellt aus. Die einzelnen Alternativen werden nebeneinander dargestellt.

	A	B	C	D	E	F	G
3				Aktuelle Werte:	Angebot1	Angebot2	Angebot3
5		Veränderbare Zellen:					
6			$B$3	30.000,00 €	30.000,00 €	28.800,00 €	32.000,00 €
7			$B$4	20	20	14	25
8			$B$5	2	2	3	2
9			$B$6	345,00 €	345,00 €	540,00 €	467,00 €
10		Ergebniszellen:					
11			$B$8	30.000,00 €	30.000,00 €	28.800,00 €	32.000,00 €
12			$B$9	6.000,00 €	6.000,00 €	4.032,00 €	8.000,00 €
13			$B$10	24.000,00 €	24.000,00 €	24.768,00 €	24.000,00 €
14			$B$11	480,00 €	480,00 €	743,04 €	480,00 €
15			$B$12	23.520,00 €	23.520,00 €	24.024,96 €	23.520,00 €
16			$B$13	345,00 €	345,00 €	540,00 €	467,00 €
17			$B$14	23.865,00 €	23.865,00 €	24.564,96 €	23.987,00 €

- Störend wirkt sicherlich, dass die veränderbaren Zellen und die Ergebniszellen im Bericht lediglich als Zellen angegeben werden, nicht jedoch mit aussagekräftigen Namen.
- Dies lässt sich jedoch leicht ändern, indem Sie alle Eingabe- und Ausgabezellen (**B3** bis **B6** und **B8** bis **B14**) mit Namen versehen. Diese werden dann im Szenariobericht ausgegeben:

	A	B	C	D	E	F	G
1							
2		Szenariobericht					
3				Aktuelle Werte:	Angebot1	Angebot2	Angebot3
5		Veränderbare Zellen:					
6			Listenpreis_Eingabe	32.000,00 €	30.000,00 €	28.800,00 €	32.000,00 €
7			Rabatt_Eingabe	25	20	14	25
8			Skonto_Eingabe	2	2	3	2
9			Bezugskosten_Eingabe	467,00 €	345,00 €	540,00 €	467,00 €
10		Ergebniszellen:					
11			Listenpreis	32.000,00 €	30.000,00 €	28.800,00 €	32.000,00 €
12			Rabatt	8.000,00 €	6.000,00 €	4.032,00 €	8.000,00 €
13			Zieleinkaufspreis	24.000,00 €	24.000,00 €	24.768,00 €	24.000,00 €
14			Skonto	480,00 €	480,00 €	743,04 €	480,00 €
15			Bareinkaufspreis	23.520,00 €	23.520,00 €	24.024,96 €	23.520,00 €
16			Bezugskosten	467,00 €	345,00 €	540,00 €	467,00 €
17			Einstandspreis	23.987,00 €	23.865,00 €	24.564,96 €	23.987,00 €

- Mithilfe des Szenario-Managers lassen sich auch Pivottabellen-Berichte erstellen. Die Aussagekraft dürfte jedoch in der Regel nicht so hoch sein wie bei einem Szenariobericht.

4.11.5 Solver

Vorbemerkungen

Mithilfe des Solvers können Alternativrechnungen durchgeführt werden. Im Gegensatz zur Zielwertberechnung, bei der aufgrund des eingegebenen Endergebnisses eine Zelle angegeben werden kann, die sich ändern soll, können mehrere Zellen bei der Berechnung mit dem Solver angegeben werden, die sich eventuell ändern können.

Hinweis: Wenn das Register **Daten** die Gruppe **Analyse** mit der Schaltfläche **Solver** nicht enthält, kann der Solver über den Menüpunkt **Datei/Optionen** installiert werden. Im Bereich **Add-Ins** [Add-Ins] kann über die Schaltfläche **Gehe zu** [Verwalten: Excel-Add-Ins | Gehe zu...] im Fenster **Add-Ins** der Solver aktiviert werden.

Berechnungen mit dem Solver

Soll z. B. das Kapital bei einer Zinseszinsrechnung nach 5 Jahren 20.000,00 € betragen, so kann die Veränderung des Kapitals und/oder des Zinssatzes zum gewünschten Ergebnis führen. Der Solver macht entsprechende Vorschläge.

Bearbeitungsschritte:

- Führen Sie die folgende Zinseszinsrechnung durch. Speichern Sie die Arbeitsmappe unter dem Namen *Solver* ab.

	A	B
1		
2	Zinseszinsrechnung	
3		
4	Kapital	10.000,00 €
5	Zinssatz	5
6	Jahre	5
7		
8	Kapitalendwert	12.762,82 €

- Die Formel für den Zinseszins lautet:

	A	B
8	Kapitalendwert	=B4*(1+(B5/100))^B6

- Markieren Sie die Zelle **B8**. Klicken Sie im Register **Daten** in der Gruppe **Analyse** die Schaltfläche **Solver** [Solver] an.
- Geben Sie den Wert ein, der am Ende der Laufzeit (20.000,00 €) ausgezahlt werden soll. Bestimmen Sie die Zellen (B4 und B5), die sich verändern dürfen. Die Zelle **B6** darf nicht verändert werden, da die Laufzeit maximal 5 Jahre betragen soll.

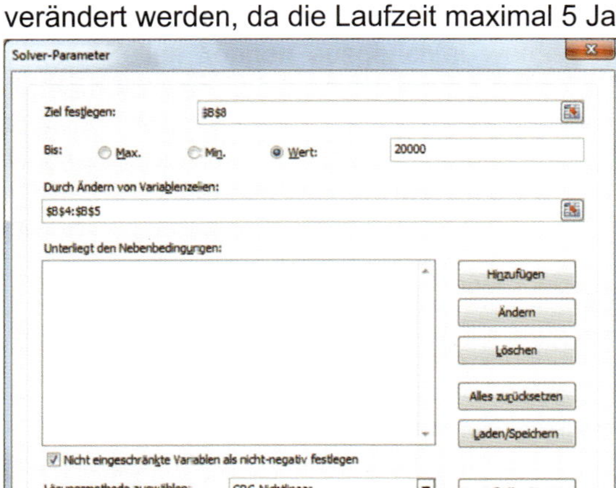

Bearbeitungsschritte (Fortsetzung):

- Bestimmen Sie die angegebene Lösungsmethode. Nur der erfahrene Nutzer sollte sich mit den zur Verfügung stehenden Methoden befassen.
- Da nicht mehr als 14.000,00 € zur Verfügung stehen, bestätigen Sie die Schaltfläche **Hinzufügen**, um eine entsprechende Nebenbedingung einzugeben.

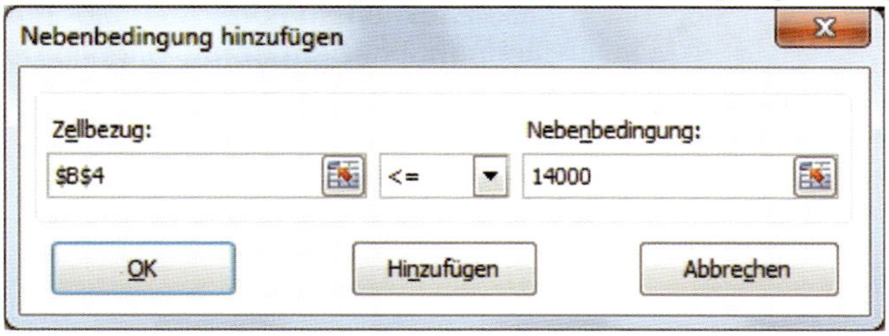

- Weiterhin soll ein Zinssatz von mindestens 5 % erreicht werden. Klicken Sie daher die Schaltfläche **Hinzufügen** in das Fenster **Nebenbedingung hinzufügen** an, um diese Nebenbedingung einzugeben.

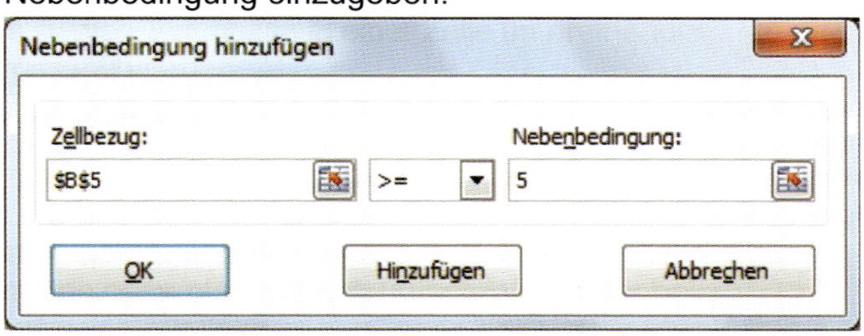

- Ein Zinssatz von 8 % und darüber ist unrealistisch. Daher soll eine entsprechende Nebenbedingung ebenfalls formuliert werden.

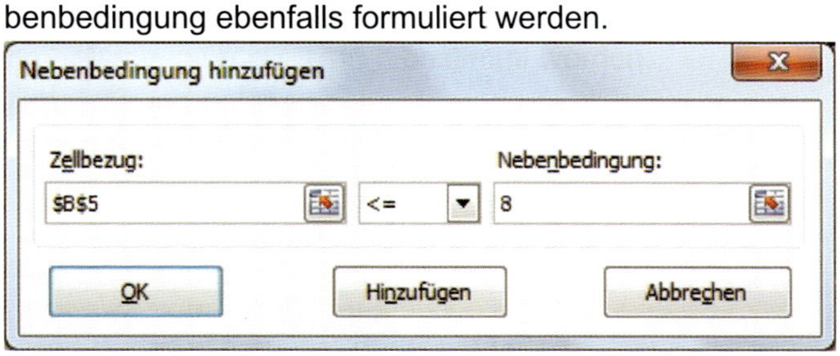

- Mit Anklicken der Schaltfläche **OK** wird die Formulierung der Nebenbedingungen abgeschlossen. Die Nebenbedingungen werden im Fenster **Solver-Parameter** angegeben.

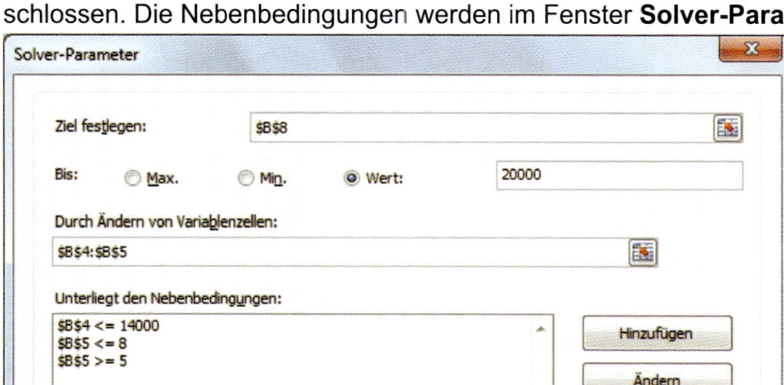

Bearbeitungsschritte (Fortsetzung):

- Klicken Sie die Schaltfläche **Lösen** an. Das Programm meldet, dass eine Lösung gefunden wurde.

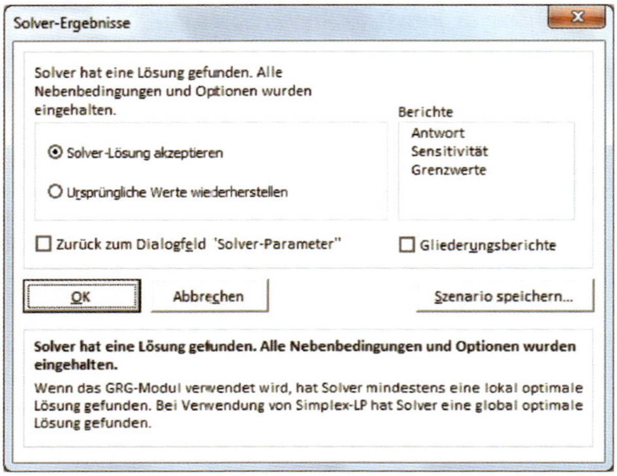

- Ziehen Sie eventuell das Fenster **Ergebnis** zur Seite, um das Ergebnis zu sehen.

	A	B
1		
2	Zinseszinsrechnung	
3		
4	Kapital	13.611,66 €
5	Zinssatz	8
6	Jahre	5
7		
8	Kapitalendwert	20.000,00 €

- Durch Anklicken der Schaltfläche **OK** im Fenster **Solver-Ergebnisse** wird das Ergebnis übernommen.

Alternativrechnungen

Ist ein Zinssatz von 8 % unrealistisch, muss die Nebenbedingung geändert werden.

Bearbeitungsschritte:

- Markieren Sie die Zelle **B8** und rufen Sie den **Solver** wie beschrieben auf.
- Im Fenster **Solver-Parameter** markieren Sie die Nebenbedingung, dass der Zinssatz nicht über 8 % sein darf. Klicken Sie die Schaltfläche **Ändern** an und legen Sie fest, dass der Zinssatz nicht über 6 % sein darf. Es wird danach angegeben, dass es keine machbare Lösung des Problems gibt.

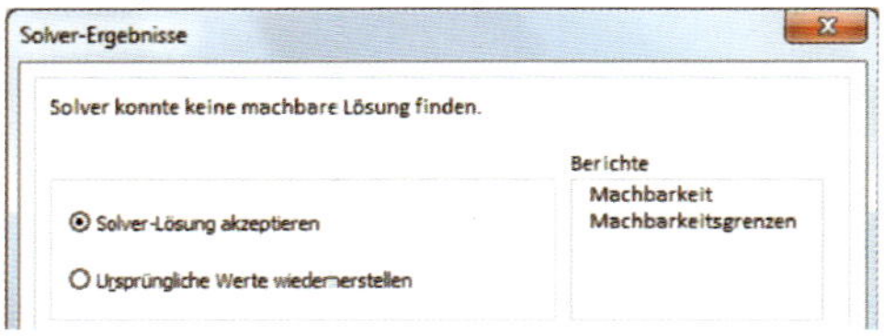

- Sie können sich die Lösung durch Verschieben des Fensters **Solver-Ergebnisse** ansehen und dann entscheiden, ob die „Lösung" verwandt werden soll oder ob die ursprünglichen Werte wiederhergestellt werden sollen.

Auswertungen mit dem Solver

Um sinnvolle Alternativrechnungen mit dem Solver durchführen zu können, empfiehlt es sich, Berechnungen zu analysieren. Sie bekommen Hinweise über veränderte Zellen usw., die Sie in Alternativrechnungen berücksichtigen können.

Bearbeitungsschritte:

- Geben Sie die Ausgangswerte (10.000,00 €, 5 %, 5 Jahre) ein und führen Sie die Berechnung mit den ursprünglichen Bedingungen (Kapital <= 14.000,00 €, Zinssatz >= 5 %, Zinssatz <= 8 %) durch.
- Markieren Sie in dem Fenster **Solver-Ergebnisse** die Berichte **Antwort**, **Sensitivität** und **Grenzwert**.

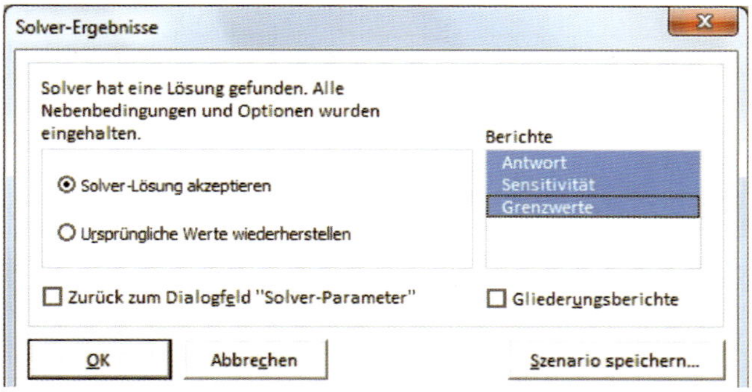

- Klicken Sie die Schaltfläche **OK** an. Die Lösung wird angezeigt. Am unteren Rand des Excel-Bildschirms finden Sie neben den Tabellen mehrere Berichte.

- Klicken Sie den Bericht **Antwortbericht 1** an. Es werden Angaben zu den Zielzellen usw. gemacht. Für die Erstellung von Alternativrechnungen werden dadurch wertvolle Hinweise gegeben.

	A	B	C	D	E	F	G
1	**Microsoft Excel 14.0 Antwortbericht**						
2	**Arbeitsblatt: [Solver.xlsx]Tabelle1**						
3	**Bericht erstellt: 08.06.2010 09:50:51**						
4	**Ergebnis: Solver hat eine Lösung gefunden. Alle Nebenbedingungen und Optionen wurden eingehalten.**						
5	**Solver-Modul**						
6		Modul: GRG-Nichtlinear					
7		Lösungszeit: 0,031 Sekunden					
8		Iterationen: 3 Teilprobleme: 0					
9	**Solver-Optionen**						
10		Höchstzeit 100 Sek., Iterationen 100, Precision 0,000001					
11		Konvergenz 0,0001, Größe der Grundgesamtheit 100, Zufälliger Ausgangswert 0, Vorwärtsableitungen, Grenzwerte vorschreiben					
12		Höchstzahl der Teilprobleme Unbegrenzt, Max. Ganzzahllösungen Unbegrenzt, Ganzzahltoleranz 5%, Ohne ganzzahlige Nebenb					
13							
14	Zielzelle (Wert)						
15		**Zelle**	**Name**	**Ursprünglicher Wert**	**Lösungswert**		
16		$B$8	Kapitalendwert	12.762,82 €	20.000,00 €		
17							
18							
19	Variablenzellen						
20		**Zelle**	**Name**	**Ursprünglicher Wert**	**Lösungswert**	**Integer**	
21		$B$4	Kapital	10.000,00 €	13.611,66 €	Fortlaufend	
22		$B$5	Zinssatz	5	8	Fortlaufend	
23							
24							
25	Nebenbedingungen						
26		**Zelle**	**Name**	**Zellwert**	**Formel**	**Status**	**Puffer**
27		$B$8	Kapitalendwert	20.000,00 €	$B$8=20000	Einschränkend	0
28		$B$4	Kapital	13.611,66 €	$B$4<=14000	Nicht einschränkend	388,3360586
29		$B$5	Zinssatz	8	$B$5<=8	Einschränkend	0
30		$B$5	Zinssatz	8	$B$5>=5	Nicht einschränkend	3

- Sehen Sie sich die anderen Berichte an und analysieren Sie die Ergebnisse.

4.11.6 Trendberechnungen

Für die Erstellung von Prognosen über die Entwicklung von Umsätzen usw. können mit Excel Trendberechnungen durchgeführt werden. Anhand des Beispiels der Entwicklung von Umsätzen sollen die Möglichkeiten der Trendberechnung gezeigt werden.

Bearbeitungsschritte:

- Erstellen Sie die folgende Tabelle (bis zum Monat Dezember) und markieren Sie die Zellen **B4** bis **B6**. Geben Sie die ersten drei Werte ein.

	A	B
2	Umsatz 2010	
3		
4	Januar	100,00000
5	Februar	110,00000
6	März	120,00000
7	April	
8	Mai	
9	Juni	

	A	B
2	Umsatz 2010	
3		
4	Januar	100,00000
5	Februar	110,00000
6	März	120,00000
7	April	130,00000
8	Mai	140,00000
9	Juni	150,00000

- Gehen Sie mit der Maus auf das Rechteck unten rechts in der Zelle **B6**. Kopieren Sie die Zahlen in die Zellen **B7** bis **B15**. Die arithmetische Entwicklung der Zahlen wird dargestellt.
- Löschen Sie den Inhalt der Zellen **B7** bis **B15**. Markieren Sie die Zellen **B4** bis **B6**. Gehen Sie mit der Maus auf das Rechteck unten rechts in der Zelle **B6** und kopieren Sie die Zahlen in die Zellen **B7** bis **B15**. Benutzen Sie für das Kopieren nicht die linke, sondern die ***rechte*** Maustaste. Das Kontextmenü wird eingeblendet:

	A	B	C	D
2	Umsatz 2010			
3				
4	Januar	100,00000		
5	Februar	110,00000		
6	März	120,00000		
7	April			
8	Mai			
9	Juni			
10	Juli			
11	August			
12	September			
13	Oktober			
14	November			
15	Dezember			

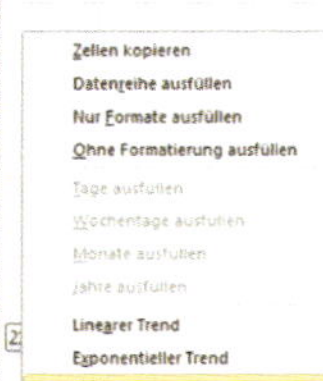

- Wählen Sie den Menüpunkt **Reihe**. Stellen Sie in dem Fenster **Reihe** den Trend der geometrischen Reihe ein. Markieren Sie das Kontrollkästchen **Trend**.

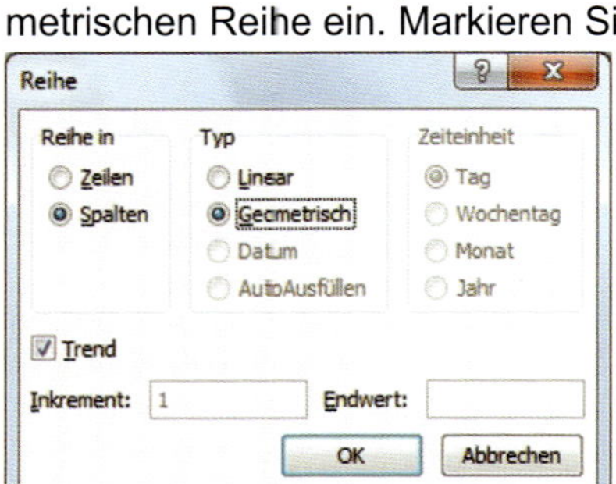

- Probieren Sie weitere Möglichkeiten der Trendberechnung aus.

4.12 Datenüberprüfung und Kommentierung

4.12.1 Erstellen einer Datenüberprüfung

Mit einer Datenüberprüfung, auch Gültigkeitsprüfung genannt, können Sie verhindern, dass Werte eingegeben werden, die nicht zugelassen sind. So kann z. B. festgelegt werden, welche Preise in einer Zelle eingegeben werden dürfen. Die Gültigkeitsprüfung kann durch eine Eingabemeldung und eine Fehlermeldung für den Anwender durchschaubar gestaltet werden.

Bearbeitungsschritte:

- Laden Sie die Arbeitsmappe *Umsatz1* und speichern Sie die Arbeitsmappe unter dem Namen *Umsatz_Datenüberprüfung*. Markieren Sie die Zelle **C6**.

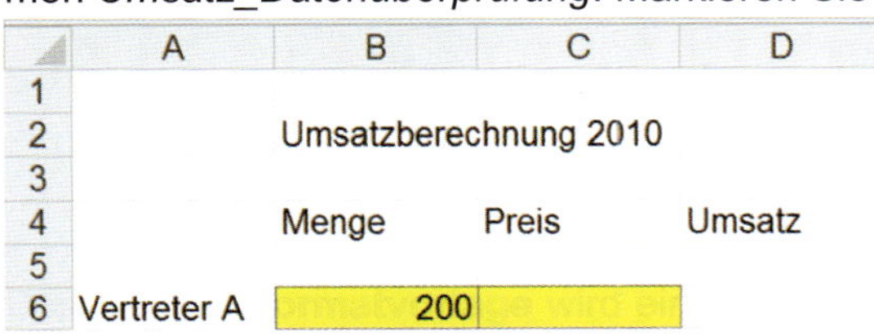

- Klicken Sie im Register **Daten** in der Gruppe **Datentools** die Schaltfläche **Datenüberprüfung** an. Wählen Sie danach den Menüpunkt **Datenüberprüfung**.

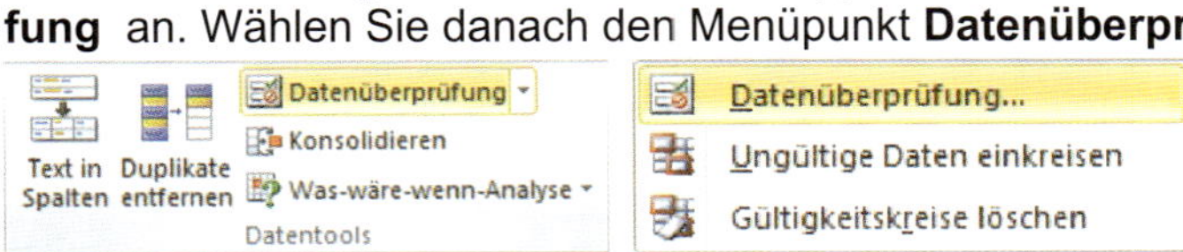

- Geben Sie im Fenster **Datenüberprüfung/Einstellungen** die Gültigkeitskriterien ein:

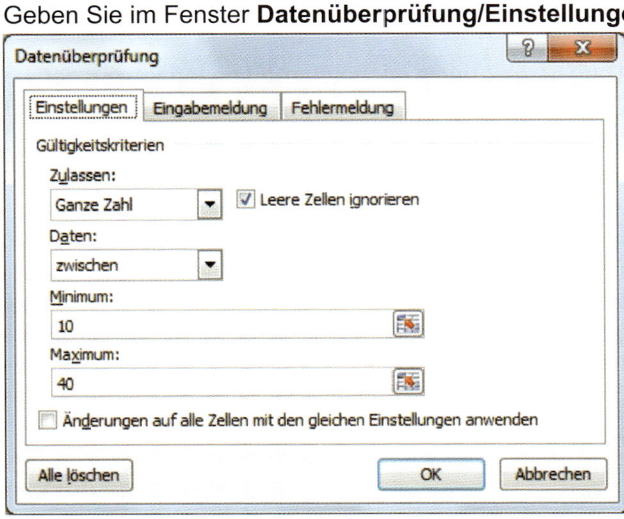

- Klicken Sie die Schaltfläche **OK** an und geben Sie in der Zelle **C6** den Wert 50 ein. Eine Fehlermeldung verhindert die Eintragung in die Zelle.

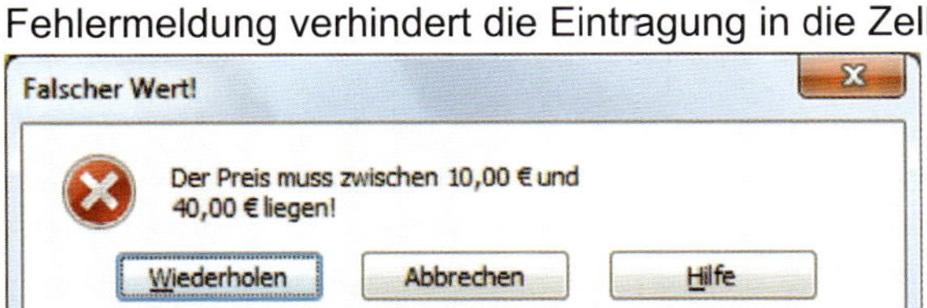

4.12.2 Datenüberprüfung mit Eingabe- und Fehlermeldung

Die Gültigkeitsprüfung kann durch eine Eingabemeldung und eine Fehlermeldung für den Anwender durchschaubarer gestaltet werden.

Bearbeitungsschritte:

- Markieren Sie die Zelle **C6**. Rufen Sie die Datenüberprüfung nochmals auf.
- Geben Sie im Fenster **Datenüberprüfung/Eingabemeldung** folgende Meldung ein:

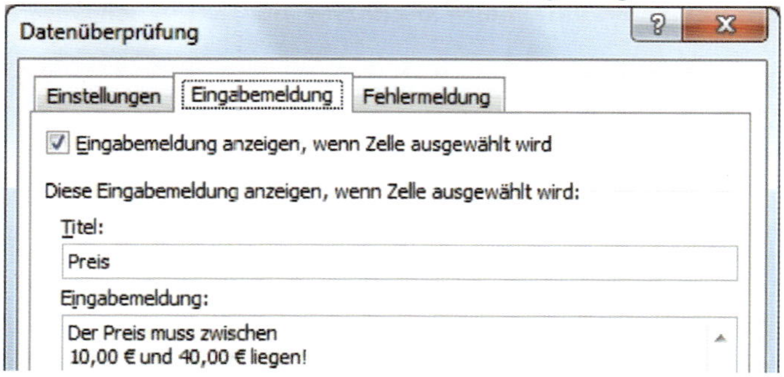

- Die Eingabemeldung wird beim Markieren der Zelle **C6** eingeblendet:

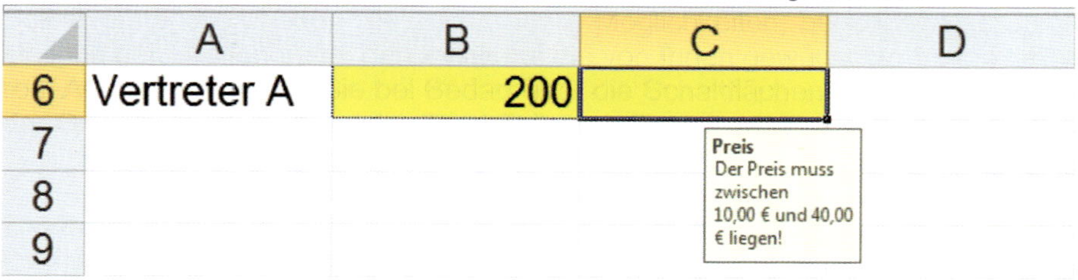

- Markieren Sie die Zelle **C6**. Rufen Sie die Datenüberprüfung nochmals auf. Geben Sie im Fenster **Datenüberprüfung/Fehlermeldung** die folgende Meldung ein:

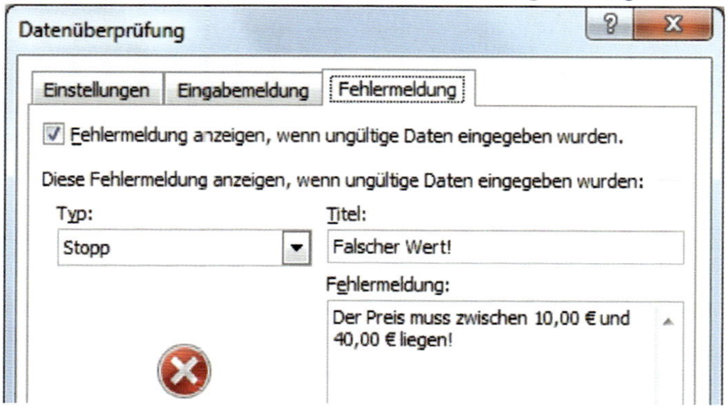

- In Zukunft wird bei einer falschen Eingabe als Fehlermeldung ausgegeben:

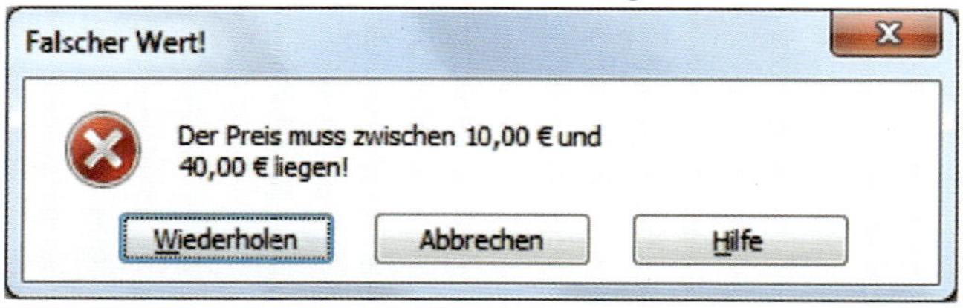

4.12.3 Kommentare

Eintragungen in einzelnen Zellen können mit einem Kommentar versehen werden, beispielsweise kann der Gesamtumsatz gewürdigt werden.

Bearbeitungsschritte:

- Laden Sie die Arbeitsmappe *Umsatz1* und speichern Sie die Arbeitsmappe unter dem Namen *Umsatz_Kommentar* ab. Markieren Sie die Zelle **D11**.
- Klicken Sie im Register **Überprüfen** in der Gruppe **Kommentare** die Schaltfläche **Neuer Kommentar** an.

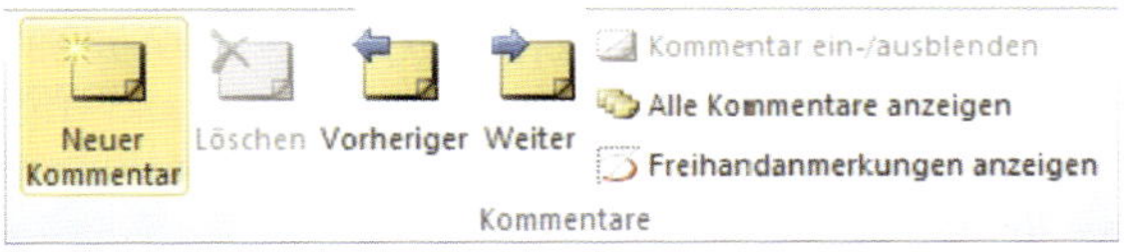

- Geben Sie in dem Kommentarfeld den nachfolgenden Text ein:

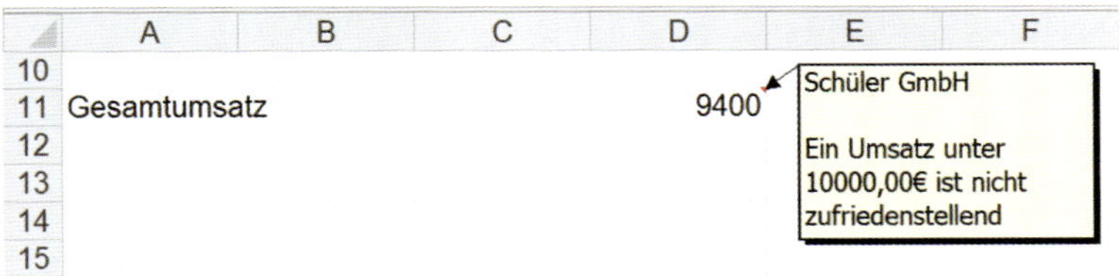

- Normalerweise werden die Kommentare nur angezeigt, wenn sich der Cursor über der Zelle befindet. Sie können jedoch die Ausgabe über die Schaltflächen **Alle Kommentare anzeigen** oder **Kommentar ein-/ausblenden** beeinflussen.

- Die Kommentarzelle **D11** wird durch ein kleines rotes Dreieck in der rechten oberen Ecke gekennzeichnet, wenn der Kommentar nicht angezeigt wird. Wird die Zelle angeklickt oder mit der Maus angefahren, wird der Kommentar angezeigt.

- Klicken Sie die Zelle **D11** an. Drücken Sie danach die rechte Maustaste. Mit den dann zur Verfügung stehenden Menüpunkten können Sie den Kommentar sowohl bearbeiten als auch löschen.

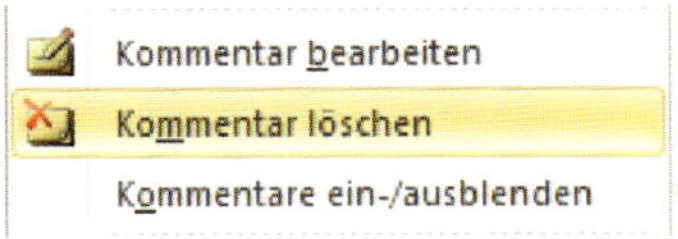

- Dieselben Möglichkeiten stehen Ihnen auch in der Gruppe **Kommentare** zur Verfügung.

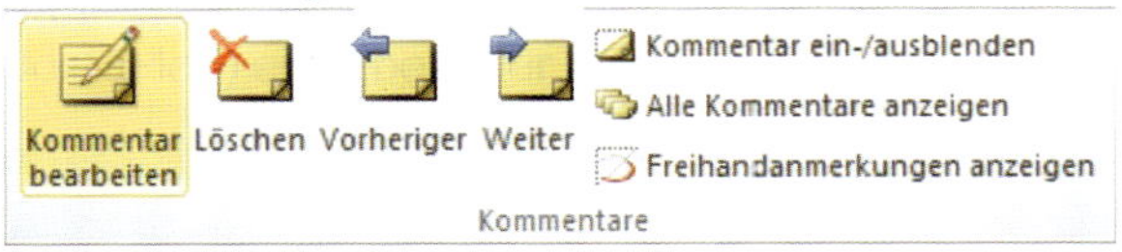

- Fügen Sie zu Übungszwecken weitere Kommentare ein.

4.13 Makros

4.13.1 Vorbemerkungen

Ein Makro ist eine Folge von Arbeitsanwendungen und Befehlen, die vom Programm auszuführen sind. Die Makros können bei Bedarf abgerufen und für die Arbeit mit Excel eingesetzt werden. Makros bergen jedoch auch Gefahren. Mit Makros können z. B. Daten vernichtet werden. Daher können Excel-Arbeitsmappen mit und ohne Makros abgespeichert werden.

4.13.2 Makro zum Druck von Daten

Aufzeichnung des Makros

Bestimmte Daten, etwa den Wert des Lagerbestandes, möchte man u. U. jederzeit ohne großen Arbeitsaufwand ausdrucken. Nachfolgend soll beschrieben werden, wie ein Teil einer Tabelle durch ein Makro in eine PDF-Datei gedruckt werden kann. Soll der Ausdruck über den Drucker erfolgen, ist eine entsprechende Änderung vorzunehmen.

Folgende Arbeitsschritte sollen im Makro aufgezeichnet werden:

- Markierung eines bestimmten Bereichs einer Tabelle,
- Festlegung dieses Bereichs als Druckbereich,
- Ausgabe der Tabelle als PDF-Datei (oder Ausdruck).

Bearbeitungsschritte:

- Laden Sie die Arbeitsmappe *Lager* und speichern Sie sie unter dem Namen *Lager_Makro* wieder ab.
- Klicken Sie im Register **Ansicht** in der Gruppe **Makros** den Pfeil nach unten in der Schaltfläche **Makros** an.

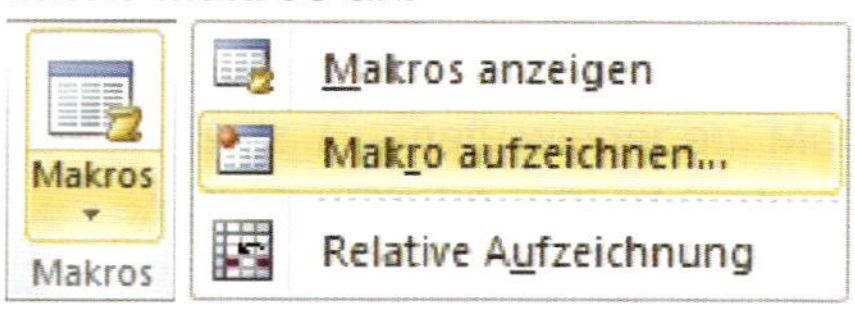

- Im Fenster **Makro aufzeichnen** legen Sie den Makronamen fest. Außerdem geben Sie den Buchstaben *D* im Bereich Tastenkombination ein. Unter der dann eingegebenen Tastenkombination kann das Makro später auch aufgerufen werden.

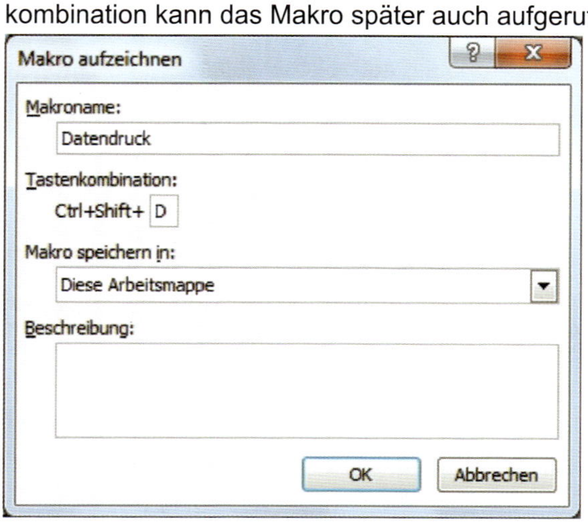

Bearbeitungsschritte (Fortsetzung):

- Markieren Sie den Bereich **A1** bis **F10**.

	A	B	C	D	E	F
1	Artikel_Nr	Artikelart	Artikel_Bez	Bestand	Einkaufspreis	Verkaufspreis
2	1000	Schreibtisch	Gabriele	5	800,00 €	1.365,00 €
3	1001	Schreibtisch	Modern	10	456,00 €	735,00 €
4	1002	Schreibtisch	Exklusiv	20	1.250,00 €	1.848,00 €
5	1003	Büroschrank	Elegant		2.400,00 €	3.190,00 €
6	1004	Büroschrank	Aktuell	17	897,00 €	1.345,00 €
7	1005	Büroschrank	Elegant	12	2.400,00 €	3.724,50 €
8	1006	Drucker	Stil	8	1.300,00 €	1.972,95 €
9	1007	Drucker	Klassic	12	2.900,00 €	4.305,00 €
10	2000	Scanner	Swift	8	1.578,00 €	2.198,00 €

- Klicken Sie im Register **Seitenlayout** in der Gruppe **Seite einrichten** die Schaltfläche **Druckbereich** an und wählen Sie den Menüpunkt **Druckbereich festlegen**.

- Wählen Sie den Menüpunkt **Datei/Freigeben/PDF/XPS-Dokument erstellen.** Klicken Sie danach die Schaltfläch **PDF/XPS-Dokument erstellen** an.

- Wählen Sie ein Verzeichnis zur Speicherung aus. Nach Anklicken der Schaltfläche **Veröffentlichen** wird die Datei in dem Verzeichnis gespeichert und aufgerufen.

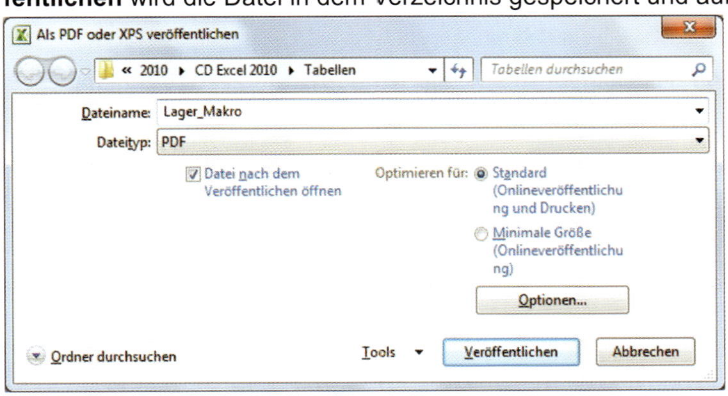

- Klicken Sie im Register **Ansicht** in der Gruppe **Makros** den Pfeil nach unten in der Schaltfläche **Makros** an. Beenden Sie die Aufzeichnung.

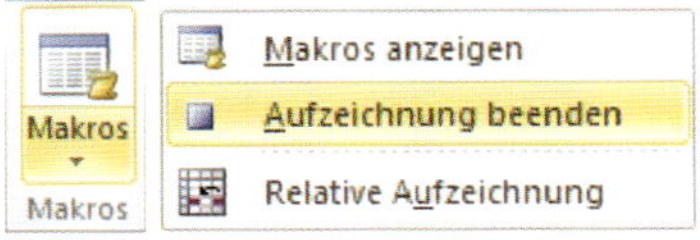

- Speichern Sie die Arbeitsmappe *Umsatz_Makro* über den Menüpunkt **Datei/Speichern unter** als *Excel-Arbeitsmappe mit Makros*.

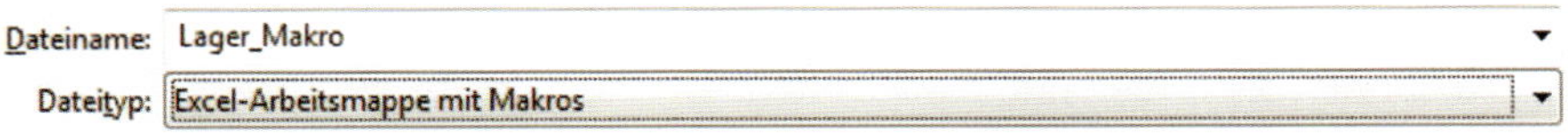

Ausführen eines Makros

Das aufgezeichnete Makro kann jederzeit eingesetzt werden, um die immer wieder vorkommenden Befehle und Arbeitsanweisungen auszuführen.

Bearbeitungsschritte:

- Klicken Sie im Register **Ansicht** in der Gruppe **Makros** den Pfeil nach unten in der Schaltfläche **Makros** an. Wählen Sie den Menüpunkt **Makros anzeigen**.

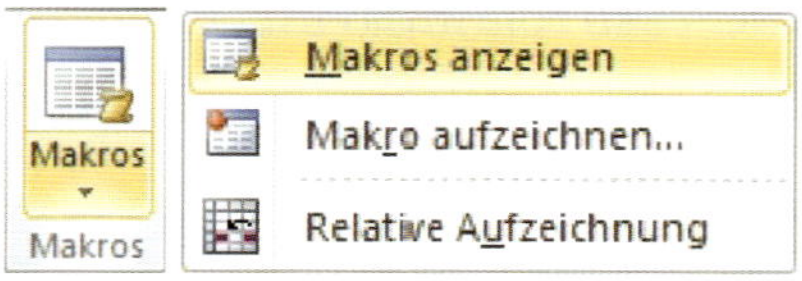

- Markieren Sie das Makro. Klicken Sie danach die Schaltfläche **Ausführen** an.

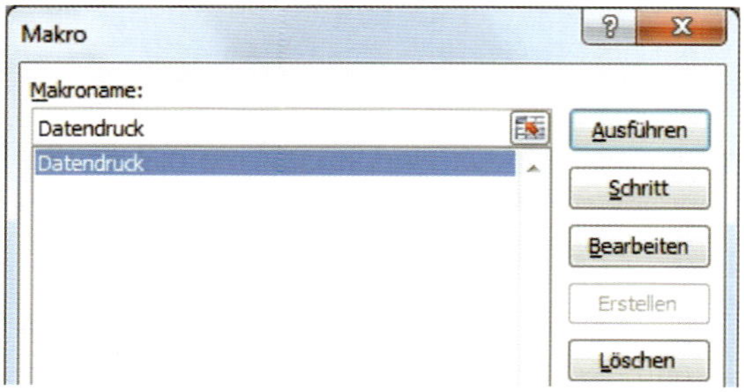

- Die erstellte Datei wird in dem gewählten Ordner gespeichert.

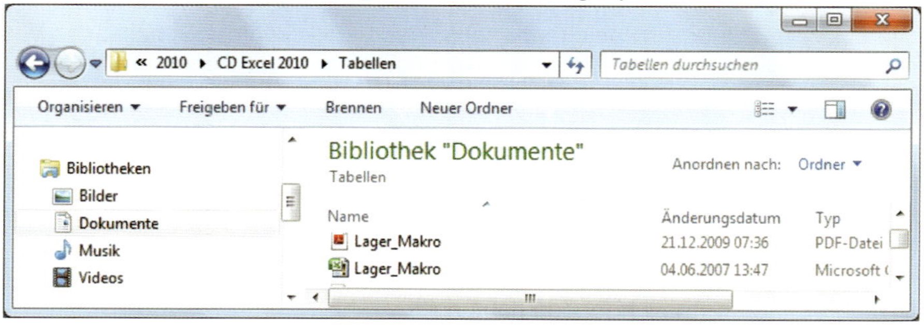

- Öffnen Sie die erstellte Datei. Das gewünschte Ergebnis wird angezeigt:

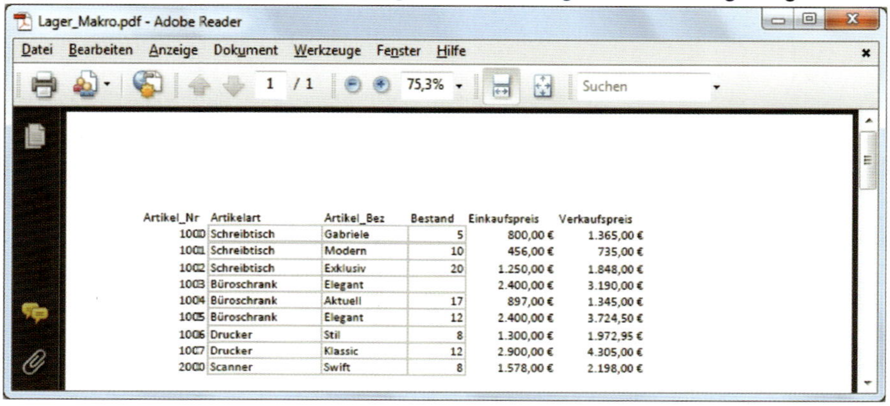

Artikel_Nr	Artikelart	Artikel_Bez	Bestand	Einkaufspreis	Verkaufspreis
1000	Schreibtisch	Gabriele	5	800,00 €	1.365,00 €
1001	Schreibtisch	Modern	10	456,00 €	735,00 €
1002	Schreibtisch	Exklusiv	20	1.250,00 €	1.848,00 €
1003	Büroschrank	Elegant		2.400,00 €	3.190,00 €
1004	Büroschrank	Aktuell	17	897,00 €	1.345,00 €
1005	Büroschrank	Elegant	12	2.400,00 €	3.724,50 €
1006	Drucker	Stil	8	1.300,00 €	1.972,95 €
1007	Drucker	Klassic	12	2.900,00 €	4.305,00 €
2000	Scanner	Swift	8	1.578,00 €	2.198,00 €

- Schließen Sie danach die Excel- und die PDF-Datei.

Öffnen der Arbeitsmappe mit einem Makro

Makros können Befehle beinhalten, die zu Datenverlusten und anderen nicht erwünschten Resultaten führen. Daher ist Vorsicht beim Umgang mit Dateien mit Makros geboten.

Nachfolgend wird gezeigt, wie eine Datei mit einem Makro ausgeführt werden kann. Außerdem wird gezeigt, dass die Ausführung von Makros unterbunden werden kann.

Bearbeitungsschritte:

- Öffnen Sie die Arbeitsmappe *Umsatz_Makro*. Normalerweise wird eine Sicherheitswarnung ausgegeben. Die Makros wurden deaktiviert.

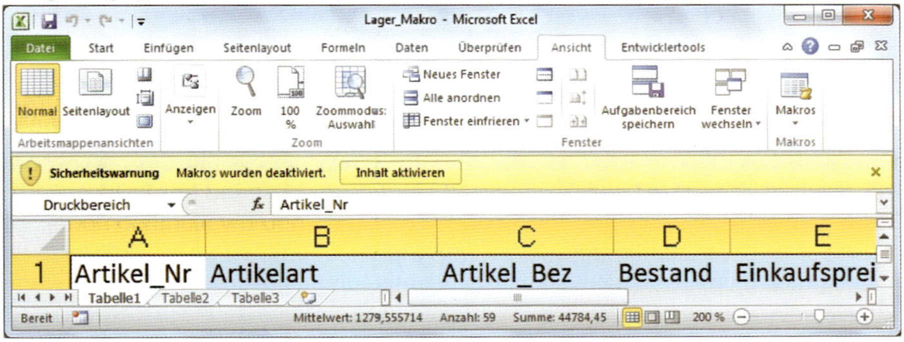

- Klicken Sie die Schaltfläche **Diese Meldung schließen** im rechten Bereich der Sicherheitswarnung × an.
- Klicken Sie im Register **Ansicht** in der Gruppe **Makros** den Pfeil nach unten in der Schaltfläche **Makros** an. Wählen Sie den Menüpunkt **Makros anzeigen**.

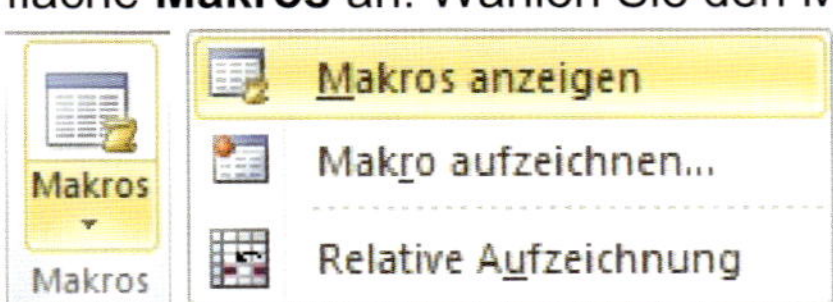

- Das Makro mit leicht veränderter Bezeichnung wird angezeigt.

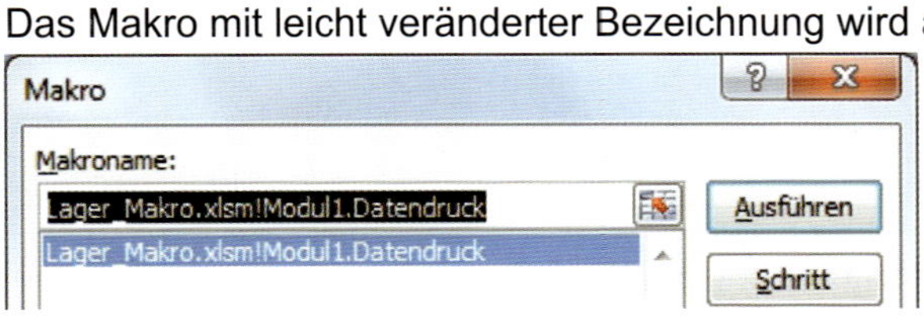

- Klicken Sie die Schaltfläche **Ausführen** an. Folgende Meldung wird eingeblendet:

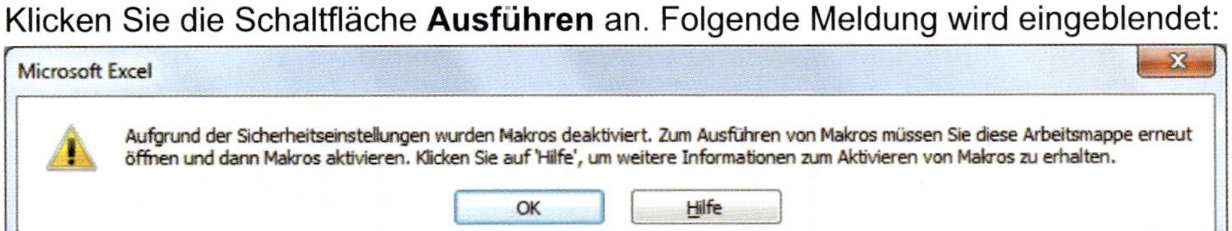

- Schließen Sie die Arbeitsmappe. Öffnen Sie sie danach noch einmal. Klicken Sie nun die Schaltfläche **Inhalt aktivieren** im Bereich der Sicherheitswarnung an.

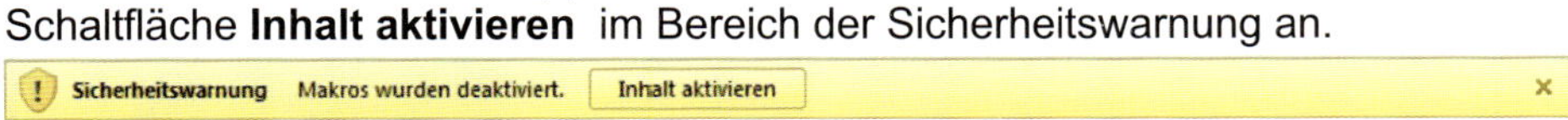

- Danach können Sie wie auf der vorherigen Seite beschrieben das Makro **Datenausdruck** ausführen.

Übungen:

1. Erstellen Sie mithilfe der Zinseszinsformel eine Tabelle, die bei einer 30-jährigen Laufzeit den Kapitalendwert für ein Kapital von 10.000,00 € mit 6 % Zinsen und Zinseszinsen berechnet.
   a) Ermitteln Sie mithilfe der Zielwertsuche den Zinssatz, zu dem das Geld angelegt werden muss, wenn es nach Ablauf von 30 Jahren 70.000,00 € erbringen soll.
   b) Wie viele Jahre muss ein Kapital von 10.000,00 € angelegt werden, damit es bei einer Verzinsung von 8 % pro Jahr 100.000,00 € erbringt? Ermitteln Sie den Wert mit der Zielwertsuche.
2. Führen Sie die folgende Mehrfachoperation (Datentabellen) durch:
   a) Ermitteln Sie, wie viel ein Kapital von 15.000,00 € bei einer Verzinsung von 4 % in 10 Jahren ergibt.
   b) Berechnen Sie die Werte mithilfe der Mehrfachoperation für die Zinssätze 1 % bis 8 %.
3. Das Bruttoinlandsprodukt einer Volkswirtschaft betrug am Ende des Jahres 2009 3.450 Milliarden €. Zur Einschätzung der zukünftigen Steuereinnahmen sollten Alternativrechnungen mit unterschiedlichen jährlichen Wachstums- und Inflationsraten erstellt werden. Als wahrscheinlichste Variante wird von einem jährlichen Wachstum von 2,5 % und einer jährlichen Inflation von 2 % ausgegangen.
   a) Berechnen Sie das Bruttoinlandsprodukt mithilfe einer Tabelle, die folgendermaßen aussehen könnte:

	A	B	C	D	E
1	Entwicklung des BIP				
2					
3	Stand 2007 (in Milliarden €)	3450			
4	Reales Wachstum	2,5			
5	Inflationsrate	2			
6	Jahr (Jahresanfang)	2010			
7					
8	Jahr	BIP (Jahresanfang	Wachstum	Inflation	BIP (Jahresende)
9	2010	3.450,00 €	86,25 €	69,00 €	3.605,25 €
10	2011	3.605,25 €	90,13 €	72,11 €	3.767,49 €

   b) Berechnen Sie das BIP nach Ablauf des 10. Jahres mithilfe einer Formel (Zinseszinsformel).
   c) Zur Einschätzung der volkswirtschaftlichen Auswirkungen soll eine *Was-Wäre-Wenn-Analyse* durchgeführt werden. Andere denkbare Werte bilden für diese Berechnung die Grundlage. Das Ergebnis könnte so aussehen:

Szenariobericht				
	Aktuelle Werte:	BIP	BIP1	BIP2
Veränderbare Zellen:				
\$B\$4	2,5	2,5	3	3
\$B\$5	2	2	2,5	3
Ergebniszellen:				
\$B\$9	5357,74	5357,74	5893,1	6178,42

Zusammenfassende Übungen:

1. Aufgabe

Die Transportkosten für den Versand vom 450 kg Papier betragen 675,00 €.

1. Berechnen Sie die Transportkosten bei einem Gewicht von 789 kg.
2. Welcher Kostenanteil entfällt auf ein Gewicht von 332 kg?
3. Stellen Sie in einem Liniendiagramm die Entwicklung der Kosten von 0 bis 1000 kg dar. Erstellen Sie die notwendige Tabelle. Beachten Sie, dass mit der Tabelle und der Grafik auch Kostenberechnungen mit anderen Werten durchgeführt werden sollen. Das Ergebnis könnte in etwa so aussehen:

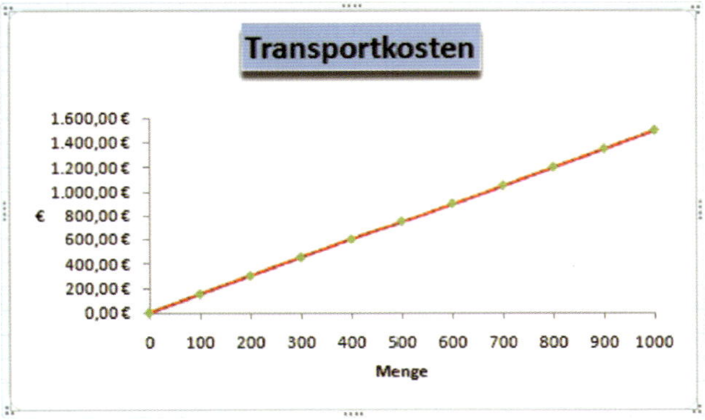

2. Aufgabe

Zur Herstellung einer Maschine werden in Ihrem Betrieb 12 Mitarbeiter eingesetzt. Sie benötigen 25 Stunden, um die Maschine zu erstellen.

1. Wie viele Stunden werden benötigt, wenn 18 Mitarbeiter eingesetzt werden?
2. Wie viele Mitarbeiter müssen eingesetzt werden, wenn die Arbeit in 20 Stunden erledigt sein muss?

3. Aufgabe

In unserem Unternehmen werden 12 Lastkraftwagen für die Auslieferung von Waren eingesetzt. Sie verbrauchen in einem Monat 4 560 Liter Benzin. Aufgrund einer momentanen Absatzschwäche werden 4 LKW vorübergehend stillgelegt.

1. Berechnen Sie den neuen durchschnittlichen Benzinverbrauch.
2. Wie hoch ist der Benzinverbrauch pro LKW?

4. Aufgabe

In einem Angebot gibt es die folgende Zahlungsbedingung:

Der Rechnungsbetrag in Höhe von 3.345,00 € ist innerhalb von 10 Tagen unter Abzug von 3 % Skonto oder innerhalb von 60 Tagen netto Kasse zu begleichen.

1. Ermitteln Sie den Betrag bei Skontoabzug.
2. Berechnen Sie die Effektivverzinsung beim Skontoabzug.
3. Auf Ihrem Kontokorrentkonto berechnet Ihre Bank 9 % Zinsen. Wie viel Zinsen muss Ihr Betrieb zahlen, wenn er den Skontoabzug in Anspruch nimmt?
4. Berechnen Sie die Differenz zwischen dem Skontoabzug bei Ausnutzung des Skontos und den bei dem Kreditinstitut zu zahlenden Zinsen.

Zusammenfassende Übungen:

5. Aufgabe

Bei der Bürobedarfsgroßhandlung Schüler GmbH werden einige Forderungen zu spät beglichen. Mithilfe der Zinsrechnung sollen Sie feststellen, welcher Zinsverlust dem Unternehmen jeweils entstanden ist. Die Daten finden Sie in der folgenden Tabelle:

	A	B	C	D	E	F	G	H
1								
2	Zinsen							
3								
4	Schuldner	Betrag	Rechnungsdatum	Zahlungsziel (in Tagen)	Zahlungstag lt. Rechnung	Tatsächliche Zahlung	Zahlungsverzug in Tagen	Verzugszinsen
5	Otto Artig e. Kfm.	7.386,20 €	16.05.2011	20	05.06.2011	15.06.2011		
6	Hans Kassens	5.643,00 €	17.05.2011	10	27.05.2011	02.06.2011		
7	Bürohandlung GmbH	345,87 €	18.05.2011	0	18.05.2011	15.06.2011		
8	Bürobedarf Hinze KG	2.300,00 €	20.05.2011	30	19.06.2011	20.06.2011		
9	Rohr & Co. KG	480,00 €	22.05.2011	12	03.06.2011	20.06.2011		
10	Willi Garstig OHG	9.602,56 €	22.05.2011	20	11.06.2011	13.07.2011		
11	Hans Truppe	876,00 €	24.05.2011	60	23.07.2011	15.08.2011		

1. Ermitteln Sie in der Tabelle 1 die jeweiligen Zahlungstage laut Rechnung mithilfe der Addition von Werten. Errechnen Sie außerdem den Zahlungsverzug in Tagen mithilfe der Subtraktion von Zellen. Berechnen Sie die jeweiligen Zinsen. Speichern Sie die Mappe unter der Bezeichnung *Funktionen_Zeitberechnung* ab.
2. Führen Sie in der Tabelle 2 die gleiche Berechnung unter Nutzung von Namen durch.
3. Ermitteln Sie in der Tabelle 3 die jeweiligen Zahlungstage laut Rechnung mithilfe der Addition von Werten. Errechnen Sie außerdem den Zahlungsverzug in Tagen mithilfe einer Funktion. Berechnen Sie die jeweiligen Zinsen.
4. Führen Sie in der Tabelle 4 eine weitere Berechnung unter Verwendung der Funktion *Jetzt* durch. Die tatsächliche Zahlung wird dadurch durch das aktuelle Datum ersetzt. Somit kann aktuell bestimmt werden, welcher Zinsverlust jeweils eingetreten ist.

6. Aufgabe

Für eine Maschine wurde am 21.06.2007 ein Preis von 230.000,00 € gezahlt. Bei Barzahlung wäre am 15.05.2007 ein Betrag von 228.400,00 € fällig gewesen. Ermitteln Sie den berechneten Zinssatz. Führen Sie die Berechnung der Zinstage und die Berechnung der Zinsen mithilfe unterschiedlicher Methoden durch.

7. Aufgabe

Für einen Drucker wurde am 21.06.2007 inklusive Verzugszinsen von 12 % ein Preis von 1.690,00 € gezahlt. Bei Barzahlung wäre ein Betrag von 1.645,00 € fällig gewesen. Ermitteln Sie, an welchem Tag der Drucker bar bezahlt werden müsste.

8. Aufgabe

Der Preis eines Computers musste aufgrund der Marktlage mehrfach angepasst werden und beträgt nun 1.254,78 €. Zunächst konnte der Preis um 5 % erhöht werden, danach musste er jedoch wieder um 3 % gesenkt werden.

1. Berechnen Sie den ursprünglichen Preis.
2. Stellen Sie die Preisentwicklung in einem Balkendiagramm dar.

Zusammenfassende Übungen:

9. Aufgabe

Im Auftrage des Abteilungsleiters *Lager* sollen Sie Lagerkennzahlen (*Durchschnittlicher Lagerbestand*, *Umschlaghäufigkeit*, *Durchschnittliche Lagerdauer*) ermitteln.

	A	B	C	D
1				
2	Durchschnittlicher Lagerbestand			
3				
4	Jahresanfangsbestand			591
5				
6		Einkäufe	Verkäufe	Monatsendbestände
7				
8	Januar	342	546	387
9	Februar	456	567	276
10	März	543	645	174
11	April	345	234	285
12	Mai	654	345	594
13	Juni	563	456	701
14	Juli	543	378	866
15	August	423	654	635
16	September	675	876	434
17	Oktober	345	456	323
18	November	543	345	521
19	Dezember	768	457	832
20				
21	Einkäufe/Verkäufe			
22				
23	Durchschnittlicher Lagerbestand			

1. Berechnen Sie den *Durchschnittlichen Lagerbestand*, *die Umschlaghäufigkeit* und die *Durchschnittliche Lagerdauer* mithilfe der Tabellenkalkulation.
2. Stellen Sie die *Monatsendbestände* in einem Säulendiagramm dar.
3. Berechnen Sie die *durchschnittlichen*, *minimalen* und *maximalen* Ein- und Verkäufe.

10. Aufgabe

Der Umsatz eines Unternehmens ist in den letzten 7 Jahren jeweils um 6 % gestiegen und beträgt im Jahr 2008 233.876.456,00 €.

1. Berechnen Sie den Umsatz vor sieben Jahren.
2. Führen Sie die Berechnungen unter Nutzung von Namen durch.
3. Stellen Sie die Entwicklung des Umsatzes in einem Liniendiagramm dar.

11. Aufgabe

Erstellen Sie mithilfe der Zinseszinsformel eine Tabelle, die bei einer 30-jährigen Laufzeit den Kapitalendwert für ein Kapital von 10.000,00 € mit 6 % Zinsen und Zinseszinsen berechnet.

1. Ermitteln Sie mithilfe der Zielwertsuche den Zinssatz, zu dem das Geld angelegt werden muss, wenn es nach Ablauf von 30 Jahren 70.000,00 € erbringen soll.
2. Wie viele Jahre muss ein Kapital von 10.000,00 € angelegt werden, damit es bei einer Verzinsung von 8 % pro Jahr 100.000,00 € erbringt? Nutzen Sie die Zielwertsuche.

Zusammenfassende Übungen:

12. Aufgabe

Als Mitarbeiterin bzw. Mitarbeiter der Lager- und Einkaufsabteilung Ihres Unternehmens sollen Sie die Kosten des Transports in Höhe von 1.750,00 € für eine Warenlieferung auf die entsprechenden Produkte verteilen. Die Verteilungsgrundlage ist der Wert der Ware.

Die Daten finden Sie in der folgenden Tabelle:

	Gewicht in Kilogramm	Wert pro Kilogramm
Produkt A	170,000	4,00 €
Produkt B	130,000	4,60 €
Produkt C	160,000	5,00 €
Produkt D	240,000	3,00 €

1. Verteilen Sie die Transportkosten auf die einzelnen Produkte.
2. Erstellen Sie ein Kreisdiagramm über die Verteilung der Transportkosten nach dem Wert. Dabei sollen die Prozentsätze der Kosten, die auf das einzelne Produkt entfallen, angegeben werden.

13. Aufgabe

Der Gesamtumsatz eines Unternehmens wird in den nächsten 8 Jahren voraussichtlich um 4 % pro Jahr steigen. Es beträgt heute 230 Millionen €.

1. Ermitteln Sie den Umsatz in 8 Jahren.
2. Stellen Sie die Entwicklung des Umsatzes in einem Säulen- und in einem Liniendiagramm dar.
3. Die reale Entwicklung der Werte zeigt, dass der Umsatz nach 8 Jahren 356 Millionen € beträgt. Ermitteln Sie mithilfe der Zielwertsuche, um wie viel Prozent der Umsatz im Jahr durchschnittlich gestiegen ist.
4. Ermitteln Sie das Bruttoinlandsprodukt mithilfe einer Was-wäre-Wenn-Analyse für die Prozentsätze *3*, *4* und *5*.

14. Aufgabe

Zur Altersvorsorge legt ein Arbeitnehmer im ersten Jahr am 1. Januar einen Betrag von 15.000,00 € an. In den folgenden 10 Jahren zahlt er jeweils am Anfang des Jahres 2.500,00 € ein.

1. Ermitteln Sie das Kapital am Ende des letzten Einzahlungsjahres.
2. Stellen Sie die Entwicklung des Kapitals in einer Säulengrafik dar.
3. Erstellen Sie die gesamte Berechnung unter Nutzung von Namen.
4. Wie verändert sich das Ergebnis, wenn die Einzahlungen nicht am Anfang des Jahres, sondern am Ende des Jahres erfolgen?

15. Aufgabe

Führen Sie die folgende Mehrfachoperation (Datentabellen) durch.

1. Ermitteln Sie, wie viel ein Kapital von 555.000,00 € bei einer Verzinsung von 3 % in 16 Jahren ergibt.
2. Berechnen Sie die Werte mithilfe der Mehrfachoperation für die Zinssätze 5 % bis 15 %.

5 Datenbank mit Access

5.1 Theoretische Grundlagen einer relationalen Datenbank

5.1.1 Funktionen einer Datenbank – Datenbankkonzept

Datenbanken werden genutzt, um Daten über Produkte, Lieferanten, Kunden usw. zu erfassen und sinnvoll auszuwerten. Es muss genau geplant werden, welche Daten zu welchen Zwecken benötigt werden und damit für bestimmte Zwecke ausgewertet werden können.

Kennzeichen eines guten Datenbankprogramms ist jedoch auch, dass durch betrieblich bedingte Notwendigkeiten später Änderungen vorgenommen werden können, die es erlauben, zusätzliche Daten zu erfassen und zu verarbeiten. Trotzdem besteht die unbedingte Notwendigkeit, eine Datenbank genau zu planen, damit sie auch späteren Anforderungen gerecht wird. Die Modellierung einer Datenbank wird in der Regel nach dem **Entity-Relationship-Modell (ERM)** vorgenommen. Außerdem werden Daten normalisiert, d. h., komplexe Datenbeziehungen (Tabellen mit vielen Datenfeldern, z. B. Daten über Artikel und Lieferanten in einer Tabelle) werden in einfache Beziehungen in mehreren Tabellen überführt.

Hinweis: Grundsätzlich ist es durchaus möglich, bei der Arbeit mit dem Kapitel *Aufbau einer Datenbank mit ACCESS 2010* zu beginnen und die theoretischen Grundlagen nach Bedarf oder danach zu behandeln.

5.1.2 Datenmodelle

Mithilfe von Datenbanken sollen Ausschnitte aus der realen Welt abgebildet werden. Dies bedeutet, dass anfallende Daten sachgerecht abgebildet werden müssen, um danach optimal verarbeitet werden zu können.

Der Ablauf der Modellierung und die Erstellung einer Datenbank erfolgt normalerweise in der nachfolgend dargestellten Reihenfolge. Die einzelnen Schritte werden kurz angegeben und im Buch intensiv beschrieben. Die theoretischen Grundlagen werden später anhand des Aufbaus einer Datenbank mit dem Programm **Access** in praktische Ergebnisse umgesetzt.

Begriff	Bedeutung
Semantisches Modell	Objekte und Beziehungen der realen Welt werden im semantischen Datenmodell abstrakt beschrieben. Zur visuellen Unterstützung werden semantische Datenmodelle z. B. mithilfe von Entity-Relationship-Modellen beschrieben. **Beispiel:** Autoren schreiben Bücher. Diese Bücher werden von einem Verlag herausgebracht. **Darstellung im Entity-Relationship-Modell:** 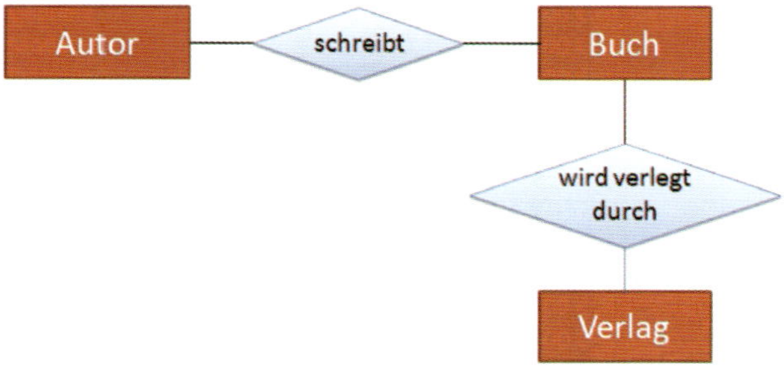

Logisches Modell	Das logische Datenmodell entspricht der konzeptionellen Erstellung einer Datenbank in Abhängigkeit von dem Datenbanksystem, welches später eingesetzt werden soll. In der Regel wird das relationale Datenbankmodell in der Praxis angewandt. Die im Entity-Relationship-Modell beschriebenen Objekte und Beziehungen werden in Form von Tabellen umgesetzt. Das Modell wird im nächsten Kapitel genauer beschrieben. Andere denkbare Modelle spielen in der Praxis keine Rolle und werden daher hier nicht beschrieben. Zur Verhinderung von Redundanzen (mehrfach vorhandene gleiche Daten) und Anomalien (Inkonsistenzen, nicht miteinander vereinbare Daten, widersprüchliche Daten) wird die Technik der Normalisierung eingesetzt. Sie wird später genau beschrieben.
Physisches Modell	Die Umsetzung des logischen Modells mithilfe der Datenbeschreibungssprache des Zielsystems (Data Description Language) wird als physisches Modell bezeichnet. Das Modell wird z. B. im Datenbankprogramm **Access** oder im Datenbankverwaltungssystem **MySQL** umgesetzt.

5.1.3 Relationale Datenbank

Von einer **relationalen Datenbank** spricht man, wenn Daten aus verschiedenen Tabellen miteinander verknüpft werden können, also beispielsweise bestimmte Artikel einem Lieferanten zugeordnet werden können.

Dabei muss eine relationale Datenbank bestimmte Mindestanforderungen erfüllen:

- Alle Informationen werden in Tabellen dargestellt. Grundlage der relationalen Datenbank ist die Tabelle oder „Relation". Der Aufbau aller Datensätze in einer Tabelle muss gleich sein, die Datensätze müssen also aus denselben Datenfeldern (z. B. *Artikel_Nr*, *Artikelart*, *Artikel_Bez*, *Bestand* usw.) bestehen.
- Eine Tabelle besteht aus Zeilen und Spalten. Jede Zeile enthält einen Datensatz (z. B. *1001*, *Schreibtisch*, *Gabriele*, *5,* usw.). Die Spalten der Tabelle enthalten ein einzelnes Datenfeld (z. B. *1001*).

In der Datenbanksprache werden die folgenden Begriffe benutzt:

Begriff	Bedeutung
Relation	Zweidimensionale Tabelle mit bestimmter Anzahl von Zeilen und Spalten.
Attribut	Eigenschaften einer Spalte einer Tabelle, z. B. *Artikel_Nr.*
Attributwert	Ein Inhalt eines Datenfeldes, z. B. die Artikel_Nr *1000*.
Tupel	Eine Zeile einer Tabelle und damit ein Datensatz in einer Tabelle, z. B. *1000*, *Schreibtisch*, *Gabriele*, *5*, *102*.

Attribut (Datenfeld) **Attributwert**

	Artikel_Nr	Artikelart	Artikel_Bez	Lieferer_Nr
	1000	Schreibtisch	Gabriele	102
	1001	Schreibtisch	Modern	101
	1002	Schreibtisch	Elegant	102
	1003	Büroschrank	Aktuell	100

Tupel (Datensatz)

Relation (gesamter Inhalt der Tabelle)

- Die Daten müssen bearbeitet werden können:
  - Tabellen müssen über mindestens einem gemeinsamen Attribut (Feldnamen) verknüpft (in Beziehung gestellt) werden können. So muss beispielsweise über ein Datenfeld in einer Lagertabelle auf eine Lieferantentabelle zurückgegriffen werden können.

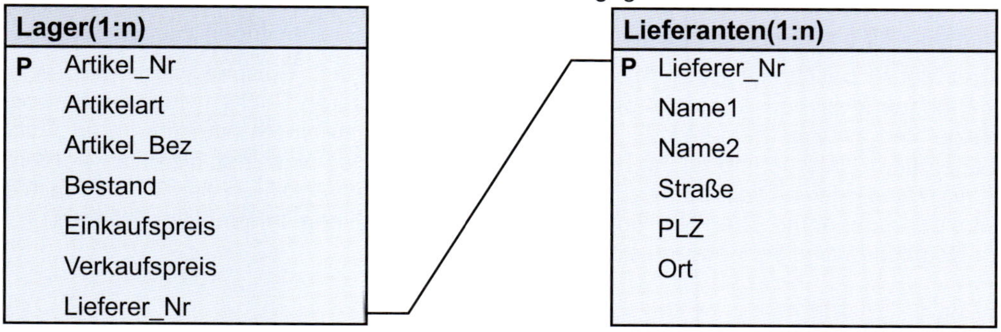

    Bei der hier abgebildeten Beziehung ist es möglich, über eine Abfrage einem Artikel einen Lieferanten zuzuordnen. Andere Beziehungen erlauben es z. B., einem Artikel mehrere Lieferanten oder einem Lieferanten mehrere Artikel zuzuordnen.

  - Alle Daten müssen durch Selektion (Auswahl) in bestimmte Ergebnistabellen kopiert werden können. Dies wird in ACCESS über Abfragen realisiert.

	Artikel_Nr	Artikelart	Artikel_Bez	Lieferer_Nr	Name1	Ort
	1000	Schreibtisch	Gabriele	102	Tranel GmbH	Duisburg
	1001	Schreibtisch	Modern	101	Büromöbel AG	Berlin
	1002	Schreibtisch	Elegant	102	Tranel GmbH	Duisburg
	1003	Büroschrank	Aktuell	100	Wagner & Co.	Bielefeld

    Im abgebildeten Beispiel werden Daten aus zwei Tabellen, die miteinander verknüpft wurden, durch eine Abfrage zusammengeführt, sodass man sehen kann, welcher Artikel von welchem Lieferanten geliefert werden kann.

Wird die Datenbank vernünftig aufgebaut, werden Datenredundanzen und Dateninkonsistenzen vermieden und die Datenintegrität gewahrt:

Datenredundanz und Dateninkonsistenz	Mehrfache Einträge desselben Sachverhaltes in einer Datenbank nennt man Datenredundanzen. Beispielsweise ist es unlogisch, in einer Tabelle zu jedem Artikel den Lieferanten einzugeben. Liefert der Lieferant mehrere Artikel, müssten jedes Mal die Daten in allen Datensätzen geändert werden, wenn sich beispielsweise der Name (Firmenbezeichnung) des Lieferanten ändert. Bei der Datenänderung muss gewährleistet sein, dass alle betroffenen Eintragungen erfasst werden, ansonsten kommt es zur Dateninkonsistenz, also zu nicht mehr aktuellen Daten. Ein besonderes Problem ist gegeben, wenn in Tabellen unterschiedliche Daten desselben Sachverhalts entstehen. Dies muss unbedingt bei der Planung und der Arbeit mit einer Datenbank verhindert werden. Durch mehrfache Einträge werden außerdem Platzressourcen verschwendet. Die mehrfache Erfassung führt daneben zur Zeitverschwendung, etwa bei der Dateneingabe, da Lieferanten- und Artikeldaten nicht nur einmal erfasst würden.
Datenintegrität	Unter Datenintegrität versteht man die Genauigkeit von Daten und ihre Übereinstimmung mit der erwarteten Bedeutung, insbesondere nachdem sie übertragen oder verarbeitet wurden.

5.2 Entity-Relationship-Modell (ERM) – semantisches Modell

5.2.1 Begriff

Das Entity-Relationship-Modell (ERM), in seltenen Fällen auch als Gegenstands-Beziehungsmodell bezeichnet, bildet in der Regel die Grundlage für die Modellierung einer Datenbank. In dem Modell werden Objekte einer Datenbank in sinnvolle Beziehungen zueinander gesetzt.

Das Modell beschreibt einen Auszug aus einer realen Welt. Beispielsweise werden die Beziehungen zwischen einem Autor und einem oder mehreren Büchern beschrieben oder die Beziehung zwischen einem oder mehreren Lieferanten zu einem oder mehreren Artikeln im Lager eines Unternehmens. Die Beziehungen zwischen den einzelnen Objekten werden durch *Entity-Relationship-Diagramme* (ERD) oder *ER-Diagramme* grafisch dargestellt. Nachfolgend wird die sogenannte Chen-Notation benutzt, benannt nach dem Informatiker Peter Chen. Andere Notationen sind sehr ähnlich aufgebaut.

5.2.2 Entität

Begriff:

Eine Entität ist ein eindeutig identifizierbares Objekt oder ein eindeutig identifizierbarer Sachverhalt der realen Welt oder der Vorstellungswelt.

Beispiele:

Entitäten können beispielsweise Artikel, Lieferanten, Kunden, Autoren, Bücher usw. sein.

Darstellung einer Entität:

Entitäten werden in einem Rechteck dargestellt.

Beispiel:

5.2.3 Attribute

Begriff:

Durch Attribute werden die Eigenschaften einer Entität spezifiziert, also genauer beschrieben. Die einzelnen Eigenschaften einer Entität werden für den benötigten Zweck erfasst.

Beispiel:

Für den Autor eines Buches lassen sich z. B. eine Autor_Nr, ein Name, ein Vorname, ein Ort usw. bestimmen.

Darstellung einer Entität mit Attributen (bzw. Entitätstypen):

Attribute werden als Ellipse dargestellt. Sie werden einer Entität zugeordnet. Schlüsselfelder werden unterstrichen. Die Bedeutung wird auf den nächsten Seiten erklärt.

Beispiel:

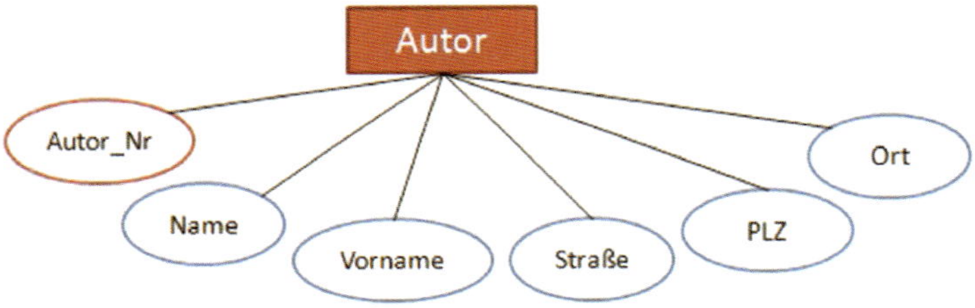

5.2.4 Entitätstyp

Begriff:

Eine Menge von **Entitäten** mit gleichen Attributen wird als **Entitätstyp** bezeichnet. Zu einem Entitätstyp kann es beliebig viele Entitäten geben. Dies bedeutet, dass alle Datensätze in einer Tabelle einer Datenbank identisch aufgebaut sind und sein müssen. Durch Entitätstypen wird der Datenbestand beschrieben. Der Datenbestand wird durch die Entitäten dargestellt.

Beispiel 1:

In einer Tabelle einer Datenbank werden die Autoren von Büchern erfasst. Für jeden Autor werden dieselben Daten, wie etwa der Name und der Vorname, erfasst.

Beispiel 1:

Entitätstyp

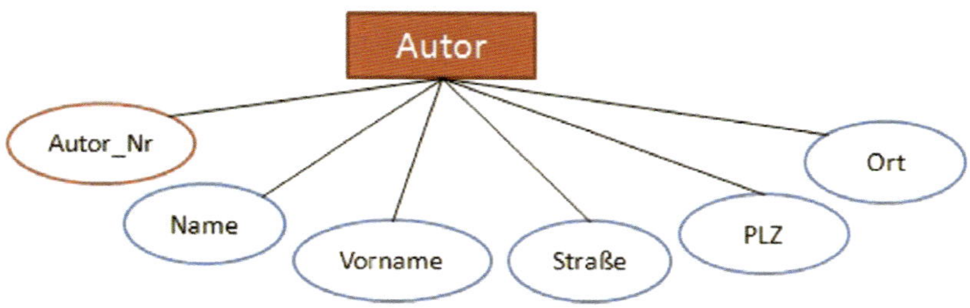

Entitäten (Erfassung in einer Tabelle einer Datenbank)

Autor_Nr	Name	Vorname	Straße	PLZ	Ort	
201	Müller	Gerhard	Ringweg 11	10301	Berlin	← Entität
202	Hansen	Ludwig	Hauptkanal re. 61	26871	Papenburg	← Entität
203	Brandt	Heinrich	Am Wall 10	26112	Oldenburg	← Entität

Beispiel 2:

In einer Tabelle einer Datenbank werden die Artikel erfasst. Für jeden Artikel werden dieselben Daten, wie etwa die Artikelart und die Artikelbezeichnung, erfasst.

Beispiel 2:

Entitätstyp

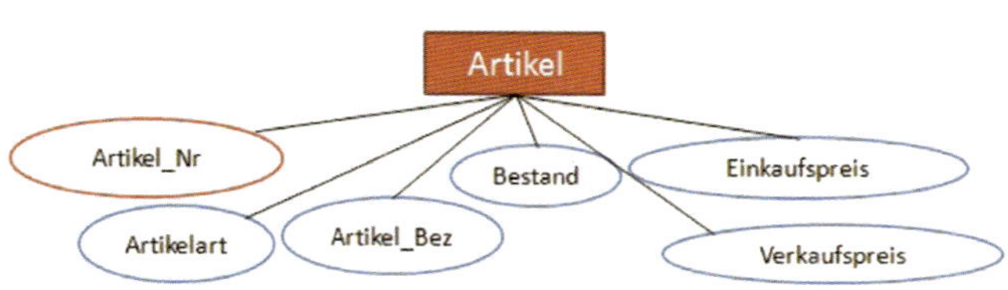

Entitäten (Erfassung in einer Tabelle einer Datenbank)

Artikel_Nr	Artikelart	Artikel_Bez	Bestand	Einkaufspreis	Verkaufspreis	
1000	Schreibtisch	Gabriele	5	800,00 €	1.365,00 €	← Entität
1001	Schreibtisch	Modern	10	456,00 €	735,00 €	← Entität
1002	Schreibtisch	Exklusiv	20	1.250,00 €	1.848,00 €	← Entität

5.2.5 Schlüsselfelder

Zu den Schlüsselfeldern gehören der Primär- und der Fremdschlüssel. In der folgenden Tabelle werden die beiden Begriffe erklärt. Außerdem werden verschiedene Arten von Primärschlüsseln angegeben und beschrieben. Schlüssel können sich von Natur aus anbieten, sie können jedoch auch nach den jeweiligen Erfordernissen künstlich hinzugefügt werden. Außerdem können die Schlüssel aus mehreren Attributen bestehen.

Primärschlüssel

Definition

Als Primärschlüssel wird in einer relationalen Datenbank ein Datenfeld in einer Tabelle bezeichnet, die jeden in dieser Tabelle gespeicherten Datensatz eindeutig beschreibt. Auch mehrere Datenfelder können als Primärschlüssel definiert werden.

Ein Schlüssel darf in einer Tabelle nicht mehrmals vorkommen, da dieser dafür genutzt wird, um einen bestimmten Datensatz auszuwählen und Beziehungen zu Datenfeldern anderer Tabellen herzustellen.

Im Normalfall wird als Primärschlüssel nur ein Datenfeld verwendet, z. B. eine Artikelnummer oder der Name einer Person. Reicht ein Datenfeld zur Klassifizierung nicht aus, können weitere Felder dazugenommen werden (z. B. Vorname, Geburtsdatum usw.). Man spricht dann von einem kombinierten zusammengesetzten Primärschlüssel oder auch Verbundschlüssel.

Natürlicher Schlüssel

Als natürlichen Schlüssel bezeichnet man ein Attribut, welches durch den Entitätstyp vorgegeben ist. Ein natürliches Attribut könnte beispielsweise die Personalausweisnummer oder die ISBN-Nummer eines Buches sein.

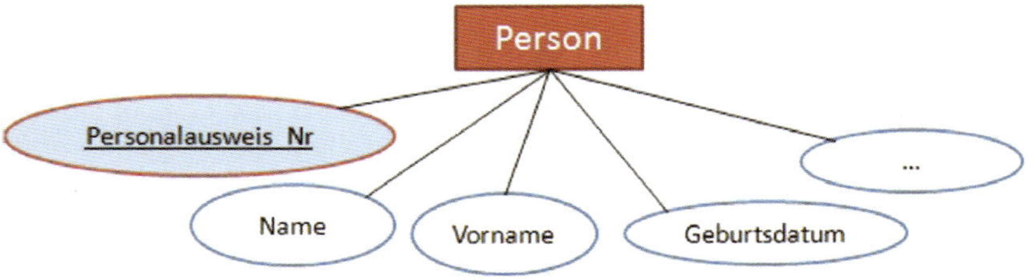

Kurznotation:

Person (Personalausweisnummer, Name, Vorname, Geburtsdatum, ...)

Diese Daten sind möglich, da sich die Daten im Datenfeld mit dem Primärschlüssel unterscheiden:

Personalausweis_Nr	Name	Vorname	Geburtsdatum
178665456	Müller	Heinrich	15.11.1981
145654789	Müller	Heinrich	23.11.1987
167876543	Volkmann	Hans	23.12.1983

Die Eingabe des zweiten Datensatzes ist nicht möglich, da versucht wird, im Datenfeld mit dem Primärschlüssel einen gleichen Wert einzugeben:

Personalausweis_Nr	Name	Vorname	Geburtsdatum
178665456	Müller	Heinrich	15.11.1981
178665456	Müller	Heinrich	23.11.1987

Künstlicher Schlüssel

Zusätzlich zu den vorhandenen Attributen wird ein weiteres Attribut hinzugefügt. Dabei handelt es sich z. B. um eine Artikelnummer usw.

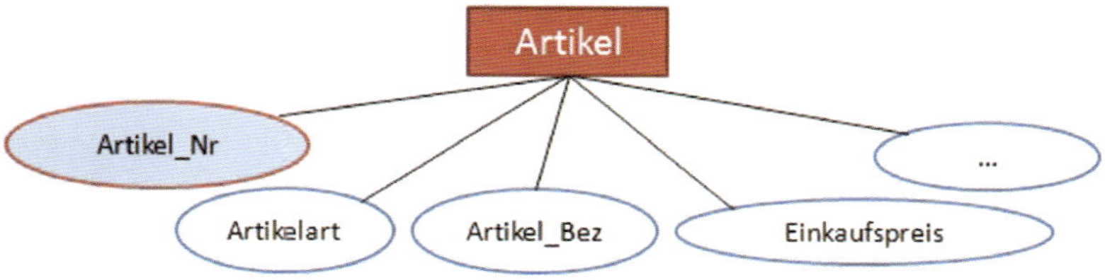

Artikel (<u>Artikel_Nr</u>, Artikelart, Artikel_Bez, Einkaufspreis, ...)

Verbundschlüssel (zusammengesetzter, kombinierter)

Mehrere Attribute bilden zusammen den Schlüssel. Dabei kann es sich z. B. um die folgende Kombination handeln:

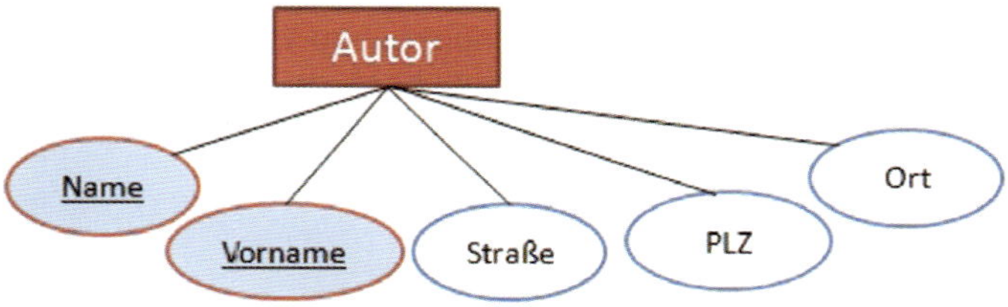

Autor (<u>Name</u>, <u>Vorname</u>, Straße, PLZ, Ort)

Grundsätzlich erscheint ein solcher Schlüssel in der dargestellten Form jedoch nicht besonders geeignet, da es auch Personen geben kann, die den gleichen Namen und Vornamen haben.

Ein Verbundschlüssel in einer Tabelle *Abteilung_Mitarbeiter* ergibt hingegen einen Sinn. Ein Mitarbeiter kann selbstverständlich nicht zweimal in derselben Abteilung beschäftigt sein. Wird dieselbe Kombination aus Abteilungsnummer und Mitarbeiternummer ein zweites Mal eingegeben, ist dies falsch und muss verhindert werden. Hingegen muss es möglich sein, dass der Mitarbeiter mehreren Abteilungen zugeordnet wird.

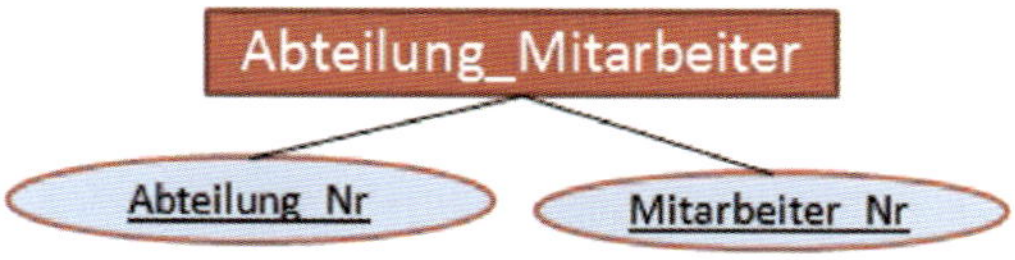

Abteilung_Mitarbeiter (<u>Abteilung_Nr</u>, <u>Mitarbeiter_Nr</u>)

Die Eingabe der folgenden Daten ist möglich:

Abteilung_Nr	Mitarbeiter_Nr
3	1000
3	1001

Die Eingabe der folgenden Daten ist nicht möglich:

Abteilung_Nr	Mitarbeiter_Nr
3	1000
3	1000

Nicht-Schlüssel-Attribute

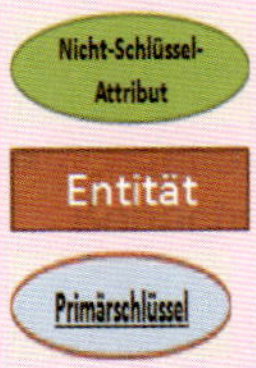

Als Nicht-Schlüssel-Attribute werden alle Attribute bezeichnet, die nicht Schlüssel-Attribute (Primärschlüssel) sind. In diesem Beispiel also *Name*, *Vorname*, *Geburtsdatum* usw.

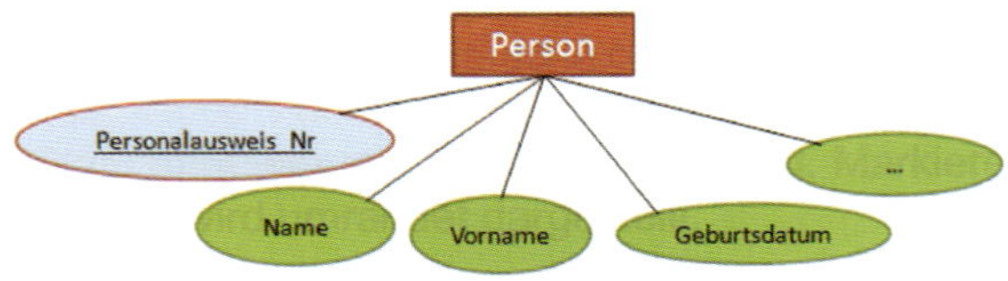

Person (<u>Personalausweisnummer</u>, *Name, Vorname, Geburtsdatum, …)*

Fremdschlüssel

Definition

Ein Fremdschlüssel ist ein Attribut in einer Relation (Tabelle), das in einer anderen Relation (Tabelle) als Primärschlüssel definiert wurde. Auf diese Art werden Beziehungen zwischen Tabellen hergestellt.

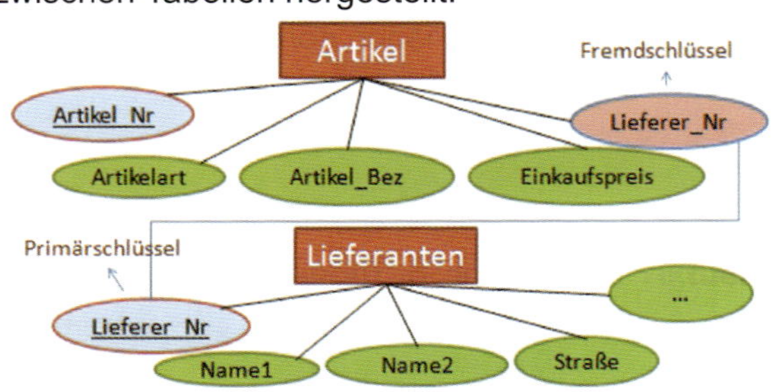

Artikel (<u>Artikel_Nr</u>, Artikelart, Artikel_Bez, Einkaufspreis, Lieferer_Nr)

Lieferanten (<u>Lieferer_Nr</u>, Name1, Name2, Straße, …)

5.2.6 Relationship (Beziehungen)

Begriff:

Ein Relationship (Beziehung) beschreibt die semantische Beziehung zwischen zwei Objekten. Um einen Sachverhalt darstellen zu können, sind oftmals mehrere Beziehungen zwischen den gegebenen Objekten notwendig. Nachfolgend wird ein einfaches Beispiel dargestellt. Dabei werden unterschiedlich mögliche Darstellungsformen gezeigt.

Beispiel 1:

Ein Autor schreibt ein Buch.

Darstellung:

Beziehungen werden durch eine Raute dargestellt.

Darstellung 1a:

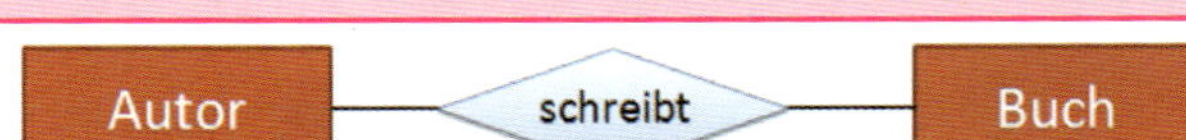

Darstellung 1b:

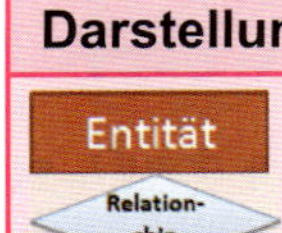

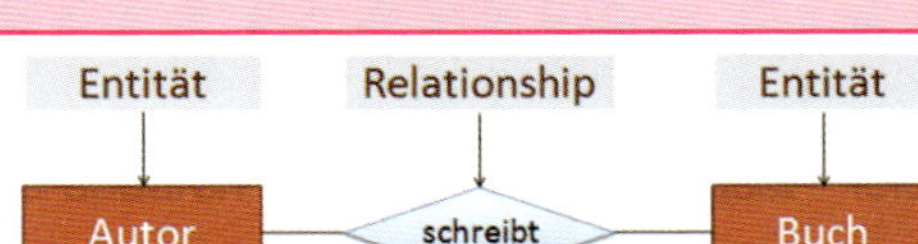

Darstellung 1c:

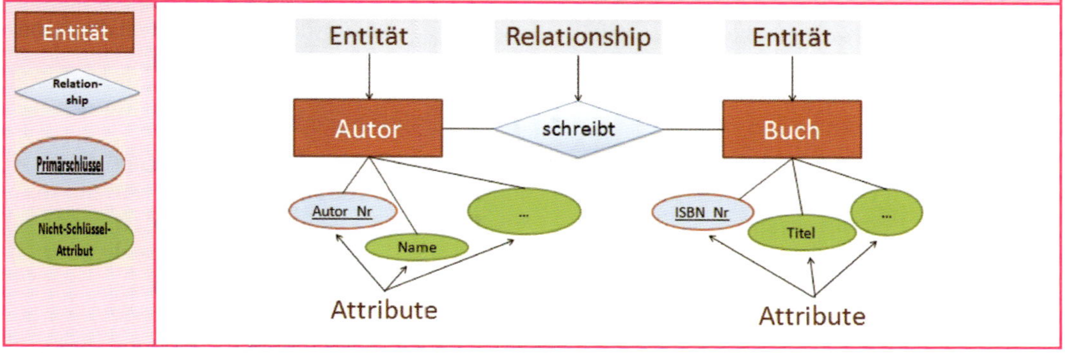

Beispiel 2:

Ein Autor schreibt ein Buch. Dieses Buch wird bei einem Verlag herausgebracht. Daher bestehen zwei Beziehungen:

- Beziehung 1: Beziehung zwischen dem Autor und dem Buch,
- Beziehung 2: Beziehung zwischen dem Buch und dem Verlag.

Darstellung 2:

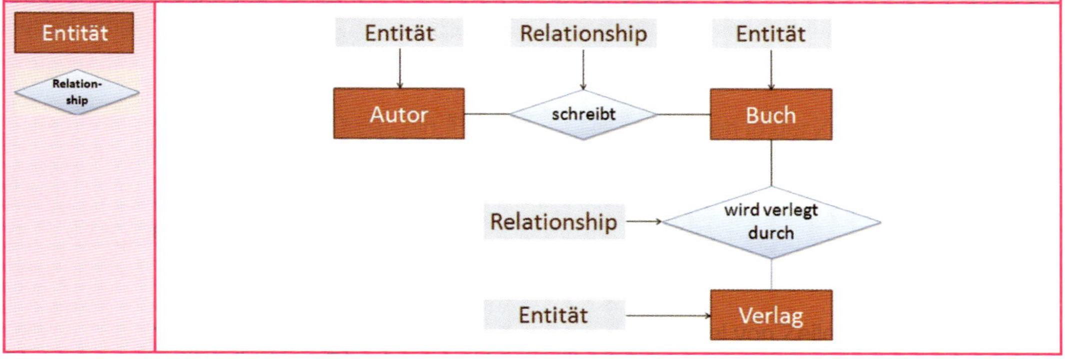

5.2.7 Kardinalität

Bei der Kardinalität geht es um die Frage, ob eine Entität der Typs A (ein Objekt) mit einer oder mehreren Entitäten des Typs B (ein oder mehrere Objekte) in Beziehung steht. Die Beziehungen werden anschließend erklärt.

Fragestellung	Antwort	Kardinalität
Kann es in einem Ort mehrere Krankenhäuser geben?	Ja	**n**
Kann ein Auto mehrere unterschiedliche Kennzeichen haben?	Nein	**1**

5.2.8 Optionalität

Bei der Optionalität geht es darum, ob eine Entität der Typs A (ein Objekt) mit mindestens einer Entität des Typs B (einem Objekt) in Beziehung stehen muss.

Fragestellung/Bedeutung	Optionalität
Muss eine Klinik in mindestens einem Ort liegen?	Ja, Muss-Beziehung, nicht optional
Muss ein Ort mindestens eine Klinik haben?	Nein, Kann-Beziehung, optional

5.2.9 Beziehungstypen

Inhalte von Tabellen können über Beziehungen zusammengeführt werden. Danach sind Auswertungen möglich. Im Wesentlichen wird zwischen folgenden Beziehungen unterschieden:

<table>
<tr><th colspan="2">1:1-Beziehung (1 zu 1)</th></tr>
<tr><td>Begriff</td><td>Eine Entität wird jeweils einer anderen Entität zugeordnet.</td></tr>
<tr><td>Beispiel</td><td>Ein Auto wird von einem Hersteller u. a. mit einer Fahrzeugnummer ausgestattet. Jedes Auto hat ein Kennzeichen. Dieses Kennzeichen wird nur einmal vergeben.</td></tr>
<tr><td>Grundlagen</td><td>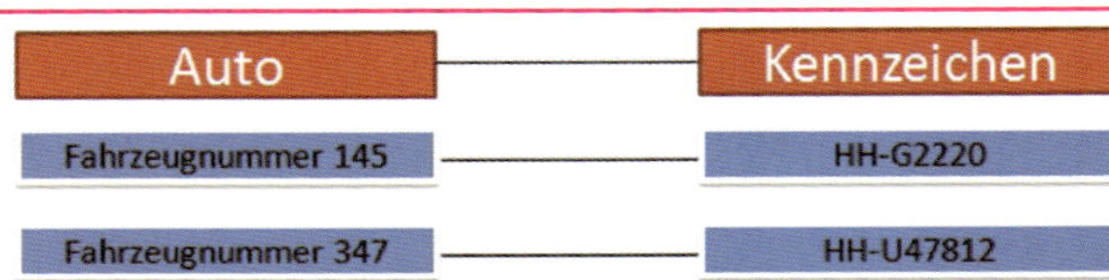
</td></tr>
<tr><td>ERM
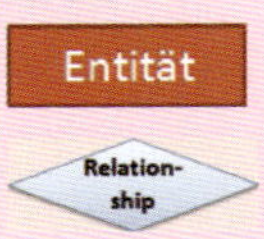
</td><td>

Das Beispiel lässt sich selbstverständlich weiter ausbauen, beispielsweise auch dadurch, dass die Zulassungsstelle, die das Kennzeichen vergeben hat, in die Modellierung des Sachverhalts einbezogen wird. Das Kennzeichen wird in nur einer Zulassungsstelle vergeben. Daher handelt es sich auch hierbei um eine 1:1-Beziehung.
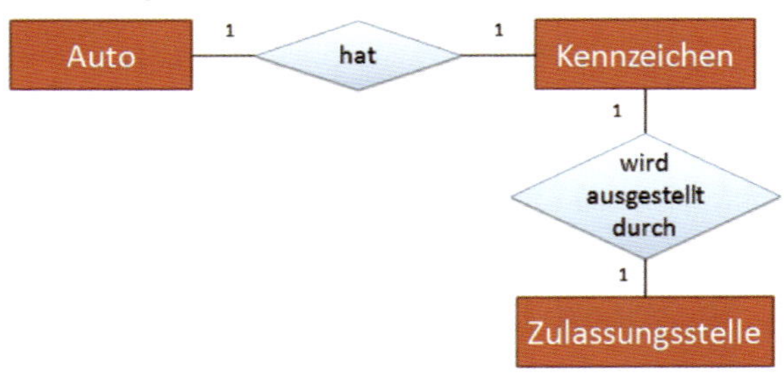

Die Beziehungen zwischen dem Kennzeichen und der Zulassungsstelle können auch einen anderen Grad der Beziehung annehmen.</td></tr>
<tr><td>Attribute
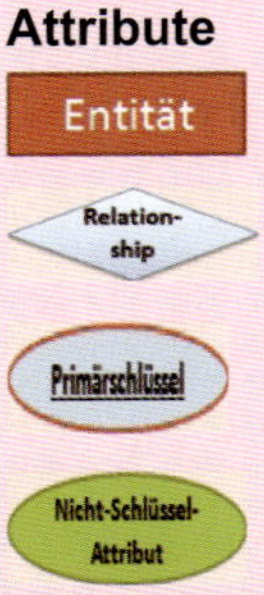
</td><td>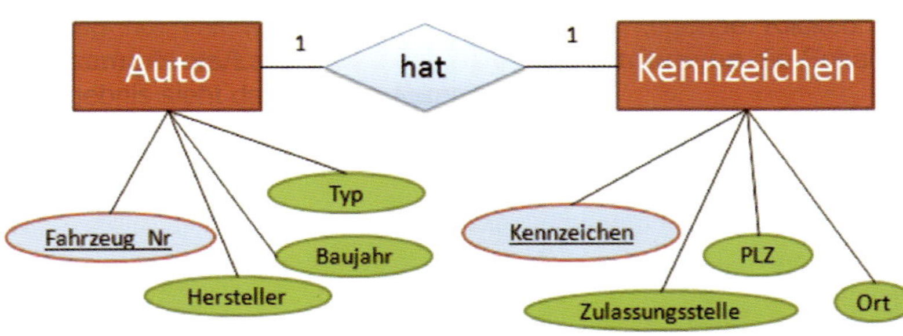
</td></tr>
<tr><td>Tabellen</td><td>Auto
P Fahrzeug_Nr
Hersteller
Typ
Baujahr

Kennzeichen
P Kennzeichen
Zulassungsstelle
PLZ
Ort</td></tr>
</table>

<table>
<tr><th colspan="2">1:n-Beziehung (1 zu beliebig vielen)</th></tr>
<tr><td>Begriff</td><td>Jede Entität aus der ersten Entitätsmenge kann mit beliebig vielen Entitäten aus der zweiten Entitätsmenge in Beziehung stehen. Jede Entität aus der zweiten Entitätsmenge kann mit höchstens einer Entität aus der ersten Entitätsmenge in Beziehung stehen.</td></tr>
<tr><td>Beispiel</td><td>Ein Autor schreibt beliebig viele Bücher. Umgekehrt ist jedoch ein Buch aus der zweiten Entitätsmenge eindeutig einem Autor zuzuordnen.</td></tr>
<tr><td>Grundlagen</td><td>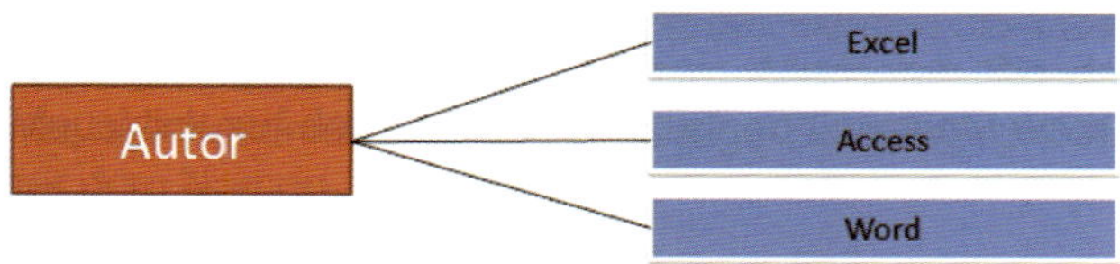
</td></tr>
<tr><td>ERM
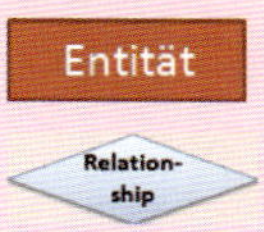
</td><td>

Auch dieses Beispiel kann ausgebaut werden. Jedes Buch ist normalerweise nur in einem Verlag erschienen. Daher besteht zwischen einem Buch und dem Verlag eine 1:1-Beziehung.
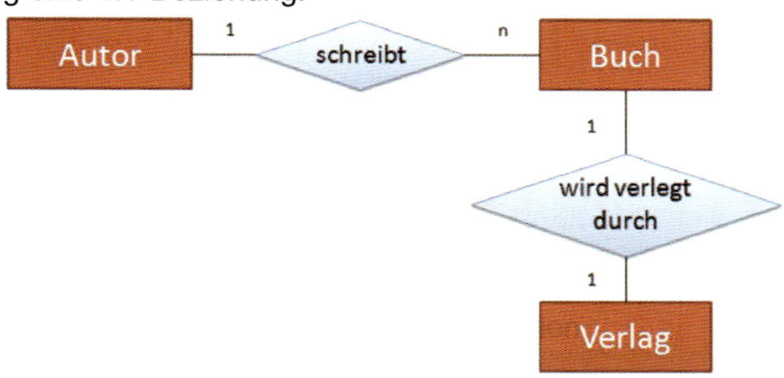

Erscheint das Buch z. B. in einem zweiten Verlag als Taschenbuch, ergibt sich zwischen Buch und Verlag eine 1:n-Beziehung.</td></tr>
<tr><td>Attribute
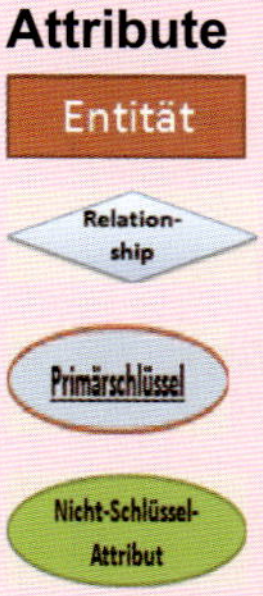
</td><td>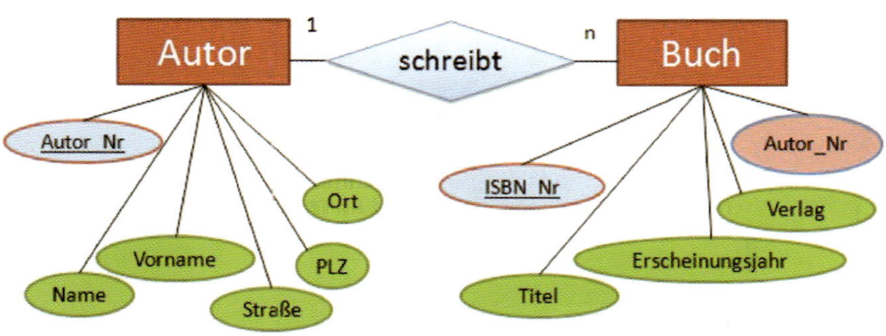
</td></tr>
<tr><td>Tabellen</td><td>
<table>
<tr><th colspan="2">Autor</th></tr>
<tr><td>P</td><td>Autor_Nr</td></tr>
<tr><td></td><td>Name</td></tr>
<tr><td></td><td>Vorname</td></tr>
<tr><td></td><td>Straße</td></tr>
<tr><td></td><td>PLZ</td></tr>
<tr><td></td><td>Ort</td></tr>
</table>
<table>
<tr><th colspan="2">Buch</th></tr>
<tr><td>P</td><td>ISBN-Nr</td></tr>
<tr><td></td><td>Titel</td></tr>
<tr><td></td><td>Erscheinungsjahr</td></tr>
<tr><td></td><td>Verlag</td></tr>
<tr><td></td><td>Autor_Nr</td></tr>
</table>
</td></tr>
</table>

m:n-Beziehung (beliebig viele zu beliebig vielen)

Begriff

Jede Entität aus der ersten Entitätsmenge kann mit beliebig vielen Entitäten aus der zweiten Entitätsmenge in Beziehung stehen. Jede Entität aus der zweiten Entitätsmenge kann mit beliebig vielen Entitäten aus der ersten Entitätsmenge in Beziehung stehen.

Beispiel

Ein Lieferant kann mehrere Produkte liefern. Außerdem kann jedes Produkt auch von mehreren Lieferanten geliefert werden. Selbstverständlich braucht nicht jedes Produkt von allen Lieferanten geliefert werden können, es kann jedoch so sein.

Grundlagen

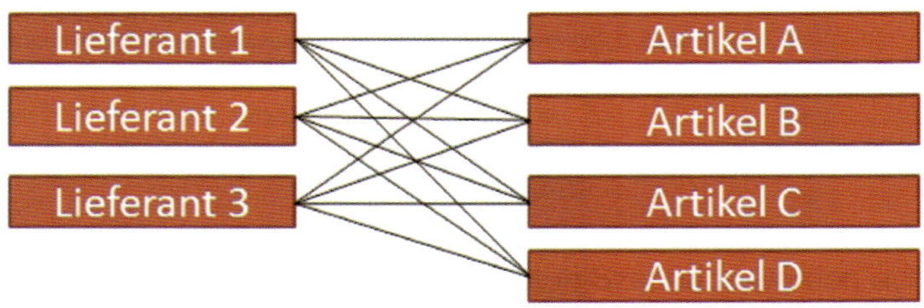

ERM

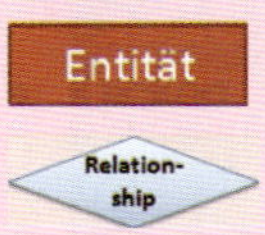

Derselbe Sachverhalt lässt sich auch als eine Beziehung über die entsprechenden Aufträge zwischen Lieferanten und Artikeln darstellen.

Erscheint das Buch z. B. in einem zweiten Verlag als Taschenbuch, ergibt sich zwischen Buch und Verlag eine 1:n-Beziehung.

Attribute

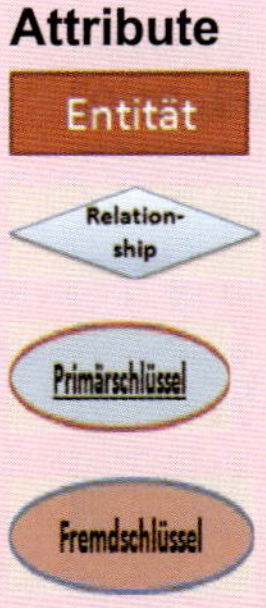

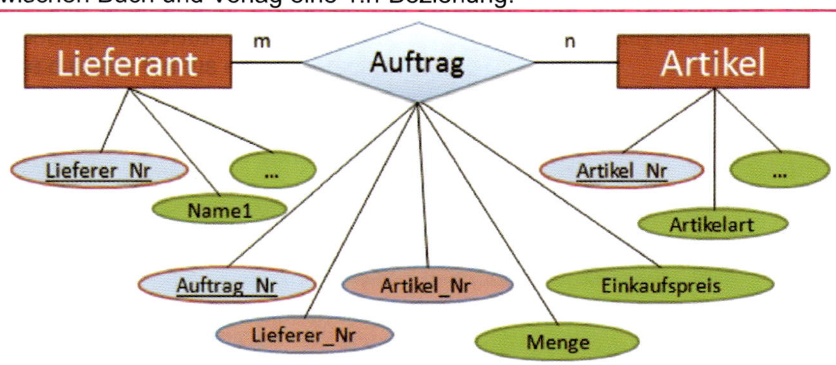

Tabellen

	Lieferanten
P	Lieferanten_Nr
	Name1
	Name2
	Straße
	PLZ
	Ort

	Auftrag
P	Auftrag_Nr
	Lieferer_Nr
	Artikel_Nr
	Menge
	Einkaufspreis

	Artikel
P	Artikel_Nr
	Artikelart
	Artikel_Bez
	Bestand
	Mindestbestand
	Höchstbestand
	Verkaufspreis

m:n-Beziehung (beliebig viele zu beliebig vielen) (Alternative)

Attribute

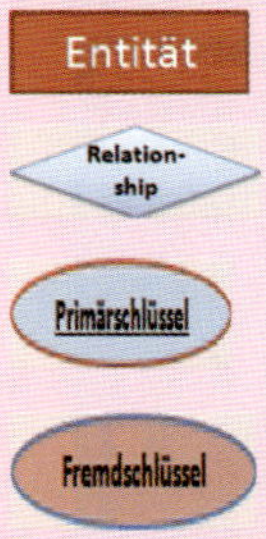

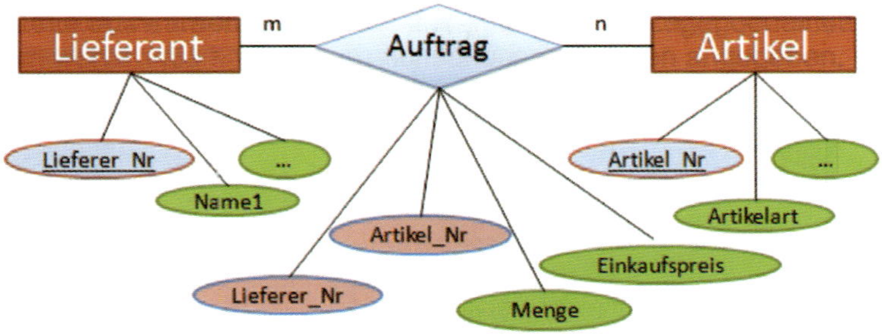

Tabellen

Lieferanten	
P	Lieferanten_Nr
	Name1
	Name2
	Straße
	PLZ
	Ort

Auftrag
Lieferer_Nr
Artikel_Nr
Menge
Einkaufspreis

Artikel	
P	Artikel_Nr
	Artikelart
	Artikel_Bez
	Bestand
	Mindestbestand
	Höchstbestand
	Verkaufspreis

m:n-Beziehung (beliebig viele zu beliebig vielen) (weiteres Beispiel)

Beispiel

In einem Unternehmen gibt es mehrere Abteilungen mit vielen Mitarbeitern. Ein Mitarbeiter kann zwar in mehreren Abteilungen arbeiten, er kann jedoch nicht in einer Abteilung zweimal beschäftigt sein.

Grundlagen

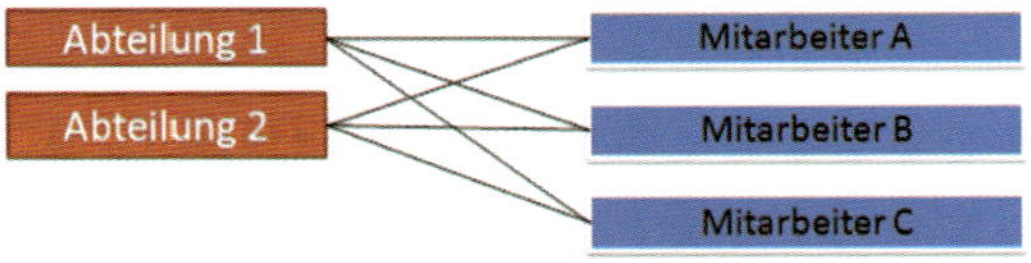

Attribute

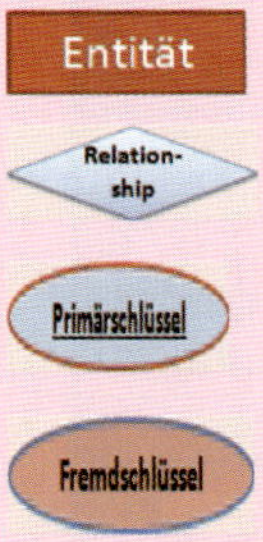

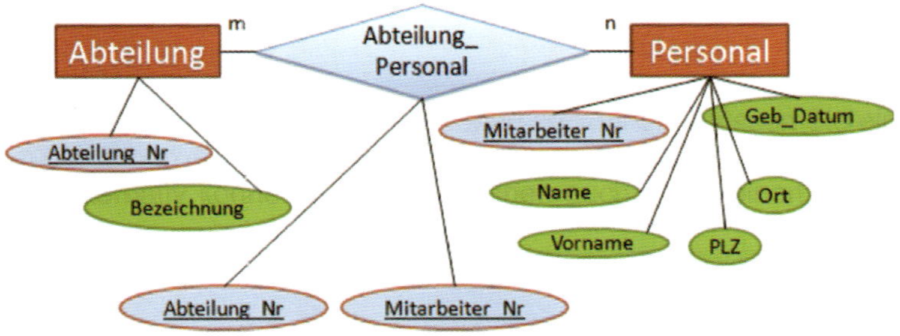

Tabellen

Abteilung	
P	Abteilung_Nr
	Bezeichnung

Abteilung_Personal	
P	Abteilung_Nr
P	Mitarbeiter_Nr

Personal	
P	Mitarbeiter_Nr
	Name
	Vorname
	Straße
	PLZ
	Ort
	Geb_Datum

5.2.10 Beispiel für ein Entity-Relationship-Modell

Komplexere Sachverhalte werden in einem ER-Modell dargestellt. Dieses logische Modell wird danach in ein physisches Modell umgesetzt, d. h. der Sachverhalt wird konkret auf die Möglichkeiten einer Datenbank umgesetzt.

Hinweise: Grundsätzlich ist denkbar, dass für einen Sachverhalt unterschiedliche Lösungswege zur Verfügung stehen. Eine konkrete Umsetzung des Sachverhalts erfolgt später in einer Übungsaufgabe.

Beispiel:

In einer Schule werden Schüler bestimmter Bildungsgänge von Lehrern in Klassen unterrichtet. Jeder Lehrer kann die Inhalte von einem oder mehreren Unterrichtsfächern anbieten und in einer oder mehreren Klassen unterrichten. Umgekehrt kann auch jedes Unterrichtsfach von einem oder mehreren Lehrern unterrichtet werden. Verschiedene Unterrichtsfächer werden in einer Klasse angeboten. In den einzelnen Klassen können unterschiedliche Unterrichtsfächer erteilt werden. Jede Klasse ist einem Bildungsgang zuzuordnen. In einer Klasse befinden sich keine Schüler unterschiedlicher Bildungsgänge.

Darstellung des Sachverhalts:

Darstellung (Chen-Notation):

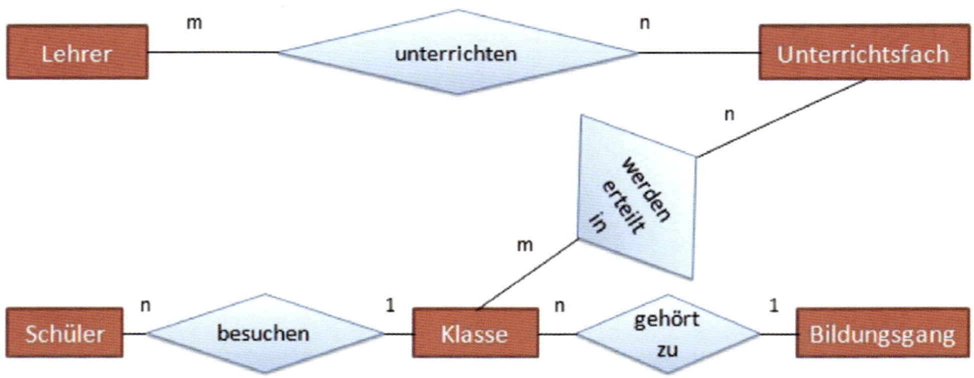

Beziehungen in der Datenbank Access:

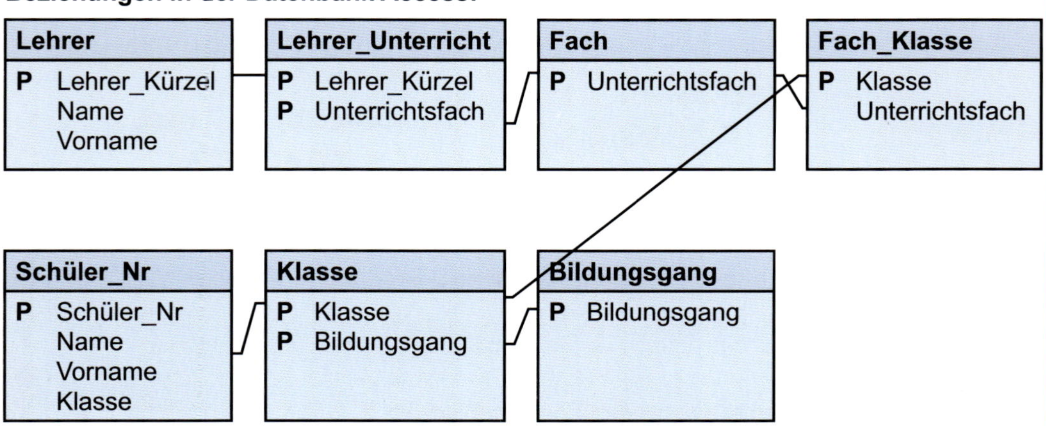

Übungen:

1. In einem Unternehmen wird die Abteilung Verkauf durch einen Angestellten geleitet.
   a) Stellen Sie die einzelnen Entitäten mit möglichen Attributen dar.
   b) Vervollständigen Sie das folgende Entity-Relationship-Diagramm (ERD).

   c) Stellen Sie das Diagramm mit Attributen dar.
   a) In einem Zeitungsverlag arbeiten Redakteure. Einige Redakteure sind nicht nur für einen Bereich (z. B. Politik, Wirtschaft usw.) tätig, sondern in mehreren Bereichen. Stellen Sie den Sachverhalt in einem Entity-Relationship-Diagramm (ERD) dar.
2. In einem Unternehmen wird an verschiedenen Projekten (Projekt A, Projekt B, ...) gearbeitet. Dabei ist es durchaus üblich, dass Mitarbeiter (Mitarbeiter A, Mitarbeiter B, ...) nicht nur an einem, sondern an mehreren Projekten beteiligt sind.
   a) Stellen Sie den Sachverhalt in einem Entity-Relationship-Diagramm (ERD) dar.
   b) Erarbeiten Sie das entsprechende Diagramm mit Attributen.
3. Der Sportverein SV München bietet verschiedene Sportarten an. Die einzelnen Mitglieder können eine oder auch mehrere Sportarten betreiben. Für einzelne Sportarten stehen Trainer zur Verfügung, die jedoch nur in jeweils einer Sportart ihre Dienste anbieten können. Mitglieder können auch in einzelnen Mannschaften Sport treiben, dies ist jedoch nicht immer der Fall, da z. B. ältere Vereinsmitglieder nicht mehr aktiv sind.
   Die Umsetzung des Sachverhalts mit dem Programm Access könnte wie folgt erfolgen:

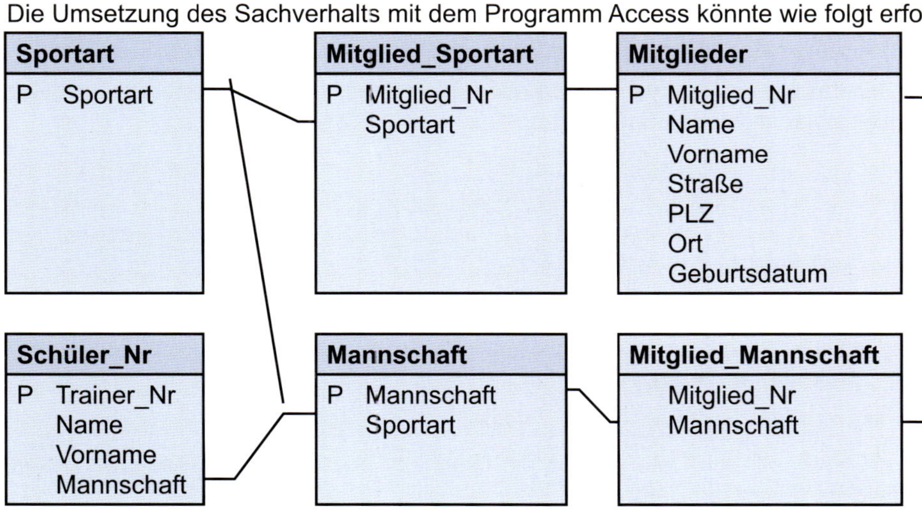

   a) Erstellen Sie aus den Angaben ein Entity-Relationship-Diagramm (ERD). Geben Sie auch den jeweiligen Beziehungstyp an.
   b) Erklären Sie, aus welchen Gründen Sie bestimmte Beziehungstypen, beispielsweise eine m:n-Beziehung, für Teilbereiche der Problemlösung nutzen.

5.3 Normalisierung von Tabellen

5.3.1 Ziel der Normalisierung

Die Normalisierung ist die Überführung komplexer Datenbeziehungen (Tabellen mit vielen Datenfeldern, z. B. Daten über Artikel und Lieferanten in einer Tabelle) in einfache Beziehungen in mehreren Tabellen. Einheiten, die zusammengehören, werden in verschiedenen Tabellen gespeichert, wie z. B. die Daten über die Lieferanten und die Daten über die Artikel jeweils in unterschiedlichen Tabellen.

Jeder Datensatz einer Tabelle bildet eine Einheit, beispielsweise einen Lieferanten. Die einzelnen Datenfelder (*Lieferer_Nr, Name1, Name2* usw.) entsprechen den verschiedenen Eigenschaften (Attribute) dieser Dateneinheit.

Durch die Normalisierung sollen stabile und flexible Datenstrukturen entstehen, die bei Erweiterungen möglichst wenig geändert werden müssen. Es wird die doppelte Speicherung von Daten vermieden und für nicht weiter zerlegbare Daten gesorgt.

Zusammenfassend können vier Ziele der Normalisierung hervorgehoben werden:

- Vermeidung von Redundanzen (mehrfach gespeicherte Werte),
- *einfacher und klarer Aufbau von Tabellen,*
- Vereinfachung der Datenpflege,
- Vermeidung von Dateninkonsistenzen (nicht aktuelle Daten).

Die einzelnen Regeln, die Daten in einen sinnvollen Zustand zu bringen, werden als Normalformen bezeichnet. Die ersten drei Normalformen, die als die wichtigsten gelten, sollen hier besprochen werden. Unnormalisierte Daten, die also noch nicht sinnvoll bearbeitet wurden, befinden sich in der sogenannten ***Nullten Normalform***.

5.3.2 Probleme der Datenerfassung (Nullte Normalform)

Die Daten sind früher normalerweise auf Karteikarten erfasst worden. Der erste Datensatz umfasst beispielsweise die folgenden Inhalte:

Artikelbezeichnung:	***Gabriele***				
Artikelart:	***Schreibtisch***	Artikelnummer:	***1000***		
Bestand:	***8***	Mindestbestand:	***5***	Höchstbestand:	***10***
Einkaufspreis:	***800,00 €***	Verkaufspreis:	***1.345,00 €***		
Lieferant:	***Tranel GmbH***	Name2:	***Büromöbel***		
Lieferer_Nr:	***102***	Anschrift:	***Bechemstr. 67, 47058 Duisburg***		

Aufgrund der vorhandenen Daten wurde die folgende Tabelle angelegt. Die Darstellung zeigt ausschnittsweise die ersten Datensätze:

Artikel_Nr	Artikelart	Artikel_Bez	Name1	Anschrift
1000	Schreibtisch	Gabriele	Tranel GmbH	Bechemstr. 67, 47058 Duisburg
1001	Schreibtisch	Modern	Büromöbel AG	Gutachtstr. 342, 13469 Berlin
1002	Schreibtisch	Exklusiv	Tranel GmbH	Bechemstr. 67, 47058 Duisburg
1003	Büroschrank	Elegant	Wagner GmbH	Vogtweg 23, 33607 Bielefeld
1004	Büroschrank	Aktuell	Büromöbel AG	Gutachtstr. 342, 13469 Berlin

Die Erfassung der Daten erfolgt nicht nach bestimmten Kriterien. Alle verfügbaren Daten werden in einer Tabelle abgelegt. Eine solche Erfassung nennt man unnormalisiert, die Tabelle befindet sich in der ***Nullten Normalform***. Einige entstehende Probleme der Datenerfassung lassen sich sofort erkennen:

- Einzelne Daten werden offensichtlich doppelt erfasst. So müssen die Daten verschiedener Lieferanten mehrmals eingegeben werden. Neben der Mehrarbeit bei der Dateneingabe ist zu befürchten, dass es auf Dauer unterschiedliche Daten über denselben Sachverhalt (z. B. bei Lieferantendaten) in der Datenbank gibt.
- Eine Sortierung der Daten nach dem Ort ist nicht möglich, da die gesamte Anschrift in einem Datenfeld gespeichert wird.
- Ein Problem kann dadurch entstehen, dass verschiedene Lieferanten denselben Artikel anbieten. Denselben Artikel unter einer anderen Artikelnummer mit einem anderen Lieferanten zu erfassen, dürfte wenig sinnvoll sein. Ebenso ist es problematisch, in einem Datensatz mit derselben Artikelnummer mehrere Lieferanten zu erfassen.

Um die angesprochenen Probleme zu vermeiden, sollen die Daten durch die Normalisierung sinnvoll verteilt und erfasst werden.

5.3.3 Normalformen

Durch die Normalisierung sollen die Daten sinnvoll geordnet werden. Beispiele verdeutlichen jeweils den Sinn der Definitionen und der Erklärungen. Die beiden ersten Normalformen sollten beim Aufbau von Tabellen unbedingt beachtet werden. Durch die Anwendung der Dritten Normalform werden Datensätze oftmals auseinandergezogen und auf mehrere unterschiedliche Tabellen verteilt. Bei kleineren Projekten wird daher häufig auf die Anwendung dieser Normalisierung verzichtet.

1. Normalform	
Definition	Eine Tabelle (Relation) ist in der Ersten Normalform, wenn jeder Attributwert atomar ist.
Erklärung	Der Attributwert ist dann atomar, wenn er sich nicht aus mehreren Werten zusammensetzt.
Beispiel (Lösung)	Wird in einer Tabelle die Anschrift mit *Straße*, *PLZ* und *Ort* in einem Datenfeld gespeichert, so ist dieser Attributwert nicht atomar.

Anschrift
Bechemstr. 67, 47058 Duisburg
Gutachtstr. 342, 13469 Berlin
Bechemstr. 67, 47058 Duisburg
Vogtweg 23, 33607 Bielefeld
Gutachtstr. 342, 13469 Berlin

Wird in einer Tabelle die Anschrift mit *Straße*, *PLZ* und *Ort* in einem Datenfeld gespeichert, so ist dieser Attributwert nicht atomar.

Straße	**PLZ**	**Ort**
Bechemstr. 67	47058	Duisburg
Gutachtstr. 342	13469	Berlin
Bechemstr. 67	47058	Duisburg
Vogtweg 23	33607	Bielefeld
Gutachtstr. 342	13469	Berlin

2. Normalform

Definition

Eine Tabelle (Relation) ist in der Zweiten Normalform, wenn sie in der Ersten Normalform ist und jedes Nicht-Schlüsselattribut von jedem Schlüsselkandidaten (Datenfeld, welches als Primärschlüsselfeld definiert wurde) vollständig funktional abhängig ist.

Erklärung

Funktional abhängig sind Werte voneinander, wenn es jeweils zu jedem X-Wert genau einen Y-Wert gibt, also z. B. zu einer Lieferantennummer einen Lieferantenname1 gibt.

Beispiel (Lösung)

Datenfelder, die von dem Schlüsseldatenfeld nicht vollständig funktional abhängig sind, werden in anderen Tabellen untergebracht. Der Name eines Lieferanten ist nicht von einer bestimmten Artikelnummer abhängig, daher sind diese beiden Werte in unterschiedlichen Tabellen zu speichern.
Durch die **2. Normalisierung** werden die Inhalte in sinnvolle Tabellen verteilt, in diesem Fall in die Tabellen *Lager* und *Lieferanten*. Damit die Datenintegrität gewahrt bleibt, müssen die Tabellen später untereinander in Beziehungen gesetzt werden können. Jede Tabelle erhält ein Schlüsselfeld (Primärschlüssel). Das Schlüsselfeld ermöglicht eine eindeutige Kennung eines Datensatzes. Die Datenfelder *Name1*, *Name2*, *Straße*, *PLZ* und *Ort* sind von dem Datenfeld *Lieferer_Nr* funktional abhängig, da zu der Lieferantennummer jeweils ein bestimmter Name usw. gehört.

Lieferanten

	Feldname	Felddatentyp	Beschreibung
P	Lieferer_Nr	Zahl	
	Name1	Text	
	Straße	Text	
	PLZ	Zahl	
	Ort	Text	

In der Tabelle *Lieferanten* werden alle Lieferantendaten gespeichert:

	Lieferer_Nr	Name1	Straße	PLZ	Ort
	100	Wagner GmbH	Vogtweg 23	33607	Bielefeld
	101	Büromöbel AG	Gutachtstr. 342	13469	Berlin

In der Tabelle *Lager* werden alle Artikeldaten erfasst. Als Primärschlüssel wird das Datenfeld *Artikel_Nr* bestimmt. Alle anderen Datenfelder sind funktional abhängig von diesem Datenfeld.

Lager

	Feldname	Felddatentyp	Beschreibung
P	Artikel_Nr	Zahl	
	Artikelart	Text	
	Artikel_Bez	Text	
	Bestand	Zahl	
	Einkaufspreis	Währung	

In der Tabelle *Lieferanten* werden alle Lieferantendaten gespeichert:

	Artikel_Nr	Artikelart	Artikel_Bez	Bestand	Einkaufspreis
	1000	Schreibtisch	Gabriele	5	800,00 €
	1001	Schreibtisch	Modern	10	456,00 €

3. Normalform

Definition

Eine Tabelle (Relation) ist in der Dritten Normalform, wenn sie in der Zweiten Normalform ist und jedes Nicht-Schlüsselattribut von keinem Schlüsselkandidaten (Datenfeld, welches als Primärschlüsselfeld definiert wurde) transitiv (indirekt) abhängig ist.

Erklärung

Eine transitive (indirekte) Abhängigkeit ist gegeben, wenn X (Liefer_Nr), Y (PLZ) und Z (Ort) Attribute sind. Ist Y (PLZ) abhängig von X (Liefer_Nr) und Z (Ort) abhängig von Y (PLZ), so ist Z (Ort) von X (Liefer_Nr) funktional abhängig.

Der Sachzusammenhang kann folgendermaßen beschrieben werden:

Zu jedem Lieferanten gehört eine Postleitzahl und zu jeder Postleitzahl ein Ort, also gehört zu jedem Lieferanten ein Ort.

Beispiel (Lösung)

Um die transitive (indirekte) Abhängigkeit auszulösen, werden Datenfelder in eine weitere Tabelle ausgelagert. In der Tabelle Lieferanten wird das Datenfeld Ort gelöscht.

Lieferanten

	Feldname	Felddatentyp	Beschreibung
P	Lieferer_Nr	Zahl	
	Name1	Text	
	Straße	Text	
	PLZ	Zahl	

Außerdem wird eine Tabelle Ort mit den Datenfeldern PLZ und Ort erstellt.

PLZ

	Feldname	Felddatentyp	Beschreibung
P	PLZ	Zahl	
	Ort	Text	

Die Daten werden in die Tabelle Ort eingegeben.

	PLZ	Ort
	33607	Bielefeld
	13469	Berlin

Es wird eine Beziehung zwischen den beiden Tabellen aufgebaut. Eine direkte Abhängigkeit des Datenfeldes Ort von dem Datenfeld Lieferer_Nr ist nicht mehr gegeben. In Zukunft kann über die Beziehung ein Ort durch Eingabe der Postleitzahl in der Tabelle Lieferanten ausgewählt werden.

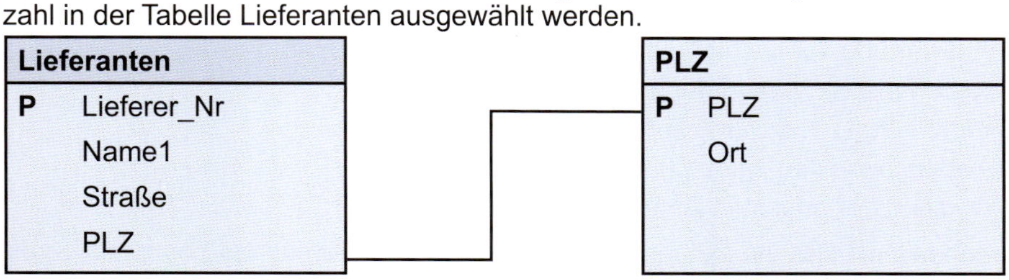

Der Aufbau von Beziehungen wird später genau erklärt. Daher sollen hier keine weiteren Erklärungen folgen.

5.4 Aufbau einer Datenbank mit ACCESS 2010

5.4.1 Grundlagen

Aufbau des Bildschirms

Der ACCESS-Bildschirm wird nach dem Erstellen einer Datenbank in etwa wie unten abgebildet aussehen. Dabei wird in der Darstellung das Datenbankfenster mit einbezogen, da dieses Fenster bei der Arbeit mit dem Programm ACCESS von entscheidender Bedeutung ist.

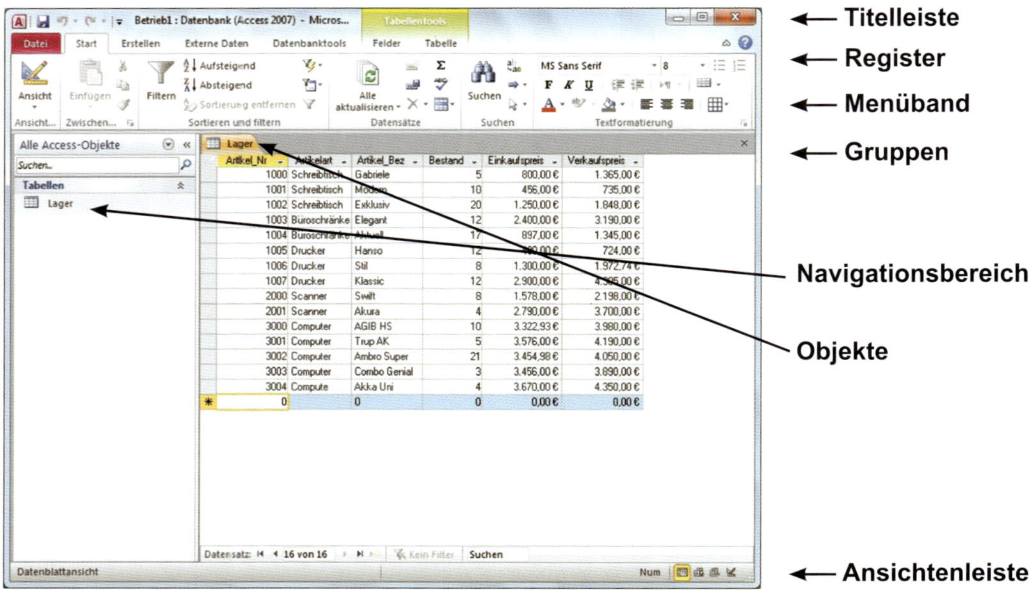

Die Dokumente im rechten Bereich des Bildschirms können unterschiedlicher Natur sein, z. B. Tabellen in der Datenblatt- oder Entwurfsansicht, Abfragen, Formulare, Berichte usw. Selbstverständlich können dabei mehrere Objekte geöffnet sein.

Arbeitsablauf mit einer Datenbank

In Gegensatz zur Arbeit mit einer Tabellenkalkulation oder einer Textverarbeitung, wo Daten direkt eingegeben werden können, müssen bei einer Datenbank gewisse Strukturen zunächst festgelegt werden. Erst danach können Daten erfasst werden.

Im Wesentlichen lässt sich der folgende Arbeitsablauf festlegen:

- Erstellen einer Datenbank,
- Erstellen von Tabellen mit Festlegung der Datenstruktur,
- Eingeben von Daten in Tabellen,
- Auswertung der Daten durch Abfragen,
- Rechnerische Verknüpfung von Daten,
- Verknüpfung von Daten aus verschiedenen Tabellen,
- Präsentation der Daten über einen Bericht,
- Nutzung der erfassten Daten für Serienbriefe usw.

Daneben lässt sich die Datenerfassung über das Erstellen eines Formulars vereinfachen.

Selbstverständlich lassen sich die Daten formatieren, die Datenstrukturen später ändern oder jederzeit weitere Daten eingeben.

5.4.2 Backstage-Bereich

Aufbau des Backstage-Bereichs

Der Backstage-Bereich stellt neben traditionellen Elementen wie Fenster zum Abspeichern und Öffnen von Dateien, Bereiche zur Verfügung, die Informationen und spezielle Nutzungsmöglichkeiten beinhalten.

Bearbeitungsschritte:

Wählen Sie den Menüpunkt **Datei**. Der Backstage-Bereich des Programms wird angezeigt. Über die einzelnen Menüpunkte können Sie benötigte Optionen anwählen.

Die ersten Menüpunkte stellen traditionelle Fenster zur Verfügung

- zum Abspeichern von Datenbanken und anderen Objekten,
- zum Abspeichern von Datenbanken unter einem anderen Namen,
- zum Öffnen und Schließen von Datenbanken.

Die Menüpunkte stellen zur Verfügung:

- Informationen über die Datenbank.
- Bearbeitungsmöglichkeiten wie das Komprimieren, Reparieren und Analysieren von Datenbanken.
- Die zuletzt genutzten Datenbanken werden angezeigt und können geladen werden.
- Eine neue Datenbank wird aufgrund einer Standardvorlage, einer zur Verfügung gestellten oder selbsterstellten Vorlage zur Verfügung gestellt.
- Einstellungen für das Drucken von Tabellen usw. können vorgenommen werden.
- Tabellen usw. werden freigegeben, beispielsweise als PDF-Datei oder auf einem von Microsoft zur Verfügung gestellten Speicher im Internet.
- Die Hilfefunktion kann aufgerufen werden. Außerdem können Optionen für die Nutzung des Programms festgelegt und das Programm beendet werden.

Aufteilung des Backstage-Bereichs

Bei Aufruf der Menüpunkte, bei denen kein Fenster aufgerufen wird, wird ein dreigeteilter Ausgabenbereich dargestellt. Die einzelnen Elemente sind unterschiedlich. Am Beispiel des Druckens sollen grundsätzliche Möglichkeiten verdeutlicht werden. Einzelne Bereiche werden später intensiv beschrieben.

Menüpunkt	Einstellungen	Darstellung
	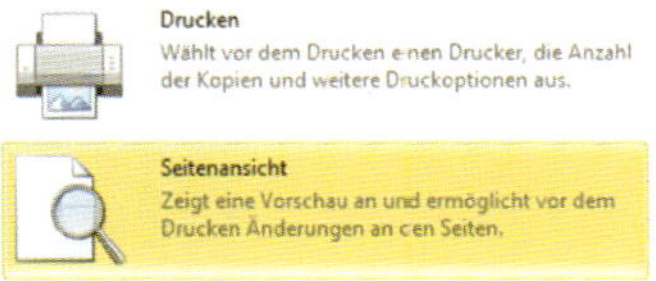	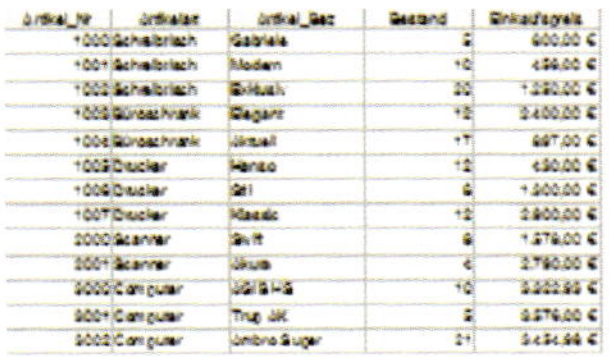

5.4.3 Navigationsbereich

Wenn eine neue Datenbank erstellt oder eine bestehende Datenbank geöffnet wird, erscheint auf der linken Bildschirmseite der Navigationsbereich. Der Navigationsbereich kann durch das Anklicken der Schaltfläche unterschiedlich gestaltet oder durch das Anklicken der **Schaltfläche zum Öffnen/Schließen der Verkleinerungsleiste** « und » aus- und eingeblendet werden.

Interessant ist z. B. die Möglichkeit, alle Objekte nach ihrer Art (Tabellen, Abfragen usw.) zu gruppieren. Eine andere beliebte Möglichkeit besteht darin, alle Objekte, die mit einer bestimmten Tabelle zusammenhängen, anzeigen zu lassen. Damit wird beispielsweise die Tabelle *Lager* mit Abfragen, Berichten und Formularen zusammen angezeigt, die aufgrund der Tabelle erstellt wurden. Damit kann man erkennen, welche Auswertungen beispielsweise bereits erstellt wurden.

Durch Anklicken werden Tabellen, Abfragen, Formulare usw. ausgewählt und geöffnet.

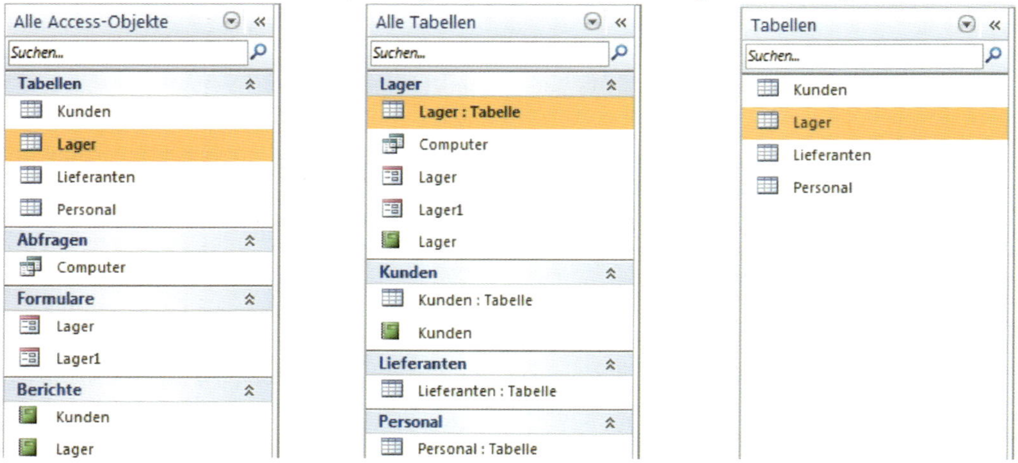

Die wichtigsten Wahlmöglichkeiten und damit die wichtigsten Bearbeitungsmöglichkeiten des Programms für den normalen Benutzer werden kurz dargestellt:

Tabellen	Die Tabellen, wie *Lager* oder *Lieferanten*, müssen zunächst entworfen werden. Danach können Daten eingegeben werden. Die Dateneingabe erfolgt in eine Tabelle, die im Aufbau der Tabelle einer Tabellenkalkulation gleicht.
Abfragen	Daten können nach verschiedenen Kriterien sortiert (z. B. aufsteigend oder absteigend) oder ausgewählt (z. B. alle Artikel mit der *Artikelnummer* zwischen *1000* und *2000*) werden. Dies wird durch Abfragen realisiert. Abfragen können so gestaltet werden, dass verschiedene Bedingungen gleichzeitig erfüllt sein müssen bzw. verschiedene Bedingungen entweder/oder erfüllt sein müssen.
Formulare	Die Dateneingabe lässt sich wesentlich komfortabler durch die Erstellung eines für den jeweiligen Zweck besonders gut geeigneten Formulars erledigen. Dabei können die Formulare vom Programm automatisch oder mithilfe eines Assistenten sehr schnell erstellt werden.
Berichte	Daten können nach verschiedenen Kriterien ausgewählt und dann in der Datenbank abgespeichert und über einen Drucker ausgegeben werden. Dabei können z. B. Endsummen und andere mathematische Werte in einem Bericht ermittelt und ausgegeben werden.

5.4.4 Anlegen der Datenbank Betrieb

Der Start des Programms ACCESS und das Anlegen der ersten Datenbank soll als Grundlage für die weitere Arbeit mit dem Programm zunächst erklärt werden. Die Datenbank soll betriebliche Daten enthalten.

Bearbeitungsschritte:

- Starten Sie das Programm ACCESS. Neben einer Reihe von Vorlagen zur Erstellung von Datenbanken wird auch die Möglichkeit der Erstellung einer leeren Datenbank angeboten. Diese Möglichkeit soll genutzt werden.

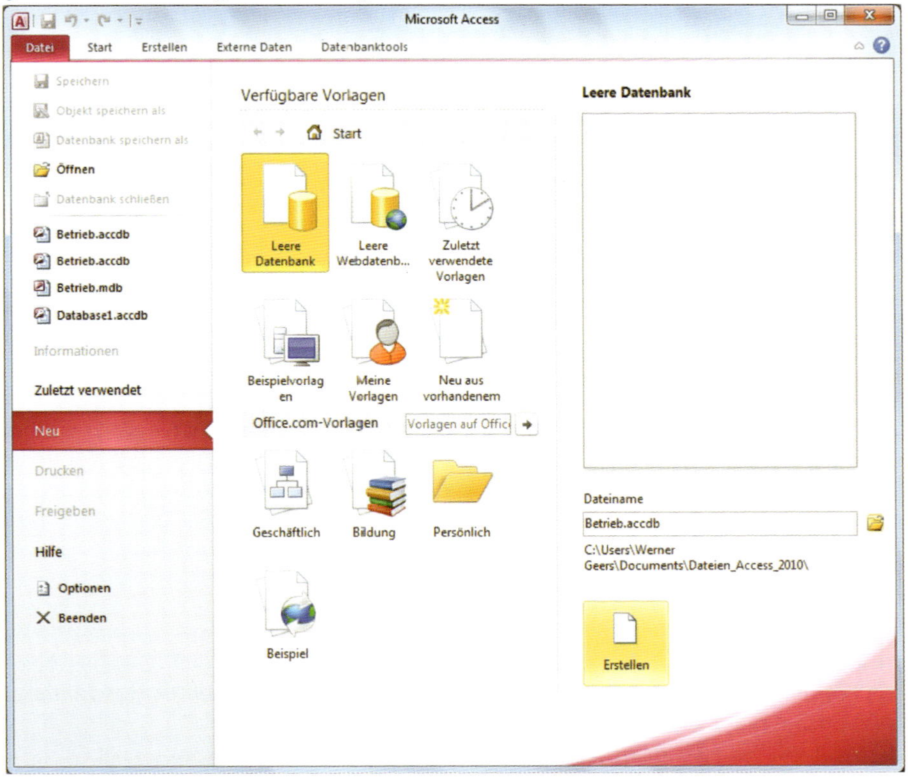

- Geben Sie zunächst im Bereich *Datei* den Dateinamen *Betrieb* ein. Da in der Datenbank betriebliche Daten wie Lager-, Kunden- und Lieferantendaten gespeichert werden sollen, sollte der Name so gewählt werden. Außerdem sollen diese Daten miteinander verknüpft werden.
- Klicken Sie danach im Bereich *Dateiname* die Schaltfläche **Nach einem Speicherort für die Datenbank suchen** an. Wählen Sie einen Ordner aus, in dem die Datenbank gespeichert werden soll.

Bearbeitungsschritte (Fortsetzung):

- Nach dem Anklicken der Schaltfläche **Erstellen** wird die erste Tabelle auf der rechten Seite eingeblendet. In der Titelleiste werden der Name der Datenbank und das Dateiformat (aktuelles Format: *2007*) angegeben. Auf der linken Seite werden im **Navigationsbereich** die Objekte der Datenbank angezeigt, in diesen Fall nur die eine vorhandene Tabelle.

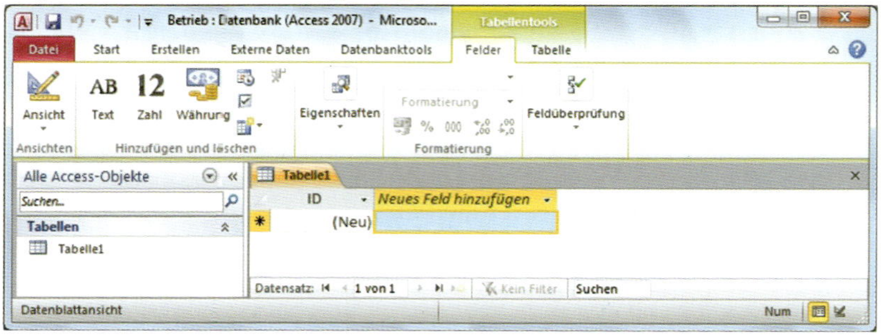

- Das Anlegen der Tabelle in der zunächst angezeigten Datenblattansicht ist nicht vernünftig. Klicken Sie daher die Schaltfläche **Ansicht** in der Gruppe **Ansichten** an. Wählen Sie dann die Möglichkeit **Entwurfsansicht** aus.

- Danach könnten Sie in der Entwurfsansicht eine Datenbanktabelle anlegen. Dies wird auf den Folgeseiten erklärt. Zunächst soll die angezeigte Tabelle mithilfe des Kontextmenüs gelöscht werden. Vorher müssen Sie die Tabelle schließen. Klicken Sie mit der rechten Maustaste auf die Bezeichnung *Lager* im rechten Bildschirmbereich und wählen Sie den Menüpunkt **Schließen**.

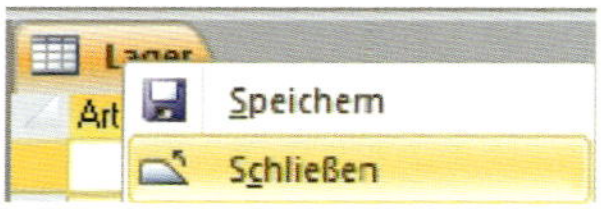

- Klicken Sie die Bezeichnung **Tabelle1** im Navigationsbereich mit der rechten Maustaste an und wählen Sie den Menüpunkt **Löschen**. Die Tabelle wird gelöscht.

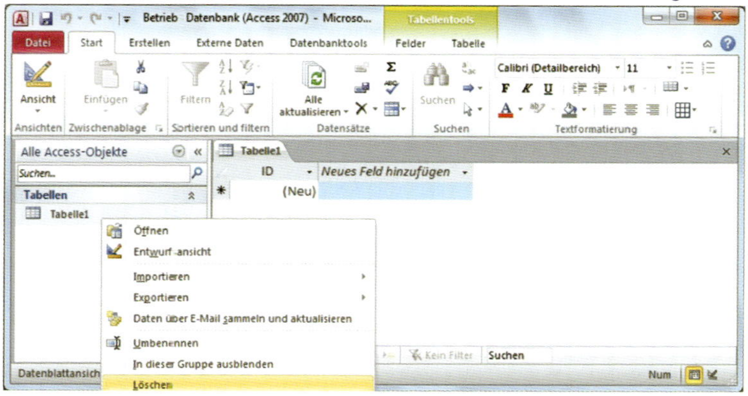

- Schließen Sie die Datenbank *Betrieb* über den Menüpunkt **Datei/Datenbank schließen**. Damit wird die Datenbank geschlossen. Über den Menüpunkt **Datei/Beenden** wird das Programm **Access** geschlossen. Schließen Sie das Programm.

5.5 Tabellen

5.5.1 Vorbemerkungen

Der wesentliche Bestandteil der nachfolgend dargestellten Datenbank ist eine Tabelle mit dem Namen Lager. Die grundsätzliche Überlegung beim Entwerfen der Tabelle ist, festzulegen, welche Daten erfasst werden sollen und daher als Datenfeld (Attribut) in einen Datensatz (Tupel) aufgenommen werden müssen. Neben der Tabelle Lager werden später die Tabellen Lieferanten und Kunden aufgebaut. Die Tabellen sollen miteinander verknüpft werden.

5.5.2 Datenfelder und Felddatentypen

In einem Datenfeld sollen Daten aufgenommen werden, so z. B. in einem Datenfeld die Artikelart *Computer*. Für jedes Datenfeld muss ein Felddatentyp festgelegt werden. Der Typ des Feldes entscheidet z. B. darüber, ob mit dem Feldinhalt gerechnet werden kann oder ob in einem Datenfeld alle Zeichen, also Buchstaben, Zahlen und Sonderzeichen eingegeben werden können oder nicht. ACCESS stellt u. a. folgende Felddatentypen zur Verfügung:

Text	In einem Textfeld können bis zu 255 Zeichen eingegeben werden. Der Datentyp *Text* wird vom Programm als Standardtyp vorgesehen.
Memo	Umfangreiche *Texte* mit einer Gesamtlänge von ca. 32 000 Zeichen können eingegeben werden.
Zahl	Bei geplanten Berechnungen sollte der Datentyp *Zahl* gewählt werden. Einstellungsmöglichkeiten werden nachfolgend beschrieben.
Datum/ Zeit	Unterschiedliche Möglichkeiten der Eingabeform (z. B. 2002-06-16, 16. Jun. 2008, 16.06.2008) werden verarbeitet und können eingestellt werden.
Währung	Dieser Datentyp gleicht dem Datentyp *Zahl*. Es können beispielsweise Berechnungen vorgenommen und Währungsformate festgelegt werden.
AutoWert	Eine eindeutige, fortlaufende Zahl (die jeweils um 1 hochgezählt wird) oder eine Zufallszahl, die von Access zugewiesen wird, wenn ein neuer Datensatz in eine Tabelle eingetragen wird. AutoWerte können nicht geändert werden.
Ja/Nein	Es können Wahrheitswerte eingegeben werden.

Der Felddatentyp *Zahl* bietet viele Einstellungsmöglichkeiten. Bei größeren Datenbanken kann durch eine richtige Einstellung viel Speicherplatz gespart werden. Außerdem kann festgelegt werden, welche Zahlen zulässig eingegeben werden können und welche nicht.

Byte	Wertebereich	Dezimalstellen	Speicherbedarf
Byte	0 bis 255	Keine	1 Byte
Integer	-32768 bis 32768	Keine	2 Byte
Long Integer	-2.147.483.648 bis 2.147.483.648	Keine	4 Byte
Single	-3,402823 E38 bis 3,402823 E38	7	4 Byte
Double	-1,79769313486231 E308 bis 1,79769313486231 E308	15	8 Byte
Dezimal	-10 E28 -1 bis 10 E28 -1	28	12 Byte

Voreingestellt ist der Datentyp *Long Integer*. Die Feldgröße kann bei der Erstellung von Tabellen eingestellt und später geändert werden. Dies wird später beschrieben.

5.5.3 Anlegen der Tabelle Lager

Bevor Daten in eine Datenbank eingegeben werden können, muss zunächst eine Tabelle eingerichtet werden. Der erste Schritt ist die Festlegung der Struktur der Tabelle. Es wird bestimmt, welche Datenfelder in die Tabelle aufgenommen werden sollen und welche Daten, also z. B. Texte oder Zahlen, die jeweiligen Datenfelder aufnehmen sollen. Eine Bestimmung der Feldeigenschaften wird erst später vorgenommen.

Bearbeitungsschritte:

- Laden Sie die Datenbank *Betrieb*. Dies erfolgt nach dem Starten des Programms **Access** über das direkte Auswählen der Datei im Bereich des Menüpunkts **Datei** oder über den Menüpunkt **Datei/Öffnen** und Auswählen des Programms in dem entsprechenden Ordner.

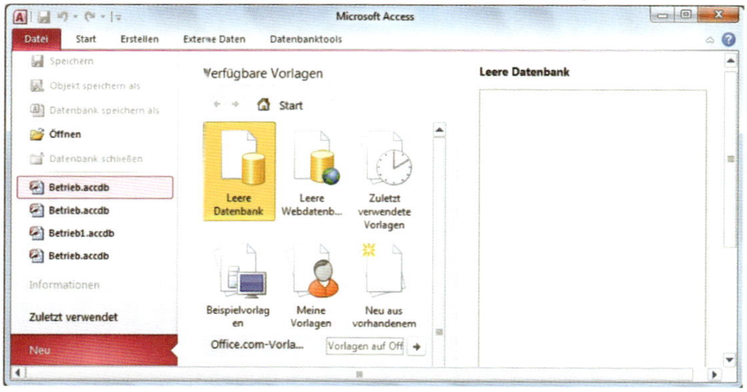

- Möglicherweise wird eine Sicherheitswarnung eingeblendet. Nach Anklicken der Schaltfläche **Optionen** können Sie die blockierten Inhalte aktivieren. Dies sollte normalerweise geschehen, da sich keine problematischen Daten in der Datei befinden.

- Klicken Sie das Register **Erstellen** an. Klicken Sie in der Gruppe **Tabellen** die Schaltfläche **Tabellenentwurf** an.

- Danach können Sie mit dem Aufbau der Tabelle, wie er auf der nächsten Seite beschrieben wird, beginnen. Behilflich dabei sind die eingeblendeten Tabellentools.

Bearbeitungsschritte:

- Die Bereiche **Feldname** und **Felddatentyp** müssen ausgefüllt werden. Geben Sie daher die Bezeichnung *Artikel_Nr* ein. Die Wahl des **Felddatentyps** wird durch das Anklicken des entsprechenden Feldes eingeleitet. Es erscheint an der rechten Seite des Feldes ein Pfeil nach unten. Wird dieser Pfeil angeklickt, werden die zur Verfügung stehenden **Felddatentypen** ausgegeben. Durch das Anklicken der Bezeichnungen wird der Datentyp ausgewählt. Wenn kein **Felddatentyp** eingegeben wird, legt das Programm standardmäßig den Datentyp *Text* fest. Dieser Typ muss also nicht bestimmt werden. Der Bereich **Beschreibung** muss nicht ausgefüllt werden, kann aber Erläuterungen zum **Feldnamen** oder zum **Datentyp** enthalten.

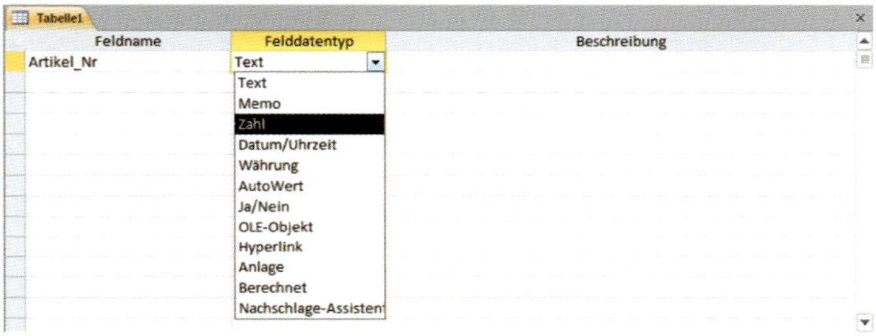

- Klicken Sie in der Gruppe **Tools** die Schaltfläche **Primärschlüssel** an. Dadurch kann eine Artikelnummer nur einmal vergeben werden. Auf die Bedeutung des Primärschlüssels wird an anderer Stelle genau eingegangen.

- Der Primärschlüssel wird angezeigt:

Lager			
	Feldname	**Felddatentyp**	**Beschreibung**
P	Artikel_Nr	Zahl	

- Geben Sie die Struktur der Tabelle wie nachfolgend dargestellt ein:

Lager			
	Feldname	Felddatentyp	Beschreibung
P	Artikel_Nr	Zahl	
	Artikelart	Text	
	Artikel_Bez	Text	
	Bestand	Zahl	
	Einkaufspreis	Währung	
	Verkaufspreis	Währung	

- Speichern Sie danach die Tabelle unter dem Namen *Lager*. Klicken Sie dazu in der Symbolleiste für den Schnellzugriff die Schaltfläche **Speichern** an.

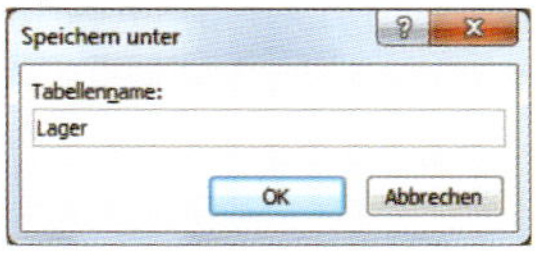

- Durch das Anklicken der Schaltfläche **Lager schließen** oder über das Kontextmenü können Sie die Tabelle schließen.

5.5.4 Eingabe von Daten in eine Tabelle

Der nächste Schritt beim Aufbau einer Lagertabelle ist das Eingeben von Daten. Einfach und unproblematisch können dabei Daten über das sogenannte Datenblatt eingegeben werden, welches einer Tabelle einer Tabellenkalkulation gleicht. Beim Eingeben der Werte muss beachtet werden, dass in ein Datenfeld nur die zum Felddatentyp passenden Werte eingegeben werden. So ist die Eingabe eines Buchstabens in ein Datenfeld mit dem Felddatentyp *Zahl* oder *Währung* nicht zulässig und führt zu einer Fehlermeldung des Programms.

Bearbeitungsschritte:

- Nachdem Sie die Eingabe der **Tabellenstruktur** beendet haben, wird die Tabelle im linken Bereich des Bildschirms angezeigt:

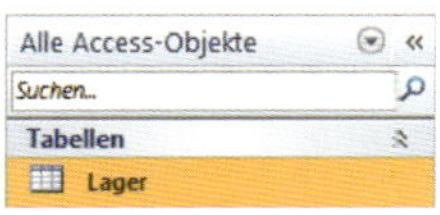

- Öffnen Sie die Tabelle *Lager* durch einen Doppelklick auf die Bezeichnung *Lager* oder über das Kontextmenü, um Daten einzugeben. Der folgende (hier unvollständig abgebildete) Bildschirm wird eingeblendet:

Lager

Artikel_Nr	Artikelart	Artikel_Bez	Bestand	Einkaufspreis	Verkaufspreis
0			0	0,00 €	0,00 €

- Geben Sie die folgenden Artikel in die Tabelle ein:

Lager

Artikel_Nr	Artikelart	Artikel_Bez	Bestand	Einkaufspreis	Verkaufspreis
1000	Schreibtisch	Gabriele	5	800,00 €	1.365,00 €
1001	Schreibtisch	Modern	10	456,00 €	735,00 €
1002	Schreibtisch	Exklusiv	20	1.250,00 €	1.848,00 €
1003	Büroschrank	Elegant	12	2.400,00 €	3.190,00 €
1004	Büroschrank	Aktuell	17	897,00 €	1.345,00 €
1005	Drucker	Hanso	12	430,00 €	724,00 €
1006	Drucker	Stil	8	1.300,00 €	1.972,75 €
1007	Drucker	Klassic	12	2.900,00 €	4.305,00 €
2000	Scanner	Swift	8	1.578,00 €	2.198,00 €
2001	Scanner	Akura	4	2.790,00 €	3.700,00 €
3000	Computer	AGIB HS	10	3.322,93 €	3.980,00 €
3001	Computer	Trup AK	5	3.576,00 €	4.190,00 €
3002	Computer	Ambro Super	21	3.454,98 €	4.050,00 €
3003	Computer	Combo Genial	3	3.456,00 €	3.890,00 €
3004	Computer	Akka Uni	4	3.670,00 €	4.350,00 €

- Die Breite der Spalten lässt sich mit der Maus verändern. Gehen Sie mit der Maus auf die Zeile mit den Bezeichnungen *Artikel_Nr*, *Artikelart* usw. Der Mauszeiger verändert sich, wenn er zwischen zwei Spalten gesetzt wird, in einen senkrechten Balken mit Pfeilen nach links und rechts. Bei gedrückter linker Maustaste können Sie nun die einzelne Spalte vergrößern oder verkleinern. Dies geschieht durch das Bewegen der Maus nach links oder rechts. Mit einem Doppelklick zwischen die beiden Spalten wird die optimale Breite vom Programm eingestellt.
- Das Speichern, Drucken usw. der Daten ist identisch mit der Vorgehensweise bei anderen Programmen. Eine einzelne Tabelle wird automatisch abgespeichert.

Übungen:

1. Die Daten der folgenden Arbeitnehmerinnen und Arbeitnehmer des Unternehmens *Arbeitsvermittlung GmbH* sollen erfasst werden, damit sie später nach verschiedenen Kriterien ausgewertet werden können.
   a) Erstellen Sie eine Datenbank mit dem Namen *Arbeitsvermittlung*.
   b) Legen Sie in der Datenbank *Arbeitsvermittlung* eine Tabelle mit dem Namen *Arbeitnehmer* an, die die nachfolgende Dateistruktur aufweisen soll. Die Textfelder sollen jeweils mit einer Feldgröße von 25 Zeichen ausgestattet werden. Das Datumsformat soll als *Datum, kurz* gewählt werden.

Feldname	Felddatentyp
Name	Text
Vorname	Text
Straße	Text
PLZ	Zahl
Ort	Text
Geburtsdatum	Datum/Zeit

   c) Geben Sie die folgenden Daten in die Tabelle *Arbeitnehmer* ein. Speichern Sie danach die Tabelle ohne Primärschlüssel ab.

ANr	Name	Vorname	Straße	PLZ	Ort	Geburts-datum
1000	Beckmann	Stefan	Laaker Str. 45	47137	Duisburg	19.06.79
1001	Raun	Petra	Zeisigstr. 98	41540	Dormagen	12.03.77
1002	Högemann	Katharina	Hagenstr. 43	59075	Hamm	21.08.75
1003	Röring	Katharina	Am Ostheck 51	44309	Dortmund	01.01.78
1004	Zinklage	Ramon	Bachstr. 33	44787	Bochum	15.12.76
1005	Bengelke	Florentina	Märchenweg 17	47279	Duisburg	16.05.78
1006	Waake	Tobias	Jahnstr. 54	45883	Gelsenkirchen	12.11.79
1007	Regemann	Maria	Kämpenstr. 34	45147	Essen	08.09.75
1008	Meyers	Jasmin	Teuschstr. 23	41549	Dormagen	23.05.77
1009	Hansen	Thekla	Lautstr. 55	45359	Essen	12.08.72
1010	Maiser	Thekla	Nadlerweg 11	44329	Dortmund	15.03.77
1011	Wonen	Wilfried	Oberdelle 62	44388	Dortmund	31.01.79
1012	Kammes	Jennifer	Koksstr. 17	45326	Essen	22.07.73
1013	Kuckli	Karsten	Händelstr. 73	45884	Gelsenkirchen	15.11.76
1014	Knie	Manuel	Christstr. 98	44789	Bochum	07.07.70
1015	Rennemann	Katja	Ackerstr. 1	46282	Dorsten	18.06.77
1016	Schmees	Jasmin	Passweg 38	44357	Dortmund	09.09.76
1017	Dürken	Stefanie	Saalestr. 112	47229	Duisburg	14.07.77

   d) Passen Sie die Breite der Spalten den jeweiligen Erfordernissen an. Bedenken Sie dabei, dass dies Auswirkungen auf den späteren Ausdruck haben kann.
   e) Drucken Sie die Tabelle *Arbeitnehmer aus*. Überprüfen Sie zunächst anhand der Seitenansicht den voraussichtlichen Ausdruck.
   f) Schließen Sie die Datenbank *Arbeitsvermittlung*.

5.5.5 Grundlegende Arbeitsschritte

Löschen einzelner und aller Datensätze

Nicht mehr in einer **Tabelle** benötigte **Datensätze** sollten gelöscht werden, damit sie nicht mehr die Bearbeitung von Daten beeinflussen, also etwa bei der Zahl der **Datensätze** mitgezählt werden.

Bearbeitungsschritte:

- Öffnen Sie die Tabelle *Lager*. Nach dem Einblenden der Tabelle gehen Sie mit der Maus auf den linken Rand des Bildschirmes und danach auf den ersten zu löschenden Datensatz. Der Mauspfeil verändert sich in einen Pfeil nach rechts. Bei gedrückter linker Maustaste können Sie dann nach unten oder oben weitere Datensätze markieren.

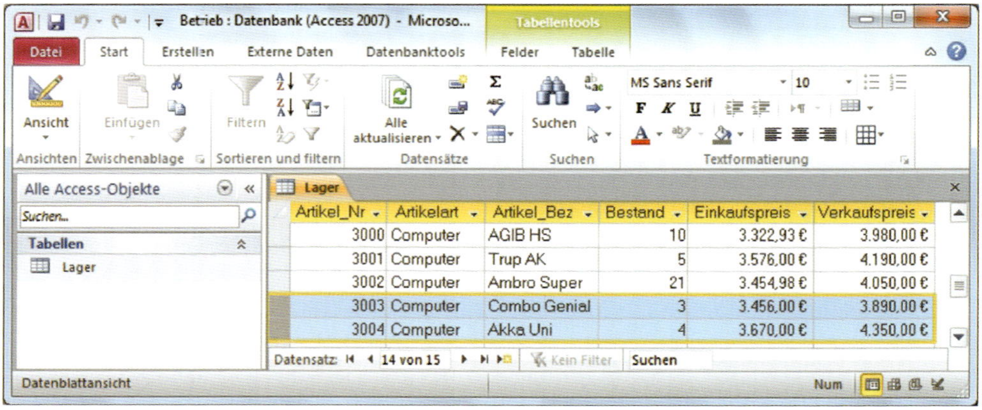

- Klicken Sie im Register **Start** in der Gruppe **Zwischenablage** die Schaltfläche **Ausschneiden** an. Außerdem können Sie auch die Taste [**Entf**] betätigen. Als Alternative klicken Sie im Register **Start** in der Gruppe **Datensätze** die Schaltfläche **Löschen** an. Sie können auch den Pfeil nach unten in der Schaltfläche anklicken. Danach stehen noch weitere Möglichkeiten zur Verfügung.

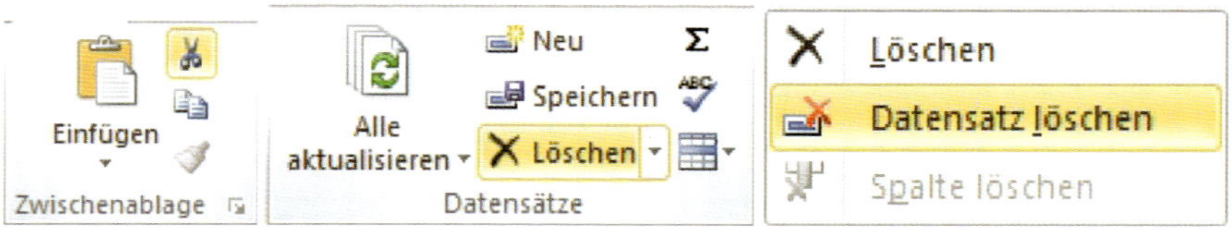

- Es wird ein Fenster eingeblendet, in dem darauf hingewiesen wird, dass Sie beabsichtigen, zwei Datensätze zu löschen. Durch das Anklicken der Schaltfläche **Ja** werden die **Datensätze** endgültig gelöscht.
- Soll dies nicht geschehen, muss die Schaltfläche **Nein** angeklickt werden. Löschen Sie die Datensätze endgültig.
- Sollen alle Datensätze gelöscht werden, so muss die gesamte Tabelle durch Anklicken des Kästchens links oben markiert werden. Danach kann die Löschung wie beschrieben erfolgen.

Artikel_Nr	Artikelart	Artikel_Bez	Bestand	Einkaufspreis	Verkaufspreis
1000	Schreibtisch	Gabriele	5	800,00 €	1.365,00 €
1001	Schreibtisch	Modern	10	456,00 €	735,00 €

Löschen einer Tabelle

Soll die gesamte Tabelle *Lager* gelöscht werden und dabei auch die Struktur (der Entwurf) der Tabelle, so ist die Tabelle im linken Bereich zu markieren. Danach kann die Tabelle durch das Anklicken der Schaltfläche **Ausschneiden** Ausschneiden in der Gruppe **Start** oder über das Kontextmenü gelöscht werden. Die Löschung kann nicht mehr rückgängig gemacht werden.

Löschen aller Daten eines bestimmten Datenfelds

Sollen alle Inhalte in der Spalte *Artikelart* gelöscht werden, so kann man die einzelnen Datenfelder, wie zuvor beschrieben, einzeln löschen. Dies dürfte jedoch bei umfangreichen Tabellen zu umständlich sein. Es bietet sich daher an, in der Tabellenstruktur das gesamte Datenfeld zu löschen und u. U. danach das Datenfeld, falls es ohne Inhalte benötigt wird, wieder neu hinzuzufügen. Dies wird im Kapitel *Bearbeiten der Tabellenstruktur* genau beschrieben.

Sortieren nach Datenfeldern

Alle Datensätze können innerhalb kürzester Zeit nach verschiedenen Kriterien, z. B. *Artikelart*, *Bestand*, *Artikel_Nr* usw. aufsteigend bzw. absteigend sortiert werden.

Bearbeitungsschritte:

- Öffnen Sie die Tabelle *Lager*. Klicken Sie danach auf den Pfeil nach unten in der Spalte *Artikelart*. Sie wird gekennzeichnet. Außerdem wird eine Menüleiste eingeblendet:

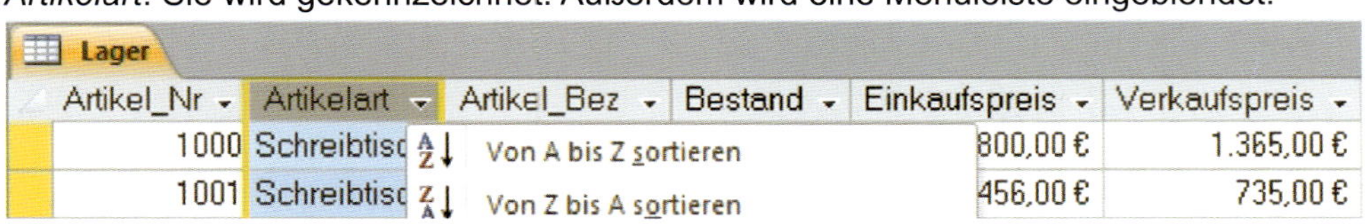

Lager

Artikel_Nr	Artikelart	Artikel_Bez	Bestand	Einkaufspreis	Verkaufspreis
1000	Schreibtisc			800,00 €	1.365,00 €
1001	Schreibtisc			456,00 €	735,00 €

- Wählen Sie die Alternative **Von A bis Z sortieren**.
- Das Ergebnis sieht (hier verkürzt dargestellt) folgendermaßen aus:

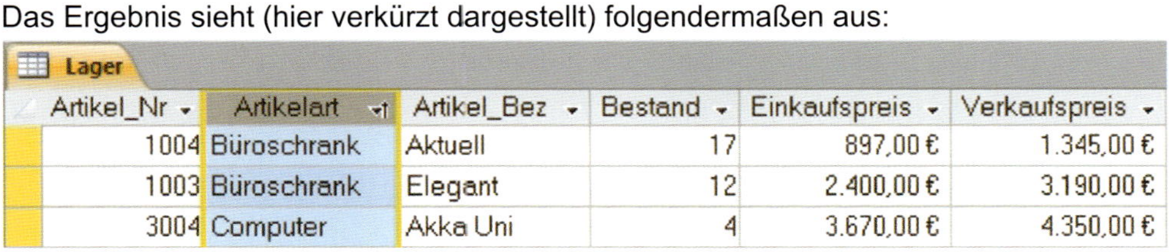

Lager

Artikel_Nr	Artikelart	Artikel_Bez	Bestand	Einkaufspreis	Verkaufspreis
1004	Büroschrank	Aktuell	17	897,00 €	1.345,00 €
1003	Büroschrank	Elegant	12	2.400,00 €	3.190,00 €
3004	Computer	Akka Uni	4	3.670,00 €	4.350,00 €

- Klicken Sie im Register **Start** in der Gruppe **Sortieren und Filtern** die Schaltfläche **Sortierung entfernen** an.

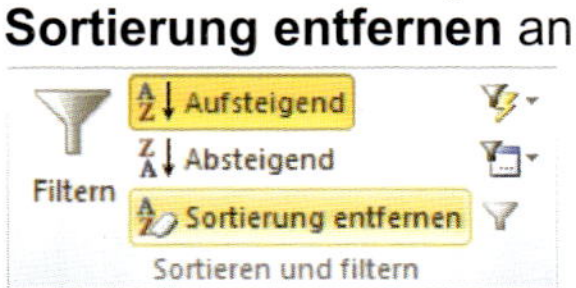

- Klicken Sie mit der Maus auf eine beliebige Zelle. Gehen Sie danach mit der Maus auf die Bezeichnung *Artikelart*. Der Mauszeiger verwandelt sich in einen Pfeil nach unten ↓. Markieren Sie mit gedrückter linker Maustaste die angezeigten Datenfelder.

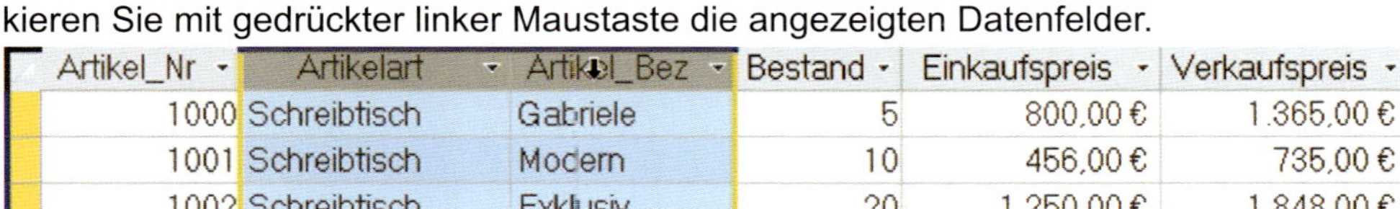

Artikel_Nr	Artikelart	Artikel_Bez	Bestand	Einkaufspreis	Verkaufspreis
1000	Schreibtisch	Gabriele	5	800,00 €	1.365,00 €
1001	Schreibtisch	Modern	10	456,00 €	735,00 €
1002	Schreibtisch	Exklusiv	20	1.250,00 €	1.848,00 €

- Als Ergebnis werden die Daten nach beiden Datenfeldern sortiert ausgegeben.
- Sortierungen werden auch in Abfragen vorgenommen. Dies wird später beschrieben.

Suchen und Ersetzen von Daten

In umfangreichen Tabellen kann es von Zeit zu Zeit vorkommen, dass Bezeichnungen, beispielsweise bei der *Artikelart*, geändert werden müssen. Außerdem soll beispielsweise nach einer bestimmten Artikelbezeichnung usw. gesucht werden.

Bearbeitungsschritte:

- Öffnen Sie die Tabelle *Lager*. Klicken Sie danach auf den Pfeil nach unten in der Spalte *Artikelart*. Sie wird markiert. Klicken Sie dann im Register **Start** in der Gruppe **Sortieren und Filtern** die Schaltfläche **Suchen** an.

- Im Fenster **Suchen und Ersetzen** können Sie nun einen Begriff eingeben und durch Anklicken der Schaltfläche **Weitersuchen** nach diesem Begriff suchen. Außerdem können Sie diverse Einstellungen vornehmen.

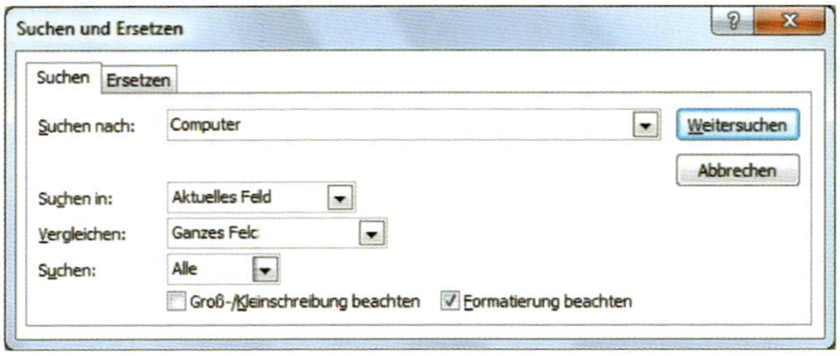

- Der erste gefundene Begriff wird angezeigt. Danach können Sie durch Anklicken der Schaltfläche **Weitersuchen** zum nächsten Begriff springen.

Lager						
	Artikel_Nr	Artikelart	Artikel_Bez	Bestand	Einkaufspeis	Verkaufspreis
	2001	Scanner	Akura	4	2.790,00 €	3.700,00 €
	3000	Computer	AGIB HS	10	3.322,93 €	3.980,00 €
	3001	Computer	Trup AK	5	3.576,00 €	4.190,00 €

- Klicken Sie die Schaltfläche **Ersetzen** an, um einen Begriff zu ersetzen.

- Führen Sie die angegebene Ersetzung durch. Machen Sie sie danach rückgängig.

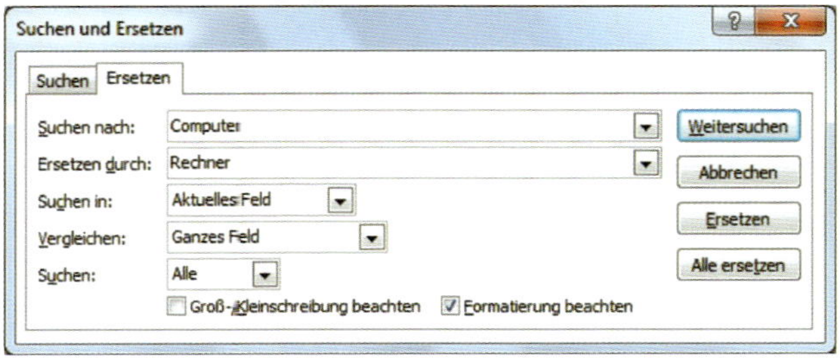

- Mithilfe der Schaltflächen dieser Gruppe können Sie auch bestimmte Datensätze anwählen und die gesamte Tabelle markieren.

5.5.6 Tabellengestaltung

Einfügen von Datenfeldern

Ein Merkmal eines Datenbankprogramms ist die Möglichkeit, nachträglich die Struktur einer Tabelle ändern zu können. Die notwendigen Datenfelder *Mindestbestand*, *Höchstbestand* und *Lieferdatum* sollen in die Tabelle *Lager* eingefügt werden.

Bearbeitungsschritte:

- Rufen Sie den Entwurf der Tabelle *Lager* auf. Markieren Sie mit der Maus das Datenfeld *Einkaufspreis*.

Lager			
	Feldname	**Felddatentyp**	**Beschreibung**
P	Artikel_Nr	Zahl	
	Artikelart	Text	
	Artikel_Bez	Text	
	Bestand	Zahl	
	Einkaufspreis	Zahl	
	Verkaufspreis	Zahl	

- Klicken Sie im Register **Tabellentools/Entwurf** in der Gruppe **Tools** die Schaltfläche **Zeilen einfügen** an.

- Vor der markierten Zeile wird eine Leerzeile eingefügt:

Lager			
	Feldname	**Felddatentyp**	**Beschreibung**
P	Artikel_Nr	Zahl	
	Artikelart	Text	
	Artikel_Bez	Text	
	Bestand	Zahl	
	Einkaufspreis	Zahl	

- Tragen Sie in die leere Zeile den Feldnamen *Mindestbestand* ein und wählen Sie den Felddatentyp *Zahl* aus.

Lager			
	Feldname	**Felddatentyp**	**Beschreibung**
P	Artikel_Nr	Zahl	
	Artikelart	Text	
	Artikel_Bez	Text	
	Bestand	Text	
	Mindestbestand	Zahl	
	Einkaufspreis	Währung	

- Fügen Sie außerdem ein Datenfeld *Höchstbestand* und den Felddatentyp *Zahl* nach dem Datenfeld *Mindestbestand* ein, außerdem ein Datenfeld *Lieferdatum* und den Datentyp *Datum/Uhrzeit* (Format: *Datum, kurz*) und ein Datenfeld *Verkaufspreis2* und den Felddatentyp *Währung* am Ende der Tabelle.

Bearbeitungsschritte (Fortsetzung):

- Eventuell erstellte Formulare werden durch die Änderung der Tabellenstruktur nicht automatisch angepasst. Die Formulare müssen daher u. U. neu erstellt werden.
- Tragen Sie die entsprechenden Daten wie dargestellt ein. Die Darstellung wurde durch das Ausblenden der Datenfelder *Einkaufspreis* und *Verkaufspreis* realisiert.

Lager

	Artik	Artikelart	Artikel_Bez	Bestand	Mindestbestand	Höchstbestand
	1000	Schreibtisch	Gabriele	5	5	10
	1001	Schreibtisch	Modern	10	15	30
	1002	Schreibtisch	Exklusiv	20	10	30
	1003	Büroschrank	Elegant	12	5	10
	1004	Büroschrank	Aktuell	17	10	40
	1005	Drucker	Hanso	12	15	25
	1006	Drucker	Stil	8	5	15
	1007	Drucker	Klassic	12	6	10
	2000	Scanner	Swift	8	10	20
	2001	Scanner	Akura	4	2	5
	3000	Computer	AGIB HS	10	8	16
	3001	Computer	Trup AK	5	6	10
	3002	Computer	Ambro Super	21	12	18

Löschen von Datenfeldern

Nicht mehr benötigte Datenfelder sollten gelöscht werden.

Bearbeitungsschritte:

- Öffnen Sie die Tabelle *Lager*. Geben Sie einige frei gewählte Preise in das Datenfeld *Verkaufspreis2* ein. Rufen Sie danach den Entwurf der **Tabelle** *Lager* auf und markieren Sie mit der Maus das Datenfeld *Verkaufspreis2*.

Lager

	Feldname	Felddatentyp	Beschreibung
P	Artikel_Nr	Zahl	
	Artikelart	Text	
	Artikel_Bez	Text	
	Bestand	Text	
	Mindestbestand	Zahl	
	Höchstbestand	Zahl	
	Einkaufspreis	Währung	
	Verkaufspreis	Währung	
	Verkaufspreis2	Währung	

- Klicken Sie im Register **Start** in der Gruppe **Zwischenablage** die Schaltfläche **Ausschneiden** an.

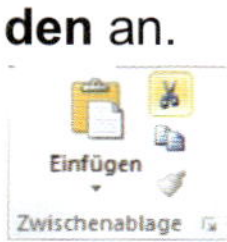

- Das Programm reagiert mit einer Sicherheitsabfrage, ob die markierten Felder sowie die in diesen Feldern befindlichen Daten tatsächlich gelöscht werden sollen. Mit dem Anklicken der Schaltfläche **Ja** wird das Datenfeld mit allen Daten gelöscht.

Ändern von Datenfeldname und/oder Datenfeldtyp

Das Ändern von Datenfeldname und Datenfeldtyp kann jederzeit im Entwurfsbereich der Tabelle vorgenommen werden. Vollkommen unproblematisch ist dabei die Änderung des Datenfeldnamens. Problematischer ist jedoch die Änderung des Datenfeldtyps.

Bearbeitungsschritte:

- Öffnen Sie den Entwurf der Tabelle *Lager*. Verändern Sie die Bezeichnung *Artikel_Nr* in *Artikelnummer*.

Lager

	Feldname	Felddatentyp	Beschreibung
P	Artikelnummer	Zahl	
	Artikelart	Text	
	Artikel_Bez	Text	

- In der Tabelle wird die neue Bezeichnung des Datenfeldes angegeben. Auswirkungen hat dies im Prinzip keine.

Lager

	Artik	Artikelart	Artikel_Bez	Bestand	Mindestbestand	Höchstbestand
	1000	Schreibtisch	Gabriele	5	5	10
	1001	Schreibtisch	Modern	10	15	30
	1002	Schreibtisch	Exklusiv	20	10	30
	1003	Büroschrank	Elegant	12	5	10
	1004	Büroschrank	Aktuell	17	10	40
	1005	Drucker	Hanso	12	15	25

- Verändern Sie die Bezeichnung wieder in *Artikel_Nr*.
- Verändern Sie zu Übungszwecken den Datenfeldtyp im Bereich *Artikel_Bez* in *Zahl*.

Lager

	Feldname	Felddatentyp	Beschreibung
P	Artikel_Nr	Zahl	
	Artikelart	Text	
	Artikel_Bez	Zahl	
	Bestand	Text	
	Mindestbestand	Zahl	

- Beim Abspeichern der neuen Tabellenstruktur wird darauf aufmerksam gemacht, dass Daten verloren gehen, wenn der Felddatentyp tatsächlich in *Zahl* geändert wird. Dies ist vollkommen logisch, da der Datentyp *Zahl* nur Zahlen aufnehmen kann.

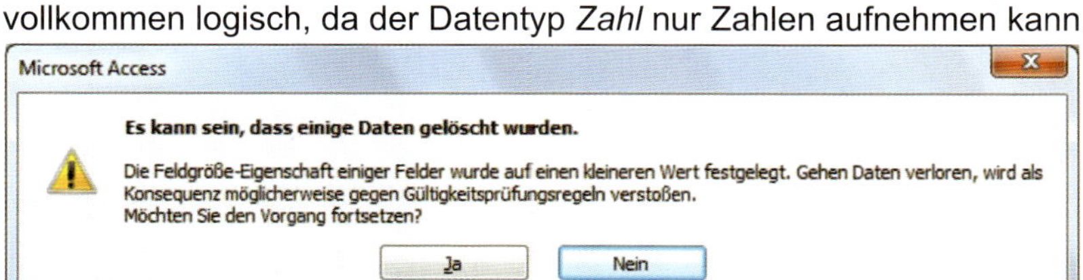

- Klicken Sie die Schaltfläche **Nein** an. Brechen Sie damit diese unsinnige Änderung ab. Ändern Sie den Felddatentyp wieder in *Text*.

Kopieren einer Tabelle

Damit die Tabelle *Lager* in ihrem ursprünglichen Zustand erhalten bleibt, soll zunächst eine zusätzliche Tabelle *Lager1* erzeugt werden. Sie können später einzelne sinnvolle Festlegungen für die Tabelle *Lager* übernehmen.

Bearbeitungsschritte:

- Markieren Sie in der Navigationsleiste die Tabelle *Lager.* Klicken Sie danach im Register **Start** in der Gruppe **Zwischenablage** die Schaltfläche **Kopieren** an. Klicken Sie danach in derselben Gruppe die Schaltfläche **Einfügen** an.

- Geben Sie im Fenster **Tabelle einfügen als** den Namen *Lager_1* der neuen Tabelle ein. Im Datenbankfenster werden danach beide Tabellen angezeigt:

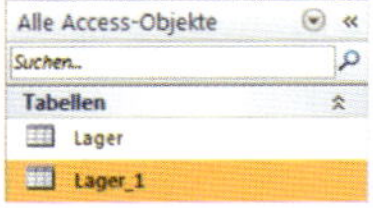

- Beide Tabellen können nun in der Datenbank genutzt werden.

Standardwerte

Als Standardwert bezeichnet man die Vorgabe eines bestimmten Wertes bei der Dateneingabe. So ist es möglich, dass der Mindestbestand bei einem Artikel in der Regel *5* Produkte beträgt. Dieser Bestand wird automatisch vorgegeben, kann jedoch überschrieben werden.

Bearbeitungsschritte:

- Öffnen Sie den Entwurf der Tabelle *Lager_1*. Klicken Sie das Datenfeld *Mindestbestand* an. Tragen Sie im unteren Bereich des Bildschirms als Standardwert *5* ein.

Allgemein	Nachschlagen
Feldgröße	Long Integer
Format	
Dezimalstellenanzeige	Automatisch
Eingabeformat	
Beschriftung	
Standardwert	5
Gültigkeitsregel	
Gültigkeitsmeldung	
Eingabe erforderlich	Nein
Indiziert	Nein
Smarttags	
Textausrichtung	Standard
[redacted]	

- Bei der Eingabe neuer Datensätze wird ein Mindestbestand von 5 vorgegeben. Er kann jedoch überschrieben werden.

Lager_1

	Artik	Artikelart	Artikel_Bez	Bestand	Mindestbestand	Höchstbestand
	3002	Computer	Ambro Super	21	12	18
	0			0	5	0

Feldgröße

Die Feldgröße hat Einfluss auf die Größe einer Datenbank. Grundsätzlich sollte man nur die Feldgröße wählen, die aufgrund der einzugebenden Daten erforderlich ist. Es erscheint in der Regel nicht notwendig, ein Textfeld über 30 Zeichen auszudehnen. Besonders wichtig ist die Feldgröße bei einer Zahl. Sollen später Beziehungen zwischen Tabellen aufgebaut werden, so ist eine einheitliche Feldgröße erforderlich. Es ist daher notwendig, dass Sie sich von vornherein bei *Artikel-*, *Kunden-*, *Personalnummern* usw. für eine Feldgröße entscheiden.

Bearbeitungsschritte:

- Öffnen Sie den Entwurf der Tabelle *Lager_1*.
- Bei den Textfeldern (z. B. *Artikelart*) legen Sie die Feldgröße mit 30 fest. Sie müssen mit der Maus auf den entsprechenden Feldnamen klicken, dann stehen die benötigten Einstellungsmöglichkeiten im unteren Bereich des Fensters zur Verfügung.

Allgemein	Nachschlagen
Feldgröße	30
Format	
Eingabeformat	
Beschriftung	
Standardwert	
Gültigkeitsregel	
Gültigkeitsmeldung	
Eingabe erforderlich	Ja
Leere Zeichenfolge	Nein
Indiziert	Nein
Unicode-Kompression	Ja
IME-Modus	Keine Kontrolle

- Bei der *Artikelnummer* reicht es aus, den Felddatentyp *Integer* zu bestimmen. Wichtig ist jedoch, dass auch bei anderen Tabellen, die später in Beziehung zur Tabelle *Lager* gesetzt werden sollen, eine solche Einstellung vorgenommen werden müsste. Daher sollten Sie vorerst die ursprüngliche Einstellung nicht ändern.

Allgemein	Nachschlagen
Feldgröße	Long Integer
Format	
Dezimalstellenanzeige	Automatisch
Eingabeformat	
Beschriftung	
Standardwert	0
Gültigkeitsregel	
Gültigkeitsmeldung	
Eingabe erforderlich	Nein
Indiziert	Ja (Ohne Dupl
Smarttags	
Textausrichtung	Standard

Allgemein	Nachschlagen
Feldgröße	Integer
Format	
Dezimalstellenanzeige	Automatisch
Eingabeformat	
Beschriftung	
Standardwert	0
Gültigkeitsregel	
Gültigkeitsmeldung	
Eingabe erforderlich	Nein
Indiziert	Ja (Ohne Dup
Smarttags	
Textausrichtung	Standard

- Bei Datenfeldern mit Währungsfeldern ist in der Regel keine Änderung notwendig.

Allgemein	Nachschlagen
Format	Euro
Dezimalstellenanzeige	Automatisch

Eingabeformate

Die Eingabe der Daten kann dadurch erleichtert werden, dass ein bestimmtes Eingabeformat bestimmt wird. Beispielsweise kann der Benutzer bei der Eingabe eines Datums erkennen, in welcher Form er das Datum einzugeben hat. Neben Datumsfeldern können auch Textfelder mit Eingabeformaten versehen werden.

Bearbeitungsschritte:

- Öffnen Sie den Entwurf der Tabelle *Lager_1*.
- Ergänzen Sie die Datenstruktur um das nachfolgend dargestellte Datenfeld:

Lager_1

	Feldname	Felddatentyp	Beschreibung
	Einkaufspreis	Währung	
	Verkaufspreis	Währung	
	Lieferdatum	Datum/Uhrzeit	

- Stellen Sie den Cursor in den Bereich *Eingabeformat*.

Allgemein	Nachschlagen
Format	
Eingabeformat	I
Beschriftung	

- Klicken Sie auf die Schaltfläche am rechten Rand des Bereichs. Das folgende Fenster wird eingeblendet. Wählen Sie die erste Möglichkeit aus und klicken Sie mit der Maus in den Bereich *Testen*.

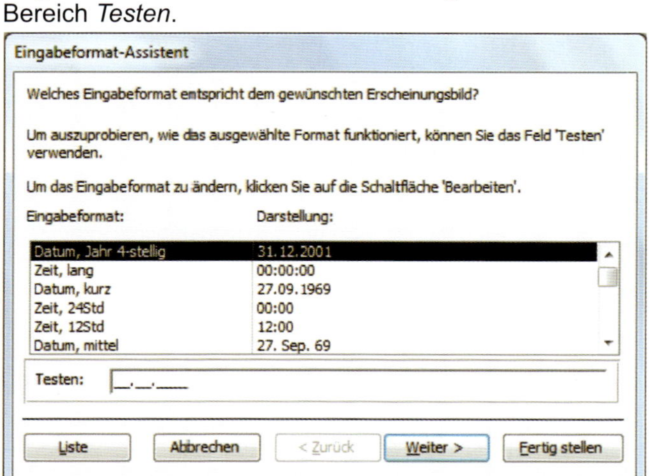

- Im nächsten Fenster könnten Sie das Eingabeformat ändern. Klicken Sie danach die Schaltfläche **Fertig stellen** an. Das Format wird in der Entwurfsansicht dargestellt.
- Wechseln Sie zur **Datenblattansicht**. Die Eingabe wird durch die Vorgabe der entsprechenden Stellen deutlich erleichtert.

Lager_1

Artikel_Nr	Artikelart	Artikel_Bez	Lieferdatum
1000	Schreibtisch	Gabriele	15.10.2010
1001	Schreibtisch	Modern	__.__.____

Beschriftung

Die Bezeichnung eines Datenfelds soll bei der Anzeige u. U. aussagekräftiger, verständlicher usw. gemacht werden. Dies kann durch die Feldeigenschaften bestimmt werden.

Bearbeitungsschritte:

- Öffnen Sie den Entwurf der Tabelle *Lager_1*. Klicken Sie danach das Datenfeld *Artikel_Nr* an. Geben Sie die angegebene Beschriftung ein.

Allgemein	Nachschlagen
Feldgröße	Integer
Format	
Dezimalstellenanzeige	Automatisch
Eingabeformat	
Beschriftung	Artikelnummer
Standardwert	

- Die Darstellung des Datenfelds in der Datenblattansicht verändert sich entsprechend.

Lager_1						
	Artik	Artikelart	Artikel_Bez	Bestand	Mindestbestand	Höchstbestand
	1000	Schreibtisch	Gabriele	5	5	10

Erforderlichkeit einer Eingabe

Grundsätzlich erscheint es notwendig, dass in jeder Zelle auch ein Wert eingegeben werden soll. Dies ist besonders dann notwendig, wenn es sich um Daten handelt, die die Grundlage für Dateien bilden, wie beispielsweise Artikelarten oder Artikelbezeichnungen.

Bearbeitungsschritte:

- Öffnen Sie den Entwurf der Tabelle Lager_1. Klicken Sie das Datenfeld Artikelart an. Legen Sie fest, dass eine Eingabe erforderlich ist.

Allgemein	Nachschlagen
Feldgröße	30
Format	
Eingabeformat	
Beschriftung	
Standardwert	
Gültigkeitsregel	
Gültigkeitsmeldung	
Eingabe erforderlich	Ja

- Geben Sie in der Datenblattansicht einen neuen Datensatz ohne die Artikelart ein. Wenn Sie danach die Tabelle abspeichern oder einen nächsten Datensatz eingeben wollen, erscheint die folgende Fehlermeldung:

- Geben Sie daher einen Text in das Feld ein oder verändern Sie die Feldeigenschaft in der Hinsicht, dass keine Eingabe erforderlich ist.

Text-, Kombinations- und Listenfelder

In der Tabelle *Lager* sind nur 5 Artikelarten vorhanden. Eigentlich bietet es sich an, die Artikel aus einer Liste auszuwählen und nicht jedes Mal einzugeben. Grundsätzlich sind beim Felddatentyp *Text* drei Einstellungsmöglichkeiten gegeben. Ein Textfeld lässt die freie Eingabe von Werten zu. Bei einem Listenfeld kann aus einer vorgegebenen Liste ein Eintrag gewählt werden. Das Kombinationsfeld lässt beide Möglichkeiten zu.

Bearbeitungsschritte:

- Öffnen Sie den Entwurf der Tabelle *Lager_1*.
- Klicken Sie den Felddatentyp des Datenfelds *Artikelart* an. Wählen Sie dann die Registerkarte **Nachschlagen** in der Entwurfsansicht aus. Es wird angezeigt, dass das Datenfeld ein Textfeld ist. Kl cken Sie danach den Pfeil nach unten im dargestellten Datenfeld an und wählen Sie den Bereich **Nachschlage-Assistent** aus.

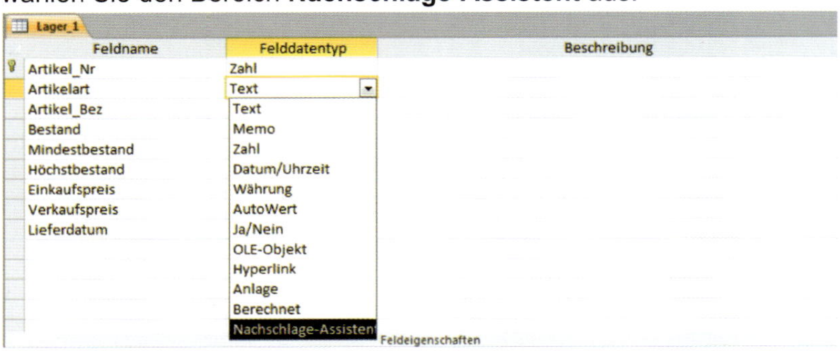

- Im ersten Fenster bestimmen Sie, dass Sie selbst Werte eingeben wollen.

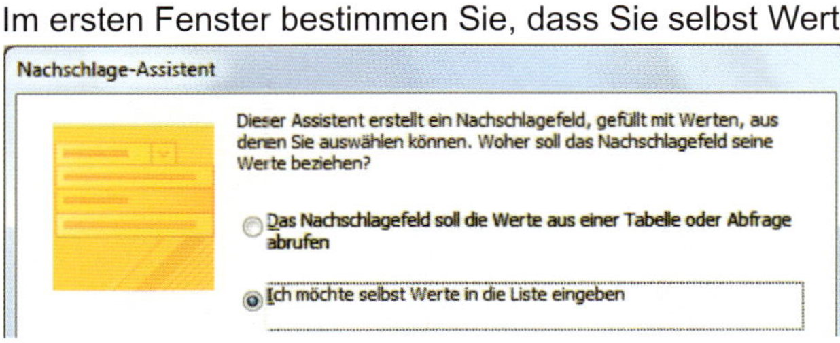

- Geben Sie im nächsten Fenster die möglichen Artikelarten ein.

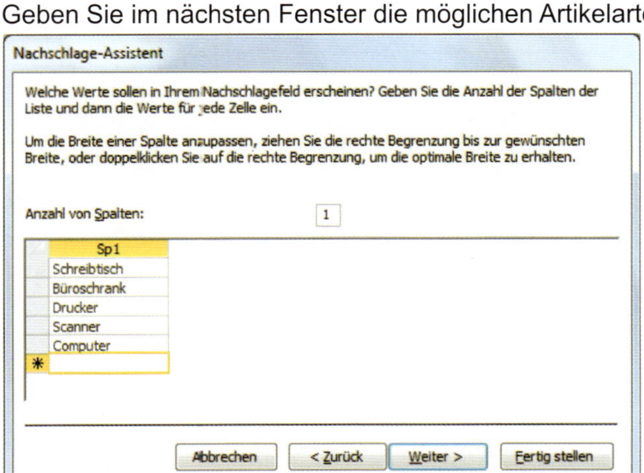

- Klicken Sie dann die Schaltfläche **Fertig stellen** an.

Bearbeitungsschritte (Fortsetzung):

- Im Bereich **Nachschlagen** wird nun angegeben, dass ein Kombinationsfeld eingerichtet wurde und aus einer Wertliste, die in der nächsten Zeile angegeben ist, Werte ausgewählt werden können.

Allgemein	Nachschlagen
Steuerelement anz	Kombinationsfeld
Herkunftstyp	Wertliste
Datensatzherkunft	"Schreibtisch"; "Büroschrank"; "Drucker"; "Scanner"; "Computer"

- In der Tabelle können Sie nun einen eigenen Wert eingeben oder einen vorgegebenen Wert auswählen.

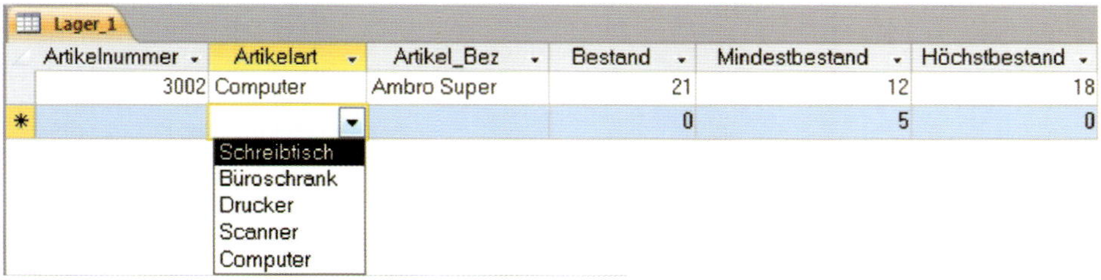

- Sollen nur Werte aus der Liste als Eingabe möglich sein, ist die folgende Veränderung vorzunehmen. In der Tabelle können zwar weiterhin eigene Werte eingegeben werden, erfolgt die Eingabe aber über ein Formular, können nur Werte aus der Liste gewählt werden.

Allgemein	Nachschlagen
Steuerelement anz	Listenfeld
Herkunftstyp	Wertliste
Datensatzherkunft	"Schreibtisch"; "Büroschrank"; "Drucker"; "Scanner"; "Computer"

- Wenn Sie nun versuchen, einen anderen Wert als die vorgegebenen einzugeben, erscheint eine Fehlermeldung.
- Sie können die Liste der möglichen Artikelarten übrigens manuell ergänzen, wie nachfolgend dargestellt wird:

Allgemein	Nachschlagen
Steuerelement anz	Listenfeld
Herkunftstyp	Wertliste
Datensatzherkunft	tisch"; "Büroschrank"; "Drucker"; "Scanner"; "Computer"; "Monitor"

- Auch das Eintragen aller Artikelarten im Bereich **Datensatzherkunft** ist möglich. Die einzelnen Artikelarten müssen jedoch in der dargestellten Form eingetragen werden.

Gültigkeit und Gültigkeitsmeldungen

Eine weitere Möglichkeit, die Struktur einer Tabelle zu verändern, ist das Bearbeiten der Feldeigenschaften. So ist beispielsweise die Möglichkeit gegeben, in einem Textfeld die Feldgröße vom Standardwert *50* je nach Bedarf in einen anderen Wert zu ändern.

Weitere Einstellungsmögli chkeiten sind z. B. dadurch gegeben, dass bei Zahlen die Anzahl der Dezimalstellen bestimmt oder angegeben werden kann. Interessant ist auch die Möglichkeit, nur bestimmte Eingaben zuzulassen. So soll z. B. das Datenfeld *Höchstbestand* keinen Wert von 50 Produkten und mehr aufnehmen können.

Bearbeitungsschritte:

- Öffnen Sie den Entwurf der Tabelle *Lager_1*. Tragen Sie die folgende Gültigkeitsregelung und Gültigkeitsmeldung ein:

Lager_1

Feldname	Felddatentyp	Beschreibung
Bestand	Zahl	
Mindestbestand	Zahl	

Allgemein	Nachschlagen
Feldgröße	Long Integer
Format	
Dezimalstellenanzeige	Automatisch
Eingabeformat	
Beschriftung	
Standardwert	0
Gültigkeitsregel	< 50
Gültigkeitsmeldung	Eingabe abgelehnt (Bestand < 50)
Eingabe erforderlich	Nein
Indiziert	Nein
Smarttags	
Textausrichtung	Standard

Die Fehlermeldung, die angezeigt wird, wenn Sie einen Wert eingeben, der aufgrund der Gültigkeitsregel nicht eingegeben werden darf. Drücken Sie F1, um Hilfe zur Gültigkeitsmeldung zu erhalten.

- Das Programm ist nun bei der Abspeicherung der Änderung in der Lage, zu überprüfen, ob alle Daten den veränderten Anforderungen entsprechen.

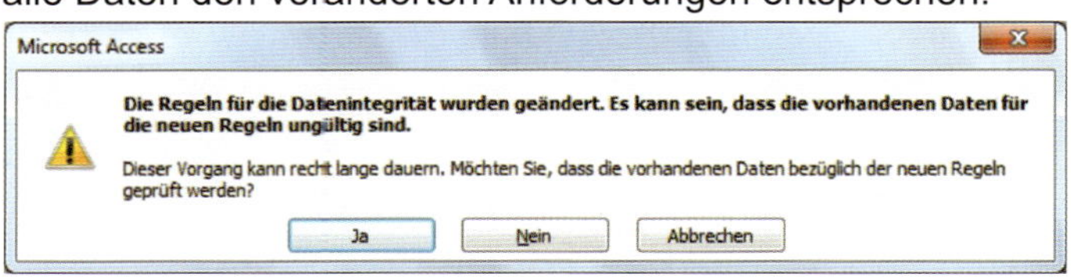

- Klicken Sie die Schaltfläche **Ja** an. Die Überprüfung wird keinen Fehler feststellen. Die Tabelle mit den Daten wird eingeblendet.
- Geben Sie nun im Datenfeld *Bestand* im ersten Datensatz die Zahl 55 ein.

Lager_1

Artik	Artikelart	Artikel_Bez	Bestand	Mindestbestand	Höchstbestand
1000	Schreibtisch	Gabriele	5	5	10

- Wollen Sie die Zeile verlassen bzw. die Tabelle schließen, wird die folgende Fehlermeldung ausgegeben:

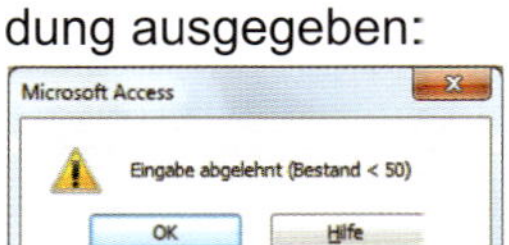

- Versucht man übrigens, in einem Datenfeld mit dem Felddatentyp *Zahl* einen Buchstaben einzugeben, werden Hinweise zur Lösung des Problems gegeben.

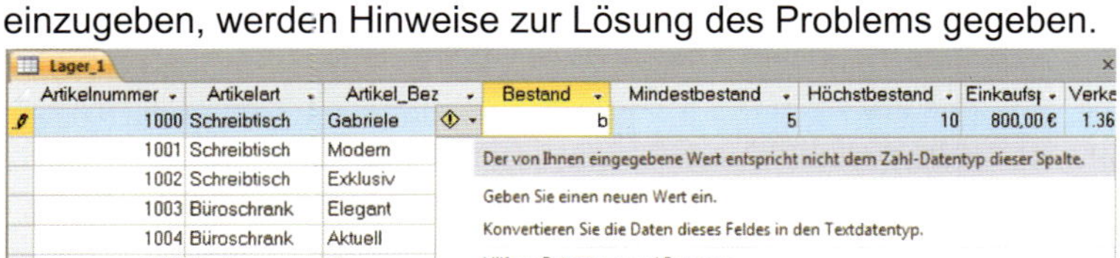

Indizes in Tabellen

Durch Indizes werden Suchvorgänge, beispielsweise bei Abfragen, beschleunigt. ACCESS durchsucht bei der Verwendung von Indizes nicht mehr die Gesamttabelle, sondern eine Indextabelle, die der Benutzer allerdings nicht sieht. Bei den bisherigen sehr kleinen Tabellen ist die Verwendung von Indizes sicherlich nicht notwendig. Bei der Verwendung eines Primärschlüssels wird automatisch ein Index verwendet. Schlüssel werden später intensiv erklärt.

Bearbeitungsschritte:

- Öffnen Sie den Entwurf der Tabelle *Lager_1*.
- Stellen Sie den Cursor in das Datenfeld *Artikelart*. Stellen Sie den Index, da bei Artikelarten Duplikate möglich sein müssen, folgendermaßen ein:

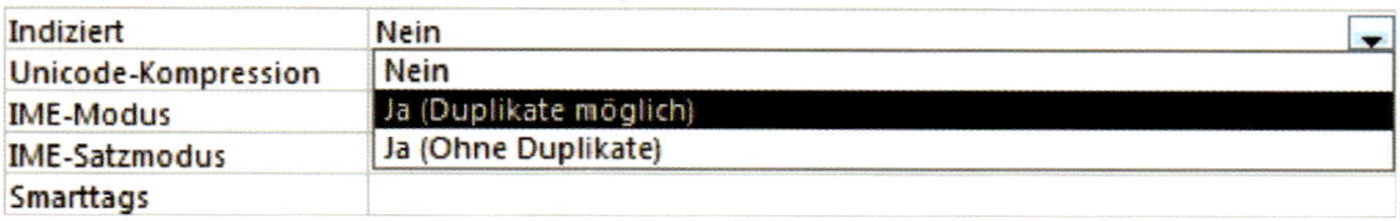

- Klicken Sie im Register **Tabellentools/Entwurf** in der Gruppe **Einblenden/Ausblenden** die Schaltfläche **Indizes** an.

- Die einzelnen Indizes werden angezeigt. Es wird aufsteigend sortiert, bei dem Datenfeld handelt es sich nicht um ein Primärschlüsselfeld und die Werte müssen nicht eindeutig sein. Die einzelnen Einstellungen können an dieser Stelle geändert werden.

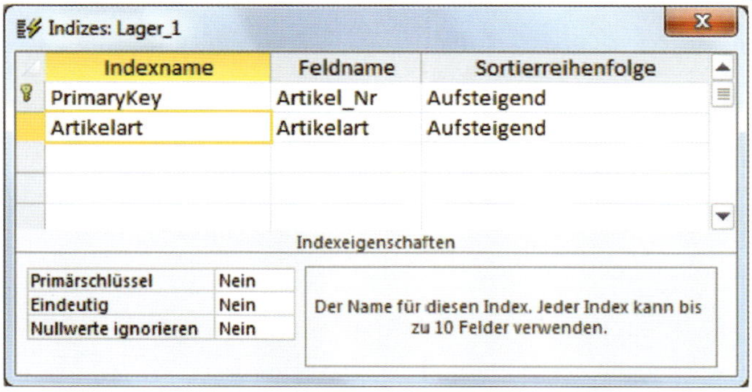

- Klicken Sie in den Bereich *PrimaryKey*. Die getroffenen Einstellungen werden angezeigt. Auch sie könnten geändert werden.

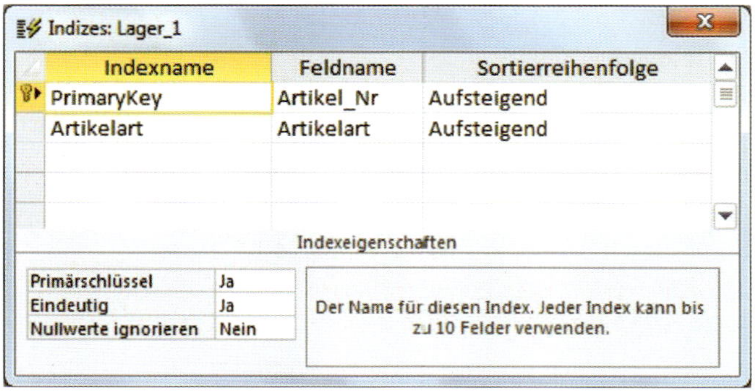

5.5.7 Aufbau weiterer Tabellen

Damit die Daten der Tabelle Lager auch mit Lieferanten-, Kunden- und Personaldaten verknüpft und durch Abfragen ausgewertet werden können, sollen zwei weitere Tabellen aufgebaut werden. Außerdem werden eine Personal- und eine Abteilungstabelle zur Herstellung weiterer Beziehungen erstellt. Alle Tabellen sind unbedingt notwendig für die weitere Arbeit.

Bearbeitungsschritte:

- Erstellen Sie die Tabelle *Lieferanten* mit der folgenden Dateistruktur:

Lieferanten

	Feldname	Felddatentyp	Beschreibung
P	Lieferer_Nr	Zahl	
	Name1	Text	
	Name2	Text	
	Strasse	Zahl	
	PLZ	Zahl	
	Ort	Text	

- Geben Sie die folgenden Daten in die Tabelle ein:

Lieferanten

Lie	Name1	Name2	Strasse	PLZ	Ort
100	Wagner & Co.	Büromöbel	Vogtweg 23	33607	Bielefeld
101	Büromöbel AG	Büroeinrichtungen	Gutachtstr. 342	13469	Berlin
102	Tranel GmbH	Büromöbel	Bechemstr. 67	47058	Duisburg
103	Computerland GmbH	Computer	Fischstieg 65	22119	Hamburg
104	Computer 2000	EDV-Herstellung	Koloniestr. 128	28777	Bremen
105	Micro Hansen	Computerlösungen	Am Stau 47	26112	Oldenburg
106	Microcomputer Voges	EDV-Bedarf	Schlossstr. 45	30159	Hannover

- Erstellen Sie ebenfalls die Tabelle *Kunden* mit der folgenden Dateistruktur:

Kunden

	Feldname	Felddatentyp	Beschreibung
P	Kunden_Nr	Zahl	
	Name1	Text	
	Strasse	Zahl	
	PLZ	Zahl	
	Ort	Text	

- Geben Sie die folgenden Daten in die Tabelle ein:

Kunden

Kunden_Nr	Name1	Strasse	PLZ	Ort
200	Otto Artig e. Kfm.	Mühlenstr. 45	26789	Leer
201	Hans Kassens	Am Forst 45	49809	Lingen
202	Bürohandlung GmbH	Markt 21	49716	Meppen
203	Bürobedarf Hinze KG	Siemensstr. 1	12459	Berlin
204	Rohr & Co. KG	Gallotweg 67	26273	Emden
205	Willi Garstig OHG	Alsenstr. 52	47139	Duisburg
206	Hans Truppe	Adlerstr. 45	48429	Rheine
207	Hans Terfehr KG	Sachsenstr. 12	49809	Lingen

Bearbeitungsschritte (Fortsetzung):

- Erstellen Sie die Tabelle *Abteilung*:

Abteilung

	Feldname	Felddatentyp	Beschreibung
P	Abteilung_Nr	Zahl	
	Bezeichnung	Text	

- Geben Sie die folgenden Daten in die Tabelle ein:

Lieferanten

	Abteilung_Nr	Bezeichnung
	1	Direktion
	2	Rechnungswesen
	3	Einkauf
	4	Verkauf
	5	Lager

- Erstellen Sie ebenfalls die Tabelle *Kunden* mit der folgenden Dateistruktur:

Personal

	Feldname	Felddatentyp	Beschreibung
P	Mitarbeiter_Nr	Zahl	
	Name	Text	
	Vormame	Text	
	Strasse	Zahl	
	PLZ	Zahl	
	Ort	Text	
	Geb_Datum	Datum/Uhrzeit	
	Geschlecht	Text	
	Ort	Text	
	Abteilung	Text	
	Stellung	Text	
	Eintrittsdatum	Datum/Uhrzeit	
	Gehalt	Währung	

- Geben Sie die folgenden Daten in die Tabelle ein:

Kunden

	Mitar	Name	Vorname	Strasse	PLZ	Ort	Stellung
	1000	Meier	Hans	Hauptkanal re. 61	26871	Papenburg	Sachbearbeiter
	1001	Regeleit	Irmgard	Spahner Str. 12	26789	Leer	Abteilungsleiter
	1002	Hermes	Maria	Osterstr. 12	28826	Weener	Sachbearbeiter
	1003	Müller	Irene	Belheimer Str. 17	26871	Papenburg	Abteilungsleiter
	1004	Groos	Heiner	Feldweg 45	26904	Börger	Sachbearbeiter
	1005	Meimel	Harald	Kapellenweg 4	26871	Papenburg	Sachbearbeiter

5.5.8 Formatieren von Daten

Das Gestalten von Tabellen mit Schriftarten, Schriftgrößen usw. wird als Formatierung bezeichnet. Die Formatierung hat Einfluss sowohl auf die Bildschirm- als auch auf die Druckausgabe. Daher ist für eine sinnvolle Ausgabe von Daten über den Drucker eine Überprüfung, ob die Daten in der gewünschten Form ausgegeben werden, unbedingt notwendig.

Bearbeitungsschritte:

- Öffnen Sie die Tabelle *Lager_1*. Markieren Sie die gesamte Tabelle. Klicken Sie danach gegebenenfalls das Register **Start** an. In der Gruppe **Schriftart** befinden sich verschiedene Schaltflächen zur Gestaltung der Tabelle.

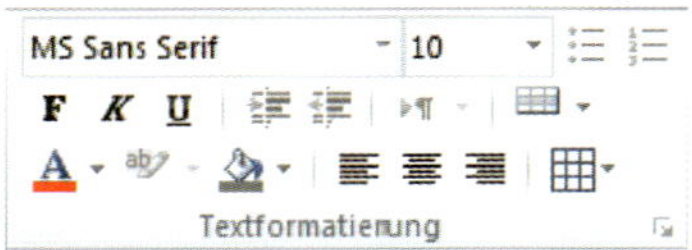

- Formatieren Sie mithilfe der Schaltflächen die Tabelle folgendermaßen. Dabei können Schrifteffekte, Hintergrundfarben usw. genutzt werden.

Lager_1

Artikel_Nr	Artikelart	Artikel_Bez	Bestand	Mindestbestand	Höchstbestand
1000	Schreibtisch	Gabriele	5	5	10
1001	Schreibtisch	Modern	10	15	30
1002	Schreibtisch	Exklusiv	20	10	30
1003	Büroschrank	Elegant	12	5	10
1004	Büroschrank	Aktuell	17	10	40
1005	Drucker	Hanso	12	15	25
1006	Drucker	Stil	8	5	15
1007	Drucker	Klassic	12	6	10

- Nach Anklicken der Schaltfläche **Datenblatt formatieren** im unteren rechten Bereich der Gruppe **Schriftart** können Zelleffekte wie die erhöhte Darstellung von Zellen eingestellt werden.

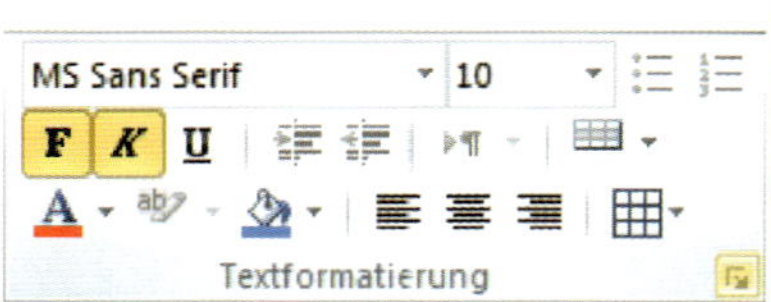

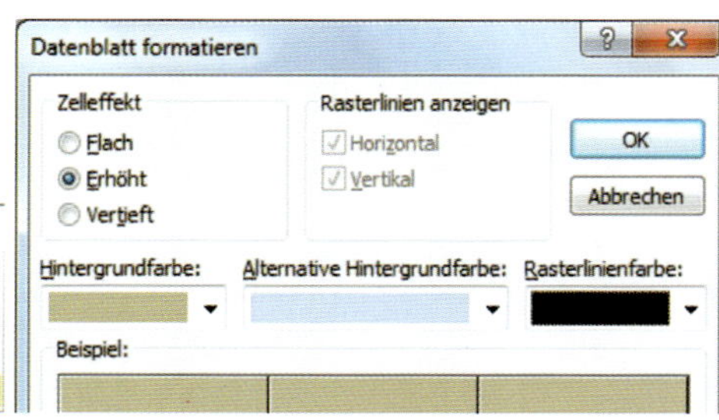

- Das Ergebnis könnte so aussehen:

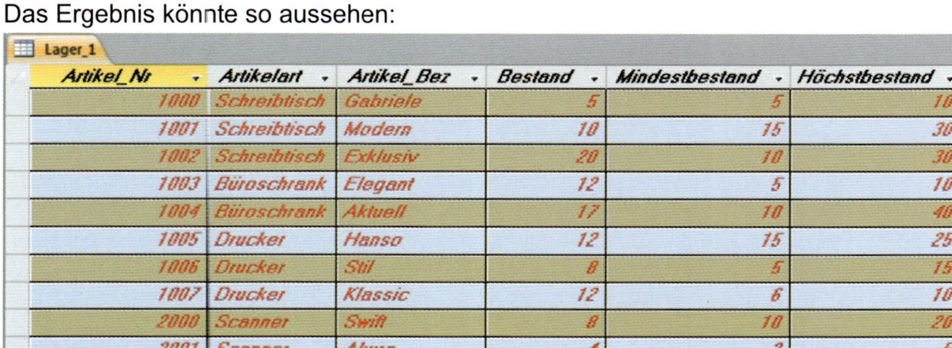

Lager_1

Artikel_Nr	Artikelart	Artikel_Bez	Bestand	Mindestbestand	Höchstbestand
1000	Schreibtisch	Gabriele	5	5	10
1001	Schreibtisch	Modern	10	15	30
1002	Schreibtisch	Exklusiv	20	10	30
1003	Büroschrank	Elegant	12	5	10
1004	Büroschrank	Aktuell	17	10	40
1005	Drucker	Hanso	12	15	25
1006	Drucker	Stil	8	5	15
1007	Drucker	Klassic	12	6	10
2000	Scanner	Swift	8	10	20
2001	Scanner	Akura	4	2	5

Bearbeitungsschritte (Fortsetzung):

- Öffnen Sie die Tabelle *Lager*.
- Um eine optimale Darstellung des Sachverhalts zu erreichen, bietet es sich an, Spalten aus- oder einzublenden bzw. zu fixieren. Klicken Sie im Register **Start** in der Gruppe **Datensätze** die Schaltfläche **Weitere** an. Es werden einzelne Menüpunkte angezeigt. Auch über das Kontextmenü können Sie die Menüpunkte erreichen.

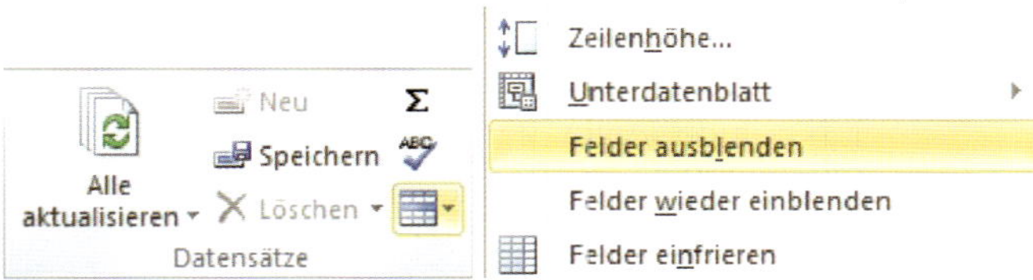

- Markieren Sie die Spalte *Bestand* durch Anklicken der Überschrift mit der Maus.

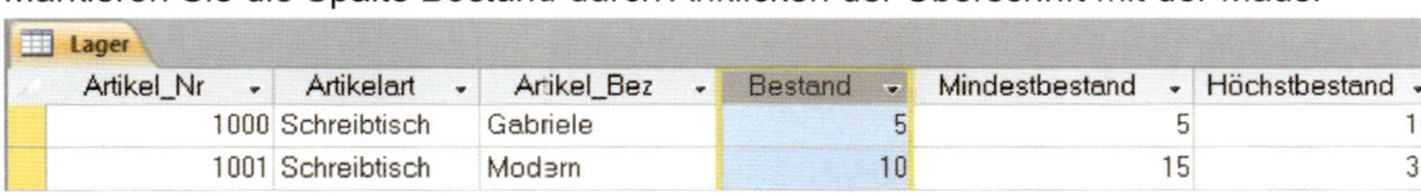

Lager

Artikel_Nr	Artikelart	Artikel_Bez	Bestand	Mindestbestand	Höchstbestand
1000	Schreibtisch	Gabriele	5	5	10
1001	Schreibtisch	Modern	10	15	30

- Wählen Sie auf die beschriebene Art den Menüpunkt **Felder ausblenden**. Die Spalte wird ausgeblendet.

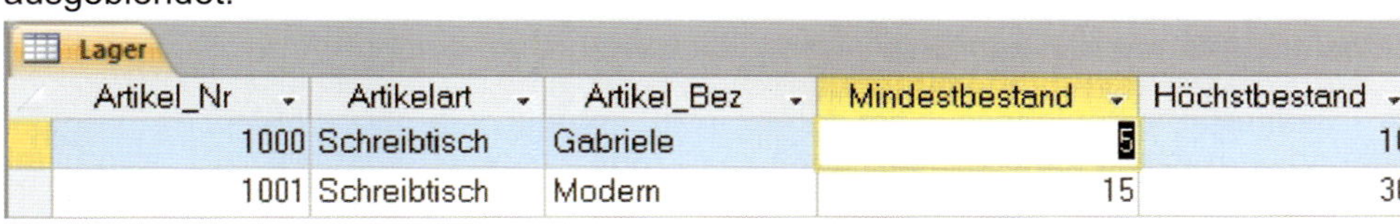

Lager

Artikel_Nr	Artikelart	Artikel_Bez	Mindestbestand	Höchstbestand
1000	Schreibtisch	Gabriele	5	10
1001	Schreibtisch	Modern	15	30

- Um Spalten einzublenden, muss der Menüpunkt **Spalten einblenden** gewählt werden. Im folgenden Fenster können Sie dann Spalten beliebig ein- und ausblenden. Blenden Sie alle Datenfelder ein.

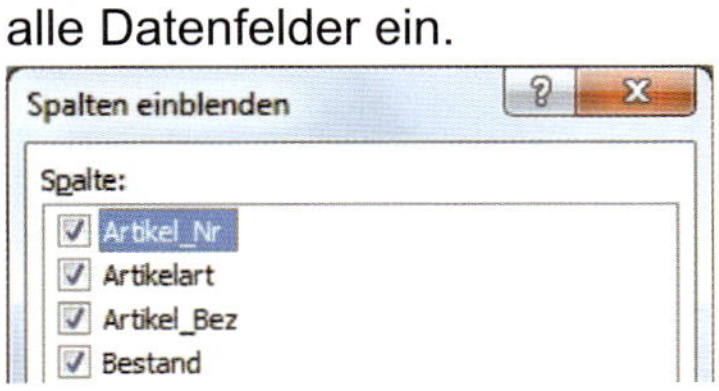

- Markieren Sie die ersten drei Spalten. Wählen Sie den Menüpunkt **Fixieren**. Diese Spalten bleiben danach immer eingeblendet. Die anderen Datenfelder können mithilfe der Pfeile am unteren Fensterrand 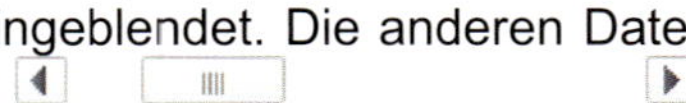 verschoben werden. Heben Sie die Fixierung danach wieder auf.

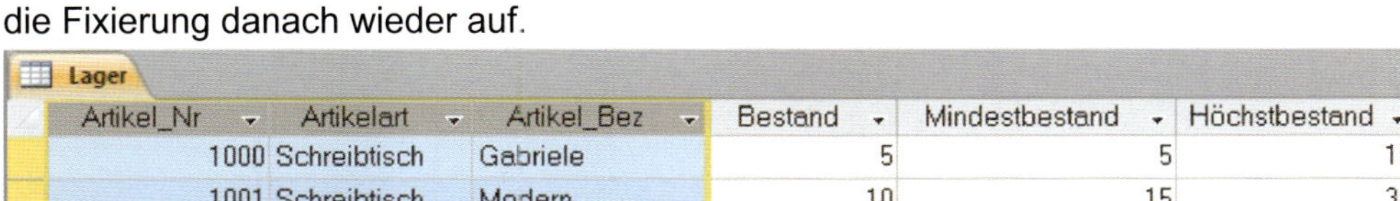

Lager

Artikel_Nr	Artikelart	Artikel_Bez	Bestand	Mindestbestand	Höchstbestand
1000	Schreibtisch	Gabriele	5	5	10
1001	Schreibtisch	Modern	10	15	30

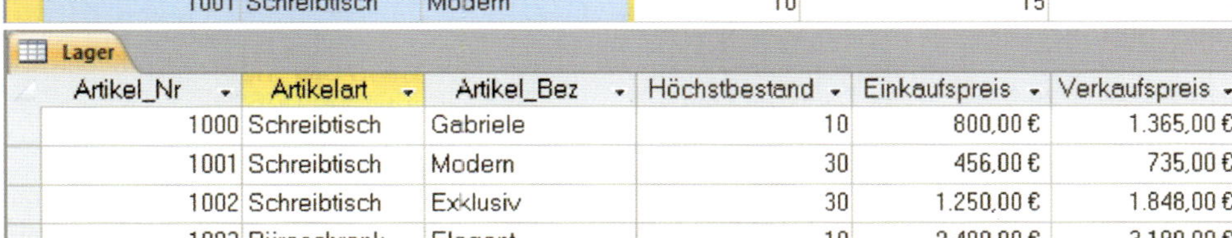

Lager

Artikel_Nr	Artikelart	Artikel_Bez	Höchstbestand	Einkaufspreis	Verkaufspreis
1000	Schreibtisch	Gabriele	10	800,00 €	1.365,00 €
1001	Schreibtisch	Modern	30	456,00 €	735,00 €
1002	Schreibtisch	Exklusiv	30	1.250,00 €	1.848,00 €
1003	Büroschrank	Elegant	10	2.400,00 €	3.190,00 €

5.6 Formulare

Formulare

Formulare dienen der Dateneingabe, der Datenausgabe und der Filterung (dem Auswählen) von Daten. In einer professionellen Datenbank mit einer Benutzeroberfläche wird in der Regel mit Formularen gearbeitet. Tabellen werden vor allem für die Konzeption der Datenbank benötigt.

Zunächst sollen einfache Formulare erstellt werden. In einem späteren Kapitel werden Formulare mit Schaltflächen, Formulare als Benutzeroberflächen usw. angesprochen.

Erstellung eines Formulars

Ein normales, in der Regel vollkommen ausreichendes Formular lässt sich relativ einfach erstellen. Dieses Formular kann dann später den eigenen Erfordernissen entsprechend angepasst werden.

Bearbeitungsschritte:

- Gehen Sie in die **Navigationsleiste**. Öffnen Sie die Tabelle *Lager*. Blenden Sie die folgenden Spalten ein. Alle anderen Spalten sollen zunächst ausgeblendet werden. Schließen Sie danach die Tabelle *Lager*. Die eingeblendeten Spalten werden in das zu erstellende Formular aufgenommen.

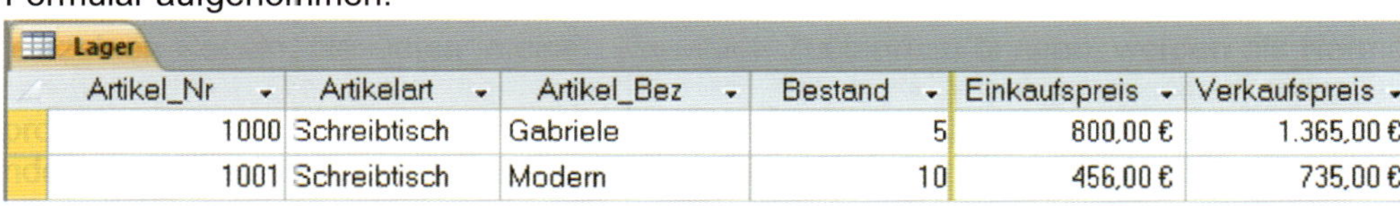

Lager

Artikel_Nr	Artikelart	Artikel_Bez	Bestand	Einkaufspreis	Verkaufspreis
1000	Schreibtisch	Gabriele	5	800,00 €	1.365,00 €
1001	Schreibtisch	Modern	10	456,00 €	735,00 €

- Klicken Sie im Register **Erstellen** in der Gruppe **Formulare** die Schaltfläche **Formular** an.

- Das automatisch erstellte Formular wird eingeblendet:

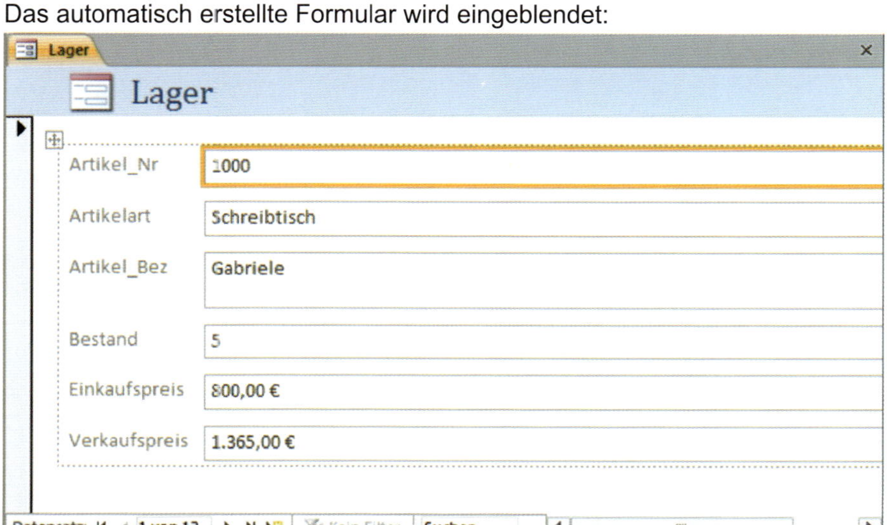

Bearbeitungsschritte (Fortsetzung):

- Speichern Sie das **Formular** unter dem Namen *Lager*.
- Klicken Sie im Register **Formularlayouttools/Entwurf** in der Gruppe **Ansichten** den unteren Bereich der Schaltfläche **Ansicht** an. Die Alternativen werden angegeben.

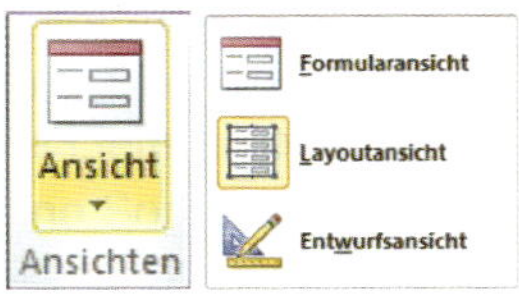

- In der **Entwurfsansicht** ist eine intensive Bearbeitung des Formulars möglich. Es können beispielsweise Schaltflächen eingefügt werden. Die **Layoutansicht** eignet sich für die einfache Gestaltung des Formulars. In der **Formularansicht** sollten die Daten eingegeben, gesucht usw. werden. Zwischen den einzelnen Ansichten können Sie auch durch Anklicken der Schaltflächen am unteren rechten Rand des Formulars wechseln.

- Wählen Sie die **Formularansicht** aus.

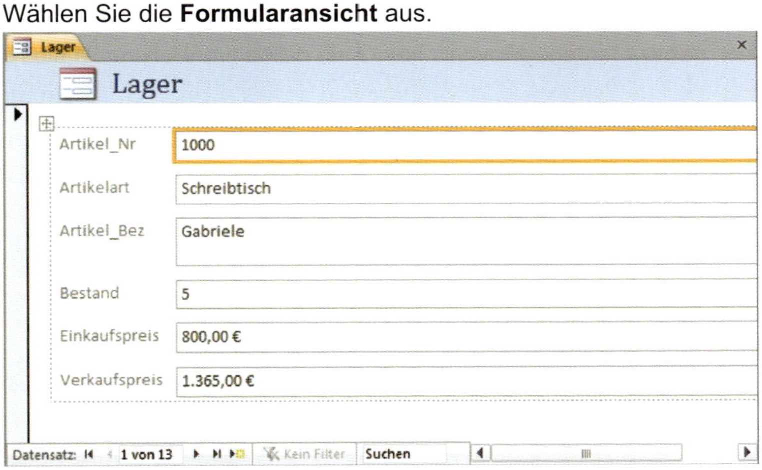

- Das **Formular** enthält als Überschrift den Namen der **Datei**, in diesem Fall *Lager*. Alle ausgewählten **Datenfelder** werden angegeben. Am unteren Rand wird angegeben, dass der erste von 13 Datensätzen angezeigt wird. Über die einzelnen Schaltflächen können Sie die Datensätze anwählen oder einen neuen Datensatz anwählen und dann Daten eingeben.

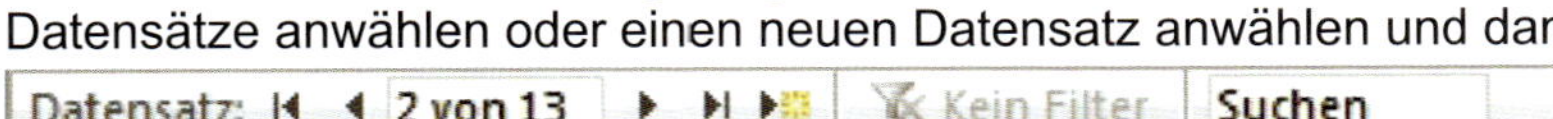

- Stellen Sie den Cursor in den Bereich *Artikelart*. Im Bereich *Suchen* können Sie dann eine Artikelart angeben, oftmals reichen wenige Buchstaben zur Auswahl und der erste Begriff (*Co – Computer*) mit den entsprechenden Artikelarten wird ausgegeben.

- Schließen Sie das Formular. In der Navigationsleiste wird das Formular angezeigt.

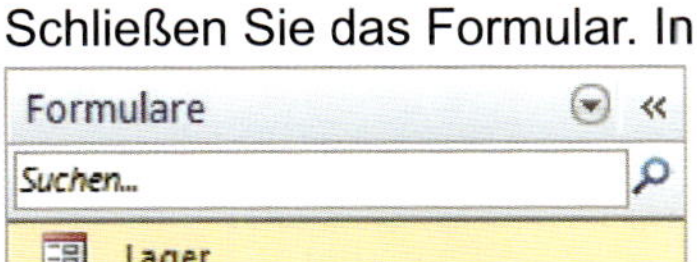

- Erstellen Sie auf die gleiche Weise die Formulare *Lieferanten* und *Kunden*.

Bearbeitung eines Formulars in der Layoutansicht

Das erstellte Formular erfüllt normalerweise schon jetzt seinen Zweck. Kleine Änderungen und Verbesserungen können in der Layoutansicht vorgenommen werden.

Bearbeitungsschritte:

- Öffnen Sie das Formular *Lager* in der Navigationsleiste. Je nach Ansicht kann dies beispielsweise folgendermaßen aussehen:

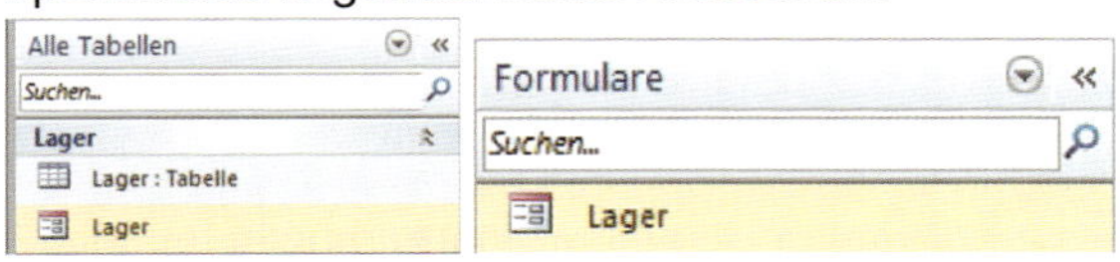

- Das Formular wird automatisch in der **Formularansicht** geöffnet.
- Klicken Sie im Register **Start** in der Gruppe **Ansicht** den unteren Bereich der Schaltfläche **Ansicht** an. Wählen Sie die **Layoutansicht** aus. Nun ist die Bearbeitung des Formulars möglich.

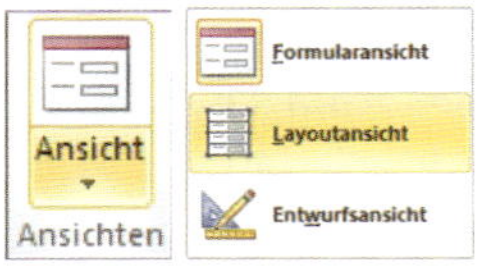

- Bestimmen Sie im Register **Formularlayouttools/Format** in der Gruppe **Auswahl**, dass das Formular bearbeitet werden soll.

- Klicken Sie im Register **Formularlayouttools/Format** in der Gruppe **Designs** die Schaltfläche **Designs** an. Probieren Sie verschiedene Formate aus. Außerdem können Sie Farben und Schriftarten bestimmen. Kehren Sie danach jedoch zum ursprünglichen Format zurück.

- Die Gruppe **Kopfzeile/Fußzeile** im Register **Formularlayouttools/Format** steht zum Einfügen und Ändern von Elementen zur Verfügung.

- Nach dem Anklicken der Schaltfläche **Logo** können Sie im Fenster **Grafik einfügen** eine Grafik aus einem Ordner einfügen. Der Titel, das Datum und die Uhrzeit lassen sich nach dem Anklicken der entsprechenden Schaltflächen einfügen.

Bearbeitungsschritte (Fortsetzung):

- Markierte Elemente können mithilfe der Gruppen **Schriftart**, **Zahl** und/oder **Hintergrund** im Register **Formularlayouttools/Format** formatiert werden.

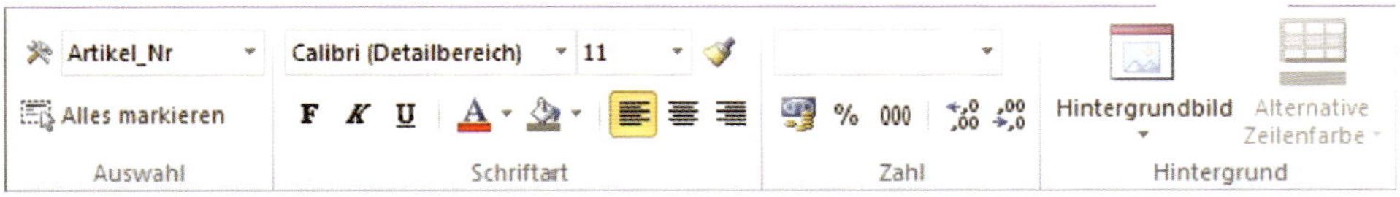

- Um die Größe aller Datenfelder zu ändern, genügt es, ein Datenfeld zu markieren und dann mit der Maus zu verkleinern oder zu vergrößern.

- Mehrere Elemente werden durch das Anklicken des ersten Elements mit der Maus, dem anschließenden permanenten Drücken der Umschalttaste bzw. der Taste [**Strg**] und dem anschließenden Anklicken der weiteren Elemente markiert.

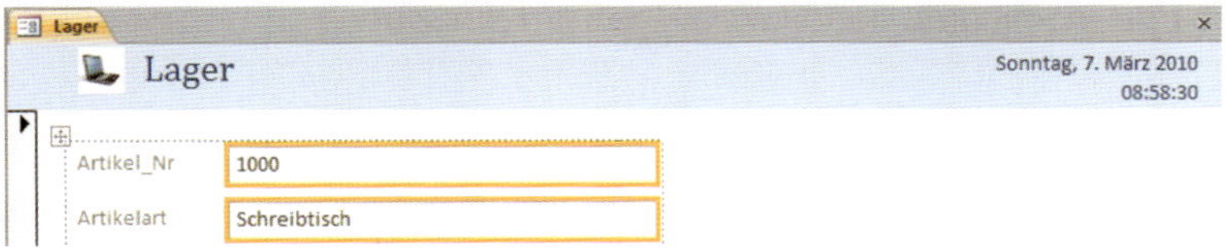

- Markieren Sie den Wert im Bereich *Bestand*.

- Klicken Sie die Schaltfläche **Bedingte Formatierung** in der Gruppe **Steuerelementformatierung** im Register **Formularlayouttools/Format** an. Klicken Sie im Fenster **Manager für Regeln zur bedingten Formatierung** die Schaltfläche **Neue Regel** an.

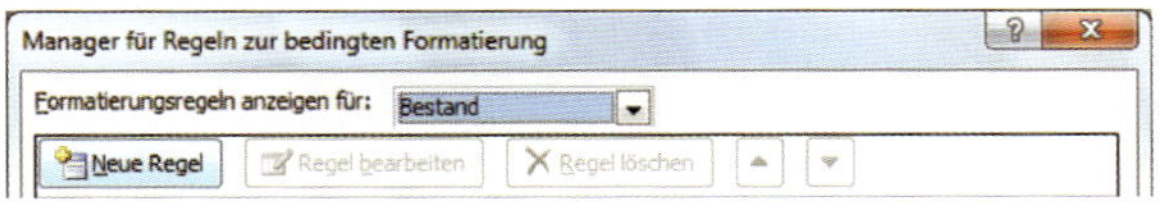

- Bestimmen Sie den ersten Regeltyp. Sie können nun eine Regel aufstellen und dafür Formatierungen festlegen. Das Ergebnis wird als Vorschau angezeigt.

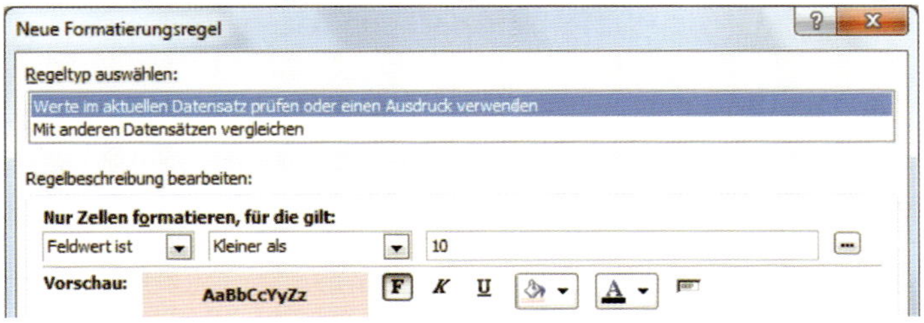

- Klicken Sie danach die Schaltfläche **OK** und im nächsten Fenster die Schaltfläche **Übernehmen** und **OK** an. Das Ergebnis wird in Abhängigkeit vom Wert formatiert:

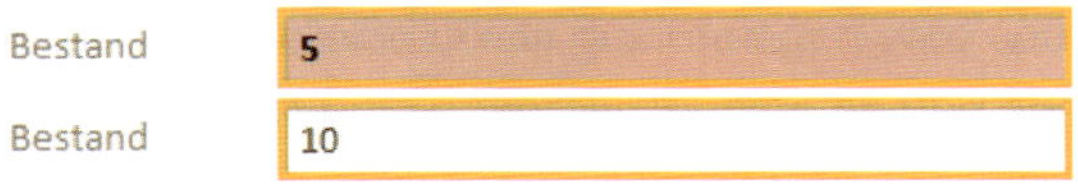

Bearbeitungsschritte (Fortsetzung):

- Legen Sie danach eine alternative Formatierung fest, mit der Datensätze mit anderen verglichen werden. Dafür soll zunächst die alte Formatierung gelöscht werden.
- Klicken Sie die Schaltfläche **Bedingte Formatierung** in der Gruppe **Steuerelementformatierung** im Register **Formularlayouttools/Format** an. Markieren Sie die bestehende Formatierung und klicken Sie danach im Fenster **Manager für Regeln zur bedingten Formatierung** die Schaltfläche **Regel löschen** an. Klicken Sie dann die Regel **Neue Regel** an. Legen Sie folgende Regel fest:

- Das Ergebnis sieht folgendermaßen aus:

- Markieren Sie das angezeigte Element.

- Nach dem Markieren eines Elements können Sie hinter diesem Element durch Anklicken der Schaltfläche **Vorhandene Felder hinzufügen** in der Gruppe **Tools** im Register **Formularlayouttools/Entwurf** Datenfelder hinzufügen. Der Aufgabenbereich *Feldliste* wird eingeblendet:

- Führen Sie einen Doppelklick auf die Bezeichnung **Mindestbestand** aus. Das Element wird in das Formular aufgenommen.

- Grundsätzlich besteht noch eine weitere Möglichkeit, die Datenfelder eines Formulars auszuwählen. Diese wird später erklärt. Ein nicht mehr benötigtes Datenfeld wird markiert und durch das Drücken der Taste [**Entf**] aus dem Formular entfernt. Löschen Sie das Datenfeld **Mindestbestand** wieder.
- Klicken Sie das Register **Formularlayouttools/Anordnen** an. Tools zur Anordnung einzelner Elemente des Formulars werden angeboten. Probieren Sie einige Möglichkeiten aus. Nicht gewünschte Ergebnisse sollten Sie rückgängig machen.

Formular mit mehreren Elementen

Das bisher erstellte Formular zeigte jeweils nur einen Datensatz an. Aus verschiedenen Gründen, z. B. bei der Dateneingabe, kann es jedoch günstiger sein, ein Formular mit mehreren Elementen, sprich Datensätzen, zu erstellen.

Bearbeitungsschritte:

- Markieren Sie die Tabelle *Lager* in der **Navigationsleiste**. Klicken Sie im Register **Erstellen** in der Gruppe **Formulare** die Schaltfläche **Weitere** an. Wählen Sie den Menüpunkt **Mehrere Elemente** an.

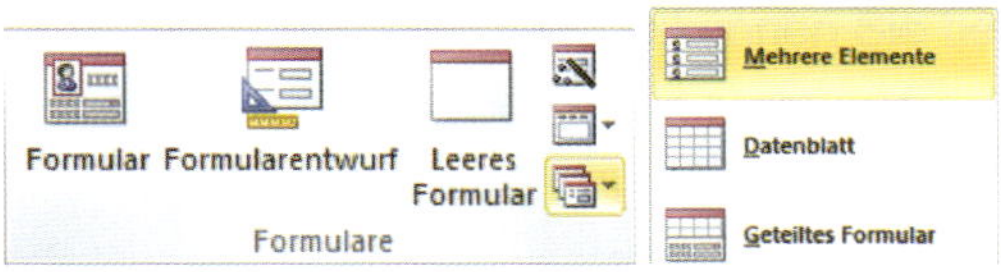

- Ändern Sie mit der Maus die Höhe und die Breite der Datenfelder. Speichern Sie das Formular unter dem Namen *Lager1*. Das Ergebnis könnte so aussehen:

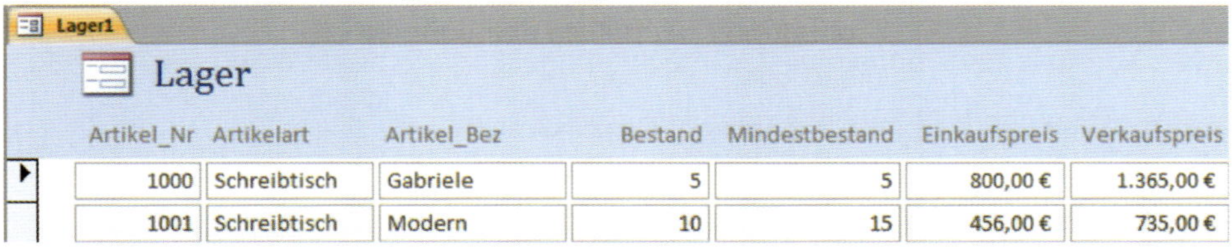

- Bearbeiten Sie das Formular wie auf den vorherigen Seiten angegeben.

Geteiltes Formular

Beim geteilten Formular sind ein Formular und die zugrunde liegende Tabelle sichtbar.

Bearbeitungsschritte:

- Markieren Sie die Tabelle *Lager* in der **Navigationsleiste**. Klicken Sie im Register **Erstellen** in der Gruppe **Formulare** die Schaltfläche **Weitere** an. Wählen Sie den Menüpunkt **Geteiltes Formular** an.

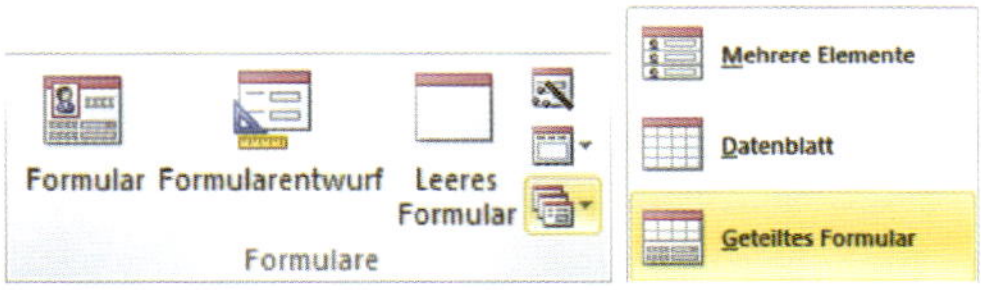

- Das Ergebnis könnte so aussehen:

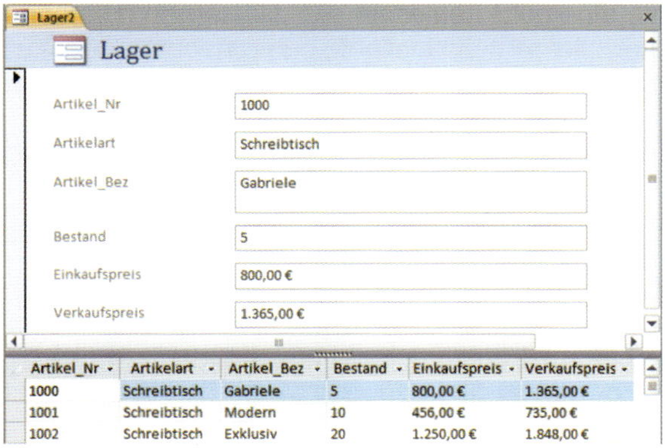

Formularerstellung mit dem Formular-Assistenten

Die Erstellung eines Formulars mit einem Assistenten erlaubt es beispielsweise, unterschiedliche Formen der Gestaltung zu nutzen. Mithilfe des Formular-Assistenten können verschiedene Formulare erstellt werden.

Bearbeitungsschritte:

- Markieren Sie die Tabelle *Lager* in der **Navigationsleiste**. Klicken Sie im Register **Erstellen** in der Gruppe **Formulare** die Schaltfläche **Weitere Formulare** an. Wählen Sie danach den **Formular-Assistenten** aus.

- Im nächsten Fenster muss die Tabelle/Abfrage, die die Grundlage für das Formular bildet, ausgewählt werden. Danach werden die verfügbaren Felder angegeben. Man kann durch Anklicken eines Feldes und dem nachfolgenden Anklicken des Pfeils nach rechts ein Feld in das Formular einfügen. Dabei kann man die Reihenfolge der Felder beliebig wählen. Sollen alle Felder in der Reihenfolge der verfügbaren Felder in das Formular übernommen werden, so muss der Doppelpfeil nach rechts angeklickt werden. Wollen Sie ein Feld aus dem Formular entfernen, müssen Sie das Feld durch Anklicken markieren und danach den Pfeil nach links anklicken. Alle Felder werden durch das Anklicken des Doppelpfeils nach links aus dem Formular entfernt. Übernehmen Sie die angegebenen Felder in das Formular:

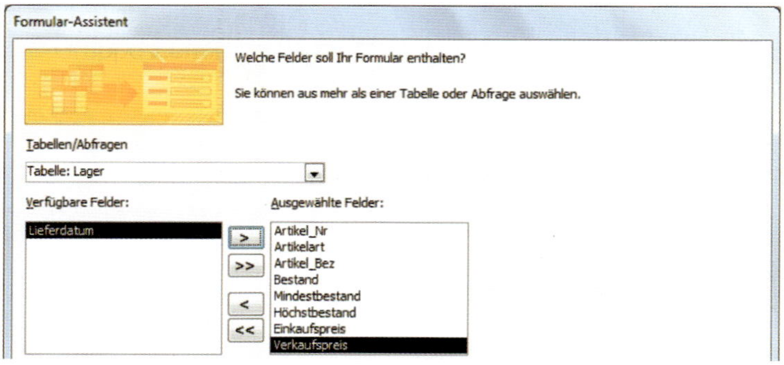

Nach Anklicken der Schaltfläche **Weiter** können Sie im nächsten Fenster die Darstellung (das Layout) der Tabelle wählen. Bestimmen Sie die Darstellung *Blocksatz*.

- Danach klicken Sie in den nächsten Fenstern die Schaltflächen **Weiter** und **Fertig stellen** an. Das Ergebnis könnte so aussehen:

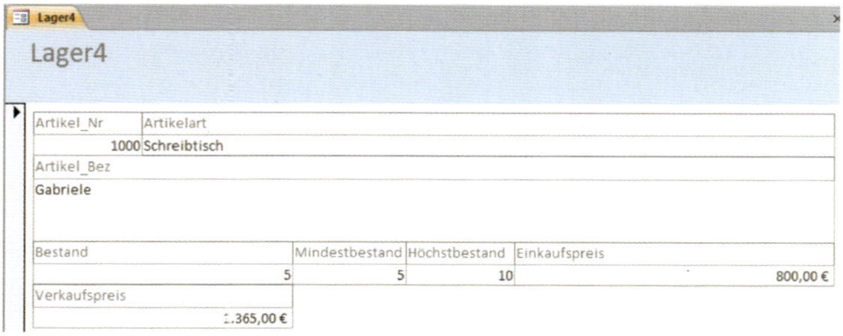

- Selbstverständlich kann und sollte das Formular entsprechend nachbearbeitet werden. So ist die Überschrift sicherlich in dieser Form nicht überzeugend. Auch die Anordnung der einzelnen Datenfelder könnte verbessert werden.

Eingabe von Daten mithilfe eines erstellten Formulars

Mithilfe der Formulare können nun Daten eingegeben werden. Dies ist unter Umständen einfacher und schneller als in einer Tabelle möglich.

Bearbeitungsschritte:

- Öffnen Sie das Formular *Lager*. Der erste Datensatz wird angezeigt:

- Klicken Sie die Schaltfläche **Neuer (leerer) Datensatz** ( ) an. Geben Sie danach den folgenden Datensatz ein:

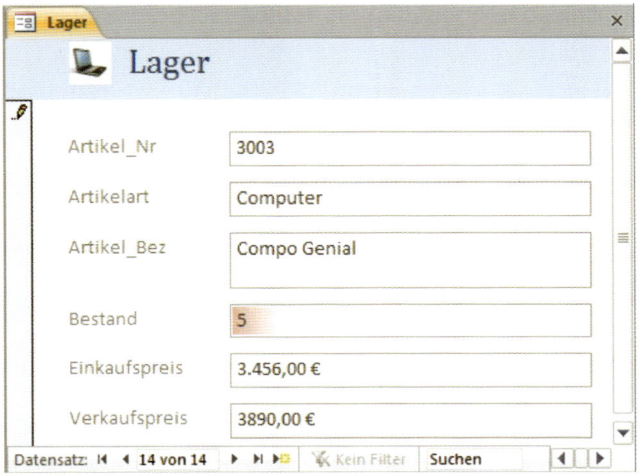

- Der Datensatz wird automatisch in die dazugehörende Tabelle *Lager* geschrieben.
- Die Navigation zwischen den Datensätzen ist besonders einfach über die Schaltflächen am unteren Rand des Formulars zu bewerkstelligen. Innerhalb eines **Datensatzes** kann man mit der Maus ein **Datenfeld** markieren und danach die Daten eingeben.

- Innerhalb der einzelnen Datensätze können Sie mit den Cursortasten und der Return-Taste (Enter-Taste) zwischen den Datenfeldern wechseln. Vom letzten Datenfeld eines Datensatzes kommen Sie auf diese Weise auch in den nächsten Datensatz und wieder zurück.

Löschen von Daten im Formular

Daten können über ein Formular aus der dazugehörigen Tabelle gelöscht werden. Dies können gesamte Datensätze oder auch die Inhalte einzelner Datenfelder sein.

Bearbeitungsschritte:

- Gehen Sie im Formular *Lager* auf den letzten Datensatz (*14*). Klicken Sie im Register **Start** in der Gruppe **Datensätze** den Pfeil in der Schaltfläche **Löschen** an. Wählen Sie danach den Menüpunkt **Datensatz löschen**.

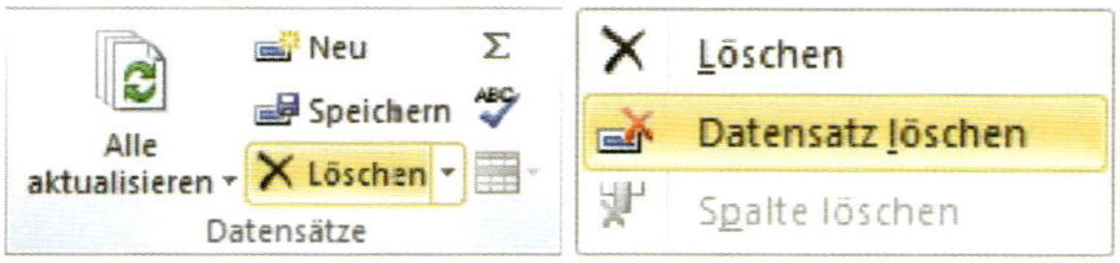

- Eine Sicherheitsabfrage wird eingeblendet. Klicken Sie die Schaltfläche **Ja** an. Der Datensatz ist gelöscht.

Suchen von Daten im Formular

Wird eine Information aus einer Tabelle benötigt, so bietet es sich an, danach vom Programm suchen zu lassen.

Bearbeitungsschritte:

- Öffnen Sie das **Formular** *Lager*. Stellen Sie den Cursor in das Datenfeld **Artikelart**.
- Klicken Sie im Register **Start** in der Gruppe **Suchen** die Schaltfläche **Suchen** an.

- Geben Sie das Wort *Drucker* ein. Achten Sie darauf, dass die sonstigen Einstellungen mit der Abbildung übereinstimmen.

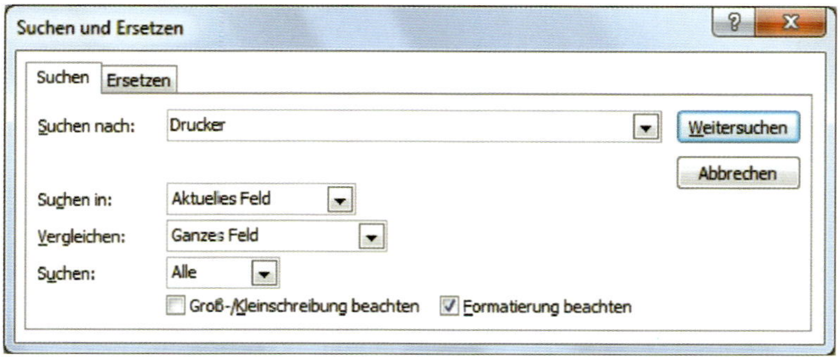

- Klicken Sie die Schaltfläche **Weitersuchen** an. Der erste Drucker wird im Formular angezeigt.

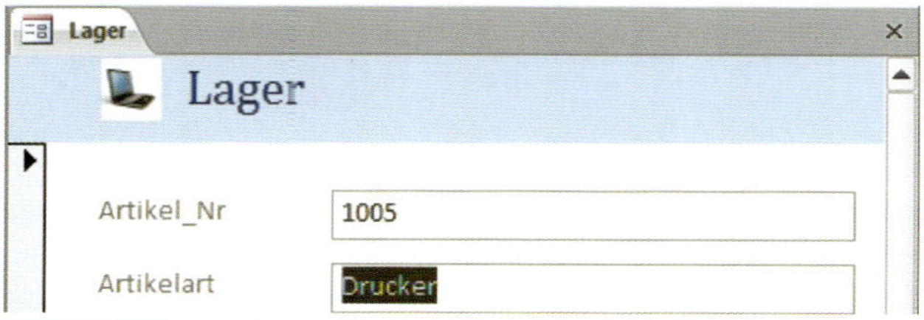

Ersetzen von Daten im Formular

Ändert sich beispielsweise die Bezeichnung für eine Artikelart, kann die Bezeichnung in allen infrage kommenden Datensätzen durch Ersetzen korrigiert werden.

Bearbeitungsschritte:

- Öffnen Sie das Formular *Lager1*. Stellen Sie den Cursor in das Datenfeld **Artikelart**.
- Klicken Sie im Register **Start** in der Gruppe **Suchen** die Schaltfläche **Ersetzen** an.

- Das Fenster **Suchen und Ersetzen** wird eingeblendet. Geben Sie die Begriffe *Büroschrank* und *Schrank* ein. Achten Sie darauf, dass die sonstigen Einstellungen mit der Abbildung übereinstimmen.

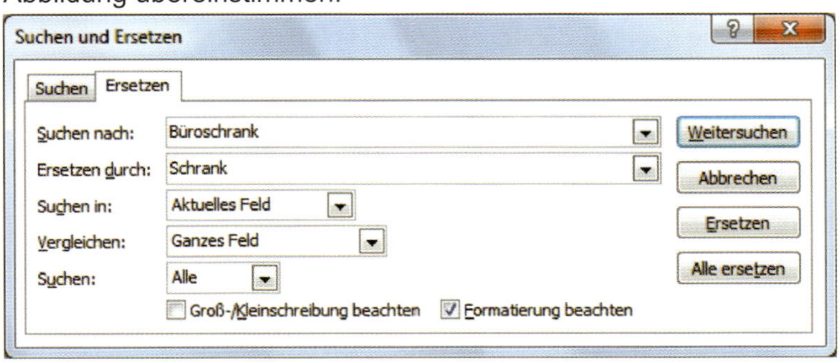

- Nach Anklicken der Schaltfläche **Weitersuchen** wird der erste Büroschrank angezeigt. Klicken Sie danach die Schaltfläche **Ersetzen** an.

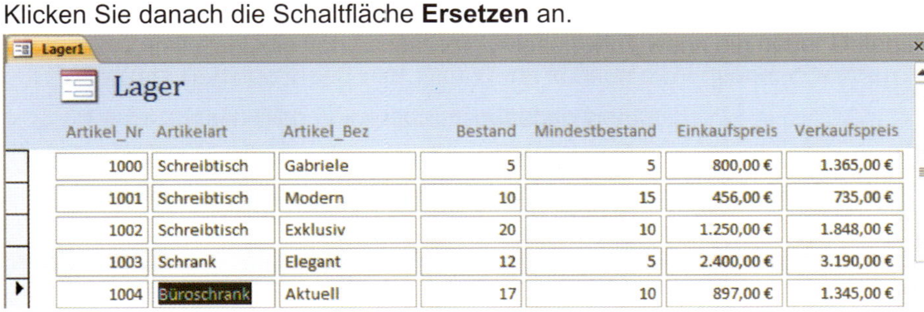

Artikel_Nr	Artikelart	Artikel_Bez	Bestand	Mindestbestand	Einkaufspreis	Verkaufspreis
1000	Schreibtisch	Gabriele	5	5	800,00 €	1.365,00 €
1001	Schreibtisch	Modern	10	15	456,00 €	735,00 €
1002	Schreibtisch	Exklusiv	20	10	1.250,00 €	1.848,00 €
1003	Schrank	Elegant	12	5	2.400,00 €	3.190,00 €
1004	Büroschrank	Aktuell	17	10	897,00 €	1.345,00 €

- Der erste Datensatz mit der Artikelart *Büroschrank* wurde geändert.
- Über die Schaltfläche **Alle Ersetzen** können Sie alle Büroschränke in *Schrank* umbenennen. Eine Warnmeldung weist darauf hin, dass der Vorgang nicht rückgängig gemacht werden kann.

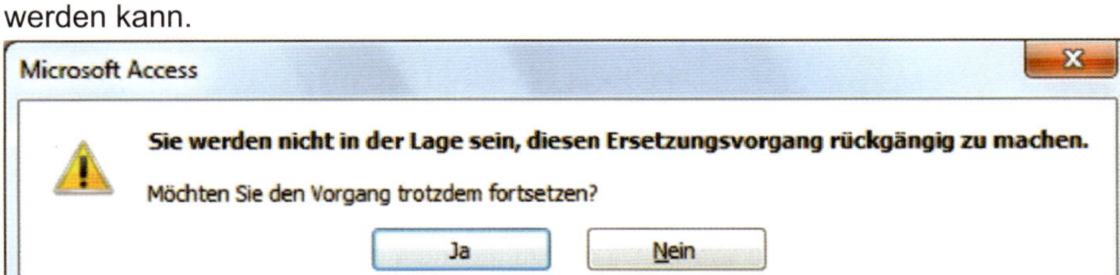

- Benennen Sie auf die gleiche Art alle Schränke wieder in *Büroschrank* um. Der alte Datenbestand in der Tabelle *Lager* ist wieder hergestellt.

5.7 Berichte

5.7.1 Vorbemerkungen

Mit Berichten werden die Daten einer Tabelle usw. ansprechend präsentiert. Ohne viel Mühe lassen sich z. B. Preislisten, Kundenlisten usw. erstellen. Daher sind Berichte in der betrieblichen Arbeit eine oftmals willkommene Erleichterung, um anfallende Aufgaben zu erledigen.

5.7.2 Erstellung eines Berichts

Ein Bericht lässt sich relativ einfach erstellen. Der Bericht kann später den eigenen Erfordernissen entsprechend angepasst werden.

Bearbeitungsschritte:

- Gehen Sie in die **Navigationsleiste**. Öffnen Sie die Tabelle *Lager*. Blenden Sie die folgenden Spalten ein. Alle anderen Spalten sollen zunächst ausgeblendet werden. Schließen Sie danach die Tabelle *Lager*. Die eingeblendeten Spalten werden in den zu erstellenden Bericht aufgenommen.

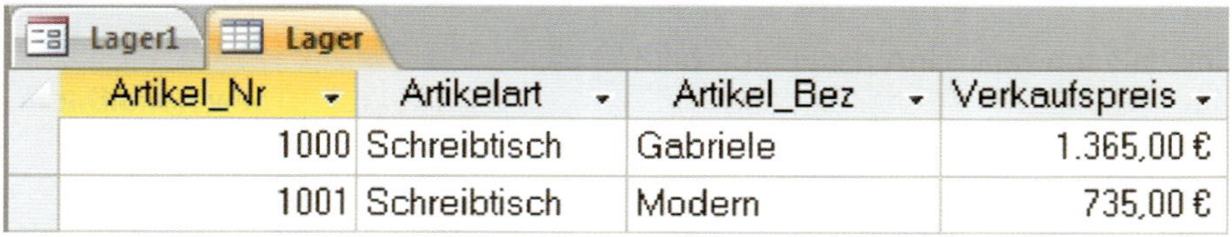

Artikel_Nr	Artikelart	Artikel_Bez	Verkaufspreis
1000	Schreibtisch	Gabriele	1.365,00 €
1001	Schreibtisch	Modern	735,00 €

- Klicken Sie im Register **Erstellen** in der Gruppe **Berichte** die Schaltfläche **Bericht** an.

- Der automatisch erstellte Bericht wird eingeblendet:

Lager — Sonntag, 7. März 2010, 14:50:02

Artikel_Nr	Artikelart	Artikel_Bez	Verkaufspreis
1000	Schreibtisch	Gabriele	1.365,00 €
1001	Schreibtisch	Modern	735,00 €

- Einzelne Bereiche können durch Anklicken mit der Maus markiert und danach gelöscht, verändert usw. werden.

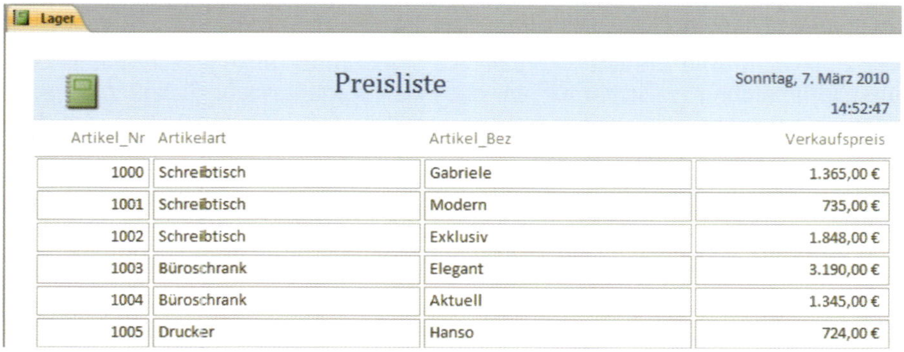

Lager

Preisliste — Sonntag, 7. März 2010, 14:52:47

Artikel_Nr	Artikelart	Artikel_Bez	Verkaufspreis
1000	Schreibtisch	Gabriele	1.365,00 €
1001	Schreibtisch	Modern	735,00 €
1002	Schreibtisch	Exklusiv	1.848,00 €
1003	Büroschrank	Elegant	3.190,00 €
1004	Büroschrank	Aktuell	1.345,00 €
1005	Drucker	Hanso	724,00 €

- Speichern Sie den **Bericht** unter dem Namen *Lager*.

Bearbeitungsschritte (Fortsetzung):

- Klicken Sie im Register **Berichtslayouttools/Format** in der Gruppe **Ansichten** den unteren Bereich der Schaltfläche **Ansicht** an. Die Alternativen werden angegeben.

- In der **Entwurfsansicht** ist eine intensive Bearbeitung des Formulars möglich. Es können beispielsweise Schaltflächen eingefügt werden. Die **Layoutansicht** eignet sich für die einfache Gestaltung des Formulars. In der **Berichtsansicht** wird der Bericht angezeigt, er kann dabei nicht bearbeitet werden. In der Seitenansicht wird der Bericht so angezeigt, wie er gedruckt werden würde.
- Zwischen den einzelnen Ansichten können Sie auch durch Anklicken der Schaltflächen am unteren rechten Rand des Formulars wechseln.

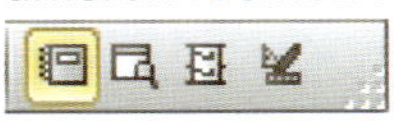

- Wenn Sie später einen Bericht aufrufen, wird die Schaltfläche **Ansicht** in der Gruppe **Ansichten** im Register **Start** angezeigt. Sie können dann die gewünschte Ansicht wählen und eventuelle Änderungen vornehmen.
- Erstellen Sie weitere Berichte nach Ihren Vorstellungen und Bedürfnissen.

5.7.3 Berichtserstellung mit dem Berichts-Assistenten

Die Erstellung eines Berichts mit einem Assistenten erlaubt es beispielsweise, unterschiedliche Formen der Gestaltung zu nutzen. Die Vorgehensweise entspricht im Wesentlichen der Erstellung eines Formulars. Daher sollen die einzelnen Schritte nur angedeutet, nicht jedoch noch einmal erklärt werden.

Bearbeitungsschritte:

- Klicken Sie im Register **Erstellen** in der Gruppe **Berichte** die Schaltfläche **Berichts-Assistent** an.

- Erstellen Sie mithilfe der einzelnen Schritte des Assistenten den folgenden Bericht:

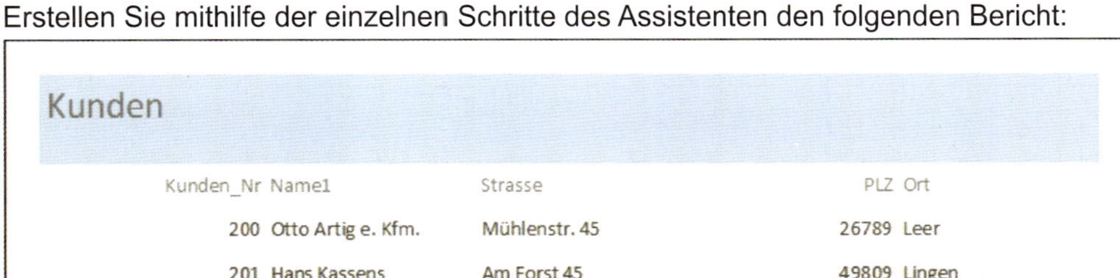

- Speichern Sie den **Bericht** unter dem Namen *Kunden*.

5.8 Filtern von Daten

Vorbemerkungen

Das Auswählen bestimmter Datensätze, z. B. aller Datensätze mit Büroschränken, kann durch Filtern oder durch Abfragen realisiert werden. Die Filter können sofort wieder aufgehoben werden. Um einen Überblick über einen Sachverhalt zu erlangen, ist diese Vorgehensweise optimal. So kann etwa bei einer Kundenanfrage jederzeit schnell herausgefunden werden, ob und welche Computer vorhanden sind. Will man dauerhafte Ergebnisse erzielen, wird mit Abfragen gearbeitet.

Auswahlfilter in Tabellen, Formularen und Berichten

Mithilfe der Schaltfläche **Filtern** lassen sich Filterungen in der gewünschten Form sowohl in Tabellen als auch in Formularen durchführen.

Bearbeitungsschritte:

- Öffnen Sie die Tabelle *Lager*, das Formular *Lager1* und den Bericht *Lager*. Stellen Sie in der Tabelle *Lager* den Cursor in eine Zelle der Spalte *Artikelart*. Klicken Sie danach im Register **Start** in der Gruppe **Sortieren und filtern** die Schaltfläche **Filtern** an.

- Alle Artikelarten werden angezeigt. Wählen Sie die *Computer* aus.

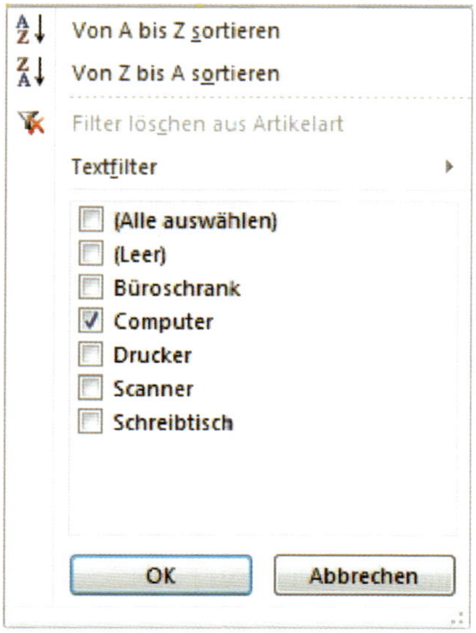

- Nach Anklicken der Schaltfläche **OK** werden die Computer angezeigt:

Lager | Lager1 | Lager

	Artikel_Nr	Artikelart	Artikel_Bez	Bestand	Einkaufspreis	Verkaufspreis
	3000	Computer	AGIB HS	10	3.322,93 €	3.980,00 €
	3001	Computer	Trup AK	5	3.576,00 €	4.190,00 €
	3002	Computer	Ambro Super	21	3.454,98 €	4.050,00 €
*	0			0	0,00 €	0,00 €

Bearbeitungsschritte (Fortsetzung):

- Als Nächstes können Sie bei Bedarf noch eine weitere Filterung vornehmen.
- Klicken Sie im Register **Start** in der Gruppe **Sortieren und filtern** die Schaltfläche **Filter entfernen/Filter anwenden** an.

- Alle Datensätze werden wieder angezeigt. Ein erneutes Anklicken auf die Schaltfläche führt zu einer erneuten Filterung nach dem ausgewählten Kriterium.
- Filter sollten in der Regel nach ihrer Benutzung wieder gelöscht werden. Klicken Sie daher im Register **Start** in der Gruppe **Sortieren und filtern** die Schaltfläche **Erweiterte Filteroptionen** an. Wählen Sie danach den Menüpunkt **Alle Filter löschen**.

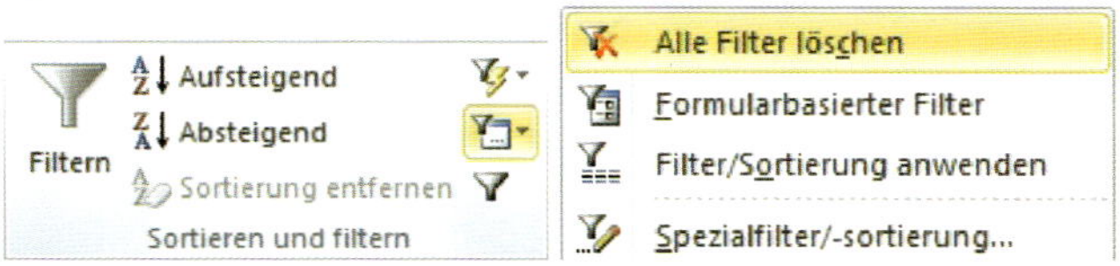

- Die Auswahl kann unter gewissen Umständen noch vereinfacht werden. Stellen Sie den Cursor in die Artikelart *Drucker*. Klicken Sie danach im Register **Start** in der Gruppe **Sortieren und filtern** die Schaltfläche **Auswahl** an. Wählen Sie danach einen der angegebenen Menüpunkte aus.

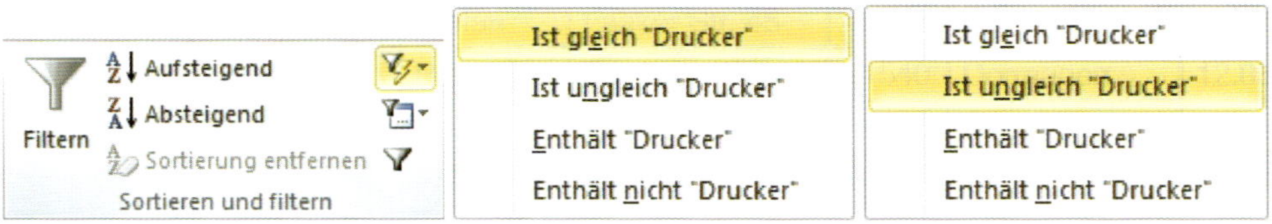

- Es werden entweder alle Drucker oder alle anderen Artikelarten ausgegeben.
- Wählen Sie die Drucker aus. Stellen Sie den Cursor in ein Datenfeld mit dem Bestand *12*. Klicken Sie im Register **Start** in der Gruppe **Sortieren und filtern** die Schaltfläche **Auswahl** an. Wählen Sie danach den angegebenen Menüpunkt aus.

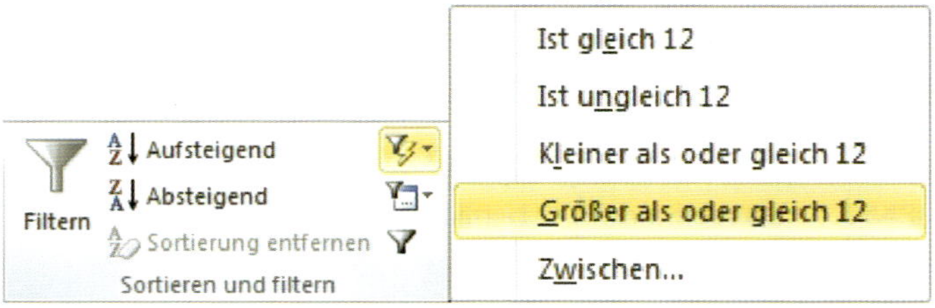

- Das Ergebnis zeigt die ausgewählten Drucker mit dem festgelegten Kriterium:

Artikel_Nr	Artikelart	Artikel_Bez	Bestand	Einkaufspreis	Verkaufspreis
1002	Schreibtisch	Exklusiv	20	1.250,00 €	1.848,00 €
1003	Büroschrank	Elegant	12	2.400,00 €	3.190,00 €
1004	Büroschrank	Aktuell	17	897,00 €	1.345,00 €

- Probieren Sie alle bisherigen Filterungen im Formular *Lager1* und dem Bericht *Lager* aus. Sie werden feststellen, dass die Ergebnisse genauso zu erzielen sind.

Übungen:

1. Die Daten der Arbeitnehmerinnen und Arbeitnehmer des Unternehmens *Arbeitsvermittlung GmbH* in Dortmund sollen nach verschiedenen Kriterien sortiert und ausgewertet werden. Dabei soll die Datenbank *Arbeitsvermittlung* (siehe Seite 367) genutzt werden.

   a) Laden Sie die Datenbank mit dem Namen *Arbeitsvermittlung*.

   b) Öffnen Sie die Tabelle *Arbeitnehmer*.

   c) Erstellen Sie ein Autoformular aufgrund der Tabelle *Arbeitnehmer*. Speichern Sie das Formular unter dem Namen *Arbeitnehmer* ab.

   d) Erstellen Sie mithilfe des Formular-Assistenten ein einspaltiges Formular. Speichern Sie das Formular unter dem Namen *Arbeitnehmer1* ab.

   e) Erstellen Sie mithilfe des Formular-Assistenten ein tabellarisches Formular. Speichern Sie das Formular unter dem Namen *Arbeitnehmer2* ab.

   f) Geben Sie mithilfe eines Formulars die folgenden Datensätze der neuen Schülerinnen und Schüler zusätzlich in die Tabelle *Arbeitnehmer* ein:

Name	Vorname	Straße	PLZ	Ort	Geburts-datum
Jansen	Nils	Beekstr. 17	47051	Duisburg	19.08.1984
Schlereth	Marc	Kamp 89	46284	Dorsten	13.04.1982
Blömer	Anke	Bertoldstr. 67	44379	Dortmund	09.02.1979
Meyer	Maike	Gartenstr. 20	47179	Duisburg	23.11.1981
Geers	Sebastian	Talstr. 56	52353	Düren	07.03.1984

   g) Sortieren Sie die Tabelle nach dem Nach- und dem Vornamen.

   h) Verändern Sie den Namen Meyer in Pleister und den Namen Blömer in Mauer. Realisieren Sie die Änderung durch Ersetzen des Namens.

   i) Sortieren Sie die Tabelle nach dem Ort.

   j) Suchen Sie in der Tabelle den Namen Rennemann.

   k) Löschen Sie die Datensätze der neuen Schülerinnen und Schüler unwiderruflich.

   l) Filtern Sie mithilfe eines auswahlbasierten Filters in der Tabelle alle Schülerinnen und Schüler heraus, die aus Duisburg kommen.

   m) Filtern Sie mithilfe eines auswahlbasierten Filters in den Formularen alle Schülerinnen und Schüler heraus, die aus Duisburg kommen.

   n) Filtern Sie mithilfe eines formularbasierten Filters in der Tabelle alle Schülerinnen und Schüler heraus, die aus Dortmund kommen.

   o) Filtern Sie mithilfe eines formularbasierten Filters in den Formularen alle Schülerinnen und Schüler heraus, die aus Dortmund kommen.

   p) Sortieren Sie die Datensätze nach dem Ort und außerdem nach dem Namen.

   q) Sortieren Sie die Datensätze der Schülerinnen und Schüler, die in Dortmund und Essen wohnen, nach dem Namen.

   r) Sortieren Sie die Datensätze nach dem Geburtsdatum absteigend.

5.9 Abfragen

5.9.1 Vorbemerkungen

Das Auswählen von einmal erfassten Daten nach Kriterien wird als Selektion von Daten bezeichnet. Diese Möglichkeit, Daten nach verschiedenen Gesichtspunkten auszugeben, gehört zu den großen Vorteilen der elektronischen Datenverarbeitung. Verschiedene Arten der Abfrage erhöhen die Chance, die erwünschten Ergebnisse zu erzielen.

5.9.2 Arten von Abfragen

In der folgenden Tabelle werden die einzelnen Arten der Abfragen kurz erklärt. Anschließend werden die Abfragen anhand von Beispielen dargestellt. In Abfragen können auch Daten mehrerer Tabellen genutzt werden. Die Tabellen müssen dann miteinander in Beziehung stehen bzw. in einer Abfrage miteinander verknüpft werden. Die Verknüpfung von Tabellen und die Auswertung der Daten über Abfragen wird später erklärt. Die *Inkonsistenzsuche* wird auch erst dann erklärt, wenn Verknüpfungen zwischen Tabellen vorgenommen wurden.

Abfragen	Erklärungen zu den Abfragen
Auswahlabfrage	Eine oder mehrere Tabellen werden ausgewertet, z. B. werden in einer Tabelle alle *Computer* ausgewählt und angezeigt. Durch Abfragen lassen sich auch Beziehungen zwischen Tabellen auswerten.
Parameterabfrage	Die Parameterabfrage ist eine Auswahlabfrage, bei der die Auswahlkriterien je nach Bedarf eingegeben werden. Durch die Abfrage können je nach Bedarf z. B. alle *Drucker* usw. ausgegeben werden.
Aktionsabfragen	Durch Aktionsabfragen werden Berechnungen, Löschungen, das Erstellen neuer Tabellen usw. durchgeführt. Bestehende Tabellen werden verändert.
• ***Anfügeabfrage***	Die Anfügeabfrage ermöglicht es, Daten einer Tabelle an Daten einer anderen Tabelle anzufügen. Dadurch können z. B. mehrere Personen Daten eingeben, die dann zusammengeführt werden.
• ***Tabellenerstellungsabfrage***	Eine neue Tabelle wird durch eine Abfrage erstellt. Dabei werden normalerweise Daten verschiedener Tabellen in einer neuen Tabelle ausgegeben. Die bisherigen Tabellen bleiben bestehen. Sie müssen in einer Beziehung zueinander stehen.
• ***Löschabfrage***	Durch die Löschabfrage werden Daten aus einer Tabelle gelöscht, z. B. werden alle *Computer* aus einer Tabelle entfernt.
• ***Kreuztabellenabfrage***	Daten werden im Zeilen-Spalten-Format dargestellt. So können beispielsweise Artikelarten in einer Spalte angezeigt werden.
• ***Aktualisierungsabfrage***	Aktualisierungsabfragen eignen sich hervorragend für Berechnungen. So kann beispielsweise eine Preiserhöhung für Produkte durch diese Abfrage vorgenommen werden.
• ***Duplikatsuche***	In einer Tabelle werden Datensätze mit vollständiger bzw. teilweiser Übereinstimmung gesucht. Damit soll vermieden werden, dass doppelte oder teilweise doppelte Daten in einer Tabelle vorhanden sind.
• ***Inkonsistenzsuche***	Die Inkonsistenzsuche ermöglicht es, in verknüpften Tabellen in einer Tabelle alle Datensätze zu finden, zu denen es keine korrespondierenden Datensätze in der anderen Tabelle gibt. Logischerweise müsste es zwischen den Daten der Tabellen Verbindungen geben.

5.9.3 Auswahlabfrage

Vorbemerkungen

Die Auswahlabfrage bietet eine Reihe von Möglichkeiten, den Datenbestand einer Datenbank nach verschiedenen Kriterien auszuwerten. Dabei können Daten aus einer Tabelle aber auch Daten aus verschiedenen miteinander verknüpften Tabellen selektiert werden.

Syntax der Abfrage

Einige Abfragemöglichkeiten werden zunächst im Überblick dargestellt. Zu einem bestimmten Felddatentyp ist eine bestimmte Syntax notwendig. So wird in einem Datenfeld mit dem Felddatentyp Text die Angabe des Abfragekriteriums mit Anführungszeichen dargestellt. In der Regel gibt der Anwender nur das Abfragekriterium, z. B. *Computer*, ein und das Programm ändert die Darstellung automatisch in “Computer“. Sollte dies im Einzelfall nicht zu dem gewünschten Ergebnis führen, sollten Sie die Anführungsstriche usw. selber setzen.

In der nachfolgenden Übersicht werden die drei wichtigsten Felddatentypen mit dem Eingabekriterium, der Darstellung in der Abfrage und der Bedeutung dargestellt:

Felddatentyp	Kriterium	Darstellung	Bedeutung
Text	Computer	“Computer“	Alle *Computer* werden ausgegeben.
Zahl	< 10	<10	Alle Artikel, deren Bestand unter 10 Stück liegt, werden ausgegeben.
Datum	15.12.2010	#15.12.2010#	Alle Datensätze, die das angegebene Datum enthalten, werden ausgegeben.

Ausdrücke

Durch die nachfolgend dargestellte Abfrage, deren Erstellung später genau erklärt wird, soll der Preis für alle Computer und Drucker, die über 3.000,00 Euro kosten, um 5 % erhöht werden. Wie zu sehen ist, werden Logische Operatoren (Oder), Arithmetische Operatoren (*) und Vergleichsoperatoren (>) angewandt.

Feld:	Artikelart	Verkaufspreis		
Tabelle:	Lager	Lager		
Aktualisieren:		[Verkaufspreis]*1,05		
Kriterium:	“Computer“ Oder “Drucker“			

Wichtige Operatoren, die in Abfragen genutzt werden, werden nachfolgend angegeben:

Operatoren					
Logik		**Arithmetisch**		**Vergleich**	
Und	Logisches Und	**+**	Addition	**=**	Gleich
Nicht	Logisches Nicht	**-**	Subtraktion	**<>**	Ungleich
Oder	Inklusives Oder	*****	Multiplikation	**<**	Kleiner als
ExOder	Exklusives Oder	**/**	Division	**<=**	Kleiner oder gleich
		^	Potenz	**>**	Größer als
				>=	Größer oder gleich

Erstellen einer Abfrage

Bei einer Abfrage soll zunächst nur eine Bedingung in einem Datenfeld angegeben werden. Es soll z. B. festgestellt werden, ob Artikel der Artikelart *Computer* vorhanden sind.

Bearbeitungsschritte:

- Klicken Sie das Register **Erstellen** an. Klicken Sie in der Gruppe **Abfragen** die Schaltfläche **Abfrageentwurf** an.

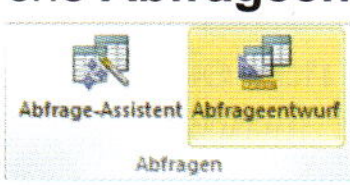

- Das Fenster **Tabelle anzeigen** wird eingeblendet:

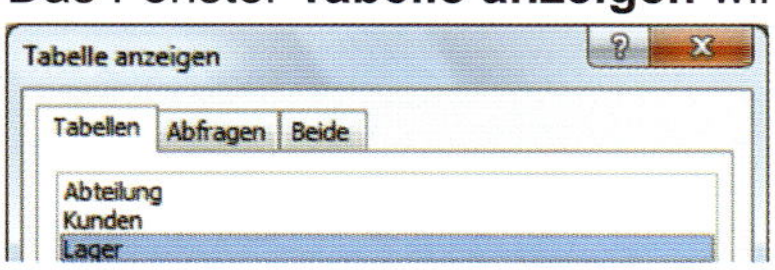

- Markieren Sie die Tabelle bzw. Abfrage, in der eine Abfrage durchgeführt werden soll. Durch Anklicken der Registerkarten können Sie festlegen, ob vorhandene Tabellen oder Abfragen oder beides in dem Fenster dargestellt werden soll. Klicken Sie anschließend die Schaltfläche **Hinzufügen** an. Wenn Sie eine **Abfrage** in mehreren Tabellen vornehmen wollen, klicken Sie die nächste Tabelle und danach die Schaltfläche **Hinzufügen** an. Als Letztes klicken Sie die Schaltfläche **Schließen** an.
- Das Fenster **Abfrage1** wird eingeblendet. Der Cursor steht in der Zelle hinter dem Wort „Feld". Wenn Sie auf den Pfeil nach unten klicken, werden die Bezeichnungen der einzelnen **Datenfelder** angezeigt. Klicken Sie die Feldbezeichnung *Artikelart* an. Die Feldbezeichnung wird in der Zelle nach dem Wort „Feld" angezeigt. Alternativ können Sie auch im Fenster *Lager* das Wort *Artikelart* anklicken und bei gedrückter linker Maustaste in die Zelle hinter das Wort „Feld" ziehen. Auch ein Doppelklick auf einen Feldnamen fügt das Datenfeld ein.
- Füllen Sie die anderen Felder wie beschrieben und nachfolgend dargestellt aus und geben Sie als Kriterium bei der Artikelart *Computer* ein.

Abfrage1

Lager

P Artikel_Nr
Artikelart
Artikel_Bez
Bestand
Einkaufspreis
Verkaufspreis

Feld:	Artikel_Nr	Artikelart	Artikel_Bez	Bestand	Einkaufspreis	Verkaufspreis
Tabelle:	Lager	Lager	Lager	Lager		
Sortierung:						
Anzeigen:	☑	☑	☑	☑	☑	☑
Kriterium:		"Computer"				

Felder, die durch die Abfrage angezeigt werden sollen, müssen durch das Häkchen in der Schaltfläche **Anzeigen** gekennzeichnet werden. Sollen die Felder nicht angezeigt werden, so werden sie durch das Anklicken des Häkchens deaktiviert.

Bearbeitungsschritte (Fortsetzung):

- Das Register **Abfragetools/Entwurf** ist eingeblendet. Klicken Sie in der Gruppe **Ergebnisse** die Schaltfläche **Ausführen** an.

- Das Ergebnis sieht folgendermaßen aus:

Abfrage1

Artikel_Nr	Artikelart	Artikel_Bez	Bestand	Einkaufspreis	Verkaufspreis
3000	Computer	AGIB HS	10	3.322,93 €	3.980,00 €
3001	Computer	Trup AK	5	3.576,00 €	4.190,00 €
3002	Computer	Ambro Super	21	3.454,98 €	4.050,00 €

- Speichern Sie die Abfrage unter dem Namen *Computer*. Klicken Sie dazu in der Symbolleiste für den Schnellzugriff die Schaltfläche **Speichern** an.

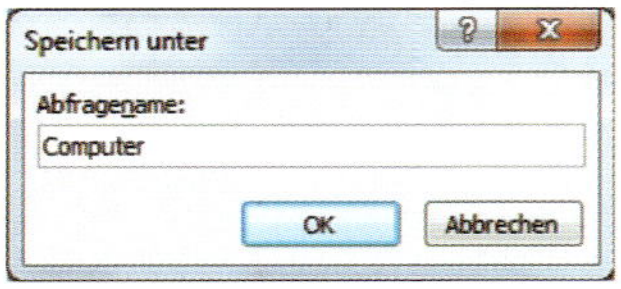

- Danach steht die Abfrage unter dem Namen *Computer* zur Verfügung.

Computer

Artikel_Nr	Artikelart	Artikel_Bez	Bestand	Einkaufspreis	Verkaufspreis
3000	Computer	AGIB HS	10	3.322,93 €	3.980,00 €

- Über das Kontextmenü kann die Abfrage geschlossen, bearbeitet usw. werden.

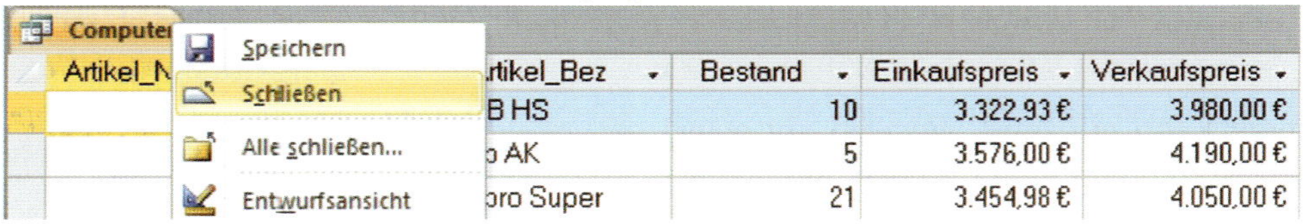

Aufrufen von Abfragen

Das Aufrufen von Abfragen und das Wechseln zwischen dem Abfrageentwurf und dem Datenblatt soll als Nächstes genauer dargestellt werden.

Bearbeitungsschritte:

- Führen Sie im **Navigationsbereich** einen Doppelklick auf die Abfrage *Computer* aus. Der Navigationsbereich kann je nach Einstellung unterschiedlich aussehen:

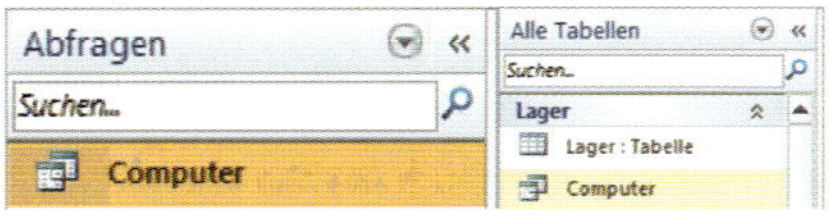

- Das Ergebnis der Abfrage wird wie oben auf dieser Seite dargestellt angezeigt. Um es zu verändern, klicken Sie im Register **Start** in der Gruppe **Ansichten** die Schaltfläche **Ansichten** an. Wählen Sie die **Entwurfsansicht** aus.

5.9.4 Möglichkeiten der Auswahlabfrage

Vorbemerkungen

Das Erstellen von Abfragen und Bearbeiten von Abfragen wird grundsätzlich immer identisch vorgenommen. Im Weiteren werden daher verschiedene Abfragemöglichkeiten und das erwartete Ergebnis kurz angegeben. Es bietet sich an, die einzelnen Abfragen nachzuvollziehen und zusätzlich Abfragen mit ähnlichen Kriterien zu erstellen. Für die Abfragen sollten aussagekräftige Namen vergeben werden, die den Sachverhalt beschreiben. Ansonsten werden vielleicht Abfragen aufgerufen, die nicht gewünscht wurden.

Ausgabe aller Datensätze ohne oder mit Sortierung

Alle Datensätze werden ausgegeben, u. U. nur bestimmte Datenfelder und/oder sortiert.

Ausgabe aller Daten (Lager_Daten)					
Entwurf	Feld:	Lager.*			
	Tabelle:	Lager	Lager	Lager	Lager
	Sortierung:				
	Anzeigen:	☑	☐	☐	☐
	Kriterium:				
Ergebnis	Alle Daten der Tabelle *Lager* werden mit allen Datenfeldern ausgegeben.				

Ausgabe aller Daten bestimmter Datenfelder (Lager_Datenfelder)					
Entwurf	Feld:	Artikelart	Artikel_Bez	Bestand	Verkaufspreis
	Tabelle:	Lager	Lager	Lager	Lager
	Sortierung:				
	Anzeigen:	☑	☑	☑	☑
	Kriterium:				
Ergebnis	Inhalte bestimmter Datenfelder werden mit allen Daten ausgegeben.				

Sortierte Ausgabe aller Daten bestimmter Datenfelder (Lager_sortiert)					
Entwurf	Feld:	Artikelart	Artikel_Bez	Bestand	Verkaufspreis
	Tabelle:	Lager	Lager	Lager	Lager
	Sortierung:	Aufsteigend		Absteigend	
	Anzeigen:	☑	☑	☑	☑
	Kriterium:				
Ergebnis	Bestimmte Datenfelder der Tabelle werden mit allen Daten nach bestimmten Sortierkriterien (auf- bzw. absteigend) ausgegeben.				

Ausgabe von Daten mithilfe von Platzhaltern (Lager_Platzhalter)					
Entwurf	Feld:	Artikelart	Artikel_Bez	Bestand	Verkaufspreis
	Tabelle:	Lager	Lager	Lager	Lager
	Sortierung:				
	Anzeigen:	☑	☑	☑	☑
	Kriterium:	Wie „C*“	Wie “A?br*“		
Ergebnis	Daten bestimmter Datenfelder werden mithilfe von Platzhaltern (*: restlicher Inhalt beliebig; ?: beliebiges Zeichen) ausgegeben.				

Ausgabe von Daten mithilfe von Vergleichsoperatoren

Mithilfe von Vergleichsoperatoren können vielfältige Auswertungen von Tabellen erfolgen. So kann beispielsweise festgestellt werden, welche Produkte zu einem Verkaufspreis von *1.000,00* € oder mehr verkauft werden. Die angesprochenen Beispiele geben einige Möglichkeiten wieder, eigene Anwendungen sollten erstellt werden.

Ausgabe von Daten mithilfe des Vergleichsoperators >= (Lager_>=)					
Entwurf	Feld:	Artikel_Nr	Artikelart	Artikel_Bez	Verkaufspreis
	Tabelle:	Lager	Lager	Lager	Lager
	Sortierung:				
	Anzeigen:	☑	☑	☑	☑
	Kriterium:				>= 1000
Ergebnis	Alle Daten der Tabelle *Lager* werden mit den ausgesuchten Datenfeldern ausgegeben, wenn der Verkaufspreis *1000,00* € oder größer ist.				

Ausgabe von Daten mithilfe des Vergleichsoperators <> (Lager_<>)					
Entwurf	Feld:	Artikel_Nr	Artikelart	Artikel_Bez	Verkaufspreis
	Tabelle:	Lager	Lager	Lager	Lager
	Sortierung:				
	Anzeigen:	☑	☑	☑	☑
	Kriterium:		<> "Computer"		
Ergebnis	Alle Artikelarten außer der Artikelart *Computer* der Tabelle *Lager* werden mit den ausgesuchten Datenfeldern ausgegeben.				

Ausgabe von Daten mithilfe von Logik-Operatoren

Logik-Operatoren ermöglichen es, Daten in Abhängigkeit von Bedingungen auszugeben. So können z. B. Computer ***oder*** Drucker, Daten, die ***nicht*** einem Kriterium entsprechen und Daten, die einem ***und*** einem zweiten Kriterium entsprechen, ausgegeben werden.

Auswertungen mit dem Befehl **Oder** werden vorgenommen, wenn Kriterien im Bereich eines Datenfelds bestimmt werden. Die Kriterien werden untereinander oder verbunden durch das Wort **Oder** (Drucker ***Oder*** Computer) in einem Datenfeld eingegeben. Auswertungen mit dem Befehl **Und** ergeben sich, wenn in verschiedenen Datenfeldern Kriterien (Datenfeld Artikelart: *Computer*; Datenfeld Verkaufspreis: >= *1000*) eingegeben werden. Befehle ermöglichen es außerdem, Daten ***zwischen*** einem ***und*** einem anderen Wert zu ermitteln. Mit einem weiteren Befehl kann festgestellt werden, welche Daten ***in*** einem bestimmten Bereich liegen.

Ausgabe von Daten mithilfe des Logik-Operators Oder (Lager_OR_1)					
Entwurf	Feld:	Artikel_Nr	Artikelart	Artikel_Bez	Verkaufspreis
	Tabelle:	Lager	Lager	Lager	Lager
	Sortierung:				
	Anzeigen:	☑	☑	☑	☑
	Kriterium:		"Computer"		
	oder:		"Drucker"		
Ergebnis	Alle *Computer* und *Drucker* der Tabelle *Lager* werden mit den ausgesuchten Datenfeldern ausgegeben.				

Ausgabe von Daten mithilfe des Logik-Operators Oder (Lager_OR_2)

Entwurf	Feld:	Artikel_Nr	Artikelart	Artikel_Bez
	Tabelle:	Lager	Lager	Lager
	Sortierung:			
	Anzeigen:	☑	☑	☑
	Kriterium:		“Computer“ Oder “Drucker“ Oder „Scanner“	
Ergebnis	Alle *Computer*, *Drucker* und *Scanner* der Tabelle *Lager* werden ausgegeben.			

Ausgabe von Daten mithilfe des Logik-Operators Und (Lager_AND_1)

Entwurf	Feld:	Artikel_Nr	Artikelart	Artikel_Bez	Verkaufspreis
	Tabelle:	Lager	Lager	Lager	Lager
	Sortierung:				
	Anzeigen:	☑	☑	☑	☑
	Kriterium:		“Computer“		> 1000
Ergebnis	Alle *Computer* der Tabelle *Lager* mit einem Verkaufspreis höher als *1.000,00* € werden mit den ausgesuchten Datenfeldern ausgegeben.				

Ausgabe von Daten mithilfe der Logik-Operatoren Oder und Und (Lager_OU_1)

Entwurf	Feld:	Artikel_Nr	Artikelart	Artikel_Bez	Bestand
	Tabelle:	Lager	Lager	Lager	Lager
	Sortierung:				
	Anzeigen:	☑	☑	☑	☑
	Kriterium:		“Computer“ Oder “Drucker“		< 15
Ergebnis	Alle *Computer* und *Drucker* der Tabelle *Lager* mit einem Bestand kleiner als *15* werden mit den ausgesuchten Datenfeldern ausgegeben.				

Ausgabe von Daten mithilfe der Logik-Operatoren Oder und Und (Lager_OU_2)

Entwurf	Feld:	Artikel_Nr	Artikelart	Artikel_Bez	Verkaufspreis
	Tabelle:	Lager	Lager	Lager	Lager
	Sortierung:				
	Anzeigen:	☑	☑	☑	☑
	Kriterium:		“Computer“ Oder “Drucker“		> 1000
	oder:		Scanner		
Ergebnis	Alle *Computer* und *Drucker* der Tabelle *Lager* mit einem Verkaufspreis höher als *1.000,00* € und alle *Scanner*, unabhängig vom Verkaufspreis, werden mit den ausgesuchten Datenfeldern ausgegeben.				

Ausgabe von Daten mithilfe des Logik-Operators Nicht (Lager_Nicht)

Entwurf	Feld:	Artikel_Nr	Artikelart	Artikel_Bez	Verkaufspreis
	Tabelle:	Lager	Lager	Lager	Lager
	Sortierung:				
	Anzeigen:	☑	☑	☑	☑
	Kriterium:		Nicht “Computer“		
Ergebnis	Alle Artikelarten außer *Computer* der Tabelle *Lager* werden ausgegeben.				

Ausgabe von Daten mithilfe des Operators In (Lager_In)				
Entwurf	Feld:	Artikelart	Artikel_Bez	Bestand
	Tabelle:	Lager	Lager	Lager
	Sortierung:			
	Anzeigen:	☑	☑	☑
	Kriterium:	In (“Computer“;“Drucker“;“Scanner“)		
Ergebnis	Alle *Computer*, *Drucker* und *Scanner* der Tabelle *Lager* werden mit den ausgesuchten Datenfeldern ausgegeben.			

Ausgabe von Daten mithilfe des Operators Zwischen (Lager_Zwischen_1)				
Entwurf	Feld:	Artikelart	Artikel_Bez	Bestand
	Tabelle:	Lager	Lager	Lager
	Sortierung:			
	Anzeigen:	☑	☑	☑
	Kriterium:			Zwischen 10 Und 20
Ergebnis	Alle Daten der Tabelle *Lager* werden mit den ausgesuchten Datenfeldern ausgegeben.			

Ausgabe von Daten mithilfe des Operators Zwischen (Lager_Zwischen_2)				
Entwurf	Feld:	Artikelart	Artik	Bestand
	Tabelle:	Lager	Lage	Lager
	Sortierung:			
	Anzeigen:	☑	☑	☑
	Kriterium:	“Drucker“		Zwischen 10 Und 20
	oder:	“Computer“		Zwischen 10 Und 30 Und Nicht 21
	oder:	“Scanner“		Zwischen 10 Und 20 Oder > 40
	oder:	“Schreibtisch“		Zwischen 10 Und 20 Oder Zwischen 30 Und 40
Ergebnis	Alle Daten der Tabelle *Lager*, die den angegebenen Kriterien entsprechen, werden mit den ausgesuchten Datenfeldern ausgegeben.			

5.9.5 Parameterabfrage

Durch eine Parameterabfrage können je nach Bedarf Daten aus einer Tabelle gelesen werden. Beispielsweise kann eine beliebig ausgewählte Artikelart eingegeben und das Ergebnis dann angezeigt werden. Die Parameterabfrage ähnelt der Auswahlabfrage, es werden jedoch durch diese Abfrage vorher nicht festgelegte Kriterien ausgewählt.

Bearbeitungsschritte:

- Erstellen Sie in der Entwurfsansicht die folgende Abfrage in der Tabelle *Lager*. Das Kriterium wird in eckigen Klammern eingegeben:

Feld:	Artikel_Nr	Artikelart	Artikel_Bez	Bestand
Tabelle:	Lager	Lager	Lager	Lager
Sortierung:				
Anzeigen:	☑	☑	☑	☑
Kriterium:		[Geben Sie eine Artikelart ein:]		

Bearbeitungsschritte (Fortsetzung):

- Speichern Sie die Abfrage unter dem Namen *Parameterabfrage_1* ab.
- Klicken Sie in der Gruppe **Ergebnisse** die Schaltfläche **Ausführen** an.

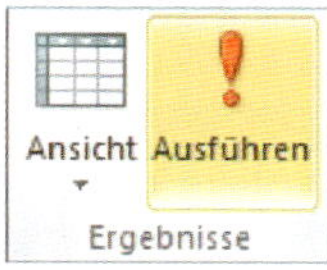

- Geben Sie den gewünschten Begriff ein:

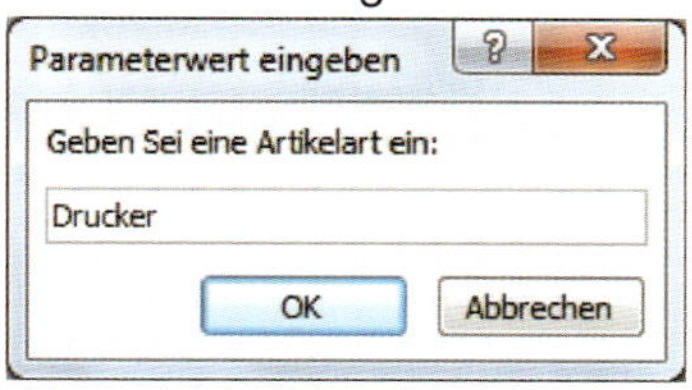

- Als Ergebnis werden die Drucker ausgegeben:

Parameterabfrage

	Artikel_Nr	Artikelart	Artikel_Bez	Bestand
	1005	Drucker	Hanso	12
	1006	Drucker	Stil	8
	1007	Drucker	Klassic	12
	0			0

- Durch die Eingabe weiterer Parameter kann die Abfrage verfeinert werden.

Feld:	Artikel_Nr	Artikelart	Artikel	Bestand
Tabelle:	Lager	Lager	Lager	Lager
Sortierung:				
Anzeigen:	☑	☑	☑	☑
Kriterium:		[Artikelart:]		Zwischen [Minimum] Und [Maximum]
oder:				

- Beim Ausführen der Abfrage müssen die einzelnen Werte eingegeben werden.

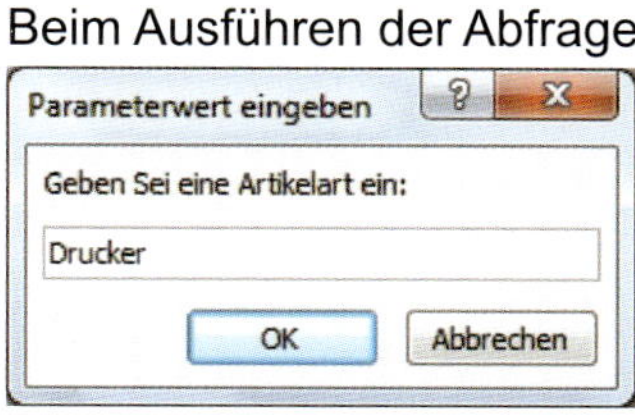

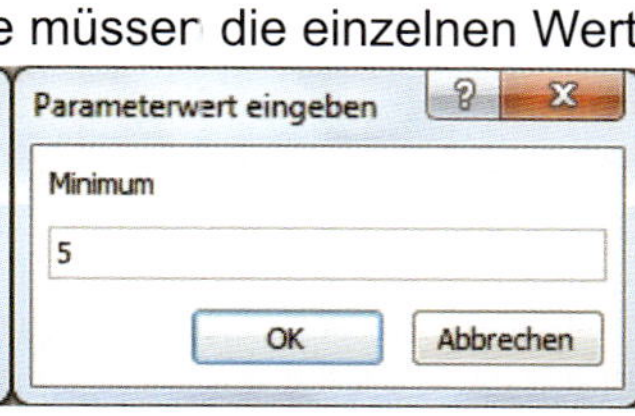

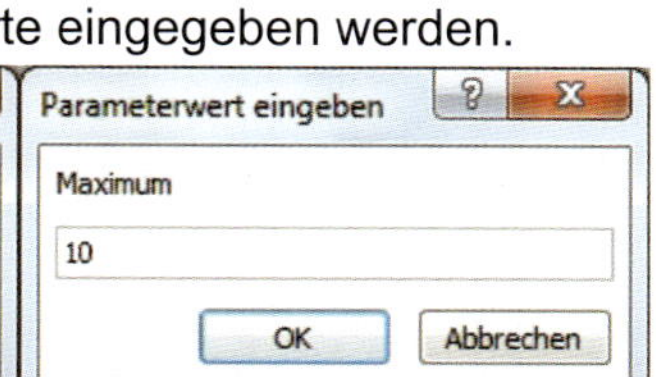

- Als Ergebnis werden die Drucker ausgegeben, deren Bestand zwischen *5* und *10* liegt:

Parameterabfrage_2

	Artikel_Nr	Artikelart	Artikel_Bez	Bestand
	1006	Drucker	Stil	8
	0			0

- Speichern Sie die Abfrage nun unter dem angegebenen Namen ab.

5.9.6 Auswahlabfragen mit Nicht-Null- und Nullwerten

In umfangreichen Tabellen ist es nicht ohne Weiteres erkennbar, ob auch alle Datenfelder Daten enthalten. Durch eine Abfrage lässt sich dies leicht erkennen. Außerdem kann es sein, dass nur in Ausnahmefällen eine Eingabe in einem Datenfeld erfolgt. Auch diese Datenfelder mit Inhalten können durch eine Abfrage ermittelt werden.

Bearbeitungsschritte:

- Öffnen Sie die Tabelle *Lager*. Löschen Sie den angezeigten Bestand. Schließen Sie die Tabelle wieder.

Lager

	Artikel_Nr	Artikelart	Artikel_Bez	Bestand	Mindestbestand
	1000	Schreibtisch	Gabriele	5	5
	1001	Schreibtisch	Modern		15
	1002	Schreibtisch	Exklusiv	20	10

- Erstellen Sie eine neue Abfrage:

Feld:	Artikel_Nr	Artikelart	Artikel_Bez	Bestand
Tabelle:	Lager	Lager	Lager	Lager
Sortierung:				
Anzeigen:	☑	☑	☑	☑
Kriterium:				Ist Null

- Das Ergebnis zeigt nur den Datensatz, in dem kein Bestand eingetragen wurde.

Bestand gleich Null

	Artikel_Nr	Artikelart	Artikel_Bez	Bestand
	1001	Schreibtisch	Modern	

- Erstellen Sie eine weitere Abfrage:

Feld:	Artikel_Nr	Artikelart	Artikel_Bez	Bestand
Tabelle:	Lager	Lager	Lager	Lager
Sortierung:				
Anzeigen:	☑	☑	☑	☑
Kriterium:				Ist Nicht Null

- Das Ergebnis zeigt alle Datensätze mit Inhalt, jedoch nicht den Datensatz, in dem kein Bestand eingegeben wurde. Aus Platzgründen werden hier nicht alle angezeigt.

Bestand gleich Nicht-Null

	Artikel_Nr	Artikelart	Artikel_Bez	Bestand
	1000	Schreibtisch	Gabriele	5
	1002	Schreibtisch	Exklusiv	20
	1003	Büroschrank	Elegant	12
	1004	Büroschrank	Aktuell	17

- Tragen Sie den ursprünglichen Bestand des Schreibtisches *Modern* wieder in die Tabelle *Lager* ein.

5.9.7 Anfügeabfrage

Durch eine Anfügeabfrage können Datensätze, bestimmte Datenfelder usw. in eine bestehende Abfrage eingefügt werden. Dies erspart u. U. sehr viel Eingabearbeit.

Bearbeitungsschritte:

- Erstellen Sie die folgende Tabelle. Speichern Sie sie unter dem Namen *Artikel_1*.

Artikel_1

	Feldname	Felddatentyp	Beschreibung
	Artikelart	Text	
	Artikel_Bez	Text	

- Geben Sie die folgenden Artikel in die Tabelle *Artikel_1* ein:

Artikel_1

	Artikelart	Artikel_Bez
	Monitor	Creativ
	Monitor	Ultra

- Führen Sie folgende Abfrage auf der Grundlage der Tabelle *Lager* durch:

Feld:	Artikelart	Artikel_Bez		
Tabelle:	Lager	Lager		
Sortierung:				
Anzeigen:	☑	☑	☑	☑
Kriterium:	"Computer"			

- Klicken Sie im Register **Abfragetools/Entwurf** in der Gruppe **Abfragetyp** die Schaltfläche **Anfügen** an.

- Legen Sie danach fest, in welche Tabelle Daten angefügt werden sollen.

- Klicken Sie in der Gruppe **Ergebnisse** die Schaltfläche **Ausführen** an.

- Nachdem Sie bestätigt haben, dass die Datensätze angefügt werden sollen, können Sie sich in der Tabelle *Artikel_1* das Ergebnis (hier ausschnittsweise dargestellt) ansehen:

Artikel_1

	Artikelart	Artikel_Bez
	Monitor	Creativ
	Monitor	Ultra
	Computer	AGIB HS

5.9.8 Tabellenerstellungsabfrage

Eine Abfrage kann dazu genutzt werden, alle durch die Abfrage ermittelten Daten in eine neue Tabelle zu übertragen. Diese Tabelle kann dann wiederum z. B. für Abfragen genutzt werden, in eine andere Datenbank importiert werden usw.

Bearbeitungsschritte:

- Führen Sie die nachfolgend dargestellte Abfrage in der Tabelle *Lager* durch:

Feld:	Artikel_Nr	Artikelart	Artikel_Bez	Verkaufspreis
Tabelle:	Lager	Lager	Lager	Lager
Sortierung:				
Anzeigen:	☑	☑	☑	☑
Kriterium:				
oder:				

- Klicken Sie im Register **Abfragetools/Entwurf** in der Gruppe **Abfragetyp** die Schaltfläche **Tabelle erstellen** an.

- Geben Sie in dem nächsten eingeblendeten Fenster als Namen der neuen Tabelle *Preisliste* ein. Klicken Sie danach in der Gruppe **Ergebnisse** die Schaltfläche **Ausführen** an.

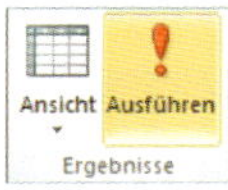

- Das Programm meldet, dass Sie beabsichtigen, 13 Zeilen in eine neue Tabelle einzufügen. Bestätigen Sie diese Meldung mit dem Anklicken der Schaltfläche **Ja**.
- Danach können Sie die Abfrage abspeichern und schließen. In der Navigationsleiste ist die Tabelle *Preisliste* angegeben.
- Besonderen Sinn ergibt die Erstellung von neuen Tabellen aus verknüpften Tabellen. Verknüpfte Tabellen werden später erklärt.

5.9.9 Löschabfrage

Eine Möglichkeit, nicht mehr benötigte Daten zu löschen, ist die Löschabfrage. Dazu soll zunächst die Tabelle Lager unter dem Namen Lager_Löschabfrage nochmals abgespeichert werden, damit die Originaltabelle Lager in der ursprünglichen Form erhalten bleibt.

Bearbeitungsschritte:

- Markieren Sie in der Navigationsleiste die Tabelle *Lager*.
- Wählen Sie das Register **Start**. Klicken Sie in der Gruppe **Zwischenablage** die Schaltfläche **Kopieren** an.

Bearbeitungsschritte (Fortsetzung):

- Klicken Sie in der Gruppe **Zwischenablage** die Schaltfläche **Einfügen** an.

- Geben Sie im Fenster **Tabelle einfügen als** den Namen *Lager_Löschabfrage* der neuen Tabelle ein. In der Navigationsleiste werden dann beide Tabellen angezeigt.
- Führen Sie in der Tabelle *Lager_Löschabfrage* die folgende Abfrage durch:

Feld:	Artikelart			
Tabelle:	Lager_Löschabfrage			
Sortierung:				
Anzeigen:	☑	☑	☑	☑
Kriterium:	"Computer"			

- Klicken Sie im Register **Abfragetools/Entwurf** in der Gruppe **Abfragetyp** die Schaltfläche **Löschen** an.

- Der Abfrageentwurf verändert sich wie folgt:

Feld:	Artikelart			
Tabelle:	Lager			
Löschen:	Lager_Löschabfrage			
Kriterium:	"Computer"			

- Klicken Sie in der Gruppe **Ergebnisse** die Schaltfläche **Ausführen** an.

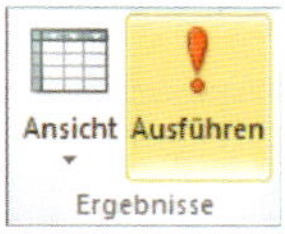

- Die folgende Meldung wird auf dem Bildschirm eingeblendet:

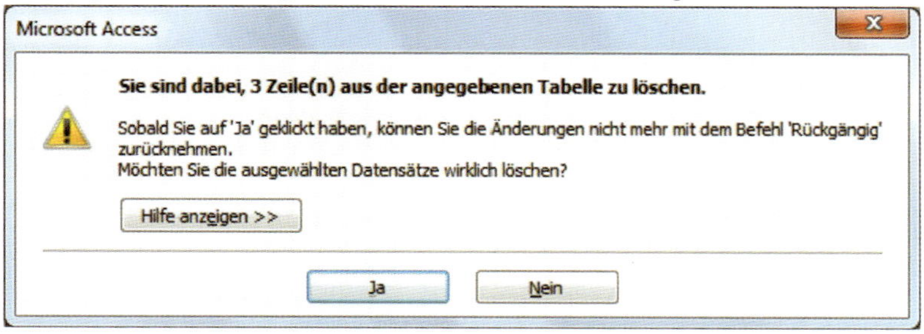

- Bestätigen Sie das Löschen der Datensätze durch das Anklicken der Schaltfläche **Ja**. Anschließend können Sie die Abfrage unter dem Namen **Löschen der Computer** abspeichern.
- Öffnen Sie die Tabelle *Lager_Löschabfrage* in der Navigationsleiste. Die *Computer* wurden in der Tabelle *Lager_Löschabfrage* gelöscht.

5.9.10 Kreuztabellenabfrage

Wenn Daten in einem Zeilen-Spalten-Format zusammengefasst werden, spricht man von einer Kreuztabelle. Die Kreuztabelle wird durch eine Kreuztabellenabfrage realisiert.

Bearbeitungsschritte:

- Erstellen Sie zunächst die folgende Abfrage in der Tabelle *Lager*:

Feld:	Artikelart	Artikel_Bez	Bestand	
Tabelle:	Lager	Lager	Lager	
Sortierung:				
Anzeigen:	☑	☑	☑	☑
Kriterium:	"Drucker"			

- Klicken Sie im Register **Abfragetools/Entwurf** in der Gruppe **Abfragetyp** die Schaltfläche **Kreuztabelle** an.

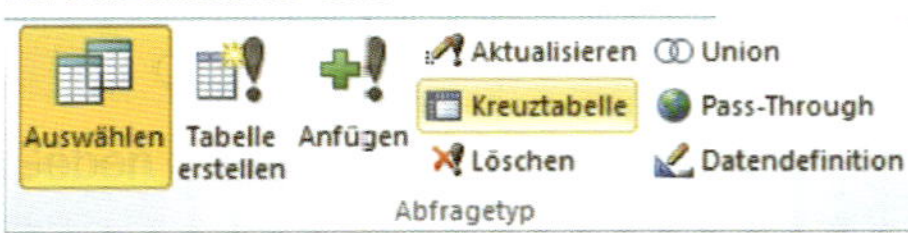

- Zusätzlich werden die Felder **Funktion** und **Kreuztabelle** eingeblendet. Sie müssen nun für die **Kreuztabelle** eine Zeilenüberschrift (z. B. *Artikelart* Drucker), eine Spaltenüberschrift (z. B. *Artikel_Bez*) und einen Wert (z. B. *Bestand*) festlegen. Dies können Sie durch Anklicken der Felder hinter der Bezeichnung **Kreuztabelle** einleiten. Die einzelnen Möglichkeiten (Zeilenüberschrift usw.) werden eingeblendet.

Feld:	Artikelart	Artikel_Bez	Bestand	
Tabelle:	Lager	Lager	Lager	
Funktion:	Gruppierung	Gruppierung	Gruppierung	
Kreuztabelle:	Zeilenüberschrift	Spaltenüberschrift	Wert	
Sortierung:				
Kriterium:	Drucker			

- In den Feldern hinter dem Namen „Funktion" können Sie anzeigen lassen, welche Möglichkeiten der Ausgabe von Werten gegeben sind, z. B. Minimum, Maximum, Summe usw. Wählen Sie für das **Datenfeld** *Bestand* den Begriff *„ErsterWert"* aus.

Feld:	Artikelart	Artikel_Bez	Bestand	
Tabelle:	Lager	Lager	Lager	
Funktion:	Gruppierung	Gruppierung	Erster Wert	
Kreuztabelle:	Zeilenüberschrift	Spaltenüberschrift	Wert	
Kriterium:	Drucker			

- Klicken Sie in der Gruppe **Ergebnisse** die Schaltfläche **Ausführen** an.

- Das Ergebnis zeigt eine Übersicht der Bestände der Drucker:

Artikel_1

	Artikelart	Hanso	Classic	Stil
	Drucker	12	12	8

5.9.11 Aktualisierungsabfragen

Vergleich zwischen Datenfeldern

Der Vergleich von Daten ermöglicht eine Vielzahl von nützlichen Anwendungen. Anhand der Daten der Tabelle *Lager* kann man z. B. feststellen, ob der Mindestbestand bei bestimmten Artikeln unterschritten wurde. Diesen Minderbestand kann man dann berechnen und ausgeben.

Bearbeitungsschritte:

- Gehen Sie in das **Datenbankfenster**, um eine neue Abfrage zu erstellen.
- Führen Sie die folgende Abfrage durch:

Feld:	Artikelart	Artikel_Bez	Bestand	Mindestbestand
Tabelle:	Lager	Lager	Lager	Lager
Sortierung:				
Anzeigen:	☑	☑	☑	☑
Kriterium:			<[Mindestbestand]	

Hinweis: Das Wort Mindestbestand muss in eckige Klammern gesetzt werden.

Tastenkombination: **[Alt Gr] [8]** und **[Alt Gr] [9]**

- Nach Ausführen der Abfrage werden folgende Artikel ausgegeben:

Bestand < Mindestbestand

	Artikelart	Artikel_Bez	Bestand	Mindestbestand
	Schreibtisch	Modern	10	15
	Drucker	Hanso	12	15
	Scanner	Swift	8	10
	Computer	Trup AK	5	6

Berechnung von Differenzen

Ein Ergebnis, das lediglich ausgibt, welche Artikel im Lager nicht ausreichend vorhanden sind, jedoch den genauen Fehlbestand nicht berechnet, überzeugt noch nicht vollständig. Es wird daher die Berechnung des Fehlbestandes durch eine Abfrage vorgenommen.

Bearbeitungsschritte:

- Tragen Sie in der Struktur der Tabelle *Lager* ein Datenfeld mit der Bezeichnung *Fehlbestand* und dem Felddatentyp *Zahl* ein. Klicken Sie danach im Register **Abfragetools/Entwurf** in der Gruppe **Abfragetyp** die Schaltfläche **Aktualisieren** an.

- Berechnen Sie die Differenz zwischen den Datenfeldern *Mindestbestand* und *Bestand*. Das Datenfeld *Artikelart* wird nachfolgend aus Platzgründen nicht angezeigt.

Feld:	Artikel_B	Bestand	Mindest	Fehlbestand
Tabelle:	Lager	Lager	Lager	Lager
Aktualisieren:				[Mindestbestand]-[Bestand]
Kriterium:		<[Mindestbestand]		

Bearbeitungsschritte (Fortsetzung):

- Klicken Sie in der Gruppe **Ergebnisse** die Schaltfläche **Ausführen** an.

- Die folgende Meldung wird eingeblendet:

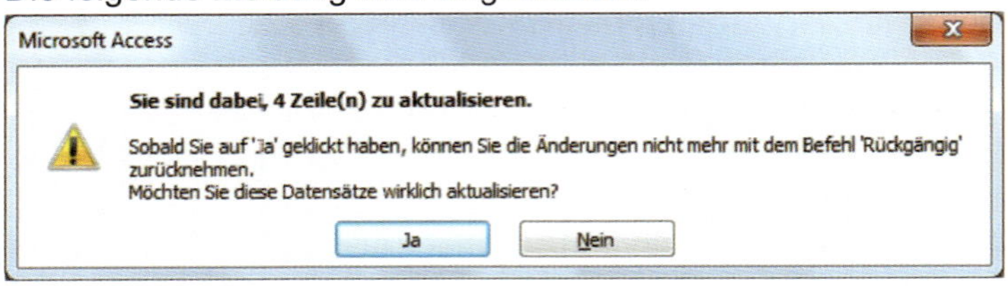

- Klicken Sie die Schaltfläche **Ja** an, damit die Fehlbestände berechnet werden. Speichern Sie danach die Abfrage als Aktualisierungsabfrage unter dem Namen *Fehlbestand* ab.
- Klicken Sie im Register **Abfragetools/Entwurf** in der Gruppe **Abfragetyp** die Schaltfläche **Auswählen** an.

- Die Wahl der Auswahlabfrage ist notwendig, damit das Ergebnis vernünftig ausgegeben wird. Der Bildschirm verändert sich folgendermaßen:

Feld:	Artikelart	Artikel_	Bestand	Mindestbestand	Fehlbestand
Tabelle:	Lager	Lager	Lager	Lager	Lager
Sortierung:					
Anzeigen:	☑	☑	☑	☑	☑
Kriterium:			<[Mindestbestand]		

- Klicken Sie in der Gruppe **Ergebnisse** die Schaltfläche **Ausführen** an.

- Das Ergebnis sieht folgendermaßen aus:

Fehlbestand

	Artikelart	Artikel_Bez	Bestand	Mindestbestand	Fehlbestand
	Schreibtisch	Modern	10	15	5
	Drucker	Hanso	12	15	3
	Scanner	Swift	8	10	2
	Computer	Trup AK	5	6	1

- Alternativ können Sie sich die Änderung der Daten in der Tabelle ansehen:

Fehlbestand

	Artikelart	Artikel_Bez	Bestand	Mindestbestand	Fehlbestand
	Schreibtisch	Modern	10	15	5
	Drucker	Hanso	12	15	3

Berechnungen in einem Datenfeld

Die Anpassung von Zahlenmaterial an neue Gegebenheiten kann mit dem Datenbankprogramm ACCESS einfach vorgenommen werden, da in Zahlenfeldern und in Währungsfeldern gerechnet werden kann. Berechnungen in Textfeldern sind selbstverständlich nicht möglich. Am Beispiel der Anpassung der Verkaufspreise für Schreibtische und Drucker soll die Berechnung innerhalb eines Datenfeldes demonstriert werden. Dabei wird die bereits bekannte Möglichkeit genutzt, durch das Festlegen von Kriterien nur bestimmte Produkte auszuwählen.

Bearbeitungsschritte:

- Klicken Sie im Register **Abfragetools/Entwurf** in der Gruppe **Abfragetyp** die Schaltfläche **Aktualisieren** an.

- Erstellen Sie folgende Abfrage. Speichern Sie sie unter dem Namen *Preiserhöhung*.

Feld:	Artikelart	Artikel_Bez	Verkaufspreis	
Tabelle:	Lager	Lager	Lager	
Aktualisieren:			[Verkaufspreis]*1,04	
Kriterium:	"Schreibtisch"			
oder:	"Drucker"			

- Klicken Sie in der Gruppe **Ergebnisse** die Schaltfläche **Ausführen** an.

- Bestätigen Sie im folgenden Fenster, dass 6 Datensätze aktualisiert werden sollen.
- Klicken Sie im Register **Abfragetools/Entwurf** in der Gruppe **Abfragetyp** die Schaltfläche **Auswählen** an.

- In der Tabellenansicht der Tabelle *Lager* können Sie sehen, dass die Preise für die Schreibtische und Drucker erhöht und die anderen Preise nicht verändert wurden.

Lager

	Artikel_Nr	Artikelart	Artikel_Bez	Bestand	Einkaufspreis	Verkaufspreis
	1000	Schreibtisch	Gabriele	5	800,00 €	1.409,20 €
	1001	Schreibtisch	Modern	10	456,00 €	764,40 €
	1002	Schreibtisch	Exklusiv	20	1.250,00 €	1.921,20 €
	1003	Büroschrank	Elegant	12	2.400,00 €	3.190,00 €
	1004	Büroschrank	Aktuell	17	897,00 €	1.345,00 €
	1005	Drucker	Hanso	12	430,00 €	724,00 €
	1006	Drucker	Stil	8	1.300,00 €	2.051,66 €

- Bedenken Sie, dass Sie jedes Mal, wenn Sie diese Abfrage ausführen, eine Preiserhöhung vornehmen. Daher sollten Sie überprüfen, ob die Werte in der Tabelle noch stimmen. Sie können die Werte durch eine Abfrage *Preissenkung* korrigieren.

Berechnungen mithilfe mehrerer Datenfelder

Mithilfe mehrerer Datenfelder können ebenfalls Berechnungen durchgeführt werden. So können, wie bereits gezeigt wurde, Differenzen zwischen einzelnen Inhalten von Datenfeldern ermittelt werden. Für die praktische Arbeit mit einer Datenbank ist es auch besonders wichtig, neue Daten zu ermitteln, beispielsweise Lagerwerte usw.

Will man z. B. ermitteln, wie hoch die Gesamteinkaufspreise für die einzelnen Produkte sind, die sich im Lager befinden, multipliziert man den Bestand mit dem Einkaufspreis.

Bearbeitungsschritte:

- Tragen Sie in der Struktur der Tabelle *Lager* ein zusätzliches Datenfeld mit der Bezeichnung *Gesamteinkaufspreis* und dem Felddatentyp *Währung* ein. In dem Datenfeld sollen keine Werte eingegeben werden, sondern es soll eine Berechnung erfolgen.
- Klicken Sie im Register **Abfragetools/Entwurf** in der Gruppe **Abfragetyp** die Schaltfläche **Aktualisieren** an.

- Erstellen Sie eine Abfrage. Speichern Sie sie unter dem Namen *Gesamteinkaufspreis*.

Feld:	Artikelart	Artikel_Bez	Einkaufspreis	Gesamteinkaufspreis
Tabelle:	Lager	Lager	Lager	Lager
Aktualisieren:				[Bestand]*[Einkaufspreis]
Kriterium:				
oder:				

- Klicken Sie in der Gruppe **Ergebnisse** die Schaltfläche **Ausführen** an.

- Im folgenden Fenster bestätigen Sie, dass 13 Datensätze aktualisiert werden sollen. In der Tabellenansicht der Tabelle *Lager* können Sie die Gesamteinkaufspreise sehen.

Lager

Artike	Artikelart	Artikel_Bez	Best	Einkaufspreis	Gesamteinkaufspreis
1000	Schreibtisch	Gabriele	5	800,00 €	4.000,00 €
1001	Schreibtisch	Modern	10	456,00 €	4.560,00 €
1002	Schreibtisch	Exklusiv	20	1.250,00 €	25.000,00 €
1003	Büroschrank	Elegant	12	2.400,00 €	28.800,00 €
1004	Büroschrank	Aktuell	17	897,00 €	15.249,00 €
1005	Drucker	Hanso	12	430,00 €	5.160,00 €
1006	Drucker	Stil	8	1.300,00 €	10.400,00 €
1007	Drucker	Klassic	12	2.900,00 €	34.800,00 €
2000	Scanner	Swift	8	1.578,00 €	12.624,00 €
2001	Scanner	Akura	4	2.790,00 €	11.160,00 €
3000	Computer	AGIB HS	10	3.322,93 €	33.229,30 €
3001	Computer	Trup AK	5	3.576,00 €	17.880,00 €
3002	Computer	Ambro Super	21	3.454,98 €	72.554,58 €

Berechnungen durch Abfragen ohne neue Datenfelder

Die Berechnung eines neuen Gesamteinkaufspreises kann auch ohne Definition eines neuen Datenfeldes erfolgen. Das Programm errechnet einen Wert durch die Abfrage, die ermittelten Werte werden jedoch nicht dauerhaft in einer Tabelle gespeichert.

Bearbeitungsschritte:

- Erstellen Sie die nachfolgende Abfrage unter dem Namen *Gesamteinkaufspreis_2*. Im Bereich **Feld** geben Sie die Formel in der angegeben Form ein.

Feld:	Artikel_Bez	Bestand	Einkaufspreis	GP: [Bestand]*[Einkaufspreis]
Tabelle:	Lager	Lager	Lager	Lager
Sortierung:				
Anzeigen:	☑	☑	☑	☑
Kriterium:				
oder:				

- Klicken Sie in der Gruppe **Ergebnisse** die Schaltfläche **Ausführen** an.

- In der Abfrageansicht können Sie sich die Gesamteinkaufspreise ansehen.

Gesamteinkaufspreis_2

Artikel_Bez	Bestand	Einkaufspreis	Gesamteinkaufspreis
Gabriele	5	800,00 €	4.000
Modern	10	456,00 €	4.560

- Da die Formatierung des Gesamtpreises noch nicht den Erwartungen entspricht, gehen Sie in die Entwurfsansicht der Abfrage zurück. Stellen Sie den Cursor in das Feld mit der Berechnung. Klicken Sie im Register **Abfragetools/Entwurf** in der Gruppe **Einblenden/ Ausblenden** die Schaltfläche **Eigenschaftsblatt** an.

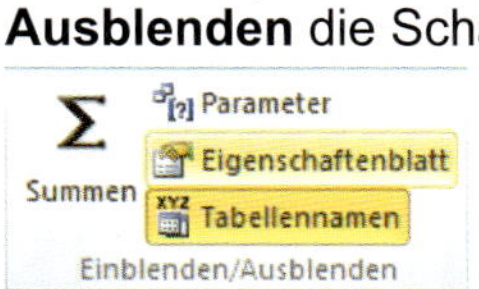

- Wählen Sie das Format *Währung* und geben Sie eine Beschriftung ein.

Eigenschaftenblatt

Auswahltyp: Feldeigenschaften

Allgemein	Nachschlagen
Beschreibung	
Format	Währung
Dezimalstellenanzeige	
Eingabeformat	
Beschriftung	Gesamteinkaufspreis

- Das Ergebnis zeigt den gewünschten Erfolg:

Gesamteinkaufspreis_2

Artikel_Bez	Bestand	Einkaufspreis	Gesamteinkaufspreis
Gabriele	5	800,00 €	4.000,00 €

5.9.12 Gruppierung und Summenbildung usw. – Aggregatsfunktionen

Eine weitere Berechnungsmöglichkeit ist u. a. die Summenbildung. Es können z. B. die Gesamtsummen einzelner Datenfelder festgestellt werden oder die Gesamtsummen einzelner Artikelarten, wie etwa die Summe der Einkaufspreise aller Computer. Zunächst soll die Gesamtsumme der Einkaufspreise aller gekauften Artikel ermittelt werden. Danach sollen die Gesamtsummen der Einkaufspreise einzelner Artikelarten berechnet werden.

Bearbeitungsschritte:

- Erstellen Sie eine Abfrage. Wählen Sie das Datenfeld *Gesamteinkaufspreis* aus.
- Klicken Sie im Register **Abfragetools/Entwurf** in der Gruppe **Einblenden/Ausblenden** die Schaltfläche **Summen** an.

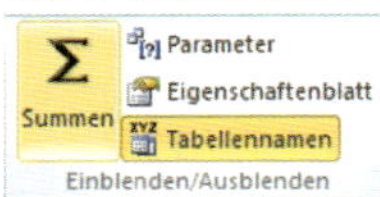

- Zusätzlich wird eine Zeile mit dem Namen „Funktion“ eingeblendet. Nach dem Markieren dieser Zeile erscheint an der rechten Seite des Feldes ein Pfeil nach unten. Durch das Anklicken dieses Pfeils werden Funktionen zur Verfügung gestellt. Wählen Sie die Funktion **Summe** aus, um den Gesamteinkaufspreis zu ermitteln.

Feld:	Gesamteinkaufspreis			
Tabelle:	Lager			
Funktion:	Summe			
Sortierung:				
Anzeigen:	☑	☐	☐	☐

- Klicken Sie in der Gruppe **Ergebnisse** die Schaltfläche **Ausführen** an.

- Das Ergebnis sieht nach einer entsprechenden Formatierung folgendermaßen aus:

Gesamteinkaufspreis_Summe_1

Gesamteinkaufspreis (Summe)
275.416,88 €

- Durch Einfügen des Datenfelds *Artikelart* werden die Gesamteinkaufspreise der einzelnen Artikelarten berechnet. Außerdem können andere Werte berechnet werden:

Feld:	Artikelart	Gesamtein	Gesamtein	Gesamtein	Gesamtein
Tabelle:	Lager	Lager	Lager	Lager	Lager
Funktion:	Gruppierung	Summe	Min	Max	Mittelwert
Sortierung:					
Anzeigen:	☑	☑	☑	☑	☑

- Das Ergebnis sieht (hier ausschnittsweise dargestellt) folgendermaßen aus:

Gesamteinkaufspreis_Summe_2

Artikelart	Summe	Minimum	Maximum	Mittelwert
Büroschrank	44.049,00 €	15.249,00 €	28.800,00 €	22.024,50 €
Computer	123.663,88 €	17.880,00 €	72.554,58 €	41.221,29 €

5.9.13 Suche nach Duplikaten

Große Datenbestände sollten in regelmäßigen Abständen auf Duplikate durchsucht werden. Dadurch wird verhindert, dass z. B. ein Artikel unter zwei verschiedenen Artikelnummern in einer Tabelle vorhanden ist. Bei einer überschaubaren Anzahl von Datensätzen ist es kein Problem, identische Datensätze auch ohne Suche durch das Programm sofort zu finden. Dies ist jedoch anders, wenn beispielsweise viele Datensätze in einer Tabelle vorhanden sind.

Zu Übungszwecken wird in die Tabelle *Lager* ein teilweise identischer Datensatz eingefügt.

Bearbeitungsschritte:

- Fügen Sie den folgenden Datensatz in die Tabelle *Lager* ein:

Lager

Artikel_Nr	Artikelart	Artikel_B	Bestand	Mindestbestand	Höchstbestand
1008	Büroschrank	Elegant	8	5	10

- Klicken Sie das Register **Erstellen** an. Klicken Sie in der Gruppe **Abfragen** die Schaltfläche **Abfrage-Assistent** an.

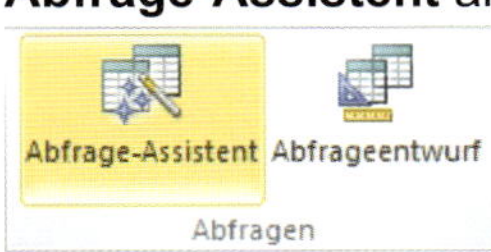

- Wählen Sie im nächsten Fenster den **Abfrage-Assistent zur Duplikatsuche**. Bestimmen Sie danach, dass die Suche in der Tabelle *Lager* durchgeführt werden soll.
- Wählen Sie die Datenfelder aus, in denen nach Duplikaten gesucht werden soll.

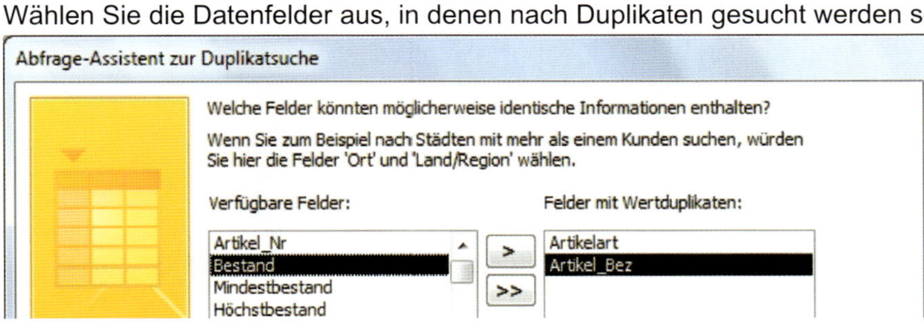

- Bestimmen Sie im nächsten Fenster, dass weitere Datenfelder angezeigt werden.
- Geben Sie danach der Abfrage den folgenden Namen. Bestimmen Sie, dass das Ergebnis angezeigt wird.

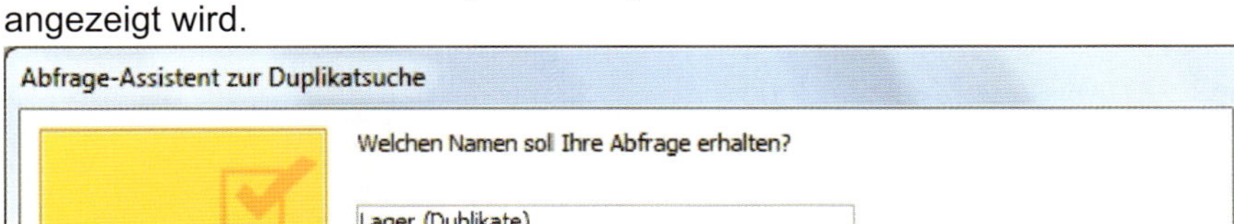

- Als Ergebnis wird angegeben, dass der Büroschrank *Elegant* zweimal im Datenbestand vorhanden ist. Daraus sind entsprechende Konsequenzen zu ziehen.

Lager

Artikelart	Artikel_B	Artikel_Nr	Bestand	Mindestbestand	Höchstbestand
Büroschrank	Elegant	1003	12	5	10
Büroschrank	Elegant	1008	8	5	10

- Löschen Sie den Datensatz 1008 wieder.

5.10 Funktionen

5.10.1 Arten von Funktionen

Wie bei einer Tabellenkalkulation lassen sich auch mit **Access** Funktionen nutzen. Die Funktionen können für Berechnungen usw. eingesetzt werden. Grundsätzlich stehen alle Funktionen zur Verfügung, die in **Excel** genutzt werden können. Dabei werden Möglichkeiten genutzt, die im Kapitel *Berechnungen durch Abfragen ohne neue Datenfelder* dargestellt wurden.

5.10.2 Finanzmathematische Funktionen

Am Beispiel der linearen also gleichmäßigen Abschreibung von Produkten soll der Einsatz einer finanzmathematischen Funktion in der Datenbank **Access** demonstriert werden.

Bearbeitungsschritte:

- Erstellen Sie die Tabelle *Abschreibungen*:

Abschreibungen

	Feldname	Felddatentyp	Beschreibung
	Anschaffungswert	Währung	
	Restwert	Währung	
	Nutzungsdauer	Zahl	

- Geben Sie die nachfolgenden Werte ein:

Abschreibungen

	Anschaffungswert	Restwert	Nutzungsdauer
	30.000,00 €	0,00 €	5
	2.390.000,00 €	19.000,00 €	10
	67.000,00 €	13.000,00 €	5

- Erstellen Sie mit oder ohne Hilfe des Ausdrucks-Generators eine Abfrage mit den Tabellenfeldern und dem Feld Abschreibungsbetrag:

Feld:	Abschreibungsbetrag: LIA([Anschaffungswert];[Restwert];[Nutzungsdauer])
Tabelle:	

- Als Ergebnis werden die jeweiligen Abschreibungsbeträge ausgegeben:

Abschreibungen

	Anschaffungswert	Restwert	Nutzungsdauer	Abschreibungsbetrag
	30.000,00 €	0,00 €	5	6000
	2.390.000,00 €	19.000,00 €	10	237100
	67.000,00 €	13.000,00 €	5	10800

- Das Ergebnis wird korrekt formatiert dargestellt. Die Formatierung wird auf der nächsten Seite noch einmal kurz beschrieben.

Abschreibungen

	Anschaffungswert	Restwert	Nutzungsdauer	Abschreibungsbetrag
	30.000,00 €	0,00 €	5	6000,00 €
	2.390.000,00 €	19.000,00 €	10	237100,00 €
	67.000,00 €	13.000,00 €	5	10800,00 €

5.10.3 Logik-Funktionen am Beispiel der WENN-Funktion

Aus der Tabellenkalkulation Excel sind u. U. die Logikfunktionen bekannt. Sie können auch in der Datenbank ACCESS genutzt werden. So kann durch die *WENN-Funktion* eine Preiserhöhung in Abhängigkeit vom bisherigen Verkaufspreis vorgenommen werden. Im gezeigten Beispiel wird diese Preiserhöhung nicht im Datenfeld *Verkaufspreis* berechnet, sondern lediglich als Ergebnis einer Abfrage angezeigt.

Bearbeitungsschritte:

- Erstellen Sie eine neue Abfrage. Schauen Sie sich zur Information in einem Datenfeld mithilfe des Ausdrucks-Generators den Aufbau der Funktion an:

Wenn(Ausdruck; True-Teil; False-Teil)

- Die Berechnung des neuen Verkaufspreises erfolgt nicht in einem Datenfeld der Tabelle. Auch wird der ursprüngliche Verkaufspreis nicht geändert.

Feld:	Neuer VP: Wenn ([Verkaufspreis] < 1000;[Verkaufspreis*1,2;[Verkaufspreis]*1,1)
Tabelle:	
Sortierung:	
Anzeigen:	☑

- Das Ergebnis sieht folgendermaßen aus:

Verkaufspreis (Wenn-Bedingung)

Artikel_Nr	Artikelart	Artikel_Bez	Verkaufspreis	Neuer VP
1000	Schreibtisch	Gabriele	1.365,00 €	1.501,50 €
1001	Schreibtisch	Modern	735,00 €	882,00 €
1002	Schreibtisch	Exklusiv	1.848,00 €	2.032,80 €
1003	Büroschrank	Elegant	3.190,00 €	3,509,00 €
1004	Büroschrank	Aktuell	1.345,00 €	1.479,50 €
1005	Drucker	Hanso	724,00 €	868,80 €
1006	Drucker	Stil	1.972,75 €	2.170,03 €
1007	Drucker	Klassic	4.305,00 €	4.735,50 €
2000	Scanner	Swift	2.198,00 €	2.417,80 €

- Wahrscheinlich ist der Abschreibungsbetrag nicht richtig formatiert. Markieren Sie daher in der Entwurfsansicht das Feld *Neuer Verkaufspreis*. Klicken Sie danach im Register **Abfragetools/Entwurf** in der Gruppe **Einblenden/Ausblenden** die Schaltfläche **Eigenschaftenblatt** an.

- Formatieren Sie die Zelle folgendermaßen:

Eigenschaftenblatt

Auswahltyp: Feldeigenschaften

Allgemein	Nachschlagen
Beschreibung	
Format	Währung

Übungen:

1. Die Daten der Arbeitnehmerinnen und Arbeitnehmer des Unternehmens *Arbeitsvermittlung GmbH* in Dortmund sollen durch Abfragen nach verschiedenen Kriterien ausgewertet werden. Speichern Sie die einzelnen Abfragen unter einem aussagekräftigen Namen.

   a) Laden Sie die Datenbank *Arbeitsvermittlung*.

   b) Geben Sie alle Arbeitnehmerinnen und Arbeitnehmer aus, die in Dortmund wohnen.

   c) Geben Sie alle Beschäftigten aus, die nicht in Dortmund wohnen.

   d) Erstellen Sie eine Parameterabfrage, die es Ihnen ermöglicht, über die Eingabe eines Ortes festzustellen, wer in dem entsprechenden Ort wohnt.

   e) Geben Sie alle Arbeitnehmerinnen und Arbeitnehmer aus, die nicht in Dortmund wohnen und sortieren Sie die Datensätze nach dem Ort aufsteigend.

   f) Stellen Sie fest, welche Arbeitnehmerinnen und Arbeitnehmer aus einem Ort kommen, der mit dem Buchstaben D anfängt.

   g) Stellen Sie fest, welche Beschäftigten aus einem Ort kommen, dessen Postleitzahl mit der Zahl 44 beginnt. Benutzen Sie dazu die *Und-Bedingung*.

   h) Stellen Sie fest, welche Beschäftigten aus einem Ort kommen, dessen Postleitzahl mit der Zahl 44 beginnt. Benutzen Sie dazu die *Zwischen-Bedingung*.

   i) Geben Sie alle Arbeitnehmerinnen und Arbeitnehmer aus, die in den Jahren 1977 und 1978 geboren sind.

   j) Geben Sie alle Arbeitnehmerinnen und Arbeitnehmer aus, die in den Jahren 1977 und 1978 geboren sind und in Dortmund wohnen.

   k) Geben Sie alle Arbeitnehmerinnen und Arbeitnehmer aus, die in den Jahren 1977 und 1978 geboren sind und in Duisburg, Dormagen oder Dorsten wohnen. Realisieren Sie diese Abfrage unter Nutzung der *Oder-Bedingung*.

   l) Geben Sie alle Arbeitnehmerinnen und Arbeitnehmer aus, die in den Jahren 1977 und 1978 geboren sind und in Duisburg, Dormagen oder Dorsten wohnen. Realisieren Sie diese Abfrage unter Nutzung der *In-Bedingung*.

   m) Geben Sie alle Arbeitnehmerinnen und Arbeitnehmer aus, die am 01.01.1996 das 18. Lebensjahr noch nicht vollendet haben.

   n) Geben Sie alle Arbeitnehmerinnen und Arbeitnehmer aus, die am 01.01.1996 das 18. Lebensjahr noch nicht vollendet haben und im Jahre 1996 18 Jahre alt werden.

   o) Geben Sie in einer Kreuztabelle alle Arbeitnehmerinnen und Arbeitnehmer mit Geburtsdatum aus, die in Dortmund wohnen.

   p) Kopieren Sie die Tabelle Arbeitnehmer und fügen Sie sie unter dem Namen *Arbeitnehmer1* nochmals ein.

   q) Erstellen Sie eine Tabelle *Arbeitnehmer2* mit der gleichen Datenstruktur wie bei der Tabelle *Arbeitnehmer1*. Geben Sie einige Datensätze ein. Davon sollte ein Datensatz mit einem Datensatz in der Tabelle *Arbeitnehmer1* übereinstimmen. Fügen Sie die Datensätze über eine Anfügeabfrage in die Tabelle *Arbeitnehmer1* ein.

   r) Suchen Sie in der Tabelle *Arbeitnehmer1* nach Duplikaten.

   s) Löschen Sie mit einer Löschabfrage in der Tabelle *Arbeitnehmer1* alle Datensätze mit dem Ort *Dortmund*.

   t) Erstellen Sie mit einer Tabellenerstellungsabfrage eine Tabelle mit allen Arbeitnehmerinnen und Arbeitnehmern aus Duisburg.

5.11 Beziehungen zwischen Tabellen

5.11.1 Grundsätzliche Erklärungen

Daten werden, wie bereits beschrieben, in einer Datenbank sinnvollerweise in verschiedene Tabellen gespeichert. In der Datenbank müssen zur Auswertung der Daten Beziehungen (Verknüpfungen) zwischen den Inhalten der einzelnen Tabellen hergestellt werden. Die Beziehungen werden über Schlüsselfelder (Primärschlüssel und Fremdschlüssel) realisiert.

In der folgenden Übersicht werden die wichtigsten Begriffe im Zusammenhang mit den nachfolgenden Übungen erklärt. Die Beziehungen werden in der Datenbank *Betrieb* aufgebaut.

<table>
<tr><th>Begriff</th><th>Erklärungen und Bildschirmdarstellungen (Access)</th></tr>
<tr><td>Relationen</td><td>Die Verknüpfung zwischen Tabellen über gemeinsame Datenfelder (Primär- und Fremdschlüssel) ist eine Relation. Die Schlüssel werden in dieser Tabelle später erklärt.</td></tr>
<tr><td>1:1-Beziehung</td><td>Bei einer 1:1-Beziehung könnten die Daten auch in einer einzigen Tabelle gespeichert werden. Die Daten werden z. B. geteilt, damit gewisse Informationen nicht allgemein bekannt werden. Ein Mitarbeiter in der Lagerabteilung muss nicht darüber informiert sein, welche Ein- und Verkaufspreise für bestimmte Artikel gelten. Über eine Abfrage können die Daten jederzeit wieder zusammengeführt werden.

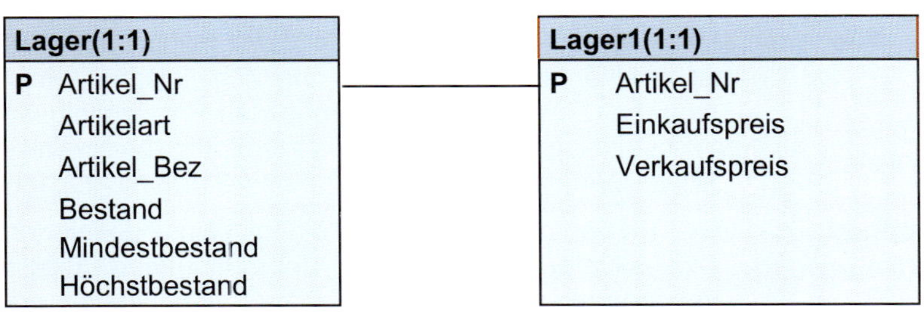

</td></tr>
<tr><td>1:n-Beziehung</td><td>Diese Beziehung kommt in der Praxis häufig vor. Ein Lieferant kann z. B. mehrere Produkte anbieten. Daher werden in einer Tabelle alle Artikeldaten und die Lieferantennummer des Anbieters des Artikels erfasst. In einer weiteren Tabelle werden alle Daten des Lieferanten gespeichert. Über eine Abfrage kann man danach feststellen, welche Artikel der Lieferant anbietet. Wird ein Artikel allerdings von mehreren Lieferanten angeboten, führt diese Beziehung nicht mehr zum Ergebnis.

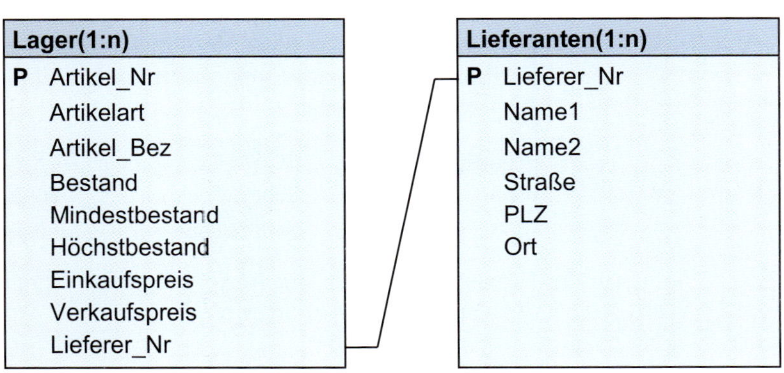

</td></tr>
</table>

m:n-Beziehung

Will man z. B. nicht nur feststellen, welcher Artikel von welchen Lieferanten geliefert wird, sondern außerdem noch wissen, welche Artikel ein Lieferant insgesamt liefern kann, so kann dies nur durch eine m:n-Beziehung realisiert werden. Eine solche Beziehung kann mit dem Programm Access nur durch den Aufbau einer dritten Tabelle aufgebaut werden. Sie besteht aus zwei 1:n-Beziehungen.

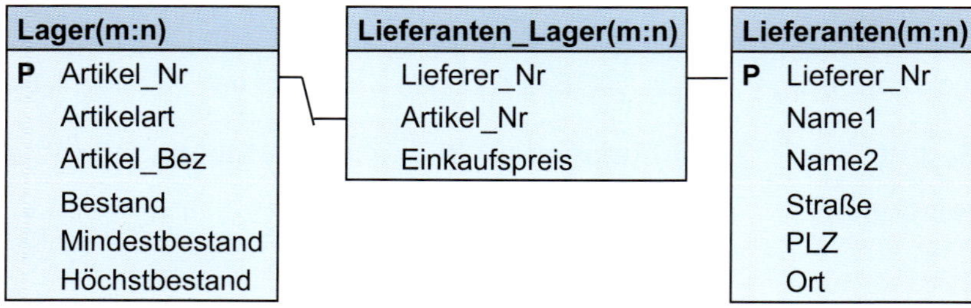

Primärschlüssel (Begriff)

Die eindeutige Identifizierung eines Datensatzes wird durch einen Primärschlüssel gewährleistet. Der Primärschlüssel hat in jedem Datensatz einen anderen Eintrag. Anhand des Primärschlüssels kann daher jeder Datensatz in einer Tabelle von einem anderen Datensatz unterschieden werden. Aufgrund dieser Tatsache eignet sich ein Datenfeld mit einem Primärschlüssel ausgezeichnet zur Herstellung von Beziehungen (Verknüpfungen) mit einem Datenfeld einer anderen Tabelle.

Access kennt zwei grundsätzliche Möglichkeiten, einen Primärschlüssel zu vergeben. Im Regelfall wird man den Primärschlüssel selbst bestimmen. Wie später gezeigt wird, ist es vernünftig, beispielsweise Datenfelder wie *Artikel_Nr* und *Lieferer_Nr* mit einem Primärschlüssel zu versehen.

Primärschlüssel (Datenfeld)

Der Primärschlüssel wird in einem selbst definierten Datenfeld gesetzt. Dieses Datenfeld kann wegen der eindeutigen Unterscheidung des Inhalts besonders gut für Beziehungen zwischen Tabellen genutzt werden.

Lager

	Feldname	Felddatentyp	Beschreibung
P	Artikel_Nr	Zahl	
	Artikelart	Text	
	Artikel_Bez	Text	

In dem Datenfeld mit dem Primärschlüssel können Daten eingegeben werden. Wird jedoch ein Wert (z. B. die Artikelnummer 1001) nochmals eingegeben, führt dies zu einer Fehlermeldung. Die Eindeutigkeit des Inhalts des Datenfelds wird verletzt.

	Artikel_Nr	Artikelart	Artikel_Bez
	1000	Schreibtisch	Gabriele
	1001	Schreibtisch	Modern

In der Praxis wird man in der Regel mit einem Primärschlüssel in einem selbst definierten Datenfeld arbeiten.

Primärschlüssel (AutoWert)

Der Primärschlüssel wird in einem selbst definierten Datenfeld gesetzt. Dieses Datenfeld kann wegen der eindeutigen Unterscheidung des Inhalts besonders gut für Beziehungen zwischen Tabellen genutzt werden.

Lager_Lieferanten_Auftrag			
	Feldname	**Felddatentyp**	**Beschreibung**
P	Auftrag_Nr	AutoWert	
	Artikel_Nr	Zahl	
	Lieferer_Nr	Zahl	

Im Datenfeld **Auftrag_Nr** können keine Werte eingegeben werden. Das Programm vergibt automatisch fortlaufende Nummern, die nicht geändert werden können.

	Auftrag_Nr	Artikel_Nr	Lieferer_Nr	Menge	Preis
	1	1000	102	5	800,00 €
	2	1001	101	7	456,00 €
	3	1002	102	23	1.250,00 €

Primärschlüssel (zusammengesetzter)

Ein zusammengesetzter Primärschlüssel wird für den Aufbau einer m:n-Beziehung benötigt. Zwei Datenfelder in einer Tabelle werden mit einem Primärschlüssel ausgestattet. Danach kann eine bestimmte Lieferanten_Nr/Artikel_Nr-Kombination nur einmal eingegeben werden. Logischer ist da schon, dass ein Mitarbeiter nur einmal als Mitarbeiter in einer Abteilung geführt wird, er jedoch durchaus in mehreren Abteilungen arbeiten kann.

Abteilung_Personal			
	Feldname	**Felddatentyp**	**Beschreibung**
P	Abteilung_Nr	Zahl	
P	Mitarbeiter_Nr	Zahl	

Aufgrund der Eingaben kann dann auf Lieferanten- und Artikeldaten zugegriffen werden.

	Abteilung_Nr	Mitarbeiter_Nr
	1	1000
	2	1002
	3	1000

Fremdschlüssel

Ein Datenfeld in einer Tabelle ist ein Fremdschlüssel, wenn es mit dem Primärschlüssel in einer anderen Tabelle verbunden ist. Im Beispiel ist das Datenfeld *Lieferer_Nr* in der Tabelle *Lager (1:n)* ein Fremdschlüssel. Über diesen Fremdschlüssel lassen sich genauere Informationen über den Lieferanten aus der Tabelle *Lieferanten (1:n)* aufrufen.

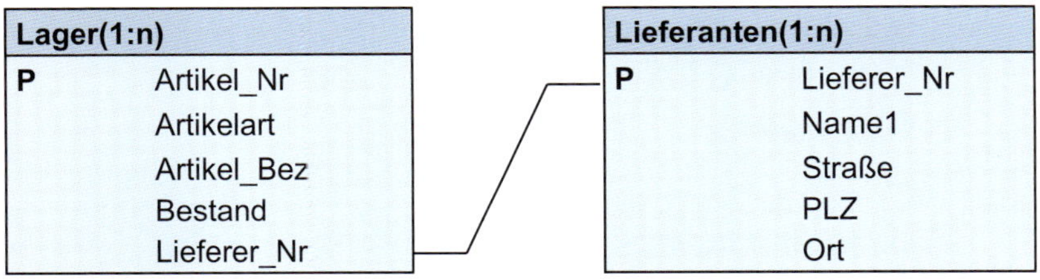

5.11.2 1:1-Beziehung zwischen zwei Tabellen

Erstellen einer Beziehung zwischen den Tabellen

Die einfachste Form einer Beziehung wird an einem kleinen Beispiel verdeutlicht. Die Daten könnten eigentlich auch in einer Tabelle gespeichert werden.

Bearbeitungsschritte:

- Erstellen Sie zunächst die Tabelle *Lager (1:1)*. Nutzen Sie unter Umständen bereits vorhandene Tabellen und Daten, z. B. durch Tabellenerstellungsabfragen.

Lager(1:1)

	Feldname	Felddatentyp	Beschreibung
P	Artikel_Nr	Zahl	
	Artikelart	Text	
	Artikel_Bez	Text	
	Bestand	Zahl	
	Mindestbestand	Zahl	
	Höchstbestand	Zahl	

- Den Primärschlüssel definieren Sie durch das Markieren des Datenfeldes *Artikel_Nr* und dem anschließenden Anklicken der Schaltfläche **Primärschlüssel** in der Gruppe **Tools** des Registers **Tabellentools/Entwurf**. Der Schlüssel wird vor dem Feldnamen angezeigt.

- Die Tabelle *Lager1 (1:1)* muss ebenfalls erstellt werden.

Lager1(1:1)

	Feldname	Felddatentyp	Beschreibung
P	Artikel_Nr	Zahl	
	Artikelart	Text	
	Artikel_Bez	Text	

- Geben Sie, falls notwendig, die entsprechenden Daten ein.
- Klicken Sie im Register **Datenbanktools** in der Gruppe **Beziehungen** die Schaltfläche **Beziehungen** an. Klicken Sie gegebenenfalls im dann eingeblendeten Register **Beziehungstools/Entwurf** in der Gruppe **Beziehungen** die Schaltfläche **Tabelle anzeigen** an.

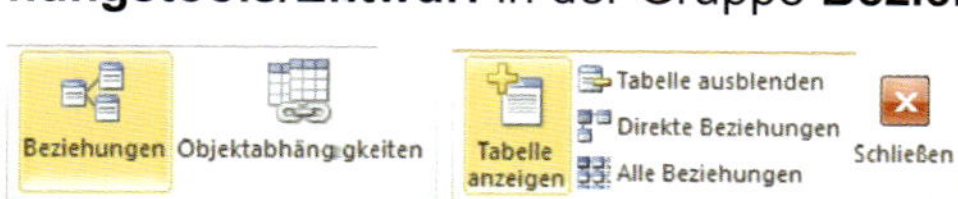

- Das nachfolgende Fenster wird eingeblendet:

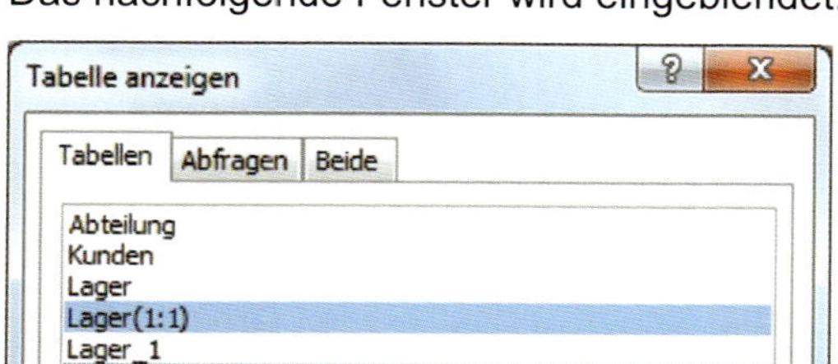

Bearbeitungsschritte (Fortsetzung):

- Markieren Sie die Tabellen *Lager (1:1)* und *Lager 1 (1:1)*. Klicken Sie danach die Schaltfläche **Hinzufügen** an.
- Klicken Sie die Schaltfläche **Schließen** an. Die Tabellen werden eingeblendet:

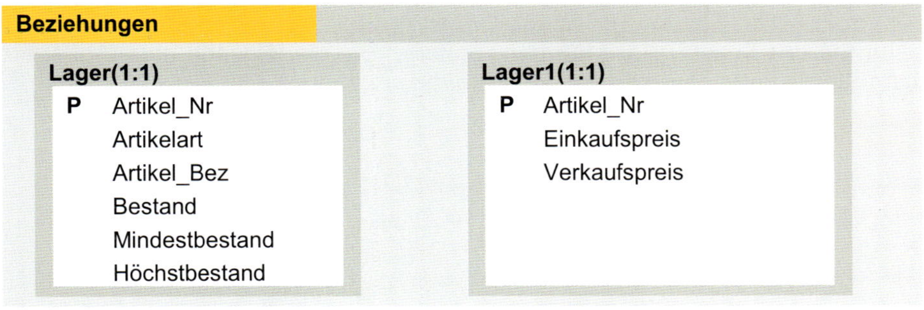

- Ziehen Sie mit der Maus das Datenfeld *Artikelnummer* aus der Tabelle *Lager (1:1)* auf das Datenfeld *Artikelnummer* aus der Tabelle *Lager 1 (1:1)*. Das folgende Fenster wird eingeblendet:

- Der Beziehungstyp *1:1* wird angegeben. Auf die Bedeutung der Aktivierung oder Nichtaktivierung des Kontrollkästchens **Mit referentieller Integrität** wird später eingegangen. Es soll vorerst nicht aktiviert werden. Auch der **Verknüpfungstyp** soll nicht bearbeitet werden.
- Durch Anklicken der Schaltfläche **Erstellen** wird die Beziehung geschaffen. Folgende Anzeige erscheint im Fenster **Beziehungen**:

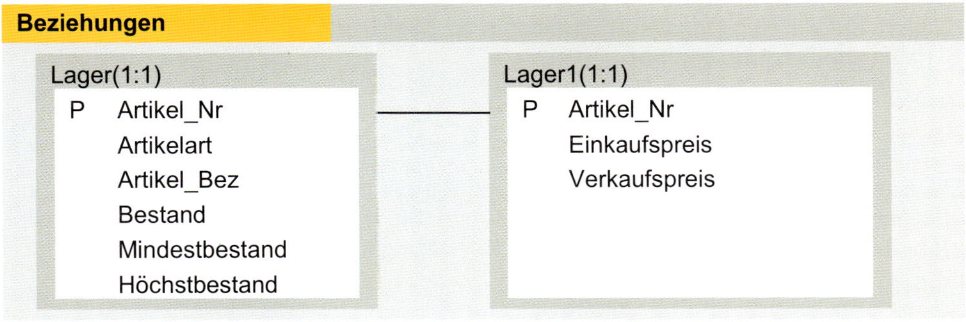

- Zwischen den beiden Tabellen wurde eine Beziehung über die Datenfelder *Artikel_Nr* in der Tabelle *Lager (1:1)* und *Artikel_Nr* in der Tabelle *Lager 1 (1:1)* hergestellt.

Auswertung der Beziehung zwischen den Tabellen durch Abfragen

Die Daten können aufgrund der festgelegten Beziehungen durch Abfragen ausgewertet werden. So lassen sich die Daten beispielsweise wieder zusammenführen. Aber auch die Ausgabe bestimmter Artikel wäre problemlos möglich.

Bearbeitungsschritte:

- Schließen Sie das Fenster **Beziehungen**. Erstellen Sie die folgende neue Abfrage und speichern Sie sie unter dem Namen *Lager_Abfrage (1:1)* ab.

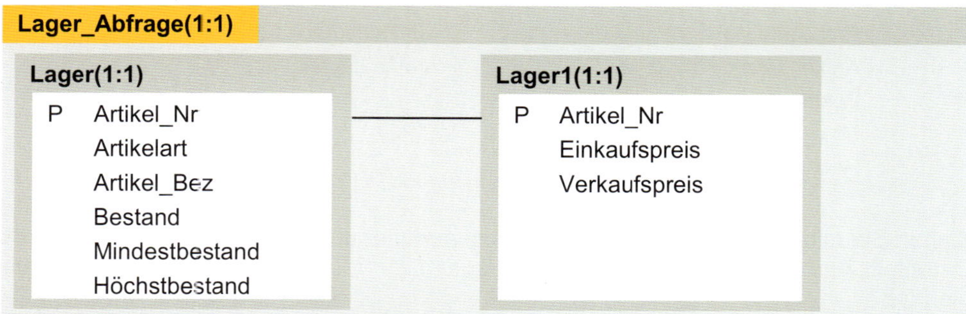

Feld:	Artikel_Nr	Artikelart	Artikel_Bez	Best	Einkaufspreis	Verkaufspreis
Tabelle:	Lager(1:1)	Lager(1:1)	Lager(1:1)	Lag	Lager1(1:1)	Lager1(1:1)
Sortierung:						
Anzeigen:	☑	☑	☑	☑	☑	☑
Kriterium:						

- Das Ergebnis zeigt die zusammengeführten Daten beider Tabellen:

Lager_Abfrage(1:1)

	Artikel_Nr	Artikelart	Artikel_Bez	Bestand	Einkaufspreis	Verkaufspreis
	1000	Schreibtisch	Gabriele	5	800,00 €	1.365,00

Bearbeiten der Beziehung zwischen den Tabellen

Falls die hergestellte Beziehung nicht den Erwartungen entspricht, kann sie jederzeit gelöscht oder bearbeitet werden.

Bearbeitungsschritte:

- Klicken Sie im Register **Datenbanktools** in der Gruppe **Einblenden/Ausblenden** die Schaltfläche **Beziehungen** an.

- Die Beziehungen werden angezeigt. Gehen Sie mit der Maus auf die Linie zwischen den Tabellen und drücken Sie die rechte Maustaste. Sie können die Beziehung im Fenster **Beziehung bearbeiten** bearbeiten oder die Beziehung löschen.

5.11.3 1:n-Beziehung zwischen zwei Tabellen

Erstellen einer Beziehung zwischen den Tabellen

Durch den Aufbau der folgenden Beziehung soll festgestellt werden, welcher Artikel von welchem Lieferanten geliefert wird:

Bearbeitungsschritte:

- Erstellen Sie die Tabellen *Lager (1:n)* und *Lieferanten (1:n)*. Die Daten der Lieferanten entsprechen denen der Tabelle *Lieferanten*. Das Datenfeld *Lieferer_Nr* in der Tabelle *Lieferanten* muss mit einem Primärschlüssel versehen werden. Die Tabelle *Lager (1:n)* entspricht im Wesentlichen der Tabelle *Lager*. Lediglich das Datenfeld *Lieferer_Nr (Zahl)* mit den folgenden Daten muss eingefügt werden:

Lager(1:n)

Artikel_Nr	Artikelart	Artikel_Bez	Lieferer_Nr
1000	Schreibtisch	Gabriele	102
1001	Schreibtisch	Modern	101
1002	Schreibtisch	Exklusiv	102
1003	Büroschrank	Elegant	100
1004	Büroschrank	Aktuell	101
1005	Drucker	Hanso	105
1006	Drucker	Stil	106
1007	Drucker	Klassic	104
2000	Scanner	Swift	104

- Erstellen Sie wie beschrieben die folgende Beziehung zwischen den Tabellen. Als Beziehungstyp wird vom Programm *1:n* angegeben.

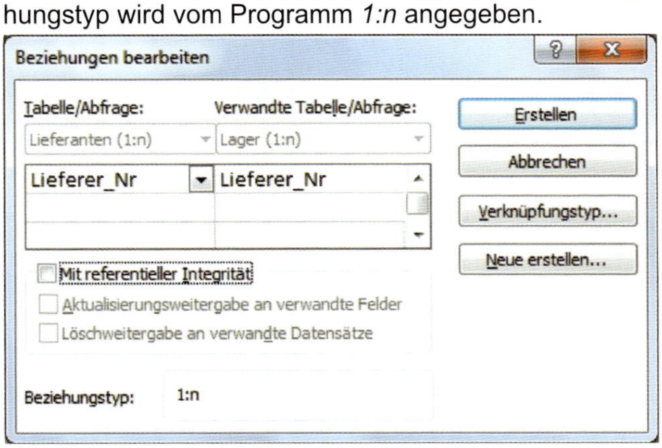

- Dies bedeutet, dass in der Tabelle *Lieferanten (1:n)* Datensätze vorhanden sind, die sich aufgrund des Primärschlüssels im Datenfeld *Lieferer_Nr* unterscheiden. Das Datenfeld *Lieferer_Nr* in der Tabelle *Lager (1:n)* ist kein Primärschlüsselfeld, kann daher gleiche Daten (*Lieferantennummern*) in unterschiedlichen Datensätzen enthalten. Dies ist auch richtig, da ein Lieferant verschiedene Artikel liefern kann.

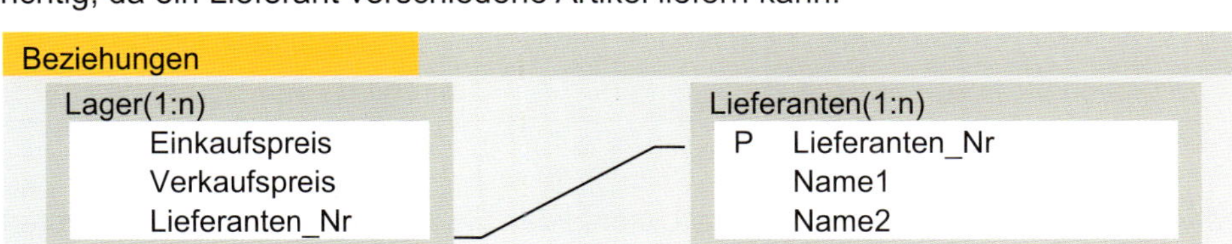

Auswertung der Beziehungen zwischen den Tabellen durch Abfragen

Die Auswertung der Daten erfolgt wiederum durch eine Abfrage. Die Lieferanten der einzelnen Produkte werden ausgegeben.

Bearbeitungsschritte:

- Verlassen Sie das Fenster **Beziehungen**. Erstellen Sie die folgende neue Abfrage und speichern Sie sie unter dem Namen *LagerAbfrage (1:n)* ab:

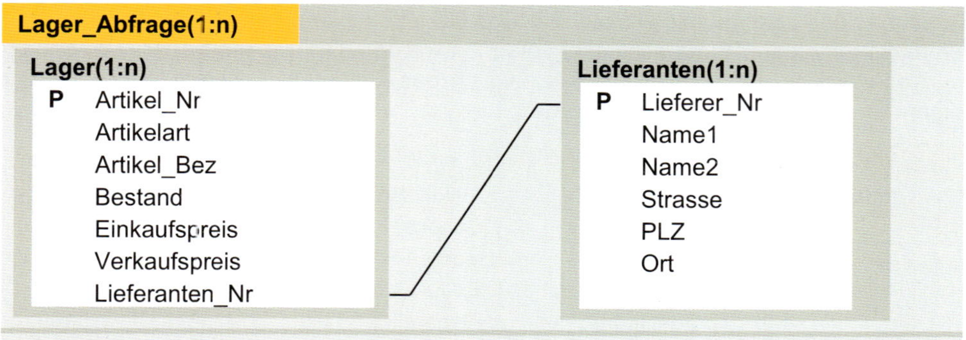

Feld:	Artikel_Nr	Artikelart	Artikel_Bez	Lieferer_Nr	Name1
Tabelle:	Lager(1:n)	Lager(1:n)	Lager(1:n)	Lieferanten(1:n)	Lieferanten(1:n)
Sortierung:					
Anzeigen:	☑	☑	☑	☑	☑
Kriterium:					

- Das Ergebnis zeigt die zusammengeführten Daten beider Tabellen:

Lager_Abfrage(1:n)

Artikel_Nr	Artikelart	Artikel_Bez	Lieferer_Nr	Name1
1000	Schreibtisch	Gabriele	102	Tranel GmbH
1001	Schreibtisch	Modern	101	Büromöbel AG

- Sollen die Daten nach dem Lieferanten sortiert werden, muss im Datenfeld *Lieferer_Nr* die aufsteigende Sortierung gewählt werden.

Feld:	Artikel_Nr	Artikelart	Artikel_Bez	Lieferer_Nr	Name1
Tabelle:	Lager(1:n)	Lager(1:n)	Lager(1:n)	Lieferanten(1:n)	Lieferanten(1:n)
Sortierung:				Aufsteigend	
Anzeigen:	☑	☑	☑	☑	☑
Kriterium:					

- Das Ergebnis sieht folgendermaßen aus:

Lager_Abfrage(1:n)

Artikel_Nr	Artikelart	Artikel_Bez	Lieferer_Nr	Name1
1003	Büroschrank	Elegant	100	Wagner & Co.
1004	Büroschrank	Aktuell	101	Büromöbel AG
1001	Schreibtisch	Modern	101	Büromöbel AG

- Selbstverständlich können noch andere Datenfelder, Sortierungen usw. zur Auswertung der beiden Tabellen vorgenommen werden. Eine Sortierung beispielsweise nach den Artikelnummern bietet sich an.

5.11.4 m:n-Beziehung zwischen Tabellen

Grundlegende Vorbemerkungen

Durch den Aufbau der folgenden Beziehung soll festgestellt werden, welcher Artikel von welchen Lieferanten geliefert wird. Außerdem soll ermittelt werden, welcher Lieferant welche Artikel im Angebot hat. Alles das wird zusätzlich damit verbunden, dass die Daten für Aufträge bei einem Lieferanten erfasst werden.

Die bisher unterstellte unrealistische Annahme, dass ein Lieferant genau ein Produkt liefern kann, wird damit aufgehoben. Um das Problem zu lösen, ist der Aufbau einer m:n-Beziehung notwendig. Grundsätzlich kann eine sogenannte m:n-Beziehung nur durch den Aufbau von zwei 1:n-Beziehungen realisiert werden. Daher muss eine dritte Tabelle aufgebaut werden, die die Verbindung zwischen den Lager- und Lieferantendaten herstellt.

Aufbau einer dritten Tabelle

In einer dritten Tabelle, die die beiden Tabellen mit den Grunddaten verbindet, sollen die *Lieferanten_Nr* und die *Artikel_Nr* zusammengeführt werden. Außerdem werden weitere Datenfelder für einen Auftrag bei einem Lieferanten in die Tabelle aufgenommen.

Bearbeitungsschritte:

- Erstellen Sie die folgende Tabelle unter dem Namen *Lieferanten_Lager_Auftrag*:

Lager_Lieferanten_Auftrag

	Feldname	Felddatentyp	Beschreibung
P	Auftrag_Nr	AutoWert	
	Artikel_Nr	Zahl	
	Lieferer_Nr	Zahl	
	Menge	Zahl	
	Preis	Währung	
	Lieferdatum	Datum/Uhrzeit	

- Bestimmen Sie, dass die Auftragsnummer ein *AutoWert* ist. Damit wird automatisch eine Auftragsnummer vergeben.
- Geben Sie danach die folgenden Werte in die Tabelle ein. Die Datensätze sollten der Reihe nach eingegeben werden; dies entspricht der Logik des Datenanfalls:

Lager_Lieferanten_Auftrag

Auftrag_Nr	Artikel_Nr	Lieferer_Nr	Menge	Preis	Lieferdatum
1	1000	102	5	800,00 €	12.11.2010
2	1001	101	7	456,00 €	14.11.2010
3	1002	102	23	1.250,00 €	16.11.2010
4	1003	104	12	2.400,00 €	16.11.2010
5	1003	100	11	2.360,00 €	22.11.2010
6	1004	101	6	897,00 €	23.11.2010
7	1004	100	9	912,00 €	25.11.2010
8	1005	105	11	430,00 €	27.11.2010

- Die Eingabe des Datums wird durch das Anklicken einer Schaltfläche vereinfacht:

Aufbau der Tabellen Lieferanten(m:n) und Lager(m:n)

Die Daten über die Artikel und die Lieferanten müssen in Tabellen erfasst werden.

Bearbeitungsschritte:

- Erstellen Sie die folgende Tabelle unter dem Namen *Lieferanten(m:n)*:

Lieferanten(m:n)

	Feldname	Felddatentyp	Beschreibung
P	Lieferer_Nr	Zahl	
	Name1	Text	
	Name2	Text	
	Strasse	Zahl	
	PLZ	Zahl	
	Ort	Text	

- Geben Sie die folgenden Daten in die Tabelle ein:

Lieferanten(m:n)

Lief	Name1	Name2	Strasse	PLZ	Ort
100	Wagner & Co.	Büromöbel	Vogtweg 23	33607	Bielefeld
101	Büromöbel AG	Büroeinrichtungen	Gutachtstr. 342	13469	Berlin
102	Tranel GmbH	Büromöbel	Bechemstr. 67	47058	Duisburg
103	Computerland GmbH	Computer	Fischstieg 65	22119	Hamburg
104	Computer 2000	EDV-Herstellung	Koloniestr. 128	28777	Bremen
105	Micro Hansen	Computerlösungen	Am Stau 47	26112	Oldenburg
106	Microcomputer Voges	EDV-Bedarf	Schlossstr. 45	30159	Hannover

- Erstellen Sie die Tabelle *Lager(m:n)*.

Lager(m:n)

	Feldname	Felddatentyp	Beschreibung
P	Artikel_Nr	Zahl	
	Artikelart	Text	
	Artikel_Bez	Text	
	Bestand	Zahl	
	Mindestbestand	Zahl	
	Höchstbestand	Zahl	

- Geben Sie die bekannten Daten der Tabelle *Lager(m:n)* ein. Alle Daten können hier aus Platzgründen nicht angezeigt werden. Ergänzen Sie die Daten aus den bekannten Quellen.

Lager(m:n)

Artikel_N	Artikelart	Artikel_Bez	Bestand	Mindestbestand	Höchstbestand
1000	Schreibtisch	Gabriele	5	5	10
1001	Schreibtisch	Modern	10	15	30
1002	Schreibtisch	Exklusiv	20	10	30
1003	Büroschrank	Elegant	12	5	10
1004	Büroschrank	Aktuell	17	10	40
1005	Drucker	Hanso	12	15	25

Erstellen einer Beziehung zwischen den Tabellen

Durch die Beziehungen werden die Daten der drei Tabellen *Lager (m:n)*, *Lieferanten (m:n)* und *Lieferanten_Lager_Auftrag* miteinander verbunden.

Bearbeitungsschritte:

- Erstellen Sie **Beziehungen** zwischen den Tabellen.

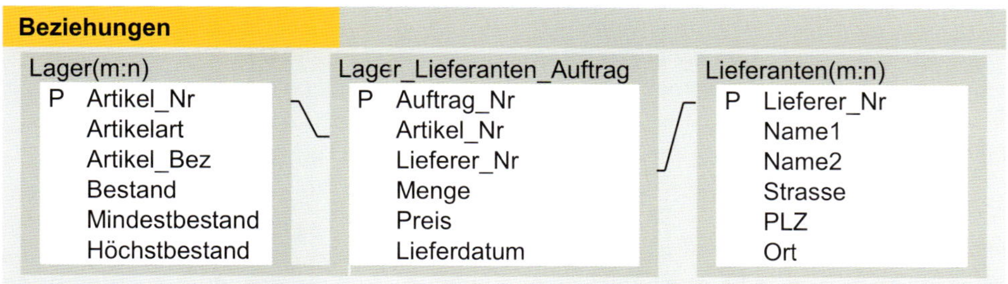

- In der Tabelle *Lieferanten(m:n)* sind Datensätze vorhanden, die sich aufgrund des Primärschlüssels im Datenfeld *Lieferanten_Nr* unterscheiden. Das Datenfeld *Lieferanten_Nr* in der Tabelle *Lieferanten_Lager_Auftrag* bestimmt, welcher Lieferant in der Tabelle *Lieferanten (m:n)* mit den jeweiligen Eingaben aufgerufen wird.
- In der Tabelle *Lager (m:n)* sind Datensätze vorhanden, die sich aufgrund des Primärschlüssels im Datenfeld *Artikel_Nr* unterscheiden. Das Datenfeld *Artikel_Nr* in der Tabelle *Lieferanten_Lager (m:n)* bestimmt, welcher Artikel in der Tabelle *Lager (m:n)* aufgerufen wird.

Auswertung der Beziehungen zwischen den Tabellen durch Abfragen

Aufgrund der hergestellten Beziehungen können nun Auswertungen vorgenommen werden. Damit kann die betriebliche Wirklichkeit in Ansätzen dargestellt werden.

Bearbeitungsschritte:

- Verlassen Sie das Fenster **Beziehungen**. Erstellen Sie die folgende Abfrage. Speichern Sie sie unter dem Namen *Lager_Abfrage(m:n)*. Fügen Sie in der Entwurfsansicht der Abfrage zunächst die drei Tabellen ein und wählen Sie folgende Datenfelder aus:

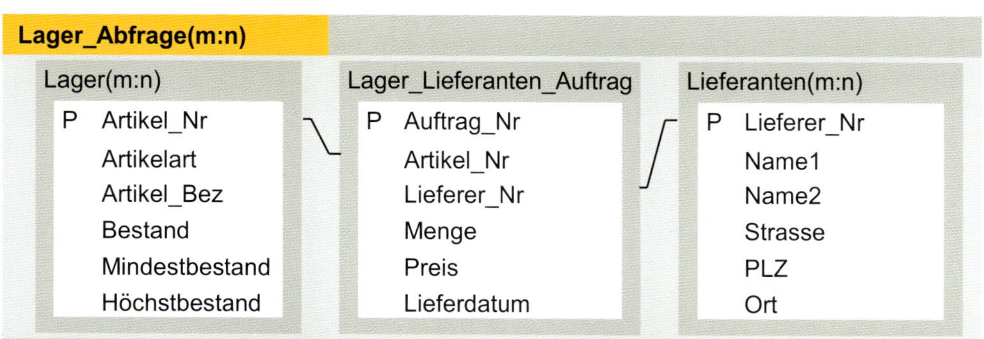

Feld:	Auftrag_Nr	Artikel_Nr	Artikel_Bez	Name	Menge	Preis	Lieferdatum
Tabelle:	Lager_Lief	Lager(m:n)	Lager(m:n)	Liefer	Lager_	Lager_Li	Lager_Liefe
Sortierung:							
Anzeigen:	☑	☑	☑	☑	☑	☑	☑

Bearbeitungsschritte (Fortsetzung):

- Das Ergebnis zeigt die Artikel und die jeweiligen Lieferanten.

Lager_Abfrage(m:n)

Auft	Artikel_Nr	Artikel_B	Name1	Menge	Preis	Lieferdatum
1	1000	Gabriele	Tranel GmbH	5	800,00 €	12.11.2010
2	1001	Modern	Büromöbel AG	7	456,00 €	14.11.2010
3	1002	Exklusiv	Tranel GmbH	23	1.250,00 €	16.11.2010
4	1003	Elegant	Computer 2000	12	2.400,00 €	16.11.2010
5	1003	Elegant	Wagner & Co.	11	2.360,00 €	22.11.2010
6	1004	Aktuell	Büromöbel AG	6	897,00 €	23.11.2010
7	1004	Aktuell	Wagner & Co.	9	912,00 €	25.11.2010
8	1005	Hanso	Micro Hansen	11	430,00 €	27.11.2010

- Sollen beispielsweise die Artikel ausgegeben werden, die ein bestimmter Lieferant geliefert hat, ist ein entsprechendes Kriterium einzugeben:

Feld:	Auftrag_Nr	Lieferer_N	Name1	Artikel_Nr	Artikel_Bez	Menge	Preis
Tabelle:	Lager_Lief	Lieferante	Liefere	Lager(m:n	Lager(m:n)	Lager_	Lager_
Sortierung:							
Anzeigen:	☑	☑	☑	☑	☑	☑	☑
Kriterium:		100					

- Der Lieferant und die beiden Aufträge, die er ausgeführt hat, werden angezeigt:

Lager_Abfrage_2(m:n)

Auft	Lieferer_Nr	Name1	Artikel_Nr	Artikel_Bez	Menge	Preis
5	100	Wagner & Co.	1003	Elegant	11	2.360,00 €
7	100	Wagner & Co.	1004	Aktuell	9	912,00 €

- Sollen ein einzelner oder mehrere Artikel und die entsprechenden Lieferanten angezeigt werden, muss die Abfrage entsprechend verändert werden.

Feld:	Auftrag_Nr	Lieferer_Nr	Name1	Artikel_Nr	Artikel_Bez	Menge	Preis
Tabelle:	Lager_Lief	Lieferanten(	Liefere	Lager(m:n	Lager(m:n)	Lager_	Lager_
Sortierung:							
Anzeigen:	☑	☑	☑	☑	☑	☑	☑
Kriterium:				1003			
oder:				1005			

- Das Ergebnis zeigt in diesem Fall die Lieferanten, die Artikel mit bestimmten Artikelnummern geliefert haben.

Lager_Abfrage_3(m:n)

Auf_Nr	Lieferer_Nr	Name1	Artikel_Nr	Artikel_Bez	Menge	Preis
4	104	Computer 2000	1003	Elegant	12	2.400,00 €
5	100	Wagner & Co.	1003	Elegant	11	2.360,00 €
8	105	Micro Hansen	1005	Hanso	11	430,00 €

- Selbstverständlich können auch Abfragen mit Größer-, Kleiner-Bedingungen usw. erstellt werden. Auch Parameterabfragen bieten sich an. Werten Sie die Tabellen aus.

Bearbeitungsschritte (Fortsetzung):

- Sollen Aufträge, die bis zu einem bestimmten Datum ausgeführt worden sind, angezeigt werden, ist ein entsprechendes Kriterium zu definieren:

Feld:	Auftrag_Nr	Artike	Artikel_B	Nam	Menge	Preis	Lieferdatum
Tabelle:	Lager_Lief	Lage	Lager(m	Liefe	Lager_	Lager	Lager_Lieferant
Sortierung:							
Anzeigen:	☑	☑	☑	☑	☑	☑	☑
Kriterium:							<#17.11.2010#

- Das Ergebnis sieht folgendermaßen aus:

Lager_Abfrage_4(m:n)

Auftrag_Nr	Artik	Artikel_B	Name1	Menge	Preis	Lieferdatum
1	1000	Gabriele	Tranel GmbH	5	800,00 €	12.11.2010
2	1001	Modern	Büromöbel AG	7	456,00 €	14.11.2010
3	1002	Exklusiv	Tranel GmbH	23	1.250,00 €	16.11.2010
4	1003	Elegant	Computer 2000	12	2.400,00 €	16.11.2010

- Sollen die Lieferanten und die jeweils gelieferten Produkte ausgegeben werden, sieht die Abfrage folgendermaßen aus:

Feld:	Lieferer_Nr	Artikel_Nr	Artikelart	Artikel_Bez	Menge
Tabelle:	Lieferanten(	Lager(m:n)	Lager(m:n)	Lager(m:n)	Lager_Li
Funktion:	Gruppierung	Gruppierung	Gruppierung	Gruppierung	Summe
Sortierung:		Aufsteigend			
Anzeigen:	☑	☑	☑	☑	☑

- Als Ergebnis wird die Einkaufsmenge der entsprechenden Produkte im Zusammenhang mit den jeweiligen Lieferanten angezeigt. Die Einkaufsmenge wurde summiert. Es zeigt sich jedoch, dass kein Produkt zweimal bei einem Lieferanten gekauft wurde.

Lager_Abfrage_5(m:n)

Lieferer_Nr	Artikel_Nr	Artikelart	Artikel_Bez	Einkaufsmenge
102	1000	Schreibtisch	Gabriele	5
101	1001	Schreibtisch	Modern	7
102	1002	Schreibtisch	Exklusiv	23
100	1003	Büroschrank	Elegant	11
104	1003	Büroschrank	Elegant	12
100	1004	Büroschrank	Aktuell	9
101	1004	Büroschrank	Aktuell	6
105	1005	Drucker	Hanso	11

- Ohne die Lieferanten werden die summierten Einkaufsmengen ausgegeben:

Lager_Abfrage_5(m:n)

Artikel_Nr	Artikelart	Artikel_Bez	Einkaufsmenge
1000	Schreibtisch	Gabriele	5
1001	Schreibtisch	Modern	7
1002	Schreibtisch	Exklusiv	23
1003	Büroschrank	Elegant	23
1004	Büroschrank	Aktuell	15
1005	Drucker	Hanso	11

5.11.5 m:n-Beziehung mit zusammengesetztem Primärschlüssel

Vorbemerkungen

Während beispielsweise verschiedene Aufträge an einen Lieferanten vergeben werden können, gibt es andere Daten, die nur einmal erfasst werden dürfen. So kann ein Mitarbeiter nicht zweimal in der gleichen Abteilung beschäftigt sein.

Allerdings ist es durchaus möglich, dass er zwei verschiedenen Abteilungen zugeordnet wird, also beispielsweise sowohl in der Einkaufs- als auch in der Verkaufsabteilung beschäftigt ist. Um zu verhindern, dass doppelte und nicht vernünftige Datensätze erfasst werden, kann mit einem zusammengesetzten Primärschlüssel gearbeitet werden.

Erstellung einer Tabelle zur Verknüpfung und Auswertung von Daten

Zunächst muss eine Tabelle erstellt werden, die die Verbindung zwischen den Tabellen *Abteilung* und *Personal* herstellt.

Diese Tabelle enthält nur die beiden Datenfelder *Abteilung_Nr* und *Mitarbeiter_Nr*. Beide Datenfelder werden mit einem Primärschlüssel versehen. Damit wird sichergestellt, dass in Datensätzen, die eingegeben werden, niemals ein zweites Mal dieselbe Kombination abgespeichert werden kann. Eine entsprechende Fehlermeldung weist darauf hin, dass dies nicht möglich ist und der Datensatz wieder gelöscht werden muss.

Bearbeitungsschritte:

- Erstellen Sie die Tabelle *Abteilung_Personal* mit den Datenfeldern *Abteilung_Nr* und *Mitarbeiter_Nr*. Markieren Sie beide Datenfelder. Gehen Sie zu diesem Zweck auf den linken Rand vor dem ersten Datenfeld. Der Mauszeiger verwandelt sich in einen Pfeil nach rechts. Bei gedrückter linker Maustaste können Sie danach die beiden Datenfelder markieren.

Abteilung_Personal			
	Feldname	**Felddatentyp**	**Beschreibung**
	Abteilung_Nr	Zahl	
	Mitarbeiter_Nr	Zahl	

- Speichern Sie die Tabelle unter dem Namen *Abteilung_Personal* ab. Bestimmen Sie, dass die Tabelle ohne einen Primärschlüssel abgespeichert werden soll. Erst in einem nachfolgend erklärten zweiten Schritt wird die Tabelle mit einem zusammengesetzten Primärschlüssel versehen.
- Klicken Sie im Register **Tabellentools/Entwurf** in der Gruppe **Tools** die Schaltfläche **Primärschlüssel** an.

- Die Datenstruktur der Tabelle sollte danach wie nachfolgend dargestellt aussehen. Beide Datenfelder sind mit einem Primärschlüssel ausgestattet:

Abteilung_Personal			
	Feldname	**Felddatentyp**	**Beschreibung**
P	Abteilung_Nr	Zahl	
P	Mitarbeiter_Nr	Zahl	

Bearbeitungsschritte (Fortsetzung):

- Geben Sie die folgenden Datensätze ein:

Abteilung_Personal

Abteilung_Nr	Mitarbeiter_Nr
1	1000
2	1002
3	1000
3	1001
3	1005
4	1004
5	1003

- Klicken Sie im Register **Datenbanktools** in der Gruppe **Einblenden/Ausblenden** die Schaltfläche **Beziehungen** an.

- Erstellen Sie die folgende Beziehung:

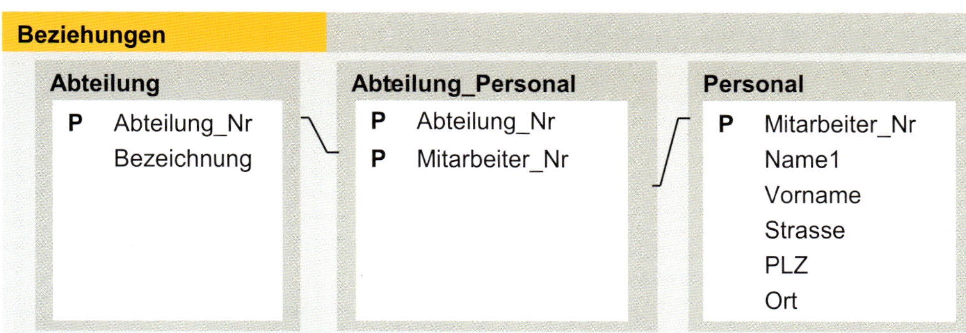

- Erstellen Sie die folgende Abfrage:

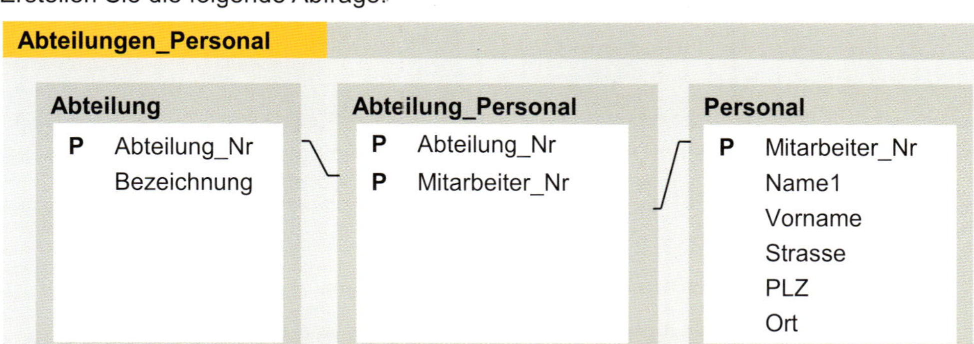

Feld:	Abteilung_Nr	Bezeichnung	Mitarbeiter_Nr	Name	Ort	Stellung
Tabelle:	Abteilung	Abteilung	Personal	Perso	Perona	Personal
Sortierung:						
Anzeigen:	☑	☑	☑	☑	☑	☑

Bearbeitungsschritte (Fortsetzung):

- Das Ergebnis sieht folgendermaßen aus:

Abteilungen_Personal

Abteilung_Nr	Bezeichnung	Mitar	Name	Ort	Stellung
1	Direktion	1000	Meier	Papenburg	Sachbearbeiter
2	Rechnungswesen	1002	Hermes	Weener	Sachbearbeiter
3	Einkauf	1000	Meier	Papenburg	Sachbearbeiter
3	Einkauf	1001	Regeleit	Leer	Abteilungsleiter
3	Einkauf	1005	Meimel	Papenburg	Sachbearbeiter
4	Verkauf	1004	Groos	Börger	Sachbearbeiter
5	Lager	1003	Müller	Papenburg	Abteilungsleiter

Eingabe und Löschung eines Datensatzes

Als Nächstes soll überprüft werden, ob die Eingabe eines doppelten Datensatzes gelingt. Ist dies nicht der Fall, muss der Datensatz gelöscht werden.

Bearbeitungsschritte:

- Geben Sie einen Datensatz ein. Die Inhalte sind mit dem ersten Datensatz identisch.

Abteilung_Personal

Abteilung_Nr	Mitarbeiter_Nr
5	1003
1	1000

- Wollen Sie den Datensatz verlassen und einen neuen Datensatz eingeben oder die Tabelle speichern, wird die folgende Fehlermeldung ausgegeben:

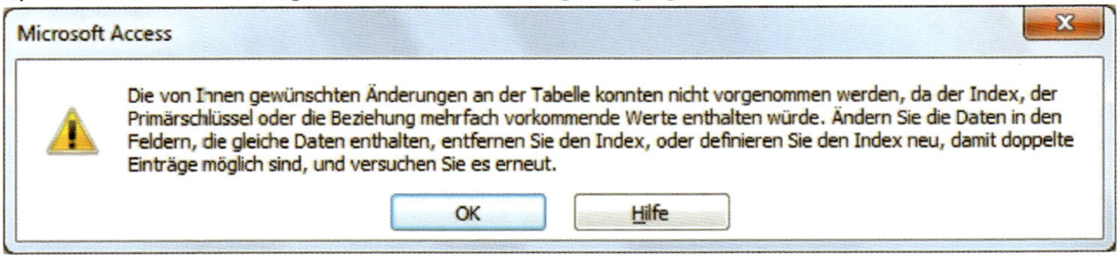

- Klicken Sie die Schaltfläche **OK** an. Schließen Sie danach die Tabelle. Es wird wieder die vorherige Meldung ausgegeben und dann das folgende Fenster angezeigt:

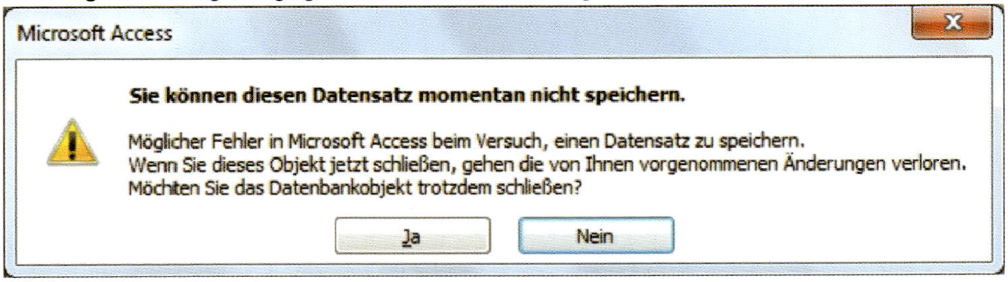

- Klicken Sie die Schaltfläche **Ja** an. Die Eingabe wird nicht gespeichert, die bisherigen Datensätze bleiben erhalten. Sollten Sie sich jedoch lediglich bei einer Eingabe versehen haben, kann diese sofort korrigiert werden.

5.11.6 Suche nach Inkonsistenzen

Die Suche nach Inkonsistenzen ermöglicht es, in zwei miteinander verbundenen Tabellen in einer Tabelle *Lieferanten (m:n)* alle Datensätze zu finden, zu denen es keine korrespondierenden Datensätze in der anderen ausgewählten Tabelle *Lieferanten_Lager (m:n)* gibt. Konkret bedeutet dies, dass überprüft werden kann, ob bei einem Lieferanten bisher noch nicht bestellt worden ist. Aus den Ergebnissen lassen sich verschiedene Schlüsse ziehen. So kann es beispielsweise ratsam sein, bei dem entsprechenden Lieferanten Preislisten usw. anzufordern, um den Geschäftsverkehr wieder zu beleben. Auf der anderen Seite ist, wenn nicht mehr beabsichtigt wird, bei dem Lieferanten zu kaufen, auch eine Löschung des Datensatzes in Erwägung zu ziehen.

Bearbeitungsschritte:

- Klicken Sie im Register **Erstellen** in der Gruppe **Abfragen** die Schaltfläche **Abfrage-Assistent** an.

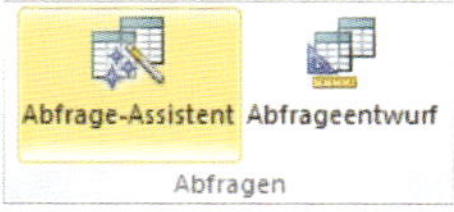

- Bestimmen Sie im Fenster **Neue Abfrage**, dass die Abfrage mithilfe des **Abfrage-Assistenten zur Inkonsistenzsuche** durchgeführt werden soll.

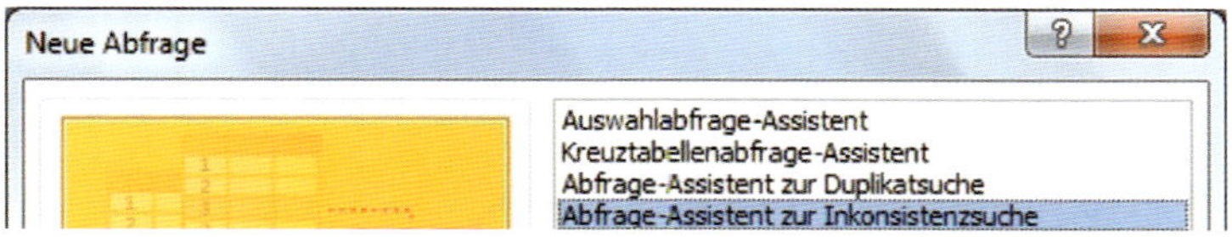

- Wählen Sie im nächsten Fenster die Tabelle *Lieferanten (m:n)* aus.

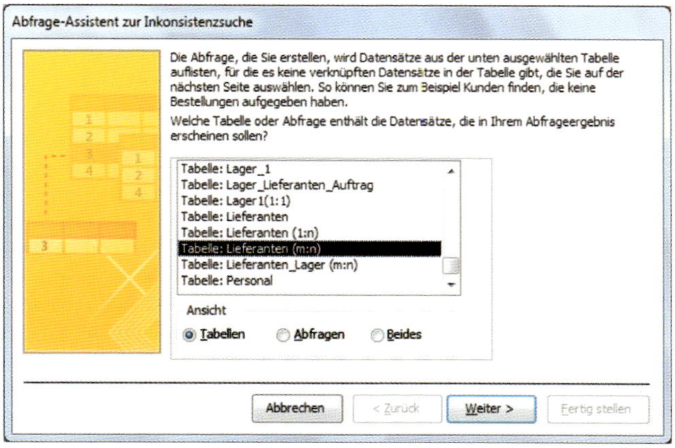

- Danach bestimmen Sie die Tabelle, zu der eine Beziehung besteht.

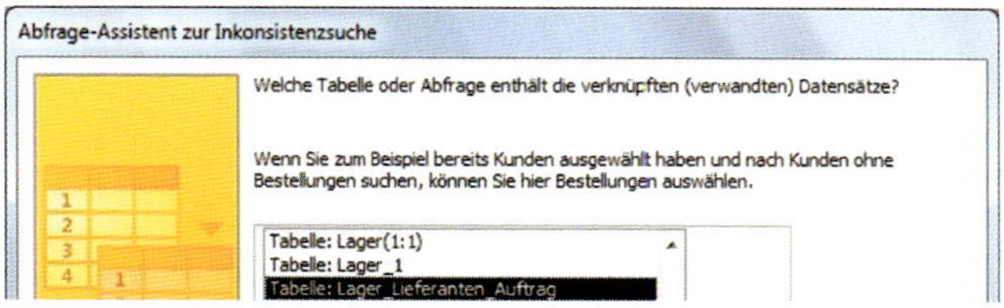

Bearbeitungsschritte (Fortsetzung):

- Im nächsten Fenster werden übereinstimmende Datenfelder der Tabellen bestimmt.

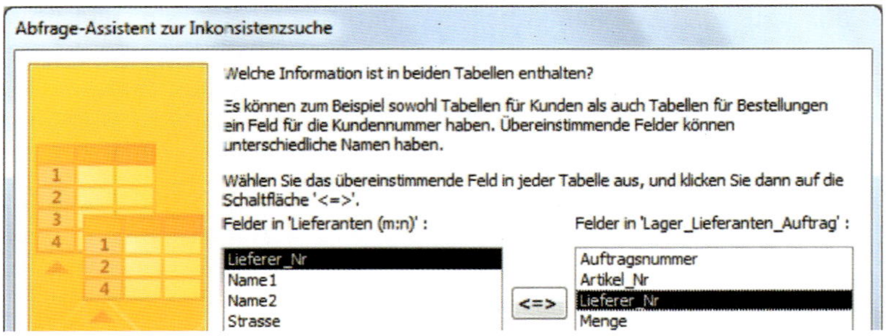

- Legen Sie fest, dass alle Felder als Abfrageergebnis angezeigt werden sollen.

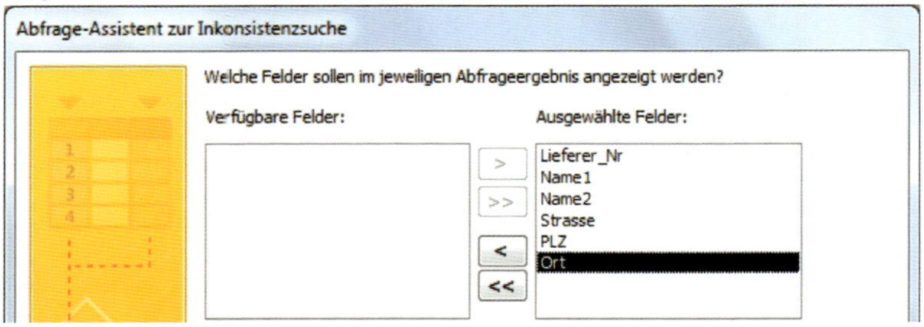

- Legen Sie den Namen für die Abfrage fest. Bestimmen Sie außerdem, dass das Ergebnis angezeigt werden soll.

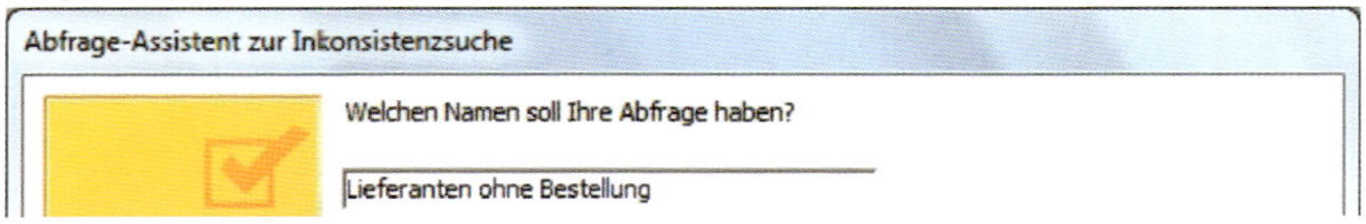

- Als Ergebnis werden die Lieferanten mit den Lieferernummern *103* und *106* ausgegeben. Dies bedeutet, dass bisher keine Bestellung bei diesen Lieferanten erfolgte.

Lieferanten ohne Bestellung

Liefere	Name1	Name2	Strasse	PLZ	Ort
103	Computerland GmbH	Computer	Fischstieg 65	22119	Hamburg
106	Microcomputer Voges	EDV-Bedarf	Schlossstr. 45	30159	Hannover

- Führen Sie eine weitere Inkonsistenzsuche mit den Tabellen *Lager (m:n)* und *Lager_Lieferanten_Auftrag* durch. Als Ergebnis werden die folgenden Artikel (hier ausschnittsweise dargestellt) ausgegeben:

Lager(m:n) ohne übereinstimmende Daten in Lager_Lieferanten_Auftrag

Artikel_Nr	Artikelart	Artikel_Bez	Bestand	Mindestbestand	Höchstbestand
1006	Drucker	Stil	8	5	15
1007	Drucker	Klassic	12	6	10
2000	Scanner	Swift	8	10	20

- Aus der Tatsache, dass keine Bestellungen für diesen Artikel in der letzten Zeit notwendig waren, kann u. U. geschlossen werden, dass es sich um ein Auslaufprodukt handelt. Es ist daher vielleicht notwendig, die Produkte zu günstigen Konditionen zu verkaufen.

5.11.7 Beziehungen mit referentieller Integrität

Begriff

Referentielle Integrität besagt, dass das Programm sicherstellt, dass hergestellte Beziehungen zwischen den Datensätzen gültig sind und verknüpfte Daten nicht aus Versehen gelöscht oder geändert werden. Konkret bedeutet dies, dass z. B. ein Artikeldatensatz nicht gelöscht werden kann, wenn zu anderen Tabellen Beziehungen bestehen, also beispielsweise dem Artikeldatensatz ein oder mehrere Lieferanten zugeordnet worden sind.

Aufbau der referentiellen Integrität

Zum Aufbau der referentiellen Integrität werden vorhandene Tabellen/Beziehungen genutzt.

Bearbeitungsschritte:

- Klicken Sie im Register **Datenbanktools** in der Gruppe **Beziehungen** die Schaltfläche **Beziehungen** an. Klicken Sie gegebenenfalls im dann eingeblendeten Register **Beziehungstools/Entwurf** in der Gruppe **Beziehungen** die Schaltfläche **Tabelle anzeigen** an.

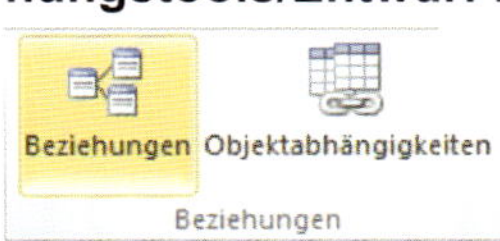

- Bestehende Beziehungen werden angezeigt:

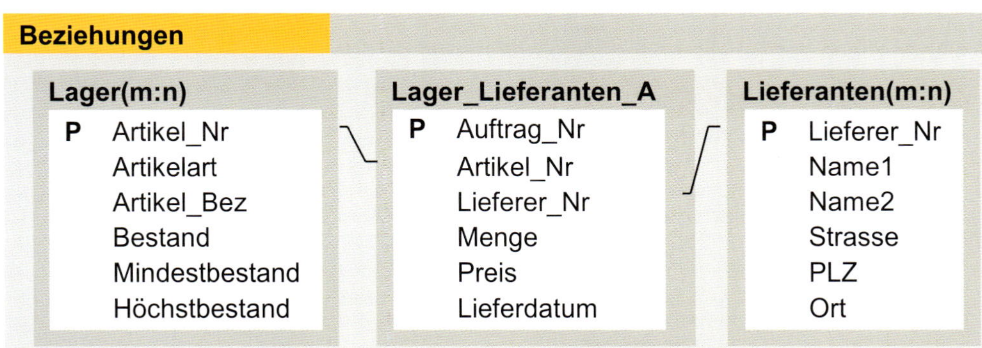

- Klicken Sie die Verbindungslinie zwischen den beiden ersten Tabellen an. Klicken Sie danach im Register **Beziehungstools/Entwurf** in der Gruppe **Tools** die Schaltfläche **Beziehungen bearbeiten** an. Auch über das Kontextmenü lässt sich die Beziehung bearbeiten.

- Aktivieren Sie danach das Kontrollkästchen **Mit referentieller Integrität**.

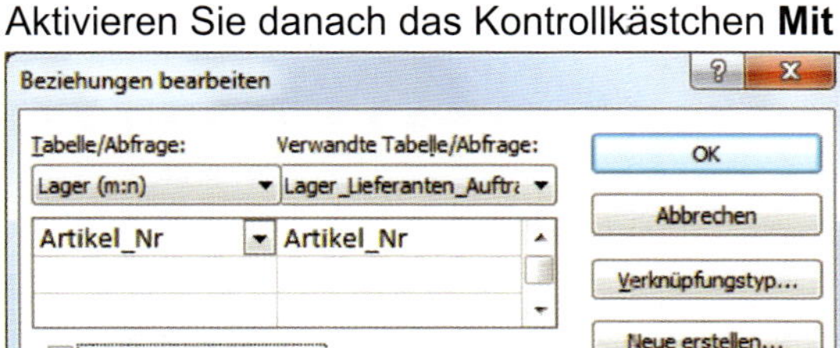

Bearbeitungsschritte (Fortsetzung):

- Mit Anklicken der Schaltfläche **OK** wird die Änderung vorgenommen. Stellen Sie danach die gleiche Verbindung zwischen den Tabellen *Lieferanten (m:n)* und *Lager_Lieferanten_Auftrag* her. Die Darstellung sieht jetzt folgendermaßen aus:

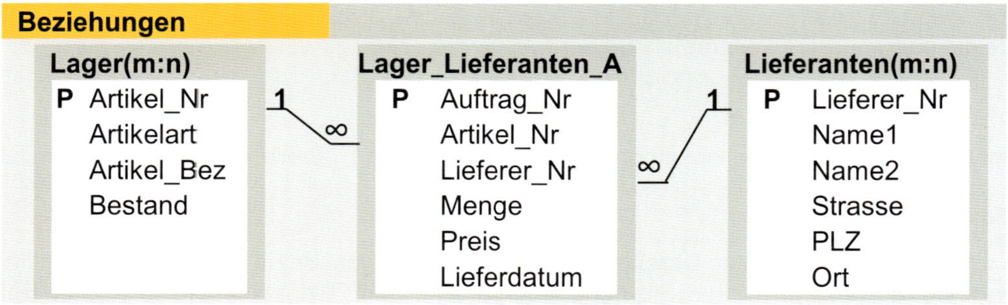

Auswirkungen der referentiellen Integrität – Eingabe von Daten

Die Auswirkungen zeigen sich, wenn man in der Tabelle *Lager_Lieferanten_Auftrag* Datensätze eingeben möchte. Da eine referentielle Integrität aufgebaut wurde, wird bei der Eingabe überprüft, ob die Lager- bzw. Lieferantendaten überhaupt vorhanden sind.

Bearbeitungsschritte:

- Geben Sie in der Tabelle *Lager_Lieferanten_Auftrag* den folgenden Datensatz ein:

Lager_Lieferanten_Auftrag

Auftrag_Nr	Artikel_Nr	Lieferer_Nr	Menge	Preis	Lieferdatum
9	3001	109	12	876,00 €	28.11.2010

- Das Programm reagiert, da es keinen Lieferanten *109* gibt, mit einer Meldung:

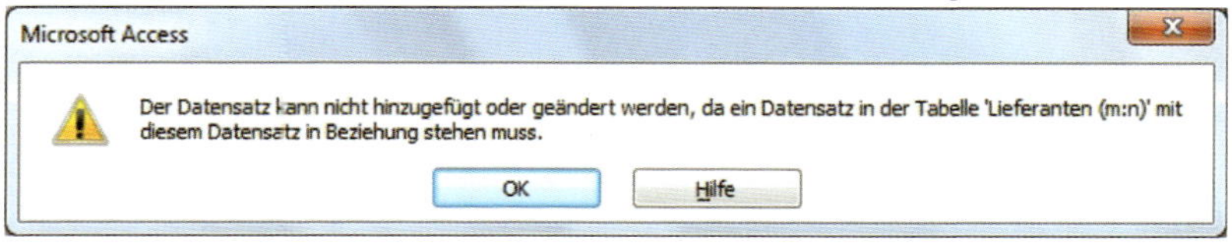

- Klicken Sie die Schaltfläche **OK** an. Schließen Sie danach die Tabelle. Es wird wieder die vorherige Meldung ausgegeben und dann das folgende Fenster angezeigt:

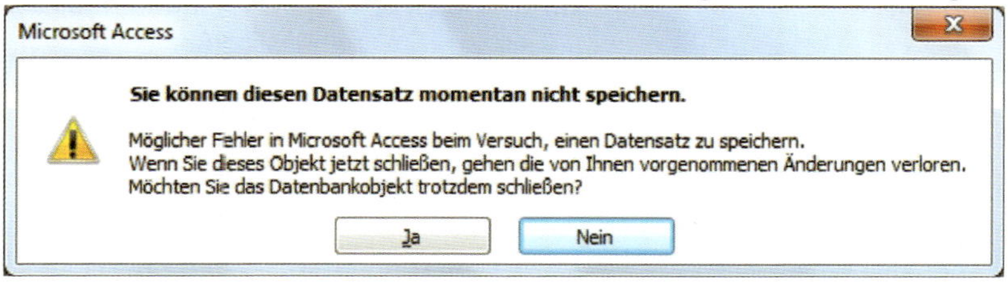

- Klicken Sie die Schaltfläche **Ja** an. Die Eingabe wird nicht gespeichert, die bisherigen Datensätze bleiben erhalten. Sollten Sie sich jedoch lediglich bei einer Eingabe versehen haben, kann diese sofort korrigiert werden.
- Soll der angegebene Datensatz tatsächlich in die Tabelle *Lager_Lieferanten_Auftrag* eingegeben werden, muss zunächst in der Tabelle *Lieferanten (m:n)* ein Datensatz mit der Lieferantennummer *109* eingetragen werden. Erst danach kann logischerweise der gewünschte Datensatz in die Tabelle *Lager_Lieferanten_Auftrag* eingegeben werden.

Auswirkungen der referentiellen Integrität – Löschung von Daten

Die Löschung von Daten in den Tabellen *Lager (m:n)* und *Lieferanten (m:n)* kann nicht mehr ohne Probleme erfolgen. Sollen die Daten gelöscht werden, muss die referentielle Integrität zunächst aufgelöst werden.

Bearbeitungsschritte:

- Rufen Sie die Tabelle *Lager (m:n)* auf und markieren Sie den dritten Datensatz.

Lager(m:n)

		Artikel_	Artikelart	Artikel_B	Bestand	Mindestbestand	Höchstbestand
	+	1000	Schreibtisch	Gabriele	5	5	10
	+	1001	Schreibtisch	Modern	10	15	30
	+	1002	Schreibtisch	Exklusiv	20	10	30
	+	1003	Büroschrank	Elegant	12	5	10

- Klicken Sie im Register **Start** in der Gruppe **Zwischenablage** die Schaltfläche **Ausschneiden** an.

- Das Programm reagiert mit einer Fehlermeldung:

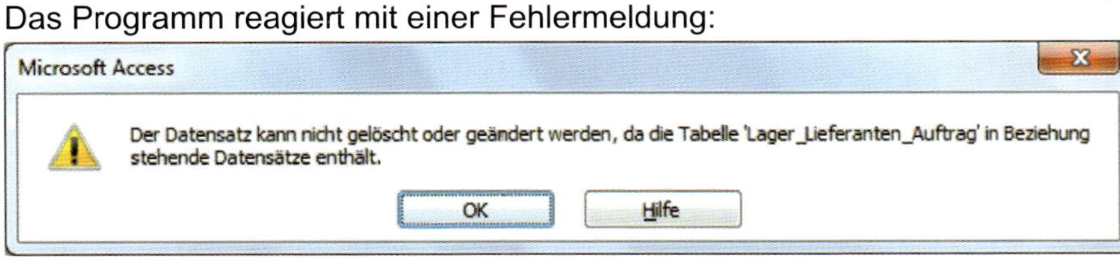

- Eine Löschung des Datenfeldes ist nicht möglich. Analog ist eine Löschung in der Tabelle *Lieferanten (m:n)* nicht möglich, es sei denn, die referentielle Integrität wird aufgelöst.

Referentielle Integrität und Aktualisierungsweitergabe

Durch die Aktivierung dieser Option werden Daten, die in einer Tabelle geändert werden, automatisch auch in einer anderen Tabelle geändert.

Bearbeitungsschritte:

- Verändern Sie die Beziehungen zwischen den einzelnen Tabellen in der Hinsicht, dass Sie das Kontrollfeld **Aktualisierungsweitergabe an verwandte Felder** aktivieren.

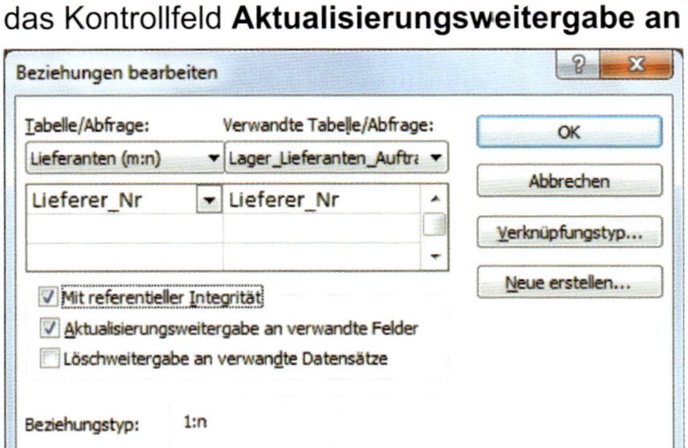

Bearbeitungsschritte (Fortsetzung):

- Verändern Sie in der Tabelle *Lieferanten (m:n)* die Lieferantennummer *102* in *110*. Schließen Sie danach die Tabelle.

Lieferanten(m:n)

Liefe	Name1	Name2	Strasse	PLZ	Ort
100	Wagner & Co.	Büromöbel	Vogtweg 23	33607	Bielefeld
101	Büromöbel AG	Büroeinrichtungen	Gutachtstr. 342	13469	Berlin
110	Trane GmbH	Büromöbel	Bechemstr. 67	47058	Duisburg

- In der Tabelle *Lager_Lieferanten_Auftrag)* wird automatisch die Lieferantennummer *102* durch *110* ersetzt.

Lager_Lieferanten_Auftrag

Auftrag_Nr	Artikel_Nr	Lieferer_Nr	Menge	Preis	Lieferdatum
1	1000	110	5	800,00 €	12.11.2010
2	1001	101	7	456,00 €	14.11.2010
3	1002	110	23	1.250,00 €	16.11.2010

- Machen Sie die Änderung in der Tabelle *Lieferanten (m:n)* wieder rückgängig.

Referentielle Integrität und Löschweitergabe

Die Aktivierung dieser Option sollte außerordentlich gut überlegt werden, da die Löschung von Daten automatisch zur Löschung weiterer Daten in einer anderen Tabelle führt. Unter Umständen gehen damit später benötigte Daten unwiderruflich verloren.

Damit keine Daten in den Originaltabellen gelöscht werden, sollen daher die einzelnen Tabellen kopiert werden und dann die Daten der neuen Tabellen miteinander verknüpft werden.

Bearbeitungsschritte:

- Kopieren Sie die Tabellen *Lager (m:n)*, *Lieferanten (m:n)* und *Lager_Lieferanten_Auftrag* und fügen Sie die Tabellen unter den Namen Tabellen *Lager (m:n) 2*, *Lieferanten (m:n) 2* und *Lager_Lieferanten_Auftrag 2* in die Datenbank *Betrieb* ein.
- Damit bleiben die Originaltabellen erhalten, in den neuen Tabellen können Löschungen vorgenommen werden.
- Bauen Sie zwischen den angezeigten Tabellen jeweils eine Beziehung mit referentieller Integrität und **Löschweitergabe an verwandte Datensätze** auf. Die zweite aufzubauende Beziehung muss zwischen den Tabellen *Lieferanten (m:n) 2* und *Lager_Lieferanten_Auftrag 2* aufgebaut werden.

Bearbeitungsschritte (Fortsetzung):

- Bauen Sie dieselbe Beziehung zwischen den Tabellen *Lieferanten (m:n) 2* und *Lager_Lieferanten_Auftrag 2* auf. Folgende Beziehungen werden angezeigt:

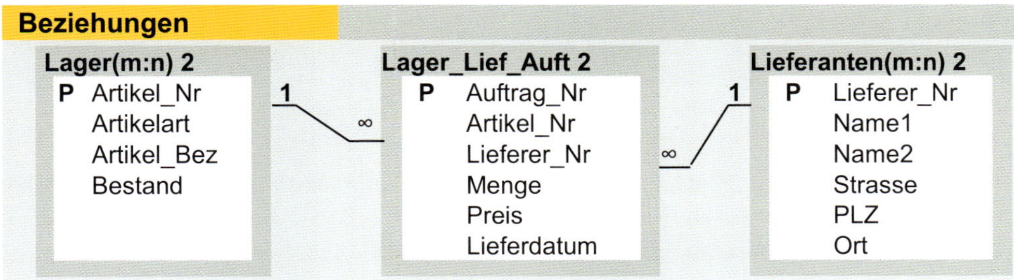

- Öffnen Sie die Tabelle *Lager_Lieferanten_Auftrag 2*. Es werden u. a. zwei Artikel angezeigt, die der Lieferant mit der Lieferantennummer *102* liefern kann.

Lager_Lieferanten_Auftrag 2

Auftrag_Nr	Artikel_Nr	Lieferer_Nr	Menge	Preis	Lieferdatum
1	1000	102	5	800,00 €	12.11.2010
2	1001	101	7	456,00 €	14.11.2010
3	1002	102	23	1.250,00 €	16.11.2010

- Schließen Sie die Tabelle wieder. Rufen Sie die Tabelle *Lieferanten (m:n) 2* auf. Markieren Sie folgenden Datensatz:

Lieferanten(m:n) 2

Liefe	Name1	Name2	Strasse	PLZ	Ort
100	Wagner & Co.	Büromöbel	Vogtweg 23	33607	Bielefeld
101	Büromöbel AG	Büroeinrichtungen	Gutachtstr. 342	13469	Berlin
102	Tranel GmbH	Büromöbel	Bechemstr. 67	47058	Duisburg

- Klicken Sie im Register **Start** in der Gruppe **Zwischenablage** die Schaltfläche **Ausschneiden** an.

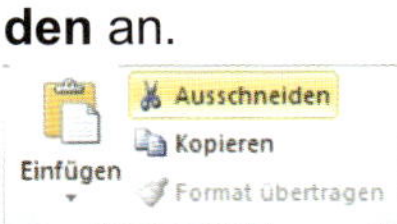

- Folgende Meldung wird auf dem Bildschirm ausgegeben:

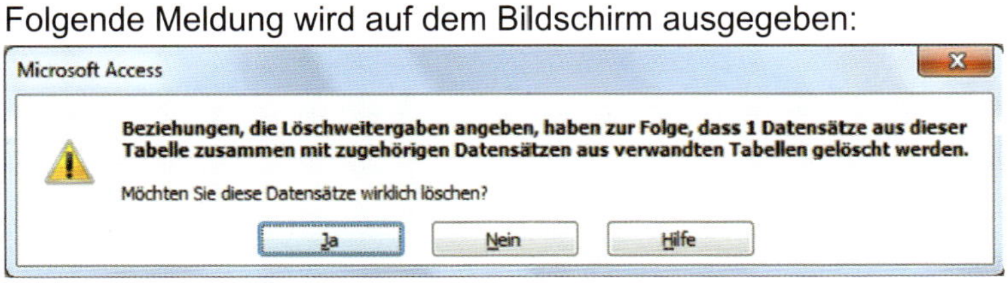

- Klicken Sie die Schaltfläche **Ja** an. Der Datensatz wird aus der Tabelle *Lieferanten (m:n) 2* entfernt. Ebenfalls werden die entsprechenden Daten aus der Tabelle *Lager_Lieferanten_Auftrag 2* gelöscht.

Lager_Lieferanten_Auftrag

Auftrag_Nr	Artikel_Nr	Lieferer_Nr	Menge	Preis	Lieferdatum
2	1001	101	7	456,00 €	14.11.2010
4	1003	104	12	2.400,00 €	16.11.2010

5.11.8 Gleichheits- und Inklusionsverknüpfung

Gleichheitsverknüpfung (Inner-Join)

Über die Datenfelder *Ort* in der Tabelle *Kunden* und *Ort* in der Tabelle *Lieferanten* sollen über die genannten Verknüpfungsarten Auswertungen vorgenommen werden. Ein ähnliches Ergebnis können Sie, wie bereits dargestellt, auch mit der *Union-Abfrage* erreichen. Mithilfe der Gleichheitsverknüpfung sollen durch eine Abfrage alle Orte ausgegeben werden, in denen sowohl Kunden als auch Lieferanten ansässig sind.

Bearbeitungsschritte:

- Bauen Sie die folgende Beziehung auf. Sie wird als *undefiniert* bezeichnet. Die Verknüpfung erfolgt nicht über einen Primärschlüssel.

- Klicken Sie die Schaltfläche **Verknüpfungstyp** an. Es werden die einzelnen Möglichkeiten der Verknüpfung dargestellt. Wählen Sie die erste Option:

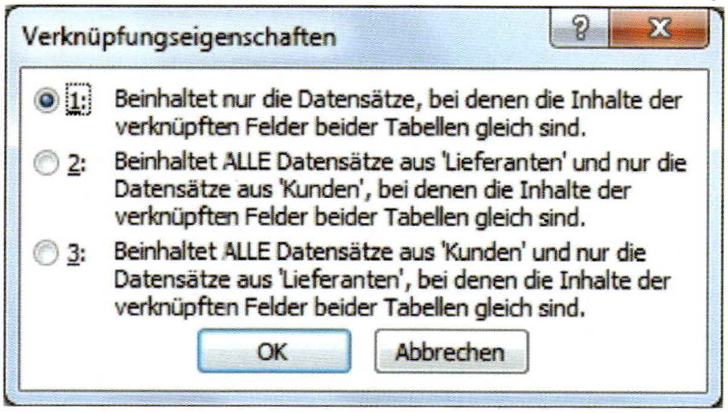

- Die Verknüpfung wird im Fenster **Beziehungen** folgendermaßen dargestellt:

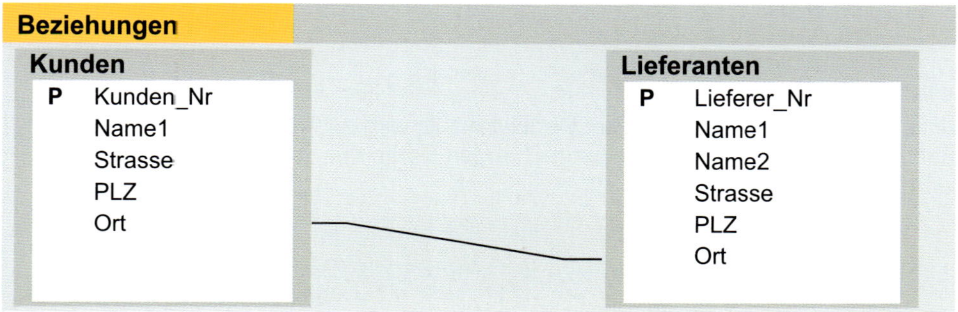

Bearbeitungsschritte (Fortsetzung):

- Erstellen Sie die folgende Abfrage unter dem Namen *Gleichheitsverknüpfung*:

Gleichheitsverknüpfung

Kunden
P Kunden_Nr
Name1
Strasse
PLZ
Ort

Lieferanten
P Lieferanten_Nr
Name1
Name2
Strasse
PLZ
Ort

Feld:	Kunden_Nr	Name1	Ort	Lieferer_Nr	Name1	Ort
Tabelle:	Kunden	Kunden	Kunden	Lieferanten	Lieferanten	Lieferante
Sortierung:						
Anzeigen:	☑	☑	☑	☑	☑	☑
Kriterium:						

- Das Ergebnis zeigt Orte, in denen Kunden und Lieferanten ansässig sind:

Gleichheitsverknüpfung

Kun	Kunden.Name1	Kunden.O	Lief	Lieferanten.Name1	Lieferanten.O
203	Bürobedarf Hinze KG	Berlin	101	Büromöbel AG	Berlin
205	Willi Garstig OHG	Duisburg	102	Tranel GmbH	Duisburg
210	Büroartikel Wessel GmbH	Oldenburg	105	Micro Hansen OHG	Oldenburg

Links- und Rechts-Inklusionsverknüpfung (Outer-Join)

Über diese Verknüpfungen werden Teile von Tabellen ausgegeben. Dabei werden unterschiedliche Ergebnisse aufgrund des Verknüpfungstyps erzielt. In dem Fenster, in dem die Verknüpfungen festgelegt werden, wird eine kurze Erklärung zu den zu erwartenden Ergebnissen gegeben.

Bearbeitungsschritte:

- Bauen Sie dieselbe Verknüpfung auf. Ändern Sie den Verknüpfungstyp:

  ◉ 2: Beinhaltet ALLE Datensätze aus 'Lieferanten' und nur die Datensätze aus 'Kunden', bei denen die Inhalte der verknüpften Felder beider Tabellen gleich sind.

- Als Ergebnis werden die Datensätze so ausgegeben, wie das Programm es angekündigt hat, nämlich alle Datensätze aus Lieferanten und nur die Datensätze aus Kunden, bei denen die Inhalte der verknüpften Felder beider Tabellen gleich sind.

Links-Inklusionsverknüpfung

Kun	Kunden.Name1	Kunden.O	Lief	Lieferanten.Name1	Lieferante
			100	Wagner AG	Bielefeld
203	Bürobedarf Hinze KG	Berlin	101	Büromöbel AG	Berlin
205	Willi Garstig OHG	Duisburg	102	Tranel GmbH	Duisburg
			103	Computerland GmbH	
			104	Computer 2000 GmbH	
210	Büroartikel Wessel GmbH	Oldenburg	105	Micro Hansen OHG	Oldenburg
			106	Computer Voges AG	Hannover

- Probieren Sie danach eine Rechts-Inklusionsverknüpfung aus.

5.11.9 Verknüpfungen aufgrund einer Abfrage

Eine Alternative zu den festen Beziehungen, die bisher realisiert wurden, ist das Herstellen einer Beziehung in einer Abfrage. Die Beziehung wird nur in dieser Abfrage wirksam. Die drei Verknüpfungsmöglichkeiten, wie sie beschrieben wurden, können angewandt werden.

Bearbeitungsschritte:

- Löschen Sie zunächst die Beziehungen zwischen dem Datenfeld *Ort* in der Tabelle *Kunden* und dem Datenfeld *Ort* in der Tabelle *Lieferanten*.
- Erstellen Sie die folgende Abfrage:

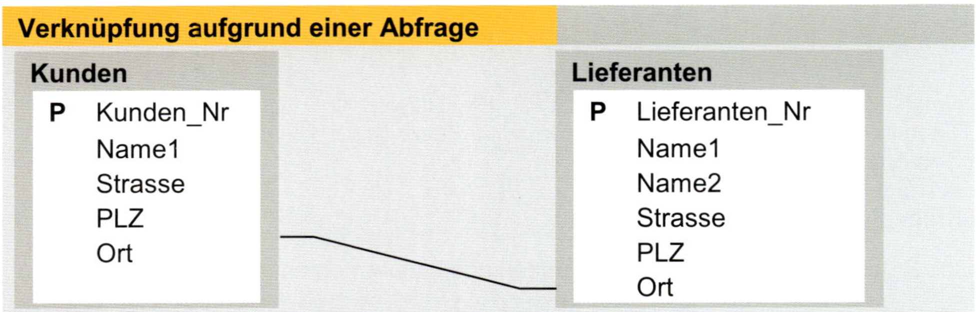

Feld:	Kunden_Nr	Name1	Ort	Lieferer_Nr	Name1	Ort
Tabelle:	Kunden	Kunden	Kunden	Lieferanten	Lieferanten	Lieferanten
Sortierung:						
Anzeigen:	☑	☑	☑	☑	☑	☑
Kriterium:						

- Wenn Sie nun die Abfrage ausführen, würden fehlerhaft alle Verbindungen zwischen allen Datensätzen angezeigt. Verknüpfen Sie daher in der Abfrage die angezeigten Datenfelder (*Ort*). Klicken Sie dann mit der rechten Maustaste auf die Verbindungslinie und wählen Sie den Menüpunkt **Verknüpfungseigenschaften**.

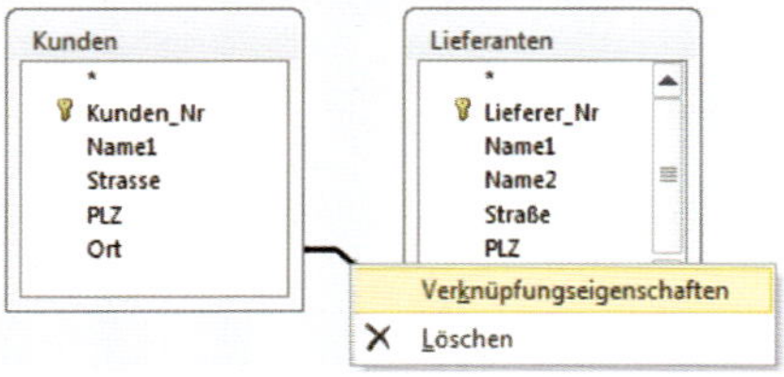

- Sie können nun die Verknüpfungseigenschaften bestimmen und das gewünschte Ergebnis ausgeben lassen.

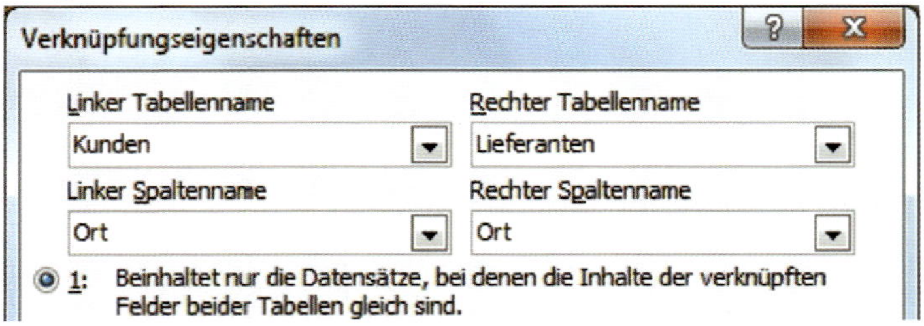

- Probieren Sie die einzelnen Möglichkeiten nacheinander aus.

Übungen:

1. Neben den Daten der Arbeitnehmerinnen und Arbeitnehmer sollen auch die Daten der Betriebe erfasst werden, in denen die Beschäftigten arbeiten. Da es sich bei der *Arbeitsvermittlung GmbH* um ein Unternehmen handelt, dass anderen Unternehmen bei Bedarf Arbeitnehmerinnen und Arbeitnehmer zur Verfügung stellt, ist die Möglichkeit gegeben, dass die Beschäftigten bei verschiedenen Unternehmen arbeiten.

   a) Legen Sie in der Datenbank *Arbeitsvermittlung* eine Tabelle mit dem Namen *Betriebe* an, die die nachfolgende Dateistruktur aufweisen soll. Versehen Sie das Datenfeld *BNr* mit einem Primärschlüssel.

Feldname	**Felddatentyp**
BNr	Zahl
Name_1	Text
Name_2	Text
Strasse	Text
PLZ	Zahl
Ort	Text

   b) Geben Sie die folgenden Daten in die Tabelle *Betriebe* ein. Speichern Sie danach die Tabelle ohne Primärschlüssel ab.

BNr	**Name_1**	**Name_2**	**Strasse**	**PLZ**	**Ort**
1	Büro Schmitz	Bürobedarf	Salzstr. 765	44894	Bochum
2	Hoffmann AG	Stahlhandel	Güterstr. 23	44145	Dortmund
3	Santel GmbH	Schuhhandel	Sydowstr. 56	44369	Dortmund
4	Donike OHG	Textilwaren	Stembergstr.	44807	Bochum
5	Geiger KG	Malerbetrieb	Gögestr. 78	44225	Dortmund

   c) Versehen Sie das Datenfeld *ANr* in der Tabelle *Arbeitnehmer* mit einem Primärschlüssel.

   d) Für die Beschäftigten zahlen die einzelnen Betriebe unterschiedliche Entgelte pro Stunde. Erstellen Sie eine dritte Tabelle *Arbeitnehmer_Betriebe* mit den Datenfeldern *ANr*, *BNr* und *Entgelt*. Versehen Sie die beiden ersten Datenfelder mit einem zusammengesetzten Primärschlüssel.

   e) Geben Sie die folgenden Daten in die Tabelle *Arbeitnehmer_Betriebe* ein:

ANr	**BNr**	**Entgelt**	**ANr**	**BNr**	**Entgelt**	**ANr**	**BNr**	**Entgelt**	**ANr**	**BNr**	**Entgelt**
1003	1	25,00	1000	5	26,70	1002	4	24,30	1007	3	25,90
1014	3	25,00	1012	4	28,70	1009	1	32,80	1007	4	25,90
1012	3	26,00	1014	4	28,70	1010	3	31.80	1009	3	26,00

   f) Stellen Sie eine m:n-Beziehung zwischen den Tabellen her.

   g) Werten Sie die Tabellen durch entsprechende Abfragen aus.

   h) Führen Sie die beiden möglichen Inkonsistenzsuchen durch.

   i) Bauen Sie Beziehungen mit referentieller Integrität auf.

   j) Führen Sie Gleichheits- und Inklusionsverknüpfungen durch.

Übungen:

1. Werten Sie die Daten der Datenbank *Arbeitsvermittlung* aus.
   a) Erstellen Sie jeweils ein AutoFormular oder ein Formular mithilfe des Formular-Assistenten zur Dateneingabe in die Tabellen *Arbeitnehmer* und *Betriebe*. Beim AutoFormular werden Sie feststellen, dass jeweils ein Unterformular mit eingeblendet wird.
   b) Stellen Sie in Form eines Berichts die Betriebe dar. Das Ergebnis könnte in etwa so aussehen, es kann aber auch nach Ihren Vorstellungen formatiert werden:

Betriebe — Samstag, 11. September 2010

BNr	Name_1	Name_2	Strasse	PLZ	Ort	Bereich
1	Büro Schmitz KG	Bürobedarf	Salzstr. 765	44894	Bochum	Handel
2	Hoffmann AG	Stahlhandel	Güterstr. 23	44145	Dortmund	Industrie
3	Santel GmbH	Schuhhandel	Sydowstr. 56	44369	Dortmund	Handel
4	Donike OHG	Textilwaren	Stembergstr.	44807	Bochum	Handwerk
5	Geiger KG	Malerbetrieb	Gögestr. 78	44225	Dortmund	Handwerk

   c) Erstellen Sie den vorher angezeigten Bericht noch einmal. Gestalten Sie ihn nach Ihren eigenen Vorstellungen.
   d) Erstellen Sie ebenfalls einen Bericht über die Arbeitnehmerinnen und Arbeitnehmer der Arbeitsvermittlung.

Arbeitnehmer — Samstag, 11. September 2010

ANr	Name	Vorname	Strasse	Ort
1000	Beckmann	Stefan	Laaker Str. 45	Duisburg
1001	Raun	Petra	Zeisigstr. 98	Dormagen
1002	Högemann	Katharina	Hagenstr. 43	Hamm
1003	Röring	Katharina	Am Ostheck 51	Dortmund
1004	Zinklage	Ramon	Bachstr. 33	Bochum
1005	Bengelke	Florentina	Märchenweg 17	Duisburg
1006	Waake	Tobias	Jahnstr. 54	Gelsenkirchen
1007	Regemann	Maria	Kämpenstr. 34	Essen
1008	Meyers	Jasmin	Teuschstr. 23	Dormagen
1009	Hansen	Thekla	Lautstr. 55	Essen
1010	Maiser	Thekla	Nadlerweg 11	Dortmund
1011	Wonen	Wilfried	Oberdelle 62	Dortmund
1012	Kammes	Jennifer	Koksstr. 17	Essen
1013	Kuckli	Karsten	Händelstr. 73	Gelsenkirchen
1014	Knie	Manuel	Christstr. 98	Bochum
1015	Rennemann	Katja	Ackerstr. 1	Dorsten
1016	Dürken	Stefanie	Saalestr. 112	Duisburg
1017	Schmees	Jasmin	Paßweg 38	Dortmund
18				

   e) Erstellen Sie einen Bericht, der darstellt, welche Arbeitnehmerinnen und Arbeitnehmer für die *Santel GmbH* arbeiten.

Zusammenfassende Übungen:

1. Aufgabe

Die Beziehungen zwischen Kursen einer Volkshochschule und den Teilnehmern an den Kursen sollen in einer Datenbank dargestellt werden.

1. Richten Sie eine Datenbank unter dem Namen *VHS* ein.
2. Erstellen Sie aus den Angaben normalisierte Tabellen. Benutzen Sie den jeweils vernünftigsten Datentyp.

Tabelle: *Schüler*

Teilnehmer_Nr	
Name	
Vorname	
Anschrift	
Kurs_Nr	

Tabelle: *Kurse*

Kurs_Nr	
Kursname	
Bereich	
Kursgebühr	

3. Erstellen Sie zwischen den Tabellen eine *1:n-Beziehung*.
4. Geben Sie alle Kurse mit einer Kursgebühr von unter 50,00 € aus.
5. Erhöhen Sie die Gebühren im Bereich Wirtschaft im Datenfeld *Kursgebühr* um 5 %.
6. Richten Sie ein Datenfeld *Neue Kursgebühr* ein. Die Kursgebühren für alle Kurse sollen um 12 % erhöht werden. Berechnen Sie die neuen Kursgebühren.
7. Richten Sie ein neues Datenfeld *Differenz* ein. Ermitteln Sie die Differenz zwischen der neuen und der alten Kursgebühr.
8. Ermitteln Sie die Gesamtsumme der Kursgebühren.
9. Ermitteln Sie die Gesamtsumme der Kursgebühren für die einzelnen Bereiche.

2. Aufgabe

Nach genauer Analyse der Datenbank *VHS* sind Sie zu dem Ergebnis gekommen, dass mehrere Teilnehmer nicht nur einen, sondern mehrere Kurse besuchen und es daher unter anderem zu Datenredundanzen kommt. Sie wollen daher den Sachverhalt in einer *m:n-Beziehung* darstellen.

1. Stellen Sie den Sachverhalt in einem ER-Diagramm dar.
2. Erstellen Sie eine Datenbank unter dem Namen *VHS_2*.
3. Erstellen Sie die notwendigen Tabellen und die sich ergebenden Beziehungen.
4. Werten Sie die Datenbank durch Abfragen aus. Erstellen Sie Formulare und Berichte.

3. Aufgabe

Erstellen Sie die Datenbank *SV_München* (siehe Seite 353). Werten Sie die Datenbank durch sinnvolle Abfragen aus. Erstellen Sie außerdem Formulare und Berichte.

Zusammenfassende Übungen:

4. Aufgabe

Die Daten Ihres Unternehmens werden zurzeit auf Karteikarten geführt. Es hat sich herausgestellt, dass das Anlegen von Karteikarten, um die geschäftlichen Aktivitäten zu erledigen, nicht mehr zeitgemäß und vernünftig ist. Nachfolgend wird die erste Karteikarte abgebildet:

Artikelbezeichnung: *Marena*		
Artikelart: *Teppichboden*	Artikelnummer: *10017*	
Bestand: *237,40 m²*	Mindestbestand: *200,00 m²*	Höchstbestand: *400,00 m²*
Verkaufspreis (pro m²): *33,24 €*	Verkaufsdatum: *19.08.2007*	
Kunde: *Farben Müller KG*	Name2: *Teppichmarkt*	
Kunden_Nr: *17802*	Anschrift: *Naumannstr. 12, 10234 Berlin*	

1. Der Sachverhalt soll in eine m:n-Beziehung überführt werden. Tragen Sie die einzelnen sich ergebenden Entitäten (Entitätstypen) mit den jeweiligen Attributen ein. Kennzeichnen Sie etwaige Primärschlüssel mit einem Unterstrich.

   Hinweis: Die Anzahl der dargestellten Ellipsen ist willkürlich gewählt. Nicht benötigte Ellipsen sind daher nicht zu beschriften.

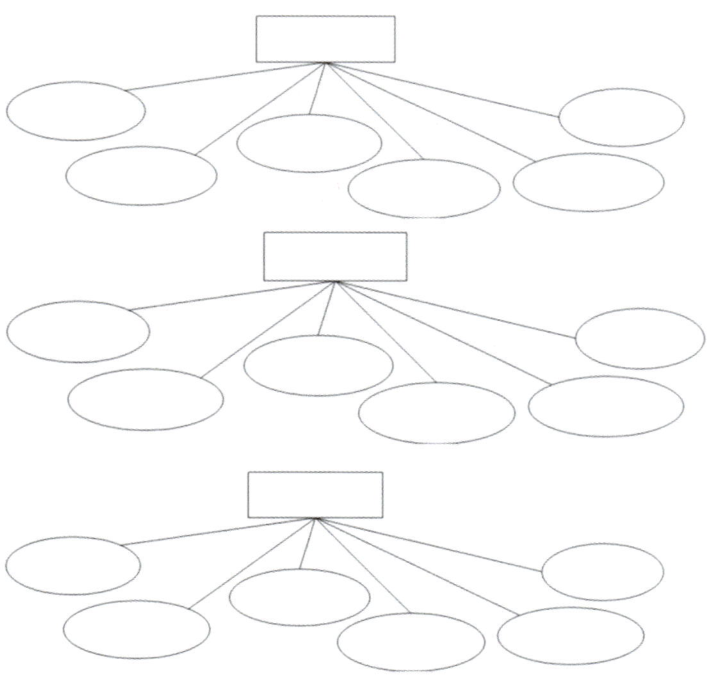

2. Schreiben Sie den gesamten Sachverhalt (Aufgabe 1) in einer Kurznotation.
3. Stellen Sie den Sachverhalt als Entity-Relationsship-Modell (ERM) ohne Attribute dar. Kennzeichen Sie die Entitäten und den Relationsship.
4. Erstellen Sie eine Datenbank unter dem Namen *Unternehmen*. Richten Sie die entsprechenden Tabellen ein und stellen Sie die Beziehungen her.
5. Werten Sie die Datenbank durch Abfragen aus.

6 Präsentieren mit PowerPoint

6.1 Nutzung des Programms

6.1.1 Vorbemerkungen

Die bestimmende Nutzungsmöglichkeit einer Präsentationssoftware ist vor allem die Unterstützung eines Vortrags. Neben den Ausführungen der vortragenden Person werden Informationen mithilfe des Computers und eines Projektors (Beamer) zur Unterstützung des Vortrags an einer Projektionsfläche angezeigt. Daneben gibt es jedoch eine Reihe weiterer Nutzungsmöglichkeiten des Programms **PowerPoint**. Es werden verschiedene Möglichkeiten geboten, beispielsweise Handzettel, Grafiken usw. zu erstellen. Die gegebenen Möglichkeiten erleichtern die betriebliche und schulische Arbeit in vielfältiger Hinsicht.

6.1.2 Vortrag mithilfe einer Präsentation

Die Aussagen eines Vortrags können optimal mit PowerPoint-Folien unterstützt werden. Die Wirkung des gesprochenen Wortes wird durch den Inhalt der Folien verstärkt.

Vortrag 	Der Vortrag ist die klassische Form der Nutzung einer Präsentationssoftware. Eine PowerPoint-Präsentation wird unter Nutzung eines Computers (eines Notebooks) mithilfe eines Beamers auf einer Projektionsfläche dargestellt. Der Inhalt der einzelnen Folien wird vom Vortragenden erläutert. **Hinweis:** Erklärungen zum Aufbau eines Vortrags und zu möglichen Bewertungskriterien für einen Vortrag werden am Ende des Kapitels *Präsentieren mit PowerPoint* gegeben. Außerdem werden zur Orientierung mögliche Bewertungsbögen dargestellt.

6.1.3 Sonstige Möglichkeiten

Neben der Präsentation zur Unterstützung eines Vortrags gibt es noch andere Möglichkeiten, erstellte Präsentationen zu nutzen. Dabei sollte der Einsatzzweck schon bei der Erstellung der Folien berücksichtigt werden.

Selbstablaufende Präsentation	Auf einer Ausstellung, in einem Schaufenster usw. wird eine Präsentation gezeigt, die Menschen anlockt und informiert.
Ausdruck	Die einzelnen Folien (Arbeitsblätter) werden über einen Drucker ausgegeben und in Mappen usw. zusammengefasst.
Textverarbeitung Word	Eine Präsentation wird in die Textverarbeitung Word übertragen, es werden beispielsweise zusätzliche Notizen mit übertragen.
Handzettel	Handzettel ermöglichen die Wiedergabe mehrerer Folien auf einer Seite. Sie können z. B. für Werbezwecke eingesetzt werden.
Erstellung und Speicherung von Folien als Grafiken	Hintergründe, gesamte Folien usw. können als Grafiken abgespeichert werden. Diese Grafiken können dann in verschiedenen anderen Programmen eingesetzt werden.
Webseiten	Die Folien werden als Webseiten mit einer einfachen Navigation ausgegeben. Dadurch können sie im Internet veröffentlicht werden oder als Webseiten auf einem Computer angezeigt werden.

6.1.4 Elemente einer Präsentation

In Präsentationen kann zur Veranschaulichung eine Reihe von Elementen eingesetzt werden. Die folgende Übersicht zeigt die wesentlichen:

Text/ Tabellen

Die Aussagen auf Folien sollen kurz und prägnant sein. Vollständige Sätze sind in der Regel nicht empfehlenswert. Der Vortragende soll nicht die Texte ablesen, sondern die gezeigten Aussagen erläutern.

Tabellen bieten sich vor allem für Gegenüberstellungen an. Mathematische Werte können in der Regel besser durch Diagramme dargestellt werden.

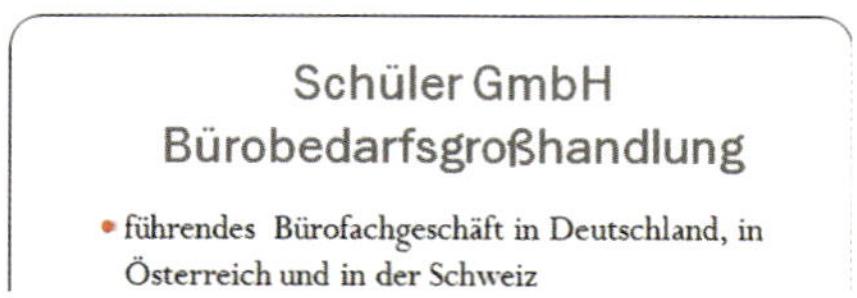

Diagramme

Die Wahl eines Diagrammtyps hängt im Wesentlichen mit dem Sachverhalt zusammen, der verdeutlicht werden soll.

Säulendiagramm

Die Gegenüberstellung von Daten lässt sich besonders gut mit dem Säulendiagramm darstellen.

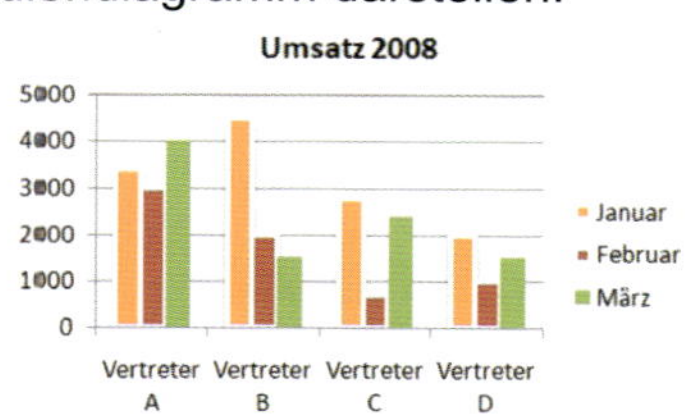

Balkendiagramm

Ein Balkendiagramm eignet sich wie ein Säulendiagramm für die Gegenüberstellung von Daten.

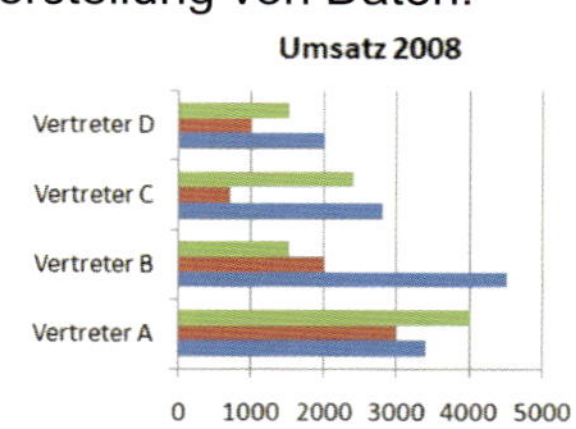

Kreisdiagramm

Anteilige Werte werden besonders effektiv in einem Kreisdiagramm dargestellt.

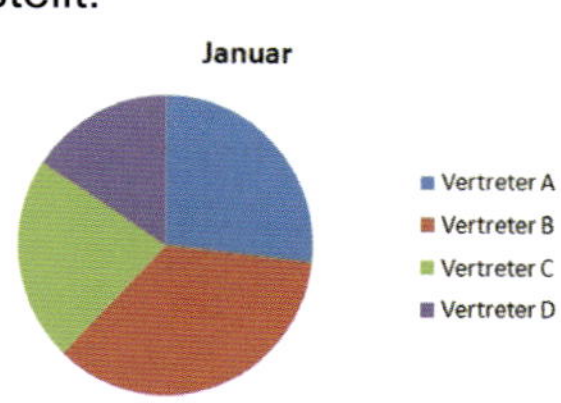

Liniendiagramm

Die Entwicklung von Werten wird besonders anschaulich mit einem Liniendiagramm dargestellt.

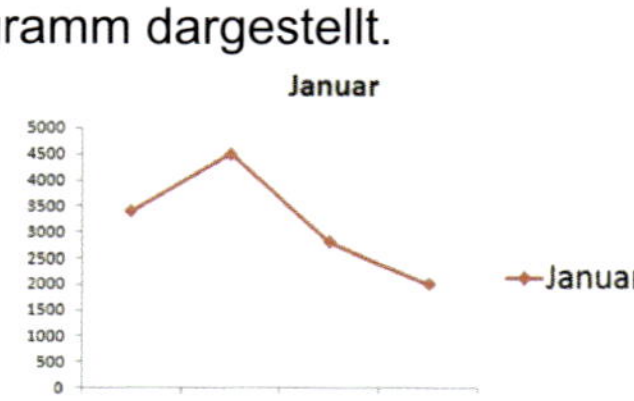

Bilder/ Grafiken (ClipArts)

Bilder sollten eingesetzt werden, um Produkte usw. genauer zu beschreiben.

Mithilfe von ClipArts können Folien aussagekräftiger gestaltet werden. Illustrationen ergänzen sinnvoll Texte usw.

Sounds

Audio-Dateien sind Sounds, aufgezeichnete Texte usw. Sie können z. B. als Hintergrundmusik oder Sprachkommentare in Folien eingesetzt werden. Im Programm besteht die Möglichkeit, Töne aufzunehmen. Außerdem kann mithilfe des Windows-Audiorecorders ein Text aufgezeichnet werden.

Film/Video	Ein neues Produkt kann z. B. durch ein Video vorgestellt werden. Mithilfe spezieller Programme, z. B. dem kostenlosen *Microsoft MovieMaker*, können Videos erstellt werden, die in Folien abgespielt werden können. 
SmartArt	Schematische Darstellungen ermöglichen beispielsweise den Aufbau eines Betriebes usw. darzustellen. Es stehen verschiedene Arten von sogenannten SmartArts zur Verfügung, mit denen Hierarchien, Prozesse, Zyklen, Pyramiden usw. erstellt werden können. 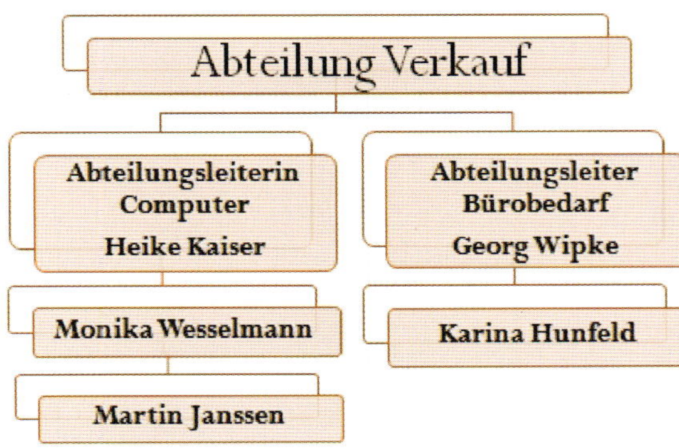

6.1.5 Nutzung des Programms

Eine Präsentationssoftware kann wie alle Programme über den Desktop oder über die Schaltfläche **Start** geöffnet werden.

Bearbeitungsschritte:

- Starten Sie das Programm **PowerPoint**. Klicken Sie das entsprechende Programmsymbol auf dem Desktop an.

- Alternativ können Sie das Programm über die folgenden Schaltflächen auswählen:

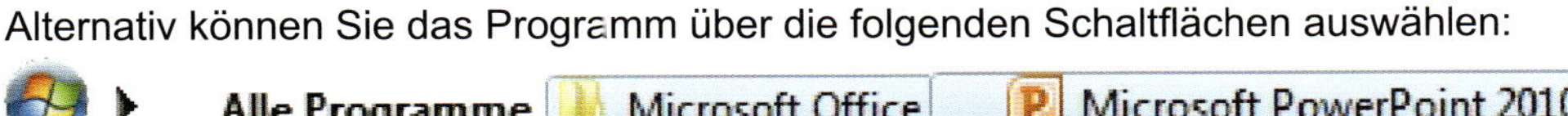

- Wenn Sie das Programm an die Taskleiste angeheftet haben, können Sie es ebenfalls von dieser Leiste aus starten:

Der PowerPoint-Bildschirm beinhaltet beim Start die folgenden Komponenten:

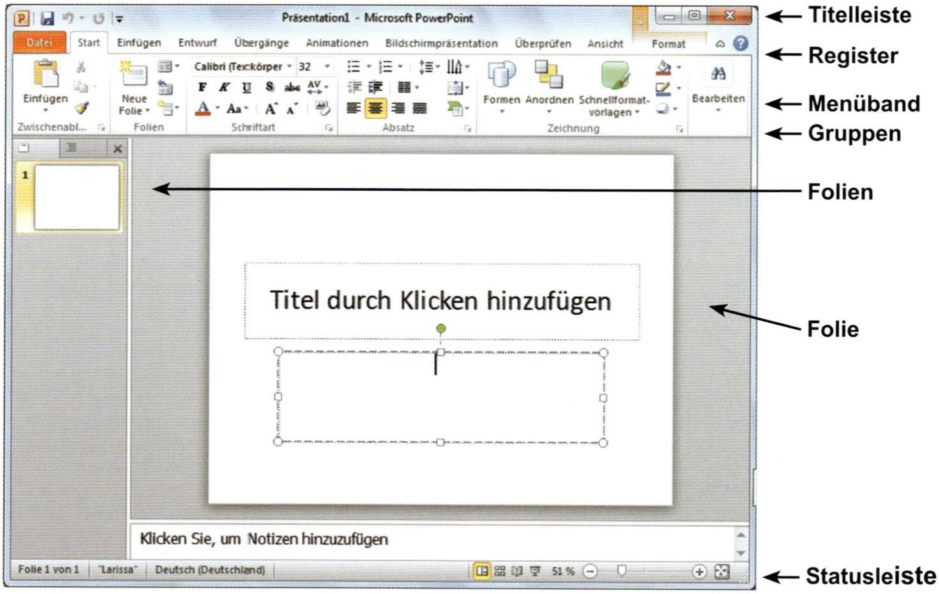

Bearbeitungsschritte:

- Wählen Sie den Menüpunkt **Datei/Schließen**. Alternativ können Sie die Schaltfläche **Schließen** [X] anklicken.

6.1.6 Hilfefunktion

Office-Programme verfügen wie viele andere Programme über eine **Hilfe-Funktion**. Die Hilfe-Funktion ist so aufgebaut, dass auf der linken Seite verschiedene Begriffe zur Verfügung stehen. Auf der rechten Seite wird dann der gewünschte Inhalt ausgegeben.

Zum Aufruf der Hilfe muss die Schaltfläche **Microsoft Office PowerPoint-Hilfe** angeklickt oder die Funktionstaste **[F1]** betätigt werden. Außerdem sollte sofort die Schaltfläche **Inhaltsverzeichnis anzeigen** angeklickt werden. Ausführliche Erklärungen zu der Hilfe finden Sie im Kapitel **Excel**.

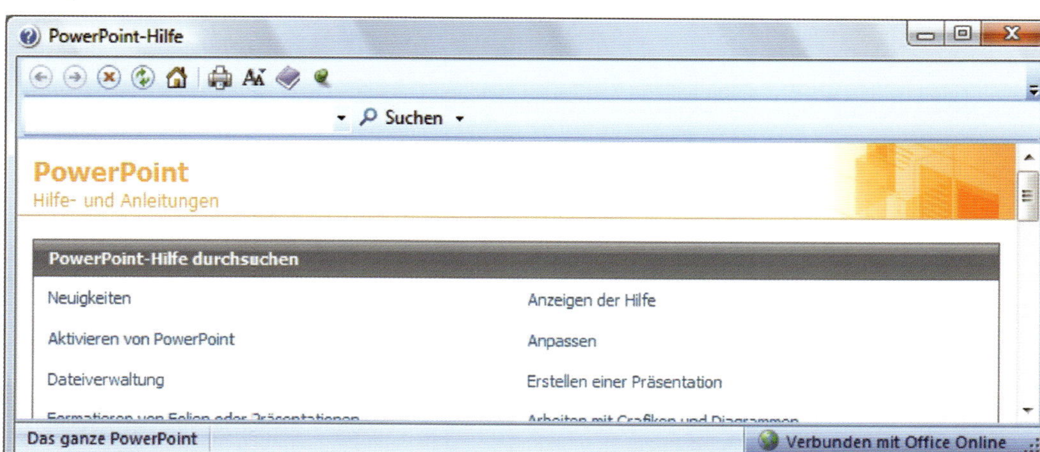

6.1.7 Erstellung einer Präsentation

Die Vorstellung eines Unternehmens ist eine interessante Möglichkeit für eine Präsentation. Die einzelnen Elemente können vernünftig eingesetzt werden. Bei der Erstellung einer Präsentation sollte direkt ein vernünftiges Design ausgewählt werden. Ist dies nicht der Fall, müssen unter Umständen einzelne Elemente wie Texte, Grafiken usw. nachträglich neu gestaltet und/oder angeordnet werden. Dies sollte vermieden werden.

Bearbeitungsschritte:

- Starten Sie das Programm **PowerPoint**. Eine leere Titelfolie wird eingeblendet.
- Klicken Sie die Registerkarte **Entwurf** an. In der Gruppe **Designs** werden Designs, Farben und Schriftarten angezeigt.

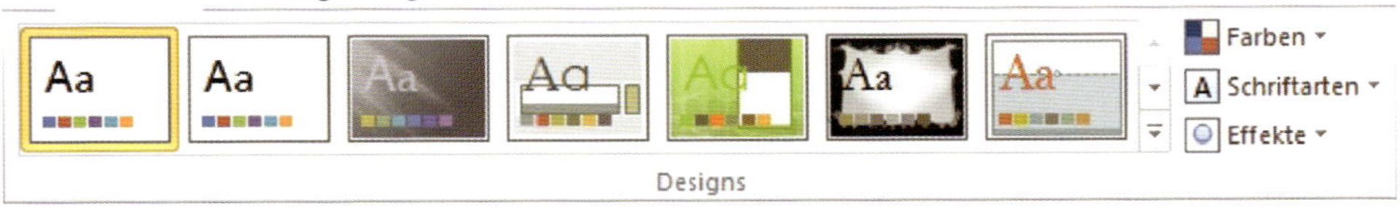

- Klicken Sie den Pfeil nach unten neben den dargestellten Designs an. Es werden alle zur Verfügung stehenden Designs angezeigt. Daneben lassen sich aus dem Internet weitere Designs laden.

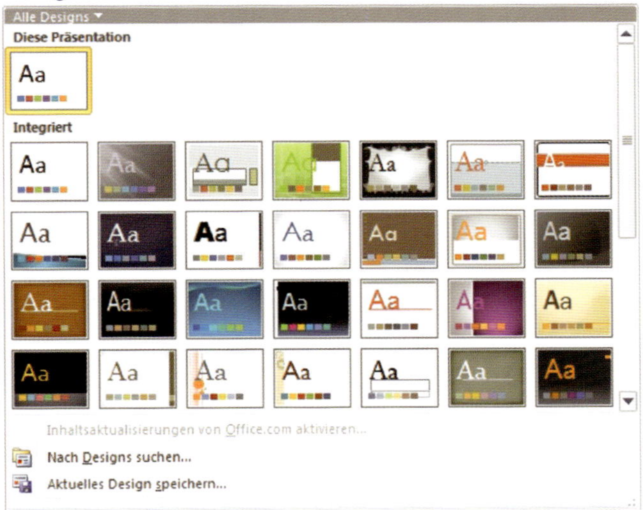

- Fahren Sie mit der Maus über die einzelnen Designs. Das jeweilige Design wird angezeigt. Wählen Sie durch Anklicken mit der Maus das folgende Design aus:

Bearbeitungsschritte (Fortsetzung):

- Durch Anklicken der einzelnen Bereiche der Folie können Sie jeweils einen *Titel* und einen *Untertitel* eingeben. Das Ergebnis sollte in etwa so aussehen:

- Klicken Sie im Register **Start** in der Gruppe **Folien** die Schaltfläche **Neue Folie** an.

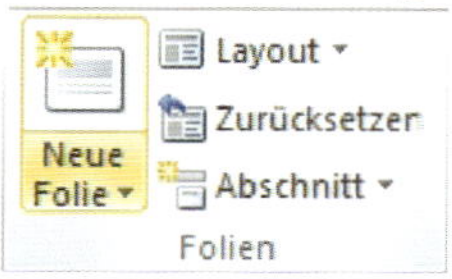

- Wählen Sie das Textlayout *Titel und Inhalt* aus. Die neue Folie wird eingefügt.

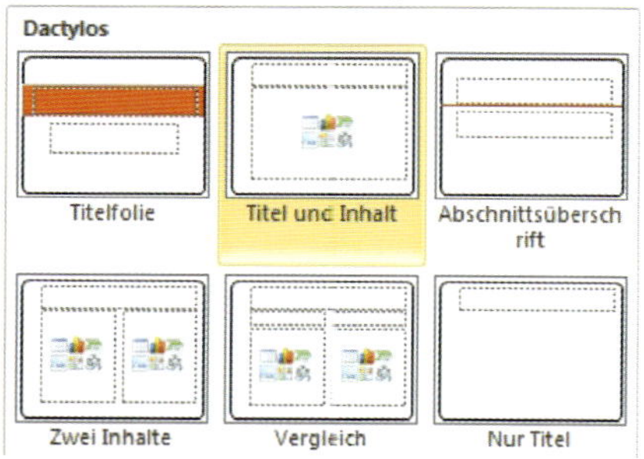

- Erstellen Sie die folgende Folie:

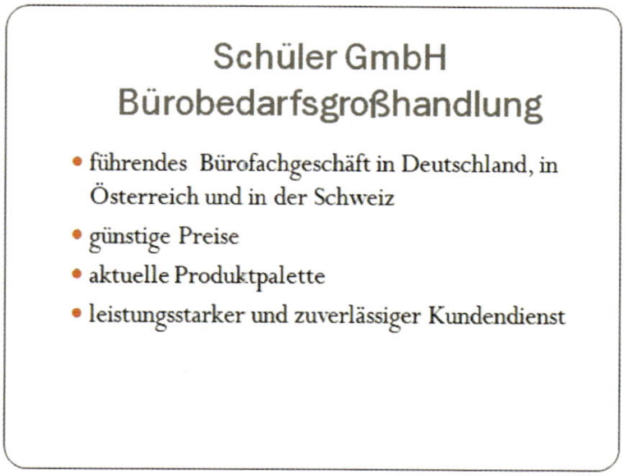

Bearbeitungsschritte (Fortsetzung):

- Die Darstellung überzeugt sicherlich noch nicht. Klicken Sie daher das Register **Start** an. In den Gruppen **Schriftart** und **Absatz** können Sie nach dem Markieren einzelner Textelemente Einstellungen vornehmen. Grundsätzlich muss jedoch darauf geachtet werden, dass alle Folien in der Präsentation einheitliche Schriftgrößen usw. aufweisen.

- Bereiche innerhalb der Folie können über die Anfasser an den Seiten und Ecken nach Bedarf größer oder kleiner gezogen werden.

- Die Gestaltung des Hintergrunds bietet sich an. Klicken Sie daher im Register **Entwurf** in der Gruppe **Hintergrund** die Schaltfläche **Hintergrundformate** an.

- Wählen Sie den Hintergrund aus, der auch auf der Titelfolie vorhanden ist.

- Das Ergebnis sollte in etwa so aussehen:

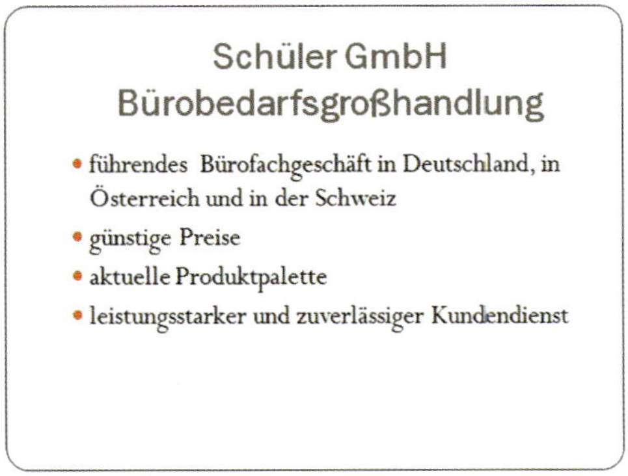

Bearbeitungsschritte (Fortsetzung):

- Klicken Sie im Register **Start** in der Gruppe **Folien** die Schaltfläche **Neue Folie** an. Wählen Sie die angezeigte Folienart aus.

- Die dritte Folie sollte in etwa so aussehen:

- Speichern Sie die Präsentation unter dem Namen *Schüler_1*.

6.1.8 Bildschirmpräsentation

Das erzielte Ergebnis soll über den Bildschirm präsentiert werden. Es werden noch nicht alle Möglichkeiten der Präsentation angegeben; es soll lediglich die grundsätzliche Vorgehensweise gezeigt werden. In einem späteren Kapitel werden weitere Möglichkeiten erklärt.

Bearbeitungsschritte:

- Klicken Sie im Register **Bildschirmpräsentation** in der Gruppe **Bildschirmpräsentation starten** die Schaltfläche **Von Beginn an** an.

- Klicken Sie mit der linken Maustaste. Die nächste Folie wird eingeblendet. Sind alle Folien präsentiert worden, erscheint die folgende Meldung:

Ende der Bildschirmpräsentation. Zum Beenden klicken.

- Kehren Sie mit einem Mausklick zur Normalansicht zurück.
- Eine Präsentation können Sie jederzeit mit der Taste **[Esc]** abbrechen.
- Wenn Sie die Maus an den Rand unten links des Bildschirms bewegen, werden links unten Schaltflächen eingeblendet. Die sich durch das Anklicken dieser Schaltflächen ergebenden Möglichkeiten werden später genau besprochen.

6.1.9 Speichern von Präsentationen

Die Speicherung einer Präsentation erfolgt wie nachstehend angegeben. Genauere Hinweise finden Sie im Kapitel **Excel**. Spezielle Möglichkeiten des Speicherns werden auf der nächsten Seite beschrieben.

Bearbeitungsschritte:

- Wählen Sie danach den Menüpunkt **Datei/Speichern**.

Alternative: Schaltfläche **Speichern** 

- Wählen Sie die Option **Computer** im Bereich *Linkfavoriten* und ein Laufwerk und/oder einen Ordner aus. Speichern Sie die die Präsentation unter dem Namen *Schüler_1*.

6.1.10 Speichern von Folien als Grafik

Eine oder auch alle Folien einer Präsentation können als Grafik gespeichert werden. Damit können sie mit einem Grafikprogramm weiterbearbeitet oder auch in Dokumente, Webseiten usw. als Grafik eingefügt werden.

Bearbeitungsschritte:

- Öffnen Sie die Präsentation *Schüler1*. Wählen Sie danach den Menüpunkt **Freigeben/ Dateityp ändern/JPEG-Dateiaustauschformat**.

- Nach Anklicken der Schaltfläche **Speichern** können Sie bestimmen, was gespeichert werden soll.

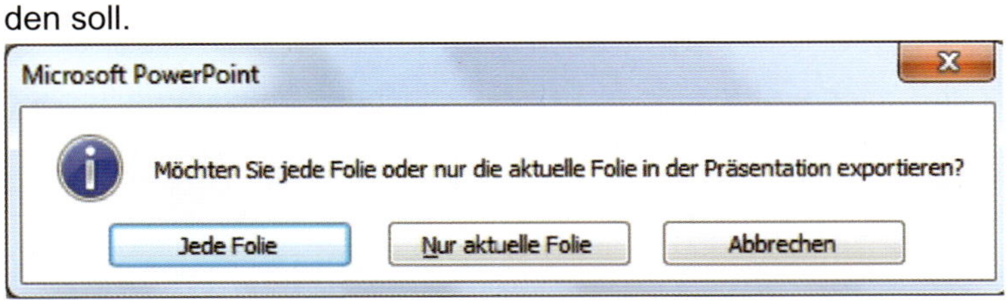

- Klicken Sie die Schaltfläche **Jede Folie** an. Es wird angegeben, in welchem Ordner die einzelnen Folien als Grafiken gespeichert wurden.

- Die erstellten Grafiken können danach normal be- oder verarbeitet werden.
- Der Menüpunkt **Freigeben** bietet eine Reihe anderer Möglichkeiten, z. B. das Speichern als PDF-Dokument. Einige der Möglichkeiten werden auf den nachfolgenden Seiten beschrieben.

6.1.11 Senden des Textes der Präsentation

Unter Umständen werden die Texte der Präsentation als Text benötigt. Die Speicherung in einem Textformat ist möglich.

Bearbeitungsschritte:

- Öffnen Sie die Präsentation *Schüler_1*. Wählen Sie danach den Menüpunkt **Datei/Speichern unter**.

- Speichern Sie den Text im angegebenen Format:

- Öffnen Sie die Datei mit der Textverarbeitung **Microsoft Word**. Das Ergebnis sieht in etwa so aus:

- Bearbeiten Sie den Text. Speichern Sie ihn dann als **Word-Dokument** ab.

6.1.12 Senden der Präsentation an die Textverarbeitung Word

Eine weitere Möglichkeit der Weiterverarbeitung einer Präsentation ergibt sich dadurch, dass Folien an die Textverarbeitung Word versandt werden können. Danach können Kommentare in Word hinzugefügt werden. Wenn bereits Notizen, die man für einen Vortrag benötigt, zu einer Folie hinzugefügt wurden, werden diese mit übertragen.

Bearbeitungsschritte:

- Öffnen Sie die Präsentation *Schüler_1*. Fügen Sie im unteren rechten Bereich die angegebene Notiz hinzu.

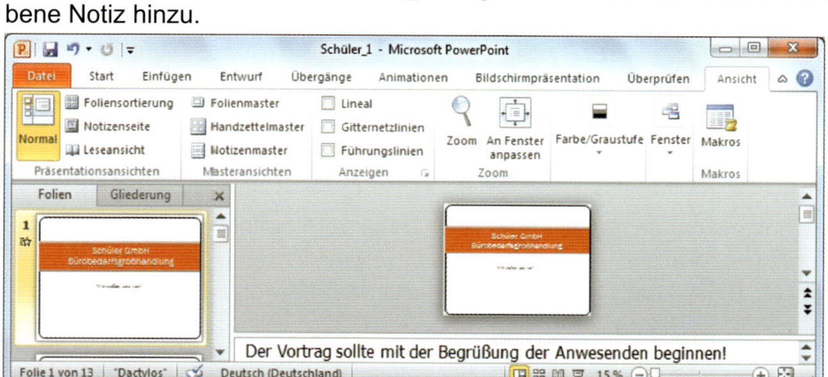

Bearbeitungsschritte (Fortsetzung):

- Wählen Sie den Menüpunkt **Drucken/Drucken,** wenn Sie die Präsentation mit den Notizen ausdrucken wollen.

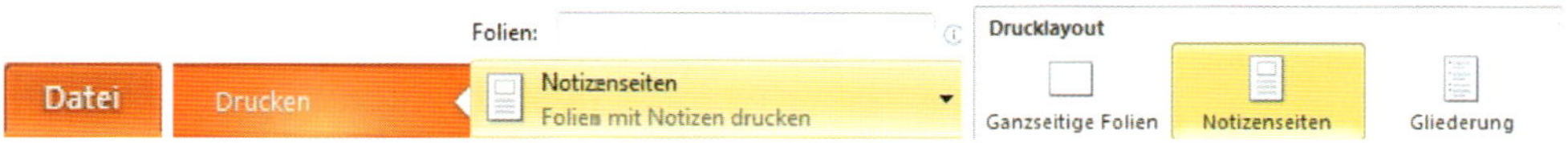

- Wählen Sie den Menüpunkt **Drucken/Speichern und Senden**.

- Sie haben nun verschiedene Möglichkeiten, die Folien oder den Text der Folien in Word zu übertragen.

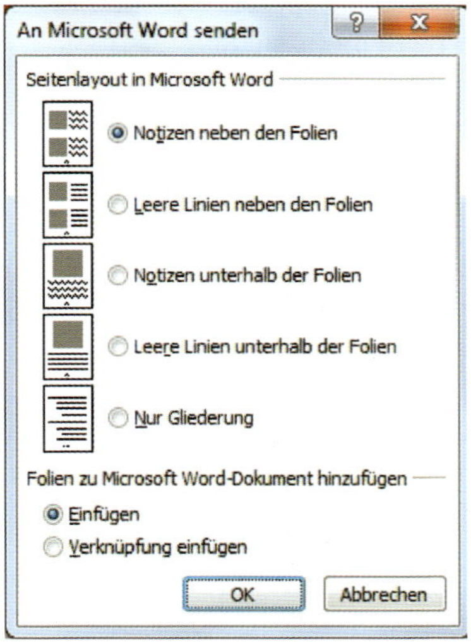

- Klicken Sie die dargestellte Möglichkeit an. Sie können den Text nach Ihren Vorstellungen ergänzen.

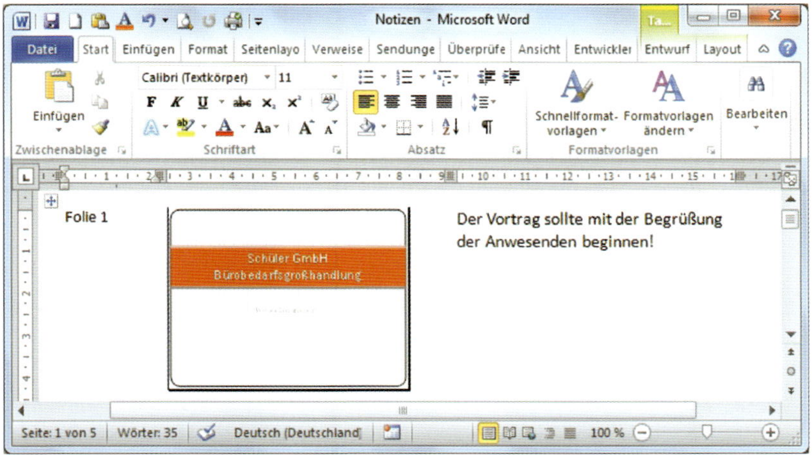

- Probieren Sie weitere Möglichkeiten aus.

6.1.13 Anpassen von Grundeinstellungen

Zoomfunktion

Für die Arbeit mit dem Programm kann individuell die Foliengröße eingestellt werden. Auf die spätere Druckausgabe hat diese Einstellung keinen Einfluss.

Bearbeitungsschritte:

- Klicken Sie im Register **Ansicht** in der Gruppe **Zoom** die Schaltfläche **Zoom** an. Bestimmen Sie danach den Zoommodus.

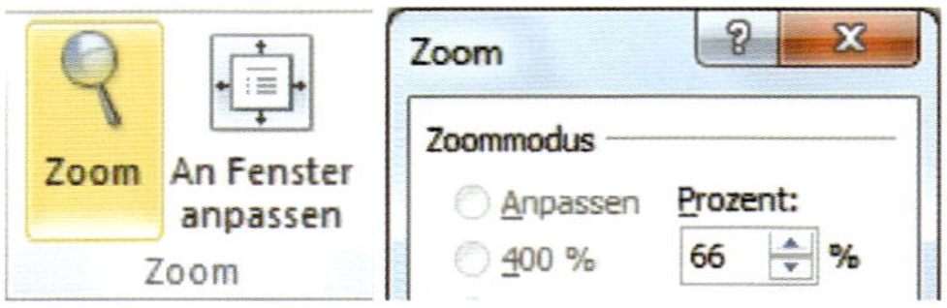

- Die Zellen werden deutlicher dargestellt. Allerdings passen auch deutlich weniger Zellen auf eine Tabellenseite, sodass eventuell Informationen nicht mehr sichtbar sind.

Basis-Optionen in der Anwendung ändern

Basis-Optionen sind beispielsweise Benutzerdaten oder Ordner zum Abspeichern und Öffnen von Dateien. Bei den Erklärungen zum Programm **Excel** werden sie intensiv erklärt. Daher wird hier nur der Aufruf der Optionen noch einmal dargestellt.

Bearbeitungsschritte:

- Wählen Sie den Menüpunkt **Datei/Optionen**.
- Legen Sie Optionen für das Speichern von Präsentationen usw. fest. Besonders wichtig kann es sein, dass bestimmte Informationen für das automatische Wiederherstellen von Ergebnissen regelmäßig abgespeichert werden.

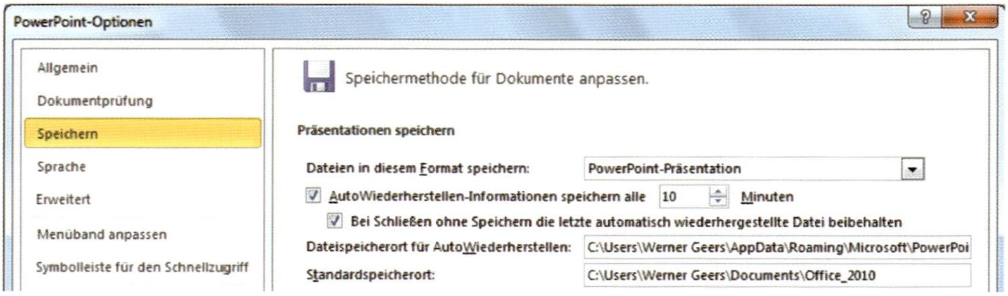

- Eventuell sollten Sie die **Symbolleiste für den Schnellzugriff** um wichtige immer wieder benötigte Schaltflächen ergänzen. Zu diesem Zweck stehen auch noch andere Möglichkeiten zur Verfügung. Dies wird beispielsweise im Kapitel *Tabellenkalkulation mit Excel* beschrieben.

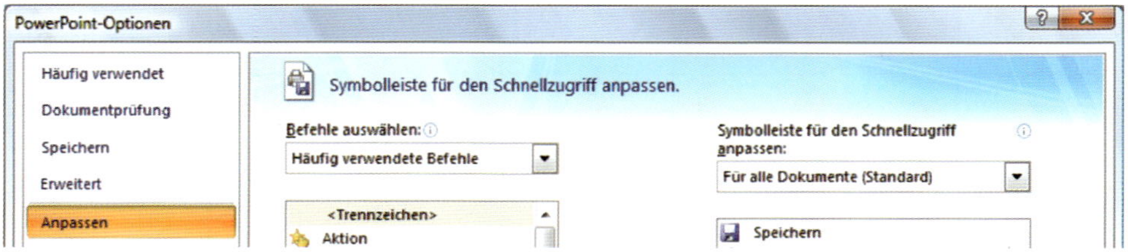

6.2 Entwicklung von Präsentationen

6.2.1 Präsentationsansichten

Bisher wurde lediglich in der Normalansicht gearbeitet. Andere Ansichten sollten ausprobiert werden, da sie zum Teil interessante Bearbeitungsmöglichkeiten bieten. Dabei kann z. B. die Reihenfolge der Folien geändert werden.

Bearbeitungsschritte:

- Öffnen Sie die Präsentation *Schüler_1*. Auf der linken Bildschirmseite in der Normalansicht werden normalerweise die Folien verkleinert dargestellt. Durch das Anklicken der Registerschaltfläche *Gliederung* werden die Texte eingeblendet. In diesem Bereich können sie auch verändert werden. Dies ist dann u. U. schneller, als wenn Änderungen über die einzelnen Folien vorgenommen werden.

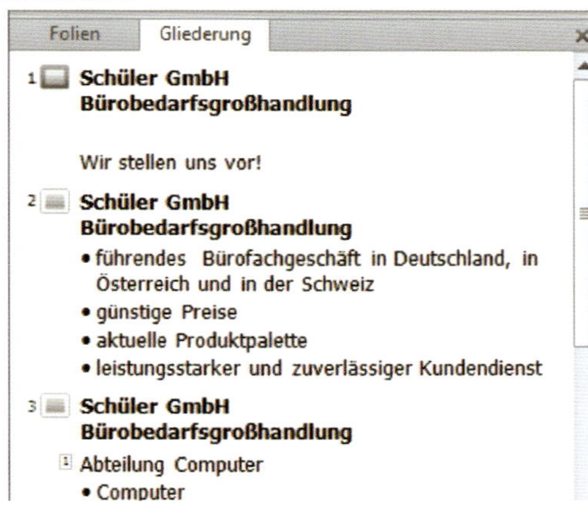

- Mit der Maus kann man den Bereich der beiden Ansichten nach links schieben und damit unsichtbar machen. Ebenfalls mit der Maus kann man den Bereich wieder nach rechts schieben und damit wieder sichtbar machen.
- Klicken Sie im Register **Ansicht** in der Gruppe **Präsentationsansichten** die Schaltfläche **Foliensortierung** an.

- Die Folien werden dargestellt:

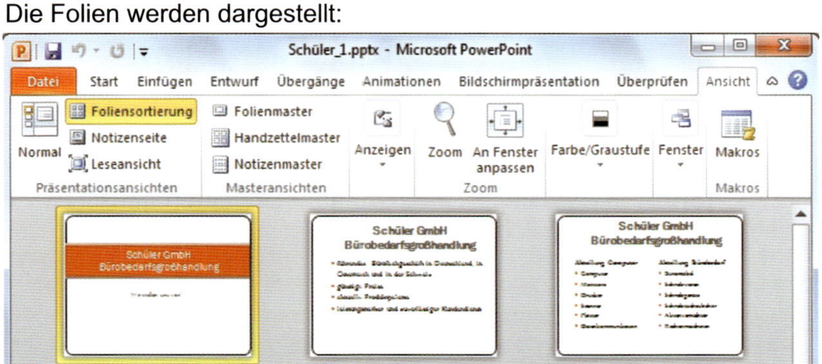

Bearbeitungsschritte (Fortsetzung):

- Wenn Sie eine Folie mit der Maus markieren, können Sie mit gedrückter linker Maustaste per **Drag and Drop** die Foliensortierung verändern. Fahren Sie einfach mit der Maus auf eine andere Folie. Die markierte Folie wird hinter oder vor der angefahrenen Folie eingefügt.
- Klicken Sie im Register **Ansicht** in der Gruppe **Präsentationsansichten** die Schaltfläche **Notizenseite** an.

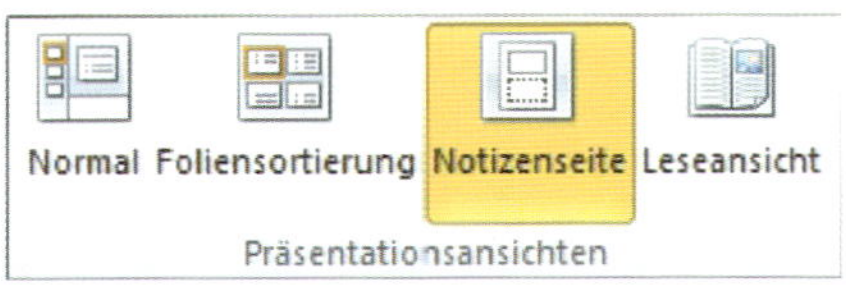

- Es bietet sich an, zu den einzelnen Folien *Notizen* zu erstellen, die dann beispielsweise während eines Vortrages genutzt werden können. Die Notizen können mit den Folien ausgedruckt werden. Dies wird später beschrieben.

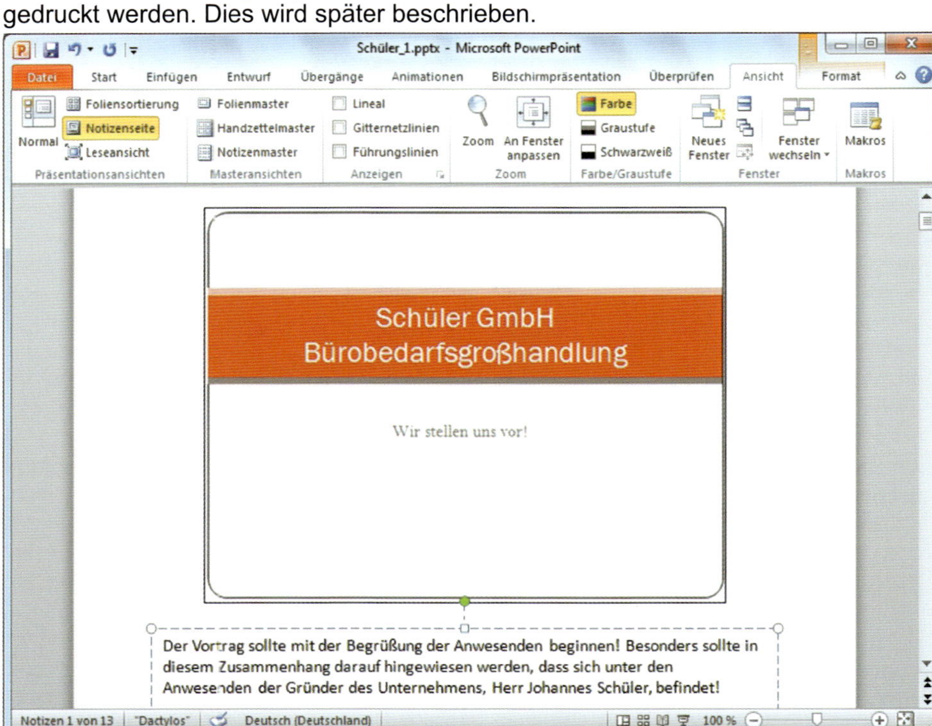

- Aus Platzgründen kann im Bereich der Notizenseite die Folie mit der Maus vergrößert oder verkleinert werden. Dies hat keinen Einfluss auf die Darstellung in der Normalansicht oder auf die Bildschirmpräsentation.
- Über die Schaltfläche **Normal** in der Gruppe **Präsentationsansichten** im Register **Ansicht** können Sie jederzeit in den normalen Bearbeitungsbereich zurückkehren.

6.2.2 Folien

Vorbemerkungen

Neben Texten können in Folien eine Reihe anderer Elemente wie Diagramme, Grafiken usw. eingefügt werden. Dies wird später intensiv erklärt.

Durch Datenaustausch können Excel-Tabellen eingefügt werden. Dies wird nachfolgend kurz angesprochen und im Kapitel *Datenaustausch* intensiv erklärt. Sind jedoch normale Inhalte in die Präsentation aufzunehmen, können sie auch vernünftig in Form von Tabellen in **PowerPoint** erstellt werden.

Folie mit selbsterstellter Tabelle

Das Einfügen und Bearbeiten von Tabellen ist relativ einfach. Zum Gestalten der Tabellen stehen umfangreiche Möglichkeiten zur Verfügung.

Bearbeitungsschritte:

- Öffnen Sie gegebenenfalls die Präsentation *Schüler_1*. Gehen Sie zur letzten Folie. Klicken Sie danach im Register **Start** in der Gruppe **Folien** die Schaltfläche **Neue Folie** an. Wählen Sie die Folienart *Titel und Inhalt* aus.

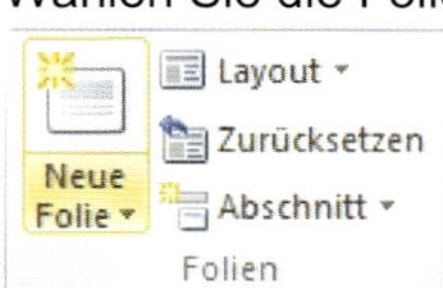

- Erstellen Sie zunächst die Überschrift wie in den Folien zuvor.
- Klicken Sie danach die Schaltfläche **Tabelle einfügen** im Inhaltsbereich der Folie an. Bestimmen Sie danach die Spalten- und Zeilenanzahl.

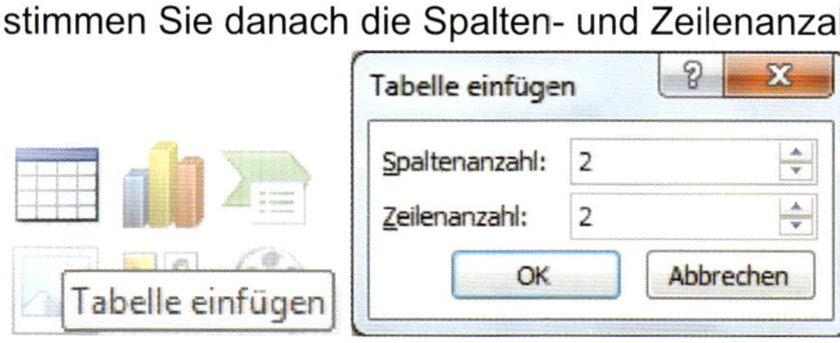

- Die Tabelle wird eingefügt. Markieren Sie danach die erste Zeile. In dieser Zeile soll danach eine Überschrift eingefügt werden.

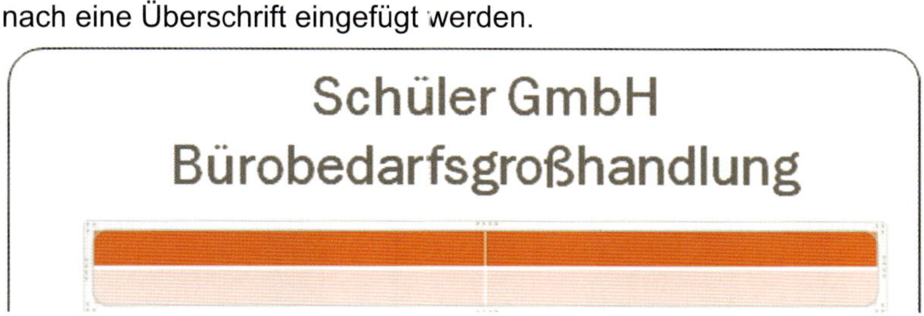

- Klicken Sie im Register **Tabellentools/Layout** in der Gruppe **Zusammenführen** die Schaltfläche **Zellen verbinden** an.

Bearbeitungsschritte (Fortsetzung):

- Die vierte Folie sollte in etwa so aussehen:

Schüler GmbH
Bürobedarfsgroßhandlung

Umsatzentwicklung (in Mill. Euro)	
2007	456,9
2008	567,8
2009	568,0
2010	612,9
2011	676,5

- Nutzen Sie die umfangreichen Möglichkeiten der Gestaltung der Tabelle. Im Kapitel *Textverarbeitung mit Word* werden sie genauestens beschrieben.

Folie mit Excel-Tabelle

Eine Tabelle kann zunächst in Excel erstellt und dann in PowerPoint kopiert werden. Diese Inhalte werden an anderer Stelle genau erklärt.

Bearbeitungsschritte:

- Erstellen Sie in **Excel** die folgende Tabelle. Formatieren Sie die Tabelle. Speichern Sie die Mappe unter dem Namen *Umsatz_Monate*.

Umsatzberechnung 2011

	Januar	Februar	März
Vertreter A	3400	3000	4000
Vertreter B	4500	2000	1500
Vertreter C	2800	700	2400
Vertreter D	2000	1000	1500

- Öffnen Sie die Präsentation *Schüler_1*. Erstellen Sie hinter der letzten Folie eine neue Folie *Nur Titel*. Markieren Sie die Tabelle in **Excel**, kopieren Sie diese und fügen Sie sie in eine neue Folie ein. Das Ergebnis könnte so aussehen:

Schüler GmbH
Bürobedarfsgroßhandlung

Umsatzberechnung 2011

	Januar	Februar	März
Vertreter A	3400	3000	4000
Vertreter B	4500	2000	1500
Vertreter C	2800	700	2400
Vertreter D	2000	1000	1500

Folie mit Textfeld, WordArt-Objekten, Pfeilen usw.

Zur Erstellung der nächsten Folie sollten Sie weitestgehend vorhandenes Wissen nutzen.

Bearbeitungsschritte:

- Erstellen Sie eine neue Folie mit dem Layout *Nur Titel*. Fügen Sie den Titel hinzu.
- Klicken Sie im Register **Einfügen** in der Gruppe **Text** die Schaltfläche **Textfeld** an.

- Geben Sie den folgenden Text in das Textfeld ein. Markieren Sie den Text.

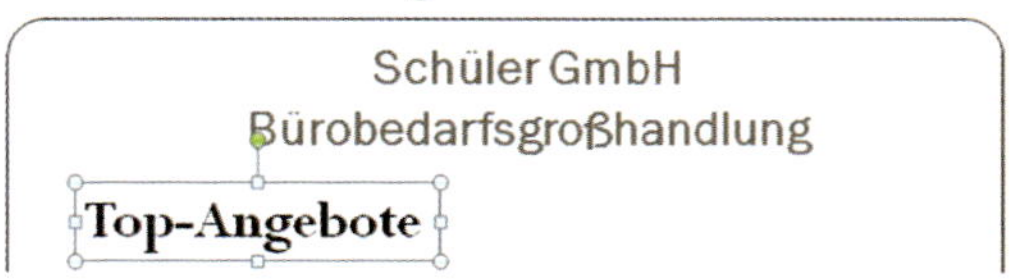

- Sie können den Text nun beliebig formatieren. Alternativ können Sie über das nun angegebene Register **Zeichentools/Format** den Text in WordArt-Objekte umwandeln oder Formenarten verwenden.

- Das Ergebnis könnte so aussehen:

- Analog dazu können Sie auch den Titel über ein **WordArt** formatieren. Machen Sie die Formatierung danach rückgängig.

- Der Text kann alternativ auch direkt als **WordArt** eingegeben werden. Klicken Sie im Register **Einfügen** in der Gruppe **Text** die Schaltfläche **WordArt** an.

- Fügen Sie den folgenden Text ein:

- Wenn Sie mit der Maus über das Ergebnis fahren, können Sie sich jeweils ansehen, wie das Ergebnis aussehen könnte. Das WordArt-Objekt muss dabei vollständig umrandet sein.

Wechseln des Designs (Folienlayouts)

Durch die Wahl einer anderen Entwurfsvorlage wird eine Präsentation wesentlich verändert. Grundsätzlich sollte man sich jedoch vorher überlegen, welche Vorlage für eine bestimmte Präsentation besonders geeignet ist.

Bearbeitungsschritte:

- Öffnen Sie die Präsentation *Schüler_1*. Speichern Sie sie unter dem Namen *Schüler_2*.
- Klicken Sie die Registerkarte **Entwurf** an. In der Gruppe **Designs** werden Designs, Farben und Schriftarten angezeigt.

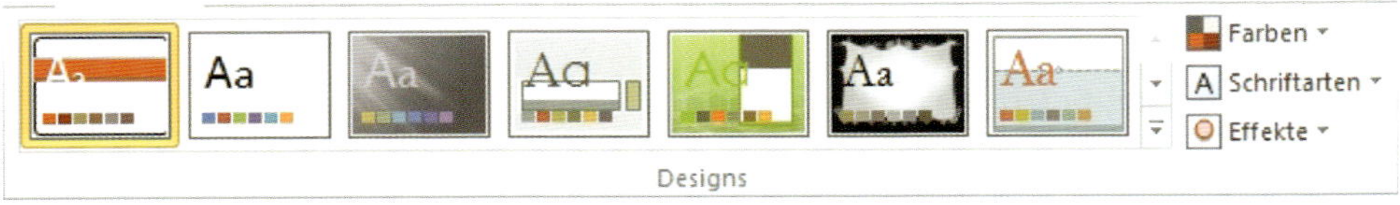

- Fahren Sie mit der Maus über die Designs. Das mögliche Ergebnis wird jeweils angezeigt. Wählen Sie danach ein Design aus:

- Sie werden jedoch feststellen, dass in der Regel eine Nachbearbeitung erfolgen muss, wenn eine andere Entwurfsvorlage gewählt wird.
- Klicken Sie im Register **Entwurf** in der Gruppe **Designs** die Schaltfläche **Farben** an.

- Wählen Sie eine bestimmte Farbkombination für das Design aus.

- Das Ergebnis könnte so aussehen:

- Probieren Sie einige Designs aus. Bearbeiten Sie unter Umständen die Folien nach.

Wechseln des Hintergrundformats einer Folie oder aller Folien

Eine Präsentation erzielt durch eine andere Farbzusammenstellung eine andere Wirkung. Es können vorgegebene oder selbst zusammengestellte Farbschemata benutzt werden.

Bearbeitungsschritte:

- Klicken Sie im Register **Entwurf** in der Gruppe **Designs** die Schaltfläche **Farben** an. Wählen Sie ein Hintergrundformat aus.

- Probieren Sie einige Möglichkeiten aus.

- Klicken Sie im Register **Entwurf** in der Gruppe **Designs** die Schaltfläche **Farben** an. Wählen Sie die Option **Hintergrund formatieren**.

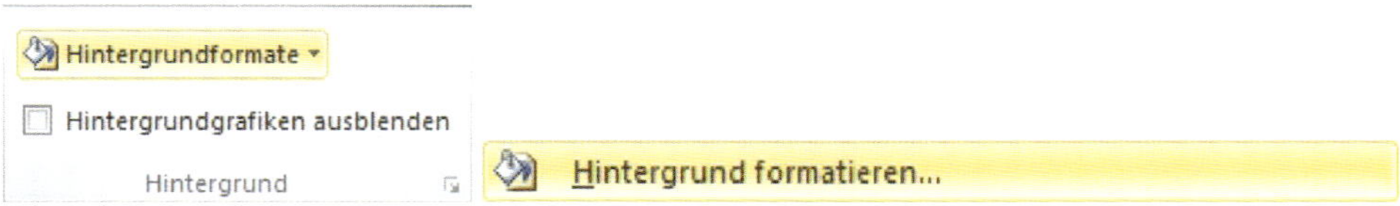

- Sie können nun verschiedene Hintergründe (Bilder, Farben usw.) wählen. Außerdem können Sie eine Transparenz festlegen, also wie intensiv beispielsweise Hintergrundbilder wirken sollen.

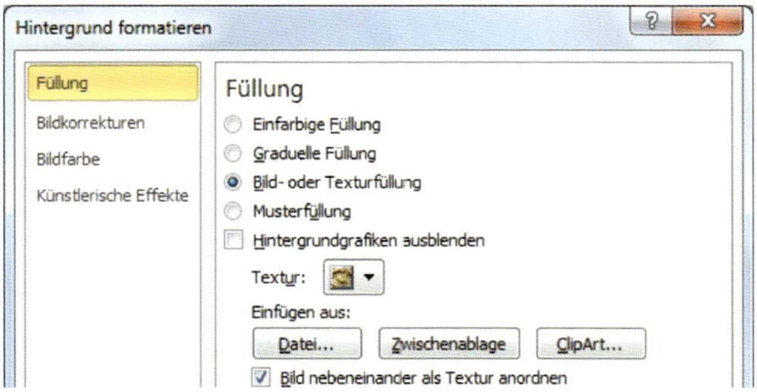

- Das Ergebnis könnte beispielsweise so aussehen:

6.2.3 Vorlagen (Designs)

Anwenden und Wechseln von Designs und Entwurfsvorlagen

Bereits bisher wurde über das benutzte Design im Prinzip mit Entwurfsvorlagen gearbeitet. Allerdings wurde eine leere Präsentation benutzt und diese Präsentation mit einem Design versehen. Grundsätzlich lässt sich bei der Erstellung auch sofort eine Vorlage auswählen.

Bearbeitungsschritte:

- Wählen Sie den Menüpunkt **Datei/Neu**. Klicken Sie danach die Schaltfläche **Designs** an. Wählen Sie das dargestellte Design aus. Danach können Sie eine Präsentation auf Grundlage der ausgewählten Vorlage erstellen.

- Ebenso können Sie z. B. Vorlagen aus dem Internet laden und dann nutzen.

- Das Wechseln eines Designs wurde bereits zuvor beschrieben.

Erstellen einer neuen Entwurfsvorlage

Aus bestehenden Entwurfsvorlagen und Designs lässt sich relativ einfach eine neue Entwurfsvorlage, die dann für die Erstellung von Präsentationen genutzt werden kann, erstellen.

Bearbeitungsschritte:

- Wählen Sie den Menüpunkt **Datei/Neu**. Gehen Sie in den Bereich **Designs**. Wählen Sie das dargestellte Design aus. Klicken Sie danach die Schaltfläche **Erstellen** an.

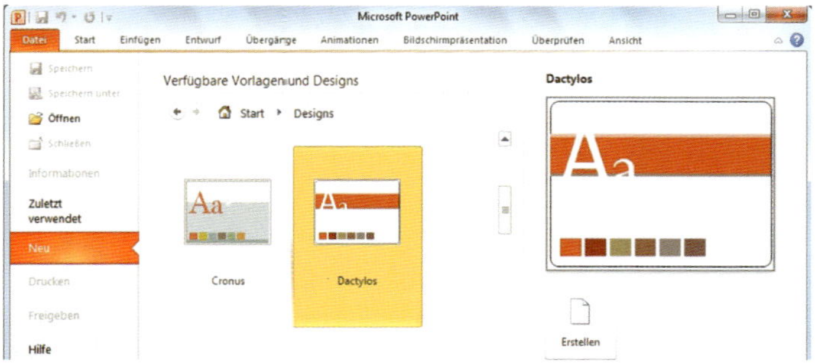

- Klicken Sie im Register **Entwurf** in der Gruppe **Designs** die Schaltfläche **Farben** an.

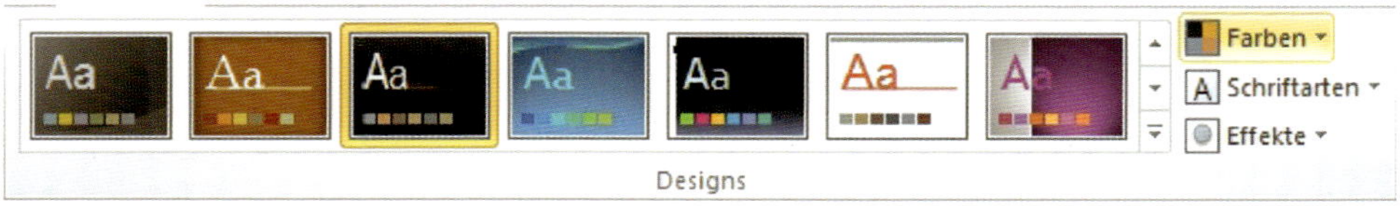

Bearbeitungsschritte (Fortsetzung):

- Wählen Sie eine Farbkombination aus.

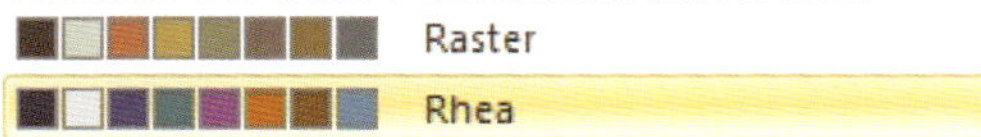

- Klicken Sie im Register **Entwurf** in der Gruppe **Hintergrund** die Schaltfläche **Hintergrundformate** an. Wählen Sie ein Format aus. Sie können auch über den Menüpunkt **Hintergrund formatieren** einen individuellen Hintergrund schaffen.

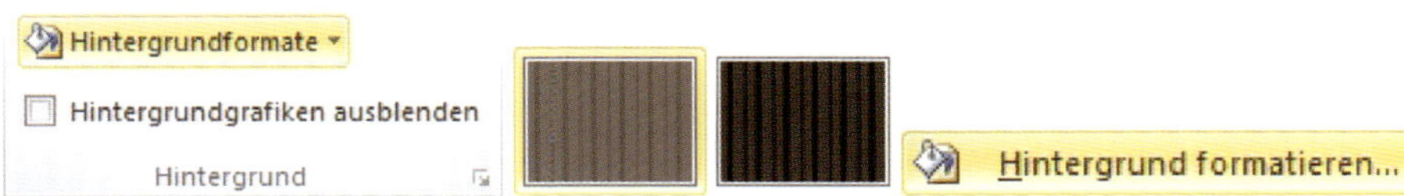

- Das Ergebnis könnte so aussehen:

- Wählen Sie den Menüpunkt **Freigeben/Dateityp ändern/Vorlage**.

- Speichern Sie die Datei als **PowerPoint-Vorlage**.

- Schließen Sie die Datei.
- Wählen Sie den Menüpunkt **Datei/Neu**. Gehen Sie in den Bereich **Meine Vorlagen**. Wählen Sie danach im Fenster **Neue Präsentation** die Vorlage *Unternehmen*.

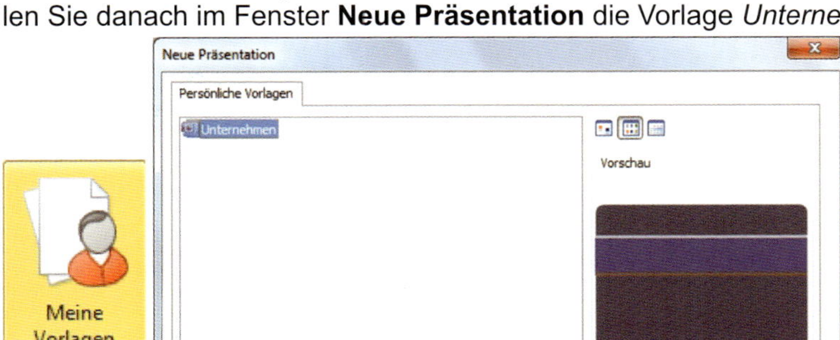

- Danach können Sie mit der Erstellung einer Präsentation beginnen.
- Normalerweise erstellen Unternehmen, Institutionen, Schulen usw. Entwurfsvorlagen, sodass alle Präsentationen ein einheitliches Aussehen haben. Auch Webseiten usw. werden so gestaltet. Selbstverständlich können Sie die neue Entwurfsvorlage später um Logos usw. ergänzen.

Arbeiten mit vorgefertigten Präsentationen

Das Programm **PowerPoint** stellt eine Reihe von fertigen Präsentationen zur Verfügung, die entsprechend den eigenen Erfordernissen verändert werden können. Dabei werden Vorlagen auch aus dem Internet gezogen.

Bearbeitungsschritte:

- Wählen Sie den Menüpunkt **Datei/Neu**. Gehen Sie in den Bereich **Office.com-Vorlagen**. Wählen Sie mit einem Doppelklick einen Bereich aus.

- Die zur Verfügung stehenden Vorlagen des Bereichs werden angezeigt. Eventuell müssen Sie noch einen Unterbereich per Doppelklick auswählen. Wählen Sie danach durch einen Doppelklick eine Vorlage aus. Befindet sich die Vorlage noch nicht auf dem Computer, wird sie aus dem Internet geladen.

- Normalerweise wird nun die Präsentationsvorlage mit einer, mehreren oder vielen vorgefertigten Folien aufgerufen. Sie können die Folien danach nach Ihren Vorstellungen bearbeiten, duplizieren, löschen usw.

6.2.4 Masterfolien

Vorbemerkungen

Masterfolien bieten Möglichkeiten, das Design und Aussehen einer Präsentation entscheidend zu verändern. Das grundsätzliche Format kann durch eine einzige Masterfolie verändert werden, es besteht jedoch auch die Möglichkeit, einzelne Folien mit einem eigenständigen Design usw. zu versehen. Grundsätzlich sollte jedoch ein einheitliches Erscheinungsbild der Präsentation gewährleistet werden.

Folgende Elemente einer Präsentation lassen sich neu definieren:

- Schriftformate wie Schriftarten und -größen, die in der Titelfolie und in den anderen Folien benutzt werden,
- Designs und die farbliche Gestaltung einer Folie,
- Positionen für Texte und Objekte wie Grafiken und *ClipArts*,
- Darstellung von Aufzählungszeichen usw.

Anhand einer einfachen Änderung von Komponenten soll die Erstellung von Masterfolien gezeigt werden. Sie können jederzeit weitere Änderungen vornehmen und damit individuelle Ergebnisse erzielen.

Erstellung von Masterfolien

Masterfolien sollten zunächst einmal aufgrund einer leeren Präsentation entwickelt werden. Sie bieten die Möglichkeit, Elemente von Folien nach den eigenen Wünschen zu gestalten.

Bearbeitungsschritte:

- Erstellen Sie über den Menüpunkt **Datei/Neu** eine neue leere Präsentation.
- Klicken Sie im Register **Ansicht** in der Gruppe **Masteransichten** die Schaltfläche **Folienmaster** an.

- Das Register **Folienmaster** wird eingeblendet:

- Die einzelnen Masterfolien werden auf der linken Bildschirmseite eingeblendet. Damit Änderungen auf allen Vorlagen durchgeführt werden, muss zunächst die oberste Masterfolie angeklickt werden.

Bearbeitungsschritte (Fortsetzung):

- Klicken Sie im Register **Folienmaster** in der Gruppe **Design bearbeiten** die Schaltfläche **Designs** an. Wählen Sie das angezeigte Design aus.

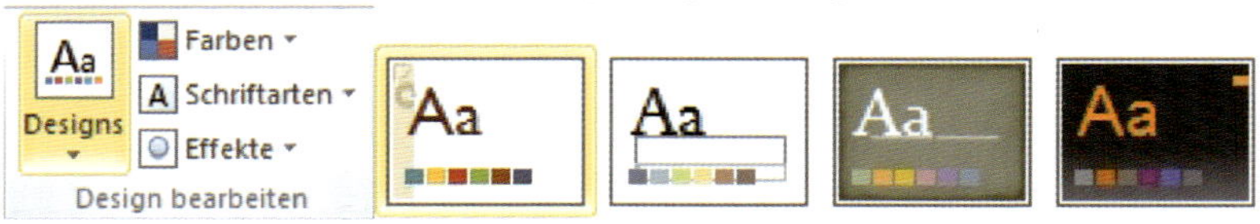

- Verkleinern Sie mit der Maus das Textfeld am oberen Bildschirmrand. Passen Sie die Schriftgröße über das Register **Start** an.

- Klicken Sie im Register **Einfügen** in der Gruppe **Bilder** die Schaltfläche **ClipArt** an.

- Fügen Sie ein ClipArt am Rand des Titels ein.

- Markieren Sie das Textfenster am oberen Bildschirmrand. Wählen Sie im Register **Zeichentools/Format** in den Gruppen **Formenarten** und **WordArt-Formate** einen Hintergrund und ein WordArt-Format aus.

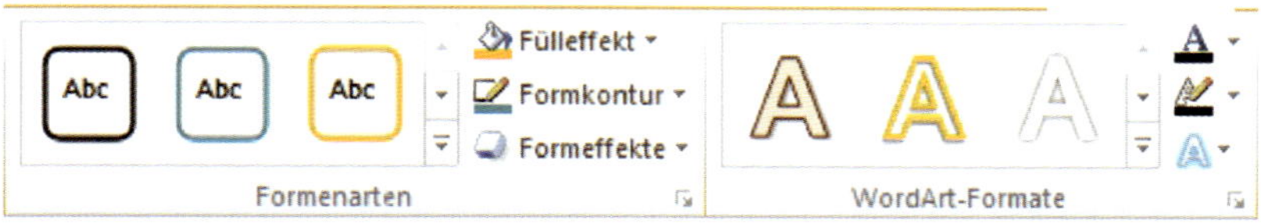

- Das Ergebnis könnte so aussehen:

- Selbstverständlich können Sie die einzelnen Elemente auch nach Ihren eigenen Vorstellungen formatieren.

Bearbeitungsschritte (Fortsetzung):

- Stellen Sie den Cursor hinter das erste Aufzählungszeichen. Klicken Sie im Register **Start** in der Gruppe **Absatz** die Schaltfläche **Aufzählungszeichen** an. Wählen Sie danach die Option **Nummerierung und Aufzählungszeichen**.

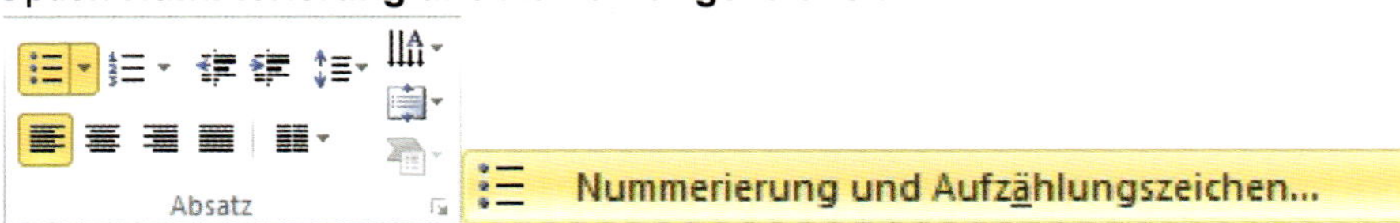

- Wählen Sie im Fenster **Nummerierung und Aufzählungszeichen** eine Aufzählungsart aus und bestimmen Sie eine Farbe. Auch ein Bild könnte als Aufzählungszeichen genutzt werden.

- Bestimmen Sie auch die Aufzählungszeichen der nächsten Ebenen.

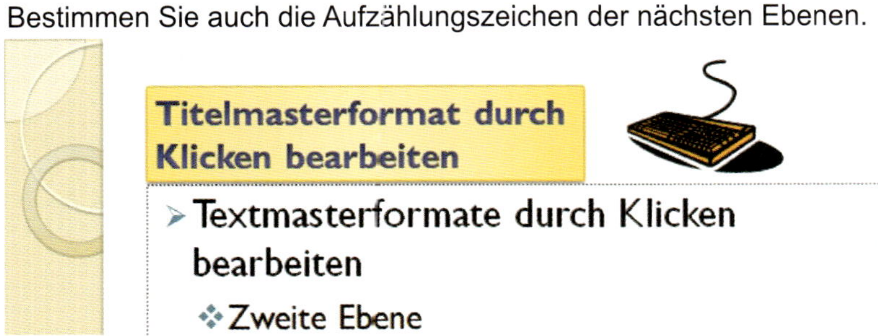

- Bearbeiten Sie danach andere auf der linken Seite angezeigte Masterfolien.
- Klicken Sie im Register **Folienmaster** in der Gruppe **Schließen** die Schaltfläche **Masteransicht schließen** an.

- Die Normalansicht zum Erstellen von Folien wird eingeblendet. Sie können nun eine Titel- und andere Folien mit dem durch die Masterfolie veränderten Design erstellen.

Bearbeitungsschritte (Fortsetzung):

- Erstellen Sie die folgenden beiden Folien. Das Ergebnis ergibt sich aus der Bearbeitung der Masterfolien. Korrigieren Sie daher eventuell die Masterfolien.

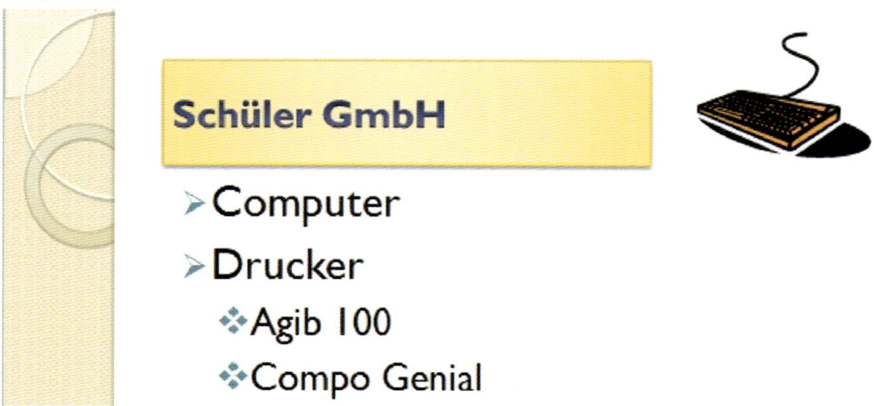

- Die Einrückung bei der Aufzählung wird durch das Anklicken der Schaltfläche **Listenebene erhöhen** in der Gruppe **Absatz** im Register **Start** erreicht.

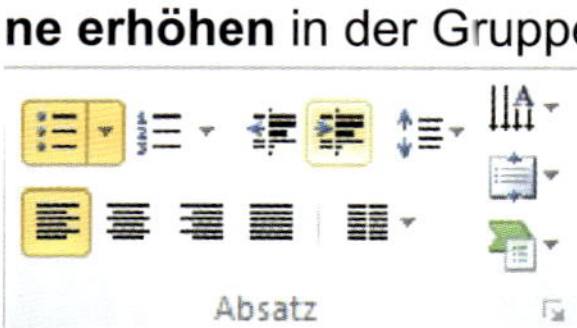

Veränderung der Masterfolie 1

Einzelne Folien können ebenfalls mit Elementen versehen werden, die dann nicht mehr eingetragen werden müssen.

Bearbeitungsschritte:

- Geben Sie den nachfolgenden Text in die zweite Masterfolie ein:

Einfügen einer Foliennummer, des aktuellen Datums usw.

Folien können mit Informationen versehen werden, die normalerweise in der Fußzeile eingeblendet werden.

Bearbeitungsschritte:

- Rufen Sie den Folienmaster auf. Klicken Sie danach im Register **Einfügen** in der Gruppe **Text** die Schaltfläche **Kopf- und Fußzeile** an.

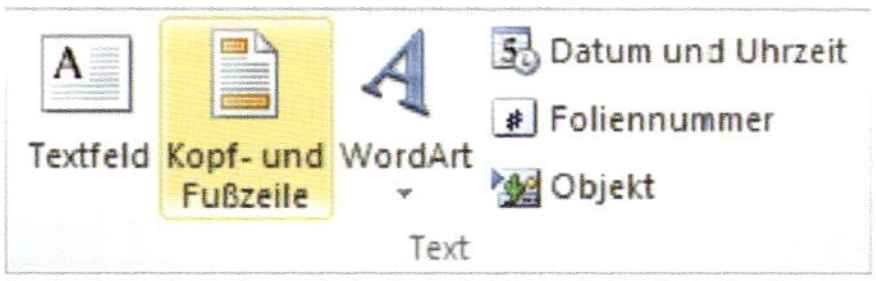

- Legen Sie im Fenster **Kopf- und Fußzeile** folgende Optionen fest:

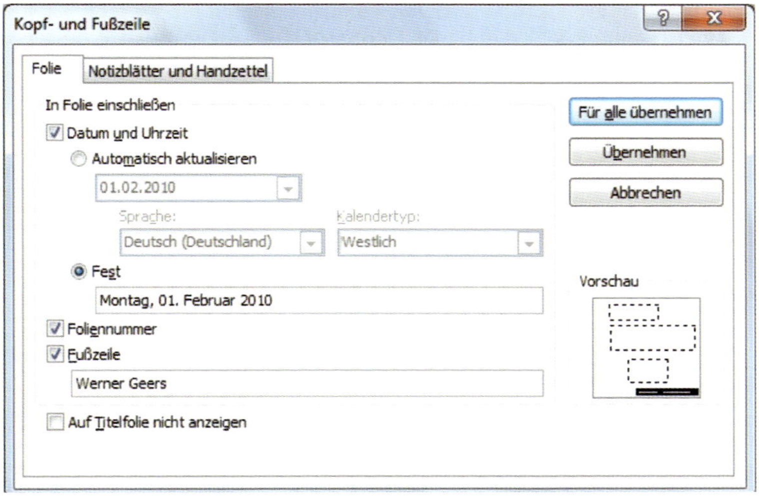

- Klicken Sie die Schaltfläche **Für alle übernehmen** an. Aufgrund der Festlegungen werden ein Text, die Foliennummer und ein festgelegtes Datum in die Fußzeile eingefügt. Außerdem wird festgelegt, dass die Informationen auf der Titelfolie nicht eingeblendet werden. Verändern Sie unter Umständen die Anordnung der einzelnen Objekte in der Masterfolie.

- Schließen Sie danach den Folienmaster. Das Ergebnis könnte in der Fußzeile der zweiten Folie so aussehen:

- Die Fußzeile kann über die Schaltfläche **Fußzeilen** in der Gruppe **Masterlayout** im Register **Folienmaster** jederzeit ein- und ausgeblendet werden.

6.3 Text, Bilder, Sounds und Filme

6.3.1 Eingabe und Formatierung von Texten

Hinzufügen und Ändern von Text in der Folie und in der Gliederung

In der Folie selbst aber auch in der Gliederungsansicht lässt sich der Text jederzeit wie in einer Textverarbeitung einfügen oder löschen.

Bearbeitungsschritte:

- Öffnen Sie die Präsentation *Schüler_1*. Speichern Sie die Präsentation unter dem Namen *Schüler_3*. Klicken Sie im linken Bereich des Bildschirms die Registerkarte **Gliederung** an. Geben Sie den Text in der Gliederung ein. Gleichzeitig wird er auch in der Folie eingefügt.

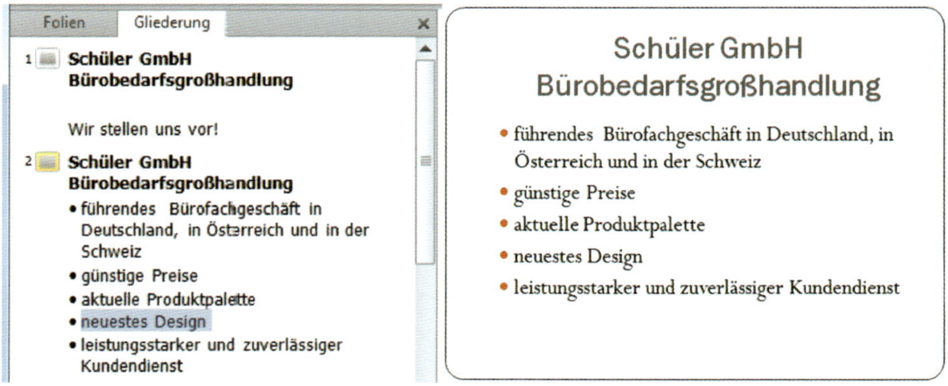

- Löschen Sie den Textteil wieder. Wenn Sie den Text danach in der Folie einfügen, wird er gleichzeitig in der Gliederung angezeigt. Löschen Sie den Textteil wiederum.
- Die Gliederung kann mit der Maus nach rechts oder links geschoben und damit vergrößert oder verkleinert werden. Ist der Bereich überhaupt nicht mehr zu sehen, kann er mit der Maus am linken Bildschirmbereich erfasst und danach aufgezogen werden.

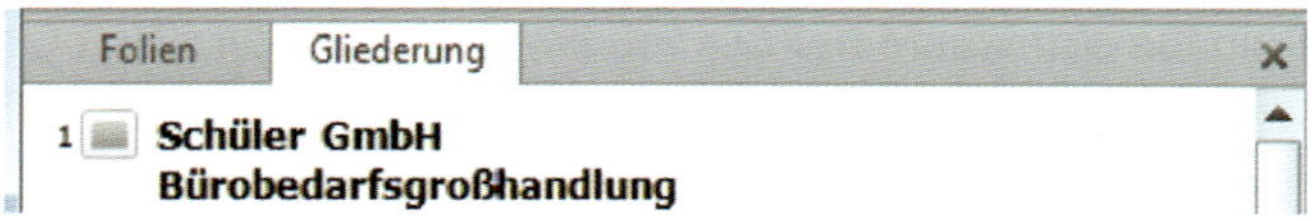

Ändern von Notizen

Notizen können jederzeit verändert werden. Es muss nur die entsprechende Ansicht aufgerufen werden.

Bearbeitungsschritte:

- Klicken Sie im Register **Ansicht** in der Gruppe **Präsentationsansichten** die Schaltfläche **Notizenseite** an.

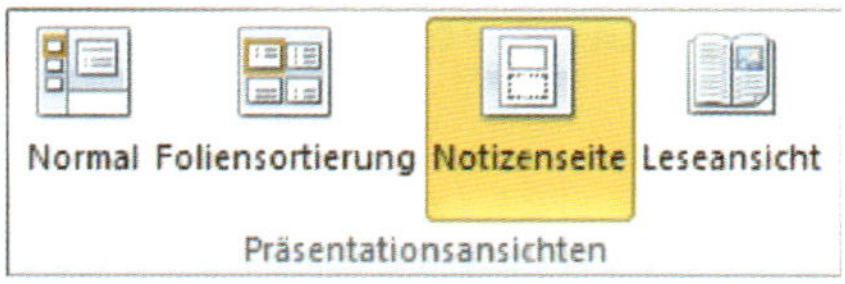

- Ergänzen, löschen oder korrigieren Sie die Notizen nach Ihren Wünschen. Klicken Sie danach wieder die Schaltfläche **Normal** in der Gruppe **Präsentationsansichten** an.

Formatierung der Schrift

Das Erscheinungsbild und die Formatierung der Schrift (Schriftart, Schriftgröße, Schriftschnitt, Schriftfarbe, Groß- und Kleinschreibung) usw. lassen sich beliebig einstellen. Allerdings sollte überprüft werden, ob manche Einstellungen sinnvoll sind.

Bearbeitungsschritte:

- Verändern Sie mithilfe der Schaltflächen der Gruppe **Schriftart** im Register **Start** in der Folie 2 die Darstellung. Markieren Sie den ersten Aufzählungspunkt. Verändern Sie die Schriftgröße und den Schriftschnitt.

- Als Ergebnis wird der Text folgendermaßen ausgegeben:

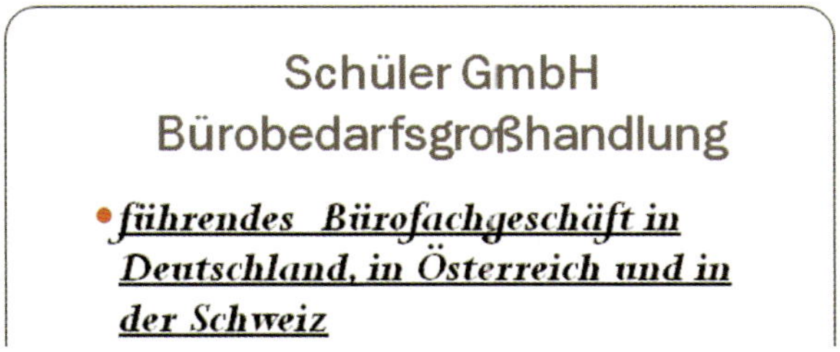

- Die Schriftgröße kann auch mit den Schaltflächen **Schriftgrad vergrößern** und **Schriftgrad verkleinern** eingestellt werden.

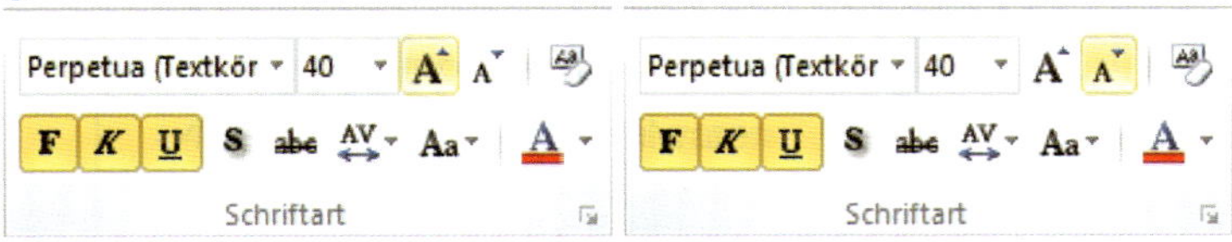

- Die Schriftfarbe wird über den Pfeil neben der Schaltfläche **Schriftfarbe** eingestellt.

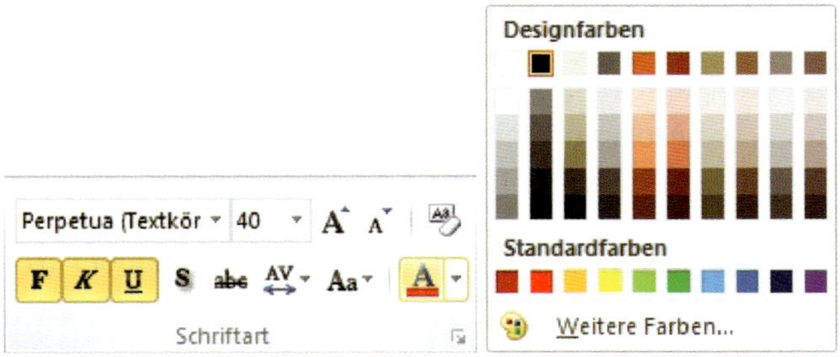

- Das Ergebnis könnte folgendermaßen aussehen:

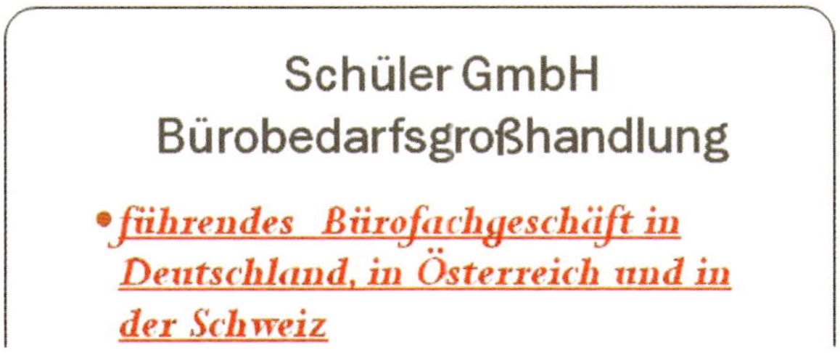

Bearbeitungsschritte (Fortsetzung):

- Die Ergebnisse einer Formatierung können mithilfe der Schaltfläche **Alle Formatierungen löschen** gelöscht werden. Dies sollten Sie an dieser Stelle durchführen. Eventuell müssen Sie die Schriftgröße danach noch anpassen.

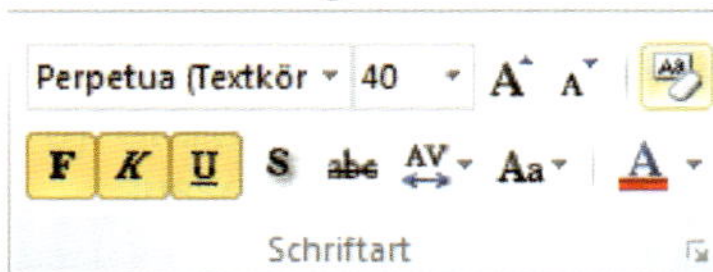

- Ein Schatten wird über die Schaltfläche **Textschatten** hinzugefügt.

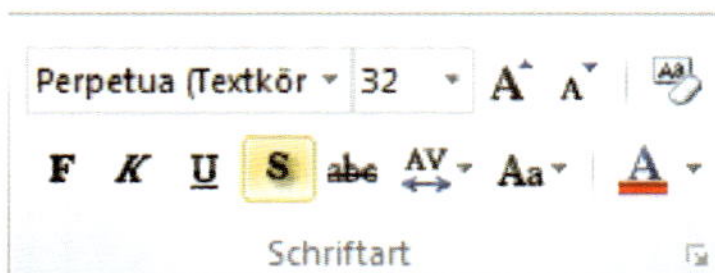

- Die Darstellung unterscheidet sich deutlich von nicht schattierten Bereichen:

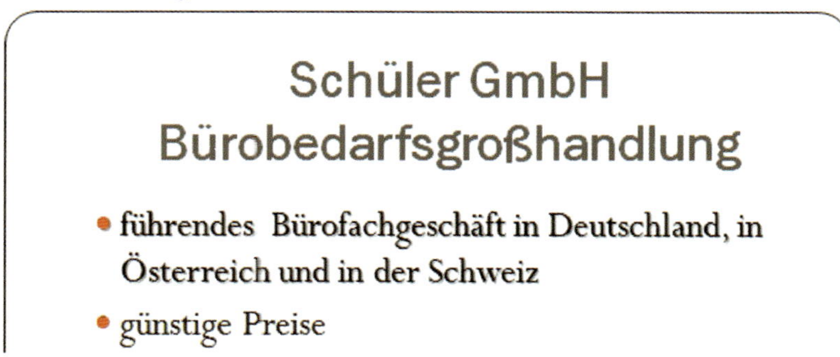

- Über den Pfeil neben der Schaltfläche **Groß-/Kleinschreibung** kann die Art der Groß- und Kleinschreibung eingestellt werden. Allerdings scheint neben der normalen Schreibart höchstens eine komplette Klein- oder Großschreibung sinnvoll.

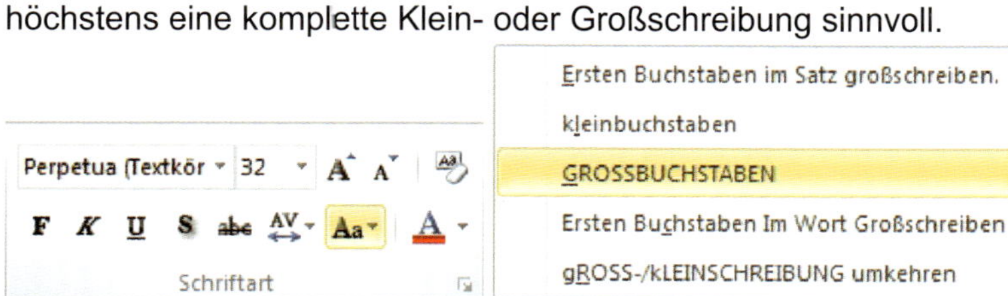

- Das Ergebnis könnte in etwa so aussehen:

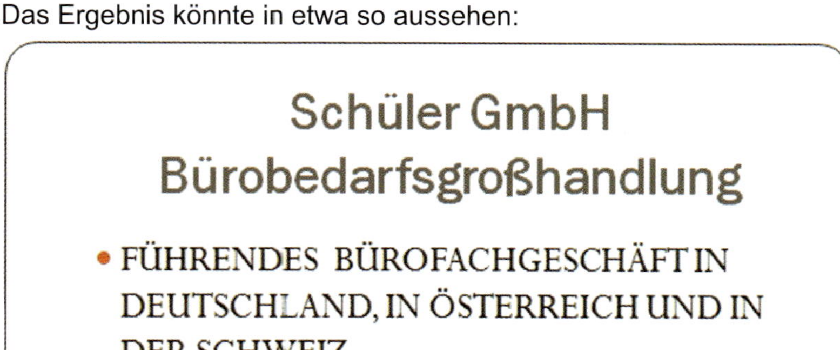

- Löschen Sie alle Formatierungen wieder mithilfe der entsprechenden Schaltfläche.

Bearbeitungsschritte (Fortsetzung):

- Unerwünschte Ergebnisse können jederzeit auch mithilfe der Schaltfläche **Rückgängig** in der **Symbolleiste für den Schnellzugriff** rückgängig gemacht werden.

- Genauere Einstellungen sind im Fenster **Schriftart** möglich. Markieren Sie die Aufzählungspunkte. Klicken Sie im Register **Start** in der Gruppe **Schriftart** die Schaltfläche **Schriftart** an.

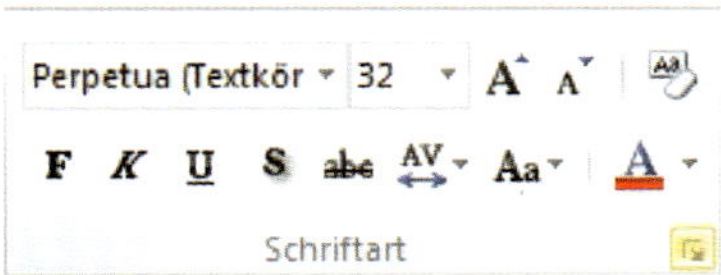

- Sie können nun alle Komponenten, die zuvor besprochen wurden, und einige zusätzliche, wie etwa das Hoch- und Tiefstellen des Textes, einstellen.

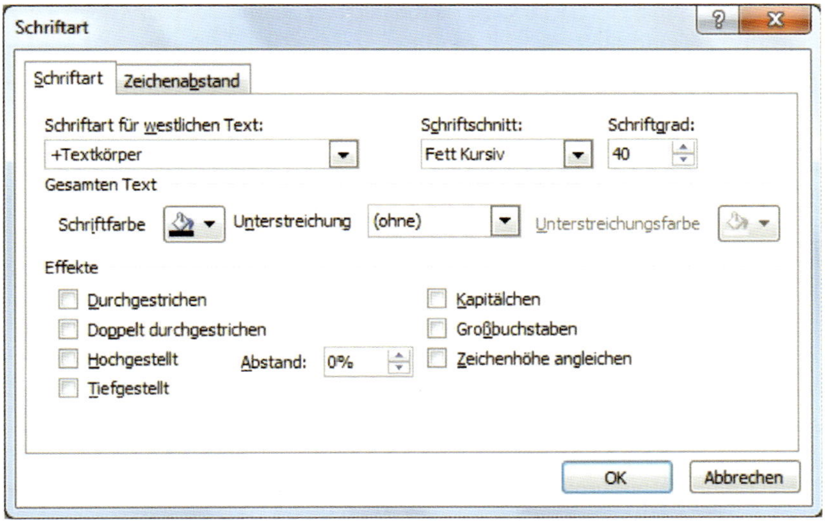

- Gestalten Sie die Folie wie nachfolgend dargestellt:

- Formatieren Sie den Text der anderen Folien.

Formatierung der Absatzes

Die Darstellung von Absätzen lässt sich auf vielfache Art beeinflussen. Wichtig ist dabei, dass die einzelnen Inhalte übersichtlich voneinander getrennt sind, sodass sie gut lesbar sind. Aufzählungszeichen sollten einen gewissen Abstand vom Text erhalten.

Bearbeitungsschritte:

- Öffnen Sie die Präsentation *Schüler_1*. Speichern Sie die Präsentation unter dem Namen *Schüler_4*. Rufen Sie die Folie *2* auf.
- Der Titel ist in der Regel zentriert ausgerichtet. Unter Umständen bietet sich auch eine rechts- oder linksbündige Ausrichtung an, während die Ausrichtung als Blocksatz normalerweise keinen Sinn ergibt.

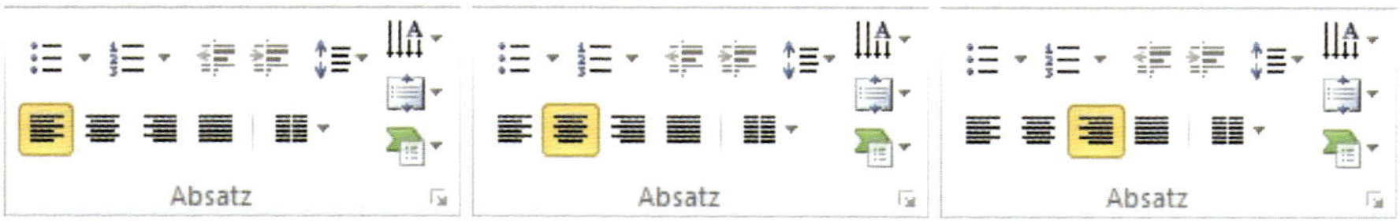

- Die Überschrift könnte z. B. so ausgerichtet werden:

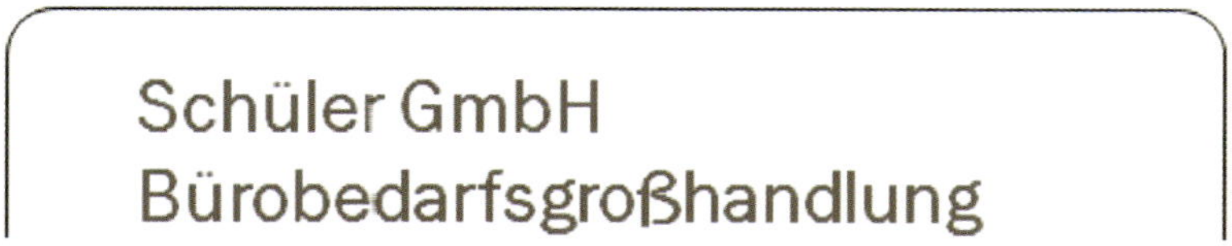

- Der Abstand zwischen den Aufzählungszeichen und dem folgenden Text ist in Folien normalerweise zu gering. Das Aussehen der Folie wird dadurch negativ beeinflusst. Markieren Sie daher die Aufzählungspunkte.
- Klicken Sie im Register **Ansicht** in der Gruppe **Anzeigen** das Kontrollkästchen vor der Bezeichnung *Lineal* an. Das Kontrollkästchen wird mit einem Häkchen gekennzeichnet.

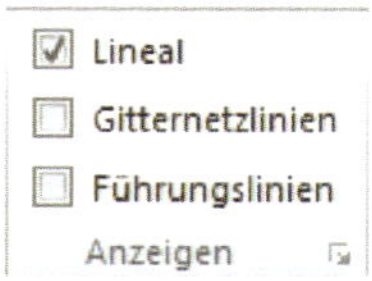

- Das Lineal wird eingeblendet:

- Verschieben Sie den nachfolgend gezeigten Anfasser nach rechts.

- Als Ergebnis wird die Darstellung deutlich verbessert, da Aufzählungszeichen und Text deutlich mehr Abstand zueinander haben:

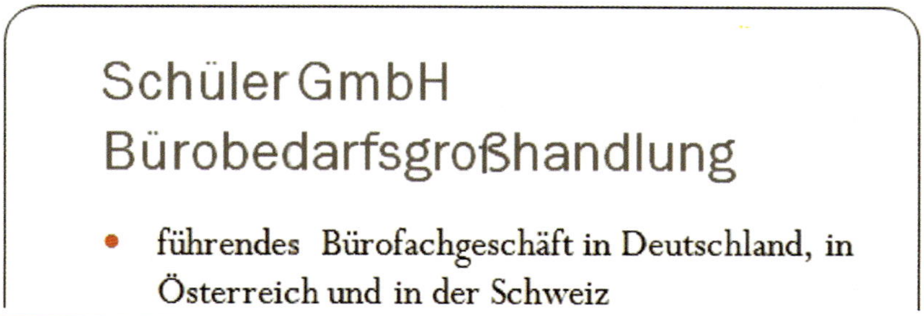

Bearbeitungsschritte (Fortsetzung):

- Die Einstellung kann auch im Register **Start** in der Gruppe **Absatz** über die Schaltfläche **Absatz** vorgenommen werden.

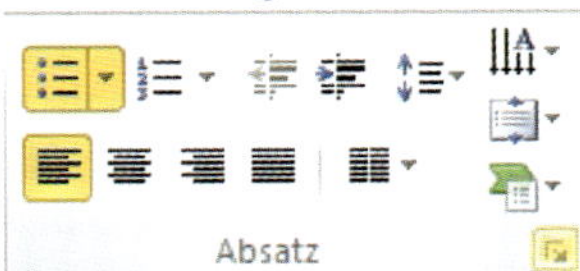

- Legen Sie den Einzug wie angegeben fest. Außerdem sollten Sie den Abstand vor und nach den einzelnen Aufzählungspunkten festlegen. Auch dies kann die Übersichtlichkeit der Folie erhöhen.

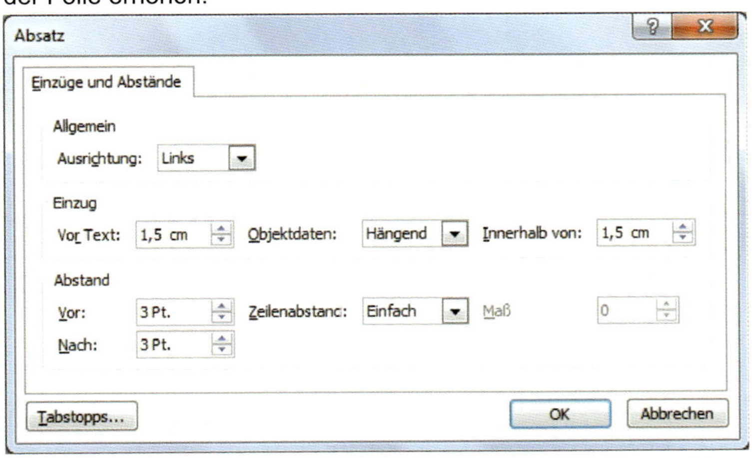

- Der Zeilenabstand zwischen Auszählungspunkten kann auch über die Schaltfläche **Zeilenabstand** in der Gruppe **Absatz** im Register **Start** eingestellt werden. Die Option **Zeilenabstandsoptionen** ruft das Fenster **Absatz** auf.

- Über die Schaltflächen **Textrichtung** und **Text ausrichten** in der Gruppe **Absatz** im Register **Start** lassen sich einige Einstellungen bezüglich der Ausrichtung des Textes vornehmen.

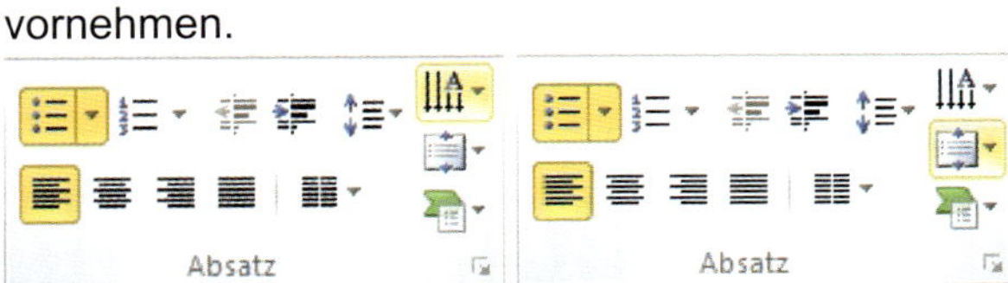

- Beispielsweise lässt sich der Titel drehen.

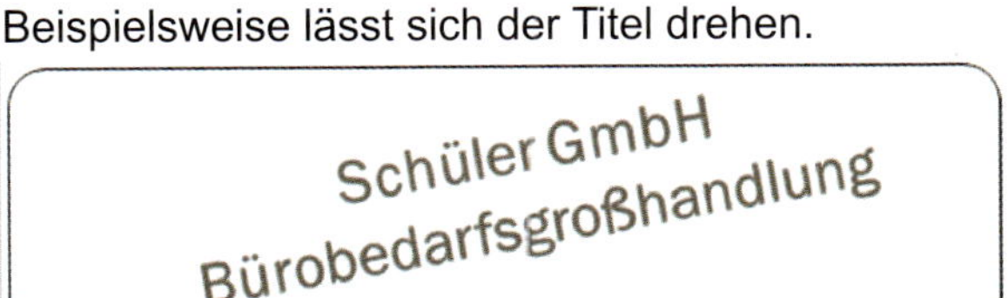

Bearbeitung und Formatierung der Aufzählungszeichen bzw. der Nummerierung

Aufzählungszeichen und Nummerierungen können in vielfacher Hinsicht verändert und anders angeordnet werden. Es ist beispielsweise möglich, die Aufzählungszeichen zu entfernen, die Ebene eines Aufzählungspunktes zu ändern, das Aufzählungszeichen auszutauschen oder eine Aufzählung in eine Nummerierung zu konvertieren.

Bearbeitungsschritte:

- Öffnen Sie die Präsentation *Schüler_1*. Speichern Sie die Präsentation unter dem Namen *Schüler_4*. Rufen Sie die Folie *2* auf.
- Markieren Sie die Aufzählungen. Klicken Sie im Register **Start** in der Gruppe **Absatz** die Schaltfläche **Aufzählungszeichen** an.

- Das Aufzählungszeichen wird entfernt. Über das Lineal müssen Sie danach den linken Rand verändern, sodass folgendes Ergebnis zustande kommt:

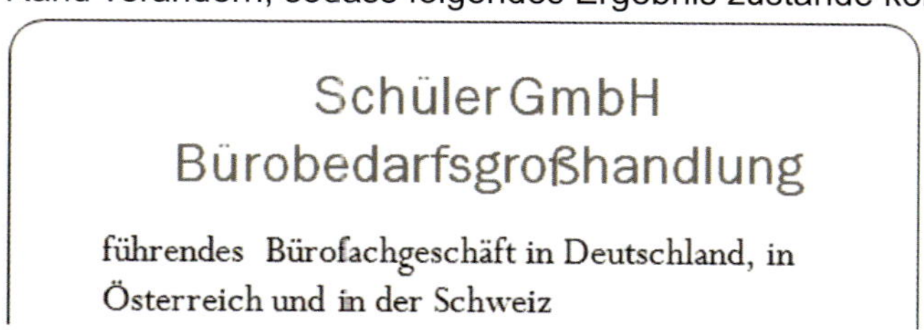

- Machen Sie die Änderungen wieder rückgängig.
- Stellen Sie den Abstand zwischen Aufzählungszeichen und Text vernünftig ein.
- Klicken Sie im Register **Start** in der Gruppe **Absatz** den Pfeil neben der Schaltfläche **Aufzählungszeichen** an. Wählen Sie die angezeigte Option.

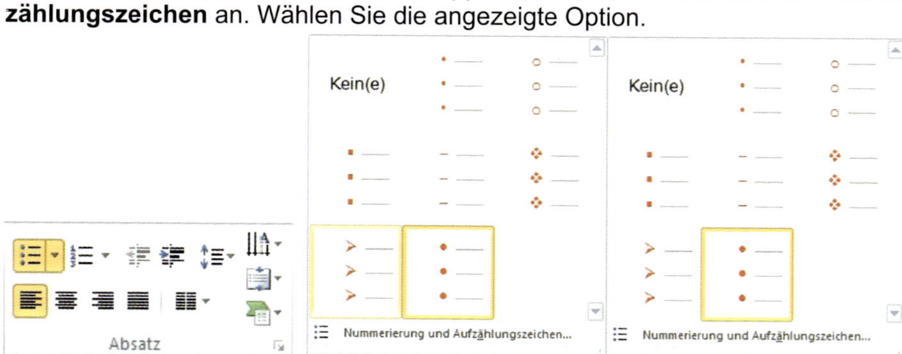

- Das Ergebnis verändert sich entsprechend:

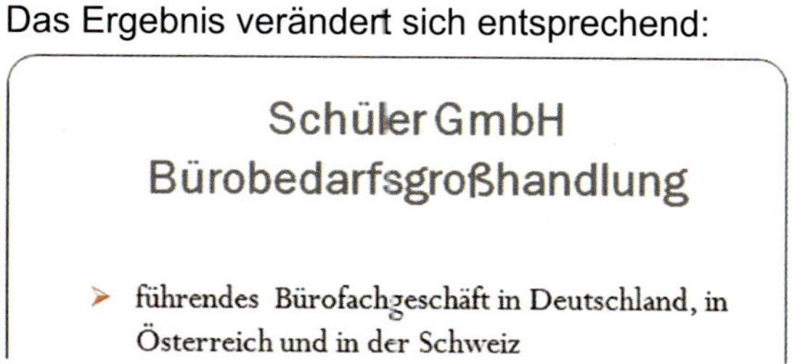

Bearbeitungsschritte (Fortsetzung):

- Klicken Sie im Register **Start** in der Gruppe **Absatz** den Pfeil neben der Schaltfläche **Aufzählungszeichen** an. Wählen Sie die angezeigte Option **Nummerierung und Aufzählungszeichen**.

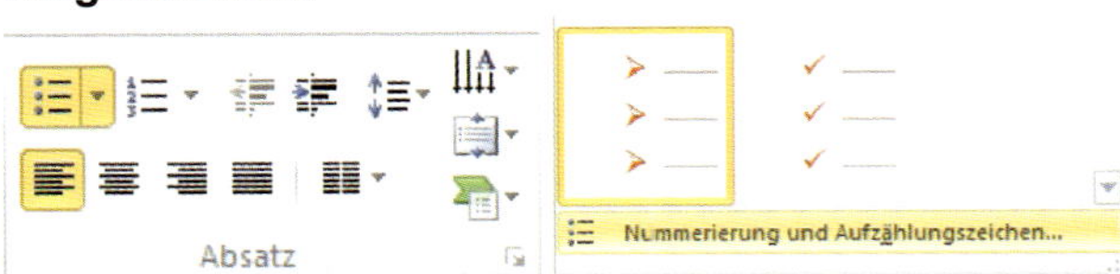

- Im Fenster **Nummerierung und Aufzählungszeichen** können Sie die Größe und die Farbe des Aufzählungszeichens ändern und über die Schaltfläche **Anpassen** sämtliche Zeichen der auf dem Rechner vorhandenen Zeichensätze einfügen. Nach Anklicken der Schaltfläche **Bild** im Fenster **Nummerierung und Aufzählungszeichen** können Sie im Fenster **Bildaufzählungszeichen** nach Anklicken der Schaltfläche **Importieren** ein auf dem Rechner vorhandenes Bild als Aufzählungszeichen nutzen.

- Folgende denkbare Ergebnisse lassen sich beispielsweise erzielen:

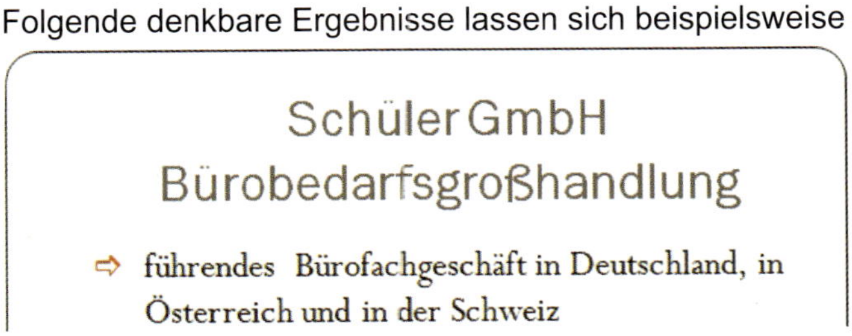

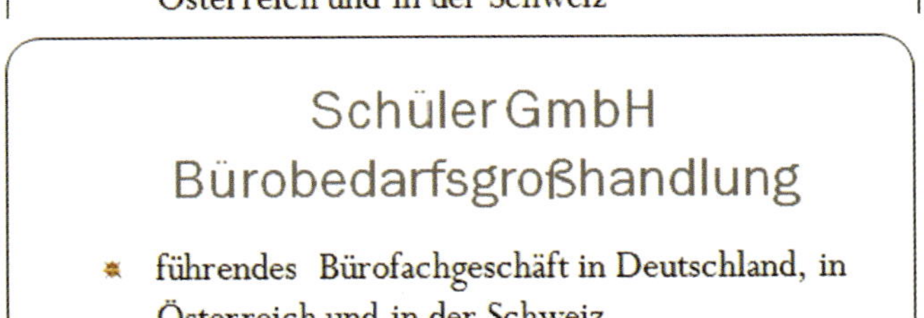

Bearbeitungsschritte (Fortsetzung):

- Kehren Sie zum ursprünglichen Formatierungszeichen zurück. Ändern Sie lediglich die Farbe. Markieren Sie danach die Aufzählungspunkte *2* bis *4*. Klicken Sie danach im Register **Start** in der Gruppe **Absatz** die Schaltfläche **Listenebene erhöhen** an.

- Bearbeiten Sie über das Lineal die Aufzählung, um folgendes Ergebnis zu erreichen:

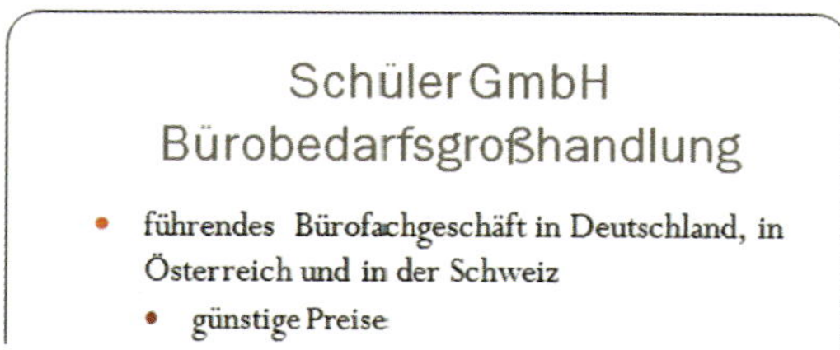

- Machen Sie danach das Ergebnis wieder rückgängig.
- Markieren Sie den Bereich mit den Aufzählungszeichen. Klicken Sie danach im Register **Start** in der Gruppe **Absatz** die Schaltfläche **Nummerierung** an.

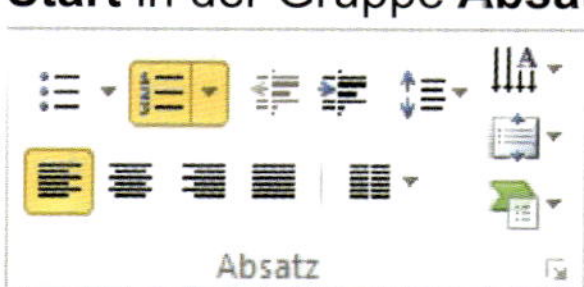

- Das Ergebnis könnte so aussehen:

- Kehren Sie zum ursprünglichen Aussehen zurück. Markieren Sie den Bereich mit den Aufzählungszeichen. Klicken Sie danach im Register **Start** in der Gruppe **Absatz** den Pfeil neben der Schaltfläche **Spalten** an. Wählen Sie die angezeigte Option.

- Das Ergebnis könnte so aussehen, wenn der Aufzählungsbereich angepasst wird:

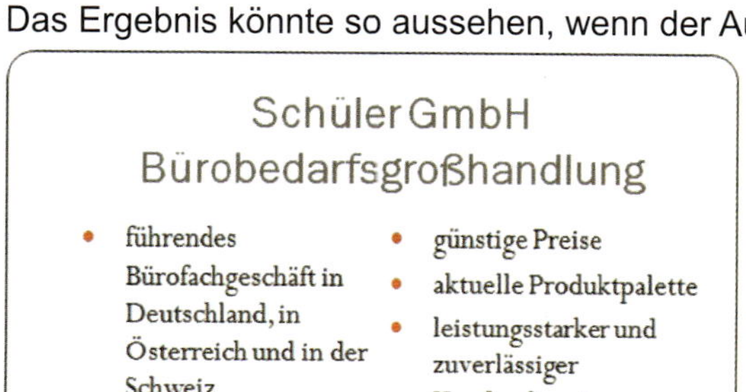

Gestaltung der Absatzes

Vielfache Möglichkeiten der Gestaltung eines Absatzes sind durch die in den Office-Anwendungen zur Verfügung gestellten Schnellformatvorlagen gegeben. Außerdem können Bilder, Farbverläufe, Strukturen usw. genutzt werden.

Bearbeitungsschritte:

- Öffnen Sie die Präsentation *Schüler_1*. Speichern Sie die Präsentation unter dem Namen *Schüler_5*. Rufen Sie die Folie 2 auf.
- Markieren Sie den Titel. Klicken Sie danach im Register **Start** in der Gruppe **Zeichnung** die Schaltfläche **Schnellformatvorlagen** an.

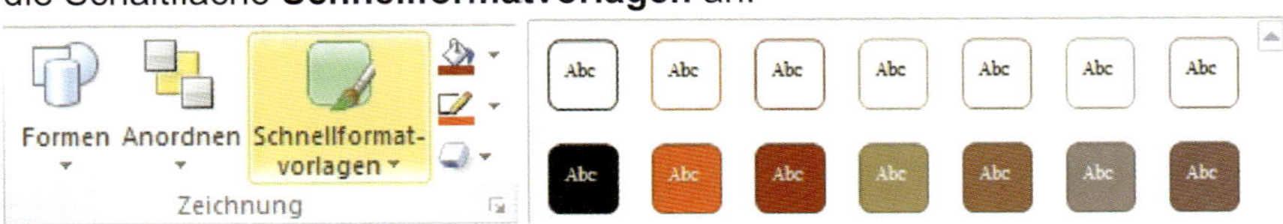

- Wählen Sie eine Vorlage aus. Formatieren Sie auf diese Weise danach den zweiten Bereich mit einer anderen Vorlage.

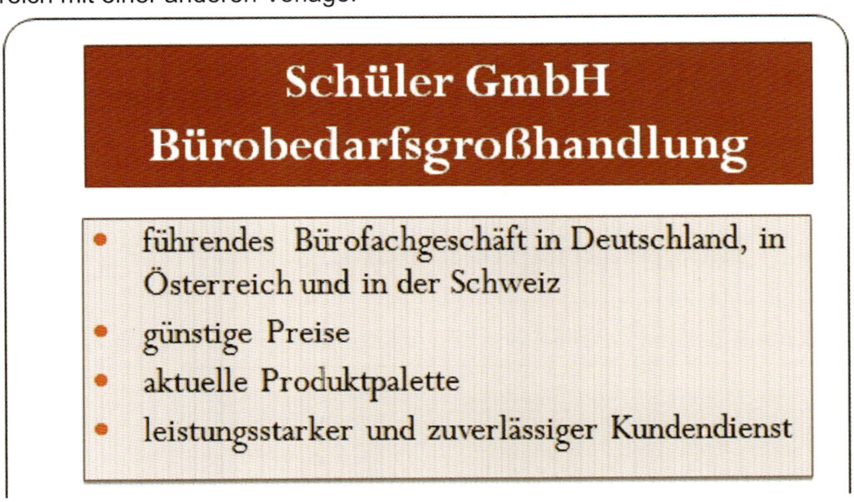

- Markieren Sie den Titel. Klicken Sie danach im Register **Start** in der Gruppe **Zeichnung** den Pfeil der Schaltfläche **Fülleffekt** an. Versehen Sie den Titel mit einer Struktur, einem Farbverlauf oder einem Bild.

- Das Ergebnis könnte so aussehen:

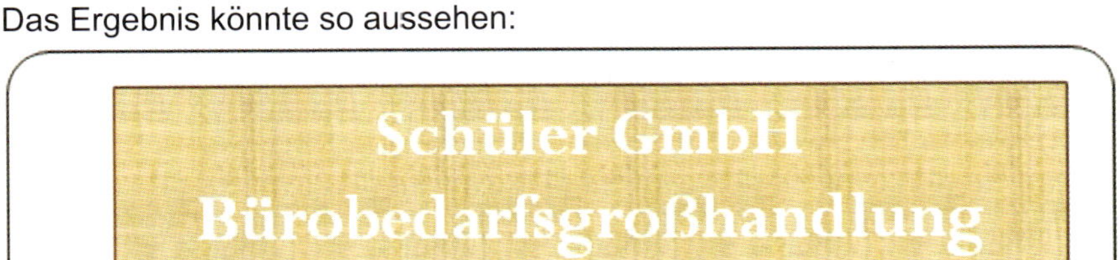

Umwandlung eines Textes in eine SmartArt-Grafik

Eine besonders einfache und effektive Form der Gestaltung eines Absatzes ergibt sich aus der Möglichkeit, Texte aus Absätzen in eine SmartArt-Grafik umzuwandeln. Eventuell muss oder kann die Schriftgröße nachbearbeitet werden.

Bearbeitungsschritte:

- Markieren Sie den Titel. Klicken Sie danach im Register **Start** in der Gruppe **Absatz** die Schaltfläche **In eine SmartArt-Grafik konvertieren** an. Wählen Sie die angezeigte Form aus.

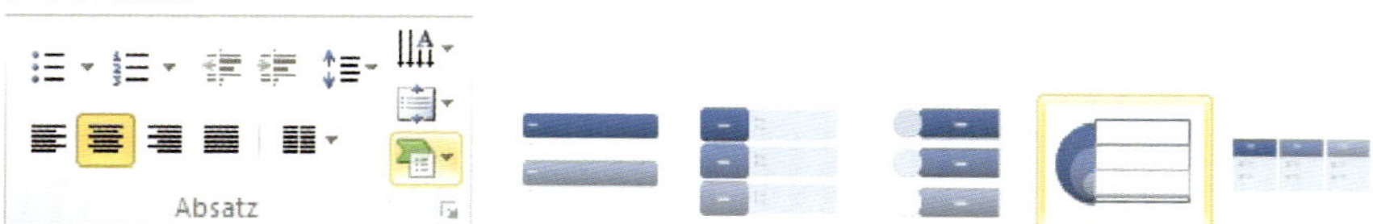

- Das Ergebnis sieht folgendermaßen aus:

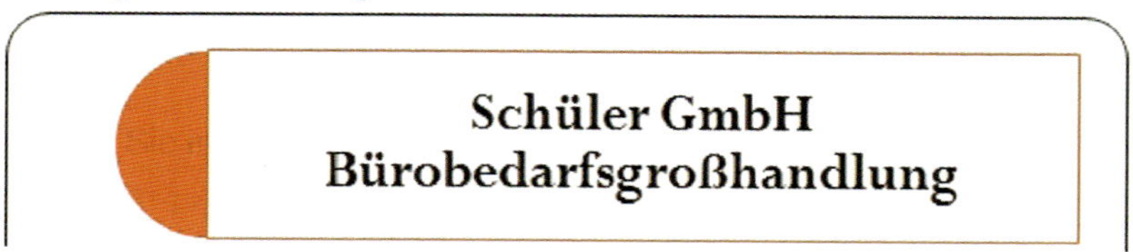

- Sie können danach die SmartArt-Grafik beliebig formatieren, z. B. mit einer Struktur.

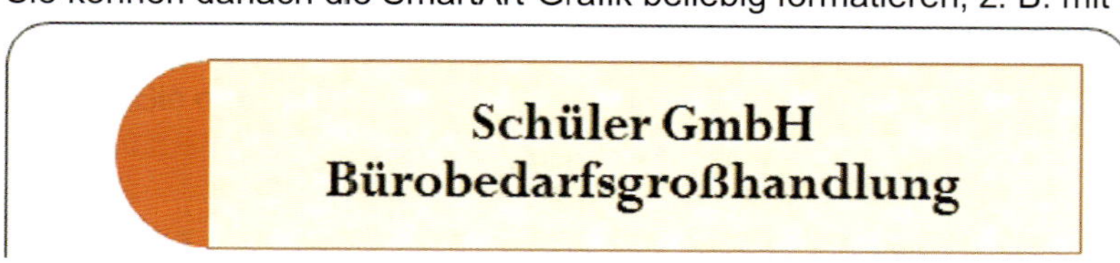

- Formatieren Sie den Titel und anschließend den unteren Bereich der Folie.

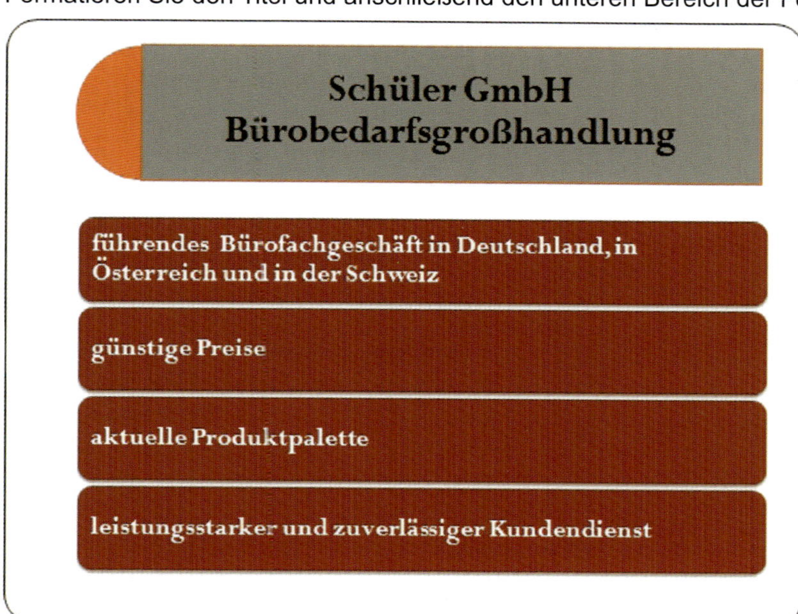

6.3.2 Bild- und Grafikdateien

Einfügen von Bild- und Grafikdateien über Schaltflächen in den Folien

Eine vernünftige Präsentation wird in der Regel nicht nur aus Texten dargestellt. ClipArts und Bilder können einen Sachverhalt verdeutlichen und/oder ergänzen. Oftmals ergibt erst die Kombination verschiedener Elemente eine ausgewogene und vernünftige Darstellung.

Das Einfügen von Bilder und Grafiken wird im Kapitel *Gemeinsame Elemente von Excel, Word und PowerPoint* genauer beschrieben. Bei Bedarf sollten Sie diese Erklärungen vorher durcharbeiten.

Bearbeitungsschritte:

- Öffnen Sie die Präsentation *Schüler_1*. Fügen Sie eine neue Folie (*Inhalt mit Überschrift*) ein. Fügen Sie die Überschrift und den linken Text ein. Ändern Sie die Größe der beiden unteren Bereiche. Klicken Sie danach im rechten unteren Bereich die Schaltfläche **ClipArt** an.

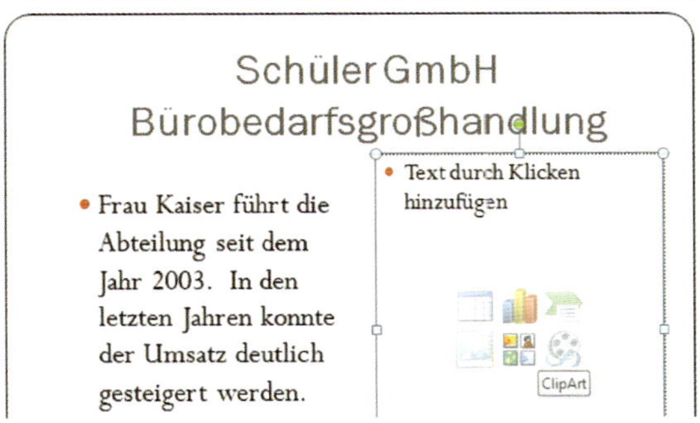

- Fügen Sie ein ClipArt ein. Über die Anfasser oder die Möglichkeiten im Register **Bildtools/ Format** können Sie danach die Größe des Objekts festlegen. Auch eine Nachbearbeitung des Objekts ist denkbar. Dies wird im Kapitel *Gemeinsame Elemente von Excel, Word und PowerPoint* genauer beschrieben.

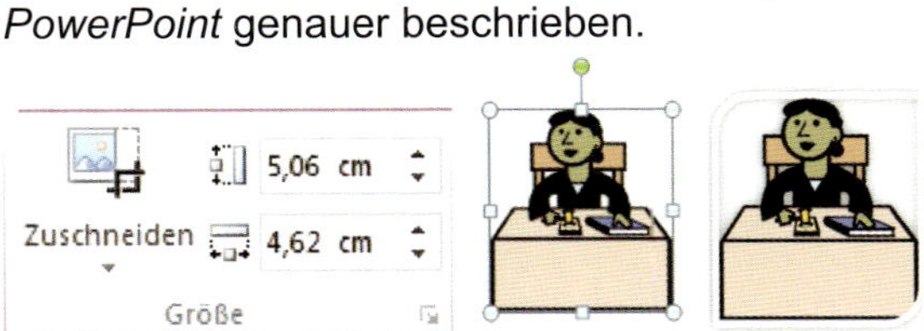

- Das Ergebnis sollte in etwa so aussehen:

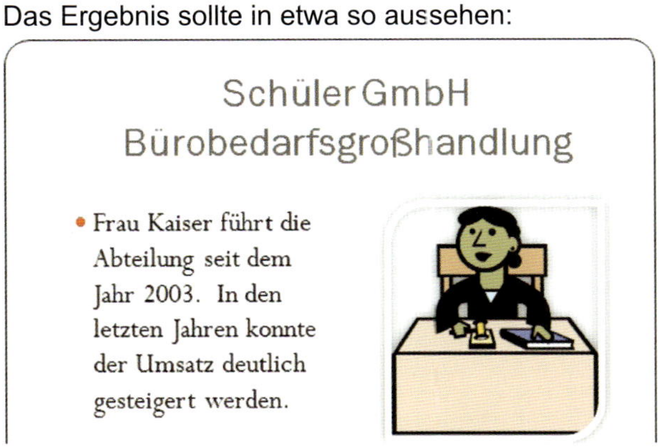

Bearbeitungsschritte (Fortsetzung):

- Öffnen Sie die Präsentation *Schüler_1*. Fügen Sie eine neue Folie (*Zwei Inhalte*) ein.

- Klicken Sie danach die Schaltfläche **Grafik aus Datei einfügen** an. Fügen Sie zunächst links und dann rechts unten eine Grafik ein.

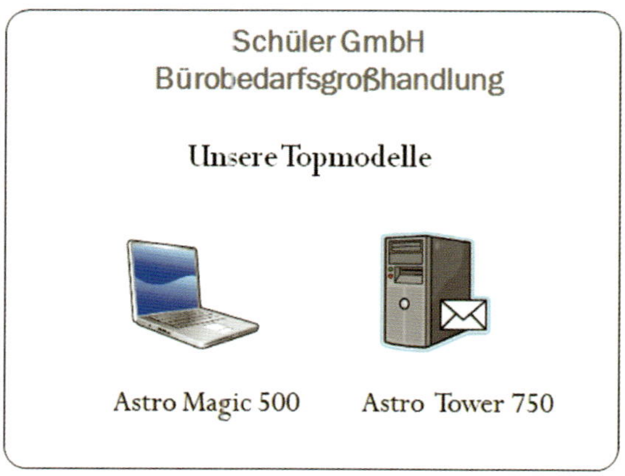

Einfügen von Bild- und Grafikdateien über das Register Einfügen

Ein Logo usw. sollte unter Umständen auf jeder oder fast allen Folien vorhanden sein.

Bearbeitungsschritte:

- Öffnen Sie die Präsentation *Schüler_1*. Speichern Sie die Präsentation unter dem Namen *Schüler_6*. Klicken Sie im Register **Einfügen** in der Gruppe **Bilder** die Schaltfläche **ClipArt** an.

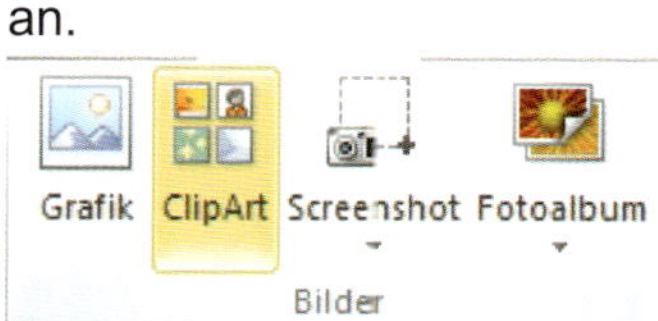

- Fügen Sie auf der zweiten Folie ein ClipArt ein. Dazu sollten Sie eventuell zunächst das Textfenster mit der Maus verkleinern oder verschieben. Auch die Grafik muss in der Größe sicherlich angepasst werden.

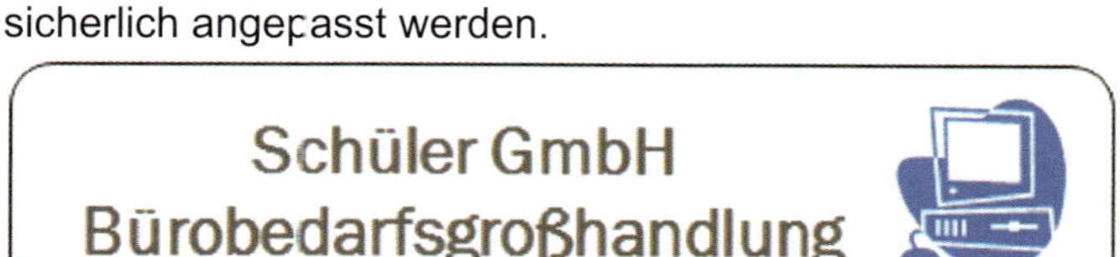

6.3.3 Kopieren, Verschieben und Löschen von Texten und Bildern

Ein Objekt kann kopiert und dann z. B. in eine andere Folie eingefügt werden. Außerdem kann das Objekt auch dupliziert oder gelöscht werden.

Bearbeitungsschritte:

- Öffnen Sie die Präsentation *Schüler_2*. Erstellen Sie eine neue leere Folie hinter der zweiten Folie. Markieren Sie die Überschrift in der zweiten Folie.

- Klicken Sie im Register **Start** in der Gruppe **Zwischenablage** die Schaltfläche **Kopieren** an. Rufen Sie danach die neue leere Folie auf. Klicken Sie im Register **Start** in der Gruppe **Zwischenablage** die Schaltfläche **Einfügen** an.

- Der Text wird eingefügt. Markieren, kopieren und fügen Sie auf die gleiche Art die Grafik in die dritte Folie ein. Das Ergebnis entspricht der Darstellung in Folie *2*.
- Wenn Sie einen Inhalt auf einer Folie doppelt benötigen, können Sie den Inhalt über die Schaltfläche **Kopieren** auch duplizieren.

- Die einzelnen Objekte können Sie mit der Maus über die Anfasser vergrößern oder verkleinern. Gehen Sie an den Rand des Objekts, können Sie dieses bei gedrückter linker Maustaste verschieben. Der jeweilige Mauszeiger wird nachfolgend dargestellt:

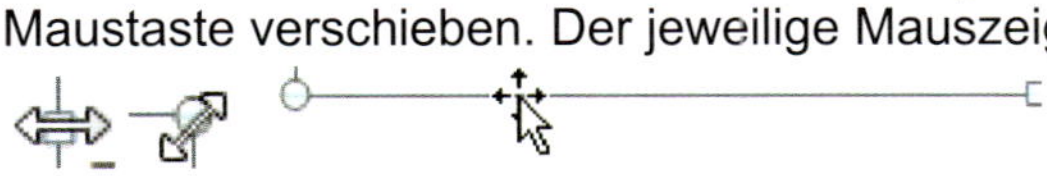

- Markieren Sie beide Elemente in der Folie *3*. Klicken Sie zunächst den Textbereich an, sodass er mit einer geschlossenen Linie umrandet wird, drücken Sie danach die Taste [**Strg**] und klicken Sie bei gedrückter Taste mit der Maus die Grafik an. Alternativ können Sie auch die beiden Objekte mit gedrückter linker Maustaste umfahren.

- Markieren Sie beide Elemente in der Folie *3*. Klicken Sie im Register **Start** in der Gruppe **Zwischenablage** die Schaltfläche **Ausschneiden** an.

- Löschen Sie danach die Folie.

6.3.4 Sounds und Filme

Vorbemerkungen

Audio- und Videodateien können eine Präsentation unter Umständen optimal ergänzen. Während eine Bildschirmpräsentation beispielsweise automatisch abläuft, kann eine Hintergrundmusik während der gesamten Präsentation ablaufen. Außerdem kann beispielsweise beim Anklicken einer Schaltfläche eine Rede usw. aufgerufen werden.

Videodateien sind in der Lage, einen Sachverhalt optimal zu erklären. Es kann beispielsweise eine Maschine usw. vorgestellt werden, eine Produktionshalle gezeigt werden usw. Auch Videodateien können beispielsweise in einem bestimmten Bereich aller Folien während der gesamten Präsentation gezeigt werden. Besonders effektiv dürfte es sein, wenn während der Präsentation ein Film gezeigt wird und ab und zu erklärende Texte eingeblendet werden.

Einfügen und Einstellen von Sounds

Audiodateien müssen in einem bestimmten Format vorliegen, damit sie in Präsentationen eingebaut werden können. Da es sich dabei jedoch z. B. um gängige Dateiformate wie *Windows-Audio-Datei (WAV)*, *MP3-Audiodatei (MP3)* oder *Windows Media-Audiodatei (WMA)* handeln kann, dürfte dies kein Problem darstellen. Selbstverständlich müssen jedoch die dafür benötigten *Codecs* installiert sein. Auch dies ist in der Regel der Fall.

Bearbeitungsschritte:

- Öffnen Sie die Präsentation *Schüler_1*. Speichern Sie die Präsentation unter dem Namen *Schüler_Sound_1*. Rufen Sie die erste Folie auf.
- Klicken Sie im Register **Einfügen** in der Gruppe **Medien** den Pfeil nach unten in der Schaltfläche **Audio** an. Wählen Sie die Option **Audio aus Datei**.

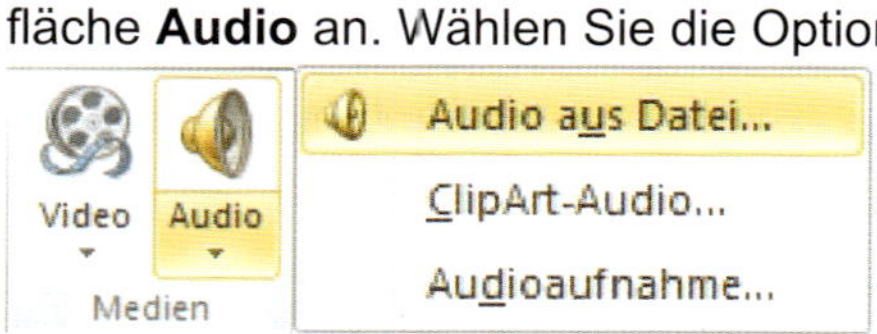

- Laden Sie im nachfolgenden Fenster **Audio einfügen** eine auf dem Computer vorhandene Audiodatei. Dabei kann es sich um einen Song, eine Rede usw. handeln.
- Die Audiodatei wird eingefügt.

- Wenn Sie mit der Maus auf das Lautsprechersymbol fahren, wird eine Wiedergabeleiste eingeblendet. Über Schaltflächen können Sie die Wiedergabe starten und anhalten. Außerdem können Sie mit der Maus bestimmen, an welcher Stelle die Wiedergabe beginnen soll. Eine Einstellung der Lautstärke ist ebenfalls möglich. Die Funktionsweise bei der Präsentation ist identisch.

Selbstablaufende Präsentation mit Audiounterstützung

Auf Messen, Ausstellungen usw. werden oftmals automatisch ablaufende Präsentationen mit Musikuntermalung vorgeführt. Dies ist relativ einfach zu realisieren.

Bearbeitungsschritte:

- Öffnen Sie die Präsentation *Schüler_Sound_1*. Speichern Sie die Präsentation unter dem Namen *Schüler_Sound_2*.
- Markieren Sie die Schaltfläche zur Ausgabe der Audiodatei. Automatisch wird das Register **Audiotools/Format** und **Audiotools/Wiedergabe** eingeblendet. Im Register **Audiotools/ Format** finden Sie Optionen zur Bearbeitung des dargestellten Symbols.

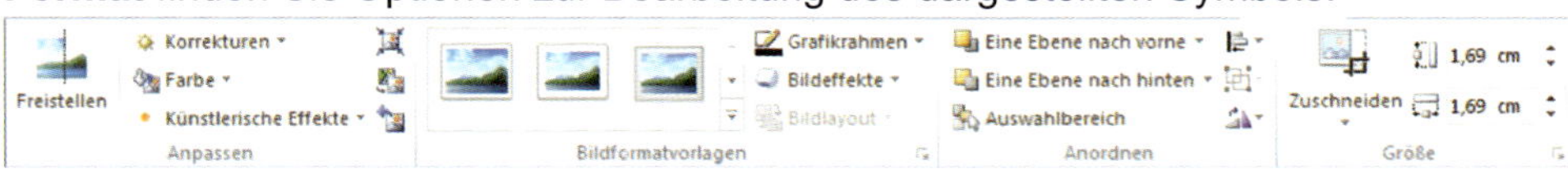

- Markieren Sie das Symbol zur Wiedergabe der Audiodatei. Bestimmen Sie in der Gruppe **Audiooptionen** des Registers **Audiotools/Wiedergabe**, dass eine *Folienübergreifende Wiedergabe* erfolgen soll. Legen Sie die Lautstärke fest und bestimmen Sie, dass bei der Präsentation die Schaltfläche für die Audiowiedergabe ausgeblendet werden soll und eine *Endloswiedergabe* erfolgen soll.

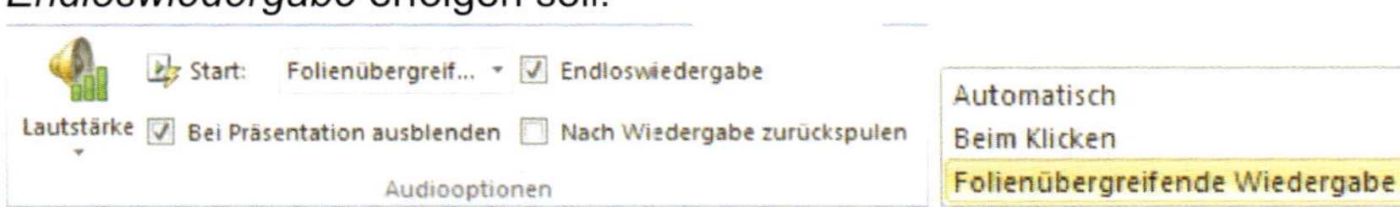

- Aufgrund der Einstellungen wird während der Präsentation ein Hintergrundton wiedergegeben. Es bietet sich an, den Folienübergang automatisch nach einer gewissen Zeit vorzunehmen. Dies wird später intensiv beschrieben und hier kurz angesprochen.
- Wählen Sie im Register **Übergänge** in der Gruppe **Übergang zu dieser Folie** einen Folienübergang aus. Bestimmen Sie, dass die nächste Folie automatisch nach einer Vorgabezeit eingeblendet wird. Klicken Sie die Schaltfläche **Für alle übernehmen** an.

- Klicken Sie danach im Register **Bildschirmpräsentation** in der Gruppe **Einrichten** die Schaltfläche **Bildschirmpräsentation einrichten** an.

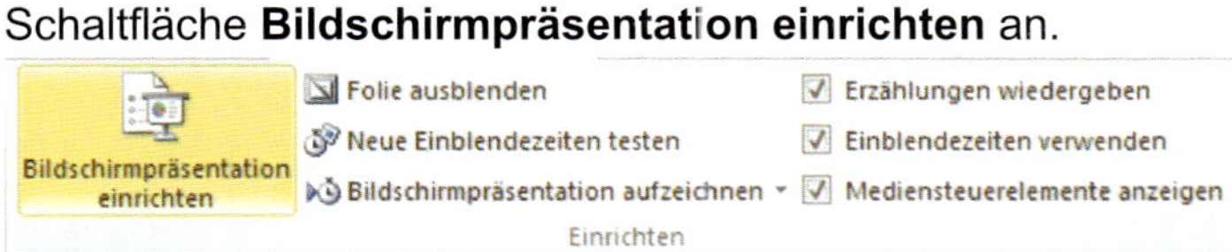

- Legen Sie die folgenden Einstellungen (*Ansicht an einem Kiosk*, *Anzeigedauer verwenden, wenn vorhanden*) fest, damit die vorgegebene Anzeigedauer benutzt wird:

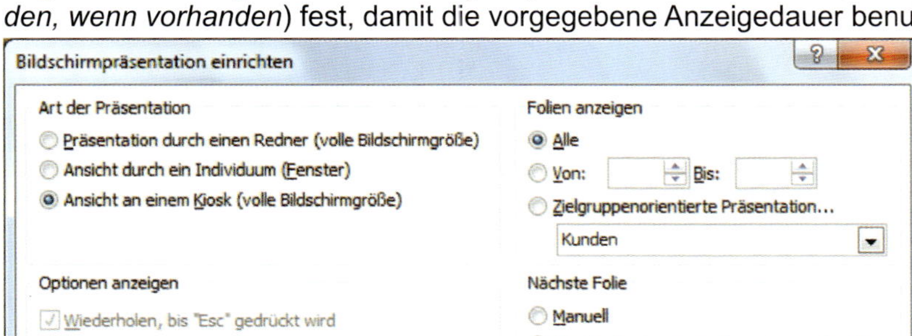

Einfügen und Einstellen von Filmen

Noch besser als Töne können Filme Inhalte unterstützen. So kann z. B. eine Präsentation einen Text auf der linken Bildseite einer Folie enthalten. Auf der rechten Seite wird dann der Film eingefügt. Gängige Dateiformate wie Windows-Videodatei *(AVI)*, Filmdatei *(MPEG)* oder *Windows Media-Videodatei (WMV)* können in die Präsentation eingebaut werden.

Bearbeitungsschritte:

- Öffnen Sie die Präsentation *Schüler_1*. Speichern Sie die Präsentation unter dem Namen *Schüler_Film_1*. Fügen Sie eine leere Folie ein.
- Klicken Sie im Register **Einfügen** in der Gruppe **Medien** den Pfeil nach unten in der Schaltfläche **Video** an. Wählen Sie die Option **Video aus Datei**.

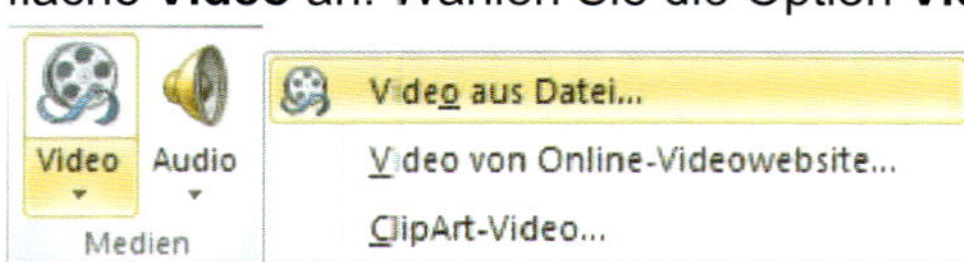

- Laden Sie im nachfolgenden Fenster **Video einfügen** eine auf dem Computer vorhandene Videodatei. Die Filmdatei wird eingefügt.
- Bestimmen Sie im Register **Videotools/Wiedergabe** in der Gruppe **Videooptionen**, dass Film automatisch gestartet wird.

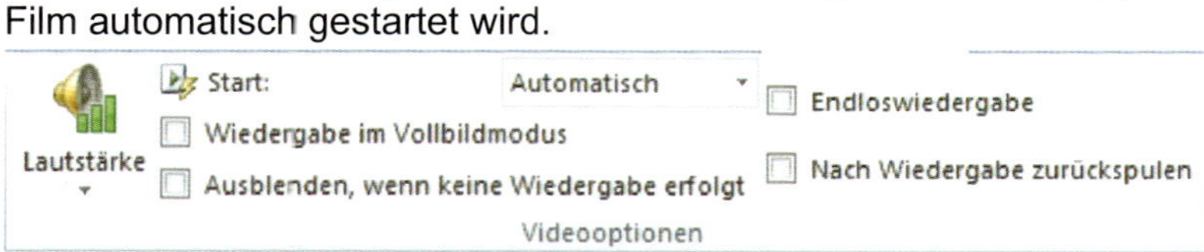

- Probieren Sie mit einer Bildschirmpräsentation die Funktionsweise aus. Nutzen Sie danach verschiedene Einstellungen in den Registern **Videotools/Format** und **Videotools/ Wiedergabe**. Ergänzen Sie unter Umständen die Seite.
- Bei der Bearbeitung und bei der Präsentation steht Ihnen eine Wiedergabeleiste zur Verfügung, die das Anhalten usw. des Videos erlaubt.

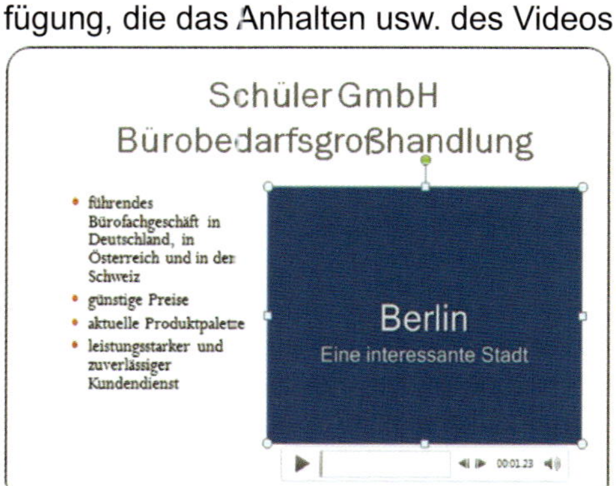

- Über das Register **Videotools/Format** können Sie das Video beschneiden. In der Regel sollte dies jedoch mit einem speziellen Videobearbeitungsprogramm erfolgen.

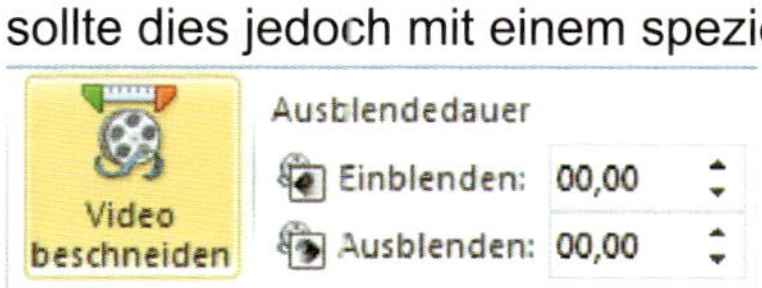

6.4 Diagramme und gezeichnete Objekte usw.

6.4.1 Vorbemerkungen

Die Erklärungen für das Einfügen der nachstehend angegebenen Objekte werden im Kapitel *Gemeinsame Elemente von Excel, Word und PowerPoint* gegeben. Arbeiten Sie bei Bedarf die einzelnen Kapitel durch. Im Kapitel *Tabellenkalkulation mit Excel* wird außerdem intensiv auf die Bearbeitung von Tabellen und Diagrammen eingegangen.

6.4.2 Diagramme

Diagramme können in PowerPoint selbst erstellt werden oder in Excel erstellt werden. Logisch erscheint dabei das Kopieren oder Verknüpfen von Excel-Daten und Excel-Diagrammen mit einer Präsentation. Beide Arten der Übertragung werden im Buch angesprochen.

Bearbeitungsschritte:

- Öffnen Sie die Mappe *Umsatz_Monate*. Erstellen Sie das folgende Diagramm:

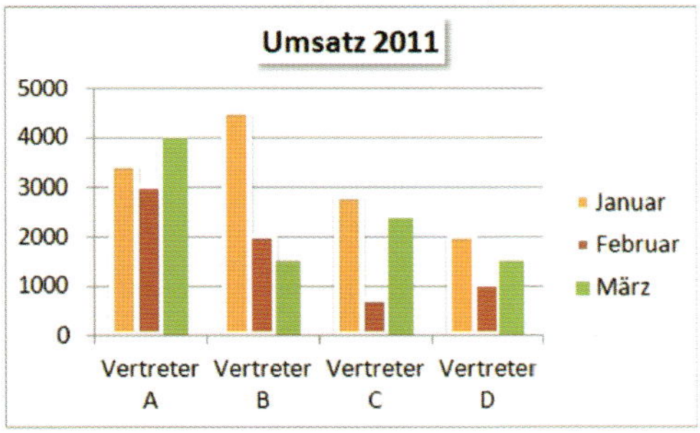

- Öffnen Sie die Präsentation *Schüler_1*. Erstellen Sie eine neue Folie *Nur Titel*. Markieren Sie das Diagramm in **Excel**, kopieren Sie es und fügen Sie es in die Folie ein. Dabei stehen Ihnen verschiedene Eingabeoptionen zur Verfügung.

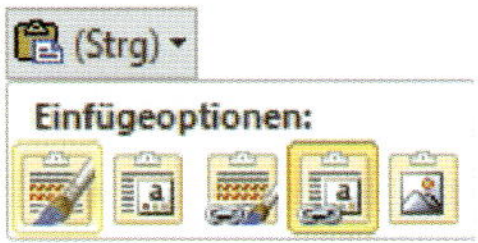

- Das Ergebnis könnte wie in der linken Darstellung aussehen. Verändern Sie das Aussehen des Diagramms durch die Wahl der Änderung der Säulenfarben usw. Die Möglichkeiten stehen Ihnen jeweils nach Anklicken eines Elements im Register **Diagrammtools** zur Verfügung.

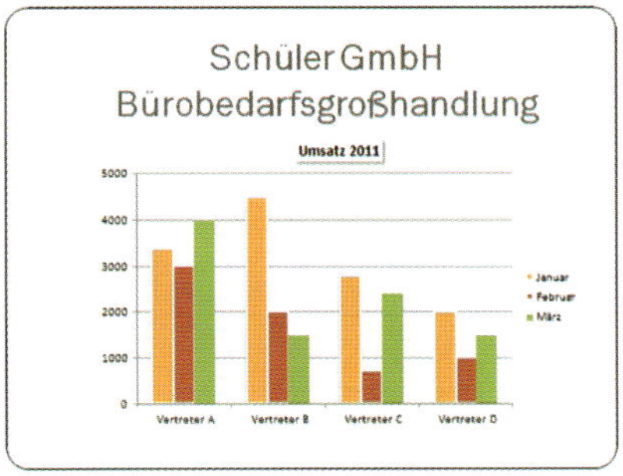

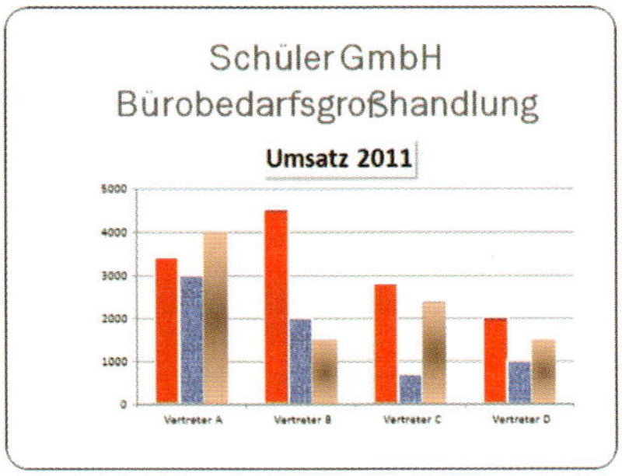

- Wie später gezeigt wird, können die einzelnen Säulen während der Vorführung animiert werden. Damit wird die Aussagekraft des Diagramms weiter erhöht.

6.4.3 Organisations-Diagramm

Ein Organisationsdiagramm kann die Aufbauorganisation eines Betriebes darstellen.

Bearbeitungsschritte:

- Öffnen Sie die Präsentation *Schüler1*. Fügen Sie eine neue Folie nur mit einem Titel ein und danach das folgende Organisationsdiagramm:

6.4.4 Zeichnungsobjekte

Zeichnungsobjekte können einen Sachverhalt erklären. Sie können aber auch einen Überblick über Sachverhalte geben, beispielsweise die angebotenen Produkte angeben.

Bearbeitungsschritte:

- Öffnen Sie die Präsentation *Schüler_1*. Fügen Sie eine Folie nur mit einem Titel ein.
- Blenden Sie über die Schaltflächen in der Gruppe **Anzeigen** im Register **Ansicht** das Lineal und Gitternetzlinien ein. Diese Linien und das Lineal können zur Orientierung genutzt werden. Erstellen Sie danach über das Register **Einfügen** das folgende Zeichnungsobjekt. Blenden Sie danach das Lineal und die Gitternetzlinien wieder aus und erstellen Sie folgende zusätzliche Folie:

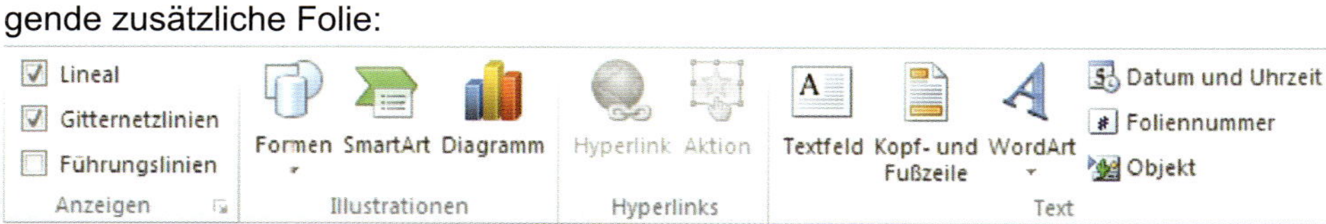

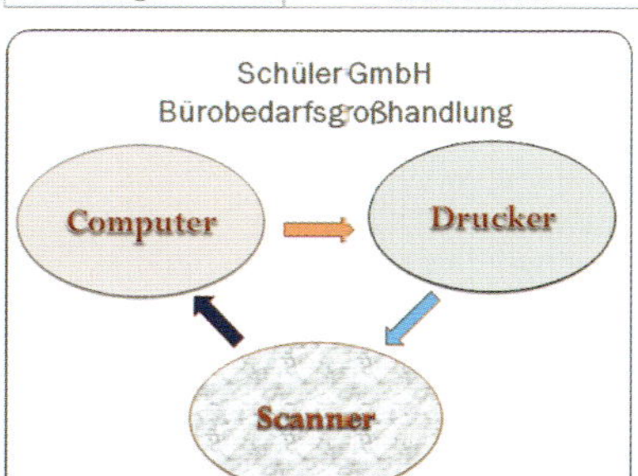

6.4.5 Kopieren, Verschieben und Löschen von Diagrammen usw.

Die Erklärungen finden Sie im Kapitel *Gemeinsame Elemente von Excel, Word und PowerPoint*. Außerdem wird im Kapitel *Datenaustausch* der Sachverhalt in verschiedener Form angesprochen. Der Sachverhalt wird auch im Kapitel *Kopieren, Verschieben und Löschen von Texten und Bildern* im Abschnitt 6.3.3 angesprochen.

6.5 Folienpräsentationseffekte

Animationen

Vorbemerkungen

Folien, aber auch einzelne Elemente von Folien, können animiert werden. Es kann z. B. bestimmt werden, wie ein Text eingeblendet werden soll usw. Überlegen Sie jedoch genau, ob viele Animationen in einer Folie vernünftig sind oder von den Betrachtern eher als lästig empfunden werden. Die Erfahrung zeigt, dass weniger oftmals mehr ist. Vor allem, wenn die Präsentation durch einen Vortrag ergänzt wird, sollte man in der Regel keine oder wenige Animationen einbauen. Animationseffekte lassen sich für Texte, Bilder, Diagramme usw. einbauen.

Animieren von Texten, Bildern und Grafiken

Texte mit Aufzählungspunkten oder nummerierte Elemente einer Präsentation können bei Bedarf insgesamt oder nacheinander aufgerufen werden.

Bearbeitungsschritte:

- Öffnen Sie die Präsentation *Schüler_1*. Speichern Sie sie unter dem Namen *Schüler_A1*. Markieren Sie danach in der Folie *2* den dargestellten Bereich. Die Auswahl ist auch gegeben, wenn die Linie gestrichelt angezeigt wird.

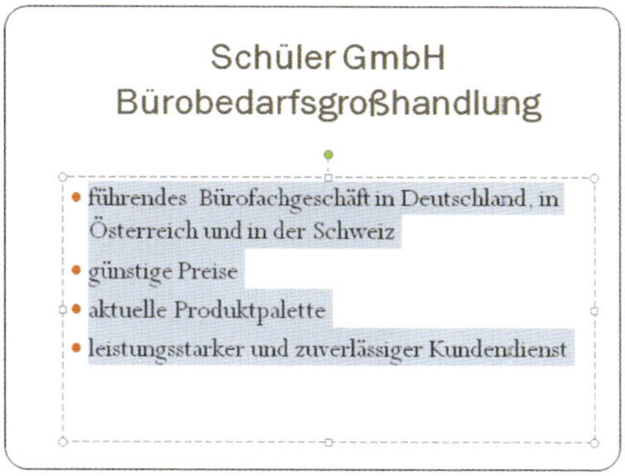

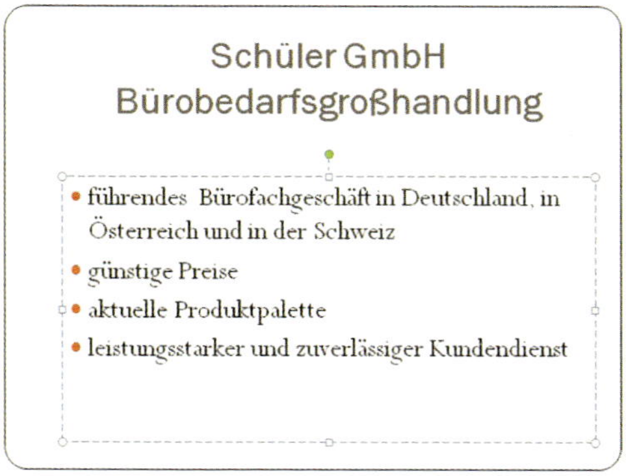

- Klicken Sie das Register **Animationen** an. Fahren Sie in der Gruppe **Animationen** mit der Maus auf eine der angegebenen Animationen. Automatisch wird der Effekt dargestellt. Probieren Sie einige Effekte und sonstige Einstellungen aus, bevor Sie sich festlegen.

- Soll keine Animation vorgenommen werden, muss die Option **Keine** angeklickt werden.
- Bilder und Grafiken werden auf die gleiche Art und Weise animiert.

Animation von Elementen eines Diagramms

Die Animation von Elementen eines Diagramms kann sehr unterschiedlich erfolgen und damit genau den Erfordernissen angepasst werden.

Bearbeitungsschritte:

- Rufen Sie die Folie mit dem Diagramm auf. Markieren Sie das Diagramm.

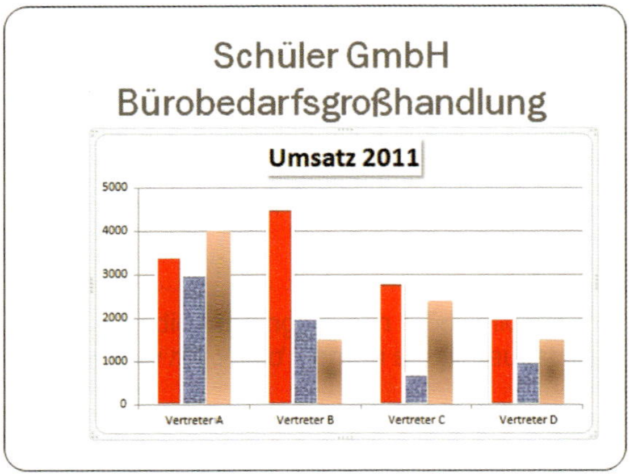

- Klicken Sie im Register **Animationen** in der Gruppe **Animationen** die Option **Wischen** an. Klicken Sie danach die Schaltfläche **Effektoptionen** an. Legen Sie beispielsweise fest, dass die Elemente von unten nach Serien eingeblendet werden.

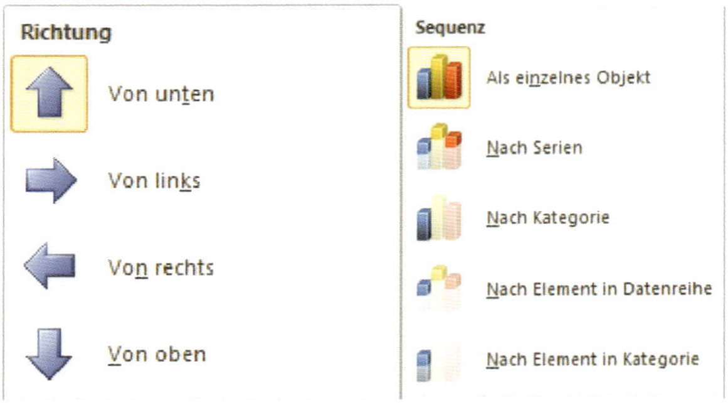

- Je nach Einstellung werden die einzelnen Monats- oder die einzelnen Vertreterdaten nacheinander dargestellt.

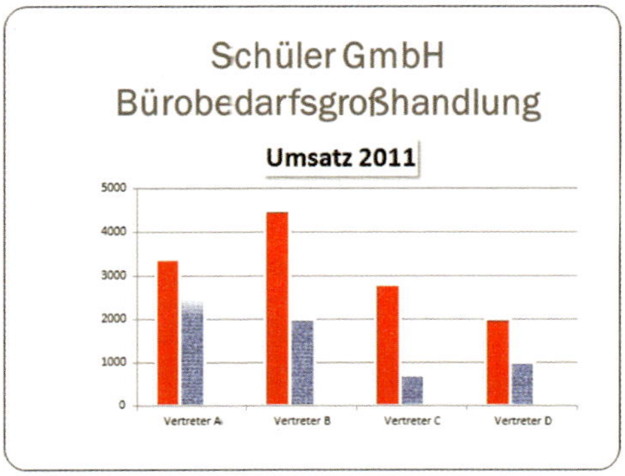

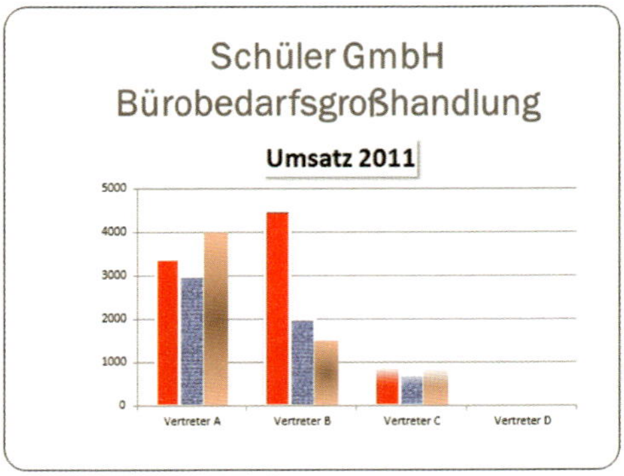

- Schauen Sie sich die Ergebnisse in der Vorschau an.

Animation von Elementen eines Organigramms

Auch Organigramme lassen sich vernünftig animieren. Dabei können die Einblendungen beispielsweise nach Abteilungen oder nach betrieblichen hierarchischen Ebenen vorgenommen werden. Verschiedene Variationen sind realisierbar.

Bearbeitungsschritte:

- Rufen Sie die Folie mit dem Organigramm auf. Markieren Sie das Organigramm.

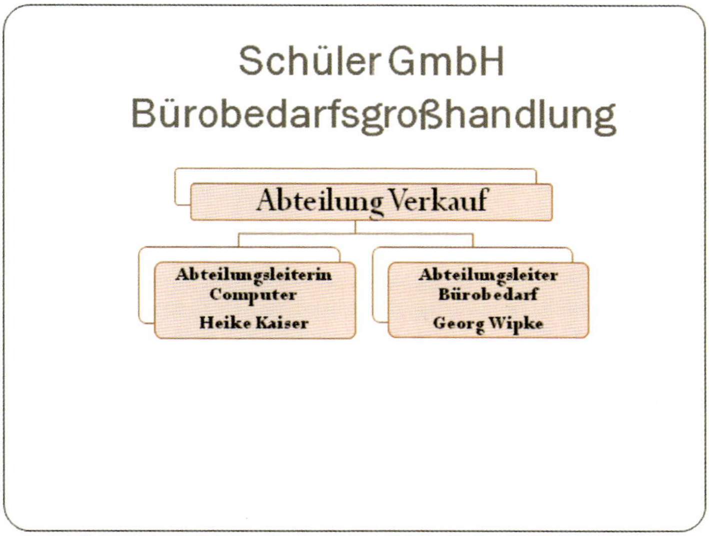

- Klicken Sie im Register **Animationen** in der Gruppe **Animationen** die Option **Form** an. Klicken Sie danach die Schaltfläche **Effektoptionen** an. Legen Sie beispielsweise fest, dass die Elemente von unten nach Serien eingeblendet werden.

- Je nach Einstellung werden die Daten einer Abteilung oder der hierarchische Aufbau eines Betriebes dargestellt. Selbstverständlich sind auch andere Möglichkeiten denkbar und sollten daher ausprobiert werden.

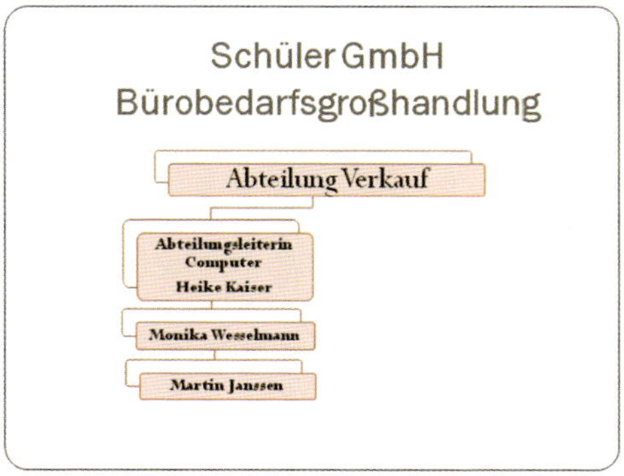

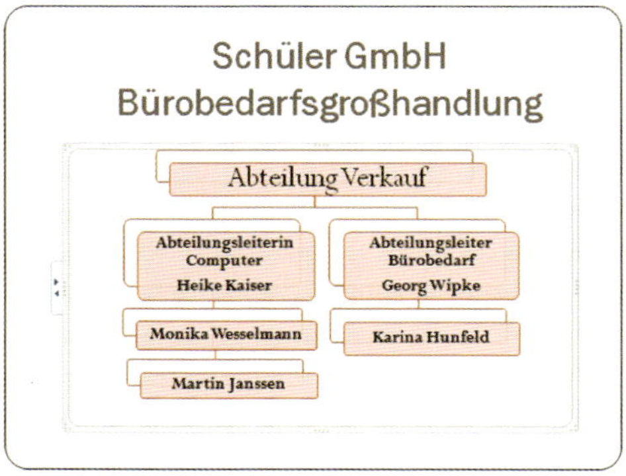

- Schauen Sie sich die Ergebnisse in der Vorschau an.

Übergänge

Der Folienübergang von einer Folie zur nächsten kann mit oder ohne Effekt per Mausklick oder automatisch erfolgen. Bei einem Vortrag bietet es sich an, per Mausklick die nächste Folie einzublenden. Soll eine Präsentation auf Messen, in Schaufenstern usw. ablaufen, kann dies nur durch einen automatischen Folienübergang erfolgen. Es muss jedoch ausdrücklich davor gewarnt werden, zu viele Effekte einzubauen. Oftmals wirken sie nervig.

Bearbeitungsschritte:

- Öffnen Sie die Präsentation *Schüler_1*. Speichern Sie sie unter dem Namen *SchülerF1*.
- Klicken Sie im Register **Übergänge** in der Gruppe **Übergang zu dieser Folie** den Pfeil neben den einzelnen möglichen Folienübergängen an oder wählen Sie direkt einen der vorgegebenen Folienübergänge.

- Der Übergang von einer Folie zur nächsten sollte in der Regel für alle Folien gleich sein. Klicken Sie daher im Register **Übergänge** in der Gruppe **Anzeigedauer** die Schaltfläche **Für alle übernehmen** an.

- Ein Sound stört beim Vortrag in der Regel. Bei einem automatischen Ablauf ist es überlegenswert, ihn einzusetzen. Jedoch muss darauf geachtet werden, dass die Zuhörer nicht den Effekt als nervig empfinden.

- Probieren Sie verschiedene Möglichkeiten aus.
- Der Übergang zwischen den Folien kann automatisch nach einer vorgesehenen Zeit oder manuell durch Mausklick erfolgen. Dabei ist der vorgesehene Zweck entscheidend. Bei einem Vortrag wird in der Regel der Vortragende per Mausklick die nächste Folie aufrufen, auf Messen usw. sollte eine Präsentation automatisch ablaufen.

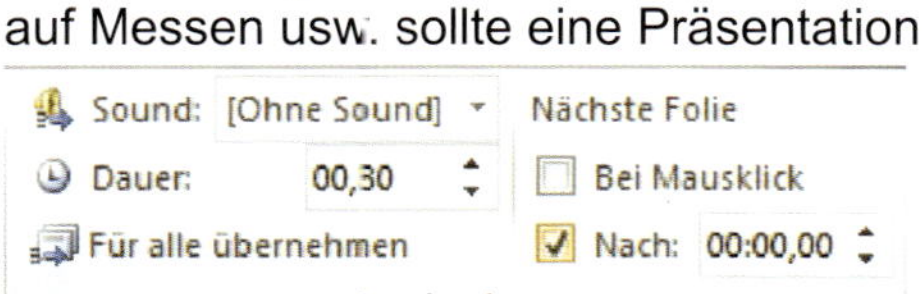

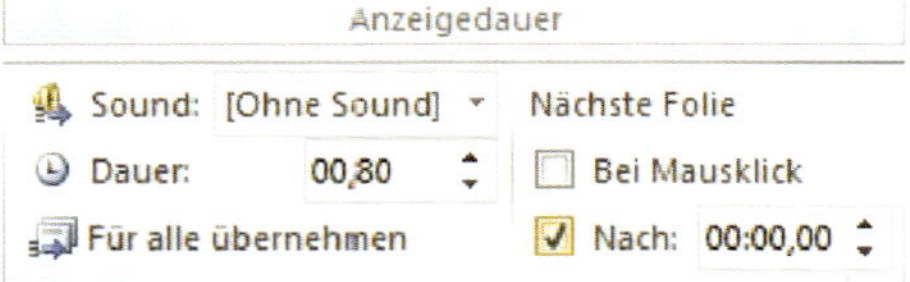

Folienübergang über Schaltflächen

Über eingebaute Schaltflächen kann man bestimmen, ob die erste, die letzte, die nächste oder die vorherige Folie eingeblendet werden soll. Damit kann bei einem Vortrag die Vortragende bzw. der Vortragende flexibel auf Zwischenfragen usw. eingehen.

Bearbeitungsschritte:

- Öffnen Sie die Präsentation *Schüler_1*. Speichern Sie die Präsentation unter dem Namen *SchülerF2* ab.
- Stellen Sie sicher, dass die erste Folie eingeblendet ist. In dieser Folie sollen Schaltflächen eingebaut werden, die den Aufruf der nächsten oder der letzten Seite ermöglichen. Klicken Sie danach im Register **Einfügen** in der Gruppe **Illustrationen** die Schaltfläche **Formen** an. Mögliche Schaltflächen, die in eine Folie eingebaut werden können, werden angezeigt.

- Wählen Sie die Schaltfläche **Interaktive Schaltfläche: Nächste(r) oder Weiter** ▷ aus. Klicken Sie auf die Schaltfläche. Der Mauspfeil verwandelt sich in ein Kreuz. Ziehen Sie ein Viereck bei gedrückter linker Maustaste an der Stelle, wo die Schaltfläche eingeblendet werden soll. Nach Loslassen der Maustaste wird das Fenster **Aktionseinstellungen** eingeblendet. Sie können nun bestimmen, ob die nächste Folie per Mausklick oder lediglich per Mauskontakt (*Mausover*) eingeblendet werden soll. Beim Mausklick müssen Sie mit der linken Maustaste die Schaltfläche anklicken, beim Mauskontakt müssen Sie lediglich die Maus auf die Schaltfläche fahren, um die nächste Folie einzublenden. Normalerweise sollten Sie den Mausklick wählen. Ansonsten kann es durchaus zu Fehlbedienungen kommen. Durch einen ***Hyperlink*** kann eine Folie in der Foliensammlung (in diesem Fall die nächste Folie) oder z. B. ein anderes Dokument auf dem Rechner oder auch im Internet aufgerufen werden.

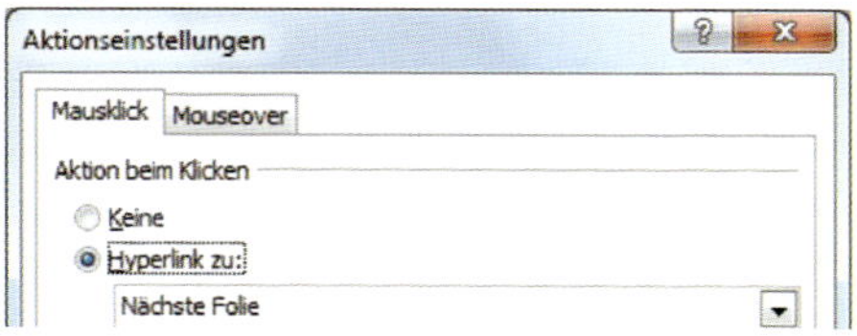

- Sie könnten auch eine andere Aktion bestimmen. Dies ist jedoch unlogisch, da die Schaltfläche allgemein zum Aufruf einer nächsten Seite, Tabelle usw. genutzt wird.
- Klicken Sie das Register **Zeichentools/Format** an. Sie können dann u. a. Farben, Größe und Position der eingefügten Schaltfläche bestimmen.
- Fügen Sie danach die Schaltfläche **Interaktive Schaltfläche: Ende** ▷| ein.

Bearbeitungsschritte (Fortsetzung):

- Führen Sie eine Bildschirmpräsentation durch. Über der Schaltfläche verändert sich der Mauspfeil in eine *Hand*.
- Wollen Sie die Funktion einer Schaltfläche ändern, müssen Sie nach der Markierung der Schaltfläche im Register **Einfügen** in der Gruppe **Hyperlinks** die Schaltfläche **Hyperlink** bzw. die Schaltfläche **Aktion** anklicken.

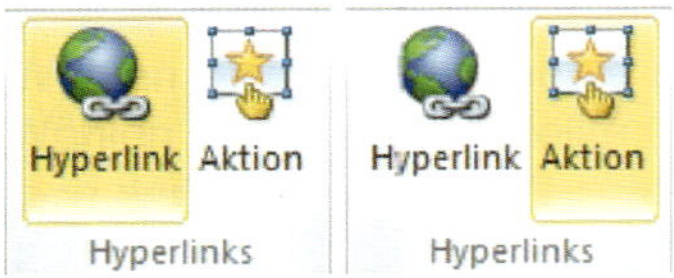

- Fügen Sie auf der Folie 2 die Schaltflächen ein. Bereits definierte Schaltflächen können kopiert und eingefügt werden. So können Sie die Schaltfläche **Interaktive Schaltfläche: Nächste(r) oder Weiter** auf der Folie 1 markieren, dann kopieren und auf der Folie 2 einfügen. Mit der Maus ziehen Sie die Schaltflächen an die richtige Stelle.
- Sie können auch mehrere Schaltflächen gleichzeitig kopieren. Markieren Sie zunächst eine Schaltfläche mit der Maus, drücken Sie danach die Taste [**Strg**] und markieren Sie bei gedrückter Strg-Taste die nächste Schaltfläche. Die einzelnen Schaltflächen werden mit kleinen Quadraten umrandet.

- Die nächsten Folien müssen entsprechend bearbeitet werden. Auf der Folie 3 sind 4 Schaltflächen anzubringen, auf den nächsten je nach Bedarf 4, 3 oder 2.
- Wenn Sie alle Schaltflächen eingebaut haben, klicken Sie im Register **Bildschirmpräsentation** in der Gruppe **Einrichten** die Schaltfläche **Bildschirmpräsentation einrichten** an.

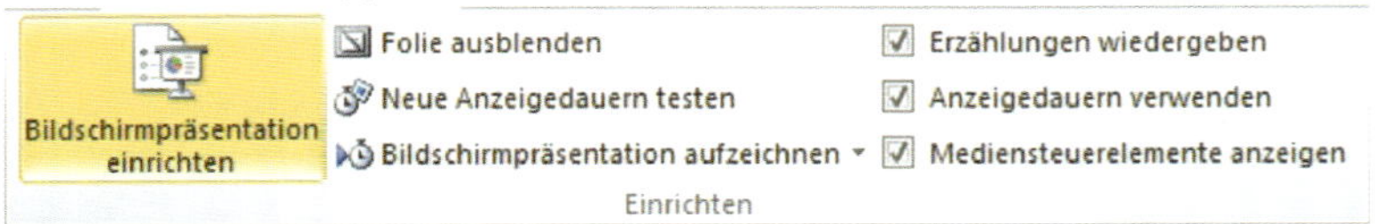

- Legen Sie die folgenden Einstellungen fest, die gewährleisten, dass der Folienübergang nur per Mausklick auf die Schaltflächen erfolgen kann:

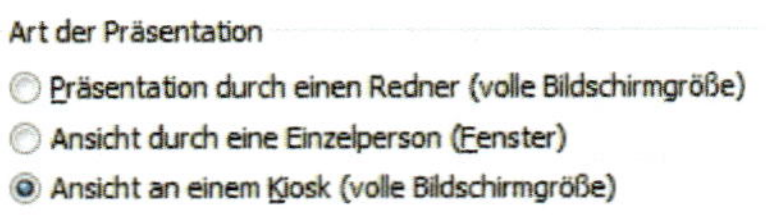

Auswahl einer beliebigen Folie

Das Programm PowerPoint stellt Möglichkeiten zur Verfügung, gewünschte Folien mit der Maus auszuwählen. Damit kann besonders flexibel auf einzelne Folien zugegriffen werden.

Die folgende Foliensammlung bildet nur die Grundlage für eine umfangreichere Präsentation, zeigt aber die vorhandenen Möglichkeiten. Die Folie 1 stellt die Übersichtsseite dar, die Folien 2 und 3 sollen flexibel von der ersten Seite angesprungen werden, von der Folie 2 soll die Folie 4 angesprungen werden. Außerdem soll jeweils zur vorher eingeblendeten Folie zurückgesprungen und von jeder Folie die Übersichtsfolie angesprungen werden können.

Bearbeitungsschritte:

- Erstellen Sie eine neue Präsentation. Wählen Sie die Entwurfsvorlage *Finsternis* aus.
- Die Folien sollen in der angegebenen Reihenfolge erstellt werden. Sie bilden die Grundlage für eine Foliensammlung, die jederzeit ausgebaut werden kann. Speichern Sie die Foliensammlung unter dem Namen *SchülerF3* ab.

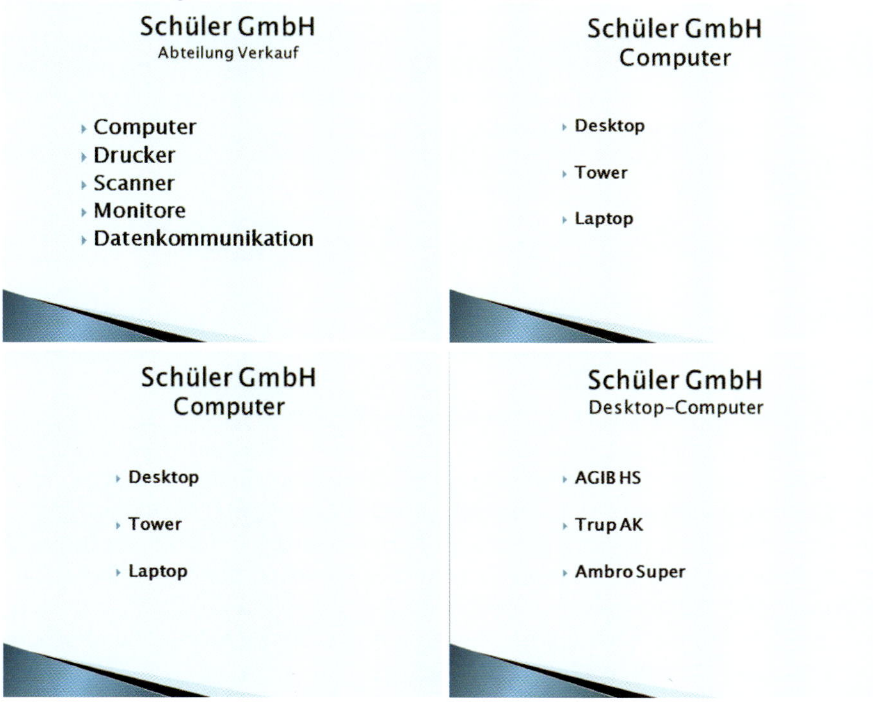

- Markieren Sie die Bezeichnung *Computer* in der Folie 1. Klicken Sie im Register **Einfügen** in der Gruppe **Hyperlinks** die Schaltfläche **Hyperlink** an.

- Alternativ könnten Sie auch die Schaltfläche **Aktion** im Register **Einfügen** in der Gruppe **Hyperlinks** anklicken. Das Legen des Links ist jedoch etwas umständlicher.

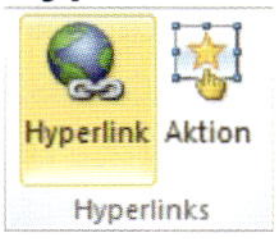

Bearbeitungsschritte (Fortsetzung):

- Wählen Sie im Fenster **Hyperlink einfügen** aus, dass ein *Hyperlink* auf eine *Folie* im aktuellen Dokument ausgeführt werden soll.

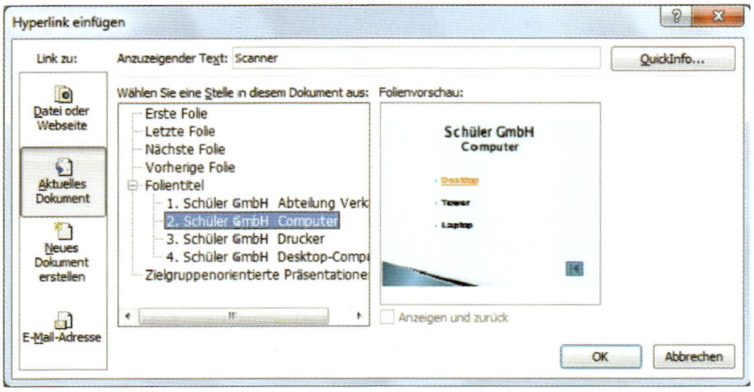

- Wählen Sie die angegebene Folie aus. Klicken Sie die Schaltfläche **OK** im Fenster **Hyperlink einfügen** an. Der Hyperlink wird dadurch angezeigt, dass das Wort *Computer* unterstrichen dargestellt wird. Legen Sie außerdem einen *Hyperlink* vom Wort *Drucker* auf die Folie 3 und einen *Hyperlink* vom Wort *Desktop* auf die Folie 4.

- Legen Sie fest, dass die **Ansicht an einem Kiosk** erfolgen soll.
- Führen Sie eine Bildschirmpräsentation durch. Über einem mit einem *Hyperlink* versehenen Wort verändert sich der Mauspfeil in eine *Hand*. Sie werden feststellen, dass Sie zwar bestimmte Folien anspringen können, ein Rücksprung jedoch noch nicht möglich ist.
- Gehen Sie über die Bildlaufleiste zur Folie 2. Fügen Sie die Schaltfläche **Interaktive Schaltfläche: Anfang** in die Folie ein. Durch das Anklicken der Schaltfläche mit der Maus wird immer auf die erste Folie verzweigt.
- Bringen Sie die Schaltfläche auch auf den Folien 3 und 4 an. Dies sollte durch Kopieren und Einfügen der Schaltfläche geschehen.
- Bringen Sie auf der Folie 4 die Schaltfläche **Interaktive Schaltfläche: Zurückkehren** an. Damit ist ein Rücksprung von der Folie 4 auf die Folie 2 möglich, nachdem die Folie 4 von der Folie 2 angesprungen wurde. Das Ergebnis könnte so aussehen:

6.6 Ausgabe und Präsentation

6.6.1 Druckvorbereitung

Allgemeine Druckvorbereitungen

Die Druckvorbereitung wird intensiv im Kapitel *Arbeiten mit Excel* beschrieben. Beachten Sie die folgenden dort beschriebenen Punkte.

Rechtschreibprüfung usw.

Bevor eine Präsentation ausgedruckt wird, sollte die Rechtschreibung, eventuell die Wortwahl usw. überprüft werden. Über entsprechende Schaltflächen können die einzelnen Bereiche angewählt und danach genutzt werden.

Bearbeitungsschritte:

- Öffnen Sie die Präsentation *Schüler_1*. Klicken Sie das Register **Überprüfen** an. In der Gruppe **Dokumentprüfung** finden Sie Schaltflächen zur Dokumentprüfung.

- Führen Sie notwendige Überprüfungen durch.

Duplizieren, Löschen oder Ausblenden von Folien

Eventuell für den Ausdruck oder insgesamt nicht mehr benötigte Folien können ausgeblendet oder gelöscht werden. In der Regel scheint das Ausblenden die bessere Lösung, wenn es nur darum geht, eine Folie nicht mit auszudrucken. Unter Umständen soll eine Folie in der Präsentation mehrfach erscheinen. Dies ist durch das Duplizieren von Folien möglich.

Bearbeitungsschritte:

- Markieren Sie eine Folie im linken Bildschirmbereich. Klicken Sie das Register **Start** an. Sie können nun die Folie mithilfe der Schaltflächen der Gruppe **Zwischenablage** ausschneiden, kopieren und/oder einfügen.

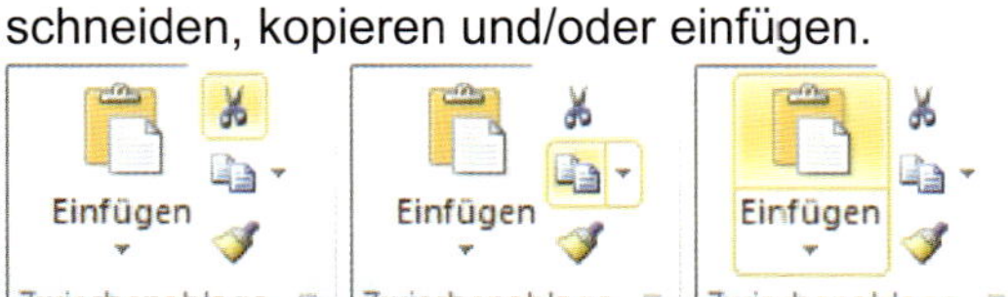

- Machen Sie nicht gewünschte Ergebnisse wieder rückgängig.
- Über die Schaltfläche **Foliensortierung** in der Gruppe **Präsentationsansichten** im Register **Ansicht** können Sie Folien an die benötigte Stelle ziehen. Dies wurde bereits im Kapitel *Präsentationsansichten* beschrieben.
- Klicken Sie im Register **Bildschirmpräsentation** in der Gruppe **Einrichten** die Schaltfläche **Folie ausblenden** an.

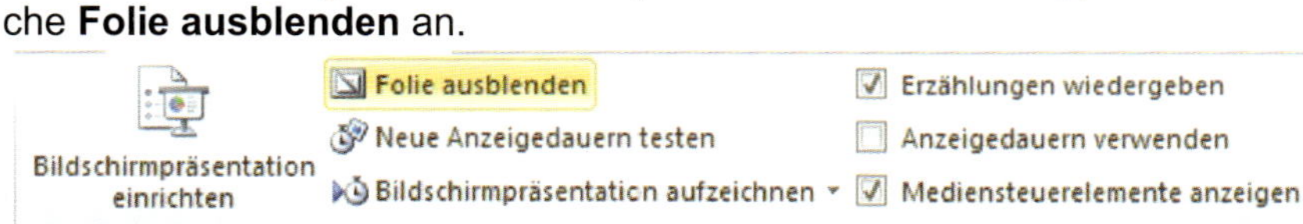

- Bei den Druckoptionen, die nachfolgend beschrieben werden, kann bestimmt werden, ob ausgeblendete Folien gedruckt werden sollen oder nicht.

Einfügen von Folien aus anderen Präsentationen

Problemlos können Folien aus einer anderen Präsentation in eine neue oder vorhandene Präsentation übernommen werden. Dadurch können sie z. B. im Ausdruck genutzt werden.

Bearbeitungsschritte:

- Erstellen Sie eine neue leere Präsentation. Klicken Sie danach im Register **Start** in der Gruppe **Folien** die Schaltfläche **Neue Folie** an. Wählen Sie die Option **Folien wiederverwenden**.

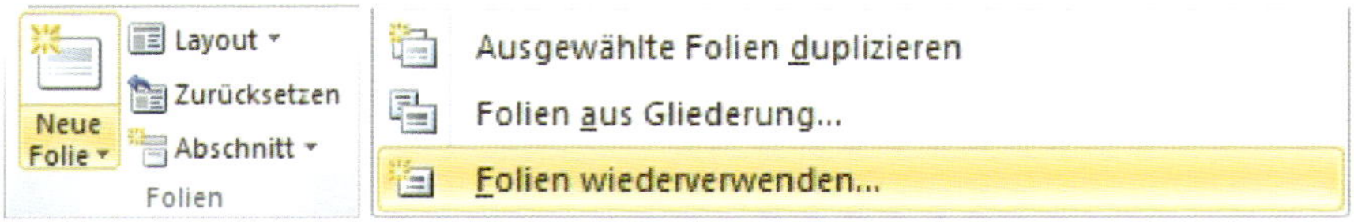

- Klicken Sie im Aufgabenbereich **Folien wiederverwenden** den Pfeil der Schaltfläche **Durchsuchen** an. Wählen Sie danach den Menüpunkt **Datei durchsuchen**. Bestimmen Sie danach den Ordner und die Präsentation, aus der die Folie eingefügt werden soll. Die Folien der ausgewählten Präsentation werden angezeigt:

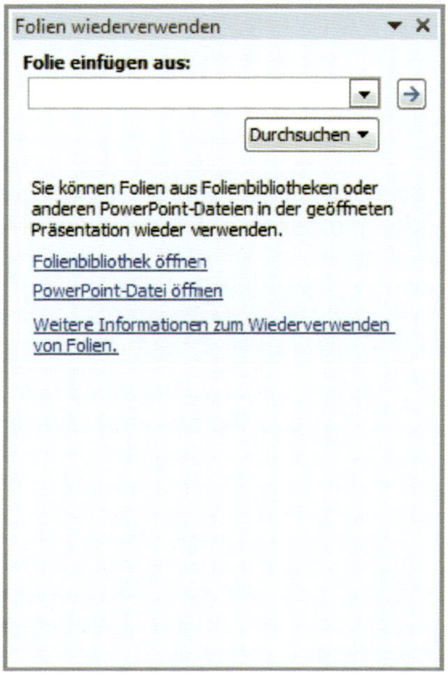

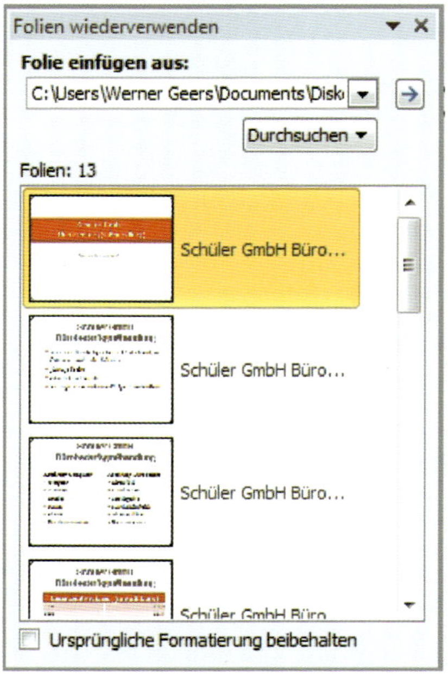

- Durch Anfahren mit der Maus können Sie die einzelnen Folien etwas vergrößern. Dadurch können Sie sich die einzelnen Folien ansehen. Durch Anklicken einzelner Folien können Sie diese nun einfügen. Danach sollten Sie Formatierungen vornehmen.

- Selbstverständlich können Sie aus anderen Präsentationen ebenfalls Folien einfügen.

6.6.2 Ausgabevorbereitung und Drucken

Vor dem Ausdrucken einer Präsentation sollten individuell benötigte Einstellungen vorgenommen werden.

Bearbeitungsschritte:

- Laden Sie die Präsentation *Schüler_1*. Wählen Sie den Menüpunkt **Datei/Drucken**.

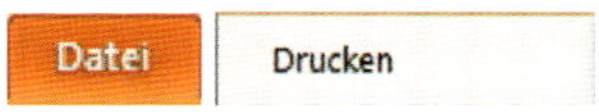

- Eingeblendet werden alle Optionen für das Drucken der Präsentation.

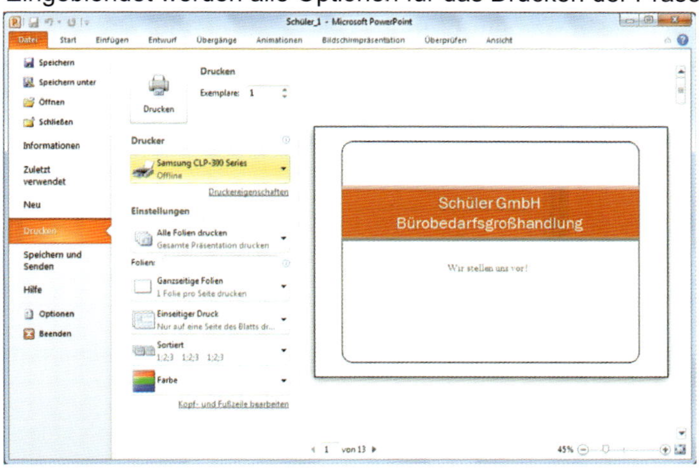

- Der gewählte Drucker wird angezeigt. Sind mehrere Drucker installiert, können Sie zwischen den Druckern nach Anklicken des Pfeils nach unten wählen. Die Drucker stellen in der Regel auch unterschiedliche Druckereigenschaften zur Verfügung.

- Im Bereich **Einstellungen** können Sie u. a. bestimmen, was und wie viele Folien pro Seite gedruckt werden sollen, ob eventuell in Farbe ausgegeben werden soll usw.

6.6.3 Zeigen der Präsentation

Vorbemerkungen

Normalerweise wird ein Sachverhalt von der ersten Folie bis zur letzten Folie vorgeführt werden. Allerdings kann es auch sein, dass z. B. aufgrund einer Pause der Vortrag mit einer bestimmten Folie fortgeführt werden soll. Außerdem kann es sein, dass der Inhalt einer bestimmten Folie oder mehrerer Folien bei einem Vortrag u. U. aus Zeitmangel nicht gezeigt werden soll. Diese Folien können ausgeblendet werden.

Für bestimmte Zwecke werden benutzerdefinierte Bildschirmpräsentationen definiert. Diese Präsentationen enthalten bei der Vorführung dann nur noch die Folien, die einem bestimmten Zuhörer- und Zuschauerkreis vorgeführt werden sollen.

Auch während der Präsentation ist eine Änderung der Reihenfolge oder ein Zurückgehen zu der vorherigen oder einer anderen Folie möglich. Dies kann jedoch zu einer nicht beabsichtigten Unterbrechung der Präsentation führen.

Präsentation ab der ersten oder ab der aktuellen Folie

Eine Präsentation kann je nach Einstellung mit der ersten oder einer späteren Folie beginnen.

Bearbeitungsschritte:

- Öffnen Sie die Präsentation *Schüler_1*.
- Klicken Sie im Register **Bildschirmpräsentation** in der Gruppe **Bildschirmpräsentation starten** die Schaltfläche **Von Beginn an** an.

- Danach beginnt die Präsentation mit der ersten Folie. Beenden Sie bei Bedarf die Vorführung durch das Drücken der Taste [**Esc**].
- Markieren Sie in der Folienansicht im linken Bildschirmbereich die Folie, mit der Sie die Bildschirmpräsentation beginnen möchten.

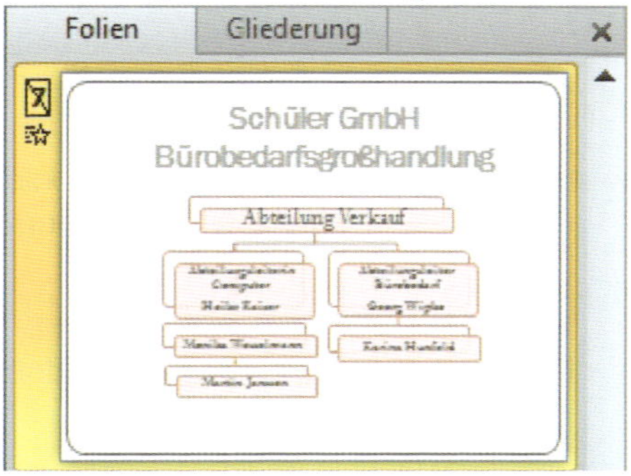

- Klicken Sie im Register **Bildschirmpräsentation** in der Gruppe **Bildschirmpräsentation starten** die Schaltfläche **Aus aktueller Folie** an. Die Präsentation kann beginnen.

Benutzerdefinierte Bildschirmpräsentation

Eine erstellte Foliensammlung enthält u. U. Folien, die nicht für alle Zwecke genutzt werden sollen. Außerdem kann es sein, dass die Reihenfolge bei einer bestimmten Vorführung geändert werden soll. Zu diesem Zweck lassen sich mit **PowerPoint** Präsentationen für bestimmte Zielgruppen erstellen. Beispielsweise können aus allen für die Kunden bestimmten Präsentationen die personenbezogenen Daten entfernt werden.

Bearbeitungsschritte:

- Öffnen Sie die Präsentation *Schüler_1*.
- Klicken Sie im Register **Bildschirmpräsentation** in der Gruppe **Bildschirmpräsentation starten** die Schaltfläche **Benutzerdefinierte Bildschirmpräsentation** an. Wählen Sie die Option **Zielgruppenorientierte Präsentationen**.

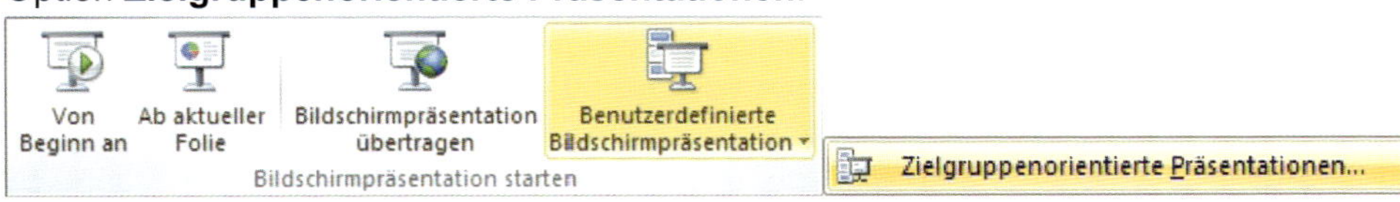

- Klicken Sie in Fenster **Zielgruppenorientierte Präsentationen** die Schaltfläche **Neu** an. Dieses Fenster kann später genutzt werden, um zielgruppenorientierte Präsentationen zu bearbeiten, zu löschen usw. Außerdem kann aus diesem Fenster heraus diese Art von Präsentationen gestartet werden.

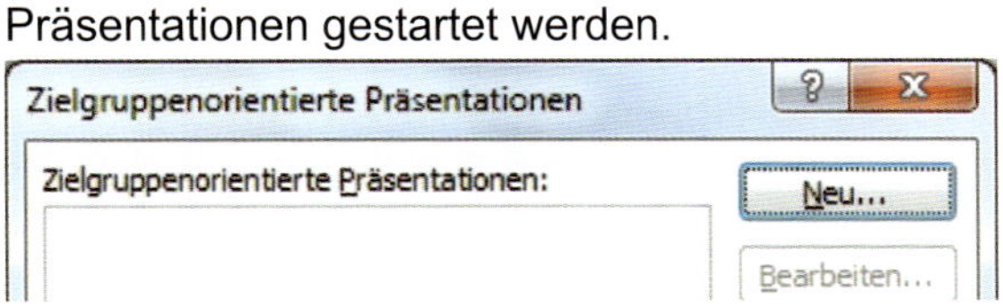

- Bestimmen Sie danach im nächsten Fenster den Namen der neuen Bildschirmpräsentation und legen Sie durch Markieren und Anklicken der Schaltfläche **Hinzufügen** die Folien fest (Folien 1, 2, 4, 6, 7, 8), die in der neuen Präsentation vorhanden sein sollen. Auch die Reihenfolge der Präsentationen können Sie durch Markieren und Anklicken der Pfeile nach oben oder unten bestimmen.

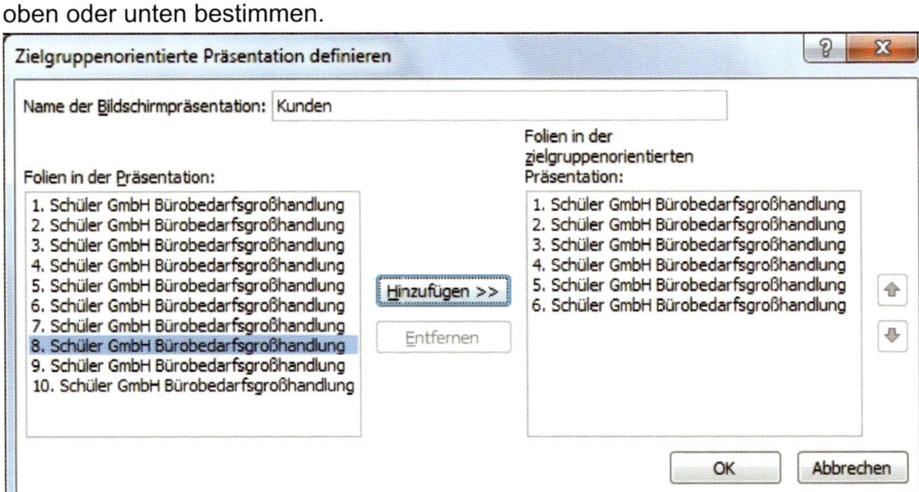

- Da alle Folien den gleichen Titel haben, lässt sich aus den Bezeichnungen nicht erkennen, welche Folien für die zielgruppenorientierte Präsentation genutzt werden sollen.

Bearbeitungsschritte (Fortsetzung):

- Klicken Sie danach im Fenster **Zielgruppenorientierte Präsentationen** die Schaltfläche **Vorführen** an, um sich das Ergebnis anzusehen.

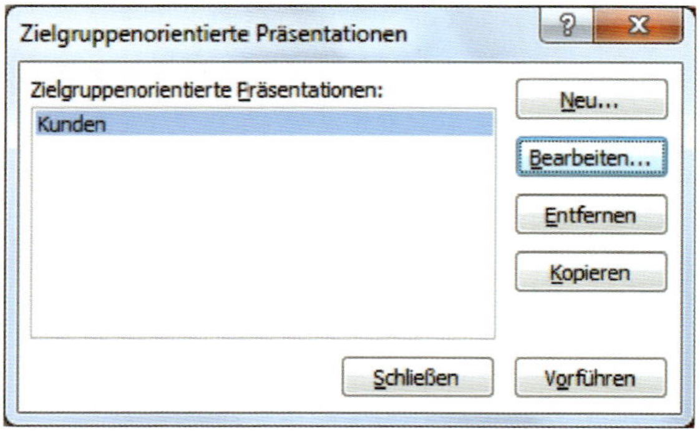

- Sie können nun jederzeit über das Register **Bildschirmpräsentation** in der Gruppe **Bildschirmpräsentation starten** die Schaltfläche **Benutzerdefinierte Bildschirmpräsentation** anwählen und die Option *Kunden* anwählen.

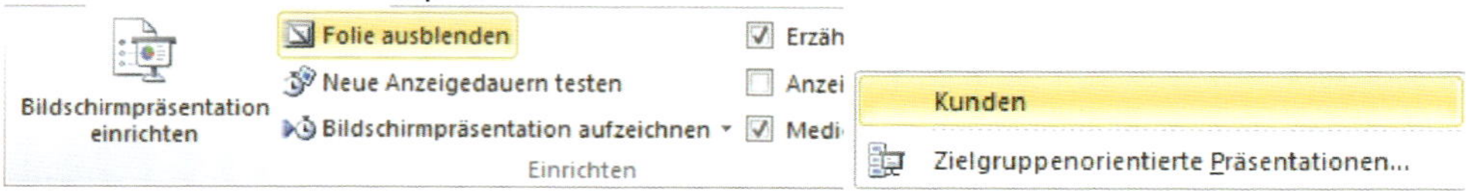

Ausblenden (verstecken) und Einblenden von Folien

Der Umfang der während einer Präsentation eingeblendeten Folien kann kurzfristig durch das Ausblenden bestimmter Folien reduziert werden.

Bearbeitungsschritte:

- Öffnen Sie die Präsentation *Schüler_1*. Markieren Sie in der Folienansicht im linken Bildschirmbereich die Folie oder die Folien, die während der Präsentation nicht gezeigt werden sollen.
- Klicken Sie im Register **Bildschirmpräsentation** in der Gruppe **Einrichten** die Schaltfläche **Folie ausblenden** an.

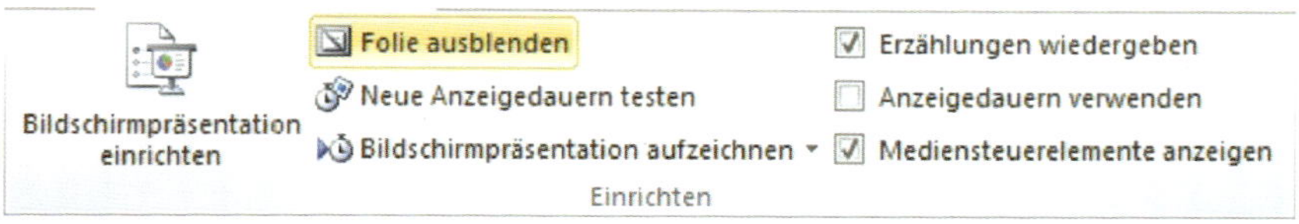

- In der Präsentation werden nun nur noch die nicht ausgeblendeten Folien aufgerufen.
- In der Anzeige der Folien im linken Bildschirmbereich werden die ausgeblendeten Folien matt dargestellt. Sie können jederzeit wieder durch Anklicken der Schaltfläche **Folie ausblenden** wieder eingeblendet werden.

Änderung der Präsentation während der Vorführung

Auch während der Präsentation kann aufgrund von Nachfragen usw. die Reihenfolge der Folien geändert werden.

Bearbeitungsschritte:

- Klicken Sie im Register **Bildschirmpräsentation** in der Gruppe **Bildschirmpräsentation starten** die Schaltfläche **Von Beginn an** an.

- Gehen Sie mit der Maus während der Präsentation in die linke untere Seite des Bildschirms. Es werden Schaltflächen zur Verfügung gestellt, mit denen man eine Folie nach vorne oder nach hinten gehen kann. Außerdem können über Menüpunkte verschiedene Aktionen gestartet werden, beispielsweise kann über den Menüpunkt **Gehe zu Folie** eine bestimmte Folie ausgewählt werden.

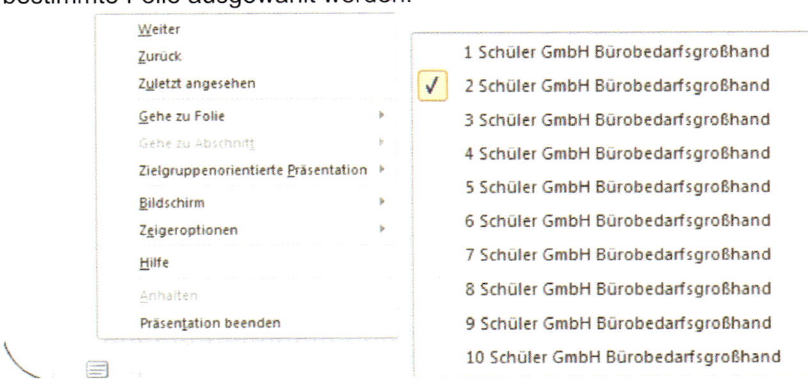

- Außerdem können über einen Zeichenstift Anmerkungen, Unterstreichen usw. in die Folien eingebracht werden.

Nutzung von Optionen

Verschiedene zur Verfügung stehende Optionen können die Arbeit mit einer Präsentation erleichtern. Es können z. B. Einblendzeiten einer Folie festgelegt werden. Damit bestimmen Sie, wie lange eine Folie bei einer automatischen Wiedergabe angezeigt werden soll.

Außerdem können Sie die Auflösung der Darstellung beeinflussen. Dies führt beispielsweise dazu, dass die Anzeige auf einem Laptop mit der Anzeige eines Beamers übereinstimmt. Stehen mehrere Ausgabegeräte zur Verfügung, können sie nach den eigenen Bedürfnissen eingerichtet werden.

Bearbeitungsschritte:

- Klicken Sie nacheinander die restlichen Schaltflächen im Register **Bildschirmpräsentation** an. Probieren Sie Einstellungen usw. aus.

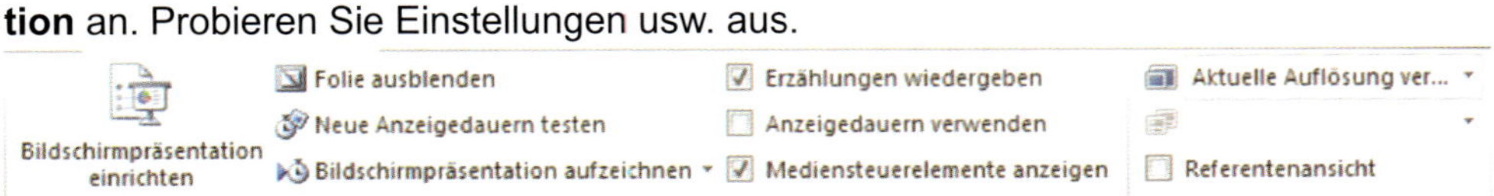

6.7 Präsentation ohne das Programm PowerPoint

Eine Präsentation kann auf einem Rechner ausgeführt werden, auf dem das Programm **PowerPoint** nicht vorhanden ist. Zu diesem Zweck gibt es den **PowerPoint Viewer**. Dieser wird automatisch hinzugefügt, wenn eine Präsentation auf eine CD gebrannt wird oder in einem Verzeichnis abgelegt wird. Der Viewer kann auch aus dem Internet geladen werden. Liegt eine PowerPoint-Präsentation vor, kann diese mithilfe des installierten Viewers vorgeführt werden.

Bearbeitungsschritte:

- Öffnen Sie die Präsentation *Schüler_1*. Wählen Sie den Menüpunkt **Datei/Speichern und Senden**. Klicken Sie danach nacheinander die Schaltflächen **Bildschirmpräsentation für CD verpacken** und **Verpacken für CD** an.

- Im Fenster **Verpacken für CD** können Sie wählen, ob die Präsentation auf eine CD oder in einem Verzeichnis, z. B. auf einem USB-Stick, veröffentlicht werden soll.

- Wählen Sie die Option **In Ordner kopieren**. Bestimmen Sie den Speicherort.

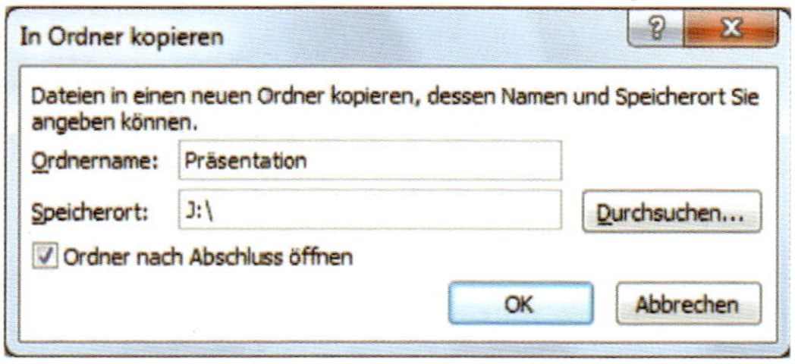

- Über den Windows-Explorer können Sie danach den **PowerPoint Viewer** im ausgesuchten Verzeichnis aufrufen und danach die gewünschte Datei aufrufen. Die Präsentation kann dann vorgeführt werden.

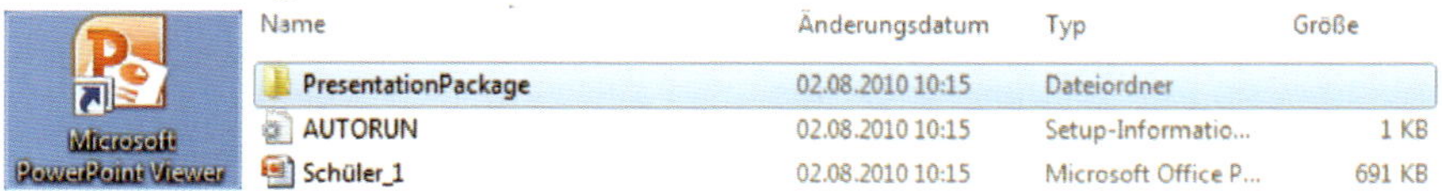

- Wenn nur eine PowerPoint-Präsentation ohne den Viewer vorliegt, müssen Sie sich den Viewer aus dem Internet laden.

6.8 Einfügen eines Fotoalbums

Erstellen des Fotoalbums

Digitale und eingescannte Fotos ermöglichen die Erstellung eines sogenannten Fotoalbums. Das Fotoalbum kann Informationen, z. B. über einen Betrieb, eine Stadt usw. beinhalten.

Bearbeitungsschritte:

- Starten Sie das Programm PowerPoint. Klicken Sie im Register **Einfügen** in der Gruppe **Bilder** die Schaltfläche **Fotoalbum** an.

- Klicken Sie im Fenster **Fotoalbum** die Schaltfläche **Datei/Datenträger** an. Wählen Sie zur Verfügung stehende Fotos aus. Außerdem können Sie bestimmen, dass eine Beschriftung der Bilder erfolgt, wie viele Bilder auf einer Folie gezeigt werden sollen und welche Form die Bilder haben sollen.

- Sollen die Fotos entfernt, die Reihenfolge geändert, der Kontrast und die Helligkeit erhöht oder verringert oder die Bilder gedreht werden, stehen die entsprechenden Schaltflächen zur Verfügung.

- Nach dem Anklicken der Schaltfläche **Erstellen** wird das entsprechende Fotoalbum erstellt. Versehen Sie danach das Album mit einem Design und fügen Sie ein Textfeld mit dem Namen *Dresden* ein. Speichern Sie die Präsentation unter dem Namen *Dresden* ab. Das Ergebnis könnte so aussehen:

Bearbeiten des Fotoalbums

Zahlreiche Formatierungsmöglichkeiten ermöglichen unterschiedliche Darstellungsmöglichkeiten eines Fotoalbums. Das Album kann auch zur Grundlage einer normalen Präsentation mit Texten usw. werden. Darüber hinaus können Folien die Grundlage von neuen Fotos bilden.

Bearbeitungsschritte:

- Speichern Sie die Präsentation unter dem Namen *Dresden_1* nochmals ab.
- Klicken Sie im Register **Einfügen** in der Gruppe **Bilder** den Pfeil in der Schaltfläche **Fotoalbum** an. Wählen Sie den Menüpunkt **Fotoalbum bearbeiten**.

- Sie können im Fenster **Fotoalbum bearbeiten** sowohl im Bereich **Bildlayout** als auch im Bereich **Fensterform** Einstellungen vornehmen. Probieren Sie einige aus. Entscheiden Sie sich letztendlich für die nachfolgend angegebene Einstellung:

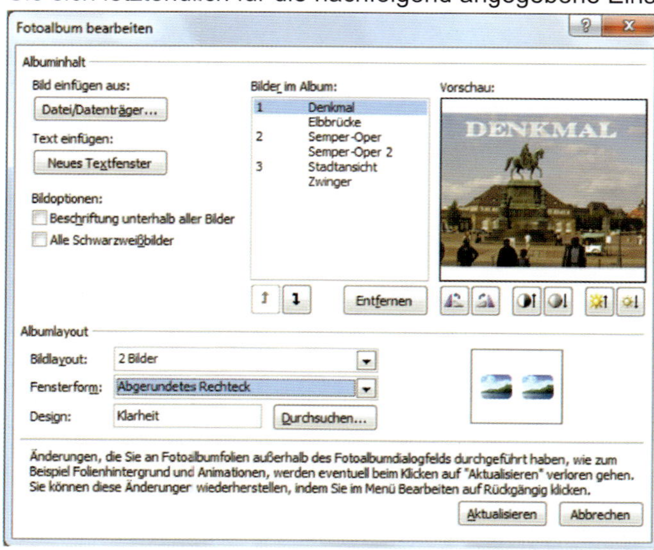

- Klicken Sie die Schaltfläche **Aktualisieren** und danach die Grafik an. Sie können nun die Grafik über die Anfasser in der Größe verändern und Textfelder einfügen. Auch die Erstellung von Folien mit mehreren Bildern ist möglich. Die Folien können danach als Grafik abgespeichert und beispielsweise als Postkarte ausgedruckt werden. Die neuen Grafiken können mit einem Grafikprogramm bearbeitet werden.

6.9 Aufbau eines Vortrags mithilfe einer Präsentationssoftware

Die einzelnen Bestandteile einer Präsentation und mögliche Inhalte sind selbstverständlich je nach Thema unterschiedlich. Die folgende Aufstellung soll daher nur Anhaltspunkte geben. Auch die einzelnen Aussagen sollen lediglich Hinweise auf mögliche Aussagen des Vortragenden geben.

Selbstverständlich muss die erstellte PowerPoint-Präsentation den Inhalten des Vortrages entsprechen und umgekehrt. Daher muss bei der Erstellung der Präsentation beachtet werden, ob der Vortragende in der Lage ist, die inhaltlichen Vorgaben der Präsentation mit seinem Vortrag zu verbinden.

Einleitung	• **Anrede, Begrüßung** *Sehr geehrte Damen und Herren, ich begrüße Sie …* • **Vorstellung des Vortragenden** *Mein Name ist …, ich bin Marketingleiter der … und für den Bereich … zuständig.* • **Thema des Vortrags** *Einführung eines Produkts* • **Weckung des Interesses für das Thema** *Der Absatz unseres Produkts ist aufgrund … dramatisch zurückgegangen. Daher …* • **Ziele, Inhalt usw. der Präsentation** *Ursachen, Probleme und mögliche Lösungen sollen daher im Vortrag dargestellt werden.*
Hauptteil	• **Problemanalyse** *Der Absatz unseres Produktes ist dramatisch zurückgegangen, wie Sie anhand des folgenden Diagramms sehen können:* • **Ursachenanalyse** *Das von uns vertriebene Produkt ist in den letzten Jahren kaum verbessert worden, die Konkurrenz hat ...* • **Lösungen und alternative Lösungen** *Folgende Lösungen des Problems bieten sich an:* • *Einführung eines neuen Produkts* • *Steigerung des Werbeaufwands für das bestehende Produkt* • *…* • **Vorteile und Nachteile bestimmter Lösungen** *Die Vor- und Nachteile der einzelnen Möglichkeiten sind in der folgenden Tabelle zusammengefasst und werden nun erläutert:*
Zusammenfassung	• **Rückblick auf die Ausgangslage** *Ich fasse zusammen: Wir gehen von folgender Ausgangslage aus: …* • **Wiederholung der wesentlichen Aussagen** *Unser Problem … hat die folgenden Ursachen: … Die erarbeiteten Lösungen haben folgende Vor- und Nachteile: …* • **Schlussfolgerungen und Schlussbetrachtungen** *Zusammenfassend möchte ich folgende Punkte festhalten: …*

Diskussion	• **Unklarheiten, offene Punkte** *Wenn Sie zusätzliche Erläuterungen benötigen oder noch offene Fragen bestehen, bitte ich Sie, diese anzusprechen.* • **Zustimmung, Ablehnung, unterschiedliche Meinungen** *Bitte äußern Sie Ihre Meinung zu den angesprochenen Punkten und …* • **Verabschiedung** *Ich danke Ihnen für Ihre Aufmerksamkeit …*

6.10 Beurteilungskriterien und -bögen

Vorbemerkungen

Die Beurteilung, ob eine Präsentation gut oder weniger gut war, ist sicherlich nicht einfach. Daher sollte man, bevor man mit der Arbeit beginnt, mögliche Beurteilungskriterien beachten. Diese Kriterien sind jedoch nicht allgemein verbindlich. Sie sollen lediglich einen Hinweis geben, worauf bei einer Präsentation unter anderem geachtet werden sollte. In den folgenden Aufstellungen werden positive und negative Aspekte einer Präsentation gegenübergestellt:

Einsatz von Medien und inhaltliche Aspekte

Der zielgerichtete Einsatz von Medien, im speziellen Fall der Einsatz einer Präsentationssoftware, ist die Grundvoraussetzung für den Erfolg einer Präsentation. Sollten Medien nicht funktionieren, Inhalte falsch gesetzt werden usw., ist auch eine überzeugende Präsentation kaum möglich. Daher sollte der Einsatz einer Präsentationssoftware gut vorbereitet werden.

• funktionieren • richtige Bedienung • angemessener Einsatz	**Medien**	• funktionieren nicht oder nicht besonders gut • werden nicht richtig bedient • unangemessener Einsatz
• sachlich richtig • richtige Schwerpunktbildung	**Inhalt**	• sachlich fehlerhaft • unwichtige Aspekte wurden überbetont
• deutlich erkennbar • Ziel deutlich erkennbar • Struktur für Zuhörer deutlich erkennbar	**Struktur**	• nicht erkennbar • Ziel nicht erkennbar • Struktur für Zuhörer nicht verständlich
• aussagekräftige, prägnante und kurze Texte • informative und übersichtliche Schaubilder • übersichtliche und klar strukturierte Tabellen • vernünftiges Design mit deutlich erkennbaren Texten	**Visualisierung**	• umfangreiche Textdarstellungen, die abgelesen werden • überladene, kaum zu interpretierende Schaubilder • überfrachtete, unverständliche Tabellen • Design und Textfarben kaum zu unterscheiden
• begrenzter Einsatz, je nach Notwendigkeit	**Effekte**	• übertriebener, oftmals störender Einsatz

Art der Präsentation durch den Vortragenden

Neben der richtigen Gestaltung der Präsentation ist selbstverständlich die Art des Vortrages für den Erfolg einer Präsentation ausschlaggebend.

• angemessener Einsatz von Fachausdrücken • verständlich in Wortwahl, Satzbau, Ausdruck usw.	**Sprache**	• keine Benutzung von Fachausdrücken • unangemessen, unsicher, umständlich usw.
• angemessene Betonung • deutliche Aussprache • angemessene Lautstärke	**Sprechweise**	• unzureichende Betonung • unverständliche Aussprache • zu laut oder zu leise
• gute Pausentechnik • dynamisch und ausgeglichen	**Sprechtempo**	• keine, zu kurze usw. Pausen • zu schnell, zu langsam usw.
• Aussagen werden unterstützt	**Gestik/Mimik**	• steif, unfreundlich usw.
• freier Vortrag • Zuhörer fühlen sich angesprochen	**Blickkontakt**	• Vortrag wird abgelesen, daher kein Blickkontakt • Zuhörer fühlen sich nicht oder zu wenig angesprochen

Beurteilungsbogen

Auf einem Beurteilungsbogen (siehe nachfolgende unvollständige Beispiele) können einzelne Aspekte der Präsentation zusammengefasst und danach ein Gesamturteil gebildet werden.

Bewertungsbogen															
Medien															
15	14	13	12	11	10	09	08	07	06	05	04	03	02	01	00
Inhalt															
15	14	13	12	11	10	09	08	07	06	05	04	03	02	01	00
Gesamturteil:	…… von …… möglichen Punkten									**Punkte:**					

Bewertungsbogen															
• funktionieren • richtige Bedienung • angemessener Einsatz						**Medien**				• funktionieren nicht oder nicht besonders gut • werden nicht richtig bedient • unangemessener Einsatz					
15	14	13	12	11	10	09	08	07	06	05	04	03	02	01	00
Gesamturteil:	…… von …… möglichen Punkten									**Punkte:**					

Bewertungsbogen					
Medien					
sehr gut	Gut	Befriedigend	ausreichend	mangelhaft	ungenügend
Gesamturteil:					

Zusammenfassende Übungen:

1. Aufgabe

Ihre Heimatstadt bzw. -gemeinde benötigt dringend eine selbstablaufende Präsentation, die beispielsweise auf Messen und Ausstellungen gezeigt werden kann. Als Informationsmaterial steht Ihnen die Internetpräsenz des jeweiligen Ortes im Internet zur Verfügung. Die Präsentation sollte mindestens die folgenden Bereiche beinhalten:

- Wirtschaft,
- Politik,
- Kultur,
- Tourismus,
- geografische Lage.

Zwei Beispielfolien zeigen den möglichen Aufbau der Präsentation:

1. Erstellen Sie eine selbstablaufende Präsentation unter dem Namen Ihres Orts.
2. Neben der selbstablaufenden Präsentation soll eine weitere Präsentation aus dem vorhandenen Material erstellt werden, die per Mausklick gesteuert werden kann. Für den Vortragenden sind außerdem einige Notizen auf Notizenseiten zusammenzustellen.
3. Erstellen Sie Masterfolien, die im Design der Internetpräsenz Ihres Ortes gestaltet sein sollen. Gestalten Sie eine weitere selbstablaufende Präsentation in diesem Design.

2. Aufgabe

Abschreibungen, die Berechnungen von Abschreibungsbeträgen und Buchwerten am Ende eines Jahres, die buchhalterische Erfassung der Abschreibungen usw., gehören zu den Standardthemen in Ausbildung und Beruf. Erstellen Sie zu diesem Thema eine Präsentation. Nutzen Sie dabei auch eventuelle Daten der Tabellenkalkulation usw.

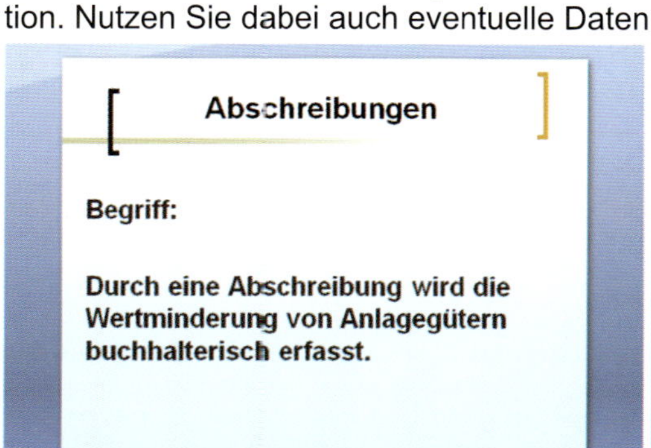

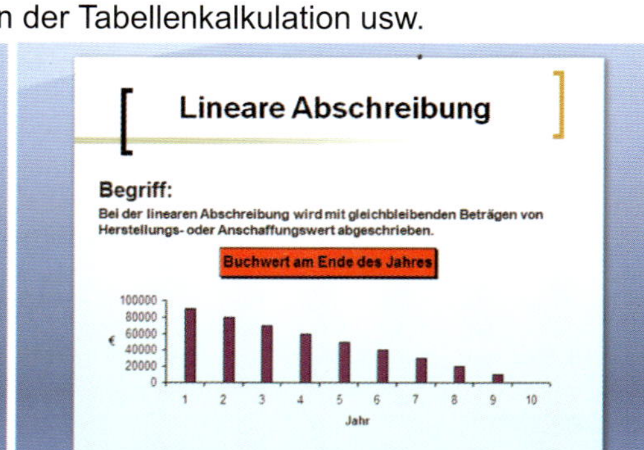

Zusammenfassende Übungen:

3. Aufgabe

Rechtliche und wirtschaftliche Probleme bei der Abwicklung von Kaufverträgen veranlassen den Geschäftsführer Ihres Unternehmens, eine Fortbildung zum Thema Abschluss und Anbahnung des Kaufvertrags anzubieten. Sie werden beauftragt, für die Fortbildung eine Präsentation zu entwickeln. Die ersten Folien werden nachfolgend dargestellt:

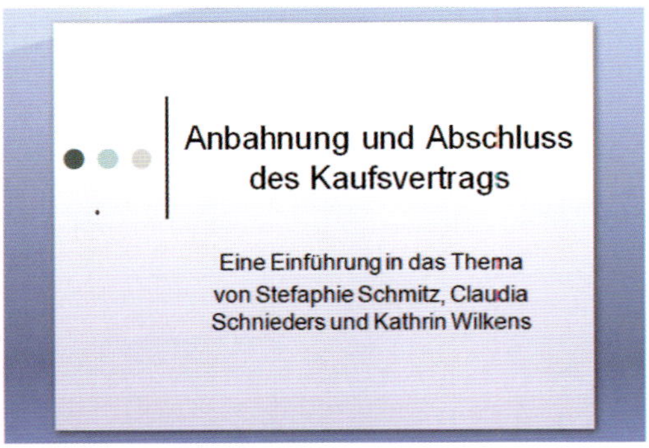

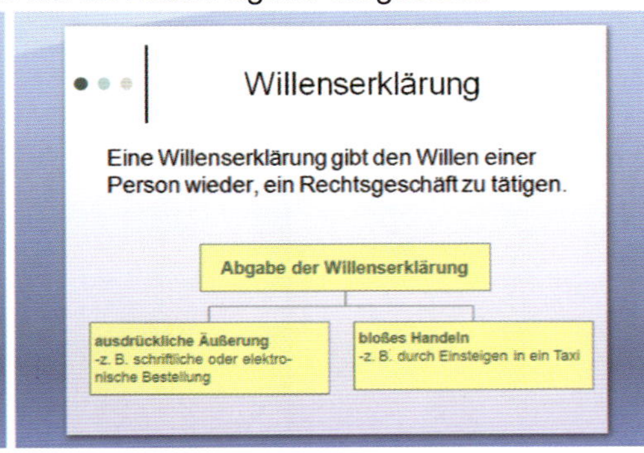

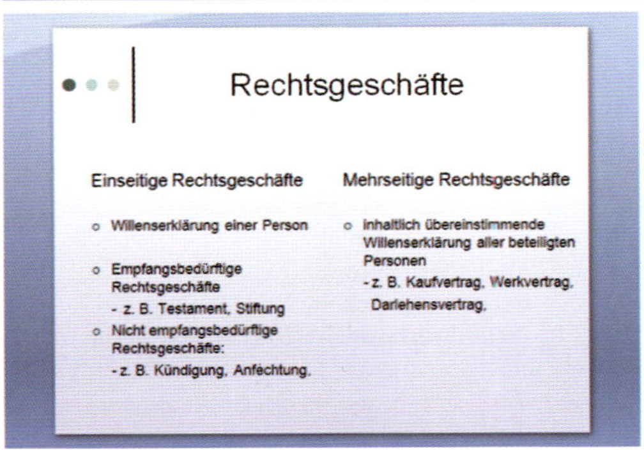

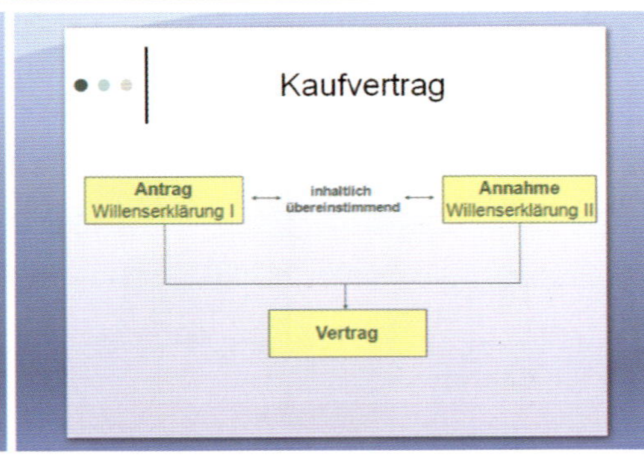

1. Erstellen Sie die ersten Folien wie dargestellt. Vervollständigen Sie die Präsentation!
2. Kopieren Sie die erstellte Präsentation. Fügen Sie Schaltflächen zur Navigation ein.

4. Aufgabe

Für die Einarbeitung neuer Mitarbeiter in den Abteilungen Einkauf und Lager wird eine Präsentation mit den wichtigsten Lagerkennziffern *(Durchschnittlicher Lagerbestand, Umschlaghäufigkeit, Lagerzinssatz, Durchschnittliche Lagerdauer)* benötigt. Erstellen Sie die Präsentation. Fügen Sie auch Folien mit Beispielen ein.

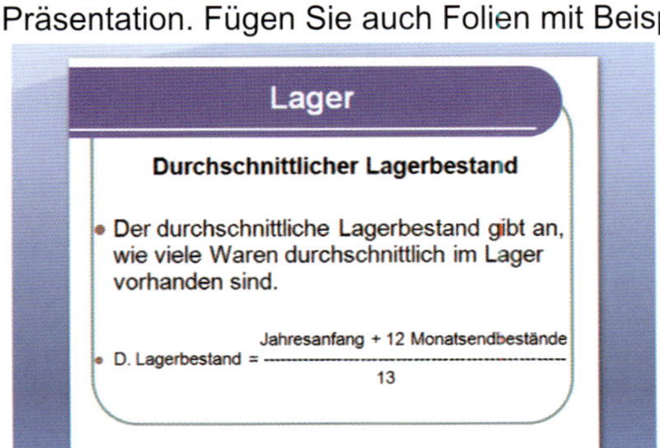

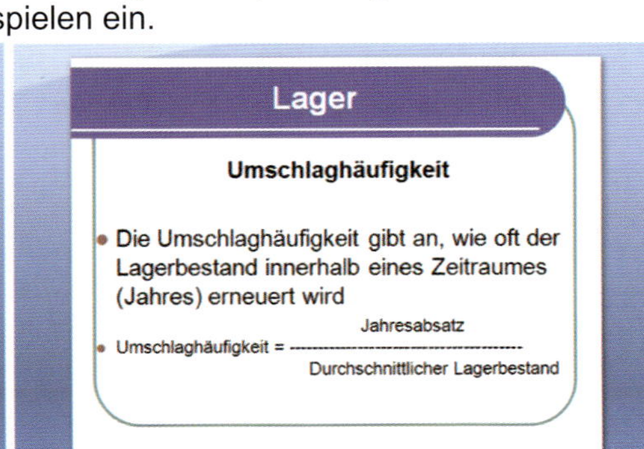

Zusammenfassende Übungen:

5. Aufgabe

In Ihrem Unternehmen sollen die Mitarbeiterinnen und Mitarbeiter im Umgang mit Computern geschult werden. Dazu wird eine Präsentation zum Thema *Aufbau und Funktion einer Datenverarbeitungsanlage* benötigt, um die theoretischen Grundlagen zu legen. Erst danach soll eine praktische Schulung erfolgen.

1. Erstellen Sie die Präsentation. Die Erarbeitung dient gleichzeitig der Wiederholung dieses Themas. Daher sollten Sie mithilfe dieses Buchs zusätzlich zu den abgebildeten Folien weitere erstellen.
2. Speichern Sie die Präsentation unter dem Namen *Aufbau und Funktion einer Datenverarbeitungsanlage 2* nochmals ab. Fügen Sie Schaltflächen ein, mit deren Hilfe Sie eine Folie nach vorne, eine Folie nach hinten usw. springen können.
3. Speichern Sie die erste Präsentation unter dem Namen *Aufbau und Funktion einer Datenverarbeitungsanlage 3* nochmals ab. Fügen Sie Schaltflächen ein, mit deren Hilfe Sie jede beliebige Folie anwählen können. Die einzelnen Schaltflächen sollen mit Nummern versehen sein.

6. Aufgabe

In Ihrem Betrieb werden dringend Nachwuchskräfte benötigt. Sie werden beauftragt, für einen Beruf (z. B. *Industriekaufmann*, *Bankkaufmann*, *Mechatroniker* usw.) eine Präsentation zu erstellen. Nutzen Sie dafür die Informationen, die beispielsweise die Arbeitsagentur, verschiedene Handels- oder Hankwerkskammern usw. ins Internet gestellt haben.

7 Datenaustausch

7.1 Vorbemerkungen

Unter Datenaustausch versteht man das Exportieren und Importieren von Daten, die mit unterschiedlichen Programmen erstellt wurden. Eine erstellte Tabelle oder Grafik der Tabellenkalkulation **Excel** kann beispielsweise in ein Textdokument eingefügt oder in **Word**, **Excel** oder **Access** erfasste Daten können für einen Serienbrief genutzt werden. Daten des Programms **Excel** können beispielsweise auch in Datenbanken, die mit **Access** erstellt wurden, eingelesen werden. Verschiedene Möglichkeiten werden auf den nächsten Seiten erklärt.

7.2 Datenexport von Excel in andere Programme

7.2.1 Übertragen einer EXCEL-Tabelle in die Textverarbeitung Word

Die häufigste Anwendung des Datenaustauschs dürfte sicherlich darin bestehen, dass Zahlenwerte von der Tabellenkalkulation in die Textverarbeitung übertragen werden. Damit können die Zahlenwerte in einen Text integriert werden.

Bearbeitungsschritte:

- Öffnen Sie die Programme **Word** und **Excel**. Öffnen Sie in **Excel** die Arbeitsmappe *Umsatz_Diagramm*. In der Taskleiste ergibt sich z. B. das folgende Bild:

- Formatieren Sie die Tabelle wie unten angezeigt. Markieren Sie den Bereich **A4** bis **D9**. Klicken Sie danach im Register **Start** in der Gruppe **Zwischenablage** die Schaltfläche **Kopieren** an.

- Klicken Sie in der Taskleiste die Textverarbeitung **Word** an. Klicken Sie im Register **Start** in der Gruppe **Zwischenablage** die Schaltfläche **Einfügen** an.

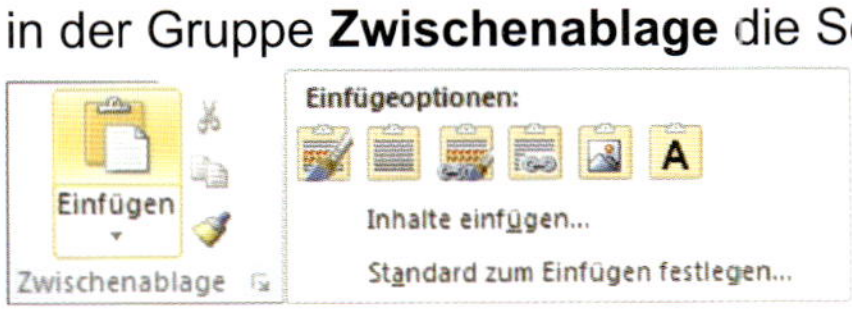

- Das Ergebnis sieht etwa so aus. Eventuell muss eine Nachbearbeitung erfolgen.

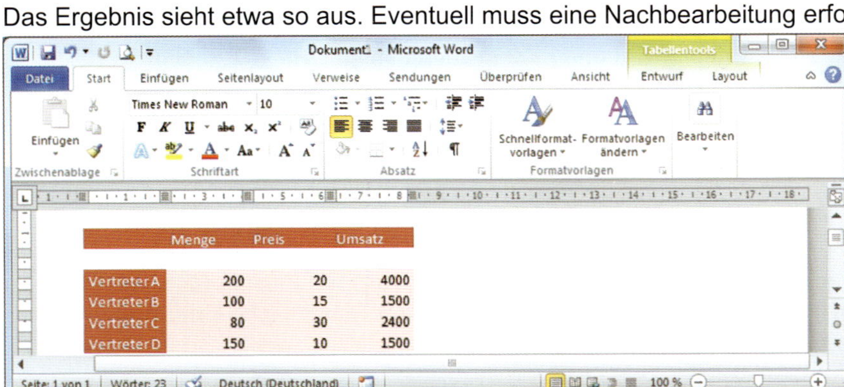

- Die Übertragung der Daten in alle anderen Windows-Programme ist identisch.

7.2.2 Übertragen eines Diagramms

Als eine weitere Möglichkeit des Datenaustauschs ist die Übertragung einer Grafik von der Tabellenkalkulation **Excel** in die Textverarbeitung **Word** oder ein anderes Programm interessant. Ein mit einer Textverarbeitung erstellter Text kann durch das Einfügen einer Grafik besonders ansprechend gestaltet werden. Die Aufmerksamkeit, die das Dokument erzielt, wird deutlich gesteigert.

Bearbeitungsschritte:

- Laden Sie die Programme **Word** und **Excel**. Danach öffnen Sie in **Excel** die Arbeitsmappe *Umsatz_Diagramm*.
- Markieren Sie durch einfaches Anklicken mit der Maus ein Diagramm. Klicken Sie im Register **Start** in der Gruppe **Zwischenablage** die Schaltfläche **Kopieren** an. Klicken Sie danach in der Taskleiste die Textverarbeitung **Word** an. Klicken Sie dann im Register **Start** in der Gruppe **Zwischenablage** die Schaltfläche **Einfügen** an.

- Das Ergebnis sieht in etwa folgendermaßen aus:

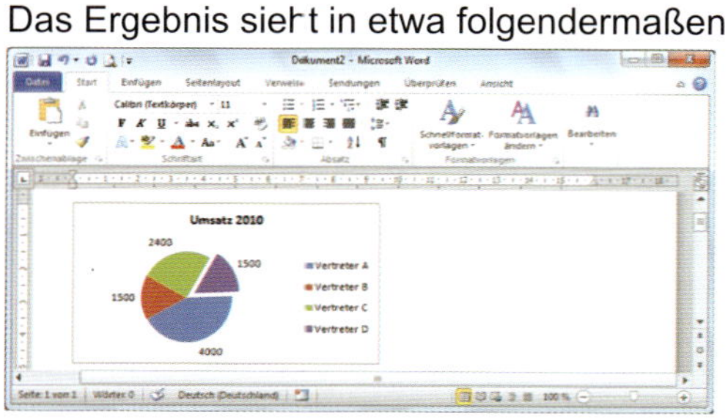

- Die Übertragung in andere Programme wird auf die gleiche Weise vorgenommen.

7.2.3 Verknüpfung von Daten

Werden Daten verknüpft, so werden diese Daten bei einer Änderung im Programm, in dem sie erfasst wurden (z. B. in **Excel**), automatisch auch in dem Programm geändert, in das sie übertragen wurden.

Bearbeitungsschritte:

- Laden Sie die Programme **Word** und **Excel**. Danach öffnen Sie in **Excel** die Arbeitsmappe *Umsatz_Diagramm*.
- Markieren Sie dann mit der Maus den Bereich **A4** bis **D9**. Klicken Sie danach im Register **Start** in der Gruppe **Zwischenablage** die Schaltfläche **Kopieren** an.

- Klicken Sie in der Taskleiste die Textverarbeitung **Word** an. Klicken Sie dann im Register **Start** in der Gruppe **Zwischenablage** den Pfeil in der Schaltfläche **Einfügen** und danach den Menüpunkt **Inhalte einfügen** an.

Bearbeitungsschritte:

- Im Fenster **Inhalte einfügen** bestimmen Sie, dass es sich um Excel-Daten handelt und dass die Daten verknüpft werden sollen. Wird die Verknüpfung nicht aktiviert, werden lediglich normal Daten übertragen. Diese Daten werden dann nicht bei einer Übertragung von Excel in ein anderes Programm aktualisiert.

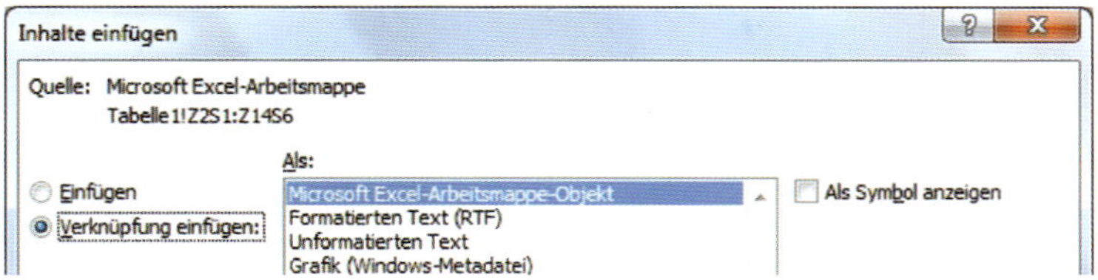

- Nach Anklicken der Schaltfläche **OK** werden die Inhalte übertragen.

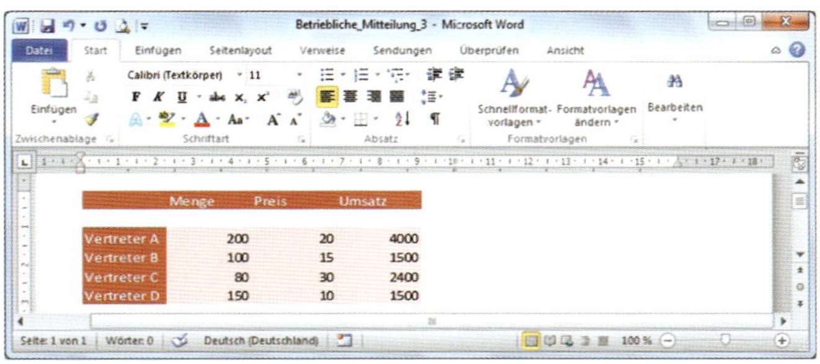

- Verändern Sie im Programm Excel die Mengen wie nachfolgend dargestellt. Speichern Sie die neuen Daten durch Anklicken der Schaltfläche **Speichern**.

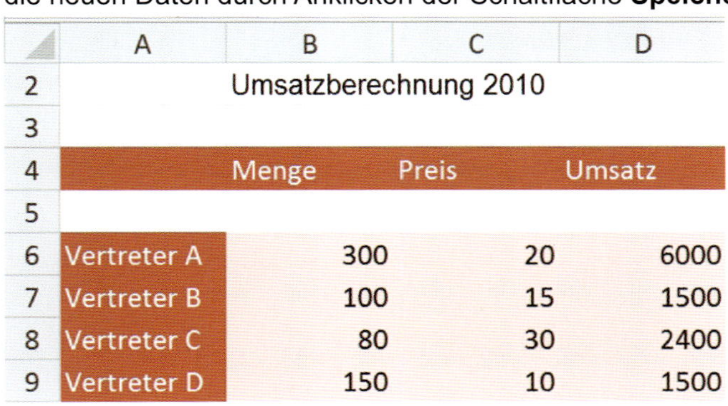

	A	B	C	D
2		Umsatzberechnung 2010		
3				
4		Menge	Preis	Umsatz
5				
6	Vertreter A	300	20	6000
7	Vertreter B	100	15	1500
8	Vertreter C	80	30	2400
9	Vertreter D	150	10	1500

- Wechseln Sie zum Programm Word. Das Ergebnis sieht ungefähr so aus. Eventuell müssen Sie die Änderung bestätigen.

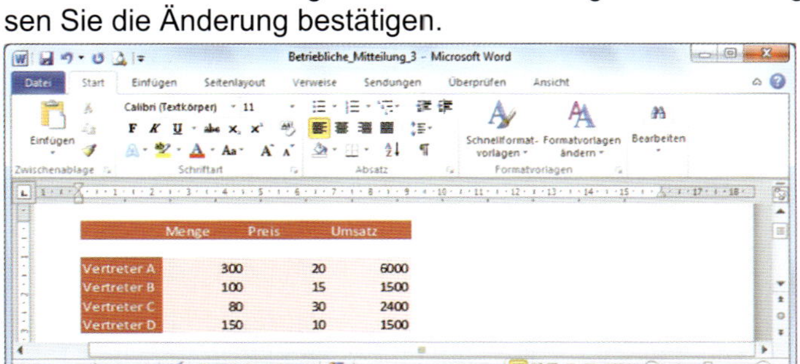

- Probieren Sie die Verknüpfung z. B. mit dem Programm **PowerPoint**.

7.3 Datenimport in Excel

Vorbemerkungen

Die Nutzung externer Daten erfordert in der Regel Grundkenntnisse über die Programme, mit denen die Daten erfasst worden sind. Daher werden Sie nicht in jedem Fall alle Schritte hundertprozentig nachvollziehen können. Allerdings lassen sich bei normalen Office-Kenntnissen die Schritte ohne Probleme bearbeiten.

Datenaustausch durch Kopieren und Einfügen

Daten von einem Office-Programm können in ein anderes Office-Programm genauso wie innerhalb der Programme durch Kopieren und Einfügen übertragen werden.

Bearbeitungsschritte:

- Öffnen Sie eine Tabelle in einer Accessdatenbank. Markieren Sie alle Datensätze.

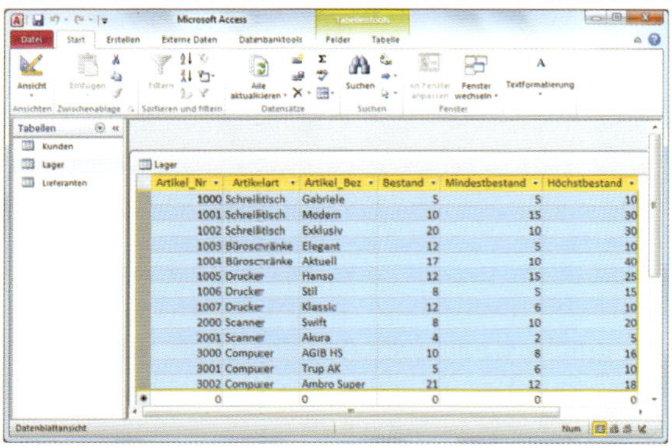

- Klicken Sie im Register **Start** in der Gruppe **Zwischenablage** die Schaltfläche **Kopieren** an. Markieren Sie in **Excel** die Zelle **A1**. Klicken Sie im Register **Start** in der Gruppe **Zwischenablage** die Schaltfläche **Einfügen** an. Die Daten sind danach übertragen.

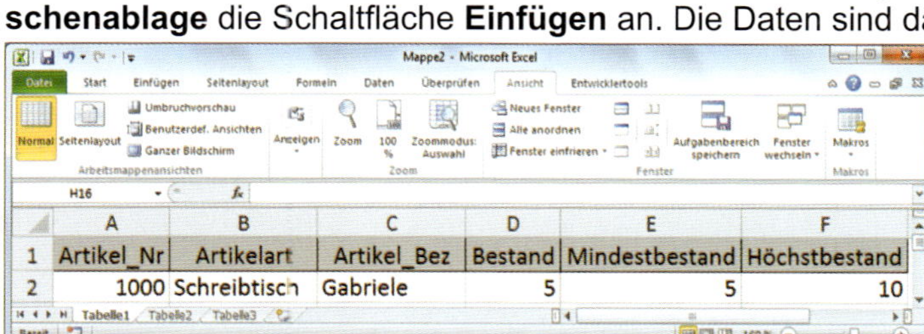

- Auf dieselbe Weise können Sie auch eine Tabelle aus **Word** übertragen.

Einlesen von Daten

Einlesen einer Access-Tabelle oder -Abfrage

Größere Datenmengen werden in der Regel mit einem Datenbankprogramm erfasst. Diese Daten können dann entweder in ein anderes Programm exportiert oder von anderen Programmen ausgelesen werden. Am Beispiel der Datenbank **Access** sollen Daten aus einer vorhandenen Datenbank ausgelesen werden. Zum Nachvollziehen des Beispiels muss Ihnen entweder die Datenbank zur Verfügung stehen oder Sie müssen die entsprechende Datenbank mit den Daten anlegen. Die genutzte Datenbank trägt den Namen *Betrieb* und enthält drei Tabellen, von denen jedoch nur die Tabelle *Lager* genutzt wird.

Bearbeitungsschritte:

- Öffnen Sie das Programm **Excel**. Wählen Sie den Menüpunkt **Datei/Neu**. Klicken Sie die Schaltfläche **Leere Arbeitsmappe** und danach die Schaltfläche **Erstellen** an, um eine leere Arbeitsmappe zu erstellen.
- Speichern Sie die leere Arbeitsmappe unter dem Namen *Lager_Daten_Access*. Klicken Sie im Register **Daten** die Schaltfläche **Externe Daten abrufen** an. Klicken Sie danach die Schaltfläche **Aus Access** an.

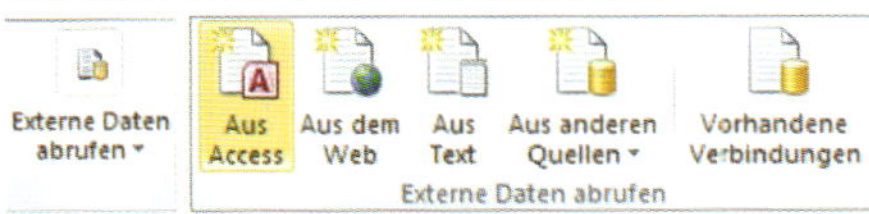

- Wählen Sie im Fenster **Tabelle auswählen** die Datenquelle in einem Ordner aus. Falls vorhanden, wählen Sie die Datenbank *Betrieb*. Sind mehrere Tabellen bzw. Abfragen in einer Datenbank vorhanden, kann die Tabelle ausgesucht werden.

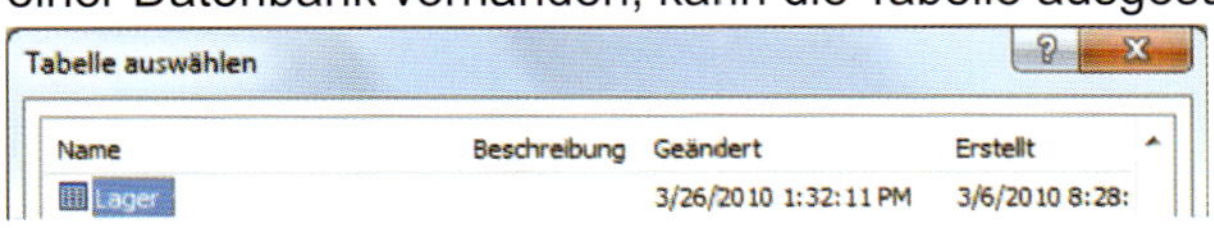

- Im nächsten Fenster können Sie bestimmen, in welchem Format die eingelesenen Daten angezeigt werden sollen.

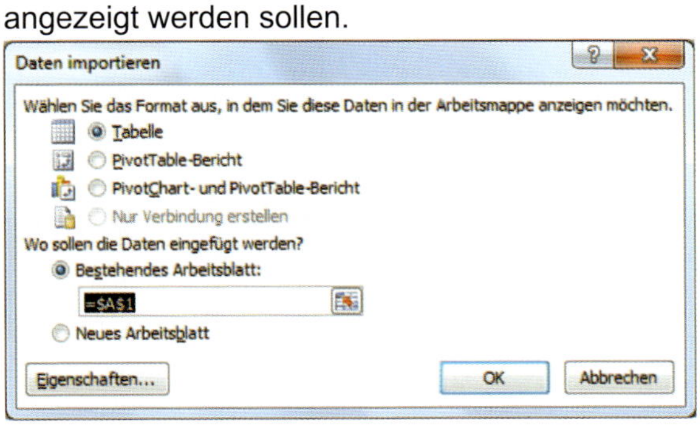

- Nach Anklicken der Schaltfläche **OK** werden die Daten der Access-Tabelle eingefügt.

	A	B	C	D	E	F
1	Artikel_Nr	Artikelart	Artikel_Bez	Bestand	Mindestbestand	Höchstbestand
2	1000	Schreibtisch	Gabriele	5	5	10
3	1001	Schreibtisch	Modern	10	15	30
4	1002	Schreibtisch	Exklusiv	20	10	30
5	1003	Büroschränke	Elegant	12	5	10
6	1004	Büroschränke	Aktuell	17	10	40
7	1005	Drucker	Hanso	12	15	25
8	1006	Drucker	Stil	8	5	15
9	1007	Drucker	Klassic	12	6	10
10	2000	Scanner	Swift	8	10	20
11	2001	Scanner	Akura	4	2	5
12	3000	Computer	AGIB HS	10	8	16
13	3001	Computer	Trup AK	5	6	10
14	3002	Computer	Ambro Super	21	12	18

- In der Regel sollen die Daten als normale Excel-Daten zur Verfügung stehen. Im Register **Tabellentools/Entwurf**, das mit dem Einfügen der Daten eingeblendet wird, können Sie in der Gruppe **Tools** die Schaltfläche **In Bereich konvertieren** anklicken. Das Ergebnis zeigt die Daten als normale Excel-Tabelle.

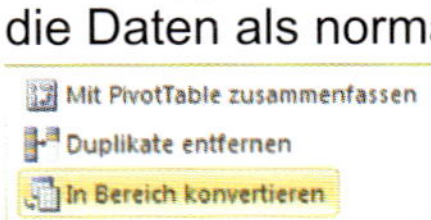

	A	B	C	D	E	F
1	Artikel_Nr	Artikelart	Artikel_Bez	Bestand	Mindestbestand	Höchstbestand
2	1000	Schreibtisch	Gabriele	5	5	10

Einlesen von Texten

Das Einlesen von Texten in eine Tabelle ist nur unter bestimmten Voraussetzungen möglich. Der Text muss zum einen in dem Textverarbeitungsprogramm in einem bestimmten Format abgespeichert werden, zum anderen muss die Tabellenkalkulation dieses Format lesen können. Dies ist jedoch kein Problem. Diese Funktionen stehen im Office-Paket zur Verfügung.

Bearbeitungsschritte:

- Erstellen Sie mit der Textverarbeitung **Word** den folgenden Text. Die Bereiche werden mit Tabulatoren voneinander getrennt. Andere Bereichstrennungen (Leerzeichen usw.) sind möglich. Auch Tabellen können entsprechend konvertiert werden.

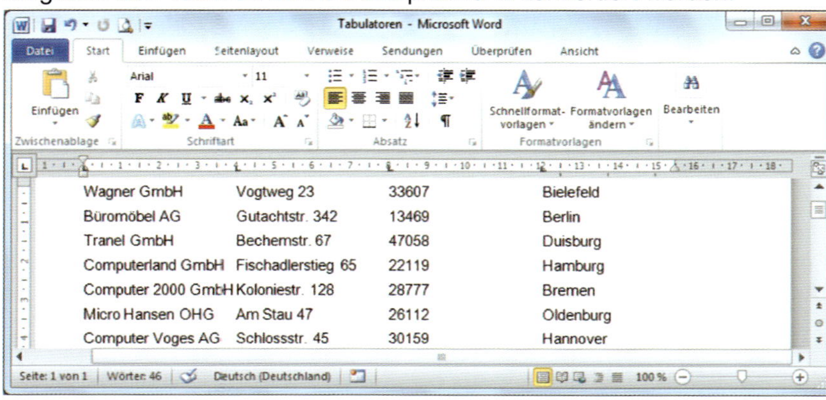

- Speichern Sie den Text im Format *txt* (*Nur Text*) ab.

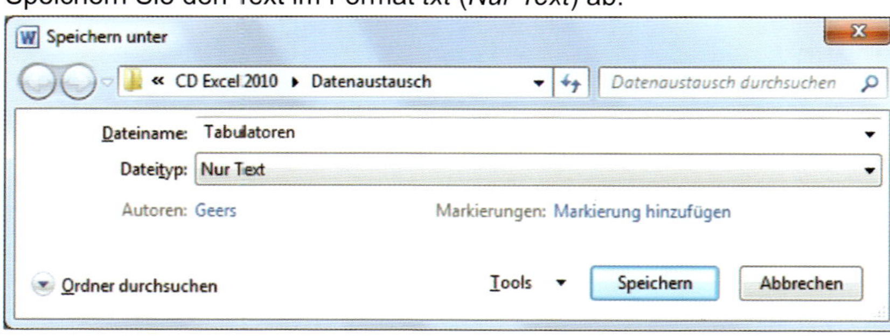

- Bestimmen Sie im nächsten Fenster die Textcodierung wie angezeigt:

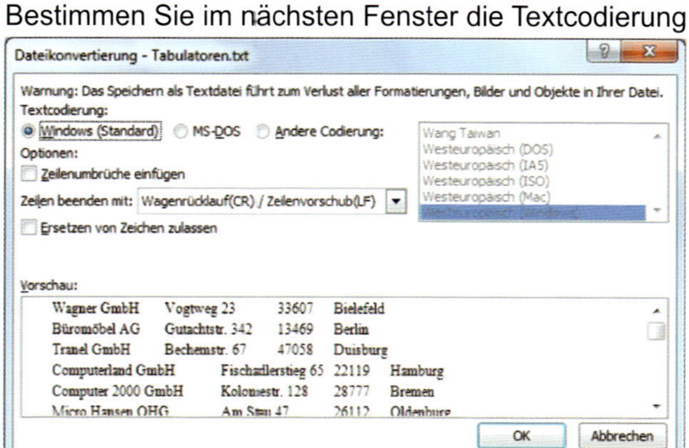

- Klicken Sie die Schaltfläche **OK** an. Schließen Sie danach die Textverarbeitung.

Bearbeitungsschritte (Fortsetzung):

- Erstellen Sie in **Excel** eine neue leere Tabelle.
- Klicken Sie im Register **Daten** die Schaltfläche **Externe Daten abrufen** an. Klicken Sie danach die Schaltfläche **Aus Text** an.

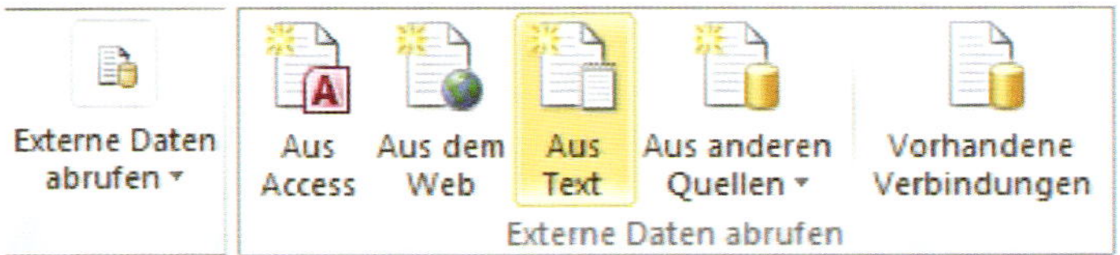

- Importieren Sie die Textdatei *Tabulatoren*.

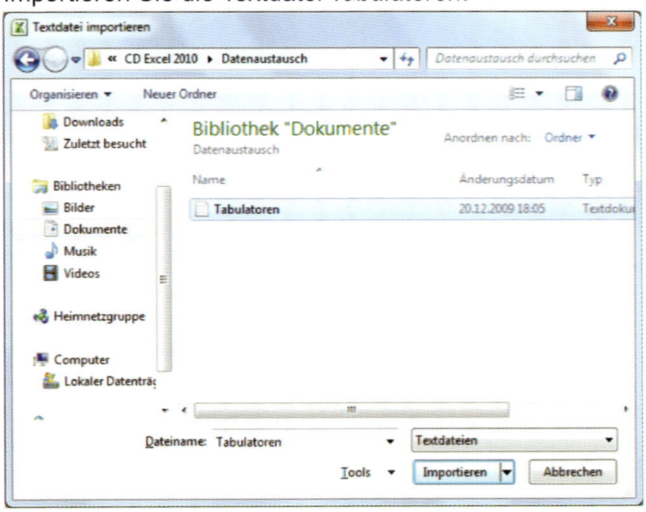

- Im Schritt 1 des Textkonvertierungs-Assistenten müssen Sie Angaben zum Dateityp der zu importierenden Datei machen.

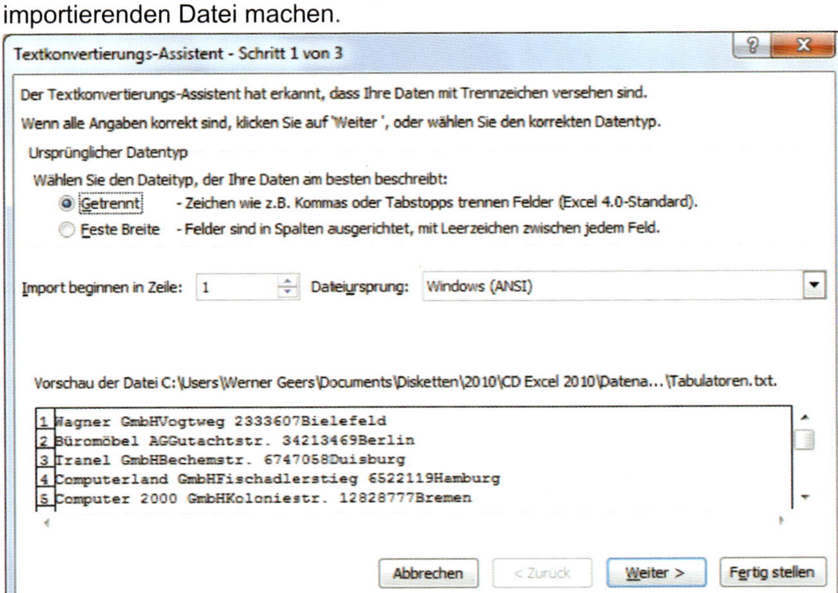

Bearbeitungsschritte (Fortsetzung):

- Im Schritt 2 des Textkonvertierungs-Assistenten geben Sie an, welches Trennzeichen in der zu importierenden Datei benutzt wurde.

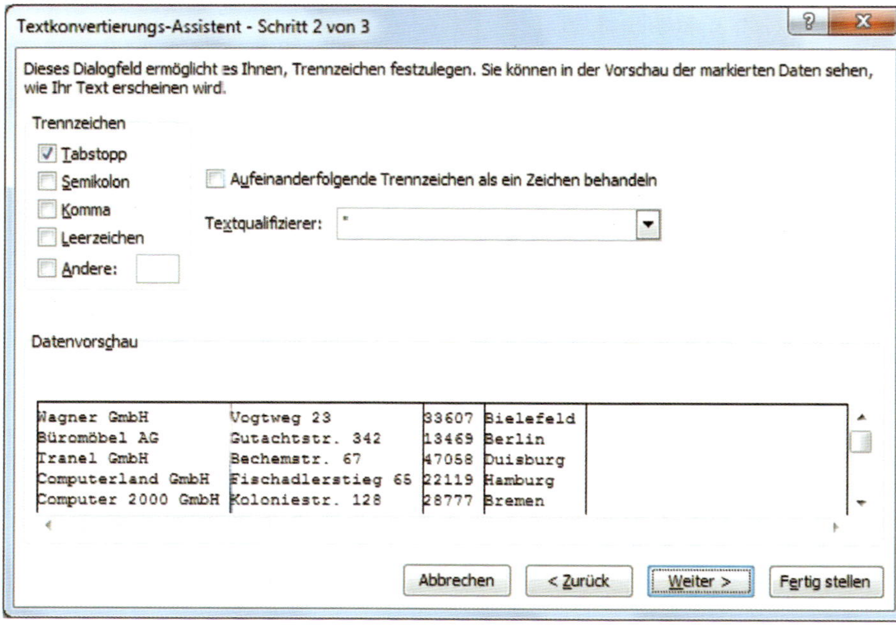

- Im Schritt 3 des Textkonvertierungs-Assistenten können Sie jedem einzelnen Datenfeld spezielle Eigenschaften zuordnen, z. B. ein Datumsformat. Außerdem können Sie auch Spalten überspringen und damit nicht importieren.

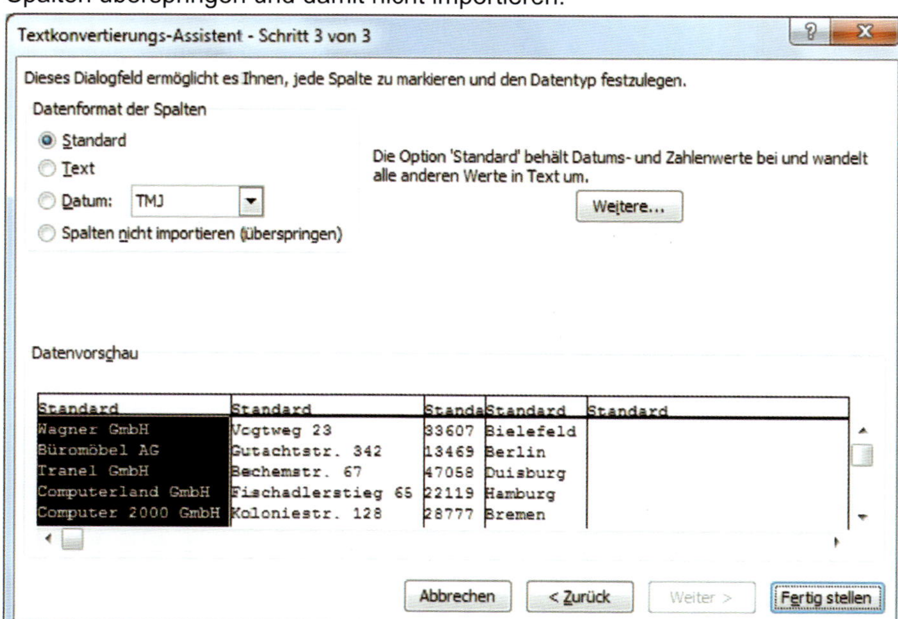

- Klicken Sie die Schaltfläche **OK** an, um mit dem Einfügen der Daten fortzufahren.

Bearbeitungsschritte (Fortsetzung):

- Anschließend wird das Fenster **Daten importieren** eingeblendet. Sie können den Ort bestimmen, in dem die Daten eingefügt werden sollen.

- Das Ergebnis zeigt die eingefügten Daten.

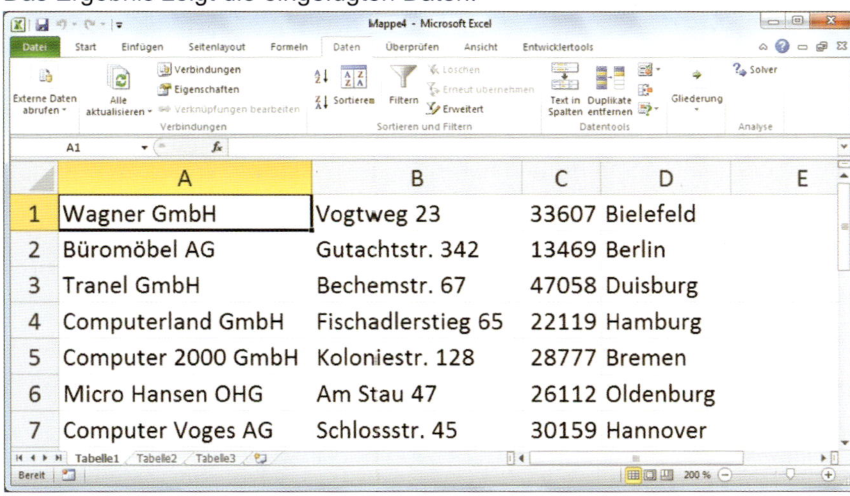

- Speichern Sie die Datei unter dem Namen *Tabulatoren* ab.

Einlesen von Daten aus anderen Quellen

In Netzwerken werden in Unternehmen Daten auf Servern zur Verfügung gestellt. Diese Daten können ebenfalls in Excel übernommen werden, wenn die entsprechenden Berechtigungen vorhanden sind. Hier kann nur kurz der Weg zur Nutzung der Daten angedeutet werden.

Bearbeitungsschritte:

- Klicken Sie im Register **Daten** die Schaltfläche **Externe Daten abrufen** an. Klicken Sie danach die Schaltfläche **Aus anderen Quellen** an.

- Daten können z. B. von einem SQL-Server (Datenbank) übernommen werden.

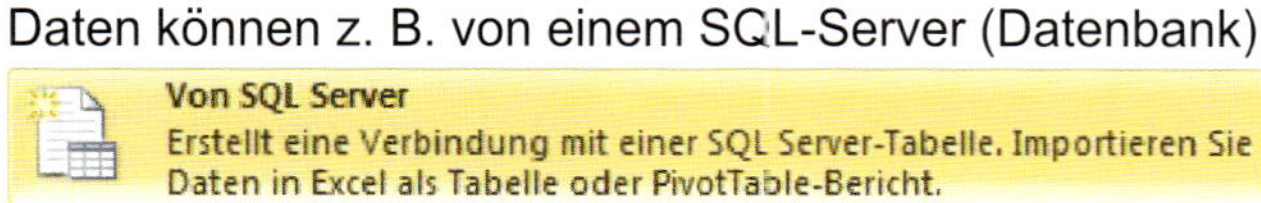

- Auch aus dem Web können Daten übernommen werden.

7.4 Datenexport von Access in andere Programme

Vorbemerkungen

Die Möglichkeiten, in ACCESS erfasste Daten in ein anderes Programm zu übertragen, sind vielfältig. Die wesentlichen Varianten werden hier angegeben. Sie können zum Teil alternativ genutzt werden. Es wird dabei davon ausgegangen, dass als Ursprungsdateien die Tabellen *Lager* und *Hersteller* aus der Datenbank *Betrieb* zur Verfügung stehen.

Ein wichtiges Kriterium für ein gutes Programm ist die Fähigkeit, Daten zu importieren bzw. zu exportieren. Dem Import von Daten kommt vor allem die Aufgabe zu, bereits früher mit anderen Programmen erfasste Daten zu übernehmen und damit die Weiterverwendung und Weiterverarbeitung zu gewährleisten. Der Export von Daten erlaubt es, mit dem Programm ACCESS erfasste Daten in anderen Programmen für andere Zwecke zu nutzen. Ein Beispiel hierfür ist die Erstellung einer Kundendatei, die dann mithilfe einer Textverarbeitung für die Erstellung von Serienbriefen genutzt wird.

Will man mit ACCESS erfasste Daten grafisch ausgeben, so kann dies durch das Programm ACCESS über einen Diagramm-Assistenten geschehen. Wesentlich komfortabler und mit zusätzlichen Möglichkeiten der Gestaltung ist dies jedoch durch die Tabellenkalkulation EXCEL möglich. Daher ist es vernünftig, die Daten zunächst in die Tabellenkalkulation zu exportieren und dann das entsprechende Diagramm zu erstellen.

Datenexport von ACCESS in EXCEL

Der Datenaustausch innerhalb der Office-Programme (EXCEL, Word für Windows, ACCESS) ist besonders einfach und komfortabel geregelt. Dies gilt selbstverständlich nur, wenn die entsprechenden Programme auf dem Computer installiert sind.

Bearbeitungsschritte:

- Öffnen Sie die Datenbank *Betrieb*. Bestimmen Sie zunächst durch Ein- und Ausblenden in der Tabelle *Lager*, welche Daten übertragen werden sollen. Nur eingeblendete Datenfelder werden übertragen. Markieren Sie danach in der Navigationsleiste des Programms ACCESS die Tabelle *Lager*.
- Klicken Sie im Register **Externe Daten** in der Gruppe **Exportieren** die Schaltfläche **Excel** an.

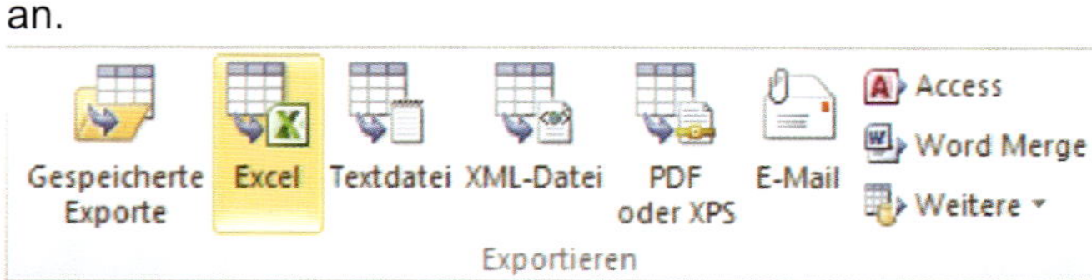

- Bestimmen Sie das Zielverzeichnis der Datei. Legen Sie außerdem das Zielverzeichnis fest. Darüber hinaus sollten Sie bestimmen, dass die Daten mit Formatierung und Layout übertragen werden und das Programm Excel mit den Daten geöffnet wird.

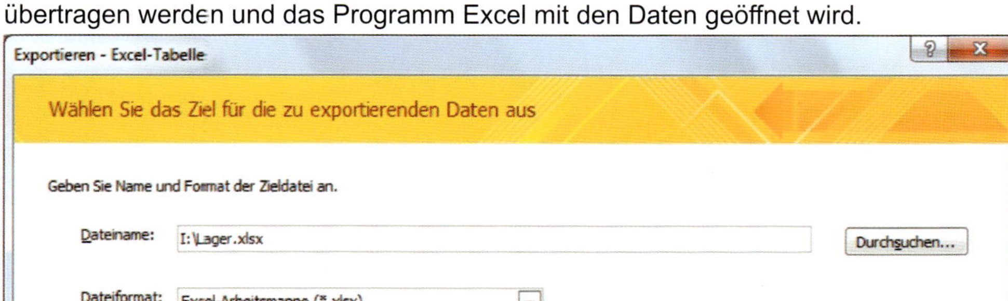

Bearbeitungsschritte (Fortsetzung):

- Die Daten werden im Programm **Excel** angezeigt:

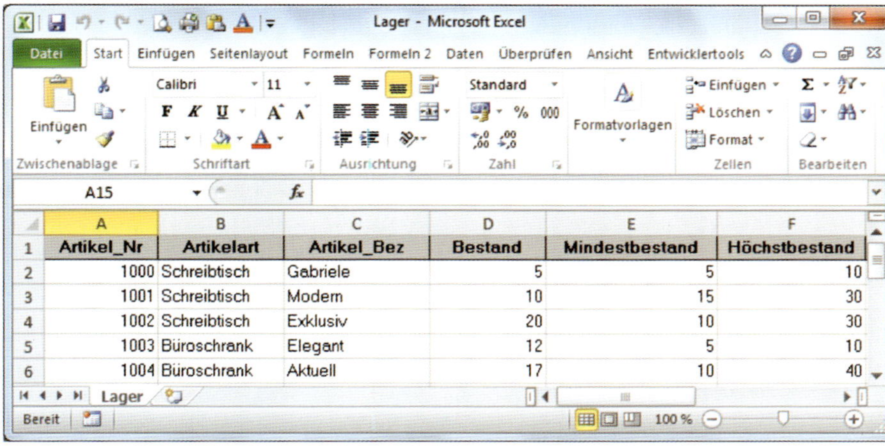

- Schließen Sie das Programm **Excel**.
- Im nächsten Fenster des Programms **Access** können Sie bestimmen, dass die Exportschritte gespeichert werden. Damit müssen Sie nicht jedesmal von Neuem beim Übertragen der Tabelle *Lager* in Excel alle Schritte durchführen.

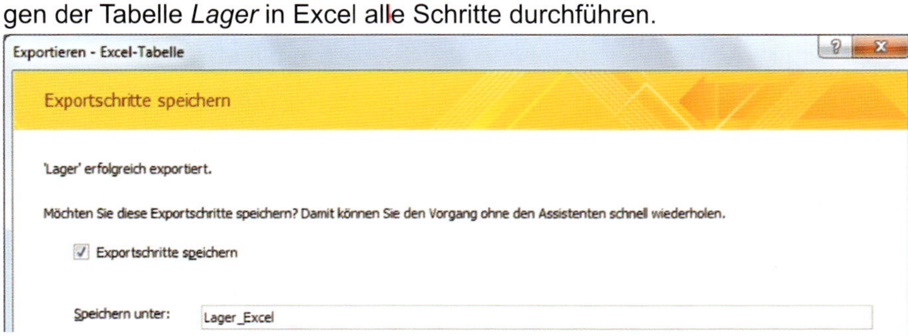

- Nach Anklicken der Schaltfläche **Exportschritte speichern** sind die Schritte des Exports gespeichert und können jederzeit wieder aufgerufen werden.
- Klicken Sie im Register **Externe Daten** in der Gruppe **Exportieren** die Schaltfläche **Gespeicherte Exporte** an.

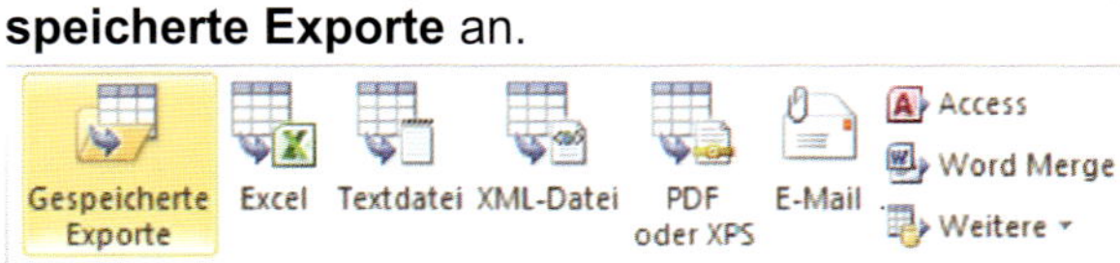

- Im Fenster **Datentasks verwalten** werden die einzelnen Datenexporte aufgeführt.

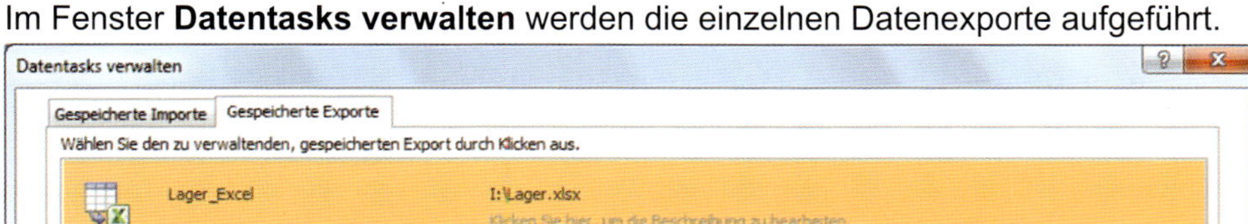

- Nach dem Markieren des einzelnen **Datenexports** und Anklicken der Schaltfläche **Ausführen** wird der Datenexport erneut durchgeführt. In der Regel müssen Sie bestätigen, dass Sie die Daten aktualisieren möchten.

Datenexport von ACCESS in andere Programme

Am Beispiel des Exports von Daten aus Access in die Tabellenkalkulation Excel wurde der Export von Daten und die Speicherung der Datenexporte erklärt. Eine Reihe anderer Möglichkeiten stehen zur Verfügung. Die Vorgehensweise ist in der Regel identisch oder ähnlich.

Bearbeitungsschritte:

- Öffnen Sie die Datenbank *Betrieb*. Bestimmen Sie zunächst durch Ein- und Ausblenden in der Tabelle *Lager*, welche Daten übertragen werden sollen. Nur eingeblendete Datenfelder werden übertragen. Markieren Sie danach in der Navigationsleiste des Programms ACCESS die Tabelle *Lager*.
- Klicken Sie im Register **Externe Daten** in der Gruppe **Exportieren** die Schaltfläche **Weitere/Word/In eine RTF-Datei exportieren** oder **Textdatei** an.

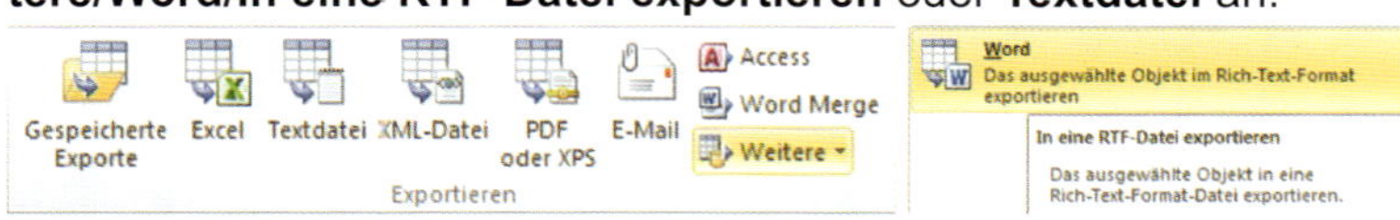

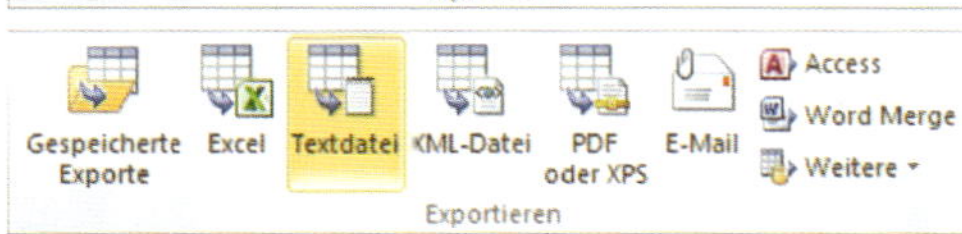

- Im ersten Fall können die Daten von der Textverarbeitung **Word** gelesen werden. Das Dokument können Sie dann in **Word** in einem von Ihnen gewünschten Format abspeichern. Im zweiten Fall wird in der Regel ein vorhandener Texteditor geöffnet. Sie müssen Einstellungen über das Format vornehmen. Später kann die Textdatei von einer Textverarbeitung eingelesen werden.
- Klicken Sie im Register **Externe Daten** in der Gruppe **Exportieren** die Schaltfläche **PDF oder XPS** an. Erstellen Sie eine PDF-Datei.

- Die erstellte Datei können Sie sich im **Adobe Reader** ansehen.

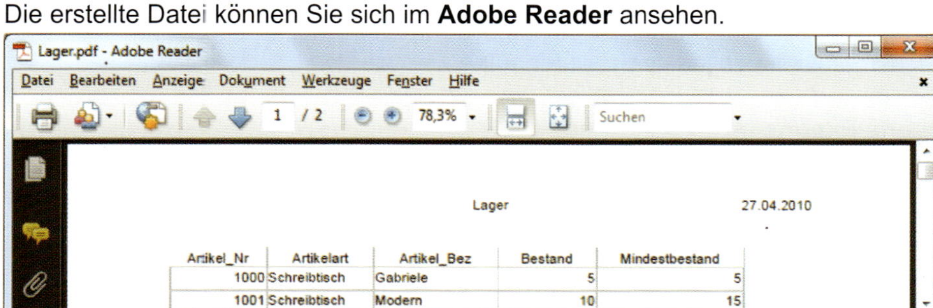

- Klicken Sie im Register **Externe Daten** in der Gruppe **Exportieren** die Schaltfläche **Weitere** an. Sie können nun die Datei in verschiedenen Formaten speichern, beispielsweise im **HTML-Format** (Webseite) oder im früher sehr verbreiteten **dBASE-Format**.

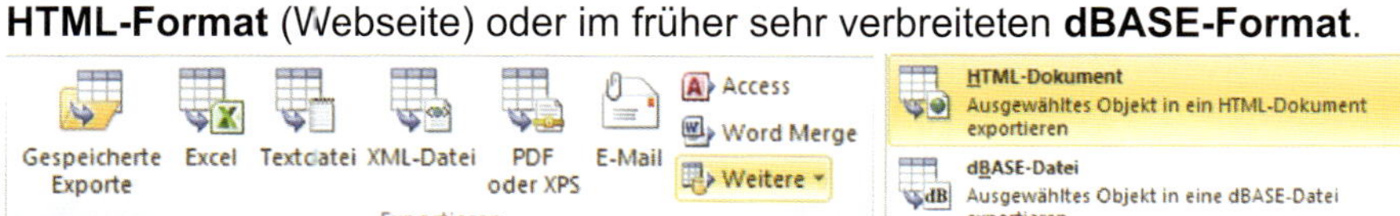

Datenaustausch durch Kopieren und Einfügen

Daten von einem Office-Programm können in ein anderes Office-Programm genauso wie innerhalb der Programme durch Kopieren und Einfügen übertragen werden.

Bearbeitungsschritte:

- Öffnen Sie eine Tabelle in einer **Access-Datenbank**. Markieren Sie die Datenfelder.

- Klicken Sie im Register **Start** in der Gruppe **Zwischenablage** die Schaltfläche **Kopieren** an.

- Öffnen Sie die Tabellenkalkulation **Excel**. Markieren Sie in **Excel** die Zelle **A1**. Klicken Sie im Register **Start** in der Gruppe **Zwischenablage** die Schaltfläche **Einfügen** an. Die Daten sind danach übertragen.

- Die Daten werden eingefügt:

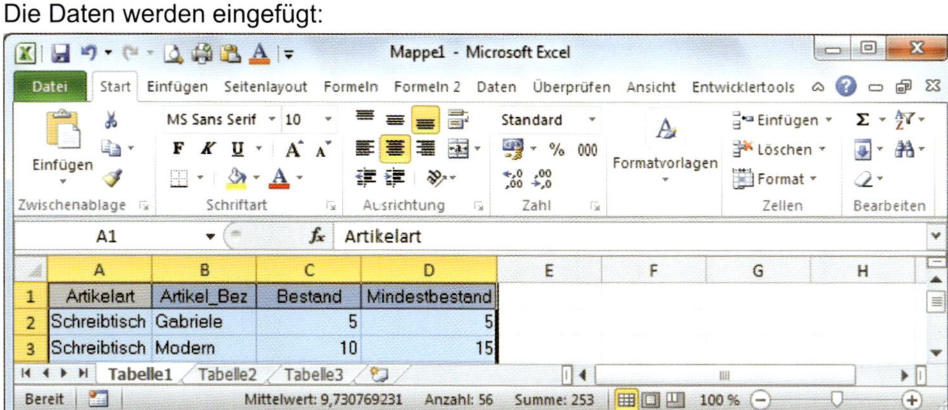

- Wenn Sie in **Access** in der **Navigationsleiste** die Tabelle *Lager* markieren und dann kopieren, werden alle eingeblendeten Datenfelder kopiert.
- Auf dieselbe Weise können Sie auch eine Tabelle aus **Word** übertragen.

7.5 Datenimport in Access

Einlesen von Daten der Tabellenkalkulation Excel

Mithilfe der Tabellenkalkulation **Excel** werden oftmals Daten erfasst, die später ideal für die Arbeit in einer Datenbank geeignet sind. Das Einlesen ist ähnlich wie bei Texten gestaltet, sodass nur die wichtigsten Schritte beschrieben werden.

Bearbeitungsschritte:

- Erstellen Sie eine Tabelle in der Tabellenkalkulation **Excel**, die die Daten der Lieferanten enthält. Die Daten finden Sie im Access-Teil des Buchs. Speichern Sie sie unter dem Namen *Lieferanten* ab. Schließen Sie danach das Programm.
- Öffnen Sie die Datenbank *Betrieb*. Klicken Sie im Register **Externe Daten** in der Gruppe **Importieren und Verknüpfen** die Schaltfläche **Excel** an.

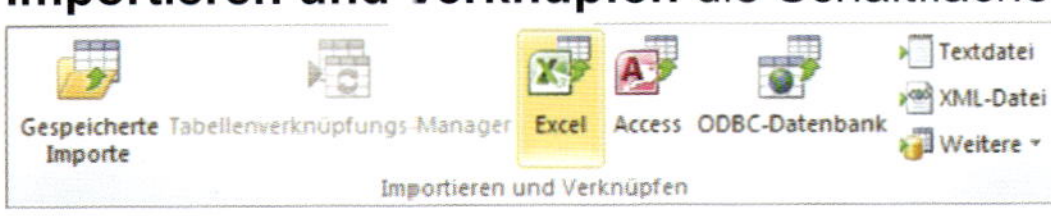

- Wählen Sie als Nächstes die einzulesende Tabelle aus. Das Vorgehen wurde zuvor beschrieben.

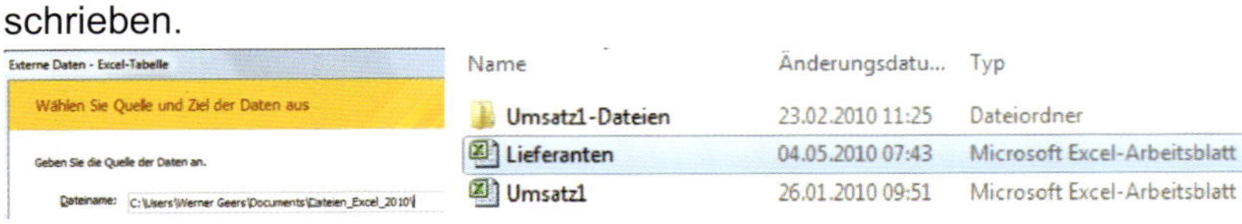

- Der Import-Assistent wird aufgerufen:

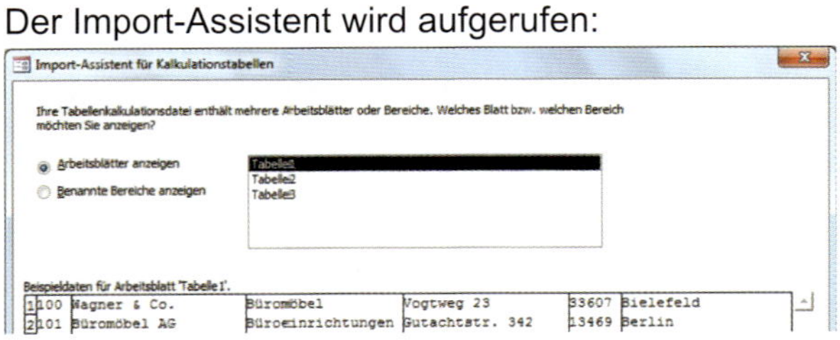

- Führen Sie diesen Assistenten aus. Richten Sie beispielsweise auch einen Primärschlüssel ein. Achten Sie auf den korrekten Datenfeldnamen und -typ. Die Daten werden in die Datenbank eingefügt.

Einlesen von Daten aus anderen Quellen

In Netzwerken werden in Unternehmen Daten auf Servern zur Verfügung gestellt. Diese Daten können in Access übernommen werden, wenn die entsprechenden Berechtigungen vorhanden sind. Hier kann nur kurz der Weg zur Nutzung der Daten angedeutet werden.

Bearbeitungsschritte:

- Klicken Sie im Register **Externe Daten** die Schaltfläche **Weitere** an. Danach können Sie beispielsweise Daten aus HTML-Dokumenten übernehmen.

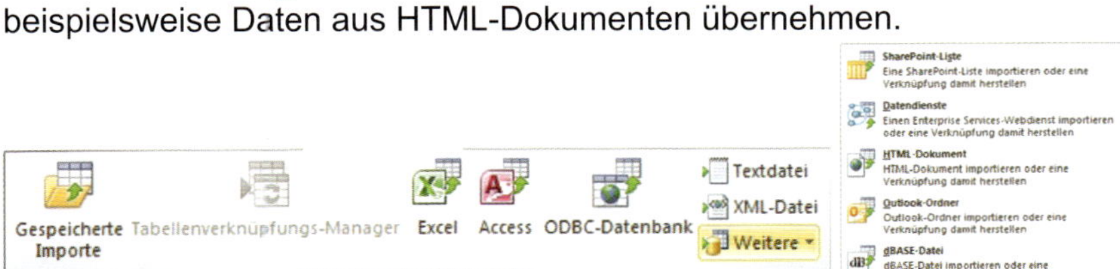

7.6 Serienbriefe

7.6.1 Vorbemerkungen

In einem Serienbrief wird ein Text mit im Wesentlichen gleichen Inhalten an verschiedene Empfänger gerichtet. Daher muss ein Brieftext (Hauptdokument) und ein Dokument mit den einzelnen auszutauschenden Inhalten (Datenquelle) erstellt werden. Diese beiden Dokumente werden zur Erstellung eines Serienbriefs miteinander verbunden. Im Hauptdokument werden einzelne Datenfelder der Datenquelle eingefügt.

Hauptdokument

«Name1»
«Name2»
«Straße»
«PLZ» «Ort»

Anfrage

Sehr geehrte Damen und Herren,

wir bitten Sie um ein Angebot über Computer und Drucker mit den entsprechenden Preisen und Lieferungs- und Zahlungsbedingungen.

Mit freundlichen Grüßen

Name1	Name2	Straße	PLZ	Ort
Wagner GmbH	Büromöbel	Vogtweg 23	33607	Bielefeld
Büromöbel AG	Büroeinrichtungen	Gutachtstr. 342	13469	Berlin
Tranel GmbH	Büromöbel	Bechemstr. 67	47058	Duisburg
Computerland GmbH	Computer	Fischadlerstieg 65	22119	Hamburg
Computer 2000 GmbH	EDV-Herstellung	Koloniestr. 128	28777	Bremen
Micro Hansen OHG	Computerlösungen	Am Stau 47	26112	Oldenburg
Computer Voges AG	EDV-Bedarf	Schlossstr. 45	30159	Hannover

Datenquelle

Serienbriefe

Wagner GmbH
Büromöbel
Vogtweg 23
33607 Bielefeld

Anfrage

Sehr geehrte Damen und Herren,

wir bitten Sie um ein Angebot über Computer und Drucker mit den entsprechenden Preisen und Lieferungs- und Zahlungsbedingungen.

Mit freundlichen Grüßen

7.6.2 Hauptdokument

Zunächst wird das Hauptdokument mit dem Text erstellt, welches an alle Empfänger des Serienbriefes versandt werden soll. Grundsätzlich kann der Text des Hauptdokuments erst dann eingegeben werden, wenn die einzelnen Datenfelder bereits eingesetzt wurden. Dies erscheint aber nicht besonders logisch.

Bearbeitungsschritte:

- Erstellen Sie im Programm **Word** das folgende Dokument:

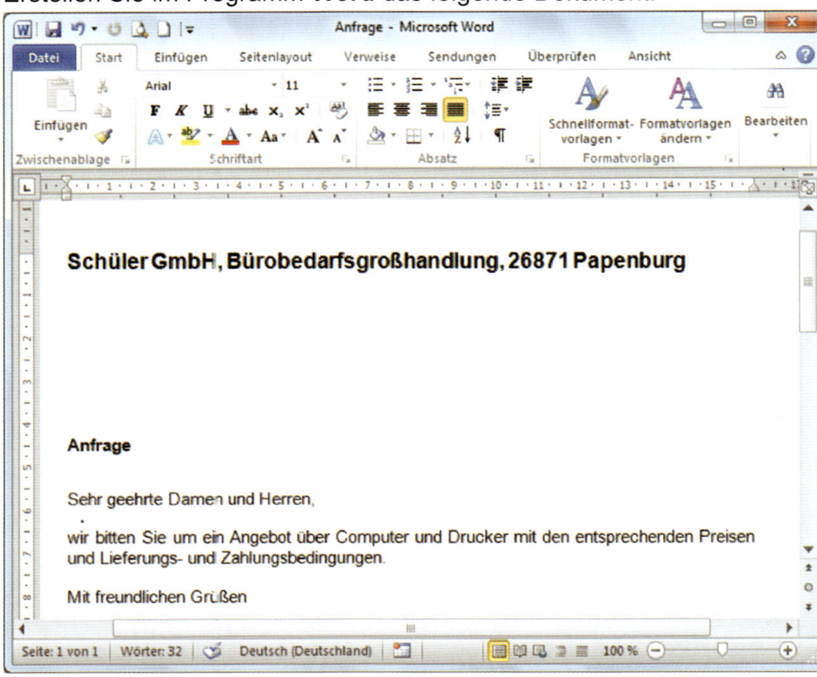

- Speichern Sie es unter dem Namen *Anfrage* ab. Schließen Sie das Dokument.

7.6.3 Datenquellen

Vorbemerkung

Zur Erstellung eines Serienbriefs sind ein Hauptdokument mit den Bestandteilen des Briefs und eine Datenquelle mit den einzelnen Datensätzen notwendig. Verschiedene Datenquellen können genutzt werden.

- Access-Tabelle,
- Excel-Tabelle,
- Word-Tabelle,
- Erstellen einer neuen Liste in Word.

Der Idealfall für die Erstellung von Serienbriefen ist die Erfassung der Daten in **Access** und die Ausgabe der Briefe mit **Word**. Dieselben Ergebnisse können jedoch auch mit den anderen Datenquellen erzielt werden.

Hinweis: Nutzen Sie zunächst nur eine der 4 Alternativen zur Erstellung des Serienbriefs. Probieren Sie später weitere Möglichkeiten aus.

Alternative 1: Datenquelle Access-Tabelle

Datenfelder aus der Tabelle *Lieferanten* der Datenbank *Betrieb* werden in das Hauptdokument eingefügt. Die angesprochene Datenbank wurde im Access-Teil des Buchs erstellt. Sie enthält u. a. auch die benötigte Tabelle *Lieferanten*.

Selbstverständlich können Sie auch andere Tabellen, wie z. B. *Kunden*, und Abfragen für Serienbriefe nutzen.

Bearbeitungsschritte:

- Öffnen Sie die Datenbank *Betrieb*.
- Markieren Sie in der Navigationsleiste des Programms **Access** die Tabelle *Lieferanten*, die die Grundlage für die einzelnen Datenfelder in dem Serienbrief darstellt.
- Klicken Sie im Register **Externe Daten** in der Gruppe **Exportieren** die Schaltfläche **Word Merge (Office Verknüpfungen)** an.

- Der Seriendruckassistent von Word für Windows wird eingeblendet:

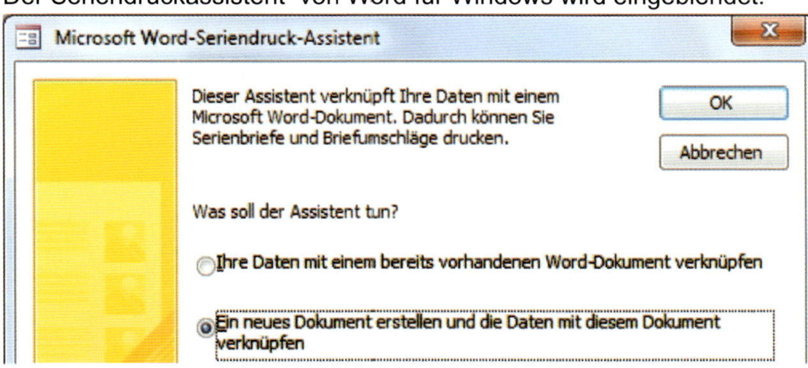

- Markieren Sie durch Anklicken, dass Sie ein neues Dokument erstellen wollen. Klicken Sie danach die Schaltfläche **OK** an. Als Alternative können Sie selbstverständlich auch ein bereits vorhandenes Dokument aufrufen, welches beispielsweise schon Angaben über den Absender usw. enthält.
- Das Programm **Word** wird automatisch geladen.

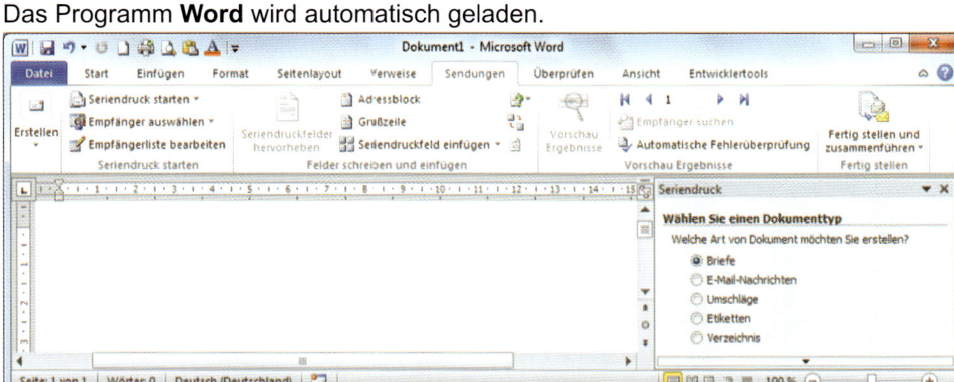

Alternative 2: Datenquelle Excel-Tabelle

Um einen Seriendruck mit einer Excel-Tabelle zu realisieren, muss zunächst in **Excel** eine Tabelle (in diesem Fall eine Datenbank) aufgebaut werden, die anschließend in **Word** zur Grundlage für die auszufüllenden Felder in dem Serienbrief wird.

Da die Tabelle *Lieferanten* in der Datenbank *Betrieb* zur Verfügung steht, sollte sie zunächst als Excel-Tabelle exportiert werden und danach die Grundlage für einen Serienbrief bilden.

Bearbeitungsschritte:

- Erstellen Sie in **Excel** die Datei *Lieferanten* durch Eingeben der Daten bzw. durch das Übertragen der Daten aus **Access**. Schließen Sie danach die Datei.

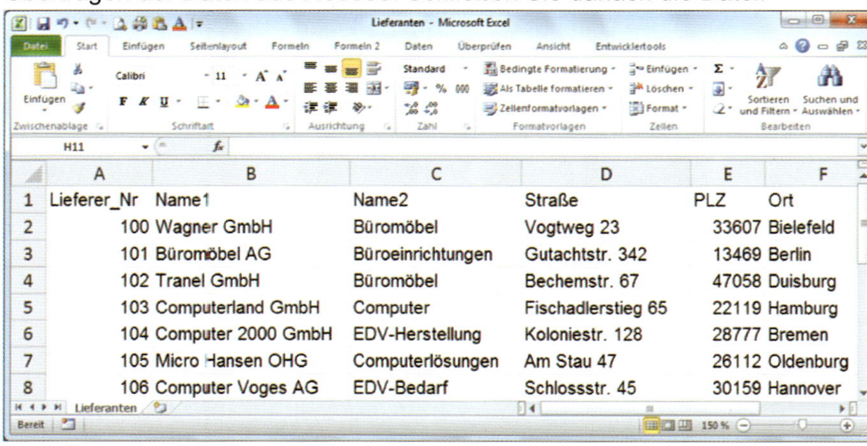

	A	B	C	D	E	F
1	Lieferer_Nr	Name1	Name2	Straße	PLZ	Ort
2	100	Wagner GmbH	Büromöbel	Vogtweg 23	33607	Bielefeld
3	101	Büromöbel AG	Büroeinrichtungen	Gutachtstr. 342	13469	Berlin
4	102	Tranel GmbH	Büromöbel	Bechemstr. 67	47058	Duisburg
5	103	Computerland GmbH	Computer	Fischadlerstieg 65	22119	Hamburg
6	104	Computer 2000 GmbH	EDV-Herstellung	Koloniestr. 128	28777	Bremen
7	105	Micro Hansen OHG	Computerlösungen	Am Stau 47	26112	Oldenburg
8	106	Computer Voges AG	EDV-Bedarf	Schlossstr. 45	30159	Hannover

- Laden Sie im Programm **Word** das Dokument *Anfrage*. Klicken Sie anschließend im Register **Sendungen** in der Gruppe **Seriendruck starten** die Schaltfläche **Empfänger auswählen** an. Wählen Sie den Menüpunkt **Vorhandene Liste verwenden**.

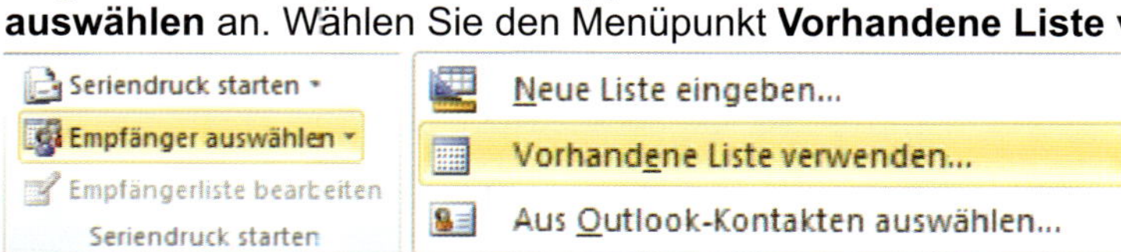

- Wählen Sie die Tabelle *Lieferanten* als Datenquelle aus.

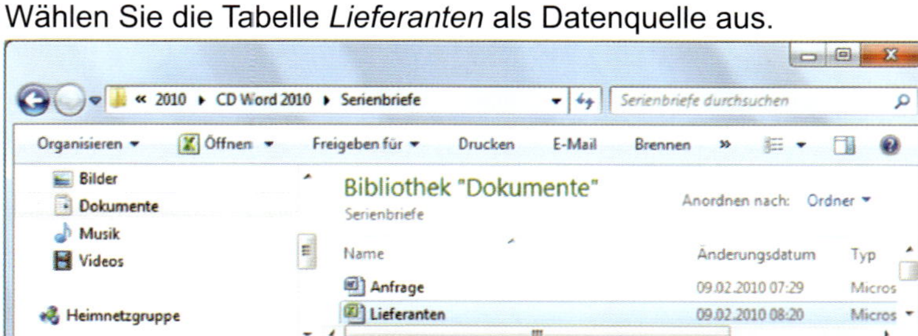

- Wählen Sie im nächsten Fenster die richtige Tabelle aus:

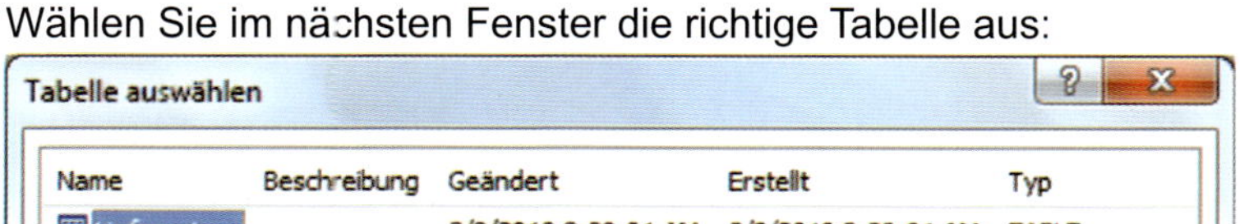

- Danach können Sie den Seriendruck wie später beschrieben vornehmen.

Alternative 3: Datenquelle Word-Tabelle

Um einen Seriendruck mit einer Word-Tabelle zu realisieren, muss zunächst in Word eine Tabelle aufgebaut werden, die anschließend in **Word** zur Grundlage für die auszufüllenden Felder in dem Serienbrief wird.

Bearbeitungsschritte:

- Erstellen Sie in **Word** die Datei *Lieferanten* durch Eingeben der Daten bzw. durch das Übertragen der Daten aus einem anderen Programm. Das Übertragen von Daten wird an anderer Stelle genauer erklärt. Schließen Sie danach die Datei, damit sie als Datenquelle ausgewählt werden kann.

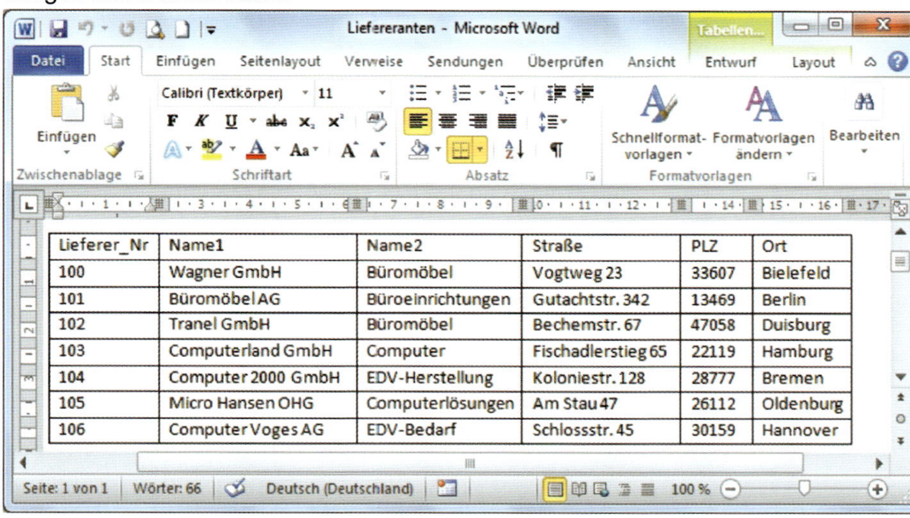

Lieferer_Nr	Name1	Name2	Straße	PLZ	Ort
100	Wagner GmbH	Büromöbel	Vogtweg 23	33607	Bielefeld
101	Büromöbel AG	Büroeinrichtungen	Gutachtstr. 342	13469	Berlin
102	Tranel GmbH	Büromöbel	Bechemstr. 67	47058	Duisburg
103	Computerland GmbH	Computer	Fischadlerstieg 65	22119	Hamburg
104	Computer 2000 GmbH	EDV-Herstellung	Koloniestr. 128	28777	Bremen
105	Micro Hansen OHG	Computerlösungen	Am Stau 47	26112	Oldenburg
106	Computer Voges AG	EDV-Bedarf	Schlossstr. 45	30159	Hannover

- Laden Sie im Programm **Word** das Dokument *Anfrage*. Klicken Sie anschließend im Register **Sendungen** in der Gruppe **Seriendruck starten** die Schaltfläche **Empfänger auswählen** an. Wählen Sie den Menüpunkt **Vorhandene Liste verwenden**.

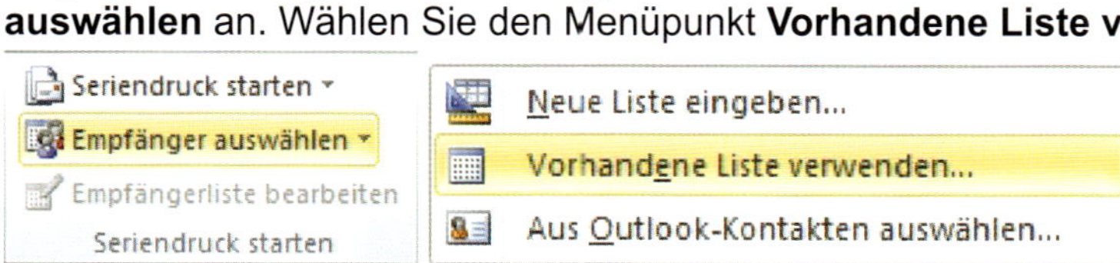

- Wählen Sie die Tabelle *Lieferanten* als Datenquelle aus.

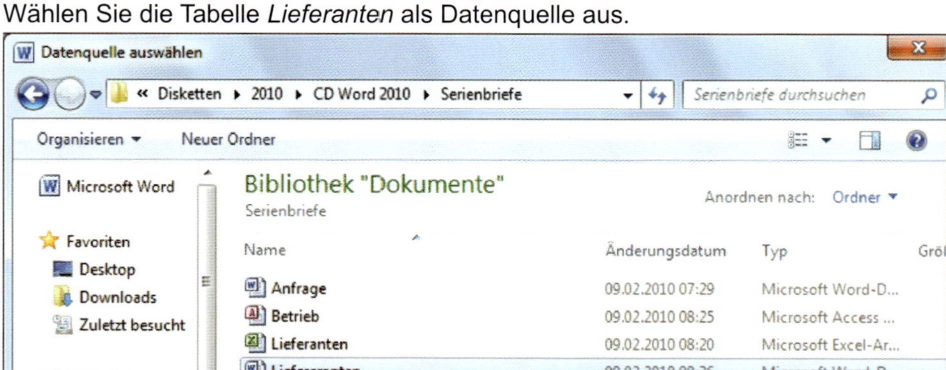

- Danach können Sie den Seriendruck wie später beschrieben vornehmen.

Alternative 4: Erstellen einer neuen Liste in Word

Eine Datenquelle kann auch im Programm **Word** erstellt werden. Dazu muss eine neue Liste erstellt werden. Diese Liste kann dann wie jede andere Datenquelle zur Erstellung von Serienbriefen genutzt werden.

Bearbeitungsschritte:

- Erstellen Sie in **Word** ein neues leeres Dokument. Speichern Sie die Datei unter dem Namen *Lieferanten_Daten*.
- Klicken Sie im Register **Sendungen** in der Gruppe **Seriendruck starten** die Schaltfläche **Empfänger auswählen** an. Wählen Sie den Menüpunkt **Neue Liste eingeben**.

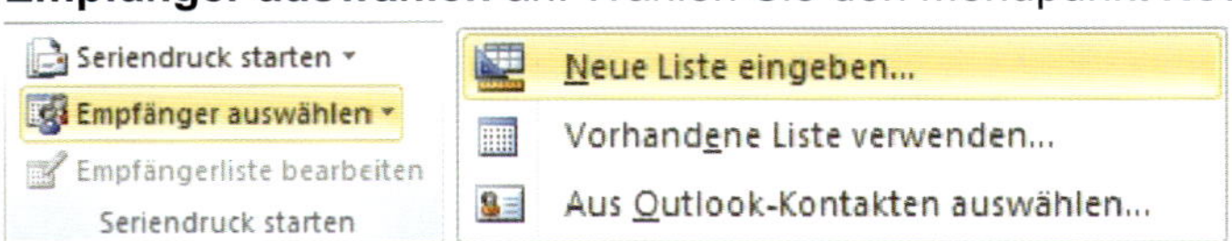

- Die zur Verfügung stehenden Datenfelder dürften in der Regel nicht den Erfordernissen entsprechen. Daher sollten vor der Dateneingabe nicht benötigte Datenfelder gelöscht und benötigte Datenfelder eingetragen werden.

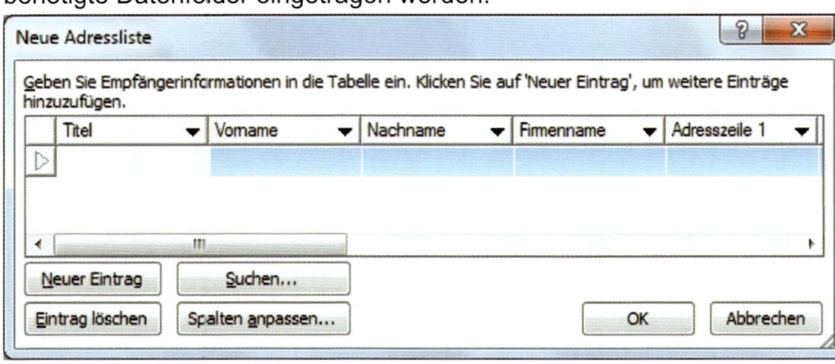

- Klicken Sie die Schaltfläche **Spalten anpassen** an. Das Fenster **Adressliste anpassen** wird eingeblendet und bietet verschiedene Möglichkeiten.

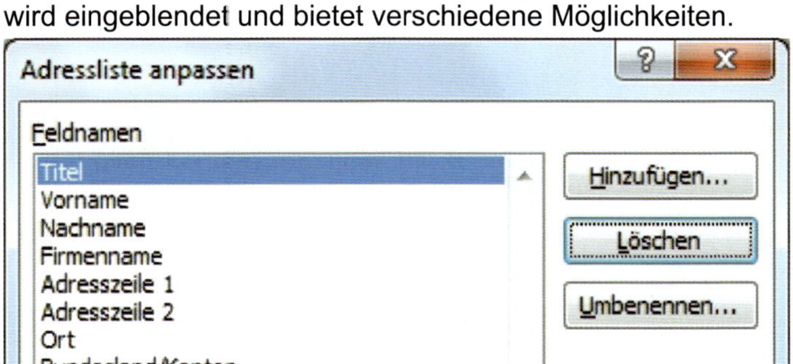

- Klicken Sie die Schaltfläche **Löschen** an.

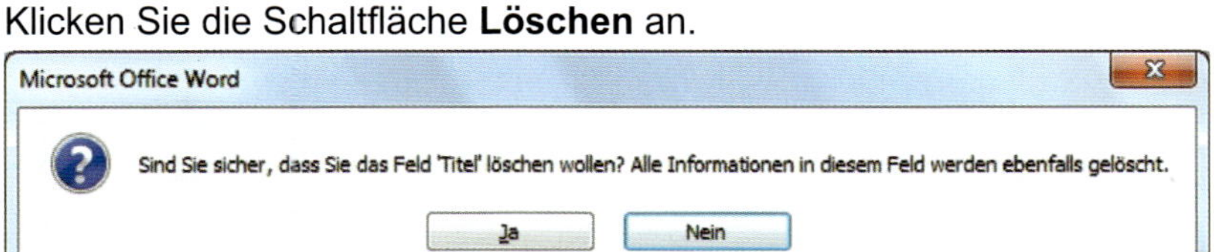

- Bestätigen Sie die Löschung. Löschen Sie danach auch alle anderen Datenfelder.

Bearbeitungsschritte (Fortsetzung):

- Klicken Sie die Schaltfläche **Hinzufügen** an. Geben Sie den Namen des ersten Datenfeldes ein.

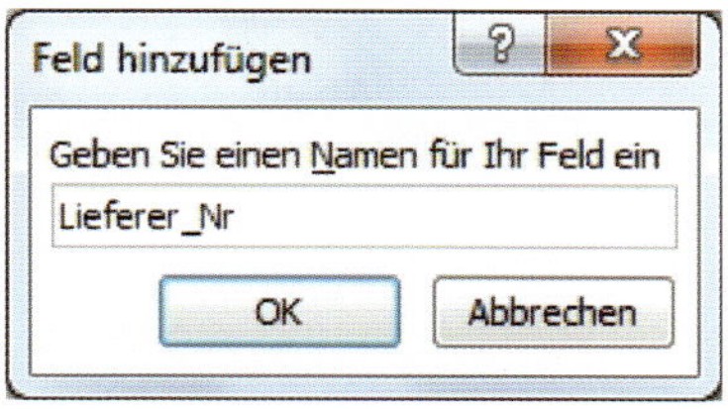

- Fügen Sie auch die anderen benötigten Datenfelder hinzu.

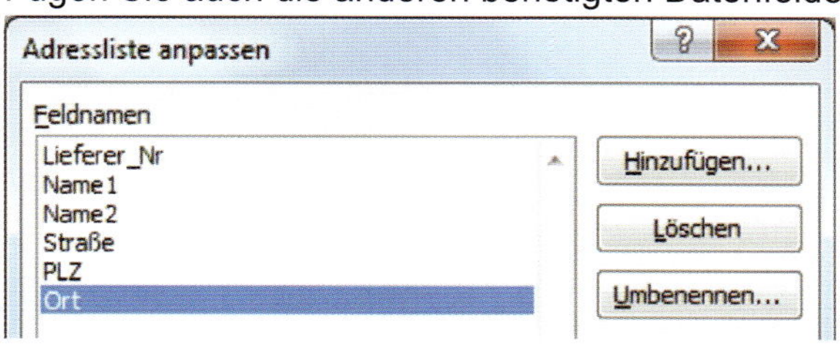

- Klicken Sie die Schaltfläche **OK** an. Anschließend können Sie die Datensätze eingeben. Ein neuer Datensatz kann jeweils nach dem Anklicken der Schaltfläche **Neuer Eintrag** eingegeben werden.

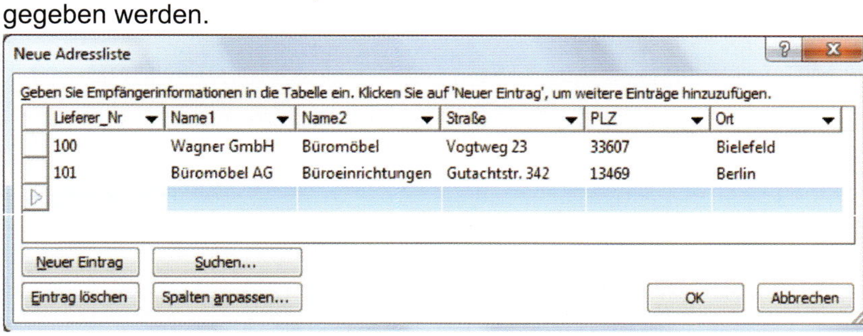

- Nach dem Anklicken der Schaltfläche **OK** werden Sie aufgefordert, die Datenquelle abzuspeichern. Wählen Sie den Namen *Lager_Daten_1*. Die Datei wird im Access-Format abgespeichert und kann in jedes Hauptdokument eingelesen werden. Schließen Sie das Dokument *Lieferanten_Daten*.

- Laden Sie im Programm **Word** das Dokument *Anfrage*. Klicken Sie anschließend im Register **Sendungen** in der Gruppe **Seriendruck starten** die Schaltfläche **Empfänger auswählen** an. Wählen Sie den Menüpunkt **Vorhandene Liste verwenden**.

- Wählen Sie die Datei *Lieferanten_Daten_1* als Datenquelle aus.

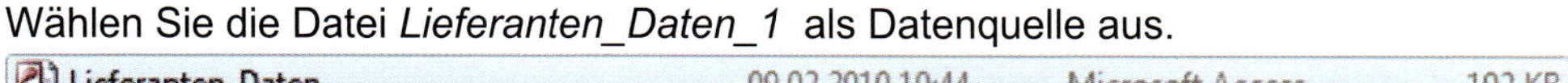

- Danach können Sie den Seriendruck wie später beschrieben vornehmen.

7.6.4 Einfügen der Seriendruckfelder in das Hauptdokument *Anfrage*

Unabhängig davon, womit die Datenquelle erstellt wurde, können durch die Verbindung des Hauptdokuments mit der Datenquelle Serienbriefe erstellt werden.

Zunächst müssen in das Hauptdokument die benötigten Datenfelder eingegeben werden. Es können alle Datenfelder ausgewählt werden; dies ist jedoch nicht zwingend notwendig. Später wird gezeigt, dass auch nur bestimmte Datensätze verwandt werden können.

Bearbeitungsschritte:

- Klicken Sie im Register **Sendungen** in der Gruppe **Felder schreiben und einfügen** die Schaltfläche **Seriendruckfeld einfügen** an.

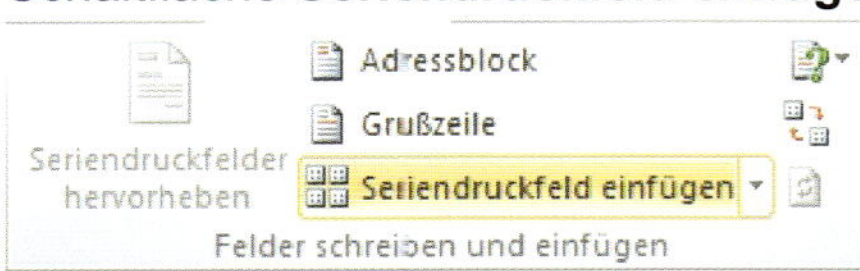

- Bestimmen Sie im Fenster **Seriendruckfeld einfügen**, dass Datenbankfelder eingefügt werden sollen. Die in der Tabelle *Lieferanten* vorhandenen Datenfelder werden in dem Fenster **Seriendruckfeld einfügen** angezeigt.

- Alternativ können Sie auch den Pfeil nach unten neben der Schaltfläche anklicken und ein Datenfeld auswählen. Benutzen Sie jedoch zunächst die erste Methode.

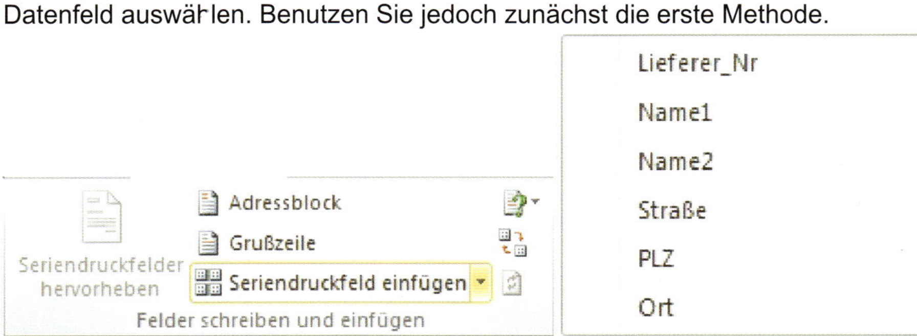

Bearbeitungsschritte (Fortsetzung):

- Markieren Sie jeweils die nachstehend angegebenen Datenfelder und klicken Sie danach jeweils die Schaltfläche **Einfügen** an. Sie können die Datenfelder auch durch einen Doppelklick einfügen.

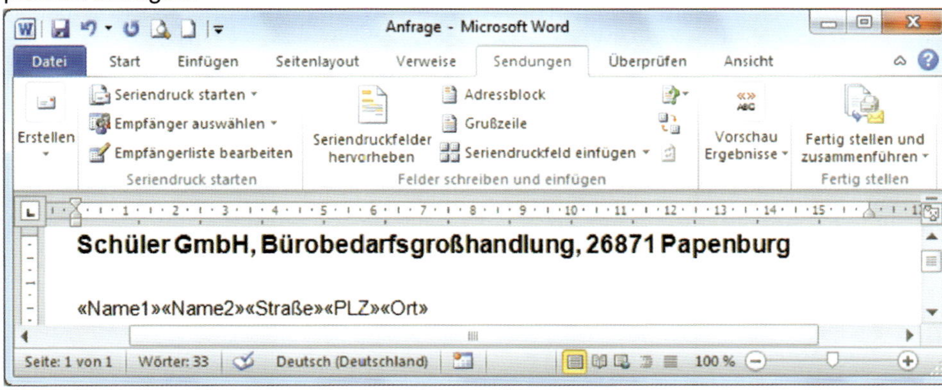

- Nachdem die gewünschten Datenfelder ausgewählt wurden, klicken Sie die Schaltfläche **Abbrechen** an.
- Verändern Sie danach die Anordnung der Datenfelder wie nachstehend dargestellt, indem Sie mit dem Cursor zwischen die Datenfelder gehen und dann die Taste [**Return**] drücken. Fügen Sie außerdem weitere Angaben ein:

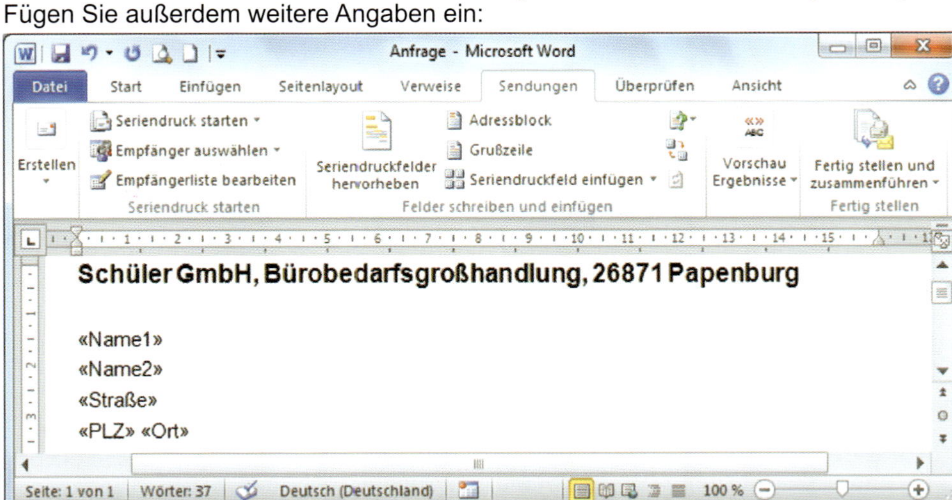

- Sollten Sie ein Seriendruckfeld nicht benötigen, klicken Sie im Register **Start** in der Gruppe **Zwischenablage** die Schaltfläche **Ausschneiden** an.
- Durch Anklicken der Schaltfläche **Seriendruckfelder hervorheben** in der Gruppe **Felder schreiben und einfügen** im Register **Sendungen** können Sie die Seriendruckfelder im Dokument dunkel unterlegen.

- Speichern Sie das Dokument unter dem Namen *Serienbrief*.

7.6.5 Speichern und Ausgeben der Serienbriefes

Als Nächstes soll der Serienbrief gespeichert und ausgegeben werden.

Bearbeitungsschritte:

- Klicken Sie im Register **Sendungen** in der Gruppe **Vorschau Ergebnisse** die Schaltfläche **Weitere** an.

- Der erste Datensatz wird angezeigt. Damit können Sie überprüfen, ob die gewünschte Darstellung gegeben ist. Außerdem können Sie über die Schaltflächen andere Datensätze auswählen.

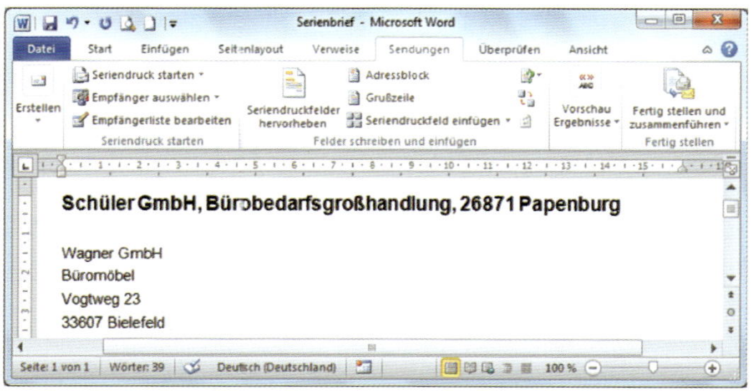

- Klicken Sie im Register **Sendungen** in der Gruppe **Fertig stellen** die Schaltfläche **Fertig stellen und zusammenführen** an. Wählen Sie den angegebenen Menüpunkt.

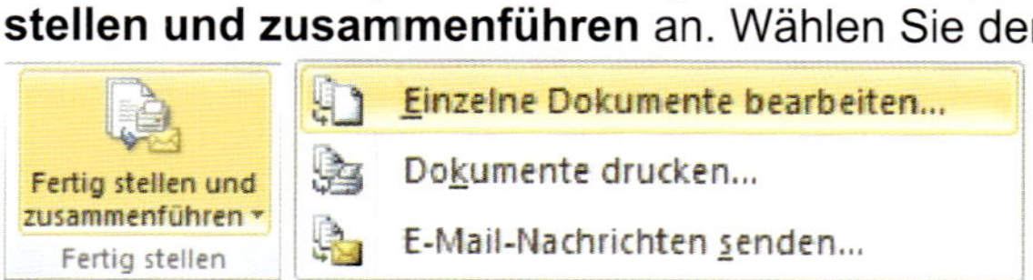

- Sie können nun bestimmen, was ausgegeben werden soll.

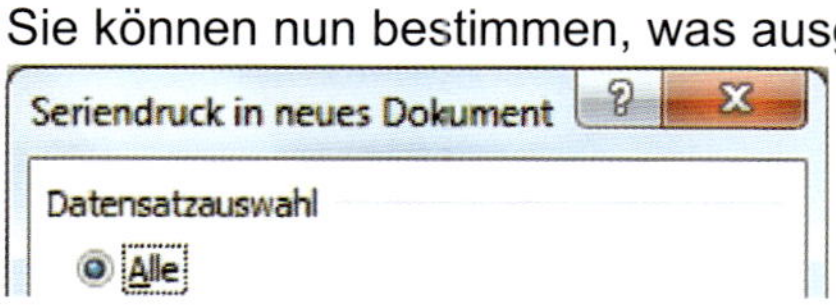

- In der Normalansicht sieht z. B. der dritte Brief folgendermaßen aus:

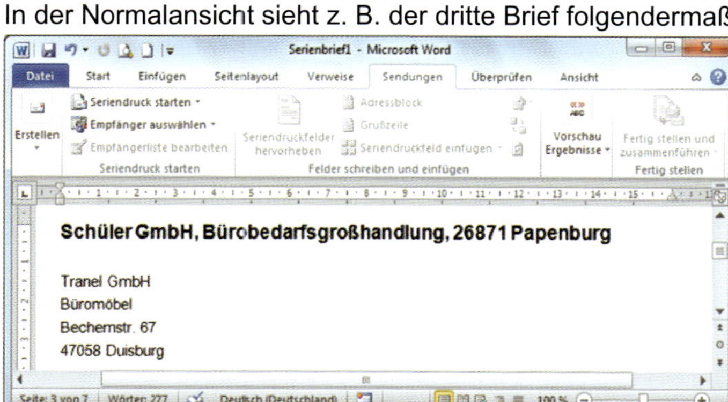

Bearbeitungsschritte (Fortsetzung):

- Wechseln Sie wieder in das Dokument *Serienbrief*, in dem die einzelnen Seriendruckfelder eingefügt werden.
- Wenn Sie im Register **Sendungen** in der Gruppe **Fertig stellen** die Schaltfläche **Fertig stellen und zusammenführen** anklicken und danach den Menüpunkt **Dokumente drucken** wählen, werden die einzelnen Seiten über den Drucker ausgegeben.

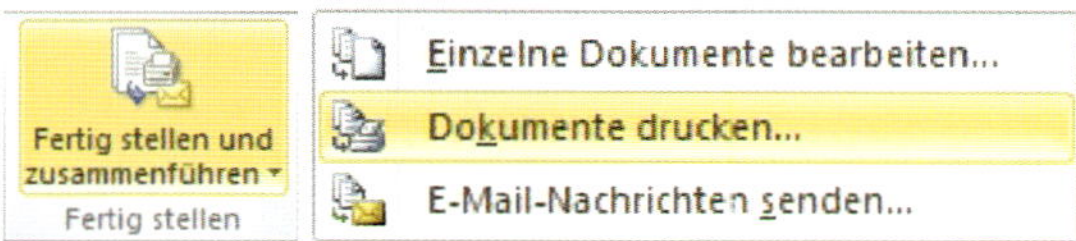

7.6.6 Einfügen von Bedingungsfeldern – Überspringen von Datensätzen

Unter Umständen sollen nur bestimmte Datensätze in Serienbriefen verwandt werden. So kann es sein, dass nur Lieferanten in einem bestimmten Postleitzahlbereich oder mit einem bestimmten Anfangsbuchstaben angeschrieben werden sollen. Selbstverständlich bietet es sich auch an, diese Steuerung in Access über Abfragen, die dann für die Serienbriefe verwandt werden, durchzuführen.

Bearbeitungsschritte:

- Speichern Sie die Datei *Serienbrief* unter dem Namen *Serienbrief_Überspringen*. Stellen Sie den Cursor unter das letzte Datenfeld.
- Klicken Sie im Register **Sendungen** in der Gruppe **Felder schreiben und einfügen** die Schaltfläche **Regeln** an. Wählen Sie den angegebenen Menüpunkt.

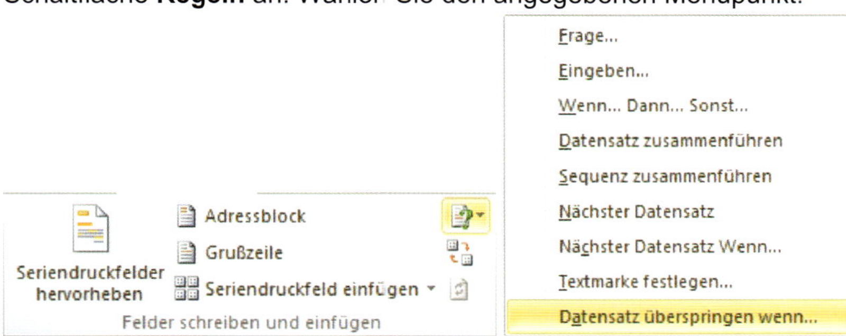

- Bestimmen Sie danach, dass alle Datensätze mit einer Postleitzahl unter 30000 nicht ausgegeben werden.

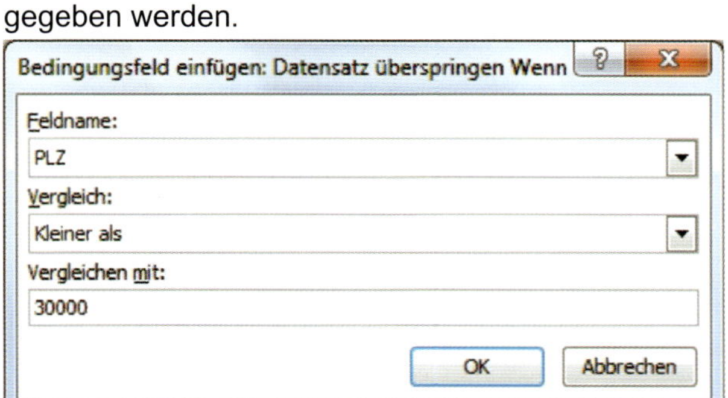

- Als Ergebnis werden nur die Datensätze mit einer Postleitzahl von 30000 oder höher in den Serienbriefen verarbeitet.

7.6.7 Einfügen von Bedingungsfeldern – Ausgabe eines alternativen Textes

Bei einer Anfrage, einer Bestellung oder eines sonstigen Textes besteht die Möglichkeit, in Abhängigkeit von einer Bedingung einen alternativen Text in einen Serienbrief einzubauen. So kann z. B. eine unterschiedliche Transportbedingung in einen Brief eingebaut werden.

Bearbeitungsschritte:

- Speichern Sie die Datei *Serienbrief* nochmals unter dem Namen *Serienbrief_Alternativer_Text*.
- Stellen Sie den Cursor zwei Zeilen unter das letzte Datenfeld bzw. wenn Sie einen vollständigen Brief entwickelt haben, an der für das Bedingungsfeld vorgesehenen Stelle.
- Klicken Sie im Register **Sendungen** in der Gruppe **Felder schreiben und einfügen** die Schaltfläche **Regeln** an. Wählen Sie den angegebenen Menüpunkt.

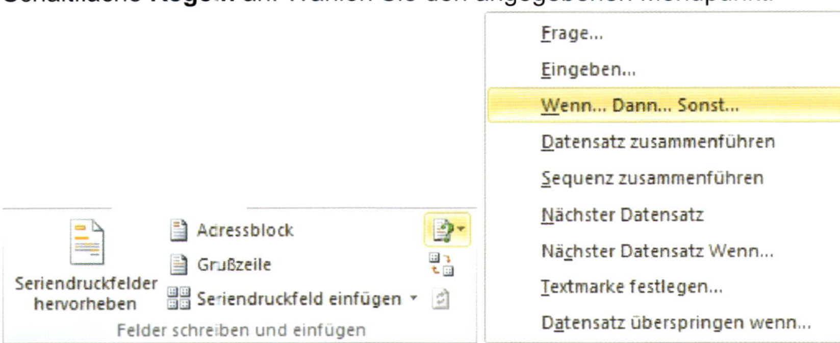

- Geben Sie die nachfolgenden Bedingungen ein:

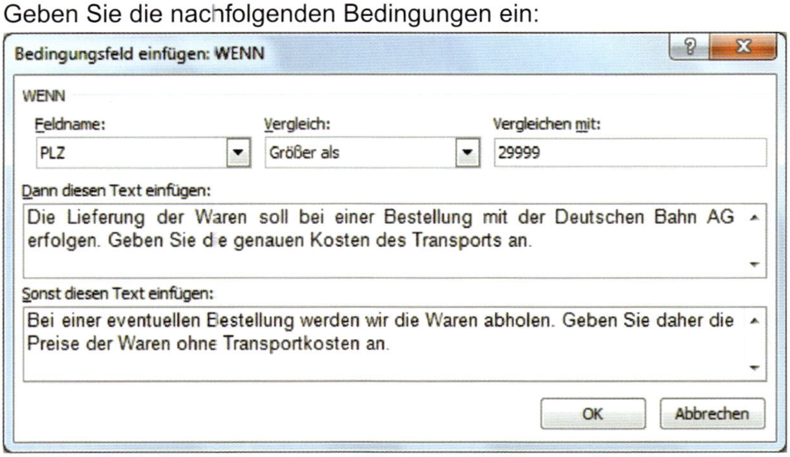

- Klicken Sie danach die Schaltfläche **OK** an.
- Klicken Sie im Register **Sendungen** in der Gruppe **Fertig stellen** die Schaltfläche **Fertig stellen und zusammenführen** an. Wählen Sie den angegebenen Menüpunkt.

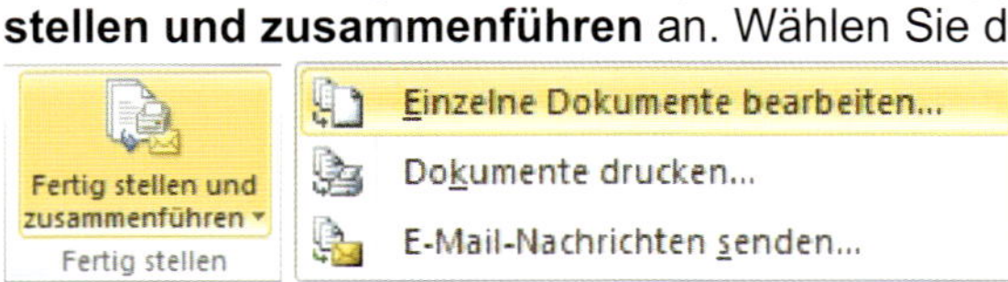

- Wenn Sie im Register **Sendungen** in der Gruppe **Fertig stellen** die Schaltfläche **Fertig stellen und zusammenführen** anklicken und den Menüpunkt **Dokumente drucken** wählen, werden die einzelnen Seiten über den Drucker ausgegeben.

7.6.8 Manuelle Auswahl bestimmter Datensätze

Bestimmte Datensätze können ausgewählt und dann als Serienbrief in ein neues Dokument oder über den Drucker ausgegeben werden. Sollen beispielsweise alle Büromöbelunternehmen angeschrieben werden, kann die Datenquelle zunächst sortiert werden. Danach werden die entsprechenden Datensätze ausgewählt.

Bearbeitungsschritte:

- Rufen Sie, falls notwendig, das Hauptdokument *Seriendruck* auf.
- Klicken Sie im Register **Sendungen** in der Gruppe **Seriendruck starten** die Schaltfläche **Empfängerliste bearbeiten** an.

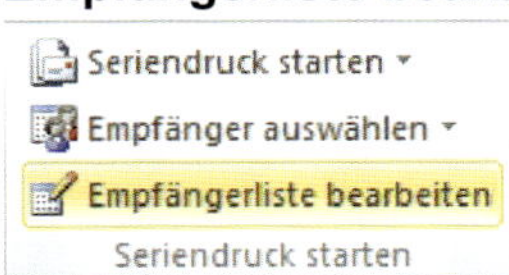

- Durch Anklicken der Kontrollkästchen im Fenster **Seriendruckempfänger** bestimmen Sie, wer einen Brief erhalten soll.

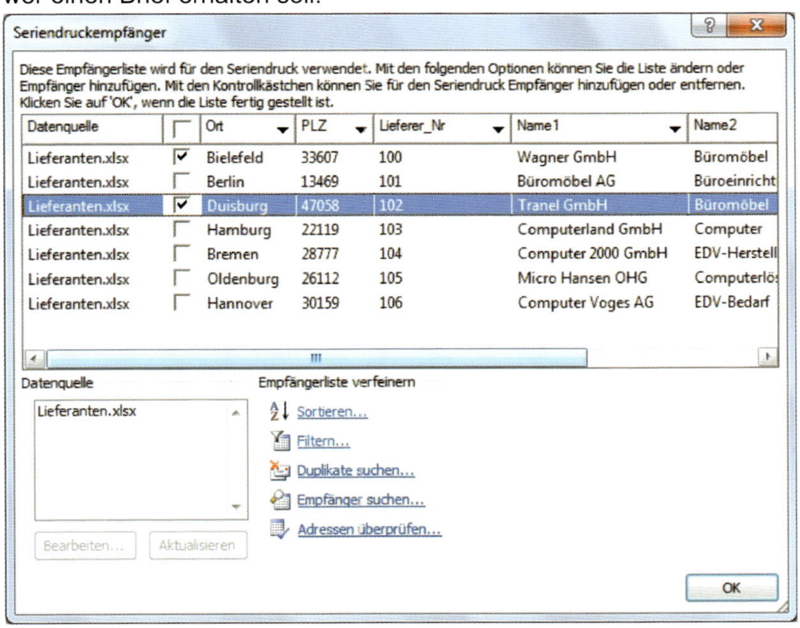

- Klicken Sie die Schaltfläche **OK** an. Nun können Sie, wie beschrieben, Serienbriefe erstellen. Es werden nur die Datensätze verwendet, die ausgewählt wurden.
- Blenden Sie alle Datensätze wieder ein, indem Sie die Kontrollkästchen im Fenster **Seriendruckempfänger** neben der Bezeichnung *Datenquelle* anklicken.

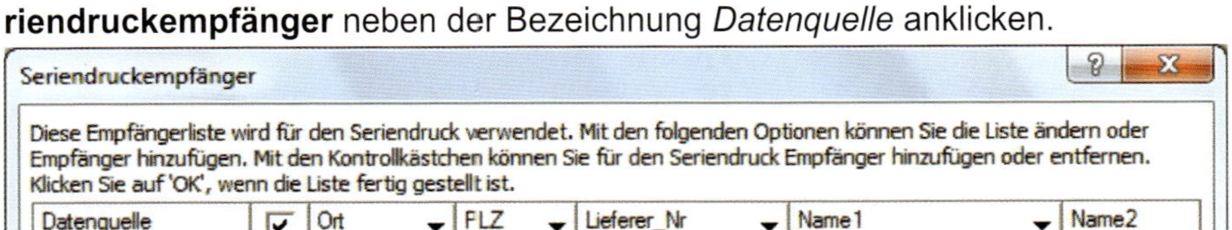

- Einzelne Datensätze werden durch das Anklicken einzelner Kontrollkästchen wieder eingeblendet.

7.6.9 Sortieren und Filtern der Datensätze

Sortieren von Datensätzen

Datensätze der Datenquelle können nach einem Datenfeld oder mehreren Datenfeldern sortiert werden. Damit wird die Auswahl bestimmter Datensätze erleichtert.

Bearbeitungsschritte:

- Rufen Sie, falls notwendig, das Hauptdokument *Serienbrief* auf.
- Klicken Sie im Register **Sendungen** in der Gruppe **Seriendruck starten** die Schaltfläche **Empfängerliste bearbeiten** an.

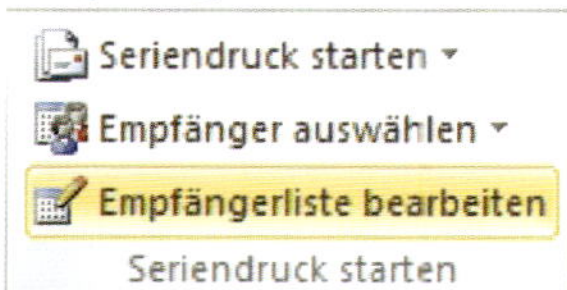

- Wählen Sie im Fenster **Seriendruckempfänger** den Link **Sortieren**. Im linken Bereich des Fensters wird die Datenquelle angegeben, in diesem Fall *Lieferanten.xlsx*.

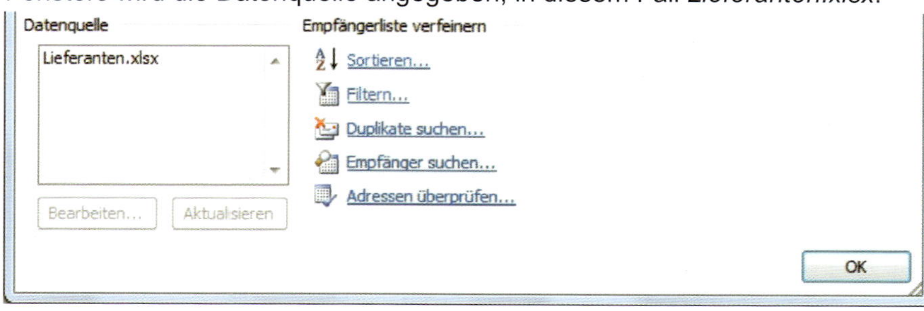

- Legen Sie im Fenster **Filtern und Sortieren** die Sortieroptionen fest.

- Die Datensätze werden aufsteigend nach dem Ort sortiert.

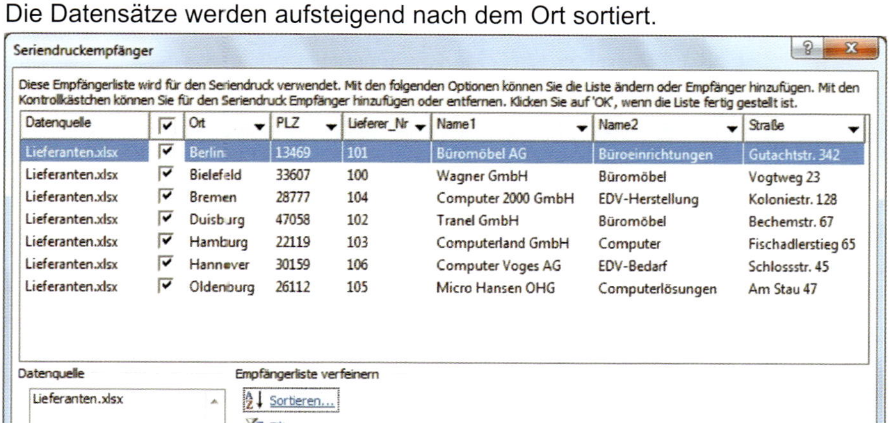

Datenquelle	✓	Ort	PLZ	Lieferer_Nr	Name1	Name2	Straße
Lieferanten.xlsx	✓	Berlin	13469	101	Büromöbel AG	Büroeinrichtungen	Gutachtstr. 342
Lieferanten.xlsx	✓	Bielefeld	33607	100	Wagner GmbH	Büromöbel	Vogtweg 23
Lieferanten.xlsx	✓	Bremen	28777	104	Computer 2000 GmbH	EDV-Herstellung	Koloniestr. 128
Lieferanten.xlsx	✓	Duisburg	47058	102	Tranel GmbH	Büromöbel	Bechemstr. 67
Lieferanten.xlsx	✓	Hamburg	22119	103	Computerland GmbH	Computer	Fischadlerstieg 65
Lieferanten.xlsx	✓	Hannover	30159	106	Computer Voges AG	EDV-Bedarf	Schlossstr. 45
Lieferanten.xlsx	✓	Oldenburg	26112	105	Micro Hansen OHG	Computerlösungen	Am Stau 47

Filtern von Datensätzen

Datensätze der Datenquelle können nach einem Datenfeld sortiert werden. Damit wird die Auswahl bestimmter Datensätze erleichtert.

Bearbeitungsschritte:

- Rufen Sie, falls notwendig, das Hauptdokument *Seriendruck* auf.
- Klicken Sie im Register **Sendungen** in der Gruppe **Seriendruck starten** die Schaltfläche **Empfängerliste bearbeiten** an.

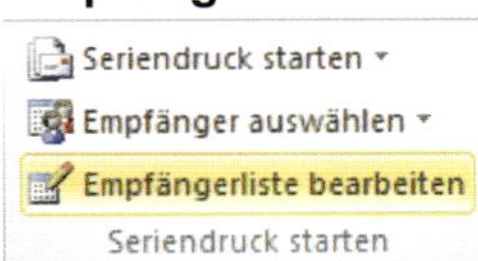

- Wählen Sie im Fenster **Seriendruckempfänger** den Link **Filtern**. Im linken Bereich des Fensters wird die Datenquelle angegeben, in diesem Fall *Lieferanten.xlsx*.

- Legen Sie im Fenster **Filtern und Sortieren** die Filteroptionen fest. Verwenden Sie dabei die **UND-Bedingung**.

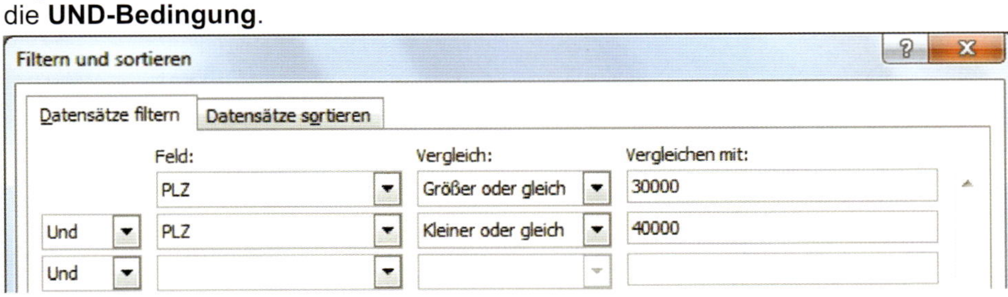

- Die herausgefilterten Datensätze werden ausgegeben.

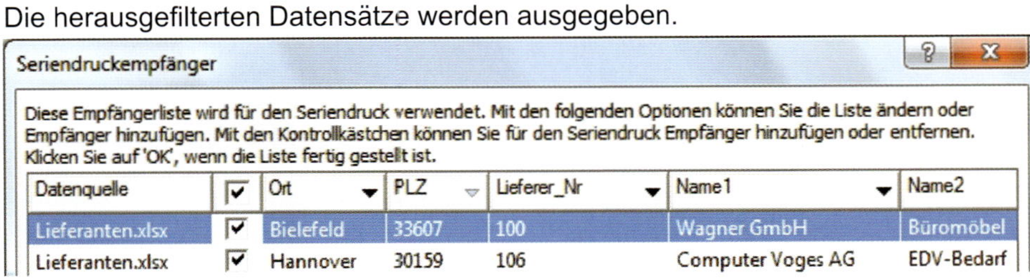

- Durch Anklicken der Schaltfläche **Alle löschen** im Fenster **Filtern und Sortieren** werden die Filteroptionen entfernt.
- Sie können auch eine **ODER-Bedingung** verwenden. Die Auswahl der Datensätze lautet dann beispielsweise:

- Entsprechend der Auswahl werden danach Datensätze für den Seriendruck verwandt.

7.6.10 Bearbeiten der Datensätze

Datensätze lassen sich bei der Erstellung eines Serienbriefs im Hauptdokument bearbeiten, also beispielsweise ändern, löschen oder neu erfassen. Grundsätzlich erscheint es jedoch sinnvoller, die Bearbeitung in der Datenquelle, also z. B. in der Access-, Word- oder Excel-Tabelle vorzunehmen. Werden die Datensätze jedoch im Hauptdokument (Alternative 4) erfasst, ist es sinnvoll, eine Bearbeitung im Dokument vorzunehmen.

Nachfolgend sollen grundsätzliche Bearbeitungsmöglichkeiten angesprochen werden.

Bearbeitungsschritte:

- Rufen Sie, falls notwendig, das Hauptdokument *Seriendruck* auf.
- Klicken Sie im Register **Sendungen** in der Gruppe **Seriendruck starten** die Schaltfläche **Empfängerliste bearbeiten** an.

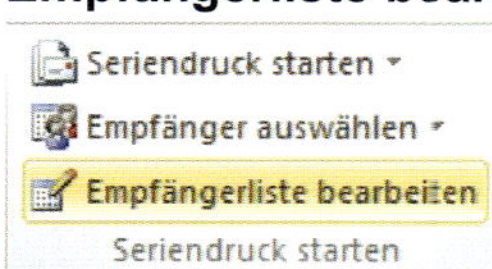

- Markieren Sie die Datenquelle.

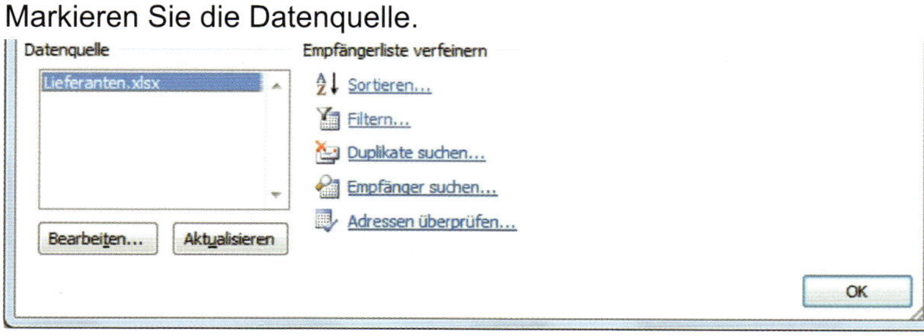

- Klicken Sie danach die Schaltfläche **Bearbeiten** an. Sie können nun über die Schaltfläche **Neuer Eintrag** zusätzliche Datensätze eingeben. Markierte Datensätze lassen sich über die Schaltfläche **Eintrag löschen** aus der Datenquelle entfernen.

- Nach Anklicken der Schaltfläche **OK** wird darauf hingewiesen, dass Änderungen in der Datenquelle noch nicht gespeichert wurden. Speichern Sie die eventuellen Änderungen ab.

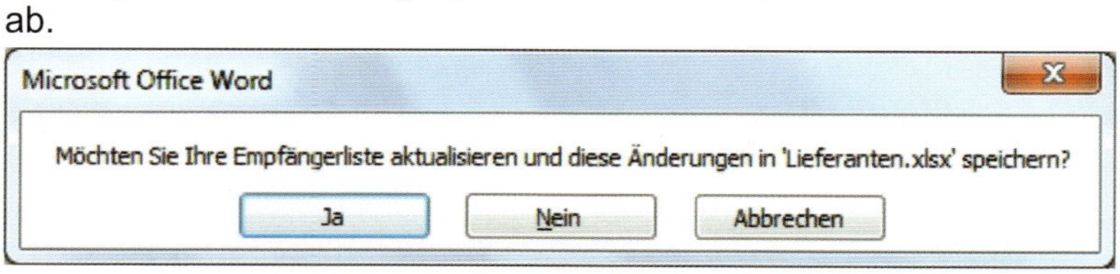

- Über die Schaltfläche **Suchen** können Sie nach bestimmten Datensätzen suchen.

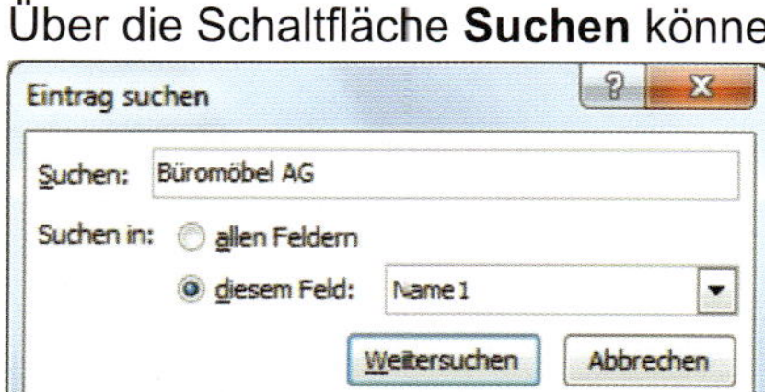

8 Gemeinsame Elemente von Excel, Word und PowerPoint

8.1 Vorbemerkungen

Die Aussagekraft von Tabellen, aber auch von Texten usw., kann durch grafische Elemente erhöht werden. Grundsätzlich stehen folgende Möglichkeiten zur Verfügung:

ClipArts	ClipArts sind grafische Darstellungen, die von verschiedenen Programmherstellern (z. B. Microsoft) mit ihren Programmen geliefert werden. Außerdem können Sie beispielsweise aus dem Internet geladen werden.	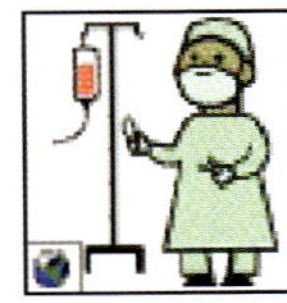
Grafiken	Eigene Grafiken, Bilder usw. lassen sich an einer beliebigen Stelle in ein Dokument einfügen. Damit können individuelle Aspekte in Dokumente eingearbeitet werden.	
WordArt-Objekte	Durch das Einfügen von WordArt-Objekten werden z. B. Überschriften usw. zur besonderen Betonung eines Sachverhalts eingesetzt.	
Objekte	Objekte sind Elemente eines Dokuments, die mit einem anderen auf dem Computer vorhandenem Programm erstellt wurden. Im dargestellten Beispiel handelt es sich um eine Formel.	$K_n = K_0 * \left(1 + \frac{p}{100}\right)^n$
Textfelder	In einem Textfeld kann ein Sachverhalt erläutert werden.	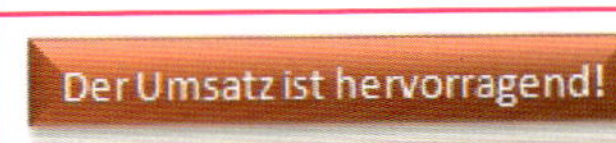
Zeichnungs-objekte	Zeichnungsobjekte weisen beispielsweise (durch einen Pfeil) auf einen Sachverhalt hin. Sie eignen sich jedoch auch dazu, einen komplexen Sachverhalt darzustellen, z. B. durch einen Programmablaufplan.	
SmartArts	Durch Organigramme wird z. B. die Aufbauorganisation eines Betriebes dargestellt. Damit kann ein Zusammenhang zwischen betrieblichen Daten und Ergebnissen und dem Aufbau eines Betriebes gezeigt werden.	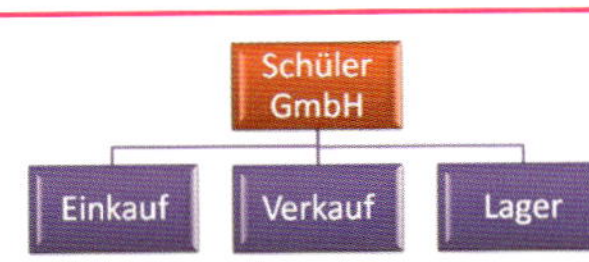

Nachfolgend sollen die einzelnen Elemente in Dokumente eingefügt werden. Dabei sollten Sie jeweils ein leeres Word-, PowerPoint- oder Exceldokument verwenden. Konkrete Möglichkeiten des Einbindens ergeben sich dann in der normalen Arbeit, z. B. dann, wenn eine Formel als Erläuterung dargestellt werden soll, durch ein ClipArt ein Sachverhalt erläutert werden soll oder AutoFormen wie beispielsweise Pfeile auf einen Sachverhalt hinweisen sollen.

Hinweis: Einzelne Fenster, Symbolleisten usw. können in den einzelnen Programmen geringfügig verändert angezeigt werden. Die Funktionsweise ist jedoch identisch.

8.2 ClipArts und Grafiken

Einfügen eines ClipArts und/oder einer Grafik

In Office-Dokumente können ClipArts und Grafiken ohne große Probleme integriert werden. Unter einem ClipArt versteht man eine grafische Darstellung.

Bearbeitungsschritte:

- Erstellen Sie ein neues, leeres Dokument. Speichern Sie das Dokument unter dem Namen *Drucker*. Klicken Sie danach im Register **Einfügen** in der Gruppe **Illustrationen** die Schaltfläche **ClipArt** an.

- Der Aufgabenbereich **ClipArt** wird eingeblendet. Aktivieren Sie auch die Möglichkeit, **Office-Online-Inhalte** zu berücksichtigen. Geben Sie einen Begriff ein. Als Ergebnis werden alle gefundenen ClipArts ausgegeben. Markieren Sie ein **ClipArt** und fügen Sie es mit einem Doppelklick mit der Maus ein.

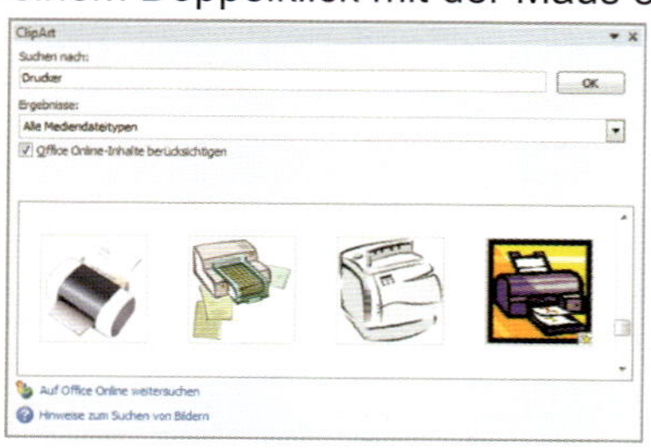

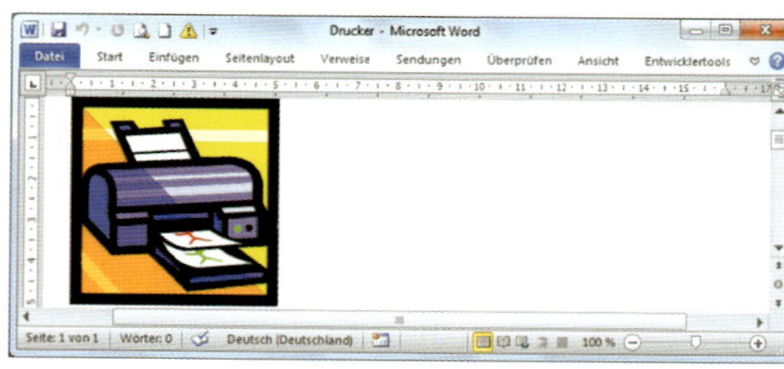

- Öffnen Sie ein neues Dokument. Klicken Sie im Register **Einfügen** in der Gruppe **Illustrationen** die Schaltfläche **Grafik** an.

- Im nachfolgenden Fenster **Grafik einfügen** können Sie einen Ordner mit Grafiken bestimmen und eine Grafik aussuchen.

Bearbeiten eines ClipArts oder einer Grafik

Für die Bearbeitung einer Grafik oder eines ClipArts stehen nach der Markierung des Objekts im Register **Bildtools/Format** viele Möglichkeiten zur Verfügung.

Bearbeitungsschritte:

- Markieren Sie die Grafik. Das Register **Bildtools/Format** wird eingeblendet.

- Klicken Sie im Register **Bildtools/Format** in der Gruppe **Bildformatvorlagen** die Schaltfläche **Schnellformatvorlagen** an.

Bearbeitungsschritte:

- Mögliche Ergebnisse könnten beispielsweise so aussehen:

- Klicken Sie jeweils nach dem Auswählen einer Schnellformatvorlage im Register **Bildtools/ Format** in der Gruppe **Anpassen** die Schaltfläche **Bild zurücksetzen** an. Der Originalzustand der Grafik wird hergestellt. Klicken Sie dann im Register **Bildtools/Format** in der Gruppe **Bildformatvorlagen** die Schaltfläche **Form formatieren** an.

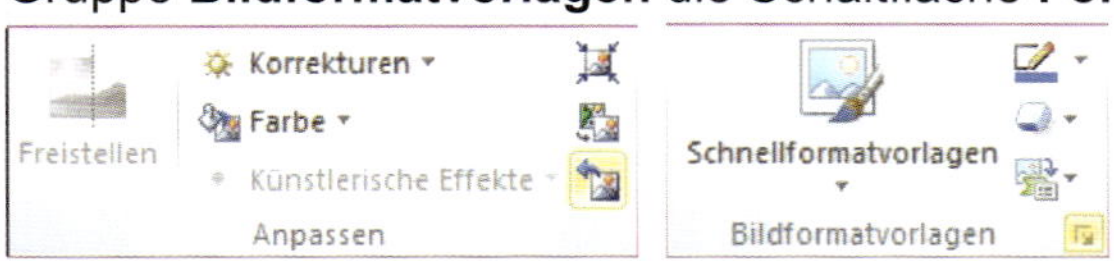

- Das Fenster **Grafik formatieren** wird eingeblendet. Außerdem können Sie das Bild über die Möglichkeiten der Schaltfläche **Neu einfärben** verändern.

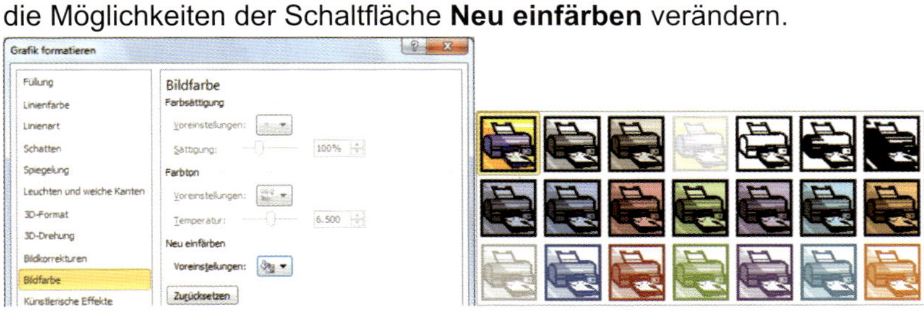

- Mögliche Resultate könnten so aussehen:

- Im Bereich **Bildkorrektur** können Sie bei bestimmten Grafiken und ClipArts den Kontrast und die Helligkeit der Grafik beeinflussen:

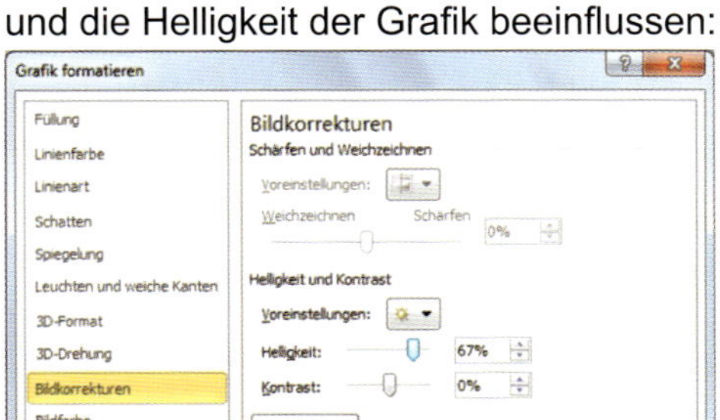

- Probieren Sie einige Möglichkeiten aus. Dabei sollten Sie einfarbige, graduelle und Bild- oder Texturfüllungen nutzen. Setzen Sie die Grafik danach wieder zurück.

- Probieren Sie danach die Bereiche **Linienfarbe** und **Linienart** aus.

Bearbeiten einer Grafik mithilfe des Registers Bildtools/Format

Während die Formatierung über das Fenster **Grafik formatieren** neben Standardeinstellungen auch sehr viele individuelle Einstellungen erlaubt, bietet es sich an, die zur Formatierung einer Grafik vorhandenen Schaltflächen vor allem zum Aufruf von Standardbearbeitungsmöglichkeiten zu nutzen.

Selbstverständlich können auch individuelle Einstellungen getroffen werden. Dabei wird oftmals das Fenster **Grafik formatieren** aufgerufen. Nicht bei allen Grafiken und ClipArts sind alle Einstellungen möglich. Daher werden nachfolgend auch verschiedene Grafiken genutzt.

Gruppe *Anpassen*

Gruppe/Schaltfläche	Einstellung	Ergebnis
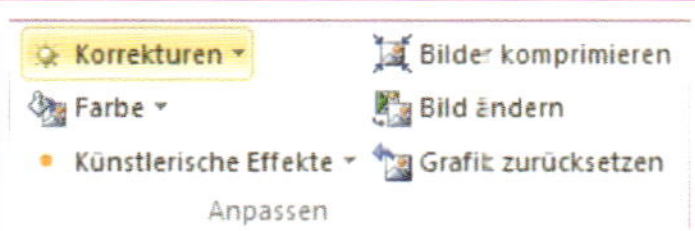		
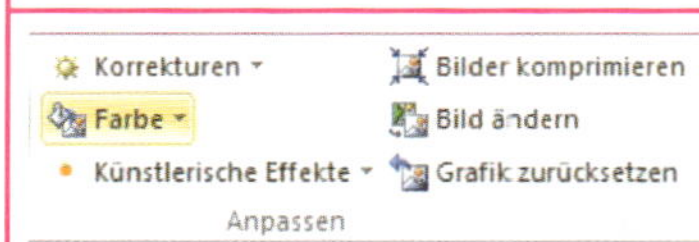		
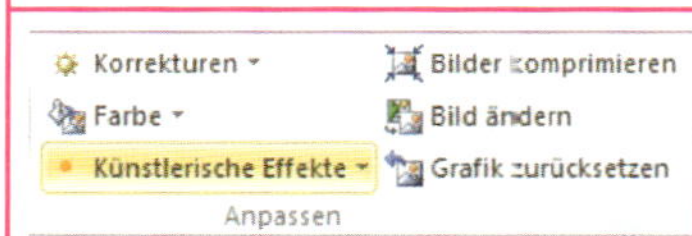		
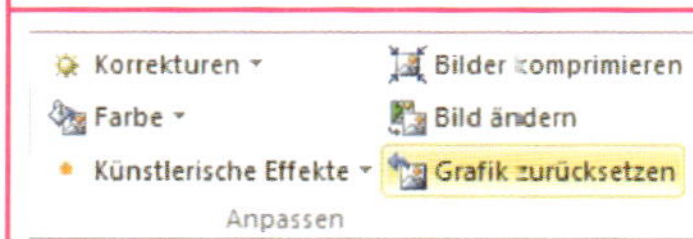		

Die weiteren Schaltflächen ermöglichen die Komprimierung des Bildes und das Laden eines anderen Bildes, welches das bisher dargestellte Bild ersetzt.

Gruppe *Bildformatvorlagen*

Gruppe/Schaltfläche	Einstellung	Ergebnis
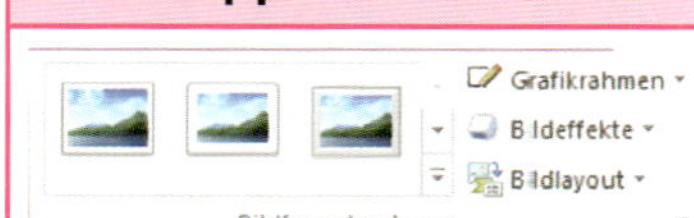		
	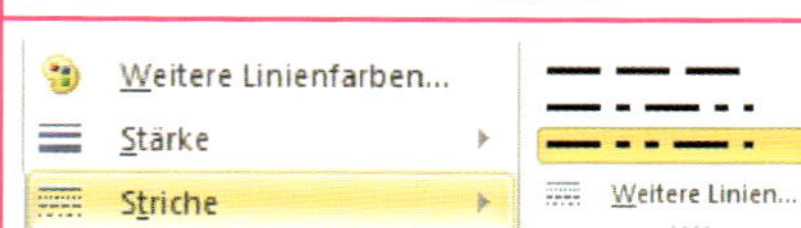	
	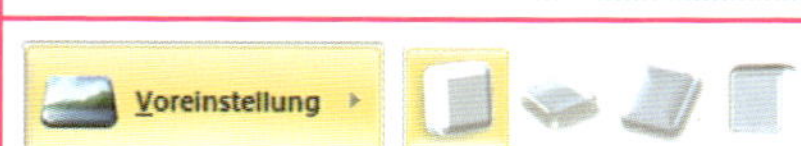	
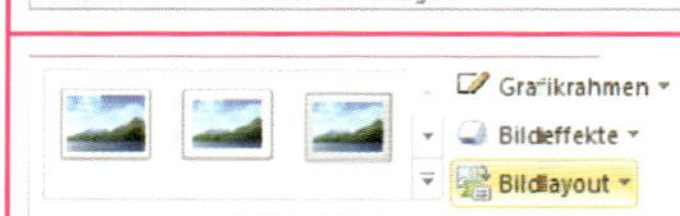		

Gruppe *Anordnen*

Gruppe/Schaltfläche	Einstellung	Ergebnis
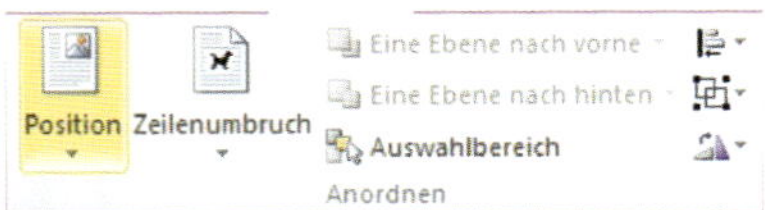		
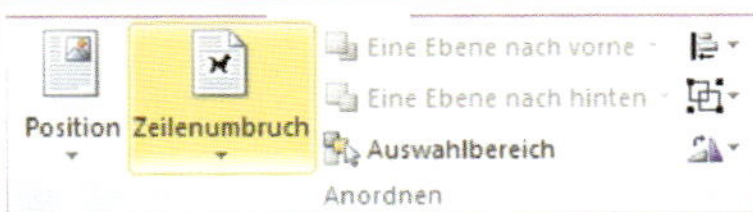	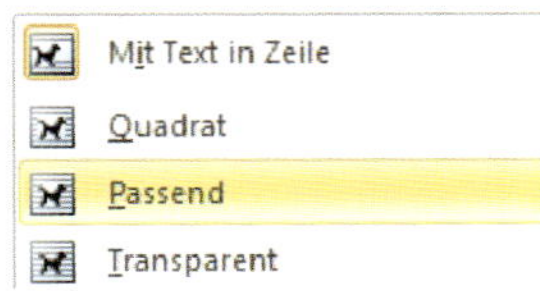	
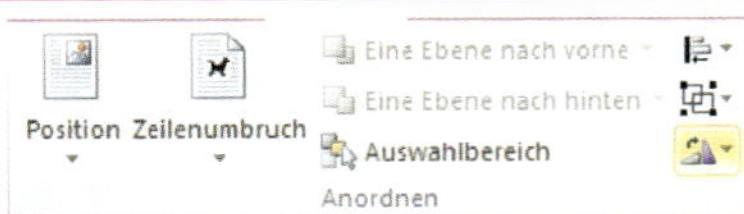	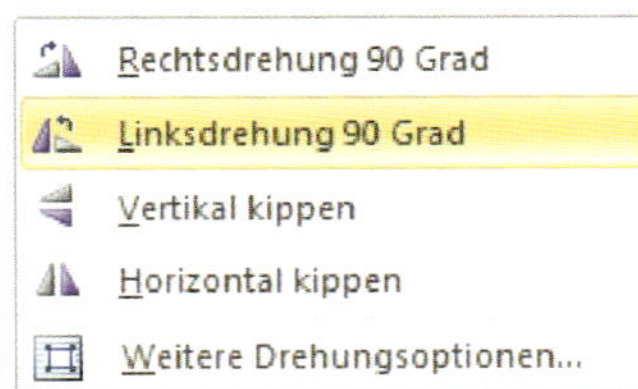	

Der Textumbruch kann sehr unterschiedlich gestaltet werden. Im Kapitel *Bilder und Diagramme* wird im Bereich der Textverarbeitung anhand von Beispielen der Sachverhalt erklärt.

Da eine PowerPoint-Präsentation in der Regel keine längeren Texte enthalten sollte, ist der Sachverhalt zwar auf Präsentationen übertragbar, ein Einsatz dieser Möglichkeiten sollte jedoch genau überlegt werden.

Gruppe *Größe*

Gruppe/Schaltfläche	Einstellung	Ergebnis
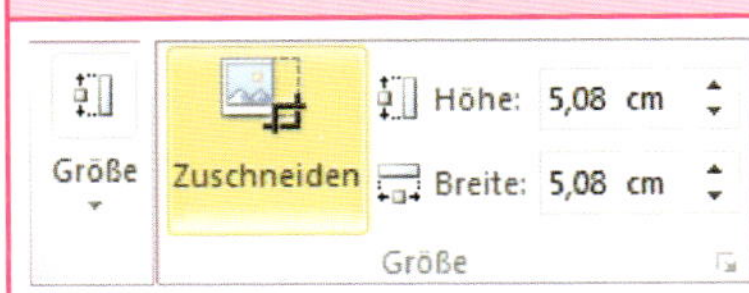		
 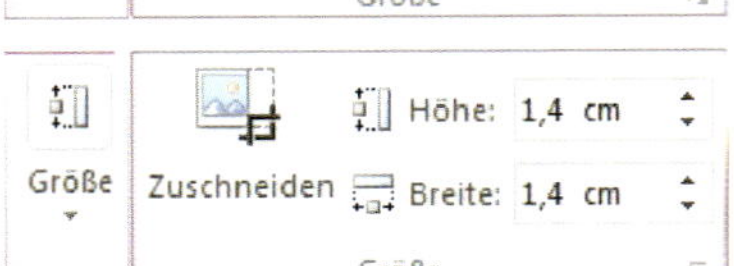		

Die Größe einer Grafik kann über die Anfasser an den Seiten und Ecken verändert werden. Nach Anfahren des grünen Anfassers mit der Maus kann die Grafik beliebig gedreht werden. Dies kann auch über die Schaltfläche **Drehen** in der Gruppe **Anordnen** erreicht werden.

Transparente Farbe – Freistellen eines Teils der Grafik

In Bildern und ClipArts können bestimmte Farben transparent dargestellt werden. Dies bedeutet, dass Bereiche einer Grafik die Hintergrundfarbe eines Textes usw. annehmen. Derselbe Effekt lässt sich meistens durch das Freistellen einer Grafik erreichen. Dabei werden nicht erwünschte Teile einer Grafik automatisch entfernt.

Bearbeitungsschritte:

- Erstellen Sie eine neue Datei. Klicken Sie im Register **Seitenlayout** in der Gruppe **Seitenhintergrund** die Schaltfläche **Seitenfarbe** an. Bestimmen Sie eine Farbe, eventuell auch über den Menüpunkt **Fülleffekte** einen Farbverlauf.

- Fügen Sie eine Grafik ein, möglichst mit einer großen einfarbigen Fläche. Markieren Sie die Grafik.

- Klicken Sie im Register **Bildtools/Format** in der Gruppe **Anpassen** die Schaltfläche **Farbe** an. Wählen Sie den Menüpunkt **Transparente Farbe bestimmen**.

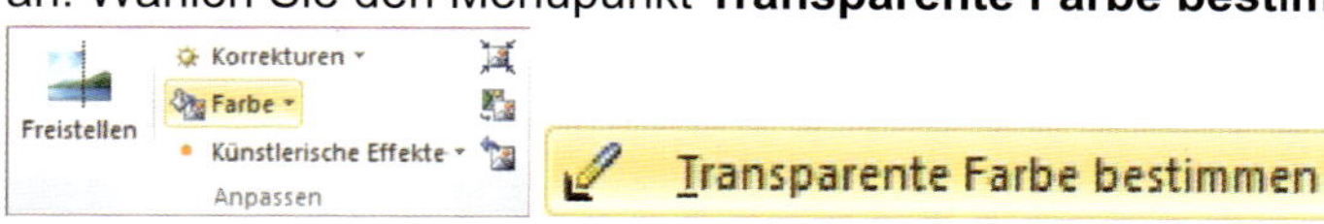

- Der Mauszeiger ändert sich. Gehen Sie mit der Maus auf eine Fläche, z. B. auf den weißen Hintergrund. Klicken Sie danach mit der Maus auf die Fläche.

- Der Fläche passt sich dem Hintergrund an. Die Darstellung wirkt harmonischer.

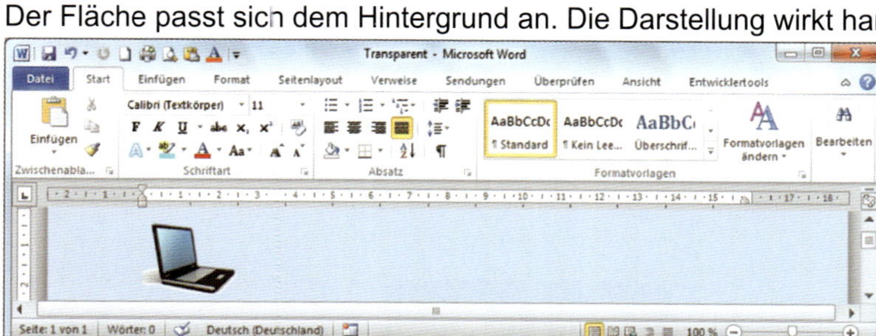

- Machen Sie den Vorgang rückgängig. Markieren Sie die Grafik. Klicken Sie im Register **Bildtools/Format** in der Gruppe **Anpassen** die Schaltfläche **Freistellen** an. Die Grafik wird rot markiert. Die Schaltflächen des Registers **Bildtools/Format** ändern sich. Nach Anklicken der Schaltfläche **Änderungen beibehalten** in der Gruppe **Schließen** wird die Grafik freigestellt. Das Ergebnis gleicht dem vorherigen.

- Mit den Schaltflächen der Gruppe **Verfeinern** wird ein unbefriedigendes Ergebnis verbessert.

8.3 Screenshot

Ein Screenshot stellt einen Bildschirmausschnitt oder einen gesamten Bildschirm zur Verfügung. Der ausgeschnittene Bereich kann dann beispielsweise in ein Dokument eingefügt werden oder als Anhang mit einer Mail versandt werden.

Bearbeitungsschritte:

- Öffnen Sie das Programm **Word**. Öffnen Sie nacheinander Dokumente in verschiedenen Programmen, wie z. B. **Excel**, einen Internet-Browser und **PowerPoint**.
- Klicken Sie im Register **Einfügen** in der Gruppe **Illustrationen** die Schaltfläche **Screenshot** an. Die verfügbaren Fenster werden angezeigt:

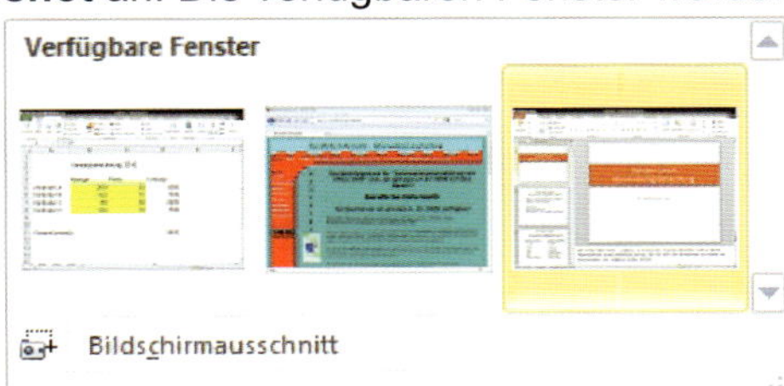

- Klicken Sie mit der Maus auf ein Fenster. Der gesamte Inhalt des Fensters wird in das Dokument eingefügt.
- Um nur einen Bildschirmausschnitt eines bestimmten Programms auszuschneiden, müssen Sie zunächst das Programm in der Taskleiste aufrufen, aus dem der Bildschirmausschnitt kommen soll.
- Gehen Sie zum Programm **Word** zurück. Klicken Sie im Register **Einfügen** in der Gruppe **Illustrationen** die Schaltfläche **Screenshot** an. Das zuletzt aufgerufene Programm wird als Erstes angezeigt. Aus diesem Programm kann ein Ausschnitt ausgeschnitten werden. Wählen Sie den Menüpunkt **Bildschirmausschnitt**.

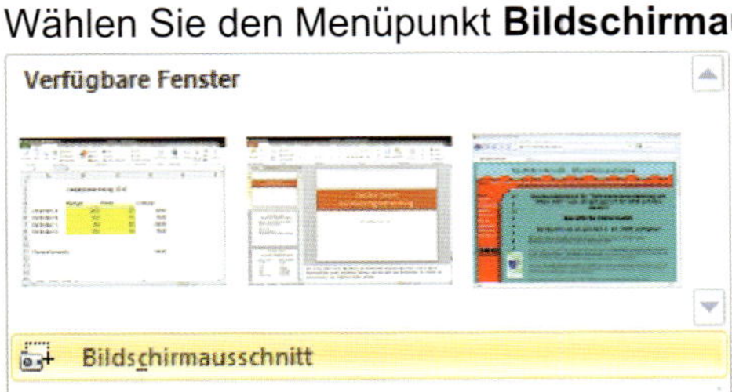

- Der ausgewählte Bildschirm wird matt dargestellt. Der Mauszeiger verändert sich in ein Kreuz. Danach können Sie mit der Maus einen Bereich festlegen, der normal dargestellt wird.

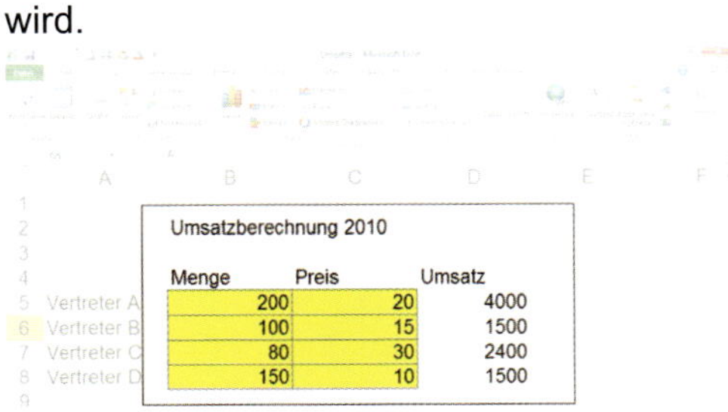

- Mit dem Loslassen der Maustaste wird der ausgeschnittene Bereich in das Word-Dokument eingefügt. Die Vorgehensweise ist in anderen Office-Programmen identisch.

8.4 WordArt-Objekte

Mit einem WordArt-Objekt können Sie Überschriften, Inhalte von Zeichnungsobjekten usw. gestalten.

Bearbeitungsschritte:

- Öffnen Sie ein neues Dokument. Klicken Sie im Register **Einfügen** in der Gruppe **Text** die Schaltfläche **WordArt** an. Wählen Sie eine Form aus.

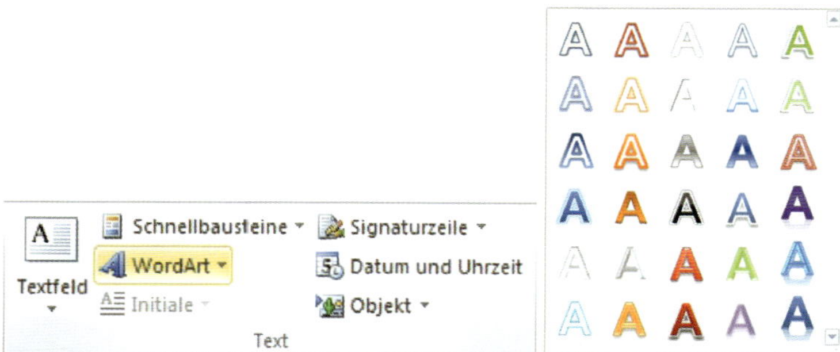

- Verändern Sie den vorgegebenen Text. Das Ergebnis könnte wie folgt aussehen:

- Gleichzeitig wird das Register **Zeichentools/Format** eingeblendet. Über die Schaltflächen der Gruppe **Formenarten** können verschiedene Darstellungen realisiert werden.

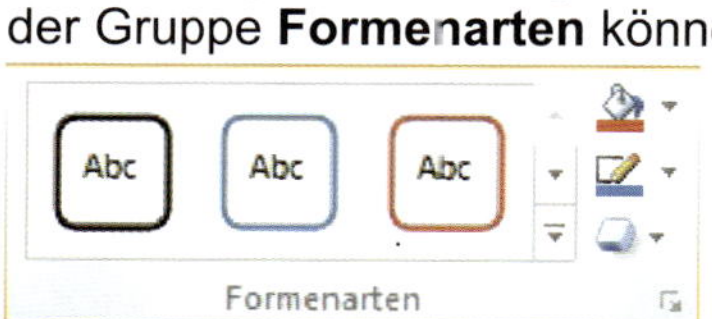

- Folgende Textformen können beispielsweise realisiert werden:

- Über die Schaltflächen der Gruppe **WordArt-Formate**, die nach Anklicken der Schaltfläche **Schnellformatvorlagen** eingeblendet werden, lassen sich weitere Effekte erzielen.

- Veränderte Objekte könnten beispielsweise so aussehen:

8.5 Formen

Einfügen von Formen

Formen wie Linien, Blockpfeile, Symbole für Flussdiagramme usw. können Dokumente interessanter gestalten.

Bearbeitungsschritte:

- Öffnen Sie ein neues Dokument. Klicken Sie im Register **Einfügen** in der Gruppe **Illustrationen** die Schaltfläche **Formen** an.

- Es werden Formen für verschiedene Anwendungen angeboten:

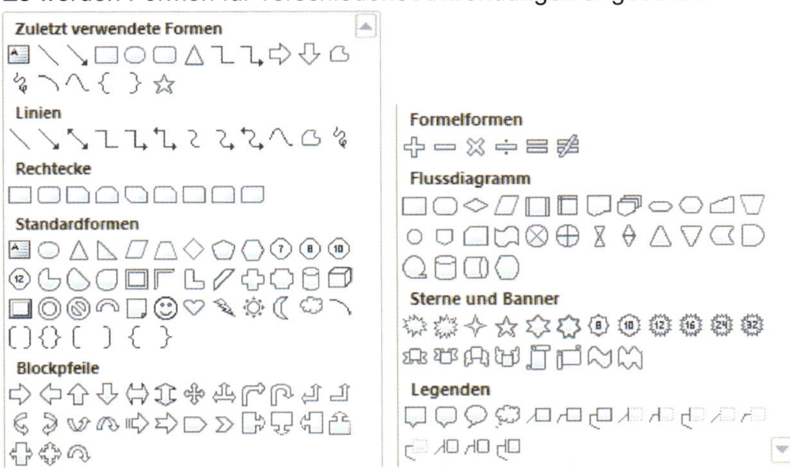

- Ziehen Sie eine Form in das Dokument.

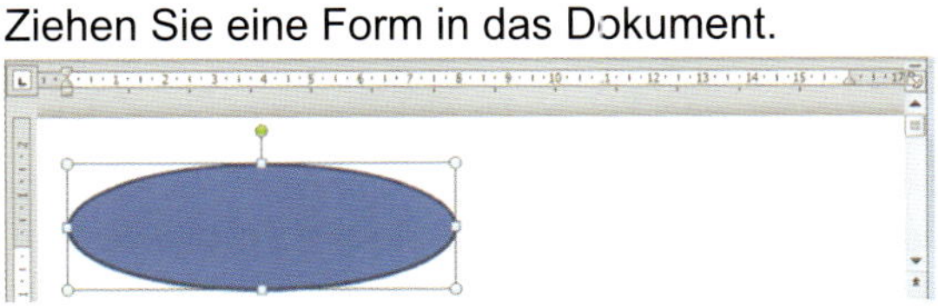

- Gleichzeitig wird das Register **Zeichentools/Format** eingeblendet. Sie können nun die Form formatieren, WordArts einfügen usw. Mithilfe der Schaltfläche **Textfeld** kann zusätzlich ein Text eingefügt werden.

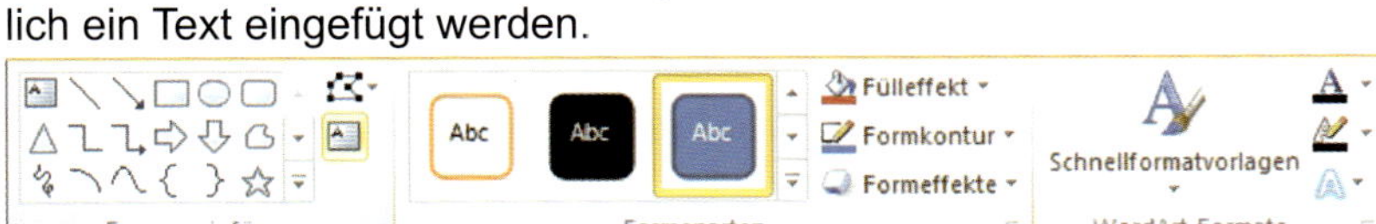

- Mögliche Ergebnisse könnten z. B. so aussehen:

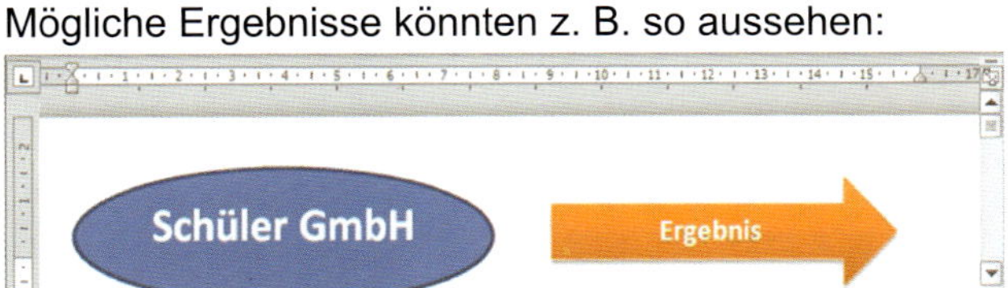

Hintergrundfarben, Linienfarben, Linienstärken und Linienarten

Die Darstellung von Hintergründen usw. kann flexibel gestaltet werden. Dabei können vorgegebene Formenarten, aber auch individuelle Einstellungen genutzt werden.

Bearbeitungsschritte:

- Öffnen Sie das Dokument *Zeichnungsobjekte*. Markieren Sie wie beschrieben das Zeichnungsobjekt.

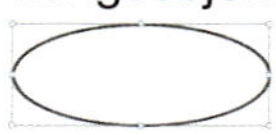

- Probieren Sie im Register **Zeichentools/Format** in der Gruppe **Formenarten** verschiedene Formen aus. Die Ergebnisse könnten z. B. so aussehen:

- Kehren Sie zur Ursprungsformatierung zurück. Klicken Sie im Register **Zeichentools/Format** in der Gruppe **Formenarten** die Schaltfläche **Fülleffekt** an.

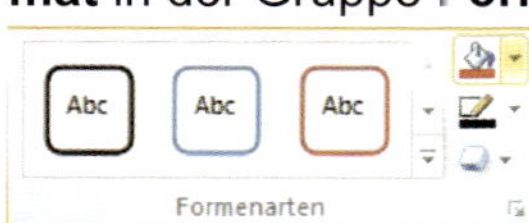

- Sie können danach Farben, Bilder, Farbverläufe usw. als Hintergrund nutzen.

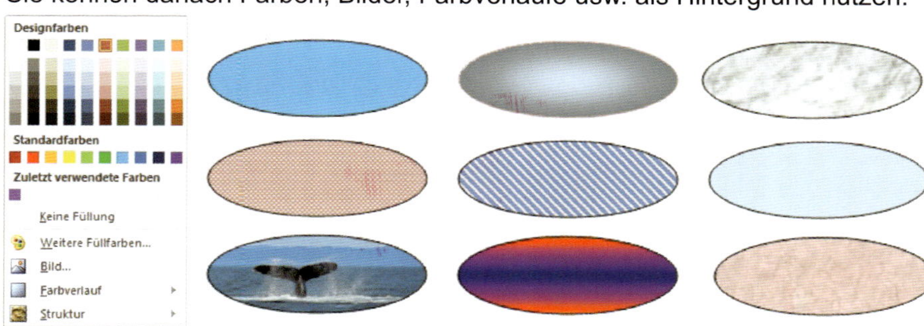

- Neben dem Hintergrund lässt sich auch die Linie eines Objekts in vielfacher Weise beeinflussen. Klicken Sie im Register **Zeichentools/Format** in der Gruppe **Formenarten** die Schaltfläche **Formkontur** an. Außerdem können die Formenarten genutzt werden.

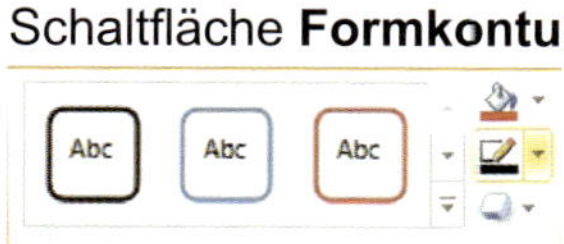

- Die Linienstärke und die Linienart können ebenso wie ein Muster gewählt werden.

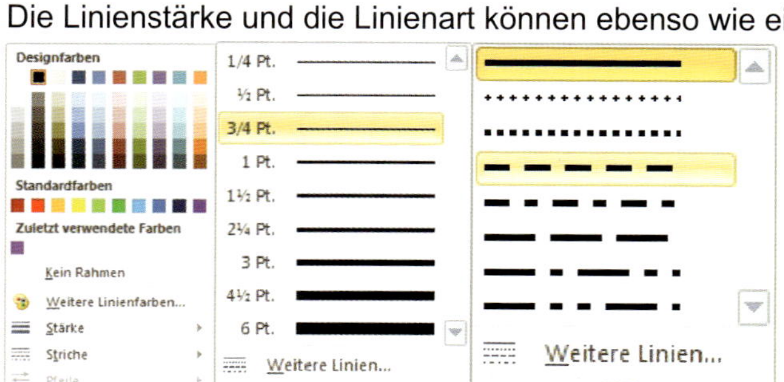

Bearbeitungsschritte (Fortsetzung):

- Erstellen Sie die folgenden Objekte. Um einige dieser Effekte zu erreichen, müssen Sie die Komponenten nacheinander über die Schaltfläche **Formkultur** hinzufügen:

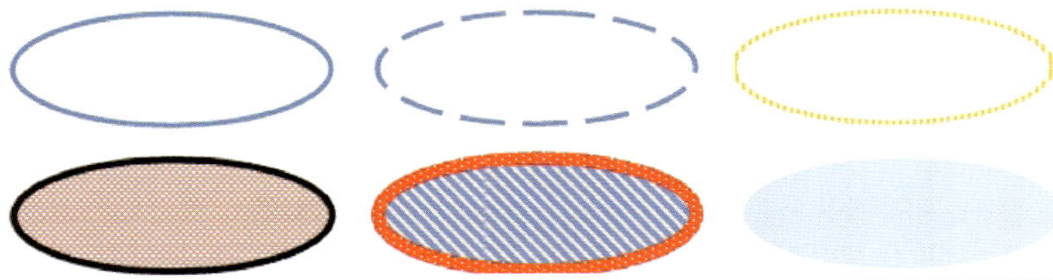

Schatteneffekte

Ein Schatten kann ein Objekt optisch aufwerten und/oder die Bedeutung einer bestimmten Aussage aufwerten.

Bearbeitungsschritte:

- Klicken Sie im Register **Zeichentools/Format** in der Gruppe **Schatteneffekte** die Schaltfläche **Form formatieren** an.

- Wählen Sie den Bereich **Schatten** aus. Im Bereich **Voreinstellungen** können Sie vorgegebene Formen nutzen. Außerdem können Sie im Bereich **Farbe** Farben auswählen. Individuelle Einstellungen lassen sich über die zur Verfügung stehenden Regler festlegen.

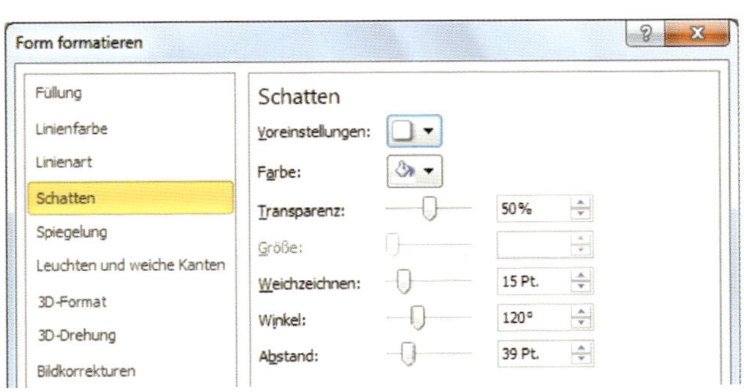

- Mögliche Ergebnisse können beispielsweise so aussehen:

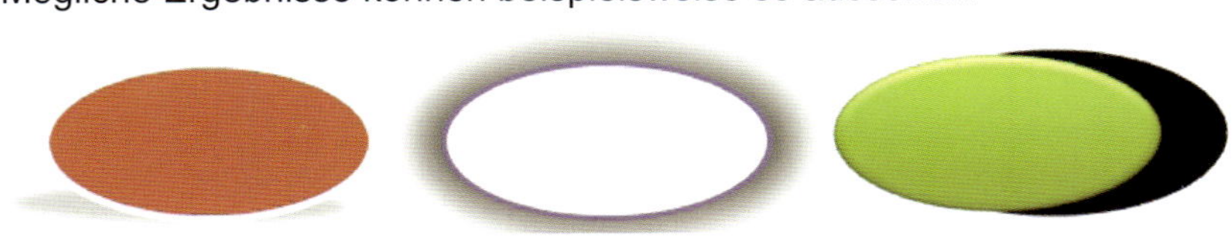

- Probieren Sie weitere Schatteneffekte aus.

8.6 Objekte

Einfügen eines bereits erstellten Objekts

Die einfachste Möglichkeit, Objekte in ein Dokument einzufügen, ist, ein bereits erstelltes Objekt aufzurufen. Wenn Sie das Beispiel nachvollziehen wollen, werden Sie selbstverständlich ein anderes als das gezeigte Objekt nutzen müssen. Die Vorgehensweise ist jedoch identisch.

Bearbeitungsschritte:

- Öffnen Sie ein neues Dokument. Klicken Sie im Register **Einfügen** in der Gruppe **Text** die Schaltfläche **Objekt** und danach das Register **Aus Datei erstellen** an. Sie können dann nach Anklicken der Schaltfläche **Durchsuchen** eine Datei im Fenster **Objekt** bestimmen.

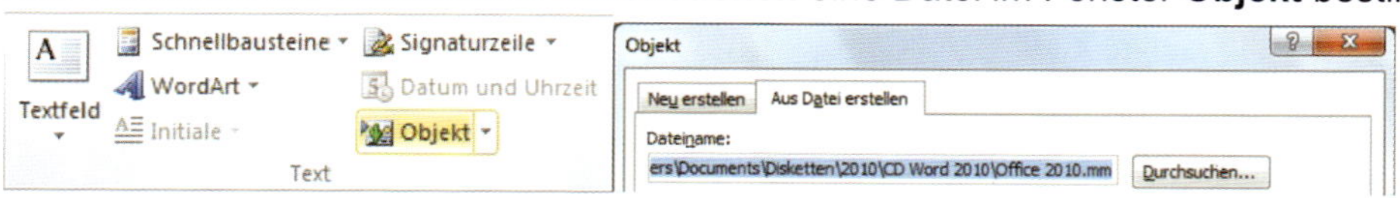

- Klicken Sie die Schaltfläche **OK** im Fenster **Objekt** an. Das Objekt wird eingefügt. Je nach Objekt wird es angezeigt oder kann durch einen Doppelklick aufgerufen werden. Eventuell muss das Programm bestimmt werden, mit dem die Datei geöffnet werden soll. Im dargestellten Beispiel ist es das Programm **FreeMind**.

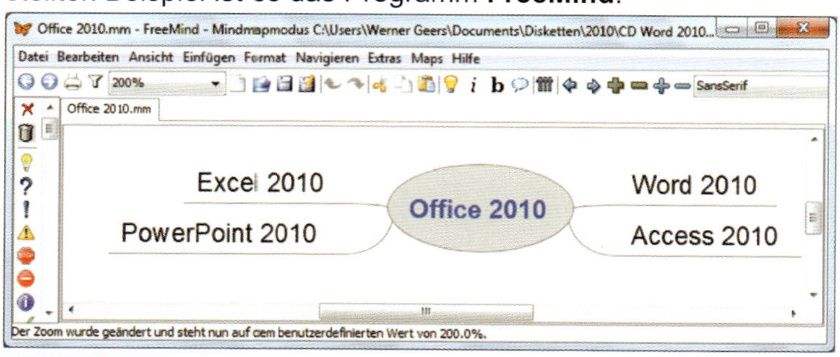

Einfügen eines zu erstellenden Objekts

Die zweite Möglichkeit ergibt sich aus der Erstellung eines neu zu erstellenden Objekts.

Bearbeitungsschritte:

- Öffnen Sie ein neues Dokument. Klicken Sie im Register **Einfügen** in der Gruppe **Text** die Schaltfläche **Objekt** und danach im Fenster **Objekt** die Registerkarte **Neu erstellen** an. Sie können dann einen **Objekttyp** auswählen und ein Objekt erstellen.

8.7 Formeln

In Texten aber auch in Tabellen werden immer wieder Formeln benötigt. Grundsätzlich lässt sich eine Formel mit verschiedenen Office-Programmen erstellen, in **Word** befindet sich der leistungsfähigste und neueste Formeleditor. Formeln können problemlos kopiert und dann in ein anderes Office-Programm eingefügt werden, z. B. in die Programme **Excel** oder **PowerPoint**.

Am Beispiel des Erstellens einer Formel (Zinseszins) soll das Einfügen einer Formel gezeigt werden. Die Formelerstellung ist sicherlich nicht ganz einfach zu realisieren, zeigt jedoch die enormen Möglichkeiten dieses Programmteils.

Bearbeitungsschritte:

- Öffnen Sie im Programm **Word** ein neues Dokument.
- Klicken Sie im Register **Einfügen** in der Gruppe **Symbole** die Schaltfläche **Formel** an. Das Register **Formeltools/Entwurf** wird eingeblendet. Klicken Sie in der Gruppe **Symbole** die Schaltfläche **Formel** an.

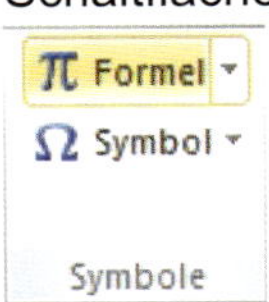

- Der Bereich, in dem eine Formel eingegeben werden kann, wird eingeblendet:

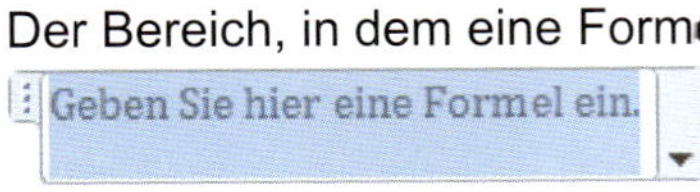

- Außerdem stehen im Register **Formeltools/Entwurf** die Gruppen **Symbole** und **Strukturen** zur Erstellung der Formel zur Verfügung.

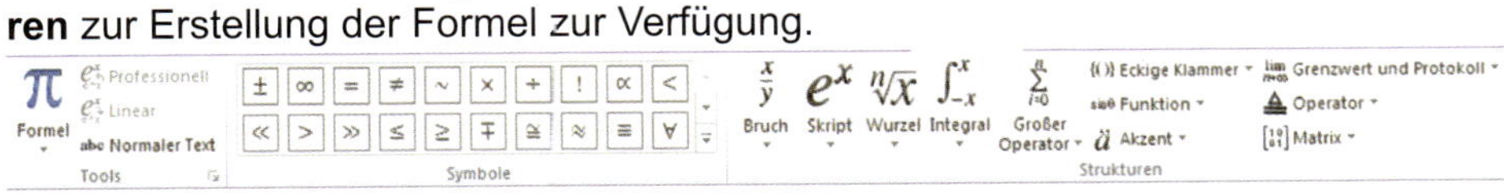

- Klicken Sie die Schaltfläche **Script** in der Gruppe **Strukturen** und danach die angegebene Option *Tiefgestellt* an.

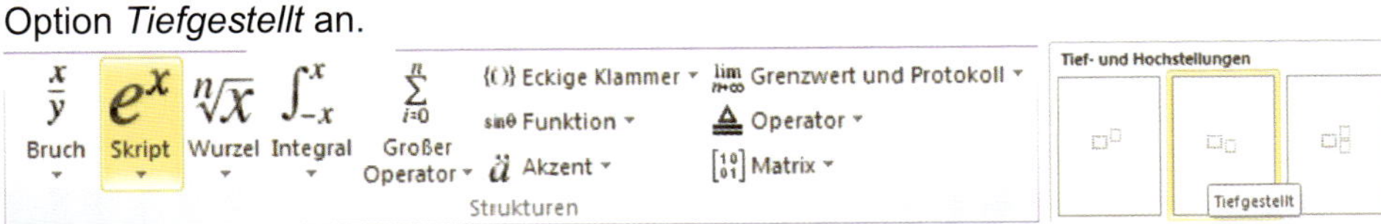

- Geben Sie den ersten Teil der Formel ein:

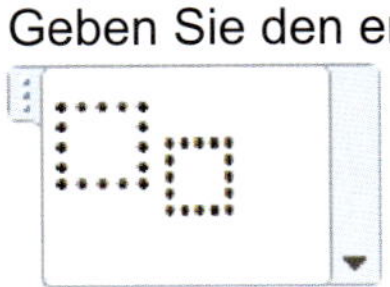

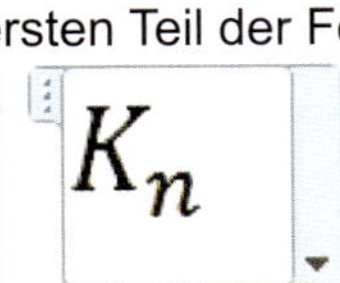

- Gehen Sie mit der Taste **Pfeil nach rechts** [→] einen Schritt nach vorne. Dadurch wird der Cursor wieder in die Mitte gestellt. Klicken Sie danach die Schaltfläche **Gleich** in der Gruppe **Symbole** an.

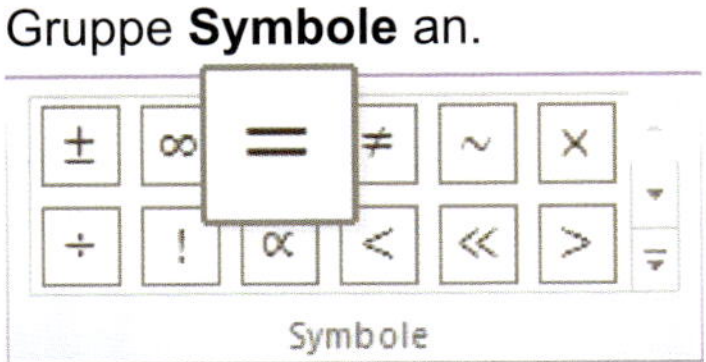

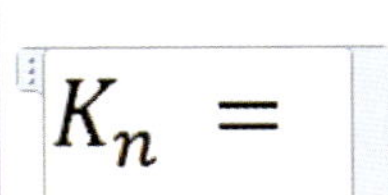

Bearbeitungsschritte (Fortsetzung):

- Ergänzen Sie die Formel:

$$K_n = K_0 *$$

- Klicken Sie die Schaltfläche **Eckige Klammern** in der Gruppe **Strukturen** an. Wählen Sie die angezeigte runde Klammer aus:

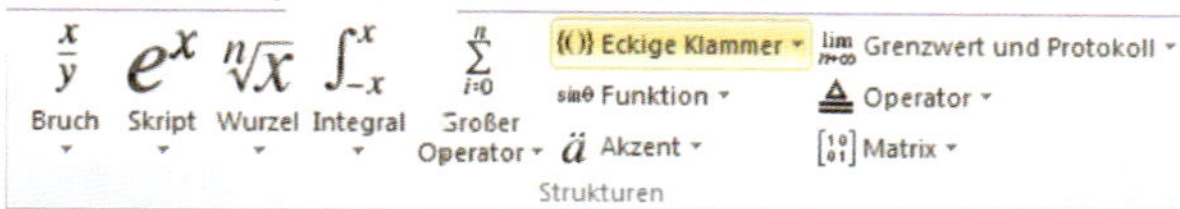

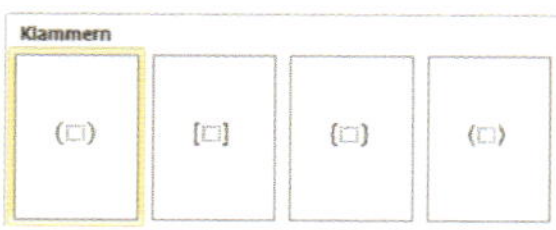

$$K_n = K_0 * (\square)$$

- Markieren Sie den Eingabebereich in der Klammer. Geben Sie danach den folgenden Bereich der Formel ein:

$$K_n = K_0 * (1 +)$$

- Klicken Sie die Schaltfläche **Bruch** in der Gruppe **Strukturen** an.

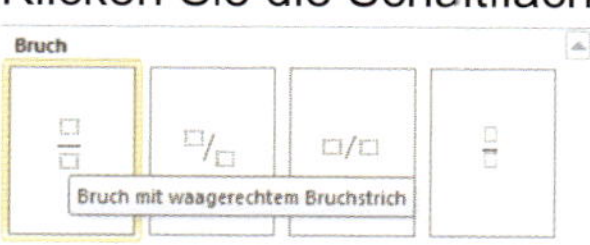

$$K_n = K_0 * \left(1 + \frac{\square}{\square}\right)$$

- Vervollständigen Sie die Formel. Markieren Sie danach die Klammer samt Inhalt.

$$K_n = K_0 * \left(1 + \frac{p}{100}\right) \qquad K_n = K_0 * \left(1 + \frac{p}{100}\right)$$

- Klicken Sie die Schaltfläche **Script** in der Gruppe **Strukturen** und danach die angegebene Option *Hochgestellt* an.

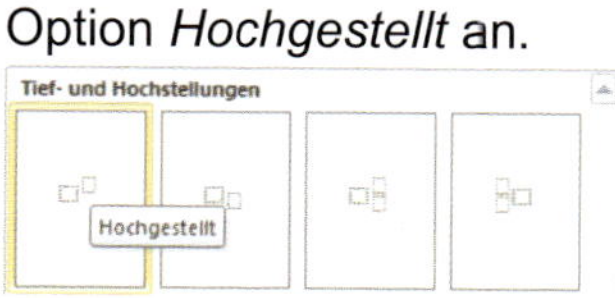

- Schließen Sie die Bearbeitung der Formel ab:

$$K_n = K_0 * \left(1 + \frac{p}{100}\right)^{\square} \qquad K_n = K_0 * \left(1 + \frac{p}{100}\right)^n \qquad K_n = K_0 * \left(1 + \frac{p}{100}\right)^n$$

- Zum Speichern der Formel klicken Sie auf den Pfeil neben der Formel.

$$K_n = K_0 * \left(1 + \frac{p}{100}\right)^n$$

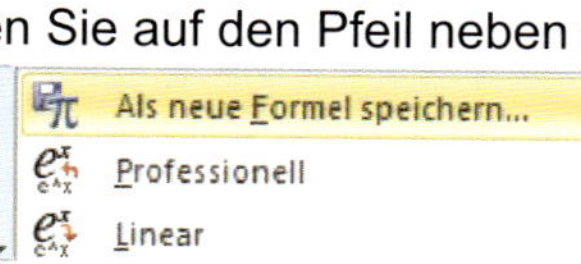

- Danach können Sie die Formel über die Schaltfläche **Formel** abrufen.

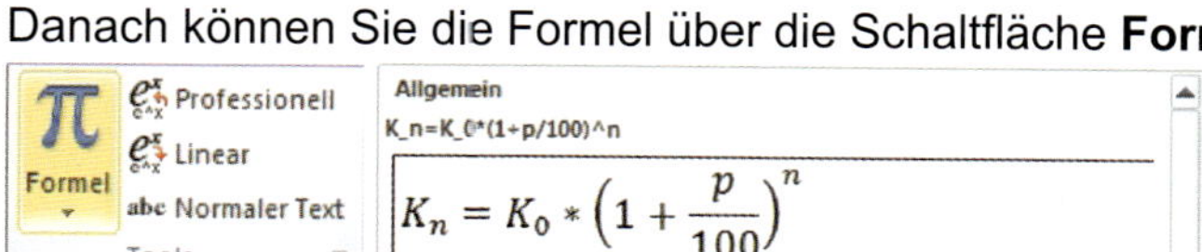

8.8 SmartArt-Grafiken

Erstellung von SmartArt-Grafiken

Schematische Darstellungen, die Sachverhalte verdeutlichen, Hierarchien darstellen usw., gewinnen bei der Gestaltung von Dokumenten eine immer größere Bedeutung. Die Office-Programme stellen eine Reihe von Möglichkeiten zur Verfügung. Umfangreiche Formatierungsmöglichkeiten ermöglichen individuelle Darstellungen.

Bearbeitungsschritte:

- Öffnen Sie ein neues Dokument. Klicken Sie im Register **Einfügen** in der Gruppe **Illustrationen** die Schaltfläche **SmartArt** an. In verschiedenen Office-Programmen enthält die Gruppe unterschiedliche Schaltflächen, die Möglichkeiten nach Anklicken der Schaltfläche **SmartArt** sind jedoch identisch.

- Wählen Sie im Fenster **SmartArt-Grafik auswählen** die Option **Pyramide**. Nach dem Anklicken der Schaltfläche **OK** können Sie nun den Text direkt in der Darstellung oder in dem Textfeld links daneben eingeben. Das Ergebnis sollte in etwa so aussehen:

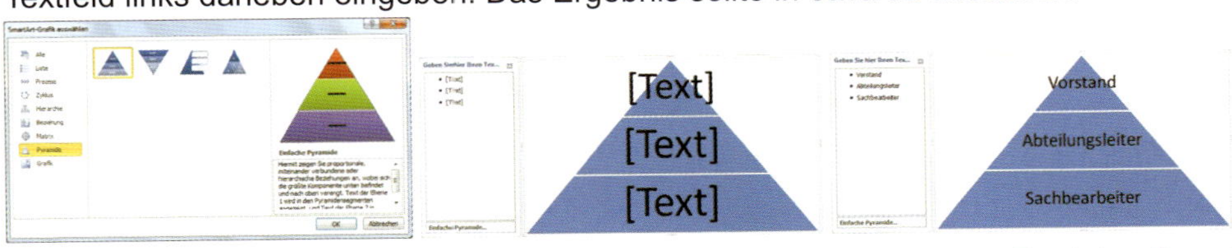

- Beim Erstellen oder späteren Anklicken der Pyramide werden die Register **SmartArt-Tools/Entwurf** und **SmartArt-Tools/Format** eingeblendet. Die Darstellung usw. kann mithilfe der zur Verfügung gestellten Schaltfläche geändert werden.

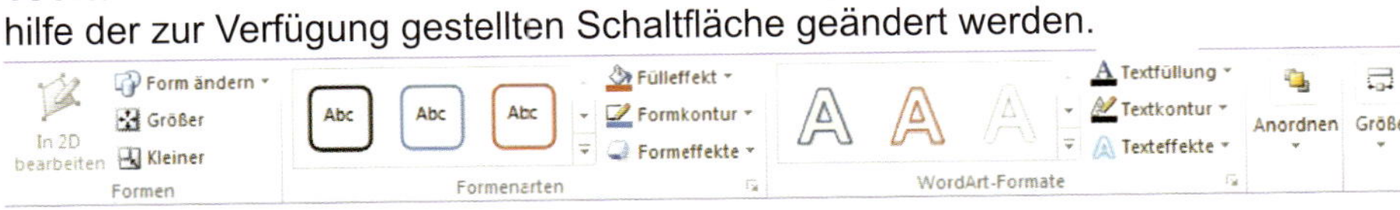

- Markieren Sie den Bereich *Sachbearbeiter*. Klicken Sie danach im Register **SmartArt-Tools/Entwurf** in der Gruppe **Grafik erstellen** die Schaltfläche **Form hinzufügen** an. Fügen Sie ein Element danach ein.

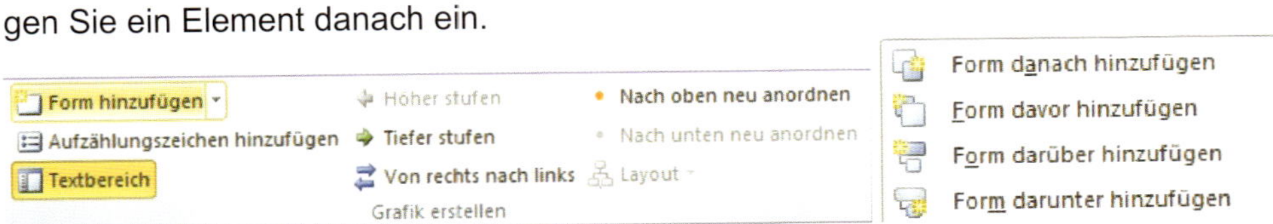

- Das Ergebnis sieht folgendermaßen aus:

Bearbeitungsschritte (Fortsetzung):

- Klicken Sie die Schaltfläche **Layouts** in der Gruppe **Layouts** im Register **SmartArt-Tools/ Entwurf** an. Probieren Sie andere Layouts aus. Ergebnisse könnten so aussehen:

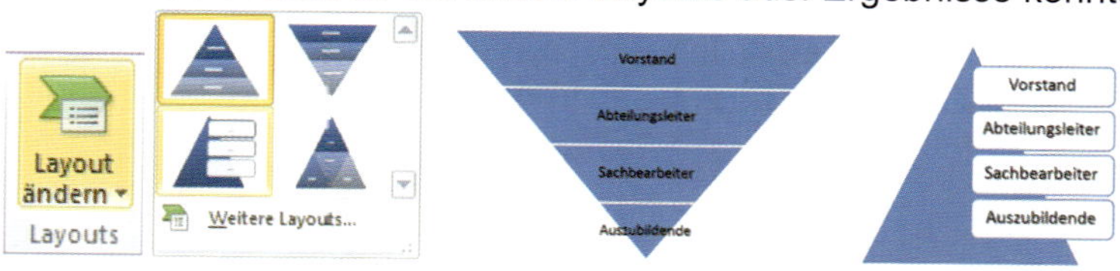

- Die SmartArt-Formatvorlagen und die Farbänderungen bieten zahlreiche Optionen.

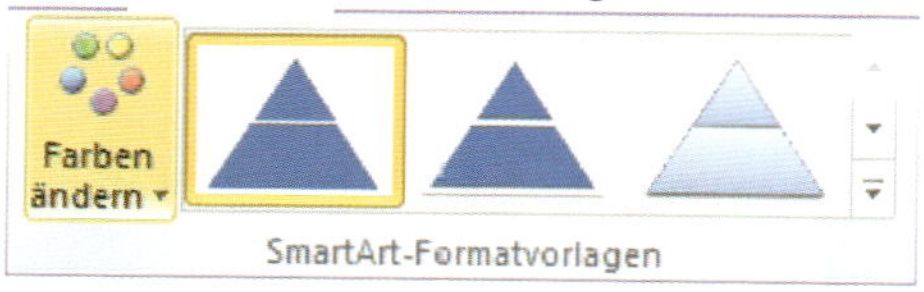

- Nachfolgend sehen Sie einige mögliche Darstellungen des Sachverhalts:

- Erstellen Sie zu Übungszwecken folgende SmartArt-Grafiken vom Typ *Zyklus*:

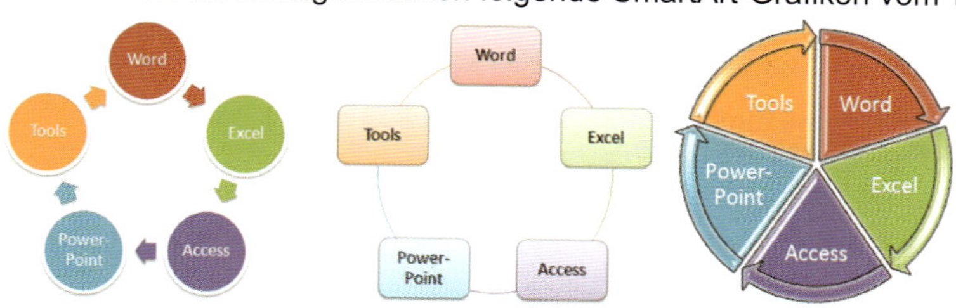

- Erstellen Sie die folgenden SmartArt-Grafiken vom Typ *Prozess*:

- Erstellen Sie weitere SmartArts aus unterschiedlichen Bereichen.

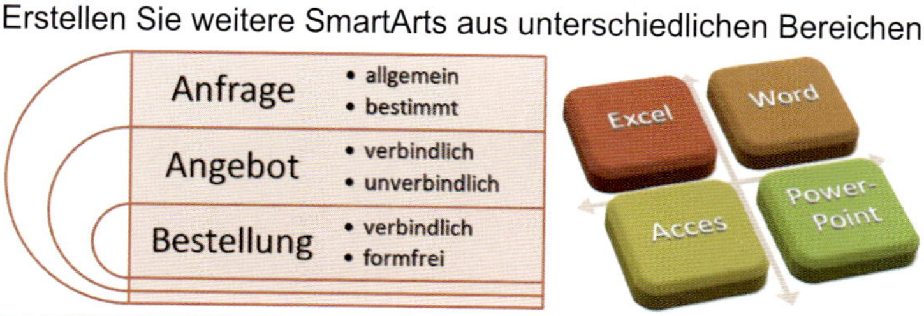

Erstellung von SmartArt-Grafiken mit Bildern

SmartArt-Grafiken können durch Bilder noch aussagekräftiger gestaltet werden. Wenn beispielsweise Produkte, die angegeben werden, gleichzeitig auch noch angezeigt werden, ist dies sicherlich für die Veranschaulichung außerordentlich sinnvoll. Die Bilder sollten eventuell zuvor mit einem Grafikprogramm oder den in Office zur Verfügung stehenden Möglichkeiten bearbeitet werden, beispielsweise in der Bildgröße.

Bearbeitungsschritte:

- Öffnen Sie ein neues Dokument. Klicken Sie im Register **Einfügen** in der Gruppe **Illustrationen** die Schaltfläche **SmartArt** an.

- Wählen Sie im Fenster **SmartArt-Grafik auswählen** die Option **Grafik** aus. Wählen Sie die angezeigte Option aus.

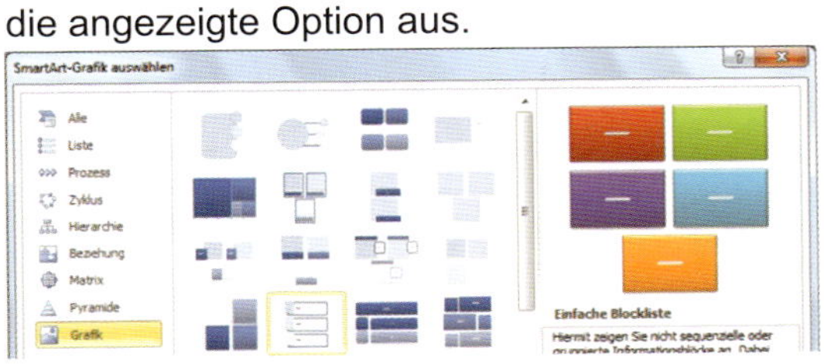

- Nach dem Anklicken der Schaltfläche **OK** können Sie nun den Text direkt in der Darstellung oder in dem Textfeld links daneben eingeben:

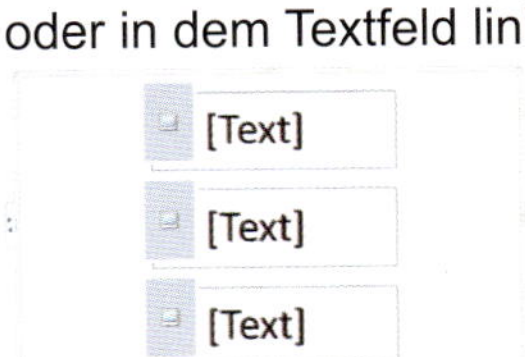

- Das Ergebnis sollte in etwa wie nachfolgend dargestellt aussehen. Dabei ist u. a. zu beachten, dass die Grafiken in ihrer Größe angepasst, die Bereiche, in denen Grafiken eingefügt werden sollten, entsprechend vergrößert oder verkleinert und Formatierungen vorgenommen werden.

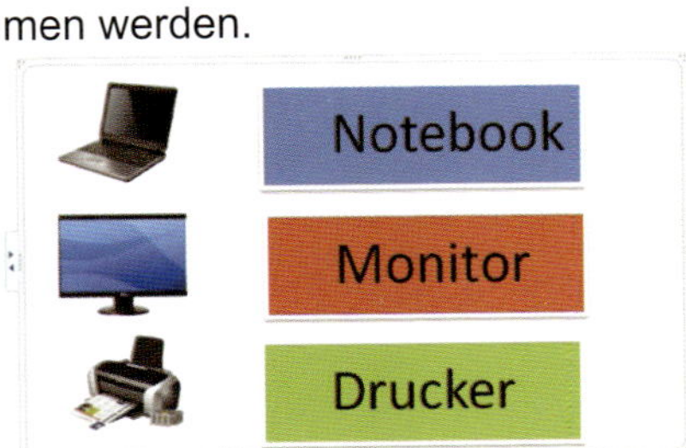

- Beim Erstellen oder späteren Anklicken der SmartArt-Grafik werden die Register **SmartArt-Tools/Entwurf** und **SmartArt-Tools/Format** eingeblendet. Die Darstellung usw. kann mithilfe der zur Verfügung gestellten Schaltfläche geändert werden.

8.9 Organigramme

Als Organigramm bezeichnet man die bildliche Darstellung des Zusammenhangs verschiedener Stellen und ihrer Beziehungen in einer betrieblichen Organisation.

Bearbeitungsschritte:

- Öffnen Sie ein neues Dokument. Klicken Sie im Register **Einfügen** in der Gruppe **Illustrationen** die Schaltfläche **SmartArt** an.
- Es werden die **SmartArt-Tools** mit den Registern **Entwurf** und **Format** eingeblendet. Wählen Sie im Fenster **SmartArt-Grafik auswählen** die Option **Hierarchie** und danach die angezeigte Option aus.

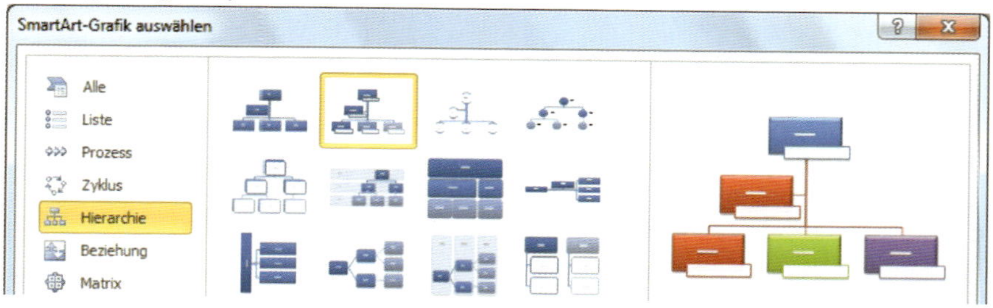

- Das folgende Bild wird eingeblendet. Markieren Sie mit der Maus das in der Darstellung markierte Element.

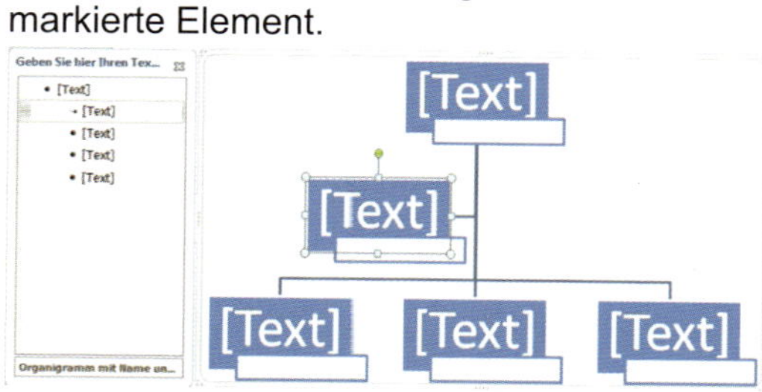

- Entfernen Sie das markierte Element z. B. mit der Taste [**Entf**].
- Markieren Sie danach die Form in der rechten unteren Ecke. Klicken Sie danach im Register **SmartArt-Tools/Entwurf** in der Gruppe **Grafik erstellen** den Pfeil in der Schaltfläche **Form hinzufügen** an. Fügen Sie eine Form danach ein.

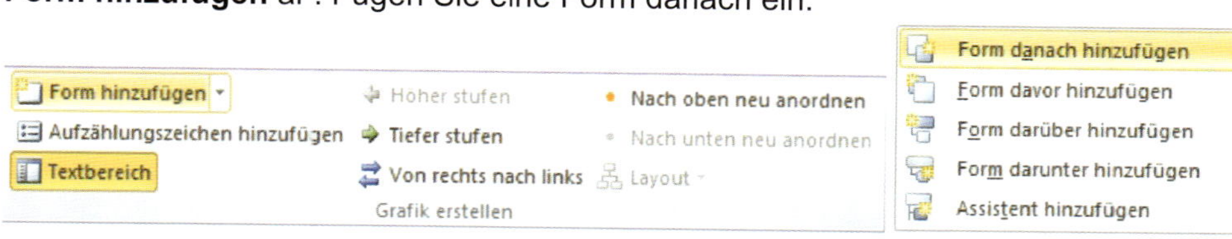

- Als Ergebnis wird eine Form eingefügt. Obwohl kein Texthinweis in der Form vorhanden ist, können Texte wie nachfolgend beschrieben eingegeben werden.

Bearbeitungsschritte (Fortsetzung):

- Geben Sie die folgenden Texte in das Organigramm ein. Außerdem sollten Sie mit der Maus das obere Element größer ziehen und den Text über das Register **Start** in der Gruppe **Schriftart** vergrößern.

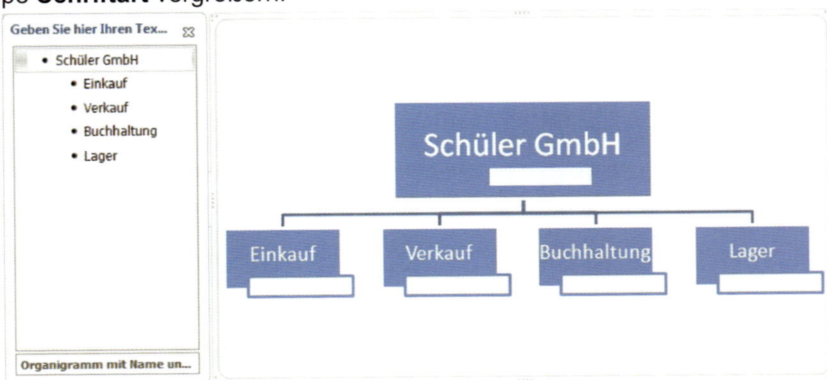

- Ein Element können Sie beispielsweise über die Anfasser vergrößern. Daneben sollten Sie einzelne Elemente markieren und dann beispielsweise formatieren. Dies kann auch über das Kontextmenü, welches Sie über die rechte Maustaste aufrufen, geschehen.

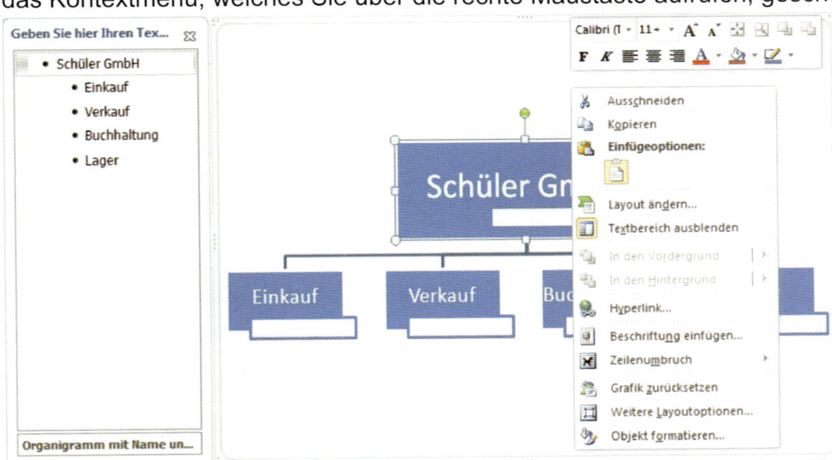

- Fügen Sie einen Assistenten (eine Stabsstelle) hinzu und formatieren Sie die Darstellung z. B. wie dargestellt:

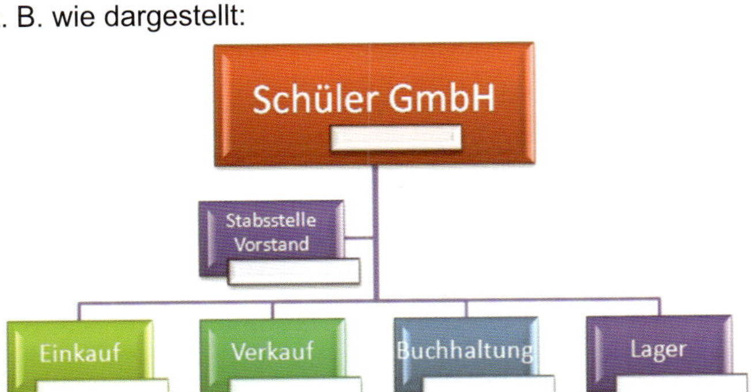

- Fügen Sie weitere Elemente darunter, daneben usw. ein.

8.10 Grafiken und SmartArts

Grafiken und SmartArts können zu einem aussagekräftigen Element zusammengefasst werden. Es bietet sich an, Grafiken beispielsweise mit einer Beschriftung zu versehen, die z. B. ein Produkt benennt, beschreibt usw.

Bearbeitungsschritte:

- Öffnen Sie das Dokument *Drucker*. Markieren Sie die Grafik.
- Klicken Sie im Register **Bildtools/Format** in der Gruppe **Bildformatvorlagen** die Schaltfläche **In eine SmartArt-Grafik konvertieren** an. Die einzelnen Gestaltungsmöglichkeiten werden angezeigt. Durch das Überfahren der einzelnen Schaltflächen mit der Maus können Sie sich die gegebenen Möglichkeiten ansehen. Entscheiden Sie sich für die angezeigte:

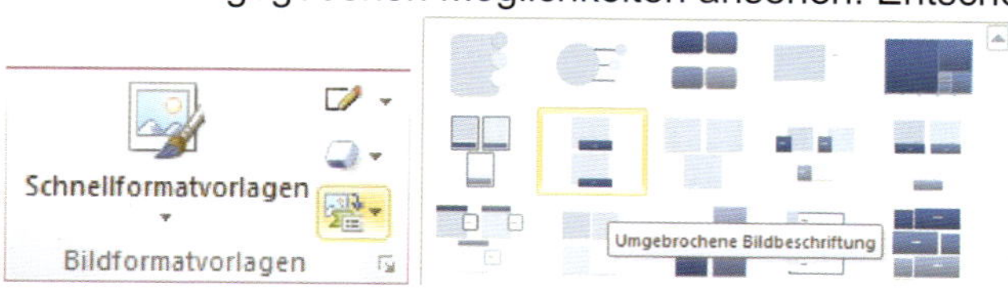

- Als Ergebnis wird zunächst ein Textfeld in die Grafik eingefügt. Anschließend kann ein Text eingegeben werden

- Automatisch wird das **SmartArt-Tools/Entwurf** eingeblendet. In der Gruppe **SmartArt-Formatvorlagen** können Sie Formen und Farben der Darstellung auswählen.

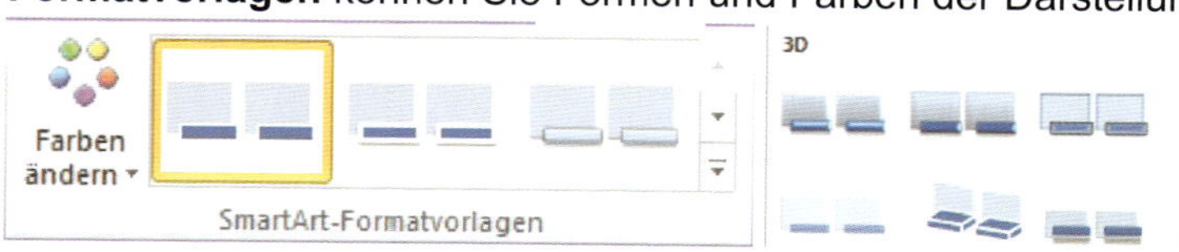

- Das Ergebnis könnte beispielsweise so aussehen:

- Über die Schaltfläche **Von rechts nach links** in der Gruppe **Grafik erstellen** im Register **SmartArt-Tools/Entwurf** können Sie den Text versetzen.

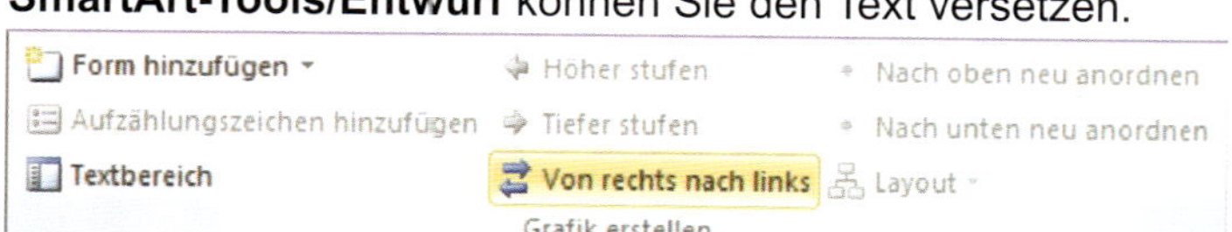

- Über die Schaltfläche **Form hinzufügen** in der Gruppe **Grafik erstellen** im Register **SmartArt-Tools/Entwurf** können Sie weitere Elemente mit verschiedenen Grafiken hinzufügen.

8.11 Textfeld

Ein Textfeld wird eingefügt, um beispielsweise zusätzliche Informationen zur Verfügung zu stellen. Außerdem wird beispielsweise die Aufmerksamkeit des Nutzers besonders gut auf bestimmte Inhalte gelenkt.

Bearbeitungsschritte:

- Erstellen Sie ein neues Textdokument.
- Klicken Sie im Register **Einfügen** in der Gruppe **Text** die Schaltfläche **Textfeld** an. Wählen Sie den Menüpunkt **Textfeld erstellen**.

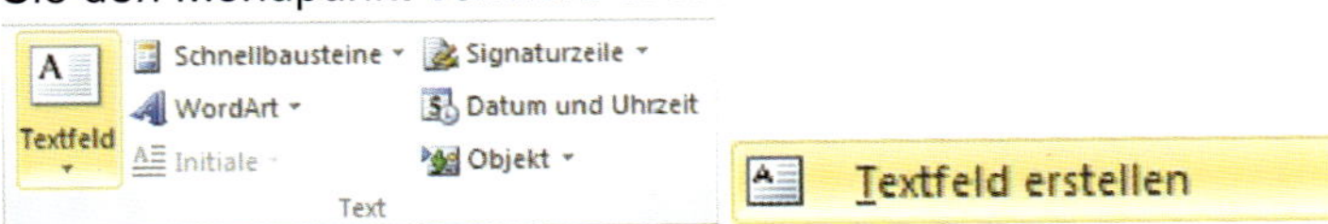

- Ziehen Sie mit der Maus ein Textfeld auf.

- Geben Sie den folgenden Text ein:

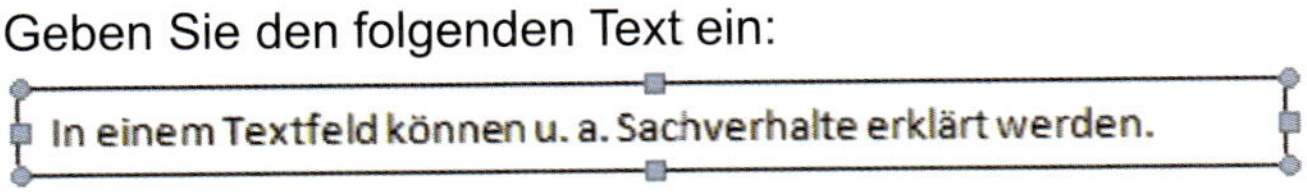

- Über die Anfasser können die Textfelder beliebig in ihrer Größe verändert werden.

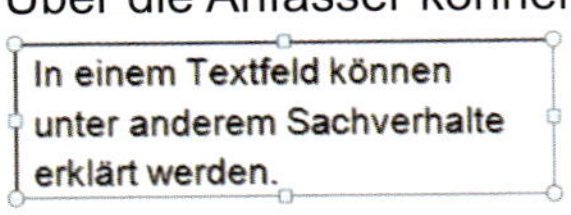

- Mit der Maus kann das Textfeld an eine beliebige Stelle gezogen werden.

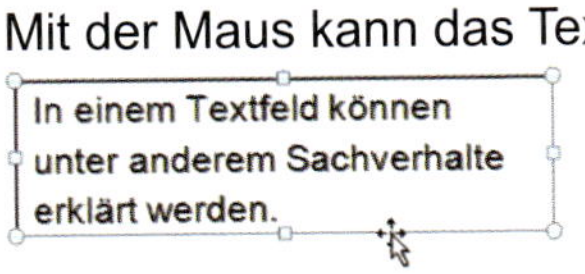

- Erstellen Sie ein neues Textfeld. Geben Sie lediglich das Wort *Word* ein. Klicken Sie danach im Register **Zeichentools/Format** in der Gruppe **Text** die Schaltfläche **Textrichtung** an. Nachfolgend wählen Sie aus, wie der Text dargestellt werden soll.

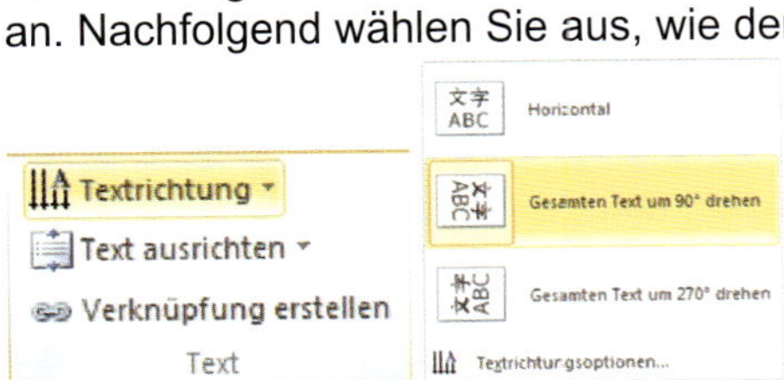

- Das Ergebnis könnte so aussehen:

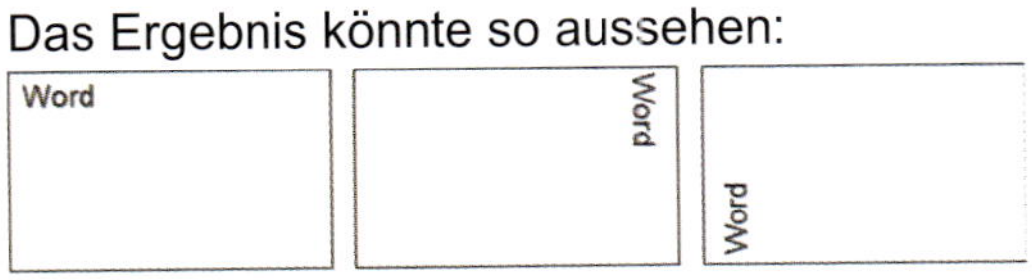

- Über die Schaltflächen im Register **Zeichentools/Format** kann das Textfeld beliebig formatiert werden.

8.12 Freihandzeichnung und Pfeile

Freihandzeichnung

Mit einer Freihandzeichnung können frei gestaltete Objekte in ein Textdokument, eine Folie usw. eingefügt werden. Selbstverständlich können die Objekte danach nach den eigenen Vorstellungen formatiert werden.

Bearbeitungsschritte:

- Öffnen Sie ein neues Dokument. Klicken Sie im Register **Einfügen** in der Gruppe **Illustrationen** die Schaltfläche **Formen** an. Klicken Sie danach die Schaltfläche **Freihandform** an.

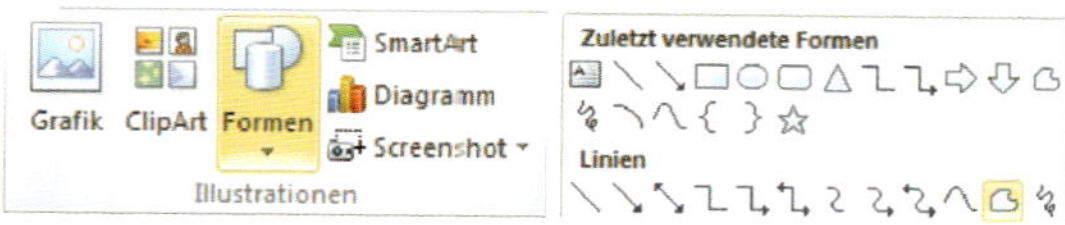

- Der Mauszeiger verändert sich in ein dünnes Kreuz. Fügen Sie mit gedrückter linker Maustaste das erste angezeigte Objekt ein. Der Mauszeiger verändert sich dann in einen Zeichenstift. Wird ein Objekt geschlossen, so wird es automatisch markiert. Wird ein Objekt nicht geschlossen, wird die Zeichnung durch einen Doppelklick mit der Maus abgeschlossen. Fügen Sie das zweite Objekt auf die beschriebene Weise ein.

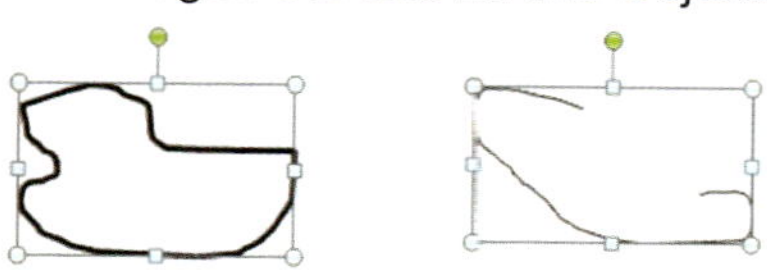

- Formatieren Sie das Objekt wie nachfolgend dargestellt. Probieren Sie auch einige andere Freihandzeichnungen mit entsprechender Formatierung aus.

Pfeile

Mit einer Freihandzeichnung können frei gestaltete Objekte in ein Textdokument, eine Folie usw. eingefügt werden. Selbstverständlich können die Objekte danach nach den eigenen Vorstellungen formatiert werden.

Bearbeitungsschritte:

- Öffnen Sie ein neues Dokument. Klicken Sie im Register **Einfügen** in der Gruppe **Illustrationen** die Schaltfläche **Formen** an. Klicken Sie danach die Schaltfläche **Pfeil nach rechts** an.

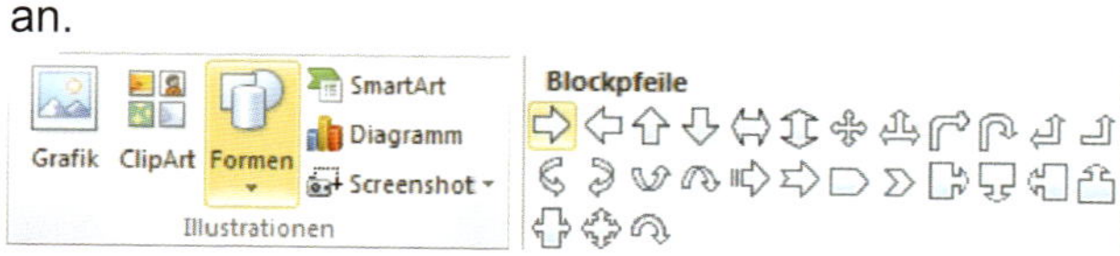

- Der Mauszeiger verändert sich in ein dünnes Kreuz. Fügen Sie mit gedrückter linker Maustaste das erste angezeigte Objekt ein. Geben Sie danach auch einen Text ein. Formatieren Sie das Objekt wie nachfolgend dargestellt:

9 Bildbearbeitung – Fotos und Grafiken

9.1 Grundlagen der Bildbearbeitung

Einsatzbereiche und Recht

Einsatzgebiete digitaler Bilder

Bilder können in unterschiedlicher Form zur Verfügung gestellt und eingesetzt werden.

Web-Publishing	Webpublishing bezeichnet den gesamten Bereich der Projektierung, Realisierung, Veröffentlichung und des Unterhalts von Webauftritten. Häufig wird der Begriff mit Webdesign gleichgesetzt.
Ausdruck	Bilder können nach einer Bearbeitung unter Nutzung von Einstellungen in Form von Größe, Qualität usw. gedruckt werden.
Versand per E-Mail	Die Bilder werden als Anhang einer E-Mail versandt. Die Dateigröße sollte dem Zweck angepasst werden.
Computer/Netzwerk/CD/DVD	Mithilfe eines Computers und/oder eines Datenträgers können Fotos über Netzwerke, Datenträger, in Fotobüchern usw. zur Verfügung gestellt werden und z. B. über einen Fernseher ausgegeben werden.

Hauptfunktionen

Digitale Bilder entsprechen nicht immer den Erwartungen des Betrachters. Sie müssen daher nachbearbeitet, eventuell neu zusammengesetzt und optimiert werden.

Verbesserung der Darstellung	Die Darstellung wird durch Änderungen der Helligkeit, des Kontrastes usw. und durch Werkzeuge, Pinsel usw. optimiert.
Erzeugung neuer Bilder	Aus vorhandenen Bildern können neue erzeugt werden, etwa durch die Nutzung von Bildausschnitten, dem Hinzufügen von Farben, dem Zusammenführen von Bildteilen usw.
Aufbereitung und Optimierung für den Einsatz im Web	Neben der verbesserten Darstellung werden vor allem die Datei- und die Bildgröße im Hinblick auf die Web-Darstellung optimiert. Der Dateityp kann ebenfalls den Anforderungen im Web angepasst werden.

Urheberrecht

Das Urheberrecht wird im Kapitel *Urheberrecht und Gesetzeslage* intensiv beschrieben.

Digitale Bilder

Haupteigenschaften digitaler Bilder

Die Haupteigenschaften digitaler Bilder lassen sich wie folgt zusammenfassen:

Binärer Code	Daten in einem Bild werden in einem binären Code gespeichert, entweder als Punkte (Pixel) oder als Funktionen, wie etwa bei einer Vektorgrafik. Der binäre Code ist die Bezeichnung für einen Code, mit dem Nachrichten durch Sequenzen von zwei verschiedenen Symbolen (zum Beispiel 1/0 oder w/f) dargestellt werden.

Pixel 	Ein Pixel ist ein Punkt in einer Grafik, einem Bild. Das Wort *Pixel* entstand aus den beiden Begriffen *Picture (Bild)* und *Element*. Durch Verbindung der beiden ersten Buchstaben mit einem *x* entstand das Kürzel *Pixel*. Jede Abbildung besteht aus Pixeln. In der Regel sind sie für das menschliche Auge nicht erkennbar, weil sie sehr klein sind. Erst bei extremer Vergrößerung (Zoom) werden einzelne Pixel für den Menschen sichtbar.
Auflösung	Die Auflösung gibt die Ausgabegröße eines Bildes sowie die Anzahl der horizontalen und vertikalen Pixel an. Wird ein Bild vergrößert und die Anzahl der Pixel beibehalten, nimmt die Auflösung und damit die Qualität des Bildes ab. Die Auflösung beschreibt nicht den Informationsgehalt, sondern die Qualität eines Bildes bei einer festen Bildgröße.

Farbe

Vorbemerkungen und Begriffe

Die einzelnen kurzen Erklärungen zu Farbbegriffen beschränken sich darauf, den angegebenen Tatbestand anzugeben. Ziel ist es, dass der Nutzer eines Bildbearbeitungsprogramms die Wirkung bestimmter Korrekturmöglichkeiten einschätzen kann. Eine vollständige Erklärung einzelner Begriffe bleibt anderen Büchern usw. vorbehalten.

Farbmodelle	HSB	Das HSB-Modell basiert auf der menschlichen Farbwahrnehmung und beschreibt drei Grundmerkmale von Farbe: • Farbton (*Hue*), • Sättigung (*Saturation*), • Helligkeit (*Brightness*). Die Begriffe werden anschließend erklärt.
	CMYK 	Der CMYK Farbraum basiert auf den 4 Farben Cyan, Magenta, Yellow und Schwarz und wird vor allem für den Druck verwendet. Farbdrucker haben in der Regel vier Farbpatronen bzw. Farbtoner, die dann je nach Bedarf die Farben abgeben und mischen.
	RGB 	Das RGB-Modell benutzt die drei Grundfarben Rot, Grün, Blau. Um verschiedene Farben zu mischen, variiert man die Intensitäten der drei Grundfarben. Viele Funktionen in Bildbearbeitungsprogrammen basieren auf dem RGB-Modell. Im Programm **Paint.NET** können Sie die Farben genau einstellen, u. a. durch Regler. 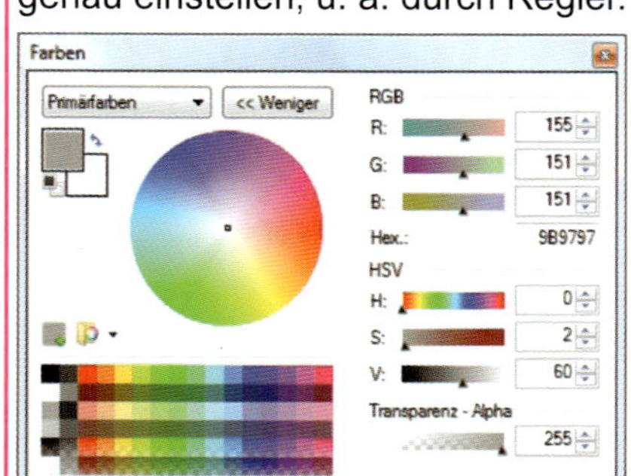

Farbton 	Der Farbton beinhaltet die reine Farbinformation wie z. B. *grün*, *blau*, *rot* und kann va riiert werden, z. B. *rosa* usw. Er wird beispielsweise als Hexadezimaler Code angegeben. Hex.: C67884 Hex.: 7784C4
Sättigung 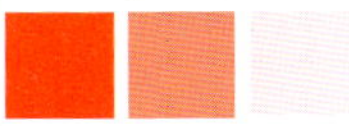	Die Farbsättigung ist eine vom Menschen als grundlegend empfundene Eigenschaft einer Farbe. Sie beschreibt die Qualität der Farbwirkung wie Buntheit, Farbintensität, Farbtiefe, Brillanz, Graustich usw. Die Sättigung ist die Stärke oder Reinheit der Farbe. Sie beschreibt den Grauanteil im Verhältnis zum Farbton und wird als Prozentwert zwischen 0 % (Grau) und 100 % (voll gesättigt) gemessen
Farbbalance  	Über die Farbbalance können Sie die Farb-Intensität des Bildes mit den RGB-Reglern einstellen. Diese Funktion erlaubt es Ihnen, einen Farbstich zu entfernen. Digitalbilder, die bei kaltem Kunstlicht, wie zum Beispiel dem von Leuchtstoffröhren, entstehen, haben oftmals einen Blaustich. Sie können nun gezielt dem Bild die blaue Farbe entziehen. 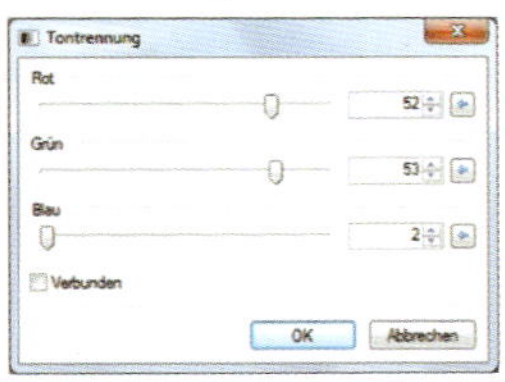
Farbpalette 	Die Farbpalette umfasst die Farben, die dargestellt werden können. Eine eigene Farbpalette mit Farben, die immer wieder benötigt werden, kann in Bildbearbeitungsprogrammen wie **Paint.NET** erstellt werden.
Farbtiefe	Die Farbtiefe bestimmt, wie viele unterschiedliche Farben in einem Pixel dargestellt werden können. Die Farbtiefe, besser bekannt vielleicht als Bit-Auflösung, enthält die Farbinformationen eines Bildes.
Transparenz  	Transparente Bereiche eines Bildes werden in anderen Programmen mit der Hintergrundfarbe gefüllt. Fügt man eine entsprechende Grafik beispielsweise in PowerPoint ein, wird in transparenten Bereichen das Design der Präsentation angezeigt. Die Bilder müssen in bestimmten Formaten wie *png* oder *gif* abgespeichert werden, um die Transparenz zu erhalten. Im Bildformat *jpeg* wird der Bereich ansonsten in der Farbe *Weiß* abgespeichert und dargestellt.

Kontrast, Helligkeit, Gamma

In Bildbearbeitungsprogrammen wird die Bildqualität über Korrekturen, Filter usw. beeinflusst. So kann z. B. die Helligkeit und der Kontrast eingestellt werden.

Helligkeit	Bilder können je nach Empfinden eines Menschen zu hell oder zu dunkel sein. Daher kann die Helligkeit in der Bildbearbeitung von 0 – 100 % eingestellt werden (0 % stellt Schwarz dar, 100 % Weiß).
Gamma	Die Gammakorrektur ist eine im Bereich der Bildverarbeitung häufig verwendete Korrekturfunktion. Die vom Menschen empfundene Helligkeit steigt in dunklen Bereichen steiler und in hellen weniger steil an. Dieser Effekt wird mithilfe mathematischer Verfahren ausgeglichen.

Kontrast 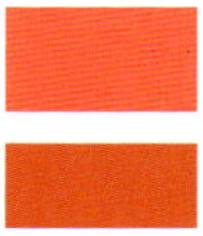	Jede Form der Manipulation einer Pixelgrafik, z. B. Helligkeit, Kontrast, Sättigung oder Gammakorrektur, ist ein Filter. Denn auf Rechnerebene ist das Ändern von Helligkeit, Kontrast usw. mit einem bestimmten mathematischen Algorithmus verbunden, der auf die gespeicherten RGB-Werte in der Grafik angewendet wird. Diese werden durch die Anwendung des Algorithmus neu berechnet. Das Ergebnis ist dann das geänderte Aussehen des Bildes aufgrund der neuen RGB-Werte der einzelnen Pixel. 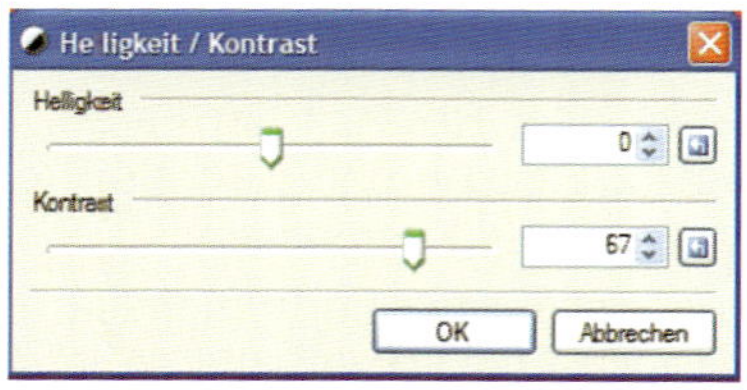

Bild

Raster- und Vektorgrafik

Im Unterschied zu Raster, auch Bitmap-Grafiken genannt, werden bei den Vektor- oder auch objektorientierten Grafiken nicht einzelne Bildpunkte gespeichert, sondern mathematische Formeln für geometrische Körper.

Rastergrafik 	Die Rastergrafik oder Pixelgrafik ist ein Bildformat, das aus einzelnen fest definierten Pixeln besteht. Eine solche Grafik ist schlecht komprimierbar, da in der Regel bereits bei der Erstellung des Bildes eine Komprimierung vorgenommen wird, z. B. beim Grafikformat *jpg*.
Vektorgrafik 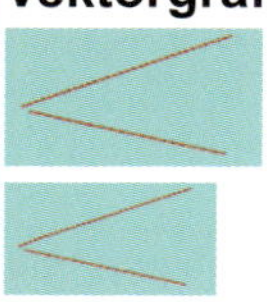	Die Vektorgrafik ist aus Flächen, Linien und Kurven aufgebaut, die mit sogenannten Vektoren mathematisch exakt beschrieben werden können. Daher können sie z. B. beliebig verlängert, verkleinert usw. werden. Mit dem Open-Source-Programm **Inkscape** lassen sich Vektorgrafiken erstellen und Rastergrafiken teilweise in Vektorgrafiken umwandeln.

Komprimierung

Bei der Komprimierung von Dateien und Bildern wird zwischen verlustfreier und verlustbehafteter Kompression unterschieden. Bilddateien sind aufgrund des Bildformats in der Regel schon komprimiert, eine weitere Komprimierung mit einem speziellen Programm ist daher nicht notwendig.

verlustfrei (lossless)	Bei der verlustfreien Komprimierung gehen keinerlei Informationen des Bildes verloren. Es kann unbegrenzt oft komprimiert und dekomprimiert werden, ohne dass die Qualität eines Bildes abnimmt.
verlustbehaftet (lossy)	Die verlustbehaftete Komprimierung arbeitet mit Algorithmen, die zwischen wichtigen und unwichtigen Informationen innerhalb des Datenstroms unterscheiden. Die als unwichtig erkannten Informationen werden nicht abgespeichert und sind somit verloren. Das bekannteste Verfahren im Bereich von Grafikdateien ist das JPEG-Verfahren. Das Verfahren ist äußerst kompliziert und wird daher nur in Ansätzen beschrieben. Das Bild wird in Blöcke (8 mal 8 Pixel) zerlegt, dabei werden die einzelnen Farben (z. B. Grün) in jedem Block gesondert bearbeitet. Es wird im Prinzip ein Durchschnittswert dieser 64 Pixel gebildet, der für die bestimmte Farbe gilt. Erst bei einer starken Kompression erkennt man, dass die Farbverläufe nicht mehr flüssig zu sehen sind.

Bildtypen

Hersteller nutzen für ihre Programme eigene Formate. Die Bilder können teilweise in **Paint.NET** über zusätzlich installierte Plug-Ins genutzt werden, so z. B. Photoshop-Bilder.

Format	Bezeichnung	Hersteller/Kurzbeschreibung
PSD	**Photoshop Document**	PSD ist das Format des professionellen Programms **Photoshop**. Über ein Plug-Inn ist es in **Paint.NET** nutzbar.
PSP	**PaintShop Pro**	Das Format wird von der Software **Paint Shop Pro** genutzt. Das Programm wurde vom Hersteller **Corel** übernommen.
XCF	**eXperimental Computing Facility**	Das Open–Source-Programm **Gimp** nutzt dieses eigene Format. Das Programm kommt ursprünglich aus der Linux-Welt und die Bedienung ist gewöhnungsbedürftig.
CPT	**Corel Photo Paint**	Das Programm des Herstellers **Corel** ist Teil eines umfangreichen Pakets von Grafikprogrammen.

Grafikformate

Erstellte Bilder werden unter einem Grafikformat abgespeichert, welches je nach Zweck z. B. im Internet eingesetzt werden kann, besonders viele Bildinformationen enthält usw.

Format		Beschreibung	
		Vorteile	**Nachteile**
.gif	Graphics Interchance Format	Das Format wird im Internet genutzt. Schaltflächen, Logos und Hintergründe von Webseiten können erstellt werden.	
		• von Internet-Browsern lesbar • sehr wenig Speicherbedarf • Animationen möglich	• nur 256 Farben (8 Bit [1 Byte])
.jpg	Joint Photographic Expert Group	Fotos und Grafiken werden stark komprimiert, sodass Seiten mit Bildern aus dem Internet recht schnell geladen werden können.	
		• von Internet-Browsern lesbar • 16,7 Millionen Farben möglich • geringer Speicherbedarf	• bei starker Kompression ist ein Qualitätsverlust sichtbar
.png	Portable Network Graphics	Das Format ist unabhängig von einem Betriebssystem einsetzbar, jedoch noch nicht von allen Browsern lesbar.	
		• 16,7 Millionen Farben möglich • verlaufsfreie Kompression • transparente Farben möglich	• Dateien größer als GIF und JPG, daher längere Ladezeiten im Internet
.tif	Tagged Image File Format	Qualitativ hochwertige Bilder für den professionellen Bereich werden in diesem Format erstellt und abgespeichert. Die Fotos sind auf verschieden Betriebssystemen zu verwenden.	
		• Farbtiefen bis 64 Bit • verschiedene Kompressionen	• Internet-Nutzung nicht möglich • Probleme mit der Kompatibilität
.bmp	Bitmap	Das Format ist das Original-Windows-Format.	
		• 16,7 Millionen Farben möglich (Farbtiefe bis 24 Bit [3 Byte])	• von Browsern nicht lesbar • sehr große Dateigröße

9.2 Grundlagen der Programmbedienung von Paint.NET

Vorbemerkungen

Die Möglichkeiten, die Bildbearbeitungsprogramme bieten, sind in der Regel ähnlich. Das Programm *Paint.NET* erfüllt in vielen Bereichen professionelle Ansprüche. Es kann kostenlos genutzt werden. Ein späterer Umstieg auf ein kommerzielles Programm ist unproblematisch.

Grundsätzliche Bearbeitungsmöglichkeiten

Menüpunkte und Schaltflächen

Die Menüpunkte und die standardmäßig eingeblendeten Schaltflächen stellen Bearbeitungsmöglichkeiten zur Verfügung. Wesentliche Bearbeitungen lassen sich über Schaltflächen aufrufen, über Menüpunkte können weitere Möglichkeiten der Bearbeitung genutzt werden.

Außerdem stehen bei Auswahl eines Tools jeweils spezielle Bearbeitungsmöglichkeiten zur Verfügung. Die Tools werden auf der nächsten Seite angesprochen.

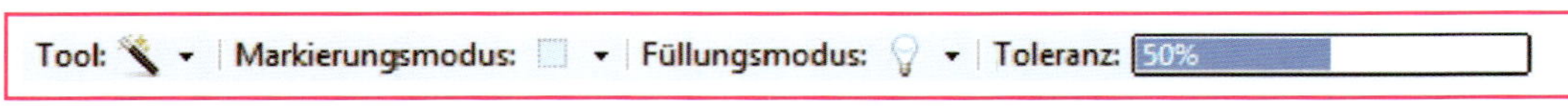

Die folgende Übersicht zeigt die wichtigsten Schaltflächen und Menüpunkte zur Bearbeitung von Fotos usw.

Schaltflächen		Menüpunkte
	Neu	Datei/Neu
	Öffnen	Datei/Öffnen
	Speichern	Datei/Speichern
	Drucken	Datei/Drucken
	Ausscheiden	Bearbeiten/Ausschneiden
	Kopieren	Bearbeiten/Kopieren
	Einfügen	Bearbeiten/Einfügen
	Auf Markierung zuschneiden	Bild/Aus Markierung zuschneiden
	Auswahl aufheben	Bearbeiten/Auswahl aufheben
	Rückgängig	Bearbeiten/Rückgängig
	Wiederholen	Bearbeiten/Wiederholen
100%	Verkleinern/Vergrößern	Ansicht/Vergrößern/Verkleinern
	Pixel Rast bei Vergr. anzeigen	Ansicht/Pixel Raster
	Lineale	Ansicht/Lineal
Einheiten: Pixel	Einheiten (Auswahl)	Ansicht/Pixel/Zoll/Zentimeter

Fenster

Über den Menüpunkt **Fenster** werden die zur Verfügung stehenden Bearbeitungsfenster ein- und ausgeblendet. Auf die Fenster wird später genauer eingegangen. Außerdem lassen sich alle geladenen Bilder anzeigen, ein Wechsel zwischen den Bildern vornehmen usw.

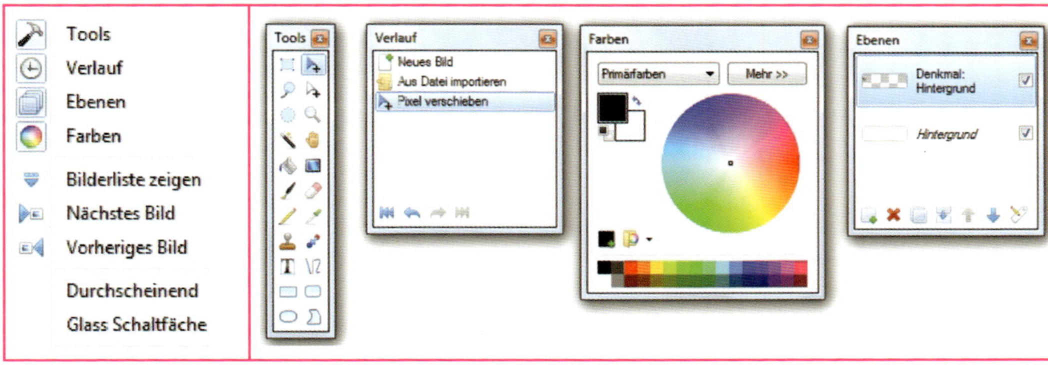

Tools

Die Werkzeuge ermöglichen z. B. das Auswählen von Bildbereichen, das Ziehen von Linien, das Füllen von Bildern oder Bildbereichen, die Benutzung eines Pinsels usw. Die Werkzeuge können über das Fenster **Tools** oder über die Symbolleiste **Tools** ausgewählt werden.

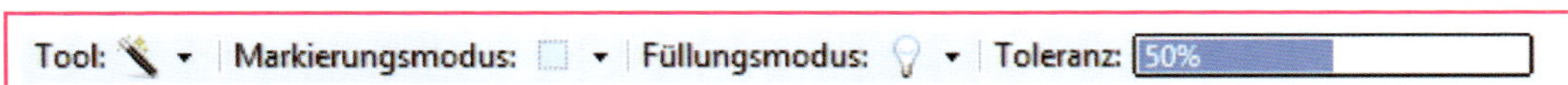

Auswahlwerkzeuge

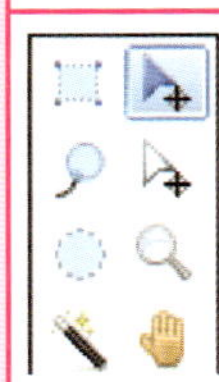

Über die Auswahlwerkzeuge lassen sich Bereiche einer Grafik (eines Bildes) auswählen, die dann ausgeschnitten innerhalb einer Grafik versetzt oder dupliziert, in eine andere Grafik eingefügt oder als neues Bild abgespeichert werden können.

Die Auswahlwerkzeuge können rechteckige, ellipsenförmige, selbst gewählte und/oder mithilfe eines sogenannten Zauberstabs Bereiche auswählen.

Mal- und Klonwerkzeuge

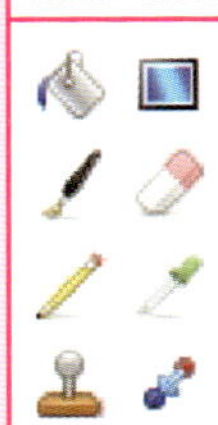

Mithilfe dieser Werkzeuge lassen sich Bereiche mit einer Farbe versehen, Farbverläufe realisieren, Inhalte aus Bereichen durch einen Radierer entfernen usw.

Das Werkzeug **Klonen** ermöglicht das Kopieren eines bestimmten Bereichs in einem Bild. Der kopierte Inhalt ist dann doppelt vorhanden.

Zeichen- und Textwerkzeuge

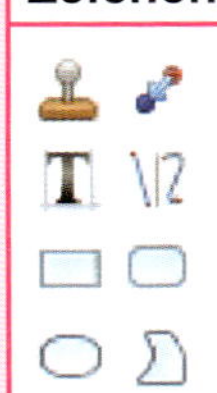

Die Werkzeuge eignen sich dazu, in Grafiken Linien, Kurven, Rechtecke, Ellipsen usw. einzufügen.

Außerdem kann ein Text, z. B. eine Überschrift, in eine Grafik eingefügt werden.

Mithilfe der Tools kann z. B. auch eine Farbauswahl und eine Rahmendicke bestimmt werden.

9.3 Grundfunktionen

9.3.1 Einstellungen

Die Arbeit mit dem Programm **Paint.NET** unterscheidet sich nicht von der Arbeit mit anderen Windows-Programmen. Daher werden das Laden, das Speichern und das Drucken und andere selbstverständliche Bearbeitungsschritte in diesem Kapitel nicht angesprochen. Andere Einstellungen, etwa die der Primär- und Sekundärfarbe (Vorder- und Hintergrundfarbe) werden an geeigneter Stelle, etwa bei der Arbeit mit Zeichenwerkzeugen, erläutert.

Wenn Sie mit den hier genutzten Bildern arbeiten möchten, finden Sie diese unter der Internetadresse *www.berufliche-informatik/Office/Bilder*.

9.3.2 Erzeugung und Speicherung von Bildern

Vorbemerkungen

Grundsätzlich kann man davon ausgehen, dass entweder vorhandene Bilder genutzt oder neue Bilder erstellt werden sollen. Beide Aspekte werden später intensiv angesprochen.

Screenshots

Das Programm **Paint.NET** stellt keine Möglichkeiten zur Verfügung, Screenshots zu erstellen.

Bearbeitungsschritte:

- Starten Sie das Programm **Paint.NET**. Minimieren Sie das Programm über die Schaltfläche **Minimieren** u. Der gesamte Windows-Bildschirm wird angezeigt.
- Drücken Sie die Taste [**Druck**] bzw. [**PrintScreen**]. Der gesamte Bildschirm wird in die Zwischenablage von Windows gelegt.
- Vergrößern Sie über die Taskleiste das Programm **Paint.NET** wieder auf Bildschirmgröße. Wählen Sie danach den Menüpunkt **Bearbeiten/Einfügen**. Das Bild aus der Zwischenablage wird eingefügt. Ist das Bild größer als die vom Programm zur Verfügung gestellte Fläche, können Sie wählen, ob das Programm die Fläche vergrößern soll, dann werden alle Inhalte angezeigt. Behalten Sie die sogenannte Leinwandgröße bei, wird das Bild beschnitten und es werden nicht alle Inhalte eingefügt.

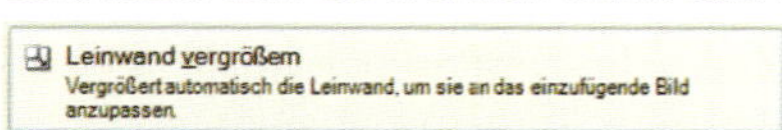

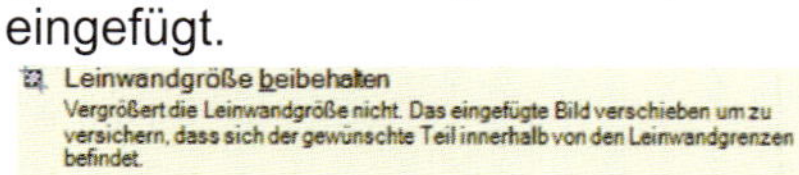

- Ein Fenster können Sie über die Tastenkombination [**Alt**]+[**Druck**] bzw. [**Alt**]+[[**Print-Screen**] in die Zwischenablage kopieren. Danach können Sie in **Paint.NET** einfügen.
- Speichern Sie das Bild über den Menüpunkt **Datei/Speichern**.

Bilder aus dem Internet

Beachten Sie beim Einfügen von Bildern aus dem Web die urheberrechtlichen Bestimmungen.

Bearbeitungsschritte:

- Starten Sie das Programm **Paint.NET**. Starten Sie einen Internet-Browser, z. B. *Mozilla Firefox* oder den *Internet-Explorer* von Microsoft.
- Rufen Sie eine Webseite mit einem Bild auf. Klicken Sie mit der rechten Maustaste auf das Bild. Es werden Menüpunkte angezeigt. Wählen Sie den Menüpunkt **Kopieren**.
- Wechseln Sie zum Programm **Paint.NET**. Wählen Sie den Menüpunkt **Bearbeiten/Einfügen**. Das Bild wird eingefügt. Eventuell müssen Sie wieder entscheiden, ob der gesamte Inhalt oder nur Bereiche eingefügt werden sollen.

Scannen

Die Übertragung von Bildern mittels eines Scanners wird nur ansatzweise beschrieben. In der Regel werden Sie die beschriebenen Arbeitsschritte nicht nachvollziehen können. Sie sind u. U. von Scanner zu Scanner auch leicht unterschiedlich.

Bearbeitungsschritte:

- Starten Sie das Programm **Paint.NET**. Verbinden Sie eine digitale Kamera mit dem Computer. Stellen Sie die Kamera an. Wählen Sie den Menüpunkt **Datei/Übernehmen/ Von Scanner oder Kamera.**

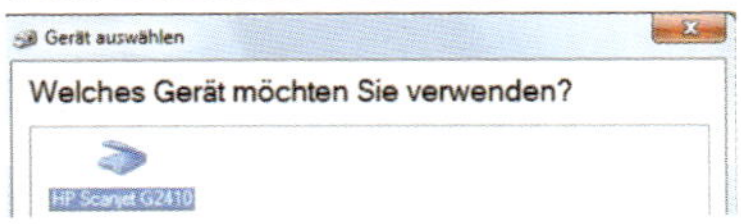

- Klicken Sie die Schaltfläche **OK** an. Bestimmen Sie im nächsten Fenster, dass ein Farbbild eingescannt werden soll. Klicken Sie dann die Schaltfläche **Vorschau** an. Eine Vorschau wird angezeigt. Legen Sie u. U. über die eingeblendeten Anfasser den einzuscannenden Bereich fest. Klicken Sie danach die Schaltfläche **Scannen** an.

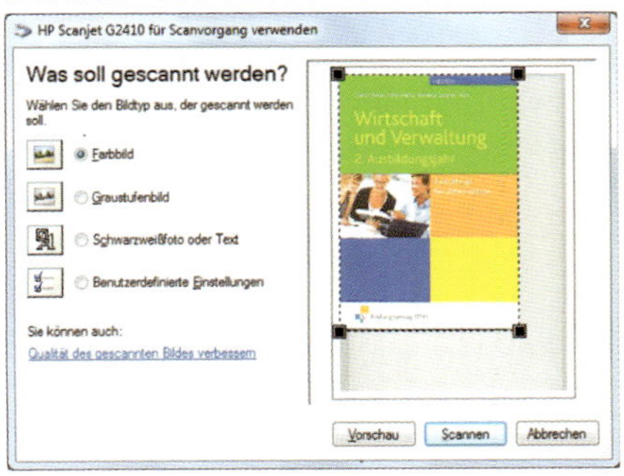

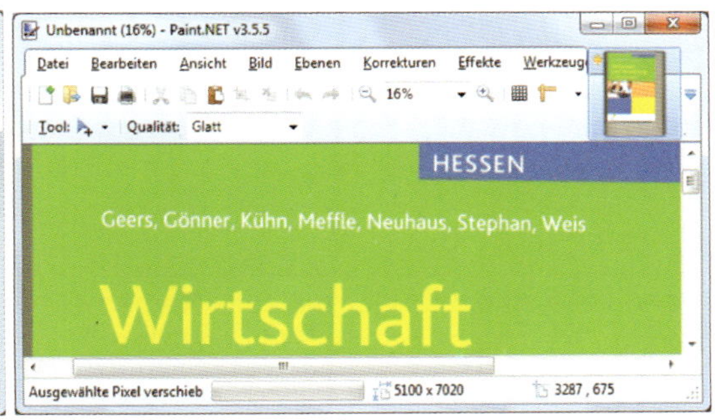

Übertragung von Bildern aus einer digitalen Kamera

Die Übertragung von Bildern aus einer Kamera soll ebenfalls nur beispielhaft beschrieben werden.

Bearbeitungsschritte:

- Starten Sie das Programm **Paint.NET**. Verbinden Sie eine digitale Kamera mit dem Computer. Stellen Sie die Kamera an. Wählen Sie den Menüpunkt **Datei/Übernehmen/Von Scanner oder Kamera.**
- Wählen Sie im Fenster **Gerät auswählen** das Gerät aus. Nach Anklicken der Schaltfläche **OK** werden die auf dem Speicherchip vorhandenen Bilder angezeigt. Markieren Sie ein Bild. Klicken Sie die Schaltfläche **Bild übertragen** an. Das Bild wird übertragen.

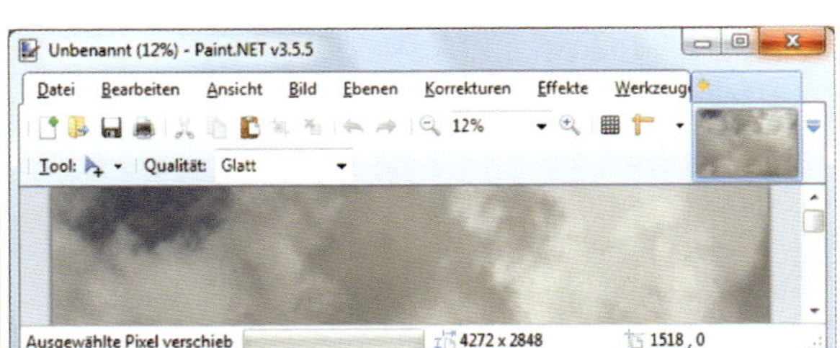

9.3.3 Auswahlwerkzeuge

Vorbemerkungen

Zur Auswahl eines Bereichs einer Grafik stehen verschiedene Auswahlwerkzeuge zur Verfügung:

- Rechteckige Maske
- Elliptische Maske
- Lasso-Auswahl
- Zauberstab

Auf die einzelnen Werkzeuge wird anschließend genauer eingegangen.

Auswahl des gesamten Bildes

Über den Menüpunkt **Bearbeiten/Alles auswählen** kann der gesamte Bereich eines Bildes ausgewählt werden. Über den Menüpunkt **Bearbeiten/Auswahl aufheben** wird die Auswahl, wie auch die Auswahl eines Bereichs, wieder aufgehoben.

Auswahl eines Bereichs

Mithilfe der zur Verfügung gestellten Auswahlwerkzeuge können Bereiche einer Grafik/eines Bildes ausgewählt werden. Die zunächst getroffene Auswahl ist jedoch nicht immer optimal, daher kann die Auswahl z. B. verschoben, vergrößert und verkleinert, ergänzt, beschnitten usw. werden.

Bearbeitungsschritte:

- Erstellen Sie einen Ordner mit dem Namen *Grafik*. Speichern Sie in dem Ordner das Bild *Boot.jpg*. Speichern Sie das Bild unter dem Namen *Boot_1.jpg* nochmals ab.
- Wählen Sie das Werkzeug *Elliptische Maske* aus.

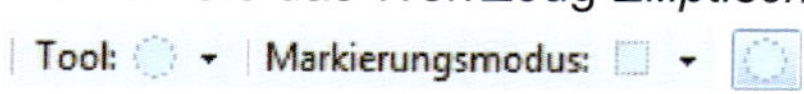

- Markieren Sie mithilfe der Maus in etwa den folgenden Bereich. Klicken Sie danach die Schaltfläche **Auswahl verschieben** an. An den Seiten und Ecken des markierten Bereichs werden kleine Anfasser eingeblendet. Außerdem ändert sich das Maussymbol in ein kleines Dreieck. Bei gedrückter linker Maustaste können Sie den markierten Ausschnitt verschieben, sodass ein anderer Ausschnitt des Bildes markiert wird.

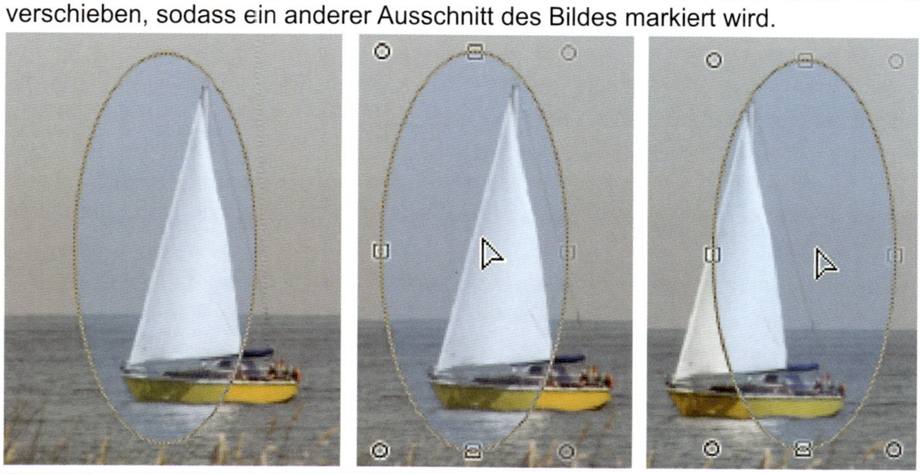

Bearbeitungsschritte (Fortsetzung):

- Mithilfe der kleinen Anfasser an den Seiten und Ecken kann der ausgewählte Bereich bei gedrückter linker Maustaste vergrößert bzw. verkleinert werden. Der Mauszeiger verändert sich beim Anfahren der Anfasser in eine Hand. Wählen Sie den angezeigten Bereich aus.

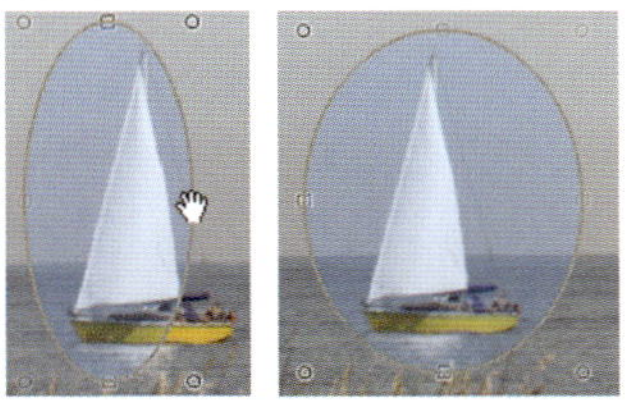

- Klicken Sie danach die Schaltfläche **Ausgewählte Pixel verschieben** an. Mit gedrückter linker Maustaste wird der ausgewählte Bereich verschoben.

- Das Verschieben dürfte im Normalfall nicht erwünscht sein. Machen Sie es daher mithilfe des Menüpunkts **Bearbeiten/Rückgängig** wieder rückgängig. Sie können auch einzelne Arbeitsschritte oder alle Arbeitschritte im Fenster **Verlauf** jederzeit rückgängig machen oder wiederholen.

- Mithilfe der Auswahlwerkzeuge lässt sich nicht nur jeweils eine neue Auswahl treffen. Vielmehr kann auch zur bestehenden Auswahl ein zusätzlicher Bereich hinzugefügt werden oder ein Bereich aus der Auswahl entfernt werden usw. Wählen Sie z. B. das Tool *Rechteckige Maske* aus und bestimmen Sie den Markierungsmodus **Hinzufügen**.

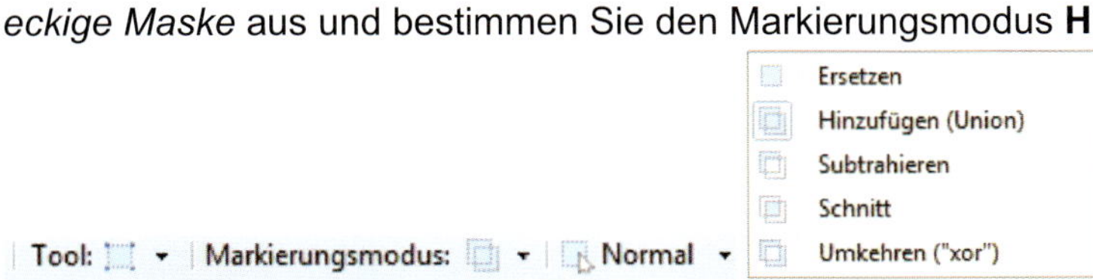

- Markieren Sie mit der Maus einen Bereich. Nach dem Loslassen der linken Maustaste wird der zusätzliche Bereich ebenfalls markiert.

Bearbeitungsschritte (Fortsetzung):

- Mehrere Bereiche können übrigens auch grundsätzlich mithilfe der Taste [**Strg**] ausgewählt werden. Dabei wird zunächst der erste Bereich ausgewählt, dann die Taste gedrückt und danach der nächste Bereich markiert usw.

- Wählen Sie den Menüpunkt **Bearbeiten/Auswahl aufheben**. Damit ist kein Bereich des Bildes mehr ausgewählt.

Kopieren und Einfügen eines Bereichs in dasselbe Bild

Unter Umständen soll ein Element in dasselbe Bild nochmals eingefügt werden.

Bearbeitungsschritte:

- Öffnen Sie gegebenenfalls das Bild *Boot_1.jpg*. Wählen Sie das Werkzeug *Rechteckige Maske* aus.

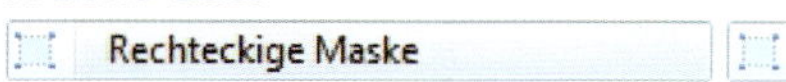

- Markieren Sie mithilfe der Maus den folgenden Bereich:

- Wählen Sie den Menüpunkt **Bearbeiten/Kopieren**. Danach stehen Ihnen über den Menüpunkt **Bearbeiten** verschiedene Möglichkeiten zur Verfügung. Wählen Sie z. B. den Menüpunkt **Bearbeiten/Einfügen**. Der gewählte Ausschnitt wird an gleicher Stelle zusätzlich in das Bild eingefügt und kann dann mit gedrückter linker Maustaste an eine beliebige Stelle gezogen werden. Speichern Sie das Bild unter dem Namen *Boot_3.jpg*.

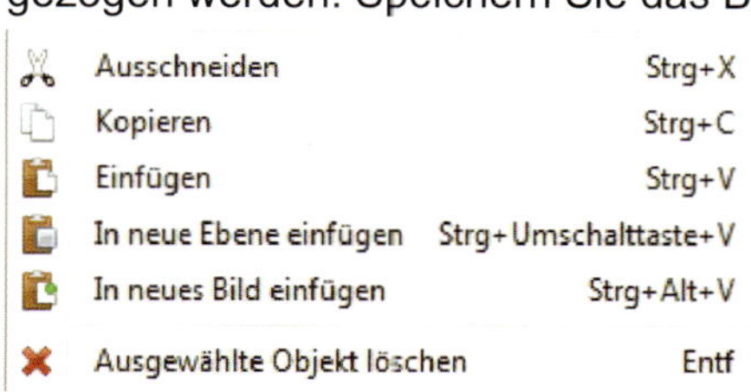

Kopieren und Einfügen in ein anderes Bild

Ein ausgewählter Bereich kann auch in ein anderes Foto kopiert werden.

Bearbeitungsschritte:

- Öffnen Sie die Bilder *Schiff.jpg* und *Boot.jpg*. Beide Bilder werden oben rechts im Fenster angezeigt und können durch Anklicken ausgewählt werden.

Bearbeitungsschritte (Fortsetzung):

- Wählen Sie einen Bereich, z. B. das Boot, aus dem Bild *Boot.jpg* mit einem Auswahlwerkzeug aus. Wählen Sie den Menüpunkt **Bearbeiten/Kopieren**.
- Wechseln Sie danach zum Bild *Schiff.jpg*. Wählen Sie dann den Menüpunkt **Bearbeiten/ Einfügen**. Der ausgewählte Bereich wird eingefügt.
- Ziehen Sie den Ausschnitt an die gewünschte Stelle. Sie können ihn mit der Maus über die Anfasser an den Ecken und Seiten auch größer oder kleiner ziehen. Auch eine farbliche Anpassung ist möglich. Darauf wird später noch eingegangen. Speichern Sie danach das Bild unter dem Namen *Boo_2.jpg* ab.

Kopieren und Einfügen in ein neues Bild

In Teilbereich eines Bildes kann als neues Bild eingefügt werden.

Bearbeitungsschritte:

- Öffnen Sie das Bild *Boot.jpg*.
- Markieren Sie wie beschrieben den folgenden Bereich:

- Wählen Sie den Menüpunkt **Bearbeiten/Kopieren**. Wählen Sie danach den Menüpunkt **Bearbeiten/In neues Bild einfügen**. Das eingefügte Bild ist entsprechend kleiner als das andere Bild, da es nur einen Ausschnitt darstellt.

- Speichern Sie das neue Bild unter dem Namen *Boot_Ausschnitt.jpg* ab.

Zauberstab

Der Zauberstab ermöglicht die Auswahl von Bereichen eines Bildes. Es soll z. B. versucht werden, den blauen Himmel als Hintergrund zu entfernen. Dabei muss bei der Auswahl eines Bereichs eine Abweichung (Toleranz) vom markierten Punkt bestimmt werden. Dann wird alles markiert, was innerhalb des tolerierten Bereichs ist. Es ist in der Regel notwendig, verschiedene Toleranzwerte auszuprobieren, um ein vernünftiges Ergebnis zu erzielen. Das Bild soll im Format gif abgespeichert werden, damit der transparente Bereich erhalten wird und damit das Bild für spätere Bearbeitungen genutzt werden kann.

Bearbeitungsschritte:

- Laden Sie das Bild *Boot.jpg*. Speichern Sie das Bild unter dem Namen *Boot_1.gif* ab.
- Wählen Sie das Tool *Zauberstab* aus. Bestimmen Sie eine Toleranz von 28 %. Dies bedeutet, dass nach Anklicken eines Punktes in dem Bild alle Bereiche markiert werden, die bis zu 28 % farblich von dem Punkt abweichen.

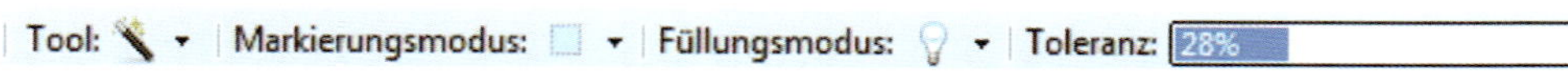

- Klicken Sie mit der Maus den oberen Bereich des Bildes an. Der markierte Bereich wird mit einer Umrandung dargestellt. Ist das Ergebnis nicht befriedigend, machen Sie es mithilfe des Menüpunkts **Bearbeiten/Rückgängig** rückgängig. Probieren Sie danach einen anderen Wert aus.
- Wählen Sie danach den Menüpunkt **Datei/Ausschneiden**.

- Unter Umständen müssen Sie das Werkzeug oder andere Auswahlwerkzeuge nochmals einsetzen, um weitere Bereiche auszuschneiden.
- Auf die nun gegebenen Nutzungsmöglichkeiten wird später eingegangen.

Lasso-Auswahl

Mit dem Auswahlwerkzeug lassen sich beliebige Ausschnitte eines Bildes ausschneiden. Das Werkzeug kann auch zusammen mit anderen Auswahlwerkzeugen genutzt werden.

Bearbeitungsschritte:

- Laden Sie das Bild *Boot.jpg*. Speichern Sie das Bild unter dem Namen *Boot_2.gif* ab.
- Wählen Sie mit dem Auswahlwerkzeug *Lasso-Auswahl* mit gedrückter linker Maustaste einen Bereich des Bildes aus. Wählen Sie danach den Menüpunkt **Bearbeiten/Ausschneiden**. Der ausgewählte Bereich wird ausgeschnitten. Er kann danach beispielsweise mit Farben usw. versehen werden.

9.3.4 Bildbearbeitung

Vorbemerkungen

Wesentliche Möglichkeiten, Bilder zu bearbeiten, wie z. B. Auswahlbereiche eines Bildes zu vervielfältigen, Auswahlbereiche zu bewegen und anzuordnen, Bereiche in ein neues zu Bild einzufügen usw., wurden bereits im vorherigen Kapitel angesprochen.

Für bestimmte Ausgaben, z. B. im Internet oder bei der Druckausgabe, müssen Bilder jedoch auf eine vernünftige Größe gebracht werden, eventuell gedreht werden usw.

Bildgröße

Unter der Bildgröße kann man zum einen die Größe in Zentimetern, Pixeln usw. verstehen, zum anderen die Größe der erstellten Datei (Dateigröße). Beides kann sehr wichtig werden, beispielsweise im Hinblick auf den Ausdruck oder im Hinblick auf die Ladezeiten im Internet.

Bearbeitungsschritte:

- Laden Sie das Bild *Boot.jpg*. Speichern Sie das Bild unter dem Namen *Boot_4.jpg* ab.
- Bestimmen Sie in der Standardsymbolleiste eine Darstellung von 100 %. Sie werden feststellen, dass nur ein kleiner Teil des Bilds auf dem Bildschirm angezeigt wird. Ist die Schaltfläche **Lineale** aktiviert und sind die Einheiten auf *Zentimeter* eingestellt, können Sie mithilfe der Bildlaufleisten feststellen, dass das Bild ca. 150 cm breit und ca. 100 cm hoch ist.

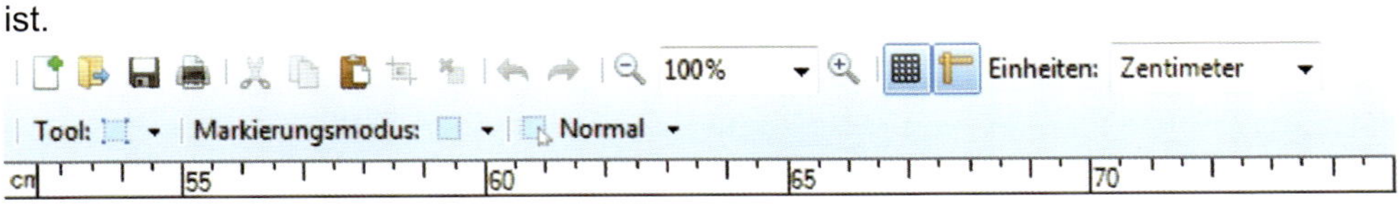

- Wählen Sie den Menüpunkt **Bild/Größe ändern**. Aus den Informationen in dem Fenster kann man entnehmen, dass die Datei 46,4 MB groß ist, also für eine Darstellung im Internet viel zu groß. Auch ist eine Druckausgabe wegen der Breite und Höhe des Bildes im Regelfall nicht möglich. Verändern Sie daher die Größe wie angegeben auf 10 % der ursprünglichen Größe.

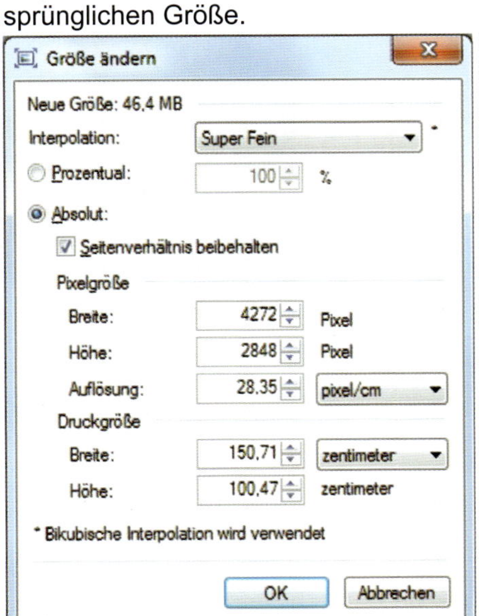

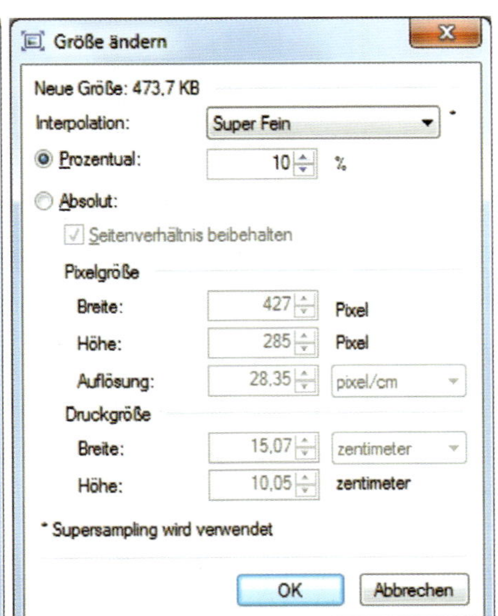

Bearbeitungsschritte (Fortsetzung):

- Die Druckgröße wird nach der Änderung angegeben. Sie können erkennen, dass der Ausdruck nun auf eine DIN-A4-Seite passen würde. Auch die Größe der Datei lässt den Einsatz im Internet zu.
- Nach dem Anklicken der Schaltfläche **OK** werden Sie die wirkliche Größe des Bildes auf dem Bildschirm erkennen können, wenn Sie die Ansichtshöhe auf 100 % und die Einheit auf Zentimeter einstellen.
- Beim Abspeichern können Sie die Dateigröße wesentlich beeinflussen. Speichern Sie zunächst das neue Bild über den Menüpunkt **Datei/Speichern unter** mit einem Qualitätsfaktor von 100 unter dem Dateinamen *Boot_12a.jpg* ab. Die Dateigröße wird angegeben.

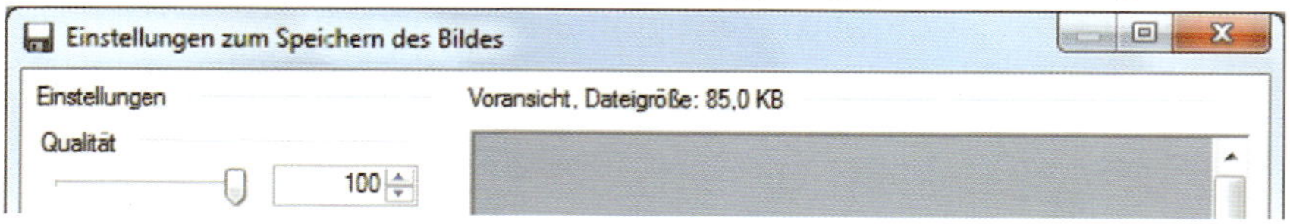

- Speichern Sie danach das Bild mit einem Qualitätsfaktor von unter 100 unter dem Dateinamen *Boot_12b.jpg* ab. Variieren Sie die Qualitätsstufe. Sie werden sehen, dass bei einer geringen Qualitätsstufe zum Beispiel einzelne Pixelbereiche nicht mehr vernünftig dargestellt werden. Sie müssen daher einen vernünftigen Kompromiss zwischen Dateigröße und Qualität finden. Speichern Sie probehalber mit dem Qualitätsfaktor 10 und schließen Sie dann die Datei

- Nach dem erneuten Öffnen der Datei werden Sie erkennen, dass diese Qualität wahrscheinlich nicht für eine Veröffentlichung im Web oder einen Ausdruck ausreicht.

Bilddarstellung

Aus unterschiedlichen Gründen kann es notwendig werden, dass beispielsweise ein Bild gedreht, gekippt usw. werden muss. Dies ist relativ einfach möglich.

Bearbeitungsschritte:

- Laden Sie das Bild *Boot.jpg*. Speichern Sie das Bild unter dem Namen *Boot_5.jpg* ab.
- Wählen Sie den Menüpunkt **Bild**. Verschiedene Möglichkeiten werden angegeben. Probieren Sie einige davon aus. Kehren Sie danach zum Ausgangspunkt zurück.

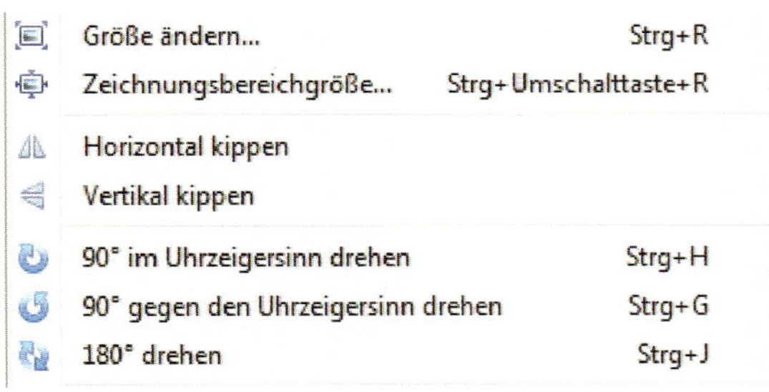

- Über den Menüpunkt **Ebenen/Rotationszoom** können Sie ein Bild rotieren, schwenken und zoomen. Mithilfe der **Rotation** werden Winkel für die Darstellung bestimmt. Das Instrument **Schwenken** bestimmt, wo das Objekt platziert wird, der **Zoom** bestimmt die Größe. Die Instrumente werden am besten mit der Maus gesteuert, indem man mit gedrückter linker Maustaste die entsprechenden Schalter versetzt.

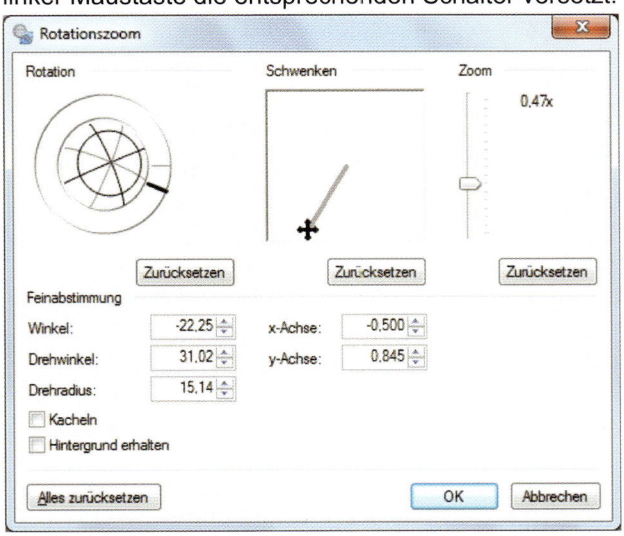

- Mögliche Ergebnisse könnten, je nachdem, ob die Optionen **Kacheln** oder **Hintergrund erhalten** aktiviert wurden, so aussehen:

9.4 Arbeiten mit Bildern

9.4.1 Zeichenwerkzeuge

Vorbemerkungen

Zur Bearbeitung eines Bildes, eines Bereichs eines Bildes oder zur Erstellung eines Bildes stehen verschiedene Farbwerkzeuge zur Verfügung:

- Farbeimer
- Farbverlauf
- Farbpinsel
- Radierer
- Zeichenstift
- Farbauswahl
- Klonen
- Neu kolorieren

Auf die einzelnen Werkzeuge wird anschließend genauer eingegangen.

Daneben wird zur Bearbeitung von Farben das Fenster **Farben** zur Verfügung gestellt. Es kann eine Primär- und eine Sekundärfarbe ausgewählt werden. Die Primärfarbe wird immer dann genutzt, wenn die Farbwerkzeuge verwandt werden. Die Sekundärfarbe spielt vor allem bei sogenannten Farbverläufen eine Rolle. Dabei wird beispielsweise ein Übergang zwischen den einzelnen gewählten Farben erstellt. Relativ einfach lässt sich eine Primär- zur Sekundärfarbe machen und umgekehrt.

Farbbearbeitungen werden sowohl bei vorhandenen Bildern als auch bei neu erstellten Grafiken vorgenommen. Neue Grafiken können mit anderen verbunden werden, wie später erklärt wird.

Farbeinstellungen

Bei der Erstellung einer neuen Grafik wird zumeist auch ein farblicher Hintergrund erstellt. Dieser Hintergrund kann z. B. als Ebene verwandt werden. Dies wird später erklärt.

Bearbeitungsschritte:

- Schließen Sie alle Bilder. Wählen Sie den Menüpunkt **Datei/Neu**, um eine neue Grafik zu erstellen. Bestimmen Sie die hier angegebenen Werte. Die erstellte Grafik soll später verwendet werden.

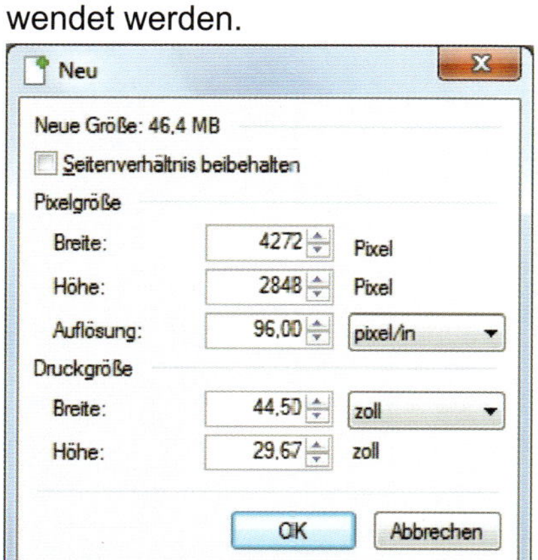

Bearbeitungsschritte (Fortsetzung):

- Im Fenster **Farben** können Sie die Primär- und eine Sekundärfarbe auswählen. Bestimmen Sie zunächst, dass Sie eine Primärfarbe auswählen wollen. Dies können Sie, indem Sie den Pfeil nach unten neben der Bezeichnung *Primärfarben* bzw. *Sekundärfarben* anklicken und dann die Auswahl vornehmen. Einfacher ist es jedoch, das obere Kästchen zur Bestimmung der Primär- und das untere Kästchen zur Bestimmung der Sekundärfarbe anzuklicken.
- Bestimmen Sie zunächst die Primärfarbe. Klicken Sie eine Farbe im dargestellten Kreis an bzw. wählen Sie eine Farbe aus. Dies ist vor allem dann detailliert möglich, wenn die Optionen nach Anklicken der Schaltfläche **Mehr** zur Verfügung stehen. Bestimmen Sie danach eine Sekundärfarbe. Orientieren Sie sich in etwa an den angezeigten Werten.

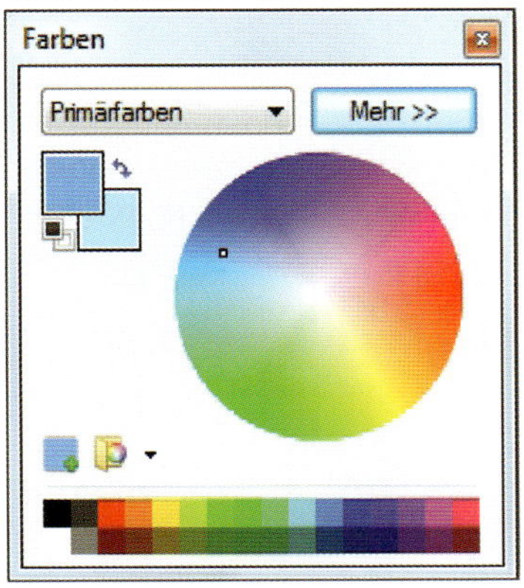

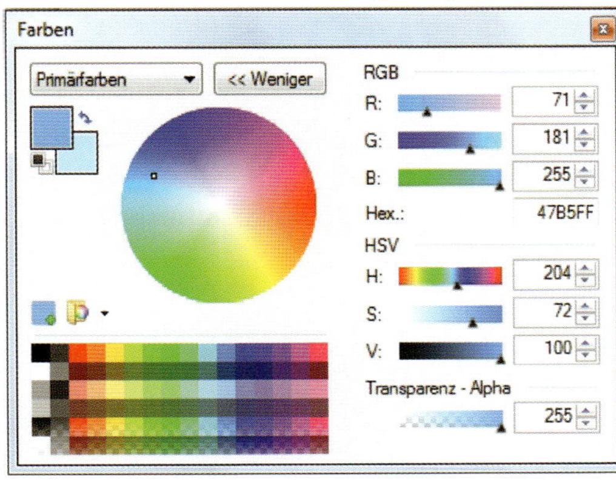

- Durch Anklicken der Pfeilspitzen werden die Farben ausgetauscht. Soll eine Schwarz-Weiß-Kombination ausgewählt werden, ist die entsprechende Schaltfläche anzuklicken.
- Klicken Sie die Schaltfläche **Farbeimer** an. Stellen Sie bei Bedarf verfügbare Optionen ein, es ist jedoch nicht unbedingt notwendig.

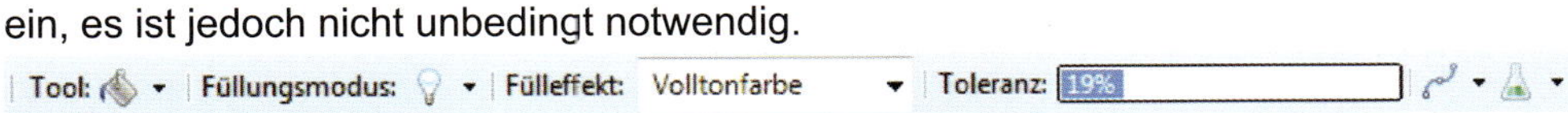

- Klicken Sie mit der Maus die leere weiße Fläche an. Sie wird bläulich (mit der Primärfarbe) gefärbt. Klicken Sie nicht mit der linken, sondern mit der rechten Maustaste in die Grafik, wird die Sekundärfarbe verwandt. Selbstverständlich kann durch das Austauschen der beiden Farben (siehe oben) der gleiche Effekt erreicht werden.

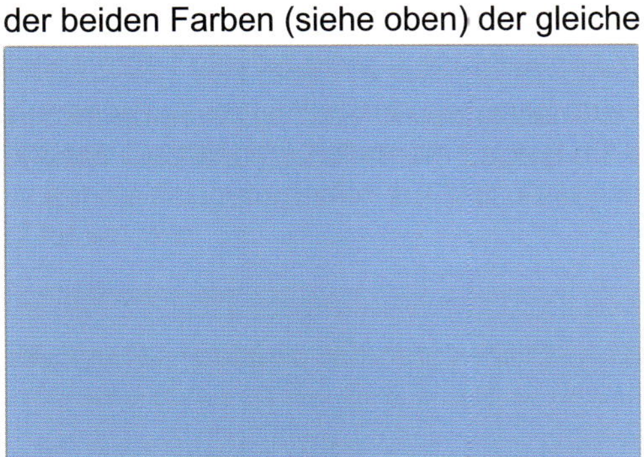

- Speichern Sie das Bild unter dem Namen *Hintergrund_1.jpg* ab.

Farbverläufe

Farbverläufe verbinden die Primär- und die Sekundärfarbe in einer vom Anwender gewünschten Form. Durch die Möglichkeit, verschiedene Formen zu nutzen, sind beliebige Variationen möglich.

Bearbeitungsschritte:

- Erstellen Sie wie beschrieben über den Menüpunkt **Datei/Neu** eine neue leere weiße Grafik.
- Klicken Sie die Schaltfläche **Farbverlauf** an. Mithilfe des Werkzeugs werden Farbverläufe zwischen der Primär- und der Sekundarfarbe erstellt. Es werden verschiedene Variationen für einen Farbverlauf angeboten, wählen Sie die erste (*Linear*).

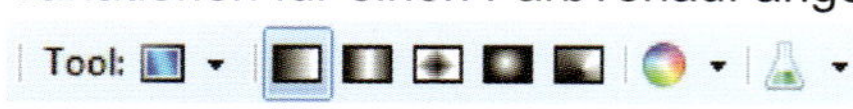

- Klicken Sie mit dem Mauszeiger + in die Mitte der weißen Fläche. Der markierte Punkt wird durch einen kleinen Kreis dargestellt. Fahren Sie mit der Maus auf den Kreis. Der Mauszeiger wird zu einer Hand. Klicken Sie dann die linke Maustaste an. Das Ergebnis könnte in etwa wie abgebildet aussehen. Beide Farben werden ohne einen Farbverlauf dargestellt. Ein zweiter kleiner Kreis wird ebenfalls angezeigt.

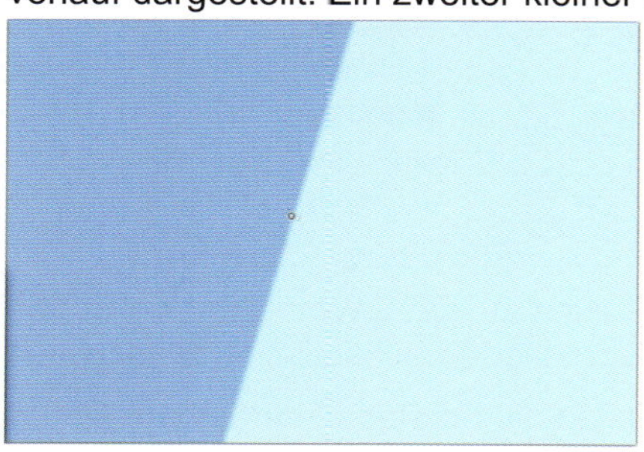

- Wenn Sie nun einen der Kreise anfahren und mit gedrückter linker Maustaste verschieben, kommt es zu einem Farbverlauf. Auch den zweiten Punkt können Sie beliebig verschieben. Nutzen Sie zu Übungszwecken auch andere mögliche Optionen, die in der Symbolleiste **Tools** angezeigt werden.

- Nutzen Sie auch andere Farben.

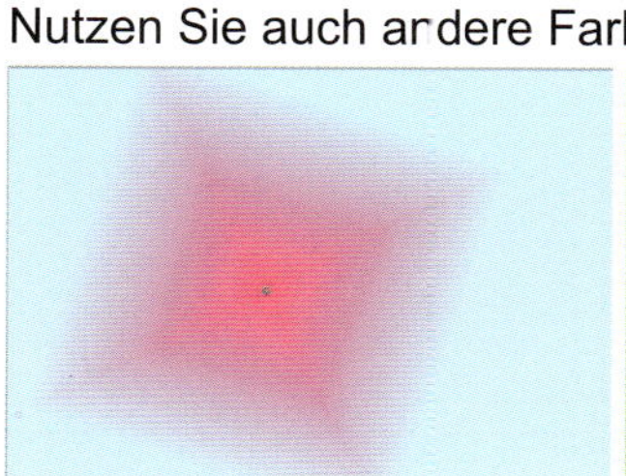
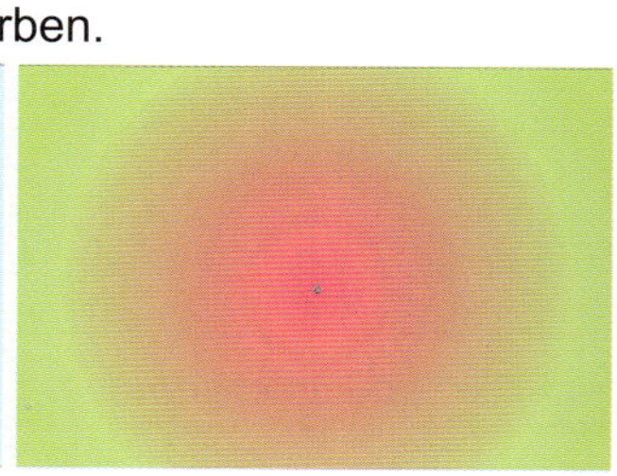

- Speichern Sie das ursprüngliche Bild unter dem Namen *Hintergrund_2.jpg* ab.

Löschen und Füllen eines ausgewählten Bereichs

Bereiche, die in einem Bild ausgewählt werden, können anschließend gelöscht oder mit Farben bzw. Mustern gefüllt werden. Daher müssen zunächst die Farben bestimmt werden.

Bearbeitungsschritte:

- Laden Sie das Bild *Boot.jpg*. Speichern Sie das Bild unter dem Namen *Boot_6.jpg* ab.
- Wählen Sie mit dem Auswahlwerkzeug *Lasso-Auswahl* einen Bereich des Bildes aus. Über die Schaltflächen *Radierer* können Sie weitere Bereiche entfernen.

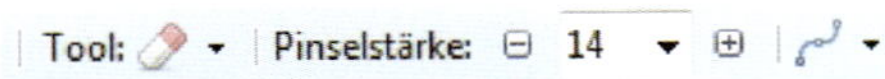

- Wählen Sie den Menüpunkt **Bearbeiten/Ausschneiden** oder drücken Sie die Taste [**Entf**]. Der ausgewählte Bereich wird transparent dargestellt. Dies bedeutet, dass er anschließend mit einer Farbe gefüllt, mit Inhalten anderer Bilder gefüllt (wird später erklärt) werden kann usw.
- Im Bereich der Werkzeuge können Sie die Primär- und eine Sekundärfarbe auswählen. Bestimmen Sie zunächst, dass Sie eine Primärfarbe auswählen wollen. Klicken Sie eine Farbe an bzw. wählen Sie eine Farbe aus. Bestimmen Sie danach eine Sekundärfarbe. Durch Anklicken der Pfeilspitzen werden die Farben ausgetauscht.

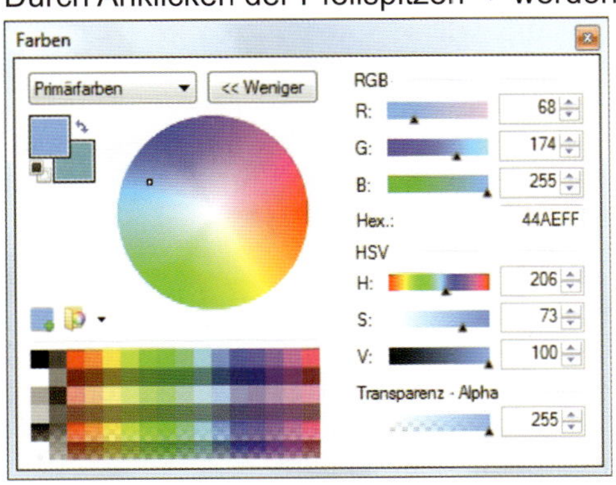

- Durch Anklicken der Schaltfläche **Farbeimer** und anschließendem Anklicken des ausgewählten Bereichs wird die Vordergrundfarbe in den ausgewählten Bereich eingefügt. In diesem Bereich könnte später beispielsweise ein Text eingefügt werden.

Farbauswahl mit der Pipette, Farbeimer und Farbpinsel

Mithilfe verschiedener Werkzeuge soll der Hintergrund eines Bildes bearbeitet werden. Außerdem sollen z. B. Nachbearbeitungen erfolgen.

Bearbeitungsschritte:

- Laden Sie das Bild *Boot.jpg*. Speichern Sie das Bild unter dem Namen *Boot_7.jpg* ab.
- Wählen Sie das Tool *Farbauswahl* aus. Klicken Sie danach mit der Maus in den oberen Bereich des Bildes. Damit ist die Primärfarbe bestimmt. Mithilfe der ausgewählten Farbe können dann später Bereiche farblich gestaltet werden.
- Wählen Sie das Tool *Zauberstab* aus. Bestimmen Sie eine Toleranz von beispielsweise 34 %.

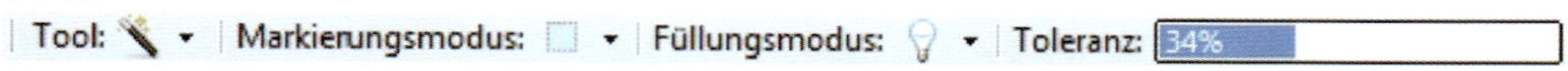

- Klicken Sie mit der Maus den unteren Bereich des Bildes (das Wasser) an. Der markierte Bereich wird mit einer Umrandung dargestellt. Das Ergebnis muss nicht zwangsläufig dem entsprechen, was nachfolgend angezeigt wird. Ist das Ergebnis jedoch absolut unbefriedigend, machen Sie es mithilfe des Menüpunkts **Bearbeiten/Rückgängig** rückgängig. Wählen Sie danach den Menüpunkt **Datei/Ausschneiden**.

- In den ausgeschnittenen Bereich können Sie nun beispielsweise wie schon beschrieben eine Farbe einfügen. Auch bietet es sich an, das Foto mit einem anderen zu verbinden. Die Vorgehensweise wird später beschrieben.
- Klicken Sie die Schaltfläche **Farbeimer** an. Klicken Sie mit der Maus in den ausgeschnittenen Bereich. Die ausgewählte Primärfarbe wird in den ausgewählten Bereich eingefügt. Das Ergebnis zeigt eine in etwa einheitliche Fläche. Allerdings dürfte zwischen den einzelnen blauen Bereichen ein leichter Unterschied erkennbar sein. Diesen können Sie dadurch ausgleichen, dass Sie den oberen Bereich zunächst mit dem Zauberstab markieren, dann ausschne den und danach mit dem Farbeimer neu einfärben.

.

Bearbeitungsschritte (Fortsetzung):

- Unter Umständen sind nun einzelne Bereiche noch markiert. Dies ist nicht immer wünschenswert. Wählen Sie daher den Menüpunkt **Bearbeiten/Auswahl aufheben**.
- Auch können in einzelnen Bereichen noch störende Farbkleckse usw. vorhanden sein. Diese können mit einem Farbpinsel entfernt werden.
- Wählen Sie das Tool *Farbpinsel*  aus. Bestimmen Sie eine Pinselstärke von 20.

- Zoomen Sie danach das Bild größer, z. B. auf 50 % 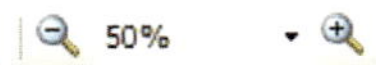

. Übermalen Sie mit dem Farbpinsel mit gedrückter linker Maustaste die störenden Stellen. Aufgrund der getroffenen Farbauswahl wird die Fläche mit der gewünschten Farbe ausgefüllt.

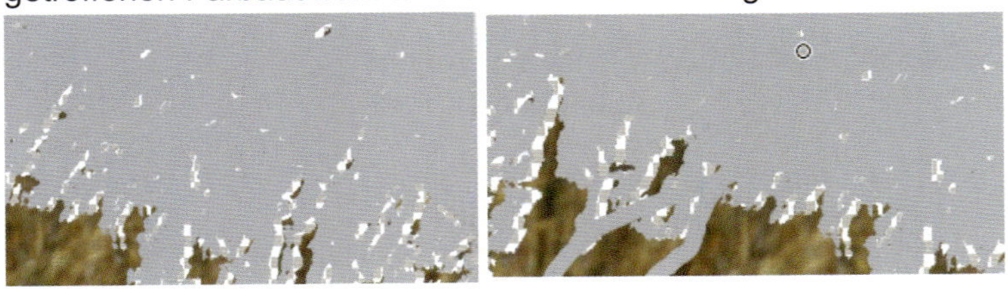

- Bearbeiten Sie anschließend das Boot nach. Das Segel und der Bootsrumpf sollten u. U. mit dem Farbpinsel nachbearbeitet werden. Dazu müssen Sie jeweils eine andere Farbauswahl treffen.

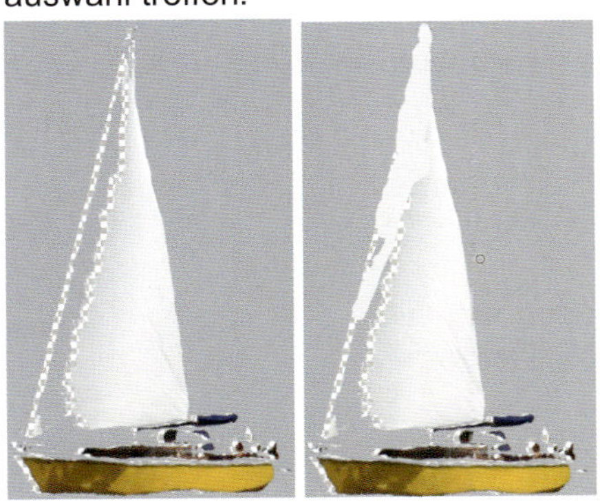

- Das Ergebnis sollte in etwa so aussehen:

Klonen

In Fotos sind oftmals Elemente enthalten, die nicht unbedingt hineingehören. So kann beispielsweise ein Objekt in einem Bild stören und nachträglich entfernt werden. In einem Gesicht können Pickel usw. stören, die wegretuschiert werden können. Stellen Sie sich darauf ein, dass Sie den gewünschten Erfolg erst nach einiger Übung erreichen. Umso besser wird später das Ergebnis ausfallen.

Bearbeitungsschritte:

- Laden Sie das Bild *Boot.jpg*. Speichern Sie das Bild unter dem Namen *Boot_8.jpg* ab.
- Das zu erreichende Ergebnis, die See ohne das Boot, wird nachfolgend neben dem Original angezeigt.

- Zoomen Sie das Bild u. U. größer. Eventuell ist das Klonen dann einfacher.
- Klicken Sie die Schaltfläche **Klonen (Stempel)** an. Stellen Sie das Werkzeug ein:

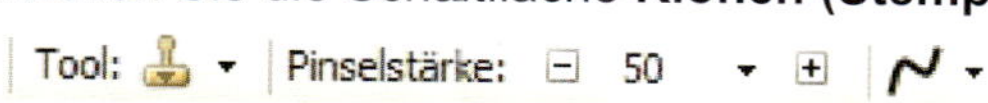

- Stellen Sie den Cursor an die links dargestellte Stelle, drücken Sie die Taste [**Strg**]. Der Mauszeiger wird mit einem Anker dargestellt. Klicken Sie auf die linke Maustaste. Der Ausgangspunkt des zu klonenden Bereichs ist nun markiert. Lassen Sie die Taste [**Strg**] wieder los. Fahren Sie mit der Maus an die auf dem rechten Bild dargestellte Stelle. Der Ausgangspunkt ändert sich nicht.

- Drücken Sie danach die linke Maustaste und fahren Sie dann mit gedrückter linker Maustaste nach rechts. Der angefahrene Bereich wird nun durch den mit Anker markierten Bereich übermalt. Dabei geht der Ausgangspunkt mit der Bewegung der Maus mit. So können unterschiedliche Bereiche (Wasser, Horizont) in einem Schritt übertragen werden. Übermalen Sie mit der Maus das gesamte Boot.
- Da das Klonen sicherlich nicht sofort vernünftig gelingen wird, können Sie nicht erwünschte Effekte über den Menüpunkt **Bearbeiten/Rückgängig** wieder rückgängig machen. Probieren Sie auch Änderungen bei der Einstellung des Klon-Stempels aus.
- Mithilfe der Tools *Farbauswahl* und *Farbpinsel* können Sie bei Bedarf beispielsweise den Schnittpunkt zwischen *Wasser* und *Horizont* nachbearbeiten.

9.4.2 Text

Das Textwerkzeug erlaubt das Einfügen eines Textes in ein Bild. Darüber hinaus kann die Schriftart, Schriftgröße und Schriftfarbe bestimmt und der Text auf einer bestimmten Position angeordnet werden.

Bearbeitungsschritte:

- Laden Sie das Bild *Boot.jpg*. Speichern Sie das Bild unter dem Namen *Boot_9.jpg* ab.
- Wählen Sie im Fenster **Farben** eine Primärfarbe aus. Klicken Sie danach die Schaltfläche **Text** an.
- Stellen Sie das Werkzeug in Bezug auf die Schriftart, die Schriftgröße, die Zeichenformatierung und die Textausrichtung folgendermaßen ein:

- Bestimmen Sie mit der Maus, wo der Text eingegeben werden soll. Geben Sie danach den Text ein. Solange unter dem Text ein Pfeilsymbol eingeblendet ist, können Sie mit der Maus den Text verschieben und nach Ihren Vorstellungen ändern.

- Klicken Sie jedoch mit der linken Maustaste auf das Bild oder klicken Sie eine andere Schaltfläche aus, ist der Text fest verankert.
- Selbstverständlich können Sie das Eingeben des Textes rückgängig machen. Wählen Sie zu diesem Zweck den Menüpunkt **Bearbeiten/Rückgängig** oder klicken Sie im Fenster **Verlauf** die entsprechende Schaltfläche an.

- Probieren Sie auch weitere Optionen aus.

- Mithilfe zusätzlich geladener Effekte können auch andere Darstellungen erzielt werden. Auf das Installieren zusätzlicher Effekte wird noch eingegangen.

9.4.3 Malwerkzeuge

Vorbemerkungen

Zum Einfügen von Linien/Kurven, Ellipsen usw. stehen verschiedene Malwerkzeuge zur Verfügung:

- Linie/Kurve
- Rechteck
- Abgerundetes Rechteck
- Ellipse
- Freihand

Linien und Kurven

Linien und Kurven können auf besondere Inhalte des Bilds hinweisen, Bereiche abgrenzen usw. Sie können mit bestimmten Stilen und Fülleffekten versehen werden. Die gegebenen Möglichkeiten werden nachfolgend dargestellt:

Stil

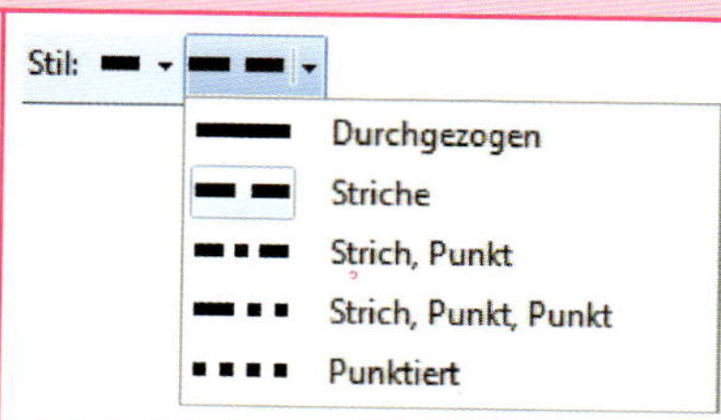

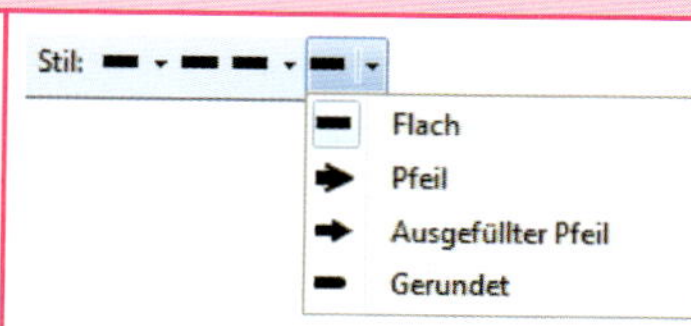

Fülleffekte

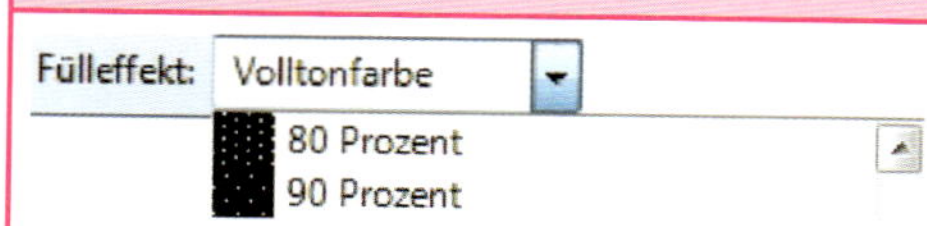

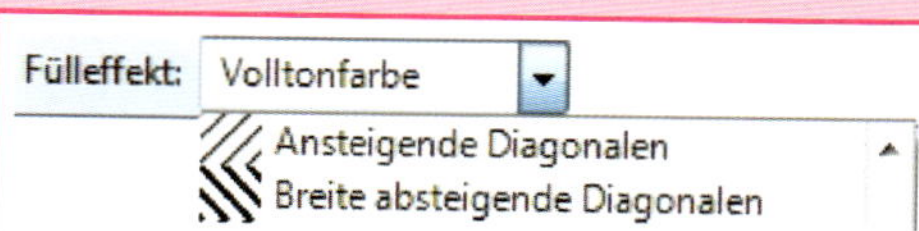

Bearbeitungsschritte:

- Laden Sie das Bild *Boot.jpg*. Speichern Sie das Bild unter dem Namen *Boot_10.jpg* ab.
- Wählen Sie eine Farbe aus. Klicken Sie danach die Schaltfläche **Linie/Kurve** an.
- Die Symbolleiste des Tools wird eingeblendet. Die wichtigsten Einstellungsmöglichkeiten wurden zuvor dargestellt. Nehmen Sie folgende Einstellungen vor:

- Ziehen Sie den folgenden Strich:

Bearbeitungsschritte (Fortsetzung):

- Auf der Linie sind vier Anfasser. Fährt man mit der Maus auf die Anfasser, verwandelt sich das Maussymbol in eine Hand. Mit gedrückter linker Maustaste kann der Linienverlauf nun verändert werden.

- Probieren Sie das Werkzeug intensiv aus.

Rechtecke, Ellipsen und Freihand-Zeichnungen

Rechtecke, abgerundete Rechtecke und Ellipsen können Bereiche durch Umrandungen besonders herausstellen. Dabei können z. B. einzelne Bereiche oder das ganze Bild hervorgehoben werden. Mit dem Werkzeug **Freihand** wird ein frei gewählter Bereich umrandet.

Bearbeitungsschritte:

- Laden Sie das Bild *Boot.jpg*. Speichern Sie das Bild unter dem Namen *Boot_11.jpg* ab.
- Wählen Sie eine Farbe aus. Klicken Sie danach die Schaltfläche **Rechteck** an. Bestimmen Sie die angegebenen Optionen.

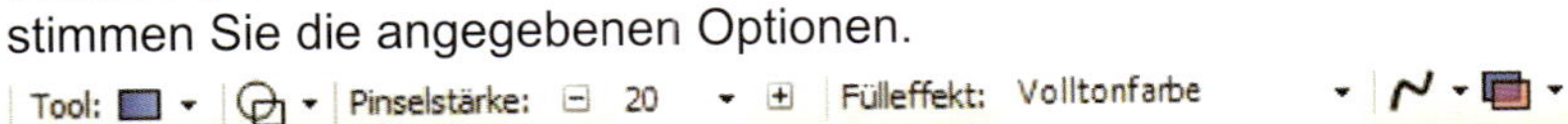

- Ziehen Sie mit der Maus um den dargestellten Bereich. Klicken Sie danach die Schaltfläche **Ellipse** an und fügen Sie einen Kreis ein. Wählen Sie danach eine andere Farbe aus. Die Abbildung zeigt in etwa den Ausgangspunkt, der gewählt werden muss, um die Darstellung zu realisieren. Wählen Sie danach eine andere Farbe aus. Klicken Sie dann die Schaltfläche **Freihand** an. Wählen Sie einen Ausgangspunkt. Zeichnen Sie danach eine freie Darstellung um die bisherigen Elemente. Sie müssen dabei zum Ausgangspunkt zurückkehren.

- Bei der Zeichnung von Formen haben Sie verschiedene Optionen.

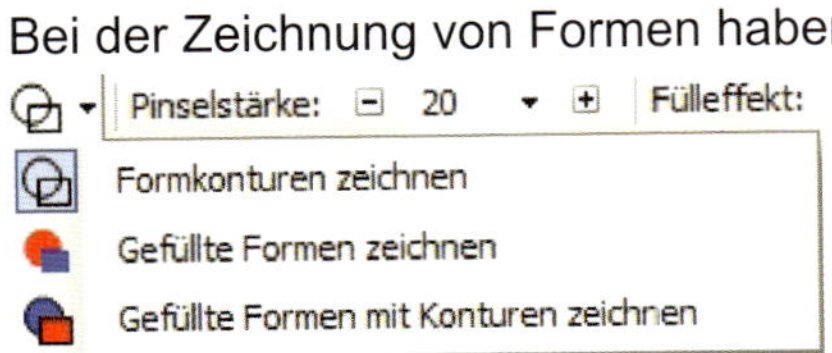

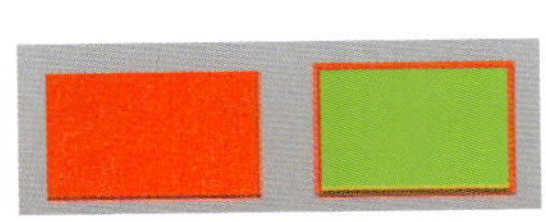

- Natürlich können auch Text- und Malwerkzeuge zusammen eingesetzt werden.

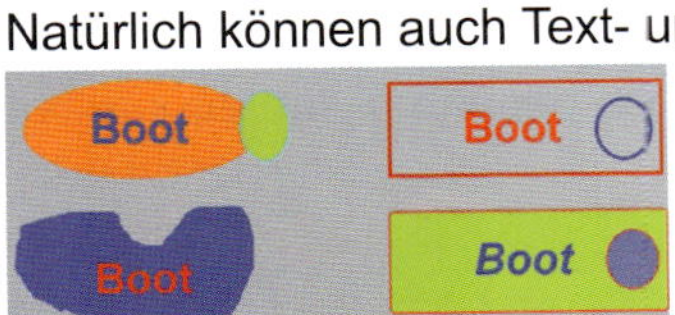

9.4.4 Ebenen

Begriff

Mithilfe von Ebenen werden Bilder wie Folien übereinandergelegt. Die Folien können bei Bedarf hinzugefügt oder auch entfernt werden. Die Zusammenstellung der Folien kann beliebig erfolgen. Daher kann man das Bild (die Grafik) in verschiedenen Formen beispielsweise über einen Drucker ausgeben.

Erzeugung, Ein- und Ausblendung, Benennen von Ebene – Bild – Schrift – Rahmen

In einem ersten Schritt soll ein Bild mit Überschriften und Rahmen versehen werden. Dabei sind die einzelnen Elemente nicht fest in der Grafik verankert, sondern können bei Bedarf ein- und ausgeblendet werden.

Bearbeitungsschritte:

- Laden Sie das Bild *Boot.jpg*. Speichern Sie das Bild unter dem Namen *Boot_12.jpg* ab.
- Im Fenster **Ebenen** wird das Bild als eine Ebene dargestellt. Wählen Sie den Menüpunkt **Ebenen/Neue Ebene hinzufügen** oder machen Sie einen Doppelklick auf den Bereich des Bildes in Fenster **Ebenen**. Benennen Sie die Ebene und bestimmen Sie den Modus **Normal**. Damit wird die Ebene ohne besondere Einstellungen eingefügt.

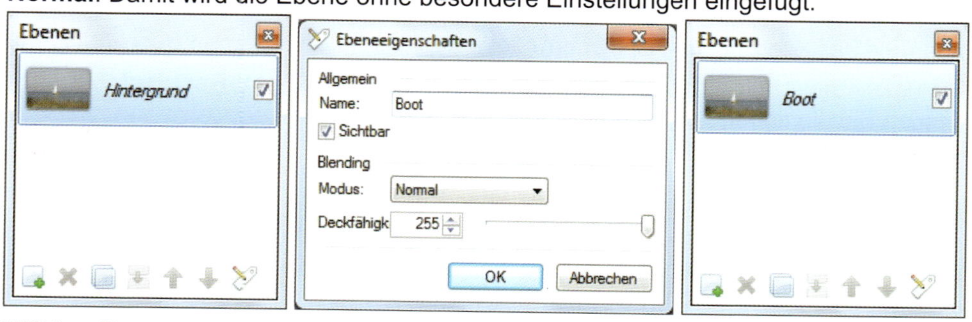

- Wählen Sie den Menüpunkt **Ebenen/Neue Ebene hinzufügen**. Im Fenster **Ebenen** wird die Ebene angezeigt. Wählen Sie den Menüpunkt **Ebenen/Ebeneeigenschaften** bzw. machen Sie einen Doppelklick auf den Bereich *Ebene 2*. Im Fenster **Ebeneeigenschaften** legen Sie die folgenden Optionen fest. Mit dem Modus **Erhellen** wird die Ebene in den Vordergrund gerückt. Nach Anklicken der Schaltfläche **OK** verändert sich das Fenster **Ebenen**. Blenden Sie die Ebene *Boot* durch Anklicken des Häkchens aus.

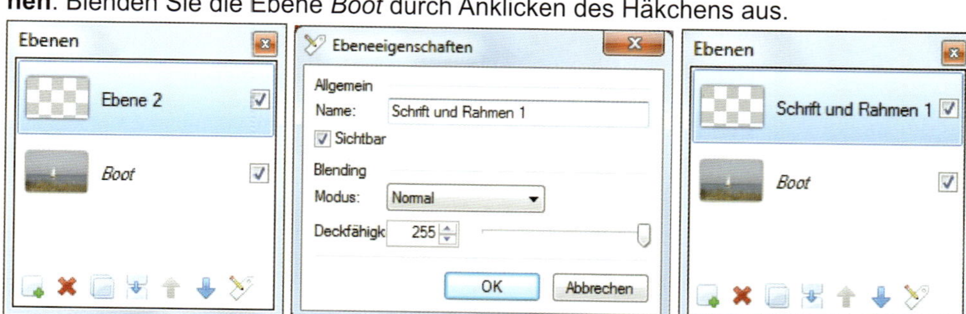

- Klicken Sie die Schaltfläche **Text** an. Stellen Sie das Werkzeug folgendermaßen ein und wählen Sie im Fenster **Farben** eine rote Farbe.

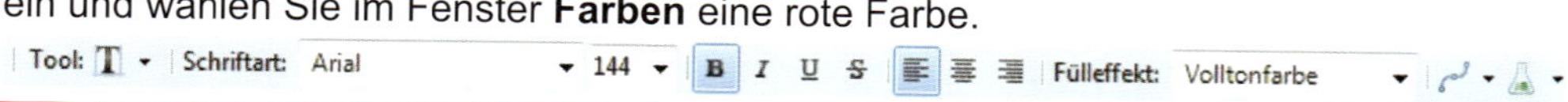

Bearbeitungsschritte:

- Das Ergebnis sollte folgendermaßen aussehen:

- Je nachdem, ob man eine Ebene aktiviert oder nicht, werden Elemente des Bildes ein- bzw. ausgeblendet.

- Bei Aktivierung beider Ebenen sieht das Ergebnis folgendermaßen aus:

Erzeugung, Ein- und Ausblendung, Benennen, Deckkraft von Ebenen – Hintergrund

Ein Hintergrund kann beispielsweise einen transparenten Bereich ausfüllen.

Bearbeitungsschritte:

- Wählen Sie den Menüpunkt **Ebenen/Neue Ebene hinzufügen**. Im Fenster **Ebenen** wird die Ebene wie bereits beschrieben angezeigt. Stellen Sie die Eigenschaften ein. Der Modus **Abdunkeln** sorgt dafür, dass die Ebene in den Hintergrund gesetzt wird.

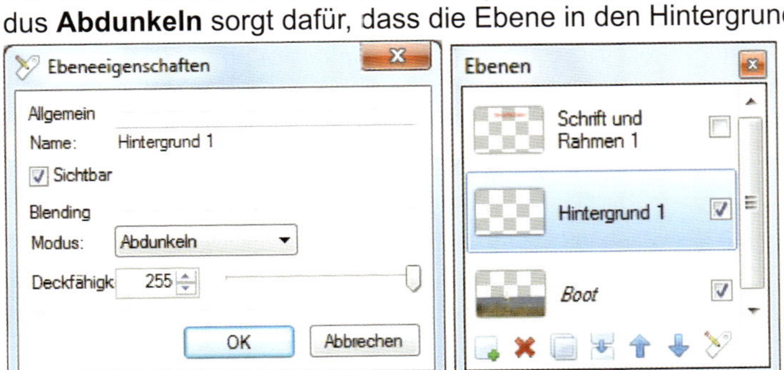

- Klicken Sie die Schaltfläche **Farbeimer**  an. Wählen Sie eine hellblaue Farbe. Stellen Sie bei Bedarf verfügbare Optionen ein.

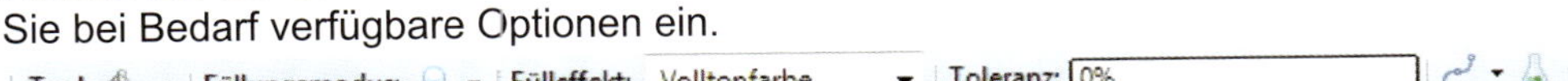

Bearbeitungsschritte (Fortsetzung):

- Bei Einblendung aller drei Ebenen sieht das Ergebnis folgendermaßen aus:

- Die Eigenschaften der Ebenen können jederzeit geändert werden. Beispielsweise kann die Deckfähigkeit einer Ebene erhöht bzw. auch wieder vermindert werden. Dadurch ändert sich die Darstellung.

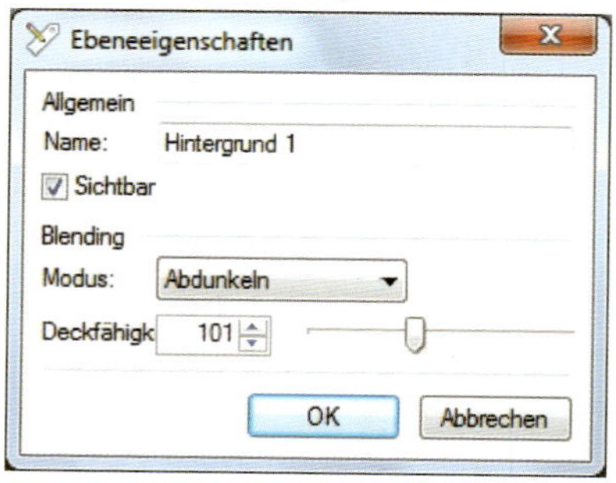

Speichern einer Datei mit Ebenen

Die Abspeicherung von Grafiken mit Ebenen unterscheidet sich im Prinzip nicht von der Abspeicherung anderer Bilddateien. Wichtig ist jedoch, dass die Datei unter einem dafür speziell vorgesehenen Format (*pdm:*) abgespeichert wird. Dadurch werden die Ebenen getrennt voneinander in der Datei abgelegt.

Bearbeitungsschritte:

- Speichern Sie die Datei unter dem Dateinamen und dem Dateityp *Boot.pdn* ab.
- In einem Fenster wird darauf hingewiesen, dass das Bild zusammengefasst wird und der Zusammenfassen-Vorgang nicht mehr rückgängig gemacht werden kann. Wenn Sie zuvor die Speicherung unter dem Dateityp *pdn* vorgenommen haben, können Sie die Datei beruhigt unter dem Dateityp *jpg* abspeichern.

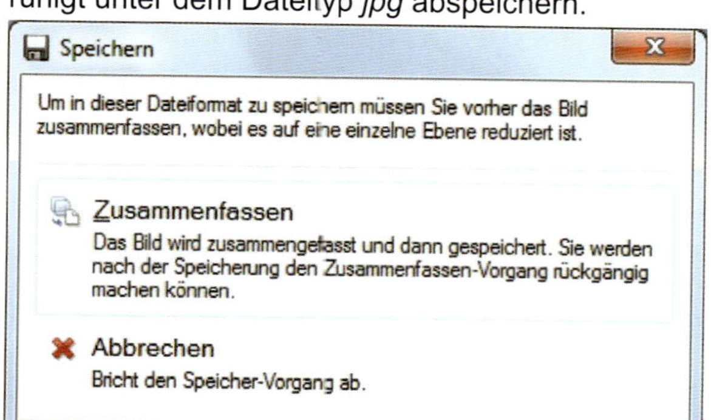

Zusammenführen, Löschen und Vervielfältigen von Ebenen

Ebenen, die nicht mehr benötigt werden, sollten gelöscht werden. Daneben kann man Ebenen, die sachlogisch zusammengehören, zu einer Ebene zusammenführen. Werden Ebenen in fast identischer Form benötigt, sollte man eine Ebene vervielfältigen und dann eine der beiden Ebenen in der gewünschten Form ändern.

Bearbeitungsschritte:

- Speichern Sie die Datei *Boot.pdn* unter dem Namen *Boot_1.pdn* nochmals ab.
- Markieren Sie im Fenster **Ebenen** die Ebene *Hintergrund 1*. Klicken Sie danach die Schaltfläche **Doppelte Ebene** an. Die zusätzliche Ebene wird angezeigt. Rufen Sie die zusätzliche Ebene auf, verändern Sie den Namen und fügen Sie mit dem **Farbeimer** eine andere Farbe ein.

- Probieren Sie zunächst verschiedene Kombinationen aus. Markieren Sie danach die Ebene *Hintergrund 2*. Klicken Sie die Schaltfläche **Ebene löschen** an, um die Ebene zu löschen.

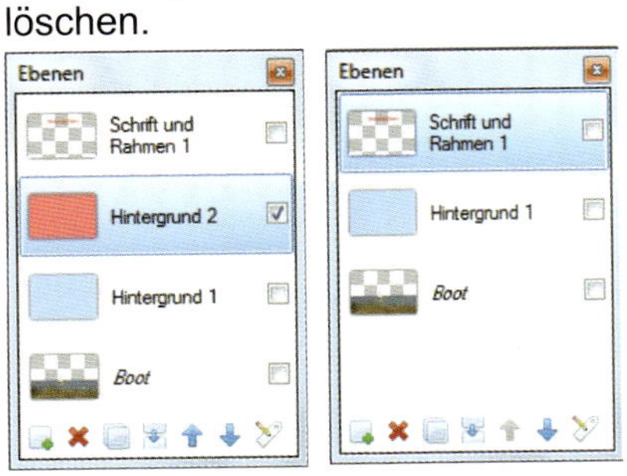

- Ebenen können auch zusammengeführt, also aus mehreren Ebenen eine erstellt werden. Dies bietet sich an, wenn diese Ebenen immer zusammen genutzt werden. Bringen Sie zunächst die Ebenen mithilfe der Schaltflächen **Ebene nach oben verschieben** und **Ebene nach unten verschieben** in die folgende Reihenfolge. Klicken Sie danach die Schaltfläche **Ebene nach unten zusammenführen** an. Die beiden Ebenen sind nun zu einer Ebene verschmolzen. Um eine vernünftige Darstellung zu erreichen, muss für die neue Ebene der Modus **Abdunkeln** gewählt werden.

Importieren eines Bildes

Durch das Importieren von Bildern soll in der Regel versucht werden, Informationen aus zwei verschiedenen Bildern zu einem sinnvollen Bild zu verarbeiten. Im folgenden Fall soll der bedeckte Himmel eines Bildes in das Bild mit dem Boot eingearbeitet werden.

Bearbeitungsschritte:

- Wählen Sie den Menüpunkt **Ebenen/Aus Datei importieren**. Wählen Sie die Datei *Wolken_1.jpg* aus. Im Fenster **Ebenen** wird das Bild angegeben.

- Blenden Sie das Bild *Wolken_1* aus und das Bild *Boot* ein.

- Wählen Sie das Tool *Zauberstab* aus. Bestimmen Sie eine Toleranz von 16 %. Dies bedeutet, dass nach Anklicken eines Punktes in dem Bild alle Bereiche markiert werden, die bis zu 16 % farblich von dem Punkt abweichen. Der Wert wurde willkürlich gewählt, grundsätzlich sollte man immer überprüfen, ob der gewünschte Effekt eintritt.

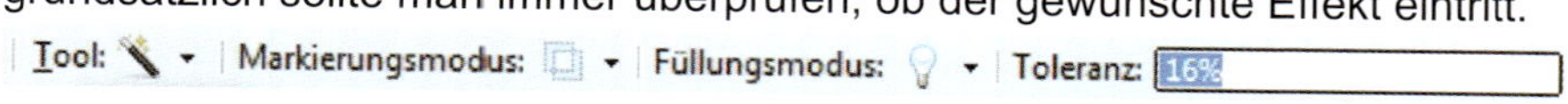

- Klicken Sie in den transparenten Bereich und markieren Sie dadurch den Bereich.

Bearbeitungsschritte (Fortsetzung):

- Aktivieren Sie auch wieder die Ebene *Wolken_1*. Der markierte Bereich der Ebene *Boot* wird in die Ebene *Wolken_1* übertragen.

- Deaktivieren Sie die Ebene *Boot*. Der bisher markierte Bereich soll in dem neuen Bild integriert und der Rest ausgeschnitten werden. Wählen Sie daher den Befehl **Bearbeiten/ Auswahl umkehren**, um den anderen Bereich des Bildes zu markieren.

- Wählen Sie den Menüpunkt **Bearbeiten/Ausschneiden**.

- Aktivieren Sie zusätzlich die Ebene *Boot*. Das Ergebnis überzeugt. Aus einem Bild mit strahlendblauem Himmel wurde ein Bild mit einem wolkenverhangenen Himmel.

9.4.5 Effekte, Filter und Korrekturen

Vorbemerkungen

Ein Bild entspricht nicht immer den Vorstellungen, die bei der Erstellung des Bildes gegeben waren. Es kann daher wie bereits gezeigt wurde, verändert usw. werden.

Ein Grafikverarbeitungsprogramm verfügt daneben über viele Möglichkeiten, ein Bild zu verbessern oder zu verändern, beispielsweise kann der Kontrast erhöht, die Helligkeit verändert oder das Bild als Beistift- oder Ölgemälde dargestellt werden. Standardmäßig verfügt das Programm **Paint.NET** über ca. 50 Korrekturhilfen und Filter (Effekte), mit deren Hilfe ein Bild verändert werden kann. Über die Paint.Net-Seite im Internet können mehrere Hundert weitere dieser Werkzeuge geladen und dann installiert werden. Außerdem werden weitere kostenlose Werkzeuge im Netz angeboten. Sie können über Suchmaschinen gefunden werden.

Korrekturen

Das Bild *Boot.jpg* erscheint tendenziell etwas zu dunkel. Daher soll es nachbearbeitet werden.

Bearbeitungsschritte:

- Speichern Sie die Datei *Boot.jpg* unter dem Namen *Boot_13.jpg* nochmals ab.
- Wählen Sie den Menüpunkt **Korrekturen**. Verschiedene Möglichkeiten der Korrektur eines Bildes stehen zur Verfügung. Wählen Sie den Menüpunkt **Helligkeit/Kontrast** und verändern Sie die Werte.

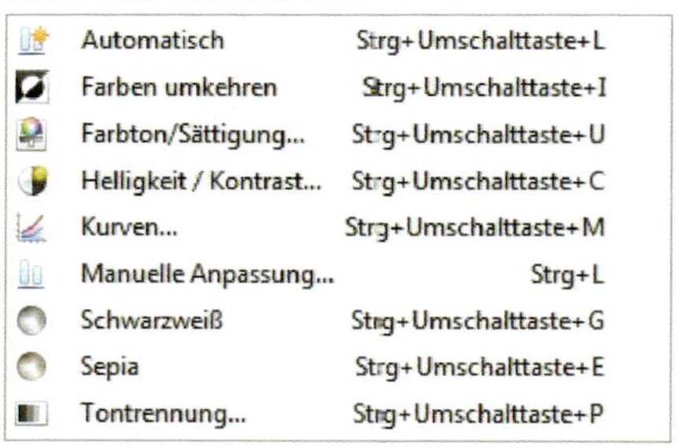

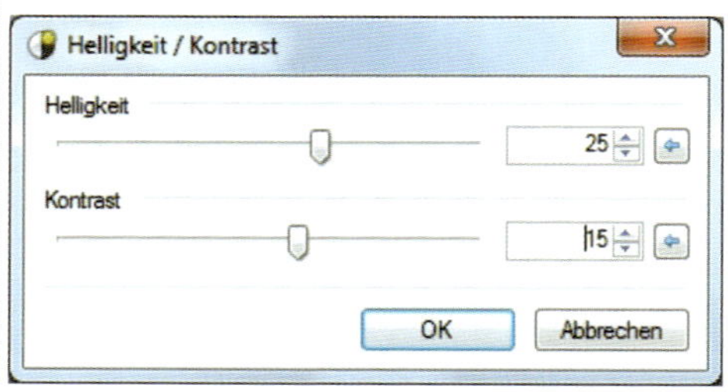

- Das Ergebnis zeigt ein deutlich helleres Bild. Außerdem müsste das Bild kontrastreicher dargestellt werden. Machen Sie die Korrektur danach wieder rückgängig.

- Probieren Sie nacheinander alle Korrekturmöglichkeiten aus. Machen Sie die Ergebnisse wieder rückgängig. Nachfolgend werden einige mögliche Ergebnisse gezeigt:

Effekte

Mithilfe von mathematischen Algorithmen werden durch digitale Filter Bilder verbessert, verändert oder für andere Zwecke aufbereitet. Das Programm **Paint.NET** stellt ca. 30 verschiedene Effekte, die auch als Filter bezeichnet werden, zur Verfügung.

Oftmals stehen Parameter zur Verfügung, die für unterschiedliche Ergebnisse der Anwendung von Filtern sorgen. Die Bearbeitungszeit für die Erstellung des Ergebnisses hängt weitestgehend von der Leistungsfähigkeit des Computers ab.

Bearbeitungsschritte:

- Speichern Sie die Datei *Boot.jpg* unter dem Namen *Boot_14.jpg* nochmals ab.
- Wählen Sie den Menüpunkt **Effekte**. Verschiedene Effekte (Filter) stehen zur Verfügung. Wählen Sie den Menüpunkt **Künstlerisch/Beistiftskizze.**

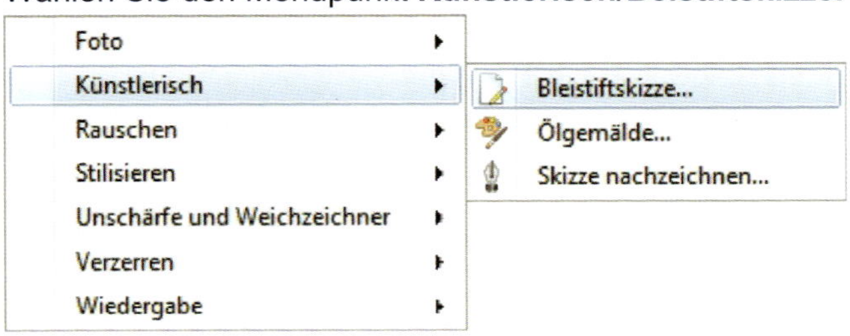

- Das Ergebnis sieht je nach Einstellung unterschiedlich aus:

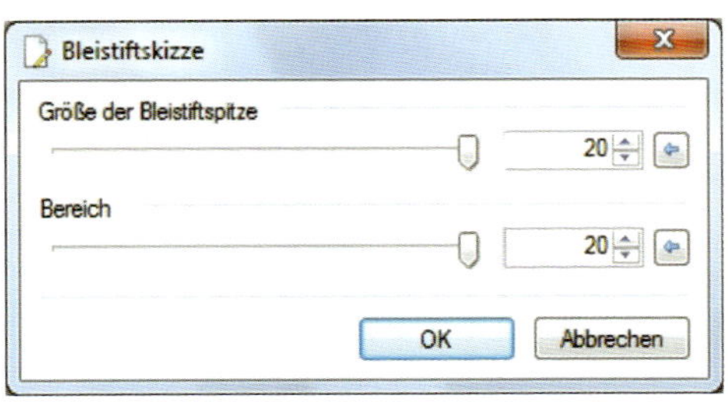

- Über den Menüpunkt **Korrekturen/Kurven** können Sie z. B. den Effekt verstärken.

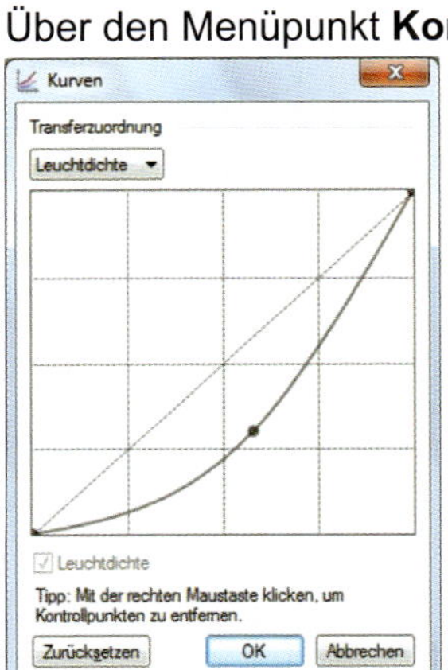

- Probieren Sie weitere Filter aus. Machen Sie das Ergebnis jeweils rückgängig bzw. speichern Sie das Ergebnis unter einem anderen Dateinamen ab.

9.5 Ausgabe

Vorbemerkungen

Die Ausgabe der Bilder kann selbstverständlich sehr unterschiedlich realisiert werden. Grundsätzlich ist es beispielsweise möglich, die Bilder über einen Drucker auszugeben, denkbar ist es jedoch auch, die Bilder in der Hinsicht zu optimieren, dass sie mit einer vernünftigen Ladezeit für den Anwender im Internet zur Verfügung gestellt werden.

Drucken

Der Druck wird mithilfe eines Assistenten durchgeführt. Verschiedene Ausgabeoptionen können dabei genutzt werden, z. B. ganzseitiger Ausdruck, Passbildformat usw.

Bearbeitungsschritte:

- Laden Sie die Datei *Boot.jpg*. Wählen Sie danach den Menüpunkt **Datei/Drucken**. Das Fenster **Bilder drucken** wird angezeigt. Wählen Sie einen Drucker aus, stellen Sie die Papiergröße ein, bestimmen Sie die Qualität und eventuell den Papiertyp.

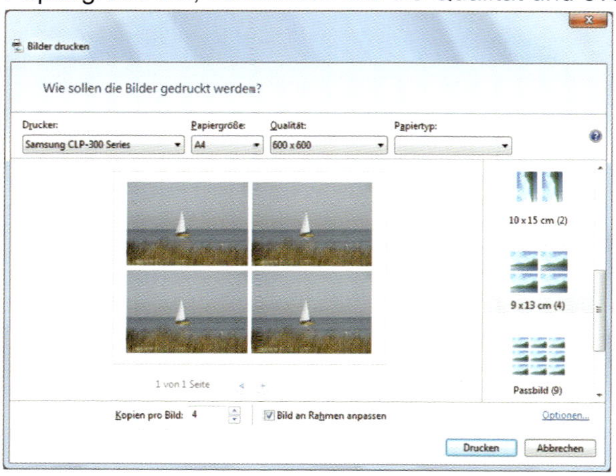

- Klicken Sie die Schaltfläche **Drucken** an, wenn Sie einen Ausdruck vornehmen möchten. Ist dies nicht der Fall, sollten Sie den Vorgang abbrechen.

Veröffentlichung im Web

Soll ein Bild im Internet veröffentlicht werden, sind verschiedene Einstellungen notwendig. Vor allem im Hinblick auf die Bildgröße und den *Dateityp* (gif, *jpeg*) müssen Sie eventuell Anpassungen vornehmen, um die Bilder vernünftig im Internet und mit einer akzeptablen Ladezeit präsentieren zu können.

9.6 Zusätzliche Plug-Ins

Das Programm **Paint.Net** stellt viele Möglichkeiten der Bildbearbeitung zur Verfügung. Zusätzliche Möglichkeiten ergeben sich jedoch über das Einbinden sogenannter Plug-Ins in das Programm. Auf diese Weise stehen zusätzliche Dateiformate, Korrekturmöglichkeiten und Effekte zur Verfügung.

Bearbeitungsschritte:

- Starten Sie das Programm **Paint.Net**. Wählen Sie den Menüpunkt **Hilfe/Plug-Ins**. Wählen Sie vorhandene Effekte aus und installieren Sie sie.

Übungen:

1. Bearbeiten Sie die Bilder. Die Bilder können Sie unter der folgenden Internetadresse laden:

   www.berufliche-informatik/Office/Bilder

   a) Entfernen Sie aus dem Bild *Kanal* den Ausflugsdampfer.

   b) Stellen Sie mithilfe der zur Verfügung stehenden Werkzeuge das Segelboot aus dem Bild *Boot.jpg* frei und fügen Sie es mithilfe der Ebenentechnik in das Bild *Kanal* ein.

2. Laden Sie das Bild *Mühle*. Drehen Sie das Bild. Nehmen Sie Korrekturen vor und nutzen Sie mögliche Effekte. Nutzen Sie eventuell durch Plug-Ins zur Verfügung gestellte Möglichkeiten.

10 Information und Kommunikation

10.1 Internet

Internet und World Wide Web (WWW)

Das Internet wird oftmals mit dem World Wide Web (WWW) gleichgesetzt, es besteht jedoch aus mehreren Diensten und kann unterschiedlich genutzt werden. Es können beispielsweise weltweite Informationen abgerufen, elektronische Briefe versandt oder Telefonate über das Internet ausgeführt werden.

Die einzelnen Dienste des Internets sind in der folgenden Aufstellung aufgeführt:

World Wide Web	Das *World Wide Web* (*WWW*) (weltweites Netz) ist die grafische Oberfläche des Internets. Im *World Wide Web* sind Informationen zu beliebigen Themen abrufbar. Innerhalb des *World Wide Web* kann man sich per Mausklick von Dokument zu Dokument und damit von einem zum nächsten Internet-Rechner bewegen.
E-Mail	*E-Mail* bedeutet elektronische Post. Zum Schreiben und Lesen der *Mails* gibt es spezielle Programme, die beispielsweise mit Internet-Browsern zusammen ausgeliefert werden. Die *E-Mails* werden auf Rechnern, beispielsweise auf einem Rechner eines *Online-Dienstes*, abgespeichert und können vom Empfänger von diesem Rechner abgerufen werden. Der Aufbau einer *E-Mail* ist normalerweise folgendermaßen gegliedert: • Adresse • Betreff-Zeile • Brieftext • Anlagen Über das Internet können Benutzern per E-Mail Daten zugesandt werden. Dabei müssen bestimmte Konventionen beachtet werden. So lautet beispielsweise bei T-Online die E-Mail-Adresse des Teilnehmers: Nutzername@t-online.de Der Nutzername kann die Telefonnummer des Benutzers sein.
FTP (File Transfer Protocol)	Alle Daten, die auf FTP-Servern zur Verfügung stehen, können von Internetbenutzern abgerufen werden. Über das Internet stellen Unternehmen beispielsweise Software, Dateien, die Fehler in Programmen beheben, Kurse für das Erlernen von Programmen usw. zur Verfügung.
Newsgroups	*Newsgroups* dienen dem Datenaustausch zwischen Personen. Jede Newsgroup (Nachrichtengruppe) ist einem Thema (Spiele, Programme usw.) gewidmet. Nachrichten in Newsgroups kann - im Unterschied zu persönlicher Post (E-Mails) - jeder Internet-Teilnehmer lesen.
Telnet	Über den Telnet-Dienst wird der Zugang zu fremden Rechnern gewährleistet. So können Dokumente in Bibliotheken, Nachrichtenmagazinen, Zeitschriften und Zeitungen, meist gegen eine Gebühr, genutzt werden.
Telefonieren	Das Internet lässt sich wie ein Telefon benutzen. Spezielle Programme stellen die Verbindung her.

Begriffe aus dem Internet

Das Arbeiten im und mit dem Internet erfordert die Kenntnis bestimmter Begriffe. In der folgenden Übersicht sind die wichtigsten zusammengefasst:

Browser	Die Seiten im Internet sind in der *HTML*-Sprache geschrieben. Ein *Browser* ist ein Programm, welches die Internetseiten aus dem Internet anfordert und auf dem Monitor darstellt. Die beiden weltweit führenden *Browser* sind der *Mozilla Firefox* und der *Microsoft Internet Explorer*.
Chat/ Webchat	*Chat* (Geplauder) im Internet bedeutet, dass der Benutzer mit anderen Benutzern im Internet kommuniziert, indem er einen Text schreibt, der dann im Internet gelesen werden kann.
Down-loaden	Ein Dokument oder eine andere Datei (beispielsweise ein Programm oder ein Update eines Programms) wird von einem Computer des Internets auf den eigenen Rechner geladen.
Homepage	Als *Homepage* wird die zentrale Webseite einer Sammlung von Webseiten bezeichnet. Eine *Homepage* enthält z. B. eine Begrüßung, einen Titel und Links auf andere Seiten.
HTML	Die *HTML* (*hypertext markup language*, *Hypertext Auszeichnungssprache*) ist die Beschreibungssprache im World Wide Web (WWW) des Internets. Mit verschiedenen Programmen (beispielsweise Word für Windows) können Texte im *HTML-Format* erstellt und dann im Internet abgelegt werden. *HTML* besteht aus ASCII-Zeichenfolgen mit speziellen Formatierungsbefehlen für die Gestaltung von Seiten. Außerdem können Multimedia-Elemente wie Bilder usw. in den Text eingefügt werden.
Internet-Adresse	Im Internet hat jeder angeschlossene Computer, jedes angeschlossene Netzwerk usw. eine eindeutige Adresse. Die Adressen werden vom sogenannten NIC (Network Information Center) vergeben und registriert. Der Computer ist dann unter seinem Adressbefehl (z. B. http://www.spiegel.de oder http://www.focus.de) im Internet zu erreichen.
Internet-Protokolle	Das Internet setzt sich aus einer Vielzahl von kleinen Netzen mit unterschiedlicher Hard- und Softwareausstattung zusammen. Die einzelnen Computer sind außerdem durch unterschiedliche Leitungen (Telefon, ISDN, ADSL, Glasfaser usw.) miteinander verbunden. Daher wurden Vereinbarungen für die Kommunikation getroffen: die Internet-Protokolle. Die für die Arbeit im Internet verwendeten Protokolle bilden gemeinsam die sogenannte TCP/IP-Familie (Transmission Controll Protocol/Internet Protocol).
Internet-Suchmaschine	Web-Nachschlageverzeichnisse, mit deren Hilfe nach bestimmten Themen im Internet gesucht werden kann, werden als Suchmaschinen bezeichnet. Beliebte Suchmaschinen sind z. B. google (www.google.de) und fireball (www.fireball.de).
Links (Hyperlinks, Hypertext)	Wörter, ClipArts usw. auf Internet-Seiten, die mit der Maus angeklickt werden können, um andere Seiten aufzurufen, werden als *Links* bezeichnet. So kann man beispielsweise von der Seite einer Stadt auf die Homepage einer Schule in dieser Stadt wechseln.
Web-Seiten Web-Sites	Das World Wide Web ist eine gewaltige Anzahl von Web-Seiten (Web- Sites), die Bezüge aufeinander haben. Von einer Web-Seite lassen sich andere aufrufen. Die Web-Seiten bestehen aus Texten und Bildern usw.

10.2 Arbeiten mit Browsern

Vorbemerkungen

In Deutschland wird der Markt für Browser durch den *Internet Explorer* von Microsoft und den kostenlosen Browser *Mozilla Firefox* bestimmt. Die wesentlichen Funktionen der Browser sind nahezu identisch. Die Arbeit mit einem Browser gehört heutzutage zu den alltäglichen Arbeiten am Computer. Daher werden die Möglichkeiten nur kurz angedeutet. Die Suche nach Informationen im Internet ist nicht von einem bestimmten Browser abhängig, sondern wird mit sogenannten Suchmaschinen durchgeführt. Am Beispiel der Suchmaschine *Google* wird die effektive Arbeit mit den Suchmaschinen erklärt.

Aufrufen von Informationen

Browser werden wie jedes andere Programm über ein Symbol auf dem Bildschirm, über die Taskleiste oder über die Schaltfläche **Start** in der Taskleiste gestartet.

Bearbeitungsschritte:

- Starten Sie den Browser *Internet Explorer* oder den Browser *Mozilla Firefox*.

- Das Programm wird aufgerufen. Geben Sie eine Internetadresse ein:

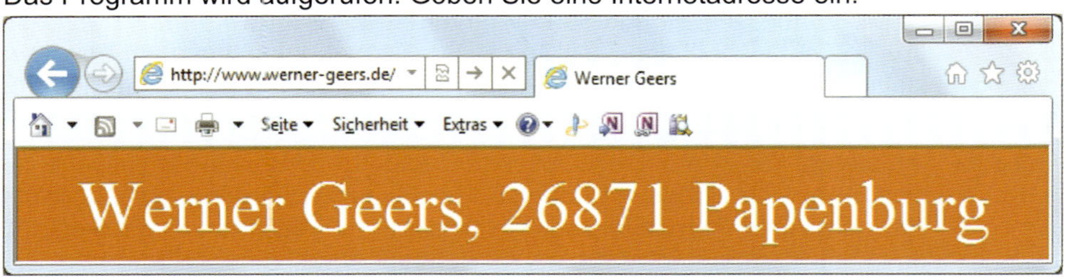

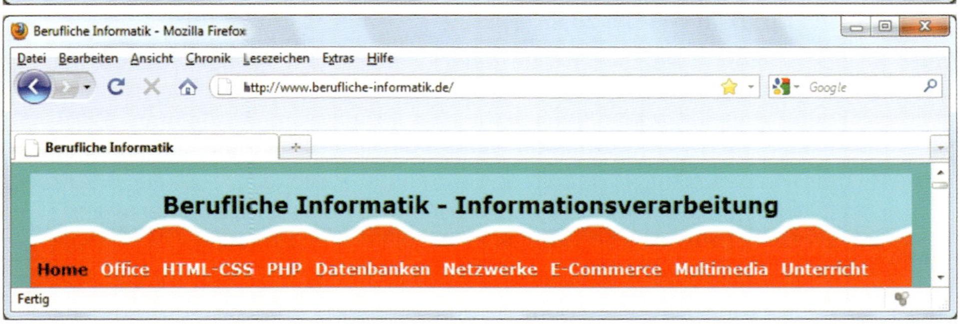

- Sollte die Menüleiste nicht eingeblendet sein, können Sie sie in der Regel mithilfe der rechten Maustaste im Kontextmenü einblenden.
- In der **Navigations-Symbolleiste** wird die Internet-Adresse eingegeben. Sie können über die Schaltflächen eine Seite zurück- oder vorgehen, die Seite neu laden oder den Ladevorgang abbrechen. Nicht aktive Schaltflächen werden matt dargestellt. Bereits früher genutzte Seiten werden nach Anklicken des Pfeils nach unten ausgewählt.
- Sie können z. B. Lesezeichen anlegen, um besonders oft genutzte Seiten schnell aufrufen und verwalten zu können.

10.3 Suchmaschinen

Vorbemerkungen

Das Finden von Informationen im Internet erfordert den Einsatz von Programmen, die die Suche im Internet erleichtern bzw. möglich machen. Mithilfe von sogenannten *Suchmaschinen* wird nach bestimmten Begriffen gesucht.

Suchmaschinen bieten heutzutage neben der Suche nach Begriffen, Bildern usw. eine Reihe weiterer Dienste, beispielsweise können oftmals Routenplaner, Börseninformationen usw. auf den Seiten des Suchmaschinenanbieters genutzt werden. Videoportale gehören seit einiger Zeit ebenfalls zum Angebot verschiedener Suchmaschinen.

Nicht zu unterschätzen ist der Bereich des Datenschutzes bei der Nutzung von Suchmaschinen. Daten, die von den Suchmaschinenherstellern gespeichert werden, werden z. B. dazu eingesetzt, Werbung zu platzieren, um genau denjenigen anzusprechen, der beispielsweise nach bestimmten Begriffen gesucht hat. Die *Sammelwut* einzelner Suchmaschinenhersteller wird mittlerweile auch von der Politik kritisch betrachtet.

Hinweis: Suchmaschinen ändern sich in ihrem Aufbau und in ihren Möglichkeiten in Nuancen immer wieder. Die Funktionsweise ist davon jedoch nicht betroffen.

Suchen am Beispiel der Suchmaschine Google

Bei der einfachen Suche wird nach einem Begriff im Internet gesucht. Oftmals werden sehr viele Ergebnisse erzielt, sodass später eine Verfeinerung der Suchstrategie erfolgen muss.

Bearbeitungsschritte:

- Starten Sie Ihren Internet-Browser und geben Sie die folgende Adresse ein:
  www.google.de
- Geben Sie als Suchbegriff das Wort *Prozessoren* ein. Klicken Sie die Schaltfläche **Google-Suche** an. Sie können danach einzelne Seiten durch Anklicken einzelner Links auswählen.

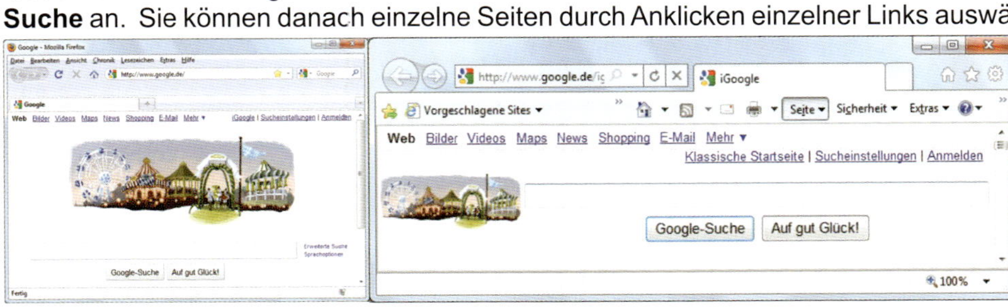

- Mithilfe der erweiterten Suche lassen sich, da Begriffe eingegrenzt werden können, verbesserte Suchergebnisse erzielen. Rufen Sie daher über den entsprechenden Link die entsprechende Suche auf.
- Der Bereich, in dem gesucht werden soll, kann eingestellt werden. Beispielsweise ist eine Suche im gesamten Web oder nur in Seiten in Deutschland möglich. Nach Bildern wird oftmals gesucht. Hierbei ist zu beachten, dass das *Copyright* nicht verletzt wird.
- Wer sich über Bücher informieren möchte, kann dies oftmals über die Funktion *Buchsuche* realisieren. Bei der Suchmaschine **Google** werden beispielsweise Probeseiten verschiedener Bücher dargestellt.

Betriebssysteme

Ausschneiden 71
Bildlaufleiste 60
Dateien 67, 69
Dateiverwaltung 53
Desktop, Desktop-Symbol 59
Gruppen 60
Installation 56, 58
Lineal 60
Löschen 71, 73
Markieren 71
Maximieren 60
Minimieren 60
Multifunktionsleiste 60
Ordner 68
Platzhalter 75, 76, 77
Register 60
Screenshots 57
Suche 74, 75, 77
Symbole 59
Task Manager 55
Titelleiste 60
Verküpfung 60, 61, 62
Wiederherstellen 60, 73
Windows-Explorer 63

Bildbearbeitung

Auflösung 578
Ausgabe 612
Auswahlwerkzeuge 586
  Elliptische Maske 586
  Lasso-Auswahl 586
  Rechteckige Maske 586
  Zauberstab 586
Bilder, Internet 584
Bildgröße 591
Bildtypen 581
Digitale Bilder 577
Ebenen 604
Effekte 610, 611
Ellipse 602, 603
Farbauswahl 594
Farbe 578
Farbeimer 594, 598
Farbeinstellungen 594
Farbmodelle
  CMYK 578
  HSB 578
  RGB 578
Farbpalette 579
Farbpinsel 594, 598
Farbtiefe 579
Farbton 579
Farbverlauf 594
Filter 610
Freihand 602, 603
Gamma 579
Grafik
  Auswahl Bereich 586, 588, 594
  Bereich löschen 597
  Klonen 600
  Lasso 590
  Text 601
  Zauberstab 590
  Zeichenwerkzeuge 602
Grafikformate 581
Helligkeit 579
Kamera 585
Klonen 594
Komprimierung 580
Korrekturen 610
Linie/Kurve 602
Pipette 598
Pixel 578
Radierer 594
Rechteck 602, 603

Datenaustausch

Access-Tabelle 528
Daten, externe 528, 538
Datenaustausch 525
Datenexport 525
Datenimport 528, 538
Datenquelle 540
  Access 541
  Excel 542
  Word 543, 544
Datenquellen 538
Diagramm 526
Hauptdokument 539, 540
Serienbrief 539
  Alternativer Text 550
  Ausgeben 548
  Auswahl 551
  Bedingungsfelder 549
  Datensätze 554
  Filtern 552
  Sortieren 552
  Speichern 548
Seriendruckfelder 546
Text 530, 533
Verknüpfung, Daten 526

Datenbank

1:1-Beziehung 348, 425, 428
1:n Beziehung 349, 425, 431
Abfrage 360, 401, 404
  Aktualisierungsabfrage 415
  Anfügeabfrage 411
  Berechnungen 417, 418, 419, 422
  Erstellen 403
  Gruppierung 420
  Kleiner-Bedingung 406, 407
  Kreuztabellenabfrage 414
  Löschabfrage 412
  Nullwerte, Nicht-Null-Werte 410
  Parameterabfrage 408
  Summenbildung 420
  Syntax 402
  Tabellenerstellungsabfrage 412
  Verknüpfungen 450
Absatzausrichtung 359
Aggregatsfunktionen 420
Aktionsabfragen 401
Aktualisierungsabfrage 401, 415
Anfügeabfrage 401, 411
Attribut, Attributwert 340, 342
Auswahlabfrage 401, 402, 405
Auswahlfilter 398
AutoWert 363
Bericht 360, 396, 397
Beschriftung 377
Beziehungen 346
  referentielle Integrität 443
Daten
  Eingeben 366
  Ersetzen 370
  Formatieren 384
  Formular 393
  Suchen 370
Datenbank
  Anlegen 358, 361
  Funktionen 339
  relational 339
Datenfeld 363
  Berechnungen 417, 418
  Daten löschen 369
  Einfügen 371
  Löschen 372
  Sortieren 369
Datenfeldname, Ändern 373
Datenfeldtyp, Ändern 373
Dateninkonsistenz 341
Datenintegrität 341
Datenredundanz 341
Datensatz 368, 440
Datum 363
Differenz 415
Duplikatsuche 401, 421
Eingabe, Eingabeformate 376, 377
Entität, Entitätstyp 342, 343
Entity-Relationship-Modell, ERM 339, 342
Felddatentypen 363
Feldgröße 375
Filtern 398
Formular 360, 386
  Assistent 392
  Daten 393, 394, 395
  Elemente 391
  geteiltes 391
  Layoutansicht 388
Fremdschlüssel 346, 427
Funktionen 422
  Finanzmathematik 422
  Logik 423
  Wenn 423
Gleichheitsverknüpfung 448
Gruppierung 420
Gültigkeit, Gültigkeitsmeldungen 379
Indizes 381
Inklusionsverknüpfung 448, 449
Inkonsistenzen, Inkonsistenzsuche 401, 441
Integer 363
Kombinationsfelder 378
Kreuztabellenabfrage 401, 414
Listenfelder 378
Logisches Modell 340
Long Integer 363
Löschabfrage 401, 412
m:n-Beziehung 350, 351, 426,433, 438
Modell, semantisch 339
Navigationsbereich 360
Nicht-Schlüssel-Attribute 346
Normalformen
  Nullte 354
  1. Normalform 355
  2. Normalform 356
  3. Normalform 357
Normalisierung 354
Parameterabfrage 401, 408
Physisches Modell 340
Primärschlüssel 344, 426, 427
  Datenfeld 426, 427
  zusammengesetzter 438
Relation 340

Elemente verschiedener Programme

AutoFormen ... 555
Bildtools ... 558
ClipArts ... 555, 556
Farbe, transparent ... 560
Formeln ... 567
Formen ... 563
Freihandzeichnung ... 576
Grafik, Freistellen ... 555, 556, 558, 560, 574
Objekte ... 555, 566
Organigramme ... 555, 572
Pfeile ... 576
Schatteneffekte ... 565
Screenshot ... 561
SmartArt-Grafiken ... 569, 574
Textfeld ... 555, 575
WordArt-Objekt ... 555 ,562

Grundlagen der Informationstechnologie

DVI, DVI-Kabel ... 21, 26
Eingabegeräte ... 12
Einplatzsystem ... 34
Festplatte ... 20
FireWire ... 24
FreeWare ... 32
Geschwindigkeit ... 11
Gigabyte ... 18
Grafikkarte ... 21, 22
HDMI ... 26
Hub ... 29
Individualsoftware ... 31
Informationsnetze ... 33
Interne Schnittstellen ... 15
Internet, Intranet, Extranet ... 35
ISDN, ISDN-Karte ... 36
Kapazität ... 11
Kartenleser ... 20
Kilobit, Kilobyte ... 18
Kommerzielle Programme ... 32
LAN ... 34
Laptop ... 9
Lautsprecherboxen ... 22
Linux ... 30
Maschennetz ... 37
Maus ... 21
Megabyte ... 18
Mehrplatzsystem ... 34
Mikrofon ... 25
Motherboard, Motherboardsteuerung .. 13, 15
Multifunktionsgeräte ... 22
Multimedia, Multimediageräte ... 12, 22
Netzwerkbetriebssysteme ... 36
Netzwerke, Netzwerkkarte ... 12, 28
Netzwerkkomponenten ... 28
Netzwerktopologien ... 37
Notebook ... 9
Packprogramme ... 32
Parallele Schnittstelle ... 15
PCI-Bus, PCI-Steckplatz, PCMCIA ... 15, 17
Peer-to-Peer Networking ... 36
Performance ... 11
Personalcomputer ... 9
Plotter ... 21
Programmierung ... 32
Prozessorcache ... 14
RAM ... 11
Rechenwerk ... 14
Ringnetz ... 37
Router ... 29
Scanner, Scansoftware ... 20, 21, 32
Schnittstellen ... 15
SCSI-Controller ... 16
SD-RAM ... 17
Serielle Schnittstelle ... 15
ShareWare ... 32
Sicherheit ... 41
Slots ... 15
Sockel ... 15
Soundkarte ... 22
Speicher, Speicherkarten ... 12, 20
Sprachkommunikation ... 33
Standardsoftware ... 31
Sternnetz ... 37
Steuerbus ... 16
Steuerprogramme ... 30
Steuerwerk ... 14
Switch ... 29
Systementwicklung ... 31
Systemsoftware ... 30
Taktfrequenz ... 14
Tastatur ... 20
Telearbeit ... 40
Telekommunikationsnetze ... 36
Texterkennungssoftware ... 32
Textkommunikation ... 33
Tower ... 9
Unix ... 30
Urheberrecht ... 44
USB, USB 1.1, USB 2.0, USB 3.0, Sticks 15, 25
VGA ... 26
Webcam ... 22
Wireless-LAN, WLAN ... 29, 34
Zentraleinheit ... 12

Information und Kommunikation
Browser ... 615
Chat ... 615
E-Mail ... 614
File Transfer, FTP ... 614
Homepage ... 615
HTML ... 615
Internet-Adresse ... 615
Internet-Protokolle ... 615
Internet-Suchmaschine ... 615
Links ... 615
Newsgroups ... 614
Suchmaschinen ... 617
Webchat ... 615
Web-Sites ... 615
World Wide Web ... 614

Präsentation
Absatz
  Formatierung ... 486
  Gestaltung ... 491
Animation ... 501
  Diagramm ... 502
  Organigramm ... 503
Aufzählungszeichen ... 488
Ausgabevorbereitung ... 511
Basis-Optionen ... 466
Beurteilungsbogen ... 521
Beurteilungskriterien ... 520
Bilder ... 456, 482, 493, 495
Bildlaufleisten ... 458
Bildschirmpräsentation ... 462
  Benutzerdefiniert ... 513
ClipArts ... 456
Datum, aktuell ... 481
Diagramme ... 456, 499, 500
Druck ... 455
Entwurfsvorlagen ... 474
Filme ... 457, 482, 496, 498
Folie ... 469
  Ausblenden ... 509, 514
  Auswahl ... 507
  Duplizieren ... 509
  Excel-Tabelle ... 470
  Einblenden ... 514
  Einfügen ... 510
  Löschen ... 509
  Pfeile ... 471
  Tabelle ... 469
  Textfeld ... 471
  Word-Art-Objekt ... 471
Folienlayout ... 472
Foliennummer ... 481
Folienpräsentationseffekte ... 501
Folienübergang, Schaltflächen ... 505
Fotoalbum ... 517
Grafik ... 455, 456, 463, 493
Grundeinstellungen ... 466
Gruppen ... 458
Handzettel ... 455
Hilfefunktion ... 458
Hintergrundformat ... 473
Masterfolien ... 477, 480
Multifunktionsleiste ... 458
Notizen ... 482
Nummerierung ... 488
Optionen ... 515
Organisations-Diagramm ... 500
PowerPoint ... 455
PowerPoint Viewer ... 516
Präsentation
  Entwicklung ... 467
  Erstellung ... 459
  PowerPoint-Viewer ... 516
  Selbstablaufend ... 455
  Speichern ... 463
  Word ... 464
  Zeigen ... 512
Präsentationen
  vorgefertigt ... 476
  Zielgruppenorientiert ... 513
Präsentationsansichten ... 467
Register ... 458
Schaltfläche Office ... 458, 474, 475, 476
Schrift, Formatierung ... 483
SmartArt ... 457, 492
Sound ... 456, 482, 496
Speichern ... 463, 464, 465
Tabellen ... 456
Text ... 456, 482
  Formatierung ... 482
  Kopieren ... 495
  Löschen ... 495
  Verschieben ... 495
Übergänge ... 504
Video ... 457
Vortrag ... 455, 519
Zeichnungsobjekte ... 499, 500
Zoomfunktion ... 466

Tabellenkalkulaion

3-D-Balken ... 273
3-D-Fäche ... 273
3-D-Kreis ... 273
3-D-Linien ... 273
3-D-Säule ... 273
Absatzausrichtung ... 174
Abschließen ... 187
Absolute Adressierung ... 204
Adressierung ... 203
Adressierung über Namen ... 206
ANZAHL ... 242
ANZAHLLEEREZELLEN ... 242
Arbeitsblätter ... 201
Arithmetische Formeln ... 212
Ausfüllen ... 259
Ausrichtung ... 257, 258, 260
Ausschneiden ... 198
Balken ... 273
Balkenformatierung ... 265
Bearbeiten ... 187
Bedingte Formatierung ... 265
Berechnungen ... 188, 202
Bildlaufleisten ... 173
CSV ... 179
Daten ... 304
  Filtern ... 307
  Sortieren ... 304
  Spezialfilter ... 309
  Standardfilter ... 308
  Teilergebnisse ... 310
  Verknüpfen ... 312
Daten, Kriterien ... 307
Datenänderung ... 187
Datenbank ... 220
Dateneingabe ... 187, 188
Datentabellen ... 315
Datenüberprüfung ... 327, 328, 329
Datum ... 247
Datum & Zeit ... 220
DBSUMME ... 246
Diagramme, verknüpfen ... 273, 312
Diagrammtools ... 275
Diagrammtyp ... 284
Drag and Drop ... 198
Drucken ... 295, 299
Druckvorschau ... 292
Einfrieren ... 194
Einfügen ... 196, 197, 198, 201
Eingaben ... 187
Einrichten von Arbeitsblättern ... 292
Ersetzen ... 199
Falsch ... 239
Filtern ... 307
Finanzmathematische Funktionen ... 227
Fläche ... 273
Format ... 280
  Benutzerdefiniert ... 271
Formatierung ... 257, 258, 260
  Datum ... 258
  Zahlen ... 258
Formatvorlagen ... 257
Formeln ... 211, 214, 215
  Durchschnittsrechnung ... 217
  Prozentrechnung ... 212
  Zinseszinsformel ... 214
  Zinsrechnung ... 213
Formelüberwachung ... 218
Funktion, verschachelt ... 236
Funktionen ... 211, 220
  ANZAHL ... 242
  ANZAHL2 ... 242
  FALSCH ... 239
  JAHR ... 250
  MAX (Maximum) ... 242
  MIN (Minimum)) ... 242
  MINUTE ... 252, 253
  MITTELWERT ... 242
  MONAT ... 250
  NICHT ... 239
  STUNDE ... 252, 253
  TAG ... 250
  WAHR ... 239
  WOCHENTAG ... 251
Funktions-Assistent ... 221
GROSS ... 241
GROSS2 ... 241
Gruppen ... 173, 182
Gültigkeitsprüfung ... 327
Hilfefunktion ... 180
Hintergrundfarben ... 278, 283
HTML ... 179
Information ... 220
Informations-Funktionen ... 229
Inhalte ... 180
ISTFEHLER ... 230
ISTLEER ... 229
JAHR ... 250
KLEIN ... 241
Kommentar ... 329
Kontextmenü ... 184
Kopieren ... 196, 197

Korrekturen ... 187, 273
Kreisdiagramm ... 285
Kurs ... 273
Legende ... 276
Linie ... 273
Liniendiagramm ... 220, 287
Logik, Logik-Funktionen ... 220
Löschen ... 195, 201
Makro ... 330
Markieren ... 187, 190
Mathematische Funktionen ... 220, 223, 224
Matrix, Matrix-Funktionen ... 220, 243
MAX ... 242
MEDIAN ... 242
MIN ... 242
MINIUTE ... 252
MITTELWERT ... 242
MODALWERT ... 242
MONAT ... 250
Multifunktionsleisten ... 182
Namen ... 206, 207, 208
Nicht ... 239
ODER ... 236
Öffnen ... 177
PDF ... 300
Potenz ... 223
Prozentformatierungen ... 269
Punkt ... 273
Rahmen ... 259
Rechtschreibprüfung ... 298
Register ... 173, 182
Relative, Relative Adressierung ... 203, 204
Säule ... 273
Säulenfarben ... 278, 283
Schaltflächen ... 182
Schnellzugriff ... 182, 185, 186
Schrift ... 259
Schriftart ... 257
Schutz ... 301
Seiteneinrichtung ... 293, 296
Skalieren ... 282, 295
Solver ... 322
Sortieren ... 304, 305, 306
Spalten ... 192
Spaltenbreite ... 193
Sparklines ... 290
Speichern ... 176, 177
Spezialfilter ... 309
Standardfilter ... 308
Statistik, Statistik-Funktionen ... 220, 242
Stunde ... 252
Subtraktion von Zellen ... 248
Suchen ... 181, 199
Summewenn ... 224
SVERWEIS ... 243, 245
Szenarien ... 317
Tabellendokument ... 175
Tabellenkalkulation ... 173
Tag ... 250
Teilergebnisse ... 310
Text ... 179, 220, 211
Thesaurus ... 298
Torte ... 273
Trendberechnung ... 326
Überschrift ... 276
Umbenennen ... 201
Und ... 235, 236
Verketten ... 240
Verknüpfung
  Mappen ... 313
  Tabellen ... 312
Wahr ... 239
Was-Wäre-Wenn-Analyse ... 314
  Solver ... 322
  Szenarien ... 317
  Trendberechnungen ... 326
  Zielwertsuche ... 314, 315
WENN ... 231, 237
WENNFEHLER ... 238
Werte ... 211
WOCHENTAG ... 251
Zahl ... 257
Zahlenformatierungen ... 267
ZÄHLENWENN ... 243
Zellbezüge ... 203
Zellen ... 187, 192, 261
  Ausblenden ... 261
  Ausrichtung ... 264
  Einfügen ... 261
  Formatierung ... 264
  Löschen ... 261
  Regeln ... 266
Zellenformatvorlagen ... 262
Zellenformatvorlagen, Erstellen ... 263
Zielwertsuche ... 314
Zoomfunktion ... 181
ZUKUNFTSWERT ... 227
ZW ... 227
Zylinder ... 273

Textverarbeitung

Absatzeinzug, Lineal 120
Absatzformatierung 115
Ansichtsoptionen 96
Arbeitsmappe 104
Aufzählung, Aufzählungszeichen...... 127, 133
Backstage-Bereich 80
Bibliotheken 85
Bilder 165
Bildlaufleisten 79
Dateinamen 146
Dateityp 86
Diagramme 165
Dokument, ... 81, 82
Dokumentformatierung 141
Dokumentprüfung 88
Drag and Drop 105
Einfügen, Neues Dokument 103, 104
Eingaben 81
Entwurf 96
Ersetzen 101
Fenster, Wechseln 82
Formatierung 107
  Absatz 115
  Format übertragen 112
  Schaltflächen 109
  Schriftart 110
Formatvorlage 111
Fußzeile 144
Gliederung 96
Grafiken 169
Grammatik 98
Grundeinstellungen 90
Gruppen 79, 90
Hilfe-Funktionen 87, 88
Hintergrundfarbe 107
Kontextmenü 93
Kopfzeile 144, 150, 151
Kopieren 103
Korrekturen 81, 87
Lineal 79, 120
Löschen 103
Markieren 102
Menüband 90, 92
Multifunktionsleiste 79
Neue Arbeitsmappe 104
Nummerierung 127, 128, 129, 130, 131
Objekte 153, 169
Öffnen 84
Papiergröße 141
Produktivität 87
Rahmen, Grafik, Linie 135
Rechtschreibprüfung 98
Register 79, 90
Ribbon 92
Richt-Text-Format 86
Rückgängig 106
Schaltflächen 90
Schattierung 135
Schnellzugriff 90
Schriftart 107
Schriftfarbe 107
Schriftgröße 107
Seitenausrichtung 141
Seitenlayout 96
Seitenrahmen 139
Seitenränder 142
Seitenumbruch 143
Seitenzahlen 146
Silbentrennung, Automatisch 113
Smarttags 93
Sonderzeichen 97
Speichern 83
Sprache 87
Standardtabstopps 122
Suchen 89, 101
Symbolleiste für den Schnellzugriff 94
Tabellen 153
  Ausrichtung 156
  Auswählen 154
  Berechnungen 162
  Formatieren 154
  Sortieren 161
  Teilen 160
  Umwandlung 163
  Zellen einfügen 156
  Zusammenführen 160
Tabulatoren 122
  Lineal 123
  Tabelle 126
Text 86
Textformat 108
Thesaurus 100
Vollbild-Lesemodus 96
Weblayout 96
Wiederherstellen 106
Wiederholen 106
Zeichen, Druck 95
Zeichenformatierung 107
Zeilenabstand 121
Zellen 158
Zoomfunktion 89